Ouvrage dirigé par Thierry Carlier

LA PAIE, ÇA S'APPREND

Gilles MASSON

PARTIE II

PARTIE III

PARTIE IV

Les absences 251

PARTIE IX

ANNEXES

Préface

La gestion de la paie et des rémunérations est au cœur de l'économie d'un pays et de la gestion de l'entreprise, quelle que soit son activité. En France, plus des trois quarts des actifs sont salariés et reçoivent en contrepartie de leur travail un salaire. C'est dire si le processus de la gestion de la paie est stratégique dans le fonctionnement de l'économie.

La paie ne se réduit pas à un bulletin, d'ailleurs « paie » vient de *paier*, du latin *pacare* qui veut dire « calmer », « pacifier », « apaiser », « satisfaire » et, avec le temps, « s'acquitter ».

Une bonne gestion de la paie sans erreur est donc le gage de bonnes relations entre les employeurs et leurs collaborateurs. Mais, au fil du temps, cette mission vitale pour l'entreprise est devenue de plus en plus complexe avec l'accumulation de multiples règles juridiques, économiques et fiscales. La nécessité d'être bien préparé et formé s'est donc imposée au cours des dernières années. Une bonne compréhension des mécanismes conceptuels de droit et de fiscalité, une bonne pratique des règles imposées par le législateur et une bonne organisation sont des atouts nécessaires pour réussir dans cette fonction.

L'ouvrage rédigé par Gilles Masson, praticien de la paie fort de trente années d'expertise, va pleinement dans ce sens. Je connais l'auteur depuis très longtemps et je peux témoigner de sa virtuosité dans la transmission de son savoir pratique et théorique auprès d'innombrables élèves, stagiaires, jeunes et adultes de tous les horizons. Alliant l'expertise technique, la rigueur de la fonction, les exigences du processus à un humour décalé, un style décontracté et une empathie pour ses publics, l'auteur s'est construit une réputation incontestable dans ce domaine. Je suis très honoré de le compter parmi nos professeurs et professionnels, intervenant aussi bien à l'IUT de Sénart-Fontainebleau, composante de l'Upec, à l'université de Paris-Est-Créteil, qu'à l'Enoes, l'École de l'expertise comptable et de l'audit à Paris.

L'ouvrage présenté a connu un succès croissant lors de ses précédentes éditions. Nul doute que celle-ci suive cette tendance faisant de ce livre une référence, une sorte de bible dans le domaine de la gestion de la paie. Il donne une bonne indication de la méthode de l'auteur, présentant les règles de droit du travail, de la législation sociale et de la fiscalité, et assez vite une illustration par le biais de très nombreux cas pratiques.

Il est vrai que la gestion de la paie est une affaire d'entraînement et de pratique, avec l'objectif de zéro erreur. Cependant, cela implique également une veille constante sur l'information législative, le goût pour les chiffres et une rigueur sans faille. S'occuper de la paie suppose aussi de s'intéresser aux grands équilibres d'une entreprise. Dans un contexte français de plus en plus réglementaire et mondialisé, l'auteur aborde également les problématiques liées à la maîtrise de la masse salariale, aux divers dispositifs légaux de rémunération, aux différentes possibilités de compléments salariaux directs et indirects, et bien entendu, il ne sous-estime pas, loin s'en faut, le but recherché dans toute communauté humaine de travail : la paix sociale collective et la satisfaction individuelle.

La fonction paie, tout en conservant son caractère technique, évolue de plus en plus vers des missions de conseil juridique et participe pleinement à la stratégie de rémunération d'une entreprise, une des composantes principales de la stratégie de ressources humaines. Un collaborateur est satisfait s'il trouve son travail enrichissant, si les relations avec ses supérieurs et ses collègues sont constructives, s'il estime être « bien payé », au moins au prix du marché à compétences égales, et aussi si son salaire est versé avec régularité et sans mauvaise surprise due à une quelconque erreur.

C'est pourquoi Gilles Masson est si intransigeant quand il procède aux tests de connaissance auprès de ses étudiants. Il n'admet pas l'erreur car, dit-il, si elle est répétée, elle peut détériorer assez vite le climat social d'une entreprise et surtout créer un malaise chez les collaborateurs.

La fonction paie est une fonction noble, car le versement d'un salaire est loin d'être anodin dans les relations de travail. L'origine du mot « salaire » vient du latin *salarium* qui désignait la ration de sel fournie aux soldats romains. Par la suite, le mot *salarium* a désigné l'indemnité en argent versée pour acheter le sel et les vivres, le *salarium argentum*. Le fait d'avoir comme fonction le versement des salaires et des charges sociales afférentes, en toute conformité avec les lois du pays, est une fonction pour laquelle les gestionnaires paie et les responsables paie peuvent être fiers.

Je remercie Gilles Masson de contribuer depuis de nombreuses années à la formation de ces futurs professionnels, de les encourager et de les conseiller car de nombreux débouchés existent aussi bien du côté des entreprises que du côté des cabinets d'expertise comptable et des sociétés spécialisées dans l'externalisation de la paie.

L'ouvrage réalisé constitue un vrai apport supplémentaire pour tous ceux qui sont prêts à entrer dans le monde complexe mais ô combien captivant des pratiques de la paie. Dans un marché de l'emploi tendu, les métiers de la paie sont et resteront des valeurs sûres.

Thierry Carlier
Directeur de l'Enoes

ENOES
L'ÉCOLE DE L'EXPERTISE COMPTABLE ET DE L'AUDIT

Avant-propos

Quand je suis devenu « formateur » en 1991, le métier existait depuis peu de temps. Les rares organismes spécialisés qui étaient sur ce marché n'avaient pas de support de formation. Les formateurs se débrouillaient par eux-mêmes, photocopiant de temps en temps des textes au mépris de tout droit de reproduction. Alors qu'aujourd'hui, tout le monde (ou presque) a un ordinateur, à l'époque, personne (ou presque) n'en possédait. Mon passé d'informaticien m'incita très rapidement à investir dans cet objet très coûteux il y a trente ans, assorti d'une encombrante imprimante laser (50 000 francs, soit un peu plus de 7 600 euros), et je me mis à écrire des supports de cours. Peu de temps après, ayant rédigé tout un été, très fier de moi, je remis les premiers exemplaires à mes stagiaires. Leur réaction fut : « Quel travail ! Mais c'est trop touffu, trop pénible à lire ! » Dès lors, j'ai commencé à peaufiner mes supports, les aérant, expliquant les règles avec des mots plus simples, les replaçant dans leur contexte historique, etc.

De nombreux stagiaires me demandaient si je pouvais leur recommander un livre sur la paie, car les rares qu'ils trouvaient en librairie ne les satisfaisaient pas. Je leur répondais qu'effectivement, le marché n'était pas très fourni, et que les livres existants étaient soit trop vieux (les règles ayant changé depuis leur écriture), soit trop techniques, soit trop simples et surtout sans exercices actualisés (car ce n'est qu'en faisant des exercices qu'on apprend concrètement).

« Pourquoi n'en écrivez-vous pas un, alors ? » était leur question récurrente, et petit à petit, l'idée a germé dans mon esprit, mais je ne souhaitais pas faire le tour des éditeurs pour démarcher une éventuelle publication. Quand les éditions Studyrama m'ont proposé une réécriture de mes supports de formation en deux livres, j'ai su que c'était le bon moment. En effet, deux livres, c'est la solution idéale : un qui comprend le texte et un autre pour les exercices, avec leurs corrections. La première édition de ces livres est parue il y a déjà sept ans. Nous avions alors convenu avec Studyrama que celui que vous tenez entre vos mains serait réédité quand des lois importantes seraient modifiées, mais que le complément des exercices serait réécrit tous les ans pour une parution en début d'année civile. Cela pour tenir compte des nouveaux plafonds, taux et montants qui changent tous les ans, et pour avoir ainsi une mise à jour annuelle de vos connaissances.

Et puis, à ma grande surprise, ces livres ont connu un joli succès (au niveau de la niche de la paie, je ne suis pas G. Musso – à deux lettres près !) et il a été décidé de réactualiser les deux livres tous les ans, car tel un palimpseste, le bulletin de paie est réécrit constamment et de plus en plus vite.

Jusqu'à présent, la France était championne du monde dans la catégorie « complexité des bulletins » (voire de la galaxie, car je n'imagine pas un extraterrestre concevoir intelligemment quelque chose d'aussi abscons). Aucun autre pays n'avait autant de lignes ni autant de cotisations. Et pourtant, nous n'avions pas encore le prélèvement à la source des impôts (à la différence de tous les autres pays du monde, excepté l'Indonésie qui, pour une raison qui m'est inconnue, ne l'a pas non plus). Dans un pays comme l'Australie, il n'y a que quatre lignes sur un bulletin (calculé en plus chaque semaine) : salaire, moins un pourcentage de cotisations versés à la mairie, moins un autre pourcentage de prélèvement à la source égalent le net à payer. On aurait pu également penser qu'un pays aussi complexe que la Suisse, avec ses 26 cantons (et donc 26 règles cantonales), produise un bulletin difficile d'accès. Eh bien, malgré des lignes bizarres pour un Français, comme « le denier du culte » (cotisations prélevées sur la paie pour l'Église), il n'en est rien.

Mais, les choses ont changé ! Après l'année 2018 et son bulletin de paie « simplifié » (ou « clarifié » selon le nom que leur donnaient vos logiciels de paie) qui n'était ni plus ni moins qu'un regroupement de lignes de cotisations (et non pas une vraie simplification des règles), et qui l'avait rendu encore plus incompréhensible (car quand on regroupe plusieurs lignes de cotisations qui n'ont pas le même taux ou pas la même base, c'est encore plus difficile à comprendre), l'année dernière proposait un « nouveau » bulletin de paie avec son lot de changements l'accompagnant.

Le premier d'entre eux concernait bien sûr la mise en place du prélèvement à la source (Michel Rocard en rêvait, sa CSG en était les prémices, Édouard Balladur l'augmenta, tout comme Alain Juppé, ajoutant au passage sa petite sœur, la CRDS, ainsi que Lionel Jospin en élargissant sa base, François Fillon en diminuant l'abattement). Puis François Hollande recula devant l'urgence de son échéance. Enfin, après un an d'hésitation (et un été 2018 de valse « on y va, on n'y va pas »), elle était là sur nos bulletins. Et finalement, après peut-être quelques sueurs froides dans les services du personnel, cela ne s'est pas trop mal passé !

Le deuxième consistait dans la mise en place de la retraite unifiée (Agirc-Arrco). Si sur le bulletin cela paraît plus simple, dans les faits, c'est plus compliqué. Et encore, il faudra attendre la mise en place de la retraite « universelle » (qui sonnerait le glas des régimes spéciaux), pour y voir plus clair.

Et puis, parmi tant d'autres, il y avait encore les heures supplémentaires désocialisées et défiscalisées, la suppression du crédit impôts compétitivité emploi (CICE) entraînant des taux de cotisations fluctuant en fonction du brut du salarié, la suppression du forfait social sur les primes d'intéressement et l'épargne salariale dans les PME, la réforme de l'apprentissage, la modification du compte personnel de formation (CPF) passant d'un crédit en heures à un crédit en euros, et une nouvelle forme du bulletin de paie avec de nouvelles mentions.

Même si je présente en tête de chapitre un bulletin de paie « Exemple », il faut encore que vous sachiez que deux bulletins de paie de deux entreprises différentes peuvent ne pas se ressembler du tout parce que les éditeurs de logiciels ont chacun leur manière de représenter les obligations des employeurs. Mes exemples ne sont réalisés qu'avec un simple Excel et non pas par un éditeur de logiciels.

Nous avons commencé cette année 2020 par quelques petits changements, dont la loi PACTE au 1er janvier modifiant de légers détails (décompte des effectifs, loi TEPA, exonération ZRR, épargne salariale, etc.).
Nous attendions la nouvelle réforme de l'assurance chômage (après la suppression de la cotisation salariale chômage l'année dernière) qui devait s'ouvrir aux travailleurs indépendants et aux salariés démissionnaires, tout en mettant en place un énième « Bonus / Malus » sur les « CDD courts », une nouvelle taxation des « CDD d'usage » et un nouveau mode de calcul de l'indemnisation.
Quand un évènement seulement imaginé par les films de science-fiction survînt mi-mars : le coronavirus de type SARS CoV-2 (acronyme anglais de « severe acute respiratory syndrome coronavirus 2 ») bloquait le monde social par crainte d'une contamination générale car il générait une maladie mortelle appelée COVID-19 !
Nous sommes donc entré « en guerre » contre ce virus stoppant net toute réforme prévue, confinant la moitié de l'humanité chez elle, ne laissant travailler que les personnes indispensables au bon fonctionnement de la société, et en modifiant tous les jours ou presque les règles basiques du Code du travail pour s'adapter à cette situation inédite.

Plus de 12 millions de salariés ont ainsi fait connaissance avec l'activité partielle avec son lot d'hésitations gouvernementales (prise en charge de l'allocation complémentaire à hauteur de 70 % du brut, puis 60 % à partir du 1er juin, exclusion des heures supplémentaires dans ce 70 %, puis inclusion seulement de celles qui relèvent de la convention des cafés, hôtels, restaurants, puis finalement de toutes les conventions). Le télétravail, jusqu'à présent assez marginal, est devenu la solution pour continuer quand même l'activité (pour les salariés qui le pouvaient) avec, selon les entreprises, des mises en place hasardeuses et des questionnements sans fin (le télétravailleur a-t-il droit aux titres-restaurant ? – Oui ! aux JRTT ? – Oui ! à l'indemnité de transport ? – Ça dépend ! Etc.).
Alors que certains salariés ne travaillaient plus, d'autres ont vu leurs horaires modifiés au maximum (12 heures par jour, 60 heures par semaine), sans parler des jours de repos reportés, des congés payés imposés, etc. le tout temporairement.
Pour relancer l'économie des restaurants (toujours fermés à l'heure où j'écris ces lignes), le montant maximum d'utilisation des titres-restaurant devait passer à 95 euros par semaine au lieu des 19 par repas. Finalement, c'est un plafond de 38 euros par jour (y compris jours fériés et week-ends) qui a été retenu jusqu'au (en principe) 31 décembre 2020.
J'ai essayé de suivre au plus près cette actualité mais ne m'en voulez pas si des changements interviennent encore après que ce livre soit imprimé. J'ai profité de ce confinement pour rajouter des petits résumés (« ce qu'il faut retenir ») à la fin de chaque chapitre, pour élaguer certains articles qui faisaient obstacle à la fluidité de la lecture en les regroupant en annexe.

Ce petit préambule pour vous dire que, si vous ne comprenez pas votre bulletin de paie, c'est normal ! Le but de ce livre est de vous le rendre plus compréhensible, plus lisible.

Bref, ce qui me semble le plus simple, c'est de considérer le bulletin de paie comme un puzzle, de bien étudier la forme de chaque pièce et de comprendre ensuite comment les différentes lignes s'imbriquent entre elles. C'est pourquoi je commencerai ce livre par la première ligne du bulletin et je le terminerai non pas par la dernière ligne, mais par le dernier bulletin de paie remis à un salarié lorsqu'il quitte l'entreprise, appelé le « solde de tout compte » (agrémenté des différents documents obligatoires qui l'accompagnent).

Bonne lecture !

P.S. Bien évidemment, j'ai une pensée bienveillante pour tous les :

- travailleurs qui ont continué à travailler (personnel soignant des hôpitaux, cliniques, EHPAD, maisons de retraite – de l'agent d'entretien aux médecins –, pompiers, pompes funèbres, policiers et gendarmes, éboueurs, conducteurs de transport en commun, taxis, chauffeurs-livreurs, personnel des magasins de première nécessité – de la caissière au gérant –, personnel des institutions qui ont continué de verser les aides sociales – allocations familiales, RSA, APL, indemnités chômage, pensions de retraite –, personnel s'occupant de l'eau, gaz, électricité, Internet, agriculteurs et éleveurs, journalistes de presse, radio, télévision qui ont assuré notre divertissement, etc... (pardon à ceux que j'oublie) ;
- travailleurs en télétravail qui se sont souvent improvisés enseignants pour leurs propres enfants en même temps ;
- travailleurs qui n'ont pas travaillé, mis en « activité partielle » et qui ont vu leur revenu baisser ;
- travailleurs qui n'ont pas travaillé et qui n'ont pas eu droit à l'activité partielle (le monde du spectacle, le monde sportif, petits indépendants) ;
- travailleurs qui ont perdu leur travail (CDD, intérimaires, période d'essai, étudiants, temps partiel) et qui sont devenus chômeurs ;
- travailleurs qui vont perdre leur travail (la crise économique qui pourrait suivre, d'après certaines prévisions, serait elle aussi d'une ampleur inédite) ;
- bars, restaurants, monde du tourisme qui ne pourront reprendre leurs activités qu'au plus tôt début juin ;
- disparus et à leurs familles et amis qui n'ont pas pu les accompagner dans ces moments douloureux.

Et bien sûr, j'ai une pensée particulière pour tous ceux qui ont dû réaliser des bulletins de paie dans cet environnement juridique instable.

Gilles MASSON

Exemple d'un bulletin de paie

BULLETIN DE PAIE

Période du 1 Février 2020 au 29 Février 2020

Employeur		Salarié	
Raison Sociale :		**Nom** :	**Prénom** :
Adresse :		**Adresse** :	
N° SIRET :	**Code NAF** :	**N° SS** :	
Convention collective :		**Emploi** :	**Coef.** :
		Date d'ancienneté :	

Libellé des Rubriques	Base	Taux	Montant	Commentaires
Salaire	151,67		**3 380,00**	Février 2020
Prime d'ancienneté	3 380,00	10,000	**338,00**	Plafond du mois : 3428 €
Heures de nuit	7,00	25,293	**177,05**	
Avantage Nature Titres-Restaurant	10,00	0,700	**7,00**	
Absence Congés Payés	12,00	143,000	-1 716,00	
Paiement Congés Payés	12,00	143,000	**1 716,00**	
Total Brut			3 902,05	

Cotisations	Base	Salariales		Patronales	
		Taux	Montant	Taux	Montant
Santé					
Sécurité Sociale (Mal, Mat, Inv, Décès)	3 902,05			13,00	507,27
Incapacité, Invalidité, Capital Décès (Prév. Décès)	3 428,00	1,00	-34,28	2,00	68,56
Complémentaire Santé (Prév. Frais de Santé)			-50,00		50,00
Accident du Travail - Maladie Prof.	3 902,05			2,50	97,55
Retraite					
Sécurité Sociale (Vieillesse Plafonnée)	3 428,00	6,90	-236,53	8,55	293,09
Sécurité Sociale (Vieillesse Déplafonnée)	3 902,05	0,40	-15,61	1,90	74,14
Complémentaire (AGIRC-ARRCO + CEG /T1)	3 428,00	4,01	-137,46	6,01	206,02
Complémentaire (AGIRC-ARRCO + CEG /T2)	474,05	9,72	-46,08	14,57	69,07
Contribution d'Equilibre Technique (CET T1+T2)	3 902,05	0,14	-5,46	0,21	8,19
Famille	3 902,05			3,45	134,62
Assurance Chômage					
Chômage (Chômage + AGS / TA+TB)	3 902,05			4,20	163,89
Autres Contributions dues par l'employeur	3 902,05				239,55
C.S.G. Non Imposable	3 952,32	6,80	-268,76		
Réduction générale des charges patronales					
Total des cotisations et contributions			-794,18		1 911,95
Net fiscal			3 157,87		
RETENUES ET REMBOURSEMENTS DIVERS					
C.S.G. & C.R.D.S. Imposables	3 952,32	2,90	-114,62		
Reprise Avantage Nature Titres-Restaurant	10,00	0,70	-7,00		
Retenue Titres-Restaurant	10,00	2,45	-24,50	5,55	55,50
Indemnités de Transport			55,00		55,00
Acompte			-1 000,00		
Total des Retenues et Remboursements			-1 091,12		110,50
Net à payer avant prélèvement à la source			2 016,75		
dont évolution de la rémunération liée à la suppression des cotisations salariales chômage et maladie			*55,73*		
Prélèvement à la source	**3 157,87**	**11,90%**	-375,79		

	Net Payé en euros	Date de paiement
Congés Payés du 12 au 25 Février 2020	**1 640,96 €**	**29 février 2020**
	Total versé par l'employeur	Allègement de cotisations
	5 917,50 €	**0,00 €**

CUMULS depuis le 1er Janvier 2020

Heures : 303,34 — Brut S.S. : 7.635,45 € — Net Fiscal : 6,175,67 €

Dans votre intérêt, conservez ce bulletin de salaire sans limitation de durée, il peut vous aider à faire valoir vos droits.
Pour plus d'explications sur les différents termes utilisés, voir la rubrique dédiée au bulletin de paie sur le portail du service-public.

Introduction

La paie est un métier intéressant à plus d'un titre !

D'abord, c'est la motivation de chaque salarié (s'il n'y avait pas la paie chaque mois, croyez-vous que les êtres humains iraient travailler ?). Ensuite, c'est le cœur même de l'entreprise. En effet, la paie se trouve aux carrefours de plusieurs autres métiers. Elle se nourrit de leurs données et est une source d'information indispensable concernant le bon fonctionnement de chaque société.

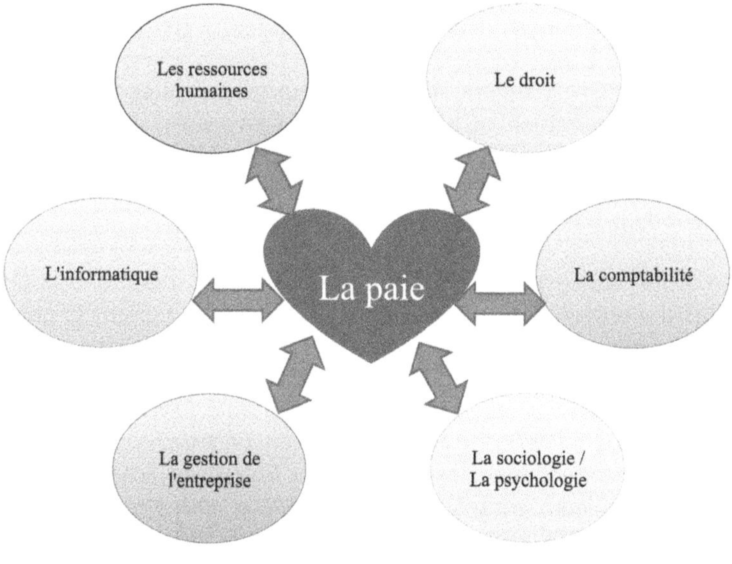

S'il n'y avait pas le droit qui impose de donner un bulletin de paie chaque mois (sauf exceptions que nous verrons plus tard), ce livre n'aurait aucun intérêt. Ce droit nous impose des règles qu'il faut suivre scrupuleusement. À défaut, plusieurs organismes nous rappellent à l'ordre :

- l'Urssaf ;
- le fisc ;
- l'inspection du travail ;
- et enfin tout le système judiciaire.

La comptabilité fournit diverses informations au service paie. Citons, par exemple, la liste des acomptes ou avances, des notes de frais, des indemnités journalières de Sécurité sociale (IJSS) reçues (en cas de subrogation)... Le service paie, lui, lui fournit chaque mois les comptes qui concernent les salaires et les éventuelles provisions.

Ce service peut aussi se retrouver au cœur de problèmes plus humains que simplement comptables. Bien souvent, des salariés ont besoin de renseignements, d'explications sur leur bulletin. Les personnes du service paie sont parfois amenées à jouer le rôle généralement dévolu aux « assistantes sociales » ! Les salariés préfèrent parler de leurs problèmes financiers avec elles plutôt qu'avec leur responsable hiérarchique. La manière dont est retenue une absence sur le bulletin relève éminemment de la sociologie ! Enfin, réaliser des paies fausses est le meilleur moyen d'être l'objet de tous les mécontentements.

Dans ce livre, j'expliquerai comment mieux gérer l'entreprise selon la manière et le moment où les informations sont passées sur le bulletin, sans évidemment léser ni le salarié ni l'employeur. Une bonne connaissance des arcanes de la paie peut générer chaque année de très sérieuses économies pour l'entreprise.

La connaissance de l'informatique est devenue indispensable depuis plus d'une trentaine d'années pour gérer correctement la paie. Quasiment plus personne n'effectue la paie « à la main » (papier, crayon, calculette). Une parfaite connaissance du logiciel utilisé pour établir les bulletins est donc indispensable. Savoir « attaquer » la base de données du logiciel est également nécessaire, tout comme manipuler correctement les outils tels que Excel (avec, entre autres, la fonction Tableaux croisés dynamiques), Word (avec en plus la fonction Publipostage) ou encore PowerPoint.

Enfin, une communication étroite entre le service paie et celui des ressources humaines est fortement conseillée. Si le département recrutement des RH ne donne pas dans les temps et de manière formelle les informations sur les nouveaux arrivants, une catastrophe est prévisible sur les premiers bulletins (et les premiers signes d'agacement des salariés concernés). Si les informations (d'effectifs, de masse salariale, etc.) que fait remonter la paie aux RH sont fausses, comment ces derniers peuvent-ils prendre les bonnes décisions ? Enfin, si un directeur des ressources humaines n'appréhende pas correctement les règles basiques de la paie, comment peut-il signer le moindre accord avec les représentants du personnel ?

Bref, la paie n'est pas seulement un métier intéressant, c'est un métier passionnant !

N'oubliez jamais que ce métier nécessite néanmoins une remise à jour de ses connaissances presque quotidiennement tant les changements en la matière se succèdent ces dernières années de plus en plus rapidement. Pour ce faire, consultez les sites :

- www.service-public.fr
- www.travail.gouv.fr
- www.urssaf.fr

Et/ou abonnez-vous aux revues :

- *Liaisons sociales* ;
- *Dictionnaire permanent paie* ;
- *Dictionnaire permanent social* ;
- *RF paie*.

Commençons tout de suite la découverte de la paie par les sources du droit de la paie, afin de savoir quelle règle appliquer.

L'ENVIRONNEMENT JURIDIQUE

PARTIE I

BULLETIN DE PAIE	
Période du 1 Février 2020 au 29 Février 2020	
Employeur	**Salarié**
Raison Sociale :	**Nom :** **Prénom :**
Adresse :	**Adresse :**
N° SIRET : **Code NAF :**	**N° SS :**
Convention collective :	**Emploi :** **Coef. :**
	Date d'ancienneté :

Commentaires
Février 2020
Plafond du mois : 3428 €

Congés Payés du 12 au 25 Février 2020

Dans votre intérêt, conservez ce bulletin de salaire sans limitation de durée, il peut vous aider à faire valoir vos droits.
Pour plus d'explications sur les différents termes utilisés, voir la rubrique dédiée au bulletin de paie sur le portail du service-public.

Quand on débute dans ce métier, le plus difficile est de trouver la bonne règle à appliquer. Pourquoi ? Parce qu'elles sont nombreuses et parfois contradictoires !

1. Les sources internationales

Aussi bizarre que cela puisse paraître, les sources les plus importantes ne viennent pas de notre pays, mais sont internationales.

Les traités internationaux

En premier lieu se trouvent les traités internationaux (bilatéraux s'ils lient notre pays à un autre, ou multilatéraux s'ils lient notre pays à plusieurs autres). En effet, l'article 55 de notre cinquième Constitution leur confère une autorité supérieure à celle de notre loi nationale. Dans les faits, on ne s'en sert dans le domaine de la paie que dans de très rares cas (salarié étranger malade dans son pays natal lors de ses vacances, entreprises ayant des établissements dans plusieurs pays, etc.).

Le traité européen de Maastricht

Vient ensuite le traité européen de Maastricht (entré en vigueur le 1er janvier 1993). Il a remplacé le traité de Rome. Même s'il doit être prolongé par des textes pris par chacun des pays membres, ce texte est à l'origine de plusieurs changements de taille dans la paie. Citons, entre autres :

- l'égalité homme/femme en ce qui concerne au moins le travail de nuit (9 mai 2001) ;
- le changement de notre monnaie nationale (le franc devenu l'euro au 1er janvier 2002).

Les recommandations internationales de l'OIT

Parmi les sources internationales, il y a encore les recommandations de l'Organisation internationale du travail (OIT) qui, par le biais de son Bureau international du travail (BIT), publie tous les ans un rapport sur le travail dans le monde. Longtemps critiquée par ce rapport au sujet de l'interdiction du travail de nuit pour les femmes, la France n'y apparaît plus que pour la division des salariés en cadres ou non-cadres, ou pour la façon de comptabiliser les chômeurs. Bien que ces recommandations n'aient aucune valeur d'obligation, il n'est pas souhaitable de figurer dans ce rapport.

2. Les sources étatiques

La Déclaration des droits de l'homme

Historiquement, notre premier texte est la Déclaration des droits de l'homme et du citoyen (26 août 1789). Même si beaucoup de choses ont changé depuis cette époque, c'est le point de départ de toute notre législation. Lisons le premier article : « *Les hommes naissent et demeurent libres et égaux en droits.* » La traduction actuelle en paie s'écrit : « *À travail égal, salaire égal.* » Ou encore l'article 10 : « *Nul ne doit être inquiété pour ses opinions, mêmes religieuses, pourvu que leur manifestation ne trouble pas l'ordre public établi par la loi.* » se traduit par l'article L. 1132-1 du Code du travail. Les recruteurs savent bien qu'il est interdit de demander l'appartenance politique ou religieuse à un candidat.

Pour ceux qui auraient oublié ce texte fondateur, se reporter au texte intégral en fin de ce livre.

Les textes de loi

Le Code civil et la Constitution de la Ve République

Historiquement, le premier code publié est le **Code civil** (21 mars 1804). Il est connu sous le nom de « code Napoléon », non pas parce qu'il l'aurait écrit (il fut rédigé principalement par Jean-Jacques Régis de Cambacérès, aidé de quatre juristes : Tronchet, Bigot de Préameneau, Maleville et Portalis), mais parce que, dans un souci d'unification et de pacification de la France, il a initié, soutenu et fait promulguer le texte. Ce code, réécrit pour environ un tiers par Robert Badinter, est très peu utilisé en paie.

Parmi les dates importantes qui suivirent le Code civil, on peut relever que le premier conseil de prud'hommes est né à Lyon en 1806 et que le premier Code du commerce date de 1807.

L'article 16 de la Déclaration des droits de l'homme et du citoyen disait en substance que la garantie des droits ne peut être assurée que par une Constitution. La **Constitution de la Ve République** a été adoptée par le peuple français par le référendum du 28 septembre 1958, et promulguée par le président de la République le 4 octobre suivant (le texte fut publié au *Journal officiel* le 5 octobre 1958). Dans son préambule, la Constitution de la Ve République confirme son rattachement à la DDHC puisqu'elle commence ainsi : « *Le peuple français proclame solennellement son attachement aux droits de l'homme et aux principes de la souveraineté nationale tels qu'ils ont été définis par la Déclaration de 1789, confirmée et complétée par le préambule de la Constitution de 1946.* »

L'article 55 confirme que les traités internationaux sont supérieurs à notre loi nationale : « *Les traités ou accords régulièrement ratifiés ou approuvés ont, dès leur publication, une autorité supérieure à celle des lois, sous réserve, pour chaque accord ou traité, de son application par l'autre partie.* »

Pour faire court, l'article 2 annonce tout simplement la suite du livre : « *La France est une République indivisible, laïque, démocratique et sociale. Elle assure l'égalité devant la loi de tous les citoyens sans distinction d'origine, de race ou de religion. Elle respecte toutes les croyances. L'emblème national est le drapeau tricolore, bleu, blanc, rouge. L'hymne national est* La Marseillaise. *La devise de la République est "Liberté, Égalité, Fraternité". Son principe est : gouvernement du peuple, par le peuple et pour le peuple.* »

« *Elle assure l'égalité devant la loi de tous les citoyens* », donc, **la loi** est la troisième source nationale des droits. La loi (du latin *lex, legis*) désigne une règle juridique suprême, générale et impersonnelle, ou bien l'ensemble formé de telles règles. La loi est aujourd'hui prescrite par le Parlement, représentant du peuple et donc titulaire du pouvoir législatif (le pouvoir d'édicter les lois). On parle parfois de « législation » comme synonyme de « loi », même si la législation englobe le règlement dont l'auteur est le pouvoir exécutif.

Le gouvernement propose un texte à l'Assemblée nationale, qui en débat. Puis, si le texte est adopté par l'Assemblée nationale, il passe au Sénat qui à nouveau en discute. Si le Sénat n'est pas d'accord sur le texte, il revient devant l'Assemblée nationale jusqu'à ce que les deux chambres soient d'accord (l'ensemble constitué de l'Assemblée nationale et du Sénat s'appelle le Parlement). En cas d'accord, le texte est promulgué au *Journal officiel* et devient applicable. S'il n'y a pas d'accord, le gouvernement peut imposer sa loi par voie d'**ordonnance** (art. 49.3 de la Constitution).

L'ordonnance a donc force de loi. Parfois, alors que les deux chambres auraient été d'accord, le gouvernement, juste parce qu'il est pressé de mettre en œuvre son programme, légifère par voie d'ordonnance.

L'une des plus célèbres était celle du 16 janvier 1982, qui prévoyait le passage aux 39 heures (contre 40 précédemment) et la cinquième semaine des congés payés (contre quatre antérieurement).

Mais son usage répété (3 fois en 2015 – le 19 février, le 16 juin et le 9 juillet pour faire adopter la « loi Macron » appelée aussi « loi pour la croissance et l'activité » et à nouveau 3 fois en 2016 – le 10 mai, le 6 juillet et le 20 juillet pour faire passer la « loi El Khomri » appelée aussi « loi travail » alors que sa majorité multipliait les amendements – 7 000 !) a perdu le candidat Manuel Valls.

Notre nouveau président souhaite recourir aux ordonnances plus souvent qu'auparavant. Dès le 22 septembre 2017 ont été publiées les ordonnances « Macron » (appelées aussi « ordonnances loi travail ») pour réformer au plus vite les accords d'entreprise, pour fusionner les DP, le CE et les comités d'hygiène, de sécurité et des conditions de travail (CHSCT) en un Comité social et économique (CSE), pour « sécuriser » la rupture du contrat de travail en limitant les indemnités prud'homales et pour faciliter le télétravail. À l'heure où j'écris, il est question d'ordonnance pour réformer la retraite (qui deviendrait « universelle »). Cette fois, l'ordonnance risque de faire grincer les dents.

Enfin, pour être complet, il y a encore **le règlement**, qui englobe plusieurs sortes de décrets :
- les règlements d'administration ;
- les décrets en Conseil d'État ;
- les décrets interministériels ;
- le décret simple ;
- l'arrêté ;
- la circulaire.

Le Code du travail

Au niveau des sources étatiques, celle qui intéresse surtout la paie est le Code du travail.

Il est difficile d'attribuer une date de naissance à ce code car il est paru de manière parcellaire. En 1896, devant le Parlement, on souleva la question de la codification des lois ouvrières. Puis le 13 juin 1898, Arthur Groussier, syndicaliste et député socialiste, déposa une proposition de Code du travail, mais sans suite. En 1904, le même homme représenta un projet de codification qui fut cette fois adopté. Toutefois, le Sénat retarda le projet et limita son examen au premier livre sur les six présentés. Il fallut ainsi attendre jusqu'au 7 juin 1910 pour qu'il adopte le texte qui fut voté ensuite le 28 décembre 1910 par la chambre. C'est en principe cette date (28 décembre 1910) que l'histoire retient pour la naissance du Code du travail. Mais le dernier des six livres n'est adopté que le 25 février 1927 ! Il serait donc plus sage de retenir cette date. Depuis 1927, le Code du travail a été refondu deux fois : en 1973 et en 2008.

Le code en vigueur du 2 janvier 1973 au 30 avril 2008 comprenait neuf livres :

- livre I. Conventions relatives au travail ;
- livre II. Réglementation du travail ;
- livre III. Placement – Emploi ;
- livre IV. Groupements professionnels, représentation, participation et intéressement des salariés ;
- livre V. Conflits du travail ;
- livre VI. Contrôle de l'application de la législation et de la réglementation du travail ;
- livre VII. Dispositions particulières à certaines professions ;
- livre VIII. Dispositions spéciales aux départements d'outre-mer ;
- livre IX. De la formation professionnelle continue dans le cadre de l'éducation permanente.

De plus, il était décomposé en trois parties :

- la première partie législative comprend toutes les lois (L) ;
- la deuxième partie réglementaire comprend les décrets pris en Conseil d'État (R) ;
- la troisième partie réglementaire comprend les décrets simples (D).

Chaque article était donc codifié de la façon suivante :

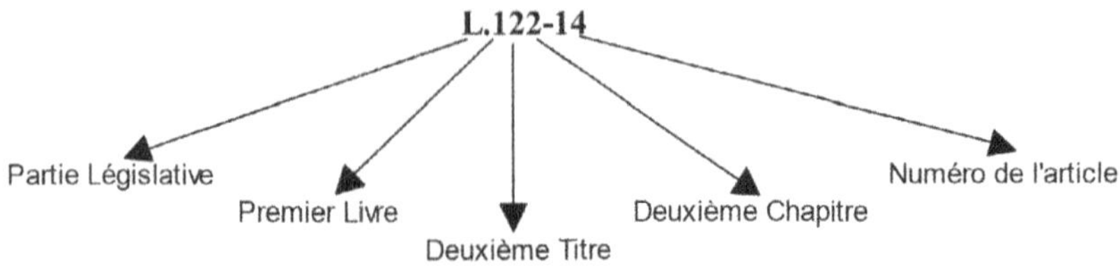

Le Code du travail 2008

Annoncé le 24 février 2005 par Gérard Larcher, alors ministre du Travail, le nouveau Code du travail est entré en vigueur le 1er mai 2008. Résultat d'une concertation entre partenaires sociaux, juristes spécialisés et administration, il répond à un objectif constitutionnel de simplification du droit. Totalement réécrit, il propose un nouveau plan, une nouvelle numérotation (de trois à quatre chiffres) ; il actualise les terminologies ; il adapte les dispositions législatives ; il abroge celles devenues sans objet ; il intègre des lois non codifiées et exclut certaines dispositions dérogatoires destinées à d'autres codes ; il corrige ; il clarifie…

Plus concis et plus structuré – mais plus volumineux –, ce nouveau code est classé en huit parties, subdivisées en titres, chapitres, sections, paragraphes et même sous-paragraphes. Les articles sont toujours composés de chiffres correspondant à leur place dans la classification. Comme avant, une lettre permet de distinguer le législatif (L) du réglementaire (R : décrets pris en Conseil d'État ; D : décrets simples), mais les articles R et D ayant le même but, c'est-à-dire de mettre en pratique le texte législatif, ils sont avantageusement regroupés et ne constituent plus deux parties, mais une seule.

LA NOUVELLE CLASSIFICATION DU CODE DU TRAVAIL

Première partie : Les relations individuelles de travail
Livre I. Dispositions préliminaires
Livre II. Le contrat de travail
Livre III. Le règlement intérieur et le droit disciplinaire
Livre IV. La résolution des litiges
Livre V. Dispositions relatives à l'outre-mer

Deuxième partie : Les relations collectives de travail
Livre I. Les syndicats professionnels
Livre II. La négociation collective – Les conventions et accords collectifs de travail
Livre III. Les institutions représentatives du personnel
Livre IV. Les salariés protégés
Livre V. Les conflits collectifs
Livre VI. Dispositions relatives à l'outre-mer

Troisième partie : Durée du travail, salaire, intéressement, participation et épargne salariale
Livre I. Durée du travail, repos et congés
Livre II. Salaire et avantages divers
Livre III. Intéressement, participation et épargne salariale
Livre IV. Dispositions relatives à l'outre-mer

Quatrième partie : Santé et sécurité au travail
Livre I. Dispositions générales
Livre II. Dispositions applicables aux lieux de travail
Livre III. Équipements de travail et moyens de protection
Livre IV. Prévention de certains risques d'exposition
Livre V. Prévention des risques liés à certaines activités ou opérations
Livre VI. Institutions et organismes de prévention
Livre VII. Contrôle

Cinquième partie : L'emploi
Livre I. Dispositifs en faveur de l'emploi
Livre II. Dispositions applicables à certaines catégories de travailleurs
Livre III. Service public de l'emploi et placement
Livre IV. Le demandeur d'emploi
Livre V. Dispositions relatives à l'outre-mer

Sixième partie : La formation professionnelle tout au long de la vie
Livre I. Principes généraux et organisation institutionnelle de la formation professionnelle
Livre II. L'apprentissage
Livre III. La formation professionnelle continue
Livre IV. Validation des acquis de l'expérience
Livre V. Dispositions relatives à l'outre-mer

Septième partie : Dispositions particulières à certaines professions et activités
Livre I. Journalistes professionnels, professions du spectacle, de la publicité et de la mode
Livre II. Concierges et employés d'immeubles à usage d'habitation, employés de maison et services à la personne
Livre III. Voyageurs, représentants ou placiers, gérants de succursales et conjoints salariés du chef d'entreprise
Livre IV. Travailleurs à domicile
Livre V. Dispositions relatives à l'outre-mer

Huitième partie : Contrôle de l'application de la législation du travail
Livre I. Inspection du travail
Livre II. Lutte contre le travail illégal
Livre III. Dispositions relatives à l'outre-mer

Depuis le 1er mai 2008, chaque article est codifié de la façon suivante :

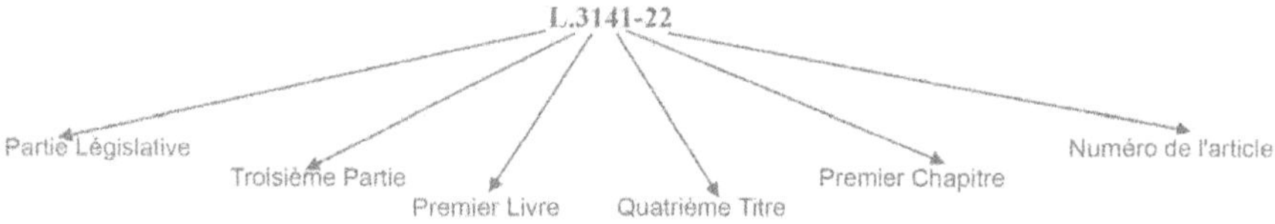

Depuis cette date, il y eut la remise du rapport de Robert Badinter le 26 janvier 2016, qui proposait 61 principes essentiels du droit du travail, parmi lesquels presque tous étaient déjà connus (droit de grève, respect de l'égalité professionnelle, etc.). Mais, il y avait surtout celui qui édictait que « *la loi détermine les conditions et limites dans lesquelles les conventions et accords collectifs peuvent prévoir des normes différentes de celles résultant des lois et règlements* » (art. 55).

À partir de ce principe, la loi (n° 2016-1088 du 8 août 2016) parue au *JO* (n° 0184) le 9 août 2016, avait pour vocation première de « *refonder le droit du travail et donner plus de poids à la négociation collective* » (titre I).

Cette « refondation » se caractérisait par l'institution d'une commission qui devait proposer au gouvernement une réécriture de la partie législative du Code du travail en attribuant une place centrale à la négociation collective dans un délai maximum de deux ans.

La loi travail avait également d'autres buts :

- renforcer la lutte contre les discriminations, le harcèlement sexuel et les agissements sexistes (titre I, chapitre 2) ;
- une nouvelle architecture des règles en matière de durée du travail et de congés (titre I, chapitre 3) – les pages de ce livre concernant les horaires, les congés payés et les événements familiaux ont été largement remaniées ;
- favoriser une culture du dialogue et de la négociation (titre II) ;
- sécuriser les parcours et construire les bases d'un nouveau modèle social à l'ère du numérique (titre III) – avec notamment la mise en place du compte personnel d'activité (chapitre 1) et l'adaptation du droit du travail à l'ère numérique (chapitre 2) ;
- favoriser l'emploi (titre IV), particulièrement en développant l'apprentissage (chapitre 2) ;
- moderniser la médecine du travail (titre V) ;
- renforcer la lutte contre le détachement illégal (titre VI) ;

- et enfin quelques dispositions diverses (titre VII) – amiante, inspection du travail, pêche maritime, mines, Mayotte, etc.

Comme personne ne peut connaître le Code du travail par cœur, il convient évidemment de se référer le plus souvent possible à la publication la plus récente. C'est pourquoi à la fin de ce livre (et c'est une des nouveautés de cette nouvelle édition), vous trouverez les principaux articles dans l'ordre où ils ont été cités

3. Les sources locales

Les conventions collectives

La première de ces sources locales est la convention collective, un acte issu d'une négociation entre les partenaires sociaux. Elle règle l'ensemble des conditions d'emploi, de travail et les garanties sociales. Il existe différentes catégories de conventions collectives. Un accord collectif ne traite qu'un ou plusieurs sujets de l'ensemble des conditions ci-dessus.

La **convention collective ordinaire**, ou convention collective simple, résulte d'une négociation volontaire entre les syndicats représentatifs des salariés et un ou plusieurs employeurs ou les organisations syndicales. Elle ne lie que les signataires. Il peut exister des conventions d'établissement, ou d'entreprise, professionnelle, ou de branche. Leur champ d'application peut être local, départemental, régional ou national. Elle ne s'impose qu'aux employeurs qui l'ont signée directement ou indirectement c'est-à-dire aux employeurs adhérant à un syndicat d'employeurs signataire. Une convention collective ordinaire s'impose également aux employeurs qui adhèrent au texte après sa signature (C. trav., art. L. 2262-1).

La **convention collective étendue** est rendue obligatoire par un arrêté ministériel du ministre du Travail pour toutes les entreprises de la profession ou de la branche qui entrent dans le champ d'application territorial de la convention (C. trav., art. L. 2261-15).
A noter que la loi n°2018-217 du 29 mars 2018 permet aux employeurs d'occulter les éléments de la covention collective étendue qui pourraient porter atteinte aux intérêts stratégiques de l'entreprise (C. trav., art. L. 2231-5-1).

Une convention collective ne peut pas être moins avantageuse que les dispositions contenues dans le Code du travail (même s'il y a, sinon ce ne serait pas drôle, quelques exceptions notables : la convention collective des hôtels, cafés, restaurants, ou celle des transports, pour n'en citer que deux). Comme il s'agit d'un texte qui régit les rapports entre salariés et employeurs, il sert de base ou de « bible » aux services du personnel.

Une convention collective doit comporter des **clauses obligatoires** :
- le champ d'application ;

- la durée ;
- les clauses de renouvellement, de révision et de dénonciation ;
- les commissions paritaires d'interprétation ;
- les salariés participant aux négociations ou instances paritaires (absences et indemnisation) ;
- les libertés et égalités de droit : exercice du droit syndical et liberté d'opinion, égalité professionnelle entre les hommes et les femmes, égalité de traitement entre salariés français et étrangers, droit au travail des handicapés ;
- le contrat de travail : conditions d'embauchage, congés payés, absences autorisées, maladie, accidents du travail, conditions de licenciement, modalités de l'apprentissage et de la formation ;
- les salaires : classifications, salaires minima, différentes majorations, etc. ;
- la représentation du personnel : délégués, CES ;
- les catégories particulières de salariés : jeunes, femmes enceintes ou allaitantes, personnel à temps partiel, travailleurs à domicile, temporaires et salariés d'entreprises extérieures ;
- les conflits collectifs : procédures de conciliation.

Les accords collectifs

La deuxième source locale est constituée par les accords collectifs. Ce sont des accords conclus entre des organisations syndicales représentatives des salariés et l'employeur. **Ces accords ne s'appliquent que dans l'entreprise où ils ont été signés.** Par ailleurs, il existe parfois, au sein d'une même entreprise, des **accords d'établissement**. Ces accords sont négociés entre le chef d'entreprise et l'organisation ou les organisations syndicales représentatives dans l'entreprise ou l'établissement.

Quand un accord collectif est conclu par les représentants des salariés et des employeurs pour des entreprises d'un même secteur d'activité, il est appelé « accord de branche ». Il peut être national, régional, départemental voire catégoriel (par exemple pour les cadres).

Attention : les accords de branche peuvent être signés entre des entreprises exerçant dans le même secteur d'activité, mais ne faisant pas forcément partie de la même convention collective. Aussi, la convention collective possède un champ d'application plus vaste.

L'accord de branche apporte des précisions complémentaires au Code du travail sur des points précis. Il porte, par exemple, sur les conditions de travail et d'emploi, sur les droits sociaux, ou encore sur la mise en place de plans de formation.

Dès lors qu'il est membre d'une organisation syndicale signataire d'un accord de branche, l'employeur est tenu d'appliquer le texte à ses salariés. Mais il se peut aussi que plusieurs accords soient applicables à une même entreprise. Dans ce cas, la jurisprudence fait ressortir que toutes les normes restent applicables, mais que les salariés bénéficient du droit d'invoquer celles qui leur sont avantageuses. Ainsi, si l'employeur choisit d'appliquer volontairement une norme collective, cela ne peut se faire sans l'accord de ses salariés.

Les ordonnances Macron (22 septembre 2017) accordent une place prépondérante aux accords d'entreprise (par rapport aux accords de branche) sur bon nombre de thématiques sociales. L'une des ordonnances prévoit trois blocs de contenus :

- le bloc 1 est constitué de thématiques pour lesquelles les accords de branche l'emportent sur les accords d'entreprise, ces derniers ne pouvant prévoir que des mesures plus favorables que la branche ou au moins équivalentes à celles-ci. En voici les thèmes :
  - les salaires minima,
  - les classifications,
  - la mutualisation du financement du paritarisme,
  - la mutualisation des fonds de la formation,
  - les garanties collectives complémentaires,
  - la durée du travail (heures d'équivalence, définition du travailleur de nuit, durée minimale pour le temps partiel, complément d'heures, majoration des heures complémentaires, annualisation au-delà de un an),
  - les CDD (durée et renouvellement, durée de carence entre deux contrats) et la mise à disposition d'un intérimaire,
  - le CDI de chantier,
  - l'égalité professionnelle hommes-femmes,
  - les conditions et durées de renouvellement de la période d'essai,
  - la poursuite des contrats de travail entre deux prestataires,
  - la rémunération minimale du salarié porté et de l'indemnité d'apport d'affaires ;
- le bloc 2 est constitué de quatre thématiques sur lesquelles les branches souhaitent l'emporter sur les accords d'entreprise. Il s'agit de :
  - la prévention de l'exposition aux facteurs de pénibilité,

- l'insertion et le maintien dans l'emploi des handicapés,
- les conditions de désignation des délégués syndicaux (seuil d'effectif, nombre, parcours syndical),
- les primes pour travaux dangereux ou insalubres.

Dès l'instant que l'accord de branche prévoit une disposition sur l'un de ces thèmes et entend lui conférer un caractère impératif, l'accord d'entreprise ne peut, comme pour le bloc 1, que prévoir des mesures plus favorables ou au moins équivalentes à l'accord de branche.

Enfin, figurent dans le **bloc 3** toutes les thématiques qui n'appartiennent ni au bloc 1, ni au bloc 2. Pour celles-ci, l'accord d'entreprise peut s'affranchir des dispositions de branche. La seule limite est le respect des dispositions légales impératives.

La contrepartie à la liberté accrue donnée aux négociateurs d'entreprise est la généralisation, à partir du 1er mai 2018, des accords majoritaires. Aujourd'hui, seuls les accords qui portent sur la durée du travail et les congés doivent être signés par des syndicats représentant au moins 50 % des voix recueillies au premier tour des élections professionnelles en faveur des syndicats représentatifs.

Les ordonnances Macron facilitent également la signature d'accords d'entreprise dans les PME de moins de 50 salariés n'ayant pas de syndicat en leur sein. Les chefs d'entreprise de TPE employant moins de 20 salariés pourront désormais proposer un « projet d'accord » et demander sa ratification par deux tiers des salariés. Les entreprises de 11 à 49 salariés, dotées d'un Comité social et économique, pourront au choix conclure un accord avec soit les membres du CSE (qui ont recueilli au moins 50 % des voix au premier tour des élections), soit des salariés mandatés par un syndicat représentatif (l'accord devant être validé dans ce cas par la moitié des salariés).

Au-delà de 50 salariés, les ordonnances Macron n'ont rien changé : la signature d'un accord reste toujours possible avec, dans cet ordre-là, des délégués syndicaux s'ils existent ou à défaut avec des élus mandatés ou des élus non mandatés si aucun n'a opté pour le mandatement, ou encore avec des salariés mandatés si aucun élu n'a souhaité négocier.

Enfin, ces ordonnances Macron créent une instance unique de représentation du personnel : le CSE. Il fusionne les délégués du personnel (DP), le comité d'entreprise (CE) et le comité d'hygiène, de sécurité et des conditions de travail, et remplace la délégation unique du personnel (DUP) lorsqu'elle existait.

La création du CSE est l'aboutissement d'un processus de fusion des instances représentatives du personnel qui aura pris près de 25 ans. En effet, la loi quinquennale du 20 décembre 1993 avait créé la délégation unique du personnel, permettant aux entreprises de moins de 200 salariés de rapprocher délégués du personnel et comité d'entreprise. Puis, la loi Rebsamen du 17 août 2015 l'avait étendue aux entreprises de moins de 300 salariés et, surtout, avait inclus le CHSCT dans la nouvelle DUP. L'ordonnance du 22 septembre 2017 parachève donc cette évolution en imposant la mise en place du CSE, dans un délai relativement bref, au sein de toute entreprise employant au moins 11 salariés. L'employeur désireux de conserver trois institutions représentatives séparées ne le pourra plus au-delà de la période transitoire. Le passage en CSE est obligatoire et constitue une vraie instance unique, dotée de la personnalité civile et d'un budget. Il possède les mêmes prérogatives anciennement dévolues aux DP, CE et CHSCT.

Les règlements intérieurs

La troisième source est le règlement intérieur (C. trav., art. L. 1321-1 à L. 1321-6, R. 1321-1 à R. 1321-5). Il est **obligatoire dans les entreprises où sont habituellement employés au moins 50 salariés** (depuis le 1er janvier 2020. Auparavant le seuil n'était que de 20 salariés). C'est l'employeur et lui seul qui établit le règlement intérieur. Préalablement à son entrée en vigueur, l'employeur doit **recueillir l'avis du CSE.** La même procédure est applicable aux notes de service qui portent prescriptions générales et permanentes dans les matières du règlement intérieur, mais pas aux notes qui constituent une simple modalité d'application du règlement intérieur.

L'employeur doit simultanément :

- communiquer le règlement intérieur, en deux exemplaires, avec l'avis du CSE à l'inspecteur du travail ;
- déposer le règlement intérieur au secrétariat-greffe du conseil de prud'hommes dans le ressort duquel l'entreprise ou l'établissement est situé ;
- afficher le règlement intérieur à une place convenable et aisément accessible dans les locaux de travail ainsi qu'à la porte des locaux où a lieu l'embauche (C. trav., art. R. 1321-1).

Dans le règlement intérieur, l'employeur fixe exclusivement :

- les mesures d'application de la réglementation en matière d'hygiène et de sécurité ;
- les règles générales et permanentes relatives à la discipline et notamment la nature et l'échelle des sanctions que peut prendre l'employeur ;
- les droits de la défense du salarié tels qu'ils résultent des articles L. 1332-1 à L. 1332-4 du Code du travail.

Le règlement intérieur doit rappeler les dispositions relatives à l'abus d'autorité en matière de harcèlement sexuel, telles qu'elles résultent de la loi (C. trav., art. L. 1153-1 à L. 1153-6).

Dans un arrêt du 7 janvier 2015 (n° 13-15.630 F-D), la Cour de cassation précise que la durée maximale de la mise à pied doit figurer en priorité dans le règlement intérieur. À défaut, la mise à pied prononcée peut être annulée si le salarié en fait la demande, et ce même si la convention collective applicable comporte des dispositions fixant une durée maximale. L'absence de mention de la durée maximale dans le règlement intérieur ne peut être suppléée par les dispositions de la convention collective applicable.

Sont illicites certaines clauses, notamment :

- interdisant le mariage entre salariés ou interdisant à un salarié d'épouser une personne divorcée ;
- interdisant d'une manière absolue de chanter, siffler ou parler à ses collègues ;
- interdisant de porter des badges ou des insignes ;
- interdisant d'introduire un journal dans l'entreprise ;
- interdisant les discussions politiques ou religieuses ;
- obligeant les salariés à adopter un type de coiffure, etc.

En revanche, autoriser le contrôle d'alcoolémie de salariés qui exercent des fonctions susceptibles d'exposer des personnes ou des biens à un danger est admis, dès lors que les modalités de ce contrôle en permettent la contestation.

Voici à titre d'exemple, un véridique règlement intérieur, mais datant de 1845. Ceci pour montrer l'évolution du monde du travail en 175 ans. Il peut prêter aujourd'hui à sourire bien que ceux qui l'ont écrit n'avaient visiblement pas beaucoup d'humour.

RÈGLEMENT INTÉRIEUR D'UNE MANUFACTURE DE TEXTILE

Ce règlement fixe les conditions de travail des employés de bureau. Il date de 1845 environ.

Article 1. Piété, propreté et ponctualité font la force d'une bonne affaire.
Article 2. Notre firme, ayant considérablement réduit les horaires de travail, les employés de bureau n'auront plus à être présents que de 7 heures du matin à 6 heures le soir et ce, les jours de semaine seulement.
Article 3. Des prières seront dites chaque matin dans le grand bureau. Les employés de bureau y seront obligatoirement présents.
Article 4. L'habillement doit être du type le plus sobre. Les employés de bureau ne se laisseront pas aller aux fantaisies des vêtements de couleurs vives. Ils ne porteront pas de bas non plus, à moins que ceux-ci ne soient convenablement raccommodés.
Article 5. Dans les bureaux, on ne portera ni manteau, ni pardessus. Toutefois lorsque le temps sera particulièrement rigoureux, les écharpes, cache-nez et calottes seront autorisés.
Article 6. Notre firme met un poêle à la disposition des employés de bureau. Le charbon et le bois devront être enfermés dans le coffre destiné à cet effet. Afin qu'ils puissent se chauffer, il est recommandé à chacun des membres du personnel d'apporter chaque jour quatre livres de charbon pendant la saison froide.
Article 7. Aucun employé ne sera autorisé à quitter le bureau sans la permission de Monsieur le Directeur. Les appels de la nature sont cependant permis. Aussi, pour y céder les membres du personnel pourront utiliser le jardin au-dessous de la seconde grille. Bien entendu, cet espace devra être tenu dans un ordre parfait.
Article 8. Il est strictement interdit de parler durant les heures de bureau.
Article 9. La soif de tabac, de vin ou d'alcool est une faiblesse humaine, et, comme telle, interdite à tous les membres du personnel.
Article 10. Maintenant que les heures de bureau ont été énergiquement réduites, la prise de nourriture est encore autorisée entre 11 h 30 et midi, mais en aucun cas, le travail ne devra cesser pendant ce temps.
Article 11. Les employés de bureau fourniront leurs propres plumes. Un taille-plume est disponible, sur demande, chez Monsieur le Directeur.
Article 12. Un senior, désigné par Monsieur le Directeur, sera responsable du nettoyage et de la propreté de la grande salle ainsi que du bureau directorial. Les juniors et les jeunes se présenteront chez Monsieur le Directeur quarante minutes avant les prières et resteront après l'heure de fermeture pour procéder au nettoyage. Brosses, balais, serpillières et savon seront fournis par la Direction.
Article 13. Augmentés dernièrement les nouveaux salaires sont les suivants : cadets (jusqu'à 11 ans), 0,50 franc ; juniors (jusqu'à 14 ans), 1,45 franc ; employés, 7,50 francs ; seniors (après 15 ans de maison), 14,50 francs.
Les propriétaires reconnaissent et acceptent la générosité des nouvelles lois du travail mais attendent du personnel un accroissement considérable du rendement en compensation de ces conditions presque utopiques.

Les usages

La quatrième source est représentée par les usages. Ils consistent en des règles non écrites qui s'imposent à l'employeur. Ces règles tirent leurs forces obligatoires du fait qu'elles résultent d'une pratique d'application :

- générale : elles s'appliquent à l'ensemble du personnel ou à toute une catégorie bien identifiée ;
- constante : elles s'appliquent de manière systématique et répétée selon une antériorité significative ;
- fixe : elles correspondent à l'application d'une même règle identique ou quasi identique d'une période à l'autre.

Par exemple, le retard d'une heure ou deux le jour de la rentrée scolaire ou la possibilité de partir plus tôt la veille de Noël, sont souvent de simples usages d'entreprise, n'étant pas prévus par la convention collective ni par le contrat de travail.

Le transfert d'entreprise qui emporte transfert des contrats de travail n'a aucune incidence sur l'existence des usages : ceux-ci restent en vigueur.

Cependant, si un usage s'impose à l'employeur, celui-ci peut néanmoins s'en libérer selon certaines modalités. Pour être opposable aux salariés, la dénonciation doit faire l'objet :

- d'une information du CSE ;
- d'une information individuelle à chaque salarié concerné ;
- d'un délai de préavis suffisant pour permettre une éventuelle négociation collective. La durée de ce préavis dépend de l'importance et de la périodicité de l'usage mis en cause, la durée de trois mois étant un minimum préconisé.

La dénonciation d'un usage s'impose aux salariés. Il ne s'agit pas de la modification d'un élément du contrat de travail que le salarié peut refuser (sauf évidemment si l'usage figure dans le contrat de travail en tant qu'avantage contractuel). Les engagements unilatéraux pris par l'employeur par note de service ou ceux qui sont pris dans le cadre « d'accords » passés avec les délégués du personnel ou avec le comité d'entreprise ont la même valeur et le même régime juridique que les usages (il faut les distinguer des accords d'entreprise passés avec les organisations syndicales).

Le contrat de travail

Enfin, la dernière source est le contrat de travail. En effet, lors de son embauche, un salarié peut négocier des avantages supplémentaires et personnels. Il faudra bien sûr en tenir compte lors de l'établissement du bulletin de paie.

Les types de contrat de travail

La définition du contrat (« simple ») est donnée par le Code civil dans ses articles 1101 à 1152. Avant de définir le contrat de travail, il faut savoir qu'il en existe plusieurs types. Les définitions proposées sont en rapport direct avec le contrat de travail.

Contrat consensuel : c'est un contrat né valablement de l'échange des consentements. La forme écrite n'est exigée que pour la preuve du contrat (un contrat de travail verbal CDI est parfaitement valable mais en principe ne peut être prouvé que par des présomptions ou des témoignages).

Contrat *intuitu personae* : pour qu'il y ait contrat, il faut d'un côté une offre, de l'autre, une acceptation, et que les deux se rencontrent. Dans les contrats conclus *intuitu personae*, le caractère obligatoire de l'offre est limité dans la mesure où le pollicitant (personne dont émane l'offre) doit agréer la personne qui répondrait favorablement à l'offre (c'est le cas du contrat de travail).

Contrat mixte : les contrats sont soit commerciaux, soit civils. Mais un contrat mixte est civil pour l'une des parties et commercial pour l'autre. L'exemple type du contrat mixte est le cas d'un achat chez un commerçant (c'est le cas du contrat de travail si l'employeur est un commerçant).

Contrat synallagmatique : un contrat est dit « synallagmatique » lorsqu'un accord de volonté fait naître des obligations réciproques à la charge de chacune des parties. Il y a donc deux créanciers et deux débiteurs, même s'il n'y a que deux parties au contrat. Si l'une des parties ne tient pas ses obligations, l'autre est dispensée des siennes : c'est l'exception d'inexécution (c'est le cas du contrat de travail).

Contrat successif : un contrat est dit « successif » quand l'exécution de ce contrat se déroule dans le temps (c'est le cas du contrat de travail).

La définition du contrat de travail

Ceci nous amène à la définition du contrat de travail, qui n'est donnée ni par le Code du travail, ni par le Code civil, mais par la doctrine et la jurisprudence. Celles-ci énoncent donc que : le contrat de travail est une convention par laquelle une personne (le salarié) s'engage à mettre son activité au service d'une autre personne (l'employeur) sous la subordination de laquelle elle se place, moyennant une rémunération.

Trois éléments caractéristiques se dégagent de cette définition :

- **l'activité** : la prestation de travail peut être manuelle, intellectuelle ou artistique. Le contrat de travail présente donc un caractère successif, l'exécution de la prestation se prolongeant nécessairement dans le temps ;

À NOTER

Vous aurez remarqué que le salarié ne s'engage pas à mettre son « travail » au service de l'employeur, mais son « activité ». Pourquoi ? Parce que le mot « travail » a une connotation péjorative ; le mot latin qui a donné « travail » en français est tripalium, mot composé de tri (« trois ») et de palus (« pieu »). Le tripalium était une structure formée de trois pieux auxquels on attachait les bœufs ou les chevaux pour leur mettre des fers. Puis au VIe siècle, ce seront les criminels qui y seront attachés pour y être torturés. À partir de ce mot, on a inventé le mot tripaliare (« torturer sur un tripalium ») qui a donné au XIe siècle : travailler, dans le sens de « faire souffrir quelqu'un », ou « souffrir ». Dans la foulée est apparu le mot : travail, synonyme de « douleur, effort ». On parlait alors du « travail des femmes en couches » pour traduire l'accouchement. Petit à petit, l'idée de souffrance s'est atténuée et travailler a pris le sens de « tracasser, inquiéter » et de « fournir un effort ». Ce n'est qu'au XVIe siècle qu'il désigna l'action d'exercer une activité pour gagner sa vie. Enfin, si l'effort fourni est pénible, on lui donne le nom de labeur (du latin labor, traduit par « effort fatigant »). Ce labor donnera en français deux mots distincts : labour (« travail fatigant de la terre ») et labeur (« travail pénible »).

- **la rémunération** ou salaire : indispensable pour qu'il y ait contrat de travail, elle peut être versée en espèces ou revêtir la forme d'avantages en nature, en partie ou en totalité. Le contrat de travail présente aussi un caractère synallagmatique, les obligations réciproques des deux parties étant interdépendantes ; l'inobservation de ses obligations par l'une d'elles justifie le recours par l'autre à l'exception d'inexécution ou à la résiliation ;
- **le lien de subordination** : cet élément spécifique du contrat de travail permet de le distinguer d'autres contrats (mandat, contrat

d'entreprise, etc.). À la différence du travailleur indépendant, le salarié accepte de se placer sous l'autorité de son employeur.

Il faudra toujours avoir en mémoire ces trois éléments tout au long de cet ouvrage sur la paie, car toute la logique du bulletin en dépend.

De plus, l'article 1128 du Code civil exige trois conditions essentielles pour la validité d'un contrat :

- le consentement de la personne qui s'oblige ;
- sa capacité de contracter ;
- une cause licite dans l'obligation.

La nullité du contrat

L'exigence d'un consentement libre et conscient fait que celui-ci ne doit pas être entaché d'**un certain nombre de vices qui entraîneraient l'annulation** du contrat. Ce sont :

- l'erreur (appréciation inexacte portant sur une question de fait ou de droit) ;
- la violence (physique ou morale) ;
- le dol (manœuvres frauduleuses ayant pour but de tromper) ;
- la lésion (déséquilibre entre la valeur des prestations réciproques d'un contrat synallagmatique).

La **nullité** (relative ou absolue) entraîne l'anéantissement du contrat avec effet rétroactif, c'est-à-dire que le contrat sera réputé n'avoir jamais existé. Si le contrat a été exécuté, il faudra remettre les parties en l'état antérieur à l'exécution, sauf dans le cas des contrats successifs.

- La nullité est **absolue** lorsque la condition qui n'a pas été respectée tend à protéger :
  - l'intérêt général ;
  - l'ordre public (dispositions relatives à l'organisation politique de l'État et de la famille) ;
  - les bonnes mœurs (morale courante existant à un moment donné).
- La nullité est **relative** lorsque la condition qui n'a pas été respectée avait pour but de protéger l'une des parties au contrat.

Les parties engagées dans un réseau d'obligations contractuelles se trouvent enfermées dans ce réseau et ne peuvent en sortir que par deux moyens :

- **exécuter leurs obligations** ;

- décider d'un **commun accord** de mettre fin au contrat. On parle alors de « résiliation conventionnelle ». À la différence de la nullité, la résiliation n'a pas d'effet rétroactif. Si l'engagement n'a pas été encore commencé, on parlera alors de « révocation ». Mais l'exception générale la plus remarquable au principe de la force obligatoire des contrats réside dans le droit de « résiliation unilatérale », ce qui signifie que l'une des parties pourra, sans l'accord de l'autre, mettre fin au contrat. C'est le cas du contrat de travail à durée indéterminée.

Dernier cas d'extinction d'un contrat : l'inexécution de l'obligation d'une des parties par l'**action en nullité** (articles 1183 à 1185 du Code civil) qui doit être demandée en justice.

En outre, les deux parties du contrat (le salarié et l'employeur) s'engagent à respecter un certain nombre **d'obligations**.

Les obligations du salarié

Le salarié doit exécuter personnellement le travail qui lui est confié en respectant les ordres qui lui sont donnés. De plus, il a trois obligations :
- de **diligence**, c'est-à-dire qu'il doit prendre soin du matériel qui lui est confié, exécuter consciencieusement et avec promptitude son travail ;
- de **discipline** en respectant le règlement intérieur ;
- de **discrétion** et de loyauté vis-à-vis de son employeur, autrement dit, il est tenu au secret professionnel et doit s'abstenir de tout acte de concurrence. Cette dernière obligation se poursuit après la rupture du contrat de travail.

Les obligations de l'employeur

L'employeur doit :
- **procurer au salarié le travail convenu** et lui fournir tous les outils et moyens nécessaires à cette exécution ;
- **respecter la réglementation en vigueur** sur la durée du travail, le repos hebdomadaire, l'hygiène et la sécurité, la représentation du personnel, la liberté syndicale, ainsi que toutes les obligations mises à sa charge par une éventuelle convention collective ;
- **verser le salaire convenu** aux dates prévues ;
- **payer toutes les cotisations** sociales légales et conventionnelles.

Il doit également tenir un livre de paie (double des bulletins remis aux salariés) afin de permettre les contrôles éventuels de l'inspection du travail.

Le contenu du contrat de travail

En pratique, et en se référant notamment aux mentions obligatoires résultant de la directive communautaire du 14 octobre 1991, il est toujours utile de préciser par écrit dans le contrat l'identité des parties contractantes, la date d'engagement, la fonction, la classification et le coefficient hiérarchique, l'horaire de travail, le lieu d'exercice de l'activité, le montant (salaire et accessoires) et la périodicité de la rémunération, la durée de la période d'essai, la durée des congés payés, le rattachement à la convention collective applicable, le rappel de l'obligation de respecter les stipulations du règlement intérieur, la durée du préavis.

Les parties sont libres de faire figurer dans le contrat de travail toutes clauses dont elles sont convenues, à l'exception toutefois des clauses qui contreviendraient, dans un sens défavorable au salarié, à des dispositions d'ordre légal, réglementaire ou conventionnel, ou qui dérogeraient à des dispositions d'ordre public (par exemple, clause restreignant la liberté syndicale, clause de célibat, clause d'indexation, clause couperet, clause prévoyant une rémunération inférieure au Smic ou un congé payé inférieur à la durée légale). Enfin, l'employeur ne peut apporter, dans le cadre notamment d'un contrat de travail et par rapport aux droits des personnes et aux libertés individuelles et collectives, des restrictions qui ne seraient pas justifiées par la nature de la tâche à accomplir ni proportionnées au but recherché (C. trav., art. L. 1121-1).

Citons, pêle-mêle, quelques clauses parmi les plus usitées :

- clause relative à un **avantage en nature**. Si, par exemple, un employeur fournit à un salarié un logement, la valeur de ce logement devra être intégrée à la base de cotisations, peu importe que ce logement soit indispensable à l'exécution du travail (concierge) ou simplement utile à cette exécution (cadre). Peu importe également que le salarié paie un loyer à l'employeur. Si le logement est fourni à titre gratuit par l'employeur, il doit quand même en être tenu compte ;
- clause de **mobilité**. La clause de mobilité est une stipulation contractuelle par laquelle un salarié accepte à l'avance que son lieu de travail (mobilité géographique) ou que ses fonctions (mobi-

lité professionnelle) soient modifiés. Il a été jugé qu'une clause de mobilité ne peut imposer à un salarié de transférer son domicile personnel et familial si elle n'est pas indispensable à la protection des intérêts légitimes de l'entreprise ni proportionnée, compte tenu de l'emploi occupé et du travail demandé, au but recherché. Une mutation opérée en application d'une clause de mobilité n'est pas une modification du contrat de travail. Tout refus du salarié constitue un motif réel et sérieux de licenciement, voire une faute grave;

- clause de **dédit-formation**. En contrepartie de la formation donnée par l'employeur, le salarié prend l'engagement de rester un certain temps au service de son employeur, sous peine de devoir rembourser tout ou partie des frais engagés. De telles clauses sont admises, sauf interdiction légale expresse. Cependant, pour être valable, la clause doit remplir certaines conditions: le salarié doit avoir bénéficié d'une formation dont la société a avancé le coût supérieur aux obligations légales ou conventionnelles, il doit avoir conservé la faculté de rompre à tout moment le contrat de travail et, enfin, une proportionnalité entre les dépenses engagées par l'employeur et l'obligation du salarié doit exister;
- clause de **non-concurrence**. Il faut bien faire la différence entre l'interdiction d'exercer pour un salarié, pendant toute la durée de son contrat, pour son propre compte ou pour le compte d'une autre entreprise, une activité concurrente de celle de son employeur et la clause spécifique de non-concurrence. On appelle «clause de non-concurrence» (ou «obligation de non-concurrence») une disposition écrite figurant dans un contrat de travail (ou dans une convention collective) dont l'objet est d'interdire à un ancien salarié, après son départ de l'entreprise, l'exercice d'une activité professionnelle concurrente qui porterait atteinte aux intérêts de son ancien employeur. Il n'existe aucun texte légal ou réglementaire définissant les conditions de validité et d'application des clauses de non-concurrence: celles-ci sont prévues soit par les contrats individuels de travail, soit par les conventions collectives, et la jurisprudence en assure le contrôle. La clause de non-concurrence doit contenir quatre précisions dans son énoncé:
  - limitation dans le temps. Elle doit être limitée dans le temps même si, parfois, la durée de l'interdiction de concurrence peut être fort longue, mais seulement si le champ d'application territorial de cette interdiction est très réduit ou si les connaissances professionnelles du salarié lui permettent de retrouver sans difficulté un emploi dans une autre branche professionnelle,

- limitation dans l'espace. Le secteur où s'applique l'interdiction de concurrence doit être précisément défini. À défaut, la clause de non-concurrence peut être déclarée nulle. Ainsi, la clause de non-concurrence d'une directrice de magasin lui interdisant d'exercer pendant trois ans une activité concurrente dans les départements où était implantée la société est nulle en raison notamment de sa délimitation imprécise qui ne permettait pas, au moment de la conclusion du contrat de travail, de connaître réellement le secteur protégé,
- limitation concernant la nature de l'activité. En troisième lieu, il est nécessaire que la clause de non-concurrence soit limitée à un secteur d'activité bien défini et qu'elle n'empêche pas le salarié de retrouver un emploi conforme à ses compétences. Elle doit *« laisser au salarié la possibilité d'exercer normalement l'activité professionnelle qui lui est propre »*,
- contrepartie financière. Depuis le 10 juillet 2002 (Cass. soc., n° 00-45.135), il est exigé une contrepartie financière pour le salarié. Une clause de non-concurrence ne comportant pas de contrepartie financière n'est donc plus licite : elle est nulle (alors qu'avant, elle était jugée nulle seulement *« lorsqu'elle mettait le salarié dans l'impossibilité d'exercer de façon normale la seule activité conforme à sa formation, sa qualification ou sa spécialité »*) ! Attention à l'effet rétroactif : les clauses signées sans contrepartie avant le 10 juillet 2002 sont désormais dépourvues d'effet et le salarié libéré de ses obligations. Il est donc conseillé de renégocier les clauses de non-concurrence en fixant le montant de la contrepartie financière.

Les litiges portant sur la validité ou l'exécution d'une clause de non-concurrence doivent être portés devant le conseil de prud'hommes. En effet, bien que ces litiges aient lieu après la cessation du contrat de travail, ils portent justement sur un élément de ce contrat. C'est donc le conseil de prud'hommes qui doit être saisi par le salarié qui veut faire annuler la clause de non-concurrence ou par l'employeur qui entend faire sanctionner la violation de la clause par le salarié (celui-ci pouvant alors, par demande reconventionnelle, tenter d'en obtenir l'annulation). La violation d'une clause de non-concurrence peut en outre constituer un trouble manifestement illicite justifiant la compétence du juge des référés du conseil de prud'hommes ;

- clause de **discrétion**. Bien qu'elle soit toujours sous-entendue dans le contrat de travail, certains employeurs préfèrent la rappeler « noir sur blanc » sur le contrat de travail écrit, de façon à ce qu'il n'y ait aucun malentendu. À ne pas confondre avec la clause de confidentialité qui s'adresse encore plus précisément aux salariés ayant accès à des informations à ne pas divulguer, ni aux autres salariés, ni à l'extérieur de l'entreprise ;

- clause d'**exclusivité**. Le salarié s'engage en signant cette clause à ne pas travailler pour un autre employeur tant qu'il est sous contrat de travail avec l'employeur avec lequel il est employé. Attention : cette clause est interdite pour les salariés à temps partiel !

Les différentes formes du contrat de travail

Il existe différents types de contrat. Bien sûr, selon leurs formes, certaines lignes du bulletin seront différentes. Le but de ce livre n'étant pas d'en faire une liste exhaustive, nous éliminerons les contrats dits « aidés », destinés selon les cas à résorber le chômage ou à créer plus de flexibilité (ce qui, selon les situations et les interlocuteurs, est aussi interprété comme la création de situations de précarité). Les principaux types de contrat sont donc au nombre de trois.

Le contrat de travail temporaire (appelé aussi « contrat d'intérim »)

Le CTT est un contrat conclu entre un salarié et une agence de travail temporaire. Le salaire est fixé par l'entreprise au sein de laquelle est placé le salarié, en fonction du poste occupé et du profil. Cependant, c'est l'agence de travail temporaire qui reste l'employeur. S'ajoute au salaire une indemnité de fin de mission équivalente à 10 % du salaire brut hors congés payés. Cette indemnité a pour but de compenser le caractère précaire d'un CTT.

L'entreprise qui emploie des « intérimaires » n'établit pas de bulletins de paie pour eux ; elle paie des factures à l'agence d'intérim. Chaque mois (ou chaque semaine), elle envoie également des relevés d'heures (ou fiches de présence) qui serviront à l'agence de travail temporaire pour établir les bulletins de paie.

Attention, le salarié temporaire bénéficie des mêmes droits que les autres salariés, en ce qui concerne la durée du travail, le travail de nuit, le repos hebdomadaire et les jours fériés, la santé et la sécurité au travail, le travail des femmes, des enfants et des jeunes, l'accès aux moyens de transport collectifs et aux installations collectives (restauration, vestiaires...).

Le contrat à durée déterminée (CDD)

Définition

Comme son nom l'indique, ce contrat est conclu pour une durée limitée. L'ordonnance du 5 février 1982 fait des CDD des contrats d'exceptions (alors que, fin 2018, 88 % des contrats de travail signés par les entreprises sont des CDD – source DARES Analyses). Le Code du travail prévoit que « *le contrat de travail à durée déterminée ne peut être conclu que pour l'exécution d'une tâche précise [art. L. 1242-2] et ne peut avoir pour objet ni pour effet de pourvoir durablement un emploi lié à l'activité normale et permanente de l'entreprise [art. L. 1242-1]* ».

Deux conditions donc :
- l'exigence d'une **tâche précise** (d'où la détermination sans ambiguïté de cette tâche) ;
- **ne pas pourvoir durablement**... (c'est pourquoi un CDD ne peut pas être de longue durée et aussi pourquoi une succession de contrats sur un même emploi est prohibée).

Attention : Le recours répété au CDD de remplacement ne rend pas la requalification systématique en CDI. En effet, dans un arrêt du 14 février 2018, la Cour de cassation dit que le fait que l'employeur procède à des remplacements temporaires de façon récurrente, voire permanente, n'implique ni l'absence d'une cause objective de recours au CDD ni l'existence d'un abus (Cass. soc. 14 février 2018, n° 16-17.966 FS-PB).

Si le contrat est conclu de **date à date, il est renouvelable deux fois** (depuis le 19 août 2015, il ne l'était qu'une seule fois avant cette date) **et sa durée totale**, compte tenu des éventuels renouvellements, **ne peut excéder 18 mois.** Cependant, il y a des exceptions : ce sera 24 mois maximum si le contrat est exécuté à l'étranger ou de commande exceptionnelle à l'exportation, mais seulement 9 mois si le CDD est conclu en cas d'attente d'entrée effective d'un CDI, en cas de remplacement d'un CDI quittant définitivement l'entreprise avant la suppression de son poste, en cas de travaux urgents de sécurité (C. trav., art. L. 1242-8-1).

En revanche, si le contrat a été conclu pour le remplacement d'un salarié absent, il doit comporter une durée minimale et il a alors pour terme la fin de l'absence du salarié remplacé, quelle que soit la durée de celle-ci ou la date à laquelle il sera connu avec certitude que celui-ci ne reprendra jamais ses fonctions.

Cas de recours au CDD (C. trav., art. L. 1242-2 à L. 1242-8)

- Remplacement d'un salarié absent ou dont le contrat de travail est suspendu.
- Remplacement dans l'attente de l'entrée effective d'un salarié en CDI.
- Remplacement d'un salarié quittant définitivement l'entreprise avant la suppression de son poste.
- Accroissement temporaire d'activité.
- Travaux urgents de sécurité.
- Commande exceptionnelle à l'exportation.
- Variation cyclique d'activité.
- Emplois saisonniers.
- Emplois temporaires du fait d'un usage constant.

Interdiction de recours

Attention : il est interdit de recourir au CDD pour le motif d'accroissement temporaire d'activité dans un établissement où il a été procédé à un licenciement pour motif économique dans les 6 mois qui suivent ce licenciement (C. trav., art. L. 1242-5). L'interdiction ne vise que le poste concerné par ledit licenciement économique. Le point de départ du délai de 6 mois s'apprécie en fonction de la date de notification du licenciement adressée au salarié ayant occupé auparavant ce même poste.

Il existe deux dérogations : l'interdiction ne s'applique pas lorsque la durée du contrat non susceptible de renouvellement n'excède pas trois mois et ce, quel que soit le cas du recours envisagé. Elle ne s'applique pas non plus dans le cas d'une commande exceptionnelle à l'exportation et le contrat peut être alors d'une durée de 24 mois.

Attention : à l'expiration du CDD, il ne peut être recouru avec le salarié dont le contrat a pris fin, ni à un nouveau CDD, ni à un CTT avant l'expiration d'une période égale :
- au tiers de la durée de ce contrat lorsque celle-ci est au moins égale à 14 jours calendaires ;
- à la moitié de la durée du contrat pour les contrats inférieurs à 14 jours calendaires.

Ce délai est appelé « délai de carence » ou encore « tiers-temps » et il se calcule d'après les jours d'ouverture (précisément « jours d'activité ») de l'entreprise. Les CDD qui seraient signés sans respecter ce délai seraient considérés comme des CDI.

Chaque règle ayant ses exceptions, cette restriction ne s'applique pas en cas :
- de nouvelle absence du salarié remplacé ;
- de contrat saisonnier ;
- de travaux urgents de sécurité.

Obligation d'un écrit

Le CDD doit **obligatoirement** être établi par écrit et comporter la définition précise de son motif. À défaut, il est réputé conclu pour une durée indéterminée (C. trav., art. L. 1242-12). De plus, il doit comporter des **mentions obligatoires** :
- **le nom et la qualification du salarié remplacé** lorsqu'il est conclu en cas de remplacement d'un salarié ;
- **la date d'échéance du terme** et une clause de renouvellement lorsqu'il comporte un terme précis ;
- **la durée minimale** pour laquelle il est conclu lorsqu'il ne comporte pas de terme précis ;
- **la désignation du poste de travail** en précisant l'emploi occupé et si ce poste figure sur la liste prévue à l'article L. 4154-2 ;
- **l'intitulé de la convention collective** applicable ;
- **la durée de la période d'essai** éventuellement prévue ;
- **le montant de la rémunération** et de ses différentes composantes, y compris, s'il en existe, les primes et accessoires de salaire ;
- **le nom et l'adresse de la caisse de retraite complémentaire** ainsi que, le cas échéant, ceux de l'organisme de prévoyance.

Le contrat, signé par les deux parties, doit être **transmis au salarié** au plus tard **dans les deux jours** suivant l'embauche (art. L1242-13).

Rémunération

La rémunération, au sens de l'article L. 3221-2, que perçoit le salarié sous CDD **ne peut être inférieure au montant de la rémunération** que percevrait, dans l'entreprise où il travaille, après période d'essai, **un salarié sous CDI de qualification équivalente et occupant les mêmes fonctions**.
De même, toutes les dispositions légales, conventionnelles ainsi que celle résultant des usages applicables aux CDI s'appliquent aux CDD à

l'exception de celles concernant la rupture du contrat (C. trav., art. L. 1242-14).

Suspension

Le CDD peut être suspendu dans les mêmes conditions que le CDI. L'article L. 1243-6 précise qu'une telle suspension ne fait pas obstacle à l'échéance du terme.

Fin du CDD

Le CDD cesse normalement à l'échéance du terme (C. trav., art. L. 1243-5). Mais le Code du travail permet la résiliation anticipée du CDD dans quatre cas : en cas de **faute grave du salarié**, en cas de force majeure, en cas de **commun accord des parties** et, depuis le 1er juillet 2002, en cas d'**obtention d'un CDI.** De plus, le Code civil, dans son article 1183, prévoit l'action en nullité. Donc, selon l'article L. 1243-4, en dehors de ces cinq cas, la rupture du contrat au cours de sa durée ouvre droit au bénéfice de la partie qui la subit, à des dommages et intérêts correspondant, soit au préjudice subi s'il s'agit de l'employeur, soit au moins au montant des rémunérations qui auraient été perçues jusqu'au terme du contrat s'il s'agit du salarié.

Indemnité de fin du CDD

L'article L. 1243-8 du Code du travail prévoit le versement au salarié, lorsque les relations contractuelles ne se poursuivent pas par un CDI, **d'une indemnité** *« destinée à compenser la précarité de son contrat »* appelée « indemnité de précarité d'emploi » ou encore « indemnité de fin de contrat ». Toutefois, cette indemnité n'a pas à être versée en cas :

- de rupture anticipée due à l'initiative du salarié, à sa faute grave ou à un cas de force majeure ;
- de refus du salarié d'être embauché sous CDI (à un poste identique, assorti d'une rémunération équivalente et d'une durée de travail égale) ;
- de rupture pendant la période d'essai.

Par ailleurs, ne donnent pas droit à cette indemnité les CDD conclus :

- pour pourvoir des emplois de caractère saisonnier ;
- dans les secteurs où il est d'usage de ne pas recourir au CDI pour les emplois temporaires ;
- dans le cadre des dispositions législatives ou réglementaires destinées à favoriser l'embauche ;

- avec l'obligation pour l'employeur d'apporter au salarié un complément de formation ;
- avec des jeunes pendant leurs vacances scolaires ou universitaires.

Pour tous les contrats conclus (ou renouvelés) depuis le 20 janvier 2002, cette indemnité doit être **égale à 10 %** (au lieu de 6 % sous le régime antérieur) **de la rémunération totale brute.** Le taux de l'indemnité s'applique à la totalité de la rémunération brute, y compris les majorations, indemnités et primes diverses, telles que primes de vacances, primes de fin d'année, primes de treizième mois perçues par le salarié titulaire d'un CDD (Circ. DRT n° 92-14, 29 août 1992).

Elle est donc soumise à toutes les règles concernant les salaires. En particulier, elle doit être incluse dans l'assiette de calcul de l'indemnité compensatrice de congés payés. En revanche, l'indemnité de fin de contrat ne doit pas être prise en compte lorsqu'il s'agit de vérifier que la rémunération des salariés sous contrat à durée déterminée est la même, pour le même emploi, que celle des salariés sous contrat à durée indéterminée. Elle est aussi soumise à l'impôt sur le revenu, aux cotisations de Sécurité sociale, à la CSG et à la CRDS (C. Séc. soc., art. L. 242-1).

À NOTER

Certaines entreprises appliquent toujours le taux de 6 % (C. trav., art. L.1243-9) en raison d'un accord collectif étendu, à la condition expresse que l'employeur propose au salarié concerné des contreparties en matière d'accès à la formation professionnelle (ce qui est rarement le cas pour des CDD très courts).

Entre ces CDD « classiques » et le CDI, la loi n° 2008-596 du 25 juin 2008 a créé un CDD conclu pour la réalisation « d'un objet défini ». Ce CDD à objet défini a été conçu pour le recrutement d'ingénieurs ou cadres pour la réalisation d'une tâche précise, nécessairement temporaire, telle que la création d'un service, d'un produit. Le recours à ce CDD à objet défini est subordonné à la conclusion d'un accord de branche étendu ou d'entreprise. La durée de ce CDD est comprise entre 18 et 36 mois, et n'est pas renouvelable. Il prend naturellement fin lorsque l'objet pour lequel il a été conclu est réalisé (après un délai de prévenance de 2 mois de la part de l'employeur). Mais il peut également être rompu après 18 mois pour un motif réel et sérieux. Comme le CDD « classique », il ouvre droit à une indemnité de précarité emploi dans les mêmes conditions avec toutefois deux nuances :
– même si le salarié refuse le CDI proposé par l'employeur ;

- ou si ce CDI accepté par le salarié offre des conditions moins avantageuses que le CDD.

Le contrat à durée indéterminée (CDI)

Ce contrat à l'origine verbal est obligatoirement écrit pour les salariés à temps partiel, pour le travail exécuté à l'étranger, lorsque l'aptitude par la médecine du travail est requise, lorsque la convention collective le prévoit. Néanmoins dans n'importe quel cas, nous vous conseillons de l'écrire.

Il est conclu entre un employeur et le salarié sans limitation de durée. L'employeur peut soumettre la validité du contrat à l'aptitude constatée à l'occasion de la visite d'information et de prévention obligatoire à l'embauche. Si le contrat doit être exécuté sur le territoire français, il doit obligatoirement être rédigé en français. Si le salarié est étranger, à sa demande une traduction du contrat sera rédigée dans la langue de ce dernier. Le CDI est aujourd'hui la forme normale du contrat de travail. Il peut être rompu sur décision unilatérale soit de l'employeur (licenciement, mise à la retraite), soit du salarié (démission, départ à la retraite) en respectant quelques procédures que nous traiterons dans le chapitre consacré à la rupture du contrat de travail.

Le CDI de chantier ou d'opération

Le contrat de chantier ou d'opération est un contrat à durée indéterminée (CDI) conclu pour la durée d'un chantier ou d'une opération. Il a pour spécificité de pouvoir être valablement rompu par l'employeur lorsque le chantier pour lequel le salarié a été recruté est achevé ou l'opération réalisée.

Dans le but de sécuriser le recours à ce type de contrat et afin d'offrir des garanties aux salariés concernés, **l'ordonnance du 22 septembre 2017** confie aux représentants des salariés et des employeurs le soin de fixer, dans une convention ou un accord collectif de branche étendu, les conditions dans lesquelles il sera possible de recourir à un tel contrat, en précisant les clauses qui devront obligatoirement figurer dans cette convention ou cet accord. À défaut de convention ou d'accord, ce contrat ne peut être conclu que dans les secteurs où son usage est habituel et conforme à l'exercice régulier de la profession, pour les secteurs qui y ont déjà recours au 1er janvier 2017 (c'est-à-dire principalement le secteur du BTP ou de la construction navale).

Depuis le 24 septembre 2017, toutes les branches d'activité, dès lors qu'elles ont négocié et conclu une convention ou un accord collectif étendu qui en fixe les conditions et modalités de mise en œuvre peuvent recourir à ce CDI de chantier ou d'opération.

Cette convention ou cet accord collectif doit ainsi obligatoirement préciser :

- la taille des entreprises concernées ;
- les activités concernées ;
- les mesures d'information du salarié sur la nature de son contrat ;
- les contreparties en termes de rémunération et d'indemnité de licenciement accordées aux salariés ;
- les garanties en termes de formation pour les salariés concernés ;
- les modalités adaptées de rupture de ce contrat dans l'hypothèse où le chantier ou l'opération pour lequel ce contrat a été conclu ne peut pas se réaliser ou se termine de manière anticipée.

Lorsque, à l'achèvement du chantier ou de l'opération, le contrat est rompu, le salarié (s'il remplit les conditions légales et réglementaires en vigueur) perçoit une indemnité de licenciement et non pas l'indemnité de précarité prévue pour les CDD.

La période d'essai

Le contrat de travail n'est conclu qu'à partir du moment où il y a rencontre entre la volonté de l'employeur et celle du candidat à l'emploi, si le consentement des parties n'a pas été vicié. Au lieu de s'engager immédiatement et de façon définitive, les parties peuvent convenir de procéder à un essai. À ceci, il y a un intérêt pour les deux contractants : l'employeur portera un jugement mieux éclairé sur la compétence et l'aptitude professionnelle du salarié, et celui-ci vérifiera si la tâche confiée lui convient. Si l'essai se révèle satisfaisant, le contrat revêtira un caractère définitif. Sinon, chaque partie reprendra sa liberté sans formalité particulière.

Le régime de la période d'essai du contrat à durée indéterminée a été institué par la loi n° 2008-596 du 25 juin 2008 et est défini aux articles L. 1221-19 à L. 1221-26 du Code du travail. La période d'essai et la possibilité de la renouveler ne sont pas obligatoires et ne se présument pas. Elles n'existent que si elles sont expressément prévues par la lettre d'engagement ou le contrat de travail (C. trav., art. L. 1221-23). Il ne suffit donc plus qu'une période d'essai soit prévue dans la convention collective applicable à l'entreprise pour qu'elle puisse lui être valablement imposée. À défaut de mention contractuelle, le salarié n'est pas soumis à une période d'essai.

La durée initiale maximale de la période d'essai du CDI est fixée, selon l'article L. 1221-19, à :

- **deux mois** pour les ouvriers et les employés ;
- **trois mois** pour les agents de maîtrise et techniciens ;
- **quatre mois** pour les cadres.

La période d'essai prévue en jours se décompte toujours en jours travaillés.

En cas d'embauche à la suite d'un stage intégré à un cursus pédagogique réalisé lors de la dernière année d'études, la durée de ce stage est déduite de la période d'essai, sans que cela ait pour effet de réduire cette dernière de plus de la moitié, sauf accord collectif prévoyant des dispositions plus favorables (C. trav., art. L. 1221-24). Si un contrat d'apprentissage est suivi de la signature d'un CDI, aucune période d'essai ne peut être imposée sauf dispositions conventionnelles contraires (C. trav., art. L. 6222-16).

La période d'essai **peut être renouvelée une fois** à condition :

- qu'un accord de branche étendu le permette. Cet accord fixe les conditions et les durées de renouvellement (C. trav., art. L. 1221-21) ;
- que la lettre d'engagement ou le contrat de travail le stipule expressément (C. trav., art. L. 1221-23).

La jurisprudence subordonne le renouvellement de la période d'essai à un accord exprès des parties intervenu durant la période initiale (Cass. soc., 23 janvier 1997).

Pour les **CDD**, la période d'essai ne peut excéder une durée calculée à raison d'un jour par semaine, dans la limite :

- de deux semaines lorsque la durée initialement prévue au contrat est au plus égale à six mois ;
- d'un mois lorsque la durée initialement prévue au contrat est supérieure à six mois (C. trav., art. L. 1242-10).

Pour les **contrats à temps partiel**, la durée de la période d'essai dépend de la nature du contrat (CDI ou CDD). En application du principe d'égalité, la période d'essai du salarié à temps partiel ne peut avoir une durée calendaire supérieure à celle du salarié à temps complet (C. trav., art. L. 3123-9).

Pour les **contrats de travail temporaire**, la durée de la période d'essai ne peut excéder :

- deux jours si le contrat est conclu pour une durée inférieure ou égale à un mois ;
- trois jours si le contrat est conclu pour une durée supérieure à un mois et inférieure ou égale à deux mois ;
- cinq jours au-delà de deux mois (C. trav., art. L. 1251-14).

Le **contrat de travail d'un VRP** peut comporter une période d'essai dont la durée ne peut être supérieure à trois mois (C. trav., art. L. 7313-5).

Le **contrat d'apprentissage** peut être rompu par l'une ou l'autre des parties pendant les deux premiers mois de l'apprentissage (C. trav., art. L. 6222-18).

La période d'essai commence **dès le premier jour travaillé**. Les parties ne peuvent en différer le point de départ (Cass. soc., 5 juillet 2005). La durée de la période d'essai se décompte en mois calendaires. Par exemple, une période d'essai de deux mois commencée un 15 février prend fin le 14 avril à minuit. L'engagement du salarié devient automatiquement définitif s'il poursuit son activité au-delà du terme de la période d'essai sans que l'employeur ait exprimé sa volonté d'y mettre fin.

Dans la mesure où la période d'essai a pour but de permettre aux parties de tester leurs relations contractuelles, il en résulte qu'elle consiste nécessairement en une période de travail effectif et d'exécution normale du contrat de travail. Les périodes de suspension du contrat de travail (maladie, fermeture de l'entreprise, congés payés, etc.) entraînent donc la suspension de la période d'essai. La période d'essai est ainsi prolongée d'une durée égale à la suspension.

L'employeur ou le salarié peuvent **mettre fin au contrat de travail** à tout moment au cours de la période d'essai, sous réserve du respect d'un délai de prévenance (C. trav., art. L. 1221-25 et L. 1221-26). La durée de ce délai diffère selon que c'est l'employeur ou le salarié qui met fin au contrat.

- Si c'est l'employeur, ce délai ne peut être inférieur à :
  - 24 heures en deçà de 8 jours de présence ;
  - 48 heures entre 8 jours et 1 mois de présence ;
  - 2 semaines entre 1 et 3 mois de présence ;
  - 1 mois après 3 mois de présence (C. trav., art. L. 1221-25).

Il en est de même pour le CDD stipulant une période d'essai d'au moins une semaine (C. trav., art. L. 1221-25).

- Si c'est le salarié, celui-ci doit respecter un délai de prévenance de 48 heures, ramené à 24 heures en deçà de 8 jours de présence dans l'entreprise (C. trav., art. L. 1221-26).

Enfin, en cas de **rupture du contrat de travail** au cours de la période d'essai, il n'y a pas de licenciement, ni d'effacement rétroactif des obligations. Attention toutefois, ce droit est non absolu et est susceptible d'abus dans certains cas (femme enceinte, rupture discriminatoire par exemple). Il n'y a pas d'entretien préalable et la rupture peut être signifiée verbalement (même si, pour des questions de preuve, il est fortement conseillé de notifier la rupture de la période d'essai par lettre recommandée avec avis de réception, ou LR AR) sans qu'il y ait besoin de motivation.

La déclaration préalable à l'embauche

Le recrutement d'un salarié entraîne pour l'employeur certaines formalités vis-à-vis de l'administration, notamment celle relative la déclaration préalable à l'embauche (DPAE). Attention, la démarche est à effectuer auprès de la Préfecture pour les salariés étrangers non européens (demande d'autorisation de travail ou d'authentification par www.service-public.fr).

En effet, l'embauche d'un salarié ne peut intervenir qu'après déclaration nominative accomplie par l'employeur auprès des organismes de protection sociale désignés à cet effet (Urssaf ou MSA – Mutualité sociale agricole – pour les salariés agricoles), et ce, quelles que soient la durée et la nature du contrat de travail envisagé.

À défaut de déclaration, l'employeur encourt diverses sanctions, notamment pénales et administratives pour dissimulation d'emploi salarié.

Tout a commencé par la loi n° 91-1383 du 31 décembre 1991 qui a institué une déclaration unique à l'embauche à effectuer auprès des organismes de protection sociale par l'art. L. 320 (texte d'application générale entre le 1er mars 1993 et le 28 février 2008).
Depuis le 1er mars 2008, les textes rendant cette déclaration préalable à l'embauche obligatoire à tous les employeurs quels que soient l'ef-

fectif de l'entreprise, sa forme juridique et la nature de son activité se trouvent dans le Code du travail aux articles L. 1221-10 et L. 1221-11.

Le portail officiel des déclarations sociales en ligne met à la disposition des employeurs un ensemble de services, dans un espace sécurisé, leur permettant, notamment, de procéder à la DPAE : www.due.urssaf.fr.

La déclaration peut également s'effectuer par téléphone, par fax ou par lettre recommandée avec avis de réception.

Elle doit être adressée par l'employeur à l'organisme de recouvrement des cotisations de Sécurité sociale du régime dont relève le salarié concerné pour la couverture des prestations en nature de l'assurance maladie. L'organisme destinataire est donc l'Urssaf ou la Caisse de Mutualité sociale agricole dans le ressort territorial de laquelle est situé l'établissement qui doit employer le salarié. L'employeur peut aussi se déplacer dans les locaux de l'organisme de protection sociale.

Le contenu de la déclaration

Elle doit comporter les mentions suivantes :
- dénomination sociale ou nom et prénom de l'employeur, code Naf, adresse de l'employeur, numéro Siret ou numéro Urssaf, le service de santé dont dépend l'employeur s'il relève du régime général ;
- nom patronymique, prénom, nationalité, sexe, date et lieu de naissance du salarié ainsi que son numéro national d'identification ;
- date et heure d'embauche ;
- nature et durée du contrat, ainsi que la durée de la période d'essai pour les CDI et les CDD de plus de six mois.

L'envoi

Elle doit être adressée au plus tôt dans les huit jours précédant la date présumée de l'embauche. L'envoi est possible par télécommunication, télématique, échange de données informatisées, télécopie ou lettre datée et signée de l'employeur et postée en recommandé avec accusé de réception, au plus tard le dernier jour ouvrable précédant l'embauche.

Dans les cinq jours ouvrables suivant celui de la réception de la déclaration, l'organisme destinataire adresse à l'employeur un document accusant réception de la déclaration et mentionnant les informations enregistrées. À défaut de contestation par l'employeur des informations figurant sur ce document, dans le délai de deux jours ouvrables suivant la réception de celui-ci, ledit document vaut preuve de la déclaration préalable d'embauche.

Les documents à remettre au salarié

L'accusé de réception comporte un volet détachable, mentionnant les informations contenues dans la déclaration, que l'employeur doit remettre sans délai au salarié. Toutefois, l'employeur peut être dispensé de cette formalité s'il a délivré au salarié un contrat de travail écrit accompagné de la mention de l'organisme destinataire de la déclaration préalable d'embauche. Depuis le 1er janvier 2015, seules les entreprises qui ont effectué leurs déclarations en ligne peuvent obtenir des accusés de réception. (Il n'y a plus d'accusé de réception pour les entreprises qui transmettent leurs DPAE par voie postale ou télécopie.)

Le contrôle

L'employeur est tenu de présenter à toute réquisition des agents de contrôle habilités à relever les infractions en matière de travail clandestin, l'accusé de réception de la déclaration qui doit être conservé jusqu'à la délivrance du premier bulletin de paie. Toute infraction à cette obligation entraine une pénalité dont le montant est déterminé dans l'article L. 3231-12 du Code du travail.

4. L'organisation juridictionnelle

Ces sources du droit du travail étant vues, il nous faut parler aussi de l'organisation juridictionnelle en France, car il n'est pas impossible qu'il y ait des conflits entre l'employeur et ses salariés.

Elle repose sur le principe de **séparation des autorités** administratives et judiciaires :
- la juridiction administrative applique les règles de droit public ;
- la juridiction judiciaire applique les règles de droit privé.

Le **tribunal des conflits** est composé de juges des deux ordres et présidé par le garde des Sceaux. Sa mission consiste à déterminer, en cas de doute, l'ordre juridictionnel compétent.

La juridiction administrative

Elle est composée :
- des tribunaux administratifs et des cours administratives d'appel (au nombre de 31), chaque tribunal comporte un président et un nombre variable de conseillers dont l'un au moins assure la fonction de commissaire du gouvernement dont le rôle est d'exposer « en toute indépendance » les règles de droit applicables à chaque affaire. Les tribunaux administratifs statuent en premier ressort, leurs jugements peuvent donc faire l'objet d'un appel ;
- du Conseil d'État, qui a un rôle consultatif à l'origine puis un rôle juridictionnel : six sections (cinq administratives et une dédiée aux contentieux), 180 membres présidés par le Premier ministre suppléé, en réalité, par le garde des Sceaux. Il est juge en premier et dernier ressort. En tant que juge de cassation, il détient les moyens d'imposer son interprétation, soit par le biais du recours ordinaire que constitue l'appel, soit par le biais du recours extraordinaire de la cassation. Il joue un rôle essentiel d'unification de l'interprétation de la règle de droit qui permet l'élaboration d'une jurisprudence digne de ce nom.

La juridiction judiciaire

Elle est composée :
- des magistrats du siège, assurant leurs fonctions en siégeant à l'audience. Eux seuls ont la charge de juger. Ils sont indépendants du pouvoir exécutif ;

- des magistrats du parquet, requérant debout. Ils constituent le ministère public. Agents du pouvoir exécutif, ils n'ont pas à juger. Ils représentent la société et requièrent l'application de la loi. Ils ne sont pas indépendants mais subordonnés au garde des Sceaux.

Et elle comprend :
- les **juridictions civiles** (dites de droit commun) :
  - les **tribunaux d'instance** (avant 1958 : juges de paix), au nombre de 307 (données 2017), sont compétents pour tous les procès civils n'engageant pas un intérêt supérieur à 10 000 euros depuis le 1er janvier 2002. Ils statuent en premier et dernier ressort lorsque l'intérêt est inférieur à un montant fixé chaque début d'année (4 000 euros, montant inchangé au 1er janvier 2020),
  - les **tribunaux de grande instance** (avant 1958 : tribunaux de première instance), au nombre de 173 (au 31 décembre 2019), sont compétents pour toutes les affaires civiles et divisés en plusieurs chambres. Ils rendent leurs jugements en formation collégiale (1 président de chambre et 2 juges),
  - les **cours d'appel** (au nombre de 36, données 2016) constituent le second degré de juridiction et statuent à nouveau sur l'ensemble de l'affaire. Les arrêts peuvent faire l'objet d'un pourvoi en cassation.

Bien que cela ne concerne la paie que de très loin, il est à noter que la fusion des tribunaux d'instance et de grande instance a été actée dans la nuit du 17 au 18 janvier 2019 lors d'un vote à l'Assemblée nationale réunissant seulement 23 députés. Enfin, le Parlement a définitivement adopté, le 19 février 2019, le projet de réforme de la justice, contesté depuis des mois par les oppositions et les professionnels de la justice ;
- les **juridictions civiles d'exception :**
  - les tribunaux de commerce (au nombre de 136, données 2016), composés de magistrats non professionnels élus par les commerçants (juges consulaires), sont compétents pour tous les litiges commerciaux,
  - les tribunaux paritaires des baux ruraux, composés de juges non professionnels (moitié de bailleurs, moitié de preneurs) qui statuent sous la présidence du juge d'instance (système dit « de l'échevinage »), sont compétents pour tous les litiges nés à l'occasion du bail rural,
  - les conseils de prud'hommes (au nombre de 210, données 2016), composés de magistrats non professionnels élus pour moitié par les employeurs et pour l'autre moitié par les salariés, sont compétents pour tous les litiges nés entre les employeurs et les salariés à l'occasion du contrat de travail. Cette composi-

tion paritaire, lorsqu'elle aboutit à un partage égal des voix, rend nécessaire le recours à un juge départiteur (fonction assurée par un juge du tribunal d'instance);

- la **Cour de cassation:** unique, c'est la plus haute juridiction de l'ordre judiciaire mais elle ne correspond pas à un troisième degré. Elle est seulement juge du droit et contrôle la conformité au droit. Elle est divisée en 6 chambres: 3 civiles, 1 commerciale, 1 sociale, 1 criminelle. 128 magistrats du siège (84 conseillers, 36 référendaires, le premier président et 6 présidents de chambre), 21 représentants du ministère public (procureur général, premier avocat général et 19 avocats généraux). Elle se prononce par voie d'arrêts – de rejet si décision justifiée – de cassation s'il y a une mauvaise application du droit. Elle se réunit en assemblée plénière s'il y a un deuxième pourvoi pour la même affaire. Lorsque la Cour de cassation a eu à se prononcer sur une des parties de ce livre, vous trouverez les références de sa décision sous les abréviations «(Cass. soc.)».

Le phénomène jurisprudentiel

Les décisions rendues chaque jour représentent le droit vécu. Elles sont la traduction concrète de la règle de droit et constituent la jurisprudence. Mais la notion de jurisprudence implique le plus souvent une répétition de décisions de même sens. Même lorsqu'elle est bien fixée, elle conserve une certaine précarité (revirement).

Rôle de la jurisprudence:

- fonction d'interprétation de la règle de droit;
- fonction de suppléance de la loi. Le juge ne peut s'abriter derrière le silence de la loi pour refuser de trancher (ce serait alors le délit de déni de justice);
- fonction d'adaptation de la loi. Il s'agit d'adapter des textes vieillis ou dépassés aux exigences de l'évolution des mœurs, de l'économie, etc.

Peut-on dire, sur le fondement du constat de ces trois fonctions jurisprudentielles, que la jurisprudence constitue une autre source du droit?

Deux principes s'opposent à une réponse affirmative:

- l'article 5 du Code civil qui interdit les arrêts de règlement: le juge n'a pas le droit de juger au-delà de l'espèce sur laquelle il statue. Il lui est interdit de fixer sa position et de se lier pour l'avenir;

- le caractère de *« l'autorité relative de la chose jugée »*, selon laquelle la décision rendue par le juge n'a autorité qu'entre les parties au procès.

Fonctionnellement, le juge n'a donc pas le pouvoir de poser une règle de droit et n'est pas tenu de se conformer à la jurisprudence. Mais lorsque l'on constate une série de décisions qui statuent dans le même sens, la tendance naturelle de l'observateur est de considérer qu'une règle jurisprudentielle a vu le jour. Le juge ne crée pas la règle de droit *ex nihilo*, il interprète, révèle, invente les règles de droit. Ceci démontre que la jurisprudence ne peut être considérée comme source de droit *stricto sensu* mais qu'elle y joue un rôle fondamental. On la désigne parfois comme source « indirecte », « dérivée » ou « secondaire » du droit.

Le juge possède une fonction d'incitation législative. Par ses décisions, il peut ainsi attirer l'attention du législateur sur la nécessité de son intervention dans tel ou tel domaine.

Des décisions de justice sont prises tous les jours. C'est pourquoi nous vous invitons à consulter les revues et les collections mises périodiquement à jour pour vous permettre de prendre régulièrement connaissance des jugements et des arrêts publiés.

Il était essentiel que vous ayez un aperçu de notre organisation juridictionnelle pour une meilleure compréhension de ce livre. Maintenant si vous avez des soucis avec votre employeur, n'employez l'arsenal juridique qu'à bon escient :

- en premier lieu, vérifiez votre source de droit (contrat de travail, règlement intérieur, usages, accords collectifs, convention collective, Code du travail, jurisprudence européenne) ;
- ces vérifications faites, si vous avez la certitude qu'il y a une erreur sur votre bulletin de paie, demandez une explication à votre supérieur hiérarchique ;
- si sa réponse ne vous satisfait pas, rencontrez vos représentants du personnel (CSE) pour voir s'ils peuvent vous aider. S'ils acceptent, laissez-les faire ; vous les avez élus pour ça. S'ils ne sont pas d'accord pour vous aider, écrivez une lettre (recommandée avec accusé de réception, ou un e-mail en ayant pris soin de bien mesurer vos propos) au DRH ou au responsable du personnel en étayant juridiquement si possible votre requête, sans menacer d'aller aux prud'hommes (évitez toute forme de menace ou de chantage, ce serait très mal perçu !) ;

- selon la réponse, soit vous demandez un entretien avec cette personne, au cours duquel il vous faudra peut-être accepter un compromis (toujours préférable à un conflit qui peut vite s'envenimer), soit toute rencontre est impossible et il vous faut aller voir l'inspecteur du travail (son adresse et son nom doivent obligatoirement être affichés dans l'entreprise). Et seulement s'il n'arrive pas à régler le conflit, alors vous pourrez commencer votre démarche auprès du conseil des prud'hommes. Le conseil compétent est celui dans le ressort duquel se trouve l'établissement où est effectué le travail. Si le travail est réalisé en dehors de tout établissement (VRP, travailleurs à domicile…), la demande est portée devant le conseil des prud'hommes du domicile du salarié. Mais quel que soit le lieu de travail, le salarié peut toujours saisir le conseil des prud'hommes du lieu d'embauche ou celui du siège social de l'entreprise qui l'emploie.

Enfin, si le salarié saisit le conseil, bien que la plupart des écrits concernant la procédure disent qu'un avocat représentant le salarié n'est pas obligatoire – ce qui est vrai –, je recommande au salarié de toujours en prendre un, et qui plus est un excellent spécialiste du droit social. Je sais que la procédure coûtera plus cher, mais ce sera toujours mieux que de la perdre, surtout si le salarié a raison, car l'employeur aura toujours un avocat (les grandes entreprises en ont même plusieurs, payés à l'année) et il vaut mieux miser sur une égalité des chances.

Dernière chose à savoir : même si les salariés ont 71 % de chances de gagner leur procès, deux tiers des entreprises qui ont perdu aux prud'hommes font appel. Compter 15 mois en moyenne pour avoir le jugement des prud'hommes et ajouter 21 mois en moyenne pour la cour d'appel.

Synthèse des sources du droit du travail sous forme pyramidale

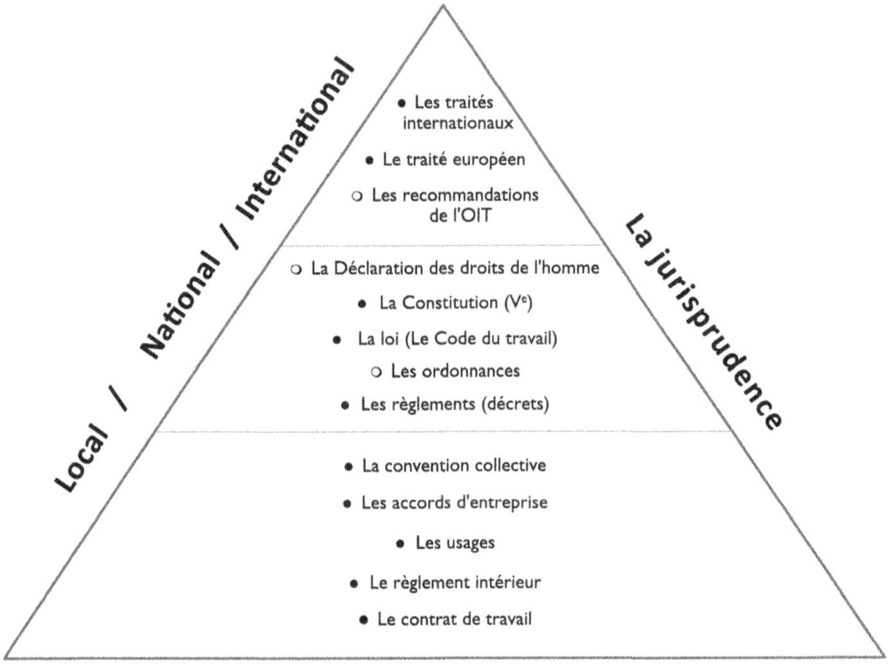

5. L'historique du bulletin de paie

Au commencement était le maître

L'article 1781 du Code civil, rédigé en 1804, ne lui cachait pas ses faveurs: *« Le maître est cru sur son affirmation pour la quotité des gages, pour le paiement du salaire de l'année échue et pour les acomptes donnés pour l'année courante. »* Traduisez: en cas de différend, le juge devait systématiquement préférer la parole du maître à celle du travailleur. Un choix philosophique, mais aussi de bon sens: pourquoi la loi aurait-elle demandé une justification écrite du paiement alors que la plupart des travailleurs ne savaient pas lire?

La disparition de cet article, abrogé en 1868, annonce le renversement des faveurs juridiques. La sollicitude du législateur ira de plus en plus au travailleur; la défense du « faible » contre l'employeur tout-puissant. Parallèlement, la loi concerne désormais en priorité les salariés du commerce et de l'industrie – révolution oblige – et non plus les domestiques que désignait implicitement l'article 1781.

Pendant toute la fin du XIXe siècle, la feuille de paie est encore dans les limbes. Les grandes entreprises ne prennent vraiment l'habitude de remettre au salarié un décompte pour qu'il en vérifie les éléments et conserve la preuve des retenues qu'au début du XXe siècle.

La première loi

Comme nous le verrons plus tard, les premières cotisations apparaissent le 1er juillet 1930. Le temps de réaliser que, si le salarié cotise, il faut une preuve de ses cotisations, **la loi du 4 mars 1931** impose que la délivrance de cette pièce justificative dans l'industrie, le commerce et les professions libérales devienne obligatoire. Fiche, enveloppe ou carnet, le bulletin de l'époque avait déjà plus qu'un air de famille avec la feuille actuelle. Y figuraient le nom et la qualification du salarié, les montants, brut et net, la nature et le montant de certaines déductions.

En 1942, apparaissent le nom et l'adresse de l'employeur. En 1959, au terme du vaste *lifting* de la protection sociale d'après-guerre, un décret allonge encore la liste. Sont ajoutés l'organisme auquel l'employeur verse ses cotisations, l'emploi occupé, la distinction entre les heures de travail à taux normal et celles à taux majoré, et les primes.

Cette accumulation d'informations comporte un souci commun : la protection du salarié. En cas de contestation salariale, l'employeur ne peut pas utiliser le bulletin comme preuve, car il est par nature l'auteur du document. Elle sert aussi à démontrer l'existence d'un contrat de travail, à revendiquer une qualification ou encore à prouver aux caisses de cotisations sociales que les conditions d'ouverture du droit aux prestations sont réunies.

L'évolution depuis les cinquante dernières années

Les autres pièces justificatives du paiement obéissent à la même logique de protection. Le livre de paie (1941) donne un droit de regard à l'inspection du travail, et le reçu pour solde de tout compte libère l'employeur de sa dette à la manière d'une quittance. De même, la périodicité du salaire n'échappe pas à cette volonté protectrice : à preuve, à partir de 1909, le paiement bimensuel pour les ouvriers du commerce et de l'industrie, mensuel pour les employés, à cause *« du caractère alimentaire du salaire »*. Dans le même esprit, une disposition du Code du travail interdit le paiement dans les débits de boissons ou les magasins *« pour éviter la dilapidation immédiate du salaire »*.

Si globalement le salarié est le bénéficiaire de cette évolution, l'entreprise, elle, est mise à contribution à double titre : en tant qu'employeur et en tant que gestionnaire de ce flot montant d'informations. Pour fabriquer ce bulletin de plus en plus sophistiqué, le patronat est passé de la mécanographie des années 1930, sortant le salaire sur des bandes horizontales style machine à calculer, à l'électronique (les cartes perforées) d'après guerre, jusqu'à l'informatique dans les années 1960. Aujourd'hui, le traitement de la paie est informatisé presque partout, qu'il soit intégré ou sous-traité. La complexité des informations et des calculs, la décentralisation des données pour des raisons comptables ou de management, ou encore l'intégration de l'évolution réglementaire ont rendu le recours à l'informatique quasi indispensable.

La loi du 18 août 1986

À la suite de la loi du 18 août 1986 (*Journal officiel* du 19 août) qui a prévu que le bulletin de paie devra mentionner à partir du 1er janvier 1989 les cotisations patronales de Sécurité sociale d'origine légale ou conventionnelle, le décret d'application du 22 août 1988 a modifié l'article R. 143-2 du Code du travail (modifié en article R. 3243-1 depuis le nouveau code du 1er mai 2008) qui précise les mentions devant figurer sur le bulletin de paie. La circulaire ministérielle du 24 août 1988 commente les nouvelles dispositions applicables.

- Cotisations patronales de Sécurité sociale. Voulue par le CNPF (Conseil national du patronat français, l'ancêtre du Medef) et le législateur, cette mesure, contrairement à l'habitude, n'a pas été décidée dans un souci de protection, mais de sensibilisation. L'ambition ? Faire prendre conscience aux salariés du coût de la protection sociale. Après les appels désespérés pour combler le gouffre de la Sécurité sociale, chacun pourra contempler les chiffres et les méditer.

- Convention collective et position du salarié. La tradition est respectée, avec l'apparition de nouvelles mentions pouvant servir à faire valoir des droits : l'intitulé de la convention collective de branche applicable au salarié, la position du salarié définie par le poste ou le coefficient hiérarchique, et l'indication des majorations de salaire attribuées pour d'autres causes que l'accomplissement d'heures supplémentaires ainsi que la nature et la base de calcul du salaire lorsque, par exception, cette base n'est pas la durée du travail.

- Grève et représentation. Interdiction de porter sur le bulletin les mots « grève » et « représentation du personnel ». Des mentions qui, dans certaines circonstances, peuvent faire mauvais genre, comme l'avait constaté la Commission nationale de l'informatique et des libertés (Cnil), saisie de plusieurs plaintes à ce sujet. Mais l'absence pour cause de représentation du personnel refait son apparition dans une nouvelle fiche annexée au bulletin de paie.

- Mention obligatoire. La formule « Dans votre intérêt, et pour vous aider à faire valoir vos droits, conservez ce bulletin sans limitation de durée » apparaîtra désormais systématiquement sur chaque bulletin de paie.

6. Les mentions obligatoires du bulletin de paie

Mais, pour connaître les différentes mentions obligatoires du bulletin de paie, rien ne remplacera le Code du travail. Vous ne retrouverez donc pas ces 4 articles en fin de livre. Puisque les voici in exenso :

Article R. 3243-1 (modifié par décret n° 2017-858 du 9 mai 2017 – art. 10)

Le bulletin de paie prévu à l'article L. 3243-2 comporte les informations suivantes.

1) Le nom et l'adresse de l'employeur ainsi que, le cas échéant, la désignation de l'établissement dont dépend le salarié.
2) Le numéro de la nomenclature d'activité mentionnée au 1 de l'article R. 123-223 du Code de commerce caractérisant l'activité de l'établissement d'emploi (*dénommé « Code de l'activité principale exercée », code APE avant le 1er janvier 1993 et nommé « code des nomenclatures des activités françaises », code NAF depuis cette date*), ainsi que, pour les employeurs inscrits au Répertoire national des entreprises et des établissements, le numéro d'inscription de l'employeur au Répertoire national mentionné à l'article R. 123-320 du même code.
3) S'il y a lieu, l'intitulé de la convention collective de branche applicable au salarié ou, à défaut, la référence au Code du travail pour les dispositions relatives à la durée des congés payés du salarié et à la durée des délais de préavis en cas de cessation de la relation de travail.
4) Le nom et l'emploi du salarié ainsi que sa position dans la classification conventionnelle qui lui est applicable. La position du salarié est notamment définie par le niveau ou le coefficient hiérarchique qui lui est attribué.
5) La période et le nombre d'heures de travail auxquels se rapporte le salaire en distinguant, s'il y a lieu, les heures payées au taux normal et celles qui comportent une majoration pour heures supplémentaires ou pour toute autre cause et en mentionnant le ou les taux appliqués aux heures correspondantes :
   a) la nature et le volume du forfait auquel se rapporte le salaire des salariés dont la rémunération est déterminée sur la base d'un forfait hebdomadaire ou mensuel en heures, d'un forfait annuel en heures ou en jours ;

b) l'indication de la nature de la base de calcul du salaire lorsque, par exception, cette base de calcul n'est pas la durée du travail.

6) La nature et le montant des accessoires de salaire soumis aux cotisations salariales et patronales.
7) Le montant de la rémunération brute du salarié :
8) a) le montant et l'assiette des cotisations et contributions d'origine légale et conventionnelle à la charge de l'employeur et du salarié avant déduction des exonérations et exemptions mentionnées au 12° ainsi que, pour les cotisations et contributions d'origine légale et conventionnelle à la charge du salarié, leurs taux ;
   b) la nature et le montant des versements et retenues autres que celles mentionnées au a) effectués sur la période, notamment au titre de la prise en charge des frais de transport public ou de frais de transports personnels.
9) L'assiette, le taux et le montant de la retenue à la source prévue au 1° du 2 de l'article 204 A du Code général des impôts ainsi que la somme qui aurait été versée au salarié en l'absence de retenue à la source.
10) Le montant de la somme effectivement reçue par le salarié.
11) La date de paiement de cette somme.
12) Les dates de congé et le montant de l'indemnité correspondante, lorsqu'une période de congé annuel est comprise dans la période de paie considérée.
13) Le montant total des exonérations et exemptions de cotisations et contributions sociales qui figurent dans l'annexe mentionnée au 5° du III de l'article LO 111-4 du Code de la Sécurité sociale, appliquées à la rémunération mentionnée au 7°.
14) Le montant total versé par l'employeur, c'est-à-dire la somme de la rémunération mentionnée au 7° et des cotisations et contributions à la charge de l'employeur mentionnées au a) du 8°, déduction faite des exonérations et exemptions des mêmes cotisations et contributions mentionnées au 13°.
15) La mention de la rubrique dédiée au bulletin de paie sur le portail www.service-public.fr

Article R. 3243-2 (créé par décret n° 2008-244 du 7 mars 2008 – art. V et modifié par décret n° 2017-858 du 9 mai 2017 – art. 10)

Les informations mentionnées aux a) du 8°, 9°, 13° et 14° de l'article R. 3243-1 sont libellées et ordonnées ainsi que, pour les éléments à la charge de l'employeur, regroupées conformément à un modèle

défini par arrêté des ministres chargés de la Sécurité sociale et du travail.
La contribution mentionnée à l'article L. 136-3 du Code de la Sécurité sociale et la contribution prévue à l'article 14 de l'ordonnance n° 96-50 du 24 janvier 1996 relative au remboursement de la dette sociale sont agrégées. Les contributions autres que les contributions sociales mentionnées au a) du 8° sont également agrégées dans une seule rubrique, qui donne le montant total de cette contribution.

Article R. 3243-4 (créé par décret n° 2008-244 du 7 mars 2008 – art. V)

Il est interdit de faire mention sur le bulletin de paie de l'exercice du droit de grève ou de l'activité de représentation des salariés.
La nature et le montant de la rémunération de l'activité de représentation figurent sur une fiche annexée au bulletin de paie qui a le même régime juridique que celui-ci et que l'employeur établit et fournit au salarié.

Article R. 3243-5 (créé par décret n° 2008-244 du 7 mars 2008 – art. V)

Le bulletin de paie comporte en caractères apparents une mention incitant le salarié à le conserver sans limitation de durée.

Si la lecture de ces articles (essentiels) expliquant le contenu de votre bulletin de paie vous semble trop juridique, je vous propose ci-après les recommandations du site www.service-public.fr mis à jour le 21 novembre 2018 pour une explication en langage plus simple du bulletin de paie 2019 :

Zone 1 : identification de l'employeur et du salarié

Certaines mentions permettant d'identifier l'employeur sont obligatoires :

- dénomination, adresse, désignation de l'établissement dont dépend le salarié ;
- numéro de code APE/NAF et numéro Siren (le numéro Siret est facultatif) ;
- convention collective applicable au salarié (à défaut, mention des articles du Code du travail concernant les congés payés et à la durée de préavis en cas de cessation du contrat).

Certaines mentions permettant d'identifier le salarié sont obligatoires :
- nom ;
- emploi occupé, matricule et classification (niveau, coefficient hiérarchique par exemple) ;
- salaire de base.

La période de travail et la date de paiement doivent également être mentionnées en zone 1.

Des mentions sont facultatives : mode de règlement, nature du contrat, date d'embauche.

Zone 2 : salaire

Des mentions sont obligatoires :
- montant de la rémunération brute ;
- le nombre d'heures payées au taux normal. Précisions : il peut s'agir de la nature et du volume du forfait auquel se rapporte le salaire des salariés au forfait (forfait hebdomadaire ou mensuel en heures, ou forfait annuel en heures ou en jours) – voir partie III, chapitre 7. Cela peut également être la nature de la base de calcul du salaire lorsque, par exception, cette base de calcul n'est pas la durée du travail ;
- le nombre d'heures payées suivant une majoration (par exemple : travail un jour férié, travail de nuit, heures supplémentaires) ;
- date des congés et montant de l'indemnité d'absence ;
- nature et montant des accessoires de salaire soumis à des cotisations (avantages en nature par exemple) ;

Zone 3 : cotisations et contributions sociales

Les cotisations et contributions sociales comportent plusieurs sections :
- santé : Sécurité sociale : maladie, maternité, invalidité, décès, Prévoyance Frais de Santé, Prévoyance Décès ;
- accidents du travail-maladies professionnelles ;
- retraite :
  - pour un cadre : Sécurité sociale plafonnée, Sécurité sociale déplafonnée, complémentaire tranche 1, complémentaire tranche 2, supplémentaire,
  - pour un non-cadre : Sécurité sociale plafonnée, Sécurité sociale déplafonnée, complémentaire tranche 1, complémentaire tranche 2, supplémentaire ;

- famille : allocations familiales ;
- autres contributions dues par l'employeur (versement transport, contribution au Fonds national d'aide au logement, contribution solidarité autonomie, forfait social, taxe d'apprentissage, contribution patronale au financement des organisations syndicales) ;
- cotisations statutaires/cotisations prévues par la convention collective ;
- exonérations de cotisations employeur.

Zone 4 : net à payer et net imposable

La zone 4 doit intégrer les éléments suivants :
- CSG déductible de l'impôt sur le revenu ;
- CSG/CRDS non déductible de l'impôt sur le revenu ;
- total des cotisations et contributions ;
- avantages en nature, saisie sur salaire et remboursement de frais de transport ;
- net payé en euros, suivi de la rubrique « évolution de la rémunération liée à la suppression des cotisations chômage et maladie » ;
- allégement de cotisations employeur ;
- total versé par l'employeur (salaire brut + cotisations + contributions patronales).

La mention « net imposable » est facultative.

Zone 5 : mentions finales

La zone 5 doit faire mention de la possibilité de consulter la rubrique dédiée au bulletin de paie sur le site www.service-public.fr et doit inciter le salarié à conserver son bulletin de paie.

Enfin, concernant la forme du bulletin de paie, il n'existe aucun texte ! Le bulletin peut être rédigé sur n'importe quel support (papier, carton, timbre-poste, pierre, etc.). Néanmoins, nous vous conseillons de ne pas jouer les originaux et d'établir vos bulletins sur un papier simple de format normal (A4, par exemple), en caractères lisibles par tous. Une seule recommandation : écrire les bulletins à l'encre indélébile.

7. La remise du bulletin de paie

Un bulletin de paie doit être remis au salarié à l'occasion de chaque versement de rémunération. En principe, le bulletin de paie est « quérable » : le salarié doit se rendre sur son lieu de travail pour le retirer ou, s'il est mobile, se rendre dans l'établissement désigné sur son contrat de travail comme étant celui auquel il est raccordé pour aller chercher son bulletin.

Une fois que la démarche d'aller quérir le bulletin est effectuée, l'employeur ne peut plus se soustraire à son obligation. Il doit faire parvenir le bulletin de paie par tous les moyens. Le juge prud'homal ne peut pas débouter le salarié de sa demande de remise de bulletin de paie au motif qu'il s'avère que la fiche de paie a été établie et que ce document est quérable. En effet, il appartient à l'employeur d'établir qu'il a exécuté son obligation de remise du bulletin de paie au salarié (Cass. soc. 5 octobre 1999 n° 97-40694).

À l'occasion de cette remise, l'employeur ne peut exiger aucune formalité de signature ou d'émargement autre que celle établissant que la somme reçue correspond bien au montant net figurant sur ce bulletin.

Les textes officiels disent que la remise du bulletin de paie au salarié peut être effectuée en main propre ou par voie postale voire, avec l'accord du salarié concerné, elle peut également être effectuée sous forme électronique, dans des conditions de nature à garantir l'intégrité des données (voir le point 8 qui est consacré à cette forme de remise).

Bien sûr, ces différentes façons de remettre le bulletin dépendent en partie de l'organisation géographique de l'entreprise, mais je vous recommande juste si c'est possible de faire distribuer les bulletins par le biais du responsable du salarié. En effet, c'est en principe le supérieur hiérarchique du salarié qui passe les informations (heures supplémentaires, primes, absences, etc.) au service paie afin que ce dernier établisse la paie. Il est logique que ce soit la même personne qui remette également le bulletin d'une part pour s'assurer que ses informations s'y retrouvent bien et, dans le cas contraire, pour faire remonter au service paie les éventuels problèmes rencontrés par le salarié concernant la compréhension de son bulletin. Les avantages sont évidents : le salarié n'a qu'un seul interlocuteur (son responsable), le service paie limite également son nombre d'interlocuteurs et le manager du salarié est totalement responsable du passage des informations au service paie jusqu'à la remise en main propre du bulletin, miroir de ses informations passées (ne pas négliger l'impact psychologique !).

8. Le bulletin de paie électronique (ou dématérialisé)

Depuis la loi n° 2016-1088 du 8 août 2016, le Code du travail a modifié deux de ses articles :

- **article L. 3243-2 :** lors du paiement du salaire, l'employeur remet aux personnes mentionnées à l'article L. 3243-1 une pièce justificative dite bulletin de paie. Il ne peut exiger aucune formalité de signature ou d'émargement autre que celle établissant que la somme reçue correspond bien au montant net figurant sur ce bulletin.

Sauf opposition du salarié, l'employeur peut procéder à la remise du bulletin de paie sous forme électronique, dans des conditions de nature à garantir l'intégrité, la disponibilité pendant une durée fixée par décret et la confidentialité des données ainsi que leur accessibilité dans le cadre du service associé au compte mentionné au 2° du II de l'article L. 5151-6. Un décret en Conseil d'État pris après avis de la Commission nationale de l'informatique et des libertés détermine les modalités de cette accessibilité afin de préserver la confidentialité des données.

Les mentions devant figurer sur le bulletin ou y être annexées sont déterminées par décret en Conseil d'État ;

- **article L. 3243-4 :** l'employeur conserve un double des bulletins de paie des salariés *ou les bulletins de paie remis sous forme électronique* pendant 5 ans.

En théorie, le BPE ne peut pas être imposé au salarié puisqu'il doit donner son accord (mais que se passe-t-il si un salarié arrive aujourd'hui dans une entreprise qui a dématérialisé ses bulletins et que ce salarié exige de l'avoir sous forme « papier » ?).

L'employeur est responsable de la mise en place d'une solution garantissant l'intégrité des données. Le plus souvent, il déposera les bulletins sur un serveur de traitement sur lequel le salarié, après avoir entré un code « secret », pourra le récupérer.

Si, bien sûr, le bulletin de paie dématérialisé est légal et peut sembler « pratique » ou « moderne » à certains salariés, il pose néanmoins plusieurs problèmes :

- le bulletin de paie a été « inventé » par nos ancêtres pour matérialiser et justifier le cas échéant le paiement des cotisations vieillesse. Si l'organisme chargé de liquider la retraite (actuellement la CNAV) a « perdu » des trimestres d'un salarié, comment celui-ci pourra-t'il justifier de ses droits s'il ne peut présenter les bulletins correspondant à la période « manquante » ? Ou s'il en présente, comment la Cnav fera-t-elle pour distinguer les « vrais » bulletins parmi des « faux » que parfois des salariés lui présentent (thème d'une formation que j'ai dispensée il y a une vingtaine d'années auprès de la Cnav) ? Le préjudice des faux bulletins de paie détectés par la CNAV rien qu'en 2010 s'élève à 10,14 millions d'euros (source : toutsurmesfinances.com/retraite/lutte-contre-la-fraude-aux-retraites-la-cnav-fait-campagne) !

- l'informatique évoluant tellement vite, comment garantir au salarié la pérennité du système et que l'entreprise pourra toujours garder ses bulletins ? J'ai bien lu que la loi exige une conservation de 5 ans, mais dans la réalité, les entreprises gardent aujourd'hui quasiment « à vie » les bulletins de paie « papier » dans des archives. Pour libérer de la place, certaines entreprises avaient déjà transféré ces bulletins sur des micro-fiches, des ZIP, des CD, des DVD. Les ont-elles tous retransférés sur serveurs ? Qui peut assurer que dans 40 ans, on sera toujours capable de lire des fichiers JPG ou PDF ?
- aucun « coffre-fort informatique » n'étant inviolable, comment garantir la sécurité et la confidentialité des informations ? Mediapart a récemment publié un article sur la piratage qu'a subi le géant du numérique Adobe qui reconnait lui-même que 150 millions de compte ont été piratés (source : blogs.mediapart.fr/pascal-lemaire/blog/221113/laffaire-du-pirage-dadobe). De plus, après la pandémie que nous subissons actuellement, qui peut assurer que demain le prochain virus ne sera pas informatique ?
- enfin, quel est le coût « caché » ? En effet, suite aux trois problèmes énoncés précédemment, le salarié qui veut quand même un papier va donc se l'imprimer avec son imprimante personnelle. Si l'entreprise fait en théorie de 33 à 80% d'économie (entre l'impression, la mise sous plis, l'affranchissement et le volume en mètres cubes de l'archivage) en passant au bulletin de paie électronique (c'est l'accroche publicataire de certains groupes informatiques), je suis surpris que le coût de stockage des informations ne soit pas révélé. Car le stockage sur des serveurs informatiques a un coût exponentiel et est très gourmant en énergie. Ce qu'a publié l'Usine Nouvelle à ce propos fait froid dans le dos (source : www.usinenouvelle.com/article/wmf2018-quand-le-stockage-de-donnees-consommera-plus-d-energie-que-le-monde-n-en-produit.N714019) !
- Est-ce que le bulletin de paie dématérialisé ne serait finalement pas qu'un simple transfert de charges immédiates sur le salarié (ceux qui achètent régulièrement de l'encre comprendront que cela représente un coût certain) tout en hypothéquant le futur ?

Et le futur ?

Peut-être un avenir helvète ? En effet, chez nos amis suisses, la remise d'un bulletin de paie n'est pas obligatoire ! Il n'est remis au salarié qu'une fois par an (voire un simple certificat de salaire annuel suffit) ou à chaque changement de salaire, ou à sa demande pour l'obtention d'un prêt par exemple. Ça, c'est vraiment le « zéro papier » ou presque !

Ou un avenir australien ? En effet, depuis la disparition de la cotisation salariale de l'assurance maladie et de la cotisation salariale de l'assurance chômage, en observant le regroupement des deux caisses principales de retraite complémentaire, on peut légitimement se demander si, à terme (fin du deuxième mandat du président Macron), il n'y aura plus que deux ou trois lignes salariales (une « super » CSG non imposable, peut-être une CSG/CRDS imposable et un prélèvement à la source), tandis que du côté patronal toutes les charges seront cumulées sur une seule ligne, à charge pour la DSN de faire le tri (ou pas).

À NOTER

Des modalités spécifiques de remise du bulletin de paie s'appliquent lorsque l'employeur a recours à l'un ou l'autre des dispositifs de simplification administrative suivants :
- *titre emploi-service entreprise (TESE) ;*
- *chèque emploi-service universel ;*
- *chèque emploi associatif.*

9. La présentation schématique du bulletin de paie

Après la présentation juridique du bulletin de paie dans son ensemble et avant ce futur helvète ou australien, je vous propose une présentation schématique du bulletin de paie en trois parties bien distinctes

.

BULLETIN DE PAIE

Période du 1 Février 2020 au 29 Février 2020

Employeur		Salarié	
Raison Sociale :		**Nom :**	**Prénom :**
Adresse :		**Adresse :**	
N° SIRET :	**Code NAF :**	**N° SS :**	
Convention collective :		**Emploi :**	**Coef. :**
		Date d'ancienneté :	

Libellé des Rubriques	Base	Taux	Montant	Commentaires
Salaire	151,67		**3 380,00**	Février 2020
Prime d'ancienneté	3 380,00	10,000	**338,00**	Plafond du mois : 3428 €
Heures de nuit	7,00	25,293	**177,05**	
Avantage Nature Titres-Restaurant	10,00	0,700	**7,00**	
Absence Congés Payés	12,00	143,000	-1 716,00	
Paiement Congés Payés	12,00	143,000	**1 716,00**	
Total Brut			3 902,05	

Gros

+

Cotisations	Base	Salariales – Taux	Salariales – Montant	Patronales – Taux	Patronales – Montant
Santé					
Sécurité Sociale (Mal, Mat, Inv, Décès)	3 902,05			13,00	507,27
Incapacité, Invalidité, Capital Décès (Prév. Décès)	3 428,00	1,00	-34,28	2,00	68,56
Complémentaire Santé (Prév. Frais de Santé)			-50,00		50,00
Accident du Travail - Maladie Prof.	3 902,05			2,50	97,55
Retraite					
Sécurité Sociale (Vieillesse Plafonnée)	3 428,00	6,90	-236,53	8,55	293,09
Sécurité Sociale (Vieillesse Déplafonnée)	3 902,05	0,40	-15,61	1,90	74,14
Complémentaire (AGIRC-ARRCO + CEG /T1)	3 428,00	4,01	-137,46	6,01	206,02
Complémentaire (AGIRC-ARRCO + CEG /T2)	474,05	9,72	-46,08	14,57	69,07
Contribution d'Equilibre Technique (CET T1+T2)	3 902,05	0,14	-5,46	0,21	8,19
Famille	3 902,05			3,45	134,62
Assurance Chômage					
Chômage (Chômage + AGS / TA+TB)	3 902,05			4,20	163,89
Autres Contributions dues par l'employeur	3 902,05				239,55
C.S.G. Non Imposable	3 952,32	6,80	-268,76		
Réduction générale des charges patronales					
Total des cotisations et contributions			-794,18		1 911,96
Net fiscal			3 157,87		

Gros

-

RETENUES ET REMBOURSEMENTS DIVERS					
C.S.G. & C.R.D.S. Imposables	3 952,32	2,90	-114,62		
Reprise Avantage Nature Titres-Restaurant	10,00	0,70	-7,00		
Retenue Titres-Restaurant	10,00	2,45	-24,50	5,55	55,50
Indemnités de Transport			55,00		55,00
Acompte			-1 000,00		
Total des Retenues et Remboursements			-1 091,12		110,50
Net à payer avant prélèvement à la source			2 016,75		
dont évolution de la rémunération liée à la suppression des cotisations salariales chômage et maladie			*55,73*		
Prélèvement à la source	**3 157,87**	**11,90%**	-376,79		

Petit Fourre-tout

Congés Payés du 12 au 25 Février 2020	**Net Payé en euros** **1 640,96 €**	**Date de paiement** **29 février 2020**
	Total versé par l'employeur 5 912,50 €	Allègement de cotisations **0,00 €**

CUMULS depuis le 1er Janvier 2020

Heures : 303,34 — Brut S.S. : 7 635,45 € — Net Fiscal : 6,175,67 €

Dans votre intérêt, conservez ce bulletin de salaire sans limitation de durée, il peut vous aider à faire valoir vos droits,
Pour plus d'explications sur les différents termes utilisés, voir la rubrique dédiée au bulletin de paie sur le portail du service-public.

1. **Gros + :** il comporte le salaire, les primes, les indemnités soumises à cotisations. Dans ce « gros + », il peut y avoir aussi du moins, avec la retenue d'absence. Le total des sommes composant ce « gros + » est appelé « total brut ». Il doit être clairement apparent sur tous les bulletins. (Certains logiciels séparent cette ligne par une ligne blanche avant et une autre après, d'autres l'écrivent en gras ou en italique pour bien la faire ressortir.)

2. **Gros - :** il est constitué principalement des cotisations salariales. Le total brut - le total des cotisations = le net fiscal, somme qui sert de base au calcul des impôts sur le revenu. Depuis la loi de finance du 30 décembre 2013, il faut ajouter à cette base le montant des cotisations patronales de prévoyance.

3. **Petit fourre-tout :** c'est une zone qui se rétrécit d'année en année. Aujourd'hui, il n'y a plus beaucoup de primes ou d'indemnités qui ne soient pas soumises à cotisations. Il nous reste encore les remboursements de frais, les IJSS et quelques indemnités que nous verrons plus tard (dont l'indemnité de licenciement) en positif et en négatif, les acomptes, les éventuelles avances, les dettes du salarié ou encore la part salariale du titre-restaurant ou du chèque-vacances.

Le net fiscal n'est plus obligatoire sur le bulletin de paie ! Néanmoins, et grâce au (ou à cause du) prélèvement à la source, de nombreux logiciels l'indiquent encore. Pour le vérifier, il faut prendre le total brut, enlever le total des cotisations salariales (sauf la ligne CSG/CRDS imposable) et rajouter le montant des cotisations patronales de prévoyances (« Frais de santé » et « Décès » dans de très rares cas).

Le net à payer est le total brut diminué de toutes les cotisations salariales et augmenté (ou diminué, c'est selon le contenu) du total de la zone « fourre-tout », somme à laquelle il ne reste plus qu'à retirer le montant du prélèvement à la source.

Quant au total versé par l'employeur, le 14° de l'article R. 3243-1 nous l'indiquait, à savoir : le total brut augmenté du total des contributions employeur et diminué des éventuelles exonérations ou allégements de charges.

LE SALAIRE ET LES PRIMES

PARTIE II

BULLETIN DE PAIE

Libellé des Rubriques	Base	Taux	Montant
Salaire	151,67		**3 380,00**
Prime d'ancienneté	3 380,00	10,000	**338,00**
Heures de nuit	7,00	25,293	**177,05**
Avantage Nature Titres-Restaurant	10,00	0,700	**7,00**
Reprise Avantage Nature Titres-Restaurant	10,00	0,70	-7,00
Retenue Titres-Restaurant	10,00	2,45	-24,50
Indemnités de Transport			55,00

Il est donc temps d'examiner chacune des lignes du bulletin de paie, en commençant bien évidemment par la première d'entre elles.

1. Le salaire

Définition

Étymologiquement, le mot « salaire » vient du « sel », salaire venant très précisément du mot latin salarium, qui signifie « ration de sel ». Le salaire est donc la ration de sel que le travailleur gagnait par son travail. En dehors de ses qualités nutritives, le sel possédait des capacités de conservation des aliments. Ceci explique pourquoi, dès le Moyen Âge, le sel était devenu un monopole royal et était entreposé dans des greniers à sel. Saint Louis instaura même en 1246 la gabelle, un impôt sur le sel, qui ne fut définitivement supprimé qu'en 1945 !

La notion de salaire intervient dans différents domaines du droit social :

- en droit du travail, elle constitue un élément essentiel du contrat. Le critère de qualification le plus souvent retenu est le suivant : toute somme versée en contrepartie ou à l'occasion du travail a le caractère de salaire. Différents éléments peuvent le composer : salaire de base, primes, avantages en nature... ;
- en droit de la Sécurité sociale, la notion de salaire, qui se rapproche davantage de la notion retenue en droit fiscal, est plus large qu'en droit du travail : toutes les sommes qui ont le caractère de salaire sont soumises à cotisations.

Dans ce livre, nous traiterons la notion de salaire du point de vue du droit du travail. Pour ce qui ressort de la Sécurité sociale, nous vous l'indiquerons au moment adéquat.

La définition donnée par le Code du travail de la rémunération du salarié distingue le salaire et les autres éléments composant la rémunération (C. trav., art. L. 3221-3).

La notion de salaire doit être rattachée à la qualité de salarié : quel que soit le régime social des sommes versées à des personnes physiques, il n'y a de salaire au sens du droit du travail que si le bénéficiaire est un salarié. Selon la Cour de cassation (Cass. soc., 12 juin 1981), toute rémunération d'un travailleur en situation de subordination est un salaire. Selon un arrêt plus récent (13 novembre 1996), la définition du contrat de travail s'apprécie de manière identique en matière de droit du travail et de droit de la Sécurité sociale. Nous vous rappelons que d'après elle, **un contrat de travail est caractérisé par l'exécu-**

tion d'un travail sous l'autorité d'un employeur qui a le pouvoir de donner des ordres et des directives, d'en contrôler l'exécution et de sanctionner les manquements de son subordonné. Est établie ainsi la distinction entre salaire et honoraires.

En revanche, il faut distinguer les indemnités assujetties aux cotisations de Sécurité sociale et le salaire. Ainsi **seront exclus du salaire** :

- les sommes qui se voient refuser cette qualité par la loi, comme les sommes versées par l'entreprise aux salariés au titre de l'intéressement (C. trav., art. L. 3312-4) ;
- les frais professionnels dans les conditions et limites fixées par la législation de Sécurité sociale ;
- les sommes ayant un caractère indemnitaire, c'est-à-dire qui couvrent un préjudice mais qui ne remplacent pas un salaire.

Le salaire de base

Par salaire de base, il faut entendre les éléments de rémunération pris en compte lors de chaque paiement du salaire et dont les modalités de calcul auront été fixées par le contrat de travail. C'est la rémunération prévue à l'embauche en contrepartie du travail fourni. Sous réserve de révision, le salaire de base est donc nettement défini par le contrat de travail et présente un caractère de fixité à chaque paie. Il se situe sur **la première ligne du bulletin de paie**, ce qui est évidemment déterminant pour toute la suite du bulletin. Il est décidé librement par l'employeur et le salarié, sous réserve de respecter :

1° le principe de la liberté contractuelle ;
2° le salaire minimum de croissance avec la garantie minimale de rémunération ;
3° le minimum conventionnel ou les recommandations patronales s'ils existent dans l'entreprise ;
4° les usages ou les engagements unilatéraux de l'employeur s'ils existent dans l'entreprise ;
5° les principes d'ordre public, tels que l'égalité de rémunération entre les hommes et les femmes et l'absence de discrimination (Cass. soc., 20 octobre 1998, n° 95-44.290).

Le principe de la liberté contractuelle

La libre négociation des salaires repose sur la loi du 11 février 1950. Sous réserve de respecter les points ci-dessus 2, 3, 4 et 5, l'employeur et le salarié peuvent librement contracter sur les modalités et le montant de la rémunération. La rémunération ne peut être fixée unilatéralement par l'employeur. **Le salaire doit résulter d'un accord contractuel** qui lie les parties ; ainsi, la rémunération ne peut être fixée unilatéralement par l'employeur et celui-ci ne peut revenir sans l'accord du salarié sur le niveau de salaire qu'il lui avait consenti lors de son embauche.

Toutefois, il y a encore **deux restrictions** à ce principe de liberté contractuelle :

- le blocage éventuel des salaires par le gouvernement (tel qu'il s'est produit entre le 1er juin 1982 et le 31 octobre 1982) ;
- l'exclusion de certains mécanismes tels que l'indexation. Depuis janvier 1959, aucune convention collective ne peut prévoir une révision automatique des salaires en fonction de l'augmentation des prix. L'indexation sur le niveau général des prix, sur le niveau général des salaires ou sur le prix des biens, produits ou services sans rapport avec l'activité de l'entreprise est prohibée (ord. n° 58-1374, 30 décembre 1958, art. 79 § 3, mod. par ord. n° 59-246, 4 février 1959, art. 14). Cette interdiction vise également les clauses d'indexation sur le Smic. Les conventions collectives ou les accords d'établissement sont expressément concernés par cette prohibition (C. trav., art. L. 3231-3). Ainsi, a été jugé nul l'usage d'entreprise selon lequel les appointements des cadres étaient réévalués le 1er avril et le 1er octobre de chaque année en fonction de l'évolution de l'indice Insee (Cass. soc., 22 juillet 1986). De même, l'employeur ne peut consentir par avance dans le contrat de travail une révision automatique du salaire basée sur le Smic (Cass. soc., 18 mars 1992, n° 88-43.434). Cependant, si l'employeur ne peut pas s'engager à consentir par avance une révision automatique des salaires basée sur le niveau général des prix, il peut en revanche réajuster les salaires par rapport à l'évolution du niveau général des prix à la suite d'une négociation avec les syndicats de l'entreprise (Cass. soc., 30 avril 1985, n° 84-40.450). De plus, il est possible d'indexer les salaires sur le prix de biens, produits ou services ayant une relation directe avec l'activité de l'entreprise. Ainsi, il est possible d'indexer les salaires sur le prix de vente des produits fabriqués dans l'entreprise ou sur le prix d'achat d'une matière première utilisée dans cette fabrication.

Le salaire minimum de croissance

Définition

Le **Smig** (salaire minimum interprofessionnel garanti), créé par la loi du 11 février 1950, constituait le domaine réservé du gouvernement en matière de salaires et devait assurer un « minimum vital » à tous les salariés. Mais s'il a garanti l'évolution du pouvoir d'achat aux plus bas salaires, il n'a pu empêcher que se crée un écart anormal entre son montant et la moyenne des salaires. C'est pourquoi le **Smic** (salaire minimum de croissance) le remplace depuis le 1er janvier 1970. Il ne s'agit plus seulement de maintenir le pouvoir d'achat quel que soit le niveau des prix, mais de **garantir un pouvoir d'achat** (C. trav., art. L. 3231-2) qui progresse en même temps que le développement économique de la nation, et d'éviter ainsi à l'avenir toute distorsion durable entre l'évolution du salaire minimum et celle de la moyenne des salaires horaires.

À NOTER

Smic est bien l'acronyme de salaire minimum de croissance, et non pas de « salaire minimum interprofessionnel de croissance » comme le croient certaines personnes. En effet, depuis 1970, il n'est plus interprofessionnel. Il y avait à cette époque plusieurs Smic dont le plus célèbre était le Smic hôtelier (disparu aujourd'hui).

Les mécanismes d'augmentation

La garantie du pouvoir d'achat du Smic est **assurée par son indexation** (C. trav., art. L. 3231-4). Le Smic est indexé sur l'indice national des prix à la consommation. Cet indice est calculé sur la base d'un millier de produits élémentaires représentatifs de la consommation des ménages qui couvrent environ 95% des produits référencés par l'INSEE. Les 5% restants sont les jeux de hasard, l'alcool, le tabac, l'achat de logement…

Il y a trois façons d'augmenter le Smic :

- dès que cet indice marque une hausse de 2 % par rapport à l'indice constaté lors de la fixation immédiatement antérieure du Smic, il est revalorisé dans la même proportion. Cette revalorisation est automatique, obligatoire et proportionnelle à la hausse de l'indice. Faite par arrêté ministériel, elle s'applique le premier jour du mois suivant la publication de l'indice. En général, l'indice du mois est connu par avis publié, en moyenne un mois plus tard, au *Journal officiel* (C. trav., art. L. 3231-5). La hausse est calculée par rapport à l'indice publié lors de la dernière revalorisation: cela permet de tenir compte des revalorisations du Smic réalisées soit par la révision annuelle au 1er janvier, soit sur initiative du gouvernement;

- chaque année au 1er janvier (depuis le 1er janvier 2010 seulement, avant cette date, c'était au 1er juillet) le montant du Smic est révisé de façon que son évolution suive celle de la moyenne des salaires réels. Cette révision annuelle est obligatoire. Elle se cumule avec la révision liée à l'évolution de l'indice des prix: en effet, si au 1er janvier l'indice marque une hausse de 2 %, le Smic est augmenté, d'une part, proportionnellement à l'indice, d'autre part, en fonction de la progression économique constatée depuis le 1er janvier de l'année précédente. Elle doit par contre tenir compte des révisions éventuelles décrétées en cours d'année par le gouvernement pour que le Smic suive la progression des salaires réels. La révision annuelle se fait par décret soumis à l'approbation du Conseil des ministres (C. trav., art. L. 3231-7). Du 1er janvier d'une année au 31 décembre de l'année suivante, l'augmentation du Smic doit être au moins égale à la moitié de l'augmentation du pouvoir d'achat des salaires horaires moyens enregistrés par l'enquête trimestrielle du ministère du Travail (C. trav., art. L. 3231-8);
- le gouvernement peut en cours d'année procéder à une revalorisation du Smic supérieure à l'augmentation de l'indice des prix. Cette révision n'est pas obligatoire. Elle est réalisée par voie de décret pris en Conseil des ministres après avis de la Commission nationale de la négociation collective. L'augmentation ainsi décidée est prise en compte lors de la révision annuelle du 1er janvier: c'est une sorte d'acompte sur la revalorisation applicable à cette date (C. trav., art. L. 3231-10). Cette disposition permet au gouvernement de réviser plus rapidement le Smic sans attendre la révision annuelle du 1er janvier, en cas d'expansion économique rapide que ne traduirait pas encore la hausse des prix, mais qui aurait déjà entraîné la hausse des salaires réels.

Le champ d'application

Selon l'article L. 3231-1 du Code du travail, les professions qui doivent respecter le Smic sont celles où peut être appliquée une convention collective, c'est-à-dire:

- les professions industrielles et commerciales;
- les professions agricoles;
- les professions libérales, offices publics et ministériels;

- les assistantes maternelles, les employés de maison, les concierges d'immeuble ;
- les travailleurs à domicile ;
- les caisses d'épargne ordinaires ;
- les sociétés civiles, syndicats professionnels et associations de toute nature ;
- les ateliers protégés et les centres de distribution du travail à domicile ;
- les établissements publics à caractère industriel et commercial ;
- les entreprises publiques ;
- les établissements publics à caractère industriel et commercial ;
- les établissements publics qui assurent une mission de service public à caractère administratif, industriel et commercial tout à la fois.

Les salariés bénéficiaires

Le Smic s'applique à tout salarié majeur, quelle que soit la forme de sa rémunération (au temps, au rendement, à la tâche, à la pièce, à la commission ou au pourboire). Pour les salariés mineurs, voir plus loin.

La valeur du Smic aujourd'hui

Montant du Smic : **10,15 euros brut / heure au 1er janvier 2020**.

La revalorisation automatique du Smic au 1er janvier 2020 s'élève à 1,20 % selon le décret n° 2019-1387 du 18 décembre 2019. Le gouvernement n'a pas souhaité apporter de « coup de pouce » supplémentaire au mécanisme de revalorisation légale. Le montant horaire du Smic passe ainsi de 10,03 euros au 1er janvier 2019 (+ 1,20 %) à 10,15 euros au 1er janvier 2020.

Rappelons qu'entre 2002 et 2007, le Smic horaire brut avait progressé de 24 %, conduisant à un tassement de l'échelle salariale et à une forte augmentation du nombre des smicards.

Ce taux du Smic concerne entre 1,8 et 2,5 millions de salariés (ce qui représente 11,5 % des salariés du privé en novembre 2018, contre 1,5 million et 8,2 % au 1er juillet 1994) selon la période de l'année. Au 1er janvier, le chiffre est d'environ 2,5 pour descendre à environ 1,8 au mois de décembre suivant.

Le Smic mensuel brut est ainsi porté à 1 539,42 euros (calculé sur la base de 35 heures × 52 / 12 et correspondant à la mensualisation de la durée légale hebdomadaire du travail de 35 heures), mais à 1 539,45 euros pour 151,67 heures mensuelles.

Les éléments pris en compte pour la détermination du Smic

D'une façon générale, pour la détermination du Smic, il faut tenir compte du salaire horaire qui correspond à une heure de travail effectif auquel on rajoutera les avantages en nature logement (valeur 0,02 euro par jour depuis 1951 !), les avantages en nature nourriture (valeur d'un minimum garanti pour un repas, soit 3,65 euros en 2020), les pourboires et les majorations qui complètent le salaire habituellement (primes ou gratifications contractuelles) à l'exception notable des heures supplémentaires, des remboursements de frais et des sommes attribuées au titre de la participation ou de l'intéressement (C. trav., art. D. 3231-6).

Ne sont pas prises en compte pour la détermination du Smic, les primes et gratifications :

- constituant des libéralités (prime exceptionnelle) ;
- à caractère aléatoire ou imprévisible (prime objectif) ;
- sans rapport avec le travail fourni (prime d'ancienneté, prime de production globale) ;
- qui rémunèrent le temps de pause (Cass. soc. n° 09-42.890 à 892 du 13 juillet 2010).

Différentes populations sont payées à l'aide du Smic, voire moins que le Smic. Ce sont principalement :

Les jeunes travailleurs

Le Smic applicable aux jeunes travailleurs, de l'un ou l'autre sexe, âgés de moins de 18 ans et de capacité normale, comporte un abattement (C. trav., art. D. 3231-3) fixé à 20 % avant 17 ans, et à 10 % entre 17 et 18 ans.

Attention : cet abattement est supprimé pour les jeunes travailleurs justifiant de six mois de pratique professionnelle dans la branche d'activité dont ils relèvent.

Les apprentis

Un apprenti est une personne qui apprend un métier. Il s'agit d'un jeune professionnel qui suit une formation en alternance dans une entreprise et dans un centre de formation d'apprentis (CFA) en vue d'acquérir une qualification professionnelle sanctionnée par un diplôme de l'enseignement professionnel ou technologique, un titre d'ingénieur ou un titre répertorié. Les trois parties prenantes (l'apprenti, l'entreprise et le CFA) signent un contrat d'apprentissage obligatoirement écrit et qui est soit à durée déterminée (CDD), soit à durée indéterminée (CDI).
Ce contrat d'apprentissage a une durée comprise entre 1 et 3 ans, permettant ainsi à l'apprenti d'apprendre un métier avec des cours théoriques donnés par le CFA et les pratiques d'une entreprise sous la responsabilité d'un maître d'apprentissage.

Le temps de travail de l'apprenti est identique à celui des autres salariés. La durée légale du travail effectif est fixée à 35 heures par semaine. Toutefois, l'apprenti de moins de 18 ans bénéficie d'une certaine protection :

- 2 jours de repos consécutifs par semaine ;
- travail de nuit interdit (entre 22 heures et 6 heures dans le cas d'un jeune de 16 à 18 ans, entre 20 heures et 6 heures dans le cas d'un jeune de moins de 16 ans) ;
- pas plus de 8 heures par jour, sauf dérogation dans la limite de 5 heures par semaine, accordée par l'inspecteur du travail après avis du médecin du travail ;
- pas plus de 4 heures 30 consécutives, qui doivent être suivies d'une pause de 30 minutes consécutives ;
- interdiction de travailler un jour de fête légale.

La formation de l'apprenti doit avoir une durée minimale de 400 heures par an. Pour la préparation d'un brevet de technicien supérieur (BTS), la durée est au moins égale à 1 350 heures réparties sur 2 ans.

Attention : des heures supplémentaires peuvent être effectuées sans autorisation dans la limite du contingent de 220 heures par an. Les conditions de rémunération des heures supplémentaires sont celles qui sont applicables au personnel de l'entreprise concernée.

Le salaire minimum de l'apprenti tient compte de l'âge dès le mois suivant l'anniversaire et de la valeur du Smic en cours de contrat. Le rapport entre le Smic et la rémunération minimum d'un apprenti est fixé sur la base d'un temps plein de 151,67 heures.

Ces montants peuvent être majorés, en cas de contrat d'apprentissage dans une administration publique, ou si un accord collectif applicable dans l'entreprise fixe une rémunération minimale plus élevée.

À titre d'exemple, voici le tableau de la rémunération minimale due aux apprentis en 2020.

Année de contrat	Âge de l'apprenti								
	16 - 17 ans			18 - 20 ans			21 ans et plus		
	En %	Par heure	Par mois	En %	Par heure	Par mois	En %	Par heure	Par mois
1ère année	25%	2,54 €	384,85 €	41%	4,16 €	631,16 €	53%	5,38 €	815,89 €
2ème année	37%	3,76 €	569,58 €	49%	4,97 €	754,31 €	61%	6,19 €	939,04 €
3ème année	53%	5,38 €	815,89 €	65%	6,60 €	1 000,62 €	78%	7,92 €	1 200,74 €
Formation complémentaire									
Après contrat 1 an	40%	4,06 €	615,76 €	56%	5,68 €	862,07 €	68%	6,90 €	1 046,80 €
Après contrat 2 ans	52%	5,28 €	800,49 €	64%	6,50 €	985,22 €	76%	7,71 €	1 169,95 €
Après contrat 3 ans	68%	6,90 €	1 046,80 €	80%	8,12 €	1 231,53 €	93%	9,44 €	1 431,66 €

La mention complémentaire est un diplôme national qui vise à donner une qualification spécialisée à des candidats déjà titulaires d'un premier diplôme de l'enseignement professionnel ou technologique et, éventuellement général. Le diplôme est classé : au niveau 3 (anciennement V CAP, BEP) ou 4 (anciennement IV baccalauréat) de la nomenclature interministérielle des niveaux de formation ; au niveau III ou IV du cadre européen de certification (CEC).

Attention : l'article D. 6222-33 du Code du travail qui prévoyait que pour une année de préparation d'un diplôme connexe ou une année de préparation d'une mention complémentaire, le salaire versé à l'apprenti devait être égal à celui de sa dernière année d'apprentissage majoré de 15 points a été abrogé le 31 décembre 2018.

Pour les contrats signés depuis le 1er janvier 2019, voici le tableau de la rémunération minimale due aux apprentis en 2020.

Année de contrat	Âge de l'apprenti											
	16 - 17 ans			18 - 20 ans			21 - 25 ans			26 ans et plus		
	En %	Par heure	Par mois	En %	Par heure	Par mois	En %	Par heure	Par mois	En %	Par heure	Par mois
1ère année	27%	2,74 €	415,64 €	43%	4,36 €	661,95 €	53%	5,38 €	815,89 €	100%	10,15 €	1 539,42 €
2ème année	39%	3,96 €	600,37 €	51%	5,18 €	785,10 €	61%	6,19 €	939,04 €	100%	10,15 €	1 539,42 €
3ème année	55%	5,58 €	846,68 €	67%	6,80 €	1 031,41 €	78%	7,92 €	1 200,75 €	100%	10,15 €	1 539,42 €

Pour les 21-25 ans, prendre respectivement 53 %, ou 61 %, ou 78 % du minimum conventionnel s'il est plus élevé.

Pour les 26 ans et plus, prendre respectivement 100 % du minimum conventionnel s'il est plus élevé.

Des retenues pour avantages en nature (nourriture ou logement) prévus au contrat d'apprentissage peuvent être effectuées dans la limite de 75 % du salaire. Mais l'apprenti a aussi droit à la prise en charge de ses frais de transport pour se rendre de son domicile à son travail.

Enfin, sur le plan fiscal, l'apprenti bénéficie de trois avantages principaux :

- aucune cotisation salariale n'est retranchée de son salaire brut dans la limite de 79 % du Smic, soit 1 216,14 euros en 2020. La part de rémunération au-delà de ce montant reste soumise à cotisations ;
- son salaire est exonéré de CSG et de CRDS ;
- son salaire est exonéré de l'impôt sur le revenu dans la limite du montant annuel du Smic.

Quant aux cotisations patronales, depuis le 1er janvier 2019, elles se calculent sur le brut réel de l'apprenti (et non plus sur une assiette forfaitaire calculée sur la base de 151,67 fois le Smic connu au 1er janvier de l'année × le pourcentage d'application en fonction de son âge et de son ancienneté diminué de 11 points, comme jusqu'au 31 décembre 2018).

La contrepartie est que les employeurs bénéficient désormais du régime de réduction générale de cotisations patronales (anciennement allégement Fillon).

Même si nous le reverrons plus tard, un mot sur les congés de l'apprenti. Il a évidemment droit aux congés payés légaux soit 5 semaines de congés payés par an. L'employeur a le droit de décider de la période à laquelle l'apprenti peut prendre ses congés.

Une apprentie peut bénéficier d'un congé maternité selon les règles en vigueur. De même qu'un apprenti peut aussi bénéficier d'un congé paternité.

Pour la préparation de ses épreuves, l'apprenti a droit à un congé supplémentaire de 5 jours ouvrables dans le mois qui les précède (pour les apprentis de l'enseignement supérieur, il est fractionné pour s'adapter au contrôle continu). Ces jours s'ajoutent aux congés payés et sont rémunérés.

Enfin, s'il a moins de 21 ans, l'apprenti peut demander des congés supplémentaires sans solde, dans la limite de 30 jours ouvrables par an. La condition d'âge s'apprécie au 30 avril de l'année précédant la demande.

Je profite de ce paragraphe sur la rémunération de l'apprenti car je sais que de nombreux apprentis (et contrats de professionnalisation) en paie achètent ce livre dans le cadre de leurs études, pour rappeler que l'apprenti bénéficie des mêmes droits que les salariés de l'entreprise (soumission à la visite médicale d'embauche obligatoire au plus tard dans les 2 mois qui suivent l'embauche, participation aux élections prud'homales s'il est âgé d'au moins 16 ans, participation aux élections professionnelles de l'entreprise s'il remplit les conditions d'électorat et d'éligibilité).

Si l'apprenti poursuit son activité dans l'entreprise à l'issue de son contrat d'apprentissage en signant un contrat de travail (CDI, CDD ou contrat de travail temporaire), son ancienneté est reconnue ; autrement dit, une période d'essai ne peut être imposée (sauf disposition conventionnelle contraire), et la durée de l'apprentissage est prise en compte pour le calcul de la rémunération.

Les contrats de professionnalisation

La loi n° 2018-771 du 5 septembre 2018 dite « loi pour la liberté de choisir son avenir professionnel » aménage le contrat de professionnalisation à compter du 1er janvier 2019. Le contrat de professionnalisation est un contrat ayant désormais pour objectif l'insertion ou le retour à l'emploi de jeunes ou d'adultes par l'acquisition d'une qualification professionnelle reconnue par l'État et/ou la branche professionnelle.

C'est toujours un contrat de travail écrit, conclu dans le cadre d'un CDD ou d'un CDI, en alternance entre un employeur du secteur privé (sauf les particuliers employeurs), un opérateur de compétence et un salarié répondant à certains critères. Il permet d'associer l'acquisition d'un savoir théorique en cours (enseignement général, professionnel ou technologique), et l'acquisition d'un savoir-faire pratique au sein d'une ou plusieurs entreprises.

Il vise l'obtention de titres ou diplômes correspondant à des qualifications :

- enregistrées dans le Répertoire national des certifications professionnelles (RNCP) ;

- ou reconnues dans les classifications d'une convention collective nationale de branche ;
- ou figurant sur la liste ouvrant droit à un certificat de qualification professionnelle.

Depuis le 1er janvier 2019, à titre expérimental et pour 3 ans, le contrat de professionnalisation peut être conclu en vue d'acquérir non pas une qualification, mais des compétences définies par l'employeur et l'opérateur de compétences (ex-Opca), en accord avec le salarié.

Jusqu'à la fin décembre 2021 donc, une expérimentation permet de conclure un contrat de professionnalisation en vue d'acquérir des compétences définies par l'employeur en accord avec le salarié. Ces compétences peuvent être différentes des qualifications précédemment citées. Les entreprises d'insertion, les entreprises de travail temporaire d'insertion, les associations intermédiaires et les ateliers et chantiers d'insertion peuvent participer à cette expérimentation.

Le contrat de professionnalisation s'adresse :
- aux jeunes de 16 ans à 25 ans révolus (26 ans moins un jour) pour compléter leur formation initiale ;
- aux bénéficiaires du revenu de solidarité active (RSA) ;
- aux bénéficiaires de l'allocation de solidarité spécifique (ASS) ;
- aux bénéficiaires de l'allocation aux adultes handicapés (AAH) ;
- aux personnes ayant bénéficié d'un contrat unique d'insertion (CUI).

Si le contrat de professionnalisation est conclu en tant que CDD, sa durée sera de 6 à 12 mois. Elle peut toutefois être allongée jusqu'à 36 mois pour :
- les jeunes âgés de 16 à 25 ans sortis du système scolaire sans qualification ;
- les bénéficiaires du revenu de solidarité active, ou de l'allocation de solidarité spécifique, ou de l'allocation aux adultes handicapés ;
- les personnes ayant bénéficié d'un contrat unique d'insertion.

La prolongation est également possible :
- si la seconde qualification visée est supérieure ou complémentaire à la première ;
- ou si le bénéficiaire n'a pu atteindre la qualification préparée pour cause d'échec à l'examen, maternité ou adoption, maladie, accident du travail, défaillance de l'organisme de formation.

Si le contrat de professionnalisation est conclu en tant que CDI, il doit obligatoirement comprendre une formation (action de professionnalisation) sur une période de 6 à 12 mois située en début de contrat. Sa durée peut toutefois être allongée jusqu'à 24 mois pour :

- les jeunes âgés de 16 à 25 ans sortis du système scolaire sans qualification ;
- les bénéficiaires du revenu de solidarité active, ou de l'allocation de solidarité spécifique, ou de l'allocation aux adultes handicapés ;
- les personnes ayant bénéficié d'un contrat unique d'insertion.

La prolongation s'effectue sur la période d'alternance. Le contrat de travail se poursuit dans le cadre d'un contrat de travail à durée indéterminée de droit commun.

Mais qu'il soit à durée indéterminée ou à durée déterminée, le contrat écrit doit désigner un tuteur et indiquer l'emploi occupé, le temps de travail, le salaire et les actions de professionnalisation concrètement envisagées. S'il peut éventuellement prévoir une période d'essai, il ne peut en revanche comporter une clause de dédit-formation.

La durée du temps de travail, mentionnée au sein du contrat, comprend le temps de formation. Le salarié en contrat de professionnalisation ne peut pas travailler plus d'heures que les autres salariés de l'entreprise au cours d'une même semaine. Il ne peut pas non plus travailler plus que la durée quotidienne de travail maximale autorisée.

Le temps de formation équivaut au minimum à 150 heures par an.

Il doit par ailleurs représenter entre 15 % et 25 % de la durée totale du contrat de professionnalisation à durée déterminée (ou de la période de professionnalisation, dans le cas d'un CDI).

La loi impose une rémunération minimale indexée sur le Smic pour les titulaires d'un contrat de professionnalisation. La rémunération minimale varie selon l'âge et le niveau de qualification du salarié. Elle s'applique pendant la durée du CDD ou, dans le cas d'un CDI, pendant la durée de l'action de professionnalisation.

Une rémunération de base minimum s'applique aux titulaires d'un titre ou diplôme non professionnel de niveau bac ou d'un titre ou diplôme professionnel inférieur au bac. Elle est majorée si le jeune est titulaire d'un titre ou diplôme à finalité professionnelle égal ou supérieur au niveau bac.

À titre d'exemple, voici le tableau de la rémunération minimale due aux contrats de professionnalisation en 2019.

Âge du bénéficiaire	Rém. mini si qualif < bac pro		Rém. mini si qualif ≥ bac pro	
	En % du SMIC	Par mois (151,67 h)	En % du SMIC	Par mois (151,67 h)
âge < 21 ans	55%	846,68 €	65%	1 000,63 €
21 ans ≤ âge < 26 ans	70%	1 077,60 €	80%	1 231,54 €
âge ≥ 26 ans	100%	1 539,42 €	100%	1 539,42 €

Les demandeurs d'emploi âgés de 26 ans et plus perçoivent, sauf dispositions conventionnelles plus favorables, une rémunération qui ne peut être inférieure au Smic mensuel ni à 85 % du salaire minimum conventionnel.

Les avantages en nature peuvent être déduits du salaire à hauteur de 75 % des déductions autorisées pour les autres salariés de l'entreprise. Cependant, le montant de ces déductions ne peut pas excéder les trois quarts de la rémunération mensuelle minimale applicable au titulaire du contrat. Néanmoins, un taux de déduction des avantages en nature moins élevé peut être fixé par convention collective ou par le contrat de travail.

Nouveauté 2019

L'exonération spécifique applicable aux contrats de professionnalisation conclus avec les demandeurs d'emploi âgés de 45 ans et plus ou entre un groupement d'employeurs et un jeune âgé de 16 à 25 ans est supprimée à compter du 1er janvier 2019. Tous les salariés en contrat de professionnalisation bénéficient dorénavant de la réduction générale de charges renforcée dès le 1er janvier 2019.

Les assistantes maternelles

L'assistante maternelle (ou assistant maternel) est une professionnelle de la petite enfance qui accueille à son domicile ou dans une maison d'assistantes maternelles jusqu'à quatre enfants mineurs généralement âgés de moins de 6 ans. Elle doit obligatoirement avoir été agréée par le conseil départemental.

L'employeur et l'assistante maternelle se mettent d'accord sur le salaire horaire brut de base. Il est au moins égal à 2,85 euros par heure et par enfant (10,15 euros × 0,281).

Le salaire de base est mensualisé et se calcule de la manière suivante :

- accueil sur une année complète (47 semaines d'accueil et 5 semaines de congés payés) : salaire horaire brut × nombre d'heures d'accueil par semaine × (52 semaines/12) ;
- accueil sur une année incomplète (46 semaines d'accueil programmées ou moins) : salaire horaire brut × nombre d'heures d'accueil par semaine × (nombre de semaines programmées/12).

Quand l'accueil est occasionnel, le salaire n'est pas mensualisé et se calcule de la manière suivante : salaire horaire brut de base × nombre d'heures d'accueil dans le mois.

En plus de son salaire, l'assistante maternelle peut percevoir des indemnités (qui doivent figurer au contrat) :

- indemnité d'entretien : l'assistante maternelle bénéficie d'une indemnité d'entretien pour couvrir les frais suivants :
  - jeux et matériels d'éveil,
  - matériels et produits de couchage et de puériculture (sauf les couches qui sont fournies par les parents),
  - consommation d'eau, d'électricité, de chauffage…

L'indemnité est au moins égale à 3,10 euros (montant 2020) par jour et son montant varie en fonction de la durée d'accueil à partir de 9 heures ;

- indemnité de frais de repas : l'assistante maternelle perçoit une indemnité si elle fournit les repas de l'enfant. L'employeur et l'assistante maternelle se mettent d'accord sur le montant ;
- indemnité de frais de déplacement : l'assistante maternelle perçoit une indemnité si elle utilise son véhicule pour transporter l'enfant. Le montant de l'indemnité kilométrique ne peut pas être inférieur au barème de l'administration et supérieur au barème fiscal. L'indemnisation est à répartir entre les différents parents employeurs si nécessaire ;
- indemnité de congés payés : l'indemnité est égale au montant le plus avantageux entre les deux sommes suivantes :
  - rémunération brute que l'assistante maternelle aurait perçue pour une durée d'accueil égale à celle du congé payé,
  - 10 % de la rémunération totale brute (y compris celle versée pour les congés payés) perçue par l'assistante maternelle au cours de l'année de référence. L'année de référence va du 1er juin de l'année précédente au 31 mai de l'année en cours.

En cas d'accueil sur une année complète, l'indemnité est versée lorsque les congés sont pris (l'indemnité remplace le salaire de base).

En cas d'année incomplète, l'indemnité s'ajoute au salaire mensuel brut de base. Elle est versée d'une des manières suivantes, selon l'accord entre l'employeur et l'assistante maternelle :

- en une seule fois au mois de juin,
- lors de la prise principale des congés,
- au fur et à mesure de la prise des congés,
- par 12e chaque mois.

En cas d'accueil occasionnel, l'indemnité est versée selon la règle du 1/10e à la fin de chaque accueil.

Les jours d'accueil prévus au contrat, mais non effectués du fait de l'absence de l'enfant, sont rémunérés. Mais les absences pour maladie ou hospitalisation qui durent 14 jours consécutifs ne sont pas rémunérées. Après ces 14 jours calendaires consécutifs d'absence, l'employeur doit rétablir le salaire ou rompre le contrat.

Seul le 1er mai est un jour férié chômé et payé s'il tombe un jour habituel d'accueil de l'enfant. En cas de travail le 1er mai, la rémunération est majorée de 100 %. Les autres jours fériés sont chômés sur décision de l'employeur. Ils sont payés si l'assistante maternelle remplit les trois conditions suivantes avec le même employeur :

- avoir au moins 3 mois d'ancienneté ;
- avoir travaillé le jour d'accueil précédant le jour férié et le jour d'accueil suivant ;
- avoir accompli un nombre minimum d'heures de travail au cours des 2 mois précédant le jour férié :
  - au moins 200 heures si elle travaille 40 heures ou plus par semaine,
  - un nombre d'heures réduit proportionnellement par rapport à 40 heures si elle travaille moins de 40 heures par semaine. Par exemple, si elle travaille 30 heures par semaine, soit 75 % de 40 heures, le nombre d'heures exigé au cours des 2 mois précédant le jour férié est de 150 heures (200 × 75 %).

Les jours fériés travaillés doivent être indiqués dans le contrat. Ils sont rémunérés sans majoration. L'assistante maternelle a le droit de refuser de travailler un jour férié non prévu au contrat.

Nouveautés 2019

- **Les heures supplémentaires et complémentaires des assistantes maternelles sont défiscalisées**, c'est-à-dire qu'elles sont exonérées en partie de charges sociales et en totalité de l'impôt sur le revenu !

C'est une bonne surprise pour les assistantes maternelles, car la mesure de défiscalisation des heures supplémentaires de 2007, dans le cadre de la loi TEPA (loi en faveur du travail, de l'emploi et du pouvoir d'achat), ne les concernait pas. Rappelons que les heures supplémentaires concernant l'assistante maternelle travaillant à temps plein sont celles effectuées au-delà 45 heures par semaine. (le temps plein d'une assistante maternelle est de 45 heures par semaine). Elles sont rémunérées à un taux majoré négocié entre les parties et indiqué dans le contrat de travail.

- Pajemploi a lancé en mars 2019 le service Pajemploi+, un service « tout en un ». Si l'assistante maternelle adhère à ce service et que les parents sont d'accord, Pajemploi, sur la base de la déclaration mensuelle que feront les parents employeurs, s'occupe de :
  - lui verser son salaire ;
  - prélever le « reste à payer » sur le compte bancaire des parents employeurs : montant du salaire dont aura été déduit le montant des aides financières (LCMG).

De plus, depuis le 1er janvier 2020, dans le cadre de Pajemploi+, suite à la mise en place du prélèvement à la source, Pajemploi s'occupe également de prélever le montant éventuel que vous devez au titre de l'impôt sur le revenu sur votre salaire et de le verser directement au fisc.

Les autres utilités du Smic

La déclaration obligatoire d'emploi des travailleurs handicapés (DOETH)

Toute entreprise du secteur privé dont l'effectif est égal ou supérieur à 20 salariés est soumise à l'obligation d'emploi et doit donc remplir la DOETH avant le 1er mars de chaque année. Les entreprises qui ne respecteraient pas la date limite pour le retour de leur DOETH s'exposent à des pénalités qui peuvent atteindre 1 500 fois le Smic horaire, majoré de 25 % par salarié manquant.

Concrètement, l'effectif de l'entreprise (plus ou moins de 20 salariés) se calcule en prenant en compte le nombre de salariés en CDI à la date de la déclaration et en ajoutant l'effectif des autres salariés (CDD, intérimaires…) calculé au prorata de leur temps de présence au cours de l'année écoulée, même s'ils ne sont plus présents au moment de la déclaration.

Les employeurs qui ne respectent ni l'emploi de 6 % de travailleurs handicapés, ni par la mise en œuvre de mesures alternatives, sont soumis au paiement de la taxe Agefiph (Association de gestion de fonds pour l'insertion des personnes handicapées).

Pour chaque travailleur handicapé que l'employeur aurait dû employer, la taxe Agefiph s'élève à :

Effectif de l'entreprise	Montant par travailleur handicapé non employé	
Entre 20 et 199 salariés	400 fois le SMIC horaire	**4 060,00 €**
Entre 200 et 749 salariés	500 fois le SMIC horaire	**5 075,00 €**
Plus de 750 salariés	600 fois le SMIC horaire	**6 090,00 €**
Entreprises à "quota zéro"	1 500 fois le SMIC horaire	**15 225,00 €**

Sans entrer dans les détails, sachez quand même que le montant de la taxe Agefiph peut être minoré si l'employeur met en œuvre des mesures favorables aux travailleurs handicapés (contrat de sous-traitance avec un Esat (établissement et service d'aide par le travail – nouveau nom des anciens centres d'aide par le travail, CAT), accueil des stagiaires handicapés, emploi de travailleurs handicapés de moins de 25 ans ou de plus de 50 ans ou dont le handicap est lourd, ou chômeurs de longue durée ou sortant d'Esat).

Attention : Depuis le 1er janvier 2020, tous les employeurs, soumis ou non à l'OETH, sont tenus de déclarer leur effectif total de salariés bénéficiaires de l'obligation d'emploi des travailleurs handicapés (C. trav., art. L. 5212-1). Cependant, seules les entreprises dont l'effectif dépasse 20 salariés sont soumises à l'obligation d'employer au minimum 6 % de travailleurs handicapés.

Témoins et jurés

Le Smic sert de base pour l'indemnité de comparution qui peut être accordée aux témoins et aux jurés, tel qu'il est précisé à l'article R. 129 du Code de procédure pénale : « *Les témoins âgés de seize ans ou plus, appelés à déposer soit à l'instruction, soit devant les cours et tribunaux statuant en matière criminelle, correctionnelle ou de police reçoivent une indemnité de comparution déterminée par la formule suivante :*
$I = 1,5 + (S \times 4)$ dans laquelle :
- *I est le montant de l'indemnité forfaitaire exprimée en euros ;*

- *S le salaire minimum de croissance tel qu'il est fixé au 1er janvier de l'année en cours.*

Les témoins qui justifient d'une perte d'une partie du revenu tiré de leur activité professionnelle, ont droit, en outre, à une indemnité supplémentaire calculée suivant la formule $I = S \times D$ dans laquelle :
- *S est le salaire minimum de croissance déterminé comme ci-dessus ;*
- *D la durée horaire de comparution, celle-ci ne pouvant excéder huit heures par jour ouvrable. »*

Les salariés en congé de transition professionnelle

Pour la définition de ce congé de transition professionnelle, voir le chapitre 2 de la partie IV.

Le Smic sert de salaire moyen de référence. Lorsque le salaire moyen de référence du salarié (moyenne des salaires perçus par le salarié au cours des 12 mois précédant la formation) est inférieur ou égal à deux Smic, la rémunération perçue au titre du projet de transition professionnelle est égale à 100 % du salaire moyen de référence. S'il est supérieur à deux Smic, la rémunération est égale à 90 % du salaire moyen de référence.

La référence du SMIC pour le calcul de certaines limites

Nous connaissions déjà la limite de 3,5 Smic pour la cotisation patronale des allocations familiales, à savoir que si le brut cumulé (sur l'année de référence) du salarié est inférieur à 3,5 Smic cumulé lui aussi sur l'année de référence le taux n'est que de 3,45 %, alors que s'il lui est supérieur le taux est 5,25 %.

Depuis le 1er janvier 2019, la limite de 2,5 Smic sert à appliquer le taux de la cotisation patronale d'assurance maladie de la Sécurité sociale. Si le brut cumulé est inférieur à 2,5 Smic, le taux de cette cotisation est de 7 %, alors que s'il lui est supérieur le taux est de 13 %. Nous reverrons ces subtilités dans le chapitre réservé aux cotisations.

Il y a aussi la limite de 1,6 Smic pour l'allégement Fillon devenue depuis 2018 la réduction générale des charges patronales, la limite de 1,8 Smic pour le calcul des indemnités journalières de Sécurité sociale (IJSS), ainsi que l'exonération des CSG et CRDS sur le montant de l'activité partielle si le brut (incluant le montant de l'indemnité d'activité partielle) est inférieur au Smic.

Enfin, pour un travailleur étranger disposant d'un visa de long séjour ou d'une carte de séjour temporaire, le montant du brut est comparé au Smic et à 1,5 Smic pour déterminer le montant de la taxe due à l'Office français de l'immigration et de l'intégration (OFII).

Le minimum conventionnel

Toute convention collective nationale doit, pour pouvoir être étendue, contenir une clause sur les salaires. Cette clause fixe les différents éléments du salaire applicable par catégories professionnelles ainsi que les procédures et la périodicité prévues pour sa révision.

Ces différents éléments sont les suivants :

- le salaire minimum national professionnel du salarié sans qualification ;
- les coefficients hiérarchiques afférents aux diverses qualifications professionnelles ;
- les majorations pour travaux pénibles, insalubres physiquement ou nerveusement, dangereux ;
- les modalités d'application du principe « à travail égal, salaire égal » et les procédures de règlement des difficultés pouvant naître à ce sujet.

Cette obligation s'applique également aux conventions conclues à d'autres niveaux territoriaux à défaut de convention au plan national (C. trav., art. L. 2261-22 et L. 2261-23).

Le montant du salaire minimum professionnel est fixé contradictoirement entre les syndicats participant à la négociation. Il s'agit d'un salaire horaire, servant de base de calcul au salaire minimum prévu pour tous les emplois figurant dans la profession.

À partir du salaire minimum professionnel prévu pour l'emploi, qui ne requiert aucune qualification et qui correspond au coefficient de base 100, chaque convention fixe la grille des salaires minima de l'ensemble du personnel. Une liste des emplois est dressée en fonction des qualités requises pour chacun d'entre eux (technicité, initiative, encadrement de personnel, etc.) ; chacun de ces emplois est affecté d'un coefficient. **En multipliant le salaire horaire correspondant au coefficient 100 par le coefficient de chaque emploi, on obtient le salaire minimum correspondant.** Les grilles de salaires ainsi établies concernent tous les emplois, du manœuvre au cadre supérieur. Le salaire minimum ainsi fixé pour chaque emploi représente le minimum du salaire de base auquel peut prétendre tout salarié de la profession. Il sert parfois également de base de calcul pour des primes (primes d'ancienneté, d'assiduité et autres) qui ne sont pas calculées à partir du salaire réel.

Aux niveaux des conventions et accords collectifs d'entreprise ou d'établissement, comme à celui de la convention de branche, on peut notamment fixer un salaire minimum professionnel, une nomenclature des emplois et les coefficients hiérarchiques. Cette technique a pour but d'améliorer la situation des salariés par rapport à la loi (qui ne fixe que le Smic) ou à la convention collective de branche, et de donner en outre des bases communes de discussion pour la fixation des salaires individuels. La conclusion d'accords de salaires au niveau de l'entreprise a été « revitalisée » par **l'obligation annuelle de négocier sur les salaires** effectifs institués par la loi du 13 novembre 1982 sur la négociation collective. L'employeur est tenu de respecter le salaire minimum défini par la convention ou l'accord collectif. L'accord contractuel du salarié de percevoir un salaire inférieur au minimum conventionnel est inopérant. Sa renonciation au salaire minimum est nulle.

Le salaire minimum professionnel peut être fixé à un montant inférieur au Smic car il s'agit d'un salaire librement négocié et théorique. Mais, en aucun cas, un salarié ne peut être payé au-dessous du Smic : lorsque le salaire minimum conventionnel prévu pour un emploi est inférieur au Smic, l'employeur est tenu de compléter le montant prévu par la convention ou l'accord de salaires.

Un salarié ne peut pas non plus être rémunéré en dessous de la garantie minimale de rémunération. Une revalorisation du Smic n'entraîne pas automatiquement une révision de la grille des salaires. De même, une revalorisation de la grille des salaires n'a pas d'effet automatique sur la révision des salaires réels.

Les usages ou les engagements unilatéraux de l'employeur

Si toutefois ils existent dans l'entreprise, les usages ou les engagements unilatéraux de l'employeur ne concernent que les primes. Nous les étudierons dans le chapitre consacré à ce sujet.

Les principes d'ordre public

La discrimination liée au sexe

C'est le préambule de la Constitution de 1946 qui proclame le principe selon lequel la loi garantit à la femme, dans tous les domaines, des droits égaux à ceux de l'homme. La législation européenne est venue elle aussi affirmer ce principe (traité CE, art. 141). La violation du principe d'égalité des salaires est assortie de sanctions pénales ; de plus, toute disposition contrevenant à ce principe est nulle. La loi du 13 novembre 1982 sur la négociation collective oblige les parties à un examen comparé de la situation des hommes et des femmes à l'occasion des négociations annuelles sur les salaires, au niveau :

- de la branche d'activité, d'une part : les parties doivent examiner *« l'évolution des salaires effectifs moyens par catégories professionnelles et par sexe, au regard, le cas échéant, des salaires minima hiérarchiques »*, ceci sur la base d'un rapport remis par la partie employeur (C. trav., art. L. 2241-2) ;
- de l'entreprise, d'autre part : les informations remises sur ce point aux délégués syndicaux composant les délégations syndicales à la négociation *« doivent permettre une analyse comparée de la situation des hommes et des femmes en ce qui concerne les emplois et les qualifications, les salaires payés, les horaires effectués et l'organisation du temps de travail. Ces informations doivent faire apparaître les raisons de ces situations »* (C. trav., art. L. 2242-2).

Les autres discriminations

Le Code prévoit que ne peuvent faire l'objet de discrimination salariale les salariés suivants :

- les salariés à temps partiel ;
- les salariés sous contrat à durée déterminée ;
- les salariés sous contrat de travail temporaire ;
- les salariés grévistes ;
- les salariés ayant une appartenance ou une activité syndicale ;
- les salariés étrangers.

L'application jurisprudentielle du principe « à travail égal, salaire égal »

La Cour de cassation a imposé une application élargie du principe « à travail égal, salaire égal » à tous les salariés placés *a priori* dans une situation identique de travail. Elle a ainsi jugé que la règle de l'égalité de rémunération entre les hommes et les femmes est une application de la règle plus générale « à travail égal, salaire égal » énoncée par les articles L. 2261-22 9 § et L. 2271-1 8 § du Code du travail, ce dont il se déduit que *« l'employeur est tenu d'assurer l'égalité de rémunération entre tous les salariés de l'un ou l'autre sexe, pour autant que les salariés en cause sont placés dans une situation identique »*.

Le principe de non-discrimination ne fait pas obstacle à l'instauration d'un avantage déterminé par un critère indépendant du travail fourni, tel que la situation de famille (logement gratuit ou versement d'une indemnité mensuelle de logement aux salariés chefs de famille), ou encore des bons d'achat aux vainqueurs d'un concours, à condition que les critères retenus par l'employeur dans l'organisation de ce concours aient été préalablement définis selon des normes objectives.

Exemples

- Les différences de traitement entre des salariés appartenant à la même entreprise mais à des établissements distincts, opérées par voie d'accords d'entreprise sont présumées justifiées (Cass. soc. 4 octobre 2017 n° 16-17.517 FS-PBRI).
- Le principe d'égalité de traitement ne fait pas obstacle à ce que les salariés embauchés postérieurement à l'entrée d'un nouveau barème conventionnel soient appelés dans l'avenir à avoir une évolution de carrière plus rapide que ceux déjà en poste (Cass. soc. 7 décembre 2017 n° 16-14.235 FS-PB).
- Un accord collectif peut prévoir au seul bénéfice des salariées une demi-journée de repos à l'occasion de la journée internationale pour les droits des femmes (Cass. soc. 12 juillet 2017 n° 15-26.262 F-PBRI).

2. Les différents salaires

Il y a plusieurs formes de rémunération :

- le salaire au temps ;
- le salaire au rendement ;
- le pourboire ;
- le salaire en fonction du chiffre d'affaires ;
- le salaire forfaitaire.

Le salaire au temps

Le salaire au temps est calculé en fonction du temps passé par le salarié à son travail. Le temps de base peut varier de l'heure (salarié « horaire », payé à l'heure) au mois (salarié « mensualisé » ou « au forfait ») en passant par la semaine, la quatorzaine, la quinzaine. Mais quel que soit le temps de base choisi, il correspond à un salaire donné : le salaire au temps ne tient compte d'aucun autre élément que le temps passé et, en particulier, ne varie pas avec le rendement.

Le salaire au temps peut être complété par d'autres éléments de salaire évalués sans considération du temps de travail mais par rapport à d'autres facteurs. Une prime de rendement peut par exemple être attribuée.

Le salaire au rendement

Le principe du salaire au rendement est le suivant : pour chaque type de travail (entendu comme l'exécution d'une tâche déterminée), une norme de base est établie. Cette norme de référence est fixée après consultation du CSE. Un salaire de base lui correspond. Chaque fois que la norme est dépassée le salaire augmente. Plus le dépassement est important, plus le salaire augmente.

Les formes de rémunération au rendement sont très nombreuses. Certaines tiennent compte du rendement individuel, d'autres du rendement collectif.

Le salaire aux pièces

C'est le mode le plus courant de salaire au rendement. Pour chaque pièce fabriquée, le salarié reçoit une somme uniforme. Le gain est donc proportionnel au rendement. La rémunération aux pièces peut être appliquée pour calculer la totalité du salaire. Elle peut aussi ne jouer que pour le calcul d'une prime s'ajoutant à un salaire horaire garanti.

Ce salaire horaire garanti ne doit pas être confondu avec le Smic qui, quel que soit le mode de rémunération, doit toujours être respecté. On arrive ainsi à combiner le salaire au temps et le salaire au rendement. Le salaire horaire garanti est un minimum, la prime ou « boni » est variable.

Le salaire à la tâche

Le salaire à la tâche est utilisé pour un travail plus complexe que celui visé par le salaire aux pièces, mettant en jeu différentes techniques et dont l'exécution assez longue est confiée le plus souvent à un seul salarié. Le salaire à la tâche combine un salaire horaire garanti et un prix d'exécution. Lorsque le temps relatif à chaque tâche n'est pas fixé, le salarié doit bénéficier au minimum du Smic multiplié par le nombre d'heures qu'il a effectuées.

La prime de rendement

La prime de rendement, appelée également « prime de productivité » ou « prime d'assiduité », est attribuée soit en fonction du rendement individuel, soit en fonction du rendement collectif.

Quelle que soit sa dénomination, la prime se caractérise par :
- la fixation d'un temps normal d'exécution d'un travail donné ;
- le paiement du salaire horaire ordinaire sans prime à tout salarié qui n'exécute pas le travail dans le temps normal.

La mensualisation n'exclut pas les divers modes de calcul de salaire au rendement. Toutefois, ces modes de rémunération ayant pour conséquence d'introduire un élément variable (suivant les pièces exécutées par le salarié), ils peuvent entraîner des variations importantes de rémunération. Dans ce cas, les salariés qui effectuent un horaire équivalant à 35 heures de travail effectif par semaine doivent percevoir une rémunération mensuelle au moins équivalente au salaire horaire conventionnel ou contractuel garanti et en tout état de cause au Smic mensuel.

Le pourboire

Définition

Le pourboire est une rémunération qui n'existe que dans les établissements en contact avec la clientèle. Sa principale caractéristique est d'être versé non par l'employeur mais par la clientèle. Certains salariés sont rémunérés uniquement au pourboire (ouvreuses des théâtres parisiens par exemple), d'autres ont droit à la fois à un salaire fixe et aux pourboires : par conséquent, le pourboire est soit un salaire, soit un complément de salaire.

Le pourboire peut être :
- facultatif : le client verse directement la somme qui lui convient ;
- obligatoire : il est alors égal à un pourcentage de la note acquittée par le client.

Il existe également une sorte de « super pourboire » versé volontairement par le client en plus du pourboire obligatoire et remis directement au salarié : celui-ci, aléatoire, d'un montant fixé librement par le client, est considéré comme une gratification non soumise aux règles du salaire.

Les obligations de l'employeur

Dans tout établissement où existe la pratique du pourboire, comme dans les hôtels, cafés, restaurants, **l'employeur doit verser l'intégralité des sommes payées par le client à ce titre**, que ces pourboires soient ajoutés à la note sous forme de pourcentage obligatoire ou remis volontairement par le client. Ni un contrat de travail, ni un accord appliqué dans l'entreprise ne peuvent déroger à cette règle.

Le personnel concerné est celui qui est en contact avec la clientèle. Il en résulte que **l'employeur n'a pas la possibilité de répartir les pourboires entre des salariés qui n'étaient pas en contact avec la clientèle.** L'employeur est tenu de justifier de l'encaissement et de la remise à son personnel des sommes encaissées et de leur répartition entre les salariés (C. trav., art. L. 3244-1). Les modalités de répartition doivent être précisées par la convention collective ou, à défaut, par un règlement d'administration publique. Les pourboires s'ajoutent au salaire fixe, sauf dans le cas où un salaire minimum a été garanti par l'employeur (C. trav., art. L. 3244-2).

Le salaire minimum garanti et **les pourboires perçus dans le mois doivent être versés mensuellement**. L'employeur ne peut se réserver une partie des pourboires. Il doit les verser intégralement aux salariés. De même, l'employeur ne peut prélever sur les pourboires dus à l'ensemble du personnel l'indemnité différentielle qu'il doit verser, en vertu de la loi ou des accords collectifs, au salarié malade. Il est également interdit à l'employeur de prélever sur les pourboires le montant de l'indemnité de congés payés. La même règle est applicable pour les heures de délégation des représentants du personnel : les pourboires ne peuvent servir à les financer.

Dans le cas de **pourboires remis directement au personnel par le client**, l'employeur ne connaît pas le montant encaissé par le salarié. Il doit donc calculer les cotisations sociales sur une assiette minimum forfaitaire.

Le fait que le pourboire soit à la charge du client, et non à celle de l'employeur, a pu faire douter de sa nature, mais **le législateur lui reconnaît bien le caractère de salaire** et le protège comme tout salaire en le faisant entrer en compte dans le calcul de diverses indemnités (congés payés, préavis, licenciement, indemnités journalières) et dans celui de l'assiette des cotisations.

Le salaire en fonction du chiffre d'affaires

Cette forme de rémunération est calculée en **pourcentage du chiffre d'affaires réalisé par le salarié, une équipe ou l'ensemble du personnel.** Elle peut être appliquée soit pour la totalité d'un salaire, soit en complément d'un fixe. Il n'est pas illicite de convenir d'une rémunération proportionnelle au chiffre d'affaires, déduction faite de différentes charges d'exploitation de l'employeur, y compris les charges sociales. Un contrat de travail peut prévoir que la partie variable de la rémunération soit renégociée chaque année entre l'employeur et le salarié.

Les commissions

La **rémunération des VRP** (voyageur, représentant, placier), salariés simples ou statutaires, comporte **presque toujours des commissions**. La commission est un **pourcentage des commandes fermes passées par le VRP**. En général, s'y ajoute un salaire fixe. La commission est assimilée à un salaire et est protégée en tant que tel.

Les gueltes des vendeurs

Il est de pratique courante, notamment dans les grands magasins parisiens, de **rémunérer les vendeurs par un salaire fixe et une « guelte »**. La guelte, comme la commission, est **un salaire proportionnel au chiffre de ventes réalisé par le salarié**, calculé sur un taux qui peut varier selon la nature des articles vendus. En effet, la plupart des grandes surfaces passent des accords de vente avec leurs fournisseurs. Plus la grande surface achète tel produit, plus le prix d'achat de ce produit est baissé (c'est également la logique des centrales d'achat). Les vendeurs du rayon dans lequel est placé ce produit sont donc incités à vendre le plus possible de ce produit en vantant ses qualités. Plus le vendeur aura vendu de ce produit, plus sa guelte sera importante. Les gueltes constituent bien évidemment un élément de rémunération.

Le salaire forfaitaire

On appelle « convention de forfait » un accord passé entre un salarié et un employeur aux termes duquel **le salaire alloué comprend forfaitairement les majorations pour les heures supplémentaires** que le salarié accomplit régulièrement au-delà de la durée légale du travail.

À l'exception des cadres dirigeants et de certains cadres autonomes en forfait annuel en jours, les cadres ont en principe droit, comme les autres salariés, au paiement des heures supplémentaires qu'ils effectuent. En effet, la qualité de cadre ne suffit pas à exclure le droit au paiement des heures supplémentaires ; ce droit ne peut lui être refusé que s'il perçoit *« un salaire forfaitaire comprenant les dépassements d'horaire résultant des impératifs de la fonction exercée ».*

Ce type de convention de forfait doit être distingué des conventions individuelles de forfait annuel (en heures ou en jours) créées par la loi Aubry II et réservées aux seuls cadres autonomes. De même, la convention de forfait de droit commun ne doit pas être confondue avec la pratique dite du « forfait tous horaires » réservée aux cadres dirigeants.

Les particularités du salaire des cadres

Les avenants ou annexes cadres des conventions collectives comportent presque toujours une liste des salaires minima de chaque position ou coefficient des ingénieurs et cadres ; ces salaires sont périodiquement revalorisés par accord. Lorsque les cadres ont droit à une prime d'ancienneté (prévue par certaines conventions), cette prime est calculée sur le salaire minimum.

Le salaire réel d'un cadre est pratiquement toujours supérieur au salaire minimum conventionnel ; il ne peut en tout cas être inférieur à ce salaire minimum adapté à la durée réelle de travail du cadre si celle-ci est supérieure à la durée légale du travail. Afin de motiver leurs cadres, de plus en plus d'entreprises ont recours à des techniques d'individualisation du salaire. Cette **individualisation** peut revêtir différentes formes : prime, augmentation individuelle, salaire au mérite…

En plus de leur salaire, les cadres bénéficient parfois (indépendamment des systèmes d'intéressement facultatif ou de participation obligatoire en vigueur dans l'entreprise) d'une partie de salaire variable, sous forme de participation aux bénéfices ou au chiffre d'affaires de leur entreprise.

Les modalités de calcul de ces participations doivent être soigneusement définies par écrit, dans le contrat de travail ou dans une annexe à celui-ci.

Pour éviter les inconvénients, notamment fiscaux, des augmentations portant sur des salaires déjà élevés, certaines entreprises accordent à leurs cadres des avantages en nature :
- avantages matériels et immédiats, les plus courants étant le logement de fonction ou la voiture de fonction (voir plus loin) ;
- avantages de retraite et de prévoyance permettant d'améliorer la couverture sociale actuelle et future des intéressés, s'ajoutant ou non aux dispositions conventionnelles. À cet égard, certaines conventions collectives prévoient des systèmes de prévoyance plus favorables aux cadres, et notamment des durées de maintien du salaire plus longues en cas d'arrêt maladie par exemple.

Les cadres bénéficient comme tous les salariés des systèmes d'intéressement facultatif ou de participation aux résultats obligatoires en vigueur dans l'entreprise. En plus, certaines sociétés par actions – cotées ou non – peuvent choisir de compléter ceux-ci par des systèmes d'intéressement et de participation décrits ci-dessus en offrant à leurs salariés la possibilité de souscrire ou d'acheter ses propres actions dans un certain délai et à un prix réduit déterminé à l'avance. Ce dispositif de souscription ou d'achat d'actions (aussi dénommé « stock-options ») se trouve en pratique le plus souvent réservé aux cadres, et plus particulièrement aux cadres dirigeants.

Les rémunérations particulières

L'intéressement et la participation

Sont distribuées sous différentes formes des sommes calculées à partir du chiffre d'affaires. Cette rémunération peut être soit facultative (primes diverses d'intéressement, contrat d'intéressement facultatif) soit obligatoire (régime de la participation aux résultats imposé aux entreprises de plus de cinquante salariés).

Sur un plan juridique, les primes d'**intéressement** et les sommes attribuées au titre de la **participation** aux résultats **ne constituent pas un élément du salaire** et ne peuvent s'y substituer.

Les redevances versées aux artistes et aux mannequins

L'artiste comme le mannequin sont présumés être liés par un contrat de travail à leur employeur. En fixant leur statut, le législateur a pris soin de distinguer dans leur rémunération le salaire et les redevances. Les redevances sont les sommes versées à l'artiste ou au mannequin en contrepartie de la vente ou de l'exploitation d'un enregistrement réalisé antérieurement.

Elles n'ont pas le caractère de salaire si les deux conditions suivantes sont remplies :

- la vente ou l'exploitation de l'enregistrement ne nécessite pas la présence physique de l'artiste ou du mannequin ;
- les redevances sont calculées indépendamment du salaire versé pour l'enregistrement et ne sont fonction que du produit de la vente ou de l'exploitation de l'enregistrement (C. trav., art. L. 7121-8).

3. Le paiement du salaire

La périodicité du paiement

Les salariés doivent être payés au minimum selon la périodicité suivante :

- deux fois par mois pour les ouvriers non mensualisés avec au plus 16 jours d'intervalle entre deux paies (dit « paiement à la quinzaine » toujours en usage chez les salariés à domicile, les saisonniers, les intermittents et les intérimaires – voire à la semaine pour certains d'entre eux) ;
- une fois par mois pour les employés et ouvriers mensualisés bénéficiaires d'un accord professionnel de mensualisation ou de l'accord interprofessionnel du 10 décembre 1977, étendu par la loi n° 78-49 du 19 janvier 1978 (C. trav., art. L. 3242-3).

La loi fixe seulement l'écart maximum entre deux paies. Il est donc possible de prévoir des versements plus rapprochés, soit dans le contrat de travail de chaque salarié, soit dans les clauses d'une convention collective ou d'un accord collectif.

Pour tout **travail aux pièces** demandant plus de 15 jours, la date de paiement peut être fixée librement, mais des acomptes doivent être obligatoirement versés en cours d'exécution (C. trav., art. L. 3242-4).

L'employeur doit procéder au paiement des **commissions des VRP** au moins tous les 3 mois (C. trav., art. L. 7313-7).

La **répartition des pourboires** doit être faite une fois par mois : cette règle a été retenue par les tribunaux à partir des dispositions du Code du travail exigeant que le salaire des employés soit payé au moins une fois par mois.

La règle du paiement périodique du salaire est considérée comme une règle d'ordre public : il n'est pas possible d'y déroger, même par accord entre l'employeur et le salarié. Toute convention contraire est nulle, même si elle prévoit un versement effectif aux échéances normales de la paie d'une somme supérieure au Smic. Si l'employeur ne paie pas le salaire à la date normale, il encourt la sanction prévue à l'article R. 3246-2 du Code du travail.

Outre le paiement des salaires échus, le salarié peut demander au conseil des prud'hommes deux sortes de dommages-intérêts : ceux qui compenseront simplement le retard (intérêts moratoires) et ceux qui compenseront le préjudice subi du fait du non-paiement (dommages-intérêts compensatoires). Les intérêts moratoires sont calculés au taux en vigueur pour les dettes commerciales si l'employeur est un commerçant ; sinon au taux civil. Selon les règles générales, le point de départ de ces intérêts est fixé à la date de la sommation de payer. Les dommages-intérêts compensatoires sont accordés si le salarié prouve la mauvaise foi de son employeur et le préjudice qu'il a subi (par exemple : frais supplémentaires supportés par le salarié qui n'a pu payer à la date convenue une traite ou rembourser une part d'emprunt). Une action collective de tous les salariés d'une entreprise semble admise lorsqu'il s'agit d'obtenir le paiement de leur salaire : le recours à la grève a été jugé licite dans une entreprise où l'employeur ne payait pas les salaires à la date normale, et les grévistes ont même obtenu une indemnité compensant les salaires perdus du fait de la grève.

Le salaire étant la contrepartie du travail, il a été jugé que lorsque l'employeur ne paie pas le salaire, le personnel peut interrompre son activité. La Cour de cassation a en effet estimé que l'employeur commettait une faute lourde, autorisant le salarié à quitter l'entreprise sans préavis et justifiant l'attribution de dommages-intérêts pour rupture abusive (Cass. soc., 16 mars 1978, n° 76-40.591). Il en est de même lorsque le salaire est versé incomplètement, amputé notamment de la prime de fin d'année ou de la prime de vacances ou encore de pourcentages sur les ventes (Cass. soc., 29 avril 1981, n° 80-10.145).

Le lieu du paiement

Le Code du travail n'impose pas à l'employeur de remettre la paie sur les lieux de travail. L'usage est cependant établi depuis longtemps de payer le salaire là où travaille le salarié (Cass. soc., 8 décembre 1937). L'ancien article R. 143-1 qui interdisait de le faire dans un débit de boissons ou un magasin de vente, sauf pour le personnel qui y était employé, a été abrogé.

L'employeur qui a mis à disposition du salarié son salaire et son indemnité de congés payés n'a pas à faire parvenir ces sommes au salarié. En effet, à défaut de convention entre les parties, le salaire est quérable (Cass. soc., 11 avril 1991, n° 89-43.337).

Article R. 3241-1 : « *Le salaire est versé un jour ouvrable sauf en cas de paiement réalisé par virement.* » Il est interdit de verser la paie un jour de repos légal ou conventionnel (jour de repos hebdomadaire ou jour férié et chômé) : le paiement du salaire sera éventuellement effectué sur plusieurs jours ouvrables dans les entreprises où le repos hebdomadaire est donné par roulement.

Les modes de paiement

Article L. 3241-1 : « *Sous réserve des dispositions législatives imposant le paiement des salaires sous une forme déterminée, le salaire est payé en espèces ou par chèque barré ou par virement à un compte bancaire ou postal. Toute stipulation contraire est nulle. En dessous d'un montant déterminé par décret, le salaire est payé en espèces au salarié qui le demande. Au-delà d'un montant déterminé par décret, le salaire est payé par chèque barré ou virement à un compte bancaire ou postal.* » À l'heure actuelle **ce montant** déterminé par décret est de **1 500 euros**. Pendant le dernier trimestre 2015, des stagiaires pensaient que cette somme était passée à 1 000 euros. Il n'en est rien ! Ils ont juste confondu avec le paiement en espèces chez un commerçant qui est passé de 3 000 euros à 1 000 euros le 1er septembre 2015.

En cas de paiement par chèque ou par virement, la date du paiement de la rémunération au salarié est celle à laquelle son compte bancaire ou postal est crédité de la somme correspondante.

Je rappelle que, selon l'article L. 3221-3 (déjà vu précédemment), le contrat de travail peut prévoir que la rémunération soit complétée par des avantages en nature (nourriture et logement) ou des fournitures de travail procurées par l'employeur, à prix coûtant. Aussi, la Cour de cassation admet que la rémunération puisse être intégralement constituée de prestations en nature ; mais, dans ce cas, il convient que l'ensemble des avantages en nature perçus par le salarié lui assure une rémunération au moins égale au salaire minimum garanti ou au salaire minimum conventionnel (Cass. soc., 19 mai 1993, n° 91-45.157).

Attention toutefois, il est interdit à l'employeur d'annexer à son établissement un économat chargé de la vente directe aux salariés et à leur famille de denrées ou marchandises de quelque nature que ce soit ou d'obliger son personnel à dépenser son salaire, pour partie ou en totalité, dans des magasins de son choix (C. trav., art. L. 3254-1).

Enfin, le fait de méconnaître les dispositions relatives au bulletin de paie des articles L. 3243-1 et L. 3243-2 et des articles R. 3243-1 à R. 3243-5 (déjà vus pécédemment) est puni de l'amende prévue pour les contraventions de la troisième classe (C. trav., art. R. 3246-3).

L'employeur n'est pas tenu, en raison d'une certaine obligation de discrétion, de communiquer à l'épouse de son employé les salaires de celui-ci. En revanche, rien ne s'oppose par exemple en cas de maladie, à ce que le salaire soit remis à un tiers si le salarié est dans l'impossibilité de se déplacer : il est nécessaire dans ce cas que le tiers soit muni d'une procuration spéciale, établie sur papier libre, l'autorisant à toucher le salaire et à donner quittance à l'employeur. Mais le paiement du salaire à un tiers reste l'exception.

La prescription des actions en paiement

Enfin, depuis le 16 juin 2013, la loi 2013-504 a réduit de 5 ans à **3 ans** la durée du délai de prescription des actions en paiement ou en répétition des salaires (C. trav., art. L. 3245-1).
Attention : la prescription en matière d'exécution du contrat de travail est de 2 ans seulement, voire de 1 an sur les actions portant sur la rupture du contrat de travail (C. trav., art. L. 1471-1).

Désolé d'avoir été si long sur cette première ligne du bulletin, mais comme vous l'aurez compris, toute la suite du bulletin dépend de cette ligne de salaire, selon qu'il est de base, horaire, mensualisé ou forfaitisé (et en plus en heures ou en jours). Bref, il est temps de passer aux lignes qui suivent et qui représenteront selon les salariés, peu ou prou, le beurre qu'on ajoute ou pas aux épinards.

4. Les primes et les compléments de salaire

Depuis le début de ce livre, nous avons vu les différentes formes de salaires. Il faut maintenant parler de tous les compléments de salaire qui viennent s'ajouter au salaire de base et qui formeront ce qu'il est convenu d'appeler « le salaire brut » (le gros +).

Ces compléments sont :
- la prime d'ancienneté ;
- les primes liées au travail ;
- la prime de transport ;
- les avantages en nature ;
- les frais professionnels soumis ;
- les indemnités de panier soumises.

Les primes

Les primes ou gratifications sont des sommes d'argent remises par l'employeur à ses salariés. La source des primes est à chercher dans les niveaux les plus bas de la pyramide des sources du droit de la paie. En effet, le Code du travail n'en prévoit que très peu (l'indemnité de fin de contrat pour les CDD, les indemnités de licenciement, les indemnités de transport). Pour comprendre les mécanismes d'attribution de ces sommes, il faut principalement vous tourner vers :
- la convention collective ;
- un accord d'entreprise ;
- un usage ou une libéralité ;
- le contrat de travail.

La prime résultant d'un texte

Il peut s'agir d'une convention collective, d'un accord d'entreprise ou d'établissement, ou d'un engagement unilatéral.

Lorsque le versement de la prime ou de la gratification résulte d'un texte soit conventionnel, soit contractuel, son caractère obligatoire ne peut être contesté. La prime a donc le caractère de salaire. Elle est soumise à toutes les règles de protection du salaire et est obligatoirement due. Ainsi, lorsqu'elle est prévue par la convention collective, l'employeur ne peut en réduire le montant en invoquant des conditions de travail moins contraignantes (Cass. soc., 3 juillet 1991, n° 88-41.111).

De même, lorsque la prime est payée en exécution d'un engagement unilatéral de l'employeur, elle constitue un élément du salaire dont le versement est obligatoire pour l'employeur dans les conditions fixées par cet engagement, peu importe son caractère variable (Cass. soc., 5 juin 1996, n° 92-43.480).

Ces primes ou gratifications sont en général attribuées :

- pour tenir compte de la nature ou des conditions particulières du travail (prime d'astreinte, prime de risque, prime de salissure…) ;
- pour récompenser ou motiver le salarié (prime de rendement, prime de production, prime d'ancienneté…) ;
- à l'occasion d'un événement familial (prime de naissance, prime de mariage…) ;
- globalement (treizième mois, prime de vacances…).

Les **apprentis** bénéficient en principe des conventions ou d'accords collectifs applicables aux salariés de la branche ou de l'entreprise considérée. Ainsi, à titre d'exemple, une prime de vacances qui bénéficie, selon la convention collective, à l'ensemble des salariés doit être accordée aux apprentis (C. trav., art. L. 6222-23).

Les **travailleurs handicapés** employés dans une entreprise adaptée bénéficient des dispositions légales ou conventionnelles applicables dans la branche d'activité exercée par celle-ci, ainsi que des dispositions légales relatives à l'intéressement, à la participation et à l'épargne salariale (C. trav., art. L. 5213-15).

Les salariés titulaires de contrats relatifs à la politique de l'emploi sont soumis à la convention collective ou à l'accord d'entreprise applicable à leur employeur (sous réserve de dispositions conventionnelles les excluant), dès lors que les textes définissant le régime juridique de ces contrats le précisent. Ainsi, les salariés sous contrat emploi solidarité doivent donc bénéficier du paiement d'un treizième mois s'il existe dans leurs entreprises respectives, dès lors qu'il n'y a pas dans la convention collective applicable de restriction expresse relative à cette prime (Cass. soc., 1er juin 1999, n° 96-44.428).

La prime résultant d'un usage

Dans le cas d'une prime ou d'une gratification résultant d'un usage, il convient de déterminer si elle constitue un complément de salaire obligatoirement dû. La jurisprudence, en matière d'usage, exige la réunion de trois critères :

- la **constance** de l'usage. Le versement de la prime doit être constant, régulier, sans réserve de la part de l'employeur. Ainsi, remplit ce critère de constance une prime versée régulièrement depuis plusieurs années (Cass. soc., 3 juin 1971, n° 70-40.370);
- la **fixité** de l'usage. Le montant de la prime ne doit pas être forcément invariable. Par contre, les modalités de calcul de la prime doivent être uniformes et peuvent être élaborées en fonction du temps de présence, du salaire ou de l'évolution de celui-ci (Cass. soc., 16 mars 1989, n° 87-41.105);
- la **généralité** de l'usage. La prime doit être versée à tout le personnel ou encore à tous les salariés appartenant à la même catégorie professionnelle sans distinction (Cass. soc., 28 février 1996, n° 93-40.883).

Dès lors que son versement résulte d'un usage répondant à ces caractères de constance, de fixité et de généralité, **le paiement de la prime ou de la gratification considérée est obligatoire pour l'employeur**, peu importe notamment l'irrégularité commise par ce dernier au regard de la législation de Sécurité sociale (exemple: non-paiement des cotisations sur les sommes considérées).

La libéralité

Une prime peut être qualifiée de « libéralité » lorsqu'elle est laissée à **la seule appréciation de l'employeur**.
Telle est le cas d'une **prime attribuée à n'importe quelle époque de l'année et versée uniquement à certains membres du personnel**.
La prime ou la gratification occasionnelle ne peut avoir le caractère de salaire puisque son attribution est aléatoire et imprévisible. **Elle peut être supprimée par l'employeur**.
Cette prime occasionnelle peut être versée à une catégorie professionnelle sans engendrer une obligation à l'égard d'une autre catégorie. Cependant, si les conditions d'attribution d'une prime peuvent être liées à différents éléments objectifs, elles ne doivent pas pour autant être discriminatoires (C. trav., art. L. 3221-4 à L. 3221-7).

Le régime juridique de la prime

Au regard du droit du travail

Seules les gratifications obligatoires sont prises en compte, que ce soit pour l'application du Smic, pour le calcul de l'indemnité de congés payés ou pour le calcul des heures supplémentaires.

Au regard de la Sécurité sociale

La Sécurité sociale, se basant sur l'article L. 242-1 du Code de la Sécurité sociale qui permet d'inclure dans l'assiette des cotisations toute somme versée *« à l'occasion du travail »*, conclut à l'assujettissement de presque toutes les gratifications.

L'incidence de la suspension et de la rupture du contrat de travail

D'une façon générale, en cas de départ en cours d'année, un salarié n'a aucun droit pour exiger le paiement d'une gratification bénévole. En revanche, si cette dernière résulte d'un usage constant ou d'une convention, il peut en réclamer le paiement.

Plusieurs hypothèses se présentent :

- le paiement de la prime résulte d'une convention qui ne précise pas les conditions de versement en cas de départ en cours d'année, ou résulte d'un usage. Dans ce cas, la jurisprudence est constante : le droit au paiement *prorata temporis* d'une somme dite « prime de treizième mois » à un membre du personnel ayant quitté l'entreprise, quel qu'en soit le motif, avant la date de son versement, ne peut résulter que d'une convention ou d'un usage dont il appartient au salarié de rapporter la preuve (Cass. soc., 31 mars 1998, n° 95-42.086) ;
- le paiement de la prime est subordonné à une condition expresse de présence dans l'entreprise. La condition de présence peut être exigée soit à la date du versement, soit au 31 décembre de l'année à laquelle se rapporte la prime. Dans ces deux cas, les salariés partant en cours d'année à une date différente ne peuvent prétendre au paiement de la prime, même *prorata temporis* (Cass. soc., 8 novembre 1984, n° 82-42.149). L'existence d'un reliquat de congés payés n'a pas pour effet de retarder l'expiration du contrat de travail ; en conséquence, la prime ne peut être accordée au motif que s'il avait pris ses congés, le salarié aurait été présent à la date de versement de la prime (Cass. soc., 20 février 1986, n° 83-41.049) ;
- le texte mettant en place la prime prévoit un versement *prorata temporis* pour les salariés embauchés en cours d'année. Comme dans l'hypothèse où le texte ne prévoit aucune disposition spécifique en cas de rupture du contrat de travail, le versement *prorata temporis* n'est pas dû, la disposition concernant les embauches en cours d'année ne pouvant être transposée aux ruptures de contrat de travail en cours d'année (Cass. soc., 13 avril 1976, n° 74-40.707) ;

- dans ce cas, l'employeur doit verser le prorata de la prime au salarié démissionnaire en cours d'année (Cass. soc., 17 janvier 1985, n° 82-43.397). De même, le salarié qui part en préretraite a droit au versement partiel de la prime, l'employeur ne contestant pas l'usage du versement *prorata temporis* en cas de départ en retraite. En l'espèce, la Cour de cassation assimile la préretraite à la retraite, les salariés n'ayant pas été avertis avant qu'ils signent leur lettre de départ que leur droit à la prime serait supprimé du fait qu'ils étaient préretraités et non retraités (Cass. soc., 11 décembre 1986, n° 84-40.939) ;
- la prime constitue non pas un complément de salaire mais un élément de la rémunération. Lorsque le contrat de travail prévoit expressément une rémunération sur 13 mois, le treizième mois ne constitue plus une prime, mais fait partie intégrante du salaire. En conséquence, en cas de départ du salarié en cours d'année, celui-ci a droit au paiement du treizième mois, mais *prorata temporis* (Cass. soc., 19 décembre 1990, n° 88-41.075).

Un salarié licencié en fin d'année, mais qui avait été dispensé d'effectuer son préavis et n'était plus présent dans l'entreprise, bénéficie de cette prime, la dispense du délai-congé n'entraînant jusqu'à expiration de ce délai aucune diminution des salaires et avantages que le salarié aurait reçus s'il avait accompli son travail (Cass. soc., 4 mars 1965, n° 64-40.383).

Si la seule condition posée par une convention collective au versement d'une gratification (prime de treizième mois) est la présence du salarié au moment du versement de la prime (31 décembre), peu importent les absences du salarié au cours de l'année. Ainsi, un salarié en arrêt de travail du 21 janvier au 18 décembre a droit à l'intégralité de sa prime, étant présent le 31 décembre de l'année de référence (Cass. soc., 30 novembre 1983, n° 81-41.224).

La modification et la suppression de la prime

L'employeur qui ne verse pas la prime due à son échéance, qu'elle résulte du contrat de travail, de la convention collective, d'un usage ou d'un engagement unilatéral de l'employeur, provoque la rupture du contrat de travail qui s'analyse en un licenciement (Cass. soc., 18 novembre 1998, n° 96-42.932). En conséquence, l'employeur qui souhaite ne plus verser une prime obligatoire doit la remettre en cause en suivant :

- la procédure de modification du contrat de travail si la prime est issue du contrat de travail ;

- la procédure de révision ou de dénonciation des accords collectifs si la prime résulte d'un accord collectif;
- la procédure de dénonciation de l'engagement unilatéral ou de l'usage si la prime résulte d'un engagement unilatéral ou d'un usage.

Lorsque le paiement d'une prime est devenu obligatoire par voie d'usage, **l'employeur peut néanmoins dénoncer cet usage sous réserve d'en informer les représentants du personnel et les salariés, en respectant un certain délai de préavis.** Attention toutefois: l'annonce faite par l'employeur aux délégués du personnel d'une redéfinition d'ensemble de la paie ne constitue pas une dénonciation de l'usage du versement du treizième mois (Cass. soc., 29 juin 1995).

La prime d'ancienneté

La prime la plus usitée dans les entreprises françaises est sans aucun doute la prime d'ancienneté (parfois appelée «prime d'expérience» ou «prime de durée d'expérience, PDE»). Drôle d'idée à l'heure où de nombreux salariés sont licenciés pour «dégrossir» les effectifs... Il faut savoir que cette prime a été inventée en 1919 lors des signatures des premières conventions collectives et qu'à cette période de l'histoire, les entreprises souhaitaient s'attacher les salariés. En effet, suite à la guerre 1914-1918, le chômage n'existait pas et les entreprises manquaient de bras. De plus, les salariés ne voulaient pas de CDI, préférant leur liberté pour la plupart du temps s'occuper de leurs terres. La prime d'ancienneté semblait donc une excellente solution pour récompenser la fidélité du salarié à l'entreprise.

Par ailleurs, une prime d'ancienneté prévue par une convention collective ne peut être remplacée par une prime d'assiduité. En effet, la prime d'assiduité a pour objet d'inciter les salariés à ne pas s'absenter et non à récompenser leur fidélité à l'entreprise. Les deux primes doivent donc se cumuler (Cass. soc., 2 mars 1993, n° 90-40.574).

Tout salarié, dès lors qu'il a acquis l'ancienneté requise par l'accord de branche, l'accord d'entreprise ou l'usage, bénéficie de la prime d'ancienneté. En l'absence de dispositions conventionnelles excluant les travailleurs handicapés, ceux-ci doivent également en bénéficier (C. trav., art. L. 5213-15).

Instituée par voie d'arrêtés ministériels (les arrêtés Parodi[1]), **la prime d'ancienneté résulte le plus souvent des conventions collectives.**

Toutefois, en l'absence de conventions collectives, ces arrêtés « Parodi-Croizat » restent applicables, non pas pour leurs salaires minima largement inférieurs au Smic, mais pour leurs grilles de classification et pour déterminer le montant de la prime – bien que celui-ci soit désormais dérisoire (Cass. soc., 23 septembre 1982, n° 80-40.250).

Un usage peut également accorder aux salariés le paiement d'une prime d'ancienneté. Mais, dans ce cas, l'employeur peut toujours revenir unilatéralement sur cet usage s'il a un motif légitime de le dénoncer.
Tel est le cas lorsque les dispositions d'un accord de salaires concernant cette prime sont exclues de l'agrément ministériel (Cass. soc., 24 avril 1985, n° 82-41.582).
En revanche, il ne peut invoquer l'erreur pour remettre en cause le calcul plus favorable de la prime d'ancienneté ; en effet, celle-ci étant calculée de façon constante, fixe et générale sur une base plus favorable, elle constitue un avantage pour le salarié (Cass. soc., 3 mars 1993, n° 89-45.785).

La détermination de l'ancienneté

L'ancienneté commence généralement, sauf dispositions conventionnelles différentes, à courir du jour de la conclusion du contrat de travail. Le tableau ci-après synthétise les conséquences sur le déroulement de l'ancienneté des principaux incidents affectant l'exécution du contrat de travail, ainsi que celles résultant de contrats particuliers.

1. La révision des salaires, bloqués pendant la guerre 1939-1945, fut réalisée par voie d'arrêtés ministériels, connus sous le nom d'« arrêtés Parodi-Croizat » (du nom du ministre des Affaires sociales et d'un grand patron de l'industrie française qui ont signé ces arrêtés). En 1950, ces arrêtés fixaient les coefficients applicables à chaque catégorie de salariés (ouvriers, employés et agents de maîtrise, ingénieurs et cadres) ainsi que le salaire minimum afin d'harmoniser les grilles des conventions collectives qui avaient de grandes différences d'affectation d'un coefficient pour une même qualification. Pour la petite histoire, ces grilles ont fixé à 300 le coefficient à partir duquel les salariés sont cadres. Mais, en appliquant cette nouvelle grille, des salariés qui étaient cadres ne le restaient plus et d'autres qui ne l'étaient pas le devenaient. Alors, le temps que les conventions collectives remettent de l'ordre, on créa artificiellement la catégorie « assimilés cadres » pour ceux dont le coefficient se situait entre 270 et 300. Cette dénomination a survécu !

Types de contrats et d'incidents	Prise en compte dans l'ancienneté	Observations
Contrat à Durée Déterminée	Oui	C. Trav., art. L.1243-11
Contrat à temps partiel	Oui	C. Trav., art. L. 3123-12
Congés payés	Oui	Exécution normale du contrat
Congés parental total	Oui (pour la moitié de sa durée)	C. Trav., art. L.1225-54
Congé individuel de formation	Oui	C. Trav., art. L. 6322-13
Accident du travail	Oui	C. Trav., art. L.1226-7
Maladie	Oui	Sauf précision conventionnelle
Maternité	Oui	C. Trav., art. L.1225-16
Période militaire	Non (suspension)	C. Trav., art. L.3142-71
Changement d'employeur (art. L.1234-7)	Oui	Reprise de l'ancienneté déjà acquise

Deux particularités manquent dans ce tableau :

- lorsque l'entreprise utilisatrice embauche, après une mission, un salarié mis à sa disposition par une entreprise de travail temporaire, la durée des missions accomplies au sein de cette entreprise au cours des 3 mois précédant le recrutement est prise en compte pour le calcul de l'ancienneté du salarié. Cette durée est déduite de la période d'essai éventuellement prévue dans le nouveau contrat de travail (C. trav., art. L. 1251-38) ;
- lorsque le salarié s'absente pour un congé sabbatique, de création d'entreprise ou sans solde, la période d'absence se déduit bien évidemment de son ancienneté.

Le calcul de la prime d'ancienneté

Il existe quatre façons de calculer le montant de la prime d'ancienneté. Celui-ci sera toujours composé d'une base et d'un taux. La base peut être :

- le salaire réel du salarié ;
- le salaire minimum de la convention collective correspondant au coefficient du salarié ;
- le salaire minimum de la convention collective correspondant à la classification du salarié ;
- un montant correspondant au produit du coefficient par la valeur du point attribuée par la convention collective.

Quant au taux, il est généralement un pourcentage fixe ou variable qui s'applique soit chaque année, soit par périodicité d'année (exemple : tous les 3 ans).

Le **montant de la prime d'ancienneté** est le plus souvent plafonné à partir d'un certain nombre d'années (le plus souvent, 15 % après 15 ans).

Lorsque la convention collective prévoit que la prime d'ancienneté doit être calculée sur le salaire réel, il convient d'inclure dans la base de calcul le montant des indemnités de chômage partiel qui se substituent au salaire (Cass. soc., 16 janvier 1992, n° 88-43.631).

Lorsque l'horaire de l'entreprise est abaissé en dessous de 35 heures, les primes d'ancienneté doivent être calculées sur la base du nouvel horaire (Cass. soc., 12 janvier 1989, n° 86-40.714). Et la durée de l'ancienneté doit être décomptée pour les employés à temps partiel comme s'ils étaient à temps complet. Le montant de la prime est, par contre, calculé proportionnellement au temps de travail du salarié, suivant le principe de la proportionnalité des salaires des employés à temps partiel par rapport à ceux des employés à temps complet (Cass. soc., 18 février 1988, n° 86-41.980).

De nombreuses conventions collectives ne précisent pas le mode de calcul de la prime d'ancienneté en cas de paiement d'heures supplémentaires. Dans cette hypothèse, que la prime d'ancienneté soit calculée sur un salaire minimum conventionnel ou sur le salaire réel, il convient de tenir compte de l'horaire réellement effectué par le salarié et de calculer la prime en conséquence.

Le paiement de la prime d'ancienneté

L'administration comme les tribunaux estiment que les primes d'ancienneté, lorsqu'elles correspondent bien à leur objet, c'est-à-dire rémunérer l'ancienneté du salarié, n'ont pas à être incluses dans le salaire de base pour apprécier si le salarié perçoit le Smic ou le salaire minimum conventionnel.

Comme toutes les primes qui s'ajoutent au salaire de base, **la prime d'ancienneté doit normalement être mentionnée sur le bulletin de paie** (C. trav., art. R. 3243-1). Donc l'absence de la mention de la prime d'ancienneté sur le bulletin de salaire entraîne une présomption de non-paiement de la prime (Cass. soc., 4 mai 1983, n° 80-41.464).

Les primes liées au travail

Ces primes, qui n'ont pas d'existence légale, sont uniquement prévues dans les conventions collectives ou les accords d'entreprise. Elles sont attribuées pour tenir compte de conditions particulières de travail qui permettent aux salariés de bénéficier de majoration de leur salaire de base. **Elles entrent toutes dans la base de calcul des cotisations et ont le caractère de salaire.**

En voici une liste non exhaustive :
- majoration pour travail en équipes successives ;
- prime d'astreinte (versée au salarié restant à la disposition de l'employeur en permanence) ;
- prime de salissure ou d'insalubrité ;
- prime de travaux pénibles ;
- prime de risque ;
- prime de chef d'équipe ;
- prime de remplacement ;
- prime de langue étrangère ;
- etc.

Les primes liées au départ du salarié

Elles sont relativement nombreuses. La règle en matière de cotisations ou d'impôts est que, dans la plupart des cas, **si elles revêtent un caractère de dommages-intérêts, elles ne sont ni cotisables ni imposables** (exemples : indemnité de licenciement, indemnité de mise à la retraite…).

Les autres primes (indemnité compensatrice de congés payés, indemnité de précarité emploi, préavis non effectué payé, indemnité de départ à la retraite) **sont cotisables et imposables** (avec certaines nuances que nous examinerons dans le chapitre sur la fin du contrat de travail).

La prime exceptionnelle, dite « prime Macron » ou « prime de pouvoir d'achat »

Née suite aux revendications des gilets jaunes et comme en 2019, les entreprises qui le souhaitent pouvent verser à leurs salariés (y compris les apprentis) une **prime exceptionnelle, dite « prime Macron »**, jusqu'au 30 juin 2020. **Fiscalement très avantageuse**, aussi bien pour les entreprises que pour les salariés, cette prime est exonérée de l'impôt sur le revenu, des cotisations et contributions sociales, sous réserve de respecter la procédure et l'établissement d'une décision unilatérale de l'employeur.

Les employeurs pouvent attribuer cette prime soit à l'ensemble de leurs salariés, soit uniquement à ceux dont la rémunération est inférieure à trois fois la valeur annuelle du Smic ou un autre plafond de rémunération. Ils peuvent moduler le montant de la prime en fonction de critères tels que la rémunération, la classification, le temps de travail ou la durée de présence effective du salarié au cours de l'année précédente (les congés maternité, paternité, adoption et parental d'éducation sont pris en compte dans le temps de présence effective). Mais aucun critère ne peut conduire à une attribution discriminatoire de la prime entre les salariés.

La prime Macron est exonérée des impôts et des cotisations et contributions sociales (+ la participation effort construction, la taxe d'apprentissage et aux contributions à la formation professionnelle) **dans la limite de 1 000 euros.** Mais si la prime est attribuée à l'ensemble des salariés, l'exonération ne concerne que ceux percevant moins de trois Smic annuels.

Attention : Il y a quelques modifications par rapport à la prime 2019 :

- **La date limite de versement de cette prime pour 2020 a été fixée au 30 juin** (contrairement à l'année dernière pour laquelle la date était fixée au 31 mars) ;
- Il faut une mise en place d'un **accord d'intéressement dans l'entreprise obligatoire.** Ces accords conclus entre le 1er janvier et le 30 juin ne peuvent avoir une durée inférieure à un an ;
- **Les conditions de versement ont été assouplies** : l'année dernière, les salariés devaient être liés par un contrat de travail au 31 décembre 2018 (ou à la date de versement si celle-ci était antérieure). Désormais il convient simplement qu'ils soient en contrat à la date de versement de cette prime ;
- Le mode de calcul de la rémunération du bénéficiaire a changé : **le calcul se fait désormais sur les 12 mois précédents le versement de la prime** et non plus sur l'année civile (du 1er janvier au 31 décembre).

Le montant de la prime ainsi que, le cas échéant, le plafond limitant le nombre de bénéficiaires et la modulation de son montant entre les bénéficiaires doivent faire l'objet d'un **accord d'entreprise ou de groupe conclu selon les même modalités qu'un accord d'intéressement**, c'est-à-dire :

- par convention ou accord collectif de travail ;
- par accord entre l'employeur et les représentants d'organisations syndicales représentatives de l'entreprise ;

- par accord conclu au sein du comité social et économique (CSE) ;
- par ratification d'un projet d'accord proposé par l'employeur, ratifié à la majorité des 2/3 du personnel.

Enfin, le montant de la prime, le plafond et la modulation de son niveau entre les bénéficiaires peuvent également faire l'objet d'une **décision unilatérale de l'employeur**.

L'an dernier, plus de 2 millions de salariés en ont bénéficié pour un montant moyen de 450 euros.

Dernière minute : L'ordonnance n°2020-385 du 1er avril 2020 modifie la date limite, le montant maximum et les conditions de versement de cette prime exceptionnelle de pouvoir d'achat :

- **la date limite est devenue le 31 août 2020 ;**
- **la mise en place d'un accord n'est plus nécessaire ;**
- **le montant de la prime peut être porté jusqu'à 2.000 € s'il y a accord d'intéressement dans l'entreprise (soit déjà existant, soit conclu d'ici le 31 août) ; ce dernier point permettant aux entreprises qui ont déjà veré une prime d'en bénéficier.**

L'indemnité de transport public

En région parisienne

Depuis le 1er novembre 1982, **les employeurs de la région parisienne sont tenus de prendre en charge une partie du prix du titre d'abonnement** acquis par leurs salariés pour effectuer, par les transports en commun, les trajets entre leur résidence habituelle et leur lieu de travail (loi n° 82-684 du 4 août 1982 modifiée par la loi n° 82-834 du 30 septembre 1982).

Cette obligation pèse sur « *toute personne physique ou morale, publique ou privée, employant un ou plusieurs salariés, à l'intérieur de la zone de compétence de l'autorité organisatrice des transports parisiens* ». **Cette zone comprend Paris et les sept départements d'Île-de-France** (Essonne, Hauts-de-Seine, Seine-et-Marne, Seine-Saint-Denis, Val-de-Marne, Val-d'Oise, Yvelines depuis le décret du 16 janvier 1991).

Bénéficient de la prise en charge les salariés employés à l'intérieur de la zone des transports parisiens définie ci-dessus et qui souscrivent un titre d'abonnement pour leurs déplacements, entre leur résidence habituelle et leur lieu de travail, effectués à l'intérieur de la zone des transports parisiens.

Les salariés habitant au-delà du périmètre des transports parisiens, mais qui ont leur lieu de travail dans ce périmètre, peuvent bénéficier du remboursement partiel pour la partie du parcours qu'ils effectuent dans le périmètre des transports parisiens.

Sont exclus du remboursement :

- les salariés qui utilisent un mode de transport individuel pour se rendre à leur travail ;
- les salariés habitant à proximité de leur lieu de travail et qui n'ont pas de frais de déplacement.

Donnent droit à une prise en charge de l'employeur :

- les abonnements à un nombre de voyages illimité du type Pass Navigo ;
- les abonnements spéciaux émis par la SNCF ;
- les abonnements mensuels ordinaires émis par la SNCF ;
- les cartes et abonnements hebdomadaires à un nombre de voyages limité délivrés par la RATP, la SNCF et les entreprises de l'APTR (décret n° 82-835 art. 1er du 30 septembre 1982).

Les billets, notamment les billets particuliers aux familles nombreuses, ne donnent pas lieu à une prise en charge. **Le choix de la catégorie** du ou des titres d'abonnement (hebdomadaire, mensuel ou pluri-mensuel, à nombre de voyages illimité ou limité) souscrits pour ses déplacements domicile-travail **appartient au salarié**.

Lorsque le domicile et le lieu de travail sont tous deux situés en banlieue, le salarié peut avoir intérêt à utiliser des lignes de transport en commun passant par Paris afin d'effectuer son trajet dans le temps le plus court. La prise en charge s'effectuera alors sur la base des titres d'abonnement souscrits pour effectuer ce trajet.

La prise en charge est fixée à 50 % du prix du titre d'abonnement depuis le 1er octobre 1983. Cette prise en charge se calcule sur la base des tarifs deuxième classe. Elle est limitée aux trajets ou portions de trajets effectués à l'intérieur de la zone de compétence de l'autorité organisatrice des transports parisiens.

Le conseil d'administration du Syndicat des transports urbains d'Île-de-France (Stif), l'autorité organisatrice des transports en Île-de-

France, avait décidé de fusionner les zones 6-7-8 en 2007 (sur la base des tarifs de la zone 6 à partir du 1er juillet 2007). Puis, en 2009, il a également supprimé la zone 6 *« afin de poursuivre la mise à niveau du réseau de transport francilien »*, sachant qu'à terme, il ne devrait rester qu'un tarif unique (autrement dit : sans zones).

Zones concernées	Forfait Hebdomadaire		Forfait Mensuel		Forfait Annuel ("Intégrale")		
	Montant	*Rmb (50%)*	Montant	*Rmb (50%)*	Montant annuel	Montant mensuel	*Rmb (50%)*
Toutes zones	**22,80 €**	*11,40 €*	**75,20 €**	*37,60 €*	**827,20 €**	75,20 €	*37,60 €*
2-3	**20,85 €**	*10,43 €*	**68,60 €**	*34,30 €*	**754,60 €**	68,60 €	*34,30 €*
3-4	**20,20 €**	*10,10 €*	**66,80 €**	*33,40 €*	**734,80 €**	66,80 €	*33,40 €*
4-5	**19,85 €**	*9,93 €*	**65,20 €**	*32,60 €*	**717,20 €**	65,20 €	*32,60 €*

Pour les jeunes (moins de 26 ans au 1er septembre de l'année de souscription) résidant en Île-de-France et suivant une formation supérieure ou postsecondaire, il y a le forfait « Imagine R » étudiant, qui permet des voyages illimités dans toute l'Île-de-France et toute l'année (350 euros par an, pour l'année 2019/2020).

Tarif identique pour les jeunes de moins de 16 ans (forfait « Imagine R » scolaire) ou moins de 26 ans en formation apprenti ou d'insertion de longue durée.

Enfin, il y a un « Forfait gratuité jeunes en insertion » destiné à certains jeunes stagiaires de la formation professionnelle continue âgés de 16 à 25 ans valable sur l'ensemble de l'Île-de-France pendant la durée de la formation.

En province

Avant le 1er janvier 2009, les entreprises qui employaient des salariés en province ou en dehors de la zone dite « des transports parisiens » **n'étaient assujetties à aucune obligation légale** en ce qui concerne la prise en charge des frais de transport de leurs salariés. Les conventions collectives pouvaient prévoir l'attribution de primes ou d'indemnités de transport. Ces primes ou indemnités de transport n'étaient exonérées de cotisations que si elles correspondaient au moins à une fraction des dépenses réellement engagées. Tel était le cas lorsque la prime de transport :

- n'était allouée qu'aux seuls salariés ayant une résidence éloignée du lieu de travail ;
- n'était pas versée en cas d'absence ou d'arrêt de travail ;

- ne tenait aucun compte du grade ni de la qualification professionnelle ;
- était fixée, dans son montant, en fonction de l'éloignement et du déplacement réels de chacun des bénéficiaires.

L'exonération concernant la prise en charge totale ou partielle s'effectuait sur la base des tarifs pratiqués en deuxième classe, du coût des titres de transport délivrés par la SNCF et les entreprises de transport en commun. Les employeurs pouvaient justifier des remboursements effectués en produisant, lors des contrôles de l'Urssaf, d'une part la copie du titre de transport, d'autre part une déclaration sur l'honneur souscrite par l'intéressé chaque année pour les 12 mois à venir, et précisant les éléments de calcul de la prise en charge, notamment le lieu de domicile et le mode d'abonnement utilisé.

En revanche, l'indemnité qui était fixée de façon forfaitaire et uniforme pour tous les bénéficiaires, même pour ceux dont le logement est à proximité, devait être soumise à cotisations (Cass. soc., 10 février 1982, n° 80-15.652). Cependant, il était admis que les indemnités de transport étaient présumées utilisées conformément à leur objet **à hauteur de 4 euros (depuis le 1er janvier 2003)** par mois, et par conséquent exonérées de cotisations dans cette limite sans qu'il y ait lieu d'exiger une justification du montant exact de la dépense.

Enfin, en cas de déménagement de l'entreprise ou d'accords collectifs, il était possible d'indemniser les salariés selon un certain barème que l'employeur déterminait et devait soumettre à l'administration de la Sécurité sociale pour bénéficier des exonérations de cotisations sociales. L'employeur, sur un plan de la région où est établie son entreprise, traçait des cercles concentriques (représentant, par exemple, des tranches de 5 km) autour de celle-ci, et attribuait des sommes d'un montant *« raisonnable »* (environ 8 euros par tranche de 5 km) afin de déterminer la distance domicile-entreprise de chacun des salariés.

Depuis le 1er janvier 2009, lorsque les salariés utilisent les transports en commun, tous les employeurs sont désormais tenus de prendre en charge la moitié du prix des titres d'abonnements souscrits par les salariés pour leurs déplacements entre leur résidence habituelle et leur lieu de travail. Cette obligation est également étendue aux abonnements à des services publics de location de vélos.

Cas particulier des salariés à temps partiel :

- lorsque le nombre d'heures effectuées est égal ou supérieur à la moitié de la durée légale (ou conventionnelle, si elle est inférieure), la prise en charge de l'abonnement de transport s'effectue comme pour un salarié à temps complet ;

- lorsque le nombre d'heures est inférieur à la moitié de la durée du travail à temps complet, la prise en charge est calculée au prorata par rapport à la moitié de la durée du travail à temps complet.

Exemple
Si un salarié travaille 15 heures par semaine et que le titre de transport vaut 75,20 euros par mois, il percevra :
(75,20 euros × 50 %) × (15 / 17,5) = 32,23 euros.

L'indemnité de transport personnel

L'employeur peut prendre en charge tout ou partie des frais de carburant ou d'alimentation électrique ou hybride des salariés qui utilisent un véhicule personnel pour se rendre au travail. Cette prise en charge n'est pas obligatoire mais est possible uniquement si elle est prévue par un accord collectif ou une décision de l'employeur. Si l'employeur la met en place, elle doit profiter à l'ensemble des salariés dans les mêmes conditions.

Les salariés peuvent prétendre au remboursement de leurs frais de transport personnels si :

- leur résidence habituelle ou leur lieu de travail sont situés en dehors de la région Île-de-France et d'une zone desservie par les transports urbains ;
- l'utilisation d'un véhicule personnel leur est indispensable en raison de leurs horaires de travail.

Les remboursements de frais de carburant ou d'alimentation électrique sont exonérés de cotisations sociales et d'impôt sur le revenu dans la limite de 200 euros par an.

Tous les salariés sont concernés, y compris les stagiaires et les salariés à temps partiel. Si ceux-ci effectuent moins qu'un mi-temps, ils bénéficient d'une prise en charge au prorata du nombre d'heures travaillées par rapport à un mi-temps. Par exemple, dans une entreprise où la durée hebdomadaire du travail est de 35 heures, pour un salarié travaillant 15 heures par semaine, si la prise en charge de base des frais est de 200 euros, elle sera calculée de la façon suivante : 200 × 15 / 17,50 = 171,43 euros.

5. Les avantages en nature

Les avantages en nature constituent un élément de la rémunération qui, au même titre que le salaire proprement dit, doit donner lieu à cotisations.

Conformément à l'article L. 3241-1 du Code du travail (déjà vu précédemment), le salaire doit en principe être payé en argent, mais il est admis que le salarié puisse également être rémunéré en nature. Cette rémunération peut couvrir l'intégralité de l'activité du salarié, mais en général elle a le caractère d'accessoire du salaire et constitue un avantage en nature.

L'avantage en nature consiste donc dans la fourniture ou la mise à disposition par l'employeur ou le comité d'entreprise d'un bien ou service, permettant au salarié de faire l'économie de frais qu'il aurait dû normalement supporter.

Les avantages en nature concernent le plus souvent la nourriture, un logement ou un véhicule. Mais ils peuvent aussi être constitués, en vertu d'usages maison, par la fourniture gratuite de produits fabriqués par l'entreprise, ou encore par la vente de produits fabriqués par l'entreprise avec un rabais supérieur à 30 %. Parfois, ils sont constitués de façon ponctuelle en liaison à un événement particulier, tel un cadeau ou un voyage. Leur montant est en général fixé soit par le contrat de travail, soit par la convention collective applicable.

ÉVALUATION

L'arrêté du 10 décembre 2002 prévoit en ses articles 1, 2, 3 et 4 un système de forfaits qui est applicable pour les principaux avantages en nature : nourriture, logement, véhicule et outils issus des nouvelles technologies de l'information et de la communication.
Dans les autres cas, les avantages en nature sont déterminés par rapport à la valeur réelle conformément aux dispositions de l'article 6 dudit arrêté. Leur montant est arrondi à la dizaine de centimes d'euros la plus proche. L'évaluation de l'avantage en nature d'après la valeur réelle est déterminée sur la base de l'économie réalisée par les salariés en bénéficiant.
Désormais, la référence au minimum garanti et la distinction entre rémunération supérieure ou inférieure au plafond sont supprimées.

L'avantage en nature nourriture

Lorsque l'employeur fournit la nourriture, cet avantage est évalué suivant un forfait par jour et la moitié de ce montant pour un repas. Toutefois, lorsque le salarié est en déplacement professionnel et empêché de regagner sa résidence ou son lieu habituel de travail et qu'il est remboursé intégralement de ses frais professionnels ou que l'employeur paie le repas directement au restaurateur, le forfait avantage en nature n'est pas réintégré dans l'assiette de cotisations.

En résumé, cela donne le tableau de synthèse suivant (C. trav., art. D. 3231-9 à D. 3231-14).

Avantages en nature Nourriture	Pour le calcul du SMIC	Pour l'assiette des cotisations sociales	
En 2020		Hôtel, Cafés, Restaurant	Cas général
1 repas par jour	1 M.G. (3,65 €)	1 M.G. (3,65 €)	4,90 €
à la journée	2 M.G. (7,30 €)	2 M.G. (7,30 €)	9,80 €

Le cas particulier des titres-restaurant

Le titre-restaurant existe depuis 1960 et son fonctionnement a été uniformisé par l'ordonnance n° 67-830 du 27 septembre 1967. Il a été institué pour permettre aux salariés des entreprises ne disposant pas sur place d'un local de restauration de consommer un repas au restaurant à des conditions financières avantageuses, leur employeur prenant en charge une partie du prix de ces repas. Juridiquement, l'expression « titre-restaurant » doit seule être utilisée ; les termes parfois employés comme « chèque-déjeuner », « ticket-repas », ou encore « ticket-restaurant » désignent en fait des sociétés émettrices de titres-restaurant (Edenred : ticket-restaurant, chèque-déjeuner, Sodexo : chèque-restaurant, Natixis : chèque de table).

Aucune obligation légale n'impose à l'employeur de mettre en place un système de titres-restaurant dans son entreprise. Cependant, dans les établissements où le nombre de travailleurs désirant prendre habituellement leur repas sur les lieux de travail est **au moins égal à 25, l'employeur est tenu**, après avis du CSE **de mettre à leur disposition un local de restauration** (C. trav., R. 4228-22). En effet, l'article R. 4228-19 pose comme principe qu'« *il est interdit de laisser les travailleurs prendre leurs repas dans les locaux affectés au travail* ». Quant à l'article R. 4228-20, il précise qu'« *aucune boisson* *alcoolisée autre que le vin, la bière, le cidre et le poiré n'est autorisée sur le lieu de travail»*. Confirmé par l'article suivant (C. trav., R. 4228-21) interdisant de laisser entrer ou séjourner dans les lieux de travail des personnes en état d'ivresse.

L'institution des titres-restaurant ne dispense pas l'employeur de l'obligation de mettre à disposition un local de restauration (pourvu de tables et de sièges en nombre suffisant, comportant un robinet d'eau potable, fraîche et chaude, pour dix usagers, doté d'un moyen de conservation des aliments et des boissons et d'une installation permettant de réchauffer les plats – C. trav., art. R. 4228-22, 2e §), l'ordonnance de 1967 n'ayant prévu aucune disposition à cet effet. Elle permet toutefois à l'employeur de trouver une solution de remplacement dans les cas où l'installation d'une cantine représenterait une charge trop lourde.

L'émission et la gestion des titres-restaurant

Elles sont entourées d'un certain nombre de garanties visant à éviter un usage abusif. Les titres-restaurant sont émis :
- soit par l'employeur lui-même au profit de son propre personnel, soit directement, soit par l'intermédiaire du comité d'entreprise ;
- soit par des entreprises spécialisées qui les cèdent à des employeurs contre paiement de leur valeur libératoire et, le cas échéant, d'une commission.

Le titre-restaurant a été institué pour permettre à des salariés ne disposant pas de restaurant d'entreprise de se restaurer à l'extérieur de celle-ci dans des établissements du secteur commercial. L'octroi par un employeur de titres-restaurant à ses salariés alors que ceux-ci bénéficient d'un restaurant d'entreprise et l'utilisation de ces titres dans un tel restaurant est donc contraire à la lettre de la réglementation sur les titres-restaurant.

L'exonération

Sous les conditions exposées ci-après, **la part contributive de l'employeur est exonérée** :
- des charges fiscales : taxe sur les salaires, participation à la construction, formation continue ;
- des charges sociales : cotisations de Sécurité sociale, cotisations d'assurance chômage et de retraite complémentaire, CSG et CRDS.

Pour bénéficier de cette exonération, la participation de l'employeur au coût des titres-restaurant doit remplir deux conditions cumulatives :

- la participation patronale doit être comprise entre 50 et 60 % de la valeur libératoire du titre ;
- la valeur du titre ne doit pas dépasser un prix limité, fixé par arrêté.

Au 1er janvier 2020, la limite d'exonération de cette participation est fixée à **5,55 euros par titre.** Cette limite d'exonération de 5,55 euros porte la valeur du titre-restaurant :

- à 9,25 euros, si la participation patronale est de 60 % ;
- à 11,10 euros, si la participation patronale est de 50 %.

Si la participation n'excède pas le pourcentage compris entre 50 et 60 % de la valeur du titre, mais dépasse la limite d'exonération, la participation donne lieu à réintégration dans l'assiette des cotisations pour la fraction qui excède la limite d'exonération. Mais lorsque la participation excède 60 % de la valeur du titre-restaurant, c'est la totalité de cette contribution qui doit être réintégrée (Cass. soc., 23 octobre 1997).

Exemple 1

Titre-restaurant d'une valeur de 10 euros. Participation patronale de 50 % : 5 euros.

La limite de 50 % est respectée et la participation n'excède pas la limite de 5,55 euros.

L'employeur bénéficie de l'exonération.

Exemple 2

Titre-restaurant d'une valeur de 10 euros. Participation patronale de 60 % : 6 euros.

La limite de 60 % est respectée, mais la participation est supérieure à la limite de 5,55 euros.

L'employeur bénéficie de l'exonération dans la limite de 5,55 euros et **doit soumettre à cotisations la fraction excédentaire**, soit : 6 euros - 5,55 euros = 0,45 euro.

Exemple 3

Titre-restaurant d'une valeur de 10 euros. Participation patronale de 70 % : 7 euros.

La limite de 60 % n'est pas respectée et la participation est supérieure à la limite de 5,55 euros.

La totalité de la participation patronale est soumise à cotisations, soit 7 euros.

La participation du salarié

La règle limitant la contribution de l'employeur à l'achat du titre-restaurant (50 à 60 % de sa valeur) démontre que **la participation du salarié est obligatoire.** Lorsque l'employeur contribue à l'acquisition des titres pour le salarié bénéficiaire et que cette contribution est comprise entre 50 et 60 % de la valeur du titre, le complément de rémunération qui en résulte pour le salarié est exonéré, dans la limite de 5,55 euros par titre, de l'impôt sur le revenu des personnes physiques et des cotisations de Sécurité sociale. Ce complément est également exonéré de la CSG et de la CRDS. En revanche, **si le titre-restaurant a été remis gratuitement aux salariés, l'avantage constitué par cette remise, en l'absence de toute participation salariale, est soumis à cotisations et contributions sociales et aux impôts.**

Un décret rédigé le mercredi 18 décembre 2013, définit les conditions d'émission et d'utilisation des titres-restaurant dématérialisés (sous forme de carte bancaire type Monéo). La mise en place de cette carte est possible depuis le 2 avril 2015. Cette carte est rechargeable par l'employeur et valable 3 ans. Les repas sont désormais payés au centime près dans la limite de 19 euros par jour (C. trav., art. R. 3262-10). En cas de perte ou de vol, le salarié peut mettre sa carte en opposition sur son espace personnel ou par téléphone et une nouvelle carte est alors transmise par l'employeur. Le salarié peut consulter son solde sur un site Internet (ou sur une application pour mobiles ou par SMS) lié à l'émetteur de la carte. Quant au restaurateur, il prend la carte sur son TPE (terminal de paiement électronique) habituel et se fait créditer son compte sous 48 heures.

La carte titre-restaurant est utilisable du lundi au samedi. L'utilisation des titres-restaurant les dimanches et jours fériés doit faire l'objet d'une autorisation expresse de la part de l'employeur pour les seuls salariés concernés (C. trav., art. R. 3262-8).

Le cumul d'une prime de repas et de titres-restaurant

Lorsqu'une prime de repas, de cantine ou de restaurant est attribuée au salarié par jour de travail effectif en plus des titres-restaurant, il faut distinguer les deux cas suivants :

- la prime est attribuée à l'ensemble des salariés et a le même objet que les titres-restaurant. Le montant de la prime doit être ajouté

à la contribution patronale pour savoir si le total excède 60 % de la valeur du titre. Si le cumul prime/titre-restaurant n'excède pas ce pourcentage, l'exonération reste acquise à l'employeur dans la limite de 5,55 euros (valeur 2020). Si le cumul prime/titre-restaurant excède 60 % de la valeur du titre, la totalité de la participation patronale est soumise à cotisations. Exemple : Titre-restaurant de 9 euros. Prime de cantine de 2 euros et participation de 50 %, soit 4,50 euros. La contribution de l'employeur s'élevant à 6,50 euros excède 60 % de la valeur du titre : la totalité (6,50 euros) est soumise à cotisations ;
- la prime est versée à certains salariés. Bénéficient d'un cumul prime/titre-restaurant les salariés soumis à des sujétions particulières. L'employeur n'a pas à tenir compte de la prime pour apprécier le montant de sa participation à l'achat de titres-restaurant. Dans ce cas, l'exonération lui est acquise si le titre-restaurant (en dehors de la prime) ne dépasse pas 60 % de la valeur du titre. Il en est de même lorsqu'une prime de restaurant est allouée selon une périodicité différente de celle de la délivrance de titres-restaurant et que les salariés ont toute liberté pour l'utiliser ; il a été jugé qu'il n'y avait pas corrélation entre cet avantage qui s'analyse en un supplément de salaire donnant lieu à cotisations et le montant des titres-restaurant.

Les réglementations

Les titres-restaurant émis ou acquis par une entreprise ne peuvent être utilisés que par les salariés employés par cette entreprise. **Les salariés venant à quitter l'entreprise sont tenus de remettre à leur employeur, au moment de leur départ, les titres-restaurant** en leur possession. Ils sont aussitôt remboursés du montant de leur contribution à l'achat de ces titres.

Un même repas ne peut pas, en principe, être payé avec plusieurs titres. Il est en principe interdit au restaurateur d'accepter plusieurs titres pour un même repas ou de rendre de la monnaie sur un titre-restaurant. La valeur des titres n'ayant pas suivi la hausse des prix, il s'avère en pratique impossible de payer un repas avec un seul titre. La Commission consultative des titres-restaurant a admis **la possibilité de régler un repas avec deux titres, à la condition que le restaurateur ne rende pas la monnaie**. Les titres-restaurant ne sont pas utilisables les dimanches et jours fériés, sauf s'ils portent, de manière très apparente, une mention contraire apposée par l'employeur, sous sa responsabilité, au bénéfice exclusif de son personnel travaillant pendant ces mêmes jours. Les titres-restaurant ne peuvent être utilisés que dans le département du lieu de travail des salariés bénéficiaires et les départements limitrophes, à moins qu'ils ne portent, de manière très apparente, une mention contraire apposée par l'employeur, sous sa responsabilité, au bénéfice exclusif de ceux de ses salariés qui sont, du fait de leurs fonctions, appelés à des déplacements de longue distance.

En principe, **un même salarié ne peut recevoir qu'un titre-restaurant par repas compris dans son horaire journalier**. En conséquence, le personnel dont les horaires de travail ne recouvrent pas l'interruption utilisée habituellement pour prendre un repas ne peut prétendre aux titres-restaurant. Il en est ainsi pour un salarié qui termine son travail quotidien en fin de matinée ou qui le commence en début d'après-midi. En revanche, si l'intéressé reprend son activité après la coupure du milieu de journée, il peut être bénéficiaire de titres-restaurant. En ce qui concerne **les travailleurs à temps partiel**, ils **ont droit aux titres-restaurant si l'heure du déjeuner est comprise** dans leur horaire de travail.

L'administration avait estimé en 1987 qu'un employeur ne peut mettre en place une tarification différente des titres-restaurant suivant la distance entre la résidence et le lieu de travail, les titres-restaurant constituant un avantage social équivalent pour chaque salarié. Mais la Cour de cassation a jugé qu'« *aucune disposition de la réglementation régissant les titres-restaurant n'interdit à l'employeur de prévoir une tarification différente en fonction de l'éloignement du lieu de travail par rapport au domicile des salariés* ».

Si l'employeur accorde une prime de transport aux salariés pour leur permettre de rentrer à leur domicile à l'heure du repas, il n'est pas tenu de délivrer des titres-restaurant aux bénéficiaires de la prime qui ont ainsi fait le choix en faveur d'un autre avantage social.

Les représentants du personnel ont droit à l'attribution de titres-restaurant même lorsqu'ils exercent leur mandat. En effet, le temps consacré, par exemple par un délégué syndical à ses fonctions, est payé comme temps de travail et permet donc au délégué de recevoir un titre-restaurant comme s'il avait accompli l'horaire journalier de travail.

Les salariés liés par un contrat de travail temporaire ont accès dans l'entreprise utilisatrice, dans les mêmes conditions que les autres employés, aux moyens de transport collectifs et aux installations collectives, notamment de restauration (C. trav., art. L. 1251-24). On en déduit donc que, **lorsque l'entreprise a recours pour ses salariés au système de titres-restaurant, les salariés intérimaires doivent en bénéficier.**

Enfin, d'après l'Urssaf, le **télétravailleur bénéficie des mêmes droits que ses collègues** travaillant au sein de l'entreprise. Si ceux-ci bénéficient de titres-restaurant, il en est de même pour les télétravailleurs, à condition que la journée soit organisée en deux vacations entrecoupées d'une pause réservée à la prise d'un repas.

Les autres cas particuliers

Les repas pris à la cantine de l'établissement

Moyennant une participation des salariés, la fourniture de ce type de repas constitue un avantage en nature. En effet, cet avantage consenti par l'employeur qui en supporte en partie la charge doit être réintégré dans l'assiette de cotisations pour un montant évalué à la différence entre le montant du forfait avantage nourriture et le montant de la participation personnelle du travailleur salarié ou assimilé. Toutefois, et afin d'éviter les redressements minimes, lorsque la participation du salarié est au moins égale à la moitié du forfait, l'avantage nourriture peut être négligé.

Les repas résultant d'obligations professionnelles

La fourniture de ce type de repas ou de repas pris par nécessité de service prévue conventionnellement ou contractuellement n'est pas considérée comme un avantage en nature et n'est pas en conséquence réintégrée dans l'assiette de cotisations.

Sont donc exclus de l'assiette de cotisations les repas fournis :
- aux personnels qui, par leur fonction, sont amenés par nécessité de service à prendre leur repas avec les personnes dont ils ont la charge éducative, sociale ou psychologique ;
- dès lors que leur présence au moment des repas résulte d'une obligation professionnelle figurant dans le projet pédagogique de l'établissement, ou dans un document de nature contractuelle ;
- les repas d'affaires qui relèvent des frais d'entreprise.

L'avantage en nature logement

Lorsque l'employeur fournit le logement, l'estimation de cet avantage est évaluée forfaitairement ou peut être calculée, sur option de l'employeur, d'après la valeur locative servant à l'établissement de la taxe d'habitation dans les conditions prévues aux articles 1496 et 1516 du Code général des impôts et d'après la valeur réelle pour les avantages accessoires.

La valorisation du forfait avantage logement est présentée sous la forme d'un barème comportant huit tranches. Les avantages accessoires (eau, gaz, électricité, chauffage ou encore garage) sont intégrés dans le forfait.
En résumé pour 2020, cela donne le tableau de synthèse suivant.

Pour le calcul du SMIC	Pour l'assiette des cotisations sociales en 2020				
Cas général et HCR	Rémunération mensuelle (R)	Le logement comporte une seule pièce principale		Le logement comporte plusieurs pièces principales	
Mois		Mois	Semaine	Mois	Semaine
0,02 x 30 = 0,60	R < 1 714,00 € (R < 0,5 Plafond SS)	70,80 €	17,70 €	37,90 € (par pièce principale)	1/4 de l'avantage mensuel (arrondi à la dizaine d'euro la plus proche)
	1 714,00 € ≤ R < 2 056,80 € (0,5 PSS ≤ R < 0,6 PSS)	82,70 €	20,70 €	53,10 € (par pièce principale)	
	2 056,80 € ≤ R < 2 399,60 € (0,6 PSS ≤ R < 0,7 PSS)	94,30 €	23,60 €	70,80 € (par pièce principale)	
	2 399,60 € ≤ R < 3 085,20 € (0,7 PSS ≤ R < 0,9 PSS)	106,10 €	26,50 €	88,40 € (par pièce principale)	
	3 085,20 € ≤ R < 3 770,80 € (0,9 PSS ≤ R < 1,1 PSS)	129,90 €	32,50 €	112,00 € (par pièce principale)	
	3 770,80 € ≤ R < 4 456,40 € (1,1 PSS ≤ R < 1,3 PSS)	153,40 €	38,40 €	135,40 € (par pièce principale)	
	4 456,40 € ≤ R < 5 142,00 € (1,3 PSS ≤ R < 1,5 PSS)	177,00 €	44,30 €	165,00 € (par pièce principale)	
	5 142,00 € ≤ R (1,5 PSS ≤ R)	200,50 €	50,10 €	188,70 € (par pièce principale)	

L'avantage en nature véhicule

Il faut distinguer deux types de véhicules : **la voiture de service** mise temporairement par l'entreprise à la disposition du salarié comme outil de travail, **qui n'est pas un avantage en nature**, et **la voiture de fonction affectée au salarié, qui peut l'utiliser pour ses besoins personnels**, les fins de semaine, voire pendant les vacances. L'utilisation par le salarié, à la fois pour ses besoins personnels et pour ses fonctions professionnelles, d'un véhicule d'entreprise dont celle-ci assure l'entretien constitue un avantage en nature qui s'apprécie en fonction de la valeur réelle qu'il représente pour son bénéficiaire.

L'arrêté du 10 décembre 2002 a fixé de nouvelles règles d'évaluation de l'avantage en nature que constitue la mise à disposition permanente d'un véhicule pour un usage privé ou en partie privé pour le salarié. L'administration considère qu'il y a mise à disposition permanente lorsque le salarié n'est pas tenu de restituer le véhicule en dehors de ses périodes de travail, notamment en fin de semaine (samedi et dimanche) ou pendant ses périodes de congé.

L'employeur a le choix entre une évaluation sur la base des dépenses réelles, évaluation dont les modalités sont précisées, et une évaluation sur la base d'un forfait annuel. Par ailleurs, l'évaluation des dépenses engagées par l'employeur diffère selon que celui-ci est propriétaire ou locataire du véhicule. L'évaluation s'entend toutes taxes comprises. Il n'est désormais plus possible de se référer au barème kilométrique établi par l'administration fiscale.

L'option entre l'évaluation réelle et l'évaluation forfaitaire est laissée à la seule diligence de l'employeur. Celui-ci a la faculté de réviser en fin d'exercice l'option prise en fonction de son choix, pour l'année entière écoulée. Ainsi, l'entreprise qui, au cours de l'année écoulée, a utilisé l'évaluation forfaitaire peut en fin d'année revoir cette option en fonction de la valeur réelle, salarié par salarié ; l'inverse est également possible. L'entreprise prend alors sa décision en fin d'année, lors de l'établissement de la DSN du mois de décembre (les déclarations annuelles des données sociales – Dads – ne sont plus réalisées que sur une demande expresse des organismes).

<table>
<tr><th>Avantage en nature Véhicule</th><th colspan="3">Evaluation des dépenses sur une base forfaitaire</th><th>Evaluation des dépenses réellement engagées</th></tr>
<tr><td rowspan="4">Si le véhicule a été acheté par l'employeur</td><td colspan="3">Le forfait est un pourcentage du coût d'achat du véhicule.
Ce pourcentage varie selon différentes situations.</td><td rowspan="4">L'évaluation des dépenses réelles comprend :
- l'amortissement de l'achat du véhicule sur 5 ans (soit 20% par an par rapport au coût d'achat) ;
si le véhicule a plus de 5 ans, l'amortissement de l'achat du véhicule est de 10%
- l'assurance ;
- les frais d'entretien (révision, changements de pneus, vidanges, lavages…) ;
- le cas échéant, les frais de carburant
l'ensemble au prorata de l'usage privé</td></tr>
<tr><td></td><td>Carburant NON payé par l'employeur</td><td>Carburant payé par l'employeur</td></tr>
<tr><td>Véhicule < 5 ans</td><td>9% du coût d'achat</td><td>9% du coût d'achat
+ dépenses réelles de carburant utilisé pour l'usage privé
OU
12% du coût d'achat</td></tr>
<tr><td>Véhicule > 5 ans</td><td>6% du coût d'achat</td><td>6% du coût d'achat
+ dépenses réelles de carburant utilisé pour l'usage privé
OU
9% du coût d'achat</td></tr>
<tr><td rowspan="3">Si le véhicule est loué par l'employeur ou loué avec option d'achat</td><td colspan="3">Le forfait est un pourcentage du coût global annuel.</td><td rowspan="3">L'évaluation des dépenses réelles comprend :
- le coût annuel de la location ;
- l'assurance ;
- les frais d'entretien (révision, changements de pneus, vidanges, lavages…) ;
- le cas échéant, les frais de carburant
l'ensemble au prorata de l'usage privé</td></tr>
<tr><td>Carburant NON payé par l'employeur</td><td colspan="2">Carburant payé par l'employeur</td></tr>
<tr><td>30% du coût global (comprenant la location, l'assurance et l'entretien du véhicule)</td><td colspan="2">30% du coût global (comprenant la location, l'assurance et l'entretien du véhicule)
+ dépenses réelles de carburant utilisé pour l'usage privé
OU
40% du coût global (comprenant la location, l'assurance, l'entretien du véhicule ET le carburant utilisé à titre privé et professionnel)</td></tr>
</table>

Les avantages issus des nouvelles technologies de l'information et de la communication

Il s'agit de la téléphonie mobile, du micro-ordinateur, portable ou non, de progiciels, de modem d'accès à un télécopieur, à l'ordinateur de l'entreprise, à Internet, etc.

L'avantage résultant de l'usage privé est évalué sur option de l'employeur, **sur la base de dépenses réellement engagées ou sur la base d'un forfait en pourcentage du coût d'achat de ces outils ou, le cas échéant, de l'abonnement, toutes taxes comprises.**

La réalité de l'usage privé résulte soit d'un document écrit (contrat individuel, accord conventionnel ou d'entreprise, règlement intérieur, circulaire professionnelle, courrier de la direction…), soit de l'existence de factures détaillées.

Ne doit pas être considérée comme un avantage en nature l'utilisation raisonnable de ces instruments pour la vie quotidienne d'un salarié (exemple : courtes durées d'appel au domicile, brèves consultations de serveurs pratiques sur Internet…), dont l'emploi est justifié par des besoins ordinaires de la vie professionnelle et familiale.

Lorsque l'employeur opte pour les **dépenses réellement engagées**, la présentation des justificatifs de facture justifiant le temps passé pour l'utilisation privée suffit (numéro de téléphone, accès Internet, etc.).

Lorsque l'employeur ne peut apporter la preuve des dépenses réellement engagées, l'avantage résultant de l'usage privé doit être effectué d'après les **forfaits** suivants :

- lorsque l'employeur achète ces outils pour les mettre à la disposition permanente du salarié, l'avantage en nature déterminé par l'usage privé de ces outils est calculé annuellement sur la base forfaitaire de 10 % de son coût d'achat public, toutes taxes comprises ;
- lorsque, dans le cadre de l'activité professionnelle du salarié, l'employeur met à la disposition permanente de ce dernier des outils issus des NTIC (nouvelles technologies de l'information et de la communication) dont l'usage est en partie privé, et que l'évaluation de l'avantage est effectuée sur la base du forfait, la valeur de l'avantage en nature est déterminée en prenant en compte le rabais dont aurait bénéficié le salarié si l'entreprise lui avait vendu un de ces outils. Le montant de l'avantage en nature est alors calculé en

déduisant le niveau du rabais consenti à ses salariés lorsqu'elle leur vend ces outils, dans la limite de 30 % du prix public TTC pratiqué par l'employeur, pour le même produit ou le même service, à un consommateur non salarié de l'entreprise ;

- en cas de mise à disposition en cours d'année, l'évaluation devra être proratisée en fonction du nombre de mois de mise à disposition. Dans le cas de mois incomplets, c'est le mois intégral qui est pris en compte.

Les autres avantages en nature

Les **fournitures de produits et services** réalisés par l'entreprise à des conditions préférentielles ne constituent pas des avantages en nature dès lors que leurs réductions tarifaires n'excèdent pas 30 % du prix de vente public normal, toutes taxes comprises.

Lorsque la fourniture est gratuite ou lorsque la remise dépasse 30 % du prix de vente normal, il convient de réintégrer la totalité de l'avantage en nature dans l'assiette.

S'agissant des **vêtements**, lorsque les dépenses d'habillement des salariés se traduisent par un remboursement, elles sont considérées comme des avantages en espèces qui doivent donc être réintégrés dans l'assiette de cotisations. Cependant, la fourniture gratuite aux salariés des vêtements qui répondent aux critères obligatoires de protection individuelle, ainsi que leurs frais d'entretien relèvent des frais d'entreprise. Ces vêtements doivent demeurer la propriété de l'employeur.

Les avantages en nature sur le bulletin de paie

Les avantages en nature doivent figurer sur le bulletin de salaire. Le Code de la Sécurité sociale précise que les avantages en nature s'ajoutent à la rémunération en espèces des salariés et doivent être soumis à cotisations.

Les avantages en nature figurent **deux fois sur le bulletin de paie** :

- une première fois dans le haut du bulletin pour entrer dans la base soumise à cotisations (donc en plus) ;
- une deuxième fois, après le calcul des cotisations salariales (et patronales) pour les déduire (donc en moins). En effet, si l'employeur donne déjà un avantage en nature quelconque, il ne faut pas rajouter à la rémunération du salarié sa valeur en euros !

Ce qui donne un bulletin (simplifié) comme suit.

Libellés	Sommes en -	Sommes en +
Salaire mensuel		**2 000,00**
Avantage en Nature		**100,00**
Total du Brut		2 100,00
Montant des cotisations (20%)	**420,00**	
Reprise Avantage en Nature	**100,00**	
Net à payer		1 580,00

Les avantages en nature, éléments du salaire, sont, à ce titre :

- additionnés au salaire pour déterminer si le Smic (ou le minimum conventionnel) est bien atteint ;
- intégrés dans la base de calcul :
  - de l'indemnité de congés payés, s'ils ne sont pas conservés pendant les congés,
  - du salaire à maintenir par l'employeur en cas de maladie, maternité, accident du travail, s'ils ne sont pas conservés pendant ces périodes,
  - de l'indemnité compensatrice de préavis non effectué,
  - des indemnités de licenciement et de départ ou mise à la retraite.

6. Les frais professionnels

Dans de nombreuses professions, le salarié bénéficie de **sommes allouées à titre de remboursement de frais professionnels.** Ces sommes compensent les **frais inhérents au travail** lui-même ou aux conditions dans lesquelles il s'effectue (dépenses engagées par le salarié pour le compte de l'entreprise et qui lui sont remboursées par celle-ci au titre de ses charges normales d'exploitation). Elles n'ont **pas le caractère de salaire dès lors qu'il s'agit réellement du remboursement de frais dont le salarié a fait l'avance ;** le remboursement ne sera donc pris en compte ni pour l'application du Smic, ni dans le salaire de base, ni dans l'assiette des cotisations.

En revanche, **lorsque les remboursements sont effectués forfaitairement** et qu'ils ne correspondent pas à des dépenses réellement faites par le salarié, **ils constituent un complément de rémunération** (Cass. soc., 15 octobre 1987, n° 85-41.535). Les frais supplémentaires engagés par le salarié pour l'accomplissement du travail (restaurant, déplacement, hôtellerie…) sont directement visés. L'entreprise les prend directement à sa charge, soit en payant directement le restaurateur ou l'hôtelier, soit en remboursant le salarié des frais de restauration ou d'hôtel qu'il a payés, soit en versant au salarié une indemnité ou allocation forfaitaire pour couvrir en tout ou partie les frais ainsi exposés.

Le remboursement de repas

L'employeur a deux possibilités pour prendre en charge les frais de repas de ses salariés en déplacement :

- remboursement des frais réels sur justificatifs. Ils sont exclus de l'assiette des cotisations dans la mesure où ils ne constituent pas un avantage en nature déguisé ;
- participation forfaitaire de l'employeur. Dans ce cas, l'exclusion de l'assiette de cotisations sociales et fiscales se fait à condition de ne pas dépasser les limites d'exonérations sociales et fiscales.

Lorsque le salarié est en **déplacement professionnel** et contraint de prendre ses repas au restaurant, il peut percevoir une **indemnité de repas non soumise à cotisations dans la limite de 19,00 euros (montant 2020)** par repas.

Lorsque le salarié est contraint de prendre une restauration sur le lieu de travail en raison de conditions particulières d'organisation de travail, l'employeur est autorisé à compenser les dépenses supplémentaires de **restauration dans une limite de 6,70 euros (montant 2020)** exonérés de cotisations. C'est le cas des **primes de panier**.

Lorsque le salarié est en **déplacement** hors des locaux de l'entreprise et lorsque les conditions de travail lui interdisent de regagner sa résidence ou son lieu de travail pour le repas, l'employeur peut compenser les dépenses supplémentaires de **repas dans la limite de 9,30 euros (montant 2020)** exonérés de cotisations. C'est le cas des **primes de casse-croûte**, ou des primes de **panier déplacement**.

Le grand déplacement

Un salarié empêché de regagner chaque jour sa résidence du fait de ses conditions de travail peut percevoir des allocations forfaitaires destinées à compenser ses dépenses supplémentaires de logement et de nourriture. On considérera que le salarié est empêché de regagner sa résidence lorsqu'il n'a pas la possibilité de regagner chaque jour son domicile et que d'une part, la distance domicile-travail est au moins égale à 50 km, et d'autre part, les transports en commun ne lui permettent pas de regagner son domicile en moins de 1 h 30.

Ces allocations sont réputées être utilisées conformément à leur objet si :

- elles ne dépassent pas les limites fixées par arrêté ;
- l'employeur justifie que le salarié ne peut regagner chaque jour sa résidence et que de ce fait il engage des frais de double résidence.

Concernant les dépenses destinées à compenser les dépenses supplémentaires de **logement et de petit-déjeuner**, l'employeur est autorisé à déduire ces **indemnités dans la limite de 68,10 euros (montant 2020) par jour pour le salarié en déplacement à Paris**, dans les Hauts-de-Seine, la Seine-Saint-Denis et le Val-de-Marne, et **de 50,50 euros (montant 2020) par jour dans les autres départements métropolitains**.

Indemnité de mobilité professionnelle

Les indemnités forfaitaires destinées à couvrir les frais exposés par le salarié dans le cadre d'une mobilité professionnelle sont exonérées de charges sociales dans les limites suivantes en 2020 :

- **indemnité** couvrant les dépenses **d'hébergement provisoire et les frais supplémentaires de nourriture** dans l'attente d'un logement définitif : **75,60 euros par jour** dans la limite de neuf mois (74,90 € en 2019) ;
- **indemnité d'installation dans le nouveau logement : 1 515,20 euros auxquels s'ajoute une majoration de 126,30 euros par enfant à charge dans la limite de trois enfants et d'un total de 1 893,90 euros** (1 500,20 € majorés de 125 € par enfant à charge, dans la limite de 1 875,10 € en 2019).

Les frais liés au télétravail et aux NTIC

Les frais engagés par le salarié en situation de télétravail, ou qui utilise des NTIC qu'il possède sont considérés comme des charges de caractère spécial inhérentes à la fonction ou à l'emploi. Leur remboursement est donc déductible de l'assiette des cotisations, sous réserve que l'employeur justifie de la réalité des dépenses professionnelles supportées par le salarié. Ainsi, des indemnités forfaitaires, telles que des « indemnités Web » (frais de connexion à Internet et impression des documents, ne peuvent être évaluées forfaitairement – Cass. 2e civ. 28 mai 2014, n° 13-18.212F-P).

Les frais de véhicule

Les indemnités kilométriques versées aux salariés qui utilisent leur véhicule personnel comme moyen de transport à des fins professionnelles (déplacement pour aller chez des clients, fournisseurs, ou en formation) échappent aux cotisations si elles n'excèdent pas les frais réellement engagés ou respectent le barème kilométrique publié annuellement par l'administration fiscale (plafonné à 7 CV depuis 2013).

Les frais de transport domicile/travail

Les salariés utilisant leur véhicule personnel

Pour certains salariés utilisant leur véhicule personnel pour effectuer le trajet entre leur domicile et leur lieu de travail, l'employeur peut participer aux frais de carburant. Sous certaines conditions, cette participation peut être exonérée de charges sociales et d'impôt sur le revenu, dans la limite de 200 euros par an. Cette disposition vise également les frais exposés pour l'alimentation de véhicules électriques. Ce dispositif, facultatif, est réservé aux salariés :

- dont la résidence habituelle ou le lieu de travail est situé en dehors de la région d'Île-de-France et d'un périmètre de transports urbains ;
- pour lesquels l'utilisation d'un véhicule personnel est rendue indispensable par des conditions d'horaires de travail particuliers ne permettant pas d'emprunter un mode collectif de transport.

Les salariés utilisant leur vélo

En application de la loi du 17 août 2015 relative à la transition énergétique pour la croissance verte, modifiée par la loi de finance rectificative du 29 décembre 2015, l'employeur peut désormais prendre en charge les frais engagés par le salarié se déplaçant en vélo (électrique ou non) entre sa résidence habituelle et son lieu de travail, par une indemnité kilométrique dont le montant a été fixé à 25 centimes d'euro par kilomètre (plafonnée également à 200 euros par an).

L'indemnité kilométrique vélo est cumulable avec la prise en charge des frais de transport en commun (abonnement de transport collectif ou de service public de location de vélo), lorsque le salarié utilise son vélo pour se rendre vers un arrêt de transport public ou une station de service public de location de vélo. A condition toutefois que ces abonnements ne permettent d'effectuer que le trajet restant entre le lieu de travail et la station de location de vélo ou de transport collectif. Le trajet de rabattement effectué à vélo, pris en compte pour le calcul de la prise en charge des frais de transport personnel, correspond à la distance la plus courte entre la résidence habituelle du salarié ou le lieu de travail, et la gare ou la station de transport collectif.

Ce qu'il faut retenir de la partie II : Salaire et Primes

La partie haute du bulletin correspond au brut qui sera soumis à cotisations et au prélèvement à la source (PAS). Elle est constituée :

- du salaire (de base, mensuel, forfaitaire, horaire, etc…) qui ne peut (sauf exceptions) être inférieur au Smic : 10,15 € brut de l'heure ;
- de la prime d'ancienneté ;
- des avantages en nature (fourniture ou mise à disposition d'un bien ou d'un service de la part de l'employeur ou du CSE permettant au salarié l'économie de frais qu'il aurait dû normalement supporter) :
  - **nourriture : 4,90 €** / repas (cas général) ;
  - **logement** : dont le montant varie chaque mois en fonction de la rémunération brute et du nombre de pièces ;
  - **véhicule** : dont le montant varie en fonction de son utilisation ;
  - **autres** (NTIC, fournitures de l'entreprise, etc…) ;
- de primes diverses (fixes ou variables) ;
- de la partie soumise des titres-restaurant :
  - Exonération des titres restaurant, si :
    - Le montant est < à 5,55 €
    - La participation patronale est comprise entre 50 et 60% de la valeur du T.R.
- de la partie soumise des indemnités ou frais professionnels ;
  - Limite d'exonération des indemnités ou frais professionnels :
    - **Prime de panier : 6,70 €** / repas (salarié contraint de prendre ses repas sur son lieu de travail) ;
    - **Prime de panier déplacement : 9,30 €** / repas (salarié apportant son repas sur un chantier par exemple) ;
    - **Remboursement repas : 19 €** / repas (salarié en déplacement professionnel contraint de prendre ses repas au restaurant) ;
    - **Remboursement déplacement : 68,10 €** / déplacement (hôtel + petit déjeuner) d'un salarié sur la région parisienne (départements 75, 92, 93 et 94) ;
    - **Remboursement déplacement : 50,50 €** / déplacement (hôtel + petit déjeuner) d'un salarié dans les autres départements.
  - Limite d'exonération des indemnités de transport :
    - **50% des transports en commun ;**
    - 200 € / an si :
      - Le salarié utilise un vélo (0,25€ / km parcouru) et cumulable avec le remboursement des 50% des transports en commun ;
      - L'entreprise a signé un accord pour les salariés contraints d'utiliser leur véhicule personnel.

La partie basse du bulletin correspond aux sommes non soumises à cotisations et au PAS. Elle est appelée « **retenues et remboursements divers** ». On la trouve après le net fiscal.

Elle est constituée :

- de la reprise des avantages en nature (montant identique, sens inversé) qui étaient dans le brut ;
- de la participation salariale des titres-restaurant ;
- des indemnités ou frais professionnels pour la partie exonérée de cotisations et du PAS ;
- des indemnités de transport pour la partie exonérée de cotisations et du PAS.

LE TEMPS DE TRAVAIL

PARTIE III

BULLETIN DE PAIE

Période du 1 Février 2020 au 29 Février 2020

Salaire	151,67		3 380,00	Février 2020
Heures de nuit	7,00	25,293	177,05	

Heures : 303,34

En face du salaire, souvent dans la colonne « nombre » du bulletin de paie, on trouve un nombre d'heures. Il s'agit du nombre d'heures réelles de travail pour les salariés dits « horaires », ou du nombre d'heures « moyennées » pour les salariés soit mensualisés, soit annualisés, soit forfaitisés. Bien sûr, ce nombre dépend de la durée légale du travail.

1. La durée légale du travail

Le champ d'application

Les entreprises concernées

Suite à la parution du livre *Tableau de l'état physique et moral des ouvriers employés dans les manufactures de coton, de laine et de soie* du médecin chirurgien-major des armées Louis-René Villermé et sous l'impulsion du vicomte Alban de Villeneuve-Bargemon et du comte de Montalembert, député du parti catholique, le roi des Français Louis-Philippe édicta la première loi concernant la durée du travail le 22 mars 1841. Elle est également connue sous le nom « loi Montalembert » et elle interdit le travail aux enfants de moins de 8 ans et limite le temps de travail à 8 heures par jour pour les enfants de 8 à 12 ans, et à 12 heures par jour pour les enfants de 12 à 16 ans. Ces heures étant effectuées entre 5 heures et 21 heures (les heures effectuées entre 21 heures et 5 heures étant un travail de nuit, interdit pour les enfants de moins de 13 ans).

Il faut attendre la loi du 19 mai 1874 pour interdire le travail aux enfants de moins de 10 ans et limiter leur temps de travail à 6 heures. L'article 5 de cette même loi précisait que le travail était interdit le dimanche et les jours fériés aux enfants de moins de 16 ans et aux filles âgées de moins de 21 ans.

Avec la loi du 30 mars 1900, la journée de travail passait de 12 à 10 heures.

Le 3 juillet 1916, le travail de nuit des femmes de moins de 18 ans était interdit et la journée de travail des femmes âgées de 18 à 21 ans était autorisé jusqu'à 10 heures maximum.

Le 17 avril 1919 loi sur la journée de 8 heures était votée par l'Assemblée nationale (le 23 avril par le Sénat).

Le 7 juin 1936 Léon Blum et les élus du Front populaire instaurent la semaine de 40 heures. Mais par une série de décrets, le gouvernement Daladier remonte le temps de travail à 48 heures par semaine le 12 novembre 1938.
Les 40 heures par semaine ne seront rétablies qu'avec la loi du 25 février 1946. Toutefois, tout au long des années 1950 et 1960,

la durée moyenne hebdomadaire du travail dépasse largement les 40 heures, les Français étant très attachés aux heures supplémentaires.

L'ordonnance du 16 janvier 1982 réduit le temps de travail à 39 heures par semaine et limite le recours aux heures supplémentaire par la notion de « contingent » (qu'on retrouvera plus loin dans ce livre).

Depuis le 1er janvier 2000, **la durée légale du travail est de 35 heures** pour les entreprises de plus de 20 salariés. Depuis le 1er janvier 2002, il en va de même pour les entreprises dont l'effectif est inférieur ou égal à 20 salariés, l'effectif étant apprécié dans les mêmes conditions que celles prévues pour les élections des délégués du personnel (effectif atteint pendant 12 mois, consécutifs ou non, au cours des 3 années précédentes).

Cette réforme des 35 heures, qui résulte des lois Aubry I (du 13 juin 1998) et Aubry II (loi n° 2000-37 du 19 janvier 2000) est confirmée en 2016 dans la loi El Khomri (art. L. 3121-27).

Dans le cadre de cette réglementation, nous détaillerons successivement :

- les salariés concernés ;
- la définition et le régime du temps de travail effectif, des pauses, des repas, des astreintes, des déplacements, des formations, des repos... ;
- les durées maximales (quotidiennes et hebdomadaires) ;
- les heures supplémentaires et la contrepartie en repos (ainsi que le repos compensatoire) ;
- la mensualisation ;
- les modalités d'organisation de temps de travail (les horaires collectifs, les horaires individuels, la modulation, le travail par cycles, le temps partiel) ;
- la réduction de temps de travail (réduction journalière, sur la semaine ou sur l'année).

Les salariés concernés

Tous les salariés employés dans les entreprises ou les établissements visés ci-dessus relèvent de la réglementation relative à la durée du travail.

Les dockers, journalistes, gérants salariés de succursales, intermittents du spectacle, mannequins et travailleurs à domicile sont également assujettis, mais dans le cadre d'un régime spécial ou aménagé.

Sont par contre **exclus de la durée légale** du travail les concierges et employés d'immeubles d'habitation (Convention collective des concierges et employés d'immeubles), les VRP (circulaire du 3 mars 2000), les employés de maison (selon la convention collective du particulier employeur), ainsi que les cadres dirigeants (C. trav., art. L. 3111-2 : « *Sont considérés comme ayant la qualité de* ***cadre dirigeant*** *les cadres auxquels sont confiées des responsabilités dont l'importance implique une grande indépendance dans l'organisation de leur emploi du temps, qui sont habilités à prendre des décisions de façon largement autonome et qui perçoivent une rémunération se situant dans les niveaux les plus élevés des systèmes de rémunération pratiqués dans leur entreprise ou leur établissement* »).

Le temps de travail effectif

Depuis la loi du 13 juin 1998, le temps de travail effectif est défini de la façon suivante (C. trav., art. L. 3121-1, modifié par la loi n° 2016-1088 du 8 août 2016) : « *La durée du travail effectif est le temps pendant lequel le salarié est à la disposition de l'employeur et se conforme à ses directives sans pouvoir vaquer librement à des occupations personnelles.* »

Trois critères se dégagent donc :
- **la disponibilité du salarié** : distincte de l'activité productive, il n'est pas nécessaire que le salarié fournisse un travail productif pour que ce temps soit qualifié de temps de travail effectif ;
- **la soumission à l'autorité de l'employeur** : le temps de travail effectif n'est pas assimilable au temps de présence du salarié dans l'entreprise. La disponibilité s'apprécie par rapport à l'employeur, à son autorité et à la possibilité pour ce dernier d'exiger un travail du salarié. Seul le travail commandé est susceptible d'être qualifié de temps de travail effectif ;
- **l'impossibilité de vaquer à des occupations personnelles** : dès lors que le salarié, même s'il n'effectue pas un travail productif, n'a pas la liberté d'activité, son temps est du temps de travail.

Le temps de travail effectif est entièrement comptabilisé pour l'appréciation de la réglementation relative à la durée du travail. Il doit être **rémunéré**, éventuellement en heures supplémentaires.

Les pauses et repas

Les temps nécessaires à la restauration et les temps consacrés aux pauses sont soumis aux critères de cette nouvelle définition du temps de travail. Ainsi, les pauses ou les temps nécessaires à la restauration, pendant lesquels le salarié est à la disposition de l'employeur et se conforme à ses directives sans pouvoir vaquer librement à des obligations personnelles, devront être considérés **comme** du **temps de travail effectif**, comme le précise l'art. L. 3121-2 du Code du travail (modifié par la loi n° 2016-1088 du 8 août 2016) : « *Le temps nécessaire à la restauration ainsi que les temps consacrés aux pauses sont considérés comme du temps de travail effectif lorsque les critères définis à l'article L. 3121-1 sont réunis.* »

A contrario, si le salarié peut vaquer à des obligations personnelles et n'est pas à la disposition de son employeur, le temps de pause ou de restauration ne sera **pas reconnu comme du temps de travail effectif** et dans ce cas, il pourra faire l'objet d'une rémunération par voie conventionnelle (accord collectif) ou contractuelle (contrat de travail).

Ce qui n'était qu'une règle de bon sens devient depuis le 8 août 2016 l'article L. 3121-6 : « *Une convention ou un accord d'entreprise ou d'établissement ou, à défaut, une convention ou un accord de branche peut prévoir une rémunération des temps de restauration et de pause mentionnés à l'article L. 3121-2, même lorsque ceux-ci ne sont pas reconnus comme du temps de travail effectif.* »

Ces dispositions valent aussi pour la pause obligatoire d'une durée minimale de 20 minutes consécutives dès que le temps de travail quotidien atteint 6 heures (C. trav., art. L. 3121-16).

L'habillage et le déshabillage

Le temps nécessaire aux opérations d'habillage et de déshabillage n'est **pas du temps de travail effectif.**

Il doit faire **l'objet de contreparties**, soit sous forme de repos, soit financières, déterminées par accord collectif ou à défaut par contrat de travail, lorsque le port d'une tenue de travail est imposé par des dispositions législatives ou réglementaires, ou par des clauses d'accord collectif, ou par le règlement intérieur, ou par le contrat de travail (le texte ne vise pas les usages) et que l'habillage et le déshabillage

doivent être réalisés dans l'entreprise ou le lieu de travail (donc pas au domicile du salarié).
Mais une convention ou un accord d'entreprise ou d'établissement ou, à défaut, une convention ou un accord de branche peuvent prévoir soit d'accorder des contreparties aux temps d'habillage et de déshabillage mentionnés à l'article L. 3121-3, soit d'assimiler ces temps à du temps de travail effectif (C. trav., art. L.3121-7).

Les déplacements

La loi du 8 août 2016 définit enfin le temps de déplacement qui était le grand absent de celle du 19 janvier 2000 !

Le **temps de déplacement professionnel** pour se rendre sur le lieu d'exécution du contrat de travail :

- **ne constitue pas du temps de travail effectif ;**
- **doit faire l'objet de contreparties** lorsqu'il excède le temps normal de trajet entre le domicile et le lieu habituel de travail. La contrepartie donnée, soit sous forme de repos, soit sous forme financière, doit être déterminée par accord collectif ou, à défaut, par décision unilatérale de l'employeur prise après consultation du CSE ;
- **ne peut pas occasionner de perte de salaire lorsqu'il coïncide avec l'horaire de travail du salarié** (C. trav., art. L. 3121-4).

Le régime des astreintes

Une période d'astreinte s'entend comme une période pendant laquelle le salarié, sans être sur son lieu de travail et sans être à la disposition permanente et immédiate de l'employeur, doit être en mesure d'intervenir pour accomplir un travail au service de l'entreprise (C. trav., art. L 3121-9). **Elle n'est** donc **pas un temps de travail effectif**, sauf pour la durée de l'intervention réelle.
En revanche, la période d'astreinte fait l'objet d'une contrepartie, soit sous forme financière, soit sous forme de repos et, exception faite de la durée d'intervention, elle est prise en compte pour le calcul de la durée minimale de repos quotidien et des durées de repos hebdomadaire (C. trav., art. L. 3121-10.

Une convention ou un accord d'entreprise ou d'établissement ou, à défaut, une convention ou un accord de branche peut mettre en place les astreintes. Cette convention ou cet accord fixe le mode d'organisation des astreintes, les modalités d'information et les délais de prévenance des salariés concernés ainsi que la compensation sous forme financière ou sous forme de repos à laquelle elles donnent lieu (C. trav., art. L. 3121-11).

Enfin, l'employeur doit remettre en fin de chaque mois, un document distinct du bulletin de paie récapitulant le nombre d'heures d'astreinte accomplies par celui-ci au cours du mois écoulé ainsi que la compensation correspondante (C. trav., art. R. 3121). Ce document (le fond et la forme n'étant pas définis) doit être tenu à la disposition de l'inspection du travail et conservé pendant une durée d'un an

Les horaires d'équivalence

Le régime d'équivalence constitue un **mode spécifique de détermination du temps de travail effectif.** Il vise à prévoir la rémunération de certaines professions comportant des périodes d'inaction durant les heures de travail (C. trav., art. L. 3121-13). En conséquence, une durée de travail du salarié supérieure à la durée légale est alors considérée comme équivalente à la durée légale (C. trav., art. L. 3121-14).

Attention : le dispositif est prévu pour le salarié dont la présence sur son lieu de travail est nécessaire y compris pendant la période durant laquelle il est inactif. Il ne doit pas être confondu avec l'astreinte (qu'on vient juste de voir) qui oblige le salarié à demeurer à son domicile ou à proximité.

Les heures d'équivalence s'appliquent uniquement à certains salariés, occupant des postes comportant des périodes d'inaction durant les heures de travail dans les secteurs suivants :

- Hospitalisation privée et médico-social à caractère commercial (surveillants, infirmiers diplômés d'État, aides-soignants certifiés et gardes-malades dont le poste couvre une période de travail comprise entre 18 heures et 8 heures) ;
- Transport routier de marchandises (personnels roulants) ;
- Tourisme social et familial (personnel d'encadrement des mineurs, accompagnateurs de groupes et guides accompagnateurs exerçant à temps complet dans le secteur du tourisme social et familial) ;
- Commerces de détail de fruits et légumes, épicerie et produits laitiers (personnel de vente occupé à temps complet) ;
- Autres secteurs déterminés par convention ou accord de branche étendu.

Lorsque des durées d'équivalences sont instituées, la durée du travail du salarié est fixée :

- Soit par convention ou accord de branche étendu ;
- Soit par un décret.

La durée légale hebdomadaire du salarié soumis à un régime d'équivalence est nécessairement plus élevée que la durée légale de 35 heures. Toutefois, le salarié peut être amené à travailler au-delà de la durée hebdomadaire fixée par le régime d'équivalence. Dans ce cas, ces heures sont considérées comme des heures supplémentaires. Par exemple, si un régime d'équivalence fixe la durée du travail hebdomadaire à 38 heures, le décompte des heures supplémentaires débute à partir de la 39ème heure.

La rémunération du salarié doit prendre en compte la rémunération des périodes d'inaction. Elle est fixée :

- Soit par convention ou accord de branche étendu ;
- Soit par un décret.

Lorsque le salarié effectue des heures supplémentaires, celles-ci sont rémunérées en tenant compte des majorations applicables dans l'entreprise.

Cette convention ou cet accord détermine donc la rémunération des périodes d'inaction. Le régime des heures supplémentaires s'applique alors aux heures excédant la durée équivalente de travail et non à compter de la trente-sixième heure (exemple : dans les hôtels, cafés, restaurants, la durée du travail équivalente à 35 heures est fixée à 39 heures selon le principe du décret n° 2004-1536 du 30 décembre 2004, *JO* du 1er janvier 2005).

Aucune rémunération spécifique n'est imposée par la loi !

Le régime d'équivalence n'est, en principe, pas applicable aux salariés à temps partiel dans la mesure où il ne peut y avoir d'équivalence qu'à la durée légale du travail (Cass. soc., 24 avril 2001, n° 98-45.365P).

Le temps de douche

Puisque, selon l'article R. 4228-1 du Code du travail : « *L'employeur met à la disposition des travailleurs les moyens d'assurer leur propreté individuelle, notamment des vestiaires, des lavabos, des cabinets d'aisances et, le cas échéant, des douches* », les temps passés à la douche dans les hypothèses de travaux insalubres ou salissants sont rémunérés au tarif normal des heures de travail, sans être décomptés de la durée de travail effectif.

Au passage, il n'est pas nécessaire que les salariés prouvent qu'ils ont effectivement pris une douche ; dès lors qu'il n'est pas contesté que les salariés effectuent des travaux nécessitant la prise d'une douche quotidienne, l'employeur doit payer le temps quotidien de douche au tarif normal des heures de travail (Cass. soc., 11 février 2004, n° 01-46.405P).

2. Les temps non travaillés assimilés à du temps de travail effectif

Si de nombreuses dispositions du Code du travail assimilent certains temps non travaillés à du temps de travail effectif pour la détermination des droits à congés payés et/ou à l'ancienneté, seules quelques dispositions traitent de l'assimilation totale à du temps de travail effectif.

La Visite d'Information et de Prévention (ex-visite médicale d'embauche) et les examens médicaux obligatoires

Si le Code du travail n'assimile pas expressément les examens médicaux à du temps de travail effectif, se contentant de préciser qu'ils doivent être rémunérés comme du temps de travail normal, **l'étude ministérielle du 2 juin 1997 considère que ceux-ci entrent dans le décompte de la durée du travail pour le calcul des heures supplémentaires et l'appréciation de la durée maximale de travail**. La position de l'administration privilégie cette dernière interprétation.

Mais, la loi El Khomri (voir les articles L. 4624-1 à L. 4624-10 et R. 4624-10 à R.4624-39 du Code du travail) a changé plusieurs choses à ce propos :

- la visite d'information et de prévention (VIP) a remplacé la visite médicale d'embauche
- elle peut être réalisée par :
  - soit le médecin du travail (qui exerce dans un service de santé au travail), notamment si le salarié est reconnu travailleur handicapé, titulaire d'une pension d'invalidité ou travailleur de nuit ;
  - soit par un professionnel de santé du travail (par exemple, par un collaborateur médecin du travail, un interne en médecine du travail ou un infirmier) notamment pour les salariés ne présentant pas de risques particuliers. À l'issue de la VIP, le professionnel de santé peut, s'il l'estime nécessaire, orienter le travailleur vers le médecin du travail ;
- elle doit être réalisée **dans un délai maximum de 3 mois** à partir de la prise effective du poste de travail et le délai d'espacement entre deux visites n'est plus de 2 ans, mais dépend maintenant des conditions de travail du salarié concerné (3 ans à partir de la première

visite pour un travailleur handicapé, titulaire d'une pension d'invalidité ou travailleur de nuit; 5 ans pour tous les autres).

Pour le travailleur de nuit et pour le salarié âgé de moins de 18 ans, la visite est réalisée préalablement à leur affectation. Le médecin du travail peut prescrire, s'il le juge utile, des examens spécialisés complémentaires, qui sont à la charge de l'employeur.

Dans tous les cas, la VIP permet:
- d'interroger le salarié sur son état de santé,
- de l'informer sur les risques liés à son poste de travail,
- de le sensibiliser sur les moyens de prévention à mettre en œuvre,
- et de l'informer de son droit de bénéficier, à tout moment, d'une visite à sa demande avec le médecin du travail.

Un dossier médical en santé au travail est ouvert et à la fin de chaque VIP, le médecin du travail ou le professionnel de santé délivre une attestation de suivi au travail au salarié et à l'employeur (mais sans préciser d'informations médicales concernant le salarié).

Toute femme enceinte, venant d'accoucher ou allaitante est, à l'issue de la visite d'information et de prévention, ou, à tout moment si elle le souhaite, orientée sans délai vers le médecin du travail. Cette nouvelle visite, effectuée par le médecin du travail, a notamment pour objet de proposer, si elles sont nécessaires, des adaptations du poste ou l'affectation à d'autres postes.

En vue de favoriser le maintien dans l'emploi des travailleurs en arrêt de travail d'une durée de plus de trois mois, une visite de pré reprise est organisée par le médecin du travail à l'initiative du médecin traitant, du médecin-conseil des organismes de Sécurité sociale ou du travailleur.

Les travailleurs bénéficient également d'un examen de reprise du travail par le médecin du travail après un congé de maternité, ou après une absence pour cause de maladie professionnelle ou encore après une absence d'au moins 30 jours pour cause d'accident du travail, de maladie ou d'accident non professionnel.

Dès que l'employeur a connaissance de la date de la fin de l'arrêt de travail, il saisit le service de santé au travail qui organise l'examen de reprise le jour de la reprise effective du travail par le travailleur, et au plus tard dans un délai de 8 jours qui suivent cette reprise.

Les examens médicaux sont réalisés sur le temps de travail et la rémunération est maintenue. Lorsque ces examens ne peuvent pas avoir lieu pendant les heures de travail, ils sont rémunérés comme du **temps de travail effectif**. Le temps et les frais de transport nécessités par ces visites sont pris en charge par l'employeur.

Les heures de délégation des représentants du personnel (CSE)

Les heures de délégation utilisées dans la limite des contingents sont de plein droit considérées comme du temps de travail et payées à l'échéance normale. Elles sont donc prises en considération pour le calcul de la durée du travail et des heures supplémentaires, pour l'appréciation des durées maximales de travail et pour l'attribution de la contrepartie en repos.

Lorsqu'un représentant du personnel prend des heures de délégation en dehors de son temps de travail, il doit être payé en heures supplémentaires (Cass. soc., 12 février 1991, n° 88-42.353P), sous réserve que leur utilisation au-delà de la durée légale soit justifiée par les nécessités du mandat. Ces heures supplémentaires ouvrent droit à repos compensateur (Cass. soc., 13 décembre 1995, n° 92-44.389).

Le temps passé aux réunions par les représentants du personnel avec l'employeur est payé comme du temps de travail. Ce temps n'est pas déduit du crédit d'heures dont disposent éventuellement les intéressés.

Les trajets effectués en exécution des fonctions représentatives des salariés sont payés comme du temps de travail effectif (Cass. soc., 5 novembre 2003, n° 01-43.109P).

Pour plus d'informations concernant le Comité Social et Economique, voir les articles L. 2311-1 à L. 2315-13 du Code du travail.

La contrepartie en repos obligatoire

À la différence du temps de repos compensateur, la contrepartie en repos obligatoire est expressément assimilée à du temps de travail effectif.

Pour plus d'informations concernant le repos compensateur et la contrepartie en repos, voir les articles L. 3121-37 à L. 3121-38 du Code du travail.

Les jours fériés

Concernant les jours fériés chômés, la règle « classique » est de dire qu'à défaut de dispositions conventionnelles plus favorables, le chômage des jours fériés n'entraîne pas de réduction de la rémunération dès lors que le salarié totalise au moins trois mois d'ancienneté (voir les articles L. 3133-3 à L. 3133-6 du Code du travail).

Le seul problème qui se pose vraiment est : « Qu'en est-il en matière d'heures supplémentaires ? »

La Cour de cassation, dans un arrêt unique (Cass. soc., 4 avril 2012, n° 10-10701), dit qu'en matière d'heures supplémentaires, les jours fériés chômés ne sont pas assimilés à du temps de travail effectif, en l'absence de dispositions légales ou conventionnelles contraires. Cependant, lorsque la durée du travail habituelle du salarié inclut des heures supplémentaires (exemple : 39 heures hebdomadaires, réparties à raison de 7,8 heures par jour), le chômage du jour férié ne doit entraîner aucune diminution de salaire. Le salarié ne doit donc pas perdre les majorations de salaire incluses dans sa rémunération habituelle, ce qui est assez contradictoire !

De plus, l'administration considère qu'il faut tenir compte des jours fériés chômés pour déterminer les droits à majoration pour heures supplémentaires (circ. DRT 2000-7 du 6 décembre 2000).

Donc, malgré l'arrêt unique de la Cour de cassation, il est préférable de tenir compte des jours fériés chômés dans l'appréciation des heures supplémentaires, surtout si l'entreprise souhaite que les salariés effectuent ces heures supplémentaires la semaine incluant un jour férié, sinon les salariés les effectueront la semaine suivante (afin de bénéficier des majorations).

En revanche, il convient d'ignorer les jours fériés chômés pour déterminer les droits à la contrepartie en repos, le nombre d'heures supplémentaires à imputer sur le contingent annuel ou encore le respect des seuils de durée maximale du travail.

Les congés événements familiaux

Ces congés (que nous étudierons plus tard) « *n'entraînent pas de réduction de la rémunération et sont assimilés à du temps de travail effectif pour la détermination de la durée du congé payé annuel* » (C. trav., art. L. 3142-2, modifié par la loi n° 2016-1088 du 8 août 2016).

Cette règle est de plus confirmée par la Cour de cassation (Soc. 11/10/1994 n° 93-42310 et Soc. 22/12/1988 n° 87-43289).

Les heures de formation professionnelle à l'initiative de l'employeur

« ***Toute action de formation** suivie par un salarié pour assurer son adaptation au poste de travail ou liée à l'évolution ou au maintien dans l'emploi dans l'entreprise **constitue un temps de travail effectif et donne lieu** pendant sa réalisation **au maintien** par l'entreprise **de la rémunération.*** » (C. trav., art. L. 6321-2, modifié par la loi n°2018-771 du 5 septembre 2018 - art. 8 (V))

3. Le temps de repos

Le temps de repos quotidien

Tout salarié bénéficie d'un repos quotidien d'une durée minimale de **11 heures consécutives** (C. trav., art. L. 3131-1), sauf:

- si une convention ou un accord d'entreprise ou d'établissement ou, à défaut, une convention ou un accord de branche peut déroger à la durée minimale de repos quotidien prévue à l'article L. 3131-1, dans des conditions déterminées par décret, notamment pour des activités caractérisées par la nécessité d'assurer une continuité du service ou par des périodes d'intervention fractionnées (C. trav., art. L. 3131-2);
- à défaut d'accord, en cas de surcroît exceptionnel d'activité, il peut être dérogé à la durée minimale de repos quotidien dans des conditions définies par décret (C. trav., art. L. 3131-3);
- ou en cas d'urgence, dans des conditions déterminées par décret.

Selon l'article L. 3164-1 du Code du travail, la durée minimale de repos de nuit des jeunes travailleurs de moins de 18 ans est de 12 heures au minimum (14 heures pour les moins de 16 ans).

Le temps de pause quotidien

Aucun temps de travail quotidien ne peut atteindre **6 heures** sans que le salarié bénéficie d'un temps de pause d'une durée minimale de **20 minutes**, sauf disposition conventionnelle plus favorable fixant un temps de pause supérieur (C. trav., art. L. 3121-16). Cette pause n'est pas qualifiée de temps de travail effectif. Elle n'a donc pas à être rémunérée, à moins qu'un accord collectif ne le prévoie. Une convention ou un accord d'entreprise ou d'établissement ou, à défaut, une convention ou accord de branche peut fixer un temps de pause supérieur (C. trav., art. L. 3121-17).

À NOTER

Si le règlement intérieur ne prévoit pas de temps minimum pour la pause déjeuner, c'est cette durée (20 minutes) qui s'impose.

Le temps de repos hebdomadaire

Il est interdit de faire travailler un même salarié plus de 6 jours par semaine (C. trav., art. L. 3132-1). Dans l'intérêt des salariés, le repos hebdomadaire est donné le dimanche (C. trav., art. L. 3132-3).

Le repos hebdomadaire a une durée minimale de 24 heures consécutives auxquelles s'ajoutent les heures consécutives de repos quotidien prévu au chapitre Ier (C. trav., art. L. 3132-2).

Autrement dit, à ces 24 heures consécutives s'ajoutent les 11 heures de repos quotidien, ce qui aboutit donc à un total de 35 heures de repos consécutives.

Mais des **dérogations au repos hebdomadaire** sont prévues dans le Code du travail (C. trav., art. L. 3132-4 à L. 3132-27) pour des travaux urgents ou dans les ports ou encore intéressant la Défense nationale, ainsi que pour les industries traitant des matières périssables, les établissements industriels fonctionnant en continu, les activités saisonnières, les gardiens et concierges des établissements industriels et commerciaux.

Ces dérogations sont soit permanentes de droit (public, détail alimentaire), soit conventionnelles (travail continu ou de suppléance), soit accordées par le préfet ou par les maires.

Une compensation doit être prévue sous forme de report ou de repos compensateur.

4. Les amplitudes maximales de travail

La durée maximale quotidienne

La durée quotidienne de travail effectif ne peut excéder dix heures, sauf :

1) en cas de dérogation accordée par l'inspecteur du travail dans des conditions déterminées par décret ;
2) en cas d'urgence, dans des conditions déterminées par décret ;
3) dans les cas prévus à l'article L. 3121-19 (C. trav., art. L. 3121-18).

Ces cas sont : une convention ou un accord d'entreprise ou d'établissement ou, à défaut, une convention ou un accord de branche qui peut prévoir le dépassement de la durée maximale quotidienne de travail effectif, en cas d'activité accrue ou pour des motifs liés à l'organisation de l'entreprise, à condition que ce dépassement n'ait pas pour effet de porter cette durée à plus de 12 heures.

La durée maximale hebdomadaire

Au cours d'une même semaine, **la durée maximale hebdomadaire de travail est de 48 heures** (C. trav., art. L. 3121-20).

Mais, en cas de circonstances exceptionnelles et pour la durée de celles-ci, le dépassement de la durée maximale définie à l'article L. 3121-20 peut être autorisé par l'autorité administrative, dans des conditions déterminées par décret en Conseil d'État, sans toutefois que ce dépassement puisse avoir pour effet de porter la durée du travail à plus de **60 heures par semaine**. Le comité d'entreprise ou, à défaut, les délégués du personnel, s'ils existent, donnent leur avis sur les demandes d'autorisation formulées à ce titre. Cet avis est transmis à l'agent de contrôle de l'inspection du travail (C. trav., art. L. 3121-21).

De plus, la durée hebdomadaire de travail calculée **sur** une période quelconque de **12 semaines consécutives** ne peut dépasser **44 heures**, sauf dans les cas prévus aux articles L. 3121-23 à L. 3121-25 (C. trav., art. L. 3121-22).
Ces cas sont :

- une convention ou un accord d'entreprise ou d'établissement ou, à défaut, une convention ou un accord de branche peut prévoir le dépassement de la durée hebdomadaire de travail de 44 heures calculée sur une période de 12 semaines consécutives, à condition que ce dépassement n'ait pas pour effet de porter cette durée, calculée sur une période de 12 semaines, à plus de 46 heures (C. trav., art. L. 3121-23) ;

- à défaut d'accord prévu à l'article L. 3121-23, le dépassement de la durée maximale hebdomadaire prévue à l'article L. 3121-22 est autorisé par l'autorité administrative dans des conditions déterminées par décret en Conseil d'État, dans la limite d'une durée totale maximale de 46 heures (C. trav., art. L. 3121-24) ;
- à titre exceptionnel, dans certains secteurs, dans certaines régions ou dans certaines entreprises, le dépassement de la durée maximale de 46 heures prévue aux articles L. 3121-23 et L. 3121-24 peut être autorisé pendant des périodes déterminées, dans des conditions déterminées par décret en Conseil d'État (C. trav., art. L. 3121-25).

Il y a aussi une autre exception : celle des jeunes travailleurs, notion définie par l'article L. 3161-1 comme étant des salariés âgés de moins de 18 ans ou comme étant des stagiaires âgés de moins de dix-huit ans qui accomplissent des stages d'initiation ou d'application en milieu professionnel dans le cadre d'un enseignement alterné ou du déroulement de leur scolarité (voir les articles L. 3162-1 à L. 3162-3 du Code du travail).

5. Les heures supplémentaires

Définition

Toute heure accomplie au-delà de la durée légale hebdomadaire ou de la durée considérée comme équivalente est une heure supplémentaire qui ouvre droit à une majoration salariale ou, le cas échéant, à un repos compensateur équivalent (C. trav., art. L. 3121-28).

Les heures supplémentaires se décomptent dans le cadre de la semaine (C. trav., art. L. 3121-29), semaine qui débute le lundi à 0 heure et se termine le dimanche à 24 heures (art. L. 3121-35), sauf stipulations contraires dans une convention ou un accord mentionné à l'article L. 3121-32. En effet, Une convention ou un accord collectif d'entreprise ou d'établissement ou, à défaut, une convention ou un accord de branche peut fixer une période de sept jours consécutifs constituant la semaine pour l'application du présent chapitre (C. trav., art. L. 3121-32).

Si la durée collective hebdomadaire de travail dans une entreprise est supérieure à la durée légale hebdomadaire, la rémunération mensuelle due au salarié peut être calculée en multipliant la rémunération horaire par les cinquante-deux douzièmes de cette durée hebdomadaire de travail, en tenant compte des majorations de salaire correspondant aux heures supplémentaires accomplies (C. trav., art. L. 3121-31).

Mais il y a des cas de **dérogation au cadre de référence hebdomadaire** pour le calcul des heures supplémentaires (C. trav., art. L. 3121-41 :

- en application d'un accord collectif prévoyant le recours à des **cycles de travail sur plusieurs semaines** (9 semaines maximum si c'est la décision de l'employeur) quand l'entreprise travaille 24 heures sur 24 et 7 jours sur 7 (par exemple, un hôpital ou une société de transport) ;
- en application d'un accord collectif prévoyant le recours à une **forme d'annualisation du temps de travail**, voire de pluri-annualisation (jusqu'à 3 ans). C'est le cas des accords de modulation, RTT sous forme de jours de congé, compte épargne-temps, etc.

Si la période de référence est annuelle, les heures effectuées au-delà de 1.607 heures constituent des heures supplémentaires.
Si la période de référence est inférieure ou supérieure à un an, les heures effectuées au-delà d'une durée hebdomadaire moyenne de

trente-cinq heures calculée sur la période de référence constituent des heures supplémentaires.

L'utilisation des heures supplémentaires par l'employeur n'a pas un caractère obligatoire. En cas de surcharge de travail, il n'est pas obligé d'y recourir et peut prendre toutes mesures nécessaires pour faire face à un accroissement de travail telles que les embauches sous CDD, le passage en équipes, ou encore la modification de la répartition hebdomadaire du travail après en avoir débattu devant les instances représentatives, si elles existent.

Pour **les salariés**, il en est tout autrement. Ceux-ci **ne peuvent s'y soustraire si l'employeur les a décidées.** Elles ont même un caractère obligatoire dans ce cas. Toutefois, le refus est possible si les nécessités de l'entreprise ne l'exigent pas (Cass. soc., 9 mars 1999) ou si le refus est exceptionnel et justifié par un délai de prévenance trop court (Cass. soc., 20 mai 1997).

L'incidence des absences

Le dépassement de cadre hebdomadaire dans le calcul des heures supplémentaires a pour conséquence de prendre en compte des situations d'absences qui sont parfois assimilées à du travail effectif pour le calcul de certains droits (congés payés, ancienneté). Mais la plupart de ces absences (maladie, accident du travail, maternité, grève, absences pour convenance personnelle, etc.) ne sont pas assimilées à du temps de travail effectif au sens de l'article L. 3121-1 du Code du travail, ce qui a une influence non négligeable sur le calcul des heures supplémentaires sur une période plus longue que la semaine.

Seules, les heures d'activité partielle (décret du 28 juin 2001, C. trav., art. R.5122-11), de congés pour événements familiaux (C. trav., art. L.3142-2), de délégation des représentants du personnel (C. trav., art. L. 2315-11), de formation pendant le temps de travail (C. trav., art. L. 6321-2), jours fériés (voir l'explication dans le chapitre du temps de travail effectif) sont assimilées à du travail effectif pour le décompte des heures supplémentaires.

Le contingent annuel

Toujours dans l'espoir de réduire le recours aux heures supplémentaires et de générer des emplois, le législateur a donné de nouvelles contraintes aux employeurs en créant le repos compensateur par la loi du 16 juillet 1976.

Le résultat n'étant pas à la hauteur de ses espérances, le législateur a depuis modifié ce texte huit fois : en 1982 (à l'occasion de l'ordonnance du 16 janvier 1982), en 1990 (loi du 2 janvier 1990), en 1993 (loi du 20 décembre 1993), en 1999 (loi Aubry I), le 1er février 2000 (loi Aubry II), le 20 janvier 2003 (loi Fillon), le 21 décembre 2004 et enfin le 20 août 2008, en modifiant en plus le nom (« repos compensateur » est ainsi devenu « contrepartie en repos »).

« Des heures supplémentaires peuvent être accomplies dans la limite d'un contingent annuel. Les heures effectuées au delà de ce contingent annuel ouvrent droit à une contrepartie obligatoire sous forme de repos.
Les heures prises en compte pour le calcul du contingent annuel d'heures supplémentaires sont celles accomplies au delà de la durée légale.
Les heures supplémentaires ouvrant droit au repos compensateur équivalent mentionné à l'article L. 3121-28 et celles accomplies dans les cas de travaux urgents énumérés à l'article L. 3132-4 ne s'imputent pas sur le contingent annuel d'heures supplémentaires.» (C. trav., art. L. 3121-30).

Lorsque l'employeur a recours aux heures supplémentaires, il dépasse donc l'horaire légal. Dans ce cas, il y a deux catégories d'heures supplémentaires :
- les heures supplémentaires comprises dans un contingent annuel ;
- les heures supplémentaires situées au-delà du contingent annuel.

Cela crée une notion « d'annualisation » du temps de travail et oblige les entreprises à mettre en place des compteurs individualisés par salarié.
Le contingent annuel d'heures supplémentaires prévu à l'article L. 3121-11 **est fixé à 220 heures par salarié**, mais il ne s'applique pas aux salariés mentionnés à l'article L. 3121-42 qui ont conclu une convention de forfait en heures sur l'année (C. trav., art. D.3121-14-1).
Une convention collective ou un accord collectif étendu peut fixer un contingent d'un volume supérieur ou inférieur aux 220 heures ; c'est le cas, par exemple dans le papier-carton, ou encore dans la communication.
Ce contingent était réduit à 130 heures en cas de modulation dans le cadre de l'(ancien) article L. 3121-4, mais la dernière loi du 20 août 2008 a supprimé ce contingent spécifique.

La modalité de décompte

Ce contingent ne peut être utilisé qu'après information du comité d'entreprise (ou, à défaut, des délégués du personnel) et de l'inspection du travail. Ces modalités d'utilisation doivent être débattues au moins une fois par an au cours d'une réunion avec le CE ou, à défaut, les DP. **Avant le 20 août 2008, l'autorisation de l'inspection du travail était requise pour pouvoir effectuer des heures supplémentaires au-delà du contingent. Depuis cette date, il n'y a plus d'autorisation à demander pour dépasser le contingent annuel légal des heures supplémentaires.**

Le seuil de déclenchement

Pour le calcul du contingent, sont prises en compte **les heures effectuées au-delà de la durée légale du travail** (35 heures par semaine ou 1 607 heures par an), sauf :

- en cas de compensation intégrale sous forme de repos portant à la fois sur le paiement de l'heure et sur celui de majorations ou de bonifications y afférentes ;
- lorsque ces heures supplémentaires ont été effectuées dans le cadre de travaux urgents prévus à l'article L. 3132-4 du Code du travail ;
- dans le cadre des dérogations permanentes et temporaires prévues par les décrets pris en application de la loi du 21 juin 1936.

La désocialisation et la défiscalisation des heures supplémentaires.

Le décret du 24 janvier 2019 permettant l'exonération des cotisations salariales et des impôts des heures supplémentaires sera étudiée dans le chapitre des réductions des charges.

La rémunération des heures supplémentaires

Le taux de majoration des heures supplémentaires

À défaut d'accord, **les heures supplémentaires** accomplies au-delà de la durée légale hebdomadaire fixée à l'article L. 3121-27 ou de la durée considérée comme équivalente **donnent lieu à une majoration de salaire de 25 % pour chacune des huit premières heures supplémentaires. Les heures suivantes donnent lieu à une majoration de 50 %** (C. trav., art. L. 3121-36)

Si l'ancien article L. 3121-22 précisait déjà qu'un accord de branche étendu pouvait prévoir un autre taux, le nouvel article L. 3121-33 précise qu'une convention ou un accord collectif d'entreprise ou d'établissement ou, à défaut, une convention ou un accord de branche peut :

- prévoir le ou les taux de majoration des heures supplémentaires accomplies au-delà de la durée légale ou de la durée considérée comme équivalente. Ce taux ne peut être inférieur à 10 % ;
- définir le contingent annuel prévu à l'article L. 3121-30 ;
- fixer l'ensemble des conditions d'accomplissement d'heures supplémentaires au-delà du contingent annuel ainsi que la durée, les caractéristiques et les conditions de prise de la contrepartie obligatoire sous forme de repos prévue au même article L. 3121-30. Cette contrepartie obligatoire ne peut être inférieure à 50 % des heures supplémentaires accomplies au-delà du contingent annuel mentionné audit article L. 3121-30 pour les entreprises de 20 salariés au plus, et à 100 % de ces mêmes heures pour les entreprises de plus de 20 salariés ;
- prévoir qu'une contrepartie sous forme de repos est accordée au titre des heures supplémentaires accomplies dans la limite du contingent ;
- prévoir le remplacement de tout ou partie du paiement des heures supplémentaires, ainsi que des majorations, par un repos compensateur équivalent.

La base de calcul des heures supplémentaires

Les **majorations** pour heures supplémentaires sont calculées **sur la base du salaire horaire effectif payé** au salarié. Les primes seront ou non incluses dans la base de calcul des heures supplémentaires selon leur nature.

Entrent dans la base de calcul :

- les **éléments de salaire qui constituent directement une contrepartie du salaire** assimilés à un salaire (primes inhérentes à la nature du travail telles les primes de danger, de froid, de pénibilité, d'insalubrité…) ;
- les primes liées au rendement individuel ou collectif.

En revanche, seront **exclues de l'assiette de calcul** de la majoration les **primes considérées comme indépendantes du travail fourni**. C'est le cas des primes représentatives de frais (panier, outillage, déplacement…).

En ce qui concerne la **prime d'assiduité et la prime d'ancienneté**, les avis divergents selon les interprétations de l'administration et de la Cour de cassation. L'administration considère qu'elles ne rentrent pas dans la base de calcul car elles ne dépendent pas du travail effectivement fourni, alors que pour la Cour de cassation, en raison de leur constance, de leur généralité et de leur fixité, elles ont le caractère de salaire. Je vous conseille de suivre la Cour de cassation.

6. La contrepartie en repos

Les salariés concernés

La contrepartie en repos est applicable aux ouvriers, employés, agents de maîtrise et cadres visés à l'article L. 3121-56 du Code du travail (cadres occupés selon l'horaire collectif). En revanche, les cadres autonomes n'étant pas soumis au contingent annuel ne bénéficient pas de la contrepartie en repos liée à son dépassement.

Le seuil de déclenchement

Depuis le 20 août 2008, **le contingent conventionnel d'heures supplémentaires détermine le seuil à partir duquel toute heure supplémentaire ouvre droit à une contrepartie en repos**.

À défaut de contingent fixé par accord de branche étendu, c'est le contingent réglementaire qui s'applique, soit 220 heures supplémentaires par an et par salarié.

À défaut d'accord, la contrepartie obligatoire sous forme de repos mentionnée à l'article L. 3121-30 est fixée à 50 % des heures supplémentaires accomplies au-delà du contingent annuel mentionné au même article L. 3121-30 pour les entreprises de 20 salariés au plus, et à 100 % de ces mêmes heures pour les entreprises de plus de 20 salariés (C. trav., art. L. 3121-38).

ATTENTION

Dans le calcul des heures supplémentaires ouvrant droit à la contrepartie en repos, on ne doit pas prendre en compte :
- *les journées de contrepartie en repos qui ne peuvent générer un nouveau repos ;*
- *les jours de congé et les jours fériés ;*
- *les heures d'équivalence qui ne sont que du temps de présence ;*
- *les heures de présence qui ne sont pas considérées comme du temps de travail effectif, même si elles sont rétribuées comme du temps de travail.*

L'ouverture du droit

Le droit à contrepartie en repos est réputé ouvert dès que 7 heures de repos sont acquises (C. trav., art. D. 3121-8).

L'information du salarié

En l'absence d'accord conclu **en matière de contrepartie en repos, l'employeur a l'obligation d'informer les salariés** en annexant un document de suivi des contreparties en repos au bulletin de paie (C. trav., art. D. 3171-11). Lorsque tous les salariés d'un atelier, d'un service ou d'une équipe ne sont pas occupés selon le même horaire collectif, le chef d'établissement doit établir, pour chaque salarié, un document mensuel comportant le cumul des heures supplémentaires effectuées depuis le début de l'année, le nombre d'heures de contrepartie en repos acquises au cours du mois en distinguant, le cas échéant, les différents types de contrepartie en repos et le nombre d'heures de contrepartie en repos effectivement prises au cours du mois. Un double de ce document doit être annexé au bulletin de paie.

Les modalités de prise

Cette contrepartie à repos doit être consommée à la convenance du salarié dans un délai de deux mois à compter de l'ouverture du droit, sauf si un accord collectif prévoit un délai différent qui ne peut excéder six mois après l'ouverture du droit. **Avant la loi du 20 août 2008**, il **était interdit de prendre ses contreparties en repos dans la période du 1er juillet au 31 août** durant laquelle le délai de deux mois était suspendu. Par ailleurs, elle ne pouvait **pas être accolée aux congés annuels** quelle que soit leur durée. **Depuis la loi du 20 août 2008, ces deux interdictions ont été supprimées :** on peut donc désormais prendre ses contreparties en repos accolées aux CP et en juillet et en août. Le repos peut se prendre par journée entière ou par demi-journée (C. trav., art. D. 3121-8).

Les formalités

La demande du bénéfice de la contrepartie en repos doit être formulée par le salarié au moins une semaine à l'avance. Elle doit préciser la date et la durée du repos. Dans les 7 jours qui suivent, l'employeur doit faire connaître au salarié soit son accord, soit, après consultation des délégués du personnel, les raisons qui motivent son report, et proposer au salarié une autre date dans le délai de 2 mois prévu par la loi (C. trav., art. D. 3121-11).

L'absence de demande de prise de la contrepartie par le salarié ne peut entraîner la perte de son droit. L'employeur est tenu de lui demander de le prendre dans un délai maximum d'un an (C. trav., art. D. 3121-10).

La nature de la période

La période durant laquelle le salarié est en contrepartie en repos est assimilée à une période de travail effectif pour le calcul des droits du salarié et donne lieu à une indemnisation qui ne doit entraîner aucune baisse de rémunération par rapport à celle que le salarié aurait perçue s'il avait accompli son travail pendant cette période (C. trav., art. D. 3121-9).

Indemnisation de la contrepartie en repos

Par définition, **le repos doit être pris. Il ne peut donc être remplacé par une indemnité qu'en cas de départ** du salarié de l'entreprise **ou lorsque le salarié n'a plus la possibilité de voir son compte de contrepartie prospérer.** Il n'est, en effet, pas « sain » de « traîner » ainsi des repos pendant des années. Dans la mesure où l'on est amené à indemniser les contreparties, l'indemnisation ne doit entraîner aucune perte de salaire. Ayant le caractère de salaire, cette indemnité est par conséquent imposable et soumise à cotisations (C. trav., art. D. 3121-14).

7. La rémunération forfaitaire

La forfaitisation de la durée du travail est possible mais elle doit faire l'objet de l'accord du salarié et d'une convention individuelle de forfait établie par écrit (C. trav., art. L. 3121-55).
La durée du travail peut être forfaitisée en heures ou en jours (C. trav., art. L. 3121-53).
Si le forfait est en heures, il est soit hebdomadaire, soit mensuel, soit annuel. En revanche, s'il est en jours, il est obligatoirement annuel (C. trav., art. L. 3121-54).

Les forfaits en heures

Si tous les salariés peuvent conclure une convention individuelle de forfait en heures sur la semaine ou sur le mois, uniquement les cadres dont la nature des fonctions ne les conduit pas à suivre l'horaire collectif applicable au sein de l'atelier, du service ou de l'équipe auquel ils sont intégrés ou les salariés qui disposent d'une réelle autonomie dans l'organisation de leur emploi du temps peuvent conclure une convention individuelle de forfait en heures sur l'année, **dans la limite de 1607 heures** (C. trav., art. L. 3121-56).
Leur rémunération est alors au moins égale à la rémunération minimale applicable dans l'entreprise pour le nombre d'heures correspondant à leur forfait, augmentée, le cas échéant, si le forfait inclut des heures supplémentaires, des majorations prévues aux articles L. 3121-28, L. 3121-33 et L. 3121-36 (C. trav., art. L. 3121-57),

Les forfaits en jours

Seuls peuvent conclure une convention individuelle de forfait en jours sur l'année, **dans la limite de 218 jours**, soit les cadres disposant d'une autonomie dans l'organisation de leur emploi du temps et dont la nature des fonctions ne les conduit pas à suivre l'horaire collectif applicable au sein de l'atelier, du service ou de l'équipe auquel ils sont intégrés, soit les salariés (sous-entendu non-cadres) dont la durée du temps de travail ne peut être prédéterminée et qui disposent d'une **réelle autonomie** dans l'organisation de leur emploi du temps pour l'exercice des responsabilités qui leur sont confiées (C. trav., art. L. 3121-58).
Attention : le juge contrôle que le critère d'autonomie est bien rempli. Si tel n'est pas le cas, le forfait jours est déclaré inopposable au salarié

qui pourra obtenir le paiement d'heures supplémentaires (Cass. soc., 21 mars 2012, n° 10-20.237).

L'employeur s'assure régulièrement que la charge de travail du salarié est raisonnable et permet une bonne répartition dans le temps de son travail (C. trav., art. L. 3121-60).

Le salarié qui le souhaite peut éventuellement, en accord avec son employeur, renoncer à une partie de ses jours de repos en contrepartie d'une majoration de son salaire. L'accord entre le salarié et l'employeur est établi par écrit. Dans ce cas, un avenant à la convention de forfait conclue entre le salarié et l'employeur détermine le taux de la majoration applicable à la rémunération de ce temps de travail supplémentaire, sans qu'il puisse être inférieur à 10 %. Cet avenant est valable pour l'année en cours. Il ne peut être reconduit de manière tacite (C. trav., art. L. 3121-59).

Attention : lorsqu'un salarié ayant conclu une convention de forfait en jours perçoit une rémunération manifestement sans rapport avec les sujétions qui lui sont imposées, il peut, nonobstant toute clause conventionnelle ou contractuelle contraire, saisir le juge judiciaire afin que lui soit allouée une indemnité calculée en fonction du préjudice subi, eu égard notamment au niveau du salaire pratiqué dans l'entreprise, et correspondant à sa qualification (art. L. 3121-61).

Enfin, les salariés qui ont conclu une convention de forfait en jours ne sont pas soumis aux dispositions relatives :
1) à la durée quotidienne maximale de travail effectif prévue à l'article L. 3121-18 ;
2) aux durées hebdomadaires maximales de travail prévues aux articles L. 3121-20 et L. 3121-22 ;
3) à la durée légale hebdomadaire prévue à l'article L. 3121-27 (C. trav., art. L. 3121-62).

Le champ de la négociation collective

Les forfaits annuels en heures ou en jours sur l'année sont mis en place par un accord collectif d'entreprise ou d'établissement ou, à défaut, par une convention ou un accord de branche (C. trav., art. L. 3121-63).

Cet accord détermine les catégories de salariés concernés, la période de référence du forfait, le nombre de jours ou d'heures compris dans le forfait, les conditions de prise en compte des absences. Il peut fixer le nombre maximal de jours travaillés dans l'année lorsque le salarié renonce à une partie de ses jours de repos. Ce nombre de jours doit être compatible avec les dispositions relatives au repos quotidien, au repos hebdomadaire, aux jours fériés chômés dans l'entreprise et avec celles relatives aux congés payés (C. trav., art. L. 3121-64).

Les dispositions supplétives

Si l'accord ne détermine pas les modalités de contrôle de la charge de travail de chaque salarié, l'employeur doit :

- établir un document de contrôle faisant apparaître le nombre et la date des journées ou demi-journées travaillées. (éventuellement renseigné par le salarié) ;
- s'assurer que la charge de travail du salarié est compatible avec le respect des temps de repos quotidiens et hebdomadaires ;
- organiser une fois par an un entretien avec le salarié pour évoquer sa charge de travail, qui doit être raisonnable, l'organisation de son travail, l'articulation entre son activité professionnelle et sa vie personnelle ainsi que sa rémunération (C. trav., art. L. 3121-65).

Attention : En cas de renonciation, par le salarié, à des jours de repos en application de l'article L. 3121-59 et à défaut de précision dans l'accord collectif mentionné à l'article L. 3121-64, le nombre maximal de jours travaillés dans l'année est de deux cent trente-cinq (C. trav., art. L. 3121-66).

En résumé : une convention de forfait peut être conclue avec tout salarié incluant la rémunération de toutes les heures travaillées, y compris les heures supplémentaires, quelle que soit sa catégorie professionnelle, à partir du moment où le salarié est, soit autonome dans l'organisation de son emploi du temps, soit ne suit pas l'horaire collectif.

Le forfait n'est donc pas réservé à l'unique catégorie des cadres, dont la qualité, par ailleurs, n'est pas suffisante pour considérer que leur rémunération est toujours forfaitaire.

Attention toutefois, le forfait :

- ne se présume pas : il doit faire l'objet d'un accord (individuel ou collectif), écrit ;

- ne se déduit pas de la qualité de cadre : il appartient toujours à l'employeur qui invoque une convention de forfait pour justifier avoir payé lesdites heures d'en apporter la preuve ;
- ne peut être désavantageux pour le salarié : le salaire forfaitaire versé doit être au moins égal à celui qu'aurait procuré la rémunération des heures normales et supplémentaires de travail ;
- doit prévoir le volume d'heures supplémentaires qui seront réalisées : si le salarié réalise des heures supplémentaires au-delà des durées prévues par la convention de forfait, il a droit à un paiement supplémentaire (au minimum à 10 %) ;
- doit apparaître sur le bulletin de paie : il faut mentionner la durée globale du travail rémunéré, cette mention permettant de vérifier que les dispositions légales ont été respectées ;
- implique le paiement automatique des heures supplémentaires incluses, sauf nouvel accord.

La réglementation spécifique du décompte de la durée du travail des cadres

Partant du constat que les cadres ne constituent pas un ensemble homogène, au sein du chapitre relatif à la durée du travail (C. trav., art. L. 3111-1 à L. 3172-2), certains articles visent à la **classification des cadres en trois catégories** (cadres dirigeants, cadres intégrés, cadres autonomes) et soumettent chacune d'elles à un régime particulier au regard de la réglementation sur la durée du travail :

Catégories de cadres	Situation au regard de la durée du travail
Cadres dirigeants	Non soumis
Cadres autonomes	Soumis
Cadres intégrés	Soumis

Les cadres dirigeants

Rappel : Sont considérés comme cadres dirigeants « *les cadres auxquels sont confiées des responsabilités dont l'importance implique une grande indépendance dans l'organisation de leur emploi du temps, qui sont habilités à prendre des décisions de façon largement autonome et qui perçoivent une rémunération se situant dans les niveaux les plus élevés des systèmes de rémunération pratiqués dans l'entreprise ou leur établissement* » (C. trav., art. L. 3111-2).

En conséquence, la taille de l'entreprise ou de l'établissement importe peu dans la décision de classer un cadre dans la catégorie des cadres dirigeants. Cela ne peut s'opérer que s'il y a cumul des **trois critères suivants :**

- la présence de responsabilités importantes dans l'exercice de sa fonction impliquant une grande indépendance dans l'organisation de son emploi du temps ;
- un pouvoir de décision largement autonome ;
- un niveau élevé de rémunération.

En pratique cette classification devrait s'effectuer au cas par cas. En effet, la loi ne contient aucune obligation de définir les contours de la notion de cadre dirigeant par accord collectif comme c'est le cas pour les cadres « autonomes » au forfait annuel. En l'absence d'un tel accord collectif, c'est donc le contrat de travail qui matérialisera, pour chaque salarié concerné, les trois critères d'identification indiqués ci-dessus. En raison du caractère restrictif de la notion légale de cadre dirigeant, cette première catégorie ne vise que *« les membres de l'équipe dirigeante de l'entreprise »*, c'est-à-dire les mandataires sociaux, directeurs généraux, personnes nommées par le conseil d'administration, les directeurs qui siègent de façon permanente au comité de direction ou qui participent à la prise de décisions stratégiques concernant la vie de l'entreprise. Ces salariés bien particuliers ont un rôle d'employeur et le représentent souvent en matière sociale ou managériale (présidence du comité d'entreprise à la place du chef d'entreprise, cadres qui assument une responsabilité pénale). Cependant, *« il va de soi que les cadres qui dirigent un service ne sauraient être considérés* ipso facto *comme des cadres dirigeants »*.

La qualification de cadre dirigeant entraîne de plein droit l'exclusion de la réglementation légale et réglementaire de la durée du travail, comme indiqué dans le tableau ci-dessous.

Dispositions légales non applicables aux cadres dirigeants	Dispositions légales applicables aux cadres dirigeants
Repos quotidien	Congés annuels payés
Repos hebdomadaire	Repos obligatoire des femmes en couches
Durées maximales de travail (par jour, hebdomadaire)	Congés non rémunérés

Dispositions légales non applicables aux cadres dirigeants	Dispositions légales applicables aux cadres dirigeants
Contrôle de la durée du travail	Congés pour événements familiaux
Heures supplémentaires	Compte épargne-temps
Jours fériés	Hygiène, sécurité et conditions de travail
Travail de nuit	Médecine du travail

Les cadres dirigeants pour lesquels aucun décompte des horaires n'est possible peuvent être rémunérés forfaitairement. Le « **forfait tous horaires** » correspond à un nombre indéterminé d'heures de travail qui exclut tout paiement d'heures supplémentaires. Il **ne nécessite pas l'existence de convention de forfait** précisant le nombre d'heures supplémentaires, **contrairement au forfait de droit commun applicable à certains salariés non cadres ou cadres intégrés. Sur le bulletin de paie, aucune référence horaire n'est obligatoire.**

La loi ne pose aucune obligation de négocier des garanties en faveur de ces cadres soumis de fait à des sujétions très strictes. Il nous semble donc possible de prévoir, dans le cadre d'un accord collectif de réduction du temps de travail ou dans le cadre du contrat de travail, des garanties ou des contreparties à ces forfaits « tous horaires », comme des jours de congé supplémentaires, des primes de sujétion, des avantages en nature, une retraite complémentaire, une mutuelle, un intéressement…

Les cadres dirigeants sont expressément exclus du bénéfice de l'allégement de l'ensemble des cotisations patronales de Sécurité sociale (cotisations dues au titre des assurances sociales, des accidents du travail, des allocations familiales) lié à la réduction du temps de travail.

Les cadres autonomes

L'article L. 3121-58 du Code du travail prévoit une catégorie de cadres, *« qui disposent d'une autonomie dans l'organisation de leur emploi du temps… »*.

Jusqu'à présent (jusqu'au 31 décembre 2018), la notion de cadre s'entendait au sens des conventions collectives de branche ou à défaut du premier alinéa de l'article 4 de la convention collective nationale de

retraite et de prévoyance des cadres du 14 mars 1947 (AGIRC). Mais la fusion des caisses de retraite au 1er janvier 2019 en une caisse de retraite unifiée (AGIRC-ARRCO) a laissé un vide juridique ! Le Medef a transmis, le 16 janvier 2020, aux partenaires sociaux un texte de dix-sept « *orientations* », qui insiste sur l'évolution de l'environnement de travail du cadre et sur ses relations avec l'employeur. Le cadre y est défini comme « *une catégorie de salariés occupant des postes de travail nécessitant une attention particulière* ». « *Qu'il exerce des fonctions d'expertise et/ou de management,* [il] *évolue dans un univers profondément transformé : agilité et adaptabilité caractérisent sa fonction dans l'entreprise* ».
Le patronat, qui depuis le début des négociations refuse d'entériner une définition du statut cadre opposable aux entreprises et aux branches, n'a d'ailleurs pas bougé sur ce point. Dans son texte, il réaffirme qu'il « *n'y a pas de définition univoque du cadre* » ; il renvoie toujours « *à chaque branche* [d'activité]» le soin de « *définir ce qu'est un cadre dans le contexte sectoriel qui est le sien* ». Il ne s'agit pas d'un revirement de position du Medef. Le statut cadre baigne toujours dans un grand flou, seule la mission de l'Association pour l'emploi des cadres commence à s'esquisser. Mais ce texte est un premier écrit formalisé par le patronat, qui permet de reprendre langue.

Quoi qu'il en soit, pour ces cadres autonomes, ainsi que « *pour les salariés dont la durée du temps de travail ne peut être prédéterminée et qui disposent d'une réelle autonomie dans l'organisation de leur emploi du temps pour l'exercice des responsabilités qui leur sont confiées* », une convention individuelle de forfait en jours sur l'année peut être conclue.

Les cadres intégrés

De plus, le nouvel article L. 3121-56 ne permet plus vraiment de faire la différence entre le cadre autonome et le cadre intégré, même si ce dernier est sous-entendu dans la phrase : « *Les cadres [...] dont la nature des fonctions ne les conduit pas à suivre l'horaire collectif applicable au sein de l'atelier, du service ou de l'équipe auquel ils sont intégrés.* »
Jusqu'à présent, ces cadres intégrés pouvaient être régis par une convention de forfait en heures, ce qui paraissait logique puisqu'ils étaient censés être intégrés à un atelier, un service ou à une équipe. Les nouveaux articles placent maintenant indifféremment les cadres intégrés aussi bien dans les conventions des forfaits en heures (C. trav., art. L. 3121-56 1 §) que les conventions de forfaits en jours (C. trav., art. L. 3121-58 1 §) ainsi que d'autres salariés « *dont la durée du*

temps de travail ne peut être prédéterminée et qui disposent d'une réelle autonomie dans l'organisation de leur emploi du temps pour l'exercice des responsabilités qui leur sont confiées».

La seule différence serait que les salariés en convention de forfait heures seraient soumis :

- à la durée quotidienne maximale de travail effectif prévue à l'article L. 3121-18 ;
- aux durées hebdomadaires maximales de travail prévues aux articles L. 3121-20 et L. 3121-22 ;
- à la durée légale hebdomadaire prévue à l'article L. 3121-27.

Le droit à allégement des cotisations patronales de Sécurité sociale lié à la réduction du temps de travail peut être ouvert pour autant que la durée du travail fixée par la convention de forfait soit compatible avec la limite de 35 heures hebdomadaires ou de son équivalent mensuel.

8. La récupération des heures perdues

Les dispositions légales

Selon l'article L. 3121-50 du Code du travail (modifié par la loi n° 2016-1088 du 8 août 2016), seules peuvent être récupérées les heures perdues par suite d'interruption collective du travail résultant :

- de causes accidentelles, d'intempéries, ou de cas de **force majeure** ;
- d'inventaire ;
- du chômage d'un ou de deux jours ouvrables compris entre un jour férié et un jour de repos hebdomadaire, ou d'un jour précédant les congés annuels (ce qu'on appelle communément « un pont » ; par exemple, faire le pont de l'Ascension consiste à ne travailler ni le vendredi qui suit le jeudi de l'Ascension, ni le week-end qui suit, soit à une absence de quatre jours consécutifs).

Les modalités de récupération

Les heures perdues dans ces cas ne peuvent être récupérées que dans les 12 mois qui précèdent ou suivent leur perte. La récupération est de droit, il n'y a pas d'autorisation à demander. Toutefois, il faut informer l'inspecteur du travail afin que ces heures de récupération soient bien considérées comme des heures de récupération et non pas comme des heures supplémentaires.

Les salariés ne peuvent pas refuser la récupération envisagée ; c'est un droit pour l'employeur et pour lui seul. Les salariés absents au moment de l'interruption collective de travail, pour quelque raison que ce soit, doivent se conformer aux modalités de récupération et subiront des retenues sur salaire en cas d'absences non rémunérées. En cas de maladie, ces absences seront indemnisées au titre de la maladie si le salarié remplit bien les conditions nécessaires.

9. Le repos compensatoire

Définition

L'article L. 3121-28 du Code du travail (modifié par la loi n° 2016-1088 du 8 août 2016) prévoit également que le paiement des heures supplémentaires peut être remplacé en tout ou partie par un repos compensateur (appelé parfois « repos compensateur de remplacement », ou encore « repos compensatoire ») de durée équivalente :

- repos de 1 h 15 pour les heures majorées à 25 % ;
- repos de 1 h 30 pour les heures majorées à 50 %.

Les heures supplémentaires dont le paiement est remplacé en totalité par un repos compensateur ne s'imputent pas sur le contingent annuel d'heures supplémentaires (C. trav., art. L. 3121-30). Mais en cas de compensation partielle des heures effectuées, la totalité des heures supplémentaires s'imputent sur le contingent annuel.

ATTENTION

Le repos compensateur est distinct de la contrepartie en repos avec laquelle il peut se cumuler.

La mise en place

Le repos compensateur peut être mis en place par convention, accord collectif d'entreprise ou d'établissement ou à défaut, une convention ou accord de branche.

Les modalités d'utilisation

L'accord ou la décision doit prévoir :

- la nature et le volume des heures qui pourront être compensées ;
- le caractère obligatoire ou facultatif de la compensation ;
- les modalités de la prise du repos ;
- la définition des périodes minimales ou maximales de congés.

Lorsqu'un accord ou une décision ne règle pas les conditions et modalités d'attribution et de prise du repos compensatoire, celui-ci devra être attribué et pris dans les mêmes conditions que la contrepartie en repos.

Les salariés doivent être régulièrement informés sur leurs droits au repos compensatoire, soit sur leur bulletin de salaire, soit sur un document annexé.

ATTENTION

Selon l'article L. 3121-30 du Code du travail, les heures supplémentaires pour travaux urgents de sécurité (énumérés à l'article L. 3132-4) ne s'imputent pas sur le contingent.

10. Le travail de nuit

Depuis la loi n° 2001-397 du 9 mai 2001 relative à l'égalité professionnelle entre les femmes et les hommes, **cette réglementation, applicable autant aux hommes qu'aux femmes, a remplacé les dispositions interdisant le travail de nuit pour les femmes**, mettant la législation française en conformité avec le droit communautaire. En revanche, les dispositions particulières relatives au travail de nuit des jeunes de moins de 18 ans restent toujours applicables (C. trav., art. L. 3163-2).

Néanmoins, le recours au travail de nuit est exceptionnel. Il prend en compte les impératifs de protection de la santé et de la sécurité des travailleurs et est justifié par la nécessité d'assurer la continuité de l'activité économique ou des services d'utilité sociale (C. trav., art. L. 3122-1).

Définition du travail de nuit

Cette définition n'est pas simple car elle comporte de nombreuses dérogations. D'une façon générale, le travail de nuit est celui effectué au cours d'une période d'au moins neuf heures consécutives comprenant l'intervalle entre minuit et 5 heures. Cette période commence au plus tôt à 21 heures et s'achève au plus tard à 7 heures (C. trav., art. L. 3122-2).

Première dérogation : pour les activités de production rédactionnelle et industrielle de presse, de radio, de production et d'exploitation cinématographiques, de spectacles vivants et de discothèque : la période de nuit est au moins 7 heures consécutives comprenant l'intervalle entre minuit et 5 heures (C. trav., art. L. 3122-3).
Mais, à défaut de convention ou d'accord collectif, tout travail accompli entre minuit et 7 heures est considéré comme du travail de nuit (C. trav., art. L. 3122-20).

Deuxième dérogation : pour les établissements de vente au détail situés dans les zones touristiques internationales,
la période de travail de nuit, si elle débute après 22 heures, est d'au moins sept heures consécutives comprenant l'intervalle entre minuit et 7 heures. Mais, seuls les salariés volontaires ayant donné leur accord par écrit à leur employeur peuvent travailler entre 21 heures et minuit. Une entreprise ne peut prendre en considération le refus d'une personne de travailler entre 21 heures et le début de la période

de travail de nuit pour refuser de l'embaucher. Le salarié qui refuse de travailler entre 21 heures et le début de la période de travail de nuit ne peut faire l'objet d'une mesure discriminatoire dans le cadre de l'exécution de son contrat de travail. Le refus de travailler entre 21 heures et le début de la période de travail de nuit pour un salarié ne constitue pas une faute ou un motif de licenciement. Chacune des heures de travail effectuée durant la période fixée entre 21 heures et le début de la période de travail de nuit est rémunérée au moins le double de la rémunération normalement due et donne lieu à un repos compensateur équivalent en temps(C. trav., art. L. 3122-4).

Définition du travailleur de nuit

Puisque le travailleur de nuit bénéficie d'une législation particulière, il convient de donner une définiton précise de celui-ci. **Le travailleur de nuit est donc le salarié** qui accomplit :

- au moins deux fois par semaine, selon son horaire de travail habituel, au moins 3 heures de son temps de travail quotidien pendant la période de nuit (C. trav., art. L. 3122-5) ;
- ou un nombre minimal d'heures de nuit, au cours d'une période de référence, à définir par convention ou accord collectif étendu (C. trav., art. L. 3122-16) ;
- ou 270 heures de travail de nuit pendant une période de 12 mois consécutifs (C. trav., art. L. 3122-23).

La réglementation légale du travail de nuit ne s'applique donc pas aux salariés qui travaillent de nuit de manière occasionnelle.

Règlementation légale du travail de nuit

La durée du travail de nuit

Si **la durée quotidienne de travail accomplie par un travailleur de nuit ne peut excéder huit heures**, sauf accord d'entreprise ou d'établissement, convention ou accord collectif de branche qui peuvent tous porter le dépassement de la durée maximale quotidienne de travail dans la limite de 44 heures sur une moyenne de 12 semaines consécutives, l'inspecteur du travail peut également autoriser le dépassement de la durée quotidienne de travail après consultation des délégués syndicaux et après avis du comité social et économique, selon des modalités déterminées par décret en Conseil d'État (C. trav., art. L. 3122-6).

Les contreparties du travail de nuit

Le travailleur de nuit bénéficie de contreparties au titre des périodes de travail de nuit pendant lesquelles il est employé, soit sous forme de repos compensateur, soit sous forme de compensation salariale (C. trav., art. L. 3122-8).
La loi ne donnant pas le montant de la compensation salariale, ce sont donc les accords ou conventions collectives qui donnent les taux de majorations de l'heure de nuit ou sa compensation en temps de repos. Ceci explique les disparités entre les entreprises.

La surveillance médicale des travailleurs de nuit

Le médecin du travail est consulté, selon des modalités précisées par décret en Conseil d'État, avant toute décision importante relative à la mise en place ou à la modification de l'organisation du travail de nuit (C. trav., art. L. 3122-10).
Tout travailleur de nuit bénéficie également d'un suivi individuel régulier de son état de santé dans les conditions fixées à l'article L. 4624-1 (C. trav., art. L. 3122-11).

La priorité pour un emploi de jour

Le cas général

D'une façon générale, le travailleur de nuit qui souhaite occuper ou reprendre un poste de jour a priorité pour l'attribution d'un emploi ressortissant à sa catégorie professionnelle ou d'un emploi équivalent, l'employeur portant à la connaissance de ce salariés la liste des emplois disponibles correspondants (C. trav., art. L. 3122-13).

Le transfert à un poste de jour pour raisons familiales

Lorsque le travail de nuit est incompatible avec des obligations familiales impérieuses, notamment avec la garde d'un enfant ou la prise en charge d'une personne dépendante, le refus du travail de nuit ne constitue pas une faute ou un motif de licenciement et le travailleur de nuit peut demander son affectation sur un poste de jour (C. trav., art. L. 3122-12).

Le transfert à un poste de jour pour raisons médicales

Le travailleur de nuit, lorsque son état de santé, constaté par le médecin du travail, l'exige, est transféré à titre définitif ou temporaire sur un poste de jour correspondant à sa qualification et aussi comparable que possible à l'emploi précédemment occupé. L'employeur ne peut prononcer la rupture du contrat de travail du travailleur de nuit du fait de son inaptitude au poste comportant le travail de nuit, à moins qu'il ne justifie par écrit soit de l'impossibilité dans laquelle il se trouve de proposer un poste dans les conditions fixées au premier alinéa du présent article, soit du refus du salarié d'accepter le poste proposé dans ces mêmes conditions (C. trav., art. L. 3122-14).

La protection des femmes enceintes

Un régime de protection des salariées enceintes ou ayant accouché travaillant de nuit est mis en place. Ce dispositif est similaire à celui instauré par ordonnance au profit de ces salariées travaillant de jour et exposées à certains risques incompatibles avec leur état.

La salariée en état de grossesse médicalement constaté ou ayant accouché et travaillant de nuit est affectée à un poste de jour :

- sur sa demande pendant la durée de sa grossesse et pendant la période du congé légal postnatal ;
- lorsque le médecin du travail constate par écrit que le poste de nuit est incompatible avec son état, pendant la durée de sa grossesse. Cette période peut être prolongée pour une durée n'excédant pas un mois pour les mêmes raisons, et dans les mêmes conditions (C. trav., art. L. 1225-9).

Ce changement d'affectation ne doit entraîner aucune diminution de rémunération. L'affectation dans un autre établissement est subordonnée à l'accord de la salariée (C. trav., art. L. 1225-9).

Si l'employeur est dans l'impossibilité de proposer un autre emploi, il fait connaître par écrit à la salariée ou au médecin du travail les motifs qui s'opposent au reclassement (C. trav., art. L. 1225-10). Le contrat de travail de la salariée est alors suspendu jusqu'à la date du début du congé légal de maternité et éventuellement durant la période complémentaire d'un mois qui suit la fin de ce congé.

La salariée bénéficie d'une garantie de rémunération composée :

- d'une allocation journalière versée par la Sécurité sociale ;
- d'un complément à la charge de l'employeur.

Hormis la condition d'ancienneté, ce complément est attribué par l'employeur selon les mêmes modalités que l'indemnisation complémentaire en cas de maladie prévue par l'article 7 de l'accord national interprofessionnel du 10 décembre 1977 sur la mensualisation.

En dehors de ces situations (raisons familiales, raisons médicales, femme enceinte), le refus du salarié d'accepter un travail de nuit obéit au régime de droit commun de la modification du contrat de travail.

La mise en place

Un accord d'entreprise ou d'établissement ou, à défaut, une convention ou un accord collectif de branche peut mettre en place, dans une entreprise ou un établissement, le travail de nuit, au sens de l'article L. 3122-5 du Code du travail, ou l'étendre à de nouvelles catégories de salariés.

Cette convention ou cet accord collectif prévoit:

1) les justifications du recours au travail de nuit mentionnées à l'article L. 3122-1 ;
2) la définition de la période de travail de nuit, dans les limites mentionnées aux articles L. 3122-2 et L. 3122-3;
3) une contrepartie sous forme de repos compensateur et, le cas échéant, sous forme de compensation salariale;
4) des mesures destinées à améliorer les conditions de travail des salariés;
5) des mesures destinées à faciliter, pour ces mêmes salariés, l'articulation de leur activité professionnelle nocturne avec leur vie personnelle et avec l'exercice de responsabilités familiales et sociales, concernant notamment les moyens de transport;
6) des mesures destinées à assurer l'égalité professionnelle entre les femmes et les hommes, notamment par l'accès à la formation;
7) l'organisation des temps de pause (C. trav., art. L. 3122-15).

11. Le travail du dimanche

Rappel des grands principes

Un salarié ne peut pas travailler plus de 6 jours par semaine (C. trav., art. L. 3132-1) puisqu'il doit bénéficier d'au moins un jour de repos (24 heures – C. trav., art. L. 3132-2), donné en principe le dimanche (C. trav., art. L. 3132-3) auquel s'ajoute un repos quotidien minimum de 11 heures consécutives (C. trav., art. L. 3131-1).
Rappel (voir le 3. Le temps de repos) : pour le repos quotidien, il y a 3 dérogations possibles :

- En cas d'urgence, dans des conditions déterminées par décret (C. trav., art. L. 3131-1) ;
- Si une convention ou un accord d'entreprise ou d'établissement ou, à défaut, une convention ou un accord de branche le prévoit, dans des conditions déterminées par décret, notamment pour des activités caractérisées par la nécessité d'assurer une continuité du service ou par des périodes d'intervention fractionnées (C. trav., art. L. 3131-2) ;
- Ou encore, à défaut d'accord, en cas de surcroît exceptionnel d'activité, toujours dans des conditions définies par décret (C. trav., art. L. 3131-3).

Attention : Si l'emploi des jeunes travailleurs (-18 ans) est bien interdite le dimanche, cette interdiction n'est pas néanmoins applicable aux apprentis âgés de moins de dix-huit ans employés dans les secteurs pour lesquels les caractéristiques particulières de l'activité le justifient et dont la liste est déterminée par décret en Conseil d'Etat (C. trav., art. L. 3164-5). C'est également le cas dans les établissements industriels fonctionnant en continu, sous réserve de bébéficier du repos minimal prévu aux articles L. 3132-2 et L. 3164-2 (C. trav., art. L. 3164-7).

Pour un demandeur d'emploi, le refus d'accepter une offre d'emploi impliquant de travailler le dimanche ne constitue pas un motif de radiation de la liste des demandeurs d'emploi. (C. trav., art. L. 3132-3-1).

Toutefois, le principe du repos dominical connaît plusieurs types de dérogations qui peuvent, selon le cas, être permanentes ou temporaires, soumises ou non à autorisation, applicables à l'ensemble du territoire ou à certaines zones précisément délimitées, etc.

Les dérogations aux grands principes

Les travaux urgents de sécurité

En cas de travaux urgents dont l'exécution immédiate est nécessaire pour organiser des mesures de sauvetage, ou pour prévenir des accidents imminents ou encore pour réparer des accidents survenus au matériel, aux installations ou aux bâtiments de l'établissement, le repos hebdomadaire peut être suspendu pour le personnel nécessaire à l'exécution de ces travaux. Cette faculté de suspension s'applique non seulement aux salariés de l'entreprise où les travaux urgents sont nécessaires mais aussi à ceux d'une autre entreprise faisant les réparations pour le compte de la première. Chaque salarié de cette seconde entreprise, de même que chaque salarié de l'entreprise où sont réalisés les travaux, affecté habituellement aux travaux d'entretien et de réparation, bénéficie d'un repos compensateur d'une durée égale au repos supprimé (C. trav., art. L. 3132-4).

Les industries traitant des matières périssables ou ayant à répondre à un surcroît extraordinaire de travail

Dans certaines industries (dont la liste est déterminée en Conseil d'État) traitant des matières périssables ou ayant à répondre à certains moments à un surcroît extraordinaire de travail, le repos hebdomadaire des salariés peut être suspendu deux fois au plus par mois, sans que le nombre de ces suspensions dans l'année soit supérieur à six. Les heures de travail ainsi accomplies le jour du repos hebdomadaire sont considérées comme des heures supplémentaires et sont imputées sur le crédit d'heures supplémentaires (C. trav., art. L. 3132-5).

Les travaux dans les ports, débarcadères et stations

Dans les ports, débarcadères et stations, l'emploi de salariés aux travaux de chargement et de déchargement le jour de repos hebdomadaire est autorisé dans les mêmes cas et sous les mêmes conditions que lorsque la durée du travail peut être prolongée pour ces mêmes travaux, en vertu des décrets d'application des dispositions relatives à la durée du travail (C. trav., art. L. 3132-6).

Les activités saisonnières

Dans certaines industries (dont la liste est déterminée par décret en Conseil d'État) ne fonctionnant que pendant une partie de l'année et dans certains établissements appartenant aux branches d'activité à caractère saisonnier et n'ouvrant en tout ou partie que pendant une période de l'année, le repos hebdomadaire peut être en partie différé dans les conditions prévues par l'article L. 3132-10, sous réserve que chaque travailleur bénéficie au moins de deux jours de repos par mois, autant que possible le dimanche (C. trav., art. L. 3132-7).

Les travaux de nettoyage des locaux industriels de maintenance

Lorsqu'un établissement industriel ou commercial attribue le repos hebdomadaire le même jour à tous les salariés, ce repos peut être réduit à une demi-journée pour les salariés affectés aux travaux de nettoyage des locaux industriels et de maintenance qui doivent être réalisés nécessairement le jour de repos collectif et qui sont indispensables pour éviter un retard dans la reprise normale du travail. Dans ce cas, un repos compensateur est attribué à raison d'une journée entière pour deux réductions d'une demi-journée (C. trav., art. L. 3132-8).

Les travaux intéressant la défense nationale

Dans les établissements de l'État ainsi que dans ceux où sont exécutés des travaux pour le compte de l'État et dans l'intérêt de la défense nationale, le repos hebdomadaire peut être temporairement suspendu par les ministres intéressés (C. trav., art. L. 3132-9).

Les établissements industriels fonctionnant en continu

Dans les établissements industriels fonctionnant en continu, les repos hebdomadaires des salariés affectés aux travaux en continu peuvent être en partie différés dans les conditions suivantes :

1) chaque salarié bénéficie, dans une période de travail donnée, d'un nombre de repos de vingt-quatre heures consécutives au moins égal au nombre de semaines comprises dans cette période ;
2) chaque salarié bénéficie le plus possible de repos le dimanche.

Un décret en Conseil d'État détermine les conditions d'application du repos hebdomadaire aux salariés intéressés, les travaux auxquels s'applique cette dérogation et pour chacun de ces travaux, la durée maximale de la période de travail mentionnée au 1) (C. trav., art. L. 3132-10).

Les gardiens et concierges des établissements industriels et commerciaux

Les gardiens et concierges des établissements industriels et commerciaux auxquels le repos hebdomadaire ne peut être donné bénéficient d'un repos compensateur. Cette dérogation n'est pas applicable aux jeunes travailleurs de moins de dix-huit ans (C. trav., art. L. 3132-11).

Les dérogations permanentes de droit

Certains établissements dont la catégorie est déterminée par un décret en Conseil d'État et dont le fonctionnement ou l'ouverture est rendu nécessaire par les contraintes de la production, de l'activité ou les besoins du public, peuvent de droit déroger à la règle du repos dominical en attribuant le repos hebdomadaire par roulement (C. trav., art. L. 3132-12).

Dans les commerces de détail alimentaire, le repos hebdomadaire peut être donné le dimanche à partir de 13 heures. Les salariés âgés de moins de 21 ans logés chez leurs employeurs bénéficient d'un repos compensateur, par roulement et par semaine, d'un autre après-midi. Les autres salariés bénéficient d'un repos compensateur, par roulement et par quinzaine, d'une journée entière.
Dans les commerces de détail alimentaire dont la surface de vente est supérieure au seuil mentionné au premier alinéa de l'article 3 de la loi n° 72-657 du 13 juillet 1972 instituant des mesures en faveur de certaines catégories de commerçants et artisans âgés (soit 400 m^2), les salariés privés du repos dominical bénéficient d'une rémunération majorée d'au moins 30 % par rapport à la rémunération normalement due pour une durée équivalente (C. trav., art. L. 3132-13).

Le travail en continu

Dans les industries ou les entreprises industrielles, une convention ou un accord collectif étendu ou une convention ou un accord d'entreprise ou d'établissement peut prévoir la possibilité d'organiser le travail de façon continue pour des raisons économiques et d'attribuer le repos hebdomadaire par roulement. À défaut de convention ou d'accord collectif de travail étendu ou de convention ou d'accord d'entreprise, une dérogation peut être accordée par l'inspecteur du travail après consultation des délégués syndicaux et avis du comité d'entreprise ou des délégués du personnel, s'ils existent, dans

des conditions déterminées par décret en Conseil d'État (C. trav., art. L. 3132-14).
Mais, la durée du travail des salariés travaillant de façon permanente en équipes successives selon un cycle continu ne doit pas être supérieure en moyenne, sur une année, à 35 heures par semaine travaillée (C. trav., art. L. 3132-15).

L'équipe de suppléance

Dans les industries ou les entreprises industrielles, une convention ou un accord collectif de travail étendu ou une convention ou un accord d'entreprise ou d'établissement peut prévoir que le personnel d'exécution fonctionne en deux groupes dont l'un, dénommé équipe de suppléance, a pour seule fonction de remplacer l'autre pendant le ou les jours de repos accordés au premier groupe. Le repos hebdomadaire des salariés de l'équipe de suppléance est attribué un autre jour que le dimanche. Cette dérogation s'applique également au personnel nécessaire à l'encadrement de cette équipe (C. trav., art. L. 3132-16).

La convention ou l'accord prévoyant la mise en place d'une équipe de suppléance comporte des dispositions concernant :

1) les conditions particulières de mise en œuvre de la formation du personnel travaillant en équipe de suppléance et la rémunération du temps de formation ;
2) les modalités d'exercice du droit des salariés de l'équipe de suppléance d'occuper un emploi autre que de suppléance (C. trav., art. L. 3132-17).

À défaut de convention ou d'accord, le recours aux équipes de suppléance est subordonné à l'autorisation de l'inspecteur du travail donnée après consultation des délégués syndicaux et avis du comité d'entreprise ou des délégués du personnel, s'ils existent, dans des conditions déterminées par décret en Conseil d'État (C. trav., art. L. 3132-18).

La rémunération des salariés de l'équipe de suppléance est majorée d'au moins 50 % par rapport à celle qui serait due pour une durée équivalente effectuée suivant l'horaire normal de l'entreprise. Cette majoration ne s'applique pas lorsque les salariés de l'équipe de suppléance sont amenés à remplacer durant la semaine les salariés partis en congé (C. trav., art. L. 3132-19).

Les dérogations accordées par le préfet

Lorsqu'il est établi que le repos simultané, le dimanche, de tous les salariés d'un établissement serait préjudiciable au public ou compromettrait le fonctionnement normal de cet établissement, le repos peut être autorisé par le préfet, soit toute l'année, soit à certaines époques de l'année seulement suivant l'une des modalités suivantes :

1) un autre jour que le dimanche à tous les salariés de l'établissement ;
2) du dimanche midi au lundi midi ;
3) le dimanche après-midi avec un repos compensateur d'une journée par roulement et par quinzaine ;
4) par roulement à tout ou partie des salariés (C. trav., art. L. 3132-20).

Ces autorisations sont accordées pour une durée qui ne peut excéder trois ans, après avis du conseil municipal et, le cas échéant, de l'organe délibérant de l'établissement public de coopération intercommunale à fiscalité propre dont la commune est membre, de la chambre de commerce et d'industrie, de la chambre de métiers et de l'artisanat, ainsi que des organisations professionnelles d'employeurs et des organisations syndicales de salariés intéressées de la commune. En cas d'urgence dûment justifiée et lorsque le nombre de dimanches pour lesquels cette autorisation n'excède pas trois, les avis préalables mentionnés au premier alinéa du présent article ne sont pas requis (C. trav., art. L. 3132-21).

Néanmoins, ces dérogations ne sont pas applicables aux clercs, commis et employés des études et greffes dans les offices ministériels (C. trav., art. L. 3132-22).

Enfin, l'autorisation accordée à un établissement par le préfet peut être étendue à plusieurs ou à la totalité des établissements de la même localité exerçant la même activité, s'adressant à la même clientèle, une fraction d'établissement ne pouvant, en aucun cas, être assimilée à un établissement. Ces autorisations d'extension sont toutes retirées lorsque, dans la localité, la majorité des établissements intéressés le demande (C. trav., art. L. 3132-23).

Les dérogations sur un fondement géographique

Ces dérogations sont issues de la « loi Macron » (du nom du ministre de l'Économie et des Finances, Emmanuel Macron) adoptée le 10 juillet 2015 pour l'essentiel, et qui a été validée par le Conseil Constitutionnel le 5 août 2015 (parution au *JO* le 6).

Cette loi a (entre autres) largement assoupli la législation applicable au travail du dimanche et précise les règles prévues en matière de majoration de salaire :

- **commerces de détails alimentaires :**
  - produits fabriqués sur place (ex. : boulangerie, pâtisseries) : le salarié peut travailler le dimanche si son employeur lui en fait la demande. Si la surface de vente est supérieure à 400 m^2, les heures du dimanche doivent être majorées de 30 %,
  - produits non fabriqués sur place (ex. : boucherie, fromagerie, alimentation générale) : le salarié peut travailler jusqu'à 13 heures le dimanche. Toutefois, cet horaire de 13 heures peut être dépassé si le salarié travaille dans une zone touristique internationale (ZTI) ou dans une gare connaissant une affluence exceptionnelle. Le taux de majoration de ces heures doit être prévu dans le cadre d'un accord collectif, territorial ou négocié ;
- **commerces de détails non alimentaires :**
  - bricolage, meubles, fleuristes : le salarié doit travailler le dimanche si son employeur lui en fait la demande. Le taux de majoration de ces heures doit être prévu dans le cadre d'un accord collectif, territorial ou négocié,
  - zone touristique ou zone commerciale : le salarié peut refuser de travailler le dimanche s'il travaille dans une zone touristique (ZT), une zone touristique internationale ou dans une gare connaissant une affluence exceptionnelle. S'il travaille, le taux de majoration de ces heures doit être prévu dans le cadre d'un accord collectif, territorial ou négocié ;
- **dérogations préfectorales :** un commerce peut être autorisé à ouvrir le dimanche sur dérogation préfectorale. Seuls les volontaires travailleront. Ces salariés auront droit à une majoration de salaire qui est définie, soit par accord collectif, soit par décision de l'employeur approuvée par référendum. Dans ce second cas, le salaire doit être au moins doublé ;
- **dérogations du maire** : sur autorisation préalable du maire (ou du préfet de police à Paris), les commerces de détail non alimentaire peuvent ouvrir 12 dimanches par an depuis 2016). L'article L. 3132-27 du Code du travail prévoit que la rémunération de cette journée est au minimum doublée. De plus, les salariés ont droit à un repos compensateur ;
- **autres** : le travail du dimanche est également possible dans d'autres secteurs (hôtels, cafés, restaurants, hôpitaux, musées, parc d'attractions...) bénéficiant ainsi d'une dérogation permanente. Les salariés sont donc obligés de travailler le dimanche à la demande

de leur employeur. En revanche, les majorations des heures travaillées le dimanche diffèrent d'un secteur à l'autre :

- restauration : légalement, ces heures ne font l'objet d'aucune contrepartie, ni en temps, ni en termes de salaire. Toutefois, un texte signé par les partenaires sociaux ou une décision de l'employeur peut prévoir une éventuelle majoration ou compensation en repos,
- commerce alimentaire : la convention collective du commerce de détail et de gros à prédominance alimentaire prévoit que :
  1) les salariés qui travaillent habituellement le dimanche ne bénéficiant pas de 3 demi-journées de repos consécutives dans la semaine ont droit à une majoration de leur salaire horaire de base de 20 % pour chaque heure effectuée ce jour-là
  2) les salariés qui travaillent le dimanche de façon occasionnelle ont droit à une majoration égale à 100 % du salaire horaire,
- tourisme : la convention collective nationale des organismes de tourisme prévoit que :
  1) les salariés qui travaillent habituellement le dimanche et plus de 8 dimanches par an ont droit à une majoration de 50 % des heures travaillées le dimanche. De plus, chaque heure effectuée donne lieu à récupération
  2) les salariés qui travaillent le dimanche de façon exceptionnelle dans la limite de 8 dimanches par an ont le choix entre une majoration égale à 50 % de ces heures dominicales, et la récupération de ces mêmes heures sur la base de 150 % (3 heures récupérées pour 2 heures travaillées).

Les dérogations dans les zones dites « périmètres d'usage de consommation exceptionnel » (Puce)

Dans les unités urbaines de plus d'un million d'habitants (c'est-à-dire dans les régions parisienne, marseillaise et lilloise), sans préjudice des dispositions de l'article L. 3132-20 du Code du travail, le repos hebdomadaire peut être donné, après autorisation administrative, par roulement pour tout ou partie du personnel, dans les établissements de vente au détail qui mettent à disposition des biens et des services dans un périmètre d'usage de consommation exceptionnel caractérisé par :

- des habitudes de consommation dominicale ;
- l'importance de la clientèle concernée ;
- l'éloignement de celle-ci de ce périmètre.

La liste et le périmètre des unités urbaines sont établis par le préfet de région sur la base des résultats du recensement de la population. Au sein des unités urbaines, sur demande du conseil municipal auquel appartient seul cette initiative, les Puce sont ensuite délimités par le préfet, après consultation de l'organe délibérant de la communauté de communes, de la communauté d'agglomération, de la métropole ou de la communauté urbaine, lorsqu'elles existent, sur le territoire desquelles est situé ce Puce.

Dans les Puce, **l'autorisation** donnée aux établissements de vente au détail mentionnés ci-dessus **de déroger au repos dominical est accordée** au vu d'un **accord collectif** ou, à défaut, d'une **décision unilatérale de l'employeur prise après référendum**. Les règles applicables (principe du volontariat, absence de discrimination, garanties et contreparties accordées aux salariés acceptant de travailler le dimanche, etc.) sont les mêmes que celles prévues en cas de dérogations destinées à éviter un préjudice au public ou au fonctionnement normal de l'établissement.

Les dérogations au repos dominical sont alors accordées par le préfet du département, pour 5 ans, après avis du conseil municipal, de la chambre de commerce et d'industrie, de la chambre des métiers et des syndicats d'employeurs et de salariés intéressés de la commune. Ces avis sont donnés dans un délai d'un mois ; le préfet statue ensuite dans un délai de 8 jours par un arrêté motivé qu'il notifie immédiatement aux demandeurs. Il peut s'agir de dérogations individuelles ou collectives ; ces dernières sont applicables aux établissements situés dans le même Puce, exerçant la même activité et s'adressant à la même clientèle. Lorsque l'accord collectif mentionné ci-dessus, au vu duquel est accordée la dérogation au repos dominical, est applicable à plusieurs établissements exerçant la même activité et s'adressant à la même clientèle, le préfet peut, par une décision collective, autoriser ces établissements relevant du champ d'application de cet accord et situés dans le même Puce à donner le repos hebdomadaire par roulement pour tout ou partie du personnel.

Les accords collectifs conclus antérieurement au 10 août 2009 peuvent être pris en compte par le préfet s'ils respectent les conditions posées par la loi du 10 août 2009, notamment en termes de fixation de contreparties pour les salariés travaillant le dimanche.

Les dérogations de droit dans les communes d'intérêt touristique ou thermal et dans certaines zones touristiques du territoire

Sans préjudice des dispositions de l'article L. 3132-20 du Code du travail, les établissements de vente au détail situés dans les communes d'intérêt touristique ou thermal et dans les zones touristiques d'affluence exceptionnelle ou d'animation culturelle permanente peuvent **donner le repos hebdomadaire par roulement pour tout ou partie du personnel**. Ces dérogations, de droit, au repos dominical sont accordées à titre permanent et non pour une durée limitée ; elles ne nécessitent pas, pour l'établissement concerné, l'obtention préalable d'une autorisation préfectorale.

Les commerces de détail alimentaire restent régis par les dispositions particulières permettant l'emploi des salariés le dimanche jusqu'à 13 heures.

L'initiative de demander l'inscription de la commune sur la liste départementale des communes « d'intérêt touristique ou thermal » ou la reconnaissance de l'existence d'une « zone touristique d'affluence exceptionnelle ou d'animation culturelle permanente » **appartient au maire et à lui seul**. Le préfet se prononce sur cette demande par un arrêté motivé après avis du comité départemental du tourisme, des syndicats d'employeurs et de salariés intéressés, ainsi que des communautés de communes, des communautés d'agglomération, des métropoles et des communautés urbaines, lorsqu'elles existent.

Les critères permettant de figurer sur la liste des communes d'intérêt touristique ou thermal et des zones touristiques d'affluence exceptionnelle ou d'animation culturelle permanente sont donnés par l'article R. 3132-20 du Code du travail.

Pour les salariés appelés à travailler le dimanche dans ces communes ou ces zones, **la loi ne fixe pas de contreparties obligatoires** ; ces contreparties peuvent être prévues par les conventions ou accords collectifs applicables dans l'entreprise ou l'établissement, ou par le contrat de travail. Les partenaires sociaux sont cependant invités à engager des négociations sur ces contreparties, comme le prévoit l'article 2 (IV) de la loi du 10 août 2009.

Les communes touristiques et thermales et les zones touristiques d'affluence exceptionnelle ou d'animation culturelle permanente déjà reconnues avant l'entrée en vigueur de la loi du 10 août 2009 citée en référence le restent, sans formalité nouvelle. Dans ces communes et ces zones touristiques, tous les établissements de vente au détail peuvent désormais ouvrir le dimanche, sans nécessité d'une autorisation préfectorale, et ce depuis le 12 août 2009 (date d'entrée en vigueur de la loi du 10 août 2009 citée en référence). Les employeurs doivent veiller, le cas échéant, à respecter les règles de modification du contrat de travail (par exemple si le contrat du salarié appelé à travailler le dimanche mentionne qu'il travaille du lundi au vendredi) et celles relatives à la consultation du comité d'entreprise et des délégués du personnel s'ils existent. Les accords ou usages déjà existants, qui prévoient des contreparties pour les salariés travaillant le dimanche, ne sont pas remis en cause par la loi du 10 août 2009. Dans l'hypothèse où les établissements concernés souhaitent modifier ces accords ou usages, les règles habituelles de dénonciation d'un accord ou d'un usage devront être respectées.

12. La mensualisation des horaires

Avant le XXe siècle, les Français étaient payés à la journée (les « journaliers »). À la fin de la Première Guerre mondiale vinrent en France les premières conventions collectives. On se mit à payer à la semaine, comme dans tous les pays anglo-saxons. Après la Seconde Guerre mondiale, la paie passa tous les 15 jours. Enfin, **l'accord national interprofessionnel du 10 décembre 1977 généralisa la mensualisation**, et la loi n° 78-49 du 19 janvier 1978 rendit obligatoire l'application de cet accord dans toutes les branches professionnelles.

La mensualisation concerne ainsi les professions industrielles et commerciales, les professions libérales, les offices publics et ministériels, les syndicats professionnels, les sociétés civiles et associations, les caisses d'épargne ordinaires, les concierges d'immeuble, les employés de maison.

Définition

La mensualisation consiste :
- dans le paiement au mois des salariés, précédemment payés à l'heure, indépendamment du nombre de jours que comporte le mois ;
- dans l'attribution de divers avantages réservés jusqu'alors aux salariés « mensuels » (paiement des jours fériés, garanties en cas de maladie ou d'accident du travail, indemnités de rupture majorées, etc.).

Sont notamment **couverts par la généralisation de la mensualisation** :
- les salariés à temps partiel ;
- les salariés titulaires d'un contrat à durée déterminée ;
- les VRP (sous réserve des dispositions de l'article L. 7313-7 du Code du travail, aux termes desquelles les commissions dues donnent lieu à un versement trimestriel) ;
- le personnel non titulaire des entreprises publiques où les conditions de travail sont définies par un statut législatif ou réglementaire.

Quatre catégories de salariés sont **exclues de la mensualisation :**
- les travailleurs à domicile (tels que définis par l'article L. 7412-1 du Code du travail) ;
- les travailleurs temporaires (salariés des ETT, titulaires d'un contrat de travail temporaire, article L. 1251-1 et suivants du Code du travail) ;

- les travailleurs saisonniers : à défaut de définition conventionnelle, est considéré comme travail saisonnier un travail d'une durée totale de 8 mois par an au maximum appelé à se répéter chaque année à date à peu près fixe en fonction du rythme des saisons ou des modes de vie collectifs et effectué pour le compte d'une entreprise dont l'activité obéit aux mêmes variations ;
- les travailleurs intermittents.

Les **salariés à temps partiel** (hebdomadaire, mensuel ou annuel) sont inclus dans le champ d'application de la loi sur la mensualisation. L'administration a donné des solutions aux différentes hypothèses qui peuvent se présenter à l'entreprise :
- lorsque l'horaire est régulier, le salaire mensuel est calculé en multipliant la rémunération horaire par le nombre d'heures de travail hebdomadaire affecté du coefficient 52/12 ;
- lorsque l'horaire est irrégulier, la rémunération mensuelle peut être établie sur la base de l'horaire minimum effectué, les heures de travail accomplies au-delà de cet horaire devant être rémunérées en sus du salaire habituel ;
- lorsque la durée hebdomadaire du travail varie de manière telle qu'il n'est pas possible de déterminer l'horaire minimum pratiqué par les salariés, le paiement d'un salaire mensuel indépendant pour un horaire déterminé du nombre de jours travaillés dans le mois ne peut être appliqué, sous réserve de l'appréciation souveraine des tribunaux. Dans ce cas, seul le mode de calcul du salaire est affecté, les autres dispositions de la loi s'appliquent.

Le principe de la mensualisation est que la rémunération payée au mois est indépendante du nombre de jours travaillés dans le mois, quelle que soit la répartition des jours ouvrables selon les mois ou les années. Pour les salariés payés au mois, la mensualisation correspond dans les faits à une forfaitisation du salaire quel que soit l'horaire réel de chaque mois.

En effet, si l'on compare le mois d'octobre (qui est presque toujours le plus long de l'année en jours ouvrés) avec le mois de mai (qui serait plutôt le mois le plus court exprimé en jours ouvrés), le temps réel de travail peut osciller entre 23 et 19 jours.

Exemples

Exemples avec 39 heures par semaine

Si l'on applique l'horaire légal moyen de 7,80 heures par jour ouvré (39 heures par semaine/5 jours), la durée du temps de travail mensuel à rémunérer oscille donc entre 148,20 heures et 179,40 heures (7,80 × 19 et 7,80 × 23).

Par ailleurs, il faut tenir compte de l'incidence des jours fériés rémunérés ou non, selon que la convention collective ou un accord le prévoit ou pas.

Pour résoudre toutes ces questions, il a donc été décidé de mensualiser l'horaire en raisonnant sur l'année entière (12 mois, 52 semaines). C'est ainsi que dans la plupart des cas, lorsque l'horaire légal est appliqué, les salariés sont rémunérés sur la base de 169 heures, quelle que soit la durée du travail effectif de chaque mois.

En moyenne mensuelle, nous obtenons donc :

$$\frac{52 \times 39}{12} = 169$$

Toutefois, certains « puristes » ont constaté que 52 semaines ne représentaient pas l'année entière mais seulement 364 jours (52 × 7). Pour corriger, ils ont donc ajouté une journée et obtenu le calcul suivant :

$$\frac{(52 \times 39) + 7{,}80}{12} = 169{,}65$$

D'autres sont allés encore plus loin : pour être rigoureusement exact, il faut en plus tenir compte des années bissextiles. Dans ce cas nous avons :

$$\frac{(52 \times 39) + 7{,}80 + \frac{1}{4}\,(7{,}80)}{12} = 169{,}81$$

Dans la chimie, par exemple, au lieu de prendre ces journées supplémentaires à 7,80 heures, la convention collective raisonne avec 39 heures/7, ce qui est encore plus rigoureux, car la « 365e journée » ou la « ¼ 365e journée » n'est pas forcément un jour ouvré. Dans ce cas, nous obtenons les deux formules suivantes :

$$\frac{2\,028 + 5{,}57}{12} = 169{,}46$$

$$\frac{2028 + 5{,}57 + 1/4\,(5{,}57)}{12} = 169{,}58$$

Exemples avec 35 heures par semaine

En appliquant l'horaire légal moyen de 7 heures par jour ouvré (35 heures par semaine/5 jours), la durée du temps de travail à rémunérer oscille entre 133 heures et 161 heures (respectivement 7 heures × 19 jours et 7 heures × 23 jours).

Par ailleurs, il faut tenir compte de l'incidence des jours fériés rémunérés ou non, selon que la convention collective ou un accord le prévoit ou pas.

Pour résoudre toutes ces questions, il a donc été décidé de mensualiser l'horaire en raisonnant sur l'année entière (12 mois, 52 semaines). C'est ainsi que dans la plupart des cas, lorsque l'horaire légal est appliqué, les salariés sont rémunérés sur la base de 151,67 heures, quelle que soit la durée du travail effectif de chaque mois.

En moyenne mensuelle, nous obtenons donc :

$$\frac{52 \times 35}{12} = 151{,}67$$

Toutefois, certains « puristes » ont constaté que 52 semaines ne représentaient pas l'année entière mais seulement 364 jours (52 × 7). Pour corriger, ils ont donc ajouté une journée et obtenu le calcul suivant :

$$\frac{(52 \times 35) + 7}{12} = 152{,}25$$

D'autres sont allés encore plus loin : pour être rigoureusement exact, il faut en plus tenir compte des années bissextiles. Dans ce cas, nous avons :

$$\frac{(52 \times 35) + 7 + 1/4\,(7)}{12} = 152{,}4$$

Dans la chimie par exemple, au lieu de prendre ces journées supplémentaires à 7 heures, la convention collective raisonne avec 35 heures/7, ce qui est encore plus rigoureux, car la « 365e journée » ou la « ¼ 365e journée » n'est pas forcément un jour ouvré. Dans ce cas, nous obtenons les deux formules suivantes :

$$\frac{(52 \times 35) + 5}{12} = 152{,}08 \qquad \frac{(52 \times 35) + 5 + 1/4\,(5)}{12} = 152{,}19$$

13. L'organisation du temps de travail

L'horaire collectif de travail

La détermination de l'horaire de travail constitue une prérogative de l'employeur correspondant à son pouvoir de direction. Le travail salarié étant un travail subordonné, il revient à l'employeur de prescrire les modalités de réalisation du travail et notamment les horaires. Par conséquent, **le salarié qui refuse** de se soumettre aux nouveaux horaires fixés par l'employeur **commet une faute**, voire une faute grave rendant impossible son maintien dans l'entreprise pendant la durée de son préavis.

Cette prérogative a néanmoins quatre limites :
- la contractualisation de l'horaire de travail : référence à l'horaire de travail du salarié dans son contrat de travail, convention de forfait… ;
- le bouleversement de l'équilibre du contrat de travail : si la modification des horaires relève *a priori* de la modification des conditions de travail, elle peut remettre en cause l'équilibre contractuel lorsqu'elle est d'une importance particulière (travail du dimanche ou de nuit par exemple) ;
- la réglementation du travail à temps partiel ;
- l'abus de droit ou la discrimination.

Il y a trois possibilités de répartition de l'horaire de travail :
- la répartition égale sur 5 jours de la durée de travail avec 2 jours de repos hebdomadaire (samedi-dimanche ou dimanche-lundi) ;
- la répartition de la durée de travail égale sur les 6 jours ouvrables de la semaine ;
- la répartition inégale de la durée de travail sur les 6 jours ouvrables avec un maximum de 8 heures par jour de travail et l'octroi d'une demi-journée de repos (soit un jour et demi de repos hebdomadaire).

Les horaires individualisés

L'horaire de travail est, en principe, collectif même si le Code du travail ne définit pas exactement cette notion. Seul l'article D. 3171-1 du Code du travail y fait référence : « *Lorsque tous les salariés d'un atelier, d'un service ou d'une équipe travaillent selon le **même horaire collectif**, un horaire établi selon l'heure légale indique les heures auxquelles* *commence et finit chaque période de travail. Aucun salarié ne peut être employé en dehors de cet horaire, sous réserve des dispositions des articles L. 3121-30, L. 3121-33, L. 3121-38 et L. 3121-39 relatives au contingent annuel d'heures supplémentaires, et des heures de dérogation permanente prévues par un décret pris en application de l'article L. 3121-67»*

Mais, l'employeur peut, à la demande de certains salariés, mettre en place un dispositif d'horaires individualisés permettant un report d'heures d'une semaine à une autre, dans les limites et selon les modalités définies aux articles L. 3121-51 et L. 3121-52, après avis conforme du comité d'entreprise ou, à défaut, des délégués du personnel, s'ils existent. Dans ce cadre, et par dérogation à l'article L. 3121-29, les heures de travail effectuées au cours d'une même semaine au-delà de la durée hebdomadaire légale ou conventionnelle ne sont pas considérées comme des heures supplémentaires, pourvu qu'elles résultent d'un libre choix du salarié. Dans les entreprises qui ne disposent pas de représentant du personnel, l'inspecteur du travail autorise la mise en place d'horaires individualisés (C. trav., art. L. 3121-48).

De plus, le nouvel article L. 3121-49 précise : « Les salariés mentionnés aux 1° à 4° et 9° à 11° de l'article L. 5212-13 bénéficient à leur demande, au titre des mesures appropriées prévues à l'article L. 5213-6, d'un aménagement d'horaires individualisés propre à faciliter leur accès à l'emploi, leur exercice professionnel ou le maintien dans leur emploi. Les aidants familiaux et les proches d'une personne handicapée bénéficient, dans les mêmes conditions, d'un aménagement d'horaires individualisés propre à faciliter l'accompagnement de cette personne. »

Les salariés visés par l'article L. 5212-13 sont :

- les travailleurs reconnus handicapés par la commission des droits et de l'autonomie des personnes handicapées mentionnée à l'article L. 146-9 du Code de l'action sociale et des familles ;
- les victimes d'accidents du travail ou de maladies professionnelles ayant entraîné une incapacité permanente au moins égale à 10 % et titulaires d'une rente attribuée au titre du régime général de Sécurité sociale ou de tout autre régime de protection sociale obligatoire ;
- les titulaires d'une pension d'invalidité attribuée au titre du régime général de Sécurité sociale, de tout autre régime de protection sociale obligatoire ou au titre des dispositions régissant les agents

publics à condition que l'invalidité des intéressés réduise au moins des deux tiers leur capacité de travail ou de gain;

- les bénéficiaires mentionnés à l'article L. 241-2 du Code des pensions militaires d'invalidité et des victimes de guerre;
- les bénéficiaires mentionnés aux articles L. 241-3 et L. 241-4 du même code;
- les titulaires d'une allocation ou d'une rente d'invalidité attribuée dans les conditions définies par la loi n° 91-1389 du 31 décembre 1991 relative à la protection sociale des sapeurs-pompiers volontaires en cas d'accident survenu ou de maladie contractée en service;
- les titulaires de la carte « mobilité inclusion » portant la mention « invalidité » définie à l'article L. 241-3 du Code de l'action sociale et des familles;
- les titulaires de l'allocation aux adultes handicapés.

L'entreprise qui pratique un système d'horaire individualisé met en place un **temps de présence obligatoire** dans le cadre de « plages fixes » et de « plages mobiles » durant lesquelles les salariés choisissent leurs horaires.

Les horaires individualisés peuvent entraîner des reports d'heures d'une semaine à une autre, sans que ces heures ainsi reportées aient d'effet sur le nombre et le paiement des heures supplémentaires, pourvu qu'elles résultent d'un libre choix du salarié concerné. Le report ainsi prévu ne peut excéder 3 heures d'une semaine à une autre et le cumul des heures ainsi reportées ne peut être supérieur à 10 heures.

Pour **établir la paie** en fonction de la durée du travail, il est souvent indispensable de calculer la **durée de travail** non pas en minutes mais **en centièmes** car c'est le seul mode de calcul reconnu par les logiciels.

Pour convertir des minutes en centièmes d'heure, il faut diviser les minutes par 0,6.

Exemple : 45 minutes / 0,6 = 75 centièmes d'heure

Pour convertir des centièmes d'heure en minutes, il faut multiplier les centièmes d'heure par 0,6.

Exemple : 80 centièmes d'heure × 0,6 = 48 minutes (les 7,80 heures du temps des 39 heures font 7 heures et 48 minutes).

14. Le travail à temps partiel

Définition

L'article 12 de la loi n° 2000-37 du 19 janvier 2000 a redéfini la notion de travail à temps partiel pour se mettre en conformité avec la directive du Conseil de l'Union européenne du 15 décembre 1997.

Depuis cette date, la loi El Khomri a réécrit quelques articles du Code du travail.

Aujourd'hui, est considéré comme salarié à temps partiel le salarié dont la durée du travail est inférieure :

1) soit à la durée légale du travail ou, lorsque cette durée est inférieure à la durée légale, à la durée du travail fixée conventionnellement pour la branche ou l'entreprise ou à la durée du travail applicable dans l'établissement ;
2) soit à la durée mensuelle résultant de l'application, durant cette période, de la durée légale du travail ou, si elle est inférieure, de la durée du travail fixée conventionnellement pour la branche ou l'entreprise ou de la durée du travail applicable dans l'établissement ;
3) soit à la durée de travail annuelle résultant de l'application durant cette période de la durée légale du travail, soit 1 607 heures, ou, si elle est inférieure, de la durée du travail fixée conventionnellement pour la branche ou l'entreprise ou de la durée du travail applicable dans l'établissement (C. trav., art. L. 3123-1).

Le calcul de cette durée annuelle (1 607 heures) s'effectue sur la base de 52 semaines diminuée des 5 semaines de congés (5 semaines) et des jours fériés légaux (1,33 semaine), soit : (52 - 5 - 1,33) = 45,67. Ces 45,67 semaines sont multipliées par 35 heures, soit ; 1 598,45 heures arrondies à 1 600 heures (ce qui faisait un joli chiffre tout rond du temps de Martine Aubry. Hélas, il a fallu ajouter la journée de solidarité décidée par Jean-Pierre Raffarin, soit : 1 600 + 7 = 1 607 heures par an, ce qui un chiffre beaucoup moins rond et facile à mémoriser !).

À noter : Ce mode de calcul est identique à celui retenu dans le cadre de la modulation ou de la réduction du temps de travail par l'octroi de jours de repos sur l'année.

Attention : les salariés en forfait jours ne sont **jamais** des temps partiels, même s'ils travaillent beaucoup moins de 218 jours.

Histoire du calcul du travail à temps partiel

Antérieurement à la loi Aubry II du 19 janvier 2000, le travail à temps partiel était défini à l'article L. 212-4-2 du Code du travail par référence à une durée maximum. Cependant, il n'existait pas de plancher légal. Étaient considérés comme horaires à temps partiel les horaires inférieurs d'au moins un cinquième à la durée légale ou à la durée pratiquée dans l'entreprise.
La limite mensuelle du travail à temps partiel était donc de 169 - (169/5), soit 135,12 heures, arrondies à 136 heures.
La limite hebdomadaire du travail à temps partiel était donc de 39 - (39/5), soit 31,2 heures, arrondies à 32 heures.
La durée du travail à retenir étant arrondie au nombre entier d'heures immédiatement supérieur à celui résultant de la déduction d'un cinquième. Pour une durée conventionnelle de 38 heures, la limite supérieure était donc de 31 heures, et pour une durée conventionnelle de 37 heures, elle était de 30 heures.
Il y avait deux limites (hebdomadaire et mensuelle) afin que certains salariés puissent avoir une répartition de leur horaire plus souple entre les différentes semaines du mois (certaines semaines pouvant alors comporter des horaires supérieurs au plafond hebdomadaire à condition que le plafond mensuel soit respecté !).

Le temps partiel aménagé sur tout ou partie de l'année

La loi Aubry II **a abrogé le régime du temps partiel annualisé et instauré deux dispositifs** qui répondaient à deux situations spécifiques :

- le travail à temps partiel modulé ;
- le travail intermittent caractérisé par des emplois permanents comportant une alternance de périodes travaillées et de périodes non travaillées.

La loi n° 2008-789 du 20 août 2008 portant rénovation de la démocratie sociale et réforme du temps de travail, pour une meilleure lisibilité des dispositifs existants en matière d'aménagement et de variation des horaires de travail sur tout ou partie de l'année, a refondu et simplifié les dispositions du Code du travail en les réunissant dans une seule et même section générale du Code du travail qui

a vocation à s'appliquer aussi bien aux salariés à temps plein qu'à ceux travaillant à temps partiel.
La loi a donc abrogé les dispositions spécifiques au temps partiel modulé pour les remplacer par un dispositif simplifié permettant au salarié à temps partiel de travailler selon un horaire qui peut varier sur tout ou partie de l'année dans les conditions définies par la convention ou l'accord collectif d'entreprise ou d'établissement ou, à défaut, de branche.
Pour permettre aux salariés dont l'horaire de travail à temps partiel varie sur tout ou partie de l'année, de bénéficier des mêmes garanties que les salariés à temps partiel de droit commun, la loi a intégré ces nouvelles modalités d'aménagement du temps travail dans les articles L. 3123-1 à L. 3123-32 du Code du travail.
Tout comme le temps partiel modulé, le temps partiel « aménagé » sur tout ou partie de l'année, prévu par la loi, nécessite pour sa mise en œuvre une convention ou un accord collectif et un contrat de travail écrit qui doit comprendre un certain nombre de clauses obligatoires.

Mise en place du temps partiel dans l'entreprise

Une décision de l'employeur

Une convention ou un accord d'entreprise ou d'établissement ou, à défaut, une convention ou un accord de branche étendu peut prévoir la **mise en œuvre d'horaires de travail à temps partiel à l'initiative de l'employeur**.
Cet accord ou cette convention peut également fixer les conditions de mise en place d'horaires à temps partiel à la demande des salariés. Dans ce cas, l'accord ou la convention prévoit :

1° Les modalités selon lesquelles les salariés à temps complet peuvent occuper un emploi à temps partiel et les salariés à temps partiel occuper un emploi à temps complet dans le même établissement ou, à défaut, dans la même entreprise ;

2° La procédure à suivre par les salariés pour faire part de leur demande à leur employeur ;

3° Le délai laissé à l'employeur pour y apporter une réponse motivée, en particulier en cas de refus (C. trav., art. L. 3123-17).

C'est donc l'employeur et lui seul qui décide d'introduire le temps partiel dans l'entreprise ! Il a toute liberté pour :

- créer de sa propre initiative des postes à temps partiel ;
- accéder ou non aux demandes de salariés désirant transformer leur emploi à temps plein en emploi à temps partiel ;

- fixer le nombre d'emplois à temps partiel ;
- déterminer, dans la limite du plafond légal, le nombre d'heures de travail auquel devront correspondre les emplois ainsi dégagés.

Sauf dans deux cas. Pour le :
- temps partiel pour congé parental (voir le chapitre 5) qui relève de la décision du salarié
- temps partiel thérapeutique (voir le chapitre 7) relevant d'un médecin.

L'accès au travail à temps partiel doit s'effectuer sur la base du volontariat !
Cette modalité de travail ne peut donc en aucun cas être imposée aux salariés de l'entreprise et le refus par un salarié d'accomplir un travail à temps partiel ne constitue ni une faute ni un motif de licenciement (C. trav., art. L. 3123-4).

L'égalité de traitement avec les salariés à temps plein

Le salarié à temps partiel bénéficie des droits reconnus au salarié à temps complet par la loi, les conventions et les accords d'entreprise ou d'établissement sous réserve, en ce qui concerne les droits conventionnels, de modalités spécifiques prévues par une convention ou un accord collectif.
La période d'essai d'un salarié à temps partiel ne peut avoir une durée calendaire supérieure à celle du salarié à temps complet.
Compte tenu de la durée de son travail et de son ancienneté dans l'entreprise, la rémunération du salarié à temps partiel est proportionnelle à celle du salarié qui, à qualification égale, occupe à temps complet un emploi équivalent dans l'établissement ou l'entreprise.
Pour la détermination des droits liés à l'ancienneté, la durée de celle-ci est décomptée pour le salarié à temps partiel comme s'il avait été occupé à temps complet, les périodes non travaillées étant prises en compte en totalité.
L'indemnité de licenciement et l'indemnité de départ à la retraite du salarié ayant été occupé à temps complet et à temps partiel dans la même entreprise sont calculées proportionnellement aux périodes d'emploi accomplies selon l'une et l'autre de ces deux modalités depuis son entrée dans l'entreprise (C. trav., art. L. 3123-5).

Le contrat de travail à temps partiel

Le contrat de travail du salarié à temps partiel est un contrat écrit.
Il mentionne :

1) la qualification du salarié, les éléments de la rémunération, la durée hebdomadaire ou mensuelle prévue et, sauf pour les salariés des associations et entreprises d'aide à domicile et les salariés relevant d'un accord collectif conclu en application de l'article L. 3121-44, la répartition de la durée du travail entre les jours de la semaine ou les semaines du mois ;
2) les cas dans lesquels une modification éventuelle de cette répartition peut intervenir ainsi que la nature de cette modification ;
3) les modalités selon lesquelles les horaires de travail pour chaque journée travaillée sont communiqués par écrit au salarié. Dans les associations et entreprises d'aide à domicile, les horaires de travail sont communiqués par écrit chaque mois au salarié ;
4) les limites dans lesquelles peuvent être accomplies des heures complémentaires au-delà de la durée de travail fixée par le contrat.

L'avenant au contrat de travail prévu à l'article L. 3123-22 mentionne les modalités selon lesquelles des compléments d'heures peuvent être accomplis au-delà de la durée fixée par le contrat (C. trav., art. L. 3123-6)

Les heures complémentaires

En effet, l'employeur a la possibilité de faire effectuer des heures de travail au-delà de la durée stipulée dans le contrat du salarié à temps partiel, mais le nombre d'heures complémentaires accomplies par un salarié à temps partiel au cours d'une même semaine ou d'un même mois ne peut être supérieur au dixième de la durée hebdomadaire ou mensuelle de travail prévue dans son contrat (C. trav., art. L. 3128-28). Toutefois, si une convention ou un accord collectif le prévoit, les heures complémentaires peuvent atteindre le tiers de la durée hebdomadaire (ou mensuelle) (C. trav., art. L. 3123-29).
En tout état de cause, les heures complémentaires ne peuvent avoir pour effet de porter la durée de travail accomplie par un salarié à temps partiel au niveau de la durée légale du travail ou, si elle est inférieure, au niveau de la durée de travail fixée conventionnellement (C. trav., art. L. 3123-9).

Attention : l'inobservation de cette règle est sanctionnée d'une part par une amende prévue pour les contraventions de cinquième classe

(C. trav., art. R. 3124-8, soit 1 500 euros) et d'autre part par une requalification en temps plein (Cass. soc., 12 mars 2014, n° 12-15.014) et ce, dès la première irrégularité (***« Peu important que, par la suite, la durée du travail ait été rétablie conformément aux prévisions contractuelles d'origine »***).

Exemples

- Contrat de 24 heures : le nombre légal des heures complémentaires ne peut excéder 2 heures et le nombre conventionnel (ou par accord) ne peut excéder 8 heures.
- Contrat de 30 heures : le nombre légal des heures complémentaires ne peut excéder 3 heures et le nombre conventionnel (ou par accord) ne peut excéder 4 heures et 59 minutes.

Toute heure complémentaire accomplie donne lieu à une majoration de salaire.
Le taux de majoration d'une heure complémentaire peut être fixé par convention ou accord de branche étendu, sans être inférieur à 10%. En l'absence de convention ou d'accord, le taux de majoration **est fixé à** :

- **10% pour chaque heure complémentaire accomplie dans la limite de 10% de la durée de travail fixé dans le contrat ;**
- **25% pour chaque heure accomplie au-delà de 10% (et dans la limite de 1/3)**, si convention ou accord collectif.

Au passage, vous aurez noté que les heures effectuées «en complément» de la durée fixée par le contrat s'appellent des heures complémentaires, alors que les heures effectuées « en supplément » de la durée légale sont appelées heures supplémentaires (voir le point 5 de ce même chapitre). En théorie, un salarié à temps partiel ne peut donc pas effectuer d'heures supplémentaires et un salarié à temps plein ne peut pas avoir d'heures complémentaires.

En revanche, à la différence des heures supplémentaires, le refus d'effectuer les heures complémentaires (si elles n'ont pas été prévues dans le contrat ou si elles sont au-delà des limites fixées par le contrat) ne constitue ni une faute, ni un motif de licenciement (C. trav., art. L. 3123-10), ceci certainement dans le but de protéger le salarié dans le cas où il exercerait un autre emploi. Il en est de même, à l'intérieur de ces limites, lorsque le salarié est informé moins de trois jours avant la date à laquelle les heures complémentaires sont prévues (C. trav., art. L. 3123-10).

Modification de la répartition de la durée de travail

Toute modification de la répartition de la durée de travail entre les jours de la semaine ou entre les semaines du mois est notifiée au salarié en respectant un délai de prévenance (C. trav., art. L. 3123-11).
Toute modification de la répartition de la durée du travail entre les jours de la semaine ou les semaines du mois est notifiée au salarié au moins sept jours ouvrés avant la date à laquelle elle doit avoir lieu (C. trav., art. L. 3123-31).

Lorsque l'employeur demande au salarié de modifier la répartition de sa durée de travail, alors que le contrat de travail n'a pas prévu les cas et la nature de telles modifications, le refus du salarié d'accepter cette modification ne constitue ni une faute ni un motif de licenciement.
Idem dans un des cas et selon des modalités préalablement définis dans le contrat de travail, dès lors que cette modification n'est pas compatible avec des obligations familiales impérieuses, avec le suivi d'un enseignement scolaire ou supérieur, avec l'accomplissement d'une période d'activité fixée par un autre employeur ou avec une activité professionnelle non salariée.
Idem en cas de modification des horaires de travail au sein de chaque journée travaillée qui figurent dans le document écrit communiqué au salarié en application du 3° de l'article L. 3123-6 (C. trav., art. L. 3123-12).

Attention à la modification du contrat de travail à temps partiel ! En effet, lorsque, pendant une période de 12 semaines consécutives ou pendant 12 semaines au cours d'une période de 15 semaines ou pendant la période prévue par un accord collectif conclu sur le fondement de l'article L. 3121-44 si elle est supérieure, l'horaire moyen réellement accompli par un salarié a dépassé de 2 heures au moins par semaine, ou de l'équivalent mensuel de cette durée, **l'horaire prévu dans son contrat**, celui-ci **est modifié**, sous réserve d'un préavis de 7 jours et sauf opposition du salarié intéressé. L'horaire modifié étant égal à l'horaire antérieurement fixé, auquel est ajoutée la différence entre cet horaire et l'horaire moyen réellement accompli (C. trav., art. L. 3123-13).

Néanmoins, une convention ou un accord de branche étendu peut prévoir la possibilité, par un avenant au contrat de travail, d'augmenter temporairement la durée de travail prévue par le contrat.
La convention ou l'accord :

1° Détermine le nombre maximal d'avenants pouvant être conclus, dans la limite de huit par an et par salarié, en dehors des cas de remplacement d'un salarié absent nommément désigné ;
2° Peut prévoir la majoration salariale des heures effectuées dans le cadre de cet avenant ;
3° Détermine les modalités selon lesquelles les salariés peuvent bénéficier prioritairement des compléments d'heures.

Les heures complémentaires accomplies au-delà de la durée déterminée par l'avenant donnent lieu à une majoration salariale qui ne peut être inférieure à 25% (C. trav., art. L. 3123-22).

A l'inverse, le temps de travail mensuel d'un salarié à temps partiel ne peut être réduit de plus d'un tiers par l'utilisation du crédit d'heures auquel il peut prétendre pour l'exercice de mandats qu'il détient au sein d'une entreprise. Le solde éventuel de ce crédit d'heures payées peut être utilisé en dehors des heures de travail de l'intéressé. (C. trav., art. L. 3123-14).

Durée minimale du temps de travail à temps partiel

A défaut d'accord prévu à l'article L. 3123-19, la durée minimale de travail du salarié à temps partiel est fixée à vingt-quatre heures par semaine ou, le cas échéant, à l'équivalent mensuel de cette durée ou à l'équivalent calculé sur la période prévue par un accord collectif conclu en application de l'article L. 3121-44 (C. trav., art. L. 3123-27).

Mais cette durée minimal n'est pas applicable :

1° aux contrats d'une durée au plus égale à sept jours ;
2° aux contrats à durée déterminée conclus au titre du 1° de l'article L. 1242-2 ;
3° aux contrats de travail temporaire conclus au titre du 1° de l'article L. 1251-6 pour le remplacement d'un salarié absent.

Une durée de travail inférieure à celle prévue au premier alinéa du présent article peut être fixée à la demande du salarié soit pour lui permettre de faire face à des contraintes personnelles, soit pour lui permettre de cumuler plusieurs activités afin d'atteindre une durée globale d'activité correspondant à un temps plein ou au moins égale à la durée mentionnée au même premier alinéa. Cette demande est écrite et motivée.

Une durée de travail inférieure à celle prévue au premier alinéa, compatible avec ses études, est fixée de droit, à sa demande, au bénéfice du salarié âgé de moins de vingt-six ans poursuivant ses études (C. trav., art. L. 3123-7).

Si la durée hebdomadaire du travail est inférieure à 24 heures (sur demande du salarié ou en application d'un accord de branche étendu), il sera obligatoire de regrouper les horaires de travail sur des journées ou des demi-journées régulières ou complètes (C. trav., art. L. 3123-19).

Il est à noter également qu'à défaut d'accord prévu à l'article L. 3123-23, l'horaire de travail du salarié à temps partiel ne peut comporter, au cours d'une même journée, plus d'une interruption d'activité ou une interruption supérieure à deux heures (C. trav., art. L. 3123-30), cet article souhaitant sans doute protéger certaines catégories de personnel telles que les caissières du commerce des moyennes ou grandes surfaces.

Alternance entre périodes travaillées et périodes non travaillées

Si le temps partiel annualisé a été abrogé, il existe néanmoins une notion d'alternance entre périodes travaillées (à temps complet) et périodes non travaillées du tout. En effet, le salarié qui en fait la demande peut bénéficier d'une réduction de la durée du travail sous forme d'une ou plusieurs périodes d'au moins une semaine en raison des besoins de sa vie personnelle. Sa durée de travail est fixée dans la limite annuelle de 1.607 heures. Pendant les périodes travaillées, le salarié est occupé selon l'horaire collectif applicable dans l'entreprise ou l'établissement.
Les dispositions relatives au régime des heures supplémentaires et à la contrepartie obligatoire sous forme de repos s'appliquent aux heures accomplies au cours d'une semaine au-delà de la durée légale fixée en application de l'article L. 3121-27 ou, en cas d'application d'un accord collectif conclu sur le fondement de l'article L. 3121-44, aux heures accomplies au-delà des limites fixées par cet accord. L'avenant au contrat de travail précise la ou les périodes non travaillées. Il peut également prévoir les modalités de calcul de la rémunération mensualisée indépendamment de l'horaire réel du mois (C. trav., art. L. 3123-2).

Informations sur le temps partiel

Dans le cadre de la consultation sur la politique sociale de l'entreprise mentionnée à l'article L. 2323-15, l'employeur communique au moins

une fois par an au comité social et économique, s'il existe, un bilan du travail à temps partiel réalisé dans l'entreprise.
Il communique également ce bilan aux délégués syndicaux de l'entreprise (C. trav., art. L. 3123-15).
De même, il informe chaque année le comité social et économique, s'il existe, du nombre de demandes de dérogation individuelle à la durée minimale de travail mentionnée au premier alinéa de l'article L. 3123-7 qui sont accordées sur le fondement des deux derniers alinéas du même article L. 3123-7 (C. trav., art. L. 3123-16).

15. Le télétravail

Cette forme d'organisation du temps de travail n'est pas foncièrement nouvelle, mais elle était jusqu'à présent assez marginale. Cela risque de ne plus être le cas désormais, depuis le 17 mars 2020 et le « confinement » des salariés à cause de l'épidémie du coronavirus. Le Code du travail avait prévu ce cas ! : En cas de circonstances exceptionnelles, notamment de menace d'épidémie, ou en cas de force majeure, la mise en œuvre du télétravail peut être considérée comme un aménagement du poste de travail rendu nécessaire pour permettre la continuité de l'activité de l'entreprise et garantir la protection des salariés (C. trav., art. L. 1222-11).

Je pense qu'on peut différencier deux cas de recours au télétravail : le cas qu'on a connu ces mois de mars / avril 2020 (menace d'épidémie) et le cas de recours « normal ».
Dans le premier cas, le volontariat et les accords d'entreprise ou avenants aux contrats de travail ont été largement éludés à cause de l'urgence. En revanche l'égalité de traitements entre un salarié en entreprise et un télétravailleur reste identique. C'est pourquoi, je vais revenir au cadre « classique » du télétravail.

Définitions

L'ordonnance Macron (22 septembre 2017) l'avait consacrée et elle est maintenant définie par le Code du travail comme étant **toute forme d'organisation du travail dans laquelle un travail qui aurait pu être exécuté dans les locaux de l'entreprise est effectué par un salarié hors de ces locaux de façon régulière et volontaire en utilisant les technologies de l'information et de la communication** dans le cadre d'un contrat de travail ou d'un avenant à celui-ci (C. trav., art. L. 1222-9, I, al. 1).

Est donc qualifié de **télétravailleur tout salarié de l'entreprise qui effectue**, soit dès l'embauche, soit ultérieurement, **du télétravail** tel que défini précédemment (C. trav., art. L. 1222-9, I, al. 2). Le télétravailleur a les mêmes droits que le salarié qui exécute son travail dans les locaux de l'entreprise (C. trav., art. L. 1229, III, al. 1). L'accident survenu sur le lieu où est exercé le télétravail pendant l'exercice de l'activité professionnelle du télétravailleur est présumé être un accident de travail au sens de l'article L. 411-1 du Code de la sécurité sociale (C. trav., art. L. 1229, III, al. 4).

Tous les accords rappellent que le télétravailleur n'a pas de statut légal différent d'un autre salarié et bénéficie des mêmes droits et avantages légaux et conventionnels que ceux applicables aux autres salariés. Son indemnité de transport ne sera pas diminuée et ses droits aux titres-restaurant seront identiques à ceux d'un salarié présent en entreprise. La vie privée du salarié doit également être respectée (pas de téléphone en dehors des heures habituelles de travail, pas de surveillance du travail effectué par webcam !). Le salarié de son côté s'engage à ce que l'ensemble des systèmes informatiques mis à sa disposition soient bien utilisés d'une façon exclusivement professionnelle et à prendre toutes les mesures de sécurité et de confidentialité nécessaires. Enfin, les accords d'entreprise exigent du salarié de fournir une attestation d'évolution de son contrat multirisque habitation en lien avec sa nouvelle activité (l'entreprise peut prendre à sa charge ce surcoût éventuel de l'assurance).

Même si le télétravail peut être mis en place par décision unilatérale de l'employeur, il est préférable d'en fixer les conditions et les modalités par accord collectif (C. trav., art. L. 1222-9, I, al. 3).

Cet accord collectif applicable ou, à défaut, la charte élaborée par l'employeur précise :

1° Les conditions de passage en télétravail, en particulier en cas d'épisode de pollution mentionné à l'article L. 223-1 du Code de l'environnement, et les conditions de retour à une exécution du contrat de travail sans télétravail ;
2° Les modalités d'acceptation par le salarié des conditions de mise en œuvre du télétravail ;
3° Les modalités de contrôle du temps de travail ou de régulation de la charge de travail ;
4° La détermination des plages horaires durant lesquelles l'employeur peut habituellement contacter le salarié en télétravail ;
5° Les modalités d'accès des travailleurs handicapés à une organisation en télétravail, en application des mesures prévues à l'article L. 5213-6 (C. trav., art. L. 1222-9, II).

Hors circonstances exceptionnelles (épidémie)

Hormis la circonstance exceptionnelle telle qu'on l'a connu avec l'épidémie du coronavarius, généralement, le télétravail est ouvert aux salariés en CDI ou en CDD avec une condition d'ancienneté, mais en revanche n'est pas possible pour les apprentis, les stagiaires et les contrats en alternance. La majorité des accords ne prévoit pas le télétravail pour les temps partiels. Enfin, le télétravail n'est possible que pour des **salariés volontaires**, qui font preuve d'une grande autonomie, qui savent gérer leur temps de travail et qui sont aptes à utiliser la technologie (Internet, ordinateur, etc.). Ce temps de travail est réalisé soit au domicile du salarié, soit dans des espaces de *« coworking »*, soit dans un autre établissement de l'entreprise.

La durée du télétravail est limitée même si certains accords la prévoient tacitement reconductible. Une période d'adaptation à cette nouvelle organisation est prévue dans les accords, période pendant laquelle chacune des parties peut mettre fin au télétravail avec un délai de prévenance variant de 15 jours à 3 mois.

Dans la majorité des accords, le télétravail est exercé de manière « pendulaire », c'est-à-dire que le salarié travaille pour partie dans l'entreprise et pour partie à son domicile, le nombre de jours télétravaillés étant variable d'un accord à l'autre. S'agissant de l'organisation du temps de travail, il est généralement stipulé que le télétravailleur respecte son temps de travail, ses temps de pause et de repos. Dans le cas de forfaits heures ou mensuels, la journée est validée sur la base d'une journée catégorielle moyenne.

La loi impose à l'employeur un certain nombre d'obligations, notamment la prise en charge de tous les coûts découlant directement de l'exercice du télétravail (matériels, logiciels, abonnements, communications et leur maintenance (C. trav., art. L. 1222-10, al. 1). Si la plupart des entreprises mettent à la disposition du salarié l'ordinateur portable et les logiciels adéquats, la prise en charge d'Internet n'est indemnisée que sur la base de forfait inférieur au coût réel ou sur la base d'un surcoût lié au télétravail. Quant au mobilier ou à l'électricité, ce sera encore une fois sur la base d'un forfait.

Enfin, le télétravail peut apparaître comme étant une solution dans certains cas de salariés handicapés ou de salariées enceintes (à partir du troisième mois de grossesse).

Dernière minute : L'ordonnance n°2020-323 du 25 mars 2020 modifie plusieurs articles présentés dans cette partie. **Cette modification, liée à la pandémie du coronavirus, est temporaire jusqu'au 31 décembre 2020** :

- Article 2 :

Lorsque l'intérêt de l'entreprise le justifie eu égard aux difficultés économiques liées à la propagation du covid-19, et par dérogation à l'accord ou à la convention collective instituant un dispositif de réduction du temps de travail maintenu en vigueur en application de la loi du 20 août 2008 susvisée ou un dispositif de jours de repos conventionnels mis en place dans le cadre des dispositions prévues aux articles L. 3121-41 à L. 3121-47 du Code du travail, **l'employeur peut**, sous réserve de respecter un délai de prévenance d'au moins un jour franc :

1° **Imposer la prise, à des dates déterminées par lui, de jours de repos** au choix du salarié acquis par ce dernier ;
2° **Modifier unilatéralement les dates de prise de jours de repos.**

- Article 3 :

Lorsque l'intérêt de l'entreprise le justifie eu égard aux difficultés économiques liées à la propagation du covid-19, et par dérogation à la section 5 du chapitre Ier du titre II du livre Ier de la troisième partie du Code du travail, notamment son article L. 3121-64, et aux stipulations conventionnelles applicables au salarié dans l'entreprise, l'établissement ou la branche, **l'employeur peut**, sous réserve de respecter un délai de prévenance d'au moins un jour franc :

1° **Décider de la prise, à des dates déterminées par lui, de jours de repos prévus par une convention de forfait** ;
2° **Modifier unilatéralement les dates de prise de jours de repos prévus par une convention de forfait.**

- Article 4 :

Lorsque l'intérêt de l'entreprise le justifie eu égard aux difficultés économiques liées à la propagation du covid-19, et par dérogation au titre V du livre Ier de la troisième partie du Code du travail, notamment ses articles L. 3151-3 et L. 3152-2, et aux stipulations conventionnelles applicables dans l'entreprise, l'établissement ou la branche, **l'employeur peut imposer que les droits affectés sur le compte épargne-temps du salarié soient utilisés par la prise de jours de repos, dont il détermine les dates en respectant un délai de prévenance d'au moins un jour franc.**

- Article 5 :

Le nombre total de jours de repos dont l'employeur peut imposer au salarié la prise ou dont il peut modifier la date en application des articles 2 à 4 de la présente ordonnance **ne peut être supérieur à dix.**

- Article 6 :

Dans les entreprises relevant de secteurs d'activités particulièrement nécessaires à la sécurité de la Nation et à la continuité de la vie économique et sociale, déterminés par décret et, le cas échéant, par dérogation aux stipulations conventionnelles applicables :

1° **La durée quotidienne maximale de travail fixée à l'article L. 3121-18 du Code du travail peut être portée jusqu'à douze heures** ;

2° **La durée quotidienne maximale de travail accomplie par un travailleur de nuit fixée à l'article L. 3122-6 du Code du travail peut être portée jusqu'à douze heures**, sous réserve de l'attribution d'un repos compensateur égal au dépassement de la durée prévue à ce même article ;

3° **La durée du repos quotidien fixée à l'article L. 3131-1 du Code du travail peut être réduite jusqu'à neuf heures** consécutives, sous réserve de l'attribution d'un repos compensateur égal à la durée du repos dont le salarié n'a pu bénéficier ;

4° **La durée hebdomadaire maximale fixée à l'article L. 3121-20 du Code du travail peut être portée jusqu'à soixante heures** ;

5° **La durée hebdomadaire de travail calculée sur une période quelconque de douze semaines consécutives** fixée à l'article L. 3121-22 du code du travail ou sur une période de douze mois pour les exploitations, entreprises, établissements et employeurs mentionnés aux 1° à 4° de l'article L. 722-1 et aux 2°, 3° et 6° de l'article L. 722-20 du Code rural et de la pêche maritime et ayant une activité de production agricole, **peut être portée jusqu'à quarante-huit heures** ;

6° **La durée hebdomadaire de travail du travailleur de nuit calculée sur une période de douze semaines** consécutives fixée à l'article L. 3122-7 du Code du travail **peut être portée jusqu'à quarante-quatre heures.**

Pour chacun des secteurs d'activité mentionnés au premier alinéa, un décret précise, dans le respect de l'objectif de protection de la santé des travailleurs, les catégories de dérogations admises parmi celles mentionnées aux 1° à 6° du présent article et, dans le respect des limites prévues par ces mêmes dispositions, la durée maximale de travail ou la durée minimale de repos qui peut être fixée par l'employeur.

L'employeur qui use d'au moins une de ces dérogations en informe sans délai et par tout moyen le comité social et économique ainsi que le directeur régional des entreprises, de la concurrence, de la consommation, du travail et de l'emploi.

- Article 7 :

Sans préjudice des dispositions de l'article L. 3132-12 du Code du travail, **les entreprises** relevant de secteurs d'activités particulièrement nécessaires à la sécurité de la Nation et à la continuité de la vie économique et sociale, déterminés par décret, **peuvent déroger à la règle du repos dominical** fixée à l'article L. 3132-3 du même code **en attribuant le repos hebdomadaire par roulement**.

Cette dérogation s'applique également aux entreprises qui assurent à celles mentionnées au premier alinéa des prestations nécessaires à l'accomplissement de leur activité principale.

Les dispositions du présent article s'appliquent dans les départements de la Moselle, du Bas-Rhin et du Haut-Rhin par dérogation aux dispositions des articles L. 3134-2 à L. 3134-12 du Code du travail.

Ce qu'il faut retenir de la partie III : Le temps de travail

La durée légale du travail est de **35 heures** effectives **par semaine**.

- La durée de travail effectif est le temps pendant lequel le salarié est à la disposition de l'employeur et se conforme à ses directives sans pouvoir vaquer librement à des occupations personnelles.
- La durée de travail ne peut excéder **10 heures / jour** (sauf exceptions).
- La durée de travail ne peut excéder **48 heures / semaine** (sauf exceptions).
- La durée hebdomadaire de travail calculée sur une période quelconque de 12 semaines consécutives ne peut dépasser 44 heures (sauf exceptions).
- Aucun temps de travail quotidien ne peut atteindre 6 heures sans que le salarié bénéfie d'un temps de **pause d'une durée minimale de 20 minutes** (non assimilée à du temps de travail effectif).
- Tout salarié bénéficie d'un **repos quotidien** d'une durée minimale **de 11 heures consécutives** (sauf exceptions).
- Il est **interdit** de faire travailler un même salarié **plus de 6 jours par semaine.**
- Le repos hebdomadaire a une durée minimale de 24 heures consécutives.

Sauf exceptions (accord de modulation, JRTT, cycles de travail sur plusieurs semaines, annualisation), toute heure accomplie au-delà de la durée légale hebdomadaire (ou de la durée considérée comme équivalente) est une heure supplémentaire.

- Les 8 premières heures supplémentaires sont majorées de 25%, les suivantes sont majorées de 50%.

Les heures supplémentaires sont accomplies dans la limite d'un **contingent fixé à 220 heures par an.** Les heures supplémentaires effectuées au-delà de ce contingent ouvrent droit à une contrepartie obligatoire sous forme de repos.

- Cette contrepartie est fixée à 50% des heures supplémentaires accomplies au-delà de 220 heures pour les entreprises dont l'effectif est inférieur ou égal à 20 salarriés ;
- Cette contrepartie est fixée à 100% des heures supplémentaires accomplies au-delà de 220 heures pour les entreprises dont l'effectif est supérieur à 20 salarriés.

L'horaire légal de 35 heures / semaines peut être forfaitisé au maximum à **1.607 heures / an.**
L'horaire légal de 35 heures / semaines peut être forfaitisé au maximum à **218 jours / an.**

D'une façon générale, le **travail de nuit** est celui effectué au cours d'une période d'au moins 9 heures consécutives comprenant **l'intervalle entre minuit et 5 heures.** Cette période commence au plus tôt à **21 heures** et s'achève au plus tard à **7 heures.**

- Le travailleur de nuit est celui qui accomplit :
  - au moins 2 fois / semaine, au moins 3 heures pendant la période nuit ;
  - un nombre minimal d'heures de nuit à définir par convention ou accord ;
  - 270 heures de nuit pendant une période de 12 mois consécutifs.
- La durée de travail de nuit ne peut excéder **8 heures / jour** (sauf exceptions).

Le temps de repos hebdomadaire est en principe donné le dimanche. Attention aux nombreuses dérogations à ce principe !

La **mensualisation** consiste à payer les salariés, indépendamment du nombre de jours réellement travaillés, selon une moyenne des heures par mois généralement calculée selon cette méthode :

35 heures x 52 semaines / 12 mois = **151,67 heures / mois.**

Un salarié à temps partiel est celui dont la durée de travail est inférieure à la durée légale du travail ou à la durée conventionnelle du travail lorsque celle-ci est inférieure à la durée légale.

- Durée minimale : 24 heures / semaine (sauf dérogations) ;
- Au-delà des heures prévues sur son contrat, le salarié peut effectuer des **heures complémentaires dans la limite de 10% de ses heures contractuelles.** Celles-ci sont obligatoirement **majorées à 10%.**
- Si une convention ou un accord collectif le prévoit, le salarié peut effectuer des heures complémentaires dans la limite du tiers de ses heures contractuelles (l'ensemble restant inférieur à l'horaire légal). Les heures complémentaires comprises entre 10% et le tiers de l'horaire contractuel sont obligatoirement majorées à 25%.

LES ABSENCES

PARTIE IV

BULLETIN DE PAIE

Période du 1 Février 2020 au 29 Février 2020

Employeur	Salarié
Raison Sociale :	Nom : Prénom :
Adresse :	Adresse :
N° SIRET : Code NAF :	N° SS :
Convention collective :	Emploi : Coef. :
	Date d'ancienneté :

Libellé des Rubriques	Base	Taux	Montant
Salaire	151,67		**3 380,00**
Absence Congés Payés	12,00	143,000	-1 716,00
Paiement Congés Payés	12,00	143,000	**1 716,00**

Congés Payés du 12 au 25 Février 2020

1. Les méthodes de décompte des absences

Cette partie est, à mes yeux, l'une des plus importantes à comprendre. Selon la méthode retenue par type d'absence, j'en déduirai que le service paie gère correctement ses bulletins ou pas. Comme je l'ai déjà dit précédemment, un salarié a parfois l'impression d'être « volé » par son employeur et malheureusement, c'est parfois vrai. Chaque salarié a bien sûr le droit d'être absent de son entreprise pour x raisons (voir partie IV, chapitre 2). Toutefois, comme l'a rappelé encore une fois et très récemment la Cour de cassation, la **retenue du salaire doit correspondre *« au temps exact de la cessation de travail »* (Cass. soc. 26 janvier 2011, pourvoi n° 08-45204).**

En principe, le salaire n'est pas dû lorsque le travail n'est pas fourni. Néanmoins, **certaines périodes non travaillées sont rémunérées**, en application :

- soit de la loi : accidents du travail, congés payés, dispenses de préavis, maladie, congés pour événements familiaux, etc. ;
- soit des conventions collectives ou accords collectifs, qui peuvent prévoir des indemnisations non prévues par la loi ou une indemnisation plus importante que celle prévue par la loi.

Quelle que soit l'origine du paiement, le calcul de l'absence se fera forcément avec l'une des **huit méthodes suivantes**.

1. La méthode des jours calendaires réels

Cette méthode consiste à diviser le salaire mensuel par autant de jours calendaires que compte le mois en cours et à retenir autant de jours qu'il y a de jours calendaires d'absence. Les jours calendaires sont tous les jours du calendrier, soit : lundi, mardi, mercredi, jeudi, vendredi, samedi et dimanche (donc **7 jours calendaires par semaine**). Cette méthode est préconisée pour les absences maladie, maternité, paternité, accidents, puisque le médecin établit son arrêt de travail en jours calendaires réels, la Sécurité sociale indemnise l'absence en jours calendaires réels, la convention collective demande à l'employeur de maintenir le salaire un certain nombre de jours calendaires réels et la prévoyance prendra également le relais en complétant les IJSS en jours calendaires réels.

$$\text{Montant de l'absence} = \frac{\text{Salaire} \times \text{Nombre de jours } \textbf{calendaires} \text{ d'absence}}{\text{Nombre de jours } \textbf{calendaires réels} \text{ du mois en cours}}$$

Le « nombre de **jours calendaires réels** du mois en cours » peut donc être **28** (février normal), **29** (février bissextile), **30** (avril, juin, septembre, novembre) ou **31** (tous les autres mois).

2. La méthode des jours calendaires moyens (méthode dite « du trentième »)

méthode consiste à **diviser le salaire mensuel par 30 quel que soit le mois en cours** et à retenir autant de trentièmes qu'il y a de jours calendaires d'absence. Nous appliquions cette méthode quand le calcul des IJSS était le salaire des 3 derniers mois divisé par 90 (30 × 3 mois). Depuis que la règle a remplacé 90 par 91,25, il convient d'appliquer la règle au réel (91,25 × 4 trimestres = 365 jours calendaires réels de l'année non bissextile).

$$\text{Montant de l'absence} = \frac{\text{Salaire} \times \text{Nombre de jours } \textbf{calendaires} \text{ d'absence}}{30}$$

3. La méthode des jours ouvrables réels

Cette méthode consiste à diviser le salaire mensuel par autant de jours ouvrables que compte le mois en cours et à retenir autant de jours qu'il y a de jours ouvrables d'absence. Les jours ouvrables sont tous les jours du calendrier sauf le dimanche, jour au cours duquel l'entreprise n'est pas censée être « ouverte », soit : lundi, mardi, mercredi, jeudi, vendredi et samedi (donc **6 jours ouvrables par semaine**).

$$\text{Montant de l'absence} = \frac{\text{Salaire} \times \text{Nombre de jours } \textbf{ouvrables} \text{ d'absence}}{\text{Nombre de jours } \textbf{ouvrables} \text{ réels du mois en cours}}$$

Le « nombre de **jours ouvrables réels** du mois en cours » peut donc être : **24**, **25**, **26** ou **27** (selon les mois).

4. La méthode des jours ouvrables moyens (méthode dite « du vingt-sixième »)

Cette méthode consiste à **diviser le salaire mensuel par 26 quel que soit le mois en cours** et de retenir autant de vingt-sixièmes qu'il y a de jours ouvrables d'absence. Elle est **préconisée pour les absences de congés décomptées en jours ouvrables** :
26 = 52 semaines × 6 jours ouvrables / 12 mois (exemple : les congés payés en jours ouvrables).

$$\text{Montant de l'absence} = \frac{\text{Salaire} \times \text{Nombre de jours } \textbf{ouvrables} \text{ d'absence}}{26}$$

5. La méthode des jours ouvrés réels

Cette méthode consiste à diviser le salaire mensuel par autant de jours ouvrés que compte le mois en cours et à retenir autant de jours qu'il y a de jours ouvrés d'absence. Les jours ouvrés sont tous les jours du calendrier sauf le dimanche et le samedi, jours au cours desquels le salarié n'est pas censé aller travailler, soit : lundi, mardi, mercredi, jeudi, vendredi (donc 5 jours ouvrés par semaine).

$$\text{Montant de l'absence} = \frac{\text{Salaire} \times \text{Nombre de jours } \textbf{ouvrés} \text{ d'absence}}{\text{Nombre de jours } \textbf{ouvrés réels} \text{ du mois en cours}}$$

Le « nombre de **jours ouvrés réels du mois en cours** » peut donc être **20, 21, 22** ou **23** (selon les mois).

6. La méthode des jours ouvrés moyens (méthode dite « du vingt et un soixante-septième »)

Cette méthode consiste à diviser le salaire mensuel par 21,67 quel que soit le mois et à retenir autant de vingt et un soixante-septièmes qu'il y a de jours ouvrés d'absence :
21,67 = 52 semaines × 5 jours ouvrés / 12 mois.

Attention, certaines entreprises ont « arrondi » 21,67 à 21,75, voire à 22. Bien évidemment, le calcul obtenu se révèle moins juste ! Cette méthode est **préconisée pour les absences de congés décomptées en jours ouvrés** (exemples : RTT, jours fériés, congés payés en jours ouvrés).

$$\text{Montant de l'absence} = \frac{\text{Salaire} \times \text{Nombre de jours } \textbf{ouvrés} \text{ d'absence}}{21{,}67}$$

7. La méthode des heures moyennes (151,67 heures)

Cette méthode consiste à **diviser le salaire mensuel par le nombre moyen d'heures mensuelles de travail quel que soit le mois** et de retenir les heures réelles d'absence :
151,67 = 52 semaines × 35 heures / 12 mois.

Elle fut longtemps préconisée par la Cour de cassation pour les absences non rémunérées. Aujourd'hui, le fait de diviser le salaire (plus la prime d'ancienneté éventuelle) par 151,67 est essentiellement utilisé pour les absences en heures payées (délégation, visite médicale obligatoire, Dif ou CPF, bilan de compétence, etc.) ou pour calculer le taux horaire moyen (heures supplémentaires, heures de nuit, etc.).

$$\text{Montant de l'absence} = \frac{\text{Salaire} \times \text{Nombre d'}\textbf{heures réelles}\text{ d'absence}}{151{,}67}$$

Le salaire mensuel (base 35 heures) étant obtenu par la formule : salaire horaire × 151,67, chaque heure est considérée valoir 1/151,67 de ce salaire mensuel.

Cependant, un mois peut comporter plus ou moins de 151,67 heures de travail : ainsi, février (20 jours ouvrés) comporte 140 heures, et mars (23 jours ouvrés) comporte 161 heures.

Exemple : un salarié a été absent 151,67 heures en mars et il a travaillé 9,33 heures. Si on lui enlève 1/151,67 de son salaire par heure d'absence, il ne sera rien payé bien qu'ayant travaillé 9,33 heures. À l'inverse, s'il a été absent 140 heures en février, c'est-à-dire qu'il n'a pas travaillé de tout le mois, il serait payé 11,33 heures si on lui applique la même règle !

C'est pour éviter ces résultats aberrants qu'il était recommandé avant 1982 de ne faire jouer cette règle que sur la partie la plus courte (absence ou présence) du mois.

8. La méthode des heures réelles

Cette méthode consiste à **diviser le salaire mensuel par autant d'heures réelles théoriquement travaillées que compte le mois en cours** et de retenir autant d'heures qu'il y a d'heures d'absence.

$$\text{Montant de l'absence} = \frac{\text{Salaire} \times \text{Nombre d'}\textbf{heures réelles}\text{ d'absence}}{\text{Nombre d'}\textbf{heures réelles}\text{ du mois en cours}}$$

Le « **nombre d'heures réelles** du mois en cours » peut donc être **140** (si février normal : 20 jours ouvrés × 7 heures), **147** (si 21 jours ouvrés × 7 heures), **154** (si 22 jours ouvrés × 7 heures) ou **161** (si 23 jours ouvrés × 7 heures).

La chambre sociale de la Cour de cassation considère que « *la retenue par heure d'absence d'un salarié payé au mois doit être en principe égale au quotient du salaire mensuel par le nombre d'heures de travail dans l'entreprise pour le mois considéré* ». Les retenues obtenues par application de cette méthode sont différentes pour une absence de même durée suivant le mois où s'est située l'absence. Ainsi, 3 jours d'absence donneront lieu à une réduction de salaire moins importante en mars qu'en février.

La chambre sociale de la Cour de cassation considère qu'il convient de retenir la méthode des heures réelles (Cass. soc., 11 février 1982, n° 80-40.359; Cass. soc., 4 février 1988, n° 84-45.300). **Elle a notamment écarté la méthode du trentième** en matière de retenue pour grève (Cass. soc., 27 juin 1989, n° 88-42.591) et surtout **en matière d'embauche en cours de mois** (Cass. soc., 24 juin 1992, n° 89-41.387). Malgré cette position jurisprudentielle, des entreprises continuent d'utiliser les méthodes du trentième et du vingt-sixième, en vertu de leur convention collective ou d'usage.

L'erreur fréquente à propos de la retenue entrée/sortie est de retenir par exemple deux trentièmes du salaire (par analogie aux deux-trentièmes de plafond S.S. qu'on retenait avant la modification des réductions de plafond) à un salarié qui entre dans une entreprise le lundi 3 alors que ce mois comporte un samedi 1er et un dimanche 2. Ces deux jours (le samedi et le dimanche) n'étant habituellement pas travaillés dans l'entreprise, il ne faut évidemment rien retenir au salarié et il doit percevoir son salaire entier, tel qu'il a été prévu dans le contrat de travail. *Idem* pour une sortie un vendredi 28 si le mois comporte 30 jours calendaires, ou un vendredi 29 si le mois comporte 31 jours calendaires.

Malheureusement, il y a une autre erreur fréquente. Afin d'éviter que certaines entreprises la reproduisent, je vais exceptionnellement vous raconter une anecdote qui m'est arrivée il y a quelques années. Je dis « exceptionnellement » car, d'une part, ce qui est dit en formation, comme dans un confessionnal, ne sort pas de la salle par souci de confidentialité et, d'autre part, il serait malvenu pour un formateur de se moquer d'un élève ou stagiaire, car ils sont là par définition pour apprendre.

Alors que je finissais mon exposé sur les 8 méthodes de décompte d'une absence, je posais la question classique :
« Ça va ? Tout le monde a compris ? Personne n'a de questions ? »
Une stagiaire m'interpelle en me disant :
« Oui, j'ai bien compris, mais mon entreprise fait encore mieux que vous !
- Ah ? lui fis-je faussement intéressé, car pressentant la suite.
- Oui, j'ai fait modifier mon logiciel de paie afin que, tous les mois, il recherche non seulement la meilleure méthode de décompte des

absences, mais aussi si le fait de payer la présence du salarié ne serait pas encore plus favorable ! »

S'attendant sans doute à des félicitations, j'embrayais la question suivante :

« Et ça marche dans tous les cas d'absence ?

- Tout à fait, me répondit-elle.
- Alors, pour que tout le monde comprenne bien ici dans cette salle, pouvez-vous nous dire ce que fait votre programme dans les deux cas suivants. Le premier est celui d'une absence non payée d'un jour (ou 7 heures) si le mois de cette absence comporte 23 jours ouvrés ou 161 heures de travail théoriques ?
- Et bien, 161 heures moins les 7 d'absence égalent 154 heures. Il est donc plus favorable de payer les 151,67 heures de son salaire !
- Donc, si j'ai bien compris, le salarié qui s'est absenté une journée complète a son salaire habituel ? insistai-je.
- Ben oui, puisque c'est plus favorable !
- OK, et maintenant, deuxième cas, si le salarié est absent tout le mois de février qui comporte 20 jours ouvrés (ou 140 heures de travail théoriques). Que fait votre programme ?
- Et bien dans ce cas, c'est le contraire ; étant payé 151,67 heures, je lui enlève les 140 heures d'absence.
- Autrement dit, vous payez quelqu'un 11,57 heures, alors qu'il n'a pas travaillé de tout le mois, c'est bien ça ?
- Ben oui.
- Première remarque, dans le premier cas, les salariés qui ne prendraient pas une journée de congés « payés » aux frais de la Princesse (votre entreprise) seraient idiots de ne pas en profiter. Et deuxième remarque, dans quel état sont vos statistiques ? (Bilan social, absentéisme, vérification des nombres de jours pris par rapport aux droits, etc.)
- Et bien, tous les mois, sur des tableaux Excel, nous ressaisissons toutes les absences afin que les statistiques soient totalement justes. »

Les autres stagiaires qui suivaient notre débat lui posèrent, effarés, la question suivante :

« Mais ça vous prend combien de temps ?

- Ben, on a à peine fini un mois qu'il faut recommencer pour le mois suivant ! »

Je repris la main :

« Mais pourquoi faites-vous tout ça ? Quel est l'article du Code du travail ou la jurisprudence qui dit qu'il faut faire comme ça ?

- Ah ben, je ne sais pas, mais l'entreprise a toujours fait comme ça. Quand j'y suis arrivée, « on » m'a expliqué la règle et quand l'entreprise a changé de logiciel, je l'ai fait paramétrer de façon à ce que je n'aie plus à comparer manuellement les 16 méthodes.

– Alors vous direz à « on » qu'il se trompe lourdement ! Il n'y a aucun article du Code ni aucune jurisprudence qui vous oblige à faire de cette manière. De plus, on n'a pas encore parlé ni de votre comptabilité générale, ni de la cohésion sociale.
– La compta est faite ailleurs et je ne m'en occupe pas. Quant à la cohésion sociale, on ne peut rien reprocher à mon entreprise car même si aucun texte ne nous y oblige, on est plus favorable pour le salarié !
– Alors, en ce qui concerne votre compta, j'ai bien peur que vos collègues ne fassent comme vous : ils recalculent tout, car comment peuvent-ils faire avec des valeurs d'absence qui changent d'un mois sur l'autre ? Enfin, l'adage « À travail égal, salaire égal » vous semble-t-il correctement appliqué quand vous rémunérez des salariés qui ne travaillent pas ? »

L'erreur n'étant pas source de droit (je dis ça au cas où certains salariés penseraient que, comme c'était ainsi depuis longtemps, il s'était créé en quelque sorte un usage), je crains qu'il vous faille modifier à nouveau votre programme de cette façon :

- pour tous les salariés ayant au moins 1 an d'ancienneté (ou plus ou moins selon les conventions collectives), il faut passer toutes les absences maladie, maternité, paternité et accidents en jours calendaires réels de façon à être cohérent avec l'arrêt de travail, les IJSS, le maintien de salaire conventionnel ou de prévoyance ;
- pour les congés payés, si vous n'avez pas de convention ou d'accord qui dit le contraire, vous appliquerez la méthode des jours ouvrables moyens. Pas réels, car comme on va comparer le paiement de cette absence à une moyenne annuelle (la règle du 10e), ce ne serait pas logique. De plus comment expliquer à un salarié que son jour de CP pris en février (24 jours ouvrables) coûte plus cher qu'un autre jour de CP pris en mars (27 jours ouvrables) par exemple ?
- en revanche, si votre convention ou un accord prévoit les CP en jours ouvrés, il faut appliquer la méthode des jours ouvrés moyens. Même logique que précédemment. Ce sera également la bonne méthode pour les JRTT, les jours fériés, les événements familiaux, la formation, bref, pour toutes les absences en jours ouvrés pour lesquelles le salaire est maintenu du fait de la loi, votre convention collective ou vos accords ;
- pour toute absence non payée, il faut impérativement appliquer la méthode des heures réelles, comme l'ordonne la Cour de cassa-

tion depuis plus de 30 ans. Que ce soit pour la retenue entrée/sortie (retenue pour les salariés qui entrent dans l'entreprise ou qui la quittent en cours de mois), les heures de grève, les congés sans solde, la maladie non indemnisée car le salarié n'a pas assez d'ancienneté, etc. Certaines entreprises pratiquent, dans ces cas précis, la méthode des jours ouvrés réels, ce qui revient au même, mais uniquement dans le cas où le salarié travaille tous les jours le même nombre d'heures. D'autres entreprises pratiquent aussi la méthode du 30e (jours calendaires moyens) pour les absences non payées de longue durée (congés sans solde, congé sabbatique, congé création d'entreprise, congé parental d'éducation, etc.). Ce n'est pas forcément faux, même si c'est moins juste (il y a 365 ou 366 jours d'absence pour une année et non pas 360), mais le problème se pose surtout lors du mois de départ ou de retour du salarié. En effet, si le salarié a travaillé le vendredi 1er avant de partir en longue absence comment fait-on pour le payer au plus juste si on décompte son absence en trentième alors que son mois de départ en comporte 31 ?
- enfin, pour toutes les absences en heures qui sont payées au salarié (délégation, visite médicale obligatoire, heures de Dif ou CPF, bilan de compétence, etc.), la seule méthode logique est celle des heures moyennes ;
- ainsi, vos statistiques se calculeront automatiquement justes, la compta sera également juste, et l'adage « À travail égal, salaire égal » sera respecté. »

En résumé, même s'il y a mathématiquement 8 méthodes de décompte d'une absence, les entreprises n'en utilisent généralement que 5 (voire 6).

Je me suis souvent posé la question : d'où vient cette croyance qu'il y a 16 méthodes et qu'il faut prendre la plus favorable pour le salarié ? Je pense que ce devait être ainsi avant 1982. Mais depuis la jurisprudence de cette même année (11 février) et toutes les suivantes sur le même sujet, ce n'est évidemment plus le cas. Malgré tout, certaines mauvaises habitudes perdurent parfois très longtemps en entreprise, en fait tant que quelqu'un ne se repose la question du bien-fondé de telle ou telle pratique.

À partir de ce chapitre et jusqu'à la fin de ce livre, **il faudra donc utiliser ces 5 méthodes en fonction de l'absence du salarié**, pour tous les exemples de ce livre, ou les exercices du livre *Exercices et corrigés sur la paie 2020*.

2. L'inventaire des principales absences

L'origine des absences du salarié à son poste de travail est multiple. Le Code du travail en prévoit certaines, les conventions collectives en ont ajouté de nombreuses et enfin les usages en consacrent quelques-unes. Les principales (les congés payés et les absences maladie, maternité, accidents) seront traitées respectivement au chapitre 3 de la partie IV et au chapitre 1 de la partie VII.

Les jours fériés

Inventaire

En France, l'article L. 3133-1 du Code du travail compte actuellement 11 jours fériés légaux. Ce sont :

- le 1er janvier ;
- le lundi de Pâques ;
- le 1er mai ;
- le 8 mai ;
- le jeudi de l'Ascension ;
- le lundi de Pentecôte ;
- le 14 juillet ;
- le 15 août (Assomption) ;
- le 1er novembre (Toussaint) ;
- le 11 novembre ;
- le 25 décembre (Noël).

Un usage local, faisant suite aux lois des 19 octobre 1887 et 9 novembre 1887, à l'ordonnance du 16 août 1892 et consacré par les jugements de la Cour de cassation des 16 novembre 1983, 2 avril 1984, 19 juin 1986 et 15 octobre 1987 et consacré par l'article L. 3134-13 donne aux travailleurs des départements de la Moselle, du Bas-Rhin et du Haut-Rhin le Vendredi saint comme jour férié supplémentaire ainsi que le 26 décembre (second jour de Noël - fête de saint Étienne, premier martyr chrétien).

Certaines personnes s'étonnent qu'ainsi ces trois départements aient ces deux jours fériés supplémentaires. La raison en est simplement historique. Les Français en bénéficiaient également avant la loi du 9 décembre 1905 dite « loi de séparation des Églises et de l'État ». À cette période, ces trois départements n'étaient plus français et lors de leur rattachement à la France en 1919, les élus alsaciens demandèrent à toujours bénéficier du régime du Concordat de 1801, demande acceptée par l'État français pour ne pas risquer de perdre un référendum.

Dans les DOM, s'y ajoute le jour de la commémoration de la libération de l'esclavage (décret d'abolition de l'esclavage publié en France le 27 avril 1848 grâce à la ténacité de Victor Schœlcher) :

- le 28 mars à Saint-Martin ;
- le 27 avril à Mayotte ;
- le 22 mai en Martinique ;
- le 27 mai en Guadeloupe ;
- le 10 juin en Guyane ;
- le 9 octobre à Saint-Barthélemy ;
- le 20 décembre à La Réunion (C. trav., art. L. 3422-2).

À NOTER

Il existe une date officielle (et unique) pour cette « journée commémorative du souvenir de l'esclavage et de son abolition ». Cette date a été fixée, en 2001 par Jacques Chirac, au 10 mai en France (date d'adoption en 2001 de la loi Taubira). Cette journée a été célébrée pour la première fois en 2006 mais n'est pas un jour férié.

Il y a lieu d'ajouter à cette liste pour les entreprises concernées le Saint Patron de leur corporation. Parmi les plus connus citons :

- la Saint-Éloi (1er décembre), patron des métallurgistes ;
- la Sainte-Barbe (4 décembre), patronne des mineurs.

Mais, un accord d'entreprise ou d'établissement ou, à défaut, une convention ou un accord de branche, peut toujours définir les jours fériés chômés (C. trav., art. L. 3133-3-1) voire, à défaut d'accord, l'employeur peut également fixer les jours fériés chômés (C. trav., art. L. 3133-3-2).

Les jours fériés sont-ils obligatoirement des jours de repos ?

Légalement, le chômage des jours fériés (autres que le 1er mai) n'est obligatoire que pour les jeunes travailleurs et apprentis, âgés de moins de 18 ans, employés dans des établissements autres que les établissements commerciaux et les bureaux des établissements industriels (C. trav., art. L. 3164-6).

Le cas des salariés d'Alsace-Moselle

Les salariés des départements de la Moselle, du Bas-Rhin et du Haut-Rhin, bénéficient d'une législation spécifique en matière de jours fériés : la loi interdit de les faire travailler ces jours-là, sauf dans certains secteurs d'activité déterminés ou dans certaines circonstances particulières (C. trav., art. L. 3134-1 à L. 3134-16).

Le cas particulier du 1er mai

L'article L. 3133-4 du Code du travail précise que, sauf exceptions prévues par la loi, **la fête du 1er mai est obligatoirement chômée et payée pour l'ensemble des salariés**, sans distinction de sexe, d'âge et de branche ou catégorie professionnelle.

Le chômage du 1er mai ne peut être une cause de réduction des salaires. Les salariés rémunérés à l'heure, à la journée ou au rendement, ont droit à une indemnité égale au salaire perdu du fait de ce chômage. Cette indemnité est à la charge de l'employeur (C. trav., art. L. 3133-5).

Mais, dans les établissements et services qui, en raison de la nature de leur activité, ne peuvent interrompre le travail, les salariés occupés le 1er mai ont droit, en plus du salaire correspondant au travail accompli, à une indemnité égale au montant de ce salaire. Cette indemnité est à la charge de l'employeur (C. trav., art. L. 3133-6).
Les exceptions concernent uniquement les établissements et services qui, en raison de la nature de leur activité, ne peuvent interrompre le travail. Ce sont les entreprises à feu continu, les transports publics, les hôpitaux, les services de gardiennage, les hôtels, etc. Ces salariés ont droit, en plus de leur salaire, à une indemnité correspondant au salaire touché pour le travail effectué ce jour-là, à l'exception des primes représentatives de frais (primes de panier, d'outillage, de salissure...), des primes d'assiduité et d'ancienneté.

La rémunération

La rémunération des jours fériés chômés

Le grand principe est que les heures de travail perdues par suite de chômage des jours fériés ne donnent pas lieu à récupération (C. trav., art. L. 3133-2) et qu'elles ne peuvent entraîner **aucune perte de salaire** pour les salariés totalisant au moins trois mois d'ancienneté dans l'entreprise ou l'établissement. Ces dispositions s'appliquent aux salariés saisonniers si, du fait de divers contrats successifs ou non, ils cumulent une ancienneté totale d'au moins trois mois dans l'entreprise. En revanche, elles ne s'appliquent ni aux personnes travaillant à domicile, ni aux salariés intermittents, ni aux salariés temporaires (C. trav., art. L. 3133-3).

À noter que cette condition d'ancienneté (3 mois) s'applique sauf disposition conventionnelle ou usage plus favorable.

Notez également que le salarié intérimaire bénéficie du paiement du jour férié chômé sans condition d'ancienneté dans les mêmes conditions que le salarié permanent de l'entreprise utilisatrice à condition que ce jour férié soit bien inclu dans la période de sa mission.

Avant la loi de simplification du droit (22 mars 2012), le salarié devait en plus avoir travaillé 200 heures pendant les 2 mois précédant le jour férié et avoir été présent la veille et le lendemain de ce jour.

Il doit y avoir maintien intégral du salaire, à savoir le salaire de base et tous ses accessoires. Lorsque la rémunération comprend une part fixe et une part variable, l'employeur verse un complément de salaire pour la part variable, dont il a par exemple été admis qu'il soit calculé selon la moyenne journalière des sommes perçues au même titre pendant les jours ouvrés du même mois (Cass. soc., 7 mai 1996, n° 92-45148, ou Cass. soc., 5 décembre 2001, n° 99-45699).

Le jour férié chômé payé doit être assimilé à un jour de travail effectif pour le décompte des heures supplémentaires de la semaine (circ. DRT 2000-7, 6 décembre 2000), mais pas pour le décompte de la contrepartie en repos.

Si le jour férié tombe un jour habituellement chômé dans l'entreprise, il n'y a aucune incidence sur le salaire.

La journée de solidarité

Suite à la canicule de l'été 2003 et au décès consécutif de 20 000 personnes (pour la plupart âgées) en France, la loi du 30 juin 2004 a créé la Caisse nationale de solidarité pour l'autonomie (CNSA). Cette caisse est chargée de :

- financer les aides en faveur des personnes âgées dépendantes et des personnes handicapées ;
- garantir l'égalité de traitement sur le territoire et pour l'ensemble des handicaps ;
- assurer une mission d'expertise, d'information et d'animation pour suivre la qualité du service rendu aux personnes.

Pour mener à bien ces missions, la CNSA dispose d'un budget spécifique (25,8 milliards d'euros en 2018). Ses ressources ont principalement deux origines :

- environ 80 % proviennent des crédits de l'assurance maladie, votés par le Parlement dans le cadre de la loi annuelle de financement de la Sécurité sociale ;
- environ 20 % proviennent de la contribution solidarité autonomie (CSA).

Cette CSA est une charge patronale payée chaque mois par l'employeur (0,30 % du brut de chaque salarié) comme nous le verrons plus tard dans le chapitre consacré aux taux de cotisations. On pourrait croire alors que l'employeur contribue seul aux ressources de la CNSA. Il n'en est rien puisque l'employeur ne fait qu'avancer cette somme correspondant à une journée de travail supplémentaire par an de ses salariés par le biais de la journée de solidarité.

Le Code du travail précise dans plusieurs de ses articles les modalités de la mise en œuvre de cette journée :

La journée de solidarité instituée en vue d'assurer le financement des actions en faveur de l'autonomie des personnes âgées ou handicapées prend la forme :

1° d'une journée supplémentaire de travail non rémunérée pour les salariés ;
2° de la contribution prévue au 1° de l'article L. 14-10-4 du Code de l'action sociale et des familles pour les employeurs (C. trav., art. L. 3133-7).

Le travail accompli, dans la limite de sept heures, durant la journée de solidarité ne donne pas lieu à rémunération :

1° pour les salariés mensualisés, dans cette limite de sept heures ;
2° pour les salariés dont la rémunération est calculée par référence à un nombre annuel de jours de travail conformément à l'article L. 3121-58 du Code du travail, dans la limite de la valeur d'une journée de travail.

Pour les salariés à temps partiel, la limite de sept heures prévue au 1° du présent article est réduite proportionnellement à la durée contractuelle (C. trav., art. L. 3133-8). Ces heures ne s'imputent ni sur le contingent annuel d'heures supplémentaires ni sur le nombre d'heures complémentaires prévu au contrat de travail du salarié travaillant à temps partiel. Elles ne donnent pas lieu à contrepartie obligatoire sous forme de repos (C. trav., art. L. 3133-9).

Lorsqu'un salarié qui a déjà accompli, au titre de l'année en cours, une journée de solidarité s'acquitte d'une nouvelle journée de solidarité en raison d'un changement d'employeur, les heures travaillées ce jour donnent lieu à rémunération supplémentaire et s'imputent sur le contingent annuel d'heures supplémentaires ou sur le nombre d'heures complémentaires prévu au contrat de travail du salarié travaillant à temps partiel. Ces heures donnent lieu à contrepartie obligatoire sous forme de repos. Toutefois, le salarié peut aussi refuser d'exécuter cette journée supplémentaire de travail sans que ce refus constitue une faute ou un motif de licenciement (C. trav., art. L. 3133-10).

Pour les salariés, la journée de travail supplémentaire effectuée, dans les conditions fixées par la loi, au titre de la journée de solidarité ne constitue en aucun cas une modification de leur contrat de travail.

La journée de solidarité concerne tous les salariés relevant du Code du travail (et ceux relevant du Code rural). Toutefois, s'agissant des salariés de moins de 18 ans, il convient de tenir compte des dispositions particulières régissant le travail des mineurs. Ainsi, si la journée de solidarité est fixée un jour férié, elle ne concernera pas les jeunes travailleurs, puisque, sauf rares exceptions, le travail des salariés de moins de 18 ans est interdit pendant les jours fériés. Si un accord collectif fixe un jour non férié comme journée de solidarité, il appartient aux partenaires sociaux de se prononcer sur les conditions dans lesquelles ces jeunes salariés effectueront cette journée.

Les modalités d'accomplissement

Dès le début de la mise en œuvre de cette journée supplémentaire, il fut question de travailler un jour férié. La question épineuse fut de décider lequel pour ne froisser personne. Après avoir pensé au 8 mai, le gouvernement Raffarin opta finalement pour le lundi de Pentecôte qui présentait un double avantage : ce n'est pas à proprement parler une fête religieuse (seul le dimanche de Pentecôte l'est – il célèbre la venue du Saint-Esprit cinquante jours après Pâques sur les apôtres de Jésus-Christ) et surtout, par définition, il tombe tous les ans un lundi pouvant ainsi générer des ressources constantes d'une année à l'autre (ce qui n'aurait pas été le cas pour le 8 mai qui n'aurait rapporté des ressources en moyenne que 5 années sur 7).

Depuis 2008, suite aux problèmes liés à l'Alsace-Moselle et aux férias de Nîmes, le lundi de Pentecôte n'est plus légalement la journée de solidarité.

C'est pourquoi, un accord d'entreprise ou d'établissement ou, à défaut, une convention ou un accord de branche fixe dorénavant les modalités d'accomplissement de la journée de solidarité.
Cet accord peut prévoir :

1° Soit le travail d'un jour férié précédemment chômé autre que le 1er mai ;
2° Soit le travail d'un jour de repos accordé au titre de l'accord collectif conclu en application de l'article L. 3121-44 ;
3° Soit toute autre modalité permettant le travail de sept heures précédemment non travaillées en application de stipulations conventionnelles ou des modalités d'organisation des entreprises (C. trav., art. L. 3133-11).

Mais, à défaut de stipulation dans la convention ou l'accord conclu en application de l'article L. 3133-11, les modalités d'accomplissement de la journée de solidarité sont définies par l'employeur, après consultation du comité d'entreprise ou, à défaut, des délégués du personnel, s'ils existent (C. trav., art. L. 3133-12).

Dans les deux cas (accord ou décision de l'employeur), pas plus le premier ou le second jour de Noël , ni le Vendredi Saint, indépendamment de la présence d'un temple protestant ou d'une église mixte dans les communes, ne peuvent être désignés comme la date de la journée de solidarité (C. trav., art. L. 3134-16).

Néanmoins, la date de la journée de solidarité, qu'elle résulte d'un accord collectif ou d'une décision de l'employeur, **peut toutefois être différente pour chaque salarié de l'entreprise**, lorsque celle-ci travaille en continu ou est ouverte tous les jours de l'année.

Enfin, dernière modalité possible, que sa date soit fixée par accord collectif ou, à défaut, par décision de l'employeur, la journée de solidarité **peut être fractionnée en heures**, sous réserve que soient remplies les conditions suivantes :

- le fractionnement doit être effectif et correspondre à un travail supplémentaire de sept heures par an ;
- des modalités spécifiques doivent être prévues pour les salariés placés dans une situation particulière, en raison par exemple de la convention annuelle de forfait jours ou heures qui leur est applicable ou de la circonstance qu'ils travaillent à temps partiel.

Récemment nos ministres réfléchissaient au financement de la dépendance, et à cette fin il serait question d'une deuxième journée de solidarité. À suivre…

Les congés d'articulation entre la vie professionnelle et la vie personnelle et familiale

Les règles d'ordre public

Les évènements familiaux

Le salarié a droit, sur justification, à un congé :

1) pour son mariage ou pour la conclusion d'un pacte civil de solidarité ;
2) pour le mariage d'un enfant ;
3) pour chaque naissance survenue à son foyer ou pour l'arrivée d'un enfant placé en vue de son adoption. Ces jours d'absence ne se cumulent pas avec les congés accordés pour ce même enfant dans le cadre du congé de maternité ;
4) pour le décès d'un enfant, du conjoint, du concubin ou du partenaire lié par un pacte civil de solidarité, du père, de la mère, du beau-père, de la belle-mère, d'un frère ou d'une sœur ;
5) pour l'annonce de la survenue d'un handicap chez un enfant (C. trav., art. L. 3142-1).

Ces congés n'entraînent pas de réduction de rémunération et sont assimilés à du temps de travail effectif pour la détermination de la durée du congé payé annuel. D'autre part, la durée de ces congés ne peut être imputée sur celle du congé payé annuel (C. trav., art. L. 3142-2).
En cas de différend, le refus de l'employeur peut être directement contesté par le salarié devant le conseil de prud'hommes, statuant en la forme des référés (C. trav., art. L. 3142-3).

Le congé de mariage ou de Pacs

Tout salarié, quelles que soient son ancienneté et la nature de son contrat, bénéficie, sur justification et uniquement s'il en fait la demande (Cass. soc. 22/12/1988 n° 87-43289), de quatre jours ouvrés pour son mariage, son remariage ou pour la conclusion d'un pacte civil de solidarité. Une convention ou un accord collectif d'entreprise ou, à défaut, une convention ou un accord de branche peut déterminer une durée supérieure (C. trav., art. L. 3142-4, 1°).

Le congé de naissance et d'arrivée d'un enfant placé en vue de son adoption

Mais, historiquement, le premier des congés pour événements familiaux fut **le congé de naissance (3 jours) accordé aux pères** par la loi du 18 mai 1946 et dont le bénéfice a été étendu en 1976 aux cas d'adoption.

Initialement, la rémunération du congé de naissance ou du congé d'adoption était remboursée à l'employeur par les caisses d'allocations familiales. Ce remboursement a été supprimé à partir du 1er janvier 1987, par modification en ce sens du Code de la Sécurité sociale. Le droit au congé de naissance est cependant maintenu dans le Code du travail, de telle sorte que **l'employeur supporte désormais la charge de cette rémunération** (C. trav., art. L. 3142-2).

Ce congé de naissance et d'arrivée d'un enfant en vue de son adoption est d'une durée de 3 jours minimum (une convention ou un accord peut prévoir une durée supérieure) à prendre dans les 15 jours qui entourent la naissance ou l'arrivée.
En cas de naissance ou d'arrivée multiple (naissance de jumeaux…), un seul congé de naissance ou d'arrivée peut, à mon avis, être exigé dans la mesure où il s'agit du même événement.

Le congé d'arrivée d'un enfant en vue de son adoption (au moment de l'arrivée d'un enfant – C. trav., art. L. 3142-1) peut être obtenu soit par le père adoptif, soit par la mère adoptive sans pouvoir se cumuler avec celui accordé aux salariés dans le cadre de l'assurance maternité.

Le congé de paternité

La loi de financement de la Sécurité sociale pour 2002 a introduit le congé de paternité (C. trav., art. L. 1225-35). Si celui-ci est ouvert à tout salarié à l'occasion de la naissance de son enfant, il ne faut le confondre avec le congé de naissance ou d'adoption, car son **indemnisation est assurée principalement par la Sécurité sociale, les IJSS se calculant comme pour la maternité.** Les conventions collectives ou des accords d'entreprise peuvent prévoir une indemnisation complémentaire afin de maintenir le salaire brut ou net du salarié.

Pour la naissance d'un enfant unique, **11 jours calendaires maximum sont accordés.** La durée est portée à 18 jours pour les naissances multiples. Le congé doit être pris dans un délai de 4 mois à compter de la date de naissance.

Ce congé de paternité est cumulable avec le congé de 3 jours accordé pour la naissance d'un enfant. Le salarié doit avertir l'employeur de son intention de bénéficier du congé de paternité au moins un mois avant la prise effective de celui-ci. L'employeur ne peut refuser.

Le congé d'adoption

Le salarié à qui l'autorité administrative ou tout organisme désigné par voie réglementaire confie un enfant en vue de son adoption a le droit de bénéficier d'un congé d'adoption d'une durée de dix semaines au plus à dater de l'arrivée de l'enfant au foyer. Ce congé peut précéder de sept jours consécutifs, au plus, l'arrivée de l'enfant au foyer.
Le congé d'adoption est porté à :

1° Dix-huit semaines lorsque l'adoption porte à trois ou plus le nombre d'enfants dont le salarié ou le foyer assume la charge ;

2° Vingt-deux semaines en cas d'adoptions multiples (C. trav., art. L. 1225-37).

Ce congé d'adoption suspend le contrat de travail. Pendant la suspension, les parents salariés bénéficient de la protection contre le licenciement (prévue aux articles L. 1225-4 et L. 1225-5 du Code du travail). L'application de ces articles ne fait pas obstacle à l'échéance du contrat de travail à durée déterminée (C. trav., art. L. 1225-38), ni à la justification d'une faute grave non liée à l'adoption (C. trav., art. L. 1225-39).

Le congé pour enfant malade

Un autre congé, créé par la loi « famille » du 25 juillet 1994, permet à tout salarié de bénéficier d'un **congé non rémunéré** d'au maximum **3 jours par an en cas de maladie** ou d'accident, constaté par certificat médical, **d'un enfant de moins de 16 ans**, dont le salarié assume la charge effective et permanente (au sens de l'article L. 513-1 du Code de la sécurité sociale). Le père et la mère peuvent bénéficier de ce congé s'ils assument conjointement la charge de l'enfant.
Cette absence autorisée est portée à 5 jours si l'enfant est âgé de moins de 1 an ou si le salarié assume la charge de 3 enfants ou plus âgés de moins de 16 ans (C. trav., art. L. 1225-61).
Ce minimum légal s'applique à défaut de dispositions plus favorables, conventionnelles notamment.

Le congé de présence parentale

Tout salarié peut suspendre son contrat de travail pour s'occuper de son enfant (âgé de moins de 20 ans) gravement malade, accidenté ou handicapé et bénéficier d'une allocation journalière de présence parentale (C. trav., art. L. 1225-62 à L. 1225-65).
En application de l'article R. 1225-14 du Code du travail, la gravité de la maladie ou de l'accident doit être constatée par un certificat médical qui atteste également que l'état de l'enfant rend nécessaire la présence d'une personne auprès de lui pendant une période déterminée.
Le handicap grave de l'enfant est établi dès lors que ce handicap ouvre droit à l'allocation d'éducation spéciale prévue à l'article L. 541-1 du Code de la Sécurité sociale. Le nombre de jours de congé dont peut bénéficier le salarié est au maximum de 310 jours ouvrés (soit environ 14 mois) dans une période dont la durée est fixée, pour un même enfant et par maladie, accident ou handicap, à 3 ans.
L'article 69 de la loi n°2019-1446 du 24 décembre 2019 de financement de la sécurité sociale pour 2020 prévoit désormais le fractionnement du congé de présence parentale qui pourra être pris en demi-journée ou sous la forme d'un temps partiel (un décret d'application non paru à ce jour doit préciser les conditions de mise en place de ce fractionnement).
Pendant le congé de présence parentale, le contrat de travail du salarié est suspendu. La durée du congé est prise en compte pour moitié dans la détermination des avantages liés à l'ancienneté. Le salarié conserve le bénéfice de tous les avantages qu'il avait acquis avant le début de ce congé.

Pour plus de renseignement sur ce sujet, consultez le site : http://www.caf.fr/allocataires/droits-et-prestations/s-informer-sur-les-aides/petite-enfance/l-allocation-journaliere-de-presence-parentale-ajpp

Le don de jours de repos à un parent d'enfant gravement malade

Dans le cadre de la loi du 9 mai 2014, un salarié peut, sur sa demande et en accord avec l'employeur, renoncer anonymement et sans contrepartie à tout ou partie de ses jours de repos non pris, au bénéfice d'un autre salarié de l'entreprise qui assume la charge d'un enfant âgé de moins de 20 ans atteint d'une maladie, d'un handicap ou victime d'un accident d'une particulière gravité rendant indispensable une présence soutenue et des soins contraignants. Le congé payé annuel ne peut être cédé que pour sa durée excédant 24 jours ouvrables. Le salarié bénéficiaire a droit au maintien de sa rémunération pendant sa période d'absence. Cette période d'absence étant assimilée à une période de travail effectif pour la détermination des droits que le salarié tient de son ancienneté (C. trav., art. L. 1225-65-1 à L. 1225-65-2).

Les congés pour l'annonce de la survenue d'un handicap chez un enfant

Comme nous l'avons vu dans les règles d'ordre public, la loi El Khomri a changé l'article L. 3142-1 en rajoutant à la version précédente ce nouveau congé événement familial. L'article L. 3142-4 du Code du travail précise que ce congé ne peut être inférieur à deux jours.

Les congés pour le décès d'un enfant

Pour ces congés, le nouvel article L. 3142-4 du Code du travail en a allongé la durée passant ainsi de deux précédemment à cinq aujourd'hui.
Le 11 février 2020, un texte de loi visant à augmenter cette durée à 3 semaines était en discussion à l'Assemblée nationale, mais à l'heure où j'écris aucun texte officiel n'est paru.

Les congés de solidarité familiale

Le salarié dont un ascendant, un descendant, un frère, une sœur ou une personne partageant le même domicile souffre d'une pathologie mettant en jeu le pronostic vital ou est en phase avancée ou terminale

d'une affection grave et incurable a droit à un congé de solidarité familiale (C. trav., art. L. 3142-6).
Le congé débute ou est renouvelé à l'initiative du salarié. En cas d'urgence absolue constatée par écrit par le médecin, le congé débute ou peut être renouvelé sans délai. Le congé prend fin soit à l'expiration de la durée mentionnée au premier alinéa du présent article, soit dans les trois jours qui suivent le décès de la personne assistée, sans préjudice du bénéfice des dispositions relatives aux congés pour événements personnels et aux congés pour événements familiaux, soit à une date antérieure choisie par le salarié (C. trav., art. L. 3142-7).
Si le salarié peut, avec l'accord de son employeur, transformer ce congé en période d'activité à temps partiel (ou le fractionner) (art. L. 3142-8), il ne peut exercer aucune autre activité professionnelle (C. trav., art. L. 3142-9).
La durée de ce congé ne peut être imputée sur celle du congé payé annuel. Elle est prise en compte pour la détermination des avantages liés à l'ancienneté et le salarié conserve le bénéfice de tous les avantages qu'il avait acquis avant le début du congé (C. trav., art. L. 3142-12).

Pour mettre en œuvre ce droit à congé de solidarité familiale, une convention ou un accord collectif d'entreprise ou, à défaut, une convention ou un accord de branche détermine :

1° La durée maximale du congé ;
2° Le nombre de renouvellements possibles ;
3° Les conditions de fractionnement du congé ou de sa transformation en période d'activité à temps partiel ;
4° Les délais d'information de l'employeur par le salarié sur la prise du congé, sa durée prévisible, son renouvellement et la durée du préavis en cas de retour du salarié avant le terme prévu du congé ;
5° Les mesures permettant le maintien d'un lien entre l'entreprise et le salarié pendant la durée du congé et les modalités d'accompagnement du salarié à son retour (C. trav., art. L. 3142-14).

A défaut de convention ou d'accord, les dispositions suivantes sont applicables :

1° La durée maximale du congé est de trois mois, renouvelable une fois ;
2° Les modalités de fractionnement du congé et de sa transformation en période d'activité à temps partiel sont définies par décret ;
3° Les délais d'information de l'employeur par le salarié sur la prise du congé, sa durée prévisible, son renouvellement ainsi que les conditions du retour du salarié avant le terme prévu sont fixés par décret (C. trav., art. L. 3142-15).

Les congés de proche aidant

Le salarié a droit à un congé de proche aidant lorsque l'une des personnes suivantes présente un handicap ou une perte d'autonomie d'une particulière gravité :

1° Son conjoint ;
2° Son concubin ;
3° Son partenaire lié par un pacte civil de solidarité ;
4° Un ascendant ;
5° Un descendant ;
6° Un enfant dont il assume la charge au sens de l'article L. 512-1 du Code de la Sécurité sociale ;
7° Un collatéral jusqu'au quatrième degré ;
8° Un ascendant, un descendant ou un collatéral jusqu'au quatrième degré de son conjoint, concubin ou partenaire lié par un pacte civil de solidarité ;
9° Une personne âgée ou handicapée avec laquelle il réside ou avec laquelle il entretient des liens étroits et stables, à qui il vient en aide de manière régulière et fréquente, à titre non professionnel, pour accomplir tout ou partie des actes ou des activités de la vie quotidienne (C. trav., art. L. 3142-16).

La personne aidée doit résider en France de façon stable et régulière (C. trav., art. L. 3142-17).

Le salarié ne peut exercer aucune autre activité professionnelle pendant la durée du congé. Toutefois, il peut être employé par la personne aidée dans les conditions prévues au deuxième alinéa des articles L. 232-7 ou L. 245-12 du Code de l'action sociale et des familles (C. trav., art. L. 3142-18).

Le congé débute ou est renouvelé à l'initiative du salarié.

Il ne peut excéder, renouvellement compris, la durée d'un an pour l'ensemble de la carrière.

En cas de dégradation soudaine de l'état de santé de la personne aidée, de situation de crise nécessitant une action urgente du proche aidant ou de cessation brutale de l'hébergement en établissement dont bénéficiait la personne aidée, le congé débute ou peut être renouvelé sans délai.

Le salarié peut mettre fin de façon anticipée au congé ou y renoncer dans les cas suivants :

1° Décès de la personne aidée ;
2° Admission dans un établissement de la personne aidée ;
3° Diminution importante des ressources du salarié ;

4° Recours à un service d'aide à domicile pour assister la personne aidée ;
5° Congé de proche aidant pris par un autre membre de la famille (C. trav., art. L. 3142-19).

Le salarié peut, avec l'accord de son employeur, transformer ce congé en période d'activité à temps partiel ou le fractionner. Dans cette hypothèse, le salarié doit avertir son employeur au moins quarante-huit heures avant la date à laquelle il entend prendre chaque période de congé. Cette transformation ou ce fractionnement est accordé sans délai dans les cas mentionnés au troisième alinéa de l'article L. 3142-19 (C. trav., art. L. 3142-20).
La durée de ce congé ne peut être imputée sur celle du congé payé annuel. Elle est prise en compte pour la détermination des avantages liés à l'ancienneté. Le salarié conserve le bénéfice de tous les avantages qu'il avait acquis avant le début du congé (C. trav., art. L. 3142-21).

Pour mettre en œuvre le droit à congé du salarié mentionné à l'article L. 3142-16 du Code du travail, une convention ou un accord de branche ou, à défaut, une convention ou un accord collectif d'entreprise détermine :
1° La durée maximale du congé ;
2° Le nombre de renouvellements possibles ;
3° Les délais d'information de l'employeur par le salarié sur la prise du congé et son renouvellement ainsi que la durée du préavis en cas de retour du salarié avant la fin du congé ;
4° Les délais de demande du salarié et de réponse de l'employeur sur le fractionnement du congé ou sa transformation en période d'activité à temps partiel (C. trav., art. L. 3142-26).

A défaut de convention ou d'accord, les dispositions suivantes sont applicables :
1° La durée maximale du congé est de trois mois, renouvelable dans la limite mentionnée à l'article L. 3142-19 ;
2° Les délais d'information de l'employeur par le salarié sur la prise du congé et son renouvellement, la durée du préavis en cas de retour du salarié avant le terme prévu du congé, ainsi que les délais de demande du salarié et de réponse de l'employeur sur le fractionnement du congé ou sa transformation en période d'activité à temps partiel sont fixés par décret (C. trav., art. L. 3142-27).

Le don de jours de repos à un salarié en congé de proche aidant

Un salarié peut, sur sa demande et en accord avec son employeur, renoncer anonymement et sans contrepartie à tout ou partie de ses jours de repos non pris, qu'ils aient été ou non affectés sur un compte épargne-temps, au bénéfice d'un autre salarié de l'entreprise qui vient en aide à une personne atteinte d'une perte d'autonomie d'une particulière gravité ou présentant un handicap lorsque cette personne est, pour cet autre salarié, l'une de celles mentionnées aux 1° à 9° de l'article L. 3142-16 du Code du travail.
Le congé annuel ne peut être cédé que pour sa durée excédant vingt-quatre jours ouvrables.
Le salarié bénéficiant d'un ou de plusieurs jours cédés en application du premier alinéa du présent article bénéficie du maintien de sa rémunération pendant sa période d'absence. Cette période d'absence est assimilée à une période de travail effectif pour la détermination des droits que le salarié tient de son ancienneté. Le salarié conserve le bénéfice de tous les avantages qu'il avait acquis avant le début de sa période d'absence (C. trav., art. L. 3142-25-1).

Les congés pour le décès du conjoint, du partenaire lié par un Pacs, du concubin, du père, de la mère, du beau-père, de la belle-mère, d'un frère ou d'une sœur

Pour ces congés, le nouvel article L. 3142-4 du Code du travail en a également allongé la durée passant ainsi d'un jour (décès du père, de la mère, du beau-père, de la belle-mère, d'un frère ou d'une sœur) ou de deux jours (décès du conjoint ou du partenaire lié par un Pacs) précédemment à trois aujourd'hui, rajoutant au passage le décès du concubin.
Une précision : le beau-père dont il s'agit ici est le père de votre conjoint et non pas le conjoint de votre mère (veuve ou divorcée). De même pour la belle-mère : il s'agit de la mère de votre conjoint et non pas de la conjointe de votre père (veuf ou divorcé).

Les congés pour le mariage d'un enfant

Le salarié bénéficie d'un jour à l'occasion du mariage (ou du remariage) de son enfant (C. trav., art. L. 3142-4).

À noter que ce congé n'est ouvert qu'aux parents de l'enfant et non, en cas du remariage du père ou de la mère, au second conjoint qui n'a aucun lien de parenté direct avec l'enfant. Bien entendu, il est toujours possible à l'employeur d'accorder un jour de congé payé (*Rép. min.* n° 2414 : *JO Sénat Q*, 19 mars 1998).

Tableau récapitulatif des congés pour événements familiaux

Evènement	Durée du congé	Observations
Mariage du salarié	4 jours	ou remariage
Mariage d'un enfant	1 jour	ou remariage
Naissance d'un enfant	3 jours	Ne se cumule pas avec le congé maternité, ni avec le congé d'adoption pour le parent qui en bénéficie
Adoption d'un enfant	3 jours	
Maladie d'un enfant	5 jours	Si l'enfant a moins d'un an ou si le salarié a la charge d'au moins 3 enfants de moins de 16 ans
	3 jours	Sinon
Annonce de la survenue d'un handicap chez un enfant	2 jours	**Nouveau congé depuis le 8 août 2016**
Décès d'un enfant	5 jours	**Durée augmentée depuis le 8 août 2016**
Décès du conjoint, du concubin ou partenaire lié par un PACS	3 jours	**Durée augmentée depuis le 8 août 2016**
Décès du père, de la mère, du beau-père, de la belle-mère, d'un frère ou d'une sœur	3 jours	**Durée augmentée depuis le 8 août 2016**

La prise des congés

Les congés doivent être pris **au moment des événements en cause.** Toutefois, la Cour de cassation a précisé que le terme « événement » ne fixe pas dans le temps une date précise, mais fixe **une période qui doit être raisonnable durant laquelle le jour chômé et rémunéré est accordé.** Ainsi, le jour d'autorisation d'absence pour événement familial accordé pour le mariage d'un enfant n'a pas à être nécessairement pris le jour même de la célébration du mariage. Ce jour peut être pris la veille du mariage (Cass. soc., 16 décembre 1998, n° Y.96-43.323). **Le ministère des Affaires sociales a précisé**, s'agissant de l'absence pour décès accordée aux fonctionnaires (3 jours), que **cette absence** ayant pour motif essentiel de permettre à l'intéressé d'effectuer les démarches indispensables, sa durée (nécessairement continue) **devait s'apprécier en jours ouvrés**. Ainsi, pour le décès d'un beau-père survenu en fin d'une semaine, un fonctionnaire peut être autorisé à s'absenter le vendredi puis les lundi et mardi de la semaine suivante.

Les jours de congé de naissance, d'adoption, de mariage et de décès prévus par la loi (et par les conventions collectives) sont assimilés à des jours de travail effectif pour le calcul des congés payés.

En revanche, sauf dispositions conventionnelles plus favorables, **le congé pour enfant malade n'est pas assimilé à du travail effectif** pour le calcul des congés payés.

Enfin, les **conventions collectives** ou des accords prévoient également des congés pour événements familiaux. Ces conventions, qui ne peuvent être moins favorables que la loi (C. trav., art. L. 3142-5), prévoient le plus souvent :

- des congés plus longs (exemple : une semaine en cas de mariage, ou en cas de décès du conjoint) ;
- un nombre plus étendu d'événements familiaux (exemples : mariage des frères et sœurs, cérémonie religieuse, déménagement, décès de grands-parents).

Le congé parental d'éducation

Les salariés qui ont (ou ont adopté) un enfant de moins de 3 ans peuvent interrompre leur activité professionnelle pour élever cet enfant, dans la limite du troisième anniversaire de l'enfant (ou du troisième anniversaire de l'arrivée au foyer de l'enfant adopté). Le père et la mère (car il y a égalité des droits) qui justifient **d'un an d'ancienneté** (à la date de la naissance ou de l'arrivée au foyer de l'enfant adopté), à l'occasion de chaque naissance ou de chaque adoption **d'un enfant de moins de 3 ans**, ont droit à ce congé quelle que soit la taille de l'entreprise. (Avant le 1er janvier 1995, ce congé pouvait être refusé dans les entreprises de moins de 100 salariés.) Le congé (total ou partiel) doit d'abord comprendre une phase initiale d'une durée d'un an maximum. Puis, il peut être prolongé deux fois, sans dépasser le troisième anniversaire de l'enfant ou, en cas d'adoption, 3 ans à compter de l'arrivée de l'enfant au foyer (voir les articles L. 1225-47 à L. 1225-59 du Code du travail).

Le décret du 1er décembre 2014 permet de prolonger le congé parental d'éducation (CPE) en cas de naissances multiples (triplés) jusqu'à l'entrée en maternelle des enfants ou jusqu'à leur sixième anniversaire. Ceci est valable pour les enfants nés ou adoptés à partir du 1er octobre 2014.

Les intéressés peuvent choisir entre deux formes de congé :

- le congé parental total, avec suspension du contrat de travail. Pendant le congé parental, le contrat de travail est suspendu. Le salarié est toujours pris en compte dans les effectifs. L'employeur reste libre de licencier le salarié pour une cause étrangère au congé parental (faute ou motif économique) en respectant la procédure de licenciement. Mais si le salarié a droit à l'indemnité de licenciement (sauf faute grave), il ne peut prétendre à l'indemnité compensatrice de préavis lorsque la durée du préavis couvre le congé parental. Selon l'article L. 1225-54 du Code du travail, il est prévu que la durée du congé parental est prise en compte pour moitié pour la détermination des avantages liés à l'ancienneté. Le salarié en congé parental ne peut exercer aucune activité professionnelle autre que celle d'assistante maternelle ;
- le congé parental à temps partiel. Le salarié choisit son temps de travail. Il faut juste respecter la durée minimale de 16 heures hebdomadaires de travail permettant ainsi au salarié de continuer à bénéficier des prestations en nature et en espèces de l'assurance-maladie-maternité. Au cours de la période initiale et des prolongations, le salarié ne peut en principe obtenir une reprise anticipée de son activité antérieure ou une modification de la formule de congé. Un tel droit lui est cependant ouvert que dans les hypothèses du décès de l'enfant ou une diminution importante des ressources.

Le congé sabbatique

Il est temps d'aborder un congé que beaucoup d'entre vous rêve de prendre. En fait, on en parle beaucoup mais on le connaît peu. Sa durée n'est pas d'un an mais est comprise entre **un minimum de 6 mois et un maximum de 11 mois** (C. trav., art. L. 3142-33).

Le congé sabbatique est un droit pendant lequel son contrat de travail est suspendu. Pour pouvoir en bénéficier, à la date de son départ, le salarié doit :

- avoir 36 mois d'ancienneté dans l'entreprise ;
- justifier de 6 années d'activité professionnelle ;
- ne pas avoir déjà bénéficié pendant les 6 années précédentes d'un congé sabbatique, d'un congé pour création d'entreprise ou d'un congé de formation d'au moins 6 mois (C. trav., art. L. 3142-28).

L'Ordonnance du 21 août 2019 précise maintenant que l'ancienneté acquise dans toute autre entreprise du même groupe, au sens de l'article L. 2331-1, est prise en compte au titre de l'ancienneté dans l'entreprise.

Pour mettre en œuvre le droit à congé du salarié mentionné à l'article L. 3142-28, une convention ou un accord collectif d'entreprise ou, à défaut, une convention ou un accord de branche détermine :

1° Les durées minimale et maximale du congé et le nombre de renouvellements ;
2° La condition d'ancienneté requise dans l'entreprise pour ouvrir droit à ce congé ;
3° La durée minimale dans l'entreprise durant laquelle le salarié ne doit pas avoir bénéficié des dispositifs mentionnés au second alinéa de l'article L. 3142-28 ;
4° Les plafonds mentionnés aux articles L. 3142-29, L. 3142-114 et L. 3142-115 ;
5° Les conditions et délais d'information de l'employeur par le salarié sur sa demande de congé ainsi que sur la date de son départ et sur la durée envisagée de ce congé (art. L. 3142-32).

Cette convention ou cet accord détermine également les modalités de report des congés payés dus au salarié qui bénéficie du congé (C. trav., art. L. 3142-33).

A défaut de convention ou d'accord mentionné à l'article L. 3142-32, les dispositions suivantes sont applicables :

1° La durée minimale du congé est de six mois et sa durée maximale est de onze mois ;
2° Le droit à ce congé est ouvert au salarié justifiant, à la date de départ en congé, d'une ancienneté dans l'entreprise d'au moins trente-six mois, consécutifs ou non, et n'ayant pas bénéficié dans l'entreprise, au cours des six années précédentes, des dispositifs mentionnés au second alinéa de l'article L. 3142-28 ;
3° Les conditions et délais mentionnés au 5° de l'article L. 3142-32 sont fixés par décret ;
4° Les plafonds mentionnés à l'article L. 3142-29 sont fixés par décret (C. trav., art. L. 3142-34).

A défaut de stipulation dans la convention ou l'accord mentionné à l'article L. 3142-32, les articles L. 3142-120 à L. 3142-124 s'appliquent (C. trav., art. L. 3142-35).

Le salarié doit informer son employeur par lettre recommandée avec avis de réception au moins 3 mois avant la date de départ qu'il a choisie. Il doit préciser la durée de ce congé mais sans en donner les motifs.

Dans les entreprises de **300 salariés et plus** (200 salariés dans l'ancien texte), **l'employeur ne peut pas s'opposer au départ.** Il a seulement la possibilité de le différer, soit dans la limite de 6 mois (9 mois dans l'ancien texte) à compter de la présentation par le salarié de la lettre recommandée lorsque ce départ aurait pour effet de porter l'effectif des salariés simultanément absents ou le nombre de jours d'absence au titre de ce congé sabbatique à un niveau excessif au regard, respectivement, de l'effectif total et du nombre de jours travaillés dans l'entreprise (C. trav., art. L. 3142-29 et art. L. 3142-114).
Dans les entreprises de **moins de 300 salariés**, l'employeur peut différer le départ en congé du salarié dans la limite de 9 mois. Mais il peut aussi **s'opposer au départ** sur le fondement de l'article L. 3142-113 selon les modalités prévues aux deux derniers alinéas du même article.
L'employeur informe le salarié soit de son accord sur la date de départ choisie par l'intéressé, soit du report de cette date, soit de son refus. L'accord de l'employeur est réputé acquis à défaut de réponse dans un délai de trente jours à compter de la présentation de la demande (C. trav., art. L. 3142-30).

A l'issue du congé, le salarié retrouve son précédent emploi ou un emploi similaire assorti d'une rémunération au moins équivalente et bénéficie de l'entretien professionnel mentionné au I de l'article L. 6315-1 du Code du travail. Il ne peut invoquer aucun droit à être réemployé avant l'expiration du congé (C. trav., art. L. 3142-31).

Le congé pour création d'entreprise

Le salarié qui crée ou reprend une entreprise a droit soit à un congé pendant lequel le contrat de travail est suspendu, soit à une période de travail à temps partiel (C. trav., art. L. 3142-105).

L'employeur peut différer le départ en congé ou le début de la période de travail à temps partiel, dans la limite de six mois à compter de la demande du salarié, sans préjudice de l'application des articles L. 3142-113 et L. 3142-114 (C. trav., art. L. 3142-107).

À l'issue du congé ou de la période de travail à temps partiel, le salarié retrouve son précédent emploi ou un emploi similaire assorti d'une rémunération au moins équivalente (C. trav., art. L. 3142-108). Mais s'il souhaite mettre fin à la relation de travail, les conditions de la rupture sont celles prévues par son contrat de travail, à l'exception de celles relatives au préavis. Le salarié est, de ce fait, dispensé de payer une indemnité de rupture. Le salarié ne peut invoquer aucun droit à être réemployé avant l'expiration du congé (C. trav., art. L. 3142-109).

Le salarié qui reprend son activité dans l'entreprise à l'issue de son congé bénéficie en tant que de besoin d'une réadaptation professionnelle, notamment en cas de changement de techniques ou de méthodes de travail. Il n'est pas comptabilisé dans le plafond de salariés pouvant bénéficier simultanément d'un congé de transition professionnelle prévu aux articles L. 6323-16 à L. 6323-17-6 (C. trav., art. L. 3142-110).

Lorsqu'il est envisagé une période de travail à temps partiel, un avenant au contrat de travail fixe la durée de cette période conformément à l'article L. 3123-6. Toute prolongation de la période de travail à temps partiel à la demande du salarié donne lieu à la signature d'un nouvel avenant dans les mêmes conditions (C. trav., art. L. 3142-111). Mais, le salarié ne peut invoquer aucun droit à être réemployé à temps plein avant le terme de cet avenant (C. trav., art. L. 3142-112).

Depuis le 1er janvier 2020, **dans les entreprises de moins de 300 salariés**, l'employeur peut refuser le congé ou le passage à temps partiel :
1° S'il estime, après avis du comité social et économique, que ce congé ou cette activité à temps partiel aura des conséquences préjudiciables à la bonne marche de l'entreprise ;
2° Si le salarié demande ce congé ou cette période d'activité à temps partiel moins de trois ans après une précédente création ou reprise d'entreprise ou après le début de l'exercice de précédentes responsabilités de direction au sein d'une entreprise répondant aux critères de jeune entreprise innovante.

L'employeur précise le motif de son refus et le porte à la connaissance du salarié.
Ce refus peut être contesté par le salarié directement devant le conseil de prud'hommes, statuant selon la procédure accélérée au fond, dans des conditions déterminées par décret en Conseil d'Etat (C. trav., art. L. 3142-113).

L'employeur peut différer le départ en congé du salarié lorsque ce départ aurait pour effet de porter l'effectif des salariés simultanément absents ou le nombre de jours d'absence au titre de ce congé et au titre du congé sabbatique à un niveau excessif au regard, respectivement, de l'effectif total et du nombre de jours travaillés dans l'entreprise (C. trav., art. L. 3142-114).

Dans les entreprises d'au moins 300 salariés, l'employeur peut différer le début de la période de travail à temps partiel lorsque celle-ci aurait pour effet de porter l'effectif de salariés employés simultanément à temps partiel au titre de la présente section à un niveau excessif au regard de l'effectif total de l'entreprise (C. trav., art. L. 3142-115).

À défaut de convention ou d'accord, **la durée du congé** pour création d'entreprise est d'un an ; elle peut être **prolongée au plus d'un an** (C. trav., art. L. 3142-119), à condition que le salarié en informe son employeur par lettre recommandée avec avis de réception au moins 3 mois avant le terme de la première année de congé.

Le salarié doit justifier d'une ancienneté dans l'entreprise d'au moins 24 mois (36 mois dans l'ancien Code du travail), consécutifs ou non (C. trav., art. L. 3142-119). Ce droit ne peut être exercé moins de 3 ans après la précédente création ou reprise d'entreprise.

Le congé pour bilan de compétences

L'accord interprofessionnel sur la formation du 3 juillet 1991 a créé le congé de bilan de compétences pour les salariés (mais les demandeurs d'emploi peuvent en bénéficier également). Le texte a été modifié en septembre 2018 et les articles L. 6313-1 et L. 6313-4 remplacent les anciens articles L. 6322-42 à L. 6322-52. Ces bilans se déroulent dans un cabinet spécialisé. Le stagiaire est reçu par un consultant qui l'aide à analyser ses aptitudes professionnelles. Le but de ces bilans de compétences est de permettre à des travailleurs d'analyser leurs compétences professionnelles et personnelles ainsi que leurs aptitudes et leurs motivations afin de définir un projet professionnel et, le cas échéant, un projet de formation.

Ce bilan ne peut être réalisé qu'avec le consentement du travailleur. Le refus d'un salarié d'y consentir ne constitue ni une faute ni un motif de licenciement.
Les informations demandées au bénéficiaire du bilan doivent présenter un lien direct et nécessaire avec son objet. Le bénéficiaire est tenu d'y répondre de bonne foi. Il est destinataire des résultats détaillés et d'un document de synthèse. Ce document de synthèse peut être communiqué, à sa demande, à l'opérateur du conseil en

évolution professionnelle mentionné à l'article L. 6111-6. Les résultats détaillés et le document de synthèse ne peuvent être communiqués à toute autre personne ou institution qu'avec l'accord du bénéficiaire.

La durée du bilan de compétences ne peut excéder 24 heures par bilan et est assimilée à du travail effectif pour le calcul de l'ancienneté et des congés payés.

Le droit individuel à la formation

Le droit individuel à la formation était un dispositif qui avait pour objectif de permettre **à tout salarié de se constituer un crédit d'heures de formation** de 20 heures par an, cumulable sur 6 ans dans la limite de 120 heures. Bien que ce dispositif ait pris fin le 31 décembre 2014, les heures acquises dans ce cadre et non utilisées sont utilisables jusqu'au 31 décembre 2020. C'est pourquoi avant d'expliquer le compte personnel de formation (le nouveau dispositif mis en place depuis le 1er janvier 2015 et qui remplace le Dif), voici quelques explications si vous souhaitez profiter de votre Dif acquis jusqu'au 31 décembre 2014.

L'initiative d'utiliser les droits à formation ainsi acquis appartient au salarié, mais la mise en œuvre du Dif requiert l'accord de l'employeur sur le choix de l'action de formation. La formation a lieu hors du temps de travail sauf disposition conventionnelle contraire ; elle est prise en charge par l'employeur selon des modalités particulières. Le Dif étant un droit reconnu au salarié, celui-ci est libre ou non de l'utiliser. S'il décide de ne pas l'utiliser, il ne peut pas demander de compensation financière à son employeur au titre des heures acquises et non utilisées.

Au titre du Dif, les salariés en contrat à durée indéterminée (CDI) travaillant à temps complet ont eu droit, sauf dispositions conventionnelles plus favorables, à **20 heures de formation minimum par an.** Ceux qui étaient employés à temps partiel acquéraient un crédit d'heures calculé au prorata de leur durée de travail. Ainsi, par exemple, un travail à mi-temps ouvrait droit à 10 heures de formation par an. **Les salariés qui n'utilisaient pas leurs droits acquis au titre du Dif pouvaient les cumuler d'une année sur l'autre,** dans les conditions suivantes :

- pour les salariés à temps complet, le cumul pouvait se faire sans pouvoir dépasser le plafond de 120 heures ;

- pour les salariés à temps partiel, c'est également le plafond de 120 heures qui s'appliquait quel que soit le temps mis pour l'atteindre. Ainsi, par exemple, un salarié travaillant à mi-temps qui avait acquis 10 heures par an au titre du Dif pouvait cumuler ses droits sur 12 ans.

L'employeur était tenu d'informer les salariés une fois par an de leurs droits au titre du Dif.

Jusqu'au 31 décembre 2020, si le salarié effectue ses heures de formation en dehors de son temps de travail, il perçoit de son employeur une allocation de formation égale à 50 % de sa rémunération nette de référence. Le salaire horaire de référence pris en compte pour le calcul de cette allocation s'obtient en divisant le total des rémunérations nettes versées au salarié au cours des 12 derniers mois précédant le début de la formation par le nombre total d'heures rémunérées au cours de ces mêmes 12 derniers mois. Des modalités particulières de calcul sont prévues pour les salariés dont la durée de travail est fixée par une convention de forfait en jours.

Si la formation a lieu en partie sur le temps de travail, la rémunération du salarié est maintenue normalement pour les heures passées à se former.

Pendant la durée de sa formation (pendant ou hors temps de travail), le salarié bénéficie de la législation sur les accidents de travail et les maladies professionnelles.

Les **frais de formation**, ainsi que l'allocation de formation, sont à la charge de l'employeur, ce dernier pouvant les imputer sur sa participation au développement de la formation continue.

En cas de **licenciement** (sauf pour faute grave ou lourde), le salarié licencié peut demander à bénéficier d'une action de formation, de bilan de compétences ou de validation des acquis de l'expérience (VAE) au titre du crédit d'heures qu'il a acquis dans le cadre du Dif. Cette demande doit être formulée avant la fin du préavis. Si cette condition est respectée, l'employeur est tenu de verser le montant de l'allocation de formation correspondant aux heures acquises au titre du Dif et non encore utilisées, cette somme devant servir à financer tout ou partie de l'action suivie par le salarié. Dans un souci de bonne information des salariés, l'employeur est tenu de mentionner, dans la lettre de licenciement, les droits que ce dernier a acquis au titre du Dif et la possibilité de demander, pendant le préavis, à bénéficier d'une action de bilan de compétences, de VAE ou de formation.

En cas de **démission**, le salarié peut demander à bénéficier de son Dif, à condition que l'action de formation, de bilan de compétences ou de validation des acquis soit engagée avant la fin du préavis.

Le compte personnel d'activité

Le samedi 14 décembre 2013, les partenaires sociaux (Medef, UPA, CFDT, FO, CFTC, CFE-CGC) sont parvenus à un projet d'accord sur la réforme de la formation professionnelle. De cet accord, est née la loi relative à la formation professionnelle, à l'emploi et à la démocratie sociale qui a été publiée au *Journal officiel* le 6 mars 2014.

Puis la loi n° 2016-1088 du 8 août 2016 a créé, à compter du 1er janvier 2017, **le compte personnel d'activité** (CPA), qui regroupe, désormais, les droits issus du compte personnel de formation (CPF), du compte personnel de prévention (C2P) et du compte engagement citoyen (CEC), nouveau dispositif créé par cette même loi. Le CPA permettra d'utiliser les droits acquis sur ces différents comptes afin de sécuriser le parcours professionnel du salarié. Enfin, les textes concernant le CPA a été largement remanié en 2018 et 2019.

Le compte personnel d'activité a pour objectifs, par l'utilisation des droits qui y sont inscrits, de renforcer l'autonomie et la liberté d'action de son titulaire et de sécuriser son parcours professionnel en supprimant les obstacles à la mobilité. Il contribue au droit à la qualification professionnelle mentionné à l'article L. 6314-1. Il permet la reconnaissance de l'engagement citoyen.

Le titulaire du compte personnel d'activité décide librement de l'utilisation de ses droits et a droit à un accompagnement global et personnalisé destiné à l'aider à exercer ses droits pour la mise en œuvre de son projet professionnel (C. trav., art. L. 5151-1).

Un compte personnel d'activité est ouvert pour toute personne âgée d'au moins seize ans se trouvant dans l'une des situations suivantes :

1° Personne occupant un emploi, y compris lorsqu'elle est titulaire d'un contrat de travail de droit français et qu'elle exerce son activité à l'étranger ;

2° Personne à la recherche d'un emploi ou accompagnée dans un projet d'orientation et d'insertion professionnelles ;

3° Personne accueillie dans un établissement et service d'aide par le travail mentionné au a du 5° du I de l'article L. 312-1 du Code de l'action sociale et des familles;
4° Personne ayant fait valoir l'ensemble de ses droits à la retraite (C. trav., art. L. 5151-2).

Les droits inscrits sur le compte personnel d'activité, y compris en cas de départ du titulaire à l'étranger, demeurent acquis par leur titulaire jusqu'à leur utilisation ou à la fermeture du compte (C. trav., art. L. 5151-3).

Le compte personnel d'activité est constitué:
1° Du compte personnel de formation;
2° Du compte professionnel de prévention;
3° Du compte d'engagement citoyen.
Il organise la conversion des droits selon les modalités prévues par chacun des comptes le constituant (C. trav., art. L. 5151-5).

Chaque titulaire d'un compte personnel d'activité peut consulter les droits inscrits sur celui-ci: https://www.moncompteformation.gouv.fr. Il doit ensuite créer un compte en renseignant son numéro de Sécurité sociale pour retrouver son solde dans l'onglet «Mes droits à formation». Il pourra alors connaître les formations éligibles, lui permettant d'élaborer un «passeport d'orientation, de formation et de compétences».

Depuis le 1er janvier 2015, le CPF est alimenté annuellement d'un nombre d'heures de formation dès lors qu'on est salarié (24 heures par an pour les cinq premières années, puis 12 heures par an les années suivantes dans la limite d'un **plafond de 150 heures** pour un temps plein, au prorata pour un temps partiel) (C. trav., art. L. 6323-1). Ces droits au CPF étant déterminés à partir des données déclarées par les employeurs dans la Dads ou la DSN.

Mais, depuis le 1er janvier 2017, afin de sécuriser les parcours professionnels des publics les plus fragiles, l'alimentation du compte se fait à hauteur de 48 heures par an et le plafond est porté à 400 heures pour les salariés qui n'ont pas atteint un niveau de formation sanctionné par un diplôme classé au niveau V (CAP, BEP), un titre professionnel enregistré et classé au niveau V du Répertoire national des certifications professionnelles ou une certification reconnue par une convention collective nationale de branche. La procédure applicable est précisée par l'article D. 6323-3-1 du Code du travail.

Enfin, depuis le 1er janvier 2019, le CPF est crédité en euros et non plus en heures : **500 euros par an pour un salarié à temps plein, avec un plafond de 5 000 euros.** Les heures de formation déjà acquises par les actifs seront converties en euros, selon un **taux de 15 euros de l'heure**.

Ainsi, si au 1er janvier 2020, un salarié qui travaille depuis 2005 à temps plein, n'a jamais utilisé son DIF (120 heures), ni son CPF (96 heures accumulées depuis 2015), il doit disposer sur son compte d'un crédit de formation d'une valeur de 3.240 euros. Au cours du premier semestre 2020, viendront s'ajouter 500 euros au titre de l'année 2019, soit un total de 3.740 euros.

Les périodes d'absence du salarié dues à une maladie professionnelle ou à un accident de travail, ainsi que celles liées à un congé de maternité, de paternité, d'adoption, de présence parentale, de soutien familial ou à un congé parental d'éducation seront intégralement prises en compte pour le calcul des heures acquises dans le CPF (C. trav., art. L. 6323-11). Des abondements pourront être également effectués, volontairement ou par exemple en application d'un accord d'entreprise, par l'employeur, le salarié, Pôle emploi ou encore les régions (C. trav., art. L. 6323-14).

Les heures de formation inscrites sur le CPF resteront acquises en cas de changement de situation professionnelle ou de perte d'emploi de son titulaire. Le CPF suivra donc son titulaire tout au long de sa vie professionnelle, jusqu'à la retraite, quel que soit son statut, salarié, indépendant ou demandeur d'emploi.

Lorsque la formation est suivie en tout ou partie pendant le temps de travail, le salarié doit recueillir l'accord préalable de son employeur sur le contenu et sur le calendrier de la formation. *A contrario*, lorsque la formation choisie est suivie en dehors du temps de travail, le salarié n'a pas besoin de l'accord préalable de son employeur (art. L. 6323-17). Les heures consacrées à la formation pendant le temps de travail constituent du temps de travail effectif et ouvrent droit au maintien de la rémunération du salarié (C. trav., art. L. 6323-18). En revanche, l'employeur n'a pas d'allocation de formation à verser pour des formations se déroulant en dehors du temps de travail.

Le projet de transition professionnelle (PTP)

Le projet de transition professionnelle, **ex-Cif (congé individuel de formation)**, permet au salarié de s'absenter de son poste afin de suivre une formation pour se qualifier, évoluer ou se reconvertir. Il est aussi appelé **CPF de transition**. Le PTP est ouvert sous conditions. Il est accordé sur demande à l'employeur. Le salarié bénéficie d'un congé rémunéré spécifique lorsqu'il suit cette action de formation en tout ou partie durant son temps de travail (C. trav., art. L. 6323-17-1 à L.6323-20).

La formation suivie dans le cadre du PTP doit permettre :

- d'accéder à un niveau de qualification supérieure ;
- de changer de profession ou de secteur d'activité ;
- d'enrichir ses connaissances dans le domaine culturel et social, ou de se préparer à l'exercice de responsabilités associatives bénévoles ;
- ou de préparer un examen pour l'obtention d'un titre ou diplôme à finalité professionnelle enregistré dans le Répertoire national des certifications professionnelles.

La formation demandée n'a pas besoin d'être en rapport avec l'activité du salarié.

Tout salarié peut demander un PTP à condition de justifier :

- d'une activité salariée d'au moins 2 ans consécutifs ou non, dont 1 an dans la même entreprise, quelle que soit la nature des contrats successifs ;
- ou d'une activité salariée d'au moins 2 ans consécutifs ou non, quelle que soit la nature des contrats successifs, au cours des 5 dernières années dont 4 mois en CDD au cours des 12 derniers mois.

Le salarié doit adresser une demande écrite d'autorisation d'absence à son employeur, de préférence par lettre recommandée avec accusé de réception, indiquant :

- la date de la formation ;
- son intitulé ;
- sa durée ;
- l'organisme qui la réalise.

Un certificat d'inscription doit être joint en cas de congé pour passer un examen.

La demande doit être formulée au plus tard :

- 120 jours avant le début de la formation si elle dure 6 mois ou plus, et si elle s'effectue en une fois à temps plein ;
- ou 60 jours si elle dure moins de 6 mois, et si elle s'effectue à temps partiel ou sur plusieurs périodes ou si la demande concerne un congé pour passer un examen.

L'employeur a 30 jours pour répondre au salarié. En l'absence de réponse dans ce délai, l'autorisation est considérée accordée. L'employeur peut différer le bénéfice du congé de transition professionnelle de 9 mois maximum pour dépassement d'absences simultanées de l'effectif de l'entreprise.

L'absence autorisée est :

- de 2 % dans un établissement de 100 salariés et plus ;
- et de 1 salarié à la fois dans un établissement de moins de 100 salariés.

La durée du PTP est d'au maximum :

- 1 an pour une formation à temps plein ;
- ou 1 200 heures pour une formation discontinue ou à temps partiel.

Lorsque le PTP est réalisé sur le temps de travail, le salarié bénéficie d'une rémunération égale à un pourcentage du salaire moyen de référence du bénéficiaire du projet. Il est déterminé en fonction des salaires perçus au cours d'une période de référence.

Le salaire moyen de référence du salarié qui remplit les conditions d'ancienneté d'au moins 2 ans consécutifs ou non est calculé sur la base des salaires perçus au cours des 12 mois précédant la formation.

Le salaire moyen de référence du salarié qui remplit les conditions d'ancienneté d'au moins 2 ans consécutifs ou non dont 4 mois de CDD est calculé sur la base des salaires perçus au cours des 4 derniers mois de CDD. Ne sont pas pris en compte pour ce calcul :

- les contrats d'accompagnement dans l'emploi ;
- les contrats d'apprentissage ;
- les contrats de professionnalisation ;
- les contrats conclus avec un jeune au cours de son cursus scolaire ou universitaire ;
- et ceux qui se poursuivent par un CDI.

Lorsque le salaire moyen de référence du salarié est inférieur ou égal à 2 Smic (3 078,84 euros en 2020), la rémunération perçue au titre du projet de transition professionnelle est égale à 100 % du salaire moyen de référence.

Lorsque le salaire moyen de référence du salarié est supérieur à 2 Smic, la rémunération est égale à :

- 90 % du salaire moyen de référence, lorsque la durée du congé de transition professionnelle n'excède pas 1 an ou 1 200 heures pour une formation discontinue ou à temps partiel ;
- 90 % du salaire moyen de référence pour la première année de formation ou pour les premières 1 200 heures de formation, lorsque la durée du congé de transition professionnelle est supérieure à 1 an ou 1 200 heures pour une formation discontinue ou à temps partiel, et 60 % du salaire moyen de référence pour les années suivantes ou à partir de la 1 201e heure ;
- au-delà d'un an, le montant de la rémunération perçue au titre d'un PTP ne peut pas être inférieur à un montant égal à 2 Smic.

Le temps passé en congé de formation est assimilé à du temps de travail effectif. Les congés payés et les primes sont dus en totalité. Le salarié continue à bénéficier de toutes les prestations de la Sécurité sociale (couverture maladie, accident du travail, notamment).

Le salaire moyen de référence du salarié qui remplit les conditions d'ancienneté est calculé sur la base des salaires perçus au cours des 12 mois précédant la formation.

La validation des acquis de l'expérience

Toute personne, quels que soient son âge, son statut et son niveau de formation, et justifiant d'au moins 3 ans d'expérience en rapport direct avec la certification visée, peut prétendre à la VAE. Cette certification, qui peut être un diplôme, un titre ou un certificat de qualification professionnelle doit être inscrite au Répertoire national des certifications professionnelles (voir les articles du Code du travail L. 6411-1 à L. 6423-2).

Le but de la VAE est :

- d'obtenir une certification ;
- de mettre en cohérence sa certification avec son niveau de responsabilité ;
- de valider son expérience pour soi ;

- de faire reconnaître ses compétences ;
- d'obtenir un niveau de qualification permettant d'accéder à une formation d'un niveau supérieur ou de s'inscrire à un concours ;
- de changer d'emploi ;
- d'évoluer professionnellement ;
- d'obtenir une augmentation ou une promotion professionnelle ;
- de développer sa confiance en soi.

Le salarié doit transmettre à l'autorité certificatrice un dossier décrivant son expérience. Ensuite, selon la certification, il est mis en situation professionnelle devant un jury ou présente son dossier. Dans les deux cas, le jury s'entretiendra avec lui et prendra une décision de validation totale, partielle ou de refus de validation. L'ensemble de la démarche dure entre huit et douze mois (de la définition du projet jusqu'aux épreuves de validation devant le jury).

La certification obtenue par la VAE a la même valeur que celle obtenue par la voie de la formation.

Le salarié peut solliciter l'aide de son employeur s'il le souhaite. Mais, à aucun moment, il n'est tenu d'avertir son employeur de sa démarche.

Plusieurs possibilités existent pour financer, partiellement ou intégralement, une démarche de VAE, en fonction du statut du demandeur. Il est également possible de financer sa démarche VAE à titre individuel.

Les salariés peuvent obtenir une prise en charge :
- au titre du congé VAE : la demande de financement est faite auprès de l'Opacif (Organisme paritaire agréé au titre du congé individuel de formation) ou du Fongecif dont dépend leur entreprise ;
- dans le cadre du plan de formation de leur entreprise : la demande est à formuler auprès de l'employeur ;
- en demandant à leur entreprise d'utiliser leurs droits acquis dans le cadre du droit individuel à la formation (Dif). À partir du 1er janvier 2015 et jusqu'au 31 décembre 2020, les droits acquis au titre du Dif pourront être utilisés dans les mêmes conditions que ceux du CPF ;
- en mobilisant, à partir du 1er janvier 2015, leurs droits acquis au titre du compte personnel de formation (CPF), sans avoir à obtenir l'accord de l'employeur lorsqu'il s'agit de financer un accompagnement à la validation des acquis de l'expérience (loi n° 2014-288 du 5 mars 2014).

Les **demandeurs d'emploi** peuvent bénéficier de différents financements permettant, sous certaines conditions, d'assurer la gratuité de l'intégralité du parcours **VAE** :

- l'aide régionale : certains conseils régionaux proposent une aide financière (en Île-de-France, le chéquier VAE) ;
- l'aide du Pôle emploi (complémentaire de l'aide régionale) ;
- l'aide de l'État pour obtenir un titre professionnel du ministère chargé de l'Emploi ou pour bénéficier d'actions spécifiques départementales ;
- en mobilisant à partir du 1er janvier 2015 leurs droits acquis au titre du compte personnel de formation (CPF).

À noter : depuis la loi du 5 mars 2014, l'exercice de responsabilités syndicales est désormais « éligible » à la VAE.

Le congé pour préparation d'un examen (apprentis)

Les apprentis bénéficient d'un congé de 5 jours ouvrables au cours du mois qui précède les épreuves du diplôme prévu dans le contrat d'apprentissage **en vue de préparer leurs examens** (C. trav., art. L. 6222-35).

Ce congé, qui donne droit au maintien du salaire, est situé dans le mois qui précède les épreuves et s'ajoute aux congés payés. Il ne peut être imputé sur la durée normale de formation en centre de formation d'apprentissage prévue par le contrat. Si le jeune présente la demande dans les conditions requises, **l'octroi du congé est de droit**.

Le congé pour acquisition de la nationalité française

Le salarié a le droit de bénéficier, sur justification, **d'un congé non rémunéré d'une demi-journée pour assister à sa cérémonie d'accueil dans la citoyenneté française**. Bénéficie de ce droit, dans les mêmes conditions, le conjoint du salarié (C. trav., art. L. 3142-75).

Ce congé n'est pas assimilé à du travail effectif.

Le droit de retrait

Le travailleur alerte immédiatement l'employeur de **toute situation de travail** dont il a un motif raisonnable de penser qu'elle **présente un danger grave et imminent pour sa vie ou sa santé** ainsi que de toute défectuosité qu'il constate dans les systèmes de protection. **Il**

peut se retirer d'une telle situation. L'employeur ne peut demander au travailleur qui a fait usage de son droit de retrait de reprendre son activité dans une situation de travail où persiste un danger grave et imminent résultant notamment d'une défectuosité du système de protection (C. trav., art. L. 4131-1).

Notion de danger grave et imminent.

Un danger peut être considéré comme grave lorsqu'il est susceptible de produire un accident ou une maladie pouvant entraîner la mort ou une incapacité permanente ou temporaire prolongée (Circulaire ministérielle n°93-15 du 25 mars 1993). Selon cette même circulaire, la notion d'imminence est le fait que ce danger puisse se réaliser brutalement dans un délai rapproché.

Aucune sanction, **aucune retenue de salaire ne peut être prise à l'encontre d'un travailleur ou d'un groupe de travailleurs qui se sont retirés** d'une situation de travail dont ils avaient un motif raisonnable de penser qu'elle présentait un danger grave et imminent pour la vie ou pour la santé de chacun d'eux (art. L. 4131-3). Ce travailleur (ou groupe de travailleurs) continue donc à percevoir son (leur) salaire pendant la période de retrait jusqu'à ce que des mesures soient prises. En cas de non-paiement des salaires, ce travailleur (ou groupe de travailleurs) peut prendre acte de la rupture ou demander au juge de référés d'ordonner à l'employeur d'allouer une provision sur le salaire retenu (Cass. soc. 31 mars 2016, n°14-25.237).

Mais, le droit de retrait doit être exercé de façon à ce qu'il ne puisse créer pour autrui une nouvelle situation de danger grave et imminent (C. trav., art. L. 4132-1).

Cas du coronavirus / Covid 19

Face à la situation inédite de 2020, le ministère du Travail considère qu'« un salarié serait fondé à exercer son droit de retrait pour la seule situation où, en violation des recommandations du gouvernement, son employeur lui demanderait de se déplacer ou de séjourner dans une zone d'exposition au virus ».
Mais, comme toujours en droit, tout dépend des conditions de travail du salarié : est-il dans un espace de travail restreint ? Proche de collègues, de clients ? Y a-t-il possibilité de garder une « certaine » distance avec les clients ou les collègues ? Quel est son propre état de santé (vulnérabilité face au virus) ? Les mesures de protection prises par

l'employeur sont-elles suffisantes ou pas (masques, gants, gel hydroalcoolique, plexiglace, etc.) ?
Bref, une foule de questions auxquelles seuls les juges répondront dans les mois (ou années) qui suivent cet évènement exceptionnel.

Hors du cas du coronavirus / Covid 19

Lorsque le représentant du personnel au comité d'hygiène, de sécurité et des conditions de travail alerte l'employeur en application de l'article L. 4131-2, il consigne son avis par écrit dans des conditions déterminées par voie réglementaire. L'employeur procède immédiatement à une enquête avec le représentant du comité d'hygiène, de sécurité et des conditions de travail qui lui a signalé le danger et prend les dispositions nécessaires pour y remédier (C. trav., art. L. 4132-2).
En cas de divergence sur la réalité du danger ou la façon de le faire cesser, notamment par arrêt du travail, de la machine ou de l'installation, le comité d'hygiène, de sécurité et des conditions de travail est réuni d'urgence, dans un délai n'excédant pas vingt-quatre heures (C. trav., art. L. 4132-3).
A défaut d'accord entre l'employeur et la majorité du comité d'hygiène, de sécurité et des conditions de travail sur les mesures à prendre et leurs conditions d'exécution, l'inspecteur du travail est saisi immédiatement par l'employeur. L'inspecteur du travail met en œuvre soit l'une des procédures de mise en demeure prévues à l'article L. 4721-1, soit la procédure de référé prévue aux articles L. 4732-1 et L. 4732-2 (C. trav., art. L. 4132-4).
L'employeur prend les mesures et donne les instructions nécessaires pour permettre aux travailleurs, en cas de danger grave et imminent, d'arrêter leur activité et de se mettre en sécurité en quittant immédiatement le lieu de travail (C. trav., art. L. 4132-5).

La grève

Le droit de grève était déjà inscrit dans le préambule de notre quatrième Constitution (27 octobre 1946, article 7) : « Le droit de grève s'exerce dans le cadre des lois qui le réglementent. ». Mais si le Code le reconnaît à travers plusieurs de ses articles, la définition de la grève ne nous est donnée que par la jurisprudence comme étant : « une cessation collective totale et concertée du travail en vue d'appuyer des revendications professionnelles ».

Il se dégage trois critères caractéristiques d'une grève pour que celle-ci soit licite :

1° **Cessation collective du travail** : Elle ne peut être le fait d'un seul salarié de l'entreprise, sauf s'il est seul dans cette entreprise ou s'il répond à un mot d'ordre de grève nationale. En revanche, il n'est pas nécessaire que la totalité des salariés d'une même entreprise, ou même seulement la majorité du personnel fasse grève pour que celle-ci soit légale.

2° **Cessation concertée du travail** : La grève implique une décision préalable concertée des salariés et doit traduire une décision commune des salariés d'entamer un mouvement revendicatif.

3° **Revendications professionnelles** : Bien que la notion de revendication professionnelle s'entend au sens large selon la jurisprudence, tout autre motif rendrait la grève illicite.

La grève entraînant nécessairement une désorganisation de la production, elle ne peut être considérée comme abusive que si elle entraîne ou risque d'entraîner la désorganisation de l'entreprise elle-même (Cass. soc., 11 janvier 2000, n°97-18.215).
L'abus de droit est caractérisé par exemple par l'occupation des locaux, un piquet de grève interdisant l'accès à l'entreprise. Ces faits constituent une faute lourde.

La suspension du contrat de travail pour faits de grève emporte celle de l'obligation pour l'employeur de payer les salaires. Tout travail effectué avant ou après la grève doit être rémunéré. Ni la perte de production résultant de la grève, ni le temps consacré à la remise en ordre de l'entreprise n'autorisent l'employeur à effectuer un abattement supérieur à la durée de l'arrêt de travail. La retenue à opérer sur la rémunération doit être proportionnelle à la durée de l'arrêt de travail (Cass. soc., 8 juillet 1992, n°89-42.563).
Pour être propotionnelle, la retenue doit être calculée sur l'horaire mensuel réel des salariés et non pas par jours calendaires (Cass. Soc., 19 mai 1998, n°97-41.900). Elle doit donc être égale au salaire x nombre d'heures de grève / nombre d'heures théoriquement travaillées ce mois-ci (méthodes des heures réelles décrites dans le point 1 de cette même partie).
A défaut d'accord collectif ayant fixé d'autres modalités, la retenue sur salaire en cas de grève d'un salarié en forfait jours se calcule en fonction d'un salaire horaire « fictif » lorsque la grève est d'une durée inférieure à la journée (Cass. soc., 13 mai 2008, n°06-44.608). En revanche, lorsqu'un accord collectif précise qu'aucune retenue sur salaire peut être effectuée en cas d'absence inférieure à une demi-journée, cette règle doit être appliquée et aucune retenue ne doit

être opérée sur la rémunération des intéressé au titre des heures de grève (Cass. soc., 4 mars 2009, n°07-45.291).
De même, les indemnités pour frais professionnels peuvent être réduites proportionnellement à la durée de la grève.
Attention au non paiement des jours fériés compris dans une période de grève, le contrat de travail étant suspendu pendant cette période.
Ce sera la même logique en cas de maladie ; si la maladie a commencé avant la période de grève le salarié sera en arrêt maladie et indemnisé à ce titre, en revanche s'il tombe malade pendant la période de grève, il ne percevra pas les indemnités conventionnelles prévues.
Enfin, l'accident survenant à un salarié gréviste ne sera pas considéré comme un accident de travail.

L'activité partielle

L'activité partielle est le nouveau nom du chômage partiel, connu aussi sous le nom de chômage technique.
Quand l'activité de l'entreprise baisse au point de ne plus permettre à l'employeur de remplir une de ses 4 obligations, en l'occurrence « fournir le travail convenu », les salariés sont soit licenciés économiquement, soit placés en activité partielle en attendant des jours meilleurs. Ce dispositif évite donc, au moins pour un certain temps le licenciement économique et c'est la raison pour laquelle l'Etat aide ces entreprises en difficulté en leur versant une allocation d'activité partielle.

Le recours à l'activité partielle peut prendre plusieurs formes :
- diminution de la durée hebdomadaire du travail ;
- fermeture temporaire de tout ou partie de l'établissement.

L'employeur peut percevoir l'allocation d'activité partielle dans la limite de 1 000 heures par an et par salarié quelle que soit la branche professionnelle (**1 607 heures pour l'année exceptionnelle 2020**, suite au décret du 25 mars 2020), ou 100 heures par an et par salarié si l'activité partielle est due à des travaux de modernisation des installations et des bâtiments de l'entreprise.

En temps normal

Dans les entreprises de plus de 50 salariés, l'employeur doit au préalable consulter pour avis le comité social et économique (CSE) concernant :
- les motifs de recours à l'activité partielle ;

- les catégories professionnelles et les activités concernées;
- le niveau et les critères de mise en œuvre des réductions d'horaire;
- les actions de formation envisagées ou tout autre engagement pris par l'employeur.

Les entreprises sans représentants du personnel doivent informer directement leurs salariés du projet de mise en activité partielle de leur établissement.

Avant la mise en activité partielle, l'employeur doit adresser à la direction régionale des entreprises, de la concurrence, de la consommation, du travail et de l'emploi (Direccte) du département où est implanté l'établissement une demande préalable d'autorisation d'activité partielle.
L'employeur bénéficie d'un délai de 30 jours pour adresser sa demande en cas de sinistres ou d'intempéries.

La demande doit préciser:

- les motifs justifiant le recours à l'activité partielle;
- la période prévisible de sous-activité;
- le nombre de salariés concernés.

Elle doit être accompagnée de l'avis préalable du comité social et économique (CSE).
La décision doit être notifiée à l'employeur dans un délai de 15 jours. La décision de refus doit être motivée. En l'absence de réponse dans les 15 jours, l'autorisation est considérée comme accordée. L'état d'avancement de l'instruction du dossier peut être suivi en ligne. Une fois l'autorisation administrative obtenue, qu'elle soit expresse ou tacite, l'employeur peut réduire ou suspendre son activité et mettre ses salariés en chômage technique. C'est cette autorisation qui lui permet d'obtenir le remboursement des indemnités versées aux salariés.
L'autorisation d'activité partielle n'est accordée que pour une **durée maximale de 6 mois renouvelables.**

Le salarié placé en activité partielle reçoit une indemnité horaire, versée par son employeur à l'échéance habituelle de la paie, correspondant à 70 % de sa rémunération brute horaire (soit environ 84 % du salaire net horaire puisque l'indemnité n'est qu'à une CSG/CRDS réduite dont nous verrons le détail juste après) ou 100 % de la rémunération net horaire s'il est en formation pendant les heures chômées (C. trav., art. R. 5122-18). Cette indemnité est toutefois limitée à 4,5 fois le taux du Smic (C. trav., art. D. 5122-13).

L'employeur doit remettre au salarié un document indiquant le nombre des heures indemnisées, les taux appliqués et les sommes versées ou les faire figurer dans le bulletin de paie. De façon exceptionnelle, en cas de de difficultés financières de l'employeur (procédure de sauvegarde, de redressement ou de liquidation judiciaire), le préfet du département peut faire procéder au paiement direct de l'allocation aux salariés.

Ces 70% de la rémunération brute horaire du salarié sont décomposés en deux indemnités distinctes :

1. Une allocation à la charge de l'Etat (appelée aujourd'hui « **Allocation Spécifique** », auparavant « Aide Publique ») et **dont le montant est, par heure chômée, fixé à 8,03 €** (depuis le décret n°2020-325 du 25 mars 2020, art. 1 qui a modifié l'art. D. 5122-13) quel que soit l'effectif de l'entreprise. (Avant cette date, il y avait deux montants distincts : 7,23 € pour les plus de 250 salariés et 7,74 € pour les moins de 250 salariés.)
2. Une allocation à la charge de l'employeur (appelée « **Allocation Complémentaire** ») **qui vient compléter l'allocation spécifique à hauteur de 70% du taux horaire du salarié.**

A ce schéma « classique », viennent s'ajouter quelques particularités :

- Une convention collective ou accord peut faire varier ce « 70% » jusqu'à 100% et le salarié perçoit alors une « **Allocation Conventionnelle** » diminuée d'un ajustement afin qu'il ait le net habituel ;
- Un salarié au Smic, verra son allocation augmenter jusqu'à ce qu'il perçoive le Smic net habituel (1.219 € en 2020) hors prélèvement à la source ;
- Un salarié en activité partielle ne pouvant percevoir moins que le Smic net, il faut parfois ajuster l'allocation spécifique (le 8,03 € correspondant à un Smic net) de façon à ce que le salarié perçoive cette somme.

Les heures chômées prises en compte correspondent à la différence entre le nombre d'heures réellement travaillées et la durée légale du travail (ou la durée collective ou celle prévue au contrat de travail si elle est inférieure). Seules les heures chômées dans la limite de la durée légale du travail sont indemnisables (les heures supplémentaires accomplies en raison d'un horaire collectif supérieur à 35 heures ne doivent pas être payées au salaire initialement convenu - ces heures n'ouvrant pas droit au versement de l'allocation d'activité partielle de l'État à l'employeur).

Pour les salariés travaillant en forfait heures ou jours sur l'année, c'est la durée légale correspondant aux jours de fermeture de l'établissement ou du service qui est prise en compte (dans la limite de 7 heures par jour ou 3 h 30 par demi-journée de fermeture). La totalité des heures chômées est prise en compte pour le calcul des congés payés.

Période du coronavirus / Covid 19

Le ministère du Travail, pour cette période exceptionnelle lié à la pandémie du coronavirus, doit rembourser à l'employeur, non seulement l'allocation spécifique mais également l'allocation complémentaire dans la limite de 4,5 Smic mensuel brut, soit en 2020 : (1.539,45 x 4,5) = 6.927,53 euros x 70% = 4.849,27 euros (soit 31,98 € par heure). C'est pourquoi certains programmes de paie ont regroupés ces deux rubriques en une seule, souvent appelée « **Allocation Activité Partielle** », mais si l'entreprise pense recourir dans le futur (hors période coronavirus) à l'activité partielle, le service Paie a mieux intérêt à garder les deux rubriques (« Allocation Spécifique » et « Allocation Complémentaire »).

A cette occasion (27 mars 2020), la ministre du Travail a rappelé que :
- Toute entreprise confrontée à une baisse ou à l'arrêt de son activité dans le cadre de cette crise peut recourir à l'activité partielle ;
- Il n'y a **pas de condition d'ancienneté, ni de conditions liées au type de contrat de travail** (CDD, apprentis, CDI, etc.), **ni de conditions liées au temps de travail du salarié** (temps partiel, temps plein) pour être éligible à l'activité partielle ;
- Même les salariés généralement non concernés par l'activité partielle le seront exceptionnellement jusqu'au 15 avril 2020 inclus. Elle pensait aux travailleurs saisonniers (accord particulier déjà signé), assistantes maternelles et employés à domicile avec une indemnisation allant jusqu'à 80% du salaire versé habituellement qui sera remboursé à travers le CESU ;
- L'Etat prend en charge l'allocation spécifique (8,03 € de l'heure) et l'allocation complémentaire (qui porte le total de l'allocation activité partielle à 70 % de la rémunération horaire brute du salarié). **Attention** : le taux de 70 % devrait passer à 60 % au 1er juin 2020 (décret non paru à l'heure de la mise sous presse de ce livre).

Nombre d'heures à prendre en compte

Pour l'absence activité partielle, il faut prendre en compte toutes les heures chômées.

Pour le calcul de l'indemnité, le nombre d'heures pouvant justifier de l'attribution de l'allocation d'activité partielle correspond à la différence entre la durée légale du travail sur la période considérée ou, lorsqu'elle est inférieure, la durée collective du travail ou la durée stipulée au contrat, et le nombre d'heures travaillées sur ladite période.

Lorsque la durée du travail du salarié est fixée par forfait en heures ou en jours sur l'année, en application des articles L. 3121-56 et L. 3121-58 du Code du travail, est prise en compte la durée légale correspondant aux jours de fermeture de l'établissement ou aux jours de réduction de l'horaire de travail pratiquée dans l'établissement, à due proportion de cette réduction. Lorsque le salarié est employé dans le cadre d'un régime d'équivalence tel que prévu aux articles L. 3121-13 à L. 3121-15, le nombre d'heures rémunérées sur la période considérée est déduit de la durée légale du travail sur la période considérée ou, lorsqu'elle est inférieure, la durée collective du travail ou la durée stipulée au contrat. Pour l'application du présent article, la durée légale du travail et la durée stipulée au contrat sont définies sur la période considérée en tenant compte du nombre de mois entiers, du nombre de semaines entières et du nombre de jours ouvrés (C. trav., art. R. 5122-19).

Cette dernière phrase est très importante pour les personnes qui se posent la question du mois complet d'activité partielle pour lequel le nombre de jours ouvrés est 22 ou 23. Le nombre d'heures de l'allocation activité partielle peut donc aller jusqu'à 154 (22 jours ouvrés x 7 h/j) ou 161 (23 jours ouvrés x 7 h/j).

En revanche, sept heures par jour d'activité partielle est bien le maximum d'heures à considérer, même dans les cas de modulation sur l'année, d'horaire supérieur à 35 h/semaine ou de salariés en forfait jours. **Attention** : Après de nombreuses tergiversations, l'Etat a finalement décidé (fin avril) d'inclure les heures supplémentaires habituelles si l'employeur s'engageait expressément à maintenir la rémunération en cas d'activité partielle et donc, dans ce cas uniquement, le maximum d'heures pourrait passer à 7 h 80.

Les taux

Pour l'absence activité partielle, il peut y avoir deux raisonnements qui se valent juridiquement :

- Soit la méthode des heures réelles, si on considère que l'absence n'est pas indemnisée complètement : le taux horaire est le résultat de la division du salaire par le nombre d'heures théoriquement travaillées ce mois ;

- Soit la méthode des heures moyennes, si on considère que l'absence est indemnisée, même partiellement : le taux horaire est le résultat de la division du salaire par le nombre d'heures moyennes par mois (151,67 heures si l'entreprise applique la durée légale, 169 heures si l'entreprise est à 39 h/semaine, etc.

Puisque l'Etat va rembourser l'allocation sur la base de 151,67 heures, je prendrais donc plutôt la méthode des heures moyennes pour avoir une cohérence des résultats.

L'article R.5122-18 dit que pour le paiement de l'allocation, l'indemnité horaire doit correspondre à 70% de sa rémunération brute servant d'assiette à l'indemnité de congés payés telle qu'elle est prévue au II de l'article L. 3141-24 ramenée à un montant horaire sur la base de la durée légale du travail applicable dans l'entreprise ou, lorsqu'elle est inférieure, la durée collective du travail ou la durée stipulée au contrat de travail. Pendant les actions de formation mentionnées à l'article L. 5122-2 mises en œuvre pendant les heures chômées, cette indemnité horaire est portée à 100 % de la rémunération nette antérieure du salarié. Pour les salariés en contrat d'apprentissage ou de professionnalisation, l'allocation mentionnée à l'article L. 5122-1 ne peut être supérieure au montant de l'indemnité horaire due par l'employeur.
Autrement dit, l'allocation est calculée selon la règle du maintien de salaire. Il faut donc prendre en compte le paiement majoré des heures supplémentaires habituelles et constantes que le salarié aurait effectuées s'il avait travaillé (Cass. soc., 13 octobre 1955, n°2878), la valeur des avantages en nature s'ils ne sont pas maintenus pendant les congés payés, les primes ou indemnités versées en complément du salaire si elles ne rémunèrent pas déjà la période des congés payés.

L'indemnité d'activité partielle versée au salarié est exonérée des cotisations salariales et patronales de Sécurité sociale, mais assujettie aux impôts et à la CSG non imposable au taux de 3,8% (au lieu de 6,8%) et à la CSG et la CRDS imposable au taux de 2,90%. Ces deux contributions sont calculées sur la base de 98,25 % de l'indemnité versée (après application d'un abattement de 1,75 % pour frais professionnels). Cette indemnité est bien sûr cessible et saisissable dans les mêmes conditions et limites que les salaires (C. trav., art. L. 5122-4).

Questions diverses sur l'activité partielle

Pendant cette période de confinement liée au coronavirus, les chiffres offciels du gouvernement font état qu'au moins 8 millions de salariés ont été confrontés à l'activité partielle, et pour la plupart pour la première fois de leur carrière. Aussi s'inquiètent-ils sur leurs droits à :

- **Congés payés** : la totalité des heures chômées est bien prise en compte pour l'acquisition des droits à C.P. (C. trav., art. R. 5122-11). Cette bonne nouvelle est malheureusement compensée par une moins bonne : si la salarié avait posé une semaine de CP pendant cette période, il sera considéré en CP et non en activité partielle durant cette semaine – l'avantage éventuel est qu'il perçoit 100% de sa rémunération pour cette semaine. Autre mauvaise nouvelle, l'employeur peut obliger un salarié à prendre 6 jours ouvrables (ou 5 jours ouvrés) en CP sans son accord pendant cette période d'activité partielle ;
- **JRTT** : pour la plupart des salariés, l'acquisition des jours de réduction du temps de travail s'établi en effectuant un travail effectif supérieur à 35 heures par semaine. Or, en temps d'activité partielle, il n'y a plus de travail effectif et donc plus d'acquisition de JRTT. Les autres salariés, lorsque l'acquisition est forfaitaire quel que soit le nombre d'heures ou de jours en travail effectif, conserveront donc leur droit entier ;
- **Plafond SS** : Nous le verrons plus tard (dans la partie V) mais l'activité partielle fait partie des cas de réduction du plafond de la Sécurité sociale. Pour faire simple, si un salarié est en activité partielle 15 jours calendaires sur un mois de 30 jours calendaires, son plafond sera réduit de moitié (3.248 x 15 / 30 = 1.724 €) ;
- **Retraite** : Les périodes d'activité partielle sont des périodes assimilées à des durées d'assurance (Code S.S. art. L 351-3 et R. 351-12), donc les salariés ne perdent aucun trimestre. En revanche, l'indemnité activité partielle n'est pas intégrée au salaire annuel moyen pour le calcul des 25 meilleures années. Pour la retraite unifiée Agirc/Arrco, les heures indemnisées au titre de l'activité partielle dépassant 60 heures par an donnent lieu à l'attribution de points gratuits ;
- **Maladie** : Si un salarié se trouve en arrêt maladie avant la période d'activité partielle, l'arrêt maladie reste applicable. En revanche, s'il est malade (hors cas lié au coronavirus pour lequel des règles spécifiques ont été édictées) ou si son arrêt maladie est renouvelé pendant l'activité partielle, il reste en activité partielle. Sauf dispositions plus favorables, le calcul de son maintien de salaire se fait sur la base de l'horaire réduit appliqué à l'entreprise pendant son arrêt maladie (Cass. soc., 2 juillet 1987, n° 83-43.626). Son maintien de salaire doit donc être calculé en fonction des indemnités de l'activité partielle qu'il aurait perçues s'il avait été en activité.

Exemple de bulletin de paie en cas d'activité partielle :

Libellé des Rubriques	Base	Taux	Montant
Salaire	151,67		Mt du salaire
Absence Activité Partielle	Nbre d'hres réelles d'abs.	Mt du salaire / 151,67	(Base x Taux) x -1
Allocation Spécifique	Nbre d'hres réelles (Maxi : 7h / jour)	8,030	(Base x Taux)
Allocation Conventionnelle	Nbre d'hres réelles (= allocation spécifique)	(Taux abs Act. Part. x 0,7) - Taux Alloc. Spéc.	(Base x Taux)
Total Brut			Somme des 4 rubriques
Cotisations	Base	Salariales	
		Taux	Montant
Cotisations habituelles	Mt du sal. - Mt de l'abs. Act. Part.	Taux habituels	(Base x Taux)
C.S.G. Non Imposable	(Base cotis. Hab.x 98,25%) + Mt Cotis. Pat. Prév.	6,80	(Base x Taux)
C.S.G. Non Imposable / Activité Partielle	(Mt de l'All. Spéc. + Mt de l'All. Conv.) x 98,25%	3,80	(Base x Taux)
Total des cotisations et contributions			Somme des cotis. hab. + des 2 CSG
Net fiscal			Brut - Tot. Cotis. + Mt Cotis. Pat. Prév. Frais de Santé
RETENUES ET REMBOURSEMENTS DIVERS			
C.S.G. & C.R.D.S. Imposables	(Total Brut x 98,25%) + Mt Cotis. Pat. Prév.	2,90	(Base x Taux)
Total des Retenues et Remboursements			Somme des Ret. et remb. divers
Net à payer avant prélèvement à la source			Net fisc. - total Ret. et Remb. - Mt Cotis. Pat. Prév. Fr. Santé

- **Jours fériés** : Les jours fériés ne sont pas considérés comme des jours chômés au titre de l'activité partielle puisque par essence non travaillés. L'employeur doit prendre en charge 100 % de la rémunération due au titre des jours fériés. Par ailleurs, l'État ne compense pas le paiement de ces heures dans le cadre du versement de l'allocation d'activité partielle. Seuls les jours fériés traditionnellement travaillés au sein de l'entreprise peuvent être pris en charge.
- **Indemnité de transport** : La prise en charge obligatoire égale à 50 % des frais de transport réellement engagés par le salarié, dans le cadre d'un abonnement mensuel de transports en commun pour ses déplacements domicile - lieu de travail, est maintenue si le salarié doit se déplacer au moins une fois dans le mois, sur son

lieu de travail. Si l'abonnement est annuel, la prise en charge reste obligatoire. Dans tous les autres cas, l'indemnité de transport n'est pas maintenue.

Les congés pour engagement associatif, politique ou militant

Le congé mutualiste de formation

Tout administrateur d'une mutuelle, d'une union ou d'une fédération, au sens de l'article L. 114-16 du Code de la mutualité, a droit, chaque année, à un congé de formation (C. trav., art. L. 3142-36).

La durée du congé ne peut être imputée sur la durée du congé payé annuel. Elle est assimilée à une période de travail effectif pour la détermination des droits à congés payés ainsi que pour l'ensemble des autres droits résultant pour l'intéressé de son contrat de travail (C. trav., art. L. 3142-37).

Un décret en Conseil d'Etat détermine les modalités d'application de la présente sous-section, notamment :

1° Les conditions dans lesquelles l'employeur peut différer le congé en raison des nécessités propres de l'entreprise ou de son exploitation ;

2° Les conditions dans lesquelles est établie la liste des stages ouvrant droit au congé mutualiste de formation et des organismes susceptibles de dispenser ces stages ;

3° Les conditions dans lesquelles le congé est attribué aux agents des services publics et des entreprises publiques ;

4° Les conditions dans lesquelles le congé est attribué au salarié bénéficiant d'un régime de congé plus avantageux que celui qui résulte du chapitre Ier (C. trav., art. L. 3142-38).

Depuis le 1er janvier 2020, en cas de différend, le refus de l'employeur peut être directement contesté par le salarié devant le conseil de prud'hommes, statuant selon la procédure accélérée au fond, dans des conditions fixées par décret en Conseil d'Etat (C. trav., art. L. 3142-39).

Pour mettre en œuvre le droit à congé du salarié mentionné à l'article L. 3142-36, une convention ou un accord collectif d'entreprise ou, à défaut, une convention ou un accord de branche détermine :

1° La durée totale maximale du congé ;

2° Le délai dans lequel le salarié informe l'employeur de sa demande de congé ;
3° Les règles selon lesquelles est déterminé, par établissement, le nombre maximal de salariés susceptibles de bénéficier de ce congé au cours d'une année (C. trav., art. L. 3142-40).

A défaut de convention ou d'accord mentionné à l'article L. 3142-40, les dispositions suivantes sont applicables :
1° Le nombre maximal de jours pouvant être pris au titre du congé est de neuf jours ouvrables par an ;
2° Le délai dans lequel le salarié informe l'employeur de sa demande de congé est fixé par décret ;
3° Les règles selon lesquelles est déterminé, par établissement, le nombre maximal de salariés susceptibles de bénéficier de ce congé au cours d'une année sont définies par décret en Conseil d'Etat (C. trav., art. L. 3142-41).

Le congé de participation aux instances d'emploi et de formation professionnelle ou à un jury d'examen

Lorsqu'un salarié est désigné pour siéger dans une commission, un conseil ou un comité administratif ou paritaire appelé à traiter des problèmes d'emploi et de formation, l'employeur lui accorde le temps nécessaire pour participer aux réunions de ces instances. La liste de ces instances est fixée par arrêté interministériel.
Lorsqu'un salarié est désigné pour participer à un jury d'examen ou de validation des acquis de l'expérience, l'employeur lui accorde une autorisation d'absence pour participer à ce jury (C. trav., art. L. 3142-42).

La participation du salarié aux réunions et jurys mentionnés à l'article L. 3142-42 n'entraîne **aucune réduction de la rémunération.** La durée des congés correspondants ne peut être imputée sur celle du congé payé annuel (C. trav., art. L. 3142-43).

Un décret détermine les conditions dans lesquelles les dépenses afférentes au maintien du salaire et au remboursement des frais de déplacement sont supportées par les instances et jurys mentionnés à l'article L. 3142-42 ou par l'entreprise (C. trav., art. L. 3142-44).

Depuis le 1er janvier 2020, le bénéfice du congé peut être refusé par l'employeur s'il estime que cette absence est susceptible d'avoir des conséquences préjudiciables à la bonne marche de l'entreprise. Le refus de l'employeur intervient après avis du comité social et économique. Il est motivé. En cas de différend, le refus de l'employeur peut être directement contesté par le salarié devant le conseil de prud'hommes, statuant selon la procédure accélérée au fond, dans des conditions fixées par décret en Conseil d'Etat (C. trav., art. L. 3142-45).

Pour mettre en œuvre le droit à congé de participation aux instances d'emploi et de formation professionnelle ou à un jury d'examen, une convention ou un accord collectif d'entreprise ou, à défaut, une convention ou un accord de branche détermine les délais dans lesquels le salarié adresse sa demande de congé (C. trav., art. L. 3142-46). A défaut de convention ou d'accord, un décret fixe les délais dans lesquels le salarié adresse sa demande de congé (C. trav., art. L. 3142-47).

Le congé pour catastrophe naturelle

Le salarié résidant ou habituellement employé dans une zone touchée par une catastrophe naturelle a droit à un congé, pris en une ou plusieurs fois mais au maximum de 20 jours (C. trav., art. L. 3142-53) pour participer aux activités d'organismes apportant une aide aux victimes de catastrophes naturelles (C. trav., art. L. 3142-48).

Ce congé non rémunéré peut être pris sous préavis de 24 heures (C. trav., art. L. 3142-49).

La durée du congé ne peut être imputée sur la durée du congé payé annuel (C. trav., art. L. 3142-50).

L'employeur peut refuser ce congé s'il estime que cette absence est susceptible d'avoir des conséquences préjudiciables à la bonne marche de l'entreprise. Toutefois, ce refus motivé intervient après avis du CE ou des délégués du personnel. Refus qui peut être contesté devant le conseil de prud'hommes, statuant alors en la forme des référés (C. trav., art. L. 3142-51).

Le congé de formation de cadres et d'animateurs pour la jeunesse

Le salarié âgé de moins de vingt-cinq ans souhaitant participer aux activités des organisations de jeunesse et d'éducation populaire et des fédérations et associations sportives agréées par l'autorité administrative destinées à favoriser la préparation et la formation ou le perfectionnement de cadres et animateurs a droit, chaque année, à un congé de formation de cadres et d'animateurs pour la jeunesse pouvant être pris en une ou deux fois à la demande du bénéficiaire (C. trav., art. L. 3142-54).

Un congé est accordé chaque année, à sa demande, sans condition d'âge :

1° A tout salarié désigné pour siéger à titre bénévole dans l'organe d'administration ou de direction d'une association régie par la loi du 1er juillet 1901 relative au contrat d'association ou inscrite au registre des associations en application du Code civil local applicable dans les départements du Bas-Rhin, du Haut-Rhin et de la Moselle, déclarée depuis trois ans au moins et dont l'ensemble des activités est mentionné au b du 1 de l'article 200 du Code général des impôts, et à tout salarié exerçant à titre bénévole des fonctions de direction ou d'encadrement au sein d'une telle association ;

2° A tout salarié membre d'un conseil citoyen dont la composition a été reconnue par le représentant de l'Etat dans le département dans les conditions prévues à l'article 7 de la loi n° 2014-173 du 21 février 2014 de programmation pour la ville et la cohésion urbaine, pour siéger dans les instances internes du conseil citoyen et participer aux instances de pilotage du contrat de ville, y compris celles relatives aux projets de renouvellement urbain ;

3° A toute personne, non administrateur, apportant à une mutuelle, union ou fédération, en dehors de tout contrat de travail, un concours personnel et bénévole, dans le cadre d'un mandat pour lequel elle a été statutairement désignée ou élue.

Ce congé peut être fractionné en demi-journées (C. trav., art. L. 3142-54-1).

La durée du congé ne peut être imputée sur la durée du congé payé annuel et est assimilée à une période de travail effectif pour la détermination des droits à congés payés ainsi que pour l'ensemble des autres droits résultant pour l'intéressé de son contrat de travail (C. trav., art. L. 3142-55).

Un décret en Conseil d'Etat détermine, pour l'application de la présente sous-section :

1° Les conditions dans lesquelles l'employeur peut différer le congé en raison des nécessités propres de l'entreprise ou de son exploitation ;

2° Les conditions dans lesquelles les salariés âgés de plus de vingt-cinq ans peuvent être exceptionnellement admis à bénéficier du congé ;
3° Les conditions dans lesquelles le congé est attribué aux agents des services publics et des entreprises publiques ;
4° Les conditions dans lesquelles le congé est attribué au salarié bénéficiant d'un régime de congés payés plus avantageux que celui qui résulte du chapitre Ier (C. trav., art. L. 3142-56).

Depuis le 1er janvier 2020, en cas de différend, le refus de l'employeur peut être directement contesté par le salarié devant le conseil de prud'hommes, statuant selon la procédure accélérée au fond, dans des conditions fixées par décret en Conseil d'Etat (C. trav., art. L. 3142-57).

Pour mettre en œuvre le droit à congé du salarié mentionné aux articles L. 3142-54 et L. 3142-54-1, une convention ou un accord collectif d'entreprise ou, à défaut, une convention ou un accord de branche détermine :
1° La durée totale maximale du congé et les conditions de son cumul avec le congé de formation économique, sociale et syndicale prévu aux articles L. 2145-5 à L. 2145-13 ;
2° Le délai dans lequel le salarié adresse sa demande de congé à l'employeur ;
3° Les règles selon lesquelles est déterminé, par établissement, le nombre maximal de salariés susceptibles de bénéficier de ce congé au cours d'une année (C. trav., art. L. 3142-58) ;
4° les conditions de maintien de la rémunération du salarié pendant la durée de son congé (C. trav., art. L. 3142-58-1).

A défaut de convention ou d'accord mentionné à l'article L. 3142-58, les dispositions suivantes sont applicables :
1° Le nombre maximal total de jours pouvant être pris au titre du congé est de six jours ouvrables par an ;
2° Le congé ne peut se cumuler avec le congé de formation économique, sociale et syndicale qu'à concurrence de douze jours ouvrables pour une même année ;
3° Le délai dans lequel le salarié adresse sa demande de congé à l'employeur est fixé par décret ;
4° Les règles selon lesquelles est déterminé, par établissement, le nombre maximal de salariés susceptibles de bénéficier de ce congé sont fixées par décret en Conseil d'Etat (C. trav., art. L. 3142-59).

Le congé de représentation

Lorsqu'un salarié est désigné représentant d'une association régie par la loi du 1er juillet 1901 relative au contrat d'association ou inscrite au registre des associations en application du Code civil local applicable aux départements du Bas-Rhin, du Haut-Rhin et de la Moselle ou d'une mutuelle au sens du Code de la mutualité pour siéger dans une instance, que celle-ci soit consultative ou non, instituée par une disposition législative ou réglementaire auprès d'une autorité de l'État ou d'une collectivité territoriale, l'employeur lui accorde le temps nécessaire pour participer aux réunions de cette instance (C. trav., art. L. 3142-60), dans la limite de 9 jours ouvrables par an (C. trav., art. L. 3142-66), éventuellement fractionnés en demi-journée (C. trav., art. L. 3142-62).

Comme le salarié subit une diminution de rémunération, l'État ou la collectivité territoriale peut lui verser une indemnité compensant totalement ou partiellement cette diminution. Si l'employeur maintient cette rémunération en totalité ou en partie, au-delà de l'indemnité compensatrice, cette indemnité peut faire l'objet d'une déduction fiscale dans les conditions fixées à l'article 238 bis du Code général des impôts (C. trav., art. L. 3142-61).

Ce congé à une période de travail effectif pour l'ensemble des droits résultant du contrat de travail du salarié concerné (C. trav., art. L. 3142-62).

Enfin, l'employeur peut refuser cette absence, après avis du CE ou des DP. Refus contestable devant le conseil des Prud'hommes statuant en la forme des référés (C. trav., art. L. 3142-63).

Le congé de solidarité internationale

Un salarié, ayant 12 mois consécutifs ou non d'ancienneté (C. trav., art. L. 3142-74), qui souhaite participer à une mission hors de France pour le compte d'une association à objet humanitaire régie par la loi du 1er juillet 1901 relative au contrat d'association ou inscrite au registre des associations en application du Code civil local applicable aux départements du Bas-Rhin, du Haut-Rhin et de la Moselle, ou pour le compte d'une organisation internationale dont la France est membre, a droit à un congé de solidarité internationale (C. trav., art. L. 3142-67), d'une durée maximum de 6 mois (C. trav., art. L. 3142-74).

La durée du congé ne peut être imputée sur la durée du congé payé annuel et est assimilée à une période de travail effectif pour la détermination des avantages légaux et conventionnels liés à l'ancienneté (C. trav., art. L. 3142-68).

Mais, l'employeur peut refuser ce congé après que ses motivations aient été exposées auprès du CE (ou des DP). Refus contestable auprès du conseil des Prud'hommes qui statue sous forme de référé (C. trav., art. L. 3142-69). En cas d'urgence, l'employeur n'est pas tenu de motiver son refus et son silence ne vaut pas accord (C. trav., art. L. 3142-70).

À l'issue du congé, le salarié remet à l'employeur une attestation constatant l'accomplissement de la mission, délivrée par l'association ou l'organisation concernée et retrouve son précédent emploi ou un emploi similaire assorti d'une rémunération au moins équivalente (C. trav., art. L. 3142-71 et L. 3142-72).

Le congé de formation des membres du comité social et économique

Les membres de la délégation du CSE bénéficient de la formation nécessaire à l'exercice de leurs missions en matière de santé, de sécurité et de conditions de travail. Les modalités de la prise en charge de cette formation par l'employeur sont fixées par les articles R. 2315-20 à R. 2315-22 du Code du travail.
Cette formation a pour objet :

- de développer leur aptitude à déceler et à mesurer les risques professionnels et leur capacité d'analyse des conditions de travail ;
- de les initier aux méthodes et procédés à mettre en œuvre pour prévenir les risques professionnels et améliorer les conditions de travail.

Elle est dispensée selon les modalités fixées par les articles R. 2315-10 et R. 2315-11 du Code du travail.

Le temps consacré à la formation est pris sur le temps de travail et est rémunéré comme tel. Il n'est pas déduit des heures de délégation. Les formations sont dispensées soit par un organisme figurant sur une liste arrêtée par l'autorité administrative, soit par des centres rattachés aux organisations syndicales ou des instituts spécialisés. Leur liste est publiée chaque année par arrêté ministériel. Les obligations de ces organismes de formation sont précisées par les articles R. 2315-12 à R. 2315-16 du Code du travail. Ces formations sont renouvelées lorsque les représentants ont exercé leur mandat pendant quatre ans, consécutifs ou non.

Dans les entreprises d'au moins 50 salariés, les membres titulaires du CSE élus pour la première fois bénéficient, dans les conditions et limites prévues à l'article L. 2145-11 du Code du travail, d'un stage de formation économique d'une durée maximale de cinq jours. Le financement de la formation est pris en charge par le CSE. Cette formation est imputée sur la durée du congé de formation économique, sociale et syndicale.

Les congés liés à l'État

Le congé pour candidature

Tout salarié, candidat à l'Assemblée nationale ou au Sénat, peut bénéficier de 20 jours ouvrables pour participer à la campagne électorale. Le même droit est accordé, sur demande du salarié, dans la limite de 10 jours ouvrables au salarié candidat:

1° Au Parlement européen;
2° Au conseil municipal;
3° Au conseil départemental ou au conseil régional;
4° A l'Assemblée de Corse;
5° Au conseil de la métropole de Lyon (C. trav., art. L. 3142-79).

Le salarié bénéficie à sa convenance de ces journées, à condition que chaque absence soit au moins d'une demi-journée entière. Il doit avertir son employeur au moins vingt-quatre heures avant le début de chaque absence (C. trav., art. L. 3142-80).

Sur demande du salarié, la durée des absences est imputée sur celle du congé payé annuel dans la limite des droits qu'il a acquis à ce titre à la date du premier tour de scrutin. Lorsqu'elles ne sont pas imputées sur le congé payé annuel, les absences ne sont pas rémunérées. Elles donnent alors lieu à récupération en accord avec l'employeur (C. trav., art. L. 3142-81).
La durée des absences est assimilée à une période de travail effectif pour la détermination des droits à congés payés ainsi que des droits liés à l'ancienneté résultant des dispositions légales et des stipulations conventionnelles (C. trav., art. L. 3142-82).
Le contrat de travail d'un salarié membre de l'Assemblée nationale ou du Sénat est, sur sa demande, suspendu jusqu'à l'expiration de son

mandat, s'il justifie d'une ancienneté minimale d'une année chez l'employeur à la date de son entrée en fonction (C. trav., art. L. 3142-83).

A l'expiration de son mandat, le salarié retrouve son précédent emploi, ou un emploi analogue assorti d'une rémunération équivalente, dans les deux mois suivant la date à laquelle il a avisé son employeur de son intention de reprendre cet emploi.
Il bénéficie de tous les avantages acquis par les salariés de sa catégorie durant l'exercice de son mandat.
Il bénéficie, en tant que de besoin, d'une réadaptation professionnelle en cas de changement de techniques ou de méthodes de travail (C. trav., art. L. 3142-84).

Les dispositions de l'article L. 3142-84 ne sont pas applicables lorsque le mandat a été renouvelé, sauf si la durée de la suspension prévue à l'article L. 3142-83 a été, pour quelque cause que ce soit, inférieure à cinq ans.
Ces dispositions ne s'appliquent pas non plus lorsque le salarié membre de l'Assemblée nationale ou du Sénat est élu dans l'autre de ces deux assemblées.
A l'expiration du ou des mandats renouvelés, le salarié peut cependant solliciter sa réembauche dans des conditions déterminées par voie réglementaire.
Le salarié bénéficie alors pendant un an d'une priorité de réembauche dans les emplois auxquels sa qualification lui permet de prétendre.
En cas de réemploi, l'employeur lui accorde le bénéfice de tous les avantages qu'il avait acquis au moment de son départ (C. trav., art. L. 3142-85).
Un décret détermine les conditions dans lesquelles les droits des salariés, notamment en matière de prévoyance et de retraite, leur sont conservés durant la durée du mandat (C. trav., art. L. 3142-86).
Les dispositions de ce congé pour candidature sont applicables aux fonctionnaires et aux agents non titulaires de l'Etat, des collectivités territoriales et de leurs établissements publics ainsi qu'aux personnels des entreprises publiques, sauf s'ils bénéficient de dispositions plus favorablesLes congés liés au parcours professionnel (C. trav., art. L. 3142-87).

Le congé pour la réserve opérationnelle

Tout salarié ayant souscrit un engagement à servir dans la réserve opérationnelle bénéficie d'une autorisation d'absence de 8 jours par année civile au titre de ses activités dans la réserve. Cependant, pour les entreprises de moins de 250 salariés, l'employeur peut décider, afin de conserver le bon fonctionnement de l'entreprise, de limiter ce temps à 5 jours (C. trav., art. L. 3142-89).

Le réserviste salarié souhaitant bénéficier de l'autorisation d'absence au titre de la réserve opérationnelle présente sa demande par écrit à son employeur un mois au moins à l'avance, en indiquant la date et la durée de l'absence envisagée.
Au-delà de cette durée, le réserviste requiert l'accord de son employeur avec un préavis d'un mois en précisant la date de son départ et la durée de la période qu'il souhaite accomplir, sous réserve de dispositions plus favorables résultant notamment de conventions conclues entre l'employeur et le ministre de la défense.
Lorsque les circonstances l'exigent, le délai de préavis peut, sur arrêté du ministre chargé des armées, être réduit à quinze jours pour les réservistes ayant souscrit avec l'accord de l'employeur la clause de réactivité prévue à l'article 8 de la loi n° 99-894 du 22 octobre 1999 portant organisation de la réserve militaire et du service de défense (C. trav., art. L. 3142-90).

Les périodes d'activité dans la réserve opérationnelle sont considérées comme des périodes de travail effectif pour les avantages légaux et conventionnels en matière d'ancienneté, d'avancement, de congés payés et de droits aux prestations sociales (C. trav., art. L. 3142-91).

L'employeur ne peut rompre le contrat de travail d'un salarié en raison des absences résultant d'une activité exercée au titre d'un engagement à servir dans la réserve opérationnelle ou faisant suite à un appel ou un rappel des personnes soumises à l'obligation de disponibilité (art. L. 3142-92). La rupture du contrat de travail ne peut être notifiée ou prendre effet pendant l'accomplissement d'une période d'activité dans la réserve opérationnelle (C. trav., art. L. 3142-93).

A l'issue d'une période exécutée au titre du premier alinéa, le salarié retrouve son précédent emploi.

Le congé pour l'appel de préparation à la défense

Tout salarié âgé de seize à vingt-cinq ans, qui participe à l'appel de préparation à la défense, bénéficie d'une autorisation d'absence exceptionnelle d'un jour.
Cette absence exceptionnelle a pour but exclusif de permettre au salarié de participer à l'appel de préparation à la défense. Elle n'en-

traîne pas de réduction de rémunération. Elle est assimilée à une période de travail effectif pour la détermination de la durée de congé annuel (C. trav., art. L. 3142-97).

Aucun employeur ne peut rompre le contrat de travail d'un salarié au motif que lui-même ou le salarié se trouve astreint aux obligations du service national, ou se trouve appelé au service national en exécution d'un engagement pour la durée de la guerre, ou rappelé au service national à un titre quelconque. Toutefois, l'employeur peut rompre le contrat s'il justifie d'une faute grave de l'intéressé, non liée aux obligations du premier alinéa, ou s'il se trouve dans l'impossibilité de maintenir le contrat pour un motif étranger à ces obligations (C. trav., art. L. 3142-98).

L'exercice de fonction judiciaire

Il s'agit des conseillers prud'homaux (élus pour 5 ans) qui doivent disposer du temps nécessaire à l'exercice de leur fonction (C. trav., art. L. 1442-5).

Les salariés concernés ne subissent aucune perte de salaire, leurs périodes d'absence étant indemnisées comme du temps de travail effectif. À charge pour les employeurs de se faire rembourser par l'État sur présentation de justificatifs (C. trav., art. L. 1442-2).

Le congé de formation pour les conseillers prud'homaux

Les employeurs sont tenus d'accorder à leurs salariés, membres d'un conseil de prud'hommes, sur leur demande et pour les besoins de leur formation, des **autorisations d'absence dans la limite de 6 semaines par mandat**. Au cours de la même année, la durée de l'absence ne peut être supérieure à 2 semaines (C. trav., art. L. 1442-2).

Ces absences sont rémunérées par l'employeur et les dépenses peuvent être prises en charge par le budget de formation professionnelle.

L'exercice d'un mandat public ou de fonctions électives

Il s'agit des absences non rémunérées des salariés membres d'un conseil municipal, général ou régional pour participer aux séances plénières, à certaines réunions et pour utiliser un crédit d'heures trimestriel. Ces salariés peuvent s'absenter le temps nécessaire à l'exercice de leur mandat sans que ces absences constituent une rupture du contrat de travail.

Le temps passé au conseil municipal ou au conseil départemental peut être récupéré si le salarié le souhaite. Ces absences sont prévues dans le Code général des collectivités territoriales aux articles L. 2123-1 à L. 2123-16.

Les jurés d'assises

C'est un sujet qui intrigue beaucoup mes stagiaires car tous les salariés (ou presque) peuvent devenir un jour jurés d'assises. C'est pourquoi, alors que le seul lien qui le relie vraiment à la paie se trouve dans l'indemnisation des heures passées en tant que juré, je vais développer un peu plus que je ne le devrais ce sujet.

Les jurés sont des citoyens tirés au sort qui participent, aux côtés des magistrats professionnels, au jugement des crimes au sein de la Cour d'assises. Pour être juré, la personne doit :
- être de nationalité française ;
- avoir au moins 23 ans ;
- savoir lire et écrire le français ;
- ne pas se trouver dans un cas d'incapacité ou d'incompatibilité avec les fonctions de juré.

Les personnes en cas d'incapacité ou d'incompatibilité sont :
- des personnes ayant été condamnées pour un crime ou un délit ;
- des agents publics ayant été révoqués de leurs fonctions ;
- des personnes sous tutelle ou curatelle ;
- des membres du gouvernement ;
- des députés ou sénateurs ;
- des magistrats ;
- des fonctionnaires de police ou de gendarmerie ;
- des personnes proches de l'un des magistrats formant la Cour d'assises ou de l'un des jurés précédemment inscrits.

À noter : hormis ces cas, il est difficile d'être dispensé de son rôle de juré sauf à s'exposer à une amende de 3 750 euros.

La sélection

Le maire établit une liste préparatoire en tirant au sort publiquement un nombre de noms triple de celui prévu pour la commune, et ce à partir de la liste électorale. Si vous n'avez pas atteint 23 ans au cours de l'année civile qui suit, vous n'êtes pas retenu. Le maire avertit par courrier les électeurs qui figurent sur cette liste préparatoire et transmet la liste au greffe de la Cour d'assises dont dépend la commune.

Une commission spéciale placée auprès de chaque Cour d'assises se réunit pour :
- exclure les personnes qui ne remplissent pas les conditions pour être juré ;
- se prononcer sur les demandes de dispense qui lui sont soumises ;
- procéder à un nouveau tirage au sort et établir la liste annuelle des jurés et la liste spéciale des jurés suppléants.

Les listes sont communiquées aux mairies. Les maires doivent alerter la Cour d'assises de toute survenance de décès, d'incapacité ou d'incompatibilité parmi les personnes retenues.

La liste de session

Pour chaque session d'assises, les présidents de tribunaux de grande instance et de la Cour d'appel, ou leurs délégués, tirent au sort publiquement, à partir de la liste annuelle :
- 35 jurés pour former la liste de session ;
- 10 jurés suppléants pour former la liste spéciale.

Si la personne est jurée titulaire et suppléant, le greffier de la Cour d'assises la convoquera par courrier. La convocation précisera la date et l'heure d'ouverture de la session, sa durée prévisible et le lieu où elle se tiendra. La personne doit y répondre par courrier.

La constitution du jury

Pour chaque affaire, chaque juré de la liste de session est appelé en audience publique et une carte portant son nom est déposée dans une urne. Un dernier tirage au sort est effectué.

À chaque nom sortant de l'urne, l'accusé (ou son avocat), puis l'avocat général, récusent ou non le juré (c'est-à-dire le refusent ou non), sous réserve de respecter les limites imposées dans le nombre de récusations possibles.
Les premiers jurés non récusés (au nombre de 6 en première instance et 9 en appel) forment le jury de jugement, après avoir prêté serment.

Des jurés supplémentaires sont tirés au sort, pour pouvoir remplacer les jurés subitement empêchés (raisons de santé, impératifs professionnels, etc.).

L'exercice de la fonction

Après avoir regardé un film présentant la fonction que le juré va assumer, il lui est possible de visiter une prison. Le président de la Cour d'assises peut également fournir des explications.

Ensuite, le juré siège aux audiences et participe aux délibérations à l'issue desquelles les magistrats et le juré votent à bulletin secret sur la culpabilité de l'accusé et sur sa peine.

Le juré a quelques obligations :
- être attentif lors des débats ;
- être impartial, c'est-à-dire indépendant, neutre et objectif ;
- ne pas communiquer avec d'autres personnes sur l'affaire ;
- respecter le secret du délibéré (y compris une fois que la personne a cessé d'être juré).

Attention : le non-respect du délibéré lui fait encourir une peine d'un an de prison et une amende de 15 000 euros.

La durée

La personne exerce cette fonction de juré de façon continue et à temps plein durant tout le temps nécessaire à l'examen des affaires d'une même session.

L'indemnisation

Le juré perçoit, sur demande expresse, des indemnités compensatrices :
- indemnités de session de 87,20 euros par jour (montant au 1er janvier 2020) ;
- indemnités de transport versées, sur justification :
  - soit du billet aller-retour première classe SNCF,
  - soit du prix du billet aller-retour d'un service de transports en commun,
  - soit d'une indemnité kilométrique de 0,29 euro pour une voiture de 5 CV et moins, de 0,37 euro pour une voiture dont la puissance est comprise entre 6 et 7 CV, de 0,41 euro pour une voiture de 8 CV ou plus ;

- indemnités pour perte de revenu professionnel. Elle correspond au nombre d'heures de session multiplié par le Smic horaire. Que le juré soit salarié ou indépendant, il doit fournir des justificatifs pour que la perte de son revenu professionnel soit indemnisée :
  - une justification de l'employeur indiquant le montant du salaire,
  - ou tout document attestant une perte de revenu professionnel ;
- indemnités journalières de séjour, si le juré ne peut pas revenir dormir chez lui chaque soir. Ces indemnités ne sont pas versées d'office, le juré doit les demander en s'adressant à la régie d'avances du tribunal de grande instance ou de la Cour d'appel.

La relation avec l'employeur

Dans les petites entreprises, l'employeur ne rémunère pas le salarié pendant son absence. Il doit lui fournir un document indiquant le montant de son salaire ou tout document attestant une perte de revenu professionnel afin d'obtenir ses indemnités compensatrices.

Dans les grandes entreprises, l'employeur fera une sorte de subrogation : le salaire sera maintenu et il percevra les indemnités compensatrices de la Cour d'assises à la place du salarié.

Dans tous les cas, l'employeur n'a pas à demander au salarié de prendre des jours de congé pour siéger à la Cour d'assises. Son absence sera considérée comme un congé sans solde. Enfin, s'il était vraiment besoin de le préciser, le salarié ne peut pas être sanctionné ou faire l'objet d'une mesure discriminatoire en raison de cette absence.

3. Les congés payés

Le droit aux congés payés

Pour l'immense majorité des Français, les premiers congés payés sont associés au Front populaire de 1936. Il est vrai que les médias actuels entretiennent bien cette légende. Pourtant, il n'en est rien.

En effet, **les fonctionnaires de l'État** bénéficient par le décret impérial du 9 novembre 1853 (Napoléon III) du droit de s'absenter 15 jours par an sans retenue de salaire. En 1900, les salariés du métro parisien obtiennent 10 jours de congés payés. En 1905, ce sont les salariés des entreprises électriques qui se voient octroyer 10 jours, puis 12 jours à partir de 1907. L'Allemagne donne la même année des congés payés (2 semaines) à tous ses salariés. En 1906, ce sont les employés des usines à gaz qui en bénéficient, et en 1907, ceux de la Fédération du sous-sol (les mineurs). En 1910, la Compagnie parisienne de distribution d'électricité (CPDE) obtient 12 jours également. En 1913, les employés de bureau et de commerce ont une semaine. En 1919, l'ancêtre de la RATP (la CMP, Compagnie du chemin de fer métropolitain de Paris) accorde même 21 jours de congés payés à ses salariés, puis 30 en 1929! Autrement dit, beaucoup d'entreprises soit publiques, soit vivant de la commande publique bénéficient déjà de congés payés.

Cependant, **dans le secteur privé,** on trouve aussi des industries qui donnent des congés payés, telles l'industrie de la couture (1925), l'industrie du livre (1929), l'horlogerie Lip (1934). Il y a aussi des régions, comme l'Alsace, dont les patrons donnent des congés aux deux tiers de leurs salariés, sans doute par proximité avec leurs voisins allemands.

Cette petite mise au point étant faite, retenons quand même que l'essentiel des bases de la réglementation des congés payés résulte de la loi du 20 juin 1936 qui, par la suite, sera modifiée par plusieurs lois allongeant la durée des congés. Quatre dates ponctuent donc l'évolution de la législation dans ce domaine:

- **1936:** la loi du 20 juin a étendu à l'ensemble des travailleurs le bénéfice des 2 semaines de congé annuels qui avait été accordé antérieurement aux fonctionnaires et à ceux cités précédemment;
- **1956:** la loi du 27 mars a porté la durée des congés de 2 à 3 semaines;

- **1969 :** la loi du 16 mai a généralisé la quatrième semaine de congé (cette loi a été codifiée dans les articles L. 223-2 et suivants de l'ancien Code du travail) ;
- **1982 :** l'ordonnance du 16 janvier 1982 a généralisé la cinquième semaine de congés payés (les articles L. 223-2 et suivants sont modifiés).

Cette réglementation insérée dans le Code du travail est d'ordre public. Il ne peut y être dérogé que dans un sens plus favorable pour le salarié. Cependant, pour tenir compte des spécificités de chaque profession et permettre une certaine souplesse dans la gestion des congés payés, les dispositions du Code du travail renvoient souvent aux conventions collectives.

Les bénéficiaires

Tout salarié a droit chaque année à un congé payé à la charge de l'employeur (C. trav., art. L. 3141-1).

Les salariés de retour d'un congé de maternité

Les salariés de retour d'un congé de maternité prévu à l'article L. 1225-17 ou d'un congé d'adoption prévu à l'article L. 1225-37 ont droit à leur congé payé annuel, quelle que soit la période de congé retenue pour le personnel de l'entreprise (C. trav., art. L. 3141-2).

Les catégories particulières de salariés

Pour certains salariés, le congé annuel payé est dû selon des modalités particulières par application de textes particuliers :

- les VRP statutaires visés par l'article L. 7311-3 du Code du travail ;
- les travailleurs à domicile visés par l'article L. 7412-1 du Code du travail ;
- les journalistes professionnels et pigistes visés par l'article L. 7111-3 du Code du travail ;
- les employés de maison, nourrices et assistantes maternelles visés par l'article L. 7221-1 du Code du travail ;
- les concierges d'immeuble à usage d'habitation visés par l'article L. 7211-2 du Code du travail ;
- les gérants non-salariés de maisons d'alimentation à succursales multiples visés par l'article L. 7321-2 du Code du travail ;
- les travailleurs agricoles.

Les professions affiliées aux caisses de congés payés

Les personnes appartenant à l'une des professions dites à « travail discontinu » sont soumises au régime des caisses de congés payés entièrement distinct du régime général des congés payés. Les personnes concernées relèvent des professions suivantes :

- bâtiment et travaux publics (C. trav., art. D. 3141-12) ;
- dockers et manutention (Conv. Coll. IDCC 3017 – Ports et manutention (15 avril 2011)) ;
- transport (Code des transports, art. D. 1325-1) ;
- spectacles (C. trav., art. D. 7121-28 à D. 7121-32).

Les agents de service public

Les agents publics ne bénéficient pas du régime des congés payés prévu par le Code du travail. En revanche, les salariés des établissements industriels et commerciaux à caractère public sont parfois soumis à deux régimes de congés payés. Ainsi, les agents EDF-GDF et SNCF bénéficient :

- du régime des congés payés prévu par le Code du travail ;
- d'un statut particulier tenant compte des nécessités de service public.

En cas de conflit de normes entre les dispositions de Code du travail et les dispositions statutaires, la Cour de cassation a rappelé qu'il y avait lieu d'appliquer la norme la plus favorable pour le salarié.

L'ouverture du droit à congés payés

Depuis la loi du 20 juin 1936 et jusqu'au 19 août 2008, il fallait que le salarié en CDI justifie d'un mois de travail effectif pour bénéficier du droit à congés payés. Puis la loi du 20 août 2008 stipula que le droit était dorénavant ouvert à tout CDI qui justifiait d'au moins 10 jours de travail effectif chez un même employeur. Toutefois, la Cour de justice de la Communauté européenne rappela (le 20 janvier 2009) que *« le droit au congé annuel payé [...] ne peut être subordonné [...] à l'obligation d'avoir effectivement travaillé pendant la période de référence »*. Enfin, sans surprise et sans ambiguïté, les juges communautaires affirmèrent que le Code du travail ne peut pas limiter *« unilatéralement le droit au congé annuel payé à tous les travailleurs, en appliquant une condition d'ouverture dudit droit qui a pour effet d'exclure certains travailleurs du bénéfice de ce dernier »* (CJUE, 24 janvier 2012).

Ainsi donc, la loi du 22 mars 2012 a modifié l'article L. 3141-3 du Code du travail en supprimant l'exigence d'une période minimale de travail effectif.

Le salarié a droit à un congé de deux jours et demi ouvrables par mois de travail effectif chez le même employeur.
La durée totale du congé exigible ne peut excéder trente jours ouvrables (C. trav., art. L. 3141-3).

L'année de référence

Le droit commun

S'il n'y a plus de période de référence dans l'article L. 3141-3, elle existe toujours néanmoins dans l'article R. 3141-4 du Code du travail (« *A défaut d'accord prévu à l'article L. 3141-10, le point de départ de la période prise en compte pour le calcul du droit au congé est fixé au 1er juin de chaque année* »). On l'appelle aussi période d'acquisition des droits.

Pour des congés payés pris en août 2020, l'année de référence se situe donc entre le 1er juin 2019 et le 31 mai 2020. Cette notion d'année de référence joue un double rôle : pendant la première année de référence, le salarié acquiert des droits à congés et c'est pendant la seconde année de référence qu'il peut prendre ses droits à congés.

Dans le cas d'**embauche en cours d'année**, il va de soi que **le point de départ de l'année de référence est la date d'embauche** et que le terme sera en principe le 31 mai. Dans le cas de **rupture du contrat de travail, le terme est**, non pas le 31 mai, mais **la date de rupture du contrat de travail**.

Toutefois, dans les professions où en application de l'article L. 3141-32 l'employeur est tenu de s'affilier à une caisse de congé, le point de départ de l'année de référence est fixé au 1er avril (C. trav., art. R. 3141-4, § 2).

Le droit conventionnel

Sous réserve de modalités particulières fixées en application de l'article L. 3141-32, un accord d'entreprise ou d'établissement ou, à défaut, une convention un accord de branche peut :

1° Fixer le début de la période de référence pour l'acquisition des congés ;

2° Majorer la durée du congé en raison de l'âge, de l'ancienneté ou du handicap (C. trav., art. L.3141-10).

La période annuelle de référence pour les congés payés peut notamment être calée sur celle de la modulation ou de la réduction du temps de travail. Cette possibilité n'est pas ouverte aux entreprises soumises à une caisse de congés payés : la période de référence fixée par le règlement de la caisse s'impose.

L'activité chez le même employeur

Que se passe-t-il dans le cas où un nouvel employeur se substituerait à l'ancien ?

L'article L. 1224-1 nous répond : *Lorsque survient une modification dans la situation juridique de l'employeur, notamment par succession, vente, fusion, transformation du fonds, mise en société, tous les contrats de travail en cours au jour de la modification subsistent entre le nouvel employeur et le personnel de l'entreprise.* Les salariés conservent leur droit au congé payé quelles que soient les modifications apportées à la forme de l'entreprise.

Le mois de travail

Le salarié bénéficiait d'un congé légal dès lors qu'il avait travaillé un mois, de date à date, chez le même employeur.

Le « *mois de travail* » ne s'entendait pas au sens du mois civil mais de mois de date à date. Ainsi, un salarié embauché un 14 janvier et qui démissionnait un 14 mai pouvait justifier de 4 mois de travail. Peu importe l'horaire journalier habituel du salarié (heures supplémentaires ou temps partiel). La période d'essai et le préavis effectué ou non effectué étaient pris en compte dans la détermination du mois de travail.

Si le salarié ne comptait pas un mois de travail dans l'année de référence, il n'acquérait aucun droit à congés payés, ni même à une indemnité de ce fait.

Lorsque le mois de travail était à cheval sur deux périodes de référence, le droit n'était pas ouvert. Ainsi, une salariée qui avait travaillé du 7 mai au 15 juin 1990 (soit plus d'un mois) s'était vue refuser tout droit puisqu'elle ne justifiait pas d'un mois de travail, ni dans la période

1er juin 1989-31 mai 1990, ni dans la période 1er juin 1990-31 mai 1991 (Cass. soc., 12 novembre 1992).

Parfois, soit en vertu de dispositions conventionnelles telles que la convention collective de la métallurgie de la Loire, soit en vertu d'une simple décision prise au niveau de l'entreprise, l'employeur pouvait accorder un jour de congé pour deux semaines de travail.

Mais alors qu'est-ce qu'un mois de travail aujourd'hui ? Le paragraphe suivant répond à cette question.

Les périodes équivalentes à un mois de travail

Sont assimilés à un mois de travail effectif pour la détermination de la durée du congé les périodes équivalentes à quatre semaines ou vingt-quatre jours de travail (C. trav., art. L. 3141-4) si le travail hebdomadaire est réparti sur 6 jours. Ce nombre est ramené à 22 jours pour une semaine répartie sur 5,5 jours, et à 20 jours pour une répartition sur 5 jours. Ces équivalences sont à appliquer lorsqu'un salarié n'a pas été occupé sur la totalité de l'année de référence, pour quelque raison que ce soit.

Il y a lieu d'appliquer chaque fois la règle la plus favorable au salarié, c'est-à-dire :
- la règle en mois de travail ;
- la règle d'équivalence en semaines (à noter qu'il suffit que le salarié ait travaillé 48 semaines pour avoir droit à la totalité de ses congés : 48 semaines / 4semaines = 12 périodes de 4 semaines) ;
- la règle d'équivalence en jours.

Le travail effectif

Sont considérées comme périodes de travail effectif pour la détermination de la durée du congé :
1) les périodes de congé payé ;
2) les périodes de congé de maternité, de paternité et d'accueil de l'enfant et d'adoption ;
3) les contreparties obligatoires sous forme de repos prévues aux articles L. 3121-30, L. 3121-33 et L. 3121-38 ;
4) les jours de repos accordés au titre de l'accord collectif conclu en application de l'article L. 3121-44 ;

5) les périodes, dans la limite d'une durée ininterrompue d'un an, pendant lesquelles l'exécution du contrat de travail est suspendue pour cause d'accident du travail ou de maladie professionnelle;
6) les périodes pendant lesquelles un salarié se trouve maintenu ou rappelé au service national à un titre quelconque (C. trav., art. L. 3141-5

On a déjà vu que le temps de travail effectif était défini légalement comme le temps pendant lequel le salarié est à la disposition de l'employeur et doit se conformer à ses directives sans pouvoir vaquer librement à des occupations personnelles (C. trav., art. L. 3121-1). Mais, ici, il est question d'une autre notion de travail effectif (puisqu'on remonte à 1936, donc bien avant la définition donnée en l'an 2000).

En principe, les périodes de suspension du contrat de travail ne sont donc pas prises en compte dans le mois de travail effectif. Cependant, la loi ou certaines dispositions conventionnelles assimilent expressément certaines absences à une période de travail. Ainsi, la dispense par l'employeur de l'exécution du travail pendant le préavis est assimilée à du travail effectif.

Certaines absences sont considérées comme du travail effectif pour l'acquisition des congés payés. Ce sont:
1) les congés de formation:
   - congé de bilan de compétences (C. trav., art. L. 6322-46),
   - congé d'examen (C. trav., art. L. 6322-3 et L. 6322-13),
   - congé de formation de cadres et d'animateurs pour la jeunesse (C. trav., art. L. 3142-44),
   - congé de formation économique, sociale et syndicale (C. trav., art. L. 3142-12),
   - congé de formation des jeunes salariés (C. trav., art. L. 6322-61),
   - congé de formation des représentants du personnel au **CHSCT** (C. trav., art. L. 4614-14),
   - congé de formation des salariés administrateurs de mutuelle (C. trav., art. L. 3142-48),
   - congé individuel de formation (C. trav., art. L. 6322-13),
   - stages de formation des conseillers prud'hommes salariés (C. trav., art. L. 1442-2 et L. 3142-12) (le temps passé hors de l'entreprise pour l'exercice des fonctions est également assimilé à une période de travail effectif) (C. trav., art. L. 1442-6),
   - stages de formation économique organisés pour les élus titulaires des comités d'entreprise (C. trav., art. L. 2325-44);

2) les congés légaux :
   - périodes de congés payés de l'année précédente (C. trav., art. L. 3141-5),
   - congés d'adoption principal et supplémentaire (C. trav., art. L. 3141-5),
   - congé pour don d'ovocytes (C. trav., art. L. 1225-16),
   - congés pour événements familiaux (C. trav., art. L. 3142-2),
   - congés de naissance ou d'adoption du père de famille (C. trav., art. L. 3142-2),congé de maternité (C. trav., art. L. 3141-5),
   - congé de paternité et d'accueil de l'enfant (C. trav., art. L. 3141-5),
   - congés des membres des commissions pour l'emploi et des jurys d'examen (C. trav., art. L. 3142-5),
   - maladie professionnelle, accident du travail et accident de trajet. Périodes limitées à une durée ininterrompue d'un an, pendant lesquelles l'exécution du contrat de travail est suspendue pour cause d'accident du travail ou de maladie professionnelle (sauf en cas de rechute) (C. trav., art. L. 3141-5),
   - congés de représentation des membres des associations et des mutuelles (C. trav., art. L. 3142-53),
   - congés liés aux missions opérationnelles et aux actions de formation des sapeurs-pompiers volontaires (C. sécurité intérieure art. L. 723-12),
   - congé de solidarité internationale (C. trav., art. L. 3142-37) ;
3) les périodes de repos :
   - contreparties obligatoires en repos accordées au titre des heures supplémentaires (C. trav., art. L. 3141-5),
   - jours de repos accordés dans le cadre d'un aménagement du temps de travail (C. trav., art. L. 3141-5) ;
4) représentants du personnel :
   - heures de délégation des représentants du personnel,
   - heures accordées aux syndicalistes qui exercent des fonctions d'assistance ou de représentation devant les juridictions prud'homales : 10 heures par mois (C. trav., art. L. 1453-4),
   - temps passé hors de l'entreprise pendant les heures de travail par le conseiller du salarié pour l'exercice de sa mission (C. trav., art. L. 1232-9),
   - temps passé par les conseillers prud'hommes du collège « salariés » et des administrateurs salariés des organismes de Sécurité sociale hors de l'entreprise pour l'exercice de leurs fonctions (C. trav., art. L. 1442-2 et L. 3142-12, c. séc. soc. art. L. 231-9),
   - congé des réservistes de la réserve opérationnelle (C. trav., art. L. 3142-67), congé des réservistes de la police nationale (c. sécurité intérieure art. L. 411-13),

- absences liées aux missions effectuées au titre du service volontaire citoyen de la police et de la gendarmerie nationales (c. sécurité intérieure art. L. 433-5),
- périodes de maintien ou de rappel au service national (C. trav., art. L. 3141-5),
- périodes d'absence pour participer à l'appel de préparation à la défense (C. trav., art. L. 3142-73) ;

5) autres absences :
- absences pour les examens médicaux des femmes enceintes (C. trav., art. L. 1225-16),
- chômage partiel (ANI du 13 janvier 2012 sur le chômage partiel, étendu par arrêté du 4 mai 2012, JO du 8),
- réunions des salariés sur le droit d'expression (C. trav., art. L. 2281-4),
- temps d'absence accordé aux maires, maires adjoints, conseillers municipaux (c. gén. collect. terr. art. L. 2123-7) et conseillers généraux,
- congé spécial accordé aux salariés candidats au Parlement européen, à l'Assemblée nationale ou au Sénat, aux conseils régional, général et municipal pour participer à la campagne électorale (C. trav., art. L. 3142-59),
- temps passé en réunion par les salariés qui sont membres de certains organismes représentatifs d'immigrés (loi 85-772 du 25 juillet 1985).

En règle générale, **on ne peut pas compter comme période de travail effectif, toute période où le contrat de travail est suspendu**, sans pour autant être rompu. Ainsi en sera-t-il en cas de **maladie, grève, absence pour convenance personnelle et de chômage total** (mais non de chômage partiel, car dans ce cas il n'y a que réduction d'horaire).

ATTENTION

Revirement de jurisprudence !
Tirant les conséquences de la position adoptée par la CJUE le 24 janvier 2012, la Cour de cassation précise dans un arrêt du 3 juillet 2012 que pour l'ouverture du droit au congé annuel payé, l'absence du travailleur pour cause d'accident du trajet doit être assimilée à l'absence pour cause d'accident du travail. Elle doit donc entrer en ligne de compte et ouvrir droit à congé, dans la limite d'une durée ininterrompue d'un an (Cass. soc., 3 juillet 2012, n° 08-44.834 FP-PB).

L'absence du salarié ne peut avoir pour effet d'entraîner une réduction de ses droits à congé plus que proportionnelle à la durée de cette absence (C. trav., art. L. 3141-6).

La durée des congés payés

La durée des congés payés est déterminée à raison de 2,5 jours ouvrables par mois de travail, sans que la durée totale du congé puisse excéder 30 jours ouvrables (c'est-à-dire **5 semaines**).

Lorsque le nombre de jours ouvrables calculé conformément aux articles L. 3141-3 et L. 3141-6 n'est pas un nombre entier, la durée du congé est portée au nombre entier immédiatement supérieur (C. trav., art. L. 3141-7). Cette règle de l'arrondi se pratique donc sur le nombre de congés obtenu après la déduction proportionnelle aux absences (non assimilées à du travail effectif).

Exemple de calcul :

- si l'entreprise raisonne en jours ouvrables et qu'un salarié a travaillé 6 semaines complètes, il aura droit à une fois 2,5 plus la moitié de 2,5 jours, soit 3,75 jours obligatoirement arrondis à 4 jours ouvrables ;
- si l'entreprise raisonne en jours ouvrés et qu'un salarié a travaillé 9 semaines complètes, il aura droit à deux fois 2,08 jours plus un quart de 2,08 jours soit 4,16 + 0,52 = 4,68 jours obligatoirement arrondis à 5 jours ouvrés.

Qu'est-ce qu'un jour ouvrable ?

Par jour ouvrable, il faut entendre chaque jour de la semaine à l'exception du dimanche ou du jour de repos hebdomadaire qui le remplace dans la semaine, et des jours fériés chômés. Donc, sauf jour férié, **la semaine compte 6 jours ouvrables.**

Peut-on décompter les jours de congé en jours ouvrés ?

Par jour ouvré, il faut entendre chaque jour travaillé. C'est bien sûr possible et de nombreuses entreprises le font en appliquant la règle suivante : **5 jours ouvrés = 6 jours ouvrables. Le congé de 30 jours ouvrables devient dans ce cas de 25 jours ouvrés** (chaque période de 4 semaines donnant droit à 2,08 jours – 25 / 4 = 2,083333).

Quels sont les droits d'un salarié à temps partiel ?

L'horaire de travail pratiqué chaque mois et sa répartition sur les différents jours de la semaine sont sans incidence sur les droits du salarié en matière de congé annuel. En effet, comme les autres salariés, ceux à temps partiel ont droit à 2,5 jours ouvrables de congés payés par mois de travail effectif, et l'étendue de leurs droits ne doit pas être appréciée en équivalence d'heures de travail (Cass. soc., 10 mai 2001, n° 99-42.566 ; Cass. soc., 13 novembre 2008, n° 07-43.126).

Ainsi, un salarié qui travaille **2 jours par semaine** a droit à 5 semaines de congé, mais quand il prend une semaine, lui sont décomptés **6 jours** ouvrables payés (ou 5 jours ouvrés).

Les congés supplémentaires

Les congés supplémentaires payés

Les salariés de moins de vingt et un ans au 30 avril de l'année précédente bénéficient de deux jours de congé supplémentaires par enfant à charge. Ce congé est réduit à un jour si le congé légal n'excède pas six jours.
Les salariés âgés de vingt et un ans au moins à la date précitée bénéficient également de deux jours de congé supplémentaires par enfant à charge, sans que le cumul du nombre des jours de congé supplémentaires et des jours de congé annuel puisse excéder la durée maximale du congé annuel prévu à l'article L. 3141-3.
Est réputé enfant à charge l'enfant qui vit au foyer et est âgé de moins de quinze ans au 30 avril de l'année en cours et tout enfant sans condition d'âge dès lors qu'il vit au foyer et qu'il est en situation de handicap (C. trav., art. L. 3141-8).

Ces congés qu'on appelait auparavant « jeunes mères de famille » ont été étendus d'abord à l'ensemble des mères (le 1er mai 2008) et aujourd'hui (depuis le 8 août 2016) aux pères.

Les congés conventionnels

Les conventions collectives et les accords collectifs peuvent contenir des dispositions plus favorables que le droit commun (la durée du congé annuel peut être majorée en raison de l'âge ou de l'ancienneté selon des modalités qui sont déterminées par convention collective ou accord d'entreprise : C. trav., art. L. 3141-9). À noter que **le congé légal et le congé conventionnel ne se cumulent pas.** Par contre, il y a lieu d'appliquer le plus favorable des deux. Mais attention, ce ne sont que les congés de même nature qui ne se cumulent pas; les congés accordés en vertu d'usages locaux, à titre de récupération ou en raison de conditions de travail particulières ne sont pas à englober dans le temps de congé annuel.

Les congés supplémentaires non payés

Quelle que soit leur ancienneté dans l'entreprise, **les jeunes salariés de moins de 21 ans** au 30 avril de l'année précédente **ont droit, s'ils le demandent, de bénéficier d'un congé de 30 jours ouvrables** (C. trav., art. L. 3164-9), même s'ils n'ont pas acquis ces 30 jours, mais tout ce qui dépasse leur droit principal ne sera pas indemnisé. En revanche, ils ne peuvent exiger aucune indemnité de congé pour les journées de vacances dont ils réclament le bénéfice en plus de celles qu'ils ont acquises à raison du travail accompli au cours de la période de référence.

La période de prise des congés payés

Le temps où il fallait que le salarié ait acquis ses congés pour pouvoir les prendre est révomu depuis le 8 août 2016 car désormais les congés peuvent être pris dès l'embauche, sans préjudice des règles de détermination de la période de prise des congés et de l'ordre des départs et des règles de fractionnement du congé (C. trav., art. L. 3141-12).

Mais ils sont **toujours pris dans** une période qui comprend dans tous les cas **la période du 1er mai au 31 octobre de chaque année** (C. trav., art. L. 3141-13).

L'ordre des départs en congés au sein d'une entreprise

Un accord d'entreprise ou d'établissement ou, à défaut, une convention ou un accord de branche fixe :

1) la période de prise des congés ;
2) l'ordre des départs pendant cette période ;
3) les délais que doit respecter l'employeur s'il entend modifier l'ordre et les dates de départs (C. trav., art. L. 3141-15).

Mais, à défaut de stipulation dans la convention ou l'accord conclus, l'employeur :

1) définit après avis, le cas échéant, du comité d'entreprise ou, à défaut, des délégués du personnel :
   a) la période de prise des congés,
   b) l'ordre des départs, en tenant compte des critères suivants :
      - la situation de famille des bénéficiaires, notamment les possibilités de congé, dans le secteur privé ou la fonction publique, du conjoint ou du partenaire lié par un pacte civil de solidarité, ainsi que la présence au sein du foyer d'un enfant ou d'un adulte handicapé ou d'une personne âgée en perte d'autonomie,
      - la durée de leurs services chez l'employeur,
      - leur activité chez un ou plusieurs autres employeurs ;
2) ne peut, sauf en cas de circonstances exceptionnelles, modifier l'ordre et les dates de départ moins d'un mois avant la date de départ prévue (C. trav., art. L. 3141-16).

En tout état de cause, les conjoints et les partenaires liés par un pacte civil de solidarité travaillant dans une même entreprise ont droit à un congé simultané (C. trav., art. L. 3141-14).

L'employeur peut aussi décider de fermer l'entreprise pour la période des congés congés, mais avant de décider de la fermeture et d'en fixer les dates, l'employeur doit consulter le comité d'entreprise, et si cette fermeture s'accompagne d'un fractionnement, il doit obtenir l'agrément des délégués du personnel.

La période de prise des congés doit être portée à la connaissance des salariés au moins deux mois avant le début de celle-ci (C. trav., art. D. 3141-5), donc pour la période légale, **au plus tard le 28 février.**

Il découle de l'article L. 3141-1 du Code du travail que **tout salarié a le droit et l'obligation de prendre chaque année tous les congés payés qu'il a acquis, sous peine d'être perdus** (Cass. soc., 26 novembre 1981, n° 79-41.952).

Toutefois, la loi prévoit la possibilité de déroger à ce principe dans quatre hypothèses en permettant au salarié de capitaliser une partie de ses congés pour les prendre plus tard. Il s'agit :
- du congé maternité ou d'adoption. Les salariés de retour d'un congé de maternité ou d'adoption ont droit à leurs congés payés annuels, quelle que soit la période de congés payés retenue, par un accord collectif ou par l'employeur, pour le personnel de l'entreprise (C. trav., art. L. 3141-2). Une salariée qui revient de congé

maternité, alors que la période de prise des congés payés est expirée parce que son congé coïncidait avec cette période, peut prendre les congés payés qu'elle avait acquis. L'employeur ne peut pas s'y opposer ;

- du congé pour création d'entreprise et du congé sabbatique. Il est possible de reporter les jours de congé excédant 24 jours ouvrables pendant 6 ans pour les salariés désireux de prendre un congé pour création d'entreprise ou un congé sabbatique. Dans le cadre des congés légaux, il est donc possible de capitaliser la cinquième semaine pendant 6 ans, soit un total de 30 jours ouvrables (C. trav., art. L. 3142-120, déjà vu précédemment) ;
- du compte épargne-temps. Le congé annuel ne peut être affecté au compte épargne-temps que pour sa durée excédant vingt-quatre jours ouvrables (C. trav., art. L. 3151-2) ;
- du report des congés payés prévu par un accord collectif en cas de décompte annuel de la durée du travail (voir l'article L. 3141-22, ci-dessous).

Si, en application d'une disposition légale, la durée du travail d'un salarié est décomptée à l'année, une convention ou un accord d'entreprise ou d'établissement ou, à défaut, une convention ou un accord de branche peut prévoir que les congés ouverts au titre de l'année de référence peuvent faire l'objet de reports.
Dans ce cas, les reports de congés peuvent être effectués jusqu'au 31 décembre de l'année suivant celle pendant laquelle la période de prise de ces congés a débuté.
L'accord précise :

1° Les modalités de rémunération des congés payés reportés, sans préjudice de l'article L. 3141-24 ;
2° Les cas précis et exceptionnels de report ;
3° Les conditions dans lesquelles ces reports peuvent être effectués, à la demande du salarié après accord de l'employeur ;
4° Les conséquences de ces reports sur le respect des seuils annuels fixés au sixième alinéa de l'article L. 3121-44, au 3° du I de l'article L. 3121-64 et à l'article L. 3123-1. Ce report ne doit pas avoir pour effet de majorer ces seuils dans une proportion plus importante que celle correspondant à la durée ainsi reportée.

Le présent article s'applique sans préjudice des reports également prévus aux articles L. 3142-118 et L. 3142-120 à L. 3142-124 relatifs au congé pour création d'entreprise, aux articles L. 3142-33 et L. 3142-35 relatifs au congé sabbatique et aux articles L. 3151-1 à L. 3151-3 relatifs au compte épargne-temps (C. trav., art. L. 3141-22).

Aux quatre cas prévus par la loi peuvent également s'ajouter les cas prévus par la jurisprudence.

Le congé parental d'éducation

Lorsqu'un salarié prend un congé parental d'éducation sous forme de congé total (et non de période de travail à temps partiel), il perd les congés payés acquis avant le congé parental, s'il revient après la clôture de la période de prise des congés payés (Cass. soc., 28 janvier 2004, n° 01-46314, BC V n° 32). Des dispositions conventionnelles, contractuelles ou des usages peuvent lui assurer le bénéfice de ces jours à son retour. Cette règle pourrait bientôt changer. En effet, la Cour de justice de l'Union européenne (CJUE) estime que les salariés de retour de congé parental peuvent bénéficier des congés annuels payés qu'ils ont acquis avant leur départ (CJUE 22 avril 2010, aff. C-486/08).

La maladie

Lorsque la période de référence est expirée, le salarié dans l'impossibilité de prendre ses congés pour maladie peut prétendre au report de ses congés ou, si son contrat de travail est rompu, à l'indemnité compensatrice de congés payés (CJCE 20 janvier 2009, aff. C-350/06 et C-520/06 ; Cass. soc., 24 février 2009, n° 07-44488, BC V n° 49 ; Cass. soc., 16 février 2012, n° 10-21300, BC V n° 75).

L'accident du travail

Lorsque le salarié en arrêt pour accident du travail ou maladie professionnelle n'a pas pu prendre ses congés payés annuels sur l'année prévue par la loi ou la convention collective, les congés acquis doivent être reportés après la date de reprise du travail (Cass. soc., 27 septembre 2007, n° 05-42293, BC V n° 147). Cette règle s'applique également si le salarié a été arrêté, a repris son travail puis a de nouveau été en arrêt de travail du fait d'une rechute (Cass. soc., 16 février 2012, n° 10-21300, BC V n° 75). L'employeur est obligé d'accepter. À défaut, il doit au salarié une indemnité compensatrice de congés payés (Cass. soc., 21 septembre 2010, n° 08-44368 D).

Quatre remarques importantes

- Même si, en pratique, un employeur recueille les demandes des salariés à propos de leurs dates de congés, il n'est pas légalement

tenu d'y accéder et les salariés n'auront aucun moyen d'imposer leur choix.
- Puisque légalement c'est l'employeur qui fixe l'ordre des départs, le refus d'un salarié d'accepter de prendre ses congés à la date retenue par l'employeur peut constituer une cause réelle et sérieuse de licenciement.
- Un salarié ne saurait prendre ses congés à une date fixée unilatéralement par lui et partir sans autorisation préalable de l'employeur.
- Si un salarié part de sa propre initiative avant la date fixée ou revient après la date prévue de son retour et ceci sans pouvoir invoquer des circonstances exceptionnelles, il commet un acte d'indiscipline constitutif d'une faute (pas forcément grave) de nature à justifier son licenciement.

Les durées minimales et maximales

Les articles L. 3141-17 à L. 3141-19 du Code du travail posent **3 principes** :

1° **La durée des congés pouvant être pris en une seule fois ne peut excéder vingt-quatre jours ouvrables.** Il peut être dérogé individuellement à cette limite pour les salariés qui justifient de contraintes géographiques particulières ou de la présence au sein du foyer d'un enfant ou d'un adulte handicapé ou d'une personne âgée en perte d'autonomie (C. trav., art. L. 3141-17) ;

2° **Lorsque le congé ne dépasse pas douze jours ouvrables, il doit être continu** (C. trav., art. L. 3141-18) ;

3° **Lorsque le congé principal est d'une durée supérieure à douze jours ouvrables, il peut être fractionné avec l'accord du salarié.** Cet accord n'est pas nécessaire lorsque le congé a lieu pendant la période de fermeture de l'établissement. Une des fractions est au moins égale à douze jours ouvrables continus compris entre deux jours de repos hebdomadaire (C. trav., art. L. 3141-19).

Autrement dit :
- le congé payé ne dépassant pas 12 jours ouvrables doit être continu. Obligation de prendre un minimum de 2 semaines de congé de suite pendant la période de prise légale (l'employeur ne peut pas passer outre cette obligation) ;
- la durée des congés pouvant être pris en une seule fois ne peut excéder 24 jours ouvrables. Obligation de prendre la cinquième semaine à part, non accolée aux quatre précédentes. Toutefois, pour les salariés justifiant de contraintes géographiques particu-

lières (Français originaires des départements d'outre-mer, Français détachés à l'étranger, travailleurs étrangers), il est possible de déroger à cette règle. Il est même possible, par voie d'accord exprès, que ces catégories de travailleurs cumulent leurs congés sur 2 ans ;

- le congé principal d'une durée supérieure à 12 jours ouvrables et au plus égal à 24 jours ouvrables peut être fractionné par l'employeur, avec l'agrément du salarié. Interdit sur 2 semaines, obligatoire au-delà de 4 semaines, le fractionnement est par ailleurs possible, si l'employeur et le salarié en sont d'accord. Cette possibilité ne concerne donc que le congé principal de 4 semaines. Cependant, elle suppose l'accord des deux parties, ce qui signifie qu'il est impossible pour l'employeur d'exiger d'un salarié qu'il fractionne son congé principal de 4 semaines si celui-ci ne le souhaite pas, et qu'à l'inverse, il est impossible pour le salarié d'exiger le fractionnement de son congé si l'employeur ne le veut pas.

Le décompte des congés payés pris

En jours ouvrables

Lorsque la durée des congés à laquelle a droit le salarié est fixée en jours ouvrables, le décompte de nombre de jours pris s'effectue également en jours ouvrables.

Lorsque, dans une entreprise, l'horaire hebdomadaire est réparti sur 5 jours seulement, le lundi ou le samedi étant chômé, ce lundi ou ce samedi demeure un jour ouvrable, pris en compte pour le calcul de la durée des congés.

Le premier jour de congé décompté est le premier jour où le salarié aurait dû normalement travailler. *A contrario*, le dernier jour ouvrable de la période de congés doit être pris en compte pour le calcul des jours ouvrables de congé même s'il correspond à une journée non travaillée dans l'entreprise.

Quelle est l'incidence d'un jour férié pendant le congé ?

Si ce jour férié habituellement chômé dans l'entreprise coïncide avec un jour ouvrable normalement travaillé dans l'entreprise, il ne sera pas décompté en jour de congé.

En jours ouvrés

Lorsque la durée des congés de chaque salarié est fixée en jours ouvrés, le décompte de nombre de jours pris s'effectue également en jours ouvrés. La notion de jours ouvrés doit être définie de la même manière pour la détermination de la durée des congés que pour le décompte des jours de congé pris. Le nombre de jours de congé pris par le salarié est égal au nombre de jours d'ouverture de l'entreprise couvrant sa période de congés.

Lorsque l'horaire de travail est réparti sur 5 jours, une semaine de congé du lundi au dimanche comporte 5 jours ouvrés.

Quelle est l'incidence d'un jour férié pendant le congé ?

Nous distinguons trois cas :
- le jour férié tombe un dimanche : aucune incidence ;
- le jour férié tombe un jour ouvrable ouvré (lundi, mardi, mercredi, jeudi, vendredi) :
  - si l'entreprise travaille le jour férié, celui-ci reste donc ouvrable ouvré et n'a pas d'incidence sur la durée du congé,
  - si l'entreprise ne travaille pas ce jour férié, celui-ci n'est donc pas ouvrable ni ouvré et n'est pas décompté dans la durée du congé ;
- le jour férié tombe un jour ouvrable non ouvré (samedi) :
  - si l'entreprise n'accorde pas à ses salariés des congés plus longs que ceux prévus par la loi, l'employeur doit prolonger le congé d'un jour, car le fait de décompter le congé en jours ouvrés ne doit pas être défavorable par rapport à un décompte en jours ouvrables (Cass. soc., 13 février 1991 n° 89-75423),
  - si l'entreprise accorde des congés plus longs que ceux prévus par la loi, le congé annuel n'a pas à être prolongé (Cass. soc., 27 octobre 2004, n° 02-44149).

En jours ouvrables ou en jours ouvrés

Quelle est l'incidence d'un pont pendant le congé ?

Un « pont » concerne un jour ouvré coincé entre un week-end et un jour férié, ou entre un jour férié et un week-end. Par exemple, cette année 2020 il y a le pont de l'Ascension (jeudi 21 – jour habituellement férié dans la majorité des entreprises, **vendredi 22**, samedi 23 et

dimanche 24 mai). Pour que les salariés profitent de 4 jours de repos consécutifs, il faut que le vendredi 22 mai soit un pont.
Si pendant les congés d'un salarié, l'employeur accorde un jour de pont chômé dans l'entreprise, ce jour reste un jour ouvré pour le salarié en congé et il n'a droit à **aucun jour supplémentaire.**

Les salariés peuvent-ils fractionner à l'extrême leurs congés ?

Afin d'éviter les exagérations toujours possibles dans ce domaine, il faut bien veiller à ce que les salariés ne bénéficient pas au total de plus de 30 jours ouvrables quelle que soit la méthode de décompte des jours de congé (ce qui revient, en fait, à appliquer **la règle des « cinq samedis » :** règle qui consiste à déduire systématiquement cinq samedis des 30 jours ouvrables mais **qui** au passage **n'existe pas légalement** !).

Pour un salarié à temps partiel

Quand un salarié à temps partiel prend ses congés, il faut raisonner différemment selon le nombre de jours travaillés. S'il ne travaille qu'un jour par semaine, ce jour représente pour lui toute sa semaine de travail et donc, dans ce cas, il faut lui décompter soit 5 jours ouvrés soit 6 jours ouvrables.

Si un salarié travaille habituellement 2 jours par semaine et qu'il part une semaine en congés payés, lui seront décomptés soit 6 jours ouvrables (chaque jour valant 6/2 soit 3 jours ouvrables), soit 5 jours ouvrés (chaque jour valant 5/2 soit 2,5 jours ouvrés).

Certaines entreprises décomptent le nombre de jours ouvrables entre le premier jour de congé et le jour de retour en entreprise, ce qui est illogique pour un salarié à temps partiel. En effet, dans mon exemple du salarié qui travaille 2 jours par semaine, la règle serait différente selon les 2 jours travaillés : s'il travaille le lundi et le mardi, la règle serait de décompter un jour s'il ne prend que le lundi en congé et d'en décompter 4 ouvrés ou 5 ouvrables s'il ne prenait que le mardi ! Plus injuste que ça, il n'y a pas ! Et la règle serait encore différente s'il travaillait les lundi et mercredi ou les mardi et vendredi ?

La bonne règle est simplement mathématique : on applique le coefficient du nombre de jours de la semaine divisé par le nombre de jours travaillés dans la semaine. Bien sûr le chiffre obtenu n'est pas toujours « rond ». Dans le cas des salariés à 80 %, le résultat obtenu est que chaque jour de congé vaut 1,25 (5/4). Et alors ? Quand il acquiert ses congés est-ce que ce sont aussi des chiffres « ronds » (2,08 ou 2,5) ? Le plus important est de ne surtout pas arrondir le chiffre obtenu de façon à ce que le salarié ait bien pris soit 25 jours ouvrés (ou 30 jours ouvrables) au total sur une année.

Enfin, et bien sûr, l'employeur doit préciser sur le bulletin de paie les dates et le montant des congés payés pris par le salarié (C. trav., art. R. 3243-1, 11e §).

Schéma explicatif sur les périodes d'acquisition et de prise de congés payés

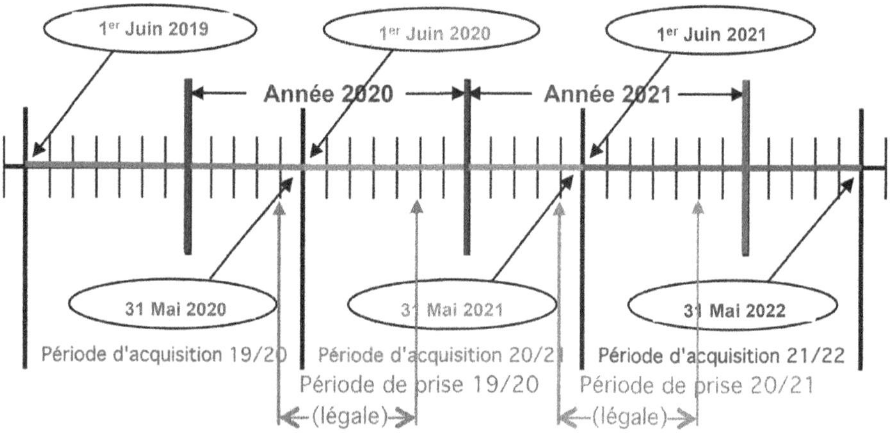

Le fractionnement des congés payés

Rappel : Le fractionnement des 5 semaines de congés payés est obligatoire en sur deux périodes distinctes :

1° Du 1er mai au 31 octobre, le salarié doit prendre au moins 12 jours ouvrables en continu (C. trav., art. L. 3141-18) avec un maximum de 24 jours (sauf ceux qui justifient de contraintes géographiques particulières ou de la présence au sein du foyer d'un enfant ou d'un adulte handicapé ou d'une personne âgée en perte d'autonomie, C. trav., art. L. 3141-17) ;

2° Du 1er novembre au 30 avril, il doit au moins prendre sa cinquième semaine (6 jours ouvrables ou 5 jours ouvrés).

Normalement, un accord d'entreprise ou d'établissement ou, à défaut, une convention ou un accord de branche fixe la période pendant laquelle la fraction continue d'au moins douze jours ouvrables est attribuée ainsi que les règles de fractionnement du congé au-delà du douzième jour (C. trav., art. L. 3141-21).

Mais, à défaut de stipulation dans la convention ou l'accord conclu :

1° La fraction continue d'au moins 12 jours ouvrables est attribuée pendant la période du 1er mai au 31 octobre de chaque année ;

2° Le fractionnement des congés au-delà du douzième jour est effectué dans les conditions suivantes :

   a) Les jours restant dus en application du second alinéa de l'article L. 3141-19 peuvent être accordés en une ou plusieurs fois en dehors de la période du 1er mai au 31 octobre de chaque année ;

   b) Deux jours ouvrables de congé supplémentaire sont attribués lorsque le nombre de jours de congé pris en dehors de cette période est au moins égal à six et un seul lorsque ce nombre est compris entre trois et cinq jours. Les jours de congé principal dus au-delà de vingt-quatre jours ouvrables ne sont pas pris en compte pour l'ouverture du droit à ce supplément.

Il peut être dérogé au présent article après accord individuel du salarié (C. trav., art. L. 3141-23).

Les jours supplémentaires pour fractionnement

Autrement dit, l'article L. 3141-23 précise clairement que, sauf dispositions conventionnelles contraires ou renonciation expresse du salarié, **les jours de congés payés** qui n'ont pas été pris avec le congé principal et qui sont **pris en dehors de la période légale** (1er mai-31 octobre) **donnent droit à des jours de congé supplémentaires.**

Si l'entreprise donne des congés payés en jours ouvrables, ce nombre de jours est :

- 1 jour supplémentaire si le reliquat pris hors période légale est compris entre 3 et 5 jours ;
- 2 jours supplémentaires si le reliquat pris hors période légale est au moins égal à 6 jours.

Si on convertit ces jours ouvrables en jours ouvrés, cela donne :

- 1 jour supplémentaire si le reliquat pris hors période légale est compris entre 2 et 4 jours ;
- 2 jours supplémentaires si le reliquat pris hors période légale est au moins égal à 5 jours.

Ces jours sont accordés également aux salariés entrés en cours d'année dès lors qu'ils prennent des congés en dehors de la période légale. La prise de jours de congé par anticipation, en dehors de la période légale, ouvre droit aussi aux jours supplémentaires de fractionnement (Cass. soc., 7 mars 1990, n° 87-40.629). **Le fractionnement est dû non seulement quand l'employeur l'impose aux salariés mais aussi dans le cas où c'est le salarié qui demande à fractionner son reliquat de congé et où il obtient l'accord tacite de son employeur.** Selon la Cour de cassation, le droit aux jours de congé supplémentaires naît du seul fait du fractionnement, que ce soit le salarié lui-même ou l'employeur qui en ait pris l'initiative (Cass. soc., 4 juillet 2001, n° 99-43.494).

Les dispositions sur le fractionnement n'ont pas un caractère impératif. Des dérogations peuvent y être apportées soit après accord individuel du salarié (renonciation individuelle, annuelle, et écrite), soit par convention collective (ou accord d'établissement). En aucun cas la renonciation résultant d'une note de service, unilatéralement établie par l'employeur, ne saurait être valable.

Les événements survenant pendant les congés payés

Des événements indépendants de la volonté du salarié peuvent l'empêcher de prendre réellement la totalité de ses congés. Se pose alors la question du droit du salarié à une nouvelle période de congé ou de son indemnisation. Nous allons examiner ici l'incidence de ces différents événements sur le déroulement des congés payés.

La maladie et les congés payés

Tout d'abord, il faut dire que la jurisprudence de la Cour de cassation a évolué, au cours de ces dernières années, sur le sort réservé aux congés qui n'ont pu être pris du fait de la maladie du salarié. Il faut distinguer deux cas.

Le salarié est malade au moment du départ en congé

Le salarié dont le contrat de travail est déjà suspendu par un arrêt de travail pour maladie à la date des départs en congé fixée par l'employeur conserve son droit à congé et peut demander à en bénéficier ultérieurement.

Droit au report des congés payés ?

- Reprise du travail avant la fin de la période des congés payés : l'employeur doit lui permettre d'exercer ce droit pour la part de congé non prise du fait de l'arrêt de travail lorsque celui-ci prend fin, avant que ne soit close la période de congés payés (Cass. soc., 4 décembre 1996, n° 93-44.097).
- Reprise du travail après la fin de la période des congés payés : dans une décision du 20 janvier 2009, la Cour de justice des Communautés européennes précise que lorsque la période de congés est expirée et que le salarié a été dans l'impossibilité de prendre ses congés du fait d'un arrêt maladie, il peut prétendre soit à un report de ses congés, soit, si le contrat de travail est rompu, au versement d'une indemnité compensatrice. Un mois après cette décision, la Cour de cassation reprend cette solution dans un arrêt du 24 février 2009. Il s'agit d'un revirement de jurisprudence. Jusqu'à présent, lorsque le salarié était absent pour maladie jusqu'à la fin de la période de prise des congés payés, il ne pouvait pas exiger de prendre ses congés à son retour dans l'entreprise, ni que cette dernière lui verse une indemnité compensatrice (Cass. soc., 11 janvier 1998, n° 95-40.226). Enfin, dans un autre arrêt du 24 mars 2009, la Cour de cassation précise que lorsque le contrat de travail prend fin, le salarié a droit à une indemnité compensatrice pour les congés payés qu'il n'a pas pu prendre du fait d'un arrêt maladie.

Indemnisation des congés non pris ?

Jusqu'en 1988, les tribunaux admettaient que le salarié empêché de prendre ses congés du fait de la maladie puisse bénéficier d'un report de ce congé ou, si c'était impossible, d'une indemnité compensatrice pour les jours de congé non pris. Certaines conventions collectives prévoyaient d'ailleurs, en pareille hypothèse, un allongement de la période au cours de laquelle les congés pouvaient être pris, une indemnité compensatrice n'étant versée que si, en dépit de cet allongement, le salarié ne parvenait toujours pas à prendre ses congés.

Puis, durant une vingtaine d'années, dans le cas où il y avait maintien du salaire pendant la maladie, la Cour de cassation s'est opposée au cumul du salaire et de l'indemnité compensatrice de congés. Il en résultait que le salarié qui n'avait pas pu prendre ses congés en raison de la maladie ne pouvait pas exiger une indemnité compensatrice pour les jours de congé non pris, dès lors qu'il y avait eu maintien du salaire pendant sa maladie (Cass. soc., 20 mai 1998, n° 96-41.307).

Depuis le 20 janvier 2009 (CJCE) et les 24 février et 24 mars 2009 (comme on vient de le voir), la Cour de cassation étend aux arrêts maladie une solution déjà consacrée pour les arrêts consécutifs à un accident de travail ou à une maladie professionnelle. Il est bon de rappeler ici que concernant les salariés en congé de maternité ou d'adoption, le droit au report des congés est prévu par l'article L. 3141-2 du Code du travail.

Le salarié tombant malade pendant ses congés

Jusqu'à présent, le salarié qui tombait malade au cours de ses congés ne pouvait exiger de prendre ultérieurement le congé dont il n'avait pu bénéficier du fait de son arrêt de travail, l'employeur s'étant acquitté de son obligation à son égard. Au niveau financier, le salarié pouvait cumuler l'indemnité de congés payés avec les IJSS, mais l'employeur n'avait pas à lui verser les indemnités complémentaires de maladie éventuellement mises à sa charge par une convention collective et ce même si la convention assimilait la maladie à un temps de travail effectif.

Dans un arrêt du 21 juin 2012, la CJUE estime qu'une disposition nationale ne peut pas empêcher un travailleur dont l'incapacité de travail survient pendant sa période de congés payés de bénéficier de ce congé après la fin de la période d'incapacité de travail. Une telle interdiction serait contraire à la finalité du droit aux congés payés. La Cour de cassation devrait donc tout naturellement suivre bientôt.

La cure pendant les congés payés

Lorsque la cure thermale médicalement justifiée n'est pas prescrite à une date déterminée, l'employeur peut exiger que le salarié effectue sa cure pendant son congé annuel (Cass. soc., 17 octobre 1979, n° 78-41.519). Dans ce cas, le salarié peut cumuler son indemnité de congés payés et les indemnités journalières de la Sécurité sociale, s'il remplit les conditions de ressources exigées pour l'attribution de ces indemnités.

Les événements familiaux pendant les congés payés

Tout salarié bénéficie, sans condition d'ancienneté, sur justification et à l'occasion de certains événements familiaux (mariage, naissance, décès, vus précédemment), d'une autorisation exceptionnelle d'absence.

Le jour d'autorisation d'absence accordé n'a pas à être nécessairement pris le jour de l'événement le justifiant. Néanmoins, le salarié n'a pas toute latitude pour bénéficier de son jour d'absence. En effet, sauf stipulations conventionnelles contraires, ce jour chômé et rémunéré doit être pris dans une période raisonnable (Cass. soc., 16 décembre 1998, n° 96-42.323P).

Si le salarié est déjà absent de l'entreprise lorsque l'événement familial se produit, aucun droit supplémentaire à rémunération ou à congé ne lui est dû.

Le préavis pendant les congés payés

Que le salarié démissionne ou qu'il soit licencié, il a droit à un préavis. Mais ce préavis peut ne pas être effectué si l'employeur préfère se passer des services du salarié. Dans ce cas, il est dû à l'intéressé une indemnité dite « compensatrice de préavis », destinée à remplacer le préavis non effectué. Jusqu'à l'expiration du contrat, que le préavis soit exécuté ou non, le salarié acquiert des droits à congés. Sauf accord des parties, lorsque le salarié est en congé pendant la période de préavis, le préavis est suspendu pendant la durée des congés pour reprendre à l'issue des congés payés (Cass. soc., 20 novembre 1985, n° 84-45.952).

L'interdiction de cumuler un salaire et des congés

Enfin, la législation veut que le congé payé corresponde à une période de repos effectif. La jurisprudence européenne abonde dans ce sens en précisant que la réglementation relative au paiement du congé annuel doit assurer la prise effective du congé du salarié (CJCE, 6 avril 2007, aff. C.124-05). Il en résulte une double interdiction : cumuler un salaire avec l'indemnité de congés payés et travailler pour un autre employeur pendant les congés.
Le non-respect de cette obligation peut entraîner un licenciement, le cas échéant pour faute grave.

Depuis le 1er janvier 2020, le salarié qui accomplit pendant sa période de congés payés des travaux rémunérés, privant de ce fait des demandeurs d'emploi d'un travail qui aurait pu leur être confié, peut être l'objet d'une **action devant le juge du tribunal judiciaire en dommages et intérêts envers le régime d'assurance chômage**. Les dommages et intérêts ne peuvent être inférieurs au montant de l'indemnité due au salarié pour son congé payé.

L'action en dommages et intérêts est exercée à la diligence soit du maire de la commune intéressée, soit du préfet.
L'employeur qui a occupé sciemment un salarié bénéficiaire d'un congé payé peut être également l'objet, dans les mêmes conditions, de l'action en dommages et intérêts prévue par le présent article (C. trav., art. D.3141-2).

Deux exceptions à l'interdiction de travail sont cependant admises :
- le travail bénévole dans le cadre de certaines activités de loisir ou culturelles ;
- le travail dans le cadre du contrat « vendanges » du 1er juillet 2002 (inscrit dans le Code rural).

L'indemnité de congés payés

Comme le droit au congé lui-même, le droit à l'indemnité est automatique, mais il est conditionné par l'accomplissement par le salarié d'un temps de travail au moins égal à un mois (CDI seulement).

En fait, il y a deux sortes d'indemnité de congé :
- l'indemnité normale, due pour le congé qui a été effectivement pris ;
- l'indemnité compensatrice qui, comme son nom l'indique, est destinée à rémunérer à titre de compensation un congé qui n'a pas été effectivement pris.

Mais du point de vue de la méthode de calcul, il y a lieu de considérer l'indemnité compensatrice comme un cas particulier de l'indemnité normale.

Par ailleurs, la Cour de cassation admet le versement d'une rémunération globale incluant l'indemnité de congés payés. Cette rémunération globale doit faire l'objet d'une convention expresse, appelée « convention de forfait ». Le recours à la convention de forfait a été admis pour les salariés à travail discontinu, intermittent, irrégulier. Ainsi, pour un VRP payé à la commission, la rémunération forfaitaire est valable à la condition que soit prévue une majoration du taux des commissions (Cass. soc., 30 mai 2000, n° 97-45.946).

Le principe

Le principe du calcul de l'indemnité des congés payés nous est donné par l'article L. 3141-24 du Code du travail :

I.– Le congé annuel prévu à l'article L. 3141-3 ouvre droit à une indemnité égale au dixième de la rémunération brute totale perçue par le salarié au cours de la période de référence. Pour la détermination de la rémunération brute totale, il est tenu compte :

1° De l'indemnité de congé de l'année précédente ;

2° Des indemnités afférentes à la contrepartie obligatoire sous forme de repos prévues aux articles L. 3121-30, L. 3121-33 et L. 3121-38 ;

3° Des périodes assimilées à un temps de travail par les articles L. 3141-4 et L. 3141-5 qui sont considérées comme ayant donné lieu à rémunération en fonction de l'horaire de travail de l'établissement.

Lorsque la durée du congé est différente de celle prévue à l'article L. 3141-3, l'indemnité est calculée selon les règles fixées au présent I et proportionnellement à la durée du congé effectivement dû.

II.– Toutefois, l'indemnité prévue au I du présent article ne peut être inférieure au montant de la rémunération qui aurait été perçue pendant la période de congé si le salarié avait continué à travailler. Cette rémunération, sous réserve du respect des dispositions légales, est calculée en fonction :

1° Du salaire gagné dû pour la période précédant le congé ;

2° De la durée du travail effectif de l'établissement.

III.– Un arrêté du ministre chargé du travail détermine les modalités d'application du présent article dans les professions mentionnées à l'article L. 3141-32.

Autrement dit, l'article L. 3141-24 prévoit donc deux modes de calcul pour l'indemnité de congés payés :

- la **règle du dixième** (I de l'article L. 3141-24) ;
- le **maintien du salaire** (II de l'article L. 3141-24).

Ces dispositions sont d'ordre public. Aucun accord d'entreprise ne peut en conséquence contenir des stipulations moins favorables au salarié (Cass. soc., 11 février 1982, n° 80-40.163). Ce mode de calcul s'applique aux jours supplémentaires pour ancienneté prévus par les conventions collectives (Cass. soc., 26 mars 2002, n° 99-46.097).

Pour chaque salarié, il faut donc chercher la règle la plus favorable, celle du dixième ou celle du maintien de salaire.

La règle du dixième

Le premier mode de calcul consiste à déterminer l'indemnité de congés payés par rapport au salaire déterminé en fonction de la rémunération totale perçue par le salarié au cours de la période de référence (1er juin-31 mai). Ainsi, selon la règle du dixième, **l'indemnité de congés payés est égale à un dixième de la rémunération totale brute perçue au cours de la période de référence.** Le montant obtenu correspond à la totalité des congés acquis par le salarié (soit 30 jours ouvrables pour un salarié ayant travaillé pendant toute la période de référence).

Pour déterminer la rémunération brute totale, il est tenu compte des avantages accessoires et des prestations en nature dont le salarié ne continuerait pas à jouir pendant la durée de son congé. La valeur de ces avantages et prestations ne peut être inférieure à celle fixée par l'autorité administrative (C. trav., art. L. 3141-25).

Que comprend la rémunération totale ?

Entre l'article L. 3141-24 et L. 3141-25, il est difficile de dire précisément ce qui entre ou pas dans la rémunération totale brute. C'est donc essentiellement la jurisprudence qui va répondre à presque toutes nos interrogations. Pourquoi « presque » ? Parce que si la prime que vous cherchez se trouve dans la liste ci-dessous, vous avez votre réponse, sinon c'est uniquement par analogie que vous aurez un début de réponse car parfois entre ce qui y rentre et ce qui en est exclu, la frontière est fine. Dans les entreprises, chaque fois qu'on met en place une nouvelle prime, c'est le casse-tête assuré pour savoir si cette nouvelle prime entre ou pas dans le calcul du dixième.

Pour y voir donc le plus clair possible, il s'agit les sommes brutes (avant retenues pour cotisations), présentant un caractère soit réel, soit fictif. Ce sont précisément :

- le **salaire** de base ou forfaitaire et ses **majorations** pour heures supplémentaires (Cass. soc. 31 oct. 2012 n° 11-19.170), travail de nuit (Cass. soc. 25 janv. 1968 n° 66-40.557P), et éventuellement travail du dimanche ou du jour férié (Cass. soc. 11 fév. 1998 n° 93-44.887) ;

- **l'indemnité de congés payés** de l'année précédente (C. trav., art. L. 3141-22) ;
- les **commissions**. Les primes et commissions liées à l'activité de l'entreprise ou à la production doivent être incluses, à condition toutefois que ces éléments de rémunération soient réellement liés à l'activité personnelle du salarié (Cass. soc. 3 juin 2009 n° 07-43.798). Attention toutefois : ces commissions sont exclues lorsqu'elles sont calculées sur l'année entière, y compris sur la période de congés payés du salarié ;
- les **primes et indemnités versées en fonction des résultats du salarié**. Selon la jurisprudence, ces primes doivent répondre aux critères suivants :
  - elles doivent être versées en contrepartie du travail du salarié (et non pas de son service ou de son entreprise), et revêtir un caractère de généralité, de fixité et de constance qui les rend obligatoires pour l'employeur,
  - elles ne doivent pas présenter le caractère de remboursements de frais, ni rémunérer un risque exceptionnel,
  - elles ne doivent pas déjà indemniser la période de congé.

Selon la Cour de cassation, répondent donc à ces critères :
  - les primes de rendement, production, ou productivité liées aux résultats personnels du salarié et non à l'activité globale de l'entreprise, lorsqu'elles sont attribuées de façon régulière depuis plusieurs années (Cass. soc. 20 janv. 2010 n° 08-43.310),
  - les primes d'objectifs attribuées en fonction de résultats personnels (Cass. soc. 30 avril 2003 n° 01-41.884)
  - les primes de performance récompensant l'activité déployée par les salariés personnellement et les objectifs réalisés par l'unité à laquelle appartient le salarié (Cass. soc. 10 oct. 2001 n° 99-44.300),
- les **primes liées à l'exécution du travail**. Ce sont :
  - les primes d'ancienneté (Cass. soc. 13 juin 2012 n° 10-30.590), sauf si elles sont versées toute l'année et ont déjà rémunéré une période de congé (Cass. soc. 24 mars 2004 n° 02-41.828),
  - les primes d'assiduité conventionnelles si elles sont versées en contrepartie du travail du salarié et non calculées sur l'année entière (Cass. soc. 26 mai 1999 n° 97-43.681),
- les **primes liées à l'organisation du travail**. Ce sont :
  - les primes paniers (Cass. soc. 15 janv. 1997 n° 95-43.996),
  - les indemnités de repas forfaitaire versées aux travailleurs de nuit (Cass. soc. 18 déc. 2012 n° 11-13.813),

  - les indemnités de déplacement versées, que le salarié soit ou pas en déplacement (Cass. soc. 12 nov. 2008 n° 07-41.348), une prime de transport indemnisant la sujétion liée à l'organisation spécifique de l'entreprise dont l'activité nécessite une exploitation en dehors des heures d'activité des transports en commun (Cass. soc. 7 déc. 2011 n° 10-23.686),
  - les primes d'équipe ne représentant ni un remboursement de frais ni une indemnité d'un risque exceptionnel,
- les **primes de sujétion** compensant des avantages accessoires **habituellement accordés** (C. trav., art. n° L. 3141-25). Si elles sont bien versées chaque mois, ce sont par exemple les primes d'insalubrité, de salissure, de hauteur, de froid, etc.
- les **primes liées à une servitude de l'emploi**. Ce sont :
  - les primes d'astreinte, versées toute l'année, compensant une servitude de l'emploi (Cass. soc. 4 juil. 1983 n° 81-40.819P),
  - les primes de soirée, versées forfaitairement à des visiteurs médicaux (Cass. soc. 16 oct. 2001 n° 99-44.464),
  - les primes pour heures de permanence (Cass. soc. 14 fév. 1996 n° 92-43.110),
- les **primes liées à l'éloignement** du salarié. Ce sont :
  - les primes d'expatriation ou de dépaysement qui constituent en tout ou partie un complément de rémunération destiné à compenser les désagréments de l'éloignement plus qu'un remboursement de frais inhérents au séjour à l'étranger (Cass. soc. 19 déc. 2007 n° 06-44.887),
  - les primes de mission versées aux salariés pendant leur affectation à l'étranger en vue de compenser les principales contraintes provenant du milieu géographique ou des conditions de travail en mer (Cass. soc. 4 fév. 1993 n° 89-42.464),
- les **pourboires** (sur la base des sommes soumises aux cotisations de Sécurité sociale) (C. trav., art. L. 3141-26),
- les **avantages en nature**. Il doit être tenu compte des avantages accessoires et des prestations en nature dont le salarié ne continuerait pas à jouir pendant la durée de son congé (C. trav., art. L. 3141-25), (Cass. soc. 27 sept. 1989 n° 86-43.169). A contrario, les avantages en nature dont le salarié continue à profiter pendant son congé ne sont pas pris en compte (Cass. soc. 7 mars 2007 n° 05-42.826),
- les **indemnités perçues en période d'absence de travail**. Sont également inclus les salaires fictifs des absences assimilées à du temps de travail pour le calcul des congés payés par la loi ou une convention collective. Sont concernés :
  - le congé maternité,

- l'arrêt de travail pour accident de travail ou maladie professionnelle limité à une durée ininterrompue d'un an,
- la période de maintien ou de rappel sous les drapeaux,
- l'indemnité afférente à la contrepartie en repos pour heures supplémentaires (C. trav., art. L. 3121-11 et L. 3121-22) (Cass. soc. 23 oct. 2001 n° 99-40.879P),
- le salaire des jours fériés chômés.
- les indemnités compensant la précarité d'emploi pour les travailleurs temporaires et les CDD (C. trav., art. D. 3141-8) ;

Que faut-il exclure de la rémunération totale ?

- les **primes et gratifications versées globalement couvrant l'ensemble de l'année**, période de travail et période de congés. Les inclure dans le calcul de l'indemnité de congés aboutirait à les faire payer partiellement une seconde fois. C'est notamment le cas pour :
  - les primes de vacances, de type treizième mois payées en une seule fois pour l'ensemble de l'année (Cass. soc. 2 avril 1997 n° 94-41.389) (Cass. soc. 8 juin 2011 n° 09-71.056P),
  - les primes de récompense ou gratification bénévole (prime exceptionnelle) (Cass. soc. 14 octobre 2009 n° 07-45.587P),
  - les pourcentages sur chiffre d'affaires de l'entreprise calculés globalement sur l'année et sans rapport nécessaire avec le travail du salarié (Cass. soc. 30 janvier 1985 n° 81-41.769) ;
- les **primes de sujétion compensant un risque ou un inconvénient qui n'existe pas pendant les congés**, si le risque est exceptionnel et n'est pas lié à l'activité permanente du salarié (Cass. soc. 29 octobre 1980 n° 79-40.840P) ;
- les **remboursements de frais professionnels**. Ceux-ci n'existent pas pendant la période de congés. Ce sont :
  - les primes de panier, subordonnées à des conditions d'octroi, remboursant les frais de repas supplémentaires (Cass. soc. 8 juin 1994 n° 90-43.014),
  - les primes de transport remboursant des frais professionnels forfaitaires (Cass. soc. 22 janvier 1992 n° 90-44.249P),
  - l'indemnité d'expatriation remboursant des frais inhérents au séjour à l'étranger (Cass. soc. 25 mars 1998 n° 96-40.754) ;
- les **primes d'intéressement et de participation**, car elles ne constituent pas une rémunération (C. trav., art. L. 3312-4 et L. 3325-1).

Les formules pour le calcul du dixième

$$\frac{\textit{Rémunération brute totale}}{10} = \textit{Indemnité totale du congé payé}$$

Si le salarié bénéficie d'un congé d'une durée supérieure à la durée légale, il y a lieu de **corriger proportionnellement l'indemnité.**

$$\frac{\textit{Rémunération brute totale}}{10} \times \frac{E}{L} = \textit{Indemnité totale du congé payé}$$

Pour calculer l'indemnité à chaque prise de congés, on remplacera à chaque fois « E » par le nombre de jours de congé donnés par l'entreprise pour la période, et « L » par le nombre de jours de congé donnés par la loi pour la même période.

Mais il n'y a aucune obligation à faire à chaque fois ce calcul puisque la comparaison n'est à établir qu'à la fin de la prise des congés. **Dans la pratique, on se contentera de maintenir purement et simplement le salaire pendant les congés et à la fin de la période de prise de congés payés, on se livrera à la comparaison entre les calculs. Si l'application de la règle du dixième est plus avantageuse, le salarié bénéficiera d'un complément congé, souvent appelé « régularisation dixième ».**

Voyons justement quelle est la règle du maintien de salaire.

La règle du maintien de salaire

RAPPEL

L'indemnité de congés payés ne peut être inférieure au montant de la rémunération qui aurait été perçue pendant la période de congés payés si le salarié avait continué à travailler.

Le salaire maintenu est déterminé en fonction de la durée du travail effectif de l'établissement au cours de la période considérée ainsi que de l'horaire de travail du salarié. Ainsi, si un salarié travaille habituellement et alternativement 40 heures une semaine puis 30 heures la semaine suivante, l'indemnité de congés payés doit être calculée selon l'horaire qui aurait été pratiqué, sauf en cas de lissage de la rémunération.

Les formules pour le calcul du maintien de salaire

Plusieurs méthodes de calcul peuvent s'appliquer. Ce sont :

- la méthode du **jour ouvrable moyen.** On retient un vingt-sixième du salaire mensuel par jour ouvrable de congé pris (voir partie IV, chapitre 1) ;
- la méthode du jour ouvré moyen. On retient un vingt et un soixante-septième du salaire mensuel par jour ouvré de congé pris (voir partie IV, chapitre 1) ;
- la méthode du jour ouvrable réel. On divise le salaire mensuel par le nombre de jours ouvrables du mois en cours et on multiplie le résultat par le nombre de jours ouvrables de congé pris (voir partie IV, chapitre 1) ;
- la méthode du jour ouvré réel. On divise le salaire mensuel par le nombre de jours ouvrés du mois en cours et on multiplie le résultat par le nombre de jours ouvrés de congé pris (voir partie IV, chapitre 1).

La plupart des entreprises optent pour le calcul en jours ouvrables moyens (ou jours ouvrés moyens). C'est la solution la plus logique : pourquoi reviendrait-on en réels alors qu'on cherche à comparer ce montant avec une valeur moyenne calculée sur l'année de référence des congés payés ?

Le cas des salariés à temps partiel

Le salarié à temps partiel se verra appliquer les mêmes méthodes vues précédemment sauf si son horaire a été modifié en cours d'année.

- Si son horaire est devenu à temps partiel avant son départ en congés, c'est obligatoirement la méthode du dixième qui lui sera appliquée puisqu'elle est plus avantageuse.
- Si, par contre, son horaire est repassé à temps plein avant son départ en congés, il faudra lui maintenir son salaire comme s'il avait travaillé précédemment à temps plein.
- Si le passage à plein temps n'est que provisoire et dû à l'organisation du travail pour pallier l'absence de certains salariés pendant les congés par exemple, il ne faut tenir compte que de l'horaire habituel.

La rédaction du bulletin de paie

Dans le cadre de la loi du 18 août 1986, la mention des congés payés est obligatoire sur les bulletins de paie. S'il y a seulement maintien du salaire, seules les dates du congé seront portées sur le bulletin. Si on verse l'indemnité selon la règle du dixième, il faut la faire apparaître distinctement sans omettre la mention des dates de prise de congé.

En tout état de cause, il appartient à l'employeur de rapporter la preuve, en cas de litige, du paiement des congés payés (Cass. soc., 6 novembre 2001, n° 99-44.806).

L'indemnité compensatrice de congés payés

Lorsque le contrat de travail est rompu avant que **le salarié** ait pu bénéficier de la totalité du congé auquel il avait droit, il **reçoit**, pour la fraction de congé dont il n'a pas bénéficié, **une indemnité compensatrice de congé** déterminée d'après les articles L. 3141-24 à L. 3141-27. L'indemnité est due que cette rupture résulte du fait du salarié ou du fait de l'employeur. Cette indemnité est également due aux ayants droit du salarié dont le décès survient avant qu'il ait pris son congé annuel payé. L'indemnité est versée à ceux des ayants droit qui auraient qualité pour obtenir le paiement des salaires arriérés (C. trav., art. L. 3141-28).

Lorsque, à l'occasion de la rupture de son contrat de travail, un salarié, par suite de l'ordre fixé pour les départs en congé, a pris un congé donnant lieu à une indemnité de congé d'un montant supérieur à celle à laquelle il avait droit au moment de la rupture, il rembourse le trop-perçu à l'employeur. Le remboursement n'est pas dû si la rupture du contrat de travail par le salarié est provoquée par une faute lourde de l'employeur (C. trav., art. L. 3141-29).

Toutefois, ces 2 articles (L. 3141-28 et L. 3141-29) ne sont pas applicables lorsque l'employeur est tenu d'adhérer à une caisse de congés en application de l'article L. 3141-32 (C. trav., art. L. 3141-30).

En revanche, lorsqu'un établissement ferme pendant un nombre de jours dépassant la durée des congés légaux annuels, l'employeur verse aux salariés, pour chacun des jours ouvrables de fermeture excédant cette durée, une indemnité qui ne peut être inférieure à l'indemnité journalière de congés (C. trav., art. L. 3141-31).

Mais, en aucun cas, le salarié ne peut renoncer à prendre ses congés et exiger une indemnité à la place.

Quel est le montant de l'indemnité compensatrice de congés payés ?

L'indemnité compensatrice de congés payés se calcule exactement de la même façon que l'indemnité de congés payés. Son montant est fonction du nombre de jours de congé acquis mais non pris par le salarié en raison de la rupture du contrat de travail.

Il faut appliquer les deux méthodes de calcul (dixième ou maintien) et donner le plus avantageux au salarié.

Le préavis non effectué à la demande de l'employeur, fait acquérir des droits à congé, comme s'il avait travaillé. *A contrario*, si c'est à la demande du salarié que le préavis n'a pas été effectué, cette inexécution n'est pas assimilée à un travail effectif.

Enfin, l'indemnité compensatrice de congés payés est versée au salarié au moment de son départ avec le dernier salaire.

Le régime juridique des indemnités de congés payés

L'indemnité de congés payés ainsi que l'indemnité compensatrice ont le caractère de salaire et de ce fait subissent toutes les cotisations sociales. Elles sont imposables et saisissables.

Les caisses de congés payés

Comme on l'a déjà vu sur les bénéficiaires des congés payés et également à propos de l'année de référence, dans les professions où l'activité est par définition discontinue, le législateur a créé les caisses de congés payés. Des décrets déterminent les professions, industries et commerces pour lesquels l'application des dispositions relatives aux congés payés comporte des modalités particulières, telles que la constitution de caisses de congés auxquelles les employeurs intéressés s'affilient obligatoirement (C. trav., art. L. 3141-32). Ces professions sont les suivantes : bâtiments et travaux publics, dockers, manutentions et transports, spectacles.

Ces caisses de congés sont des organismes privés, constitués sous la forme d'associations déclarées « loi du 1er juillet 1901 ». **Elles se substituent aux employeurs pour le versement des indemnités de congés payés dont le financement est assuré par des cotisations patronales.**

L'employeur concerné a l'obligation de s'affilier aux caisses compétentes en fonction de la profession et de l'adresse de l'entreprise. À défaut, il s'expose aux sanctions pénales qui répriment les infractions à la législation des congés payés. Il doit verser à la caisse à laquelle il est affilié des cotisations selon le pourcentage des salaires fixé par le règlement intérieur des caisses. C'est aussi le règlement intérieur des caisses qui fixe la périodicité du versement de ces cotisations. L'employeur doit fournir à chaque salarié lorsqu'il quitte l'entreprise, au moment où il va prendre son congé, un certificat justificatif de ses droits à congés, compte tenu de la durée de ses services (C. trav., art. D. 3141-34). Ce certificat indique la durée du travail effectué pendant l'année de référence, le montant du salaire perçu et précise le nom et l'adresse de la caisse à laquelle l'entreprise est affiliée.

Les salariés appartenant à des professions à caractère discontinu bénéficient de la même durée de congé que les salariés relevant du régime général. Cependant :

- ce droit est déterminé, non pas d'après la durée du travail chez un même employeur, mais d'après la durée totale de travail effectuée auprès des employeurs successifs ;
- la période de référence prise en compte pour le calcul du droit à congé est fixée du 1er avril de chaque année au 31 mars de l'année suivante (et non pas du 1er juin au 31 mai).

Les particularités liées aux caisses du bâtiment et travaux publics

150 heures de travail effectif sont considérées comme équivalentes à un mois de travail, ce qui revient à dire que les intéressés ont droit à 2,5 jours ouvrables par fraction de 150 heures de travail effectif (C. trav., art. D. 3141-30).

À ce temps de travail effectif doit être **ajouté un forfait de 160 heures représentant la période de congé de l'année précédente**, lorsque ce congé aura été payé à l'intéressé par l'intermédiaire d'une caisse (C. trav., art. D. 3141-30).

Aux périodes d'interruption de travail assimilées à un temps de travail effectif **s'ajoutent les périodes indemnisées de chômage-intempéries.** La limite d'indemnisation à prendre en compte pour le calcul de l'indemnité de congé est fixée aux trois quarts du salaire.

Le salaire horaire pris en considération est le quotient du montant de la dernière paie versée au salarié dans l'entreprise qui l'occupait en dernier lieu, par le nombre d'heures de travail effectuées pendant la période ainsi rémunérée (C. trav., art. D. 3141-32). **L'indemnité du congé est le produit du vingt-cinquième du salaire horaire par le double du nombre d'heures accomplies au cours de la période de référence.**

Les particularités liées aux caisses des entreprises de manutention et de transport

Pour ce régime des congés applicables à cette branche d'activité, sont concernés les établissements suivants : transport routier de marchandise, location d'automobiles en vue du transport de marchandises, entreprises d'enlèvement (ordures, gravats, etc.), de groupage (de colis), dispatching (services rapides), d'emballage de marchandises, de manutention dans les parcs ferroviaires, de déménagement et garde-meubles, de commerce de gros de combustibles, de commerce de détail de charbons, cokes et autres combustibles, de nettoyage de locaux, devantures, carreaux, d'arrosage, balayage, nettoiement des rues.

17 jours de travail effectif sont considérés comme équivalents à un mois de travail.

Les particularités liées aux caisses des dockers

Le système d'emploi des ouvriers dockers en France relève d'un régime juridique entièrement dérogatoire du droit commun du travail (loi du 6 septembre 1947). Le contexte économique de l'époque se caractérisait par le caractère aléatoire de la date d'arrivée des navires générant ainsi une activité nécessairement intermittente. Aujourd'hui, la très grande majorité des dockers est mensualisée, une minorité ayant le statut d'intermittents. Toutefois, les caisses assurent une compétence transversale au niveau du port en matière de droit social, non seulement en ce qui concerne les congés payés mais aussi dans l'établissement des salaires.

Toutes les entreprises occupant dans les ports maritimes des ouvriers dockers au sens de l'article L. 511-2-1 du Code des ports maritimes ont l'obligation d'adhérer à la caisse de compensation des congés payés du port.

15 jours de travail effectif sont considérés comme équivalents à un mois de travail pour les dockers professionnels intermittents et les dockers occasionnels dont les cotisations sociales sont acquittées à l'aide de vignettes.

Les particularités liées à la caisse des spectacles

La caisse des congés spectacles est une association d'employeurs régie par la loi du 1er juillet 1901, agréée par l'État, sise 7, rue du Helder, 75440 Paris cedex 09, Tél. : 01 44 83 44 44, www.conges-spectacles.com

Est tenue d'y adhérer toute entreprise visée à l'article D. 7121-28 du Code du travail, notamment tous les entrepreneurs de spectacles, les sociétés de production cinématographique, de production et de communication audiovisuelles, qu'ils exercent à titre principal ou accessoire et quelle que soit leur forme juridique.
La caisse a été créée pour assurer le service des congés payés aux artistes et techniciens qui n'ont pas été employés de manière continue chez un même employeur pendant les 12 mois précédant leur demande de congé, qu'elle qu'ait été la nature de leur contrat (C. trav., art. D. 7121-38).

Le salarié doit justifier d'un minimum de 4 semaines d'engagement ou de 30 cachets au cours de la période de référence pour bénéficier d'une indemnité journalière de congé dont le montant est calculé selon les dispositions de l'article D. 7121-37 (C. trav., art. L. 7121-31).

Pour pour de renseignements sur la caisse des spectacles, voir les articles L. 7121-28 à L. 7121-38 du Code du travail.

Les particularités liées aux congés payés

La SNCF et les billets populaires de congé

Tous les salariés bénéficiaires d'un congé payé peuvent obtenir, une fois par an, un « billet populaire de congé annuel » comportant une **réduction** égale, depuis le 1er janvier 1987, à **25 %** sur les tarifs de la SNCF.

Cette réduction, valable pour un trajet aller-retour d'un minimum de 200 kilomètres, est possible non seulement au salarié lui-même, mais aussi à son conjoint et à ses enfants de moins de 21 ans qui habitent chez lui (le célibataire peut en faire bénéficier son père et/ou sa mère qui habitent avec lui) à condition qu'ils ne bénéficient pas eux-mêmes d'un billet à tarif réduit.

La demande est à établir sur un formulaire délivré par la SNCF et doit être signée par l'employeur attestant ainsi du droit au congé.

Les chômeurs indemnisés, dont le montant journalier ne doit pas dépasser deux fois le plafond journalier de calcul des cotisations sociales (plafond annuel, divisé par 365 et multiplié par 2) et les personnes recevant la « garantie de ressources » (pensionnés, retraités, veuves et orphelins de guerre) sont également admis au bénéfice du billet à tarif réduit.

Enfin, la réduction accordée aux billets populaires peut atteindre **50 % si ceux-ci sont payés avec des chèques-vacances.**

Les chèques-vacances

Datant de l'ordonnance du 26 mars 1982, **la formule des chèques-vacances a pour but d'aider les personnes aux revenus les plus modestes à partir en vacances** et de contribuer, par voie de conséquence, à l'essor du tourisme social.

Qu'est-ce qu'un chèque-vacances ?

Il s'agit d'un titre de paiement qui permet d'optimiser le budget vacances et loisirs des salariés grâce à une participation financière du prescripteur (employeurs, comités d'entreprise, mutuelles des fonctions publiques, organismes sociaux).

Qui a droit aux chèques-vacances ?

Tous les salariés du secteur privé et public, les retraités du secteur public, mais aussi les agents des trois fonctions publiques (État, territoriale, hospitalière).

Où se procurer des chèques-vacances ?

Tout dépend du statut des bénéficiaires :
- auprès de l'employeur ou du comité d'entreprise pour les salariés du secteur privé ;

- auprès des organismes sociaux pour les agents des trois fonctions publiques.

Qui édite les chèques-vacances ?

Exclusivement l'Agence nationale pour les chèques-vacances. ANCV. 67-69, rue Martre, 92 584 Clichy, Tél. : 0825 07 60 60 ou 01 41 06 15 00, www.ancv.com

Il s'agit d'un établissement public à caractère industriel et commercial (EPIC) créé par l'ordonnance du 26 mars 1982 et qui s'est vu confier par le législateur la mission de favoriser le départ en vacances du plus grand nombre de Français par le biais d'une incitation à l'épargne et à la contribution des entreprises et des administrations.

Quel est le principe des chèques-vacances ?

Des employeurs ou des organismes sociaux (comités d'entreprise, amicales, mutuelles) acquièrent auprès de l'ANCV des chèques-vacances, se présentant sous la forme de coupures nominatives de 10, 20 ou 50 euros, puis les redistribuent aux salariés qui ne paient qu'une partie de la valeur des chèques attribués.

Pourquoi proposer des chèques-vacances ?

Les sommes attribuées sous forme de chèques-vacances ne sont pas soumises à l'impôt dans la limite du Smic mensuel. Il s'agit donc d'un double avantage pour les bénéficiaires. Côté employeur, l'octroi de chèques-vacances est également avantageux puisque les sommes distribuées sont exonérées des charges parafiscales (1 % formation, taxes sur les salaires, taxes d'apprentissage…). Pour leur part, les comités d'entreprise sont totalement exonérés de charges sociales sur la valeur des chèques qu'ils distribuent.

Qui accepte les chèques-vacances ?

Camping, gîtes, hôtels, villages de vacances, maisons familiales, agences de voyages, parcs d'attractions, écoles de ski, festivals, monuments historiques, musées… Bref, tous les professionnels du tourisme, des loisirs sportifs et culturels qui affichent le panonceau « Bienvenue chèques-vacances ». Il existe aujourd'hui plus de 100 000 prestataires agréés par l'ANCV, soit 150 000 points d'accueil.

Quand peut-on utiliser les chèques-vacances ?

Pendant les vacances, mais aussi tout au long de l'année. Ils permettent de régler toutes les dépenses liées à l'hébergement, à la restauration et aux transports (train, avion, bateau, péages d'autoroute avec le boîtier T), mais aussi de prendre des leçons d'équitation, de golf, de tennis, de visiter des châteaux, des musées, d'aller au théâtre, de survoler la France en ballon, de suivre des cours de poterie, de musique ou d'art dramatique…

Combien de temps sont valables les chèques-vacances ?

Deux ans après leur année d'émission. Ainsi, un chèque-vacances émis le 2 janvier 2020 sera valable jusqu'au 31 décembre 2022.

La mise en place du chèque-vacances sur l'initiative de l'employeur

- Critères d'attribution : tout salarié employé en dehors de la fonction publique d'État peut bénéficier des chèques-vacances. Le salarié employé dans la fonction publique peut en bénéficier si son revenu fiscal de référence est inférieur à une certaine somme variant tous les ans.
- Contribution personnelle du bénéficiaire : pour les salariés, une contribution personnelle du bénéficiaire est toujours demandée préalablement à la délivrance des chèques-vacances :
  - contribution du salarié employé **hors fonction publique** d'État : le salarié participe à la constitution de l'épargne à hauteur de **20 %** si la rémunération brute mensuelle moyenne des bénéficiaires est **inférieure** au plafond mensuel de Sécurité sociale ; de **50 %** si la rémunération brute mensuelle moyenne des bénéficiaires **est supérieure** au plafond mensuel de Sécurité sociale. Le taux est minoré de 5 % par enfant à charge et de 10 % par enfant handicapé, dans la limite globale de 15 % ;
  - contribution du salarié employé dans la fonction publique d'État : le taux de participation du salarié fluctue entre 70 et 90 %, selon les revenus, les handicaps et le nombre de personnes à charge.
- Durée et montant de l'épargne : les salariés intéressés doivent constituer une épargne dont la durée peut varier entre 4 mois minimum et 12 mois maximum. Son montant varie suivant les possibilités de chacun. Le taux d'épargne varie entre 2 et 20 % du Smic.
- Commande des chèques-vacances : l'employeur peut passer ses ordres de commande à l'ANCV dès que la durée de l'épargne minimum, soit 4 mois, est écoulée. Dans le cas d'une épargne plus

étalée, une première commande peut être effectuée au terme de 4 mois et une seconde à l'issue du plan d'épargne. Les commandes doivent être accompagnées du solde de l'épargne des salariés et du solde de la contribution de l'employeur. L'employeur doit également acquitter la commission de 1 % due pour frais de gestion sur le montant total des chèques-vacances commandés.

La mise en place du chèque-vacances sur l'initiative d'un comité d'entreprise

Critères d'attribution : contrairement aux employeurs, les comités d'entreprise déterminent librement les modalités d'attribution des chèques-vacances en fonction de leurs propres critères sociaux. Ils peuvent attribuer les chèques en privilégiant certaines catégories de personnel ou en faire bénéficier tout le monde. Les comités d'entreprise ont trois formules au choix :

- la formule épargne : les salariés intéressés s'engagent individuellement à épargner pendant plusieurs mois. Ensuite, le comité d'entreprise ajoute la bonification selon ses propres critères et remet la totalité du budget épargné à chacun des bénéficiaires ;
- la formule participation : le comité d'entreprise se procure des chèques-vacances auprès de l'ANCV. Les personnes intéressées les rachètent moins cher grâce à une aide décidée selon les critères sociaux définis par le CE ;
- la formule allocation : les chèques-vacances sont totalement à la charge du CE. Il les achète à l'ANCV et module leur attribution selon ses propres critères. Il s'agit alors d'une allocation-congés sans aucun effort financier des salariés.

Dans tous les cas, il faut savoir que **la participation du CE est exonérée de toutes charges sociales**. Il doit juste s'acquitter de la commission de 1 % due pour frais de gestion sur le montant total des chèques-vacances.

L'extension des chèques-vacances aux PME-PMI

Depuis le 12 juillet 1999, les salariés des petites entreprises de moins de cinquante salariés peuvent également bénéficier des chèques-vacances. L'introduction des chèques-vacances dans l'entreprise doit faire l'objet d'un accord conclu avec un organisme paritaire existant ou mis en place dans le cadre d'un accord paritaire de branche avec un ou plusieurs représentants du personnel ou représentants syndicaux mandatés. Il porte à la fois sur le montant de la contribution

de l'employeur et sur les conditions de leur attribution. Le salarié doit épargner sur une période de 4 mois minimum (jusqu'à 12 mois maximum). L'employeur verse également tous les mois sa participation qui peut varier entre un quart et quatre fois le montant épargné par le salarié. C'est l'employeur qui décide de la mise en place du chèque-vacances et qui en négocie les modalités suivant les revenus ainsi que le montant et la durée de l'épargne des salariés.
La contribution de l'employeur d'une PME-PMI est exonérée d'impôt sur le revenu dans la limite du Smic mensuel et des charges sociales, exception faite de la CSG et de la CRDS.

Dernière minute : L'ordonnance n°2020-323 du 25 mars 2020 modifie plusieurs articles présentés dans cette partie. **Cette modification, liée à la pandémie du coronavirus, est temporaire jusqu'au 31 décembre 2020** :

- Article 1 :

Afin de faire face aux conséquences économiques, financières et sociales de la propagation du covid-19, par dérogation aux sections 2 et 3 du chapitre Ier du titre IV du livre Ier de la troisième partie du Code du travail et aux stipulations conventionnelles applicables dans l'entreprise, l'établissement ou la branche, un accord d'entreprise, ou, à défaut, un accord de branche peut déterminer les conditions dans lesquelles **l'employeur est autorisé, dans la limite de six jours de congés et sous réserve de respecter un délai de prévenance qui ne peut être réduit à moins d'un jour franc, à décider de la prise de jours de congés payés acquis par un salarié, y compris avant l'ouverture de la période au cours de laquelle ils ont normalement vocation à être pris, ou à modifier unilatéralement les dates de prise de congés payés.**

L'accord mentionné au premier alinéa peut autoriser l'employeur à fractionner les congés sans être tenu de recueillir l'accord du salarié et à fixer les dates des congés sans être tenu d'accorder un congé simultané à des conjoints ou des partenaires liés par un pacte civil de solidarité travaillant dans son entreprise.

Ce qu'il faut retenir de la partie IV : Les absences

Il y a **8 méthodes pour valoriser une absence** (dont 3 rarement utilisées) !

- Si l'absence est indemnisée :
  - Prendre la méthode des jours calendaires réels pour toutes les absences indemnisées par la Sécurité sociale (maladie, maternité, paternité, accident) ;
  - Prendre la méthode des jours ouvrables moyens pour toutes les absences de congés payés (s'ils sont en ouvrables) ;
  - Prendre la méthode des jours ouvrés moyens pour toutes les absences de congés payés (s'ils sont en ouvrés), les JRTT, les jours fériés, les congés événements familiaux ;
  - Prendre la méthode des heures moyennes pour toutes les petites absences en heures (délégation, VIP, formation) ;
- **Si l'absence n'est pas indemnisée** (ou seulement partiellement par l'employeur), prendre la **méthode du nombre des heures réelles** (retard, retenue entrée-sortie, grève, activité partielle, temps partiel thérapeutique, etc.).

Dès qu'un salarié travaille, il acquiert un droit à congés payés :

- **2,5 jours ouvrables** (ou 2,08 jours ouvrés) par mois de travail effectif.
  - **Maximum 30 jours ouvrables / an** (ou 25 jours ouvrés / an) ;
  - **Un mois de travail effectif = 4 semaines** (ou 28 jours calendaires, ou 24 jours ouvrables, ou 20 jours ouvrés) ;
  - La notion de travail effectif est plus large que le temps réellement travaillé.
  - **La période d'acquisition des congés payés va du 1er juin d'une année au 31 mai de l'année suivante** (sauf si un accord prévoit une autre période telle que l'année civile, ou du 1er avril au 31 mars pour les employés du BTP par exemple) ;

La période de prise légale des congés payés est comprise entre le 1er mai et le le 31 octobre :

- **Minimum : 12 jours ouvrables** (10 jours ouvrés) consécutifs ;
- **Maximum : 24 jours ouvrables** (20 jours ouvrés), sauf exceptions ;
- Un jour férié (hors dimanche) compris dans une période de prise de congés n'est pas décompté en tant que congé payé ;
  Attention au samedi jour férié pour les salariés dont les congés payés sont en jours ouvrés (il peut leur permettre de décompter un jour de moins si ce samedi est compris dans une période où le salarié est en congés payés).

Si le salarié n'a pas pris les 4 semaines de congés payés (24 jours ouvrables ou 20 jours ouvrés) pendant la période de prise légale, les jours restants peuvent lui donner droit à :

- 2 jours supplémentaires, s'ils sont au moins égaux à 6 jours ouvrables (5 jours ouvrés) ;
- 1 jour supplémentaire, s'ils sont compris entre 3 et 5 jours ouvrables (2 et 4 jours ouvrés) ;
- Ces congés supplémentaires sont appelés : les congés de fractionnement.

Il y a 2 méthodes d'indemnisation des congés payés, et il faut prendre la méthode la plus avantageuse pour le salarié, soit :

- La **méthode du dixième** :
  - La valorisation d'un jour de congés payés pris = **rémunération totale brute perçue au cours de la période de référence / 10** / nombre de jours acquis total ;
    La rémunération brute totale est la somme des salaires, des majorations (pour heures supplémentaires, travail de nuit, dimanche ou jours fériés), de l'indemnité de congés payés de l'année précédente, des commissions, des pourboires et des primes ou indemnités versées en fonction des résultats du salarié à condition qu'elles soient versées en contrepartie du travail du seul salarié, qu'elles ne présentent pas un caractère de remboursement de frais, ni rémunèrent un risque exceptionnel et qu'elles n'indemnisent pas déjà la période de congé.
  - S'il y a des jours supplémentaires, ne pas oublier de revaloriser la rémunération totale brute (x nombre de jours de l'entreprise / nombre de jours légaux)
- La **méthode du maintien** :
  - La valorisation d'un jour **ouvrable** de congés payés pris = **salaire / 26** ;
  - La valorisation d'un jour **ouvré** de congés payés pris = **salaire / 21,67**.

LES PRINCIPES DES COTISATIONS SALARIALES ET CHARGES PATRONALES

PARTIE V

BULLETIN DE PAIE

Période du 1 Février 2020 au 29 Février 2020

Cotisations	Base	Salariales Taux	Salariales Montant	Patronales Taux	Patronales Montant
Santé					
Sécurité Sociale (Mal, Mat, Inv, Décès)	3 902,05			13,00	507,27
Incapacité, Invalidité, Capital Décès (Prév. Décès)	3 428,00	1,00	-34,28	2,00	68,56
Complémentaire Santé (Prév. Frais de Santé)			-50,00		50,00
Accident du Travail - Maladie Prof.	3 902,05			2,50	97,55
Retraite					
Sécurité Sociale (Vieillesse Plafonnée)	3 428,00	6,90	-236,53	8,55	293,09
Sécurité Sociale (Vieillesse Déplafonnée)	3 902,05	0,40	-15,61	1,90	74,14
Complémentaire (AGIRC-ARRCO + CEG /T1)	3 428,00	4,01	-137,46	6,01	206,02
Complémentaire (AGIRC-ARRCO + CEG /T2)	474,05	9,72	-46,08	14,57	69,07
Contribution d'Equilibre Technique (CET T1+T2)	3 902,05	0,14	-5,46	0,21	8,19
Famille	3 902,05			3,45	134,62
Assurance Chômage					
Chômage (Chômage + AGS / TA+TB)	3 902,05			4,20	163,89
Autres Contributions dues par l'employeur	3 902,05				239,55
C.S.G. Non Imposable	3 952,32	6,80	-268,76		
Réduction générale des charges patronales					
Total des cotisations et contributions			-794,18		1 911,95
Net fiscal			3 157,87		
RETENUES ET REMBOURSEMENTS DIVERS					
C.S.G. & C.R.D.S. Imposables	3 952,32	2,90	-114,62		

À l'heure d'une énième réforme de la retraite, chaque salarié français devrait en fait se poser la simple question : « Au fait, pourquoi cotise-t-on ? » Ou, sous une autre forme : « Pourquoi nos aïeuls ont-ils inventé un système aussi compliqué ? »

Il faut, encore une fois, aller chercher la réponse du côté de l'histoire.

Tout le monde (ou presque) connaît l'ordonnance du 4 octobre 1945 qui posait le principe de la garantie d'une protection sociale aux travailleurs et à leur famille avec la fusion des régimes spéciaux, ainsi que la loi du 22 mai 1946 qui portait sur la généralisation de la Sécurité sociale (la loi du 13 septembre 1946 posant, elle, le principe de la généralisation de l'assurance vieillesse à toute la population active à partir de 1947).

Créée au lendemain de la Libération, la Sécurité sociale représentait l'aboutissement de près d'un demi-siècle d'initiatives publiques ou privées en vue d'assurer aux travailleurs salariés une protection sociale dont la nécessité était apparue à la suite des mutations économiques et sociales du XIXe siècle et de l'évolution des idées qui en avait résulté. Toutefois, le plan français de 1945 ne put atteindre immédiatement les objectifs qu'il s'était assigné. L'évolution de la Sécurité sociale a complété l'effort entrepris alors, mais on est actuellement parvenu à un ensemble complexe posant de nombreux problèmes, tant sur le plan de l'efficacité, de l'équité, que sur celui du financement.

1. Les origines de la Sécurité sociale

De l'Antiquité à 1945

Avant la Révolution, la protection des vieillards relevait de l'idée générale d'assistance, sous-tendue par **une morale religieuse**. Il n'y avait donc aucun effort volontaire ou obligatoire d'assurance à l'exception d'un cas isolé : le règlement royal du 26 décembre 1673 dû à Colbert qui avait institué un fonds de retraite des officiers de marine par une retenue obligatoire sur leur solde.

À la Révolution, la loi Le Chapelier (14 juin 1791) interdit les coalitions et les grèves, c'est la condamnation des compagnonnages et des sociétés ouvrières d'entraide mutuelle.

Parallèlement, la Déclaration des droits de l'homme dispose que *« les secours publics sont une dette sacrée »*. La société doit la subsistance aux citoyens malheureux, soit en leur procurant du travail, soit en assurant les moyens d'existence à ceux qui sont hors d'état de travailler. Il n'y a plus de devoir moral ou religieux.

Avec la révolution industrielle, **l'épargne et l'assurance privée se développent** tout au long du XIXe siècle.

Dès 1818, les premières caisses d'épargne sont créées. Mais les techniques de l'épargne et de l'assurance ne peuvent être utilisées que par les moins malheureux. Pour épargner ou pour s'assurer, il faut des ressources, et ceux dont les besoins sont les plus grands sont souvent ceux dont les ressources sont les plus faibles. Individuelle, l'épargne n'est pas proportionnée au risque éventuel.

Quant à l'assurance, elle ne peut contribuer à une véritable garantie des risques sociaux : d'une part, reposant sur le volontariat, elle groupe un nombre trop faible de personnes, d'autre part, c'est une activité commerciale et les organismes d'assurance, en recherchant le profit, en versant des commissions aux agents et courtiers, en consacrant une partie de leurs recettes à la publicité, augmentent le coût de la garantie en même temps qu'ils en limitent l'étendue en sélectionnant les risques assurables.

Dans la société du XIXe siècle, la solidarité s'exerce essentiellement à l'intérieur de la famille, mais il existe une différence entre les vieillards encore investis d'un pouvoir par le capital familial dont ils sont détenteurs et ceux qui sont frappés d'impécuniosité dans la mesure où ils ne possèdent pour tout capital qu'une force de travail dévaluée. La vieillesse sans patrimoine du nouveau prolétariat urbain prend la forme de l'indigence et a pour principal recours les institutions charitables dès lors qu'elle n'est plus capable de travailler.

Le travail jusqu'à la mort ou jusqu'au handicap est la norme de la classe ouvrière.

L'épargne et l'assurance privée étant insuffisantes pour assurer une protection sociale au plus grand nombre, l'entraide va se développer avec **les sociétés de secours mutuels**. La loi du 15 juillet 1850 constitue le premier texte légal sur ces sociétés. De la Révolution jusqu'à 1848, l'attitude des pouvoirs publics à l'égard des sociétés de secours mutuels a été guidée par le souci d'éviter que sous leur couvert ne se constituent des associations de revendication ouvrière.

Le décret-loi du 26 mars 1852 encourage ces sociétés à condition qu'elles se soumettent à certaines règles, le président étant, notamment, nommé par le président de la République (ultérieurement par l'empereur). À la fin du Second Empire, les sociétés de secours mutuels ne groupent que 825 000 membres.

Après la chute de l'Empire, l'une des premières mesures du gouvernement provisoire est de rétablir l'élection des présidents par les sociétaires eux-mêmes. La mutualité connaît un certain développement puisque ses effectifs dépassent les 2 millions de membres en 1889.

Parallèlement, on assiste à la naissance de **régimes de retraite particuliers** tels que les pensions pour les militaires en 1831, les pensions pour les fonctionnaires en 1851, ou encore les pensions pour les mineurs en 1894.

Au terme de longs travaux préparatoires, intervient la **nouvelle loi mutualiste** du 1er avril 1898. Les sociétés approuvées, toujours soumises à certains contrôles techniques, sont débarrassées des servitudes tenant à leur effectif maximum et à leur caractère territorial. Leurs moyens d'action sont amplifiés ; elles n'ont plus pour unique objet d'assurer des secours temporaires ou des frais funéraires, mais elles peuvent aussi permettre à leurs membres de se constituer des pensions de retraite, des assurances en cas de vie, décès ou accident.

Elles sont autorisées à créer accessoirement des cours professionnels, des offices de placement, à accorder des allocations de chômage. Elles peuvent aussi créer des établissements de soins et des pharmacies en faveur de leurs membres. Enfin, les sociétés approuvées sont autorisées à se rassembler en unions mutualistes. La loi de 1898 a permis à la mutualité de prendre un essor remarquable, puisqu'en 1939, elle comptait plus de 9 millions de membres. Mais la mutualité repose sur le principe de la liberté et son recrutement n'est assuré que par une adhésion librement consentie.

Parallèlement à l'entraide, l'évolution des idées conduit à **l'application des principes de l'assistance publique** définis par un congrès international réuni à Paris en 1889:

- principe de l'assistance obligatoire pour les collectivités;
- principe selon lequel l'assistance est accordée dans le cadre territorial le plus proche de l'intéressé, l'État accordant simplement une participation financière;
- principe selon lequel l'assistance, accordée uniquement aux individus sans ressources qui ne peuvent travailler est subsidiaire par rapport à toute autre forme d'aide, notamment l'aide familiale.

Trois lois d'assistance sont votées, en 1893 (assistance médicale gratuite), 1904 (assistance à l'enfance) et 1905 (vieillards, infirmes et incurables). En 1906, il y avait 1 320 000 personnes secourues, notamment dans les départements ouvriers.

Pendant ce temps, **les assurances sociales naissent en Allemagne avec Bismarck.** En 1881, un message impérial reconnaît à l'État la mission de promouvoir le bien-être de tous les membres de la collectivité et notamment des faibles et des nécessiteux. Interviennent ensuite, au profit des ouvriers de l'industrie dont les salaires sont inférieurs à un certain chiffre, trois lois fondamentales sur l'assurance maladie (1883), l'assurance accidents du travail (1884), l'assurance invalidité et vieillesse (1889). Le principal mérite de ces lois est l'introduction de l'assurance obligatoire. Les travailleurs et les employeurs en sont les gestionnaires, sous la protection et avec l'encouragement de l'État.

En France, la loi du 9 avril 1898 sur les accidents du travail constitue **le premier texte de protection sociale obligatoire des travailleurs salariés.** Elle repose sur le principe de la responsabilité de l'employeur. Tirant un profit du travail du salarié, celui-ci doit supporter les risques que comporte ce travail. C'est la théorie du risque professionnel. Toute personne liée à un employeur par un contrat de travail a droit à la réparation prévue par la loi pour tout accident dont elle est victime par le fait ou à l'occasion de son travail. Cette réparation est à la charge de l'employeur, lequel est libre de supporter directement la charge des indemnités légales ou d'avoir recours à l'assurance pour se couvrir de ses obligations.

La loi du 5 avril 1910 sur les retraites ouvrières et paysannes (ROP) institue **un régime d'assurance vieillesse obligatoire pour les salariés**, mais les taux de cotisations sont trop faibles et les pensions d'un montant insuffisant. Le caractère obligatoire n'étant pas suffisamment marqué, le nombre des assurés cotisant effectivement diminue rapidement.

Les allocations familiales résultent, à l'origine, d'initiatives patronales. Des industriels de la région de Grenoble décident en novembre 1916 de verser des primes à leurs ouvriers ayant des enfants à charge. Mais de crainte que certains employeurs cessent de recruter les pères de familles nombreuses, on a très vite l'idée de créer des caisses dites « de compensation » qui égalisent les charges des adhérents.

Au lendemain de la Première Guerre mondiale apparaît la nécessité d'instituer un système d'assurances sociales comparable à celui qui existait déjà en Allemagne et qui avait été maintenu en Alsace-Lorraine. Un projet de loi est déposé en 1921 mais il n'est voté que le 5 avril 1928. La loi se heurtant à de nombreuses critiques, elle est modifiée par la loi du 30 avril 1930 qui abaisse le taux des cotisations, prévoit un régime particulier pour les salariés agricoles et accepte que les médecins soient payés directement par les malades.

Mais, si le caractère obligatoire est bien présent, **la loi ne vise que les travailleurs dont les salaires sont inférieurs à un certain chiffre : c'est le principe du plafond d'affiliation.**

La pension de vieillesse est calculée d'après le salaire moyen résultant de l'ensemble des cotisations versées à compter du 1er juillet 1930.

En raison de la dépréciation monétaire, ce système présente l'inconvénient de faire dépendre le montant de la pension de la moyenne des salaires perçus à des époques où le niveau des salaires était plus faible. Quelles que soient leurs insuffisances quant à leur champ d'application, les lois de 1928-1930 présentent l'intérêt d'instituer un régime d'assurances sociales obligatoires versant des prestations en cas de maladie, maternité, invalidité, vieillesse ou décès.

Le versement des allocations familiales est rendu obligatoire par la loi du 11 mars 1932. La réforme générale du régime des allocations familiales est réalisée par le Code de la famille (décret-loi du 29 juillet 1939). Une loi du 14 mars 1941 institue l'allocation aux vieux travailleurs salariés pour les personnes âgées ne disposant pas de ressources suffisantes et remplissant certaines conditions de durée de salariat.

Le plan français de Sécurité sociale de 1945

Une théorie générale complète de la protection sociale apparaît en Grande-Bretagne pendant la Seconde Guerre mondiale avec le **rapport Beveridge** qui pose le principe d'une extension de la Sécurité sociale à l'ensemble de la population. Ce rapport, présenté à la Chambre des communes en novembre 1942, **propose l'élimination de l'indigence.** Il s'agit de compenser les inégalités économiques et sociales entre les divers citoyens britanniques en se servant des assurances sociales et des allocations familiales pour opérer une redistribution des revenus aussi large que possible.

En France, le plan de Sécurité sociale de 1945 se propose de garantir à tous les éléments de la population des revenus suffisants pour assurer leur subsistance familiale en toutes circonstances.

La Sécurité sociale, au sens le plus large, c'est :
- la sécurité de l'emploi, avec l'élimination du chômage ;
- la sécurité du gain pour le travailleur et la compensation de ses charges familiales ;
- la sécurité de la capacité de travail par l'accès aux soins et une prévention de la maladie et des accidents du travail ;
- l'attribution d'un revenu de remplacement en cas de maladie, de maternité, d'invalidité, d'accident du travail et lorsque le travailleur atteint un certain âge.

Les auteurs du plan de 1945 désiraient un régime unique pour tous les Français, mais ils durent laisser subsister, d'une part, des organisations spéciales pour certaines catégories de travailleurs qui bénéficiaient d'institutions déjà anciennes répondant au caractère particulier de leur activité (ouvriers mineurs, inscrits maritimes, cheminots...), et d'autre part, le régime particulier des salariés agricoles. Par ailleurs, alors que dans la plupart des pays étrangers la Sécurité sociale s'est construite autour de l'assurance contre le chômage, la situation du marché du travail et la situation démographique de la France conduisent à construire le plan français de Sécurité sociale avant tout autour de l'assurance vieillesse et des prestations familiales. Enfin, la généralisation aux travailleurs non-salariés, prévue par la loi du 22 mai 1946, se heurte à l'opposition des professions intéressées.

La mise en place des nouvelles caisses du régime général créées par **l'ordonnance du 4 octobre 1945** s'effectue au cours de l'année 1946. L'ordonnance du 19 octobre 1945 remanie et étend les législations couvrant les risques maladie, maternité, invalidité, vieillesse et décès. La loi du 22 août 1946 constitue une nouvelle charte des allocations familiales. Enfin, la loi du 30 octobre 1946 prévoit la réparation des accidents du travail en modifiant le régime antérieur. Alors qu'auparavant l'indemnisation reposait sur le principe de la responsabilité de l'employeur, la charge de la réparation incombe désormais aux caisses de Sécurité sociale. La gestion du risque est intégrée dans l'organisation du régime général à compter du **1er janvier 1947**.

Malgré cet ensemble de textes et les progrès qu'ils représentent par rapport aux législations antérieures, l'universalité de la protection et l'unité des structures ne peuvent être réalisées en raison du maintien des régimes spéciaux et du régime agricole ainsi que de l'opposition des travailleurs indépendants à leur intégration dans le régime général pour la maladie et la vieillesse. Par ailleurs, le service des prestations familiales qui devait, à compter d'une date fixée par décret, être assuré par les caisses primaires est, à la demande des mouvements familiaux, restée entre les mains des caisses d'allocations familiales. Ainsi, la Sécurité sociale regroupe trois législations : les assurances sociales, les prestations familiales, les accidents du travail. Le taux de protection contre le risque maladie atteint, en 1946, 53 % de la population.

L'évolution de la Sécurité sociale depuis 1945-1946

Depuis la mise en place du régime général en 1945-1946, **l'extension de la couverture des risques sociaux à l'ensemble de la population s'est faite progressivement**.

Dès le 1er janvier 1947, les fonctionnaires civils ainsi que les agents d'Électricité et de Gaz de France sont rattachés au régime général pour les prestations en nature des assurances maladie et maternité (soins), tout en conservant le bénéfice d'un régime spécial pour la vieillesse et les diverses prestations en espèces. Les ouvriers de l'État le sont au cours de l'année 1947. Le bénéfice des prestations en nature des assurances maladie et maternité est étendu aux étudiants (1er janvier 1949), aux grands invalides, veuves et orphelins de guerre (1er novembre 1950), aux agents permanents des collectivités locales (1er avril 1951), aux artistes du spectacle (loi du 22 décembre 1961), aux journalistes rémunérés à la pige (loi du 6 août 1963), aux artistes des arts plastiques et graphiques (loi du 22 décembre 1964) et plus largement aux artistes auteurs d'œuvres littéraires et dramatiques, musicales et chorégraphiques, audiovisuelles et cinématographiques, graphiques et plastiques (loi du 31 décembre 1975). La même extension intervient en faveur des militaires de carrière à compter du 1er juin 1949, mais les prestations sont servies par une caisse autonome.

D'autres extensions résultent de la loi du 2 juillet 1975, en faveur des détenus, et de la loi du 4 juillet 1975 (jeunes demandeurs d'emploi, jeunes gens effectuant le service national ou venant d'être libérés, ayants droit d'un assuré décédé...).

S'agissant des non-salariés, la loi du 17 janvier 1948 institue des régimes d'allocation vieillesse confiés à quatre organisations, compétentes respectivement, pour les professions artisanales, les professions industrielles et commerciales, les professions libérales, les professions agricoles. La mise en place de cette dernière organisation n'est réalisée que par la loi du 10 juillet 1952, modifiée par la loi du 5 janvier 1955.

La loi du 21 janvier 1961 crée une assurance-maladie-maternité pour les exploitants agricoles; celle du 12 juillet 1966, modifiée par la loi du 6 janvier 1970, concerne l'assurance-maladie-maternité des travailleurs non-salariés des professions non agricoles (artisans, commerçants et industriels, professions libérales). La loi n° 78-4 du 2 janvier 1978 institue le régime des cultes.

Enfin, la loi n° 78-2 du 2 janvier 1978 prévoit un régime d'assurance personnelle en faveur de toutes les personnes qui ne bénéficient pas de la Sécurité sociale au titre d'un régime obligatoire (décrets d'application du 11 juillet 1980).

Bien que l'extension de l'assurance vieillesse à certains groupes de personnes non assujetties, dont le principe a été posé par la loi n° 78-2 du 2 janvier 1978, ne soit pas encore entrée dans les faits et que l'assurance personnelle ait un caractère non obligatoire et seulement incitateur, **on peut dire que l'extension à l'ensemble de la population de la couverture des risques sociaux s'est achevée en 1980**. Ce résultat n'a pu être obtenu, après 35 ans, qu'en respectant certains particularismes socioprofessionnels, ce qui donne une complexité certaine à la Sécurité sociale française quant aux structures administratives et aux réglementations, le régime général étant néanmoins le plus important de tous les régimes (64 % des assurés sociaux en assurance vieillesse, 80 % environ des assurés actifs pour les prestations en nature de l'assurance-maladie-maternité).

En résumé, on peut dire que **tous les salariés non agricoles, sauf quelques catégories particulières, sont obligatoirement affiliés à la Sécurité sociale**, qui constitue le régime de base des salariés. Le principe de protection de la Sécurité sociale s'étend aux domaines de la retraite, de la maladie, de l'accident, de l'hospitalisation, de la prévoyance et des prestations familiales.

Depuis les ordonnances de 1967, ces prestations sont versées par trois branches autonomes : vieillesse, maladie et famille. En juillet 2004, on en instaura **une quatrième : solidarité-autonomie (CNSA)**. Chacune de ces branches est coiffée par une caisse nationale qui est chargée de la gestion financière, les cotisations étant recouvrées par l'Union de recouvrement de la Sécurité sociale et des allocations familiales (l'Urssaf).

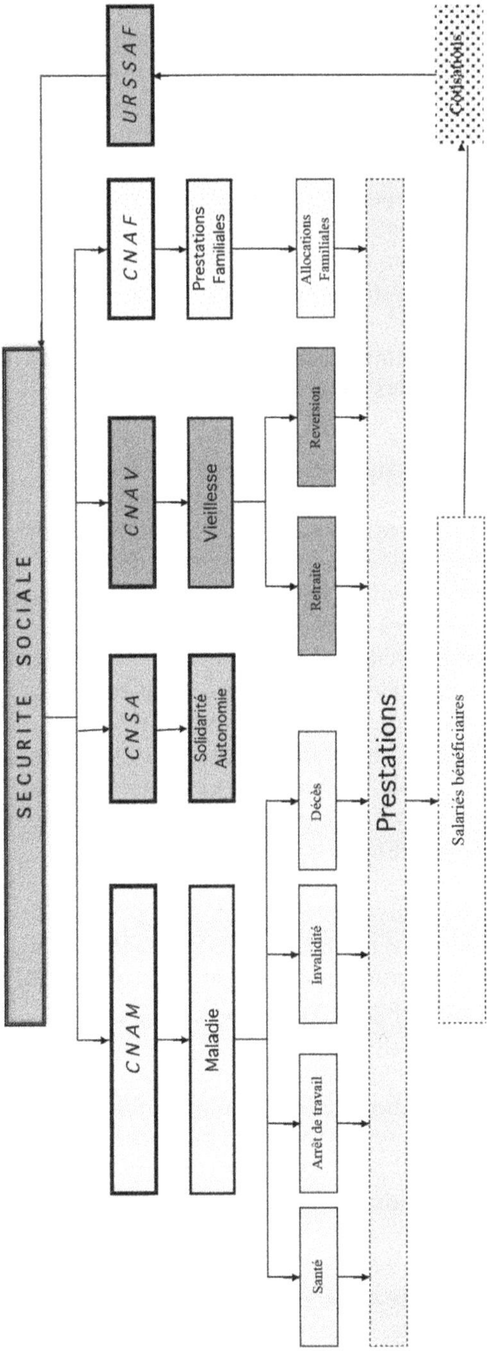
SECURITE SOCIALE
URSSAF
CNAM
CNSA
CNAV
CNAF
Maladie
Solidarité Autonomie
Vieillesse
Prestations Familiales
Santé
Arrêt de travail
Invalidité
Décès
Retraite
Reversion
Allocations Familiales
Prestations
Salariés bénéficiaires
Cotisations

Nous constatons que chaque organisme a une vocation bien précise. Une bonne connaissance de ce circuit rendra plus facile la manipulation des diverses données nécessaires à une juste évaluation des prestations fournies. Sur le schéma, nous voyons clairement qu'il ne faut pas confondre l'Urssaf, qui n'est là que pour encaisser les cotisations et les reverser aux divers organismes gestionnaires, et les autres caisses, qui n'ont pour vocation que de déterminer les droits aux prestations pour indemniser les salariés dans les différents cas prévus par le Code de la Sécurité sociale, sous forme de prestations que chacune a vocation d'administrer.

Enfin, rappelons-nous qu'il n'y a pas de choix dans les garanties souscrites et qu'elles sont toutes obligatoires.

Les régimes complémentaires

Dès que les premières cotisations de Sécurité sociale ont été mises en route (1er janvier 1947), certains salariés ont trouvé que la retraite proposée serait insuffisante. En effet, imaginons un salarié de 1947 gagnant l'équivalent de 17 000 euros d'aujourd'hui par mois. Avec les plafonds actuels, il percevrait à peine 10 % de ce qu'il gagne par mois (cotisation vieillesse plafonnée à 3 428 euros pour une pension de 50 %, soit moins de 1 700 euros par mois car il ne faut pas oublier la CSG). Donc, dès le 14 mars 1947, moins de 100 jours après la création de la Sécurité sociale, se crée déjà la première retraite complémentaire. À cette date, les régimes complémentaires reposaient sur une adhésion facultative dans un cadre conventionnel.

Toutefois, cette liberté a vite été restreinte par :

- la conclusion d'accords collectifs rendant le principe de telles adhésions obligatoire pour les entreprises de la même branche représentée à l'accord ;
- la pratique de l'agrément ministériel de ces accords, les rendant obligatoires pour les entreprises non représentées ;
- la loi du 29 décembre 1972 qui porte sur la généralisation de la retraite complémentaire au profit des salariés et anciens salariés.

L'évolution se traduit historiquement par les grandes étapes suivantes :

- 14 mars 1947 : un accord interprofessionnel institue un régime unique de retraite complémentaire des cadres et ingénieurs, sur la partie du salaire excédant le plafond de la Sécurité sociale : c'est la création de l'Agirc, l'Association générale des institutions de retraite des cadres;

- 15 mai 1957: création, pour les travailleurs non-cadres, de l'Unirs, l'Union nationale des institutions de retraite des salariés, qui constitue le premier essai d'unification des retraites de salariés non cadres;
- 8 décembre 1961 : accord de création de l'Arrco, l'Association des régimes de retraite complémentaire, qui réalise notamment une coordination et une compensation entre les régimes unifiés;
- 29 décembre 1972: la loi de généralisation pose le principe de la solidarité interprofessionnelle et générale entre les institutions;
- 1er janvier 1999: création du régime unique de retraite complémentaire Arrco. Il se substitue aux 44 régimes membres de l'Arrco;
- 2002: les deux régimes Agirc et Arrco restent distincts mais travaillent à la création d'un système informatique unique, à la convergence de leurs réglementations, leurs process et services;
- 30 octobre 2015: signature de l'accord définissant le cadre de fonctionnement du régime Agirc-Arrco au 1er janvier 2019;
- 17 novembre 2017: signature de l'accord instituant le régime Agirc-Arrco;
- 1er janvier 2019: entrée en vigueur du régime Agirc-Arrco.

L'Agirc-Arrco représente ainsi un peu plus de 18,3 millions de cotisants, pour environ 15,7 millions de retraités (chiffres 2017).

Il existe aussi d'autres institutions spécifiques à des catégories particulières de salariés et également des « caisses sur complémentaires » assurant un supplément de retraite aux cadres, mais je n'en dirai pas plus dans le cadre de ce livre.

De manière générale, la composition des institutions complémentaires est paritaire, représentée pour moitié d'employeurs et pour moitié de salariés et de retraités.

Le principe général

Au nombre des principes fondamentaux de notre système vieillesse figure celui de la solidarité nationale entre les actifs et les personnes âgées. Ce principe explique le financement actuel de nos régimes par le **système de la répartition**. Pourtant, il y en a un autre, celui qu'on appelle la **capitalisation**. Il s'agit de deux méthodes de gestion de l'argent des cotisants basées sur des concepts opposés. Pour simplifier, nous dirons que la répartition est fondée sur le concept de la collectivité, de la mutualité, tandis que la capitalisation est fondée, elle, sur le concept de l'individualité.

La répartition

Elle a pour principe que les charges d'une année sont normalement couvertes par les ressources de la même année. Il s'agit donc de la répartition des cotisations.

Historiquement, la loi sur les assurances sociales de 1928 comportait un régime mixte. Ce système a été supprimé depuis « l'acte dit loi » du 14 mars 1941 sous réserve du maintien de certains droits acquis. On assiste ces dernières années à un débat théorique et politique sur les avantages et inconvénients comparés de la répartition et de la capitalisation. En fait, les théoriciens en la matière se plaisent plus à dresser la liste des inconvénients.

Inconvénients de la répartition : on lui reproche son extrême **sensibilité aux évolutions démographiques** très défavorables que nous annoncent les prévisions pour le début du XXIe siècle, avec une nette dégradation du rapport actifs/retraités. L'idée est que le système de répartition serait condamné par la charge insupportable que les retraités feront peser sur les actifs. Certains analystes accusent même le système de contribuer lui-même à la baisse de la natalité, en conduisant les assurés à attendre de la collectivité ce que traditionnellement les enfants assumaient par leur devoir moral d'assistance. De ce fait, l'individu attendrait des autres les enfants dont le système a besoin. Enfin, plus récemment, les 3 millions de chômeurs (ne cotisant pas) créent un déséquilibre entre les recettes et les dépenses.

La capitalisation

Elle se caractérise par la tenue d'un compte individuel sur lequel sont portées :

- les cotisations ;
- les rentes produites par ces cotisations, en application d'un barème tenant compte :
  - de l'intérêt produit par les capitaux,
  - de l'âge de l'intéressé au moment de l'inscription,
  - du montant des versements,
  - de la table de mortalité du moment.

Deux modalités de liquidation sont offertes :
- le capital aliéné : l'assuré obtient une rente plus élevée mais à son décès aucun capital n'est remboursé à ses ayants droit ;
- le capital réservé : l'assuré bénéficie d'une rente plus faible, mais à son décès, tous les versements inscrits à son compte individuel sont remboursés à ses héritiers.

Inconvénients de la capitalisation : on lui oppose sa **sensibilisation à l'inflation, à l'érosion monétaire**, à l'évolution de la situation économique en général, et surtout son caractère relativement **inégalitaire**.

La capitalisation, système des origines, a pratiquement été abandonnée par les organismes complémentaires pour les mêmes raisons que celles invoquées en matière d'assurance vieillesse. On retient donc là encore le système de la répartition selon les principes de solidarité des actifs envers les retraités.

Nous allons à présent détailler ce régime de retraite complémentaire qu'est l'Agirc-Arrco. Précisons qu'auparavant il en existait deux autres : l'Institution de retraites complémentaires des cadres supérieurs (Ircasup, 31, rue Médéric, 75832 Paris cedex 17) et l'Institution de retraite interprofessionnelle des cadres supérieurs d'entreprise (Iricase, 30, rue du Paradis, 75010 Paris), qui, comme leur nom l'indiquait, étaient des caisses de retraite destinées aux cadres supérieurs. Ces deux caisses avaient été intégrées au sein de l'Agirc au 1er janvier 1988.

Le régime Agirc-Arrco

Ce régime (16-18, rue Jules-César, 75592 Paris cedex 12, tél. : 01 71 72 12 00) complémentaire (sous-entendu complétant le régime d'assurance vieillesse de la Sécurité sociale) vise donc tous les salariés de plus de 16 ans et de moins de 67 ans, **cadres** et non cadres. Sont également rattachés, sous certaines conditions, les stagiaires de la formation professionnelle, les travailleurs à domicile, les apprentis, les employés de maison et les concierges.

Ce régime n'intervient que pour verser aux cotisants des retraites. Il n'intervient aucunement dans le cadre de garanties prévoyance, maladie ou autre. Il est vrai que, bien souvent, d'aucuns, bénéficiant dans leurs entreprises de garanties prévoyance collectives, font un amalgame et parlent des garanties décès de leur caisse de retraite. Ils se trompent. En effet, les garanties prévoyance collectives sont presque toujours souscrites auprès de sociétés d'assurances qui ont passé des accords avec ces caisses de retraite et qui sont « transparentes » pour les bénéficiaires. D'où la confusion qui est souvent faite.

Chaque entreprise est donc obligatoirement affiliée à une caisse Agirc-Arrco, mais elle a le libre choix de l'institution, sauf si les conditions collectives auxquelles elle adhère lui imposent une caisse spécifique (BTP, industries du livre, etc.). Une entreprise venant de se créer bénéficie de 3 mois pour exercer son choix. Au-delà, et à défaut d'affiliation, elle sera automatiquement inscrite à une caisse, la plupart du temps à celle de la convention collective dont elle relève. Ainsi, vous ne voyez peut-être pas les mots « Agirc-Arrco » ou « Retraite unifiée » sur votre bulletin de paie, mais peut-être : AG2R – La Mondiale, Humanis, Malakoff Mederic, Alliance professionnelle retraite (Agrica, Audiens, B2V, IRP Auto, Lourmel, Pro BTP), Klesia, Ircem, Apicil, CRC, CGRR, Ircom, BTPR.

L'âge minimal de liquidation de la retraite complémentaire

Les salariés peuvent demander la liquidation de leur retraite complémentaire dès l'âge de 57 ans. Mais on applique alors au nombre de points acquis une minoration égale à un coefficient d'anticipation lié à l'âge.

Dans le régime de base, certains salariés peuvent liquider leur retraite avant 62 ans à taux plein, en raison soit de leur handicap, soit de leur longue carrière. Dans ce cas, ils peuvent aussi faire liquider leur retraite complémentaire sans coefficient de minoration.

Pour les cadres, les droits acquis au titre de la tranche C font l'objet d'un dispositif particulier : la liquidation avant l'âge de 67 ans entraîne l'application du coefficient de minoration des points.

Les salariés qui liquident leur retraite de base à taux plein à partir de 62 ans peuvent percevoir leur retraite complémentaire dans les mêmes conditions. Mais depuis 2019, une minoration temporaire s'applique s'ils font liquider leurs droits dès leurs 62 ans.

Dans le cas contraire, si la retraite de base n'est pas liquidée à taux plein, les points acquis dans les régimes complémentaires sont affectés d'un coefficient de minoration qui dépend du nombre de trimestres manquants.

La réforme au 1er janvier 2019

Un dispositif particulier s'applique aux salariés nés après le 1er janvier 1957 et prenant leur retraite après le 1er janvier 2019.

La retraite complémentaire est minorée de 10 % pour les salariés qui font liquider leur retraite complémentaire au moment où ils bénéficient de leur retraite à taux plein du régime de base. Cette minoration est temporaire : elle s'applique pendant trois ans et au plus jusqu'à l'âge de 67 ans.

Exemple : un salarié qui bénéficie du taux plein du régime de base à 62 ans et demande sa pension de retraite complémentaire une fois cet âge atteint touchera 10 % de moins pendant 3 ans. Elle n'est pas appliquée quand le salarié retarde sa demande d'une année ou plus par rapport à l'âge auquel il bénéficie de sa retraite de base à taux plein.

La minoration n'est dans tous les cas pas appliquée aux retraités handicapés, aux retraités au titre de l'inaptitude, à ceux qui ont élevé un enfant handicapé, aux retraites des aidants familiaux, ainsi qu'aux retraités exonérés de CSG. La minoration n'est que de 5 % pour les assurés bénéficiant du taux réduit de CSG.

A contrario, les salariés qui peuvent prétendre à une pension à taux plein et qui retardent d'au moins 2 ans leur demande de retraite complémentaire bénéficient d'une majoration temporaire de leur pension de retraite complémentaire pendant 1 an. Cette majoration est de :

- 10 % quand le décalage est de 2 ans ;
- 20 % quand le décalage est de 3 ans ;
- 30 % quand le décalage est de 4 ans,

Dès l'âge de 67 ans, les salariés peuvent demander la liquidation de leur retraite complémentaire sans aucun abattement, quelle que soit sa durée d'affiliation.

Ils peuvent également décider de poursuivre leur activité et continuer ainsi d'acquérir des points Agirc et Arrco.

Pour l'instant, le dispositif de départ anticipé pour carrière longue, institué en juillet 2011, est également applicable dans les régimes de retraite complémentaire.

L'articulation générale de l'ensemble des régimes de protection sociale

L'articulation générale de l'ensemble des régimes de protection sociale est simple car elle est organisée en trois niveaux :
- les régimes obligatoires ;
- les régimes facultatifs ;
- les régimes personnels.

La caractéristique des régimes sociaux est qu'ils existent à travers les collectivités. C'est en faisant partie d'une société et grâce à la solidarité commune que les salariés bénéficient des protections qui semblent nécessaires et normales pour vivre. Toutefois, chaque individu a la possibilité de souscrire aussi des assurances à titre personnel, s'il estime que les garanties apportées par les régimes collectifs ne lui conviennent pas complètement.

Schéma de l'organisation des régimes de protection sociale

Obligatoires	Facultatifs	Personnels
Régimes de base		
Régimes complémentaires		
⇘	Options aux régimes complémentaires	
	Contrats d'entreprise	
	⇘	Assurances personnelles

Comme on peut le constater sur ce schéma, les salariés n'ont guère de choix ; la plupart des régimes auxquels ils cotisent sont soit imposés par le législateur, soit imposés par le contrat conclu entre l'entreprise qui les emploie et une caisse (ou un assureur).

2. Les éléments de rémunérations soumis à cotisations

Voyons maintenant les sommes qui sont soumises à cotisations et celles qui ne le sont pas.

Pour le calcul des cotisations de Sécurité sociale, sont considérées comme rémunérations toutes les sommes versées aux travailleurs en contrepartie ou à l'occasion du travail, notamment les salaires ou gains, les indemnités de congés payés, le montant des retenues pour cotisations ouvrières, les indemnités, primes, gratifications et tous les autres avantages en argent, les avantages en nature, ainsi que les sommes perçues directement ou par l'entremise d'un tiers à titre de pourboire (C. Séc. soc., art. L. 242-1). Il faut donc prendre en compte :

- le salaire proprement dit ;
- la rémunération des heures supplémentaires ;
- les éléments de rémunération liés à l'emploi ou à la fonction (primes de responsabilité, d'astreinte) ;
- les primes et indemnités versées en fonction de conditions particulières de travail (primes d'insalubrité, de danger, de froid, etc.) ;
- les gratifications, les primes exceptionnelles, d'ancienneté, d'assiduité, de rendement, de fin d'année, de treizième mois, de vacances, d'anniversaire de l'entreprise, à la production, etc. ;
- les avantages à caractères sociaux.

En fait, **l'Urssaf considère que tout ce qui est alloué à l'occasion du travail doit donner lieu à cotisations.** Cependant — sinon ce ne serait pas drôle —, il existe quelques cas particuliers.

Le cas des jetons de présence

Les jetons de présence, qui sont spécialement **attribués aux administrateurs** de sociétés anonymes **en raison des fonctions de direction** éventuellement assumées par eux au sein de la société, ont le caractère de salaire et sont donc soumis à cotisations.

En revanche, les jetons de présence **alloués aux administrateurs en leur qualité de membres du conseil d'administration ne peuvent pas** être qualifiés de salaire et **être inclus dans l'assiette des cotisations**, car dans ce dernier cas les jetons de présence sont la contrepartie des responsabilités assumées par les administrateurs ; ils constituent la rémunération du mandat social.

S'agissant de salariés qui ont également qualité d'administrateur, les Urssaf recherchent si une partie des jetons de présence ne constitue pas un complément de salaire, notamment lorsque les jetons de présence sont supérieurs à ceux attribués aux autres administrateurs non-salariés de l'entreprise. Dans ce cas, les Urssaf peuvent réintégrer l'intégralité du montant des jetons de présence dans l'assiette des cotisations. La chambre sociale de la Cour de cassation en a jugé ainsi s'agissant de PDG (donc assimilés salariés) exerçant des fonctions d'administrateur.

Le cas de la prise en charge par l'employeur des cotisations salariales

L'article L. 242-1 du Code de la Sécurité sociale prévoit que le calcul des cotisations s'effectue sur la rémunération brute du salarié, avant toute déduction des cotisations salariales. La prise en charge par l'employeur d'une dépense qui incombe normalement au salarié s'analyse comme un complément de rémunération **soumis à cotisations**. Ainsi, la prise en charge par l'employeur des cotisations salariales constitue un avantage en espèces qu'il y a lieu d'inclure dans la rémunération servant de base de calcul des cotisations.

Le cas des gratifications versées à l'occasion de la remise de la médaille d'honneur du travail

La médaille d'honneur comporte quatre échelons :

- la médaille d'argent, après 20 ans de services ;
- la médaille de vermeil, après 30 ans de services ;
- la médaille d'or, après 35 ans de services ;
- la grande médaille d'or, après 40 ans de services.

À noter : ces médailles peuvent être accordées après 18, 25, 30, 35 ans de services si l'activité exercée par les salariés présente un caractère de pénibilité (travail à la chaîne, en équipes successives…) et permet un départ à la retraite anticipé. Les salariés français occupés hors métropole et les grands invalides du travail bénéficient également de règles plus avantageuses, dans les conditions fixées par les articles 11 et 13 du décret du 4 juillet 1984 modifié.

La remise de ces médailles est souvent accompagnée d'une gratification qui est en principe soumise à cotisations. Toutefois, l'administration admet son exonération dans certaines limites. Le décret n° 2000-015 du 17 octobre 2000 est venu modifier les modalités et les conditions d'attribution de la médaille d'honneur du travail.

À l'occasion de la publication de ce texte réglementaire, l'Acoss (Agence centrale des organismes de Sécurité sociale), par circulaire, a confirmé le principe d'une **exonération de charges sociales des gratifications versées aux salariés titulaires de la médaille du travail délivrée par le ministère de l'Emploi, dans la limite du salaire mensuel de base** dont elle donne, par ailleurs, une définition précise.

Le salaire mensuel de base du bénéficiaire s'entend de la rémunération brute habituelle de l'intéressé, à l'exclusion des diverses primes ou indemnités qui peuvent s'y ajouter, qu'elles présentent ou non le caractère de compléments de salaire. Ainsi, ne sont pas prises en compte pour la détermination du salaire mensuel de base les primes de vacances, les primes d'ancienneté, le treizième mois, les primes allouées en raison de la situation de famille ou les primes de sujétion particulière liées à l'activité professionnelle, comme les primes d'insalubrité.

L'exonération admise s'applique aux gratifications versées aux titulaires de la médaille d'honneur du travail délivrée par le ministère de l'Emploi. Il importe peu que la gratification soit calculée au prorata des années de présence des salariés dans l'entreprise ou au sein d'un groupe, que son montant soit forfaitaire et modulé selon l'ancienneté dans l'entreprise ou bien selon un autre critère, dès lors que celui-ci ne crée pas de discrimination entre salariés.

En revanche, l'exonération ne concerne pas les allocations spéciales pour ancienneté prévues notamment par l'employeur ou en application d'un accord d'entreprise, et sans rapport avec la médaille d'honneur officielle du travail.

S'agissant des gratifications accordées lors de la remise de médailles d'entreprise (et non de la médaille du travail officielle), elles doivent être entièrement soumises à cotisations.

L'exonération de charges des gratifications ou primes accordées lors de la remise de la médaille du travail constitue une tolérance administrative qui ne s'impose ni aux Urssaf, ni aux tribunaux. La Cour de cassation a rappelé à plusieurs reprises que les tribunaux n'ont pas à contrôler l'application qui est faite par les Urssaf de la tolérance administrative.

Si les gratifications sont versées par le syndicat professionnel de l'employeur, non pour le compte de celui-ci, mais en toute indépendance, sans qu'elles correspondent à des cotisations syndicales, et en fonction de l'ancienneté du bénéficiaire dans la profession et non dans l'entreprise, elles ne sont pas assujetties.

Le cas des avantages financiers accordés au personnel des établissements bancaires

Selon l'Acoss, la remise d'un certain nombre de mensualités de remboursement d'un prêt octroyé aux agents des établissements bancaires constitue un avantage qui doit être **soumis à cotisations**. Certaines Urssaf réintègrent dans l'assiette des cotisations la rémunération des comptes de dépôts à vue du personnel de certains établissements de crédit, assimilant ces intérêts à un complément de salaire. La Cour de cassation considère également que les intérêts des sommes déposées sur les comptes à vue du personnel d'un établissement de crédit constituent un avantage en argent versé par l'employeur à l'occasion du travail, par conséquent soumis à cotisations.

Plus généralement, le ministère des Affaires sociales a fait connaître, par lettre en date du 9 mai 1995 (reprise et publiée par l'Acoss), sa position au regard de l'assiette des cotisations de divers avantages spécifiques alloués aux salariés et anciens salariés des établissements de crédit, tels que :

- la rémunération des comptes de dépôts à vue ;
- les prêts à taux préférentiels ;
- la délivrance gratuite de cartes bancaires ;
- la mise à disposition gratuite de coffres ;
- l'exonération de droits de garde.

À cet égard, il est notamment rappelé que la Cour de cassation se prononce régulièrement dans le sens de l'assujettissement de l'avantage représenté d'une part par la rémunération des comptes à vue, et ce quelle que soit l'origine des fonds, et d'autre part par la délivrance gratuite d'une carte de crédit. Pour le ministère, l'ensemble des avantages accordés au personnel des établissements de crédit doit être soumis à cotisations de Sécurité sociale et à CSG comme revenus d'activité, en application des articles L. 242-1 et L. 136-1 du Code de la Sécurité sociale, mais sous certaines réserves.

Ces avantages doivent en effet être assimilés à ceux qui résultent des réductions tarifaires sur les produits ou services réalisés par l'entreprise. Lorsque la réduction n'excède pas 30 % du prix de vente normal, l'avantage est négligé. Lorsque cette réduction est supérieure à 30 %, l'avantage qui en résulte est intégré. C'est ainsi que les intérêts des comptes rémunérés à hauteur du taux des premiers livrets de caisse d'épargne (dits « livrets A ») sont exonérés de cotisations et de CSG.

En revanche, lorsque le taux de rémunération est supérieur au taux du livret A, ces intérêts doivent être soumis à cotisations et à CSG dès le premier euro depuis le 1er juillet 1995. Cependant, les contrôles et contentieux en cours ne porteront que sur la fraction excédentaire et pour les seules cotisations de Sécurité sociale, afin d'éviter un double assujettissement à la CSG, l'administration fiscale les imposant jusqu'alors à titre de produits de placement. Les prêts à taux préférentiels constituent également un avantage qui doit être intégré dans les mêmes conditions depuis le 1er juillet 1995.

Le cas des prestations familiales extra-légales complémentaires

Depuis le 1er avril 1995, **les prestations familiales complémentaires** instituées avant le 1er juillet 1946 (date de la création des caisses d'allocations familiales), qui étaient exonérées de cotisations, **sont incluses dans l'assiette des cotisations** de la Sécurité sociale. Aux termes de l'article R. 583-1 du Code de la Sécurité sociale aujourd'hui abrogé, des avantages pour charge de famille accordés à des travailleurs, s'ajoutant à ceux qui résultent de la législation sur les allocations familiales, pouvaient être servis aux bénéficiaires par des caisses d'allocations familiales en vertu de conventions passées entre les employeurs ou des associations d'employeurs et lesdites caisses. Il convient donc désormais de soumettre à cotisations toutes les prestations familiales complémentaires servies, à compter du 1er avril 1995, par les employeurs, des associations d'employeurs, des caisses de compensation professionnelles ou interprofessionnelles, quels que soient leurs montants et leurs modalités d'attribution.

Seules seront désormais exclues de l'assiette des cotisations les prestations familiales mentionnées à l'article L. 511-1 du Code de la Sécurité sociale ou assimilées, à savoir :

1°) la prestation d'accueil du jeune enfant ;
2°) les allocations familiales ;

3°) le complément familial ;
4°) L'allocation de logement régie par les dispositions du livre VIII du Code de la construction et de l'habitation ;
5°) l'allocation d'éducation de l'enfant handicapé ;
6°) l'allocation de soutien familial ;
7°) l'allocation de rentrée scolaire ;
8°) (Abrogé) ;
9°) l'allocation journalière de présence parentale.

Le cas du capital décès ou invalidité

Les sommes (en cas de décès ou d'invalidité) versées par l'employeur à ses salariés en application d'un accord d'entreprise constituent des avantages en espèces soumis à cotisations. En effet, même s'ils sont destinés à réparer un préjudice indépendant du travail, ils représentent un avantage en argent alloué en raison de la seule appartenance à l'entreprise ; ils sont versés sinon en contrepartie, du moins à l'occasion du travail.

Par un arrêt du 26 janvier 2001 (Cass. assemblée plénière, n° 99-11.758, Urssaf de Paris c/Sté Axa France assurances), la Cour de cassation a confirmé que les allocations en cause constituent des avantages en argent procurés en contrepartie ou à l'occasion du travail soumis à cotisations en application de l'article L. 242-1 du Code de la Sécurité sociale, peu important qu'elles soient versées aux salariés ou à leurs ayants droit après la rupture du contrat de travail.

Attention : ne pas confondre ce capital décès avec celui versé par la Sécurité sociale dont le montant est forfaitaire et différent selon les situations, soit au 1er avril 2020 : 3.472 €, pour un salarié décédé, 8.227,20 € pour le décès d'un travailleur indépendant non retraité, 3.290,88 € pour le décès d'un travailleur indépendant retraité.

Le cas des allocations complémentaires aux indemnités journalières de la Sécurité sociale

Sans distinguer si elles sont versées directement par l'employeur ou par un tiers (notamment par un comité d'entreprise), **sont incluses dans la base des cotisations les allocations complémentaires versées au titre de périodes d'incapacité temporaire de travail consécutive à une maladie, un accident, une maternité**, en application du contrat de travail ou d'une convention collective de travail, lorsqu'elles sont destinées à maintenir en tout ou partie, pendant ces périodes, le salaire d'activité. Seules sont visées les allocations complémentaires versées au titre des périodes pendant lesquelles le contrat individuel de travail, qui lie le salarié à l'employeur, reste en vigueur (C. Séc. soc., art. R. 242-1). Peu importe que l'indemnité différentielle ait été prévue par un contrat individuel, par une convention collective, ou par un accord de mensualisation.

Les **indemnités complémentaires** maladie versées par une mutuelle aux salariés ayant adhéré à un régime de prévoyance collectif constituent un avantage résultant du contrat de travail et doivent par conséquent **être incluses dans l'assiette des cotisations selon une proportion correspondant au financement des prestations par l'employeur**. Le fait que l'adhésion au régime de prévoyance soit facultative et que seuls les salariés ayant souhaité y souscrire bénéficient de cet avantage est sans incidence sur leur assujettissement à cotisations.

Quatre possibilités sont à envisager :

- adhésion obligatoire du salarié avec participation de l'employeur : la fraction des allocations complémentaires servies, déterminée au prorata des cotisations supportées par l'employeur, est intégrée dans l'assiette des cotisations ;
- adhésion obligatoire du salarié sans participation de l'employeur : aucune cotisation n'est due sur l'allocation complémentaire ;
- adhésion facultative du salarié avec participation de l'employeur : les allocations complémentaires ne sont pas intégrées dans l'assiette des cotisations, la liberté d'adhésion laissée au salarié ne permet pas de soutenir que l'avantage servi l'est pour le compte de l'employeur qui n'a pris dans ce cas aucun engagement pour maintenir le salaire. Mais dans cette hypothèse, la participation patronale au régime d'assurance constitue un avantage lié au contrat de travail qui doit être intégré dans l'assiette des cotisations qu'il s'agisse d'une cotisation ou d'une prime en cas de contrat d'assurance ;
- adhésion facultative du salarié sans participation de l'employeur : l'avantage complémentaire n'est pas soumis à cotisations.

Les cotisations ne sont pas dues dans les seuls cas où les indemnités sont versées pour incapacité définitive du salarié après rupture du contrat de travail, ces deux conditions étant cumulatives. Par ailleurs, les allocations complémentaires relatives à l'incapacité temporaire de travail et versées au titre de périodes durant lesquelles le contrat de travail n'est plus en vigueur sont exclues de l'assiette des cotisations. La date de la rupture du contrat de travail figure sur le certificat de travail qui constate obligatoirement la rupture.

Indépendamment de l'employeur, les allocations complémentaires peuvent être versées par :

- les organismes d'assurance ;
- les caisses de retraite ou de prévoyance qui prennent en charge, au titre du régime complémentaire facultatif, l'assurance des périodes d'incapacité temporaire de travail ;
- les sociétés mutualistes ou de secours mutuel et les comités d'entreprise, auxquels l'employeur a éventuellement recours pour le service des indemnités différentielles.

Le fait d'être versées par l'intermédiaire d'un tiers est sans incidence sur leur assujettissement à cotisations sociales.

Les périodes indemnisées par des indemnités différentielles versées par des organismes tiers ne sont pas assimilables à des périodes d'absence non rémunérées. Quel que soit l'agent qui règle les indemnités (employeur ou organisme tiers), c'est l'employeur qui est responsable du paiement des cotisations. À ce titre, il devra, en cas d'intervention d'un organisme tiers, effectuer le paiement des cotisations dès qu'il aura connaissance du règlement des indemnités par l'organisme tiers.

Il appartient à l'employeur de verser les cotisations salariales dues et de se les faire rembourser par le salarié.

Pour le calcul de l'indemnité complémentaire à l'indemnité journalière versée par la Sécurité sociale, ou plus précisément, pour la détermination du montant des sommes dues au salarié, il convient que soient prises en compte les retenues pour charges sociales.

Le cas des prestations complémentaires versées par les comités d'entreprise

La jurisprudence de la Cour de cassation intègre dans l'assiette des cotisations de l'employeur tout avantage en espèces consenti à des salariés par l'intermédiaire d'un comité d'entreprise financé par l'employeur, même si l'avantage est financé sur les fonds sociaux et culturels du comité d'entreprise. Il en est ainsi de tout avantage en espèces ou en nature alloué en contrepartie ou à l'occasion du travail, y compris s'agissant de prestations familiales complémentaires.

Demeurent toutefois exclus de l'assiette les secours individuels, c'est-à-dire les cas d'attribution extraordinaire d'une somme d'argent ou d'un bien en nature en raison d'une situation sociale particulièrement digne d'intérêt, pour un montant modulé en fonction même des besoins à satisfaire d'urgence. Comme la jurisprudence, l'administration a toujours établi une distinction entre les secours et les autres prestations en espèces versées par le comité d'entreprise, n'excluant que les secours de l'assiette des cotisations (Circ. Acoss n° 80-50, 24 octobre 1980). Devant les difficultés rencontrées par les comités d'entreprise dans l'exercice de leurs actions sociales et culturelles (Rép. min. n° 45813 : *JOAN*, 20 août 1984, p. 3654), elle a, dans deux instructions générales du 17 avril 1985 et du 12 décembre 1988, récapitulé les principes généraux à suivre, comme indiqué ci-après.

Avantages sociaux	Cotisables
Allocations complémentaires aux IJ	Oui
Anniversaire de l'entreprise	Oui
Bonifications d'intérêts	Oui
Bons d'achat remplaçant un cadeau ou un cadeau attribué à l'occasion d'un événement : • si l'ensemble des bons distribués dans l'année ou la valeur du cadeau est ≤ 171 euros (5 % du plafond SS) • si l'ensemble des bons distribués dans l'année ou la valeur du cadeau est > 171 euros et : – distribués à une catégorie de personnel et en relation avec un événement et dont l'importance est conforme aux usages – distribués à l'ensemble du personnel ou d'un montant excessif	• Non – Oui – Non
Cantine : participation salariale ≥ 50 % du minimum garanti	Non
Chèques-vacances : • acquis par l'employeur • acquis par le CE	• Oui • Non
Colonies de vacances : participation CE	Non
Congé de formation économique, sociale ou syndicale : • indemnité couvrant les frais supportés par le salarié • indemnité couvrant la perte de salaire	• Non • Oui

Avantages sociaux	Cotisables
Crèche, nourrice, garde d'enfant (prime allouée pour frais de) : – pour un enfant de 2 mois à 3 ans, par année civile, < Smic mensuel – pour un enfant de 3 à 6 ans, par année civile, < 50 % du Smic mensuel	• Non • Non
Décès (prime allouée à l'occasion d'un)	Non
Enfants à charge (allocations pour)	Oui
Études (prime d')	Oui
Fête patronale (prime pour la)	Oui
Grève : maintien de salaire	Oui
Jouets : offerts aux enfants à Noël	Non
Logement (prime de)	Oui
Mariage (prime de)	Oui
Maternité (allocations de)	Oui
Médaille du travail : • prime < salaire • prime > salaire	• Non • Oui
Mères (prime de fête des)	Oui
Mutuelle : • adhésion volontaire des salariés avec participation du CE • adhésion limitée à certaines catégories de salariés	• Non • Oui
Naissance (prime de)	Oui
Noël (prime de)	Oui
Pères (prime de fête des)	Oui
Perte de salaire compensée par le CE	Oui
Préretraite : • prime de départ • sommes versées pendant • secours ou avantages divers	• Oui • Oui • Non
Prévoyance : – si obligation collective – si facultative	• Non • Oui
Rentrée scolaire (prime de)	Oui

Avantages sociaux	Cotisables
Retraite : – prise en charge de la participation salariale aux régimes complémentaires obligatoires et collectifs – si adhésion facultative	• Non • Oui
Secours	Non
Spectacle et sports : réduction et remboursement	Non
Titres-restaurant : • si part patronale + CE ≤ 5,55 euros • si part patronale + CE > 5,55 euros	• Non • Oui
Voyages : réduction ou remboursement	Non

Cependant, la Cour de cassation considère ces instructions ministérielles comme dépourvues de force obligatoire et ne pouvant être de nature à restreindre les droits des Urssaf.

Le cas des indemnités versées à l'occasion de la rupture du contrat de travail

Le principe général

S'agissant de la nature de ces indemnités, il convient de savoir **si les sommes versées présentent un caractère de rémunération**, auquel cas elles doivent être **incluses** dans l'assiette des cotisations, ou **si elles présentent un caractère de dommages-intérêts**, auquel cas elles sont **exclues** de cette assiette.

Antérieurement, le régime social des indemnités de rupture du contrat de travail était fixé par la jurisprudence et la doctrine administrative. Cette pratique était source de difficultés et d'insécurité juridique, dans la mesure où la qualification des sommes concernées (salaires ou dommages-intérêts) pouvait être remise en cause *a posteriori* par l'Urssaf ou les tribunaux, selon des critères parfois divergents et pouvant évoluer dans le temps. Afin de renforcer la sécurité juridique des salariés, la loi de financement de la Sécurité sociale pour 2000 a organisé un nouveau régime social (cotisations de Sécurité sociale et autres charges sociales ayant la même assiette) des indemnités de rupture du contrat de travail des salariés. Ce régime est le pendant du nouveau régime fiscal prévu par la loi de finances pour 2000 et codifié à l'article 80 *duodecies* nouveau du Code général des impôts (C. Séc. soc., art. L. 242-1).

Les lois de financement de la Sécurité sociale et de finances pour 2000 posent un principe d'assujettissement aux cotisations sociales et à l'impôt sur le revenu de l'ensemble des indemnités de rupture du contrat de travail assorti d'un certain nombre d'exceptions tenant à la nature ou au montant des indemnités versées. **Sont ainsi soumises à cotisations**, quel que soit le mode de rupture du contrat de travail (démission, licenciement, départ ou mise à la retraite, échéance du terme du contrat à durée déterminée, rupture négociée ou amiable du contrat de travail) :

- l'indemnité compensatrice de préavis (ou de délai-congé), à raison de laquelle le salarié peut bénéficier, le cas échéant, des dispositions de l'article 163 *quinquies* du Code général des impôts ;
- l'indemnité compensatrice de congés payés ;
- l'indemnité de non-concurrence ;
- l'indemnité prévue par l'article L. 1243-4 du Code du travail en cas de rupture anticipée par l'employeur, hors les cas de faute grave ou de force majeure, d'un contrat de travail à durée déterminée, à concurrence du montant minimum de cette indemnité qui, en effet, correspond aux rémunérations que le salarié concerné aurait perçues jusqu'au terme du contrat (l'excédent éventuel est soumis au régime des indemnités de licenciement) ;
- l'indemnité de fin de contrat ou de fin de mission versée aux salariés à l'issue respectivement d'un contrat à durée déterminée (C. trav., art. L. 1243-8) et d'une mission d'intérim (C. trav., art. L. 1251-32) ;
- les primes annuelles, par exemple les primes de treizième mois, versées aux salariés le plus souvent au prorata de leur présence dans l'entreprise l'année de la rupture du contrat de travail.

Les indemnités légales ou conventionnelles de licenciement

Sont exonérées de cotisations, quel que soit leur montant, les indemnités dues à titre obligatoire par l'employeur en application du Code du travail. Sont notamment visées :

- l'indemnité légale de licenciement versée lors de la rupture d'un contrat de travail à durée indéterminée de plus de huit mois en application de l'article L. 1234-9 du Code du travail, et dont le montant minimum est prévu à l'article R. 1234-2 du même Code (ou l'indemnité prévue par l'article 5 de l'accord national professionnel du 10 décembre 1977 sur la mensualisation annexé à l'article 1er de la loi n° 78-49 du 19 janvier 1978 pour les salariés entrant dans son champ d'application) ;

- l'indemnité spécifique de licenciement des journalistes (C. trav., art. L. 7112-3) à laquelle est assimilée l'indemnité versée au journaliste en application de l'article L. 7112-5 lorsque la résiliation du contrat à l'initiative du salarié est motivée par l'une des circonstances visées dans le texte (cession du journal, cessation de la publication, changement notable dans l'orientation du journal);
- l'indemnité de clientèle due aux VRP en application de l'article L. 7313-13 du Code du travail;
- l'indemnité spéciale de licenciement prévue par l'article L. 1226-14 du Code du travail en faveur des salariés devenus inaptes à la suite d'un accident du travail ou d'une maladie professionnelle dont le reclassement dans l'entreprise n'est pas possible (cette indemnité ne se confond pas avec l'indemnité compensatrice d'un montant égal à celui de l'indemnité de préavis, versée à ces mêmes salariés).

En cas de rupture du contrat de travail imputable à l'employeur, les salariés ayant moins de huit mois d'ancienneté dans l'entreprise ne peuvent bénéficier d'indemnités légales ou conventionnelles (sauf exceptions). Toutefois, le départ du salarié sur l'initiative de l'employeur peut donner lieu au versement d'indemnités aux termes d'une transaction. Par analogie avec la position de l'administration fiscale, l'Acoss admet, dans ce cas, l'exonération des indemnités perçues par le salarié, dans les mêmes conditions que les indemnités versées aux salariés remplissant la condition d'ancienneté pour bénéficier d'indemnités légales ou conventionnelles.

Sont également intégralement exonérées de cotisations les indemnités versées en application d'une convention collective de branche ou d'un accord professionnel ou interprofessionnel, à l'exclusion d'un accord d'entreprise ou d'établissement.

Les indemnités de licenciement dont le montant est supérieur aux indemnités légales ou conventionnelles

Très souvent, une clause du contrat de travail, un accord transactionnel ou un accord d'entreprise prévoient des indemnités de licenciement dont le montant est supérieur aux minima légaux et conventionnels.

Les indemnités de licenciement sont exonérées de cotisations à concurrence de leur montant légal ou conventionnel. Lorsque les indemnités perçues, en exécution d'un accord d'entreprise, du contrat de travail ou d'une transaction sont d'un montant supérieur aux montants légaux ou conventionnels, le montant exonéré est relevé (y compris les indemnités légales ou conventionnelles, qui sont exonérées de plein droit) à 50 % du montant total des indemnités perçues ou, si ce montant est plus élevé, à deux fois la rémunération annuelle brute perçue au cours de l'année civile précédant la rupture du contrat de travail.

En d'autres termes, les indemnités de licenciement sont exonérées dans la limite du plus élevé des trois montants suivants :

- le montant prévu par la convention collective de branche, l'accord professionnel ou interprofessionnel ou, à défaut, par la loi ;
- le double de la rémunération annuelle brute perçue par le salarié au cours de l'année civile précédant celle de la rupture de son contrat de travail ;
- la moitié du montant total des indemnités perçues.

Toutefois, la fraction des indemnités exonérées en application des deux dernières limites ne peut excéder six plafonds annuels de Sécurité sociale.

L'ensemble des limites susvisées s'applique au montant global des indemnités de rupture du contrat de travail.

Exemple : un salarié, dont la rémunération annuelle est de 60 900 euros, perçoit une indemnité égale à 137 000 euros, dont 91 500 euros correspondent à l'indemnité conventionnelle. L'indemnité conventionnelle de 91 500 euros est exonérée de plein droit. Au total, l'indemnité est exonérée à hauteur de 121 800 euros, soit deux fois la rémunération annuelle brute. Le surplus de 15 200 euros est soumis à cotisations.

La **date de rupture du contrat de travail** s'entend de la date à laquelle le contrat de travail prend fin, c'est-à-dire la date à laquelle, à l'expiration du préavis, le salarié doit recevoir de son employeur son certificat de travail et le reçu pour solde de tout compte.

La **rémunération annuelle brute** est la rémunération avant déduction de la part salariale des cotisations sociales et de la part déductible de la CSG ; cette rémunération intègre les revenus exclus de l'assiette des cotisations mais soumis à l'impôt sur le revenu, notamment les primes d'intéressement non affectées à un PEE.

Les indemnités de départ négocié et/ou de départ volontaire

Les sommes versées au salarié en cas de départ volontaire ou négocié de sa propre initiative **présentent le caractère de supplément de rémunération** et sont, à ce titre, **incluses** dans l'assiette des cotisations sociales.

La Cour de cassation considère que, lorsque la rupture du contrat n'incombe pas à l'employeur, l'indemnité de rupture est assujettie aux cotisations de Sécurité sociale.

Toutefois, si les circonstances de la cause et la commune intention des parties font apparaître que la somme versée présente le caractère de dommages-intérêts, les indemnités de départ volontaire doivent être exclues de l'assiette des cotisations.

De même, les sommes versées par l'employeur lors de la démission d'un salarié peuvent avoir, en tout ou en partie, le caractère de dommages-intérêts s'il est établi qu'en réalité, la rupture du contrat de travail a été provoquée par l'employeur, notamment pour l'une des causes énoncées à l'article L. 1233-3 du Code du travail (difficultés économiques, mutations technologiques) et que les sommes versées réparent le préjudice né de la perte de l'emploi.

La jurisprudence puis l'administration ont, dans un premier temps, exonéré les indemnités dans la limite des indemnités de licenciement qui auraient été versées aux salariés s'ils avaient été licenciés. Puis la Cour de cassation, l'administration et les Urssaf ont admis l'exclusion de principe de l'assiette des cotisations de la fraction des indemnités excédant le montant de l'indemnité légale ou conventionnelle, pour autant toutefois que *« son montant excessif par rapport au préjudice réel subi par le salarié ne soit pas de nature à lui faire perdre le caractère de dommages-intérêts »*. Cette position était justifiée par le contexte économique des entreprises et les indemnités versées compensaient un préjudice résultant de la perte de l'emploi. Ces départs « volontaires » représentaient en fait une mesure de substitution à des licenciements pour motif économique.

Dans les cas de difficultés économiques ou de mutations technologiques, les indemnités doivent être exonérées dans la limite du montant légal ou conventionnel des indemnités de licenciement et, pour la fraction excédentaire le cas échéant, dans les limites applicables aux indemnités de licenciement vues précédemment.

Les indemnités de départ volontaire, lorsqu'elles sont versées dans le cadre d'un plan social, sont, en revanche, exonérées pour leur montant total.

Les indemnités versées dans le cadre d'un plan social

Lorsqu'elles sont versées dans le cadre d'un plan social, les indemnités de licenciement sont exonérées de cotisations, quel que soit leur montant.

L'Acoss étend le principe de cette exonération totale de cotisations à l'ensemble des indemnités versées dans le cadre d'un plan social, quel que soit le mode de rupture du contrat de travail (licenciement, démission, départ volontaire ou départ à la retraite), y compris les sommes venant s'ajouter aux indemnités légales ou conventionnelles (aides au départ volontaire, aides à la création d'entreprise, aides au reclassement).

Par plan social, il faut entendre l'ensemble des mesures d'accompagnement d'un licenciement collectif pour motif économique visées aux articles L. 1233-10 et L. 1233-61 du Code du travail.

Pour donner lieu à une exonération totale, les départs de l'entreprise doivent s'inscrire dans le cadre des procédures de licenciement collectif pour motif économique portant sur dix salariés au moins sur une même période de 30 jours.

Si ces conditions ne sont pas remplies, les indemnités versées suivent le régime applicable aux indemnités allouées en dehors d'un plan social.

Les indemnités accordées pour licenciement abusif ou irrégulier

Sont intégralement exonérées de cotisations les indemnités versées, sans préjudice des indemnités de licenciement proprement dites, à titre de dommages-intérêts, pour :

- licenciement sans cause réelle et sérieuse (C. trav., art. L. 1235-3) ;
- inobservation de la procédure requise en cas de licenciement individuel ou de licenciement collectif pour motif économique (C. trav., art. L. 1235-11) ;
- non-respect de la priorité de réembauchage (C. trav., art. L. 1235-13).

Comme l'administration fiscale, l'Acoss admet que cette exonération totale s'applique également à l'indemnité prévue en cas de licenciement abusif en faveur des salariés ayant moins de deux ans d'ancienneté ou dont l'entreprise emploie habituellement moins de onze salariés (Lettre-Circ. Acoss n° 2001-022, 25 janvier 2001).

Les indemnités transactionnelles

L'Acoss indique que l'indemnité transactionnelle ne peut être exonérée de cotisations que *«pour sa fraction représentative d'une indemnité susceptible d'être exonérée»*. En d'autres termes, les indemnités transactionnelles sont exonérées de cotisations pour le montant correspondant aux indemnités de licenciement, et dans les limites applicables à celles-ci.

Les salariés licenciés pour faute grave ou lourde ne peuvent bénéficier d'indemnités légales ou conventionnelles de licenciement ; une transaction donnant lieu à versement d'une indemnité peut toutefois être conclue entre l'employeur et le salarié afin d'éviter tout contentieux : l'Acoss admet, dans ce cas, l'exonération de l'indemnité transactionnelle versée au salarié licencié, dans les conditions et les limites applicables aux indemnités de licenciement.

Les indemnités de départ ou de mise à la retraite

Le départ à la retraite est un mode particulier et autonome de rupture du contrat de travail, qui oblige à distinguer entre la mise à la retraite et le départ à la retraite.

Le départ volontaire à la retraite

L'indemnité de départ volontaire à la retraite (à l'initiative du salarié), versée en application de l'article L. 1237-9 du Code du travail est intégralement soumise à cotisations. Toutefois, l'indemnité de départ à la retraite versée dans le cadre d'un plan social est exonérée totalement de cotisations (C. Séc. soc., art. L. 242-1).

La mise à la retraite

L'employeur ne peut mettre un salarié à la retraite que si celui-ci remplit les conditions d'âge et de durée d'assurance minimum pour bénéficier d'une pension de vieillesse à taux plein. Lorsque les conditions ne sont pas remplies, la rupture s'analyse comme un licenciement.

Les indemnités de mise à la retraite versées en application de l'article L. 1237-7 du Code du travail sont exonérées de cotisations à concurrence de leur montant légal ou conventionnel. Le surplus éventuel est exonéré dans la limite la plus élevée des deux montants prévus pour les indemnités de licenciement (soit la moitié du total des indemnités, ou le double de la rémunération brute de l'année précédant la rupture), sans que cette limite puisse excéder cinq fois le plafond annuel de la Sécurité sociale.

Ce régime d'exonération s'applique aux indemnités versées à l'occasion de la mise à la retraite par l'employeur, même si elle s'effectue dans le cadre d'un plan social. Contrairement aux indemnités de licenciement, le régime social des indemnités de mise à la retraite ne varie pas, qu'elles soient versées ou non dans le cadre d'un plan social.

Les indemnités versées dans le cadre d'une convention de reclassement personnalisé

L'indemnité versée aux salariés adhérant à une convention de reclassement personnalisé au titre de l'indemnité de licenciement prévue à l'article L. 1234-9 du Code du travail voit l'alignement de ses régimes social et fiscal sur ceux de l'indemnité de licenciement légale ou conventionnelle.

En revanche, l'indemnité versée par l'employeur au salarié en compensation de l'indemnité de préavis est soumise à cotisations. L'Acoss est revenue sur la tolérance qui consistait à exonérer dans la limite de 6 mois de salaire l'indemnité compensatrice de préavis lorsqu'elle se cumulait avec l'indemnité de licenciement.

Les indemnités de rupture anticipée d'un CDD par l'employeur

S'alignant sur la position fiscale, l'Acoss précise que les dommages-intérêts versés du fait de la rupture anticipée par l'employeur d'un contrat de travail à durée déterminée (hors les cas de faute grave ou de force majeure) sont assujettis à cotisations pour le montant correspondant aux salaires qu'aurait perçus le salarié jusqu'au terme de son contrat (dans la mesure où ils ne réparent pas un préjudice autre que la perte de salaire). L'excédent éventuel est exonéré de cotisations dans les conditions et les limites prévues pour les indemnités de licenciement.

L'indemnité compensatrice de préavis

Il s'agit de sommes que le salarié aurait perçu pendant la durée du préavis s'il n'avait pas été dispensé de l'effectuer. Elle présente un caractère de rémunération et doit par conséquent être incluse dans l'assiette des cotisations (C. trav., art. L. 1234-5).

L'indemnité compensatrice versée à un salarié victime d'un accident du travail ou d'une maladie professionnelle et inapte au travail est également assujettie à cotisations (C. trav., art. L. 1226-14).

L'indemnité de non-concurrence

L'indemnité de non-concurrence versée après la rupture du contrat de travail, durant toute la durée d'application de la clause de non-concurrence, entre dans l'assiette des cotisations.

Telle est la solution dégagée par la Cour de cassation qui estime que l'indemnité versée après la cessation des fonctions, en une ou plusieurs fois, par l'ancien employeur en contrepartie de l'engagement de non-concurrence est une conséquence de la relation de travail qui a existé et dont les effets se trouvent, à cet égard, prolongés.

L'indemnité de dédit de la clause de non-concurrence n'est nullement une indemnité de même nature que l'indemnité de non-concurrence. Elle présente un caractère indemnitaire et n'est pas soumise à cotisations de Sécurité sociale.

Cette indemnité prévue par certaines conventions collectives permet à l'employeur qui dénonce un contrat de travail comportant une clause de non-concurrence de libérer, au moment de la dénonciation, le salarié de la clause d'interdiction, moyennant le versement échelonné d'une somme d'un montant total moindre que celui de l'indemnité de non-concurrence.

L'aide au retour des travailleurs immigrés

L'aide au retour versée par les entreprises à leurs travailleurs immigrés en complément de l'aide publique pour leur réinsertion dans le pays d'origine est exonérée de cotisations sociales depuis le 1er février 1986.

L'aide à l'outplacement

Il s'agit des prestations de conseil en réinsertion professionnelle effectuées par des cabinets spécialisés pour le compte d'entreprises qui envisagent le licenciement de certains de leurs salariés.

Ces prestations résultent d'un contrat passé entre l'employeur, le salarié et le cabinet retenu, aux termes duquel ce cabinet s'engage, d'une part, à fournir au salarié licencié ou sur le point de l'être toute l'aide nécessaire pour que ce dernier puisse retrouver une activité professionnelle, d'autre part, à le suivre jusqu'au moment où il trouve une nouvelle activité.

Elles peuvent faire partie des mesures qui sont susceptibles de figurer dans le plan social établi par l'entreprise. Elles ont la même finalité que les actions offertes par les cellules de reclassement d'entreprise ou interentreprises qui sont mises en place par les entreprises à la suite d'une convention « cellule de reclassement ».

De telles prestations ne doivent pas être considérées comme des avantages en nature ou comme un élément de la rémunération des salariés intéressés, et ne sont donc pas soumises à cotisations de Sécurité sociale et à la contribution sociale généralisée, quand le montant de ces prestations est versé directement par l'employeur au cabinet intéressé et quand le cabinet s'engage conformément au contrat conclu à suivre le salarié jusqu'à son reclassement (Lettre ministérielle du 30 juillet 1992).

Les indemnités de cessation des fonctions de mandataire social ou de dirigeant

Les indemnités versées aux mandataires sociaux et dirigeants à l'occasion de la cessation forcée de leurs fonctions sont exonérées dans certaines limites, d'impôt sur le revenu et de cotisations sociales (C. Séc. soc., art. L. 242-1). En effet, lorsque le dirigeant justifie du caractère forcé de la cessation de ses fonctions, les indemnités perçues au titre de la rupture du contrat de mandat ou de travail correspondant ne sont soumises à cotisations que pour la fraction excédant les limites vues précédemment pour les indemnités de licenciement, c'est-à-dire excédant la limite la plus élevée du double de la rémunération annuelle brute du dirigeant concerné ou la moitié des indemnités perçues et, en tout état de cause, la fraction des indemnités supérieure à la moitié de la première tranche du tarif de l'impôt de solidarité sur la fortune.

L'intéressement et la participation

Les sommes versées aux salariés dans le cadre de l'intéressement ou de la participation, les sommes octroyées aux salariés sous forme de prêts dans le cadre de la participation des employeurs à l'effort de construction sont totalement exonérées de cotisations (mais pas de CSG et de CRDS).

3. Les abattements

L'abattement sur les cotisations de la Sécurité sociale est né peu après la création en 1946 de ce régime. Dans la suite de sa mise en place, de nombreux syndicats négocient avec l'État (les plus célèbres sont sans doute les journalistes et organisations patronales de la presse). En effet, de nombreuses professions ont des frais et souhaitent soit pouvoir les déduire des cotisations, soit avoir une base abattue forfaitairement pour tenir compte de leurs frais.

Finalement, métier par métier, un abattement forfaitaire est consenti par la Sécurité sociale. Cet abattement peut être opéré sur la rémunération servant de base au calcul des cotisations pour deux catégories d'abattements, soit pour frais professionnels, soit pour frais d'atelier. Mais ces abattements ne peuvent être opérés que dans les cas et les limites fixés par arrêtés ministériels ou interministériels (C. Séc. soc., art. R. 242-1, al. 4).

Les abattements pour frais professionnels

Nous avons déjà vu que les sommes perçues par un salarié en remboursement de frais, occasionnés pour la bonne exécution de son travail, ne sont pas prises en compte pour le calcul des cotisations. Mais outre cette déduction, dite normale, il y a une autre déduction réservée à quelques professions.

En effet, certains salariés bénéficient en matière fiscale d'une déduction supplémentaire pour frais professionnels qui vient s'ajouter à la déduction de 10 % accordée aux salariés pour le calcul de l'impôt sur le revenu. Pour le calcul des cotisations de Sécurité sociale, lorsque le salarié bénéficie d'une de ces déductions fiscales supplémentaires pour frais professionnels, l'employeur est autorisé, en application des dispositions de l'arrêté du 26 mai 1975, à déduire de la base de calcul des cotisations la somme correspondant à cette déduction.

L'application de cette déduction pour frais professionnels en matière sociale n'est possible que si le salarié en bénéficie en matière fiscale. En d'autres termes, le droit de pratiquer la déduction en matière fiscale est lié à la position retenue par le législateur et l'administration fiscale en matière d'impôt sur le revenu. Or, aux termes de la loi de finances pour 1997, il a été prévu, à partir de l'imposition des revenus pour 1997, l'abattement progressif sur 3 ans du plafond des déductions supplémentaires.

L'abattement était de 50 000 francs jusqu'au 31 décembre 1998, puis il fut de 30 000 francs en 1999, de 20 000 francs en 2000, de 10 000 francs en 2001, pour être finalement totalement supprimé en 2002.

La référence au bénéfice d'une déduction fiscale a été maintenue, alors qu'à compter de l'imposition des revenus 2001, les déductions supplémentaires pour frais professionnels ne s'appliquent plus.

Actuellement, le texte modifié de l'arrêté du 26 mai 1975 prévoit toujours la possibilité pour l'employeur de déduire de la base de calcul des cotisations la somme correspondant à cette déduction, dans la limite de 7 600 euros (50 000 francs) par année civile, lorsque le salarié bénéficie en matière d'impôt sur le revenu d'une déduction supplémentaire pour frais professionnels.

Les sommes qui sont perçues par un travailleur en remboursement de frais qu'il a dû réellement exposer pour l'exécution de son travail ne sont pas prises en compte pour le calcul des cotisations. Elles sont donc, pour l'établissement de la base de calcul des cotisations, déduites du total des sommes perçues à l'occasion du travail.

Outre cette déduction des frais réels engagés à titre professionnel, il existe une autre déduction supplémentaire forfaitaire, au titre des frais professionnels, dont le bénéfice est réservé à certaines professions. Les deux déductions ne peuvent, en principe, se cumuler. Les employeurs doivent donc choisir entre elles.

Les bénéficiaires de l'abattement pour frais professionnels

Le bénéfice de la déduction supplémentaire pour frais professionnels est strictement réservé aux **salariés exerçant l'une des professions expressément visées par le Code général des impôts** ou ayant fait l'objet d'une décision spéciale non codifiée.

La base de calcul des cotisations de Sécurité sociale est alors constituée, à moins qu'il n'en soit disposé autrement en matière fiscale, par le montant global des rémunérations, indemnités, primes, gratifications ou autres, acquises par les intéressés, y compris, le cas échéant, les indemnités versées à titre de remboursement de frais professionnels, mais à l'exclusion des charges normales d'exploitation engagées par le salarié pour le compte de l'entreprise.

Les remboursements de frais à réintégrer en cas d'application de l'abattement supplémentaire

Lorsque l'employeur applique la déduction supplémentaire, il doit réintégrer dans l'assiette des cotisations les indemnités versées à titre de remboursement de frais professionnels, à l'exclusion seulement des charges normales d'exploitation engagées par le salarié pour le compte de l'entreprise. Ainsi convient-il notamment de réintégrer les éléments suivants :

- la valeur des repas payés par l'employeur, sous forme :
  - soit d'indemnités, pour le montant total de l'indemnité,
  - soit de remboursement de frais réels, pour la totalité des remboursements,
  - soit directement au restaurateur. Dans ce cas, l'employeur doit réintégrer dans l'assiette des cotisations non pas le prix du repas qu'il a payé, mais la valeur de l'avantage en nature nourriture tel qu'il est évalué forfaitairement par arrêté ministériel ;
- les remboursements de frais de transport, c'est-à-dire :
  - les primes destinées à indemniser les frais de petits déplacements,
  - l'avantage en nature constitué par la mise à disposition d'un véhicule pour l'accomplissement des trajets entre le domicile et le lieu de travail ou même pour remplir sa mission.

La limite maximum de la déduction

Pour le calcul des cotisations de Sécurité sociale, la déduction supplémentaire forfaitaire pour frais professionnels est limitée à 7 600 euros par année civile.

En cas d'employeurs multiples au cours de l'année de référence, chaque employeur est autorisé à déduire de la rémunération servant de base au calcul des cotisations une somme égale au montant de l'abattement supplémentaire limité à 7 600 euros par an sans qu'il y ait lieu de proratiser cette limite maximale par rapport au temps de présence du salarié dans l'entreprise.

Toutefois, dans le cas où un salarié travaillant en cours d'année pour plusieurs employeurs verrait cette limite atteinte chez l'un d'eux, les employeurs suivants seraient alors obligés de verser et de précompter les cotisations de Sécurité sociale sur la rémunération brute sans application de la déduction supplémentaire et en intégrant les éventuels remboursements de frais professionnels.

Le taux

Il fluctue selon les catégories socioprofessionnelles concernées, comme le résume le tableau ci-après.

Catégories socioprofessionnelles concernées	Taux
Artistes dramatiques, lyriques, cinématographiques ou chorégraphiques	25 %
Artistes musiciens, choristes, chefs d'orchestre, régisseurs de théâtre	20 %
Aviation marchande : personnel navigant (pilotes, radios, mécaniciens…)	30 %
Assemblées parlementaires (pour leurs agents et les fonctionnaires)	20 %
Casinos et cercles : personnel ayant des frais de représentation et veillée	8 %
Casinos et cercles : personnel ayant des frais de double résidence	12 %
Casinos et cercles : personnel ayant à la fois les deux frais ci-dessus	20 %
Chauffeurs et receveurs de cars, convoyeurs de transport ou déménagement	20 %
Commis d'agents de change et commis du marché en banque	20 %
Couture (personnel des grandes maisons parisiennes) : modélistes	20 %
Couture (personnel des grandes maisons parisiennes) : mannequins	10 %
Inspecteurs d'assurances des branches vie, capitalisation et épargne	30 %
Internes des hôpitaux de Paris	20 %
Journalistes, rédacteurs-photographes, directeurs de journaux	30 %
Ouvriers du bâtiment	10 %
Ouvriers d'imprimerie de journaux travaillant la nuit	5 %
Ouvriers forestiers	10 %
Ouvriers horlogers et bijoutiers (personnellement propriétaires des outils)	5 %
Ouvriers mineurs et scaphandriers	10 %
Représentants en publicité	30 %

Catégories socioprofessionnelles concernées	Taux
Speakers RTF	20 %
Voyageurs, représentants et placiers de commerce ou d'industrie	30 %

Les abattements pour frais d'atelier

La rémunération des travailleurs à domicile peut également faire l'objet d'un abattement au titre des frais d'atelier exposés par les intéressés (C. Séc. soc., art. L. 241-9).

Les salariés bénéficiant d'une déduction forfaitaire

Deux options sont proposées aux entreprises :

- soit ne pas tenir compte de la déduction forfaitaire pour frais d'ateliers et dans ce cas, retenir pour l'assiette des cotisations de Sécurité sociale, le montant des salaires ou gains proprement dit, mais à l'exclusion de toute indemnité pour frais d'atelier ou de tous remboursements de frais ;
- soit appliquer la déduction forfaitaire et, dans ce cas, retenir comme base du versement des cotisations de Sécurité sociale, le montant global des rémunérations acquises aux intéressés, y compris les remboursements de frais réels ou les indemnités représentatives de frais d'atelier (sauf dérogation admise par l'administration fiscale), sous forme de majorations ou d'allocations forfaitaires, déduction faite de l'abattement calculé sur ce salaire global.

Dans le cas où les taux de majoration fixés par arrêtés préfectoraux s'avèrent supérieurs à ceux accordés, en application de l'arrêté susvisé, les entreprises sont autorisées à déduire de la rémunération globale le pourcentage de frais d'atelier fixé par lesdits arrêtés préfectoraux.

Les salariés ne bénéficiant pas d'une déduction forfaitaire

Les sommes correspondant aux frais d'atelier versées sous forme de remboursement des dépenses réelles ou sous forme de majorations ou d'allocations forfaitaires peuvent être déduites de l'assiette dans la mesure où elles sont utilisées conformément à leur objet.

Les taux

Les taux varient selon la région de France et la nature du travail effectué (entre 5 et 30%). Voici quelques exemples, parmi les plus connus.

Travailleurs à domicile concernés	Taux
Broderie	
• Brodeurs de la région lyonnaise utilisant des métiers pantographes	20%
• Brodeurs du département de l'Aisne	10%
Lunetterie de la région de Morez (Jura)	
• Monteurs en charnières et monteurs en verres	15%
• Polisseurs-ponceurs	25%
Métallurgie	
• De la région de Hautes-Rivières (Ardennes)	20%
• De Saint-Martin-la-Plaine (Loire) : ouvriers chaîniers et ouvriers ferronniers	15%
Pipes de la région de Saint-Claude (Jura)	
• Éclaircisseuses	5%
• Polisseurs, monteurs	20%

Quant aux notions de plafonds, elles ont bien évidemment changé au cours des années. Il est loin le temps où seuls les salariés qui avaient un revenu inférieur à un plafond annuel cotisaient. C'est pourquoi nous allons voir maintenant ces différentes définitions.

4. L'assiette de cotisations

Une ligne de cotisation est constituée de plusieurs éléments :

- le libellé de la cotisation. Il me semble impératif que ce libellé soit le plus précis possible au moins pour deux raisons : que le salarié soit correctement informé de la raison pour laquelle une partie de son salaire lui est prélevée, et que l'entreprise sache exactement à quelle caisse (et sur quelle tranche) la somme au bout de la ligne est affectée. De plus c'est utile aux comptables et à la personne qui effectue les paiements de ces cotisations ;
- puis il y a trois chiffres :
  - le premier est **l'assiette** (ou base) de la cotisation nommée juste avant. C'est sur ce premier chiffre que va porter ce point 4. de cette cinquième partie du livre,
  - le deuxième est le taux (ou pourcentage) de la cotisation. Ces taux étant nombreux (aussi nombreux que les lignes des cotisations) et tous différents, avec pour certains des particularités, ils vous sont détaillés dans la partie VI de ce livre,
  - le troisième est le montant de la cotisation calculé en multipliant l'assiette par le taux (ou la base par le pourcentage, si vous préférez). Selon les logiciels de paie, parfois les sommes positives sont dans une colonne et les sommes négatives dans une autre, parfois la somme est précédée d'un « + » ou d'un « - ».

L'assiette de cotisations est donc la base sur laquelle est calculée une cotisation. Cette assiette peut être :

- le gain total, c'est-à-dire le salaire brut ;
- ou une partie du gain, c'est-à-dire la tranche.

On appelle « **plancher** » la limite **inférieure** d'une tranche.

On appelle « **plafond** » la limite **supérieure** d'une tranche.

Les tranches pour les retraites complémentaires

Ce sont des **parties du salaire** que l'on appelle communément tranche 1 et tranche 2. Nous allons maintenant définir chacune d'elles. Pour bien comprendre ces notions, il est important de conserver en mémoire le schéma représentant l'articulation des différentes tranches (voir tableau suivant).

Le plancher de la **tranche 1 est le premier euro**, (voire le premier centime). En pratique, nous prendrons zéro comme valeur. Le plafond de la tranche 1 correspond au plafond de la Sécurité sociale.

La valeur de la tranche 1 est donc au maximum égale au plafond de la Sécurité sociale moins le plancher qui est égal à zéro.

Il est très important de bien faire la différence entre la notion de tranche et la notion de plafond :

- un plafond est une limite ;
- une tranche est une partie du salaire délimitée par un plancher et un plafond. Ce plafond peut être celui de la Sécurité sociale ou le salaire lui-même s'il est inférieur au plafond de la Sécurité sociale.

Le plancher de la **tranche 2 correspond au plafond de la tranche 1 (+ 1 centime)**.

Le plafond de la tranche 2 est égal à **huit fois le plafond de la tranche 1**.

La tranche 2 a donc pour **valeur maximale la différence entre ces deux limites** : huit fois le plafond de la tranche 1 (ou le salaire brut si celui-ci est inférieur) **moins** le plafond de la tranche 1, ce qui nous donne au maximum sept fois la valeur de la tranche 1.

Les tranches pour le Pôle emploi et l'Apec

Ce sont des **parties du salaire** que l'on appelle communément tranche A et tranche B. Nous allons maintenant définir chacune d'elles.

Le plancher de la **tranche A est le premier euro**, (voire le premier centime). En pratique, nous prendrons zéro comme valeur. Le plafond de la tranche A correspond au plafond de la Sécurité sociale.

La valeur de la tranche A est donc au maximum égale au plafond de la Sécurité sociale moins le plancher qui est égal à zéro.

Si la tranche 1 et la tranche A sont bien égales en valeur, leur dénomination n'est pas identique. La tranche 1 est associée exclusivement aux retraites complémentaires, alors que la tranche A est associée au Pôle emploi, à l'Apec, ainsi que certaines prévoyances, voire à la Vieillesse plafonnée de la Sécurité sociale.

Le plancher de la **tranche B correspond au plafond de la tranche A (+ 1 centime).**

Le plafond de la tranche B est égal à **quatre fois le plafond de la tranche A.**

La tranche B a donc pour **valeur maximale la différence entre ces deux limites** : quatre fois le plafond de la tranche A (ou le salaire brut si celui-ci est inférieur) **moins** le plafond de la tranche A, ce qui nous donne au maximum trois fois la valeur de la tranche A.

Tableau récapitulatif sur les tranches de cotisations

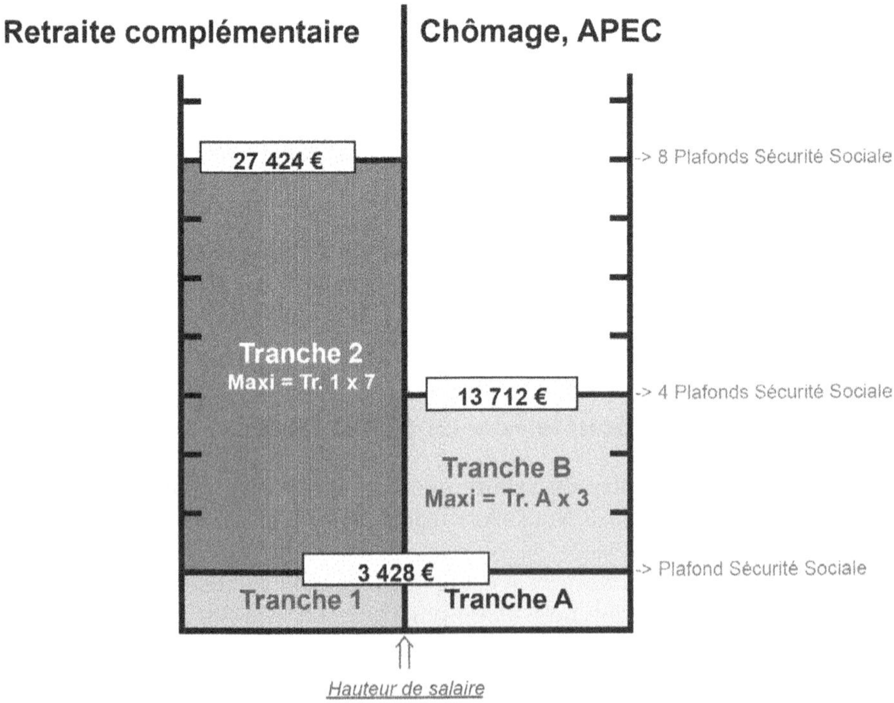

La fixation du plafond de la Sécurité sociale

Aux termes de l'article D. 242-17 du Code de la Sécurité sociale, le montant du plafond est fixé pour chaque année civile, à partir du plafond applicable au cours de l'année antérieure. Il tient compte de l'évolution moyenne estimée des salaires de l'année écoulée.

La valeur mensuelle du plafond doit être arrondie à l'euro le plus proche (multiple de 10 francs précédemment, C. SS art. D. 242-19 modifié).

Avant le 1er janvier 1997, l'article D. 242-18 du Code de la Sécurité sociale prévoyait que le plafond était relevé au 1er juillet de la moitié du taux appliqué au 1er janvier. Depuis le rapport de la commission Turbot, qui vise la simplification du bulletin, il a été décidé qu'il n'y aurait plus dorénavant qu'**un seul plafond par an**.

La valeur du plafond de la Sécurité sociale au 1er janvier 2020 est de : 3.428 euros par mois.

Comme avant le 1er janvier 1997 il y avait changement de plafond au 1er juillet, on ne pouvait parler que de « **plafond annuel moyen** ». Il était égal à six fois le plafond au 1er janvier plus six fois le plafond au 1er juillet ; ce qui nous donnait, par exemple, pour 1996 : 161.220 francs. Mais pour l'année **2020**, le plafond annuel est douze fois le plafond mensuel, soit :
3.428 × 12 = **41.136 euros**.

L'évolution du plafond de la Sécurité sociale depuis 1930

À sa création, le plafond de la Sécurité sociale était annuel et sa valeur était de 10.800 anciens francs. L'inflation aidant, il a atteint cette valeur de 10.800 francs nouveaux le 1er janvier 1990, non pas pour l'année mais pour le mois.

À noter également qu'au 1er juillet 1960, le plafond était de 7.080 francs pour l'année. Il a atteint cette valeur mensuelle le 1er juillet 1982 (voir tableau « Montants successifs du plafond de la Sécurité sociale », ci-après).

Montants successifs du plafond de la Sécurité sociale

Période	Montant / An
du 01/07/1930 au 31/12/1935	10.800 AF
du 01/01/1936 au 31/12/1936	12.000 AF
du 01/01/1937 au 30/06/1938	15.000 AF
du 01/07/1938 au 31/03/1941	18.000 AF
du 01/04/1941 au 31/12/1941	10.800 AF
du 01/01/1942 au 31/12/1943	30.000 AF
du 01/01/1944 au 31/08/1944	42.000 AF
du 01/09/1944 au 31/03/1945	48.000 AF
du 01/04/1945 au 30/09/1946	60.000 AF

Période	Montant / mois
du 01/10/1946 au 30/09/1947	12.500 AF
du 01/10/1947 au 29/02/1948	17.000 AF
du 01/03/1948 au 28/02/1949	19.000 AF
du 01/03/1949 au 31/12/1950	22.000 AF
du 01/01/1951 au 30/09/1951	27.000 AF
du 01/10/1951 au 31/03/1952	34.000 AF
du 01/04/1952 au 30/09/1955	38.000 AF
du 01/10/1955 au 31/12/1957	44.000 AF
du 01/01/1958 au 31/12/1958	50.000 AF
du 01/01/1959 au 31/12/1959	55.000 AF

Période	Montant / mois
du 01/01/1960 au 30/06/1960	550 Fr
du 01/07/1960 au 31/12/1960	590 Fr
du 01/01/1961 au 31/03/1961	600 Fr
du 01/04/1961 au 31/12/1961	700 Fr
du 01/01/1962 au 31/12/1962	800 Fr
du 01/01/1963 au 31/12/1963	870 Fr
du 01/01/1964 au 31/12/1964	950 Fr
du 01/01/1965 au 31/12/1965	1.020 Fr
du 01/01/1966 au 31/12/1966	1.080 Fr
du 01/01/1967 au 31/12/1967	1.140 Fr
du 01/01/1968 au 31/12/1968	1.200 Fr
du 01/01/1969 au 31/12/1969	1.360 Fr
du 01/01/1970 au 31/12/1970	1.500 Fr

Période	Montant / mois
du 01/01/1971 au 31/12/1971	1.650 Fr
du 01/01/1972 au 31/12/1972	1.830 Fr
du 01/01/1973 au 31/12/1973	2.040 Fr
du 01/01/1974 au 31/12/1974	2.320 Fr
du 01/01/1975 au 31/12/1975	2.750 Fr
du 01/01/1976 au 31/12/1976	3.160 Fr
du 01/01/1977 au 31/12/1977	3.610 Fr
du 01/01/1978 au 31/12/1978	4.000 Fr
du 01/01/1979 au 31/12/1979	4.470 Fr
du 01/01/1980 au 31/12/1980	5.010 Fr
du 01/01/1981 au 31/12/1981	5.730 Fr

Période	Montant / mois
du 01/01/1982 au 30/06/1982	6.590 Fr
du 01/07/1982 au 31/12/1982	7.080 Fr
du 01/01/1983 au 30/06/1983	7.410 Fr
du 01/07/1983 au 31/12/1983	7.870 Fr
du 01/01/1984 au 30/06/1984	8.110 Fr
du 01/07/1984 au 31/12/1984	8.490 Fr
du 01/01/1985 au 30/06/1985	8.730 Fr
du 01/07/1985 au 31/12/1985	9.060 Fr
du 01/01/1986 au 30/06/1986	9.220 Fr
du 01/07/1986 au 31/12/1986	9.480 Fr
du 01/01/1987 au 30/06/1987	9.630 Fr
du 01/07/1987 au 31/12/1987	9.840 Fr
du 01/01/1988 au 30/06/1988	9.950 Fr
du 01/07/1988 au 31/12/1988	10.110 Fr
du 01/01/1989 au 30/06/1989	10.340 Fr
du 01/07/1989 au 31/12/1989	10.540 Fr
du 01/01/1990 au 30/06/1990	10.800 Fr
du 01/07/1990 au 31/12/1990	11.040 Fr
du 01/01/1991 au 30/06/1991	11.340 Fr
du 01/07/1991 au 31/12/1991	11.620 Fr
du 01/01/1992 au 30/06/1992	11.870 Fr
du 01/07/1992 au 31/12/1992	12.150 Fr
du 01/01/1993 au 30/06/1993	12.360 Fr

Période	Montant / mois
du 01/07/1993 au 31/12/1993	12.610 Fr
du 01/01/1994 au 30/06/1994	12.680 Fr
du 01/07/1994 au 31/12/1994	12.840 Fr
du 01/01/1995 au 30/06/1995	12.930 Fr
du 01/07/1995 au 31/12/1995	13.060 Fr
du 01/01/1996 au 30/06/1996	13.330 Fr
du 01/07/1996 au 31/12/1996	13.540 Fr

Période	Montant / mois
du 01/01/1997 au 31/12/1997	13.720 Fr
du 01/01/1998 au 31/12/1998	14.090 Fr
du 01/01/1999 au 31/12/1999	14.470 Fr
du 01/01/2000 au 31/12/2000	14.700 Fr
du 01/01/2001 au 31/12/2001	14.950 Fr

Période	Montant / mois
du 01/01/2002 au 31/12/2002	2.352 €
du 01/01/2003 au 31/12/2003	2.432 €
du 01/01/2004 au 31/12/2004	2.476 €
du 01/01/2005 au 31/12/2005	2.516 €
du 01/01/2006 au 31/12/2006	2.589 €
du 01/01/2007 au 31/12/2007	2.682 €
du 01/01/2008 au 31/12/2008	2.773 €
du 01/01/2009 au 31/12/2009	2.859 €
du 01/01/2010 au 31/12/2010	2.885 €
du 01/01/2011 au 31/12/2011	2.946 €
du 01/01/2012 au 31/12/2012	3.031 €
du 01/01/2013 au 31/12/2013	3.086 €
du 01/01/2014 au 31/12/2014	3.129 €
du 01/01/2015 au 31/12/2015	3.170 €
du 01/01/2016 au 31/12/2016	3.218 €
du 01/01/2017 au 31/12/2017	3.269 €
du 01/01/2018 au 31/12/2018	3 311 €
du 01/01/2019 au 31/12/2019	3 377 €
du 01/01/2020 au 31/12/2020	3 428 €
du 01/01/2021 au 31/12/2021	

Les plafonds applicables selon la périodicité de la paie

Le décret fixant le plafond applicable au 1er janvier donne également la valeur du plafond de calcul de certaines cotisations en fonction de la périodicité de la paie. Ainsi, il y a des plafonds calculés pour le trimestre, le mois, la quinzaine, la semaine, le jour, et l'heure (la quatorzaine et la demi-journée sont supprimées depuis le 1er janvier 1998, la décade depuis le 1er janvier 1999).

Périodes / Plafond	du 01/01/2016 au 31/12/2016	du 01/01/2017 au 31/12/2017	du 01/01/2018 au 31/12/2018	du 01/01/2019 au 31/12/2019	**du 01/01/2020 au 31/12/2020**
Année	38 616 €	39 228 €	39 732 €	40 524 €	**41 136 €**
Trimestre	9 654 €	9 807 €	9 933 €	10 131 €	**10 284 €**
Mois	3 218 €	3 269 €	3 311 €	3 377 €	**3 428 €**
Semaine	743 €	754 €	764 €	779 €	**791 €**
Jour	177 €	180 €	182 €	186 €	**189 €**
Heure (*)	24 €	24 €	25 €	25 €	**26 €**
(*) Pour une durée de travail inférieure à 5 heures					

Les différentes assiettes de cotisations

Nous avons vu précédemment qu'une assiette pouvait être soit le gain total, c'est-à-dire le salaire brut, soit uniquement une partie de ce gain, que l'on nomme une tranche. En fait, ce n'est pas aussi simple : les assiettes possibles ne se limitent pas aux seules tranches 1, 2, A, B.

Nous verrons plus loin qu'il existe des combinaisons de tranches.

On trouve aussi d'autres assiettes qui n'ont rien à voir avec les tranches ou combinaisons de tranches du tableau.

- **Assiette d'assujettissement à la taxe sur les salaires** qui ne concerne que les employeurs non assujettis à la TVA ou soumis partiellement à la TVA. Ces assiettes sont les suivantes :
  - part de salaire annuel de 0,01 euro à 8.004 euros ;
  - part de salaire annuel de 8.004,01 euros à 15.981 euros ;
  - part de salaire annuel supérieure à 15.981 euros.
- **Assiette forfaitaire pour les formateurs occasionnels** dispensant des cours dans des organismes ou entreprises au titre de la formation professionnelle continue ou dans des établissements d'enseignement. Cela donne, pour 2020, le tableau suivant.

Au 1er Janvier 2019		Au 1er Janvier 2020	
Rémunération brute journalière **(en Euros)**	Assiette forfaitaire **(en Euros)**	Rémunération brute journalière **(en Euros)**	Assiette forfaitaire **(en Euros)**
inférieure à 186	57,66	inférieure à 189	58,59
comprise entre 186 et 371	174,84	comprise entre 189 et 377	177,66
comprise entre 372 et 557	292,02	comprise entre 378 et 566	296,73
comprise entre 558 et 743	407,34	comprise entre 567 et 755	413,91
comprise entre 744 et 929	524,52	comprise entre 756 et 944	532,98
comprise entre 930 et 1 115	604,50	comprise entre 945 et 1 133	614,25
comprise entre 1 116 et 1 301	714,24	comprise entre 1 134 et 1 322	725,76
comprise entre 1 302 et 1 859	822,12	comprise entre 1 323 et 1 889	835,38
supérieure à 1 860	Salaire réel	supérieure à 1 890	Salaire réel

La régularisation mensuelle progressive de cotisations (tranches 1 et 2)

Plafond cumulé en vue de la régularisation progressive en 2020

Mois	Plafond Cumulé
Janvier	3 428 €
Février	6 856 €
Mars	10 284 €
Avril	13 712 €
Mai	17 140 €
Juin	20 568 €
Juillet	23 996 €
Août	27 424 €
Septembre	30 852 €
Octobre	34 280 €
Novembre	37 708 €
Décembre	41 136 €

La régularisation mensuelle de cotisations

Petit préambule

Jusqu'au 31 décembre 2017, les employeurs (de très petites entreprises) pouvaient régulariser les cotisations versées au cours de l'année en une seule fois par an, le dernier mois de l'exercice social. Depuis le 1er janvier 2018, cette forme de régularisation n'est plus autorisée. La seule régularisation possible est donc la régularisation mensuelle progressive.

Le décret 2016-1567 du 21 novembre 2016 (modifié en 2017) relatif à la généralisation de la déclaration sociale nominative et plus précisément l'article 3 « Dispositions relatives au recouvrement des cotisations sociales » impacte les sociétés pratiquant le **décalage de paie**. Par conséquent, depuis le 1er janvier 2018, le décalage de cotisations n'est plus autorisé non plus. Il consistait à verser les cotisations auprès de l'Urssaf avec un mois de décalage : si les salaires de décembre étaient versés aux salariés en janvier de l'année suivante, comme il fallait appliquer les taux et les plafonds de la nouvelle année, cela créait une année sociale décalée (de décembre de l'année A-1 à novembre de l'année A au lieu d'une année sociale « normale » de janvier de l'année A à décembre de l'année A).

Concrètement, si la rémunération d'un salarié au titre du mois M est versée durant le mois suivant M + 1, le plafond et les taux de cotisations applicables sont ceux du mois M et non plus ceux du mois M + 1 comme avant.

En conséquence, pour la seule année 2017, les rémunérations qui ont été versées de janvier 2017 à janvier 2018, (et qui correspondent aux périodes d'emploi de décembre 2016 à décembre 2017), ont été soumises à 13 plafonds mensuels 2017 (et un salarié présent depuis le 1er décembre 2016 jusqu'au 31 décembre 2017 a cotisé au titre de l'assurance vieillesse sur la base de 13 plafonds mensuels 2017).

En revanche, pour les années suivantes, les rémunérations versées de février de l'année A à janvier de l'année A + 1, correspondant aux périodes d'emploi de janvier de l'année A à décembre de l'année A, seront soumises aux 12 plafonds mensuels de l'année A.

Ce changement a également eu un impact sur le calcul de la réduction générale des cotisations sociales au titre de décembre et de la réduction du taux des cotisations d'allocations familiales. Les formules de calcul de ces dispositifs ont donc été adaptées pour l'exercice 2017, afin de tenir compte des treize périodes de rattachement.

Le principe de la régularisation mensuelle progressive

Le principe est de **travailler sur les cumuls. Il ne faut donc pas comparer le brut du mois par rapport au plafond du mois mais comparer le brut cumulé par rapport au plafond cumulé.**

Quand on pratique cette régularisation, on doit se poser chaque mois la question suivante : **est-ce que le brut cumulé est supérieur au plafond cumulé de la Sécurité sociale ?**

- Si la réponse est oui, alors la tranche 1 cumulée est égale au plafond cumulé, et la tranche 2 cumulée est égale à la différence entre le brut cumulé et le plafond cumulé.
- Si la réponse est non, alors la tranche 1 cumulée est égale au brut cumulé, et la tranche 2 cumulée est égale à zéro.

Ensuite seulement, on détermine la tranche 1 du mois qui est toujours égale à la différence entre la tranche 1 cumulée de ce mois et la tranche 1 cumulée du mois précédent. De même, la tranche 2 du mois est toujours égale à la différence entre la tranche 2 cumulée de ce mois et la tranche 2 cumulée du mois précédent. C'est ainsi que parfois la tranche 2 du mois peut être négative. Si le mois précédent le salarié avait une tranche 2 cumulée élevée et que ce mois ayant moins gagné il a une tranche 2 cumulée moins élevée, il faut bien lui rembourser ce qu'il a cotisé en trop.

De nombreux exercices vous sont proposés dans le livre intitulé *Exercices et corrigés sur la paie 2020* pour vous aider à assimiler la technique de calcul.

Si vous souhaitez comprendre les bases de vos cotisations sur votre bulletin, il faut construire un tableau Excel.

Voici comment construire ce tableau :

La **première ligne** servira de **titres aux colonnes** :
- dans la cellule A1 saisir le mot « Mois » ;
- dans la cellule B1 saisir les mots « Brut du mois » ;
- dans la cellule C1 saisir les mots « Brut cumulé » ;
- dans la cellule D1 saisir les mots « Tranche 1 cumulée » ;
- dans la cellule E1 saisir les mots « Tranche 1 du mois » ;
- dans la cellule F1 saisir les symboles « </> » ;
- dans la cellule G1 saisir les mots « Plafond cumulé » ;
- dans la cellule H1 saisir les mots « Tranche 2 cumulée » ;
- dans la cellule I1 saisir les mots « Tranche 2 du mois ».

La **deuxième ligne** servira à la **régularisation de janvier :**
- dans la cellule A2 saisir le mot « Janvier » ;
- dans la cellule B2 saisir le brut de cotisations de janvier ;
- dans la cellule C2 reporter le même montant (=B2) ;
- dans la cellule D2 saisir la formule « =SI(C2 >G2;G2;B2) » autrement dit : si le brut cumulé de janvier est supérieur au plafond cumulé de janvier alors je mets dans ma tranche A de janvier le plafond cumulé de janvier, sinon je mets le brut cumulé de janvier ;
- dans la cellule E2, reporter le montant obtenu en C2 (=C2) ;
- dans la cellule F2 saisir la formule « =SI(C2 >G2;«>»;«<») » ;
- dans la cellule G2 saisir le plafond du mois de janvier (3428 si l'année est 2020) ;

- dans la cellule H2 saisir la formule «=SI(C2 >G2;C2-G2;0)» autrement dit: si le brut cumulé de janvier est supérieur au plafond cumulé de janvier alors je mets dans ma tranche 2 cumulée de janvier la différence entre le brut cumulé de janvier et le plafond cumulé de janvier. En effet, si le brut cumulé dépasse le plafond cumulé, ce dépassement est la tranche 2 cumulée;
- dans la cellule I2 reporter le montant obtenu en H2 (=H2).

La **troisième ligne** servira à la **régularisation de février**:
- dans la cellule A3 saisir le mot «Février»;
- dans la cellule B3 saisir le brut de cotisations de février;
- dans la cellule C3 cumuler le brut de cotisations de février avec le brut cumulé de janvier (=B3+C2);
- dans la cellule D3 saisir la formule «=SI(C3>G3;G3;C3)» autrement dit: si le brut cumulé de février est supérieur au plafond cumulé de février alors je mets dans ma tranche 1 de février le plafond cumulé de février, sinon je mets le brut cumulé de février. De cette façon, vous aurez compris que la tranche 1 cumulée ne se calcule jamais mais est soit égale au brut cumulé soit au plafond cumulé (en fait le plus petit de ces deux montants);
- dans la cellule E3 saisir la formule «=D3-D2» autrement dit: la tranche 1 du mois est égale à la tranche 1 cumulée de février moins la tranche 1 cumulée de janvier. C'est ainsi que la tranche 1 du mois peut être soit égale au brut du mois tant que le brut est inférieur au plafond, soit égale au plafond du mois tant que le brut est supérieur au plafond, soit d'un montant supérieur au plafond du mois si le mois précédent le brut était supérieur au plafond et que ce mois il lui est inférieur, soit d'un montant supérieur au brut du mois mais différent du plafond si au contraire le brut du mois précédent était inférieur au plafond mais que ce mois le brut cumulé devient supérieur au plafond cumulé;
- dans la cellule F3 saisir la formule «=SI(C3>G3;«>»;«<»)»;
- dans la cellule G3 ajouter le plafond du mois à celui de janvier (=3428+G2) ou (=G2*2);
- dans la cellule H3 saisir la formule «=SI(C3>G3;C3-G3;0)» autrement dit: si le brut cumulé de février est supérieur au plafond cumulé de février alors je mets dans ma tranche 2 cumulée de février la différence entre le brut cumulé de février et le plafond cumulé de février;
- dans la cellule I3 saisir la formule «=H3-H2», autrement dit: la tranche 2 du mois est égale à la tranche 2 cumulée de février moins la tranche 2 cumulée de janvier. C'est ainsi que la tranche 2 du mois peut être soit positive (si la tranche 2 cumulée du mois est supé-

rieure à la tranche 2 cumulée du mois précédent), soit négative (si la tranche 2 cumulée du mois est inférieure à la tranche 2 cumulée du mois précédent).

Pour les mois suivants, utilisez la poignée de recopie d'Excel (se positionner sur le coin inférieur droit jusqu'à ce qu'une petite croix apparaisse et tirer vers le bas jusqu'en décembre).

Voilà, votre tableau est réussi, il ne vous reste plus qu'à vérifier l'année entière de votre bulletin.

De nombreuses améliorations peuvent être apportées à ce tableau : concernant le plafond, on peut placer la valeur du plafond de l'année dans une cellule « à part » (en J1 par exemple) et dans ce cas G2 devient « SI(B2=0;0;J1) » car, comme on va le voir bientôt, parfois le plafond n'est pas entier. De même on peut rajouter une colonne contenant les vingt-huitièmes, vingt-neuvièmes, trentièmes, ou trente-et-unièmes de plafond pour les différents cas que je vais vous énumérer ci-après.

Les réductions de plafond

Malheureusement pour vous, parfois, le plafond n'est pas entier. Il existe **cinq** cas de **réductions de plafond SS**, mais **les règles ont changé le 1er janvier 2018** (décret n° 2017-858 du 9 mai 2017, paru au *JO* le 10 mai 2017, textes 37 et 45). L'Agirc et l'Arrco se sont alignés sur les mêmes principes par la circulaire n° 2017-9 DRJ du 27 octobre 2017.

1) Le cas des absences non rémunérées

Avant le 1er janvier 2018

Les absences non rémunérées ne donnaient lieu à réduction du plafond SS que dans la mesure où elles couvraient une période comprise entre deux échéances habituelles de paie.

Si le salarié était payé au mois et qu'il bénéficiait d'un congé sans solde d'un mois compris entre deux échéances de paie, le plafond annuel était réduit du plafond mensuel correspondant. Toutes les autres absences non rémunérées, plus courtes que la période de paie qui couvraient donc une période de travail rémunérée et plusieurs périodes d'absences non rémunérées, ne donnaient pas lieu à réduction de plafond.

Par exemple, le salarié qui s'absentait 35 jours, du lundi 11 septembre au dimanche 15 octobre 2017, n'avait aucune réduction de plafond ! En revanche, le salarié qui s'absentait également 35 jours, mais du lundi 31 juillet au dimanche 3 septembre 2017 n'avait pas de plafond en août !

Depuis le 1er janvier 2018

Les absences non rémunérées donnent à présent lieu à réduction de plafond sans exiger que ces absences couvrent l'intégralité de la période de paie.

Le plafond du mois comprenant une absence non payée est donc égal à :

$$\frac{\text{Plafond SS du mois} \times (\text{nombre de jours calendaires du mois} - \text{nombre de jours calendaires d'absence})}{\text{Nombre de jours calendaires du mois}}$$

Par exemple, pour un salarié ayant 2 jours de congé sans solde en janvier 2020, son plafond SS est de :
3.428 € (le plafond de la Sécurité sociale en 2020) × 29 (31 jours calendaires de janvier - 2 jours d'absences non rémunérées) / 31 (les 31 jours calendaires de janvier) = 3.206,84 euros.

2) Le cas des entrées et sorties en cours de mois

Avant le 1er janvier 2018

Pour la Sécurité sociale, et par souci de simplification, tous les mois avaient 30 jours calendaires (principe du trentième de plafond). Il y avait donc deux principes fondamentaux pour le calcul du plafond mensuel :

- en cas de présence du salarié dans l'entreprise l'intégralité du mois, le plafond était entier (30 trentièmes), quel que soit le mois ;
- en cas de mois incomplet, le plafond avait autant de trentièmes que de jours calendaires de présence du salarié dans l'entreprise dans le mois considéré (dans la limite maximale de 30 selon le principe du trentième).

Exemple : si un salarié était embauché le lundi 27 mars 2017 et que son contrat se terminait le vendredi 19 mai 2017, le plafond à prendre en compte se calculait de la manière suivante :

- du 27 au 31 mars : 5 trentièmes de 3.269 euros (le 27 = 1, le 28 = 1, le 29 = 1, le 30 = 1, le 31 = 1) ;
- au mois d'avril : 30 trentièmes de 3.269 euros ;
- du 1er au 19 mai : 19 trentièmes de 3.269 euros.

Total : 54 trentièmes de 3.269 euros, soit : 5.884,20 euros.

Depuis le 1er janvier 2018

Il faut maintenant appliquer le même principe que pour les absences non rémunérées, le plafond d'un salarié qui entre ou sort de l'entreprise au cours d'un mois est donc égal à :

$$\frac{\text{Plafond S.S. x (nombre de jours calendaires du mois – nombre de jours calendaires d'absence)}}{\text{Nombre de jours calendaires du mois}}$$

Exemple : Si un salarié est embauché le vendredi 27 mars 2020 et que son contrat se termine le vendredi 15 mai 2020, le plafond à prendre en compte se calcule désormais de la manière suivante :

- du 27 au 31 mars : 5 / 31èmes de 3.428 euros (le 27 = 1, le 28 = 1, le 29 = 1, le 30 = 1, le 31 = 1) ;
- au mois d'avril : 30 / 30èmes de 3.428 euros ;
- du 1er au 15 mai : 15 / 31èmes de 3.428 euros.

Total : (3.428 x 5 / 31) + 3.428 + (3.428 x 15 / 31) = 552,90 + 3.428 + 1.658,71 = 5.639,61 €.

3) Le cas des salariés à temps partiel

Cette réduction de plafond ne se pratique que pour les salariés à temps partiel qui ont déjà été définis précédemment, uniquement dans la mesure où leur salaire calculé à temps plein est supérieur au plafond Sécurité sociale non seulement sur un mois donné mais également sur **l'année entière**.

Avant le 1er janvier 2018

La formule appliquée était la suivante :

$$\text{Plafond réduit} = \frac{\text{Salaire à temps partiel} \times \text{Plafond période de paie}}{\text{Salaire à temps plein reconstitué.}}$$

Le salaire à temps plein reconstitué était le salaire que le salarié à temps partiel aurait perçu s'il avait travaillé à temps plein [Salaire à temps plein = salaire à temps partiel × durée du travail à temps plein / nombre d'heures rémunérées (C. Séc. soc. art. R. 242-7 en vigueur jusqu'au 31/12/2017)].

Exemple : un salarié à temps plein gagnait 5.250 euros pour 35 heures en 2017.
S'il passait à temps partiel à 3.600 euros pour 24 heures, le calcul de son plafond réduit était :

$$\frac{3.600 \text{ euros} \times 3.269 \text{ euros}}{5\,250 \text{ euros}} = 2.241{,}60 \text{ euros}$$

Depuis le 1er janvier 2018

La formule à appliquer dorénavant est la suivante :

$$\textbf{Plafond réduit} = \frac{\textbf{Plafond SS} \times \textbf{(Nombre d'heures contractuelles + Nombre d'heures complémentaires)}}{\textbf{Horaire légal (ou conventionnel)}}$$

Attention : l'application de cette formule ne peut pas conduire à ce que le plafond réduit soit supérieur au plafond mensuel en vigueur (3.428 euros en 2020) (C. Séc. soc. art. R. 242-2 modifié, II, §1).

Exemple : un salarié à temps plein gagne 5.250 euros pour 35 heures en 2020.
S'il passe à temps partiel à 3.600 euros pour 24 heures, soit 104 heures mensuellement (24 × 52 / 12).
Le calcul de son plafond réduit est :

$$\frac{3.428 \text{ euros} \times 104 \text{ h}}{5.250 \text{ euros}} = 2.350{,}58 \text{ euros}$$

3bis) Le cas des salariés à employeurs multiples

Selon le Code de la Sécurité sociale, les salariés à employeurs multiples sont des salariés qui travaillent régulièrement et simultanément pour plusieurs employeurs. La part incombant à chaque employeur est déterminée au prorata des rémunérations que chacun a versées dans la limite du plafond.

Exemple : soit un salarié qui est employé dans trois entreprises : A, B et C. Ses rémunérations sont respectivement :

- Pour A : 1.000 euros
- Pour B : 1.200 euros
- Pour C : 1.800 euros

Total : 4.000 euros

Son gain est donc très nettement supérieur au plafond de la Sécurité sociale. Pour les cotisations dont l'assiette est limitée à ce plafond, si chaque employeur le fait cotiser sur les sommes réellement perçues, il cotiserait au total sur 4 000 euros et non pas sur la valeur du plafond actuel, ce qui n'est intéressant ni pour les employeurs, ni pour le salarié.

1ère option : calcul du plafond réduit chez chaque employeur

Employeur A : $\frac{1.000 \times 3.428}{4.000} = 857{,}00$ *euros*

Employeur B : $\frac{1.200 \times 3.428}{4.000} = 1\,028{,}40$ *euros*

Employeur C : $\frac{1.800 \times 3.428}{4.000}$ $1\,542{,}60$ *euros*

857,00 + 1.028,40 + 1.542,60 = 3.428 euros (ce qui est bien la valeur du plafond de la Sécurité sociale du 1er janvier 2020 au 31 décembre 2020).

Pour les cotisations assises sur l'ensemble du salaire, chaque employeur les réglera, bien sûr, sur la totalité de la rémunération qu'il lui verse. Pour faire connaître sa situation de salarié à employeurs multiples, celui-ci devra utiliser l'imprimé spécial **n° S 2100 a** (qui peut être retiré auprès des Urssaf – CSS, art. R. 242-3 – ou par téléchargement), afin d'informer chacun des employeurs de la totalité des rémunérations perçues. Toutefois, il est admis une déclaration sur papier libre.

À défaut d'une telle déclaration (qu'il vous appartient d'exiger), chaque employeur calcule les cotisations sur la base de la rémunération qu'il verse sans proratisation de plafond. Toutefois, le salarié ainsi que les employeurs concernés peuvent ultérieurement demander le remboursement des cotisations versées en trop (CSS, art. R. 242-3). Cette demande doit être formulée dans les 2 ans qui suivent la date du versement des cotisations excédentaires (CSS, art. L. 243-6).

Remarque : en cas de désaccord entre le salarié et ses employeurs, c'est l'Urssaf qui fixe la fraction de salaire sur laquelle chaque employeur devra prélever les cotisations plafonnées (CSS, art. R. 243-6-1).

2ème option : Calcul du plafond comme si le salarié à employeurs multiples était un salarié à temps partiel

Cette option évite au salarié de communiquer les rémunérations versées par les autres employeurs et on revient à la formule de réduction de plafond applicable pour les salariés à temps partiel. C'est évidemment la solution la plus simple que je vous invite à appliquer.

4) Cas des périodes d'activité partielle indemnisée (anciennement « chômage partiel indemnisé »), réduction d'activité en cas d'intempérie.

Avant le 1er janvier 2018

Ce cas n'existait pas. En effet, les périodes d'activité partielle sont généralement indemnisées (pour partie par l'Etat et pour partie par l'employeur) et n'entrainaient donc logiquement pas de réduction de plafond.

Depuis le 1er janvier 2018

Il faut maintenant appliquer le même principe que pour les absences non rémunérées, le plafond d'un salarié en activité partielle au cours d'un mois est donc égal à :

$$\frac{\text{Plafond S.S.} \times (\text{nombre de jours calendaires du mois} - \text{nombre de jours d'activité partielle})}{\text{Nombre de jours calendaires du mois}}$$

Exemple : Si un salarié est en activité partielle du 17 mars 2020 à midi jusqu'au 31 mars, son plafond SS de mars 2020 sera : 3.428 € x (31- 14) / 31 = 1.879,87 €.

Attention : les absences inférieures à la journée (demi-journée d'activité partielle) ne donnent pas lieu à réduction de plafond.

5) Cas des congés payés dont le paiement est assuré par une caisse de compensation

Raisonnement identique au cas des entrées-sorties. On raisonnait avant le 1er janvier 2018 en trentièmes de plafond, il faut maintenant appliquer le principe des jours calendaires réels.

Le Smic en tant que « limite »

Jusqu'à présent, les bases de cotisations étaient délimitées par la valeur du plafond et ses multiples. Sur les tranches ainsi calculées, nous appliquions des taux différents (voir la partie suivante : « Les taux de cotisations »). C'était la logique de 1930 (reprise et généralisée depuis 1947).

Or, depuis 2003 et l'allégement Fillon, le Smic apparaît de plus en plus comme une autre limite générant des taux de cotisations différents selon que le brut du salarié est au-dessous ou au-dessus de cette limite.

Dans les éditions précédentes de ce livre, j'en parlais bien sûr, mais au moment concerné :

- le 1,6 Smic annuel était évoqué lors de l'explication de « l'allégement Fillon », devenu depuis 2018 « la réduction générale des charges patronales » ;
- le 1,8 Smic mensuel est évoqué lors de l'explication des indemnités journalières de Sécurité sociale, bien que dans ce cas précis, le Smic donne la valeur maximale des IJSS et non pas une limite de cotisations ;
- le 3,5 Smic annuel des allocations familiales (devenue en 2019 la cotisation « famille ». En fait, cette limite du Smic était la même que l'allégement Fillon au début (1,6 Smic au 1er janvier 2015) et avait été instaurée en compensation de la baisse des allocations familiales pour les allocataires les plus « fortunés ». Le 1er avril 2016, la limite de 1,6 Smic passait à 3,5 Smic. Là encore, si j'en parlais bien

lors des éditions précédentes, cette limite ne concernait que des salaires supérieurs à 5.244,75 euros (9,88 euros – valeur du Smic 2018 – × 151,67 × 3,5) et par conséquent les salariés concernés étaient relativement rares ;
- et l'année 2019 a vu apparaître une nouvelle limite de 2,5 Smic annuel sur la cotisation patronale Maladie. Et là, il est temps de donner une sérieuse explication car mes élèves n'y comprennent plus rien.

Jusqu'au 31 décembre 2018, il y avait une sorte d'allégement de charges patronales dénommée « crédit impôts et compétitivité emploi » (CICE). Entré en vigueur le 1er janvier 2013 sous le gouvernement de Jean-Marc Ayrault, et dont l'un des principaux artisans était Emmanuel Macron, il consistait à faire un crédit d'impôts de 6 % (en 2018) pour les entreprises dont les salariés avaient un brut inférieur à 2,5 Smic annuel. Le CICE ne passait pas sur le bulletin de paie et le président Macron, souhaitant que les entreprises bénéficient immédiatement de cet allégement de charges, l'a supprimé (sauf pour Mayotte !) et remplacé par cette limite sur la cotisation patronale maladie, en améliorant au passage sa « lisibilité ». Ainsi, le taux « officiel » de cette cotisation patronale est toujours de 13 %, mais si le brut annuel du salarié est inférieur à 2,5 Smic, il devient (13 % - 6 %) 7 %.

Selon la valeur du Smic 2020, la valeur de 2,5 Smic mensuel est égale à 3.848,55 euros, et cette fois il y a beaucoup plus de salariés concernés. De plus, malheureusement pour vous, il faut faire une régularisation mensuelle progressive comme celle avec le plafond SS, mais avec cette valeur (3.848,55 euros) comme limite. Et puis cette fois, la même rubrique (maladie) pourra figurer deux fois sur le bulletin, l'une avec une valeur positive (ou négative) avec le taux de 7 % et l'autre négative (ou positive) avec le taux de 13 %.

Si cela n'est pas très concret pour vous, je vous propose de construire un tableau Excel comme précédemment.

La **première ligne** servira de **titres aux colonnes** :
- dans la cellule A1, saisir le mot « Mois » ;
- dans la cellule B1, saisir les mots « Brut du mois » ;
- dans la cellule C1, saisir les mots « Brut cumulé » ;
- dans la cellule D1, saisir les mots « Maladie 7 % Cumulée » ;
- dans la cellule E1, saisir les mots « Maladie 7 % du mois » ;
- dans la cellule F1, saisir les symboles « </> » ;

- dans la cellule G1, saisir les mots « Maladie 13 % Cumulée » ;
- dans la cellule H1, saisir les mots « Maladie 13 % du mois » ;
- dans la cellule I1, saisir les mots « Montant 2,5 Smic ».

La **deuxième ligne** servira à la **régularisation de janvier** :
- dans la cellule A2, saisir le mot « Janvier » ;
- dans la cellule B2, saisir le brut de cotisations de janvier ;
- dans la cellule C2, reporter le même montant (=B2) ;
- dans la cellule D2, saisir la formule « =SI(C2>I2;0;C2) » autrement dit : si le brut cumulé de janvier est supérieur au 2,5 Smic cumulé de janvier alors je mets zéro dans « Maladie 7 % Cumulée », sinon je mets le brut cumulé de janvier ;
- dans la cellule E2, reporter le montant obtenu en C2 (=C2) ;
- dans la cellule F2, saisir la formule « =SI(C2 >I2;«>»;«<») » ;
- dans la cellule G2, saisir la formule « =SI(C2>I2;C2;0) » autrement dit : si le brut cumulé de janvier est supérieur au 2,5 Smic cumulé de janvier alors je mets le brut cumulé de janvier dans « Maladie 13 % Cumulée », sinon je mets zéro ;
- dans la cellule H2, reporter le montant obtenu en G2 (=G2) ;
- dans la cellule I2, mettre le calcul de 2,5 Smic, soit : « =10,15*151,667*2,5 ».

La **troisième ligne** servira à la **régularisation de février** :
- dans la cellule A3, saisir le mot « Février » ;
- dans la cellule B3, saisir le brut de cotisations de février ;
- dans la cellule C3, cumuler le brut de cotisations de février avec le brut cumulé de janvier (=B3+C2) ;
- dans la cellule D3, saisir la formule « =SI(C3>I3;0;C3) » autrement dit : si le brut cumulé de février est supérieur au 2,5 Smic cumulé de février alors je mets zéro dans « Maladie 7 % Cumulée », sinon je mets le brut cumulé de février ;
- dans la cellule E3, saisir la formule « =D3-D2 », autrement dit : la Maladie 7 % du mois est égale à la Maladie 7 % cumulée de février moins la Maladie 7 % cumulée de janvier. C'est ainsi que la Maladie 7 % du mois peut être soit :
  - égale au brut du mois si le brut cumulé est inférieur au 2,5 Smic cumulé,
  - égale à la différence entre le brut cumulé du mois précédent et le brut cumulé du mois, et dans ce cas il est possible d'avoir une base négative,
  - égale au brut cumulé depuis le début de l'année dans le cas ou le brut qui était jusqu'à ce mois supérieur à 2,5 Smic cumulé devient inférieur à 2,5 Smic cumulé ;

- dans la cellule F3, saisir la formule «=SI(C3>I3;«>»;«<»)»;
- dans la cellule G3, saisir la formule «=SI(C3>I3;C3;0)» autrement dit: si le brut cumulé de février est supérieur au 2,5 Smic cumulé de février alors je mets le brut cumulé de février dans «Maladie 13 % Cumulée», sinon je mets zéro;
- dans la cellule H3, saisir la formule «=G3-G2» autrement dit: si Maladie 13 % du mois est égale à différence de la Maladie 13 % cumulée du mois et de la Maladie 13 % cumulée du mois précédent. La Maladie 13 % du mois a trois valeurs possibles; soit elle est:
  - égale à zéro tant que le brut cumulé reste inférieur au brut cumulé,
  - égale au brut cumulé si le brut cumulé qui était jusqu'à présent inférieur à 2,5 Smic cumulé lui devient supérieur,
  - égale à la différence entre la Maladie 13 % cumulée du mois et la Maladie 13 % cumulée du mois précédent. C'est le cas quand le brut cumulé d'un salarié reste plusieurs mois de suite supérieur au 2,5 Smic cumulé;
- dans la cellule I3, mettre le calcul de 2,5 Smic cumulé, soit: «=10,15*151,667*2,5 *2».

Pour les mois suivants, utilisez la poignée de recopie d'Excel (se positionner sur le coin inférieur droit jusqu'à ce qu'une petite croix apparaisse et tirer vers le bas jusqu'en décembre). Dans la colonne I, ne pas oublier bien sûr de multiplier les 2,5 Smic par 3 en mars, par 4 en avril, etc. jusqu'à 12 en décembre.

Si vous avez bien travaillé, vous devriez avoir un tableau tel que celui-ci:

SMIC :	1 539,42 €		Le brut cumulé est-il < ou > à 2,5 SMIC cumulé ?					
Mois	Brut du mois	**Brut Cumulé**	**Maladie 7% Cumulée**	Maladie 7% du mois	>/<	**Maladie 13% Cumulée**	Maladie 13% du mois	**Mt 2,5 SMIC Cumulé**
Janvier	3 600 €	3 600 €						3 848,55 €
Février	5 000 €	8 600 €						7 697,10 €
Mars	3 600 €	12 200 €						11 545,65 €
Avril	3 600 €	15 800 €						15 394,20 €
Mai	3 600 €	19 400 €						19 242,75 €
Juin	3 600 €	23 000 €						23 091,30 €
Juillet	3 600 €	26 600 €						26 939,85 €
Août	3 600 €	30 200 €						30 788,40 €
Septembre	3 600 €	33 800 €						34 636,95 €
Octobre	3 600 €	37 400 €						38 485,50 €
Novembre	3 600 €	41 000 €						42 334,05 €
Décembre	5 000 €	46 000 €						46 182,60 €

Maintenant, si vous donnez un brut de 3.600 euros tous les mois, sauf 5 000 euros en février et en décembre, vous devriez avoir le tableau rempli tel que celui-ci:

SMIC : 1 539,42 €

Le brut cumulé est-il < ou > à 2,5 SMIC cumulé ?

Mois	Brut du mois	**Brut Cumulé**	**Maladie 7% Cumulée**	Maladie 7% du mois	>/<	**Maladie 13% Cumulée**	Maladie 13% du mois	**Mt 2,5 SMIC Cumulé**
Janvier	3 600 €	3 600 €	3 600 €	3 600 €	<	0 €	0 €	3 848,55 €
Février	5 000 €	8 600 €	0 €	-3 600 €	>	8 600 €	8 600 €	7 697,10 €
Mars	3 600 €	12 200 €	0 €	0 €	>	12 200 €	3 600 €	11 545,65 €
Avril	3 600 €	15 800 €	0 €	0 €	>	15 800 €	3 600 €	15 394,20 €
Mai	3 600 €	19 400 €	0 €	0 €	>	19 400 €	3 600 €	19 242,75 €
Juin	3 600 €	23 000 €	23 000 €	23 000 €	<	0 €	-19 400 €	23 091,30 €
Juillet	3 600 €	26 600 €	26 600 €	3 600 €	<	0 €	0 €	26 939,85 €
Août	3 600 €	30 200 €	30 200 €	3 600 €	<	0 €	0 €	30 788,40 €
Septembre	3 600 €	33 800 €	33 800 €	3 600 €	<	0 €	0 €	34 636,95 €
Octobre	3 600 €	37 400 €	37 400 €	3 600 €	<	0 €	0 €	38 485,50 €
Novembre	3 600 €	41 000 €	41 000 €	3 600 €	<	0 €	0 €	42 334,05 €
Décembre	5 000 €	46 000 €	46 000 €	5 000 €	<	0 €	0 €	46 182,60 €

Ce tableau permet de mieux comprendre pourquoi en janvier c'est la cotisation maladie à 7 % qui se déclenche, alors qu'avec le même brut du mois en mars ou en avril c'est la cotisation maladie à 13 % qui est choisie. De même, en février quand le brut du mois est à 5.000 euros la cotisation maladie à 13 % se déclenche alors qu'en décembre avec le même brut du mois (5.000 euros) elle est à zéro.

Pour vérifier également la cotisation famille et son taux de 3,45 % quand le brut cumulé est inférieur à 3,5 Smic annuel et son taux de 5,25 % quand le brut cumulé lui est supérieur, vous pouvez reprendre ce même modèle en changeant bien sûr les intitulés et en mettant à jour la dernière colonne avec 3,5 Smic.

LES TAUX DE COTISATIONS

PARTIE VI

1. Les cotisations de Sécurité sociale

Les cotisations de Sécurité sociale proprement dites comprennent:

- les cotisations dites d'assurances sociales:
  - maladie-maternité-invalidité-décès,
  - vieillesse;
- les cotisations d'accidents du travail;
- les cotisations d'allocations familiales.

Par ailleurs, sont à verser aux Urssaf en même temps que ces cotisations:

- la cotisation logement destinée au Fnal;
- la cotisation solidarité pour l'autonomie;
- éventuellement, pour les employeurs concernés, le versement de transport;
- la CSG et la CRDS;
- le forfait social (appelé auparavant: taxe sur la participation patronale de prévoyance) à 8 %;
- les cotisations à verser au Pôle emploi.

Les cotisations susvisées sont versées par l'employeur à l'Urssaf dont il relève. Elles sont calculées sur une base que ce dernier détermine lui-même. Pour mémoire, rappelons que l'article L. 242-1 du Code de la Sécurité sociale donne une définition de l'assiette des cotisations, qui n'est pas limitée au salaire et aux primes versés au salarié, mais inclut notamment les avantages en nature ou en espèces accordés en contrepartie ou à l'occasion du travail (pour les avantages en nature, voir partie II, chapitre 5). Seuls les frais exposés par le salarié au titre de son activité professionnelle, certaines sommes données à l'occasion de son départ de l'entreprise (ayant principalement une notion de « dommages et intérêts ») et les sommes versées par le CE dans le cadre d'une notion de « secours » ne sont pas intégrés dans l'assiette des cotisations.

En résumé, les tribunaux donnent depuis toujours une interprétation extensive des dispositions de l'article L. 242-1 précité, en considérant que **toute somme versée au salarié en contrepartie ou à l'occasion de son travail entre dans l'assiette des cotisations.**

Enfin, même s'il y a absence de valeur juridique (à proprement parler) de ses instructions, l'Agence centrale des organismes de Sécurité sociale (Acoss) exerce un pouvoir de direction et de contrôle sur les Urssaf, qui perçoivent les cotisations. À ce titre, elle diffuse des instructions et des lettres-circulaires concernant les cotisations, dont nombre seront citées au cours de ce livre. En effet, pour la Cour de cassation, les instructions de l'Acoss sont dépourvues de force légale. En conséquence, elles ne s'imposent ni aux juges, ni aux organismes de recouvrement, et elles ne peuvent restreindre les droits que les cotisants tiennent des textes législatifs et réglementaires.

Les règles d'arrondi

La loi n° 95-116 du 4 février 1995 portant diverses dispositions d'ordre social, pose en matière d'arrondissement des assiettes et cotisations un principe unique : « *Le montant des cotisations et des assiettes sociales est arrondi au franc le plus proche.* » Cette disposition a été modifiée pour tenir compte de l'euro. Au 1er janvier 1999, l'arrondi s'effectuait au franc ou à l'euro le plus proche et depuis le 1er janvier 2002 l'arrondi s'effectue à l'euro le plus proche.

En pratique, l'arrondi doit être opéré selon la règle suivante :
0,49 = 0 ; 0,50 = 1.

La règle du taux et plafonds applicables

Le fait générateur des cotisations étant le versement des rémunérations en contrepartie ou à l'occasion du travail, le taux et les plafonds applicables pour leur calcul était ceux en vigueur au moment du versement des salaires. Par exemple, en cas de changement de taux, le nouveau taux de cotisations s'appliquait, en principe, à toutes les rémunérations versées postérieurement à sa date d'entrée en vigueur, quelles que soient les périodes de travail auxquelles se rapportaient ces rémunérations (Cass. soc., 19 janvier 1966, n° 63-11.775).

Mais, un décret du 21 novembre 2016, modifié au printemps 2017, a prévu qu'à partir du 1er janvier 2018, les cotisations doivent être calculées en tenant compte des taux et plafonds applicables à la période d'emploi (et non plus à la période du versement des rémunérations).

Ainsi, **les rémunérations versées à compter du 1er janvier 2018 sont soumises aux taux de cotisations et aux plafonds de Sécurité sociale applicables à la période d'emploi, y compris lorsque le salaire est versé à une date qui n'est pas comprise dans cette période.**

Une exception cependant : lorsque ces rappels sont versés en exécution d'une décision de justice devenue définitive, il y a lieu d'appliquer les taux correspondant aux périodes de travail auxquelles ces rémunérations se rapportent, quelle que soit la date de versement (en résumé, il faut remettre les choses en l'état au moment du litige).

Ces points de détail étant réglés, nous pouvons commencer la descente des taux de cotisations versés à l'Urssaf.

La cotisation d'assurance-maladie-maternité-invalidité-décès

A l'origine, c'était une double cotisation patronale et salariale, calculée sur la totalité du salaire appellée fréquemment « la Sécurité sociale sur brut ».

Depuis le 1er janvier 2018, le taux salarial de 0,75 % **a été supprimé** et **le taux patronal a été augmenté** de 12,89 % **à 13,00 % sur le brut.**

Cette cotisation sert évidemment à couvrir le salarié en cas de maladie, de maternité, d'invalidité, de décès. Elle lui permet de percevoir les IJSS.

À noter que, pour les salariés des départements d'Alsace-Moselle, il y a toujours un taux de 1,5 % **depuis le 1er janvier 2012**, et qu'il est maintenu à **5,5 %** pour les salariés non domiciliés fiscalement en France et pour ceux domiciliés fiscalement en France mais exonérés d'impôts directs en application d'une convention ou d'un accord international.

La cotisation d'assurance veuvage

J'évoque cette cotisation pour le cas où vous ayez à vous plonger dans des bulletins assez anciens car **elle a été supprimée le 1er juillet 2004**. Elle était à la charge du seul salarié et son taux était de **0,1 % sur le brut**. Elle permettait de percevoir l'allocation veuvage, **6.233,52 euros/an en 2004**, pendant 2 ans seulement pour le conjoint survivant sous certaines conditions :

- en faire la demande auprès de la Carsat (ex-Cram) en province ou la Cnav en région parisienne, dans le délai de 2 ans, à compter du premier jour du mois au cours duquel s'était produit le décès de l'assuré ;

- l'assuré devait avoir cotisé au cours des 3 mois précédant son décès ;
- le demandeur devait remplir plusieurs conditions :
  - le veuf, ou la veuve, devait être âgé de moins de 55 ans à la date de la demande,
  - le demandeur devait, en principe, résider en France,
  - le demandeur ne devait être ni divorcé, ni remarié, ni vivre maritalement,
  - le demandeur devait avoir à sa charge, soit au moins un enfant de moins de 16 ans ou de moins de 18 s'il était apprenti ou de moins de 20 ans s'il poursuivait des études ou s'il était handicapé, soit avoir élevé ou eu à sa charge au moins un enfant pendant 9 ans avant l'âge de 16 ans,
  - le demandeur devait avoir des ressources annuelles inférieures à 7.791,88 euros (en 2004).

La cotisation d'assurance vieillesse

Cette cotisation, à la charge de l'employeur et du salarié, est calculée pour partie sur la totalité de la rémunération et pour partie sur le salaire plafonné.

Le taux salarial en tranche A était de 6,65 % jusqu'au 31 octobre 2012. Le 1er novembre 2012, il a été relevé à 6,75 %. Au 1er janvier 2014, il est passé à 6,80 % puis à 6,85 % le 1er janvier 2015, pour s'établir **à 6,90 % depuis le 1er janvier 2016.**

Le taux patronal en tranche A était de 8,3 % jusqu'au 31 octobre 2012. Le 1er novembre 2012, il a été relevé à 8,4 %. Le 1er janvier 2014, il est passé à 8,45 % puis à 8,50 % le 1er janvier 2015, à 8,55 % le 1er janvier 2016, pour finalement s'établir **à 8,60 % depuis le 1er janvier 2019.**

Sur le brut, jusqu'au 30 juin 2004, il n'y avait que 1,6 % pour la partie patronale. Au 1er juillet 2004, un taux de 0,1 % a été appliqué pour la partie salariale (c'est l'ancienne cotisation assurance veuvage qui a en fait été transférée en vieillesse). Ces deux taux ont augmenté au 1er janvier 2014 passant à 1,75 % pour la partie patronale et à 0,25 % pour la partie salariale. Le 1er janvier 2015, ces taux avaient été réactualisés à respectivement 1,80 % et à 0,30 %. Idem en 2016 (1,85 % et 0,35 %). Depuis le 1er janvier 2017, ils se sont établis **à 0,40 % en part salariale et à 1,90 % en part patronale**.

Elle sert bien sûr à percevoir la pension de retraite (et dans certains cas, la pension de réversion) quand il sera l'heure de partir en retraite. L'assurance vieillesse du régime général concerne 44 % des retraites servies et représente 30 % des prestations vieillesse servies par les régimes de base. Le régime général attribue deux catégories de prestations :

- des prestations à caractère contributif dont le montant est proportionnel au nombre d'années d'assurance ;
- des prestations à caractère non contributif attribuées à des personnes privées de ressources ou aux ressources insuffisantes. Ces dernières sont d'un montant forfaitaire.

Il convient de distinguer les droits personnels acquis par l'assuré lui-même des droits dérivés qui sont des avantages attribués au conjoint survivant, compte tenu des droits acquis par l'assuré décédé. Les avantages contributifs personnels sont les pensions. Parmi les droits dérivés se trouvent la pension vieillesse de veuf ou de veuve et la pension de réversion. Dans ce livre sur la paie, nous ne nous intéresserons qu'aux droits propres.

Les conditions générales

Âge : au moins 62 ans pour la majorité des salariés (Exceptions pour les régimes spéciaux encore en vigueur et pour ceux qui ont une « carrière longue », c'est-à-dire si le salarié a cotisé 169 trimestres, l'âge minimum sera 58 ans et 8 mois, s'il a validé 165 trimestres, l'âge minimum sera 60 ans au lieu de 61 ans et 7 mois) . C'est un minimum : l'assuré a toujours la possibilité d'ajourner la liquidation de ses droits au-delà de 62 ans sans limitation maximale.

Nationalité/résidence : la résidence en France n'est pas nécessaire pour le Français. En ce qui concerne les étrangers, ceux ressortissant d'un pays lié par convention à la France sont considérés comme des Français quel que soit leur lieu de résidence ; les autres doivent résider en France au moment de la liquidation de leurs droits pour bénéficier des mêmes avantages.

Durée d'assurance : un seul trimestre d'assurance nécessaire pour ouvrir droit.

Date d'entrée en jouissance : choisie par l'assuré. Cependant, elle ne peut être fixée qu'au premier jour d'un mois et ne peut être antérieure ni au dépôt de la demande, ni au soixante-deuxième anniversaire.

La durée de l'activité salariée

La durée de l'activité salariée figure dans un compte individuel unique au plan national, centralisé sur une base de données informatique. Ce compte est alimenté par la DAS qui sert en fait à un triple titre :

- aux Urssaf pour la vérification des cotisations payées en cours d'année, notamment au regard du plafond annuel moyen ;
- aux CPAM pour l'enregistrement de l'annualisation des droits ;
- aux Carsat (ex-Cram) pour l'alimentation du compte individuel.

Il est possible de demander un relevé de compte à tout moment, mais l'appréciation est forfaitaire (car liée à l'existence de cotisations et non à la durée réelle du travail) et son résultat ne permet pas de retenir un nombre de trimestres supérieur au nombre de trimestres du calendrier.

Schéma des conditions générales, âge de départ et durée de cotisations (2020)

Date de Naissance 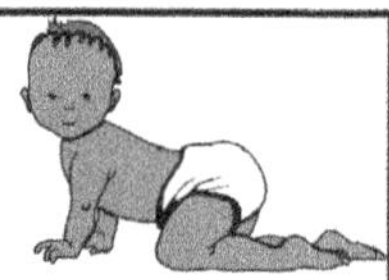	Âge de Départ 	Durée de Cotisations 
1953	61 ans et 2 mois	41 ans + 1 trimestre (165 trim.)
1954	61 ans et 7 mois	41 ans + 1 trimestre (165 trim.)
1955	62 ans	41 ans + 2 trimestres (166 trim.)
de 1956 à 1957	62 ans	41 ans + 2 trimestres (166 trim.)
de 1958 à 1960	62 ans (?)	41 ans + 3 trimestres (167 trim.)
de 1960 à 1963	62 ans (?)	42 ans (168 trim.)
de 1964 à 1966	62 ans (?)	42 ans + 1 trimestres (169 trim.)
de 1967 à 1969	62 ans (?)	42 ans + 2 trimestres (170 trim.)
de 1970 à 1972	62 ans (?)	42 ans + 3 trimestres (171 trim.)
à partir de 1973	62 ans (?)	43 ans (172 trim.)

REMARQUE

L'âge de départ pour les personnes nées à partir de 1958 est indiqué « 62 ans (?) » car il est plus que probable que bientôt cet âge passe au moins à 63 ans pour que la Sécurité sociale soit en adéquation avec l'âge de départ relevé à 63 ans par les caisses de cotisations retraite (Agirc-Arrco) décidé en 2015, ou 64 ans à cause de l'âge « pivot » ou l'âge « d'équilibre » dont il est question dans les derniers projets de réforme des retraites.

La cotisation d'allocations familiales

Cette cotisation avait un taux de 5,4 % sur le brut uniquement pour l'employeur jusqu'au 31 décembre 2013. Depuis le 1er janvier 2014, ce taux est passé à 5,25 %. Le 1er janvier 2015, ce taux était passé à 3,45 % pour une rémunération annuelle inférieure ou égale à 1,6 Smic annuel. (Nous retrouvions cette notion de 1,6 Smic lors du calcul de l'allégement Fillon.) Pour 2016, la rémunération annuelle devait être inférieure ou égale à 3,5 Smic au 1er janvier. Malheureusement, cette mesure avait été repoussée au 1er avril 2016, ce qui avait rendu le calcul de cette cotisation un peu plus compliqué.

Enfin, depuis le 1er janvier 2017, c'est (si on peut dire !) plus simple : il suffit **d'appliquer 3,45 % sur le brut annuel s'il est inférieur à 3,5 Smic annuel et 5,25 % s'il est supérieur à cette valeur** (64.655,64 euros en 2020).

Elle sert à percevoir les différentes prestations familiales versées par les CAF sous certaines conditions (dont la première est bien sûr d'avoir ou d'attendre un enfant).

Les prestations familiales relèvent de la Caisse nationale d'allocations familiales (Cnaf) et sont organisées en trois parties :

- **les allocations familiales.** Toute famille perçoit des allocations familiales à partir du moment où elle a au moins deux enfants à charge. Ces allocations sont versées sans condition de revenu jusqu'aux 17 ans (ou 20 ans si apprentissage, études ou impossibilité d'exercer une activité professionnelle) à condition que les enfants soient scolarisés à partir de 6 ans au plus tard ;
- **le complément familial.** Cette prestation remplace trois prestations qui existaient jusqu'en janvier 1978 : l'allocation de salaire unique, l'allocation de la mère au foyer, l'allocation pour frais de garde. Pour en bénéficier, il faut remplir les conditions définies par la loi du 4 janvier 1985 :
  - conditions liées aux enfants : le complément familial est versé aux ménages ou aux personnes seules assumant la charge d'au moins trois enfants, âgés de 3 ans et plus, scolarisés de manière régulière depuis au plus tard 6 ans, jusqu'aux 17 ans (ou 21 ans si apprentissage, études ou impossibilité d'exercer une activité professionnelle),
  - conditions liées aux ressources : le ou les parents doivent avoir des ressources nettes imposables inférieures à un plafond déterminé en janvier (depuis le 1er janvier 2009, avant cette date le plafond de ressources était déterminé le 1er juillet de chaque année) ;

- **les allocations de soutien familial.** Ces allocations sont versées dans le cas où les enfants à charge sont orphelins de l'un ou des deux parents. À noter qu'elles s'ajoutent aux autres allocations et qu'elles sont payées même s'il n'y a qu'un seul enfant à charge.

Ces prestations familiales sont versées la plupart du temps directement auprès des intéressés par la Cnaf, mais les salariés du secteur public les perçoivent directement sur leur bulletin de paie, ainsi que souvent les salariés des secteurs semi-public ou semi-privé ainsi que beaucoup plus rarement certains salariés du secteur privé.

La cotisation d'accidents du travail

Cette cotisation est à la charge exclusive de l'employeur. Elle est calculée sur la totalité de la rémunération. Mais, le taux de cette cotisation n'est pas uniforme, il n'est pas identique pour toutes les entreprises. Sans entrer dans le détail pointu de ce calcul, la détermination de ce taux est effectuée chaque année par la Carsat en tenant compte des accidents de travail déclarés au cours des 3 années précédentes, de leur gravité et du secteur d'activité dont dépend l'entreprise. Grosso modo, plus la taille de l'entreprise augmente, plus le taux est individualisé et repose sur les résultats de l'établissement en matière de sécurité. À partir de 150 salariés, le taux est individuel. Entre 20 et 149 salariés, le taux est mixte. Enfin, les entreprises de moins de 20 salariés se voient appliquer une tarification collective, calculée sur les risques des entreprises nationales de son secteur d'activité. Cette cotisation est utile au salarié pour percevoir les IJSS d'accident du travail.

La cotisation Fnal

En 1972, a été créée une allocation de logement en faveur des personnes âgées, des handicapés et des salariés de moins de 25 ans aux faibles ressources, financée par une cotisation à la charge exclusive de l'employeur (C. Séc. soc., art. L. 834-1 et s., R. 834-1 et s.).

La cotisation Fnal (Fonds national d'aide au logement) est due par toute personne physique ou morale employant un ou plusieurs salariés relevant du régime général ou du régime agricole (C. Séc. soc., art. R. 834-7).

Cette cotisation mise à la charge de l'employeur, et dès le premier salarié, n'est pas due pour :

- le personnel dont les cotisations de Sécurité sociale sont fixées forfaitairement (stagiaires de formation professionnelle, artistes cotisant exclusivement sur vignettes) ;
- les travailleurs qui relèvent du régime général de la Sécurité sociale pour le seul risque « accidents du travail » (C. Séc. soc., art. R. 834-7).

Elle n'est pas due non plus par les associations intermédiaires (lettre-Circ. Acoss n° 88-34, 13 mai 1988). Le complément de rémunération versé à des travailleurs handicapés au titre de la garantie de ressources n'est pas soumis à la cotisation Fnal (ni au versement de transport).

Depuis le 1er janvier 1986, les entreprises de plus de neuf salariés sont assujetties à une cotisation Fnal supplémentaire, à l'exception de l'État et des collectivités locales, de leurs établissements administratifs et des employeurs relevant du régime agricole.

Depuis le 1er janvier 2020, pour les entreprises de moins de 50 salariés (l'effectif était de moins de 20 salariés avant cette date), **le taux est fixé à 0,1 % dans la limite du plafond de la Sécurité sociale. Pour les entreprises de 50 salariés ou plus, la cotisation est fixée à 0,5 % sur le brut.**

L'effectif qui détermine l'assujettissement est apprécié au 31 décembre (circ. Acoss n° 86-8 du 16 janvier 1986).

La contribution solidarité autonomie

Depuis le 1er juillet 2004, la loi n° 2004-626 du 30 juin 2004 a créé cette contribution pour toutes les rémunérations versées à des personnes pour lesquelles l'employeur est redevable d'une cotisation patronale destinée au financement d'un régime français de base d'assurance maladie. Son taux est fixé à **0,3 %** sur la base du **brut**. L'assiette de la contribution est alignée sur celle de la cotisation patronale d'assurance maladie, tout comme ses modalités de recouvrement.

Elle correspond plus ou moins au montant de la journée de solidarité (travaillée en plus par le salarié) avancé par l'employeur.

2. Les cotisations chômage

Le chômage donne lieu à indemnisation en complément des mesures prises pour favoriser la réinsertion. Cette indemnisation est subordonnée, sauf exceptions, à la recherche effective et contrôlée d'un nouvel emploi.

Ce type de chômage est dit « total » et implique, pour ceux qui ont déjà exercé une activité professionnelle, la rupture du contrat de travail. Il se distingue ainsi du chômage « partiel » (qui est devenu « l'activité partielle » abordée précédemment).

Le système d'indemnisation du chômage comprend deux régimes distincts :

- un régime conventionnel d'assurance mis au point entre les « partenaires sociaux », comparable à celui des retraites complémentaires. Il fonctionne sur la base de cotisations (patronales et salariales) et de prestations, toutes deux proportionnelles aux rémunérations des assurés ;
- un régime de solidarité nationale, financé par l'État et par une contribution des agents du secteur public, visant à l'assistance aux chômeurs qui ont épuisé leurs droits ou qui n'ont pas (ou peu) travaillé antérieurement.

La gestion de l'ensemble est confiée à des institutions paritaires de droit privé, ce qui place tous les demandeurs d'emploi face à un « guichet unique ». **Tout travailleur recherchant un emploi doit s'inscrire comme demandeur d'emploi** (de même que tout employeur est tenu de notifier les postes éventuellement vacants dans son entreprise).

La loi du 13 février 2008 relative à la réforme de l'organisation du service public de l'emploi **a créé un nouvel organisme, nommé « Pôle emploi »**, chargé d'assurer l'accueil, l'inscription, l'indemnisation et l'accompagnement des chômeurs. Chacun d'eux a depuis cette date un interlocuteur unique et, à terme, les agents s'occuperont en moyenne de trente demandeurs d'emploi contre soixante actuellement.

La nouvelle institution nationale s'organise autour de deux structures distinctes :

- l'Unedic, gérée par les partenaires sociaux, qui continue à administrer en totale indépendance le régime d'assurance chômage et qui fixe les modalités d'indemnisation ;
- un nouvel organisme qui rassemble le réseau des Assedic et celui de l'ANPE.

Le statut des agents de l'organisme fusionné est donc unifié. Les grandes orientations du nouvel organisme sont fixées par une convention pluriannuelle conclue entre l'État et l'Unedic. Un conseil national de l'emploi, présidé par le ministre en charge de l'emploi, veille à la cohérence des politiques de l'emploi. **La création définitive de cette institution nationale est intervenue le 1er janvier 2009.**

Les missions de Pôle emploi sont :
- l'accueil et l'inscription des demandeurs d'emploi ;
- le versement des allocations des demandeurs d'emploi indemnisés ;
- l'accompagnement des demandeurs d'emploi dans leur recherche d'emploi jusqu'au placement ;
- la prospection du marché du travail en allant au-devant des entreprises ;
- l'aide aux entreprises dans leurs recrutements ;
- l'analyse du marché du travail.

Les demandeurs d'emploi sont répartis en cinq catégories *« en fonction de l'objet de leur demande et de leur situation au regard de l'emploi »* :
- catégorie A : demandeurs d'emploi tenus de faire des actes positifs de recherche d'emploi et qui sont sans emploi ;
- catégorie B : demandeurs d'emploi tenus de faire des actes positifs de recherche d'emploi et qui ont exercé une activité réduite courte (78 heures ou moins au cours du mois) ;
- catégorie C : demandeurs d'emploi tenus de faire des actes positifs de recherche d'emploi et qui ont exercé une activité réduite longue (plus de 78 heures au cours du mois) ;
- catégorie D : demandeurs d'emploi non tenus de faire des actes positifs de recherche d'emploi (en raison d'un stage, d'une formation, d'une maladie, etc.) et qui sont sans emploi ;
- catégorie E : demandeurs d'emploi non tenus de faire des actes positifs de recherche d'emploi et qui ont un emploi (bénéficiaires de contrats aidés).

Dans le langage courant, il subsiste encore quelques noms qui n'ont plus de signification réelle aujourd'hui mais dont vous devriez connaître la signification. Ces noms sont :

- les Assedic (Associations pour l'emploi dans l'industrie et le commerce). Nées en 1956, elles avaient pour mission d'effectuer la totalité des opérations nécessaires au fonctionnement du régime d'assurance et de verser les prestations du régime de solidarité ;
- les GIA (Groupements inter-Assedic) en assuraient la gestion informatique ;
- le GARP (Groupement des Assedic de la région parisienne) regroupait, comme son nom l'indique, les Assedic de la région parisienne en ce qui concernait le paiement des cotisations ;
- l'Unedic (Union nationale interprofessionnelle pour l'emploi dans l'industrie et le commerce), qui fédérait les Assedic, coordonnait leur action, procédait aux études et recherches en matière d'emploi sur les plans national et international et assurait la liaison avec les services publics.

Assedic et Unedic étaient administrées par des conseils paritaires comprenant en nombre égal des représentants des organisations syndicales représentatives du « collège » des salariés et du « collège » des employeurs. La durée du mandat des administrateurs était de deux ans.

Les obligations des employeurs

Tout employeur est tenu d'assurer contre le risque de privation d'emploi les salariés dont l'engagement résulte d'un contrat de travail, y compris les travailleurs détachés à l'étranger et les Français expatriés (C. trav., art. L. 5422-13). L'affiliation, qui couvre donc en principe la totalité des salariés du secteur privé, doit être opérée dans les 2 mois suivant la date à laquelle le régime est devenu applicable (c'est-à-dire l'embauche du premier salarié), auprès du Pôle emploi compétent qui est celui dont le ressort territorial comprend le lieu de l'entreprise, ou auprès de l'Urssaf. L'employeur affilie le salarié au régime d'assurance chômage au moyen de la déclaration unique d'embauche qui est adressée à l'Urssaf dont relève l'établissement devant employer le futur salarié. L'Urssaf communique au Pôle emploi les informations nécessaires à l'affiliation du salarié. Nous rappelons ici que seuls peuvent prétendre à un revenu de remplacement les salariés involontairement privés d'emploi dont la cessation du contrat de travail résulte :

- d'un licenciement ;
- de la fin d'un contrat à durée déterminée ;
- d'une démission considérée comme légitime ;
- d'une rupture conventionnelle.

Le taux et la répartition de la cotisation

La cotisation du régime d'assurance chômage comportait avant le 1er octobre 2018 une part patronale et une part salariale qui comprennaient chacune un élément plafonné (tranches A et B de la rémunération) destiné à couvrir les dépenses du régime d'assurance chômage.

Le taux de ces cotisations, qui varie avec la situation du chômage en France, est celui qui change le plus sur le bulletin de salaire. Il a changé à la baisse en octobre 1990, en janvier 1991, puis à la hausse en janvier 1992, en août 1992, puis il devait rebaisser en janvier et en juillet 1993 (mais n'a pas baissé !). Par contre, en août 1993 nouvelle hausse de 0,90 %, puis en janvier 1994 hausse de 0,16 point sur la tranche A et de 0,18 point sur la tranche B ! En janvier 1997, baisse des taux sur A et sur B. Depuis le 1er janvier 2001, nouvelle baisse du RAC passant ainsi de 6,07 % en A à 5,8 % et de 6,68 % en B à 6,30 %. Depuis le 1er juillet 2001, le taux est devenu unique en A et B à 5,80 % pour ces deux tranches (avant le 1er juillet 2001, un taux de 0,50 % pour le salarié majorait la tranche B). Ce taux était ramené à 5,60 % au 1er janvier 2002, puis à 5,80 % au 1er juillet 2002, puis à 6,40 % au 1er janvier 2003. En 2006, ce taux monte à 6,48 % pour revenir au 1er janvier 2007 à 6,40 % (2,4 % pour le salarié, 4 % pour l'entreprise sur la tranche A + B).

Enfin, le 1er janvier 2018, le taux salarial était abaissé à 0,95 % (pour compenser la hausse de la CSG) et le taux patronal augmenté à 4,05 % (toujours sur une tranche A + B). Et **depuis le 1er octobre 2018, le taux salarial est totalement supprimé**.

À ces cotisations s'ajoute, **pour l'employeur uniquement**, la contribution **AGS**, destinée à alimenter un régime (Association pour la garantie des salaires) qui assure aux salariés, lors des faillites, le paiement de leurs derniers salaires. Le taux uniquement patronal était de 0,25 % jusqu'au 30 juin 1999. Entre le 1er juillet 1999 et le 30 juin 2000, il était de 0,20 %. Le 1er juillet 2000, il passait à 0,15 %. Le 1er janvier 2001, il passait à 0,10 %. Le 1er janvier 2002, il remontait à 0,20 %, au 1er juillet 2002 à 0,30 %, au 1er janvier 2003 à 0,35 %, il atteint le 1er septembre 2003 0,45 %. Au 1er avril 2005, ce taux était revenu à 0,35 % pour revenir le 1er janvier 2006 à 0,25 %, le 1er juillet 2006 à 0,15 %, le 1er juillet 2008 à 0,10 %, puis remonter le 1er avril 2009 à 0,20 %, le 1er juillet 2009 à 0,30 % et le 1er octobre 2009 à 0,40 % sur les salaires limités à quatre fois le plafond de la Sécurité sociale. Le

1er avril 2011, ce taux était redescendu à 0,30 %. Le 1er janvier 2016, il était à nouveau baissé à 0,25 %. Le 1er janvier 2017, il était à nouveau abaissé à 0.20 %. Au 1er janvier 2018, il est passé à 0,15 % sur la même base que le Pôle emploi, c'est-à-dire tranche A + B.

En résumé, **depuis le 1er janvier 2019, la cotisation chômage n'a plus de taux salarial et le taux patronal est de 4,20 % (le taux Pôle emploi et l'AGS étant aggloméré)**.

Enfin, une cotisation est versée par les cadres et les employeurs, mais aux caisses de retraite, au titre de l'Apec (Association pour l'emploi des cadres).

L'assiette de la cotisation

L'assiette des cotisations est alignée sur celle des cotisations de Sécurité sociale, sauf cas particuliers à définir par la Commission paritaire nationale.

Sont cependant exclues de l'assiette des contributions les rémunérations dépassant quatre fois le plafond du régime d'assurance vieillesse de la Sécurité sociale (règlement Unedic, art. 55).

Avant le 1er juillet 2014, les rémunérations des salariés âgés de 65 ans ou plus étaient également exclues de l'assiette de cotisation chômage. Ce n'est plus le cas depuis cette date, y compris lorsque ces rémunérations se rapportent à une période d'emploi antérieure à cette date (hors département de Mayotte qui bénéficie d'un régime spécifique).

Les mandataires sociaux, bien qu'affiliés au régime général de la Sécurité sociale en tant que salariés assimilés, sont exclus du champ de l'assurance chômage et du régime de garantie des salaires, excepté s'ils cumulent leur mandat avec un contrat de travail.

Le principe d'alignement de l'assiette des contributions du régime d'assurance chômage sur celle de l'assiette des cotisations de Sécurité sociale comporte également une autre exception lorsque l'assiette retenue pour les cotisations de Sécurité sociale est forfaitaire. Dans ce cas, il n'est pas toujours fait application de la base forfaitaire pour les cotisations d'assurance chômage qui restent calculées sur le salaire réel. Il en est notamment ainsi pour :

- les personnels employés à titre accessoire ou temporaire, par des associations et autres, de vacances et de loisirs ;
- les personnels d'encadrement des centres de vacances et de loisirs ;
- les formateurs occasionnels ;
- les vendeurs à domicile à temps choisi ;
- les vendeurs, colporteurs et porteurs de presse ;
- le personnel exerçant une activité dans le cadre d'une personne morale à objet sportif d'une association de jeunesse ou d'éducation populaire (dir. Unedic n° 52-95, 27 novembre 1995).

Entre le 1er juillet 2013 et le 30 septembre 2017, il y a eu une majoration de la cotisation patronale d'assurance chômage pour les CDD conclus pour accroissement temporaire de l'activité de l'entreprise et les CDD d'usage, lorsque la durée de ces contrats ne dépassait pas 3 mois, et une exonération temporaire de cette cotisation pour l'embauche de jeunes de moins de 26 ans en CDI.

Ces mesures ont été supprimées au 1er octobre 2017.

Quant au futur de la cotisation patronale pour le Pôle emploi, les négociations actuelles sont articulées autour d'un taux « responsable » suivant la logique de la cotisation accident du travail ; les employeurs qui licencieraient des salariés (ou signeraient des ruptures conventionnelles) verraient leur taux majoré (comme c'est actuellement le cas en Amérique du Nord).

Le versement des cotisations

Les cotisations étaient réglées dans leur totalité (part patronale et part salariale) à la diligence de l'employeur. Les règlements étaient effectués aux mêmes dates que pour les cotisations de Sécurité sociale et pouvaient même être limités à un rythme annuel (au plus tard le 15 janvier), lorsque le montant était inférieur à un seuil fixé par l'Unedic.

En 2011, les cotisations chômage étaient déclarées sur la même page-écran de www.net-entreprises.fr et payées à l'Urssaf dans le même télé-virement.

Aujourd'hui, en 2020, dans la majorité des entreprises, ces cotisations sont prélevées automatiquement grâce à la DSN.

3. Les cotisations de retraite complémentaire

Nous avons déjà vu que depuis le 1er janvier 2019, il n'y avait plus qu'un seul régime de retraite complémentaire : l'Agirc-Arrco. Il est dit « unifié » car il regroupe l'ancienne Agirc pour les cadres uniquement et l'ancienne Arrco pour les non-cadres et pour les cadres.

Les entreprises concernées

Créé le 1er avril 1947, le **régime de l'Agirc** s'appliquait depuis cette date à toutes les branches professionnelles dont l'activité était représentée au CNPF (Conseil national du patronat français, devenu Medef, le Mouvement des entreprises de France, le 27 octobre 1998). La loi du 29 décembre 1972 avait étendu le régime à toutes les entreprises, sauf celles dont le personnel bénéficiait d'un régime institué par voie législative ou réglementaire.

Quant à l'**Arrco**, depuis l'accord historique du 8 décembre 1961, les secteurs professionnels intégrés à l'Arrco n'avaient cessé de s'étendre. À partir de la loi de généralisation de la retraite complémentaire, les arrêtés d'extension s'étaient multipliés. La presque totalité des entreprises et organismes du secteur privé était intégrée à l'Arrco en 1973.

Aujourd'hui, les entreprises ont l'obligation d'adhérer à l'Agirc-Arrco dans les 3 mois qui suivent leur création, et non pas à compter de la date d'embauche du premier salarié comme c'était le cas de l'Arrco, ou. à compter de la date d'embauche du premier cadre qui fixait le point de départ des 3 mois comme c'était le cas pour l'Agirc.

Quant à l'affiliation des participants, en principe, c'est une obligation de l'employeur. Par exception à ce principe, pour les VRP multicartes, l'obligation incombe au VRP lui-même qui doit effectuer la démarche dans le délai d'un mois.

L'affiliation des salariés relevant d'un employeur du secteur privé

Lorsqu'un employeur du secteur privé embauche un salarié, celui-ci relève de la caisse de retraite Agirc-Arrco de l'entreprise.

Dès qu'un salarié commence à travailler en entreprise, il est donc affilié à une caisse de retraite Agirc-Arrco de l'entreprise sans condition d'âge ou de nationalité.

Les nouveaux salariés sont signalés via la déclaration sociale nominative (DSN).

Dans la quasi-totalité des cas, les salariés affiliés à l'Agirc-Arrco cotisent au régime général de la Sécurité sociale, à la Mutualité sociale agricole ou au régime spécial de Sécurité sociale des mines.

Toutes les personnes exerçant une activité salariée, quels que soient leurs fonction, leur niveau hiérarchique, la nature et la durée de leur contrat de travail (contrat à durée indéterminée, contrat à durée déterminée…), le montant de leur rémunération, sont affiliées à une caisse de retraite complémentaire Agirc-Arrco.

Certaines catégories de salariés (VRP, intermittents du spectacle, journalistes…) doivent être inscrites à des caisses Agirc-Arrco spécifiques, qui peut être différente de celle qui couvre les autres salariés de l'entreprise.

Les entreprises privées qui emploient des fonctionnaires habilités à apporter leur concours scientifique doivent les affilier au régime Agirc-Arrco bien qu'ils relèvent par ailleurs d'un régime spécial de retraite.

L'affiliation des salariés relevant d'un employeur du secteur public

Depuis le 1er janvier 2017, les salariés nouvellement embauchés sont affiliés à un régime de retraite complémentaire en fonction de la nature juridique de leur contrat de travail :
- les salariés titulaires d'un contrat de droit privé sont affiliés au régime Agirc-Arrco ;
- les salariés titulaires d'un contrat de droit public sont affiliés à l'Ircantec.

Par exception, les salariés titulaires d'un contrat aidé sont affiliés à un régime de retraite complémentaire en fonction de la nature juridique de leur employeur :

- si l'employeur est une personne morale de droit privé, les salariés doivent être affiliés à l'Agirc-Arrco ;
- si l'employeur est une personne morale de droit public, les salariés doivent être affiliés à l'Ircantec.

Relèvent des contrats aidés :
- le contrat d'accompagnement dans l'emploi (CAE) ;
- le contrat jeune en entreprise ;
- le contrat initiative-emploi (CIE) ;
- le contrat relatif aux activités d'adultes-relais ;
- le contrat d'emploi d'avenir ;
- le contrat d'emploi d'avenir professeur.

Les salariés affiliés antérieurement au 1er janvier 2017 restent affiliés à leur régime de retraite complémentaire et ce, jusqu'à la rupture de leur contrat de travail.

Les cas particuliers

Le travail à temps partiel

En principe, les entreprises qui emploient des salariés travaillant à temps partiel cotisent à la caisse Agirc-Arrco au prorata de leurs temps de travail.

Les entreprises ont la possibilité pour leurs salariés à temps partiel de cotiser au régime de retraite complémentaire Agirc-Arrco sur la base d'un salaire correspondant à un temps plein. En contrepartie, les intéressés obtiennent autant de points de retraite que ceux qu'ils auraient obtenus pour un travail à temps plein.

Deux conditions doivent être remplies :
- cotiser à la retraite de la Sécurité sociale sur la base d'un temps plein ;
- obtenir l'accord de chaque salarié concerné.

Les employeurs multiples

Un salarié à employeurs multiples est un salarié qui travaille simultanément pour plusieurs employeurs.

Chaque employeur verse les cotisations dues auprès de son institution de retraite complémentaire. Cependant, lorsqu'un seul employeur supporte l'intégralité de la part patronale des cotisations d'assurance vieillesse de Sécurité sociale, le salarié peut être affilié à une seule institution Agirc-Arrco. Cela suppose que tous les employeurs soient d'accord et qu'ils appliquent les mêmes taux de cotisation.

L'entreprise a le choix entre deux dispositifs de régularisation de plafond (voir plus loin, « Les cas de réductions de plafond SS ») pour calculer les cotisations dues sur les rémunérations des salariés à employeurs multiples.

En principe, la part des cotisations d'assurance vieillesse de Sécurité sociale incombant à chacun des employeurs est déterminée au prorata des rémunérations versées.

Mais, par dérogation, elle peut être déterminée comme si le salarié occupait un emploi à temps partiel (sauf pour les VRP, dirigeants et cadres au forfait). Selon le choix opéré pour les cotisations d'assurance vieillesse de Sécurité sociale, l'entreprise peut opter pour des assiettes des cotisations Agirc-Arrco déterminées en fonction :

- du rapport entre le salaire qu'elle verse et l'ensemble des rémunérations perçues par le salarié ;
- ou en fonction de la durée du travail du salarié dans l'entreprise (sans considération des salaires versés par les autres employeurs.

L'inactivité totale ou partielle

Des dispositifs, dont la mise en place doit être décidée par un accord collectif au sein de l'entreprise, permettent à des salariés dispensés d'exercer tout ou partie de leur activité de continuer à bénéficier de points de retraite complémentaire.

Ces cas d'inactivité totale ou partielle sont :

- réduction du temps de travail en fin de carrière ;
- préretraite ;
- congés de conversion ;
- congé parental d'éducation, de présence parentale de solidarité familiale ou de soutien familial ;
- réduction du temps de travail ou du salaire en période économique difficile ;
- conventions du FNE d'aide au passage à temps partiel ;
- travail à temps partiel, temps de travail forfaitaire rémunéré à un niveau inférieur à celui d'une activité à temps plein ;
- organismes auto-assurés en matière de chômage ;

- travailleurs de l'amiante ;
- salariés âgés en cessation d'activité (CASA, CATS) ;
- congé-solidarité dans les DOM et Saint-Pierre-et-Miquelon ;
- congé de reclassement ou congé de mobilité.

Le travail à l'étranger

Le salarié détaché

Ce statut concerne les salariés :
- qui travaillent temporairement hors de France ;
- et dont l'entreprise a son siège social en France.

Ces salariés conservent leur protection sociale française et donc la retraite complémentaire Agirc-Arrco. L'employeur et le salarié cotisent comme si le salarié travaillait en France.

La durée du maintien dans le système de protection sociale français varie selon le pays de la mission :
- 2 ans, renouvelable une fois, pour la Nouvelle-Calédonie ;
- 3 ans pour la Polynésie française avec possibilité de prolonger pour une durée de 3 ans ;
- 6 mois pour Mayotte ;
- 2 ans pour les pays de l'Espace économique européen (EEE) et en Suisse ;
- durée définie par les textes dans les pays ayant conclu avec la France une convention de Sécurité sociale.

Consultez la liste des pays signataires ou le site du Centre des liaisons européennes et internationales.

Au-delà de la durée prévue, le salarié est considéré comme un expatrié.

Le salarié expatrié

Ce statut concerne les salariés :
- qui travaillent durant une longue durée hors de France ;
- et dont l'entreprise a son siège social en France ou à l'étranger.

Ces salariés sont affiliés aux régimes obligatoires de protection sociale du pays dans lequel ils sont en mission.

Il est possible de conserver tout ou partie de la protection sociale française pour les salariés expatriés.

Une entreprise peut souscrire au profit du salarié expatrié des assurances volontaires auprès de la Caisse des Français de l'étranger. En tant que caisse de Sécurité sociale, la CFE couvre trois risques :

- maladie, maternité, invalidité ;
- accidents du travail, maladies professionnelles ;
- vieillesse (les intéressés sont affiliés au régime général des salariés retraite géré par la caisse nationale d'assurance vieillesse).

L'entreprise peut choisir de cotiser pour un ou plusieurs de ces risques. Mais, attention, cela ne la dispense pas de cotiser au régime de Sécurité sociale du pays dans lequel le salarié est expatrié.

Caisse des Français de l'étranger
www.cfe.fr
BP 100
79100 Rubelles
France
Tél. : 0810 117 777 (depuis la France au coût d'une communication locale)
Tél. : +33 (0)1 64 14 62 62 (depuis l'étranger)

L'affiliation des salariés expatriés au régime Agirc-Arrco n'est pas obligatoire. L'entreprise peut toutefois décider de continuer à affilier ses salariés expatriés, qu'ils soient ou non recrutés en France. Elle n'est pas tenue de cotiser pour l'ensemble de ses salariés expatriés.

Dans le cas contraire, le salarié a la possibilité de cotiser à titre individuel à Humanis international Agirc-Arrco, 21 rue Roger Salengro, 94137 Fontenay-sous-Bois cedex, téléphone : + 33 (0)1 44 89 43 41 (courriel : international@humanis.com).

La maternité

Une salariée est enceinte. À cette occasion, elle bénéficie d'un congé maternité. Sous réserve que cette salariée remplisse les conditions requises, sa caisse d'assurance maladie lui versera, ou à vous-même en cas de subrogation, des indemnités journalières pendant toute la durée de son congé maternité. Cette durée varie selon le nombre d'enfants attendus et le nombre d'enfants déjà à charge. Elle est, en principe, de 16 semaines pour un enfant (voir la partie VII de ce livre).

Pendant la période d'indemnisation par l'assurance maternité, dans la mesure où cette période est supérieure à 60 jours consécutifs, la salariée peut obtenir des points de retraite complémentaire sans contrepartie de cotisations. Et ce, quelles que soient sa durée d'affiliation aux régimes de retraite complémentaire et de présence dans l'entreprise.

Des dispositions conventionnelles prévoyant le maintien de tout ou partie du salaire pendant le congé maternité peuvent s'appliquer à l'entreprise.

Les cotisations de retraite complémentaire prélevées sur le salaire maintenu (indemnités complémentaires de l'employeur ou du régime de prévoyance) pendant l'arrêt de travail permettent à la salariée d'acquérir des points de retraite.

Le total des points attribués au titre du congé maternité sans contrepartie de cotisations et des points cotisés au cours de l'année A ne doit pas être supérieur au montant des points obtenus pendant la période de référence, en principe l'année A - 1.

À noter : Les salariés qui bénéficient d'indemnités journalières pendant la durée de leur congé d'adoption obtiennent des points dans des conditions identiques à celles retenus pour un congé maternité.

Conditions à remplir :
- le salarié est indemnisé par la Sécurité sociale plus de 60 jours consécutifs (y compris le délai de carence de 3 jours) ;
- l'indemnisation démarre au plus tard dans le délai d'un mois à compter de la suspension ou la rupture du contrat de travail ;
- l'arrêt de travail interrompt une période pendant laquelle des points de retraite ont été attribués.

La maladie, accident du travail ou invalidité

Les situations de maladie, d'accident du travail ou de maladie professionnelle, et d'invalidité permettent aux salariés d'obtenir des points de retraite complémentaire pendant leur arrêt de travail de plus de 60 jours.

Le salarié en arrêt maladie perçoit, ou l'entreprise en cas de subrogation, des indemnités journalières de la part de la Sécurité sociale à partir du 4e jour d'arrêt de travail. Si le salarié a plus d'un an d'ancienneté, l'entreprise ou son institution de prévoyance doit lui verser des indemnités complémentaires aux indemnités journalières de la Sécurité sociale.

Pendant sa période d'incapacité de travail temporaire ou permanente, le salarié obtient, sous conditions, des points de retraite complémentaire sans contrepartie de cotisations. Et ce, quels que soient son âge et, sa durée d'affiliation aux régimes de retraite complémentaire.

En cas de maintien du salaire (indemnités complémentaires de l'employeur ou du régime de prévoyance) pendant l'arrêt de travail, les cotisations prélevées permettent au salarié d'acquérir des points de retraite. En fonction de sa situation, ceux-ci peuvent être complétés par des points attribués sans contrepartie de cotisations. Le total de ces points et des points cotisés au cours de l'année A ne doit pas être supérieur au montant des points obtenus pendant la période de référence, en principe l'année A - 1.

L'attribution de points de retraite au titre de la maladie n'est pas limitée dans le temps. Pour les incapacités permanentes, l'attribution de points de retraite cesse quand :
- le taux d'incapacité devient inférieur à 50 % ;
- le salarié en invalidité touche une retraite de la Sécurité sociale au titre de l'inaptitude au travail ;
- le salarié victime d'un accident du travail ou d'une maladie professionnelle atteint l'âge d'obtention de la retraite de base sans condition de durée d'assurance.

La retraite progressive

Des salariés peuvent poursuivre leur activité à temps partiel tout en percevant une fraction de leurs retraites de base et complémentaires avec le dispositif de la retraite progressive. Ce dispositif concerne les salariés qui travaillent à temps plein mais également ceux qui travaillent déjà à temps partiel.

Certaines catégories de salariés ne peuvent pas bénéficier de la retraite progressive. Il s'agit :
- des salariés ayant conclu une convention de forfait jours ;
- des VRP sauf dans les cas où ils sont soumis à un horaire de travail précis ;
- des mandataires sociaux ou dirigeants de sociétés.

Les cotisations de retraite complémentaire sont prélevées sur les rémunérations des salariés en retraite progressive selon des modalités identiques à celles qui s'appliquent aux autres salariés de l'entreprise. En contrepartie des cotisations prélevées, les salariés obtiennent des points de retraite. Il est possible avec l'accord des salariés concernés de cotiser sur la base d'une rémunération à temps plein, à condition de cotiser également sur cette base à l'assurance vieillesse.

La reprise du travail à temps plein entraîne l'arrêt définitif du bénéfice du dispositif de retraite progressive.

Au moment où le salarié cessera totalement de travailler, une nouvelle liquidation de sa retraite complémentaire sera effectuée. Il bénéficiera alors de la totalité de sa retraite complémentaire. Son montant tiendra compte des points obtenus pendant la retraite progressive.

Les salariés doivent remplir trois conditions :

- avoir au moins atteint l'âge de 60 ans ;
- avoir au moins 150 trimestres d'assurance validés par la Sécurité sociale ;
- avoir obtenu votre accord pour travailler à temps partiel.

Si les salariés disposent du nombre de trimestres d'assurance exigés pour obtenir leur retraite de base à taux plein, ils bénéficient d'une partie de leur retraite complémentaire à taux plein.

Si leur nombre de trimestres est inférieur à celui exigé, le montant de leur retraite complémentaire progressive est minoré temporairement.

La fraction de retraite servie dépend du pourcentage d'activité qui doit correspondre au maximum à 80 % d'un temps plein et au minimum à 40 %.

Les salariés qui bénéficient d'une retraite progressive ne sont pas concernés par le dispositif de minoration/majoration temporaires.

Le cumul emploi-retraite

Si une entreprise embauche un retraité, l'ensemble des cotisations pour la retraite complémentaire (part patronale et part salariale) seront prélevées sur le salaire de reprise d'activité selon les modalités applicables à l'ensemble des salariés. Ces cotisations ne lui permettront pas d'obtenir des points de retraite complémentaire.

L'assiette des cotisations

Depuis le 1er janvier 1996, l'Agirc et l'Arrco avaient déjà adopté la même assiette, à quelques exceptions près, que le régime général de Sécurité sociale.

Aujourd'hui, les exceptions concernent certaines assiettes forfaitaires instituées par la Sécurité sociale, telles que celles des artistes et mannequins, les formateurs occasionnels ou encore les étudiants effectuant des stages en entreprise et bénéficiant d'un contrat de travail. Les cotisations de retraite complémentaire sont calculées dans ces cas-là sur le salaire réel.

Une autre exception est que l'intégralité des sommes correspondant aux contributions patronales à des régimes complémentaires de retraite est exclue de l'assiette des cotisations des régimes Agirc-Arrco même pour la partie susceptible d'être réintégrée dans l'assiette des cotisations de la Sécurité sociale (pour des explications plus pointues, voir le point « Cotisations excédentaires » dans ce même chapitre).

Pour l'**Arrco** : jusqu'au 31 décembre 1999, l'assiette était limitée à trois fois le plafond de la Sécurité sociale.

Depuis le 1er janvier 2000, il fallait distinguer **deux tranches** :

- la première tranche (du premier centime jusqu'au plafond de la Sécurité sociale) appelée « tranche 1 » pour les non-cadres et appelée « tranche A » pour les cadres. Vous pouvez peut-être trouver étonnant que les cadres cotisent à la caisse de retraite des non-cadres, mais cela a une explication historique. Vous vous souvenez que l'Agirc a été créée en 1947. Les salariés souhaitant compléter le régime général qui assurait la retraite jusqu'au plafond de Sécurité sociale ont donc cotisé « seulement » au-delà, dans une limite qu'on va voir juste après. En 1961, quand les salariés non cadres ont souhaité eux aussi se couvrir mieux pour leur retraite, compte tenu de leurs salaires plus faibles que ceux des cadres, ils se sont « contentés » de couvrir les 50 % déjà assurés par la SS et aller légèrement plus haut dans le salaire. Quand, les cotisations retraite des cadres et des non-cadres sont devenues obligatoires en 1973, les cadres ont souhaité également se couvrir les 50 % restant du plafond A non assuré par la SS. L'Arrco les a acceptées dans leur régime juste pour cette tranche A. Et c'est donc ainsi que les cadres cotisaient aussi à la caisse de retraite des non-cadres ;
- la tranche 2 : du plafond plus 1 centime jusqu'à trois plafonds de la Sécurité sociale (non-cadres seulement donc).

Pour l'**Agirc**, les appointements se divisaient en **deux tranches** :

- la tranche B : comme vu précédemment, c'était la rémunération comprise entre le plafond et quatre fois celui-ci (ou la différence entre le salaire brut et le plafond si le salaire brut est inférieur à quatre plafonds). Si le salaire brut ne dépassait pas la valeur du plafond, la tranche B était égale à zéro ;
- la tranche C : comprise entre quatre fois le plafond et huit fois le plafond (si le salaire brut dépassait huit fois le plafond. S'il dépassait quatre fois le plafond mais qu'il était inférieur à huit fois le plafond, la tranche C était égale à la différence entre le salaire brut et la valeur des quatre plafonds. Évidemment, si le salaire brut était inférieur à quatre fois le plafond, la tranche C était égale à zéro.

Les abattements et réductions de plafonds se faisaient comme nous l'avons déjà vu précédemment.

Les tranches de cotisations

L'assiette des cotisations est découpée en tranches de salaire, en fonction du plafond de la Sécurité sociale (voir partie V, point 4. Les tranches des cotisations de retraite complémentaire).

Néanmoins, les cotisations de certaines catégories de salariés sont déterminées sur la base d'une assiette forfaitaire ou particulière ou selon des modalités spécifiques. Ce sont les :

- apprentis* ;
- bénéficiaires d'action de formation ;
- intermittents des professions du spectacle et mannequins ;
- jeunes effectuant des stages en entreprise* ;
- journalistes pigistes ;
- salariés à employeurs multiples* ;
- salariés dispensés de tout ou partie de leur activité ;
- salariés lariés occupés à l'étranger ;
- salariés occupés à temps partiel* ;
- stagiaires étrangers aides familiaux ;
- travailleurs hors de France ;
- vacataires.

(*Salariés traités dans ce livre)

Les taux de cotisations

Les taux contractuels obligatoires des cotisations sont fixés par les partenaires sociaux. Des entreprises ou secteurs d'activité ont décidé dans le passé de cotiser à des taux supérieurs aux taux obligatoires des cotisations afin que leurs salariés acquièrent des droits à la retraite plus importants. Les entreprises concernées sont tenues de respecter des engagements pris par elles-mêmes ou résultant de la convention collective ou de l'accord de retraite applicable à leur secteur d'activité. Lorsqu'une entreprise doit appliquer un taux de cotisation spécifique, le certificat d'adhésion de cette entreprise au régime Agirc-Arrco le précise.

Le relèvement progressif du taux minimum contractuel

Notre système de retraite complémentaire souffrant d'un déficit structurel chronique (7,5 milliards de francs en 1993, 2,13 millards d'euros en 2016, 1,8 millard d'euros en 2018), le taux minimum sur la tranche 1 ne cesse d'augmenter : de 4 % en 1995, il arrive aujourd'hui à **6,20 %** et celui sur la tranche 2 est passé sur la même période de 8 % à **17 % au 1er janvier 2019**.

La répartition habituelle est de 60 % pour l'employeur et de 40 % pour le salarié.

Cependant, il y a une difficulté à la compréhension du bulletin de paie car les taux que l'on y retrouve ne correspondent pas aux valeurs évoquées ci-dessus. La différence entre les taux dont nous avons parlé et ceux inscrits est ce qu'on appelle « le taux d'appel ».

Le taux d'appel

Devant le nombre croissant de retraités et le nombre décroissant de cotisants, les régimes de retraites complémentaires ont de plus en plus de mal à équilibrer leurs comptes, car il faut (puisqu'elles sont sous le régime de la « répartition ») que les ressources soient égales aux prestations. Jusqu'en 1982, les comptes étaient relativement bien équilibrés. Mais la possibilité de partir à la retraite à 60 ans au lieu de 65 ans si l'assuré social avait ses 150 trimestres a mis le système en difficulté. D'où l'idée d'une « surcotisation » en majorant les taux de base. Le pourcentage d'appel des cotisations initialement fixé à 110 % était passé à 120 % en 1990, à 123 % en 1991, à 125 % en 1992. Puis ce taux d'appel est resté stable jusqu'au 31 décembre 2018.

Au 1er janvier 2019, il a été décidé de le remonter à **127 %.**

Ces pourcentages servent à déterminer le montant des cotisations effectivement dues. Concrètement, pour une entreprise cotisant au taux contractuel minimum de 6,20 % **sur la tranche 1**, la cotisation apparaissant sur le bulletin est de 7,874 % (6,20 % × 1,27), répartie en **3,15 % pour la part salariale** (7,874 × 40 %) et **4,72 % pour la part patronale** (7,874 × 60 %).

Sur la tranche 2, même calcul : 17 % × 127 % = 21,59 %. La répartiton est de **8,64 % pour le salarié** (21,59 % × 40 %) et de **12,95 % pour l'employeur** (21,59 % × 60 %).

Une précision importante, il va sans dire que les cotisations supplémentaires provoquées par les taux d'appel ne génèrent pas de points de retraite qui, eux, sont calculés sur les taux de base.

La diminution progressive du taux de rendement de référence

Le taux minimum contractuel de base étant de 6,20 %, réparti en 2,48 % pour le salarié et 3,72 % pour l'employeur, le nombre de points de retraite reste calculé en divisant le montant des cotisations correspondant au taux contractuel par le salaire de référence.

Le principe des caisses de retraite est basé sur un système dit « à prestation définie » : le bénéficiaire gagne des points (montant de la cotisation divisée par la valeur d'acquisition du moment), le montant de sa pension sera le produit du nombre de points acquis par la valeur de service du point.

Si le prix d'achat du point de retraite augmente régulièrement, il n'en est pas de même pour le prix de rachat.

En 2020, le prix d'achat du point est de 17,3982 euros, tandis que le prix de rachat est de 1,2714 euro.

À titre de comparaison, en 2002, le prix d'achat du point était de 11,8949 euros quand le prix de rachat était de 1,0530 euro.

La contribution d'équilibre général (CEG)

Se substituant à l'ASF (l'Association pour la structure financière), une cotisation associée à la retraite complémentaire mise en place en 1982 pour pallier le déficit lié au passage de l'âge de la retraite de 65 à 60 ans, une nouvelle structure, l'AGFF (l'Association à la gestion du fonds financier) gérait le financement des retraites complémentaires depuis le 1er avril 2001. Cette dernière a été supprimée le 31 décembre 2018, mais a aussitôt été remplacée par la CEG avec quasiment les mêmes taux sur les mêmes bases, à savoir: **0,86 % pour le salarié et 1,29 % pour l'employeur sur la tranche 1 et 1,08 % pour le salarié et 1,62 % pour l'employeur sur la tranche 2**.

Si la CEG est pratiquement toujours additionnée à la retraite complémentaire, il va sans dire que, pas plus le taux d'appel, cette CEG ne rapporte de points aux salariés.

La contribution d'équilibre technique (CET)

Depuis le 1er janvier 1997, une contribution exceptionnelle temporaire (CET) était applicable aux rémunérations perçues par les cadres relevant du régime Agirc. Son caractère exceptionnel et temporaire a vécu jusqu'au 31 décembre 2018.

Depuis le 1er janvier 2019, elle a été remplacée par la nouvelle CET qui signifie maintenant contribution d'équilibre technique. Son taux global est identique (0,35 %) mais sa répartition est légèment différente: **0,14 % pour le salarié et 0,21 % pour l'employeur.**

Elle est maintenant redevable par tous les salariés (et non plus seulement par les cadres) et son calcul est « original »: si la rémunération du salarié est anuellement inférieure au plafond SS, la cotisation ne se déclenche pas. En revanche si la rémunération annuelle du salarié est supérieure au plafond SS elle se déclenche sur la tranche 1 et 2.

Si le salaire du salarié « fait le yoyo » autour du plafond SS, il faut faire une régularisation qui donne des résultats parfois surprenants.

Est-il besoin de préciser que, pas plus que le taux d'appel et la CEG, cette CET ne génère aucun point de retraite ?

L'Association pour l'emploi des cadres

En plus de ces cotisations retraite, il ne faut pas oublier la cotisation Apec. Créée en 1966, gérée paritairement par le CNPF à l'époque, aujourd'hui par le Medef et les syndicats, cette association est chargée d'études et d'actions pour le reclassement des cadres. L'Apec propose ainsi des entretiens d'orientations, des formations et des offres d'emploi pour les salariés cadres. Pour les entreprises, elle propose des services pour optimiser leurs recrutements et la gestion de leurs compétences internes. Les taux sont inchangés depuis sa création, à savoir **0,024 % pour le salarié et 0,036 % pour l'employeur**.

Jusqu'au 31 décembre 2010, ces taux étaient applicables uniquement sur la tranche B, mais il y avait en plus un forfait annuel, partagé entre le salarié et l'employeur de la même façon que la cotisation (à savoir 60 % pour l'employeur, 40 % pour le salarié) calculé en fonction du plafond annuel moyen de la Sécurité sociale (très exactement 0,060 % de sa valeur), et payé pour tout cadre présent à l'effectif au 31 mars de chaque année.

Le 1er janvier 2011, le forfait annuel était supprimé et remplacé par la base de cotisations élargie à tranche A. Donc depuis cette date, la base est **tranche A + tranche B, comme pour la cotisation chômage**.

Les salariés concernés étaient définis très précisément aux articles 4 et 4bis de la convention, à l'annexe I au titre de l'article 36, et à l'annexe IV de ladite convention. C'étaient :
- les ingénieurs et cadres ;
- les ETAM (employés techniques agents de maîtrise) dont le coefficient est supérieur ou égal à 300 ;
- les ex-ressortissants de l'Ircacim ;
- les VRP exclusifs ou relevant de l'IRPVRP ;
- les médecins salariés (selon la législation de la Sécurité sociale) ;
- tous ceux qui ont des fonctions de direction ou une délégation d'autorité du chef d'entreprise.

Pour ceux qui se posent la question « qui est cadre depuis le 1er janvier 2019 et l'institution de la retraite unifiée Agirc-Arrco ? », la réponse se trouve dans la circulaire 2018-03-DC (datée du 15 janvier 2018) qui précise dans le préambule de l'accord national interprofessionnel du 30 octobre 2015 que le régime Agirc-Arrco reprend l'ensemble des droits et obligations des régimes Agirc et Arrco institués respectivement par la Convention collective nationale de retraite et de prévoyance des cadres du 14 mars 1947 et l'accord national interprofessionnel de retraite complémentaire du 8 décembre 1961.

La garantie minimale de points (GMP)

Depuis le 1er janvier 1989, les cadres qui peinaient à atteindre le plafond SS ou qui étaient guère au-dessus en fin d'année bénéficiaient d'une garantie minimale de points à l'Agirc. Le principe était d'établir un « sur-plafond » au-dessus du plafond SS garantissant une tranche B minimum pour ceux qui n'atteindraient pas ce « sur-plafond ». Cette tranche B « fictive » permettant de garantir l'acquisition de points de retraite complémentaire (144 par an, ou 12 par mois, puis à partir de 1997 seulement 120 par an, ou 10 par mois).

En 2018, le salaire annuel sous lequel jouait la GMP s'élevait à 43.977,84 euros (ou 3.664,82 euros par mois).

Si vous cherchez à comprendre vos bulletins antérieurs à 2019, voici concrètement ce que cela donnait :

- **exemple 1 :** Pour un salarié cadre percevant 3.000 euros par mois, la tranche B était égale à zéro (pour toutes les cotisations assises sur cette tranche) mais était égale à 353,82 euros pour la cotisation Agirc Tr. B. Le libellé de la rubrique étant soit « Agirc Tr. B », soit « Agirc GMP » ;
- **exemple 2 :** Pour un salarié cadre percevant 3.500 euros par mois, la tranche B était égale à (3.500 - 3.311) 189 euros. Sur le bulletin, il pouvait n'y avoir qu'une seule rubrique « Agirc Tr. B » = 353,82 euros ou deux ; la première étant « Agirc Tr. B » = 189 euros et la seconde étant « Agirc GMP » = (353,82 - 189) 164,82 euros ;
- **exemple 3 :** Pour un salarié cadre percevant 4.000 euros par mois, la tranche B était égale à (4.000 - 3.311) 689 euros. Sur le bulletin, il pouvait également n'y avoir qu'une seule rubrique « Agirc Tr. B » = 689 euros ou deux ; la première étant « Agirc Tr. B » = 335,18 euros et la seconde étant « Agirc GMP » = 353,82 euros.

La « bonne » nouvelle du 1er janvier 2019 est que ce système a disparu avec l'Agirc et qu'il n'y a pas de remplacement d'un tel système dans le régime de retraite complémentaire unifié Agirc-Arrco.

Le futur des caisses de retraite

L'objectif politique des gouvernements précédents (et actuel) étant d'arriver à terme à n'avoir plus qu'un seul régime de retraite égalitaire entre tous les salariés (qu'ils soient du service public ou privé), l'unité des 37 régimes spécifiques passe d'abord par une refonte des caisses de retraite des salariés. À cette fin, l'accord national interprofessionnel signé le 30 octobre 2015 par les partenaires sociaux a fusionné les caisses Agirc et Arrco au 1er janvier 2019.

Le reste des régimes spécifiques devrait suivre dans les années futures Pour ceux qui ne connaissent pas ces régimes spécifiques en voici une liste non exhaustive :

- organismes de retraite des salariés :
  - Ircantec (Institution de retraite complémentaire des agents non titulaires de l'État et des collectivités publiques),
  - Banque de France,
  - retraite des mines,
  - Cnieg (gaz-électricité),
  - CRPCF(Comédie-française),
  - CRPCEN (clercs et employés de notaires),
  - CRPN (Caisse de retraite du personnel navigant professionnel de l'aéronautique civile),
  - ENIM (marins),
  - opéra de Paris,
  - port autonome de Strasbourg,
  - RATP,
  - SNCF ;
- organismes de retraite des fonctionnaires et ouvriers de l'État :
  - service des retraites de l'État,
  - CNRACL (Caisse nationale de retraites des agents des collectivités locales),
  - RAFP (Régime additionnel de la fonction publique),
  - FSPOEIE (Fonds spécial des ouvriers des établissements de l'État) ;
- organismes de retraite des non-salariés :
  - MSA,
  - CNAVPL (Caisse nationale d'assurance vieillesse des professions libérales),
  - Cavom (officiers ministériels),
  - CARMF (médecins),
  - CARCD (dentistes),
  - CAVP (pharmaciens),
  - Carsaf (sages-femmes),
  - Carpimko (infirmiers, kinésithérapeutes),
  - CARPV (vétérinaires),
  - Cavamac (agents d'assurance),

- Cavec (experts comptables),
- Cipav (architectes et autres professions libérales),
- CRN (notaires),
- CNBF (avocats),
- Ircec (artistes-auteurs d'oeuvres originales),
- Cavimac (cultes).

Enfin, à l'heure où j'écris ces lignes, il ne serait pas question de toucher à l'âge légal de départ à la retraite (62 ans) mais plutôt d'un système de « bonus-malus » en fonction de la date de départ du salarié encore plus incitatif à partir plus tard (le gouvernement a parlé « d'un âge pivot » ou « d'un âge d'équilibre » fortement décrié par les syndicats).

4. Les mutuelles et prévoyances

Pour bien comprendre à quoi correspondent les termes de « mutuelle » et de « prévoyance », il faut légèrement anticiper sur la partie VII de ce livre. Comme expliqué plus loin, l'assurance maladie comporte 2 sortes de prestations qui sont des prestations en nature (remboursement de soins) et des prestations en espèces (les IJSS qui remplacent le salaire perdu du fait de la maladie, de la maternité, de la paternité et des accidents du travail ou du trajet).

Les mutuelles sont des organismes privés qui complètent les prestations en nature et les prévoyances sont des organismes privés (parfois identiques aux mutuelles, parfois différentes) qui complètent les prestations en espèces.

Jusqu'au 31 décembre 2015, les cotisations salariales et patronales à ces deux organismes étaient facultatives et dépendaient du bon vouloir des entreprises. Seule, la prévoyance ne présentait un caractère **obligatoire que pour les cadres** au titre de **l'assurance décès.** La convention collective des cadres du 14 mars 1947 impose en effet aux employeurs de financer un capital décès. La cotisation minimale s'élève à **1,50 %** du salaire dans la limite de la **tranche A**.

Mais la loi de sécurisation de l'emploi (accord national interprofessionnel du 11 janvier 2013) a prévu à la fois la généralisation de la couverture complémentaire santé (la mutuelle donc) pour les salariés et l'amélioration de la portabilité pour les demandeurs d'emploi (sur ce dernier point, voir partie IX, chapitre 5) pour le 1er janvier 2016. Toutes les entreprises du secteur privé, tous régimes confondus, sont concernées.

Cette généralisation s'est mise en place progressivement depuis le 1er juin 2013 pour s'achever le 31 décembre 2015. Elle a prévu une couverture minimum obligatoire qui doit prendre en charge (en totalité ou partiellement) :

- le ticket modérateur pour les soins pris en charge par l'assurance maladie ;
- le forfait journalier hospitalier ;
- les frais exposés pour certains soins dentaires et certains dispositifs médicaux.

Cette couverture minimale doit revêtir un caractère collectif et obligatoire à l'égard des salariés (pas de couverture familiale obligatoire) et respecter la définition des contrats solidaires. Enfin, son financement est pris en charge au minimum à 50% par l'employeur.

Attention : Cette mutuelle est rebaptisée « prévoyance santé » ou « prévoyance frais de santé » au risque d'entretenir la confusion avec la « vraie » prévoyance.

Les dispenses d'adhésion

Sous certaines conditions, des dispenses d'adhésion peuvent être aménagées sans remise en cause du bénéfice de l'exemption d'assiette (art. R. 242-1-6 CSS). Elles doivent :

- être explicitement prévues par l'acte qui régit les garanties, qu'il s'agisse de l'acte initial instituant les garanties ou des actes modificatifs ultérieurs. Toutefois, il pourra être admis que cette condition ne soit pas remplie pour le cas de dispense n° 1 ci-dessous, lorsque le dispositif n'est pas financé intégralement par l'employeur, dans la mesure où cette faculté de dispense est applicable de plein droit au profit des salariés même en l'absence de stipulation expresse, en application de l'article 11 de la loi Évin n° 89-1009 du 31 décembre 1989 en matière de prévoyance ou de la jurisprudence en matière de retraite supplémentaire (Cass. soc. 17 octobre 2000, n° 98-40288).
- relever du libre choix du salarié, ce qui implique que chaque dispense résulte d'une demande explicite du salarié traduisant un consentement libre et éclairé de ce dernier (bien faire référence à la nature des garanties en cause auquel il renonce). L'employeur doit être en mesure de produire la demande de dispense des salariés concernés.
- correspondre à l'un ou l'autre des trois cas définis ci-dessous :
  1) cas de dispense n° 1 : salariés embauchés avant la mise en place d'un dispositif par décision unilatérale de l'employeur (DUE). De manière générale, ce cas de dispense ne vise que les DUE ayant institué les garanties en cause. Toutefois, il pourra être admis, pour l'application des règles d'exemption d'assiette, qu'il concerne également les DUE qui modifient un dispositif préexistant, lorsque cette modification consiste en une remise en cause du financement intégral du dispositif par l'employeur. Cette dispense joue en outre en cas de transfert d'entreprise : lorsque les salariés de l'entreprise transférée n'étaient pas couverts à titre obligatoire avant le transfert, ils peuvent exercer leur faculté de dispense d'adhésion à un dispositif

obligatoire mis en place par DUE dans l'entreprise d'accueil (Cass. soc. 4 janvier 1996, n° 92-41885) ;

2) cas de dispense n° 2 : salariés en CDD ou à temps partiel et apprentis, dont l'exclusion est prévue par l'acte lorsque celui-ci est mis en place par convention, accord collectif ou référendum. Le dispositif peut prévoir, quelle que soit leur date d'embauche, les cas de dispense :
   - des salariés à durée déterminée et des apprentis, avec l'obligation spécifique pour ceux titulaires d'un contrat à durée déterminée d'une durée au moins égale à douze mois, de justifier par écrit qu'ils sont déjà couverts à titre individuel pour les mêmes garanties, en produisant tous documents utiles,
   - des salariés à temps partiel et apprentis dont l'adhésion au système de garanties les conduirait à s'acquitter d'une cotisation au moins égale à 10 % de leur rémunération brute.

NB : Dans la rédaction de l'article R. 242-1-6 CSS issue du décret du 9 janvier 2012, ces dispenses ne s'appliquaient pas en cas de mise en place des garanties par voie de décision unilatérale de l'employeur. Toutefois, un décret modificatif pris pour l'application de la loi du 14 juin 2013 de sécurisation de l'emploi apportera un tempérament à cette règle : dès lors que l'ensemble des salariés devront, à terme, être couverts par leur entreprise face au risque de maladie, le deuxième cas de dispense devrait pouvoir aussi s'appliquer en cas de DUE ;

3) cas de dispense n° 3 : bénéficiaires de la CMU-C ou de l'aide à l'acquisition d'une complémentaire santé (ACS) et salariés déjà couverts, y compris en tant qu'ayant droit, par certains dispositifs. L'accord collectif, la DUE ou le référendum instituant des garanties de prévoyance complémentaire peut prévoir, quelle que soit leur date d'embauche, les cas de dispense :
   a) des salariés bénéficiaires de la CMU-C ou d'une aide à l'acquisition d'une complémentaire santé (ACS). Dans ces cas, la dispense, qui doit être justifiée par tout document utile, peut jouer jusqu'à la date à laquelle les salariés cessent de bénéficier de cette couverture ou de cette aide,
   b) des salariés couverts par une assurance individuelle frais de santé au moment de la mise en place des garanties ou de l'embauche si elle est postérieure. La dispense ne peut alors jouer que jusqu'à échéance du contrat individuel. Si le contrat prévoit une clause de renouvellement tacite, la dispense prend fin à la date de reconduction tacite,

c) à condition de le justifier chaque année, des salariés qui bénéficient par ailleurs pour les mêmes risques, y compris en tant qu'ayants droit, d'une couverture collective relevant de l'un des dispositifs de protection sociale complémentaire suivants (cf. arrêté 26 mars 2012 modifié) :
  - dispositif de protection sociale complémentaire présentant un collectif et obligatoire selon les modalités rappelées par la présente circulaire (ainsi, la dispense d'adhésion ne peut jouer, pour un salarié ayant-droit au titre de la couverture dont bénéficie son conjoint salarié dans une autre entreprise, que si ce dispositif prévoit la couverture des ayants-droit à titre obligatoire),
  - régime local d'Alsace-Moselle,
  - régime complémentaire relevant de la Caisse d'assurance maladie des industries électriques et gazières (Camieg),
  - mutuelles des fonctions publiques dans le cadre des décrets n° 2007-1373 du 19 septembre 2007 et n° 2011-1474 du 8 novembre 2011,
  - contrats d'assurance de groupe dits « Madelin »,
  - régime spécial de Sécurité sociale des gens de mer (Enim),
  - caisse de prévoyance et de retraite des personnels de la SNCF (CPRPSNCF).

La faculté de dispense mentionnée au a) comme au b) s'exerce indépendamment de la date à laquelle la situation personnelle du salarié vient à le faire bénéficier d'une autre couverture complémentaire. Un salarié affilié au régime de prévoyance collectif et obligatoire de son entreprise, qui se trouve couvert ultérieurement par le régime de prévoyance de son conjoint soit au titre d'un régime lui-même collectif et obligatoire qui prévoirait la couverture obligatoire des ayants-droit, soit au titre d'un régime « Madelin » ou d'une mutuelle de fonctionnaire, pour ne citer que ces exemples, peut faire valoir sa dispense d'adhésion au régime de son entreprise auquel il adhérait antérieurement.

Les ayants droit

Le dispositif peut prévoir, ou non, la couverture des ayants droit du salarié. Lorsque c'est le cas, on distinguera deux hypothèses :

- si le dispositif laisse la possibilité au salarié de demander l'extension ou non des garanties à ses ayants droit, la contribution de l'employeur versée au-delà du montant prévu pour la couverture du seul salarié ne bénéficie pas de l'exemption d'assiette. En revanche, le bénéfice de l'exemption d'assiette n'est pas remis en cause pour la part de la contribution de l'employeur versée en deçà de ce même montant ;

- si le dispositif prévoit la couverture obligatoire des ayants droit du salarié, la totalité de la contribution de l'employeur bénéficie de l'exemption d'assiette. Il en est de même lorsque le dispositif prévoit une faculté de dispense pour les ayants droit selon des critères correspondant à tout ou partie de ceux définis ci-dessus dans les cas de dispense n° 3.

Le cas particulier des couples travaillant dans la même entreprise

Si la couverture de l'ayant droit est obligatoire, l'un des deux membres du couple doit être affilié en propre, l'autre pouvant l'être en tant qu'ayant droit. Les contributions de l'employeur versées au bénéfice de ce couple sont exclues de l'assiette des cotisations de Sécurité sociale dans les conditions prévues par la présente circulaire.

Si la couverture de l'ayant droit est facultative, les salariés ont le choix de s'affilier ensemble ou séparément. Dans les deux cas, le caractère obligatoire n'est pas remis en cause et les contributions versées par l'employeur, soit pour le couple, soit pour chacun des membres du couple, bénéficient de l'exclusion d'assiette.

La portabilité de la prévoyance Frais de Santé

Concernant la portabilité (prolongation du maintien de la couverture santé et prévoyance pour les anciens salariés en recherche d'emploi), elle devient une obligation légale pour toutes les entreprises (auparavant obligation conventionnelle limitée aux entreprises relevant des branches représentées par les organisations syndicales signataires, soit le Medef, la CGPME et l'UPA).

Sa durée maximale est portée **de** 9 à **12 mois**.

Son financement est mutualisé, c'est-à-dire réparti sur les salariés actifs de l'entreprise.

Il y a donc un transfert de la gestion des justificatifs d'indemnisation par Pôle emploi auprès de l'organisme assureur.

Autres prévoyances

Quant à la « vraie » prévoyance, sa généralisation aurait dû être obligatoire dans toutes les entreprises au 1er janvier 2017. Il y a eu des mesures incitatives toute l'année 2016, mais au final, il n'y a pas d'obligation. De plus, seule était recommandée la prévoyance « Décès ». Ce qui fait qu'à l'heure actuelle, certaines entreprises ont en plus de la prévoyance « Frais de Santé », une autre ligne prévoyance « Décès », et d'autres pas.

Imposition de la prévoyance

Comme les taux de cotisations sont négociés par chaque entreprise et qu'il n'y a pas de taux minimum légal, ce livre ne peut pas inventorier tous ces taux ou forfaits.

Attention : l'article 4 de la loi de finances 2013 rend intégralement imposable la part patronale des cotisations finançant les frais de santé. Les autres contributions (cotisations salariales et patronales de prévoyance et cotisations salariales des frais de santé) restent exonérées d'impôt sur le revenu dans la limite de 5 % du plafond annuel de la Sécurité sociale plus 2 % de la rémunération annuelle brute, mais sans que le total ainsi obtenu puisse excéder 2 % de 8 fois le PASS (6.581,76 euros en 2020).

Les cotisations patronales finançant des contrats de frais de santé intégralement imposables sont celles qui correspondent à des garanties de remboursement ou d'indemnisation de frais occasionnés par une maladie, une maternité ou un accident. Certains contrats de frais de santé prévoyant le versement d'un capital décès (ou garanties obsèques), il est important que les organismes de prévoyance établissent une distinction dans leur appel de cotisations de façon à ce que les entreprises puissent déterminer la part imposable.

Cette nouvelle imposition s'applique également aux cotisations versées dans le cadre de la portabilité dans les mêmes conditions.

En ce qui concerne les autres contributions de prévoyance, elles restent non imposables tant qu'elles ne dépassent pas 5 % du plafond annuel de la Sécurité sociale (2.056,80 euros en 2020) et 2 % de la rémunération brute annuelle du salarié, dans la limite de 8 fois le PASS, soit 6.581,76 euros en 2020.

5. La contribution sociale généralisée (CSG)

En **1991**, Michel Rocard, alors Premier ministre, souhaite que la France passe enfin au **prélèvement à la source**, en remplacement de notre impôt sur le revenu. Mais comment s'y prendre ? Si l'un (PS) remplace l'autre (IR) du jour au lendemain, se pose automatiquement la question : qui paie les impôts de l'année en cours ? Puisque je vous rappelle qu'à l'époque les salariés payaient l'année A des impôts sur ce qu'ils avaient gagné l'année A-1.

Comme il était hors de question que les Français payent deux impôts la même année et que l'État ne souhaitait pas renoncer aux impôts de l'année précédente, il fut donc décidé que la **mise en place serait progressive et qu'on aurait un effet « biseau »** (la CSG était programmée pour monter en niveau de prélèvement au fil des années tandis que simultanément les impôts sur le revenu devaient baisser). L'enfer étant pavé de bonnes intentions, nous avons aujourd'hui les deux : la CSG et toujours les mêmes impôts sur le revenu (sous la forme du prélèvement à la source qui verra le jour finalement sur vos bulletins de paie le 1er janvier 2019, voir plus loin) !

Les articles 127 à 135 de la loi de finances pour **1991** (n° 90-1168 du 29 décembre 1990), parus au *Journal officiel* du 30 décembre 1990, instituent donc une contribution sociale généralisée, affectée à la Caisse nationale des allocations familiales au taux de 1,1 %, sur tous les revenus (trois catégories de revenus : les revenus d'activité et de remplacement, les revenus du patrimoine, les produits de placement).

La circulaire du ministre des Affaires sociales et de la Sécurité sociale, M. Claude Évin, datée du 16 janvier 1991 et publiée au *JO* du 17 janvier, précisait l'interprétation de la loi en ce qui concerne la contribution sur les revenus d'activité et de remplacement, à l'exception des revenus agricoles qui ont fait l'objet d'une circulaire du ministère de l'Agriculture. Parallèlement à l'institution de cette CSG, il avait été décidé de supprimer le prélèvement de 0,4 % sur le revenu imposable, mais le prélèvement social exceptionnel de 1 % sur les revenus du capital fut finalement reconduit.

Puis, au 1er juillet **1993**, le taux de la contribution sociale généralisée fut porté de 1,1 % à 2,4 % par le Premier ministre Édouard Balladur, mais l'augmentation de ce taux devait être déductible fiscalement dans une certaine limite : 3.000 francs pour une personne seule, 6.000 francs pour un couple (ramené à 1.500 francs et à 3.000 francs pour l'année 1993). En fait, il n'en fut rien (loi de finance du 17 décembre 1993), et donc elle resta et reste encore à ce jour **non déductible fiscalement** !

Enfin, au 1er janvier **1997**, le Premier ministre Alain Juppé instaure une nouvelle CSG de 1 %, mais cette fois-ci vraiment **déductible des impôts**. Nouvelle CSG qui, à l'instigation du Premier ministre Lionel Jospin, passa au 1er janvier 1998 à 5,10 % en compensation de la baisse de la cotisation Sécurité sociale maladie.

Depuis **le 1er janvier 2018**, elle a augmenté de 1,7 point, passant ainsi à **6,8 %.** Cette augmentation est censée compenser la suppression de la cotisation salariale assurance-maladie et de la cotisation salariale de l'assurance chômage.

Le champ d'application

Les personnes assujetties sont déterminées suivant les règles fiscales. Pour l'assiette de la CSG et la détermination des catégories de revenus, ce sont les règles en vigueur pour les cotisations du régime général de la Sécurité sociale qui s'appliquent, sauf exceptions mentionnées par la circulaire.

Les contribuables assujettis

Sont assujetties à la CSG toutes les personnes réputées domiciliées en France pour l'application de l'impôt sur le revenu. La domiciliation s'apprécie au moment de la perception du revenu susceptible d'être assujetti à la CSG. Il appartient aux personnes non domiciliées fiscalement en France et qui pourraient faire l'objet d'un précompte sur l'un de leur revenu d'apporter la preuve de leur non-domiciliation fiscale en France à l'organisme ou l'entreprise chargés du précompte. Ces derniers devront demander cette preuve dans les meilleurs délais.

Par rapport au champ d'application des cotisations de Sécurité sociale, il faut noter les différences suivantes :

- les personnes résidant en France et travaillant à l'étranger sont assujetties à la CSG ;
- les personnes résidant à l'étranger et exerçant une activité accessoire en France (sportive ou artistique notamment) ne sont pas assujetties sur la rémunération qu'elles perçoivent à cette occasion ;

- les personnes détachées de France au sens de la Sécurité sociale (C. Séc. soc., art. L. 761-1 et L. 761-2) et non domiciliées fiscalement en France ne sont pas assujetties à la CSG.

Les revenus assujettis

Il s'agit des revenus d'activité et de remplacement versés à compter du 1er février 1991, quelle que soit la période au titre de laquelle ils sont versés. Les exonérations sont expressément fixées par l'article 128 de la loi de finances. **Sont assujettis tous les revenus assimilables aux « traitements, indemnités, émoluments, salaires, allocations, pensions ».**

Les salaires

Entrent dans le champ « salaire » non seulement les sommes considérées comme telles par la législation fiscale, mais aussi :
- les sommes allouées au titre de l'intéressement et de la participation ;
- les déductions supplémentaires pour frais professionnels accordées à certaines professions.

Hormis le taux d'abattement pour frais professionnels, l'assiette de la CSG pour les revenus salariaux est la même que celle retenue pour les cotisations dues au régime général.

Sont incluses, sous réserve d'exonération, **toutes les primes et indemnités diverses**, quelle que soit leur dénomination, ainsi que les avantages en nature et en espèces, quel que soit leur mode de versement, y compris par un tiers. Sont aussi intégrés les primes des fonctionnaires et le supplément familial de traitement. Les indemnités journalières complémentaires sont assujetties en tant qu'élément de la rémunération du salarié, comme en matière de cotisations. Les règles relatives à l'évaluation des avantages en nature et à l'exonération des frais professionnels s'appliquent à la CSG.

Les sommes allouées au titre de l'intéressement et de la participation (au moment de leur attribution), et l'abondement versé par l'entreprise soit au titre du plan d'épargne d'entreprise, soit dans le cadre de la loi du 27 décembre 1973 relative à la souscription ou à l'acquisition d'actions, attribués à partir du 1er février 1991, quel que soit l'exercice de référence, doivent être soumis à la CSG.

À NOTER

Les assiettes forfaitaires définies en matière de cotisations s'appliquent à la CSG, mais l'abattement au titre des frais professionnels n'est alors pas appliqué.

La contribution est recouvrée comme les cotisations du régime général. Les Urssaf sont chargées de l'intégralité du recouvrement de la CSG sur les salaires, à l'exception des revenus agricoles (ainsi que les Cnaf des marins de commerce et de la pêche maritime et de la caisse de compensation des VRP, pour leurs ressortissants).

Tous les **revenus de remplacement** (pensions de retraite et d'invalidité, allocations de chômage et de préretraite) entrent dans le champ de la CSG, **sous réserve d'exonérations**.

Sont exonérées les pensions ou allocations perçues par les personnes exemptées du versement de l'impôt sur le revenu.

Ne sont pas soumis les avantages non contributifs de vieillesse ou invalidité attribués sous condition de ressources (AVTS, allocation supplémentaire du FNS, etc.).

Par ailleurs, sont exonérées de la CSG les allocations de chômage ou de préretraite lorsque l'application du prélèvement réduirait le montant net ou le montant cumulé de la rémunération d'activité et de l'allocation, à une somme inférieure au Smic brut.

La CSG de 1991 n'est pas une charge déductible pour le calcul de l'impôt sur le revenu. Pour la détermination du revenu imposable, il faut donc retenir les éléments du salaire, en déduisant les cotisations mais pas la CSG. En revanche, il n'y a pas lieu d'inclure dans l'assiette du revenu imposable la partie de la CSG portant sur les éléments de revenus non imposables (revenus tirés de l'intéressement ou de la participation, par exemple). **La CSG de 1997 est en revanche une charge déductible** du calcul de l'impôt sur le revenu.

La déduction pour frais professionnels

La CSG ayant été instaurée à l'origine pour initier le prélèvement à la source, il lui est appliqué un abattement pour frais professionnels (comme pour les impôts). Au lieu d'appliquer les frais réels ou un forfait d'abattement de 10 %, dès 1991 il ne lui fut attribué qu'un abattement de 5 % jusqu'au 31 décembre 2004. Le 1er janvier 2005, la déduction n'était plus que de 3 %. Le 1er janvier 2011, l'abattement des 3 % sur l'assiette de la CSG et de la CRDS devient plafonné. En effet, l'article 20 de la loi de financement de la Sécurité sociale pour 2011 limite à quatre fois le plafond de la Sécurité sociale, le montant de la rémunération auquel l'abattement pour frais professionnels sera applicable. Depuis le 1er janvier 2011, la fraction des rémunérations dépassant cette limite sera par conséquent intégralement soumise à la CSG et à la CRDS. Selon les documents annexés au projet de loi, ce plafonnement de l'abattement de 3 % vise également l'épargne salariale. Sur la base du plafond de la Sécurité sociale de 2012, l'abattement cesse de s'appliquer au-delà d'une rémunération annuelle de quatre fois le plafond annuel. Selon le gouvernement, environ 1 % des salariés sont concernés par ces nouvelles mesures.

Enfin, depuis le 1er janvier 2012, l'abattement est réduit à 1,75 %. De plus l'abattement est supprimé pour tous les autres montants hors salaire : plus d'abattement sur les cotisations patronales de prévoyance, de mutuelle ou de retraite supplémentaire.

En résumé, **il y a deux CSG sur votre bulletin de paie : une déductible des impôts (6,80 %) et une non déductible des impôts (2,40 %) assises toutes les deux sur 98,25 % du brut des cotisations (dans la limite de 4 fois le plafond de la Sécurité sociale, soit 13.712 euros en 2020) et sur 100 % de l'excédent de cette limite, des montants de l'intéressement et de la participation et du montant des cotisations patronales de prévoyances « Frais de santé » et « Décès » et retraite supplémentaire (pour ceux qui en bénéficient).**

6. La contribution au remboursement de la dette sociale (CRDS)

La loi n° 95-1348 du 30 décembre 1995 a institué la **contribution au remboursement de la dette sociale sur tous les revenus des personnes physiques versés du 1er février 1996 au 31 janvier 2009**, affectée à une caisse d'amortissement de la dette sociale dont la mission est de gérer et d'amortir la dette constatée au 31 décembre 1995 au titre des déficits cumulés à cette date et du déficit prévisionnel de l'exercice 1996 par le régime général de la Sécurité sociale.

Les **revenus assujettis** sont ceux déjà soumis à la CSG :

- le montant brut des traitements et salaires ;
- les sommes allouées au titre de la participation et de l'intéressement ;
- les contributions patronales aux régimes de prévoyance complémentaire et de retraite supplémentaire ;
- les indemnités de licenciement ou de mise à la retraite, pour la fraction qui excède le montant légal ou conventionnel ;
- les allocations contributives de chômage, de retraite ou d'invalidité des contribuables exonérés d'impôt sur le revenu ;
- les indemnités journalières de maladie, de maternité et d'accident de travail ;
- les allocations de logement ;
- les revenus du patrimoine soumis à la CSG.

S'agissant des produits de placement, outre ceux déjà soumis à la CSG, l'ordonnance assujettit à la CRDS les revenus de l'épargne exonérés d'impôt sur le revenu, à l'exception du livret A et des livrets assimilés.

Depuis 1996, la CRDS a toujours suivi **la même base que la CSG. La CRDS se calcule donc sur 98,25 % du brut des cotisations (dans la limite de 4 fois le plafond de la Sécurité sociale, soit 13.712 euros en 2020) et sur 100 % de l'excédent de cette limite, des montants de l'intéressement et de la participation et du montant des cotisations patronales de prévoyances « Frais de santé » et « Décès » et retraite supplémentaire (pour ceux qui en bénéficient).**

Le 31 janvier 2009 est passé depuis longtemps, mais nous avons toujours la CRDS car il a été décidé de prolonger son prélèvement *sine die*.

Enfin, rappelons que **la CRDS n'est pas déductible** de l'impôt sur le revenu.

En résumé, **sur les bulletins de paie elle est « agrégée » depuis 2019 à la CSG imposable et forme l'ensemble « CSG/CRDS imposables » au taux global de 2,90 %.**

7. Les charges fiscales sur les salaires

Depuis la mise en place du bulletin de paie simplifié, les charges patronales sont à nouveau obligatoires sur le bulletin. Ces charges fiscales sont toutes exclusivement à la charge de l'entreprise, et leurs assiettes sont assises sur le brut. Les voici, sous forme de tableau.

Taxes	Effectif	Assiette	Taux patronal
(1) Effort à la construction	≥ 50	Brut	0,45 %
(2) Apprentissage		Brut	0,68 %
(3) Formation professionnelle continue	≥ 10	Brut	1,00 %
	< 10	Brut	0,55 %
(4) Transport	> 9	Brut	Variable

La participation à l'effort construction

Le taux de 0,45 % est plus connu sous le terme du « 1 % logement » (qui n'est donc plus égal à 1 %). Cet impôt est payé par les entreprises de 50 salariés et plus à des Comités interprofessionnels du logement (Cil). Il sert au **prêt patronal pour l'acquisition ou la réfection d'un logement** alloué aux salariés qui en font la demande.

La taxe d'apprentissage

Sont exonérés de la taxe d'apprentissage les entreprises employant un ou plusieurs apprentis si la base d'imposition à la taxe n'excède pas six fois le Smic annuel, les établissements d'enseignement et les professions libérales. Le taux de 0,68 % résulte de la fusion du taux réel de 0,50 % et de la taxe additionnelle (anciennement de 0,18 %).

L'article L. 6241-2 du Code du travail précise que : le montant total de la taxe due est réparti en deux parties :

- 87 % est destiné au financement de l'apprentissage (versement au Trésor public). Une entreprise qui dispose d'un centre de formation d'apprentis, accueillant ses apprentis, peut déduire de cette fraction de la taxe d'apprentissage le montant des dépenses relatives aux formations délivrées par ce service, dans des conditions de mise en œuvre et sous réserve d'un plafonnement précisés par décret ;
- 13 % est destiné à des dépenses libératoires effectuées par l'employeur en application de l'article L. 6241-4.

La participation à la formation professionnelle continue

Les conditions de financement de la formation professionnelle pour les entreprises de 10 salariés et plus sont modifiées depuis le 1er janvier 2015. Pour les entreprises dont l'effectif est de 1 à 10 salariés, le taux reste à 0,55%. En revanche, pour les entreprises de 11 salariés et plus, il n'y a plus qu'un seul taux de 1 % (remplaçant l'ancien 1,05 % des entreprises entre 10 à moins de 20 salariés et l'ancien 1,60 % des entreprises de 20 salariés et plus).

Les 0,55 % et 1 % sont répartis de la manière suivante :

Dispositif	< 10 salariés	10 à 49 salariés	50 à 299 salariés	300 salariés et +
CIF	-	0,15%	0,20%	0,20%
Professionnalisation	0,15%	0,30%	0,30%	0,40%
Plan	0,40%	0,20%	0,10%	-
CPF	-	0,20%	0,20%	0,20%
FPSPP	-	0,15%	0,20%	0,20%
Total	0,55%	1,00%	1,00%	1,00%

Remarque 1 : le Fonds paritaire de sécurisation des parcours professionnels (FPSPP) remplace l'ancien Fonds unique de péréquation (FUP) depuis le 1er janvier 2015. Le FPSPP a pour but d'assurer la qualification ou la requalification des salariés ou demandeurs d'emploi par des actions adaptées aux bénéficiaires et à leurs projets professionnels.

Remarque 2 : la diminution du taux s'explique en partie par la suppression du Dif.

Le Versement Mobililité

Le versement mobilité est le nouveau nom (depuis le 6 mars 2020) du versement transport, également appelée « taxe transport » (à ne pas confondre avec l'indemnité de transport allouée aux salariés comme vu précédemment), est une contribution due par les employeurs privés ou publics, quelle que soit la nature de leur activité ou leur forme juridique, qui emploient plus de neuf salariés dans une zone où est instituée cette taxe. Le montant de la taxe sert au financement des transports publics (investissement et fonctionnement) et à leurs dépenses d'exploitation.

D'abord institué en région parisienne, la taxe transport a été progressivement étendue aux communes de plus de 300.000 habitants en 1973, 100.000 habitants en 1974, 30.000 habitants en 1982, 20.000 habitants en 1992 et enfin 10.000 habitants en 1999 (loi Chevènement). Le taux de la taxe transport varie en fonction de la ville dans laquelle est située l'entreprise. Selon le Code général des collectivités territoriales, le taux minimum est de **0,50 %** pour les communes de 10.000 habitants (par exemple, la ville de Sélestat) et monte jusqu'à **2,95 %** pour Paris.

La taxe sur les salaires

Enfin, il existe une autre taxe qui ne concerne pas tous les employeurs : **la taxe sur les salaires, destinée à remplacer la TVA** pour ceux qui n'y sont pas soumis (associations gérées selon la loi de 1901). Cette taxe, bien qu'étant fondée sur les salaires, ne profite en rien aux salariés, contrairement aux précédentes. La tranche de 20 % (ajoutée le 1er janvier 2013) a été supprimée en 2018. Voici le tableau pour 2020 :

Assiette/an	Assiette/mois	Taux patronal
De 0,01 à 8 004 euros	De 0,01 à 667,00 euros	4,25 %
De 8 004,01 à 15 981 euros	De 667,01 à 1 331,75 euros	8,30 %
Au-delà de 15 981,01 euros	Au-delà de 1 331,75 euros	13,60 %

8. Le forfait social

Au 1er janvier 1996, il a été institué **à la charge des employeurs** et au profit du Fonds de solidarité vieillesse une **taxe** de 6 % **sur une assiette constituée des contributions de l'employeur** et de celles des organismes de représentation collective du personnel versées au bénéfice des salariés **pour le financement de prestations de prévoyance. Depuis le 1er janvier 1998, cette taxe est passée à 8 %.**

Parallèlement, et sans aucun rapport, pour renflouer la Caisse d'Assurance Maladie des travailleurs salariés a été institué en 2009, un « forfait social » sur les rémunérations ou gains non soumis aux cotisations sociales en vigueur mais assujettis à CSG. En clair, ce sont :

- les sommes versées par l'employeur au titre de la participation et de l'intéressement, y compris les suppléments versés (le forfait social est dû lors du versement) ;
- l'abondement de l'employeur aux différents plans d'épargne, dans le respect des plafonds de versement ;
- les contributions patronales finançant les prestations de retraite supplémentaire ;
- la prime de partage des profits pour sa fraction exonérée de cotisations sociales, limitée à 1.200 euros ;
- les sommes versées au titre de l'intéressement aux chefs d'entreprise, aux gérants majoritaires, au conjoints collaborateurs ou conjoints associés ;
- les jetons de présences et sommes perçues par les administrateurs et membres des conseils de surveillance des SA et Selafa ;
- la prise en charge par l'employeur de la cotisation salariale de retraite complémentaire, sur la base d'un temps plein et pendant certains congés ;
- la part de l'indemnité de rupture conventionnelle exclue des cotisations de Sécurité sociale.

En 2009, le taux était de 2 %.

Exemple : Si un employeur versait 2 000 euros au titre de l'intéressement par exemple, le forfait social était de (2 000 × 2 %) 40 euros à reverser à l'Urssaf.

Au 1er janvier 2010, le taux est passé à 4 %.
Au 1er janvier 2011, le taux est passé à 6 %.
Au 1er janvier 2012, le taux est passé à 8 %. La coïncidence des taux (entre la taxe sur les cotisations patronales de prévoyance et le forfait

social), a fait qu'il a été décidé de regrouper ces deux taxes sous le vocable « forfait social ».

Mais, dès le 1er août 2012, le nouveau gouvernement décida que le forfait social sur les rémunérations ou gains non soumis aux cotisations sociales en vigueur mais assujettis à CSG passait à 20 %. On se retrouvait donc avec deux « forfait social », l'un à 8 % (comme avant) et l'autre à 20 %.

Depuis le 1er janvier 2016, les entreprises de 11 salariés et plus peuvent être redevables de trois « forfait social » :

- celui à 8 % pour :
  - les contributions des employeurs destinées au financement des prestations complémentaires de prévoyance versées au bénéfice de leurs salariés (y compris les apprentis), anciens salariés et de leurs ayants droit,
  - la réserve spéciale de participation dans les sociétés coopératives et participatives (Scop),
  - les sommes versées après le 1er janvier 2016 au titre de la participation ou de l'intéressement, pour les entreprises qui n'ont pas conclu d'accords depuis plus de 5 ans ou si elles concluent leur premier accord (pendant 6 ans à partir de la date d'effet de l'accord). Ce taux de 8 % est également valable pour les entreprises de moins de 50 salariés qui versent de la participation ou de l'intéressement alors qu'elles ne sont soumises à l'obligation de mettre en place un tel dispositif (sauf en cas de fusion ou absorption qui ferait passer son effectif au-delà de 50 salariés) ;

À NOTER

Les entreprises qui, en raison de l'accroissement de l'effectif, atteignent ou dépassent pour la première fois, au titre des années 2016, 2017 ou 2018, l'effectif de 11 salariés sont dispensées de forfait social pendant trois ans.

- celui à 16 % pour : les sommes provenant de l'intéressement et de la participation et des abondements de l'employeur versés sur un plan d'épargne pour la retraite collectif (Perco) ;
- celui à 20 % pour :
  - les sommes versées aux salariés, aux chefs d'entreprise, aux présidents, aux directeurs généraux, aux gérants ou membres du directoire, au conjoint collaborateur ou conjoint associé, au titre de l'intéressement, du supplément d'intéressement,

et de l'intéressement de projet (mais la fraction des montants excédant les plafonds d'exonération de l'intéressement étant réintégrée dans la base de calcul des cotisations de Sécurité sociale, ces sommes ne sont pas soumises au forfait social) ;

- les sommes versées au titre de la participation et du supplément de réserve spéciale de participation, y compris les montants perçus par les chefs d'entreprise, les présidents, directeurs généraux, les gérants ou membres du directoire, le conjoint collaborateur ou le conjoint associé ;
- les sommes destinées à financer des plans d'épargne (plan d'épargne d'entreprise (PEE) – plan d'épargne interentreprises (PEI) – plan d'épargne pour la retraite collectif) ;
- le versement initial effectué par l'employeur au plan d'épargne pour la retraite collectif en l'absence de contribution du salarié ;
- la partie de l'abondement de l'employeur versé en complément du versement du salarié au Perco excédant 2 300 euros par an ;
- les sommes versées au titre d'un plan d'épargne aux chefs d'entreprise, aux présidents, directeurs généraux, aux gérants ou membres du directoire, au conjoint collaborateur ou au conjoint associé ;
- les contributions des employeurs aux régimes de retraite supplémentaire sur la part exclue de la base de calcul des cotisations, à l'exception de celles finançant des régimes de retraite à prestations définies (retraites dites « chapeaux » qui sont soumises à une contribution spécifique) ;
- les indemnités versées à l'occasion de la cessation forcée des fonctions des mandataires sociaux et des dirigeants pour la part exclue des cotisations de Sécurité sociale et soumise à CSG (soit dans la limite de deux plafonds annuels de Sécurité sociale) ;
- des sommes prises en charge par l'employeur pour la part salariale de la cotisation de retraite complémentaire lorsque les cotisations de retraite complémentaire sont calculées sur un temps plein alors que le salarié est employé à temps partiel ,
- des jetons de présence et les sommes perçues au titre de l'exercice de leur mandat par les administrateurs et membres des conseils de surveillance des SA (sociétés anonymes) et des Selafa (sociétés d'exercice libéral à forme anonyme) ;
- des rémunérations exceptionnelles allouées par le conseil d'administration ou par le conseil de surveillance pour les missions et mandats confiés à des administrateurs ,
- des indemnités versées à l'occasion de la rupture conventionnelle homologuée pour la partie exclue de la base de calcul des cotisations et soumise à CSG. Les indemnités de rupture

conventionnelle sont ainsi soumises au forfait social du premier euro jusqu'à deux fois le plafond annuel de la Sécurité sociale, ce qui correspond :

1) à la part exclue de l'assiette des cotisations et de l'assiette de la CSG (montant légal ou conventionnel),
2) à la part exclue de l'assiette des cotisations et soumise à CSG (au-dessus du plafond légal ou conventionnel et dans la limite de deux plafonds annuels de Sécurité sociale).

L'article fondateur du forfait social dans le Code de la Sécurité sociale exclut expressément de son champ d'application un certain nombre d'éléments de rémunération :

- la fraction des indemnités versées lors de la rupture du contrat de travail exclue de l'assiette des cotisations et soumise à CSG. Il s'agit des indemnités :
  - de licenciement versées ou non dans le cadre d'un plan de sauvegarde de l'emploi (PSE),
  - de départ volontaire versées dans le cadre d'un PSE ou d'une gestion prévisionnelle des emplois et des compétences (GPEC),
  - de mise à la retraite versées ou non dans le cadre d'un PSE ;
- les dommages-intérêts versés sur décision de justice en cas de licenciement, sans cause réelle et sérieuse, ou irrégulier ;
- la participation de l'employeur au financement des chèques vacances, dans les entreprises de moins de 50 salariés non dotées d'un comité d'entreprise et qui ne relèvent pas d'un organisme paritaire de gestion des activités sociales ;
- les attributions de stocks-options et d'actions gratuites (soumises à une contribution spécifique).

9. Le prélèvement à la source

Ce vieux serpent de mer datant du début des années 1990, a refait surface à la fin du quinquennat de François Hollande. Après avoir été annoncée pour l'année 2018, sa mise en place s'est donc enfin réalisée au 1er janvier 2019 reléguant ainsi la France à l'avant-dernière place des pays développés à instaurer le prélèvement à la source. Seul Singapour résiste!
En effet, tous les autres pays développés ont mis en place ce système de soustraction de l'impôt directement sur le salaire (autrement dit: «à la source» des revenus). Le pionnier en la matière est la Prusse (ancêtre de l'Allemagne) dès 1811, tandis que le plus récent est l'Espagne en 1979.

Le prélèvement à la source de l'impôt sur le revenu vise à adapter le recouvrement de l'impôt au titre d'une année à la situation réelle de l'usager (revenus, événements de vie) au titre de cette même année, sans en modifier les règles de calcul. Il a pour objectif de supprimer le décalage d'un an entre la perception des revenus et le paiement de l'impôt sur ces revenus. Il consiste à faire payer l'impôt en même temps que le salarié perçoit ses revenus.

Le prélèvement s'applique:
- aux traitements et salaires;
- aux pensions de retraite;
- aux allocations de chômage;
- aux indemnités journalières de maladie;
- à la fraction imposable des indemnités de licenciement.

L'impôt est prélevé directement sur votre revenu par le collecteur (votre employeur ou caisse de retraite) selon un taux de prélèvement calculé par l'administration fiscale.

Si la situation du contribuable change en cours d'année (modification des revenus ou situation de famille), il peut demander une modification de son taux de prélèvement auprès de l'administration fiscale. C'est notamment le cas pour:
- un mariage;
- la signature d'un Pacs;
- la naissance, l'adoption ou le recueil d'un enfant mineur;
- le décès de l'un des époux ou partenaire de Pacs;
- un divorce ou une rupture de Pacs.

Une confidentialité garantie

Le salarié ne donnera aucune information à son employeur. L'administration fiscale restera l'interlocutrice du contribuable :

- elle calculera le taux du prélèvement et le communiquera au tiers versant les revenus (employeurs privés ou publics, caisses de retraites, etc.) ;
- elle sera seule destinataire des éventuelles demandes de modulation de taux de prélèvement exprimées par les contribuables ;
- elle recevra les déclarations de revenus des contribuables, comme aujourd'hui ;
- elle calculera le montant final de l'impôt ;
- elle recevra le paiement du solde d'impôt ou procédera à la restitution d'un éventuel trop-versé.

Le taux de prélèvement

Pour que cette perception se fasse au plus juste, le taux de prélèvement a été communiqué aux contribuables et à leurs employeurs dans le courant du mois de septembre précédant l'année du PAS. Ce taux a été calculé à partir de la déclaration de revenus (établie au printemps de l'année précédente). Ce taux est appliqué à vos revenus de janvier à août et est révisé à partir de septembre en fonction de la nouvelle déclaration du printemps de l'année en cours.

Ce taux ne tient pas compte des éventuels crédits d'impôt ou réductions diverses. Ce n'est que lors de régularisation de septembre qu'il en sera tenu compte. Par exception, les crédits d'impôt pour frais de garde des jeunes enfants, emploi à domicile, frais d'hébergement en EPHAD, dons aux œuvres, cotisations syndicales et investissement locatif sont remboursés par anticipation dès janvier à hauteur de 60 % et le solde en juillet.

Le taux de prélèvement varie de 0 % pour un revenu mensuel ne dépassant pas 1.418 euros (2020) et 43 % pour un revenu mensuel supérieur à 48.196 euros (2020).

Mais, dans le détail, il y en a trois de prévus :

- **le taux de prélèvement personnalisé non individualisé.** C'est le taux du couple (marié ou pacsé) établi en fonction des revenus déclarés en commun lors de la déclaration printanière ;
- **le taux de prélèvement personnalisé individualisé.** Le couple (marié ou pacsé) peut opter pour l'application d'un taux indivi-

dualisé sur leurs revenus personnels. Le conjoint moins fortuné profitera alors d'une baisse du taux applicable sur ses revenus quand le plus fortuné subira à l'inverse une hausse du prélèvement sur les siens. Au 31 décembre, le couple aura payé le même montant d'impôt que s'il avait choisi le taux non individualisé mais chacun aura contribué en fonction de ses revenus personnels. Le choix de cette option auprès de l'administration fiscale est possible à tout instant de l'année mais elle ne sera effective au plus tard que le troisième mois suivant la demande ;
- **le taux de prélèvement « neutre » (ou « par défaut » ou non personnalisé).** Si le salarié ne souhaite pas que son employeur connaisse son taux de prélèvement réel, il peut opter pour un taux « neutre ». Celui-ci sera déterminé pour chaque conjoint d'après son seul salaire et sans tenir compte des autres revenus du foyer ou de son quotient familial, comme un célibataire ayant le même salaire.

L'intérêt de ce choix est limité car il ne tient pas compte des charges déductibles, crédits ou réductions d'impôt. Le salarié risque de faire une avance de trésorerie à l'administration fiscale. De plus, s'il a d'autres sources de revenus que son salaire, il devra payer directement chaque mois le complément d'impôt.

Ce taux « non-personnalisé » sera également appliqué si l'administration fiscale n'est pas en mesure de communiquer un taux au collecteur, par exemple en cas de début d'activité professionnelle (sauf si l'employeur a utilisé la faculté de pouvoir disposer du taux personnalisé dès le premier versement de revenu) ainsi qu'aux personnes qui sont fiscalement à la charge de leurs parents afin qu'elles ne subissent pas un prélèvement excessif.

Base mensuelle de prélèvement				Taux
<	1 418 €			0%
De	1 418 €	à	1 472 €	0,5%
De	1 472 €	à	1 567 €	1,3%
De	1 567 €	à	1 673 €	2,1%
De	1 673 €	à	1 787 €	2,9%
De	1 787 €	à	1 883 €	3,5%
De	1 883 €	à	2 008 €	4,1%
De	2 008 €	à	2 376 €	5,3%
De	2 376 €	à	2 720 €	7,5%
De	2 720 €	à	3 098 €	9,9%
De	3 098 €	à	3 487 €	11,9%
De	3 487 €	à	4 069 €	13,8%
De	4 069 €	à	4 878 €	15,8%
De	4 878 €	à	6 104 €	17,9%
De	6 104 €	à	7 625 €	20,0%
De	7 625 €	à	10 583 €	24,0%
De	10 583 €	à	14 333 €	28,0%
De	14 333 €	à	22 500 €	33,0%
De	22 500 €	à	48 196 €	38,0%
>	48 196 €			43,0%

Les cas particuliers

L'entrée ou sortie en cours de mois

Les limites mensuelles des tranches ne sont **pas proratisées**, même si la période rémunérée est inférieure à un mois.

Les contrats courts

CGI art. 204 H III, 1, d, al. 2 : pour les CDD et contrats d'intérim conclus pour une durée inférieure ou égale à deux mois (ou CDD et contrats d'intérim à terme imprécis mais assortis d'une durée minimale inférieure ou égale à deux mois) et lorsque l'employeur est contraint d'appliquer un taux neutre (absence de taux de PAS en cours de validité pour le salarié concerné), il doit appliquer à l'assiette du PAS un **abattement égal à 50 % du montant net imposable du Smic** (soit 615 euros en 2018, 624 euros en 2019, **631 euros en 2020**).

Les apprentis et stagiaires

Les apprentis et stagiaires ont leurs salaires et indemnités de stage **exonérés d'impôt sur le revenu dans la limite du Smic annuel brut (18.473,04 euros en 2020).**

Les IJSS subrogées

En cas de subrogation dans le paiement des IJSS (c'est-à-dire lorsque l'employeur verse lui-même les indemnités journalières pour le compte des organismes de Sécurité sociale ou de la Mutualité sociale agricole, et dès lors que l'employeur ignore si les indemnités journalières maladie qu'il verse sont liées à une affection de longue durée ou à une maladie ordinaire), l'employeur doit soumettre au PAS :

- le montant imposable des **IJSS maladie non professionnelle** (montant brut - 3,8 % de CSG déductible), **dans la limite d'une durée de** 2 mois (**60 jours**) à compter du 1er jour de l'arrêt de travail ;
- le montant imposable des **IJSS maternité-paternité-adoption** (montant brut - 3,8 % de CSG déductible), **sans limitation de durée** ;
- le montant imposable des **IJSS accident du travail-maladie professionnelle** (50 % du montant brut - 3,8 % de CSG déductible), **sans limitation de durée.**

En revanche, la part de la rémunération correspondant au maintien du salaire, qui ne bénéficie d'aucune exonération d'impôt sur le revenu, est soumise en totalité à la retenue à la source et ce y compris au-delà du délai de deux mois.

L'arrêt pour maladie non professionnelle pendant les congés payés

Si l'entreprise n'applique pas la décision de la Cour de justice de l'Union européenne en cas de maladie non professionnelle pendant les congés (à savoir que la maladie interrompt la période de congés payés, puisque selon la CJUE les congés payés sont un droit inaliénable) en laissant le salarié percevoir lui-même les IJSS versées à l'occasion de sa maladie (pas de possibilité de subrogation faute de maintien de salaire, puisque l'employeur verse déjà l'indemnité de congés payés), **la durée de 2 mois se décompte néanmoins dès le premier jour d'arrêt de travail, bien que ces IJSS ne soient pas subrogées.**

Exemple : un salarié est en congés payés du 15 juillet au 11 août 2020 et a un arrêt de travail pour maladie non professionnelle le 22 juillet. La période de 2 mois (60 jours après le premier jour d'arrêt de travail) prendra fin le 19 septembre et les IJSS subrogées versées après cette date ne seront plus soumises au PAS.

Retour sur l'année de transition

Le maintien des réductions et crédits d'impôt

Parallèlement, **le bénéfice des réductions et des crédits d'impôt acquis au titre de l'année précédente est maintenu pour l'année en cours.** Les avantages fiscaux donnés sous la forme d'abattement ont été automatiquement intégrés dans le taux, notamment celui de **10 % pour frais professionnels**, ou l'abattement « journaliste » ou assistant maternel. La déduction des pensions alimentaires est également prise en compte.

Les réductions et crédits d'impôt, ouverts au titre de l'année précédente, sont maintenus et versés intégralement au moment du solde de l'impôt, à la fin de l'été de l'année en cours. Pour les **services à domicile et garde d'enfant, le versement d'un acompte de crédit d'impôt a été versé au cours du premier trimestre de l'année en cours.** Il était égal à 30 % du crédit d'impôt de l'année précédente. Le solde sera versé en août de l'année en cours, après la déclaration de revenu qui reste inchangée et qui permettra de déclarer le montant des dépenses engagées l'année précédente ouvrant droit au crédit d'impôt.

L'imposition des revenus exceptionnels perçus en 2018

Les revenus exceptionnels ainsi que les autres revenus exclus du champ de la réforme, **par exemple les plus-values mobilières et immobilières, les intérêts, les dividendes, les gains sur les stocks-options ou les actions gratuites sont restés imposés en 2019**, selon les modalités habituelles. Les contribuables n'ont pas donc pu profiter de l'année 2018 pour vendre en franchise d'impôt des actions ou des biens immobiliers.
Enfin, afin d'éviter les abus, la loi avait prévu des dispositions particulières pour que les contribuables qui étaient en capacité de le faire **ne puissent pas majorer artificiellement leurs revenus de l'année 2018.**

Exemples de revenus exceptionnels :

- des indemnités de rupture du contrat de travail (pour leur fraction imposable uniquement) – les indemnités de fin de CDD ou de missions (primes de précarité) ouvriront bien droit, en revanche, au bénéfice du crédit d'impôt modernisation du recouvrement ;
- des indemnités de cessation des fonctions des mandataires sociaux et dirigeants ;
- des indemnités de clientèle, de cessation d'activité et celles perçues en contrepartie de la cession de la valeur de la clientèle ;
- des indemnités, allocations et primes versées en vue de dédommager leurs bénéficiaires d'un changement de résidence ou de lieu de travail ;
- des prestations de retraite servies sous forme de capital ;
- des aides et allocations capitalisées servies en cas de conversion, de réinsertion ou pour la reprise d'une activité professionnelle ;
- des sommes perçues au titre de la participation ou de l'intéressement et non affectées à la réalisation de plans d'épargne entreprise (PEE, Perco) ou retirées d'un plan d'épargne en dehors des cas légaux de déblocage des sommes ;
- de la monétisation de droits inscrits sur un compte épargne temps pour ceux qui excèdent 10 jours (en deçà de cette durée, ces revenus sont donc considérés comme non exceptionnels et bénéficient de l'effacement de l'impôt correspondant) ;
- gratifications surérogatoires, quelle que soit la dénomination retenue par l'employeur ;
- revenus qui correspondent par leur date normale d'échéance à une ou plusieurs années antérieures ou postérieures ;
- les primes de signature et indemnités liées aux transferts des sportifs professionnels ou à raison de la prise de fonction d'un mandataire social ;
- tout autre revenu qui, par sa nature, n'est pas susceptible d'être recueilli annuellement.

La direction générale des finances publiques (DGFIP) transmet à l'entreprise du salarié par voie dématérialisée le taux de prélèvement à appliquer aux revenus soumis au prélèvement à la source. Le service paie retient le montant correspondant puis le reverse le mois suivant au titre d'un mois (ou d'un trimestre pour les TPE) à l'administration fiscale.

Une mise en œuvre simplifiée grâce à la déclaration sociale nominative (DSN)

L'administration fiscale calcule le taux de prélèvement (en tenant compte des options retenues dans certains cas par le contribuable) et reste responsable de la collecte de l'impôt sur le revenu. Son action permet de garantir la bonne collecte de l'impôt, d'assurer la confidentialité des informations personnelles des contribuables et d'éviter que les entreprises aient en charge de calculer l'impôt de leurs salariés. Les entreprises reçoivent par le même système informatique que celui par lequel elles transmettent la déclaration sociale nominative (DSN), le taux de prélèvement à appliquer sur le salaire. Aujourd'hui, la DSN est généralisée à toutes les entreprises, ce qui a entraîné une vague sans précédent de modernisation des logiciels de paie.

Tableau des assiettes de cotisations et des taux minimums obligatoires

	Charges sociales sur salaires		Taux (en %)			Assiette mensuelle	
	Année 2020	Précisions	Salarié	Employeur	Total	Tranche	En Euros
Sécurité Sociale	Mal., Mat., Inv., Déc. (Hors Alsace-Mos.)	Rémunération ≤ 2,5 SMIC	0	7,00	7,00	Brut	
		Rémunération > 2,5 SMIC	0	13,00	13,00	Brut	
	Mal., Mat., Inv., Déc. (Alsace-Moselle)	Rémunération ≤ 2,5 SMIC	*1,50*	*7,00*	*8,50*	*Brut*	
		Rémunération > 2,5 SMIC	*1,50*	*13,00*	*14,50*	*Brut*	
	Contribution Solidarité Autonomie		0	0,30	0,30	Brut	
	Accidents du travail		0	variable	variable	Brut	
	Allocations familiales	Rémunération ≤ 3,5 SMIC	0	3,45	3,45	Brut	
		Rémunération > 3,5 SMIC	0	5,25	5,25	Brut	
	Vieillesse	Plafonnée	6,90	8,55	15,45	A	De 0 à 3 428 €
		Déplafonnée	0,40	1,90	2,30	Brut	
	Fonds National d'Aide au Logement	Effectif < 50 salariés	0	0,10	0,10	A	De 0 à 3 428 €
		Effectif ≥ 50 salariés	0	0,50	0,50	Brut	
	Forfait Social	Effectif ≥ 11 salariés	0	8,00	8,00	Mt des cotis. patr. des Prévoyances	
	Contribution au Dialogue Social		0	0,016	0,016	Brut	
	Versement Mobilité	Effectif ≥ 11 salariés	0	variable	variable	Brut	
	Contribution Sociale Généralisée	Déductible du Net Fiscal	6,80	0	6,80	(Brut x 98,25% dans la limite de 13 712 € + brut x 100% au-delà de 13 712 €) + montants des cotisations patronales des prévoyances	
	Contribution Sociale Généralisée	Non déductible du Net Fiscal	2,40	0	2,40		
	Contrib. au Remb. de la Dette Sociale	Non déductible du Net Fiscal	0,50	0	0,50		
Chômage	Régime Assurance Chômage		0	4,05	4,05	A+B	De 0 à 13 712 €
	Association Garantie des Salaires		0	0,15	0,15	A+B	De 0 à 13 712 €
Retraite Complémentaire	**Retraite complémentaire unifiée** Retraite Complémentaire	Tranche 1	3,15	4,72	7,87	1	De 0 à 3 428 €
		Tranche 2	8,64	12,95	21,59	2	De 3 428 à 27 424 €
	Contribution d'Equilibre Général (CEG)	Tranche 1	0,86	1,29	2,15	1	De 0 à 3 428 €
		Tranche 2	1,08	1,62	2,70	2	De 3 428 à 27 424 €
	Contribution d'Equilibre Technique (CET)	Rémunération < plaf. SS	0,00	0,00	0,00		
		Rémunération ≥ plaf. SS	0,14	0,21	0,35	1 + 2	De 0 à 27 424 €
	Association Pour l'Emploi des Cadres	(si salarié cadre)	0,024	0,036	0,060	A+B	De 0 à 13 712 €
	Prévoyance décès des cadres	(Minimum obligatoire)	0	1,50	1,50	A	De 0 à 3 428 €
Taxes Diverses	Taxe d'apprentissage	Tous départements sauf	0	0,68	0,68	Brut	
		Alsace-Moselle	*0*	*0,44*	*0,44*	*Brut*	
	Participation à la construction	Effectif ≥ 50 salariés	0	0,45	0,45	Brut	
	Participation à la formation	Effectif < 11 salariés	0	0,55	0,55	Brut	
		Effectif ≥ 11 salariés	0	1,00	1,00	Brut	
		Supplément si C.D.D.	0	1,00	1,00	Salaire CDD	
						Assiette annuelle	
	Taxe sur les salaires pour les employeurs non assujettis à la T.V.A.		0	4,25	4,25	De 0 à 8 004 €	
			0	8,50	8,50	De 8 004 à 15 981 €	
			0	13,60	13,60	Au-delà de 15 981 €	
	Prévoyance Frais de Santé	Obligatoire depuis 01/2016	variable	variable	variable	Dépend de l'accord	

Total des charges sociales	Total / 1	20,840%	39,506%	60,346%
	Total / 2	19,814%	47,262%	67,076%

10. Les cotisations spéciales

Les cotisations des apprentis

Les apprentis sont exonérés de cotisations salariales pour toute la partie des cotisations minimales obligatoires. Ils ne cotisent donc pas à l'Urssaf (vieillesse plafonnée et déplafonnée), ni à la retraite complémentaire si celle-ci est appelée au taux minimum obligatoire. Si la retraite complémentaire est appelée à un taux supérieur au taux minimum, l'apprenti cotisera sur la différence entre ces deux taux. Enfin, les apprentis sont également exonérés de la contribution sociale généralisée et de la contribution au remboursement de la dette sociale (loi n° 90-1168 du 29 décembre 1990, art. 128 et ord. n° 96-50 du 24 janvier 1996).

La loi de financement de la Sécurité sociale 2019 a prévu que cette exonération s'applique sur la part de la rémunération de l'apprenti inférieure ou égale à 79 % du Smic. Cette règle s'applique aux cotisations dues au titre des périodes courant depuis le 1er janvier 2019.

Quant aux **cotisations patronales**, depuis le 1er janvier 2019, elles **se calculent sur la brut réel de l'apprenti** (et non plus sur une assiette forfaitaire calculée sur la base de 151,67 fois le Smic connu au 1er janvier de l'année × le pourcentage d'application en fonction de son âge et de son ancienneté diminué de 11 points, comme jusqu'au 31 décembre 2018).

La contrepartie est que **les employeurs bénéficient** depuis le 1er janvier 2019 du régime **de réduction générale de cotisations patronales** (anciennement allégement Fillon).

Les cotisations des contrats de professionnalisation

La protection sociale du travailleur salarié est financée par des cotisations et contributions qui sont calculées à partir du salaire brut.

Les cotisations de Sécurité sociale qui couvrent l'assurance vieillesse de base (retraite du régime général) sont à la fois à la charge du salarié (part salariale) et de l'employeur (part patronale).

D'autres cotisations ou contributions sont uniquement à la charge de l'employeur :

- la cotisation maladie ;
- la cotisation d'assurance chômage ;
- les cotisations d'allocations familiales ;
- la contribution solidarité autonomie ;
- les cotisations d'accident du travail ;
- le versement au fonds national d'aide au logement (Fnal) ;
- la cotisation assurance garantie des salaires (AGS) ;
- le forfait social ;
- le versement transport (pour les employeurs de 11 salariés et plus dans un périmètre de transport urbain).

En revanche, la contribution sociale généralisée et la contribution au remboursement de la dette sociale, destinées au financement de la Sécurité sociale, sont supportées uniquement par le salarié.

Enfin, **l'exonération spécifique applicable aux contrats de professionnalisation** conclus avec les demandeurs d'emploi **âgés de 45 ans et plus** ou entre un groupement d'employeurs et un jeune âgé de 16 à 25 ans **est supprimée depuis le 1er janvier 2019**.

En échange, **les rémunérations des salariés en contrat de professionnalisation bénéficient de la réduction générale de charges depuis le 1er janvier 2019**.

Les cotisations des stagiaires

Il faut avant tout préciser ce que l'on entend par stagiaire. Il ne s'agit pas de jeunes qui viennent travailler pendant leurs vacances scolaires ou universitaires.

En effet, un stage correspond à une période temporaire de mise en situation en milieu professionnel au cours de laquelle l'étudiant acquiert des compétences professionnelles qui mettent en œuvre les acquis de sa formation en vue de l'obtention d'un diplôme ou d'une certification.

Le stagiaire se voit confier une ou des missions conformes au projet pédagogique défini par son établissement d'enseignement et approuvées par l'organisme d'accueil.

Un stage dans un même organisme d'accueil de plus de 2 mois consécutifs, ou non consécutifs au cours de la même année scolaire ou universitaire, doit être obligatoirement rémunéré chaque mois, dès le premier jour du stage. Pour calculer cette durée de deux mois, il faut prendre en compte le temps de présence effective du stagiaire. Un jour correspond à 7 heures de présence effective, et un mois correspond à 22 jours. Le stagiaire dépasse donc la durée minimum de 2 mois dès lors qu'il est présent plus de 44 jours (2 × 22 jours) ou plus de 308 heures (7 × 22 × 2). Cette obligation s'applique aux entreprises, aux administrations publiques, aux associations ou tout autre organisme d'accueil. *A contrario*, la gratification est facultative pour l'employeur si le stage dure moins de 2 mois.

Bien qu'elle soit versée mensuellement, cette gratification n'a pas le caractère de salaire. Elle est donc soumise à un régime juridique distinct tant en matière de montant minimum que sur le plan fiscal ou social.

La gratification minimale

Le montant de la gratification de stage est librement fixé par les parties, mais cette indemnité ne peut être inférieure à un montant fixé par la convention de branche ou un accord professionnel, ou à défaut, par la loi. Dans ce dernier cas, le montant d'une gratification de stage ne peut pas être inférieur à un seuil minimal calculé non pas en fonction du Smic, mais à partir d'un pourcentage du plafond horaire de la Sécurité sociale. **Le montant minimum de la gratification de stage 2020 est fixé à 3,90 euros** (15 % du plafond horaire de la Sécurité sociale 26 euros en 2020), multiplié par le nombre d'heures de présence effective du stagiaire dans le mois.

Exemple : Une personne effectue un stage en entreprise du lundi 27 janvier au mardi 31 mars 2020.
En janvier, son indemnité de stage sera de : 35 heures x 3,90 euros = 136,50 euros ;
En février, son indemnité de stage sera de : 154 heures x 3,90 euros = 600,60 euros ;
En mars, son indemnité de stage sera de : 140 heures x 3,90 euros = 546,00 euros.

À cette somme peuvent également s'ajouter d'éventuels avantages, comme les titres restaurant dont le stagiaire peut désormais bénéficier. Cette gratification doit être indiquée dans la convention de stage signée par l'entreprise, le stagiaire et l'établissement de formation, ainsi que sur l'attestation de stage obligatoirement remise au stagiaire à l'issue de son stage.

Les cotisations et charges sociales

Pour bénéficier de l'exonération de cotisations sur la gratification, le stagiaire doit être élève ou étudiant des établissements privés ou publics d'enseignement technique, secondaire, spécialisé ou supérieur. N'entre pas dans la base de calcul des cotisations, la fraction de la gratification, en espèces ou en nature, versée aux stagiaires qui n'excède pas, au titre d'un mois civil, le nombre d'heures de stage effectuées au cours du mois considéré multiplié par 15 % du plafond horaire de la Sécurité sociale. Si le seuil de la franchise de cotisation est dépassé, seule la fraction excédentaire est assujettie aux cotisations de Sécurité sociale, à la CSG et à la CRDS, à la contribution solidarité autonomie, au Fnal et à la taxe Transport. Le stagiaire n'ayant pas le statut de salarié, même dans le cas où la gratification versée dépasse le seuil de franchise, les contributions d'assurance chômage et organisation syndicale ne sont pas dues.

Attention : Le taux de la cotisation patronale Santé SS est de 13 % et non pas de 7 % comme il serait logique (sa rémunération étant inférieure à 2,5 Smic). Le stagiaire n'étant pas un salarié, l'employeur ne bénéficiait pas du CICE et la baisse de 13 % à 7 % ne concerne que les salariés en bénéficiant auparavant.

Les indemnités de stage sont désormais (depuis la loi n° 2014-788 du 10 juillet 2014) exonérées d'impôt sur le revenu à hauteur d'un Smic annuel. De ce fait, elles ne sont pas prises en compte dans le calcul des APL dans la limite de leur part imposable. Seule la partie supérieure au Smic annuel est donc prise en compte.

NB : De très nombreuses entreprises n'établissent pas de bulletin de paie pour les stagiaires tant que ceux-ci sont rémunérés avec la gratification minimale. En effet, n'ayant aucune charge ni salariale, ni patronale, le bulletin de paie est inutile. En revanche, dès que la rémunération du stagiaire dépasse cette gratification minimale, un bulletin de paie devient obligatoire.

Les autres types de stages obligatoires verront leurs gratifications supérieures au pourcentage en vigueur du PHSS soumises aux cotisations salariales et patronales sur les sommes réellement versées.

Je profite de cet espace consacré aux stagiaires en entreprises pour leur rappeler que s'ils ne sont pas des salariés au sens propre, ils ont tout de même certains droits :

- ils ont accès aux activités sociales et culturelles proposées par le comité d'entreprise ;
- lorsqu'ils existent pour les salariés, les stagiaires doivent avoir accès au restaurant d'entreprise ou aux titres-restaurant dans les mêmes conditions que les salariés (exonération de cotisations sociales à condition de respecter les deux maxima vus précédemment) ;
- en cas de grossesse, de paternité ou d'adoption, ils bénéficient des congés et autorisations d'absence de durées équivalentes à celles prévues pour les salariés ;
- n'ayant pas la qualité de salariés, ils sont dispensés de la journée de solidarité ;
- pour les stages supérieurs à 2 mois (ou 308 heures), leurs conventions de stage doivent prévoir la possibilité de congés et d'autorisation d'absence ;
- l'entreprise doit également rembourser une part des frais de transport engagés pour effectuer le stage dans les mêmes conditions que pour le salarié ;
- les remboursements de frais ne sont pas inclus dans la gratification mensuelle ; ils doivent y être ajoutés.

Les cotisations des salariés âgés de plus de 65 ans

Alors que les salariés âgés de 65 ans et plus bénéficiaient d'une exonération des cotisations Assedic (parts salariales et patronales), la convention de l'assurance chômage du 14 mai 2014 a supprimé cette exonération à partir des rémunérations versées depuis le 1er juillet 2014. Autrement dit, **il n'y a plus de particularités en matière de cotisations pour les salariés âgés de 65 ans et plus.**

Les cotisations excédentaires

Les cotisations de retraite supplémentaire

Les contributions patronales au financement de régimes de retraite supplémentaire sont exclues de l'assiette des cotisations de Sécurité sociale pour une fraction n'excédant pas la plus élevée des deux valeurs suivantes :

- 5 % du plafond annuel de la Sécurité sociale, soit 2.056,80 euros en 2020 ;

- 5 % de la rémunération annuelle brute soumise à cotisations de la Sécurité sociale, cette rémunération étant prise en compte dans la limite de cinq fois le montant du plafond annuel de la Sécurité sociale (205.680 euros en 2020).

L'excédent est réintégré dans l'assiette des cotisations de la Sécurité sociale et des cotisations dont le régime est aligné sur celui des cotisations de la Sécurité sociale : contribution solidarité autonomie, versement de transport, cotisations du RAC, cotisations dues à la caisse Agirc-Arrco.

Exemple n° 1 : pour une rémunération de 48.000 euros en 2020, le montant maximum de contributions patronales de retraite supplémentaire exonéré s'élèvera à 2.400 euros, soit 5 % de la rémunération, cette somme étant plus élevée que 5 % du plafond annuel de la Sécurité sociale (2.056,80 euros).

Exemple n° 2 : pour une rémunération de 260.000 euros en 2020, le montant maximum de contributions patronales de retraite supplémentaire exonéré s'élèvera à 10.284 euros, soit 5 % de cinq plafonds annuels de la Sécurité sociale (205.680 euros × 5 %), et non à 5 % de la rémunération car celle-ci dépasse les cinq plafonds annuels de la Sécurité sociale.

Les cotisations de prévoyance complémentaire

Les contributions patronales au financement de régimes de prévoyance complémentaire sont exclues de l'assiette des cotisations de Sécurité sociale :

- pour une fraction n'excédant pas la somme de 6 % du plafond annuel de la Sécurité sociale (2.458,16 euros en 2020) plus 1,50 % de la rémunération annuelle brute soumise à cotisations de la Sécurité sociale ;
- sans que le total ainsi obtenu puisse excéder 12 % du plafond annuel de la Sécurité sociale (4.936,32 euros en 2020).

L'excédent est réintégré dans l'assiette des cotisations de la Sécurité sociale et des cotisations dont le régime est aligné sur celui des cotisations de la Sécurité sociale : contribution solidarité autonomie, versement de transport, cotisations du RAC, cotisations dues aux caisses Arrco et Agirc…

Exemple n° 1 : pour une rémunération de 70.000 euros en 2020, le montant maximum de contributions patronales de prévoyance exonéré s'élèvera à 3.508,16 euros, soit 2.458,16 euros (6 % du plafond annuel de la Sécurité sociale) plus 1.050 euros (70.000 euros × 1,50 %), cette somme ne dépassant pas le plafond d'exonération de 4.936,32 euros (12 % du plafond annuel de la Sécurité sociale).

Exemple n° 2 : pour une rémunération de 180.000 euros en 2020, le montant maximum de contributions patronales de prévoyance exonéré s'élèvera à 4.936,32 euros, soit 12 % du plafond annuel de la Sécurité sociale car la somme de 6 % du plafond annuel de la Sécurité sociale et de 1,50 % de la rémunération dépasse 4.936,32 euros (2.458,16 euros + 2.700 euros [180.000 euros × 1,50 %] = 5.158,16 euros).

11. Les réductions de charges

Maintenant qu'on sait sur quelles bases et à quels taux les cotisations, contributions et taxes sont calculées, il nous reste à voir les différents dispositifs d'exonérations, de réductions ou encore d'allégements des charges patronales.

« Mais pourquoi y a-t-il des réductions de charges ? » vous demandez-vous. Comme vous l'avez constaté sur le tableau des cotisations, les employeurs paient au moins 40 % de charges patronales directes. Si on ajoute une mutuelle par-ci et une prévoyance par-là, les charges atteignent facilement 50 %. Autrement dit, pour qu'un salarié ait 1.500 euros nets dans sa poche, il faut un brut de 2.000 euros et ça coûte 3.000 euros à l'entreprise. À peu d'euros près, le double du net à payer ! Pour les gouvernements successifs depuis le début des années quatre-vingt-dix, le poids des charges est un frein à l'embauche. Donc, pour que les entreprises engagent de nouveaux salariés, plusieurs systèmes de réduction de charges patronales ont été créés selon les différentes visions politiques.

À part les dispositifs « Balladur », « Juppé I » ou « Juppé II », ces lois successives temporellement ont instauré des aides financières en faveur des entreprises qui négocient une réduction du temps de travail par voie d'accord collectif.

Il y eut donc, par ordre de date de sortie de loi :

- la loi « Bérégovoy » (aide au temps partiel) du 29 décembre 1992, qui n'est plus d'actualité ;
- la loi « Balladur » (réduction des cotisations d'allocations familiales), qui est toujours d'actualité dans certains secteurs d'activité ;
- la loi « Juppé I » (réduction des charges patronales, première mouture), qui n'est plus d'actualité ;
- la loi « Juppé II » (mixage des lois « Balladur » et « Juppé I »), qui n'est plus d'actualité ;
- la loi « de Robien » du 11 juin 1996 (allégement des cotisations sociales pour les entreprises réduisant volontairement leur horaire), qui n'est plus d'actualité ;
- la loi « Aubry I » du 13 juin 1998 (allégement forfaitaire des cotisations sociales pour les entreprises qui anticipent la réduction de la durée du travail à 35 heures, accord conclu avant le 1er janvier 2000 pour les entreprises de plus de 20 salariés, avant le 1er janvier 2002 pour les petites entreprises), qui n'est plus d'actualité ;

- la loi « Aubry II » du 19 janvier 2000 (allégement des cotisations sociales pour les entreprises qui réduisent ou ont déjà réduit leur temps de travail), qui n'est plus d'actualité ;
- la loi « Fillon » du 17 janvier 2003 (nouvelle réduction unique des cotisations sociales pour toutes les entreprises sans condition de durée du temps de travail, applicable depuis le 1er juillet 2003), qui est toujours d'actualité, mais rebaptisée « Réduction générale des charges patronales » depuis le 1er janvier 2018.

Donc, à l'heure actuelle (et sauf exceptions), il ne subsiste plus que la réduction générale des charges patronales.

12. La réduction générale des charges patronales

Avant d'entrer concrètement dans la technique de cet allégement, vous devez savoir qu'il y a eu plusieurs formules de calcul : d'abord la formule « classique » en 2003 – mois par mois on vérifiait si le salarié pouvait bénéficier de la réduction —, puis il a fallu tenir compte des heures supplémentaires (ou complémentaires), puis on a supprimé cet avantage, et enfin la réduction a été annualisée.

Pour faire simple, aujourd'hui ne bénéficient de cette réduction que les salariés qui gagnent moins de 1,6 fois le Smic annuel. Pourquoi 1,6 Smic ? Parce que cette somme correspond plus ou moins au **salaire brut médian** en France (environ 29.557 euros annuels) et que le Premier ministre de l'époque souhaitait en faire bénéficier un salarié sur deux. Donc si le salarié perçoit plus que 1,6 Smic, il n'y a pas de réduction des charges. Si, en revanche, il est payé au Smic, la réduction est d'environ 499,54 euros par mois (en 2020). Entre ces deux extrêmes, la formule que je vais détailler ci-après vous permettra de calculer le montant exact de la réduction.

Enfin, sachez que cette réduction générale des charges patronales coûte entre 6 et 20 milliards d'euros selon les années à la Sécurité sociale. À l'heure où le gouffre du déficit s'agrandit d'année en année, certains voudraient voir cette réduction supprimée, notamment parce qu'elle a un effet pervers pour le salarié dont la rémunération est en dessous de 1,6 Smic et qui souhaiterait être augmenté (et passer au-dessus de 1,6 Smic) : son augmentation a toutes les chances d'être refusée car l'entreprise perdrait alors le bénéfice de la réduction. Cependant, si cette réduction était supprimée, combien d'emplois seraient également supprimés, les entreprises ne pouvant plus payer les charges ? Puisque personne n'a la réponse à cette question, la réduction demeure, et il est temps d'en aborder la technique.

Le champ d'application de la réduction

Les employeurs concernés

Sont concernés par le dispositif :

- les employeurs obligatoirement assujettis à l'assurance chômage, soit les entreprises industrielles, commerciales, artisanales et agricoles, les entreprises du secteur des services, les professions

libérales, les offices publics et ministériels, les sociétés civiles, les syndicats professionnels, les associations et les organismes de Sécurité sociale (sauf ceux dotés du statut d'établissement public);
- les employeurs de salariés visés par l'article L. 5424-2 du Code du travail (art. L. 351-12 avant le 1er mai 2008), dont l'emploi ouvre droit à l'allocation chômage (directement versée par l'employeur ou, par délégation, par les organismes d'assurance chômage), soit les établissements publics industriels et commerciaux relevant des collectivités territoriales, les sociétés d'économie mixte dans lesquelles ces mêmes collectivités ont une participation majoritaire (au moins 30 % du capital social) et les entreprises nationales;
- les employeurs de concierges et d'employés d'immeuble;
- les employeurs relevant des régimes spéciaux des marins, des mines et des clercs et employés de notaires;
- les employeurs de salariés agricoles;
- la Poste.

Ne bénéficient pas de la réduction:
- l'État, les collectivités territoriales et leurs établissements publics administratifs, scientifiques ou culturels, pour leurs agents titulaires ou non titulaires et pour leurs seuls salariés affiliés aux régimes spéciaux correspondants: la SNCF, la RATP, EDF, GDF, la Banque de France, le Théâtre national de l'opéra, la Comédie-française, la Seita;
- les chambres de commerce et d'industrie, de métiers et d'agriculture, pour leurs salariés statutaires ou non;
- les particuliers employeurs.

Les salariés visés

La réduction s'applique aux salariés titulaires d'un contrat de travail à temps plein ou à temps partiel, à durée déterminée ou indéterminée. Sont ainsi exclus du bénéfice du dispositif, en l'absence de contrat de travail, les dirigeants de société, même s'ils sont rattachés au régime général de la Sécurité sociale des salariés (C. Séc. soc., art. L. 241-13, II mod. par loi n° 2003-47, 17 janvier 2003, art. 9).

Les cotisations concernées

Jusqu'au 31 décembre 2014, la réduction portait sur les seules cotisations patronales versées au titre:
- des assurances sociales, c'est-à-dire la couverture des « risques », que constituent la maladie, la maternité, la vieillesse, l'invalidité et le décès;

- des accidents du travail et des maladies professionnelles, à l'exclusion des cotisations supplémentaires imposées à l'employeur en vertu de l'article L. 242-7 du Code de la Sécurité sociale pour tenir compte des risques exceptionnels présentés par l'exploitation ;
- des allocations familiales.

Toutes les autres cotisations et les contributions de toute nature (Fnal, versement transport, retraite complémentaire, assurance chômage) restaient dues par l'employeur.

Depuis la loi de financement rectificative de la Sécurité sociale du 8 août 2014, et mise en application depuis le 1er janvier 2015, la réduction porte également sur le Fnal, la contribution solidarité autonomie et la cotisation accident du travail dans la limite de 0,69 % depuis le 1er janvier 2020 (1 % en 2015, 0,93 % en 2016, 0,90 % en 2017, 0,84 % en 2018, 0,78% en 2019).

Enfin, depuis le 1er octobre 2019, la réduction tient compte de l'assurance chômage (4,05%)

Le calcul de la réduction : principes généraux

Les éléments de la formule de calcul

Le montant de la réduction est calculé pour chaque salarié. Il peut être cumulé, le cas échéant, avec d'autres mesures d'exonération, dans la limite du montant des cotisations patronales de Sécurité sociale dues pour l'emploi du salarié.

Le montant de la réduction est obtenu en multipliant la rémunération annuelle brute du salarié par un coefficient déterminé par une formule de calcul. Celle-ci intègre la rémunération annuelle brute (heures supplémentaires ou complémentaires incluses) et le nombre annuel d'heures travaillées (1.820 + les HS ou HC) × Smic horaire.

Le coefficient est décroissant en fonction de la rémunération.

La formule de calcul du coefficient est la suivante :

$$\text{Coefficient} = \left(\frac{T}{0,6}\right) \times \left[\left(1,6 \times \frac{\text{Nombre annuel d'heures travaillées x SMIC horaire}}{\text{Rémunération annuelle brute}}\right) - 1\right]$$

Jusqu'au 31 décembre 2014, « T » avait la valeur de 0,281 pour les entreprises dont l'effectif était inférieur ou égal à dix-neuf salariés et « T » avait la valeur de 0,26 pour les entreprises de 20 salariés et plus. Ces taux n'avaient pas changé depuis le début de la mise en application de l'allégement Fillon. Depuis le 1er janvier 2015 « T » change tous les ans, et en 2019 il a changé deux fois.

Au 1er janvier 2019, « T » était égal au taux « réel » des cotisations patronales dues à l'Urssaf et aux cotisations de retraite, à savoir : 7,00 % (assurance-maladie) + 10,45 % (assurance vieillesse plafonnée et déplafonnée) + 3,45 % (allocations familiales) + 0,10 % ou 0,50 % (Fnal en fonction de la taille de l'entreprise) + 0,30 % (contribution solidarité autonomie) + 0,78 % (accident du travail) + 6,01 % (4,72 % de retraite + 1,29 % de CEG). Donc, T = 0,2809 pour les entreprise de moins 20 salariés et T = 0,2849 pour les entreprises de 20 salariés et plus.
Puis, au 1er octobre 2019, « T » a augmenté pour tenir compte du taux de la cotisation patronale de chômage, (4,05 %) soit : 0,3214 pour les entreprises de moins de 20 salariés et 0,3254 pour les autres.

Depuis le 1er janvier 2020, T est égal au cumul des taux : 7,00 % (assurance maladie) + 10,45 % (assurance vieillesse plafonnée et déplafonnée) + 3,45 % (allocations familiales) + 0,10 % ou 0,50 % (FNAL en fonction de la taille de l'entreprise) + 0,30 % (contribution solidarité autonomie) + 0,69 % (accident du travail) + 6,01% (4,72% de retraite + 1,29% de CEG) + 4,05 % (assurance chômage).
Donc, T = 0,3205 pour les entreprises de moins 50 salariés et **T = 0,3245 pour les entreprises de 50 salariés et plus**.

Quant au **coefficient**, il est **arrondi à quatre décimales, au millième le plus proche**. Si le résultat obtenu est supérieur à 0,3245 (ou 0,3205 pour les entreprises de moins de 50 salariés), il est pris en compte pour une valeur égale à 0,3245 (ou 0,3205). S'il est égal ou inférieur à zéro, la rémunération brute annuelle n'ouvre pas droit à réduction. Le montant annuel de réduction obtenu est arrondi au centime d'euros le plus proche.

Enfin, cette réduction générale des charges est depuis le 1er janvier 2019 comptablement divisée en deux réductions générales : en 2020, cela donne une réduction pour l'URSSAF (avec un taux de 0,2644) et une réduction pour la Retraite (avec un taux de 0,0601).

La référence au Smic

Le montant mensuel du Smic à prendre en compte est le Smic calculé sur la base de la durée légale du travail, soit 1.820 fois le Smic horaire (151,67 × 12). Ce montant est corrigé dans différentes situations (temps partiel, absence non rémunérée ou partiellement rémunérée…).

Pour déterminer le Smic mensuel à prendre en compte, il faut donc, dans tous les cas, commencer par établir le Smic base 1.820 heures. Ensuite, selon la situation du salarié, on utilisera ce montant entier ou proratisé.

En 2019, le Smic annuel était de : 10,03 euros × 1.820 heures = 18.254,60 euros.

Pour l'année 2020, **le Smic annuel** devrait être de : 10,15 euros × 1.820 heures = **18.473,00 euros**.

Les situations dans lesquelles le Smic annuel est égal au Smic base 1.820 heures

- Si la rémunération mensuelle est fixée sur la base de la durée légale (35 heures hebdomadaires).
- Si la rémunération mensuelle est fixée sur la base d'une durée annuelle de travail de 1.607 heures (sous réserve que le mois travaillé soit complet).
- Si la durée du travail est organisée sous forme de cycle, on tient compte de la durée hebdomadaire rapportée à la durée du cycle.
- Si un salarié relève d'une convention individuelle de forfait en jours prévoyant 218 jours de travail, le Smic mensuel pour le calcul du coefficient est aussi égal au Smic base 1.820 heures, sauf mois incomplet.

Ainsi, le Smic base 1.820 heures ne doit pas être majoré si des heures sont rémunérées au-delà de 35 heures ou de 1.607 heures ou de 218 jours.

Les situations dans lesquelles le Smic base 1.820 heures est proratisé

- Contrat de travail à temps partiel

Smic mensuel à prendre en compte : Smic 1.820 × durée contractuelle / durée légale

- Durée collective du travail inférieure à la durée légale

Smic mensuel à prendre en compte : Smic 1.820 × durée collective / durée légale

- Embauche ou départ en cours d'année

Smic mensuel à prendre en compte : Smic 1.820 × nombre d'heures payées / 1.820

- Absence non rémunérée

Smic mensuel à prendre en compte : Smic 1.820 × nombre d'heures payées / 1.820

- Absence partiellement rémunérée

Smic mensuel à prendre en compte : Smic 1.820 × rém. brute annuelle / rém. brute théorique

La rémunération brute annuelle

La rémunération à prendre en compte est la **rémunération annuelle brute soumise à cotisations de Sécurité sociale et versée au salarié au cours de l'année civile considérée.**

Selon les règles de l'article L. 242-1 du Code de la Sécurité sociale, la **rémunération annuelle brute est l'ensemble des éléments de rémunération**, en espèces ou en nature, attribués en contrepartie ou à l'occasion du travail, quelle que soit sa dénomination (salaire, prime, gratification, indemnités, notamment de congés payés ou en cas de maladie…).

En cas d'abattement supplémentaire pour frais professionnels, c'est la rémunération après abattement qui est retenue pour le calcul de la réduction. Mais **les sommes représentant les frais professionnels** au sens de l'arrêté du 20 décembre 2002, c'est-à-dire les sommes versées aux salariés pour couvrir des charges de caractère spécial inhérentes à la fonction à l'emploi, **ne sont pas prises en compte dans la rémunération.**

Les allocations versées aux salariés poursuivant une activité à temps plein dans le cadre de conventions d'allocations temporaires dégressives ou à temps partiel dans le cadre de conventions de préretraite progressive, d'aide au passage à temps partiel, ou en cas d'activité partielle, **ne sont pas prises en compte** dans le calcul de la réduction.

Depuis le 1er janvier 2012, les heures supplémentaires et complémentaires sont réintroduites dans le brut servant au diviseur de la formule, **et le mode de calcul du Smic annuel tient maintenant compte du nombre d'heures supplémentaires et complémentaires réellement effectuées** (chaque heure supplémentaire ou complémentaire ne compte que pour une heure, sans tenir compte du taux de sa majoration. Ex : 4 H.S. à 125% = 4 heures à rajouter et non pas 5). Le but de la manœuvre est bien sûr de diminuer le montant de l'allégement en cas d'heures supplémentaires majorées (la modification est en revanche neutre pour les heures complémentaires rémunérées au taux normal).

Les salariés relevant du bâtiment, travaux publics (BTP)

Comme nous venons de le voir plus haut, la réduction générale des charges se calcule sur la base d'une formule mathématique appliquée sur la rémunération brute annuelle de chaque employé.

Or, dans le BTP, cette rémunération ne comprend pas les indemnités de congés payés (ICP), versées par les caisses de congés dans la grande majorité des cas. Pour corriger ce problème et mettre les entreprises du BTP dans une situation identique à celle des autres branches professionnelles, il y avait jusqu'au 31 décembre 2014 une majoration de 10 % du montant de la réduction Fillon calculé sur la base de la rémunération brute annuelle, hors ICP.

Pour les rémunérations versées à compter du 1er janvier 2015, cette majoration est annulée. Désormais, la spécificité des entreprises du BTP est prise en compte par l'application en leur faveur d'une formule de calcul spéciale pour cette réduction générale des chagres patronales qui est maintenant égale à la rémunération annuelle brute soumise à cotisations du salarié multipliée par un coefficient. Ce coefficient est obtenu grâce à la formule mathématique suivante :
C = (T / 0,6) × [(1,6 × Smic annuel / rémunération annuelle brute) -1] × 100 / 90.

Avec un plafond égal à C = T × 100 / 90. Le résultat obtenu doit être arrondi à quatre décimales, comme pour les autres entreprises.

Les règles de cumul avec d'autres allégements de cotisations patronales

Jusqu'en août 2012, la réduction Fillon était **cumulable avec la déduction forfaitaire des cotisations patronales sur les heures supplémentaires** et assimilées. Ce cumul s'effectuait dans la limite des cotisations patronales dues à l'Urssaf sur la rémunération du mois considéré ; lorsque cette limite était dépassée, c'est le montant de la déduction forfaitaire qui était réduit et non celui de la réduction Fillon.

Aujourd'hui la réduction générale des charges patronales reste **cumulable avec une aide à l'emploi**, lorsque le cumul de cette aide et d'une exonération de cotisations n'est pas expressément interdit. Elle peut donc s'appliquer pour un contrat jeune en entreprise, un contrat initiative-emploi et un contrat insertion-revenu minimum d'activité.

En revanche, elle n'est **pas cumulable avec une autre exonération totale ou partielle de cotisations patronales**, à l'exception de la réduction des cotisations patronales de Sécurité sociale sur l'avantage en nature nourriture dans le secteur des hôtels, cafés, restaurants.

Elle n'est **pas cumulable** non plus avec **l'application de cotisations forfaitaires ou d'assiettes forfaitaires de cotisations ou de taux spécifiques de cotisations** (exemple : les intermittents du spectacle), à l'exception de ceux propres aux VRP multicartes, aux journalistes et aux professions médicales à employeurs multiples.

Les formalités administratives

Au niveau de la DSN, la réduction générale des charges est déclarée en cumulée dans les données agrégées Urssaf. Elle est également déclaré paie à paie dans les Cotisations individuelles des salariés :
- la réduction générale Urssaf est déclarée sur le code 018 ;
- la réduction générale retraite est déclarée sur le code 106.

Le montant de la réduction est automatiquement déduit, dans le fichier DSN, du montant à payer à l'Urssaf (réduction générale URSSAF) et du montant à payer à la ou les caisses de retraite complémentaire (réduction générale retraite).

Mais la procédure d'application de la réduction est **déclarative**. Le contrôle de son calcul est effectué *a posteriori*. L'employeur doit tenir à disposition des organismes de recouvrement des cotisations les

éléments nécessaires à leur mission de contrôle. A cet effet, l'employeur établit chaque année un justificatif du calcul de la réduction qu'il conserve aux fins du contrôle.
Ce document est rempli par établissement et par année civile. Il indique :

- le nombre de salariés ouvrant droit à la réduction Fillon ainsi que le nombre de salariés ouvrant droit à la nouvelle réduction des cotisations salariales sur les heures supplémentaires ou complémentaires, et le nombre de salariés ouvrant doit à la déduction des cotisations patronales sur les heures supplémentaires ;
- le montant total des exonérations appliquées au titre de chacun de ces dispositifs ;
- pour chaque salarié concerné : son identité, la rémunération mensuelle brute versée, le montant de chaque réduction ou déduction appliquée, le montant du coefficient de la réduction générale des charges patronales et, le cas échéant, le nombre d'heures complémentaires ou supplémentaires ou assimilées ouvrant droit aux nouvelles réductions de cotisations et la rémunération afférente à ces heures.

13. Le crédit d'impôt compétitivité emploi (CICE)

Cette deuxième réduction des charges n'existe plus depuis le 31 décembre 2018. Elle a été remplacée par la réduction du taux de la cotisation patronale sur l'assurance maladie (passant ainsi de 13 % à 7 % si le brut du salarié est inférieur à 2,5 Smic).

Pour rappel, elle ne passait pas sur le bulletin de paie et à dire vrai ne concernait le service paie qu'à travers la déclaration des cotisations Urssaf (puisqu'il y a une ligne sur cette déclaration – CTP 400 – qu'il fallait renseigner tous les mois).

Le CICE bénéficiait aux entreprises au titre des rémunérations qu'elles versaient à leurs salariés.

- Les entreprises devaient être soumises à l'impôt sur les bénéfices selon le régime du bénéfice réel normal ou simplifié.
- La notion de salariés s'entendait au sens large (privé ou public, apprentis, contrats aidés). Etaient exclus du dispositif les dirigeants et les stagiaires.
- Les rémunérations dont le montant n'excèdait pas 2,5 Smic sur l'année ouvraient droit au CICE. Pour la vérification de ce 2,5 Smic (3.746,25 euros en 2018), l'administration transposait la logique de l'allégement Fillon pour les cas particuliers liés aux temps partiels, aux absences, aux heures complémentaires et supplémentaires, aux horaires à temps plein différents de la durée légale, aux entrées et sorties en cours de mois) et pour les salariés dont la rémunération bénéficiait d'assiettes forfaitaires ou spécifiques de cotisations, la rémunération à prendre en compte était la rémunération brute réelle (et non pas l'assiette forfaitaire – apprentis – ou forfaitaire – formateurs occasionnels).

Le taux du CICE était de 4 % au titre des rémunérations versées en 2013. Il était de 6 % pour les rémunérations versées en 2014. En 2016, si le taux était toujours à 6 % en métropole, il était passé à 9 % dans les départements d'outre-mer après y être passé à 7,5 % en 2015. En 2017, le taux était passé à 7 % en métropole mais était resté à 9 % en Guadeloupe, Guyane, Martinique, Mayotte et à La Réunion. **En 2018, le taux était revenu à 6 %.**

14. La « simplification » du bulletin de paie

Nous venons de voir toutes les cotisations et contributions obligatoires sur le bulletin de paie. Mais, en 2018, les salariés ne les voyaient plus à cause de la loi dite de « simplification » du bulletin de paie.

En 2019, par l'arrêté du 13 mai 2018, la « simplification » faisait réapparaître les bases et les taux de cotisations, mais en en changeant l'ordre et les libellés. Bien que nous ayons déjà vu le bulletin de paie lors de la présentation du bulletin de paie, il est temps de voir concrètement comment cette simplification s'opère.

Les cotisations sociales doivent apparaître ainsi :

SANTÉ
- Sécurité sociale (cotisation patronale maladie, maternité, invalidité, décès)
- Incapacité, invalidité, capital décès (toutes les lignes concernant la prévoyance décès)
- Complément santé (toutes les lignes concernant la prévoyance frais de santé)

ACCIDENT DU TRAVAIL, MALADIE PROFESSIONNELLE (la cotisation patronale acc. trav.)

RETRAITE
- Sécurité sociale (vieillesse plafonnée sur la tranche A)
- Sécurité sociale (vieillesse déplafonnée sur le brut)
- Complémentaire (Agirc-Arrco et CEG sur la tranche 1)
- Complémentaire (Agirc-Arrco et CEG sur la tranche 2)
- Contribution d'équilibre technique (sur la tranche 1 + 2)
- Supplémentaire (éventuelles cotisations de retraite supplémentaire)

FAMILLE (allocations familiales)

CHÔMAGE
- Chômage (cotisation du régime assurance chômage + l'AGS sur la tranche A + B)
- Apec (si le salarié est cadre (sur la tranche A + B))

AUTRES CONTRIBUTIONS DUES PAR L'EMPLOYEUR
Cette rubrique agrège le reste des contributions dues uniquement par l'employeur, notamment le versement transport, la contribution au Fonds national d'aide au logement, la contribution solidarité autonomie,

le forfait social, la taxe d'apprentissage et la contribution patronale au dialogue social.

CSG NON IMPOSABLE (la CSG à 6,80 % reste seule sur cette ligne)

CSG et CRDS IMPOSABLES (regrouper la CSG à 2,40 % et la CRDS à 0,50 %)

RÉDUCTION GÉNÉRALE DES CHARGES PATRONALES (il est possible de cumuler la réduction générale des cotisations patronales (ex-Fillon) avec les divers allégements possibles : allocations familiales, ZRR, zone franche, etc.)

EXONÉRATION COTISATIONS SALARIALES sur les heures supplémentaires

Depuis le 1er janvier 2019, le bulletin de paie doit mentionner de nouvelles informations :

a) Art. R. 3243-1 9) du Code du travail modifié : *« L'assiette, le taux et le montant de la retenue à la source prévue au 1° du 2 de l'article 204 A du Code général des impôts ainsi que la somme qui aurait été versée au salarié en l'absence de retenue à la source. »*
« Pour la composition de la mention "Net à payer avant impôt sur le revenu" et de la valeur correspondant à cette mention, il est utilisé un corps de caractère dont le nombre de points est au moins égal à une fois et demi le nombre de points du corps de caractère utilisé pour la composition des intitulés des autres lignes. ».
Il est à noter que malgré ce dernier paragraphe, la plupart des logiciels de paie utilisent la même police de caractère pour le Net à payer avant impôt que pour les autres lignes. Sans doute, soit parce que c'est matériellement impossible ou soit parce que ce serait faire croire au salarié qu'il perçoit cette somme alors que la somme réelle serait imprimée en plus petit.

b) L'arrêté du 9 mai 2018 fixe une « nouvelle » mention obligatoire : *« dont évolution de la rémunération liée à la suppression des cotisations chômage et maladie »* dont le montant est égal à la différence entre les réductions de cotisations salariales et l'augmentation de CSG, soit la différence entre :
   1) d'une part, la somme des montants correspondant aux exonérations de cotisations salariales en vigueur depuis le 1er janvier 2018, soit :
      - la part de la contribution salariale d'assurance chômage prise en charge par l'Acoss. On rappelle que, pour l'année 2018,

cette prise en charge s'élèvait à 1,45 % au titre des périodes courant entre le 1er janvier et le 30 septembre et 2,40 % au titre des périodes courant à compter du 1er octobre,

- et la cotisation d'assurance maladie, maternité, invalidité et décès (0,75 %) qui aurait été mise à la charge du salarié, calculée en application des règles et taux applicables au 31 décembre 2017 ;

2) d'autre part, le montant correspondant à l'augmentation de la CSG appliquée depuis la même date, égal à l'application d'un taux de 1,7 % à l'assiette de cette contribution.

Exemple : si un salarié perçoit aujourd'hui une rémunération mensuelle égale à 2.500 euros.
Et si l'assiette de la CSG s'élève à 2.506,25 euros, soit (2.500 × 98,25 %) + 50 euros (exemple de montant de la contribution patronale de prévoyance frais de santé). L'augmentation de la CSG depuis le 1er janvier 2018 s'élève donc à (2.506,25 × 1,7 %) 42,61 euros.
Cette augmentation est alors compensée par la baisse des cotisations maladie (2.500 × 0,75 % = 18,75 euros) et chômage (2.500 × 2,40 % = 60 euros), soit 78,75 euros.
La valeur inscrite sur le bulletin doit donc être (78,75 euros - 42,61 euros) 36,14 euros.

Il est à noter que dans l'augmentation des cotisations, il n'est nullement tenu compte des augmentations des cotisations retraite (3,10 % devenu 3,15 % sur T1, 8,10 % devenu 8,84 % sur T2), ni de l'ancienne AGFF rebaptisée CEG (passant de 0,80 % à 0,86 % sur T1 et de 0,90 % à 1,08 % sur T2), ni de la nouvelle CET (pour les salaires supérieurs au plafond, 0,14 %), ni des augmentations des cotisations prévoyances frais de santé et invalidité décès que la suppression de la cotisation maladie, maternité, invalidité et décès a entrainé, ce qui fausse raisonnablement la valeur obtenue.

15. Les organismes collectant les charges sociales et fiscales

Maintenant que vous savez tout (ou presque) des cotisations, voyons maintenant à quels organismes il faut les verser.

À l'Urssaf :
- assurance-maladie, maternité, invalidité, décès ;
- assurance vieillesse ;
- allocations familiales ;
- accident du travail ;
- Fonds national d'aide au logement ;
- contribution solidarité autonomie ;
- forfait social ;
- versement mobilité (pour les entreprises concernées) ;
- contribution sociale généralisée ;
- contribution au remboursement de la dette sociale ;
- et depuis le 1er janvier 2011, les deux cotisations de Pôle emploi :
  - régime d'assurance chômage,
  - association à la garantie des salaires.

À l'Agirc-Arrco :
- retraite sur la tranche 1 des cadres et des non-cadres ;
- retraite sur la tranche 2 des cadres et des non-cadres ;
- contribution d'équilibre général sur la tranche 1 des cadres et des non-cadres ;
- contribution d'équilibre général sur la tranche 2 des cadres et des non-cadres ;
- contribution d'équilibre technique sur la tranche 1 + 2 des salariés dépassant le plafond SS ;
- association pour l'emploi des cadres sur les tranches A + B (pour les cadres uniquement).

Aux organismes de prévoyance et/ou mutuelle : les cotisations que ces organismes appellent.

À l'organisme Comité interprofessionnel du logement dont l'entreprise dépend : la participation à l'effort de construction.

Au centre des impôts dont l'entreprise dépend :
- la taxe sur les salaires (pour les entreprises concernées) ;
- la taxe d'apprentissage (pour les entreprises concernées) ;
- la participation à la formation professionnelle continue (pour les entreprises concernées).

Les dates de ces versements

La date d'exigibilité des cotisations Urssaf dépend de deux facteurs : l'effectif de l'entreprise au 31 décembre de l'année précédente et la date de versement des salaires.

Entreprises de moins de 50 salariés (art. R. 243-6 II 1° du Code de la Sécurité sociale) :

- quelle que soit la date du paiement des salaires, la DSN est exigible le 15 du mois M + 1 ;
- si l'entreprise a moins de 11 salariés et qu'elle a opté pour un paiement trimestriel, les cotisations sont exigibles le 15 du 1er mois du trimestre qui suit.

Entreprises de 50 salariés et plus :

- date de versement des salaires avant le dernier jour du mois, date d'exigibilité le 5 du mois suivant ;
- date de versement des salaires entre le 1er et le 10 du mois suivant, date d'exigibilité le 15 du mois suivant.

En ce qui concerne les déclarations à la caisse de retraite Agirc-Arrco, jusqu'au 31 décembre 2013, l'appel des cotisations était trimestriel (le 15 du mois suivant la fin de trimestre). Depuis le 1er janvier 2014, cet appel est mensuel et suit les mêmes règles que l'Urssaf.

L'appel des cotisations de mutuelle et de prévoyance reste pour l'instant trimestriel.

Quant au Cil et aux impôts, le montant est à verser une fois par an (31 janvier pour le Cil, acomptes trimestriels pour la taxe sur les salaires avec régularisation en fin d'année, 1er mars de l'année suivante pour la taxe d'apprentissage – bordereau de versement n° 2485-SD – et le 1er mai pour la formation professionnelle continue – bordereau de versement n° 2483).

Enfin, pour le prélèvement à la source, la date de versement est celle de la date de la DSN.

Les formalités concrètes

Bien évidemment la déclaration des cotisations relève de la responsabilité exclusive de l'employeur.

Pendant très longtemps, il fallait envoyer une feuille papier (pré-imprimée) à l'Urssaf, puis une autre différente aux Assedic, d'autres encore aux caisses de retraite, prévoyances… le tout écrit à la main. Aujourd'hui, ces déclarations sont regroupées sous le vocable Ducs (déclaration unifiée des cotisations sociales) et la plupart des bons logiciels de paie les ont remplies pour vous informatiquement. Il n'y a plus qu'à bien vérifier que le logiciel a été bien programmé. Ensuite, il faut renseigner les champs prévus à cet effet dans l'interface de Net-entreprise qui est l'outil Internet de déclarations des cotisations. Cette page-écran se présente comme suit :

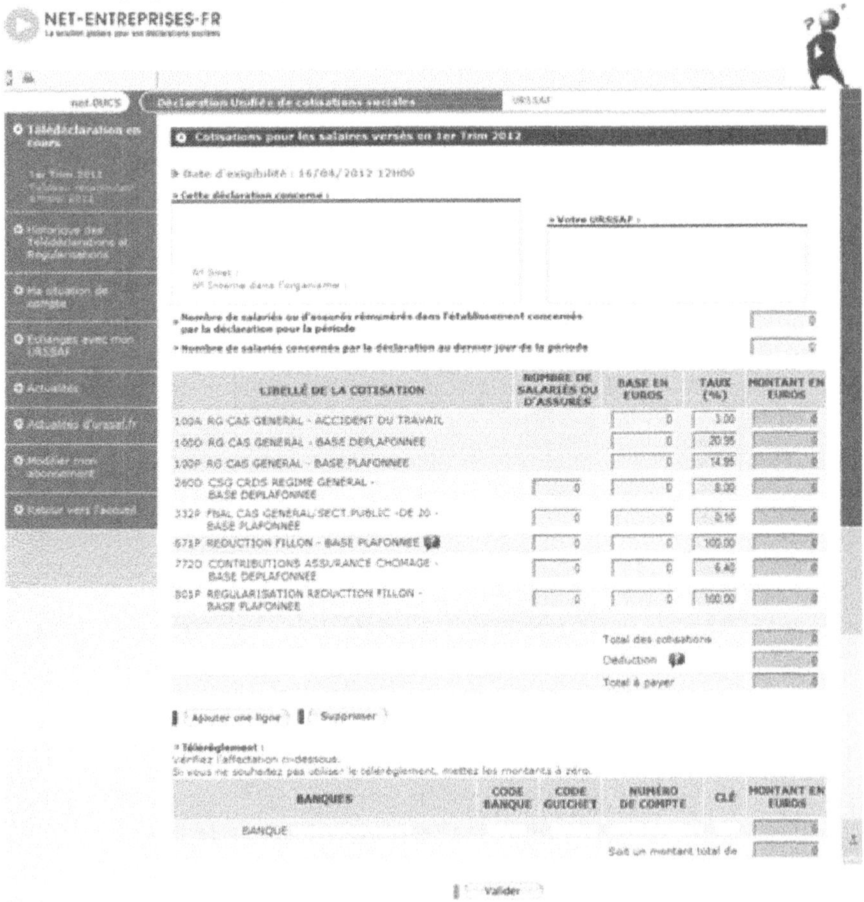
NET-ENTREPRISES.FR

Cotisations pour les salaires versés en 1er Trim 2012

» Date d'exigibilité : 16/04/2012 12h00

» Cette déclaration concerne :

» Votre URSSAF :

» Nombre de salariés ou d'assurés rémunérés dans l'établissement concernés par la déclaration pour la période 0

» Nombre de salariés concernés par la déclaration au dernier jour de la période 0

LIBELLÉ DE LA COTISATION	NOMBRE DE SALARIÉS OU D'ASSURÉS	BASE EN EUROS	TAUX (%)	MONTANT EN EUROS
100A RG CAS GENERAL - ACCIDENT DU TRAVAIL		0	3.00	0
100D RG CAS GENERAL - BASE DEPLAFONNEE		0	20.95	0
100P RG CAS GENERAL - BASE PLAFONNEE		0	14.95	0
260D CSG CRDS REGIME GENERAL - BASE DEPLAFONNEE	0	0	8.00	0
332P FNAL CAS GENERAL/SECT.PUBLIC -DE 20 - BASE PLAFONNEE	0	0	0.10	0
671P REDUCTION FILLON - BASE PLAFONNEE	0	0	100.00	0
772D CONTRIBUTIONS ASSURANCE CHOMAGE - BASE DEPLAFONNEE	0	0	6.40	0
801P REGULARISATION REDUCTION FILLON - BASE PLAFONNEE	0	0	100.00	0
		Total des cotisations		0
		Déduction		0
		Total à payer		0

Ajouter une ligne — Supprimer

» Téléreglement :

Vérifiez l'affectation ci-dessous.

Si vous ne souhaitez pas utiliser le téléreglement, mettez les montants à zéro.

BANQUES	CODE BANQUE	CODE GUICHET	NUMÉRO DE COMPTE	CLÉ	MONTANT EN EUROS
BANQUE					0
			Soit un montant total de		0

Valider

Source : http://www.net-entreprises.fr/html/ducs-urssaf.htm

Depuis le 1er janvier 2016, les employeurs qui ont acquitté au moins 50.000 euros de cotisations et de contributions à l'Urssaf au titre de l'année 2015 sont tenus d'effectuer la déclaration des cotisations par voie dématérialisée.

De plus, le prélèvement du montant des cotisations est pratiquement devenu incontournable. En effet, depuis le 1er janvier 2013, les entreprises, tous établissements confondus, qui ont acquitté plus de 50.000 euros de cotisations, contributions et taxes auprès de l'Urssaf au titre de l'année 2012, ou qui ont pour obligation de verser mensuellement leurs cotisations, contributions et taxes auprès de l'Urssaf doivent effectuer leurs déclarations sociales et le paiement, par voie dématérialisée, sous peine de majoration (1 % du montant du chèque).

16. La déclaration annuelle des salaires

Chaque année (avant le 31 janvier), les employeurs devaient envoyer une déclaration des salaires versés à leurs salariés pour l'année écoulée. Jusqu'à la moitié des années 1980, c'était une grande feuille (format A3) pré-imprimée en 5 exemplaires (avec carbone entre les exemplaires) qu'il fallait remplir en détaillant toutes les coordonnées du salarié, le brut perçu, les bases A et B, les avantages en nature, les frais professionnels, etc. Un exemplaire était destiné à la Sécurité sociale, un pour l'Assedic, un pour les impôts, un pour l'Insee et il fallait garder le cinquième dans les archives de l'entreprise pour preuve d'établissement de cette déclaration. Ce document s'appelait la Dads1 bis. Fin des années 1980, la Cram qui recueillait ces informations est passée à l'ère numérique en finalisant un fichier sur support magnétique qui s'appelait le TDS (Transfert de données sociales). Trois ans plus tard, les caisses de retraite établissaient leur propre fichier TDS en l'appelant TDS-CRC (caisse de retraite complémentaire). Il fallait donc que les entreprises fassent leur déclaration en utilisant ces 2 fichiers différents puisque les attentes de ces organismes étaient différentes (pas de tranche B ou C, ni sommes isolées pour l'Urssaf). Début des années 2000, ces deux fichiers étaient regroupés en un seul sous le vocable Dads-U (Déclaration automatisée des salaires unifiée). Fin des années 2000, la Dads-U devenait la N4DS (Norme pour les déclarations dématérialisées des données sociales). Chaque année (ou presque) le dessin d'enregistrement changeait pour rajouter soit de nouvelles cotisations (ou contributions), soit de nouvelles options de contrat de travail (exonération de ceci ou de cela).

17. La déclaration sociale nominative

La loi de simplification de mars 2012 introduit une nouvelle façon de procéder : ce sera pour toutes les entreprises la déclaration sociale nominative. Cette simplification consiste à regrouper les déclarations mensuelles des cotisations (Ducs) et la déclaration annuelle des salaires (N4DS) au sein d'une transmission unique et dématérialisée. Il ne devrait plus y avoir redondance d'informations.

Le principe de la DSN est simple. C'est un fichier mensuel préparé par le logiciel de paie de l'entreprise et comportant l'ensemble des données d'identification, de modalités d'emploi et de rémunération des salariés. Complété de quelques signalements d'événements, ce fichier se substitue ainsi aux formalités que doivent accomplir les entreprises et les dispensent ainsi de leurs obligations déclaratives.

Dès avril 2013, les entreprises qui le souhaitaient pouvaient se préparer à la simplification des déclarations sociales. L'innovation de la DSN réside dans la logique de composition de ce fichier. Les données véhiculées sont celles utilisées par l'entreprise pour ses besoins RH – paie et non les données des déclarations préexistantes. Le fichier DSN ne comporte ni données complexes ou informations statistiques, ni données redondantes qui pourraient être obtenues par un autre moyen, en les déduisant ou les recalculant. Il est constitué de données récurrentes relatives aux salariés, aux contrats de travail et aux détails des rémunérations dont les définitions sont partagées entre les organismes et administrations bénéficiaires. D'une certaine façon, la DSN permet, dès son démarrage, une réduction de 35 % des données demandées aux entreprises.

L'autre innovation que porte la DSN est le principe du « Dites-le une seule fois ». En effet, la DSN, transmise en une seule fois, un seul point d'accueil et une même échéance, permet d'adresser aux organismes sociaux l'ensemble des données d'identification et de rémunération des salariés. Actuellement les entreprises multiplient les déclarations même si elles n'ont qu'un seul point d'entrée : le portail net-entreprise. Certaines déclarations étant similaires, nous y retrouvions souvent les mêmes informations. La DSN simplifie et allège les démarches administratives dont doivent s'occuper les entreprises et sécurise la transmission des données des salariés. En effet, la déclaration sociale nominative basée sur une transmission unique, mensuelle et dématérialisée des données remplace la quasi-totalité des déclarations effectuées précédemment par les entreprises pour l'exercice des droits en matière de protection sociale (maladie, retraite, chômage, ...). Le fait d'envoyer les données des salariés une fois par mois permet d'actualiser sa situation et donc de calculer ses droits de manière plus fiable et rapide. Ainsi pour les salariés la DSN permet :

- la sécurisation des droits grâce à une identification unique valable auprès de tous les organismes ;
- la simplification des démarches et l'assurance de la portabilité des droits ;
- la confidentialité renforcée des données en circulation, celles-ci étant moins nombreuses.

Les risques d'erreur et de perte des droits pour les salariés sont alors considérablement réduits. Pour garantir la bonne transmission de ces éléments, il est nécessaire que l'identification des salariés ait bien été enregistrée par les organismes publics. Si ces éléments ne sont pas corrects ou complets, l'identification du salarié ne fera pas, la déclaration sera rejetée et le calcul des droits des salariés retardé.

Phase 1

La phase 1 a été prévue comme une phase de rodage pour les entreprises et pour le système DSN. Elle prévoit notamment une transmission d'informations sociales des données RH. On y retrouve les informations récurrentes relatives aux salariés et aux modalités d'embauche des salariés. Elle se substitue alors aux déclarations suivantes :

- attestation employeur destinée à Pôle emploi ;
- attestations de salaire (maladie, maternité, paternité et temps partiel thérapeutique) ;
- déclaration des mouvements de main-d'œuvre ;
- enquête statistique sur les mouvements de main-d'œuvre ;
- formulaires de radiation des contrats complémentaires.

Le périmètre déclaratif de la DSN s'élargit progressivement en incluant de nouvelles déclarations et de nouvelles entreprises cibles. Ce calendrier de déploiement de la DSN est construit en tenant compte de la nécessaire progressivité de la DSN et les bilans de chaque phase alimentent les réflexions pour la suite.

Phase 2 : février 2015 – extension de la DSN

La phase 2 a eu plus d'impact que les précédentes pour les entreprises. Les déclarations déjà remplacées par la DSN depuis la phase 1 sont alors complétées par des données extraites directement du logiciel de paie. Ainsi de nouvelles déclarations pourront être substituées par la DSN.

Parallèlement, une obligation intermédiaire (anticipée) a été mise en place pour certaines entreprises suite à la parution du décret n° 2014-1082 du 24 septembre 2014 sur les seuils d'obligation. Ce décret avait fixé la date d'obligation anticipée au 1er avril 2015 (pour les paies effectuées à compter de cette date) et déterminait les deux seuils au-delà desquels doit s'appliquer cette obligation (appréciés en fonction du montant de cotisations et contributions sociales dues au titre de 2013), soit :

- soit d'un montant égal ou supérieur à 2 millions d'euros ;
- soit d'un montant égal ou supérieur à 1 million d'euros, lorsqu'ils ont recours à un tiers déclarant et que la somme totale des cotisations et contributions sociales déclarées par ce tiers au titre de l'année civile 2013 pour le compte de l'ensemble de ses clients est égale ou supérieure à 10 millions d'euros.

(NB : Les entreprises-tiers déclarées par un expert-comptable ayant payé plus de 2 millions d'euros de cotisations et contributions sociales dues au titre de 2013 entrent dans l'obligation intermédiaire même si leur tiers déclarant a déclaré moins de 10 millions de cotisations pour ces clients).

À NOTER

La notion de tiers déclarant désigne une personne juridique physique ou morale qui assure, à titre professionnel, les déclarations sociales pour le compte de plusieurs entreprises clientes. Il s'agit par exemple de cabinets d'expertise comptable, d'associations, centres de gestion agréés, de prestataires de services sur le domaine de la paie, etc. Par contre, un groupe constitué de plusieurs sociétés est considéré comme un « déclarant direct » même s'il effectue de manière centralisée les déclarations pour les dites sociétés.

La phase 2 permet de remplacer :

- les déclarations unifiées de cotisations sociales Acoss (Ducs) ;
- les attestations de salaire accident du travail et maladie professionnelle ;
- le tableau récapitulatif des heures supplémentaires,
- le bordereau récapitulatif des cotisations (BRC) ;
- le bordereau d'intégration des entreprises de travail temporaire ;
- ainsi que le relevé mensuel de mission pour les entreprises de travail temporaire.

À ce premier flux mensuel déclaratif s'en ajoute un nouveau : la DSN signalement d'événement. La mise en œuvre de cette fonctionnalité, très attendue par les entreprises, est rendue possible grâce aux travaux de normalisation menés en amont entre la DSS, le GIP-MDS, la Cnamts et la MSA. Cela consiste à signaler en une seule et même déclaration tout événement survenant pendant la vie professionnelle du salarié. En cas de rupture du contrat de travail ou de congé maladie, il est procédé à un « signalement d'événement » pour déclencher le calcul de l'allocation de chômage ou des prestations en espèces de l'assurance maladie, sans attendre la DSN de fin de mois, l'assiette des droits étant disponible sur la base des DSN précédentes. Ceci permet dans ces cas d'éviter le caractère pénalisant de la périodicité mensuelle de la DSN sans toutefois la remettre en cause.

En cas d'événement particulier, les entreprises n'ont plus à transmettre, comme elles le font actuellement, les données relatives aux rémunérations des derniers mois afin que les indemnités journalières de maladie ou que les allocations de chômage puissent être calculées. Le fonctionnement est le même que pour la DSN mensuelle, les informations étant regroupées et déposées en un seul et même point de dépôt qui les transmet aux organismes compétents en y joignant les données relatives à la rémunération transmises dans les précédentes DSN mensuelles. Que ce soit une embauche ou un départ, un arrêt de travail pour maladie, maternité, paternité ou accident de travail, ou que ce soit pour une reprise de travail anticipée, cette déclaration doit être faite indépendamment de la DSN mensuelle. D'autant plus que les signalements d'événements sont à adresser dans un délai de 5 jours à compter de leur connaissance par l'employeur et de leur répercussion en paie, sauf pour les cas des indemnités journalières subrogées, transmises en même temps que la DSN mensuelle. L'entreprise ne fait donc plus une, mais plusieurs déclarations dans le même mois. Ces informations sont alors exploitées par les différents organismes pour le calcul des droits des salariés. Ainsi, la CPAM du lieu de résidence du salarié se charge de récupérer les informations nécessaires au calcul des indemnités journalières de Sécurité sociale et procède plus rapidement au versement de celles-ci. Pôle emploi traite les données de fin de contrat transmises par la DSN en substitution de la DAE. Les informations transmises par ce nouveau vecteur sont d'autant plus fiables qu'elles sont extraites directement du logiciel de paie sans saisie manuelle de l'employeur. La DSN « signalement d'événement » permet donc un traitement plus court des données du salarié, un calcul de ses droits à prestations plus sûr et plus rapide, ainsi que le versement de ces prestations plus rapidement.

Un petit bémol cependant à ce nouveau système : c'est l'antériorité des données dont ont besoin les différents organismes publics. En effet, la CPAM effectue ses calculs sur l'historique des trois derniers mois pour une maladie et des douze derniers pour un accident du travail. Pôle emploi remonte sur les douze derniers mois d'activité du salarié. Cela implique donc un historique de déclarations suffisant pour le bon traitement des données. Tant que l'historique des DSN n'est pas suffisant cela oblige à effectuer une double déclaration : DSN et ancienne procédure. Il y a donc forcément une surcharge de travail pendant la période de transition car il faut conserver les deux pratiques.

Suite aux demandes relatives aux délais d'installation de la DSN dans les entreprises et au besoin de produire un trimestre entier en phase 2, il avait été décidé de prolonger la phase 1 pour toutes les entreprises jusqu'à la paie du mois d'octobre 2015. Entre janvier 2015 et fin septembre 2015, que la DSN soit souscrite à titre obligatoire ou volontaire, l'entreprise a eu le choix de transmettre une DSN au format phase 1 ou au format phase 2. À partir de la paie d'octobre 2015, seule la déclaration au format phase 2 a été admise, la phase 1 n'étant plus active. Néanmoins, en avril 2016, toutes devraient être entrées en phase 3.

Phase 3 : dite de généralisation – avril 2016

Cette phase 3 marque l'obligation de passer à la DSN pour les entreprises du secteur privé.

Prévue en janvier 2016, puis avril 2016, la date avait été reportée au 1er janvier 2017. L'année 2017 a bien été l'année de la généralisation de cette phase 3.

D'autres déclarations sociales s'ajoutent à celles des précédentes phases, notamment la partie retraite complémentaire. Au total, c'est 24 formalités qui ont été remplacées par la DSN. À ce stade, les DSN mensuelles doivent contenir l'intégralité des informations attendues, à savoir salaires et rémunérations (dont frais professionnels…), cotisations Urssaf, retraites, prévoyance…

En fin de phase 3, la DSN a encore remplacé :
- les déclarations unifiées de cotisations sociales : retraite complémentaire, prévoyance ;
- les déclarations de cotisations MSA et retraite complémentaire ;

- le document pour les congés ou intempéries du BTP ;
- le document pour la caisse de compensation des VRP ;
- la déclaration d'emploi de travailleurs handicapés ;
- la contribution sociale de solidarité des sociétés ;
- la déclaration automatisée des données sociales (Dads).

Une fois les informations transmises par les entreprises, elles sont adressées aux organismes publics. Les messages mensuels et événementiels sont alors traités par le point de dépôt (exploité par l'Acoss) qui a la charge de vérifier leur conformité aux contrôles de forme définis dans la norme NEODES (norme DSN) et de fournir un certificat de conformité ou, le cas échéant, un bilan d'anomalies.

Les données nécessaires aux assurances sont transmises directement aux institutions de prévoyance, mutuelles ou assurances concernées.

Pour les organismes de Sécurité sociale et les services de l'État, le point de stockage (exploité par la Cnav) conserve les données de rémunération des salariés et alimente directement le ministère du Travail pour les déclarations et enquêtes de mouvements de main-d'œuvre.

Lors de la survenance d'événements qui les concernent, les éléments nécessaires sont adressés directement aux organismes concernés : assurance-maladie, Pôle emploi.

18. La reconstitution du salaire brut à partir du net

Puisque nous venons de voir toutes les cotisations, nous savons donc déterminer le net à payer de nos salariés.

Parfois, lors de l'embauche, un salarié souhaite recevoir «x» euros en net à payer – d'une part parce que les salariés ne s'intéressent qu'à ce montant, et d'autre part parce qu'il veut concrétiser son changement d'entreprise. Voici donc la formule qui vous permettra de passer du net au brut. Une précision toutefois: on ne peut utiliser ici que les taux communs à toutes les entreprises, c'est-à-dire sans tenir compte des éventuelles mutuelles et autres prévoyances que vous pourriez avoir dans votre entreprise, qu'il faudra prendre en considération.

Par convention et pour simplifier la formule, nous écrirons que:

- Taux1 = Somme des taux assis sur le brut, la tranche 1, la tranche A et les CSG & CRDS à 98,25 %;
- Taux2 = Somme des taux assis sur le brut, la tranche 2, la tranche B et les CSG & CRDS à 98,25 %.

Démonstration de la formule pour un salarié dont le net avant prélèvement à la source est largement supérieur au plafond S.S.

Nous savons maintenant que:

Salaire net (avant prélèvement à la source) = salaire brut – les cotisations

Salaire brut = tranche 1 + tranche 2

Les cotisations = (tr. 1 × Taux1) + (tr. 2 × Taux2) + montant fixe des prévoyances salariales + (prévoyances patronales × 9,7 %)

Les 9,7 % à appliquer au montant des cotisations patronales de prévoyance résultent de l'addition des CSG et de la CRDS (6,80 % + 2,40 % + 0,50 %)

Salaire net (avant PAS) = tr. 1 + tr. 2 – (tr. 1 × Taux1) – (tr. 2 × Taux2) – Montant fixe des Prévoyances Salariales Frais de Santé – (Montant des Prévoyances Patronales Frais de Santé × 9,7 %)

Après cette décomposition de tous les paramètres :

Salaire net (avant PAS) = tr. 1 (1 – Taux1) + tr. 2 (1 – Taux2) – Montant Fixe des Prévoyances Salariales Frais de Santé – (Montant des Prévoyances Patronales Frais de Santé × 9,7 %)

Puisque nous connaissons Taux1, Taux2, la tranche 1 (qui est égale au plafond SS), les montants des mutuelles Frais de Santé salariales et patronales, ainsi que le salaire net (avant PAS et à partir duquel nous partons pour reconstituer le salaire brut), il suffit d'extraire la tranche 2, soit :

$$\text{Tr. 2} = \frac{[\textbf{Salaire net} + \textbf{Mt des Prév.Sal. Fr. S.} + (\textbf{Mt des Prév.Pat. Fr. S} \times 9{,}7\,\%)] - \textbf{tr. 1}\ (1 - \textbf{Taux1})}{(1 - \textbf{Taux2})}$$

Donc, nous pouvons à présent connaître que le **salaire brut en cumulant le plafond SS et la tranche 2** en remplaçant « tr. 2 » par sa formule. Ainsi, on peut reconstituer le salaire brut d'un salarié à partir de son net avant le prélèvement à la source.

Ce qu'il faut retenir des parties V et VI : Cotisations et Contributions

Les cotisations sont des assurances sociales obligatoires. Elles sont regroupées sur le bulletin de paie par type (Santé, Accident du travail, Retraite, Famille, Chômage).

Les contributions sont des taxes ou impôts qui permettent à notre système social de fonctionner.

Les contributions de l'employeur sont : Solidarité Autonomie, Dialogue Social, Forfait Social, Versement Mobilité, le Fonds National d'Aide au Logement, la Taxe d'apprentissage et la Participation à la Formation.

Les contributions du salarié sont : la Contribution d'Equilibre Générale (CEG), la Contribution d'Equilibre Technique (CET), la Contribution Sociale Généralisée (CSG) (attention, il y a une partie déductible des impôts et une partie non déductible des impôts) et la Contribution au Rembousement de la Dette Sociale (CRDS – non déductible).

Le montant de chaque cotisation et de chaque contribution est composé d'une base multipliée par un taux (sauf pour la Prévoyance Frais de Santé qui est la plupart du temps un montant forfaitaire).
La base est déterminée d'après :
- Soit le brut ;
- Soit un pourcentage du brut (98,25% dans le cas des CSG/CRDS, base augmentée du montant des cotisations patronales des Prévoyances Décès et Frais de Santé) ;
- Soit une tranche déterminée d'après le **plafond de Sécurité sociale** (montant mensuel valable pour toute une année : **3.428 € en 2020**).
  - Les tranches sont appelées
    - 1 (SS, Retraites complémentaires) : du 1er centime jusqu'au plafond SS ;
    - A (Chômage, APEC, Prévoyance Décès) : du 1er centime jusqu'au plafond SS ;
    - 2 (Retraites Complémentaires) : du plafond jusqu'à 8 fois le plafond SS ;
    - B (Chômage, APEC, Prévoyance Décès) : du plafond jusqu'à 4 fois le plafond SS ;

Mais, en réalité, le « vrai » plafond qui servira à calculer les droits du salarié aux retraites et au chômage est annuel : c'est le plafond mensuel x 12 mois, soit 41.136 € en 2020.
C'est pourquoi, tous les mois, il faut pratiquer la régularisation mensuelle progressive des tranches de cotisations. En pratique, chaque mois, il faut se poser la question suivante :

« Est-ce que le brut cumulé est supérieur
au plafond cumulé de la Sécurité sociale ? ».

- Si la réponse est oui, alors la tranche 1 cumulée est égale au plafond cumulé, et la tranche 2 cumulée est égale à la différence entre le brut cumulé et le plafond cumulé.
- Si la réponse est non, alors la tranche 1 cumulée est égale au brut cumulé, et la tranche 2 cumulée est égale à zéro.

La tranche 1 du mois est toujours égale à la différence entre la tranche 1 cumulée de ce mois et la tranche 1 cumulée du mois précédent.
De même, la tranche 2 du mois est toujours égale à la différence entre la tranche 2 cumulée de ce mois et la tranche 2 cumulée du mois précédent.

Attention : Le plafond de Sécurité sociale peut être réduit dans 5 cas :
- Absences non rémunérées ;
- Entrées et sorties en cours de mois ;
- Activité partielle ;
- Congés payés dont le paiement est assuré par une caisse de compensation ;

Dans ces 4 premiers cas, le plafond réduit =

$$\frac{\text{Plafond SS du mois} \times (\text{nombre de jours calendaires du mois} - \text{nombre de jours calendaires d'absence})}{\text{Nombre de jours calendaires du mois}}$$

- Salarié à temps partiel ;

Dans ce dernier cas, le plafond réduit =

$$\frac{\text{Plafond SS du mois} \times (\text{nombre d'heures contractuelles} + \text{nombre d'heures complémentaires})}{\text{Horaire légal ou conventionnel}}$$

Le taux est donné par l'organisme chargé de recouvrir la cotisation ou la contribution. Un taux peut changer n'importe quel mois de l'année, même si la plupart du temps il est donné le 1er janvier.

Attention : le taux patronal des cotisations de Sécurité sociale « Assurance Maladie » et « Allocations Familiales » peut varier en fonction du brut du salarié. Pour la cotisation de l'assurance maladie, si le brut est inférieur à 2,5 smic mensuel, le taux est 7%. S'il est supérieur à cette limite, le taux est de 13%. Pour la cotisation des allocations familiales, si le brut est inférieur à 3,5 smic mensuel, le taux est de 3,45%. S'il est supérieur à cette limite, le taux est de 5,25%.
Comme pour le plafond de la Sécurité sociale, il faut raisonner en cumul de janvier à décembre et il faut également pratiquer une régularisation mensuelle progressive.

Les cotisations et contributions patronales sont appelées « les charges sociales » et elles peuvent être réduites en fonction des objectifs de l'Etat (établissement d'une entreprise dans une zone précise (ZRR, ZRU, Franche, etc.), dans certains secteurs d'activité ou en cas d'embauche de certains types de salarié (première embauche, apprentis, peu qualifié, etc.).
Dans le cadre des employés peu qualifiés, il y a principalement la Réduction Générale des Charges Patronales. Le montant de cette réduction est le résultat du brut multiplié par un coefficient.
La formule de calcul de ce coefficient est :

$$\text{Coefficient} = \left(\frac{T}{0,6}\right) \times \left[\left(1,6 \times \frac{\text{Nombre annuel d'heures travaillées x SMIC horaire}}{\text{Rémunération annuelle brute}}\right) - 1\right]$$

Au 1er janvier 2020, T est égal au cumul des taux : 7,00 % (assurance maladie) + 10,45 % (assurance vieillesse plafonnée et déplafonnée) + 3,45 % (allocations familiales) + 0,10 % ou 0,50 % (FNAL en fonction de la taille de l'entreprise) + 0,30 % (contribution solidarité autonomie) + 0,69 % (accident du travail) + 6,01 % (4,72% de retraite + 1,29% de CEG) + 4,05 % (assurance chômage), soit T = 0,3205 pour les entreprises de moins 50 salariés et **T = 0,3245 pour les entreprises de 50 salariés et plus.**

Pour trouver le salaire brut d'un salarié à partir de son net avant prélèvement à la source, il suffit d'appliquer la formule suivante pour trouver la tranche 2 et l'additionner au plafond.
La formule est :

$$\text{Tranche 2} = \frac{\textbf{[Salaire net + Mt des Prév.Sal. Fr. S. + (Mt des Prév.Pat. Fr. S} \times \textbf{9,7 \%)] – tr. 1 (1 – Taux1)}}{\textbf{(1 – Taux2)}}$$

Taux1 = Somme des taux assis sur le brut, la tranche 1, la tranche A et les CSG & CRDS à 98,25 %.
Taux2 = Somme des taux assis sur le brut, la tranche 2, la tranche B et les CSG & CRDS à 98,25 %.

Enfin, quand on contrôle un bulletin de paie, il y a de nombreux pièges :

- Le Net Fiscal est = au total brut du salarié – le total des cotisations salariales + le montant de la cotisation patronale Frais de Santé ;
- Le Net à payer avant prélèvement à la source est = au Net Fiscal – les retenues diverses + les rembousements divers – le montant de la cotisation patronale Frais de Santé :
- La ligne « dont évolution… » est informative et n'influe pas sur les montants suivants. Son montant correspond à l'économie réalisée par le salarié suite à la suppression des cotisations d'assurance maladie et chômage pour le salarié diminuée de l'augmentation de la CSG, soit :
  Montant = (total brut x 3,15% [0,75% + 2,40%]) – (base CSG x 1,7%) ;
- La base du Prélèvement à la source est le Net Fiscal – la moitié du SMIC net pour un CDD inférieur à 2 mois (631 € en 2020) + le montant des IJSS brutes diminué de 3,8% pendant les 60 premiers jours d'arrêt maladie ;
- Le Net Payé en euros est = au Net à payer avant prélèvement à la source – le montant du prélèvement à la source et correspond à la somme réellement versée au salarié ;
- Le Total versé par l'employeur est = au brut total du salarié + le total des cotisations et contributions de l'employeur + les remboursements divers.

MALADIE, MATERNITÉ, PATERNITÉ, ACCIDENTS

PARTIE VII

BULLETIN DE PAIE

Période du 1 Février 2020 au 29 Février 2020

Employeur	Salarié
Raison Sociale	Nom : Prénom :
Adresse :	Adresse :
N° SIRET : Code NAF :	N° SS :
Convention collective	Emploi : Coef. :
	Date d'ancienneté

Libellé des Rubriques	Base	Taux	Montant	Observations	
Salaire	151,67		2 900,00	Février 2020	
Prime d'ancienneté	2 900,00	10,00%	290,00	Plafond du mois : 3 428 €	
Absence Maladie	10,00	110,000	-1 100,00		
Paiement Maladie	10,00	110,000	**1 100,00**		
IJSS "Brutes"	7,00	45,550	-318,85		
Garantie Conventionnelle			-56,96		
Salaire Brut			2 814,19		
Santé					
Sécurité Sociale (Mal. Mat. Inv. Décès)	2 814,19			13,00	[illegible]
Complémentaire Santé (Prév. Frais de Santé)			[illegible]		[illegible]
Accident du Travail - Maladie Prof.	2 814,19			2,50	[illegible]
Retraite					
Sécurité Sociale (Plafonnée)	2 814,19	6,90	[illegible]	8,55	[illegible]
Sécurité Sociale (Déplafonnée)	2 814,19	0,40	[illegible]	1,90	[illegible]
Complémentaire (AGIRC-ARRCO – CEG T1)	2 814,19	4,01	[illegible]	6,01	[illegible]
Famille	2 814,19			3,45	[illegible]
Assurance Chômage					
Chômage (Chômage + AGS / TA - TB)	2 814,19			4,20	[illegible]
Autres Contributions dues par l'employeur	2 814,19				[illegible]
C.S.G. Non Imposable	2 814,94	6,80	[illegible]		
Réduction générale des charges patronales					
			[illegible]		[illegible]
Net fiscal			[illegible]		
RETENUES ET REMBOURSEMENTS DIVERS					
C.S.G. & C.R.D.S. Imposables	2 814,94	2,90	-81,63		
IJSS "Nettes"	7,00	42,50	297,49		
Total des Retenues et Remboursements			215,86		0,00

Net à payer avant prélèvement à la source			**2 470,34**
dont évolution de la rémunération liée à la suppression des cotisations salariales chômage et maladie			*40,79*
Prélèvement à la source	**1 997,75**	**4,10%**	**-81,91**

	Net Payé en euros	Date de paiement
Maladie du [illegible]	2 388,43 €	28 février 2020
	[illegible]	0,00 €

Dans votre intérêt conservez ce bulletin de salaire sans limitation de durée, il peut vous servir à faire valoir vos droits.

Pour plus d'explications sur les éléments de paie, voir la rubrique dédiée au bulletin de paie sur le portail de service-public.

Suspension du contrat de travail

Selon une jurisprudence constante, **la maladie, la maternité et l'accident de travail ne rompent pas le contrat de travail mais en suspendent seulement l'exécution.** Ce principe est repris dans la plupart des conventions et accords collectifs. Mais **cette suspension** du contrat de travail **est subordonnée à certaines conditions :**

- le salarié doit informer dans les plus brefs délais (généralement sous 48 heures), soit oralement, soit par écrit, son employeur des motifs et de la durée probable de son absence ;

> **ATTENTION**
>
> *L'obligation d'information joue aussi en cas de prolongation de la maladie. Si le salarié n'informe pas son employeur, il commet une faute qui peut constituer une cause réelle et sérieuse de licenciement.*

- le salarié doit justifier de son absence en adressant à l'employeur un certificat médical ;
- le salarié a une obligation de repos (autrement dit : interdiction formelle de travailler) ;
- le salarié est tenu par une obligation de loyauté envers son employeur.

Le salaire étant la contrepartie d'un travail fourni, toute absence est donc *a priori* susceptible de générer une réduction de salaire. Mais le législateur et les partenaires sociaux ont mis en place des systèmes qui visent à assurer le maintien de tout ou partie de la rémunération lorsque le salarié est absent pour cause de maladie, de maternité ou d'accident, qu'il soit survenu sur le lieu du travail ou durant le trajet compris entre le domicile et le lieu du travail.

L'objet des parties suivantes sera d'expliquer les règles d'indemnisation actuellement utilisées :

- historiquement d'abord par les organismes sociaux (Sécurité sociale, 1947) ;
- puis par les employeurs (loi de la mensualisation, 1978) ;
- enfin par les prévoyances.

1. L'indemnisation par la Sécurité sociale

L'assurance-maladie comporte **deux sortes de prestations :**

- des prestations en nature, sous forme de remboursement de soins, tant pour l'assuré que pour les personnes dont il a la charge (ayants droit) ;
- des prestations en espèces, indemnités journalières destinées à remplacer le salaire pour les salariés que la maladie, la maternité ou l'accident a contraints à cesser provisoirement leur travail.

Bien que les prestations en nature ne concernent qu'indirectement le bulletin de paie, nous allons résumer ce qu'il nous paraît indispensable de savoir à leur sujet.

Les prestations en nature

Depuis le décret n° 93-687 du 27 mars 1993, modifiant les articles R. 313-1 à R. 313-9 du Code de la Sécurité sociale, le droit aux prestations en nature est ouvert :

- pendant un an à l'assuré qui justifie, au titre d'un mois civil ou de 30 jours consécutifs, de cotisations égales à celles dues sur 60 heures de Smic, ou, pour 3 mois, sur 120 heures de Smic en vigueur au premier jour de la période de référence ;
- pendant 2 ans, si l'intéressé justifie au titre de l'année civile précédente d'un montant de cotisations égal à celui dû pour un salaire égal à 2 030 fois la valeur du Smic au 1er janvier de l'année de référence.

Le libre choix du praticien

Seuls peuvent être pris en charge par les caisses de la Sécurité sociale les actes exécutés par des **praticiens en règle vis-à-vis des dispositions législatives, réglementaires et disciplinaires** concernant l'exercice de leur profession. En dehors de cette restriction, seules des considérations économiques sont susceptibles de restreindre de fait le libre choix de la part de l'assuré (variations du taux de remboursement selon que le praticien est conventionné ou pas).

Quant aux **médecins du travail**, ils peuvent donner des soins aux assurés sociaux (mais seulement à titre gratuit), prescrire des ordonnances qui donneront lieu à remboursement dans les conditions normales, mais ils ne peuvent pas ordonner un arrêt de travail (ceci étant réservé aux médecins exerçant en clientèle – lettre min. 8 mars 1955 : BJ/FNOSS n° 12/1955).

Pour certains actes (soins délivrés dans l'urgence et vaccinations), le médecin du travail doit pouvoir accéder au carnet de santé. Il doit obtenir l'accord du salarié et respecter les règles de confidentialité (comm. min. Trav. 26 décembre 1996).

Même si aujourd'hui, l'assuré social a choisi un médecin référent (ou traitant), rien ne l'empêche d'en changer s'il en avertit sa caisse primaire d'assurance maladie.

La carte de santé « électronique »

Les organismes d'assurance maladie délivrent une carte électronique individuelle « inter-régimes », dite « carte Vitale », à tout bénéficiaire de l'assurance maladie. Elle atteste de son affiliation et de ses droits à l'assurance maladie. Elle doit être mise à jour en cas de changement de situation (grossesse, naissance, attribution ou prolongation d'une exonération du ticket modérateur).

Cette carte Vitale doit être délivrée gratuitement à tout bénéficiaire de l'assurance maladie qui comporte une photo de celui-ci (C. Séc. soc., art. L. 161-31).

La carte Vitale ne contient pas de dossier médical. Elle n'est pas non plus une carte de paiement. En revanche, son utilisation peut permettre la dispense d'avance des frais de certaines dépenses médicales. Par exemple, pour les médicaments prescrits délivrés en pharmacie, l'assuré ne paie que la partie non prise en charge par la Sécurité sociale.

La carte Vitale contient deux types d'informations :

1°) Des données visibles comportant un numéro d'émetteur, un numéro propre à la carte, la date d'émission de cette dernière et des données d'identification du titulaire, à savoir son numéro d'inscription au répertoire national d'identification des personnes physiques, son nom de famille ou, si l'intéressé le demande, le nom d'usage, son prénom usuel, une photographie en couleur, de face, tête nue, récente et parfaitement ressemblante, et un signe d'identification de la carte en relief ;

2°) Des données inscrites dans le composant électronique de la carte :

a) Les données visibles mentionnées ci-dessus ainsi que la période de validité de la carte, le nom de famille du titulaire s'il diffère du nom d'usage, ses autres prénoms le cas échéant, sa date de naissance, son adresse et la photographie numérisée identique à celle figurant sur la carte;
b) Les données relatives aux droits aux prestations en nature au regard d'un régime de base d'assurance maladie;
c) Les données relatives au choix du médecin traitant du titulaire de la carte;
d) Les données relatives, le cas échéant et sous réserve de son consentement, à la situation du titulaire au regard de la protection complémentaire d'assurance maladie;
e) Les données relatives à la situation du titulaire en matière d'accident du travail ou de maladies professionnelles et aux derniers accidents ou maladies professionnelles reconnus;
f) Les données relatives à l'accès aux soins en cas de séjour ou résidence dans un autre Etat membre de l'Union européenne ou partie à l'Espace économique européen;
g) Les données personnelles concernant les coordonnées d'une personne à prévenir en cas de nécessité si le titulaire de la carte y a consenti;
h) La mention indiquant que son titulaire a eu connaissance des dispositions de la réglementation sur le don d'organe;
i) Des données permettant:
   - d'assurer la mise en œuvre des fonctions de signature électronique;
   - de protéger l'accès aux informations de la carte;
   - d'authentifier la carte en tant que carte d'assurance maladie et d'identifier son titulaire (C. Séc. soc., art. R. 161-33-1).

Pour plus d'informations sur la carte Vitale, voir les articles R. 161-33-3 à L. 161-35 du Code de la Séc. Soc. à la fin de ce livre.

L'avance des frais par l'assuré

Le paiement immédiat et direct des actes par l'assuré est la règle. Toutefois, un certain nombre de procédures ont été adoptées afin d'éviter cette avance des frais, notamment:

- le tiers payant, qui consiste en règlement direct des prestations par l'administration, sans intervention de l'assuré (sauf la participation restant éventuellement à sa charge) et qui s'applique pour les accidents du travail, les maladies professionnelles et l'hospitalisation dans les établissements publics ou privés (et qui s'appliquera

sans doute pour la maladie, selon la loi de la ministre de la Santé, Marisol Touraine (26 janvier 2016), qui prévoyait sa généralisation le 30 novembre 2017, mais qui n'est toujours pas appliquée à l'heure où j'écris ces lignes – avril 2020) ;
- la dispense dite « titre médecin », qui est une sorte de chèque non endossable délivré sur demande par la caisse pour les soins importants dont le coefficient est égal ou supérieur à 50 pour la chirurgie, 70 pour la radiologie et 350 pour la biologie.

La justification des frais

La feuille de soins

L'informatisation de l'assurance maladie a été prévue par l'ordonnance n° 96-345 du 24 avril 1996. La mise en place de cette informatisation, qui se traduit par la télétransmission des feuilles de soins, a été progressive. Elle a nécessité l'intégration dans le Code de la Sécurité sociale de **plusieurs dispositions nouvelles**. Elles sont relatives :
- aux documents ouvrant droit aux prestations d'assurance maladie, dont l'objet est de permettre la mise en place des feuilles de soins et des ordonnances électroniques ;
- aux cartes électroniques de santé : la carte de professionnel de santé, « CPS », et la carte individuelle d'assurance maladie de l'assuré, dite « Vitale » (C. Séc. soc., art. R. 161-33-1 et s. ; C. Séc. soc., art. R. 161-39 à C. Séc. soc., art. R. 161-59).

La télétransmission des feuilles de soins se fait grâce à la carte Vitale. L'assuré remet cette carte au médecin ou autre professionnel de santé (chirurgien-dentiste, pharmacien…) qui l'insère dans son lecteur de carte. Il crée ainsi une feuille de soins électronique (FSE) et la transmet par réseau informatique à la caisse d'assurance maladie de l'assuré.

La constatation des soins et l'ouverture du droit au remboursement par les organismes d'assurance maladie sont subordonnées à la production d'une **feuille de soins** (couramment appelée « feuille de maladie »), document électronique ou sur support papier constatant les actes effectués et les prestations servies et de l'ordonnance du prescripteur, s'il y a lieu (C. Séc. soc., art. R. 161-40).

Les informations que doivent contenir les feuilles de soins électroniques ont été précisées par arrêtés. Un droit d'accès et de rectification des données contenues dans ces documents est reconnu aux assurés.

L'ordonnance et la vignette

L'assuré est remboursé par la caisse par le biais d'une ordonnance sur laquelle le prescripteur doit porter un certain nombre de mentions fixées par décret. Si le pharmacien réalise une feuille de soins électronique, l'assuré doit conserver l'original de l'ordonnance. Le double est transmis directement par le pharmacien à l'assurance maladie (C. Séc. soc., art. R. 161-45).

Tout pharmacien, et d'une manière générale toute personne physique ou morale, délivrant des produits donnant lieu à remboursement par les caisses de Sécurité sociale, doit mentionner sur la feuille de maladie (ou, le cas échéant, la feuille de soins dentaires) et sur les ordonnances médicales correspondantes le montant effectivement payé pour chacun des produits ou articles délivrés, en mentionnant, le cas échéant, le montant et le taux de la réduction accordée ; à défaut, aucun remboursement n'est effectué (C. Séc. soc., art. L. 162-16 et L. 162-17).

Le pharmacien peut délivrer par substitution à la spécialité prescrite une spécialité du même groupe générique sauf refus exprès du médecin porté sur la prescription ou si la substitution est d'un coût plus élevé pour l'assurance maladie (c. santé publique, art. L. 5125-23).

La vignette qui accompagne les spécialités pharmaceutiques **permet le contrôle de l'utilisation des médicaments prescrits** ; elle doit être collée par l'assuré sur la feuille de soins revêtant une forme écrite en cas de paiement direct. Lorsque l'assuré bénéficie d'une dispense d'avance de frais totale ou partielle, il doit remettre la vignette au pharmacien dès la délivrance du produit pour qu'elle soit annexée aux états adressés à l'organisme compétent. Toutefois, la vignette du médicament n'a pas à être collée ni remise au pharmacien dès lors que son image électronique est communiquée à l'organisme d'assurance maladie. Elle est alors estampillée par le pharmacien (C. Séc. soc., art. R. 161-51).

L'apposition des vignettes est indispensable. Hors le cas de perte ou de destruction résultant d'un cas fortuit ou de force majeure, elle ne peut être remplacée ni par une attestation écrite du pharmacien confirmant qu'il a bien fourni les spécialités prescrites, ni par une copie certifiée conforme de son ordonnancier.

Les bases du remboursement

Des nomenclatures recensent en France tous les soins qui peuvent être dispensés par des médecins, chirurgiens-dentistes, sages-femmes, etc. À chacun de ces soins, la nomenclature affecte une désignation particulière ou « codification ». Ainsi, la valeur de remboursement sera fixée pour un acte « codifié » et donc abstrait, ce qui permettra de sauvegarder le secret professionnel.

Les remboursements effectués par les caisses sont calculés selon des tarifs de responsabilité qui ne correspondent pas obligatoirement aux frais réels supportés par l'assuré et peuvent dans certains cas leur être notablement inférieurs.

L'assuré n'est pas remboursé à 100 % des tarifs de responsabilité ; il garde à sa charge un certain pourcentage, communément appelé « **ticket modérateur** ». Sa participation est fixée par décret, proportionnellement aux tarifs de responsabilité, et elle peut varier selon les catégories de prestations.

Prestations en nature taux de remboursement sur les tarifs de la S.S.		Ticket Modérateur
Médecins	70%	30%
Auxiliaires médicaux	60%	40%
Dentistes	70%	30%
Radios	70%	30%
Frais pharmaceutiques :		
- Médicaments irremplacables	100%	-
- Autres médicaments courants	65%	35%
- Médicaments dits "de confort"	35%	65%
Analyses de laboratoire	60%	40%
Hospitalisation	80 ou 100%	20% ou pas
Accouchement et soins de maternité	100%	-
Transports	65 ou 100%	35% ou pas
Cure thermale		
- Forfait médical	70%	30%
- Forfait établissement	65%	35%
Dépenses liées à un Acc. Trav. ou Mal. Prof.	100%	-
Dépenses liées au 30 maladies graves	100%	-
Traitements longs et coûteux de + de 6 mois	100%	-
Lunettes, appareils auditifs, prothèses	65%	35%

Les organismes pratiquant une assurance complémentaire de risque maladie (mutuelles) peuvent rembourser tous les frais restant à la charge des assurés.

La participation de l'assuré peut être aussi limitée voire supprimée, soit en raison de la nature de l'affectation et de son traitement, soit en considération de sa situation personnelle.

Le forfait journalier hospitalier

Un forfait journalier est supporté par les personnes admises dans les établissements hospitaliers ou médico-sociaux. Selon les articles L. 174-4, R. 174-2, R. 174-4 du Code de la Sécurité sociale, sont dispensés du paiement de ce forfait :

- les femmes pendant les 4 derniers mois de la grossesse, pour l'accouchement et pendant 12 jours après l'accouchement ainsi que le nouveau-né s'il est hospitalisé dans les 30 jours après sa naissance ;
- les enfants et adolescents handicapés âgés de moins de 20 ans hébergés dans des établissements d'éducation spéciale ou professionnelle ;
- les victimes d'accidents du travail et de maladies professionnelles ;
- les bénéficiaires de l'article L. 115 du Code des pensions militaires d'invalidité et des victimes de guerre (invalide de guerre avec un taux supérieur à 85 %) ;
- les personnes dépendant du régime local d'Alsace-Lorraine ;
- les bénéficiaires de la couverture maladie universelle (CMU) et de l'aide médicale de l'État ;
- les victimes d'un acte de terrorisme qui bénéficient d'une prise en charge intégrale pour les soins en rapport avec cet événement dès lors qu'elles possèdent une attestation en cours de validité.

Il peut également être pris en charge par l'aide sociale, l'assurance complémentaire ou les mutuelles. Il n'a pas d'incidence sur le service des indemnités journalières, qui reste assuré. Son montant est fixé par arrêté ministériel pris après avis d'une commission technique.

Montant du forfait journalier hospitalier depuis le 1er janvier 2018 :

- 20 euros par jour en hôpital ou en clinique ;
- 15 euros par jour dans le service psychiatrique d'un établissement de santé.

Les prestations en espèces

Elles sont plus connues sous le nom d'indemnités journalières de Sécurité sociale, et nous en parlerons sous l'abréviation « IJSS ». Les règles d'indemnisation étant différentes selon qu'il s'agit de la maladie, de la maternité, de la paternité ou de l'accident, nous allons détailler chacune de ces règles successivement.

L'indemnisation de la maladie

Les indemnités journalières de maladie sont accordées à l'assuré qui se trouve dans l'incapacité physique de continuer ou de reprendre le travail, incapacité constatée par le médecin traitant. Le Code de la Sécurité sociale réserve le bénéfice de l'indemnité journalière à l'assuré social (par opposition aux ayants droit) en raison de la nature même de l'indemnité journalière : **revenu de remplacement du salaire perdu du fait de la maladie.**

Le délai de carence

Tous les assurés sociaux (de droit privé) bénéficient de l'indemnité journalière de maladie à compter du quatrième jour qui suit le point de départ de l'incapacité de travail (C. Séc. soc., art. L. 323-1 et R. 323-1). Dans le calcul de ce délai de carence, on ne doit pas comprendre la journée au cours de laquelle l'assuré a interrompu son travail (même si ce fait s'est produit en début de travail) lorsque cette journée a donné lieu au paiement d'un salaire total ou partiel.

Le délai de carence est donc de trois jours.

L'indemnité journalière de maladie est due pour tous les jours ouvrables ou non (C. Séc. soc., art. L. 323-1) : ce sont donc des **jours calendaires.**

Le point de départ de l'arrêt maladie ne peut être ni antérieur ni postérieur à l'examen médical subi par l'assuré social. Le délai de carence commencera le lendemain de la journée pendant laquelle l'assuré a cessé son travail, si cette journée a été partiellement ou totalement rémunérée.

En cas d'arrêts de travail successifs mais interrompus, le délai de carence doit être appliqué à chacun de ces arrêts, à l'exception de deux cas :

- lorsque la reprise du travail entre deux périodes d'arrêt pour maladie n'a pas dépassé 48 heures et que le contrôle médical estime que l'assuré se trouvait, en fait, en état d'incapacité, le délai de carence ne sera pas appliqué au deuxième arrêt de travail ;

- lorsque l'assuré est reconnu atteint d'une maladie provoquant des arrêts successifs liés à une « Affection de Longue Durée » (voir plus loin les paragraphes correspondant à l'ALD), le délai de carence ne sera appliqué qu'au premier de ces arrêts.

Enfin, s'il s'agit de prolongations, il n'y a pas de nouveau délai de carence.

Le délai de carence étant une période pendant laquelle l'assurance maladie ne verse pas d'indemnisation, s'il ne possède pas de convention collective qui maintient le salaire en cas de maladie, le salarié ne percevra pas d'IJSS. En revanche, s'il a une convention collective qui prévoit un tel maintien, la charge du salaire sera entièrement à la charge de l'entreprise.

La durée de l'indemnisation

L'indemnité journalière de maladie est servie de telle sorte que, pour une période quelconque de 3 années consécutives, l'assuré social perçoive **au maximum**, pour une ou plusieurs maladies, **360 indemnités journalières.** À chaque arrêt, le « compteur » de l'assuré sera examiné sur la période de 3 ans qui précède l'arrêt maladie (de date à date).

Si l'assuré n'a pas « usé » son « crédit » de 360 indemnités, il pourra bénéficier des indemnités journalières pour l'arrêt en cours. Si, en revanche, le « crédit » est consommé, il ne pourra pas toucher d'indemnités journalières. Toutefois, comme la période de 3 ans est une période « glissante », dès que le chiffre de 360 n'est plus atteint, l'assuré bénéficie à nouveau des IJ. La période « glissante » est calculée du 1er jour d'indemnisation jusqu'à son troisième anniversaire. Exemple : si le premier arrêt de travail est indemnisé le 1er mars 2020, la fin de la période « glissante » sera le 28 février 2022 et à l'intérieur de cette période le salarié ne pourra pas percevoir plus de 360 IJ. S'il atteint dans cette période « glissante » de 3 ans les 360 IJ, il devra attendre le 1er mars 2022 pour bénéficier à nouveau des IJSS s'il est malade.

Dès que l'arrêt de travail atteint 6 mois, une procédure spéciale est engagée par la Sécurité sociale : il s'agit d'une visite médicale contradictoire entre le médecin traitant et le médecin-conseil de la CPAM concernée.

- Si l'affection prolongée dont souffre l'assuré fait partie des trente maladies de longue durée, celui-ci bénéficiera des indemnités journalières pendant une période de 3 ans, y compris les 6 premiers mois déjà indemnisés.

- Si l'affection ne fait pas partie des trente maladies, chaque cas sera examiné afin de déterminer les droits de l'assuré pour l'ouverture d'une éventuelle nouvelle période de 3 ans. Si, au bout de 3 années consécutives d'arrêt, l'assuré n'a pas repris son travail, et s'il remplit les conditions nécessaires pour en bénéficier, il passera en invalidité. Dans ce cas, les IJ sont remplacées par une pension dont le montant dépend de la catégorie d'invalidité dans laquelle est classé l'assuré.

L'Affection Longue Durée – ALD (Maladie de longue durée)

La participation de l'assuré est supprimée dans de nombreux cas (l'article L. 322-3 du Code de la S.S. en énumère 23).
Le cas qui nous intéresse est celui appelé « l'affection de longue durée ». La liste des affections *« comportant un traitement prolongé et une thérapeutique particulièrement coûteuse susceptibles d'ouvrir droit à la suppression de la participation des assurés sociaux aux tarifs servant de base au calcul des prestations en nature de l'assurance maladie »* est détaillée dans l'article D. 322-1 du Code la S.S.).
Dans les faits, cette notion restrictive tend à faire place à un régime particulier concernant les maladies de traitements longs et coûteux et entraînant une incapacité de travail de longue durée.

Un patient peut également bénéficier de l'exonération du ticket modérateur s'il est atteint :

- ou d'une affection dite « hors liste » (ALD 31), c'est-à-dire d'une forme grave d'une maladie ou d'une forme évolutive ou invalidante d'une maladie grave ne figurant pas sur la liste des ALD 30, comportant un traitement prolongé d'une durée prévisible supérieure à six mois et une thérapeutique particulièrement coûteuse (exemples : maladie de Paget, les ulcères chroniques ou récidivants avec retentissement fonctionnel sévère) (C. Sec. Soc., art. R. 322-6 a)) ;
- ou de plusieurs affections entraînant un état pathologique invalidant (ALD 32), nécessitant des soins continus d'une durée prévisible supérieure à six mois (C. Sec. Soc., art. R. 322-6 b)).

En cas d'affection de longue durée et en cas d'interruption de travail ou de soins continus supérieurs à 6 mois, la caisse primaire doit faire procéder à un examen spécial de bénéficiaire, conjointement par le médecin traitant et le médecin-conseil des assurances sociales en vue de déterminer le traitement que l'intéressé doit suivre si les soins sont dispensés sans interruption.

Le montant de l'indemnité journalière de maladie

L'indemnité journalière de maladie est égale à une fraction du gain journalier de base (Code S.S., art. L. 323-4).

Le troisième paragraphe de cet article (L. 323-4) nous indique que le gain journalier de base est déterminé d'après la ou les dernières payes antérieures à la date de l'interruption du travail.

Pour savoir comment est déterminé ce « gain journalier » servant de base au calcul de l'indemnité journalière, il faut se référer à l'article R. 323-4 du Code de la Sécurité Sociale : « Le gain journalier est donc déterminé comme suit :
- 1/91,25 du montant des 3 dernières paies des mois civils antérieurs à la date de l'interruption de travail lorsque le salaire est réglé mensuellement ou dans des cas autres que ceux mentionnés ci-après ;
- 1/84 du montant des 6 ou 12 dernières paies des mois civils antérieurs à la date de l'interruption de travail lorsque le salaire est réglé toutes les 2 semaines ou chaque semaine ;
- 1/365 du montant du salaire des 12 mois civils antérieurs à la date de l'interruption de travail lorsque le travail n'est pas continu ou présente un caractère saisonnier » (les modalités prévues en cas de paiement journalier ou par trimestre ont disparu au 1er janvier 2015).

Le deuxième paragraphe nous rappelle qu'il faut tenir compte du salaire servant de base, lors de chaque paie, dans la **limite d'un plafond égal à 1,8 fois le salaire minimum de croissance** en vigueur le dernier jour du mois civil précédant celui de l'interruption de travail et calculé, pour chaque paie prise en compte, pour un mois sur la base de la durée légale du travail.
Toutefois, lorsque l'assiette des cotisations fait l'objet d'un abattement par application des dispositions des articles R. 242-7 à R. 242-11, il est tenu compte du salaire brut perçu par l'assuré, sans abattement, dans la limite du plafond ainsi défini.

Le Smic à prendre est donc celui du mois qui précède l'arrêt maladie pour la comparaison avec les 3 bruts qui précèdent l'arrêt (et non pas le Smic à comparer mois par mois).

Mais l'article L. 323-4 nous parlait d'une « fraction » du gain journalier de base. Pour savoir à quoi correspond cette fraction, il faut se reporter à l'article R. 323-5 du Code de la Sécurité Sociale qui dit que **la fraction du gain journalier de base** prévue au premier alinéa de l'article L. 323-4 **est fixée à la moitié** pour l'indemnité journalière normale et aux deux tiers pour l'indemnité journalière majorée. Cette dernière indemnité est due à partir du trente et unième jour qui suit le point de départ de l'incapacité de travail.
L'indemnité majorée dont il est question est pour les assurés ayant au moins 3 enfants à charge au sens de l'article L. 161-1, soit :

- jusqu'à 16 ans : les enfants non salariés à la charge de l'assuré, que la filiation, y compris adoptive, soit légalement établie, qu'ils soient pupilles de la Nation dont l'assuré est tuteur, ou enfants recueillis ;
- jusqu'à 18 ans : les enfants placés en apprentissage ;
- jusqu'à 20 ans : les enfants qui poursuivent leurs études ;
- jusqu'à 21 ans : les enfants qui, par suite d'infirmités ou de maladies chroniques, sont dans l'impossibilité permanente de se livrer à un travail salarié.

Dans le cas le plus fréquent de paie mensuelle, nous pouvons donc écrire la formule suivante :

$$\text{Indemnité journalière} = \frac{\text{3 derniers bruts (dans la limite de 1,8 Smic apprécié mois par mois)} \times \mathbf{50\,\%}}{\mathbf{91{,}25\ jours}}$$

Pour toute l'année 2020, l'IJ maximum non majorée est donc de 45,55 euros.

Pour un salarié qui a **au moins trois enfants à charge**, l'indemnité journalière est **majorée à compter du trente et unième jour d'arrêt**, pour atteindre les **deux tiers du salaire de référence.** Dans ce cas, **pour toute l'année 2020, l'IJ maximum majorée est donc de 60,73 euros.**

Lorsque l'incapacité se prolonge au-delà de 3 mois, l'IJ peut être revalorisée en cas d'augmentation des salaires (C. Sec. Soc., art. L. 323-4 §5).

L'indemnité journalière de maladie **n'est pas cotisable mais**, par contre, **est imposable** (sauf ALD).
La CPAM informe l'administration fiscale du montant des IJ maladie afin que la déclaration fiscale soit correctement préremplie.

Comme tous les revenus de remplacement, l'indemnité journalière est asujettie à la CSG et à la CRDS.
Au montant brut, calculé plus haut, il faut donc déduire la **CSG** au taux de **6,20 %** et la **CRDS** au taux de **0,50 %.**
En résumé, il faut appliquer une déduction globale de **6,70 %** sur l'indemnité journalière brute pour trouver le montant de l'indemnité journalière nette servie par l'assurance maladie.

À NOTER

Dans la formule de l'indemnité journalière de maladie, il y a eu ces dernières années des changements importants :

- *depuis la création de cette formule, le diviseur était 90, soit 3 mois, puisque je vous rappelle que pour simplifier, le nombre de jours calendaires moyen était de 30 (30 jours par mois × 3 mois = 90). Puis, dans un souci d'économie, il a été décidé de revenir à 365 jours par an et que par conséquent, 3 mois représentant le quart de 365, le diviseur serait donc à partir du 1er décembre 2010 : 91,25 (décret n° 2010-1305 du 29 octobre 2010) ;*
- *quant au salaire brut de référence, depuis les années 1970 il était égal aux bruts des 3 mois précédant l'arrêt de travail, limité par le plafond de la Sécurité sociale. Cette limite a été abaissée à 1,8 fois le Smic mensuel le 1er janvier 2012 (décret du 26 décembre 2011). Compte tenu du déficit de notre caisse, le gouvernement Fillon pensait de prime abord augmenter les jours de carence, passant ainsi de 3 à 5 jours. Les partenaires sociaux ont préféré plutôt tabler sur une diminution du montant maximum, les salariés payés moins de 1,8 Smic mensuel (environ 2 600 euros bruts) n'étant ainsi pas concernés. C'est donc cette dernière solution qui a été choisie, mais l'augmentation du nombre de jours de carence reste une épée de Damoclès car elle avait déjà été envisagée en novembre 1995 par le gouvernement Juppé. Dans quelques années, cette solution sera sans doute ré-envisagée par de prochains gouvernements.*

Exemple concret du calcul de l'indemnité journalière de maladie : supposons qu'un salarié soit en arrêt maladie du 2 au 15 mars 2020 et que ses bruts des 3 derniers mois soient :
Mois Février 2020 : 2.000 euros (1,8 Smic mensuel : 2.770,96 euros)
Mois Janvier 2020 : 2.000 euros (1,8 Smic mensuel : 2.770,96 euros)
Mois Décembre 2019 : 3.500 euros (1,8 Smic mensuel : 2.770,96 euros)
Total : 7.500 euros (1,8 Smic mensuel × 3 = 8.312,88 euros)

A noter : Même si le mois de décembre est celui de l'année dernière (2019), il faut prendre le Smic 2020 pour la comparaison avec les 1,8 Smic mensuel.

Le salaire de référence sera :
(2.000 + 2.000 + 2.770,96) = 6.770,96 euros
En effet, il faut penser à apprécier la limite de 1,8 Smic mois par mois, et ne pas commettre l'erreur de croire que le salaire de référence est 7.500 euros par rapport à une limite cumulée de (2.770,96 × 3) 8.312,88 euros.

Le salaire de référence (6.770,96 euros) est ensuite divisé par 91,25 pour donner un taux d'IJ à 100 % soit : 74,20 euros.

Le taux journalier pour les 30 premiers jours est obligatoirement 50 % (pour les jours suivants, le taux peut passer à 66,66 % si l'assuré a au moins trois enfants à charge) soit : 74,20 × 50 % = 37,10 euros.

Du 2 au 15 mars 2020, il y a très précisément 14 jours calendaires. À ces 14 jours, il faut enlever le délai de carence de 3 jours. Donc seuls **11 jours seront indemnisés.**

Ces 11 jours par le taux de 37,10 euros donneront un montant total des IJ brutes de : 408,10 euros.

Le salarié percevra donc chez lui :
408,10 - 6,7 % (de CSG/CRDS) = 380,75 euros (arrondis au centime d'euro inférieur).

L'attestation de salaire

Afin de calculer le montant des indemnités journalières dues aux salariés, l'employeur doit remplir une attestation de salaire et la transmettre à la caisse primaire de l'assurance maladie (CPAM) dont chaque salarié relève (C. Sec. Soc., art. R. 323-10).
Si cette attestation de salaire est aujourd'hui majoritairement remplie via la DSN « événementielle », certaines entreprises la remplissent encore *via* le site www.net-entreprises.fr. L'imprimé « Cerfa n° 11135*02 » était rempli manuellement pour chaque arrêt maladie par le service paie (et l'est encore pour les petites entreprises d'une dizaine de salariés).

La reprise du travail

Lorsque l'arrêt de travail a duré au moins **30 jours**, le salarié doit accepter de subir une visite médicale à son retour dans l'entreprise (examen pratiqué par le médecin du travail). Avant le 1er juillet 2012, c'était lorsque l'arrêt de travail avait duré au moins 21 jours (C. trav., art. R. 4624-32 à R. 4624-33).

Spécial Coronavirus-Covid-19

Le décret n°2020-73 du 31 janvier 2020 supprime temporairement le délai de carence de 3 jours pour les personnes qui ont fait l'objet d'une mesure d'isolement, éviction ou maintien à domicile liée au coronavirus. Décret confirmé par l'Ordonnance n°2020-322 du 25 mars 2020.

Cette suppression concerne aussi le salarié, parent d'un enfant âgé de moins de 16 ans contraint de s'arrêter de travailler (hors télétravail) pour garder son ou ses enfants à domicile et résidant dans un foyer de circulation active du coronavirus (ou cluster) dont l'enfant est accueilli ou scolarisé en dehors d'une des communes de ce cluster.

Mais un nouveau décret (n° 2020-434 du 16 avril 2020) supprime le délai de carence pour toutes les maladies, qu'elles sont liées ou pas au Coronavirus-Covid-19.
Ce décret aligne les délais de carence applicables pour le versement de ces indemnités complémentaires sur ceux applicables pour le versement par la sécurite sociale des indemnités journalieres.
De plus, par dérogation à l'article D. 1226-4 du Code du travail, les durées des indemnisations de ces salariés qui seront effectuées ne seront pas prises en compte dans l'appréciation de la durée maximale d'indemnisation au cours de douze mois.
Enfin, à compter du 12 mars jusqu'au 30 avril 2020, le montant de l'indemnité complémentaire est maintenu a 90% pour tous les salariés, quelle que soit leur ancienneté, qui bénéficient d'un arrêt de travail en application des dispositions prises pour l'application de l'article L. 16-10-1 du Code de la Sécurite sociale.

La durée de l'arrêt de travail indemnisé (selon les règles en vigueur, voir plus bas) est fixé à 21 jours calendaires maximum à partir de la date de l'arrêt (et non pas 14 jours calendaires comme il était prévu initialement). Un renouvellement est possible à condition que l'employeur formule une nouvelle demande sur le site « declare.ameli.fr ».

Une attestation de garde d'enfant à domicile doit être adressée par le salarié à son employeur lorsque le télétravail ne peut pas être mis en place.

Dans cette attestation écrite, le salarié doit :
- prendre l'engagement à être le seul parent à demander un arrêt de travail pour cette raison ;
- inscrire le nom, le prénom et l'âge de l'enfant (ou des enfants s'il y en a plusieurs) ;
- mentionner le nom de l'établissement scolaire et de la commune où l'enfant est scolarisé ;
- indiquer la période de fermeture de l'école, du collège, du lycée ;
- dater et signer l'attestation.

L'attestation de garde d'enfant à domicile peut être rédigée sur papier libre et envoyée de préférence par courrier électronique, pour des raisons sanitaires et de rapidité de traitement.

La déclaration de l'arrêt de travail lié à la garde d'enfants confinés à la maison pour cause de fermeture d'école ne s'effectue pas par le salarié. Celui-ci n'a aucune démarche administrative à accomplir auprès de la CPAM, ni aucun formulaire Cerfa à envoyer.
Le salarié doit simplement « fournir à son employeur une attestation sur l'honneur certifiant qu'il est le seul » au sein du couple à demander un arrêt de travail, indique l'Assurance maladie sur son site Internet. Transmettre l'arrêt de travail en ligne est une formalité qui incombe à l'employeur. La démarche s'effectue sur le service « declare.ameli.fr ». L'outil consiste en fait à déposer une déclaration de maintien à domicile de chaque employé ne pouvant pas télé-travailler.

Une personne qui présente des symptômes du coronavirus (potentiellement infectée) ou atteinte par la maladie Covid-19 est visée par un autre dispositif de déclaration d'arrêt de travail : c'est la procédure de droit commun (procédure habituelle) qui s'applique. Dans ce cas, l'arrêt de travail doit être prescrit par un médecin de ville (médecin traitant, médecin remplaçant) éventuellement lors d'une téléconsultation), médecin à l'hôpital, ou médecin du travail depuis le 2 avril 2020 (en application de l'article 2 de l'ordonnance n° 2020-386 du 1er avril 2020).
Après la consultation chez le médecin, le patient doit adresser le volet 3 de son avis d'arrêt de travail à son employeur. En cas de téléconsultation, le médecin doit envoyer le volet 3 par e-mail ou par courrier à son patient, afin que ce dernier l'envoie à son employeur.
La transmission de l'arrêt de travail à la CPAM est effectuée par le médecin.

Le ministère de la Santé a précisé qu'un renouvellement était possible jusqu'à la date présumée de réouverture de la structure accueillant l'enfant. La date limite de l'arrêt de travail pour garde d'enfants pendant le confinement de la population est fixée :

- au jeudi 30 avril 2020 pour les salariés du privé ;
- jusqu'au lundi 11 mai 2020, compte tenu du prolongement de la fermeture des crèches et établissements scolaires jusqu'à cette date pour les travailleurs indépendants, les fonctionnaires et les agents contractuels de droit public.

Au 1er mai 2020, le salarié en arrêt de travail pour garde d'enfants ou à risque accru est placé d'office en activité partielle.

Nouveauté 2020

1) **Le calcul des IJSS sera modifié à partir du 1er juillet 2020**. En effet, l'article L. 323-4 du Code de la Sécurité sociale (modifié par LOI n°2019-1446 du 24 décembre 2019 – art. 85 (V)), précise maintenant que :

   « L'indemnité journalière est égale à une fraction des revenus d'activité antérieurs soumis à cotisations à la date de l'interruption du travail, retenus dans la limite d'un plafond et ramenés à une valeur journalière.

   Le revenu d'activité journalier antérieur est déterminé d'après la ou les dernières payes antérieures à la date de l'interruption du travail.

   La fraction, le plafond ainsi que les modalités de détermination des revenus d'activité antérieurs retenus et de leur valeur journalière mentionnés au premier alinéa sont fixés par décret en Conseil d'Etat.

   NOTA : Conformément au III de l'article 85 de la loi n° 2019-1446 du 24 décembre 2019, ces dispositions s'appliquent aux arrêts de travail prescrits à compter du 1er juillet 2020 et aux arrêts de travail prescrits avant cette date dont la durée n'a pas atteint trente jours consécutifs au 1er juillet 2020. »

   En résumé, dès le 1er juillet 2020, l'IJSS sera égale à une fraction des revenus d'activité antérieurs soumis à cotisations à la date de l'interruption de travail, retenues dans la limite d'un plafond et ramenés à une valeur journalière. **Il n'y aura plus de notion de gain journalier**.

2) **La majoration pour les salariés ayant au moins 3 enfants à charge** et dont l'arrêt de travail se prolonge au-delà de 30 jours **est supprimée**.

3) L'alinéa qui précisait que « En cas d'augmentation générale des salaires postérieurement à l'ouverture du bénéfice de l'assurance maladie et lorsque l'interruption de travail se prolonge au-delà d'une durée déterminée, le taux de l'indemnité journalière peut faire l'objet d'une révision dans les mêmes conditions » a été supprimé. Autrement dit, **dès le 1er juillet 2020 il n'y aura plus de revalorisation des IJSS en cas d'augmentation générale des salaires**.

Ces nouveautés s'appliqueront aux arrêts de travail prescrits à compter du 1er juillet 2020 et aux arrêts de travail prescrits avant cette date dont la durée n'a pas atteint 30 jours consécutifs au 1er juillet 2020.
Il y aura donc une période pendant laquelle les 2 systèmes de calcul des IJSS cohabiteront au sein des logiciels de paie (entre le 1er juillet 2020 et jusqu'à ce que les arrêts de travail supérieurs à 30 jours prescrits avant cette date disparaissent).

Des précisions complémentaires doivent être apportées par décret en Conseil d'Etat avant la date d'entrée en vigueur de ce texte.

L'indemnisation de la maternité

Seule la femme assurée à titre personnel, du fait de son activité salariée, peut bénéficier, à l'occasion de sa grossesse, des prestations en espèces de l'assurance maternité, celles-ci étant destinées à inciter la femme à interrompre son activité pendant plusieurs semaines avant et après l'accouchement, dans l'intérêt de sa santé et de celle de son enfant, en compensant la perte de salaire ainsi subie. L'indemnité journalière de maternité n'est donc accordée que si l'assurée cesse tout travail, salarié mais aussi non-salarié, pendant la période d'indemnisation (voir les articles L. 1225-16 à L. 1225-29 du Code du travail).

Cette indemnité est versée à toute femme qui a un enfant ou qui en adopte un (les indemnités sont versées même si l'enfant est mort-né). Mais, pour pouvoir bénéficier des indemnités, selon l'article L. 313-3 du Code de la Sécurité socale, il faut satisfaire au moins une de ces conditions :

- être affiliée depuis au moins 10 mois à la date présumée de l'accouchement ou de la date d'arrivée de l'enfant au foyer en cas d'adoption ;
- avoir travaillé au moins 150 heures au cours des 3 mois civils (ou des 90 jours) précédant l'arrêt de travail ;

- avoir travaillé au moins 600 heures au cours des 12 mois civils précédant l'arrêt de travail ;
- avoir cotisé au cours des 6 mois civils précédant l'arrêt de travail sur la base d'une rémunération au mois égale à 1.015 Smic horaire (10.302,25 € en 2020) ;
- avoir cotisé au cours des 12 mois civils précédant l'arrêt de travail sur la base d'une rémunération au mois égale à 2.030 Smic horaire (20.604,50 € en 2020) ;
- et cesser son activité professionnelle pendant au moins 8 semaines.

L'indemnité journalière de repos maternité est versée par la caisse d'assurance maladie et n'est pas cumulable avec les IJ maladie (les prestations en espèces de l'assurance maternité sont alors servies en priorité sur celles de l'assurance maladie).

L'absence de délai de carence

Contrairement à la maladie, dans le cadre du congé maternité ou d'adoption, il n'y a pas de délai de carence : **l'indemnité est versée à compter du premier jour qui suit le point de départ de la maternité, mais pour pouvoir en bénéficier, l'assurée doit cesser toute activité pendant au moins 8 semaines** (2 semaines avant l'accouchement et 6 semaines après), durée pendant laquelle le Code du travail interdit à tout employeur de faire travailler une femme en couches (C. trav., art. L. 1225-29).

La durée de l'indemnisation

Avant de voir le tableau ci-après, quelques commentaires :

- la durée globale de l'indemnisation n'est pas diminuée si l'accouchement a lieu avant la date présumée ;
- si l'accouchement a lieu après la date prévue, la durée de l'indemnisation sera augmentée d'autant ;
- l'intéressée a la possibilité d'allonger la durée du congé prénatal de 2 semaines, sans prolonger pour autant la durée globale du congé, c'est-à-dire que ces 2 semaines seront prises sur le congé postnatal ;
- si l'état pathologique (entrainant un congé pathologique) précédant l'accouchement est bien indemnisé au titre de la maternité pendant 14 jours, celui qui suit l'accouchement (et qui peut aller jusqu'à 4 semaines) est indemnisé au titre de la maladie ;
- pour les durées exprimées en semaines, la Sécurité sociale considère chaque semaine comme équivalente à 7 jours et le congé postnatal englobe toujours le jour de l'accouchement ;

- si la mère décède au moment ou des suites de l'accouchement, l'indemnité journalière de repos postnatal peut être accordée au père sous réserve qu'il cesse tout travail salarié pendant la période d'indemnisation (C. Séc. soc., art. L. 331-6) ;
- si l'enfant est hospitalisé jusqu'à l'expiration de la sixième semaine suivant l'accouchement, la salariée peut demander le report à la date de la fin d'hospitalisation de l'enfant de tout ou partie de la période d'indemnisation à laquelle elle peut encore prétendre (C. Séc. soc., art. L. 331-5) ;
- si l'enfant décède pendant le congé de maternité, la mère conserve tout de même ses droits.

La durée de l'indemnisation est variable. Elle **dépend à la fois de la composition de la famille, du rang de l'enfant et du nombre de naissances** (C. trav., art. L. 1225-17 à L. 1225-20).

Depuis le 1er Janvier 1995		Durée (en semaines entourant la naissance)		
Type de grossesse	Nombre d'enfants précédents	Avant	Après	Total
Simple	1	6	10	**16**
	Au moins 2, ou si l'assurée a déjà eu au moins 2 enfants nés viables	8	18	**26**
Gémellaire	#	12	22	**34**
Triplés ou +	#	24	22	**46**

En cas d'adoption, seul le congé postnatal est accordé. Cela donne le tableau suivant (loi n° 94-629 du 25 juillet 1994 relative à la famille), applicable depuis le 1er janvier 1995.

Type d'adoption	Situation	Durée (en semaines)
Simple	L'assurée a moins de 2 enfants	**10**
	L'assurée a déjà au moins 2 enfants	**18**
Multiple	#	**22**

À noter : en cas de premier enfant, la salariée enceinte peut, avec l'avis favorable du médecin ou de la sage-femme qui suit sa grossesse, reporter une partie de son congé prénatal après son accouchement. Son congé postnatal sera alors augmenté d'autant. À noter cependant que seules les 3 premières semaines du congé prénatal peuvent être reportées. De plus, en cas d'arrêt de travail prescrit à la salariée enceinte pendant la période qui fait l'objet d'un report, le report est annulé et le congé prénatal commence au premier jour de l'arrêt de travail.

En cas de naissance simple, si l'assurée sociale a déjà eu deux enfants, elle peut :

- soit, avec l'avis favorable du médecin ou de la sage-femme qui suit sa grossesse, reporter une partie de son congé prénatal (3 semaines maximum) après son accouchement. Son congé postnatal sera alors augmenté d'autant. À noter cependant que seules les 3 premières semaines du congé prénatal peuvent être reportées. De plus, en cas d'arrêt de travail prescrit à la salariée enceinte pendant la période qui fait l'objet d'un report, le report est annulé et le congé prénatal commence au premier jour de l'arrêt de travail ;
- soit anticiper son congé prénatal (2 semaines maximum). Son congé postnatal sera alors réduit d'autant.

En cas de naissances multiples, l'assurée sociale peut :

- soit, avec l'avis favorable du médecin ou de la sage-femme qui suit sa grossesse, reporter une partie de son congé prénatal (3 semaines maximum) après son accouchement. Son congé postnatal sera alors augmenté d'autant. À noter cependant que seules les 3 premières semaines du congé prénatal peuvent être reportées. De plus, en cas d'arrêt de travail prescrit à la salariée enceinte pendant la période qui fait l'objet d'un report, le report est annulé et le congé prénatal commence au premier jour de l'arrêt de travail ;
- soit anticiper son congé prénatal (4 semaines maximum). Son congé postnatal sera alors réduit d'autant.

Le montant de l'indemnisation

Jusqu'au 31 décembre 1995, l'indemnité était égale à 84 % du salaire journalier de base (déterminé comme celui des indemnités journalières maladie) en se limitant au salaire plafonné.

Depuis le 1er janvier 1996, l'indemnité journalière est égale au **gain journalier de base calculé dans la limite du plafond de la Sécurité sociale** en vigueur le dernier jour du mois civil précédant l'interruption de travail. Mais ce gain journalier est diminué par application d'un taux forfaitaire représentatif de la part salariale des cotisations et contributions d'origine légale ou conventionnelle rendues obligatoires par la loi ; ce taux forfaitaire est fixé par arrêté du ministre chargé de la sécurité sociale.

Jusqu'au 30 juin 2013, ce taux forfaitaire était déterminé par la direction de la Sécurité sociale pour calculer le montant maximum de l'IJ maternité à verser (21,59 % du 1er janvier 1996 au 30 juin 2002, 21,33 % depuis le 1er juillet 2002 en Alsace-Moselle et 19,79 % du 1er janvier 1996 au 30 juin 2002, 19,68 % depuis le 1er juillet 2002 dans les autres départements). Ce qui donnait une valeur maximale du 1er janvier 2013 au 30 juin 2013 des IJ en Alsace-Moselle de 79,82 euros, et de 81,49 euros dans les autres départements.
Depuis le 1er juillet 2013, il n'y a plus qu'un **taux unique de 21 %** pour tous les départements.
Ce qui donne un **montant maximum des IJ de maternité pour 2020 de 89,03 euros**.

En cas d'augmentation générale des salaires, l'IJ maternité peut, elle aussi, être revalorisée, et comme pour l'IJ maladie, il existe un **montant minimum** calculé lui aussi sur la base de la pension d'invalidité, soit 9,63 euros par jour depuis le 1er avril 2020 (9,53 euros entre le 1er avril 2019 et le 31 mars 2020).

L'indemnité journalière de maternité **n'est pas cotisable, mais imposable depuis le 1er janvier 1996** et servie **nette de cotisations CSG/CRDS** au taux global de **6,70 %** (de la même manière que la maladie).

L'indemnisation de la paternité

La loi de financement de la Sécurité sociale pour 2002 a introduit le congé de paternité.
Celui-ci est ouvert à tout salarié à l'occasion de la naissance de son enfant. **Ce congé est accordé pour les naissances ayant lieu après le 1er janvier 2002.**
Ce congé est ouvert naturellement au père (géniteur quelle que soit sa situation familiale : mariage, Pacs, union libre, divorce ou séparation, même s'il ne vit pas avec son enfant ou sa mère) mais également au conjoint de la mère, ou son partenaire Pacs, ou à la personne qui vit maritalement avec elle. En revanche, pour l'instant, la femme d'un couple homosexuel vivant maritalement avec la mère d'un nouveau ne peut en bénéficier.

Pour la naissance d'un enfant unique, **11 jours calendaires** maximum sont accordés. La durée est portée à 18 jours pour les naissances multiples. Ce congé doit être pris dans un délai de 4 mois à compter de la date de naissance. Le congé de paternité est **cumulable** avec le congé de 3 jours accordé pour la naissance d'un enfant (C. trav., art. L. 1225-35).

A noter que ce congé est également accordé en cas de naissance sans vie.
De même, en cas de décès de la mère, le salarié « père » peut bénéficier du congé maternité postnatal et reporter le congé paternité au-delà du délai de 4 mois, ainsi que le salarié « non père » à condition que le père de l'enfant n'en bénéfie pas.

Le salarié doit avertir l'employeur de son intention de bénéficier du congé de paternité au moins un mois avant la prise effective de celui-ci. **L'employeur ne peut le refuser.**

L'indemnisation est assurée principalement par la Sécurité sociale. Afin qu'elle soit servie, l'employeur doit, bien sûr, établir une DSN « événementielle », ou donner les renseignements via net-entreprise.fr, ou envoyer à la CPAM le bordereau « Cerfa n° 11135*02 » après avoir mis une croix devant la coche Paternité. **Suivant la même procédure vue précédemment en maternité, il faut donner le net (limité au plafond de la Sécurité sociale) des 3 mois précédant l'arrêt.**

L'indemnisation des accidents du travail et de trajet et de la maladie professionnelle

Définition de l'accident du travail

L'accident de travail est l'accident survenu du fait ou à l'occasion du travail, quels qu'en soient la cause ou le lieu, à toute personne travaillant à quelque titre que ce soit pour un ou plusieurs employeurs.

Définition de l'accident du trajet

L'accident de trajet est l'accident subi par un salarié pendant les trajets aller et retour entre :
- le lieu de travail et sa résidence ou tout autre lieu où le travailleur se rend de façon habituelle pour des motifs d'ordre familial ;
- le lieu de travail et l'endroit où le salarié prend habituellement ses repas.

La déclaration

Le salarié victime d'un accident de travail doit, **dans les 24 heures suivant l'accident** en informer son employeur (C. Séc. soc., art. R. 441-1 et R. 441-2).
L'employeur doit déclarer sur un imprimé Cerfa (délivré par la Sécurité sociale) tout accident dont il a eu connaissance, par lettre recommandée avec accusé de réception **dans les 48 heures** (non inclus les dimanches et jours fériés) à la CPAM dont relève la victime (C. Séc. soc., art. R. 441-3 et R. 441-4). Il peut également établir cette déclaration sur Net-entreprises.fr.
À noter que les accidents bénins ne sont pas tenus d'être déclarés, sous réserve de tenir un registre ouvert à cet effet.

Afin que le salarié ne fasse pas l'avance des frais médicaux et de traitement, l'employeur doit lui délivrer immédiatement, après la déclaration de l'accident, une feuille d'accident (fournie aussi par la Sécurité sociale), composée de 2 pages et de trois volets. Le premier volet sera adressé par le salarié en fin de traitement à la CPAM. Le second volet sera remis par le salarié au médecin pour le décompte de ses honoraires. Le troisième volet sera remis au pharmacien qui facturera ainsi les produits délivrés.

L'employeur est aussi tenu d'envoyer à la CPAM une attestation indiquant la période de travail, le nombre de journées auxquelles s'appliquent la ou les paies, leur montant et la date. De son côté, le médecin choisi par le salarié établit un certificat médical indiquant l'état de l'accidenté, les conséquences médicales de l'accident et la durée probable de l'incapacité de travail. Il adresse directement un exemplaire à la CPAM et en remet un à la victime.

Le délai de carence

Dans le cadre des accidents de travail, **il n'y a pas de délai de carence.** La journée où se produit l'accident **est intégralement à la charge de l'employeur** quel que soit le mode de paiement du salaire et ceci même en cas d'accident de trajet survenant avant le début de la journée de travail.

La durée de l'indemnisation

L'indemnisation est versée pendant toute la période d'incapacité de travail qui précède soit la guérison complète, soit la consolidation de la blessure ou le décès.

Le montant des indemnités journalières

Depuis le 28 mai 1993, **l'indemnité journalière d'accidents du travail est égale à 60 % du salaire journalier de référence pendant les 28 premiers jours d'arrêt de travail. À compter du vingt-neuvième jour, l'indemnité est portée à 80 %** du même salaire de base.

Le salaire journalier servant de base au calcul de cette indemnité est égal au 1/30,42e du montant des paies afférentes au mois antérieur (salaire réglé journellement ou à intervalles réguliers, au début ou à la fin d'un travail).

Depuis l'arrêté du 3 août 1993, le salaire servant de référence est déterminé par le salaire brut de la période de référence. Pour le salaire de référence, il faut prendre en compte :
- le salaire proprement dit ;
- les primes afférentes à la période à considérer ;
- les avantages en nature ;
- les pourboires ;
- les primes de productivité individuelle versées au cours de la période de référence ;
- les primes de déplacement constituant un supplément de rémunération ;
- les primes de vie chère, de précarité, de scolarité ;
- les prestations familiales extra-légales ;
- le douzième des primes versées annuellement (ou le sixième des primes semestrielles).

Pour les arrêts de travail initiaux qui ont débuté après le 2 janvier 2015, un taux forfaitaire de 21 % est déduit du montant du salaire brut servant au calcul de l'indemnité journalière. Nous arrivons donc à un salaire net (comme pour la maternité). Pour les rechutes des arrêts initiaux débutant avant le 2 janvier 2015, la précédente règle continue de s'appliquer (c'est-à-dire que c'est un salaire brut sans déduction d'un taux forfaitaire de cotisations à 21 %).

Nous pouvons donc écrire la formule suivante :

$$\text{L'IJAT} = \frac{\textbf{Salaire net de référence} \times \textbf{60 \% (ou 80 \%)}}{\textbf{30,42}}$$

Le montant des IJAT est lui aussi limité à un **montant maximum.**

Indemnités Journalières	28 premiers jours	à partir du 29ième jour
Arrêt de travail ayant débuté :		
- entre le 01/01/2019 et le 31/12/2019	202,78 €	270,37 €
- entre le 01/01/2020 et le 31/12/2020	205,84 €	274,46 €

Depuis le décret n° 93-938 du 16 juillet 1993, applicable à partir du 25 juillet 1993, la **limite maximale** de la rémunération annuelle retenue pour le calcul de l'indemnité journalière est abaissée de 1 % à **0,834 % du plafond mensuel × 12** des cotisations de Sécurité sociale (41.136 euros au 1er janvier 2020).

De plus, l'indemnité journalière calculée à partir du salaire journalier ne peut pas dépasser le montant du gain journalier net perçu par la victime. Pour le calculer, le salaire journalier de référence était diminué de la part salariale des cotisations obligatoires d'origine légale ou conventionnelle et de la CSG. Pour les arrêts ayant débuté depuis le 1er janvier 2015, le gain journalier net est déterminé par application d'un taux forfaitaire de cotisations et contributions à 21 % (comme pour les IJSS maternité). Par conséquent, les IJSS brutes accident ne pourront plus dépasser 79 % du salaire journalier brut de référence.

Lorsqu'un salarié est en arrêt de travail, mais que la caisse n'a pas encore reconnu le caractère professionnel de sa maladie, ses indemnités journalières sont alors versées au titre de l'Assurance Maladie et calculées comme telles. Au moment de la reconnaissance de la maladie professionnelle, la caisse effectue une régularisation des indemnités journalières. Afin d'accélérer le traitement des dossiers, il est recommandé d'adresser l'attestation de salaire maladie (S3201) en même temps que l'attestation de salaire accident du travail/maladie professionnelle (S6202).

Comme pour les indemnités journalières de maladie et de maternité, les indemnités journalières d'accident du travail peuvent être revalorisées au bout de 3 mois d'arrêt si les salaires ont subi une augmentation par accord collectif ou par arrêté dans le cas d'un salaire au niveau du Smic.

Les indemnités journalières d'accident du travail ne sont **pas cotisables, mais sont devenues imposables à 50 % depuis le 1er janvier 2010.**

L'attestation de salaire

Comme pour l'attestation maladie et maternité, une attestation de salaire pour accident du travail et maladie professionnelle est à renseigner par l'employeur, soit par une DSN événementielle, sur le site www.net-entreprises.fr, soit en version papier (n° Cerfa : 11137*02) pour les petites entreprises.

Tableau récapitulatif sur les IJSS

	I.J. Maladie	I.J. Maternité	I.J. Accident
Salaire de base	Les 3 dernières paies brutes dans la limite de 1,8 SMIC mensuel	Les 3 dernières paies brutes dans la limite du plafond de S.S.	Le dernier salaire brut non plafonné
Salaire journalier de référence	Le salaire de base divisé par 91,25 jours	Le salaire de base divisé par 91,25 jours	Le salaire de base divisé par 30,42 jours
Montant	50% du salaire journalier de référence	79% du salaire journalier de référence	60% du salaire journalier pendant 28 jours 80% du salaire journalier à partir du 29ème jour
Maximum	1,8 SMIC mensuel x 3 / 91,25 45,55 €	Plafond mensuel S.S. – 21% x 3 / 91,25 89,03 €	60% ou 80% de 0,834% du plafond annuel S.S. 205,84 € (28 jours) 274,46 € (après 28 jrs)
Majoration	Si au moins 3 enfants à charge : 2/3 du gain de base à partir du 31ème jour	NON	NON
Date du versement	A partir du 4ème jour d'arrêt maladie	A partir du 1er jour d'arrêt prénatal ou pour grossesse pathologique	A partir du lendemain de l'accident de travail
Revalorisation	Possible au-delà du 3ème mois	Possible au-delà du 3ème mois	Possible au-delà du 3ème mois
Durée	- 360 jours maxi (sur 3 ans pour la maladie ordinaire) - 3 ans pour les affections de longue durée	- 6 semaines mini (congé prénatal) - 10 semaines mini (congé postnatal)	3 ans (après incapacité)
Imposition	OUI (sauf ALD)	OUI	OUI à 50%
Régime social	Aucune cotisation, sauf C.S.G. et C.R.D.S. prélevées par la CPAM au taux global de 6,7% sans l'abattement de 1,75%	Aucune cotisation, sauf C.S.G. et C.R.D.S. prélevées par la CPAM au taux global de 6,7% sans l'abattement de 1,75%	Aucune cotisation, sauf C.S.G. et C.R.D.S. prélevées par la CPAM au taux global de 6,7% sans l'abattement de 1,75%

2. L'indemnisation par l'employeur

Le salarié ne pouvant effectuer aucun travail, aucun salaire n'est en principe dû par l'employeur. Cependant, le salarié malade ou en accident bénéficie le plus souvent du maintien d'une partie ou de la totalité de sa rémunération en application soit de l'accord de mensualisation, soit de la convention collective ou de l'accord d'entreprise applicable.

La loi de mensualisation

Pour tous les salariés ayant au moins un an d'ancienneté, le minimum d'indemnisation en cas de maladie, accident du travail ou accident de trajet est assuré par la loi de mensualisation. Cette loi date de 1977 et prévoit le maintien du salaire brut dans certaines conditions : c'est-à-dire qu'elle garantit un pourcentage du salaire brut proportionnellement à la longueur de la maladie.

Ce maintien du salaire brut par l'employeur commence dès le premier jour en cas d'accident du travail ou de la maladie professionnelle, et à partir du huitième jour dans tous les autres cas. Ce qui signifie que les salariés ne sont pas indemnisés pendant les 3 premiers jours correspondant au délai de carence de la Sécurité sociale et que, du quatrième au septième inclus, ils ne perçoivent que les IJSS.

	Indemnisation par périodes de 12 mois			
Ancienneté (en années)	Point de départ		Durée	
	Accident du Travail	Maladie, Acc. du Trajet	90%	66,67%
de 1 à 6	dès le 1er jour	à partir du 8ème jour	30 jours	30 jours
de 6 à 11	dès le 1er jour	à partir du 8ème jour	40 jours	40 jours
de 11 à 16	dès le 1er jour	à partir du 8ème jour	50 jours	50 jours
de 16 à 21	dès le 1er jour	à partir du 8ème jour	60 jours	60 jours
de 21 à 26	dès le 1er jour	à partir du 8ème jour	70 jours	70 jours
de 26 à 31	dès le 1er jour	à partir du 8ème jour	80 jours	80 jours
au-delà de 31	dès le 1er jour	à partir du 8ème jour	90 jours	90 jours

Application

Comment déterminer le salaire brut du salarié ? **Quelles sont les incidences de l'absence du salarié sur les primes** qui lui sont versées en plus de son salaire de base ?

La prime d'assiduité

La Cour de cassation juge que l'employeur est en droit (sauf clause expresse en sens contraire) de réduire, voire de supprimer une prime d'assiduité à la suite de l'absence d'un salarié, dans la mesure où celle-ci *« tend à encourager et à récompenser la présence régulière des salariés sans être attribuée en contrepartie d'un travail déterminé »*.

En revanche, dès lors qu'une prime d'activité, *« distincte de la prime d'assiduité, est attribuée pour rémunérer l'activité professionnelle des salariés et qu'elle leur est régulièrement versée depuis plusieurs années »*, les juges du fond peuvent estimer à bon droit *« qu'elle est un élément de rémunération et qu'elle doit en conséquence être incluse dans l'assiette de calcul de l'indemnisation du salarié absent »*.

La prime d'ancienneté

De nombreux accords de mensualisation et conventions collectives ont adopté une solution favorable au salarié malade, assimilant à un temps de présence pour la détermination de l'ancienneté les périodes pendant lesquelles le contrat a été suspendu. **Quant à la prime d'ancienneté, la Cour de cassation juge qu'*« elle est due pour l'indemnisation des absences pour maladie »*.**

La prime annuelle

Le salarié absent pour maladie durant l'année peut-il bénéficier de l'intégralité de la prime annuelle du type « treizième mois » ?

Le salarié ne peut, selon la Cour de cassation (29 avril 1980), prétendre à la totalité d'une gratification *« instituée pour rémunérer une activité et non prise en principe en compte pour le calcul des indemnités maladie, sauf clause expresse de l'accord applicable »*.

Les primes liées aux conditions d'exécution du travail

Le salarié peut-il bénéficier de primes liées aux conditions d'exécution de son travail (primes d'insalubrité, de risque, de pénibilité, etc.) ?

La Cour de cassation a répondu négativement (29 octobre 1980) à propos d'une prime d'incommodité d'horaire. Elle considère en effet que *« si cette majoration est un élément de rémunération, son attribution est subordonnée à des conditions particulières puisqu'elle tend à indem-*

niser une gêne au cours des heures de travail réellement effectuées» et qu'en conséquence *«le salarié ne saurait y prétendre si cette condition n'est pas remplie».*

Toutefois, à propos d'une autre prime d'incommodité liée à l'organisation du travail dite «prime d'équipes successives de jour», accordée au personnel réparti en deux équipes successives, la Cour de cassation a estimé (29 mai 1986) qu'elle était due à un salarié malade comme aux autres salariés, car il n'était pas contesté qu'elle constituait *«un élément de rémunération lié à l'organisation du travail par l'entreprise, qui aurait été perçue par l'intéressé s'il avait continué à travailler».*

Donc, en cas d'absence au travail du fait de la maladie, la règle qui semble se dégager est que le salarié recevra la rémunération qu'il aurait perçue s'il avait continué à travailler.

RAPPEL

Un salarié n'a pas droit à des titres-restaurant pour les périodes au cours desquelles il a été absent.

Bien entendu, ce maintien de salaire brut assuré par l'employeur se fait sous déduction des indemnités journalières de Sécurité sociale.

Le bulletin de salaire se présentera de la manière suivante :

	Salaire brut
–	Absence maladie
+	Paiement maladie diminué du délai de carence × 90 %
=	Brut de cotisations
–	Cotisations salariales
=	Net à payer

Le mois suivant, nous verrons apparaître l'incidence des indemnités journalières :

	Salaire brut
–	Indemnités journalières de Sécurité sociale
=	Brut de cotisations
–	Cotisations salariales
=	Net à payer

La subrogation

La subrogation de l'employeur dans les droits de l'assuré lui permet de toucher directement les indemnités journalières.

Pour les arrêts ayant débuté depuis le 1er janvier 2015, la subrogation est de plein droit lorsque l'employeur maintient totalement ou partiellement sous déduction des IJSS à la condition que le salaire maintenu soit au moins égal au montant des IJSS. La subrogation n'est donc plus subordonnée à l'accord du salarié.

Dans tous les autres cas, la subrogation ne peut se faire et l'employeur déduira le montant des IJ dès que le salarié aura repris son travail.

Voyons maintenant les différences entre un employeur non subrogé et un employeur subrogé.

Employeur non subrogé	Employeur subrogé
Principe • Si l'entreprise ne verse pas d'indemnisation complémentaire, elle paie le salaire amputé de la retenue pour arrêt maladie. • Si l'entreprise verse une indemnisation complémentaire, elle paie le salaire amputé de la retenue pour arrêt maladie et y ajoute l'indemnisation complémentaire mise à sa charge (par la loi ou la convention). Dans les deux cas, le salarié perçoit directement de la Sécurité sociale, les indemnités journalières qui lui sont dues.	Principe L'entreprise verse le salaire au niveau convenu, en y intégrant le montant des indemnités journalières qu'elle « avance » ainsi au salarié. L'entreprise s'adressera ensuite à la Sécurité sociale pour percevoir ce montant à la place du salarié.
Conséquences Rapidité et facilitation d'indemnisation moindres pour le salarié.	**Conséquences** • Pour le salarié : absence compensée immédiatement ; pas de démarches, est assimilable à un avantage social. • Pour l'entreprise : avance de trésorerie ; démarches à sa charge ; vérification des encaissements.

Employeur non subrogé	Employeur subrogé
Écriture du bulletin • Si l'entreprise ne verse pas d'indemnisation complémentaire, aucune écriture (en dehors de la retenue pour absence). • Si l'entreprise verse une indemnisation complémentaire, elle pratique la retenue correspondante, et soit : – estime le montant des IJSS lors de la paie couvrant l'arrêt de travail, pour calculer ce qu'elle versera en complément ; – attend que le salarié lui apporte le décompte reçu de la Sécurité sociale pour lui payer le complément sur le mois en cours.	**Écriture du bulletin** • Ou bien l'entreprise estime le montant des IJSS pour calculer ce qu'elle doit verser en complément de la paie couvrant l'arrêt de travail en pratiquant la retenue correspondante. • Ou bien, en différé sur le bulletin de paie qui suit le paiement des IJSS qu'elle reçoit directement de la Sécurité sociale, l'entreprise inscrit la retenue pour arrêt de travail et l'indemnisation correspondante à verser.

La contre-visite médicale

La contre-visite médicale est un droit reconnu à l'employeur par la législation française : un droit de regard mentionné dans les conventions collectives et l'article 7 de la loi du 19 janvier 1978, loi dite de mensualisation.
La loi prévoit que l'absence justifiée par l'incapacité résultant de maladie ou d'accident doit être constatée par certificat médical et contre-visite s'il y a lieu (C. trav., art. L. 1226-1 et C. Sec. Soc., art. L. 315-1). L'employeur peut faire pratiquer la contre-visite chaque fois que celle-ci est prévue. Pour cela, il est en droit de communiquer au médecin contrôleur l'adresse du salarié qui doit faire l'objet de la contre-visite, sans pour autant porter atteinte à l'intimité de la vie privée du salarié. **Il n'a pas à prévenir le salarié de la contre-visite.**

La contre-visite médicale est la simple contrepartie de l'obligation qu'a l'employeur de garantir le salaire. Puisqu'il indemnise le salarié absent, la contre-visite médicale permet à l'employeur de constater si l'arrêt est toujours médicalement justifié ou s'il ne l'est plus au moment où le médecin effectue le contrôle. En d'autres termes, s'il doit poursuivre ou suspendre son obligation de paiement.

Lorsqu'un accord prévoit expressément une contre-visite comme condition du versement des indemnités complémentaires de maladie (comme le fait la loi sur la mensualisation), **le salarié ne peut refuser de s'y soumettre** sans commettre un manquement à son obligation, le privant ainsi du bénéfice des indemnités. Il en sera de même s'il est absent de son domicile et qu'il n'a pu s'y soumettre (lorsque l'arrêt maladie ne comporte aucune indication sur les heures d'autorisation de sortie, celle-ci est présumée ne pas avoir été accordée !).

La contre-visite doit être effectuée par un docteur en médecine, inscrit au conseil de l'ordre. L'obligation du secret professionnel du médecin-contrôleur assure confidentialité et neutralité au salarié, rigueur et compétence à l'employeur. Le médecin-contrôleur exerce en toute indépendance vis-à-vis de ses confrères, mais il ne peut modifier le traitement ordonné. Suite au constat justifiant ou non l'arrêt de travail au jour du contrôle, il fournit à l'entreprise ses conclusions sans indiquer les raisons médicales qui les motivent.

Il ne peut y avoir effet de rétroactivité lorsque l'arrêt médical n'est plus justifié au jour de la contre-visite. Cela ne remet donc pas en cause l'acte médical initial du médecin traitant. La contre-visite ayant lieu *a posteriori*, le médecin-contrôleur constate à un moment donné de l'arrêt qu'il n'y a plus incapacité de travail et que l'arrêt n'est plus justifié pour raison médicale. Si le médecin-contrôleur ne peut signifier au salarié l'ordre de reprendre son travail, il est tenu de l'informer de ses conclusions. Le salarié a trois possibilités :

- il reprend son travail dès le lendemain du contrôle : la contre-visite prouve son efficacité et limite donc l'absentéisme ;
- il ne reprend pas son travail : il peut en effet continuer à suivre l'estimation initiale établie par son médecin traitant. L'entreprise est alors en droit de suspendre les indemnités complémentaires à dater du jour même ou du lendemain de la contre-visite ;
- il se fait prescrire un nouvel arrêt ou une prolongation : l'entreprise peut demander une nouvelle contre-visite. À défaut, elle accepte ce nouvel arrêt et l'indemnisation doit être rétablie à la date de départ du nouvel acte.

3. Les allocations complémentaires aux IJSS

Définition

On appelle « allocations complémentaires aux IJSS » les allocations versées par les prévoyances en plus des indemnités légales en cas de maladie, accident, maternité, afin de garantir aux intéressés leur salaire pendant une période donnée, dont la durée varie en fonction de l'ancienneté dans l'entreprise.

L'application

Lorsque le financement du système est réalisé au moyen de cotisations salariales et patronales, les allocations complémentaires sont prises en compte dans l'assiette de cotisation au prorata de la seule participation patronale.

Il y a trois possibilités :
- adhésion obligatoire du salarié au régime de l'entreprise ;
- adhésion volontaire et individuelle à une société mutualiste ;
- inscription résultant d'un acte volontaire et individuel à un contrat d'assurance.

Voyons maintenant sur quel montant portent les cotisations.

- Adhésion obligatoire du salarié avec participation de l'employeur : la fraction des allocations complémentaires servies, déterminée au prorata des cotisations supportées par l'employeur, est intégrée dans l'assiette des cotisations (Sécurité sociale, Pôle emploi, retraites complémentaires, taxes diverses, mais pas dans celle des prévoyances, bien sûr !).
- Adhésion obligatoire du salarié sans participation de l'employeur : aucune cotisation.
- Adhésion facultative du salarié sans participation de l'employeur : aucune cotisation.
- Adhésion facultative du salarié avec participation de l'employeur : les allocations complémentaires ne sont pas intégrées dans l'assiette des cotisations, la liberté d'adhésion laissée au salarié ne permettant pas de soutenir que l'avantage servi l'est pour le compte de l'employeur qui n'a pris dans ce cas aucun engagement pour maintenir le salaire. Cependant, dans cette hypothèse, la participation patronale au régime d'assurance constitue un avantage lié au contrat de travail et doit être intégrée dans l'assiette des cotisations.

Les indemnités journalières complémentaires aux indemnités de Sécurité sociale versées par l'employeur ou par l'entremise d'un tiers sont assujetties à la CSG et à la CRDS dans leur totalité si elles sont financées intégralement par l'employeur ou au prorata de la participation de l'employeur si elles sont financées conjointement par l'employeur et le salarié. L'abattement de 1,75 % pour frais professionnels doit donc être appliqué. Lorsqu'elles sont versées au titre de périodes postérieures à la rupture du contrat de travail, elles sont assujetties en tant que revenu de remplacement et précomptées, sans application de l'abattement de 1,75 %, par les organismes débiteurs.

Ne sont assujettis ni à la CSG, ni à la CRDS :

- les avantages versés en contrepartie de contrats souscrits dans le cadre de la gestion privée des individus, dans le cadre d'adhésions individuelles ou facultatives, et dont la cotisation est entièrement à la charge de l'adhérent ;
- la part des indemnités journalières complémentaires des indemnités de la Sécurité sociale au prorata de la participation du salarié (voir ci-dessus) (lettre-Circ. Acoss n° 91-29, 5 avril 1991, § 4 ; lettre-Circ. Acoss n° 97-7, 17 janvier 1997).

Exemple de passation des IJ complémentaires sur un bulletin de paie avec une répartition de la cotisation prévoyance 60 % (employeur) / 40 % (salarié) :

Salaire	2.000
IJ complémentaires	**1.000**
Brut	3.000
Base des cotisations SS	2.600
Base des cotisations retraite	2.600
Base des cotisations prévoyance	2.000
Bases des CSG/CRDS	2.554,50 (98,25 % de 2.600) + Montant des cotisations patronales des prévoyances.

À NOTER

Le net fiscal est bien de 3.000 (le brut) diminué des cotisations (assises sur la base de 2.600 ou 2.000) et de la CSG déductible et augmenté de la part patronale de la prévoyance « frais de santé ».

4. La garantie conventionnelle (appelée aussi « garantie du net » ou « régularisation du net »)

La situation actuelle

La situation telle qu'un salarié absent et bénéficiant du versement d'indemnités journalières de Sécurité sociale, puisse percevoir un revenu supérieur à celui qu'il aurait touché s'il avait travaillé normalement est quelque peu choquante, on en conviendra. Cette situation s'explique par le fait que les IJSS sont exonérées de cotisations sociales. Le salarié qui les perçoit se voit donc attribuer un montant net. Or, ce montant net vient en déduction d'une base brute soumise à des cotisations. Les conséquences au niveau de la paie ne sont pas sans effet.

Exemple : considérons deux salariés ayant le même salaire de base d'un montant de 2.100 euros (en supposant que ce salaire est constant depuis plus de 3 mois pour le calcul des IJSS que nous serons amenés à faire).

- Le premier de ces deux salariés n'a pas été absent.
- Le second a été malade durant 10 jours et pendant son absence, son employeur lui a maintenu intégralement sa rémunération. En parallèle, ce salarié percevra de la part de la Sécurité sociale une indemnisation de 7 jours (10 – 3 jours de carence) calculée comme suit :

$$\frac{2.100 + 2.100 + 2.100}{90} \times 50\,\% = 35 \text{ euros/jours} \times 7 \text{ jours}$$

$$= 245 \text{ euros}$$

Pour une meilleure compréhension de l'exemple, j'ai simplifié le calcul en divisant volontairement par 90 et non par 91,25. De même, j'ai mis un taux global de cotisations à 20 %, sans CSG ni CRDS.
Si l'employeur opère les retenues maladies en trentième, les bulletins de paie de ces deux salariés se présenteront de la manière suivante.

	Salarié présent			Salarié absent		
Libellé de la rubrique	**Base**	**Taux**	**Montant**	**Base**	**Taux**	**Montant**
Salaire			2 100			2 100
Absence maladie				10	70	700
Paiement maladie				10	70	+ 700
IJSS				7	35	245
Total brut			= 2 100			= 1 855
Cotisations	2 100	20 %	420	1 855	20 %	371
Net à payer			= 1 680			= 1 484
IJSS						+ 245
Ce salarié perçoit			**1 680**			**1 729**

Le revenu du salarié malade est donc supérieur à celui du salarié qui travaille !

Le salarié malade a bénéficié d'un revenu supérieur de 49 euros à celui qu'il aurait perçu s'il avait travaillé normalement. Ces 49 euros sont en fait le montant des cotisations qu'il n'a pas payées sur la base de 245 euros versée par la Sécurité sociale (245 euros × 20 % = 49 euros).

Un employeur peut-il unilatéralement revenir sur cette situation anormale ?

Votre convention prévoit sans aucun doute (métallurgie : art. 30, 5e alinéa), que « *les garanties conventionnelles accordées aux salariés en termes de maintien de salaire ne doivent pas conduire à leur verser, compte tenu des sommes perçues de toute provenance à l'occasion de la maladie ou de l'accident, un montant supérieur à la rémunération nette qu'ils auraient touché s'ils avaient travaillé normalement* ».

La loi de mensualisation posait le même principe au regard des indemnités complémentaires servies en l'absence de clauses conventionnelles plus favorables.

Enfin, la jurisprudence a eu l'occasion de se prononcer lors de litiges entre salariés et employeurs, lorsque ceux-ci avaient mis en place des systèmes visant à remettre en cause cette situation. Les juges ont eu à se prononcer afin de déterminer si cette situation constituait une sorte d'avantage acquis sur lequel l'employeur n'aurait pu revenir sans ouvrir de nouvelles négociations : ils ont estimé (Cassation du 8 décembre 1983) qu'un mode de calcul conduisant à ce qu'un salarié absent pour maladie (et par extension pour accident) soit financièrement favorisé par rapport à un salarié présent constituait une erreur. Or, l'erreur n'est pas génératrice de droit…

C'est donc à juste titre qu'un employeur peut modifier la façon dont il détermine le calcul des indemnités reçues de la Sécurité sociale par un salarié.

La technique

La modification va consister à transformer en indemnités brutes les indemnités nettes versées par la Sécurité sociale. Cette transformation se fait par l'adoption d'un coefficient multiplicateur qui variera selon le niveau de rémunération du salarié et selon les taux de cotisations auxquels est astreint le salarié.

Dans l'exemple précédent, pour passer d'une rémunération nette (1.680 euros) à une rémunération brute (2.100 euros), il suffit d'appliquer un coefficient égal à (2.100 / 1.680) = 1,25.

Si on applique ce coefficient aux IJSS perçues par le salarié, on obtient un montant (245 × 1,25) = 306,25 euros, soit une majoration (306,25 – 245) = 61,25 euros.

Si on reprend les bulletins de paie de nos deux salariés, avec cette nouvelle technique nous aurons :

	Salarié présent			Salarié absent		
Libellé de la rubrique	**Base**	**Taux**	**Montant**	**Base**	**Taux**	**Montant**
Salaire			2 100			2 100
Absence maladie				10	70	700
Paiement maladie				10	70	+ 700
IJSS				7	35	245

	Salarié présent			Salarié absent		
Gar. conv.						61,25
Total brut			= 2 100			= 1 793,75
Cotisations	2 100	20 %	420	1 793,75	20 %	358,75
Net à payer			= 1 680			= 1 435
IJSS						+ 245
Ce salarié perçoit			**1 680**			**1 680**

On constate ainsi, que la rémunération du salarié absent est bien identique à celle du salarié présent. Au-delà de son caractère plus juste (au sens justice sociale), l'adoption d'une telle démarche n'est pas sans effet pour l'entreprise en termes de coûts salariaux. On peut vérifier que dans cet exemple, la base de cotisation a été diminuée de **61,25 euros** (**première économie** pour l'entreprise). En plus, sur cette base, l'employeur n'aura plus à payer de charges tant sociales que fiscales (61,25 × 50 %) = **30,63 euros** (**deuxième économie** pour l'entreprise).
Économie totale (61,25 + 30,63) = 91,88 euros.

Ces chiffres sont assez significatifs pour inciter à la mise en place d'un tel système qui contribue à ne plus rendre attractifs des arrêts de travail qui coûtent cher à la Sécurité sociale, par conséquent, à faire baisser l'absentéisme et, en conclusion, à faire faire des économies à l'entreprise.

Les formules

Par convention, nous écrirons :

- Taux1 = taux des cotisations salariales applicable à la fraction de salaire inférieure au plafond (cotisations salariales assises sur le brut, sur la tranche 1 et sur la tranche A, CSG et CRDS incluses) ;
- Taux2 = taux des cotisations salariales applicable à la fraction de salaire supérieure au plafond (cotisations salariales assises sur le brut,sur la tranche 2 et sur la tranche B, CSG et CRDS incluses).
- Taux de la CET = taux de la cotisation salariale de la CET. En effet, le problème est que si le salarié est présent sans maladie, il est en tranche 2 et a donc une CET qui se déclenche sur la tranche1 + la tranche2, alors que s'il est malade et passe en-dessous du plafond, il n'a plus de CET du tout !

Trois formules sont nécessaires aux trois cas possibles.

Cas n°1 : Le salaire brut est inférieur ou égal au plafond de la Sécurité sociale :

$$\text{La gar. conv.} = \text{IJSS brutes} \times \frac{\text{Taux1} - 0{,}067}{1 - \text{Taux1}}$$

Cas n°2 : Le salaire brut est supérieur au plafond de la Sécurité sociale. Deux possibilités :

- le salaire habituel est supérieur au plafond et le salaire diminué des IJSS reste supérieur au plafond :

$$\text{La gar. conv.} = \text{IJSS brutes} \times \frac{\text{Taux2} - 0{,}067}{1 - \text{Taux2}}$$

- le salaire habituel est supérieur au plafond et le salaire diminué des IJSS devient inférieur au plafond :

La garantie conventionnelle

$$= \frac{\text{IJSS brutes x (Taux1 - 0,067) - Tr. B x (Taux1 - Taux2)}}{1 - \text{Taux1}}$$

$$+ \frac{\text{Brut x Taux de la CET)}}{1 - \text{Taux2}}$$

Dans ces formules, la garantie conventionnelle se fait strictement au centime près. Il est à noter que certaines entreprises appliquent la garantie conventionnelle en faisant supporter le poids des CSG/CRDS au salarié. Ce n'est donc plus tout à fait le net habituel, mais cette méthode est acceptée par les tribunaux.

5. Les IJSS subrogées et le prélèvement à la source

En cas de subrogation dans le paiement des IJSS (c'est-à-dire lorsque l'employeur verse lui-même les indemnités journalières pour le compte des organismes de Sécurité sociale ou de la Mutualité sociale agricole, et dès lors que l'employeur ignore si les indemnités journalières maladie qu'il verse sont liées à une affection de longue durée ou à une maladie ordinaire), l'employeur doit soumettre au prélèvement à la source :

- le montant imposable des **IJSS maladie non professionnelle** (c'est à dire le montant brut des IJSS - 3,8 % de CSG déductible), **dans la limite d'une durée de** 2 mois (**60 jours**) à compter du premier jour de l'arrêt de travail ;
- le montant imposable des **IJSS maternité/paternité/adoption** (c'est à dire le montant brut des IJSS - 3,8 % de CSG déductible), **sans limitation de durée** ;
- le montant imposable des **IJSS accident du travail/maladie professionnelle** (c'est à dire 50 % du montant brut des IJSS - 3,8 % de CSG déductible), **sans limitation de durée.**

En revanche, la part de la rémunération correspondant au maintien du salaire, qui ne bénéficie d'aucune exonération d'impôt sur le revenu, est soumise en totalité à la retenue à la source et ce, y compris au-delà du délai de deux mois.

6. L'arrêt pour maladie non professionnelle pendant les congés payés

Si l'entreprise n'applique pas la décision de la Cour de justice de l'Union européenne en cas de maladie non professionnelle pendant les congés (à savoir que la maladie interrompt la période de congés payés, puisque selon la CJUE les congés payés sont un droit inaliénable) en laissant le salarié percevoir lui-même les IJSS versées à l'occasion de sa maladie (pas de possibilité de subrogation faute de maintien de salaire, puisque l'employeur verse déjà l'indemnité de congés payés), **la durée de 2 mois se décompte néanmoins dès le premier jour d'arrêt de travail, bien que ces IJSS ne soient pas subrogées.**

Exemple : un salarié est en congés payés du 15 juillet au 11 août 2020 et a un arrêt de travail pour maladie non professionnelle le 22 juillet. La période de 2 mois (60 jours après le 1er jour d'arrêt de travail) prendra fin le 19 septembre et les IJSS subrogées versées après cette date ne seront plus soumises au PASS.

7. Le temps partiel thérapeutique

Le temps partiel thérapeutique, notion mal connue des entreprises alors qu'il concerne pourtant chaque année quelques dizaines de milliers de salariés, est un **aménagement temporaire de la durée du travail.** Il permet au salarié de reprendre progressivement son activité, suite à une maladie ou un accident, professionnel ou pas.

Il peut être une solution pour les personnes ayant besoin de soins réguliers et fréquents, ou fatiguées par la maladie, en ce qu'il permet une reprise progressive du travail ou le maintien à un poste, en accord avec le service de médecine du travail et la Sécurité sociale. Le médecin du travail peut diagnostiquer une aptitude « partielle », ou « sous réserve », ce qui signifie que le salarié peut être apte à reprendre le travail moyennant quelques aménagements de poste, le plus souvent de façon temporaire.

L'accès au temps partiel thérapeutique n'est possible que si le salarié a préalablement fait l'objet d'un arrêt de travail indemnisé par la Sécurité Sociale. Toutefois, cette reprise à temps partiel n'est pas obligatoirement consécutive à la période d'arrêt de travail. En effet, elle peut être consécutive à une reprise temporaire à temps complet faisant suite à l'arrêt initial.

Les conditions de recours au temps partiel thérapeutique

Les seuls textes légaux prévoyant la reprise du travail à temps partiel sont l'article L. 323-3 du Code de la Sécurité sociale et l'article R. 323-3 du même Code. Ils ne concernent que les modalités du maintien des indemnités journalières accordées au salarié.

Qui peut prononcer le temps partiel thérapeutique ?

Clarifions les rôles et la répartition des compétences entre les différents médecins. Très schématiquement, le médecin traitant propose, le médecin du travail valide et le médecin-conseil de la Sécurité sociale contrôle.

Plus juridiquement, le médecin traitant est celui qui, en amont, peut ordonner ou proposer la reprise du travail à temps partiel. Cette ordonnance doit être confirmée par le médecin du travail qui pourra prescrire des aménagements temporaires du poste de travail ou une mutation à un autre poste. Le Code du travail (art. R. 4624-30 à R. 4624-32) prévoit qu'un salarié qui a été absent au moins 30 jours pour maladie, accident de travail, maladie professionnelle ou maternité passe une visite médicale de reprise. Cette visite doit également avoir lieu lorsque les absences du salarié sont plus courtes mais répétées. L'examen de reprise qui doit avoir lieu au plus tard dans un délai de 8 jours après le retour du salarié dans l'entreprise, a pour objet d'apprécier l'aptitude du salarié à reprendre son ancien emploi ou la nécessité d'adaptation des conditions de travail. À l'issue de cette visite médicale de reprise, le médecin du travail consigne par écrit ses observations sur une fiche d'aptitude. Il n'est absolument pas lié par l'avis du médecin traitant suggérant une reprise du travail à temps partiel. Il se range, la plupart du temps, à l'avis du médecin traitant, mais il peut, tout aussi bien, estimer que le salarié est tout à fait apte à reprendre le travail sans aucun aménagement particulier, fût-il temporaire. Dans ce cas, le salarié dispose, s'il le désire, d'un recours auprès de l'inspecteur du travail.

Le salarié en temps partiel thérapeutique est-il malade ou actif ?

En d'autres termes, son contrat est-il toujours suspendu ou ne l'est-il plus ? Comme il s'agit de reprendre un emploi, une activité professionnelle, la suspension du contrat est interrompue. Le travail recommence, c'est un « reclassement avant l'heure ». **Le salarié est donc bien « actif » !**

Il s'agit bien d'une cessation de l'incapacité temporaire de travail, même si la capacité antérieure n'est pas totalement revenue. Le salarié peut réintégrer l'entreprise et un emploi, dès lors que sa réinsertion dans le milieu professionnel et la nature du travail effectué participent à sa complète guérison. La Cour de cassation (26 octobre 1999, n° 97-41.314) a précisé qu'à la suite d'un arrêt pour accident du travail, la visite de reprise à l'issue de laquelle le médecin du travail conclut à l'aptitude du salarié à reprendre le travail selon certains aménagements, dans le cadre d'un temps partiel thérapeutique, marque la fin de la période de suspension du contrat de travail.

La différence entre un salarié en inaptitude, en invalidité ou en incapacité

L'inaptitude

C'est l'incompatibilité entre l'état de santé du salarié et la charge physique ou mentale dont est assorti son emploi. Elle est prononcée par le médecin du travail. Elle peut être partielle ou totale, temporaire ou permanente. En tout état de cause, la relation de travail ne peut plus s'exprimer normalement. L'employeur est obligé de reclasser le salarié sur un poste adapté à son état, ou de le licencier dans le délai d'un mois suivant l'avis du médecin du travail.

L'invalidité

L'invalidité du salarié est constatée par le médecin-conseil de la caisse primaire d'assurance maladie, lorsqu'elle réduit au moins des deux tiers la capacité de travail ou de gain de l'intéressé. Les invalides sont classés en trois catégories :

- première catégorie : invalide capable d'exercer une activité rémunérée réduite ;
- deuxième catégorie : invalide absolument incapable d'exercer une activité quelconque ;
- troisième catégorie : invalide qui, étant absolument incapable d'exercer une profession quelconque, est en outre dans l'obligation d'avoir recours à l'assistance d'une tierce personne pour effectuer les actes ordinaires de la vie.

L'incapacité

Temporaire ou permanente, elle résulte d'un accident du travail ou d'une maladie professionnelle et se traduit par la compensation de la perte de gain, après décision de la caisse primaire d'assurance maladie.

	Inaptitude	Invalidité	Incapacité
Domaine	Droit du travail La relation de travail ne peut plus s'exprimer normalement	Droit de la Sécurité sociale La relation de travail = objet d'indemnisation	Droit de la Sécurité sociale Origine = risque professionnel
Médecin concerné	Le médecin du travail	Le médecin conseil de la CPAM	Le médecin conseil de la CPAM
Définition	Incompatibilité entre l'état de santé du salarié et sa charge de travail peut être partielle ou totale, temporaire ou permanente	Réduction d'au moins des 2/3 de la capacité de travail du salarié. 3 catégories d'invalidité selon l'état du salarié	Résulte d'un accident du travail ou d'une maladie professionnelle. peut être partielle ou totale, temporaire ou permanente
Modalités d'indemnisation	Par l'employeur et par la Sécurité sociale, sous forme d'indemnités journalières Peut déboucher sur un état d'invalidité, et dans ce cas, donner lieu à une rente	Rente versée par la caisse compétente d'assurance maladie	En cas d'incapacité permanente < 10% : Indemnité forfaitaire en capital versée par la S.S. Dans le cas contraire, rente calculée d'après le salaire antérieur

Le salarié en temps partiel thérapeutique est à classer avant tout **dans la première** de ces trois notions, puisqu'il s'agira dans son cas d'une inaptitude temporaire et partielle à exercer son travail, qui pourra déboucher éventuellement sur un état d'invalidité, si cette inaptitude se révèle en définitive permanente.

Les incidences du temps partiel thérapeutique pour le salarié

Le salarié a-t-il le choix entre un arrêt total de travail et une reprise proposée à des fins thérapeutiques, sa situation et son salaire se trouvant forcément affectés par cet aménagement ?

À partir du moment où l'employeur répond positivement aux prescriptions du médecin du travail, le salarié est lié également par la proposition du médecin. Cependant, son refus, s'il y a refus, pourra être abusif ou pas.

Généralement, il n'y a pas refus abusif lorsque l'emploi proposé ne correspond pas aux prescriptions du médecin du travail. Le refus se soldera par un licenciement prononcé par l'employeur, qui versera des indemnités dont le montant sera conditionné par la nature abusive ou non du refus du salarié et par l'origine professionnelle ou non de ses difficultés de santé.

Tableau récapitulatif des diverses indemnités dues au salarié, selon les hypothèses

	Refus "légitime" du salarié		Refus "abusif" du salarié	
	Accident du travail ou Maladie professionnelle	Maladie	Accident du travail ou Maladie professionnelle	Maladie
Indemnité spéciale de licenciement (art. L.1226-14) (double de l'indemnité légale)	OUI	NON	NON	NON
Indemnité légale (art. L.1234-9) ou conventionnelle	NON	OUI	OUI	NON
Indemnité compensatrice de préavis	OUI	NON	NON	NON
Indemnité de congés payés	OUI	OUI	OUI	OUI

En cas de refus du salarié d'accepter une modification substantielle de son contrat de travail, lorsqu'il est embauché sous contrat à durée déterminée, si l'on transpose la jurisprudence de la Cour de cassation rendue à propos de la modification des contrats à durée indéterminée, l'employeur se trouve placé devant l'alternative suivante : soit maintenir le contrat de travail aux conditions antérieures, soit prendre acte de la rupture qui lui est alors imputable, sauf faute grave du salarié ou force majeure (C. trav., art. L. 1243-1).

Or, la modification du contrat étant ici imposée par le médecin dans un but thérapeutique, l'employeur ne peut donc maintenir le contrat aux conditions antérieures. L'alternative est en réalité la suivante : soit rompre le contrat, ce qui ouvre droit à des dommages et intérêts pour le salarié qui seront calculés sur la base du salaire qu'il aurait perçu jusqu'à la fin de son contrat comme s'il avait continué à travailler, soit demander la résolution judiciaire du contrat en application de l'article 1184 du Code civil, lorsque l'autre partie n'exécute pas ses obligations.

Les horaires

Les nouveaux horaires réduits du salarié seront déterminés par l'entreprise qui tiendra compte ce faisant des éventuelles prescriptions médicales particulières, l'employeur appréciant leur compatibilité avec l'organisation du travail.

Pourra-t-on pour autant considérer que ces horaires réduits entraînent l'application de la réglementation du travail à temps partiel ? Rien ne permet de le dire. En effet, il y a travail à temps partiel lorsqu'il y a initiative en ce sens du chef d'entreprise ou demande du salarié (C. trav., art. L. 3123-2). En l'occurrence, ici, il n'y a ni l'un ni l'autre. La notion de choix à l'origine du travail à temps partiel est absente. La maladie est tout sauf un choix et le temps partiel thérapeutique ordonné au salarié, s'il se présente en pratique comme une situation de travail à temps partiel, n'a rien à voir avec une organisation du temps de travail librement choisie ou acceptée par les parties. Ce raisonnement ne s'applique que pour la période de temps partiel ordonnée par le médecin. Au-delà de cette période, si le salarié reste à temps partiel dans l'entreprise, les règles légales relatives au temps partiel retrouveront leur pleine application.

Comment alors traiter le temps partiel thérapeutique dans l'entreprise ?

Si vous appartenez à un service de ressources humaines, votre salarié est clairement en temps partiel. C'est comme pour une célèbre marque de fromage : c'est écrit, non pas dessus, mais dans le titre. Toutefois, si vous faites un avenant au contrat de travail, précisez uniquement les nouveaux horaires du salarié, leurs répartitions entre les jours de la semaine, voire du mois. Ne changez pas son salaire et ne prévoyez surtout pas une quelconque possibilité d'effectuer des heures complémentaires. Si le médecin traitant a déjà précisé les horaires (ou la répartition des heures de travail), l'avenant sera redondant et ne servira à rien en cas de litige.

Si vous appartenez à un service paie, votre salarié n'est clairement pas en temps partiel. Il faut considérer le temps partiel thérapeutique comme une absence de type « maladie »). Et ce, pour plusieurs raisons :

- Le temps partiel thérapeutique n'ouvre **pas droit à réduction du plafond S.S.** (sauf pour les jours ouvrés non travaillés comme pour tout salarié), car le fait qu'il y ait complément de salaire par un tiers supprime cette possibilité ;
- Comme l'entreprise ne rémunère le salarié que sur ses heures réellement travaillées, **il convient d'appliquer la méthode d'absence en heures réelles préconisée par la Cour de cassation** (méthode de décompte des heures non rémunérées par l'entreprise, vue précédemment au chapitre du décompte des absences). D'ailleurs, conformément à la Cour de cassation, la CPAM demande (sur net-entreprise.fr, cadre 5) chaque mois la période concernée, le salaire brut et le **nombre d'heures réellement travaillées à temps partiel** par le salarié et le nombre d'heures et le salaire brut théoriques, pour la même période (autrement dit, ce que le salarié aurait perçu s'il avait travaillé normalement). Il est donc hors de question d'une quelconque mensualisation des heures ;
- Tout en étant en temps partiel thérapeutique, le salarié peut bénéficier de jours de congé. La CPAM indique clairement (https://www.ameli.fr/fileadmin/user_upload/documents/temps_partiel_therapeutique-ameli.pdf page 7) : *« La période des congés payés est exclue car le montant des congés payés correspond à une activité à temps plein. De ce fait, les indemnités journalières ne sont donc pas dues par la caisse »* ;
- Le salarié peut également tomber **malade** (voire, selon sa pathologie, rechuter) pendant son temps partiel thérapeutique. Là aussi, et c'est plus que logique, **la maladie interrompt le temps partiel thérapeutique**, les conditions de reprise d'activité à temps partiel n'étant plus présentes. Sur le site ameli.fr page 5, il est dit : *« Pour tout nouvel arrêt de travail au titre de la maladie survenant pendant une période de reprise à temps partiel thérapeutique, il convient d'adresser une nouvelle attestation de salaire. »* Le service paie doit donc remplacer l'absence temps partiel thérapeutique et le mettre en absence maladie « normale » et, selon les conventions collectives, l'ancienneté et les droits du salarié, indemniser cette nouvelle absence (avec selon les cas, subrogation, maintien du net).

Le travail effectif

Le temps partiel thérapeutique sera considéré comme du travail effectif en tous domaines (ancienneté et autres droits salariaux), puisque le salarié est présent dans l'entreprise. Dès la reprise de son travail, le salarié retrouve tous ses droits légaux et conventionnels.

Pour le calcul de la durée des congés payés par exemple, le temps partiel thérapeutique sera considéré comme du travail effectif, étant précisé par ailleurs que leur prise n'interrompra pas la prescription médicale. Le montant de l'indemnité de congés servie par l'employeur sera par ailleurs calculé conformément aux règles légales, de même que la durée du congé.

La rémunération du salarié

Le salaire est temporairement réduit pendant la durée du temps partiel, le salarié percevant par ailleurs les indemnités journalières de la Sécurité sociale qui complèteront le salaire à hauteur du net perçu habituellement. À l'employeur d'apprécier et d'évaluer le salaire en fonction du temps de travail ou du travail fourni s'il s'agit d'un aménagement des tâches de travail. Sauf dispositions conventionnelles plus favorables, **il n'y a pas lieu d'appliquer les garanties de salaire concernant la maladie et encore moins d'appliquer une quelconque régularisation sur le net !** (Cour de cassation du 21 mars 2007, arrêt n° 06-40891 : « *La reprise du travail à temps partiel thérapeutique correspondant à une reprise de travail, le contrat de travail n'est plus suspendu et l'employeur n'est donc plus tenu de maintenir le salaire en complétant les indemnités journalières par des indemnités journalières complémentaires* »).

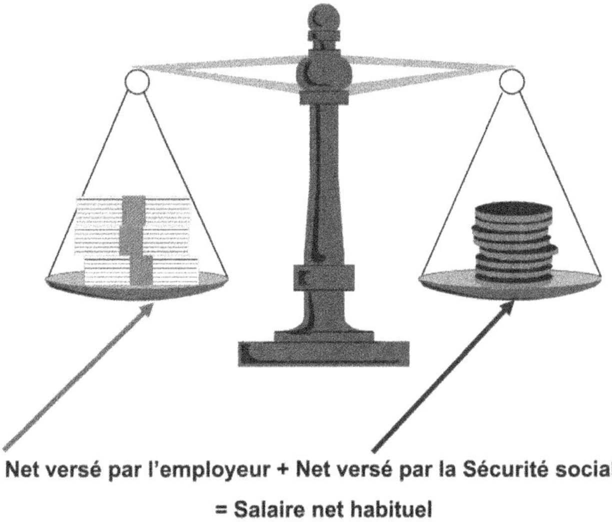

Net versé par l'employeur + Net versé par la Sécurité sociale

= Salaire net habituel

L'intéressement

Les salariés en temps partiel thérapeutique ne peuvent être exclus du bénéfice de l'accord d'intéressement. Comme pour l'ensemble du personnel de l'entreprise (C. trav., art. L. 3314-5), le montant de leurs primes sera fonction des critères de répartition adoptés par l'accord (répartition uniforme, proportionnelle au salaire et/ou à la durée de présence dans l'entreprise au cours de l'exercice).

La représentation du personnel

Quel régime appliquer au crédit d'heures dont dispose un salarié titulaire d'un mandat représentatif et qui se voit prononcer un temps partiel thérapeutique ?

Pour les salariés à temps partiel, la règle est simple. L'article L. 3123-14 du Code du travail précise que le temps de travail mensuel d'un salarié à temps partiel ne peut être réduit de plus d'un tiers par l'utilisation du crédit d'heures auquel il peut prétendre pour l'exercice des mandats détenus par lui au sein d'une entreprise. Le solde éventuel de ce crédit d'heures payées peut être utilisé en dehors des heures de travail de l'intéressé.

La question est maintenant de savoir dans quelle mesure cette règle pourrait être appliquée au représentant du personnel en temps partiel thérapeutique. Rien ne permet de le dire. En effet, si on rappelle le postulat de départ, le temps partiel thérapeutique n'est pas considéré comme du temps partiel car il ne résulte pas d'un choix de l'employeur ni du salarié ; la logique juridique voudrait que cette règle de l'article L. 3123-14 n'ait pas à s'appliquer.

Or, il semble que la logique du bon sens pourrait ici venir supplanter la logique juridique (d'ailleurs, cela pourrait se faire d'autant mieux que rien n'est prévu en la matière) et il serait cohérent d'admettre qu'on puisse appliquer cette règle à notre cas particulier, à condition toutefois que le salarié n'effectue pas ses heures de délégation en dehors de ses heures de travail, ce qui serait contraire au but thérapeutique du mi-temps. Cette règle pourrait être transposée au temps partiel thérapeutique tant que le nombre d'heures mensuel effectué par le salarié lui permet d'utiliser toutes ces heures de délégation à l'intérieur de son temps de travail et sans en utiliser plus d'un tiers à cette fin.

Cette règle s'appliquera par exemple au salarié disposant de 20 heures de délégation par mois et qui doit effectuer au moins 60 heures de travail dans le mois. Elle ne pourra cependant plus s'appliquer dans l'hypothèse où le salarié doit effectuer ses 20 heures alors qu'il ne travaille que 50 heures par mois, dans la mesure où cela amputerait alors de plus d'un tiers son temps de travail.

L'interdiction d'exercer un autre emploi

L'arrêt de travail pour maladie ou accident suppose par principe que le salarié se trouve dans l'incapacité de travailler et doit rester à son domicile pour prendre du repos. Le salarié est tenu de ne pas adopter un comportement qui viendrait contredire la réalité de la maladie alléguée. Cette règle s'applique-t-elle également au salarié en temps partiel thérapeutique pour la partie non travaillée de son mi-temps ?

La reprise du travail est prononcée à temps partiel à des fins thérapeutiques, il ne s'agit plus du tout d'une suspension du contrat, même si le salarié peut continuer à percevoir des indemnités journalières de la Sécurité sociale pour compenser en partie sa perte de salaire. En toute logique, il paraît juste de dire que la prise d'un second travail pendant le temps partiel thérapeutique constituerait une faute qui justifierait la privation des indemnités journalières ainsi que le licenciement de l'intéressé.

L'indemnisation du salarié par la Sécurité sociale

En cas de reprise du travail, l'indemnité journalière peut être maintenue en tout ou en partie, pendant une période fixée par la caisse ne pouvant pas excéder d'un an le délai maximum de 3 ans, soit si la reprise du travail et le travail effectué sont reconnus comme étant de nature à favoriser l'amélioration de l'état de santé de l'assuré, soit si l'assuré doit faire l'objet d'une rééducation ou d'une réadaptation professionnelle pour recouvrer un emploi compatible avec son état de santé.

Sauf cas exceptionnel que la caisse appréciera, **le montant de l'indemnité journalière ne peut être supérieur à la perte de gain journalière liée à la réduction de l'activité résultant du travail à temps partiel pour motif thérapeutique** (C. Séc. soc., R. 323-3).

L'assuré doit, après avoir arrêté son travail à temps complet, reprendre effectivement un travail pour que l'indemnisation soit maintenue.

Pour répondre à cette logique de maintien de l'indemnité journalière, l'arrêt de travail à temps complet précédant la reprise du travail à temps partiel thérapeutique doit avoir été indemnisé par la caisse.

L'assuré qui viendrait à démissionner ou à être licencié pendant une période de travail à temps partiel thérapeutique ne peut plus continuer à bénéficier du maintien de l'indemnité journalière.

Pendant les congés payés du salarié, la condition de « reprise du travail » n'est plus remplie. Toutefois, les indemnités journalières peuvent être maintenues pendant la période couverte par le salaire des congés payés, en considérant que ces derniers sont assimilés à du travail salarié.

En cas de congés payés au cours d'une période de maintien des indemnités journalières, les positions retenues par les caisses sont les suivantes :

- soit maintenir les indemnités journalières pendant la période de congés annuels ;
- soit suspendre l'indemnisation pendant la période de congés annuels pour la reprendre ensuite si le travail à temps partiel est toujours prescrit et justifié.

Les caisses primaires disposent en matière de maintien de l'indemnité journalière d'un large pouvoir d'appréciation.

Le calcul de l'indemnité journalière

Lorsque la caisse a décidé de maintenir l'indemnisation journalière en cas de reprise du travail en temps partiel thérapeutique, elle ne procède pas à un nouveau calcul de l'indemnité journalière. En règle générale, l'assuré est indemnisé de sa perte journalière de salaire dans la limite du montant de l'indemnité qui lui était servie lors de son arrêt de travail à temps complet précédant la reprise du travail. En pratique, l'employeur doit indiquer le salaire brut non limité au plafond (après abattement, le cas échéant, des frais professionnels) et pour la même période le salaire brut que l'assuré aurait perçu s'il avait travaillé à temps complet. À l'appui de ces trois éléments (salaire brut partiel, salaire brut rétabli, période), le montant de la perte journalière est comparé à celui de l'indemnité journalière servie antérieurement. Deux situations peuvent alors se présenter :

- le montant de la perte journalière de salaire est inférieur à celui de l'indemnité journalière versée pendant l'arrêt à temps complet.

Dans ce cas, c'est le montant de la perte de salaire qui est servi pendant la période considérée ;
- le montant de la perte journalière de salaire est supérieur à celui de l'indemnité journalière versée pendant l'arrêt à temps complet. Dans ce cas, c'est le montant de cette indemnité journalière qui est servi pendant la période considérée.

Le fait que l'assuré en temps partiel thérapeutique perçoive un salaire supérieur au plafond ne s'oppose pas au maintien de l'indemnité journalière. C'est en effet la perte réelle de salaire résultant de la réduction d'activité, pour raisons de santé, qui permet de déterminer le montant de l'indemnité à servir, dans la mesure où la décision de maintien a été prise par la caisse.

Les incidences du temps partiel thérapeutique pour l'employeur

Après son arrêt de travail, lorsque le salarié est déclaré inapte à reprendre l'emploi qu'il occupait avant la suspension de son contrat, il doit obligatoirement être reclassé dans l'entreprise. Cette règle, d'abord appliquée aux salariés victimes d'accidents du travail ou de maladies professionnelles, a été également transposée aux salariés dont l'origine de la maladie n'est pas professionnelle. À quelques variantes près, la règle est rigoureusement la même (C. trav., art. L. 1226-10 et L. 1226-11).

L'objectif commun relatif à la prévention de l'emploi qui constitue aujourd'hui le caractère dominant de cette réglementation est donc indifférent à l'origine de l'affection, professionnelle ou pas, qui en est la cause, l'employeur étant obligé, dans tous les cas, de reclasser le salarié déclaré inapte par le médecin du travail.

Les textes ne prévoient pas si cette inaptitude, pour ouvrir droit au reclassement, doit être temporaire ou définitive. S'agissant de salariés victimes d'un accident du travail, la Cour de cassation a déjà admis que l'obligation de reclassement devait jouer dans tous les cas, *« peu importont que l'inaptitude du salarié eut été temporaire ou définitive »*. La question restait posée pour l'inaptitude du salarié consécutive à une maladie ou à un accident de droit commun ; la Cour de cassation y a répondu, dans un arrêt où pour la première fois les juges prévoient que l'obligation de reclassement découlant de l'article L. 1226-10 du Code du travail doit jouer sans *« qu'il y ait lieu de distinguer en la matière selon que l'inaptitude est temporaire ou définitive »*.

À l'issue de la période de temps partiel thérapeutique

Au terme d'une période d'incapacité temporaire partielle, l'employeur est à nouveau tenu d'une obligation de reclassement. Il doit solliciter les conclusions écrites du médecin du travail, et s'il ne peut pas proposer un nouvel emploi, il est tenu de faire connaître par écrit les motifs qui s'opposent au reclassement. L'employeur est obligé de reclasser le salarié dans l'entreprise à l'issue du délai d'un mois. En cas d'impossibilité de procéder à ce reclassement, l'employeur est tenu soit de licencier le salarié, soit de lui verser la rémunération correspondant à son emploi antérieur (C. trav., art. L. 1226-12).

Lorsque l'inaptitude est consécutive à un accident du travail ou à une maladie professionnelle, l'employeur est tenu d'indiquer par écrit les motifs qui s'opposent au reclassement. Si elle n'est pas d'origine professionnelle, il convient de faire application de l'article L. 4624-1 du Code du travail aux termes duquel l'employeur est tenu de prendre en considération les propositions du médecin du travail et, en cas de refus, de faire connaître les motifs qui s'opposent à ce qu'il y soit donné suite.

En cas de licenciement justifié par une impossibilité de reclassement, la procédure prévue aux articles L. 1232-2 et suivants du Code du travail devra être observée. Le salarié victime d'un accident du travail ou d'une maladie professionnelle aura alors droit à une indemnité plus favorable que celle prévue pour le salarié dont l'origine de l'inaptitude réside dans une affection non professionnelle. En effet, le premier pourra prétendre à l'indemnité compensatrice de préavis et à l'indemnité spéciale de licenciement mentionnées à l'article L. 1226-14, sauf dispositions conventionnelles plus favorables, alors que le second aura seulement droit à l'indemnité légale de licenciement, ou, si elle est plus favorable et si la convention collective ne l'exclut pas, à l'indemnité conventionnelle, l'indemnité compensatrice de préavis n'étant pas due si l'intéressé n'est pas en mesure d'exécuter le préavis.

Le salarié en temps partiel thérapeutique licencié abusivement par l'employeur aura droit aux dommages et intérêts prévus légalement et conventionnellement, mais son indemnisation sera plus importante si l'origine de son affection est professionnelle. L'indemnité de rupture abusive, pour un licenciement fondé sur une inaptitude physique n'ayant pas une origine professionnelle, est déterminée en fonction des articles L. 1235-2 à L. 1235-5 du Code du travail. Elle sera donc moins lourde que l'indemnité spéciale de licenciement et l'indemnité minimale de 12 mois de salaire dues en cas de méconnaissance du droit au reclassement de la victime d'un accident du travail.

Les modalités du remplacement du salarié en temps partiel thérapeutique

L'employeur qui a reclassé le salarié en temps partiel thérapeutique sur un poste correspondant autant que possible aux observations formulées par le médecin du travail peut avoir néanmoins besoin de remplacer ce salarié sur la partie du mi-temps qu'il n'effectue pas (en cas de poste de travail inchangé, ou sur le poste qu'il est temporairement inapte à tenir) en cas d'affectation temporaire sur un autre poste de travail de l'entreprise.

La présence physique du salarié dans l'entreprise n'empêche pas l'employeur de pouvoir procéder à son remplacement, puisqu'il y a un poste vacant ou partiellement vacant dans l'entreprise, poste jusque-là occupé de façon stable par un salarié déterminé. Plusieurs cas sont à envisager.

Le remplacement d'un salarié en CDI par un autre salarié de l'entreprise, lui-même en CDI

Le cas visé ici est celui où l'employeur s'arrange en interne avec ses salariés pour pallier l'indisponibilité partielle temporaire de l'intéressé. Le salarié « remplaçant » va donc se voir proposer une modification de son contrat de travail correspondant au changement de poste. Y aura-t-il ou non modification substantielle de son contrat ? Tout dépendra en réalité du poste lui-même, poste entendu au sens de « fonction ». Si celle-ci ne change pas (par exemple, une standardiste qui en remplace une autre), il ne pourra y avoir modification substantielle. En revanche, si la modification porte sur les horaires du salarié (un aménagement des horaires d'une caissière par exemple pour pallier au mieux l'absence de sa collègue), il y aura modification substantielle que le salarié pourra refuser.

Le remplacement d'un salarié en CDI par un salarié titulaire d'un contrat précaire, déjà en poste dans l'entreprise

Là, les choses sont un peu plus complexes parce que lorsqu'un salarié en contrat précaire est en poste dans une entreprise, son contrat doit comporter un motif précis de recours justifiant par là même son statut précaire. Il est là pour une raison précise, sur un poste particulier, pour une certaine durée. Lui enjoindre d'aller travailler sur un autre poste de travail, c'est déjà dénaturer la finalité de sa présence dans l'entreprise et, de toute façon, cela doit entraîner une modification de son contrat puisque le poste change. Ce qui signifie que si le salarié refuse la modification, il se place devant deux alternatives :

- soit la modification est considérée comme substantielle, et l'employeur est obligé de maintenir le contrat aux conditions antérieures, sinon il doit prendre acte de la rupture qui lui est alors imputable (à l'employeur) ;
- soit la modification n'est pas substantielle, et le salarié pourra se voir imputer la rupture à ses torts, c'est-à-dire que l'employeur pourra invoquer la faute grave pour rompre le contrat.

Le remplacement d'un salarié en CDI par un salarié en contrat précaire embauché à cet effet

Le motif du contrat sera alors le remplacement (total ou partiel) de la personne en temps partiel thérapeutique et le contrat sera conclu sans terme précis et ne pourra prendre fin qu'au retour à temps plein du salarié remplacé, le cas échéant sur son poste initial. Cependant, si l'inaptitude partielle de ce dernier devient définitive, l'employeur ne pourra plus le remplacer par un salarié en contrat précaire, puisqu'il ne s'agira plus ici de remplacer temporairement un salarié momentanément à temps partiel. La précarité n'aura alors plus de raison légale d'être utilisée par l'entreprise, qui devra embaucher à durée indéterminée si elle désire encore pourvoir le poste concerné.

Ce qu'il faut retenir de la partie VII : Maladie, maternité, paternité, accidents

Quand un salarié est malade, en maternité, en paternité ou en accident, il a droit à 3 types d'indemnisation :

- De la part de la Sécurité sociale ;
  - Qui offre deux types de prestations ;
    - Des prestations en nature (remboursement du médecin, des médicaments, etc...) ;
    - Des prestations en espèces (complément du salaire perdu du fait de la maladie, maternité, paternité ou accident). Ces prestations s'appellent des Indemnités Journalières de Sécurité sociale (IJSS). Ce sont celles-ci qui intéresse la Paie. Il y en a 3 :
      - IJSS maladie ;
        - Elles sont versées pour tous les jours calendaires de l'arrêt à partir du quatrième jour de la maladie. Il y a donc 3 jours de carence ;
        - Leur montant est déterminé grâce à la formule :

$$\text{Indemnité journalière} = \frac{\text{3 derniers bruts (dans la limite de 1,8 Smic apprécié mois par mois)} \times \mathbf{50\,\%}}{\mathbf{91{,}25\ jours}}$$

        - Le montant maximum est donc 45,55 € pour l'année 2020.
        - Pour l'assuré social qui a au moins 3 enfants à charge, le 50% devient 2/3 à partir du 31ème jour d'arrêt et le montant maximum devient : 60,73 € en 2020.
      - IJSS maternité ou paternité ;
        - Elles sont versées tous les jours calendaire de l'arrêt, sans carence ;
        - Pour la maternité la durée de versement dépend du nombre d'enfant attendu et du nombre d'enfant que l'assurée sociale a déjà eu ;
        - Pour la paternité, la durée de versement est de 11 jours dans le cas d'une naissance simple, 18 jours dans le cas d'une naissance multiple ;
        - Leur montant est déterminé grâce à la formule ::

$$\text{Indemnité journalière} = \frac{\text{3 derniers bruts (dans la limite du plafond SS apprécié mois par mois)} - \mathbf{21\,\%}}{\mathbf{91{,}25\ jours}}$$

        - Le montant maximum est donc 89,03 € pour l'année 2020.

- IJSS accident du travail ;
  - Elles sont versées pour tous les jours calendaires de l'arrêt, sans carence. Seul le 1er jour de l'accident reste à la charge de l'employeur ;
  - Leur montant est égal à 60% du salaire net de référence pendant les 28 premiers jours et à 80% de ce même salaire net à partir du 29ème jour d'arrêt.
  - Le salaire net de référence est déterminé par le salaire brut du mois précédent l'accident (éventuellement augmenté du douzième des primes versées annuellement) divisé par 30,42 et diminué des cotisations (forfait de – 21%).
  - Le montant maximum jusqu'au 28ème jour est de 205,84 € en 2020.
  - Le montant maximum à partir du 29ème jour est de 274,46 € en 2020.

Toutes les IJSS sont servies nettes de CSG/CRDS (c'est-à-dire montant brut – 6,7 %) et sont imposables entièrement pour la maladie, la maternité et la paternité, à 50% pour les accidents du travail.

- De la part de l'employeur ;
  - Qui doit obligatoirement indemniser la maladie à partir du 8ème jour d'arrêt à 90% (sous déduction des IJSS) pendant au moins 30 jours dès que le salarié a au moins un an d'ancienneté ;
  - Qui doit respecter l'indemnisation prévue par la Convention collective, habituellement plus avantageuse que la règle précédente issue des accords de mensualisation de 1978 ;
  - La subrogation permet à l'employeur de percevoir les IJSS à la place du salarié s'il maintient la rémunération ;
  - La garantie conventionnelle permet au salarié de percevoir le salaire net qu'il aurait perçu comme s'il avait continué à travailler ; La formule qui permet de calculer son montant pour un salaire brut inférieur au plafond est :

$$\text{La gar. conv.} = \text{IJSS brutes} \times \frac{\text{Taux1} - 0{,}067}{1 - \text{Taux1}}$$

- De la part de la prévoyance ;
  - Les prévoyances relevant d'accords entre employeurs et organismes de prévoyance, il n'est pas possible ici de donner une méthode de calcul de ces IJ complémentaires. Néanmoins, elles sont soumises à cotisations, proportionnellement à la participation patronale à leur financement, et sont intégralement soumises aux impôts.

LES CRÉANCES

PARTIE VIII

BULLETIN DE PAIE					
Période du 1 Février 2020 au 29 Février 2020					
Employeur			**Salarié**		
Raison Sociale :			Nom :	Prénom :	
Adresse :			Adresse :		
N° SIRET :	Code NAF :		N° SS :		
Convention collective :			Emploi :	Coef. :	
			Date d'ancienneté :		
Libellés des Rubriques	Base	Taux	Montant	Commentaires	
Salaire	151,67		3 380,00	Février 2020	
Prime d'ancienneté	3 380,00	10,000	338,00	[illegible]	
Heures de nuit	7,00	25,298	177,08		
Avantage Nature Titres-Restaurant	10,00	0,700	7,00		
Absence Congés Payés	12,00	143,000	-1 716,00		
Paiement Congés Payés	12,00	143,000	1 7[illegible]		
Total Brut			3 902,08		
[illegible]					
Santé					
Sécurité Sociale (Mal. Mat. Inv. Décès)	3 [illegible]			13,00	[illegible]
Incapacité, Invalidité, Capital Décès (Prév. Décès)	3 428,00	[illegible]	[illegible]	2,00	[illegible]
Complémentaire Santé (Prév. Frais de Santé)			[illegible]		50,00
Accident du Travail - Maladie Prof.	3 902,05			2,80	[illegible]
Retraite					
Sécurité Sociale (Vieillesse Plafonnée)	3 428,00	6,90	[illegible]	8,55	[illegible]
Sécurité Sociale (Vieillesse Déplafonnée)	3 902,05	0,40	[illegible]	1,90	[illegible]
Complémentaire (AGIRC-ARRCO + CEG T1)	3 428,00	4,01	[illegible]	[illegible]	[illegible]
Complémentaire (AGIRC-ARRCO + CEG T2)	474,05	[illegible]	[illegible]	[illegible]	[illegible]
Contribution d'Équilibre Technique (CET T1+T2)	3 902,05	0,14	[illegible]	0,21	[illegible]
Famille	3 902,05			[illegible]	[illegible]
Assurance Chômage					
Chômage (Chômage + AGS / TA+TB)	3 902,05			4,[illegible]	[illegible]
Autres Contributions dues par l'employeur	3 902,05				[illegible]
C.S.G. Non Imposable	3 952,30	6,80	[illegible]		
Réduction générale des charges patronales					
[illegible]			[illegible]		[illegible]
Net Social			[illegible]		
RETENUES ET REMBOURSEMENTS DIVERS					
C.S.G. & C.R.D.S. Imposables	3 952,30	2,90	[illegible]		
Reprise Avantage Nature Titres-Restaurant	10,00	0,70	[illegible]		
Retenue Titres-Restaurant	10,00	2,45	[illegible]	[illegible]	[illegible]
Indemnités de Transport			55,80		55,80
Acompte			-1 000,00		
[illegible]			[illegible]		[illegible]
Net à payer avant prélèvement à la source			[illegible]		
[illegible]			[illegible]		
Prélèvement à la source	3 952,30	11,00%	[illegible]		
[illegible]		Net Payé en euros		Date de paiement	
		1 840,95 €		29 février 2020	
		[illegible]			
		[illegible]		0,00 €	
CUMULS [illegible]					
[illegible]	Brut [illegible]		Net [illegible]		
Dans votre intérêt, conservez ce bulletin de paie sans limitation de durée [illegible]					
[illegible]					

1. Les créances de l'employeur

Sous les termes d'« acomptes », d'« avances » ou de « prêts », on retrouve la même notion : à la demande du salarié, l'employeur, pour l'aider financièrement, accepte de lui verser une somme d'argent en dehors des dates normales de paiement du salaire.

L'acompte

L'acompte est le **paiement anticipé** de tout ou partie **du salaire dû pour le travail en cours**.

Le principe de l'acompte suppose que son montant ne dépasse pas la rémunération acquise en contrepartie du travail effectivement accompli à la date où il est demandé.

Avant l'existence des accords de mensualisation, l'administration tolérait sous certaines conditions le paiement du salaire des ouvriers une seule fois par mois si la rémunération était calculée au rendement, ou si la paie était établie à l'aide de procédés mécanographiques ou électroniques.

La multiplication des accords de mensualisation a entraîné le législateur à reconnaître aux salariés le droit aux acomptes : depuis le 27 juin 1971, les conventions et accords collectifs de mensualisation doivent comporter une clause fixant les conditions dans lesquelles les ouvriers ont droit, éventuellement, à des acomptes en cours de mois. Les bénéficiaires de l'accord interprofessionnel de mensualisation du 10 décembre 1977 qui en font la demande obtiennent obligatoirement un acompte correspondant à la moitié de leur rémunération mensuelle pour une quinzaine. Si le versement de l'acompte est prévu dans les conventions ou accords collectifs ou selon un usage constant, l'employeur ne peut y déroger, mais en dehors de ces hypothèses, il peut refuser de verser un acompte (C. trav., art. L. 3242-1).

Selon le décret n°2001-96 du 2 février 2001 (portant adaptation de la valeur en euros de certains montants exprimés en francs), l'acompte devra obligatoirement être versé par chèque ou virement si le salaire net est supérieur à 1 500 euros.

En versant un acompte, l'employeur a simplement payé avec quelques jours d'avance une partie du salaire qu'il devait à son

salarié. Il est donc autorisé à **déduire de la première paie suivante la totalité de l'acompte.**

L'avance

L'avance est **le paiement anticipé d'une partie du salaire qui sera dû pour un travail qui n'est pas encore effectué.** L'employeur ne peut se rembourser par retenues successives qu'à concurrence d'un dixième de salaire exigible conformément à l'article L. 3251-3 du Code du travail.

En cas de départ du salarié, l'employeur ne pourra pas compenser intégralement les avances consenties puisqu'il doit impérativement respecter l'article L. 3251-3. Par contre, si le salarié bénéficie d'indemnités ayant le caractère de dommages et intérêts, la compensation se fera totalement sur le montant de celles-ci si nécessaire.

Le prêt

Depuis le 7 décembre 1989, la Cour de cassation a estimé qu'il faut appliquer la même règle que pour les avances (avant cette date, le prêt échappait à l'article L. 3251-3).

En fait, **le prêt est très voisin de l'avance.** Il ne s'en différencie que par son **montant nettement plus élevé** ainsi que par le fait qu'il est généralement concrétisé par un **acte écrit bilatéral** et qu'il comporte souvent le **paiement d'intérêts.**

En cas de départ du salarié, s'il n'y a pas d'accord signé par le salarié autorisant l'employeur à récupérer le solde du prêt, il n'y aura compensation totale possible que sur l'indemnité de licenciement.

RAPPEL

Lors du versement d'un acompte, d'une avance ou d'un prêt, aucune cotisation n'est à prélever.

2. Les créances des tiers

Le principe est que les créanciers du salarié ne sont admis à recouvrer leur créance que sur une fraction du salaire net, appelée « fraction disponible », l'autre fraction étant réputée incessible et insaisissable. Il n'en est autrement que pour les pensions alimentaires.

La saisie-arrêt

La saisie-arrêt, ordonnée par un juge, est l'un des moyens donnés à un créancier pour se faire rembourser les sommes que lui doit un salarié. Elle consiste à **faire pratiquer par l'employeur, lors de chaque paie, une retenue sur les sommes disponibles jusqu'à extinction de la dette du salarié.** (C. trav., art. L. 3252-1 à L. 3252-10)

Tout créancier muni d'un titre exécutoire constatant une créance liquide et exigible peut faire procéder à la saisie des rémunérations dues par un employeur à son débiteur. Cette saisie est précédée, à peine de nullité, d'une tentative de conciliation devant le juge d'instance. Il appartient au greffier en chef de veiller au bon déroulement des opérations de saisie. L'acte de saisie est notifié à l'employeur qui dispose d'un délai de 15 jours pour fournir au secrétariat-greffe les renseignements demandés. L'employeur est tenu d'informer le secrétariat-greffe dans les 8 jours de tout événement qui suspend la saisie ou y met fin. L'employeur adresse tous les mois au secrétariat-greffe une somme égale à la fraction saisissable du salaire. L'éventuelle répartition entre les créanciers sera effectuée par le secrétariat-greffe. Le juge d'instance compétent est celui du lieu où demeure le débiteur (voir les articles R. 3252-6 à R. 3252-44 pour un détail plus précis de la procédure)

Le principe de la saisie-arrêt est le suivant : jusqu'à une certaine somme, les salaires ne peuvent être saisis que partiellement (C. trav., art. R. 3252-2). La loi établit le barème applicable en fixant d'une part, les limites de chaque tranche de salaires qui ne peuvent être saisies que partiellement, et d'autre part, le pourcentage disponible dans chacune de ces tranches de salaire. Plus la rémunération augmente, plus la part disponible est importante. Au-delà du plafond de la dernière tranche, les salaires sont entièrement disponibles. **En 2020, les tranches annuelles sont à augmenter de 1 490 euros (et par conséquent, les tranches mensuelles de 124,16 euros) par personne à charge** (par « personne à charge », il faut entendre le conjoint, pacsé ou concubin et ascendant dont les ressources personnelles sont inférieures au montant du RSA et enfant au sens de la législation sur les prestations familiales) (C. trav., art. R. 3252-3).

Les seuils des tranches et la majoration pour personne à charge sont révisés annuellement par décret en fonction de l'évolution de l'indice Insee (C. trav., art. R. 3252-4). **Dans tous les cas, il est laissé au salarié saisi une somme égale au montant du RSA** en n'appliquant pas les correctifs pour charges de famille (C. trav., art. R. 3252-5). Au 1er avril 2020, le montant du RSA (personne seule, sans enfant) est de 564,78 euros.

Selon l'article L. 3252-3, al. 1 du Code du travail, «*pour la détermination de la fraction insaisissable, il est tenu compte du montant de la rémunération, de ses accessoires ainsi que, le cas échéant, de la valeur des avantages en nature, après déduction des cotisations sociales obligatoires et de la retenue à la source prévue à l'article 204 A du Code général des impôts*». L'administration en déduit qu'entrent dans le champ du régime de la saisie et de la cession des rémunérations (Circ. 23-12-1992):

- le salaire de base et les heures complémentaires et supplémentaires;
- les accessoires et compléments du salaire, avantages en nature, primes ayant le caractère de salaire;
- les pourboires (dans la mesure où ils sont centralisés par l'employeur);
- les indemnités de préavis et de congés payés ou les indemnités compensatrices;
- les prestations ayant vocation à remplacer le salaire (allocations de chômage, indemnités journalières de maladie et de maternité, indemnités journalières de l'incapacité temporaire due à un accident de travail).

Le tout, après déduction des cotisations et contributions obligatoires.

Il a déjà été jugé, dans le même sens, qu'est saisissable et cessible l'indemnité de départ en retraite versée au salarié quittant volontairement l'entreprise pour bénéficier du droit à une pension de vieillesse dans la mesure où elle n'a pas pour objet de compenser un préjudice (Cass. soc. 30-1-2008 n° 06-17.531RJS 4/08 n° 417). Solution *a priori* également transposable à l'indemnité de non-concurrence, à l'allocation d'activité partielle et à l'indemnité chômage-intempéries.

D'autres sommes perçues par le salarié n'ont pas le caractère de salaire. Elles peuvent donc **faire intégralement l'objet d'une saisie.** Ce sont :

- l'indemnité de licenciement et l'indemnité pour rupture abusive (bien qu'elles aient le caractère de dommages-intérêts) ;
- l'indemnité de clientèle des VRP.

Enfin, certaines sommes ont une destination exclusivement alimentaire et sont donc **totalement protégées.** Il s'agit des :

- sommes allouées à titre de remboursement de frais exposés par le salarié ;
- allocations ou indemnités pour charge de famille versées par l'employeur ;
- prestations familiales ;
- indemnités en capital et rentes d'accident du travail.

En pratique, la fraction insaisissable est déterminée selon la périodicité de la paie, généralement au mois. Toutefois, si la rémunération comprend des variations dues par exemple à des primes dont la périodicité est différente de celle du salaire, on doit procéder, pour rechercher la quotité disponible, à l'étalement des divers éléments de la rémunération sur un cycle de 12 mois (en se servant de la tranche par an) commençant dès réception de la notification à l'employeur de la saisie ; une sorte de régularisation mensuelle progressive (comme pour les cotisations) mais pour les 7 tranches du barème !

Les entreprises devraient calculer la saisie-arrêt avec cette règle, notamment quand un salarié qui se situe dans la tranche à $^1/_3$ ou $^2/_3$ la plupart des mois, perçoit une prime exceptionnelle (ou un treizième mois ou tout simplement des heures supplémentaires). Si on ne raisonne que mensuellement (selon le barème indiqué au dos de la feuille saisie-arrêt ou de l'avis à tiers détenteur), le salarié se voit prélever la quasi-intégralité de cette somme, alors que si l'entreprise pratique la régularisation annuelle, la prime complète d'abord les mois à $^1/_3$ (ou $^2/_3$) avant de « remplir » la tranche à 100 %. Malheureusement, ce calcul étant très complexe, même si le logiciel de paie permet de l'effectuer, trop peu d'employés au service paie sont capables de l'expliquer au salarié qui en demanderait la justification.

L'avis à tiers détenteur

La procédure d'avis à tiers détenteur est une procédure simplifiée qui permet aux comptables du Trésor de recouvrer directement, auprès de tout tiers débiteur ou dépositaire de deniers appartenant au débiteur, le montant de certaines créances fiscales privilégiées. Cette procédure ne s'applique que pour le recouvrement de certaines créances fiscales dites « privilégiées », dont notamment les contributions directes, taxes assimilées aux contributions directes, les droits de douane, les taxes départementales et communales, les droits d'enregistrement, la taxe sur le chiffre d'affaires.

À la différence de la procédure de saisie des rémunérations, la procédure d'avis à tiers détenteur ne comporte pas de tentative de conciliation. Sans être soumise à aucun formalisme particulier, la procédure d'avis à tiers détenteur est déclenchée par le comptable du Trésor qui transmet directement l'avis par lettre recommandée avec demande d'avis de réception au tiers saisi, c'est-à-dire à l'employeur, et au débiteur. Le motif de la procédure n'a pas à être mentionné dans l'avis. Il convient de rappeler toutefois que l'avis à tiers détenteur est parfois utilisé à tort par les comptables du Trésor et que le tiers saisi peut exiger du comptable public la justification du caractère privilégié des sommes réclamées.

Si un salarié cumule une (ou plusieurs) saisie-arrêt(s) et un (ou plusieurs) avis à tiers détenteur, jusqu'au 31 décembre 2012 la priorité était donnée à l'avis (aux avis) à tiers détenteur, quel qu'en soit le montant. Depuis le 1er janvier 2013, sont à payer en priorité les plus petites sommes (saisie-arrêt ou avis à tiers détenteur), le plus gros montant étant à payer en dernier.

Schéma des saisies-arrêts

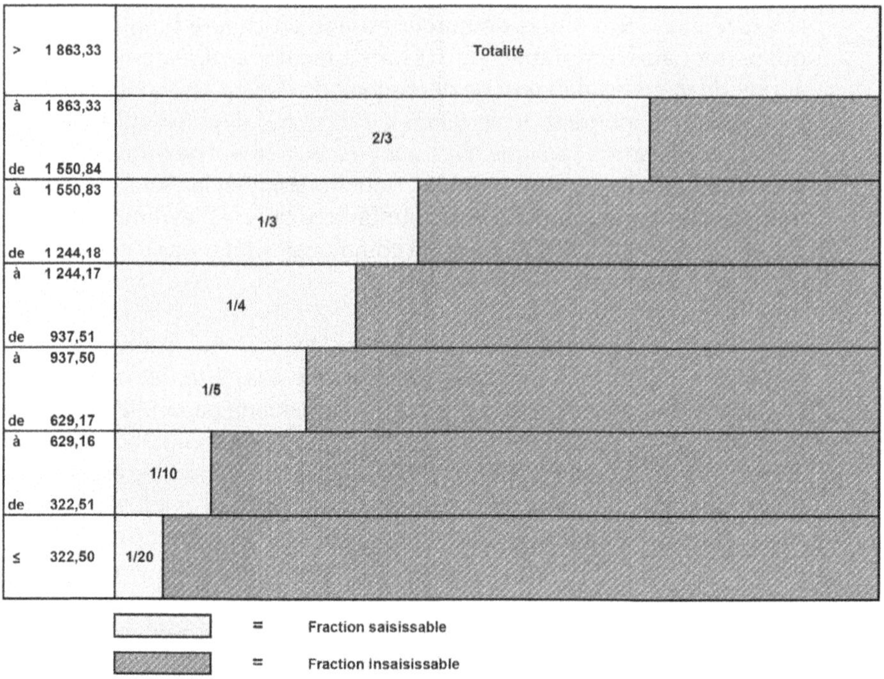

Barème des saisies-arrêts

Tranche par an	≤ 3 870,00	de 3 870,01 à 7 550,00	de 7 550,01 à 11 250,00	de 11 250,01 à 14 930,00	de 14 930,01 à 18 610,00	de 18 610,01 à 22 360,00	> 22 360,00
Tranche par mois	≤ 322,50	de 322,51 à 629,16	de 629,17 à 937,50	de 937,51 à 1 244,17	de 1 244,18 à 1 550,83	de 1 550,84 à 1 863,33	> 1 863,33
% de retenue	1/20	1/10	1/5	1/4	1/3	2/3	Totalité

Tableau de simplification du calcul du montant des saisies-arrêts

Sans personne à charge

Salaire mensuel net			Fraction saisissable			Fraction insaisissable		
de	564,78 € à	629,16 €	16,13 €	+ 1/10 au-delà de	322,50 €	564,78 € + de	0 à	17,60 €
de	629,17 € à	937,50 €	46,79 €	+ 1/5 au-delà de	629,16 €	564,78 € + de	17,60 € à	264,27 €
de	937,51 € à	1 244,17 €	108,46 €	+ 1/4 au-delà de	937,50 €	564,78 € + de	264,27 € à	494,28 €
de	1 244,18 € à	1 550,83 €	185,12 €	+ 1/3 au-delà de	1 244,17 €	564,78 € + de	494,28 € à	698,72 €
de	1 550,84 € à	1 863,33 €	287,34 €	+ 2/3 au-delà de	1 550,83 €	564,78 € + de	698,72 € à	802,88 €
au delà de		1 863,33 €	495,67 €	+ totalité au-delà de	1 863,33 €	564,78 € +	802,88 €	

Avec 1 personne à charge

Salaire mensuel net			Fraction saisissable			Fraction insaisissable		
de	564,78 € à	753,33 €	22,33 €	+ 1/10 au-delà de	446,67 €	564,78 € + de	0 à	135,56 €
de	753,34 € à	1 061,67 €	53,00 €	+ 1/5 au-delà de	753,34 €	564,78 € + de	135,56 € à	382,24 €
de	1 061,68 € à	1 368,34 €	114,66 €	+ 1/4 au-delà de	1 061,68 €	564,78 € + de	382,24 € à	612,24 €
de	1 368,35 € à	1 675,00 €	191,33 €	+ 1/3 au-delà de	1 368,35 €	564,78 € + de	612,24 € à	816,68 €
de	1 675,01 € à	1 987,50 €	293,55 €	+ 2/3 au-delà de	1 675,01 €	564,78 € + de	816,68 € à	920,85 €
au delà de		1 987,50 €	501,87 €	+ totalité au-delà de	1 987,50 €	564,78 € +	920,85 €	

Avec 2 personnes à charge

Salaire mensuel net			Fraction saisissable			Fraction insaisissable		
de	564,78 € à	877,50 €	28,54 €	+ 1/10 au-delà de	570,84 €	564,78 € + de	0 à	253,52 €
de	877,51 € à	1 185,84 €	59,21 €	+ 1/5 au-delà de	877,51 €	564,78 € + de	253,52 € à	500,20 €
de	1 185,85 € à	1 492,51 €	120,87 €	+ 1/4 au-delà de	1 185,85 €	564,78 € + de	500,20 € à	730,20 €
de	1 492,52 € à	1 799,17 €	197,54 €	+ 1/3 au-delà de	1 492,52 €	564,78 € + de	730,20 € à	934,64 €
de	1 799,18 € à	2 111,67 €	299,76 €	+ 2/3 au-delà de	1 799,18 €	564,78 € + de	934,64 € à	1 038,81 €
au delà de		2 111,67 €	508,08 €	+ totalité au-delà de	2 111,67 €	564,78 € +	1 038,81 €	

Avec 3 personnes à charge

Salaire mensuel net			Fraction saisissable			Fraction insaisissable		
de	564,78 € à	1 001,67 €	34,75 €	+ 1/10 au-delà de	695,01 €	564,78 € + de	0 à	371,48 €
de	1 001,68 € à	1 310,01 €	65,42 €	+ 1/5 au-delà de	1 001,68 €	564,78 € + de	371,48 € à	618,16 €
de	1 310,02 € à	1 616,68 €	127,08 €	+ 1/4 au-delà de	1 310,02 €	564,78 € + de	618,16 € à	848,16 €
de	1 616,69 € à	1 923,34 €	203,75 €	+ 1/3 au-delà de	1 616,69 €	564,78 € + de	848,16 € à	1 052,61 €
de	1 923,35 € à	2 235,84 €	305,96 €	+ 2/3 au-delà de	1 923,35 €	564,78 € + de	1 052,61 € à	1 156,77 €
au delà de		2 235,84 €	514,29 €	+ totalité au-delà de	2 235,84 €	564,78 € +	1 156,77 €	

La pension alimentaire

Lorsque les créanciers qui demandent une saisie du salaire sont des créanciers d'aliments, la règle qui interdit de toucher à une fraction du salaire ne s'applique pas. Les créanciers d'aliments sont en effet des proches parents ou alliés du salarié auxquels la loi assure une situation privilégiée. Pour eux, le mois en cours et les 6 derniers mois impayés des pensions alimentaires peuvent être saisis sur l'intégralité de la rémunération, à l'exception de la fraction insaisissable de celle-ci, égale au montant du RSA.

Ces créances s'imputent d'abord sur la fraction « relativement » insaisissable du salaire et ensuite, s'il y a lieu, sur la fraction saisissable. Seule la fraction « absolument » insaisissable reste intouchée.

Bien entendu, la procédure du paiement direct ne peut être mise en mouvement que si la pension alimentaire n'a pas été payée. En effet, la demande en paiement direct sera recevable dès qu'une échéance d'une pension alimentaire, fixée par une décision judiciaire devenue exécutoire, n'aura pas été payée à son terme. La notification de la demande en paiement direct crée, immédiatement à la charge de l'employeur, une obligation personnelle de verser directement les sommes au bénéficiaire selon les échéances fixées par le jugement. Aucune mise en demeure préalable n'est nécessaire et l'employeur ne peut opposer que le débiteur principal a déjà payé en tout ou partie ou que le créancier a notifié d'autres demandes de paiement direct à d'autres tiers débiteurs. L'employeur ne peut apporter aucune modification à l'étendue de l'obligation qui lui a été notifiée par huissier.

La demande en paiement direct crée, pour celui qui la formule, un droit de propriété sur la pension alimentaire. Ce droit écarte tous les autres créanciers, qu'ils soient privilégiés ou non. S'il y a pluralité de créanciers, c'est le premier créancier qui aura fait une demande qui l'emportera : dans le cas d'un homme divorcé qui a eu plusieurs foyers, c'est la première ex-conjointe à formuler la demande qui bénéficiera du paiement direct.

Sans aucun doute possible, le recouvrement des pensions alimentaires par la Cnaf et ses attributions par les CAF à l'ex-conjoint serait une bonne nouvelle pour les mères célibataires. Ce devait être pour le 1er janvier 2020 selon la promesse du président Macron mais à ce jour (début mai 2020) nous sommes toujours en attente du texte d'application.

La cession des rémunérations

La cession des rémunérations est un acte juridique par lequel un salarié débiteur d'une somme d'argent déclare volontairement céder à son créancier, le cessionnaire, une partie de son salaire. Elle est déterminée dans les mêmes conditions et limites que la quotité saisissable de la rémunération.

La cession des rémunérations s'opère par une déclaration du salarié au secrétariat-greffe du tribunal d'instance du lieu où il demeure. Le salarié doit comparaître en personne. Il ne peut pas se faire représenter par un mandataire (C. trav., art. R. 3252-45). La déclaration de cession est rédigée par le greffier en chef. Le cédant doit fournir à l'appui de sa demande une pièce d'identité et ses bulletins de salaires. Au moment d'établir la déclaration de cession, le greffier doit vérifier si le cédant ne fait pas l'objet d'une saisie des rémunérations ou n'a pas une cession en cours qui porte sur la totalité de la portion cessible. Dans l'affirmative, il ne peut pas recevoir la cession sans que le cessionnaire, ou son mandataire, donne son accord. La déclaration doit être datée et signée par le cédant, le secrétariat-greffe et le cessionnaire s'il est présent. Le cédant doit faire précéder sa signature de la formule suivante : « Lu et approuvé et bon pour cession de la somme de… [en toutes lettres]. »

À la demande du cessionnaire, le secrétariat-greffe notifie la cession à l'employeur (C. trav., art. R. 3252-46). Cette notification peut être également effectuée à la demande du cédant au moment où il fait sa déclaration au greffe.

À compter de la notification de la cession, celle-ci est opposable aux tiers et l'employeur verse directement au cessionnaire le montant des sommes cédées, dans la limite de la fraction saisissable (C. trav., art. R. 3252-47).

LA RUPTURE DU CONTRAT DE TRAVAIL

PARTIE IX

BULLETIN DE PAIE

Période du 1 Février 2020 au 29 Février 2020

Employeur	Salarié
Raison Sociale	Nom : Prénom :
Adresse	Adresse
N° SIRET Code NAF	N° SS
Convention collective	Emploi Coef. :
	Date d'ancienneté

Libellé des Rubriques	Base	Taux	Montant	Cotisations
Salaire	151,67		3 300,00	Février 2020
Prime d'ancienneté	3 300,00	10,000	330,00	Plafond du mois : 3 428 €
Indemnité Compensatrice Congés Payés	**10,00**	**167,513**	**1 675,13**	
Total Brut			[illegible]	
[illegible]				
Indemnité de licenciement			12 345,00	
[illegible]				

Nous en avons fini avec le bulletin de paie «classique» d'un salarié qui travaille dans une entreprise et qui est toujours présent en fin de mois lors de l'édition de celui-ci.

Nous avons successivement vu le salaire, les primes, les avantages en nature, les différentes absences (et surtout les différentes méthodes pour chiffrer ces absences), les cotisations salariales et patronales, la réduction des charges patronales, les sommes non soumises à cotisations (principalement représentées par les frais professionnels et les IJSS) et nous venons de finir cette présentation du bulletin par les retenues non déductibles du net fiscal que sont les acomptes, avances, prêts et autres saisies arrêts.

Dans le principe, vous devez donc être capable de comprendre comment a été déterminé votre net à payer (qui est souvent le net virement).

Il nous reste donc à voir le bulletin de paie particulier, celui que vous avez quand vous quittez une entreprise. Il porte un nom particulier : « le solde de tout compte ». Il est censé, comme son nom l'indique, solder tout votre compte avec votre employeur.

Nous l'avons vu au début de ce livre, il existe deux types de contrat : le contrat à durée déterminée et le contrat à durée indéterminée (nous avons écarté depuis longtemps le travail temporaire, et en présence d'un contrat de stage, en cas de non-respect par le stagiaire de ses obligations, ou par l'entreprise des siennes, le stage pourra être rompu mais cette rupture ne s'analysera pas en un licenciement et le litige ne relèvera pas de la compétence de la juridiction prud'homale). Le dernier bulletin de paie du salarié qui quitte l'entreprise dépend donc du type de contrat (CDD ou CDI) et de la façon dont il se termine.

1. La fin de contrat de travail à durée déterminée

La fin d'un CDD est une cause naturelle de départ d'un salarié puisque cette échéance a été prévue au moment de la signature (C. trav., art. L. 1243-5). Cela ne nécessite donc aucune procédure particulière. Néanmoins, et **sauf exceptions, cette fin de contrat génère automatiquement pour le salarié le droit à une indemnité de fin de contrat et à une indemnité compensatrice de congés payés** (sur lesquelles nous reviendrons de façon plus approfondie dans les pages suivantes).

Autre conséquence pour l'employeur : celui-ci devra prendre en compte les sommes perçues afin de les affecter dans un compte spécial lui permettant de calculer **la taxe de 1 %** des sommes brutes affectant les CDD, cette taxe étant **destinée à alimenter les fonds de gestion du congé individuel de formation** dont peuvent bénéficier certains salariés soumis à la précarité de l'emploi. De même, une taxe ayant été instituée par l'accord interprofessionnel du 24 mars 1990, l'employeur devra affecter les sommes attribuées aux CDD à un autre compte permettant de calculer la **taxe de 0,50 %** permettant à ces salariés de bénéficier d'**avantages sociaux complémentaires.**

Selon les articles L. 1243-1 à L. 1243-4 du Code du travail, il existe cinq cas de rupture anticipée du CDD. Certains de ces cas sont communs aux CDD et aux CDI. Le moment opportun, nous ferons la différence. Voici ces cinq cas.

Le commun accord des parties (CDD et CDI)

Les accords individuels (CDD)

L'administration a précisé que lorsque la cessation anticipée du CDD résulte du commun accord des parties, elle doit en tout état de cause s'appuyer sur un écrit : **simple écrit qui met un terme immédiat au contrat** ou avenant qui en réduit la durée (exception faite pour les salariés « protégés »).

La Cour de cassation conditionne la validité de ce mode de rupture à l'existence d'une **volonté claire et non équivoque** des parties de mettre fin au CDD. La rupture d'un commun accord des parties ne peut donc **pas résulter d'un accord tacite** des parties, de la signature du reçu pour solde de tout compte ou encore de l'acceptation d'un certificat de travail.

Le salarié peut trouver avantage à une séparation amiable qui s'accompagnera d'une indemnité qu'il n'aurait peut-être pas obtenue en justice et d'un certificat de travail suffisamment élogieux pour ne pas le gêner dans la recherche d'un nouvel emploi.

Les accords individuels (CDI)

En application de l'article 1102 du Code civil, le principe de la liberté contractuelle s'appliquant au contrat de travail, **employeur et salarié sont libres de mettre fin à leurs relations par accord mutuel** et en dehors des règles et des procédures régissant la rupture du contrat de travail par décision unilatérale de l'une ou de l'autre des parties (licenciement ou démission), du moins lorsque la rupture amiable du contrat de travail intervient pour régler un différend de nature personnelle. En outre, et toujours dans le cas d'une rupture amiable pour motif personnel, le salarié ne peut en principe prétendre, sauf si les parties en décident autrement, aux indemnités prévues en cas de licenciement.

La rupture amiable du contrat de travail permet de mettre fin aux relations entre employeur et salarié dans des circonstances où la rupture ne peut être imputée à l'une ou à l'autre des parties. Cet accord a pour but de mettre un terme à des situations conflictuelles latentes face auxquelles les parties hésitent à se positionner, l'employeur craignant de prendre l'initiative d'un licenciement pour lequel il estime par exemple ne pas disposer d'éléments suffisants, le salarié redoutant les conséquences financières d'une démission (perte des indemnités dues en cas de licenciement).

La jurisprudence reconnaît la validité de la rupture d'un commun accord du contrat de travail à durée indéterminée, que cette rupture soit liée à un motif personnel ou à un motif non personnel. Cependant, selon l'article L. 1231-4 du Code du travail, les parties ne peuvent renoncer par avance au droit de se prévaloir des règles légales applicables en matière de licenciement. Il semblerait que sur ce fondement, la Cour de cassation ait tendance depuis peu à restreindre le recours à la résiliation amiable des contrats de travail comme mode de rupture aux seuls cas ou le caractère réellement consensuel de la rupture est pleinement avéré.

La rupture d'un commun accord du contrat de travail est un mode autonome de rupture du contrat; elle a pour objet de mettre un terme aux relations contractuelles entre l'employeur et le salarié. La rupture d'un commun accord a pour seul objet de mettre fin aux relations contractuelles des parties. Elle ne **constitue pas une transaction** destinée à mettre fin, par des concessions réciproques, à toute contestation née ou à naître résultant de la rupture définitive du contrat de travail, et ne peut avoir pour effet, peu important les termes de l'accord, de priver le salarié des droits nés de l'exécution du contrat de travail. La transaction, au contraire, n'est pas un mode de rupture du contrat de travail mais un mode de règlement des suites d'une rupture du contrat de travail (Cour de cassation du 16 mai 2000).

Les accords collectifs (CDI)

La pratique des ruptures négociées pour motif économique a suscité un important contentieux. Depuis l'opération Cricket en août 1977, la Cour de cassation se pose la question de savoir si ce sont des démissions licites ou des licenciements déguisés. Dans un premier temps, elle les assimilait à des licenciements économiques, puis maintenant, elle dit: *« Un accord librement conclu ne saurait être assimilé à un licenciement collectif irrégulier. »* Les salariés concernés doivent trouver des avantages financiers à de tels accords et aucune fraude à la législation relative au licenciement pour motif économique ne doit être établie.

Ces avantages financiers prennent la forme de primes dites « de départ volontaire » qui sont **exonérées de charges sociales** (salariales et patronales, CSG, CRDS incluses), **si ces départs négociés se font dans le cadre d'un plan social.** Dans le cas contraire, ces primes sont soumises à toutes les cotisations et ont le caractère de salaire.

Les cas interdits de rupture négociée

Les salariés protégés

Les représentants du personnel (délégués du personnel, membres du comité d'entreprise) bénéficient d'une protection spéciale en cas de licenciement, lequel ne peut intervenir que sur autorisation administrative et après consultation du comité d'entreprise pour certains d'entre eux. Les tribunaux ont précisé que cette protection spéciale ne pouvait être contournée par le biais d'un accord de rupture amiable. C'est la chambre criminelle qui a d'abord décidé que ce mode de rupture autonome ne peut pas concerner le contrat de travail des représentants du personnel. La protection exceptionnelle et exorbitante du droit commun dont bénéficient les salariés protégés exclut la résiliation conventionnelle de leur contrat.

L'employeur qui tente d'échapper à la demande d'autorisation de licenciement à l'inspecteur du travail en négociant une rupture d'un commun accord avec un salarié protégé s'expose à une condamnation pour délit d'entrave. Le salarié protégé peut par ailleurs saisir le juge des référés pour obtenir, sous astreinte, que soit ordonnée la poursuite de son contrat de travail.

Les salariés inaptes

La rupture d'un commun accord du contrat de travail d'un salarié déclaré inapte en conséquence d'une maladie (professionnelle ou non) est illégale. En effet, les dispositions des articles L. 1226-4 (maladie ou accident d'origine non professionnelle) et L. 1226-11 (maladie ou accident professionnel) du Code du travail qui prévoient notamment que si, après une déclaration d'inaptitude prononcée par le médecin du travail à l'issue des périodes de suspension du contrat de travail, le salarié n'est pas reclassé dans l'entreprise à l'issue d'un délai d'un mois, ou s'il n'est pas licencié, l'employeur est tenu de reprendre le paiement du salaire, excluent dans cette hypothèse la possibilité pour les parties de signer une rupture d'un commun accord du contrat de travail qui aurait pour effet d'éluder ces obligations.

Les salariés victimes d'accident du travail ou de maladie professionnelle

Au cours des périodes de suspension du contrat de travail, l'employeur ne peut résilier le contrat de travail à durée indéterminée que s'il justifie soit d'une faute grave de l'intéressé, soit de l'impossibilité où il se trouve, pour un motif non lié à l'accident ou à la maladie, de maintenir ledit contrat. Toute résiliation du contrat de travail prononcée en méconnaissance de ces dispositions est nulle (C. trav., art. L. 1226-15). Dès lors, au cours des périodes de suspension consécutives à un accident ou à une maladie professionnelle, l'employeur ne peut faire signer au salarié une rupture d'un commun accord du contrat de travail, une telle résiliation du contrat étant frappée de nullité.

Les salariées enceintes

Aucun employeur ne peut résilier le contrat de travail d'une salariée lorsqu'elle est en état de grossesse médicalement constaté et pendant l'intégralité des périodes de suspension du contrat de travail auxquelles elle a droit, qu'elle use ou non de ce droit, ainsi que **pendant les 10 semaines** (avant la loi n° 2016-1088 du 8 août 2016, c'était seulement pendant 4 semaines) **qui suivent l'expiration de ces périodes**. Toutefois, l'employeur peut résilier le contrat s'il justifie d'une faute grave de l'intéressée, non liée à l'état de grossesse, ou de l'impossibilité où il se trouve, pour un motif étranger à la grossesse, à l'accouchement ou à l'adoption de maintenir ledit contrat. Cependant, la résiliation ne pourra prendre effet ou être signifiée pendant la période de suspension du contrat (C. trav., art. L. 1225-4). Sauf si elle est justifiée par une faute grave de l'intéressée ou par l'impossibilité de maintenir ce contrat pour un motif étranger à l'arrivée de l'enfant (C. trav., art. L. 1225-4-1 et L. 1225-5).

Les effets du commun accord (CDD)

La rupture d'un commun accord du CDD a pour seul objet de mettre fin aux relations des parties ; elle ne constitue **pas une transaction** destinée à mettre fin, par des concessions réciproques, à toute contestation née ou à naître résultant de la rupture définitive du contrat de travail et ne peut avoir pour effet, peu important les termes de l'accord, de priver le salarié des droits nés de l'exécution du contrat de travail. La rupture d'un commun accord du contrat de travail constitue en effet un mode autonome de rupture du contrat (elle trouve son fondement, pour les CDD, dans l'article L. 1243-1 du Code du travail). Elle a pour objet de mettre un terme aux relations contractuelles entre l'employeur et le salarié.

La transaction, au contraire, n'est pas un mode de rupture du contrat de travail. Elle a pour objet de mettre fin, par des concessions réciproques, à toute contestation née ou à naître résultant de cette rupture (C. civil, art. 2044). Il s'ensuit qu'elle ne peut valablement être conclue qu'une fois la rupture intervenue et définitive.

Les effets du commun accord (CDI)

Ainsi, que le litige résulte de la rupture d'un contrat à durée indéterminée ou à durée déterminée, une transaction ne peut pas être valablement conclue :

- antérieurement à l'accord de rupture ;
- simultanément à l'accord de rupture, ce dernier ne pouvant avoir la double nature d'accord de rupture et de transaction.

Il s'ensuit que la transaction ayant pour objet de mettre fin au litige résultant d'un licenciement ne peut valablement être conclue qu'une fois la rupture intervenue et définitive. Il en résulte qu'un commun accord ne peut valablement constituer une transaction dès lors qu'il a pour double objet de rompre le contrat de travail et de transiger.

Une fois que le commun accord a été légalement conclu, les deux parties peuvent signer une transaction. Puisqu'il n'y a pas d'indemnité compensatrice de préavis ni de licenciement, une **indemnité transactionnelle**, qui doit au moins être égale au montant de ces deux indemnités, sera versée au salarié.

Définition de la transaction

Aux termes de l'article 2044 du Code civil, la transaction est un contrat écrit par lequel les parties terminent une contestation née ou préviennent une contestation à naître.

La transaction doit être conforme aux dispositions des articles 2044 à 2058 du Code civil. Conformément à l'article 2052 du Code civil, elle a entre les parties l'autorité de la chose jugée en dernier ressort.

La transaction permet d'éviter les aléas, les frais et les longueurs d'un procès. Elle présente par ailleurs l'avantage de la confidentialité.

La faute grave du salarié (CDD et CDI)

Il n'existe pas de définition légale de la faute grave : cette notion est essentiellement jurisprudentielle. **La faute grave** (même involontaire) **consiste en une violation des obligations contractuelles rendant impossible, par sa gravité même, la poursuite des relations contractuelles jusqu'au terme prévu.** La gravité d'une faute n'est pas nécessairement fonction de l'importance du préjudice qui en résulte (elle n'est même pas subordonnée à l'existence d'un préjudice !).

C'est à la partie qui invoque la faute grave pour rompre immédiatement le contrat qu'il revient d'en apporter la preuve (la partie en question est le plus souvent l'employeur !), mais **quelle qu'ait été l'appréciation de l'employeur sur le degré de gravité de la faute commise par le salarié, il revient aux juges du fond de qualifier cette faute.** La liberté d'appréciation dont disposent les juges demeure entière en dépit des dispositions qui, au sein de règlements intérieurs, tendraient à attribuer la qualification de faute grave à certains agissements.

Appréciée *in concreto*, elle peut résulter de l'absence injustifiée, de voies de fait, de violence exercée au temps et lieu de travail, de malversations, de vols, de comportement injurieux à l'égard de l'employeur (menaces de mort), de violation de l'obligation de secret, etc.

Lorsque la rupture est consécutive à une faute grave du salarié, elle constitue une **sanction disciplinaire soumise, à ce titre, à la procédure disciplinaire**.

Dans ce cadre, **l'employeur doit tout d'abord convoquer le salarié à un entretien préalable**. Faute de quoi, celui-ci pourra être condamné à verser au salarié une indemnité pour inobservation de la procédure (indemnité fonction du préjudice subi).

S'agissant d'une procédure disciplinaire de droit commun et non d'une procédure de licenciement, **le salarié ne dispose pas de la faculté de se faire assister par un conseiller extérieur à l'entreprise**.

Il doit ensuite notifier par écrit la sanction au salarié. Cette lettre ne pourra pas être expédiée au salarié moins d'un jour franc après celui de l'entretien préalable en application de l'article L. 1332-2 du Code du travail relatif à la sanction disciplinaire.

La lettre notifiant **la rupture doit être motivée.** En pratique, elle doit en outre indiquer les griefs retenus contre le salarié. À défaut, la rupture sera considérée comme n'étant pas justifiée, peu important que le salarié ait été informé des griefs formulés contre lui au cours de l'entretien préalable. Il convient d'apporter un soin tout particulier à la rédaction de la lettre notifiant la sanction car **l'employeur se trouve lié par son contenu** et ne pourra pas invoquer ultérieurement de nouveaux griefs pour justifier cette rupture intervenue avant terme. Enfin, la rupture anticipée doit prendre effet rapidement à compter de la notification de la sanction. La Cour de cassation a sanctionné un employeur pour avoir retardé la date d'effet de la rupture du contrat de 7 jours après la notification de la sanction, estimant que, de ce fait, la faute grave n'était pas assez caractérisée. Elle a fait application du même principe s'agissant d'un employeur qui avait prévu un préavis de 8 jours dans la lettre de rupture anticipée adressée au salarié. **Il est donc plus prudent pour l'employeur de ne pas différer dans le temps l'effet de la notification de la rupture du contrat.**

Les effets de la faute grave sont de **supprimer l'indemnité compensatrice de préavis**, de **justifier la rupture immédiate du contrat** de travail et de **priver le salarié de l'indemnité de licenciement.** À noter que la faute grave n'est pas privative de l'indemnité compensatrice de congés payés. Pas plus que la faute lourde depuis que le Conseil Constitutionnel l'a censuré le 2 mars 2016 (n° 2015-523). Avant cette date, il était admis que la faute lourde supprimait l'indemnité compensatrice pour la période en cours (l'indemnité compensatrice de congés payés au titre de la période précédente étant considérée comme toujours acquise en cas de faute lourde).

La différence entre la faute grave et la faute lourde n'est pas plus précisée par le Code du travail. Tout au plus, **la jurisprudence**, procédant par approximation, **considère**-t-elle **la faute lourde comme une faute d'une particulière gravité, avec l'intention de nuire** à autrui, sans circonstances atténuantes, ou, si l'on préfère, une faute plus grave que la faute grave ! De toute façon, la faute lourde, ne pouvant se présumer, doit être prouvée par l'employeur et il revient aux tribunaux de trancher.

Par la jurisprudence, nous avons quelques exemples de fautes lourdes : la constitution d'une entreprise ayant le même objet que l'entreprise de son employeur, la participation au débauchage d'un salarié au profit d'une entreprise concurrente, le fait de dénigrer son travail en annonçant aux clients l'intention de s'installer à son compte, l'exercice d'une activité concurrente pendant le préavis, le pointage à plusieurs reprises par un cadre aux lieu et place de sa secrétaire couvrant et encourageant les retards de celle-ci, chaque fait pour lequel son auteur est condamné pénalement, l'appropriation de marchandises ou de matériel pour son propre compte, etc.

La force majeure (CDD et CDI)

La force majeure se définit comme un événement imprévisible, irrésistible, insurmontable, étranger à la personne qui l'invoque et entraînant une impossibilité absolue d'exécuter le contrat. Elle implique la cessation immédiate du contrat à durée déterminée sans qu'aucune indemnité ne puisse être réclamée par l'une ou l'autre des parties. Pour l'application de cette notion, les juges apprécient au cas par cas la réalité et la gravité des motifs invoqués et si les circonstances rendent impossible la continuation du contrat. Seront principalement constitutifs de force majeure l'incendie, les cataclysmes naturels et le fait du prince. Mais examinons d'abord les trois critères distinctifs.

Le caractère imprévisible

Il est pratiquement toujours reconnu s'il s'agit d'incendie ou de cataclysme, mais attention : l'existence d'un risque n'enlève pas à l'événement son caractère imprévisible (par exemple un incendie dans une fabrique de bois), ou, au contraire, une inondation n'a pas le caractère imprévisible si déjà, à plusieurs reprises, un cours d'eau est sorti de son lit.

Le caractère irrésistible (ou inévitable)

Il peut faire défaut si une faute de l'employeur est relevée, en relation avec l'événement invoqué (manque de protection, panneau électrique défectueux et signalé auparavant, succession de débuts d'incendie en peu de temps).

Le caractère insurmontable

L'employeur doit être dans l'impossibilité totale de fournir du travail. Il y a dans ce caractère d'insurmontabilité une notion de temps. Si l'empêchement est de courte durée les contrats ne sont que suspendus (et les salariés sont alors indemnisés au titre de l'activité partielle).

Le fait du prince

Le fait du prince est généralement une modification de la réglementation en vigueur par une décision administrative. La jurisprudence considère que le fait du prince est assimilé à un cas de force majeure dans la mesure où la décision administrative qui le constitue est d'une part, prise dans le cadre des prérogatives de puissance publique réservées aux organes de l'État, et d'autre part, imprévisible et insurmontable.

L'exclusion de la force majeure

La fermeture de l'entreprise pour des motifs d'ordre économique ou technique n'est pas un cas de force majeure, l'évolution de la conjoncture économique faisant partie du risque normal de l'entreprise dont le chef assume la responsabilité objective. De façon générale, les événements tenant à la personne de l'employeur (y compris son décès, car les licenciements éventuellement causés par ce décès incombent aux héritiers) et les événements tenant à l'activité de l'entreprise tels que la cessation pure et simple d'activité ou le redressement et la liquidation judiciaire ne sont pas des cas de force majeure. Dans la même logique, l'inaptitude physique, d'origine professionnelle ou non, ne constitue pas un cas de force majeure justifiant la rupture immédiate du CDD.

Les effets de la force majeure

Les effets de la force majeure, dûment établie par l'employeur, sont de le dispenser de l'observation du délai-congé (et donc de son indemnité compensatrice), de l'indemnité de licenciement (ainsi que des dommages et intérêts pour rupture abusive) puisque la rupture n'est pas de son fait.

La résiliation judiciaire (CDD et CDI)

Le Code civil, dans son article 1224 (correspondant à l'ancien n°1184 remplacé le 16 février 2016), prévoit qu'une résiliation judiciaire est toujours sous-tendue dans toutes les formes d'un contrat. Mais le recours à la résiliation judiciaire pour rompre un contrat à durée déterminée peut paraître surprenant : en effet, pourquoi saisir le juge, exposer des faits et attendre des mois une sentence alors que l'une et l'autre des parties au contrat peut, par l'effet de la seule volonté, rompre le contrat de travail ?

Son recours dans le domaine des contrats à durée indéterminée a surtout été utilisé **pour mettre fin aux contrats de travail des représentants du personnel**, lorsque l'inspecteur du travail refusait à l'employeur l'autorisation de licencier. Longtemps autorisé (de 1952 jusqu'au 21 juin 1974, affaire Perrier), il **est maintenant prohibé et généralement sanctionné** : les juges civils déclarent la demande irrecevable ; les juges répressifs condamnent pour délit d'entrave l'employeur qui introduit une telle demande (c'est une des rares hypothèses où le fait d'introduire une demande en justice constitue une infraction pénale !).

Son recours, pour les salariés sans mandat, ne présente pas un réel intérêt pour l'employeur si les juges ne prononcent la résiliation judiciaire qu'en cas de faute grave, car dans ce cas, l'employeur peut prononcer lui-même le licenciement sans devoir au salarié les indemnités de préavis et de licenciement. En revanche, s'il n'y a pas de faute grave, les employeurs peuvent être tentés d'utiliser ce moyen juridique car en obtenant la résiliation du contrat, ils ne seront plus débiteurs des indemnités de préavis, de licenciement – et même de l'indemnité de clientèle si le salarié est VRP – puisque ces obligations sont des conséquences du licenciement qui, par hypothèse, n'est pas prononcé. Dans un arrêt du 9 avril 1987, la Cour de cassation affirme nettement que *« l'action en résiliation judiciaire d'un contrat de travail est recevable dès lors qu'elle est fondée sur l'inexécution par l'une des parties de ses obligations, même si celle-ci ne présente pas le caractère d'une faute grave »*.

La démission pour exécuter un CDI (CDD exclusivement)

Nous venons de voir précédemment les trois cas (plus la résiliation judiciaire) contenus dans les articles L. 1243-1 à L. 1243-4, il reste le dernier cas contenu dans l'article L. 1243-2 qui précise que, par dérogation aux dispositions de l'article L. 1243-1, le contrat de travail à durée déterminée peut être rompu avant l'échéance du terme à l'initiative du salarié, lorsque celui-ci justifie de la **conclusion d'un contrat à durée indéterminée**.

Sauf accord des parties, le salarié est alors tenu de respecter un préavis dont la durée est calculée à raison d'un jour par semaine compte tenu :

1°) De la durée totale du contrat incluant, le cas échéant, son ou ses deux renouvellements, lorsque celui-ci comporte un terme précis ;

2°) De la durée effectuée lorsque le contrat ne comporte pas un terme précis.

Le préavis ne peut excéder deux semaines.

2. La fin de contrat à durée indéterminée

Outre ces cinq cas prévus pour les CDD et qui s'appliquent également aux CDI pour les quatre premiers d'entre eux, nous allons examiner tous les autres cas de rupture.

La démission

Chacune des parties liées par un contrat de travail conclu pour une période indéterminée peut à tout moment mettre fin à son engagement (C. trav., art. L. 1231-1). **La démission est l'acte unilatéral de volonté par lequel un salarié signifie à son employeur qu'il entend « mettre fin à sa collaboration ».**

Le droit de démission appartenant au salarié est un droit d'ordre public qui ne peut être mis en échec par la convention des parties dans le cadre d'un contrat de travail à durée indéterminée. D'autre part, la démission n'a pas à être acceptée par l'employeur.

À la différence du licenciement, la démission n'est soumise à aucune procédure particulière. Cette absence de formalisme légal explique en partie l'existence de difficultés pour déterminer l'auteur de la rupture. **Il n'y a pas de règle formelle : elle peut être verbale, écrite ou peut même résulter du seul comportement du salarié.** Bien évidemment, La lettre de démission constitue la preuve par excellence et certaines conventions collectives exigent l'envoi d'une lettre de démission.

Pour établir l'existence d'une démission, l'employeur doit prouver qu'il y a eu **volonté unilatérale (libre, sérieuse, non équivoque)** du salarié de mettre fin au contrat de travail. Les juges écartent la qualification « démission » chaque fois que la volonté du salarié est équivoque, mais ils jouissent d'une grande liberté d'appréciation et peuvent très bien admettre qu'une absence de 15 jours faisant suite à un abandon de poste traduit une *« volonté dépourvue d'équivoque de démissionner »*.

La jurisprudence requalifie la décision du salarié en licenciement chaque fois que le salarié a été contraint à la démission par le comportement fautif de l'employeur ! Les juges peuvent aussi requalifier une démission en licenciement au motif qu'elle n'était pas sérieuse (la décision prise par le salarié dans un mouvement d'humeur et rapidement rétractée n'est pas une démission sérieuse, c'est l'employeur qui, s'opposant à la reprise du travail, rompt le contrat).

Le régime juridique de la démission

Un salarié peut à tout moment reprendre sa liberté **sans avoir à motiver sa décision** (à condition toutefois que celle-ci ne soit pas « abusive »), mais il doit **respecter un délai-congé**. La durée de ce préavis n'est pas **fixée** par la loi mais **par les conventions collectives ou les usages.** Pendant toute la durée du préavis, le salarié doit exécuter normalement et pleinement les obligations résultant du contrat de travail (à défaut, l'employeur pourra mettre fin au préavis en invoquant la faute grave du salarié).

Quant au droit d'absence pour **recherche d'emploi**, il n'a pas été réglementé par voie législative, il résulte seulement des usages ou des conventions. **L'autorisation d'absence est, en général, fixée à 2 heures par jour**. Cependant, dans certaines régions, ce chiffre est réduit à 1 heure. Par ailleurs, les conventions collectives peuvent prévoir des délais au mois ou à la semaine. Le refus de l'employeur de regrouper les heures peut être considéré comme abusif. **Le paiement des 2 heures pour recherche d'emploi n'est dû que si la convention collective ou l'usage le prévoit.** Ainsi, dès lors que la convention collective prévoit qu'une absence de 2 heures par jour pour recherche d'un nouvel emploi est autorisée au cours de la période de préavis, et cela sans réduction de salaire, sauf en cas de départ volontaire, un salarié démissionnaire ne peut prétendre au paiement de ces heures. Dans le cas contraire, **ces heures sont payées comme temps de travail** et ne doivent donner lieu à aucune réduction de salaire. Mais il appartient au salarié de démontrer, lorsqu'il n'a pas bénéficié des heures pour recherche d'emploi conventionnelles et qu'il réclame des dommages-intérêts, le préjudice que pouvait lui avoir causé le refus de lui accorder ces heures. Lorsque l'employeur est en mesure de prouver que le salarié a trouvé un nouvel emploi ou que celui-ci est dans l'impossibilité de chercher un nouvel emploi, il est en droit de lui refuser de continuer à s'absenter.

Seules les personnes involontairement privées d'emploi (licenciement, fin de contrat à durée déterminée, rupture pour motif économique) peuvent prétendre aux allocations de chômage. Toutefois, vous pouvez être pris en charge par le Pôle emploi si vous avez été contraint de démissionner pour un motif prévu par l'accord d'application n° 15 du régime d'assurance chômage.

Si vous avez démissionné pour un motif non prévu, il vous faudra attendre 4 mois pour demander un réexamen de votre situation.

Selon vos efforts de reclassement, les allocations peuvent alors vous être attribuées par le Pôle emploi.

Mais l'Unedic a prévu dans son accord d'application n° 14 du 14 mai 2014 différents cas de « démission légitime » :

*« Chapitre 1er*

§ 1er – Est réputée légitime la démission :

- *a) du salarié âgé de moins de 18 ans qui rompt son contrat de travail pour suivre ses ascendants ou la personne qui exerce l'autorité parentale ;*
- *b) du salarié qui rompt son contrat de travail pour suivre son conjoint qui change de lieu de résidence pour exercer un nouvel emploi, salarié ou non-salarié.*
  Le nouvel emploi peut notamment :
  - *être occupé à la suite d'une mutation au sein d'une entreprise,*
  - *être la conséquence d'un changement d'employeur décidé par l'intéressé,*
  - *correspondre à l'entrée dans une nouvelle entreprise par un travailleur qui était antérieurement privé d'activité ;*
- *c) du salarié qui rompt son contrat de travail et dont le départ s'explique par son mariage ou la conclusion d'un pacte civil de solidarité entraînant un changement de lieu de résidence de l'intéressé, dès lors que moins de 2 mois s'écoulent entre la date de la démission ou de la fin du contrat de travail et la date du mariage ou de la conclusion du pacte civil de solidarité ;*
- *d) du salarié qui rompt son contrat de travail pour suivre son enfant handicapé admis dans une structure d'accueil dont l'éloignement entraîne un changement de résidence.*

§ 2 – Est réputée légitime la rupture à l'initiative du salarié, d'un contrat d'insertion par l'activité ou d'un contrat emploi jeunes pour exercer un nouvel emploi ou pour suivre une action de formation.

Est également réputée légitime la rupture à l'initiative du salarié d'un contrat unique d'insertion-contrat initiative-emploi à durée déterminée, d'un contrat unique d'insertion – contrat d'accompagnement dans l'emploi ou d'un contrat insertion-revenu minimum d'activité (CI-RMA) pour exercer un emploi sous contrat de travail à durée déterminée d'au moins 6 mois ou sous contrat de travail à durée indéterminée ou pour suivre une action de formation qualifiante au sens des dispositions de l'article L. 6314-1 du Code du travail.

Chapitre 2

Sont également considérées comme légitimes les ruptures à l'initiative du salarié intervenues dans les situations suivantes :

§ 1er – La démission intervenue pour cause de non-paiement des salaires pour des périodes de travail effectuées, à condition que l'intéressé justifie d'une ordonnance de référé lui allouant une provision de sommes correspondant à des arriérés de salaires.

§ 2 – La démission intervenue à la suite d'un acte susceptible d'être délictueux dont le salarié déclare avoir été victime à l'occasion de l'exécution de son contrat de travail et pour lequel il justifie avoir déposé une plainte auprès du procureur de la République.

§ 3 – La démission intervenue pour cause de changement de résidence justifié par une situation où le salarié est victime de violences conjugales et pour laquelle il justifie avoir déposé une plainte auprès du procureur de la République.

§ 4 – Le salarié qui, postérieurement à un licenciement, une rupture conventionnelle au sens des articles L. 1237-11 et suivants du Code du travail ou à une fin de contrat de travail à durée déterminée n'ayant pas donné lieu à une inscription comme demandeur d'emploi, entreprend une activité à laquelle il met fin volontairement au cours ou au terme d'une période n'excédant pas 91 jours.

§ 5 – Le salarié qui justifie de 3 années d'affiliation continue au sens de l'article 3 et qui quitte volontairement son emploi pour reprendre une activité salariée à durée indéterminée, concrétisée par une embauche effective, à laquelle l'employeur met fin avant l'expiration d'un délai de 91 jours.

§ 6 – Lorsque le contrat de travail dit « de couple ou indivisible » comporte une clause de résiliation automatique, la cessation du contrat de travail est réputée légitime si le salarié quitte son emploi du fait du licenciement, d'une rupture conventionnelle du contrat au sens des articles L. 1237-11 et suivants du Code du travail ou de la mise à la retraite de son conjoint par l'employeur.

§ 7 – La démission du salarié motivée par l'une des circonstances visée à l'article L. 7112-5 du Code du travail à condition qu'il y ait eu versement effectif de l'indemnité prévue aux articles L. 7112-3 et L. 7112-4 du Code du travail.

§ 8 – Le salarié qui quitte son emploi pour conclure un contrat de service civique conformément aux dispositions de l'article L. 120-10 du Code du service national, un ou plusieurs contrats de volontariat de solidarité internationale pour une ou plusieurs missions de volontariat de solidarité internationale ou un contrat de volontariat associatif pour une ou plusieurs missions de volontariat associatif d'une durée continue minimale d'1 an.

Cette disposition s'applique également lorsque la mission a été interrompue avant l'expiration de la durée minimale d'engagement prévue initialement pour la forme de service civique retenue ou de la durée minimale continue d'1 an d'engagement prévue initialement par le contrat de volontariat de solidarité internationale.

§ 9 – Le salarié qui a quitté son emploi et qui n'a pas été admis au bénéfice de l'allocation pour créer ou reprendre une entreprise dont l'activité a donné lieu aux formalités de publicité requises par la loi, et dont l'activité cesse pour des raisons indépendantes de la volonté du créateur ou du repreneur. »

Le licenciement

Le licenciement pour motif personnel

C'est la rupture du contrat de travail à durée indéterminée décidée par l'employeur. C'est un licenciement individuel, qui répond au principe du droit de résiliation unilatérale. Il est important de noter qu'il y a des restrictions apportées au droit de licenciement, accusant un contraste avec le régime de la libre démission du salarié :

- une restriction sur le plan formel qui est une **procédure** originale ;
- une restriction sur le fond avec l'existence d'une cause réelle et sérieuse (éventuellement appréciée par le juge).

La procédure

La convocation et l'audition du salarié (C. trav., art. L. 1232-1)

La convocation est obligatoire et doit se faire par lettre recommandée ou lettre remise en main propre contre décharge, indiquant au salarié l'objet, la date, l'heure et le lieu de l'entretien. Cette lettre doit rappeler que le salarié peut se faire assister par une personne de son choix (notons au passage que le motif n'est pas obligatoire !). Au cours de l'entretien, l'employeur est tenu d'indiquer le ou les motifs de la décision envisagée et de recueillir les explications du salarié. Un procès-verbal de fin d'entretien n'est pas obligatoire.

La notification du licenciement par lettre recommandée avec accusé de réception

C'est la date de présentation de cette lettre qui fixe le point de départ du délai-congé et qui permet de déterminer les conséquences de la rupture. L'employeur doit attendre un jour franc après l'entretien pour expédier la lettre. Si le licenciement est prononcé pour motif disciplinaire, l'employeur est tenu d'énoncer le motif précis du licenciement. Sinon, il n'y est pas obligé. Par contre, le salarié a tout intérêt de demander l'énonciation écrite des motifs réels et sérieux de son licenciement car ces motifs fixeront les limites du débat devant le juge. Le salarié a 10 jours pour formuler cette demande par lettre recommandée, à compter de la date à laquelle il quitte son emploi effectivement.

Les sanctions des irrégularités procédurales

L'article L. 1235-4 prévoit que s'il y a inobservation des règles procédurales d'un licenciement pour cause réelle et sérieuse, le tribunal saisi imposera à l'employeur d'accomplir la procédure et d'accorder au salarié une indemnité qui ne pourra être supérieure à un mois de salaire. S'il y a absence de cause réelle et sérieuse, le tribunal peut proposer la réintégration du salarié ; en cas de refus de l'une ou l'autre partie, le tribunal octroiera au salarié une indemnité qui ne sera pas inférieure aux salaires des 6 derniers mois. Notons que le juge des référés ne peut imposer la réintégration, même provisoire, du salarié licencié sans respect de la procédure légale.

L'exigence d'une cause réelle et sérieuse

Depuis 1973, l'employeur ne peut plus rompre le contrat de travail pour n'importe quel motif. En l'absence de cause réelle et sérieuse, le licenciement devient irrégulier.
Malgré la carence d'une définition légale et jurisprudentielle, il est indispensable de caractériser la cause réelle et sérieuse :

- **cause réelle :**
  - caractère **objectif**, indépendant de l'humeur de l'employeur,
  - caractère d'**existence**, la cause n'est réelle que si les motifs existent réellement,
  - caractère d'**exactitude**, la cause alléguée ne doit pas dissimuler une autre cause inavouable du licenciement ;
- **cause sérieuse :** cause revêtant une certaine gravité, qui rend impossible sans dommage pour l'entreprise, la continuation du travail et qui rend nécessaire le licenciement (en dehors de toute faute, le comportement ou la situation personnelle du salarié peut constituer une gêne).

La charge de la preuve de la cause réelle et sérieuse ne doit pas être confondue avec la charge de la preuve du licenciement. Aucune des parties ne supporte la charge de la preuve, c'est le juge qui doit établir la preuve, les deux parties lui fournissant des éléments.

Les sanctions de l'absence de cause réelle et sérieuse

Le salarié qui appartient à une entreprise de moins de onze salariés ou qui a moins de 2 ans d'ancienneté aura droit à une indemnité calculée en fonction du préjudice. Pour les autres, l'employeur encourt trois sanctions : la réintégration (rare), l'indemnité minimum de 6 mois et le remboursement des allocations de chômage.

La contribution Delalande (contribution spéciale Assedic)

Une loi de 1987 relative au chômage de longue durée avait créé une pénalisation financière à l'égard des employeurs qui procèdent au « licenciement économique sec » d'un salarié âgé de 50 ans ou plus sans proposition de préretraite. Souvent appelée « contribution Delalande » du nom de l'auteur de l'amendement qui l'avait instaurée, cette pénalité que l'entreprise devait verser à l'Unedic était destinée à compenser le surcoût que ces licenciements imposent à l'Unedic.

Depuis la loi n° 2006-1170 du 30 décembre 2006, cette **contribution Delalande a été finalement supprimée le 1er janvier 2008.**

Les limites au licenciement

Interdiction de licencier une salariée enceinte pendant :
- la période d'état de grossesse médicalement constaté jusqu'à la date de suspension du contrat ;
- la période de suspension du contrat avant et après l'accouchement que la salariée use ou non de ce droit ;
- 4 semaines suivant l'expiration de la période de suspension.

Le licenciement économique

Depuis le 1er décembre 2016, de nouvelles dispositions en matière de licenciement économique sont entrées en vigueur. L'intégralité des textes relatifs au licenciement économique (de l'article L. 1233-2 à L.1233-57-21 du Code du travail) se trouve à la fin de ce livre.
Néanmoins, en résumé, un licenciement pour motif économique est le licenciement effectué par un employeur pour un ou plusieurs

motifs non inhérents à la personne du salarié résultant d'une suppression ou transformation d'emploi ou d'une modification, refusée par le salarié, d'un élément essentiel du contrat de travail, consécutives notamment :

1) à des difficultés économiques caractérisées soit par l'évolution significative d'au moins un indicateur économique tel qu'une baisse des commandes ou du chiffre d'affaires, des pertes d'exploitation ou une dégradation de la trésorerie ou de l'excédent brut d'exploitation, soit par tout autre élément de nature à justifier de ces difficultés ;
2) à des mutations technologiques ;
3) à une réorganisation de l'entreprise nécessaire à la sauvegarde de sa compétitivité ;
4) à la cessation d'activité de l'entreprise.

Mais, le licenciement pour motif économique d'un salarié ne peut intervenir que lorsque tous les efforts de formation et d'adaptation ont été réalisés et que le reclassement de l'intéressé ne peut être opéré sur les emplois disponibles, situés sur le territoire national dans l'entreprise ou les autres entreprises du groupe dont l'entreprise fait partie.
Le reclassement du salarié s'effectue sur un emploi relevant de la même catégorie que celui qu'il occupe ou sur un emploi équivalent assorti d'une rémunération équivalente. À défaut, et sous réserve de l'accord exprès du salarié, le reclassement s'effectue sur un emploi d'une catégorie inférieure.

Dans tout licenciement économique, quand il n'y a pas cessation totale de l'activité, il doit y avoir un plan social issu d'une convention ou d'un accord collectif. Mais, lorsque l'employeur procède à un licenciement collectif pour motif économique et en l'absence de convention ou accord collectif de travail applicable, il définit les critères retenus pour fixer l'ordre des licenciements, après consultation du comité d'entreprise ou, à défaut, des délégués du personnel. Ces critères prennent notamment en compte :

1) les charges de famille, en particulier celles des parents isolés ;
2) l'ancienneté de service dans l'établissement ou l'entreprise ;
3) la situation des salariés qui présentent des caractéristiques sociales rendant leur réinsertion professionnelle particulièrement difficile, notamment celle des personnes handicapées et des salariés âgés ;
4) les qualités professionnelles appréciées par catégorie.

La rupture conventionnelle individuelle

La loi portant modernisation du marché du travail du 25 juin 2008 a créé ce nouveau mode de rupture du contrat de travail. La rupture conventionnelle est une procédure qui permet à l'employeur et au salarié de convenir en commun des conditions de la rupture du contrat de travail qui les lie. Elle est exclusive du licenciement ou de la démission ; elle **ne peut être imposée** par l'une ou l'autre des parties.

Cette rupture résulte d'une convention signée par les parties au contrat, c'est-à-dire l'employeur et le salarié ; cette convention est soumise aux dispositions impératives fixées par le Code du travail (voir ci-dessous), destinées à garantir la liberté du consentement des parties.

La rupture conventionnelle n'est pas applicable aux ruptures de contrats de travail résultant :

- des accords collectifs de gestion prévisionnelle des emplois et des compétences (GPEC) dans les conditions définies au point 1 de l'article L. 2242-13 du Code du travail ;
- des plans de sauvegarde de l'emploi dans les conditions définies par l'article L. 1233-61 du Code du travail.

Cette convention permet à l'employeur et au salarié de se mettre d'accord sur les conditions de la rupture du contrat de travail à durée indéterminée qui les lie. Ce mode de rupture du contrat de travail est régi par des dispositions intégrées dans le Code du travail aux articles L. 1237-11 à L. 1237-15. **Elle obéit à une procédure spécifique :** entretien(s) entre les deux parties, homologation de la convention… Elle est entourée d'un certain nombre de garanties pour le salarié et lui **ouvre droit**, dans les conditions de droit commun (activité préalable suffisante, recherche active d'emploi…), **au bénéfice de l'allocation d'assurance chômage.**

S'agissant de l'exonération de l'indemnité spécifique de rupture conventionnelle :

- **lorsque le salarié n'est pas en droit de bénéficier d'une pension de retraite d'un régime obligatoire** : l'indemnité spécifique de rupture conventionnelle qui lui est versée bénéficie du même régime social que l'indemnité de licenciement, exception faite de l'application du forfait social (20 %). Elle est exonérée d'impôt sur le revenu dans la limite :

- soit deux fois le montant de la rémunération annuelle brute perçue par le salarié au cours de l'année civile précédant la rupture du contrat de travail ou 50 % du montant de l'indemnité si ce seuil est supérieur, dans la limite de six fois le plafond annuel de la Sécurité sociale en vigueur à la date du versement des indemnités,
- soit le montant de l'indemnité de licenciement prévue par la convention collective de branche, par l'accord professionnel ou interprofessionnel ou, à défaut, par la loi.

Par ailleurs, et surtout, elle est exonérée de cotisations sociales dans la limite de la partie exonérée d'impôt sur le revenu, plafonnée à deux fois le plafond de la Sécurité sociale.

Concernant la CSG et la CRDS, les indemnités sont exonérées dans la limite du montant de l'indemnité de licenciement prévu par la convention collective de branche, l'accord professionnel ou interprofessionnel ou par la loi. Au-delà de ce plafond, il faut distinguer la partie de l'indemnité non exonérée de cotisations sociales, si elle existe, qui sera mécaniquement soumise à CSG/CRDS (cette partie étant intégrée au brut), de la partie exonérée de cotisations sociales qui devra être intégrée à la base soumise à CSG/CRDS. Dans les deux cas, l'abattement de 1,75 % ne s'applique pas. Attention, la CSG frappant la partie de l'indemnité exonérée de cotisations sociales est entièrement non déductible fiscalement ;

- **lorsque le salarié est en droit de bénéficier d'une pension de retraite d'un régime légalement obligatoire :** l'indemnité de rupture conventionnelle est soumise dès le premier euro aux cotisations et contributions sociales (sans abattement pour la CSG/CRDS depuis le 1er janvier 2012).

Attention : dans tous les cas, l'employeur est redevable depuis le 1er janvier 2013 d'un forfait social de 20 % assis sur le montant de l'indemnité de rupture conventionnelle exonéré de cotisations sociales, sans doute pour mettre un frein à ce mode de rupture de contrat.

La rupture conventionnelle collective

La rupture conventionnelle collective (RCC) est l'une des mesures phare de la réforme du droit du travail issue des ordonnances du 22 septembre 2017 (n° 2017-1387 article 10). Elle est entrée en vigueur le 23 décembre 2017, au lendemain de la publication de deux décrets qui en précisent les modalités de mise en œuvre (décret n° 2017-1723 et 2017-1724 du 20 décembre 2017).

Ce dispositif permet de sécuriser les plans de départ volontaire. Il constitue une nouvelle alternative aux licenciements collectifs pour motif économique permettant de réduire les effectifs sans avoir à mettre en place un plan de sauvegarde de l'emploi (PSE).

Le recours au dispositif nécessite la conclusion d'un accord collectif portant ruptures conventionnelles collectives (C. trav., art. L. 1237-17). Conformément au droit commun de la négociation collective, dans les entreprises de moins de 50 salariés dépourvues de délégué syndical ou de conseil d'entreprise, l'accord portant RCC peut être adopté par des salariés mandatés ou des membres titulaires du CSE dans les entreprises entre 11 et 50 salariés et par référendum avec approbation à la majorité des deux tiers des salariés dans celles qui ont moins de 11 salariés.

Concernant ses clauses obligatoires, l'accord portant RCC doit préciser (C. trav., art. L. 1237-19-1) :

- les modalités et conditions d'information du CSE, s'il existe ;
- le nombre maximal de départs envisagés, de suppression d'emplois associés et la durée pendant laquelle des ruptures peuvent être engagées sur le fondement de l'accord ;
- les conditions que doit remplir le salarié pour en bénéficier ;
- les modalités de présentation et d'examen des candidatures au départ des salariés ;
- les critères de départage entre les potentiels candidats au départ ;
- les modalités de conclusion d'une convention individuelle de rupture entre l'employeur et le salarié et d'exercice du droit de rétractation des parties ;
- les modalités de calcul des indemnités de rupture garanties au salarié, qui ne peuvent être inférieures aux indemnités légales de licenciement ;
- des mesures visant à faciliter l'accompagnement et le reclassement externe des salariés sur des emplois équivalents, telles que le congé de mobilité, des actions de formation, de VAE ou de reconversion ou des actions de soutien à la création d'activités nouvelles ou à la reprise d'activités existantes par les salariés ;
- les modalités de suivi de la mise en œuvre effective de l'accord portant RCC.

À la différence des ruptures conventionnelles individuelles, les RCC n'ont pas à être homologuées par le Dirrecte. Ce dernier a toutefois un rôle fondamental concernant le recours à ce dispositif : il doit être informé préalablement à l'ouverture de la négociation (C. trav.,

art. L. 1237-19, al. 2) par voie dématérialisée (C. trav., art. D. 1237-7) et il doit examiner l'accord collectif dans un délai de 15 jours, les ruptures ne pouvant intervenir sans sa validation. Enfin, il contrôle la mise en œuvre de l'accord de RCC.
L'autorité administrative valide l'accord collectif dès lors qu'elle s'est assurée :

- de sa conformité à l'article L. 1237-19 selon l'accord de RCC doit exclure tout licenciement pour atteindre les objectifs de suppression d'emploi qui lui sont assignés ;
- de la présence des clauses obligatoires ;
- du caractère précis et concret des mesures visant à faciliter l'accompagnement et le reclassement externe des salariés ;
- de la régularité de la procédure d'information du CSE (le cas échéant).

La décision de validation par le Direccte, ainsi que les voies et délais de recours, doivent être portés à la connaissance des salariés par voie d'affichage sur leurs lieux de travail ou par tout autre moyen permettant de conférer date certaine à cette information (C. trav., art. L. 1237-19-4, al. 4).

En cas de refus de validation, l'employeur qui souhaite reprendre son projet ne peut modifier lui-même l'accord qui a été rejeté. Il doit donc rouvrir une négociation pour conclure un nouvel accord.

Les ruptures dans le cadre d'un accord de RCC sont exclusives du licenciement ou de la démission (C. trav., art. L. 1237-19). Les RCC correspondent donc à un mode de rupture autonome, proche des plans de départ volontaire, exclusifs de tout licenciement économique.

Ces ruptures ne peuvent pas être imposées par l'une ou l'autre des parties. Il s'agit au contraire d'une **rupture du contrat de travail d'un commun accord des parties**, provoquée par l'acceptation par l'employeur de la candidature du salarié au départ volontaire.

Les salariés protégés peuvent également bénéficier de ce nouveau mode de rupture, mais seulement le lendemain de son autorisation par l'inspection du travail.

Les salariés dont le contrat est rompu dans le cadre de la RCC bénéficient d'**indemnités de rupture** dont les modalités de calcul sont fixées dans l'accord de RCC, mais **qui ne peuvent être inférieures aux indemnités légales de licenciement**. Ils doivent par ailleurs bénéficier des mesures prévues par l'accord de RCC, visant à faciliter leur accompagnement et leur reclassement externe. Ils ont également **droit à l'indemnisation du chômage** (C. trav., art. L. 5421-1).

Les litiges relatifs à la RCC relèvent de la compétence du conseil des prud'hommes, mais le recours doit être formé sous peine d'irrecevabilité, avant l'expiration d'un délai de 12 mois à compter de la date de rupture du contrat de travail (C. trav., art. L. 1237-19-8 ; al. 3).

Enfin, l'ordonnance transpose l'obligation de revitalisation prévue en matière de licenciement économique au dispositif de RCC ; lorsque les suppressions d'emploi affectent par leur ampleur, l'équilibre du bassin d'emploi dans lequel elle est implantée, les entreprises d'au moins 1000 salariés sont tenues de contribuer à la création d'activités et d'atténuer les effets de l'accord portant RCC. Une convention entre l'entreprise et l'autorité administrative, conclue dans un délai de 6 mois à compter de la validation de l'accord, détermine la nature et les modalités de financement des actions prévues. **Le montant de cette contribution ne peut être inférieur à deux fois la valeur mensuelle du Smic par emploi supprimé** (sauf cas particuliers) (C. trav., art. L. 1237-19-11 et D. 1233-40).

La retraite

Avant le 30 juillet 1987, la jurisprudence déduisait que la mise à la retraite décidée par l'employeur était un licenciement et que le départ à la retraite décidé par le salarié était une démission. Les conventions collectives contenaient souvent une **clause de départ à la retraite**. Certaines clauses, dites « souples », fixaient un âge et l'arrivée du salarié à cet âge n'entraînait pas la rupture automatique du contrat de travail (la mise à la retraite était qualifiée de licenciement mais le salarié percevait seulement l'indemnité de mise à la retraite). D'autres clauses, dites « guillotines », prévoyaient une cessation automatique des relations contractuelles le jour où le salarié atteignait l'âge fixé avec précision (la jurisprudence avait admis la licéité de ces clauses et le salarié n'était plus licencié).

Depuis le 30 juillet 1987, la loi a institué un mode original de rupture du contrat de travail tenant à l'âge du salarié : selon l'auteur, celle-ci est soit **une mise à la retraite**, soit **un départ à la retraite. Les clauses guillotines sont désormais considérées comme non écrites.**

La mise à la retraite

La mise à la retraite résulte d'une **décision de l'employeur**. L'employeur qui souhaite mettre à la retraite un salarié âgé entre 65 et 70 ans doit lui proposer sa mise à la retraite au moins 3 mois avant la date anniversaire de celui-ci.

Si le salarié répond négativement dans le délai d'un mois ou si l'employeur ne respecte pas son obligation d'interroger le salarié, il est impossible de mettre à la retraite le salarié pendant l'année qui suit son anniversaire. L'employeur peut répéter la procédure à chaque anniversaire entre 65 et 70 ans. **Ce n'est qu'à partir de 70 ans qu'il a la possibilité de mettre librement le salarié à la retraite sans son consentement.** Lorsqu'un employeur met à la retraite un salarié sans respecter cette condition, la rupture constitue un licenciement et est donc soumise à toutes les conditions de forme et de fond du licenciement. À noter que subsiste un doute concernant les salariés protégés : une circulaire dit que ce n'est pas un licenciement mais la Cour de cassation pense le contraire.

Le salarié mis à la retraite a droit à une **indemnité de mise à la retraite** fixée par la convention collective ou par le contrat de travail qui ne peut pas être inférieure à l'indemnité légale de licenciement. Cette indemnité est exonérée dans les mêmes limites que l'indemnité de licenciement mais sa limite d'**exonération sociale est de deux plafonds annuels de Sécurité sociale** (depuis le 1er janvier 2012) et sa limite d'**exonération fiscale de deux fois la rémunération annuelle dans la limite de 5 PASS.**

Le départ à la retraite

Le départ à la retraite est une **décision du salarié** lorsqu'il a atteint l'âge lui donnant droit à une pension vieillesse (dès 62 ans), sans qu'il soit nécessaire qu'il ait cotisé 168 trimestres (pour l'âge et la durée de cotisation, revoir le tableau schématique sur l'assurance vieillesse, partie VI, chapitre 1).

Il faut noter les différences des conditions entre la mise à la retraite et le départ à la retraite. L'indemnité sera différente elle aussi. Elle sera d'un montant plus faible et **sera soumise en intégralité aux cotisations** de Sécurité sociale (depuis le 1er janvier 1992) ainsi qu'aux cotisations Pôle emploi (depuis le 1er janvier 1994) et aux cotisations retraite complémentaire (depuis le 1er janvier 1996).

Le préavis reste le même. Sauf disposition plus avantageuse dans la convention collective ou le contrat de travail, le salarié, quel que soit son statut (mensualisé ou non), qui part volontairement à la retraite a droit à une indemnité de départ en retraite minimum calculée selon l'ancienneté du salarié dans l'entreprise.

Elle est de :

- ½ mois de salaire entre 10 et 15 ans ;
- 1 mois de salaire entre 15 et 20 ans ;
- 1 ½ mois de salaire entre 20 et 30 ans ;
- 2 mois de salaire au-delà de 30 ans.

ATTENTION

Les indemnités de départ à la retraite versées à compter du 1er janvier 2010, en dehors de tout plan de sauvegarde de l'emploi, deviennent soumises à l'impôt sur le revenu pour leur totalité : l'exonération dont elles bénéficiaient, dans la limite de 3 050 euros a été supprimée par la loi du 30 décembre 2009.

Ce mode de calcul est appliqué quel que soit le statut du salarié, c'est-à-dire qu'il n'y a pas de distinction entre salariés mensualisés ou non.

Le décès

Le décès de l'une ou l'autre des deux parties d'un contrat a pour résultat, bien évidemment, l'extinction du contrat. Dans ce cas, il faut distinguer le décès de l'employeur et le décès du salarié.

Le décès de l'employeur

Le décès d'un employeur est considéré comme un licenciement sans préavis. L'indemnité de licenciement ainsi que le paiement du préavis non effectué seront à la charge des héritiers (sauf s'ils refusent la succession). Si l'employeur n'a pas d'héritier, le salarié n'a droit qu'à ses indemnités de congés payés (car elles seules ont été provisionnées) !

Le décès du salarié

Le décès du salarié constitue un cas de force majeure. Ne survenant pas du fait de l'employeur, ce dernier n'a donc pas d'indemnité de rupture à verser, mais il reste redevable des salaires et indemnités acquis à la date du décès. Les salaires acquis et non encore payés au moment du décès sont dus aux héritiers qui constituent la succession.

L'entreprise devra fournir le solde de tout compte et le certificat de travail (l'attestation Pôle emploi n'étant pas nécessaire).

Si le salarié n'est pas français, c'est le consulat du pays qui se chargera de la succession.

La prise d'acte

La rupture du contrat de travail par le salarié en raison de faits qu'il reproche à son employeur constitue une prise d'acte de la rupture du contrat. Il ne s'agit donc pas d'une démission. Le salarié peut saisir le juge afin qu'il statue sur les conséquences de cette rupture. Ainsi, la prise d'acte produit les effets d'un licenciement sans cause réelle et sérieuse si les faits invoqués par le salarié la justifiaient. Dans le cas contraire, elle produit les effets d'une démission.

La prise d'acte peut être envisagée si le salarié reproche à l'employeur des manquements suffisamment graves pour empêcher la poursuite du contrat de travail (Cass. soc., 26 mars 2014, n° 12-23.634). Elle peut être justifiée notamment dans les cas suivants :

- discrimination ou harcèlement commis par l'employeur ;
- non-paiement du salaire ;
- modification du contrat sans l'accord du salarié ;
- violences commises à l'encontre du salarié sur le lieu de travail.

Si aucun formalisme n'est imposé, il est néanmoins préférable pour des raisons de preuve en cas de litige de prévenir l'employeur par écrit.

La prise d'acte entraîne la cessation immédiate du contrat de travail. Le salarié n'est pas tenu d'effectuer un préavis. L'employeur doit remettre sans tarder au salarié un certificat de travail et une attestation Pôle emploi.

Il revient au juge de décider si la prise d'acte est justifiée ou non.

Si les faits invoqués justifient la prise d'acte, celle-ci produit les effets d'un **licenciement sans cause réelle et sérieuse** (ou d'un licenciement nul s'il s'agit d'un salarié protégé). Dans ce cas, l'employeur doit verser au salarié les indemnités suivantes :

- indemnité de licenciement (légale ou conventionnelle) ;
- indemnités compensatrices de congés payés et de préavis ;
- indemnité pour licenciement sans cause réelle et sérieuse (ou pour licenciement nul, le cas échéant) ;
- indemnité liée à la perte de chance d'utiliser les droits acquis au titre du droit individuel à la formation (Dif).

Si la prise d'acte n'est pas justifiée, elle produit les effets d'une démission. Dans ce cas, le salarié doit verser à l'employeur une indemnité compensatrice de préavis. Il verse également la somme prévue en cas de clause de dédit-formation.

Le salarié ne peut pas bénéficier d'indemnités chômage dès la fin du contrat de travail. Les indemnités seront versées au salarié à l'issue de la procédure judiciaire, si le juge décide que la prise d'acte est justifiée.

3. Les indemnités au moment de la rupture

Le préavis (ou délai-congé)

Dans les cas de la démission et du licenciement, le salarié et l'employeur ne se séparent pas dès réception de la lettre (de démission ou de notification du licenciement). L'un et l'autre doivent respecter un **certain délai de prévenance**, dit « délai-congé » ou encore « préavis », avant de se séparer définitivement. Le préavis doit permettre au salarié licencié de rechercher un nouvel emploi et ceci explique que le Code du travail lui ait reconnu un caractère d'ordre public : le salarié ne peut pas par avance, dans le contrat de travail par exemple, renoncer au bénéfice du préavis, mais ceci n'interdit pas la « dispense de préavis » qui intervient *a posteriori*, une fois le licenciement prononcé, par accord entre l'employeur et le salarié. Enfin, **le respect du préavis** peut toujours, et sauf cas extrêmes, **être remplacé par le versement d'une indemnité compensatrice** (C. trav., art. L. 1234-5).

Quelques **exceptions** toutefois : aux termes de la loi, le préavis n'a pas à être respecté pour un licenciement **pendant la période d'essai** (C. trav., art. L. 1231-1) (attention, toutefois, au « délai de prévenance » aussi bien salarial que patronal, dont j'ai déjà parlé dans le chapitre I lors de la conclusion du CDI), ou lorsque le licenciement est prononcé pour **faute grave du salarié** (C. trav., art. L. 1234-1). La faute grave (et par conséquent la faute lourde) révèle en effet de la part de son auteur une incapacité ou une incurie de nature à interdire le maintien du salarié au poste qu'il occupe, même pour la durée limitée du préavis. Enfin, le bénéfice du préavis est supprimé lorsque l'exécution de ce dernier est rendue impossible par **la force majeure**, c'est-à-dire la destruction totale des locaux de travail par une catastrophe.

La loi détermine une **durée minimum de préavis pour les salariés licenciés après 6 mois** d'ancienneté chez le même employeur. Cette durée minimum peut être allongée par le contrat de travail, la convention collective, les usages. Ceux-ci peuvent également prévoir une condition d'ancienneté plus favorable (C. trav., art. L. 1234-1). En revanche, toute clause d'un contrat individuel fixant un délai-congé inférieur à celui qui résulte de la loi, de la convention collective ou des usages est nulle de plein droit (C. trav., art. L. 1234-2).

Le Code du travail a fixé les durées minimales du préavis en cas de licenciement en fonction de l'ancienneté du salarié dans l'entreprise :

- si le salarié a moins de 6 mois : selon la convention collective ou les usages ;
- si le salarié a entre 6 mois et 2 ans : 1 mois ;
- si le salarié a 2 ans et plus : 2 mois.

Pour apprécier la durée de l'ancienneté du salarié, il convient de remonter à partir de la date à laquelle le congédiement est notifié par présentation de la lettre recommandée.

À la suite de la généralisation de dispositions en ce sens dans les conventions collectives, **l'usage** s'est répandu d'accorder **aux cadres un préavis de 3 mois**. L'existence de cet usage est considérée comme établie par la Cour de cassation (Cass. soc., 19 février 1991, URCGPME c/Bin).

Si la loi a prévu une durée minimale pour le licenciement, il n'en est pas de même en cas de démission du salarié. **La durée du préavis dû par le salarié démissionnaire est celle prévue par la convention ou l'accord collectif ou, à défaut, par l'usage pratiqué dans la localité et la profession** (C. trav., art. L. 1234-1).

Cependant, la loi fixe un préavis pour certaines catégories :
- pour les VRP, le préavis est égal à 1 mois pendant la première année d'application du contrat de travail. Il est de 2 mois durant la deuxième année et de 3 mois au-delà (C. trav., art. L. 7313-9) ;
- pour les journalistes, le préavis est égal à 1 mois dès lors que le contrat a reçu exécution pendant une durée égale ou inférieure à 3 ans ; il est de 2 mois à partir de 3 ans d'ancienneté (C. trav., art. L. 7112-2). La convention collective nationale des journalistes ne prévoit, quant à elle, qu'un mois de préavis, quelle que soit l'ancienneté du journaliste. Étant de ce fait plus favorable, elle doit s'appliquer de préférence au Code du travail pour la démission des journalistes ayant une ancienneté supérieure à 3 ans.

Quelques exceptions toutefois :
- pendant la période d'essai, le salarié peut démissionner sans avoir à respecter un préavis (C. trav., art. L. 1231-1). Mais, le Code du travail n'interdit pas de prévoir par contrat un préavis de démission pendant la période d'essai dans la mesure où il est équilibré par un préavis de licenciement de durée au moins égale ;
- les femmes en état de grossesse apparente peuvent quitter le travail sans préavis et sans avoir de ce fait à payer une indemnité de rupture (C. trav., art. L. 1225-34) ;

- à l'expiration du congé de maternité ou d'adoption, les salariés peuvent, en observant certaines formalités, rompre le contrat de travail en se réservant une priorité de réembauchage, ceci sans être tenus de respecter le délai de préavis ni de payer de ce fait une indemnité de rupture (C. trav., art. L. 1225-66). Néanmoins, si aucun délai de préavis n'est opposable au salarié, un délai d'information de son employeur doit être respecté. Le salarié doit informer son employeur au moins 15 jours avant la fin du congé de maternité, ou pour le père avant la fin d'un délai de 2 mois après la naissance ou l'adoption ;
- le salarié qui désire rompre son contrat de travail à l'issue de son congé pour création d'entreprise doit en informer son employeur au moins 3 mois avant la fin de son congé. Ce délai se substitue à la durée de préavis, même si celle-ci est plus longue ;
- le journaliste n'est pas tenu de respecter le préavis de démission en cas de changement notable dans le caractère ou l'orientation du journal ou périodique si ce changement crée, pour lui, une situation de nature à porter atteinte à son honneur, à sa réputation ou, d'une manière générale, à ses intérêts moraux (C. trav., art. L. 7112-5).

En principe, le **point de départ du préavis se situe au jour de la notification de la démission.** Si la démission est donnée verbalement ou par lettre remise contre décharge, le préavis commence à courir dès ce moment. Si elle est notifiée par lettre recommandée, le préavis commence à courir à la date de première présentation de cette lettre. Le salarié peut toutefois, dans sa lettre de démission, différer le point de départ de son préavis et le fixer à une date postérieure à la notification de la lettre. Par exception, la rupture du contrat de travail à la suite d'une démission notifiée pendant le congé annuel ne fait courir le délai-congé qu'à la date où le congé prend fin. Sauf stipulation contraire, le préavis se calcule de date à date, le nombre de jours dans le mois n'ayant aucune influence.

Le contrat de travail pendant le préavis **doit continuer à s'exécuter normalement.** Le salarié doit rester à la disposition de son employeur et accomplir normalement son contrat de travail. L'employeur doit fournir du travail au salarié et ne doit pas modifier les conditions de rémunération.

Seule une faute grave rendant impossible la poursuite du contrat de travail justifie le licenciement, en cours de préavis, d'un salarié démissionnaire.

Le préavis représente, en principe, un **délai préfix** qui court de date à date et ne supporte ni suspension ni interruption, sauf accord contraire des parties. De ce fait, il ne se trouve pas prolongé d'une durée équivalente aux absences du salarié. Il existe deux exceptions à ce principe : la suspension du contrat pour cause d'accident ou de maladie professionnelle, ou la suspension du préavis pour prise de congés payés, dont la durée ne peut s'imputer sur le préavis. La période des congés payés ne peut pas être confondue avec celle du préavis. Le salarié peut prendre ses congés pendant le préavis, soit parce que les dates auront été fixées antérieurement à la notification de la démission, soit parce qu'il en a demandé l'autorisation à son employeur. Dans ce cas, le préavis est suspendu pendant la période des congés et doit être prolongé de la durée de l'absence à l'issue du congé. Toutefois, à la demande du salarié, l'employeur peut accepter de le dispenser d'effectuer le préavis restant à courir sans indemnité compensatrice de préavis.

Le salarié qui a donné sa démission **peut demander à son employeur de ne pas effectuer son préavis.** Celui-ci peut refuser, s'il n'est pas contraint d'accepter par les dispositions de la convention collective. L'inobservation du délai-congé n'a pas pour effet, dans ce cas, d'avancer la date à laquelle le contrat prend fin (C. trav., art. L. 1234-4). Le salarié démissionnaire qui, pour des convenances personnelles, demande et obtient de ne pas être tenu d'exécuter le délai-congé dû par lui, ne peut se prévaloir des dispositions de l'article L. 1234-5 du Code du travail relatives au maintien des avantages liés à l'exécution du contrat de travail en cas de dispense d'exécution du préavis par l'employeur.

En revanche, **si l'employeur**, par décision unilatérale, **dispense de travail pendant le préavis un salarié** qui avait cependant clairement exprimé son intention d'exécuter ses obligations jusqu'à leur terme, il **doit à ce salarié la rémunération et tous les avantages échus pendant cette période**. La dispense de préavis ne doit entraîner pour le salarié aucune diminution des avantages qu'il aurait perçus s'il avait continué de travailler, en tenant compte de l'accord salarial signé au cours de la dispense. Si le salarié dispose d'un véhicule de fonction, il peut le conserver pendant la durée du préavis. **Le salarié dispensé par son employeur d'exécuter son préavis a la possibilité d'entrer au service d'une autre entreprise**, fût-elle concurrente. **Il n'est plus tenu non plus de son obligation de loyauté envers son employeur.** Aucune faute ne peut plus être reprochée au salarié dispensé d'exécuter son préavis, que celle-ci soit antérieure ou postérieure à la notification de la rupture, et l'indemnité compensatrice lui est définitivement acquise.

Un préavis non effectué payé est assimilé à du travail effectif. Le salarié continue donc d'acquérir des droits à congés payés.

L'indemnité de précarité d'emploi (CDD seulement)

À l'issue de son contrat à durée déterminée, le salarié a droit à une indemnité «**destinée à compenser la précarité de son contrat**» appelée «indemnité de précarité d'emploi» ou encore «indemnité de fin de contrat».

Toutefois, cette indemnité n'a pas à être versée en cas:
- de rupture anticipée due à l'initiative du salarié, à sa faute grave ou à un cas de force majeure;
- de refus du salarié d'être embauché sous CDI;
- de rupture pendant la période d'essai (C. trav., art. L. 1243-10).

Par ailleurs, ne donnent pas droit à cette indemnité les CDD conclus:
- pour pourvoir des emplois de caractère saisonnier;
- dans les secteurs où il est d'usage de ne pas recourir au CDI pour les emplois temporaires;
- dans le cadre des dispositions législatives ou réglementaires destinées à favoriser l'embauche;
- avec l'obligation pour l'employeur d'apporter au salarié un complément de formation;
- avec des jeunes pendant leurs vacances scolaires ou universitaires.

Pour tous les contrats conclus (ou renouvelés) depuis le 20 janvier 2002, cette indemnité doit être égale à 10 % de la rémunération totale brute (au lieu de 6 % sous le régime antérieur, mais attention, un taux limité à 6 % peut s'appliquer si une convention ou un accord collectif de branche étendu applicable à l'entreprise ou une convention ou un accord d'entreprise ou d'établissement le prévoit, dès lors que des contreparties telles qu'un accès privilégié à la formation professionnelle des salariés en CDD – actions de développement des compétences, bilan de compétences à suivre en dehors du temps de travail… – sont prévues (C. trav., art. L. 1243-9); **une proposition individuelle d'accès à la formation doit avoir été effectivement faite au salarié par l'employeur** (Cass. soc. 11/07/2007 n° 06-41765). Enfin, un taux plus élevé peut être imposé par la convention ou l'accord collectif applicable à l'entreprise).

Le taux de l'indemnité s'applique à la totalité de la rémunération brute y compris les majorations, indemnités et primes diverses, telles que primes de vacances, primes de fin d'année, primes de treizième mois perçues par le salarié titulaire d'un CDD (circ. DRT n° 92-14, 29 août 1992).

Elle est donc soumise à toutes les règles concernant les salaires. En particulier, **elle doit être incluse dans l'assiette de calcul de l'indemnité compensatrice de congés payés.** En revanche, l'indemnité de fin de contrat ne doit pas être prise en compte lorsqu'il s'agit de vérifier que la rémunération des salariés sous contrat à durée déterminée est la même, pour le même emploi, que celle des salariés sous contrat à durée indéterminée. Elle est aussi soumise à l'impôt sur le revenu, aux cotisations de Sécurité sociale, à la CSG et à la CRDS (C. Séc. soc., art. L. 242-1).

L'indemnité de fin de contrat doit être versée « à l'issue » du contrat en même temps que le dernier salaire et doit figurer sur le bulletin de salaire correspondant (C. trav., art. L. 1243-8). Dans le cas où un nouveau CDD a pu être légalement conclu à l'issue d'un premier contrat, l'indemnité de fin de contrat est due pour chaque CDD. Cette indemnité doit alors être versée à la fin de chaque CDD. Si deux CDD successifs précèdent une embauche par contrat à durée indéterminée, seule l'indemnité de fin de contrat se rapportant au premier CDD doit être versée. En revanche, l'indemnité doit à notre avis être versée si un contrat à durée indéterminée est conclu quelques jours après le terme du CDD.

La question qui se pose souvent est : qu'en est-il si le CDD est renouvelé ? Il y a deux cas de figure :

- soit le CDD ne prévoit pas de clause de renouvellement automatique et s'il y a renouvellement, une indemnité de fin de contrat est due à l'issue du CDD et éventuellement une deuxième indemnité sera due (pour la partie concernée) à l'issue du renouvellement ;
- soit le CDD prévoit une clause de renouvellement automatique, et dans ce cas l'indemnité de fin de contrat sera versée à l'issue du renouvellement. **Attention** : la rupture par le salarié pendant la période de ce renouvellement entraîne la suppression de la totalité de l'indemnité de fin de contrat et pas seulement de la part correspondant à la période de renouvellement inachevée.

Si le salarié est embauché en contrat à durée indéterminée à l'issue de son contrat à durée déterminée ou par requalification de ce dernier, il perd le bénéfice de l'indemnité de fin de contrat mais conserve l'ancienneté qu'il avait acquise au terme de ce contrat. Lorsque, à l'issue d'un CDD, la relation contractuelle se poursuit par un CDI, la durée du CDD est déduite de la période d'essai éventuellement prévue dans le nouveau contrat (C. trav., art. L. 1243-11).

L'indemnité compensatrice de congés payés

L'indemnité compensatrice de congés payés, comme son nom l'indique, est **destinée à rémunérer** à titre de compensation **un congé qui n'a pas été effectivement pris.** Elle peut se décomposer en deux indemnités, correspondant à deux périodes distinctes : la période correspondant à l'année écoulée et celle correspondant à la période en cours d'acquisition. Elle est due dans tous les cas de rupture du contrat de travail (CDD et CDI), y compris pour faute lourde (Décision n° 2015–523 QPC du 2 mars 2016 : le Conseil constitutionnel a estimé que l'exclusion de l'indemnité compensatrice de congés payés en cas de faute lourde était inconstitutionnelle et le Code du travail a été modifié depuis cette date en conséquence).

RAPPELS

Selon l'article R. 3141-1, l'année de référence va du 1er juin d'une année au 31 mai de l'année suivante.
Selon l'article L. 3141-4, sont assimilées à 1 mois de travail effectif les périodes équivalentes à 4 semaines, et depuis le 1er juin 2012, il faut faire un prorata en fonction du nombre de jours travaillés.
Selon l'article L. 3141-3, la durée des congés payés est déterminée à raison de 2,5 jours ouvrables (ou 2,08 jours ouvrés) par mois de travail effectif, sans que la durée totale du congé puisse excéder 30 jours ouvrables (ou 25 jours ouvrés).
Selon l'article L. 3141-24, l'indemnité de congés payés est égale au 1/10e de la rémunération perçue par le salarié au cours de la période de référence sans pouvoir être inférieure au montant de la rémunération qui aurait été perçue pendant la période de congé par le salarié s'il avait continué à travailler.

Selon ce que nous avons déjà vu au chapitre 3 de la partie IV (« L'indemnité compensatrice de congés payés », voir p. xxx), il faut faire deux calculs pour son montant : **un premier est calculé avec la règle du dixième et un second est calculé avec la règle du maintien de salaire**. Le montant de l'indemnité compensatrice sera celui qui sera le plus favorable pour le salarié.

Les indemnités de licenciement

L'indemnité légale de licenciement

L'indemnité légale de licenciement est le minimum que peut toucher un salarié en cas de licenciement. Elle est due s'il n'y a pas de convention collective ou dans le cas où l'application de la convention collective en vigueur est moins favorable pour le salarié.
Pour pouvoir en bénéficier, un salarié titulaire d'un CDI licencié **doit avoir une ancienneté minimum de 8 mois ininterrompus** au service du même employeur (12 mois avant le 25 septembre 2017 et 24 mois avant le 1er mai 2008 - l'ancienneté étant appréciée à la date de notification du licenciement) sauf en cas de faute grave (C. trav., art. L.1234-9) et *a fortiori* en cas de faute lourde.
Mais elle n'est pas due au terme d'un CDD, ni à la fin d'un contrat d'apprentissage, ni dans certains cas de force majeure (incarcération de longue durée, destruction totale de l'entreprise à la suite d'un incendie), ni en cas d'inaptitude du salarié, à condition qu'elle ne soit pas consécutive à un accident du travail ou à une maladie professionnelle.

Le montant de l'indemnité légale de licenciement (motif personnel ou économique)

L'indemnité de licenciement prévue à l'article L. 1234-9 ne peut être inférieure à une somme calculée par année de service dans l'entreprise et tenant compte des mois de service accomplis au-delà des années pleines. En cas d'année incomplète, l'indemnité est calculée proportionnellement au nombre de mois complets (C. trav., art. R.1234-1).

Le montant de l'indemnité légale de licenciement est de ¼ de mois de salaire par année d'ancienneté jusqu'à 10 ans, auquel s'ajoute 1/3 de mois de salaire par année d'ancienneté au-delà de 10 ans (C. trav., art. R.1234-2).

Le salaire à prendre en considération pour le calcul de l'indemnité de licenciement est, selon la formule la plus avantageuse pour le salarié :

- soit la moyenne mensuelle des douze derniers mois précédant le licenciement ou lorsque la durée de service est inférieure à 12 mois, la moyenne mensuelle de la rémunération de l'ensemble des mois précédant le licenciement ;

- soit le tiers des trois derniers mois. Dans ce cas, toute prime ou gratification de caractère annuel ou exceptionnel, versée au salarié pendant cette période, n'est prise en compte que dans la limite d'un montant calculé à due proportion (C. trav., art. R.1234-4).

Exemple : pour 16 ans et 3 mois d'ancienneté, l'indemnité sera de [(10 × ¼) + (6,25 × ⅓)], soit un total de 4,583 mois de salaire.

Si le salaire s'est trouvé réduit pendant cette période de référence en cas de maladie non indemnisée, l'indemnité de licenciement devra être calculée à partir du salaire mensuel reconstitué. En cas d'inaptitude, ce sera le brut des derniers mois de travail effectif. Solution identique en cas de temps partiel thérapeutique ou d'activité partielle (ex-chômage partiel).
L'indemnité compensatrice de congés payés n'est pas prise en compte dans ce « mois de salaire » contrairement à l'indemnité de congés payés rémunérant les périodes de congés prises pendant la période de référence.

Dans le cas des salariés non mensualisés (travailleurs à domicile, intérimaires, saisonniers et intermittents), il faut dissocier les salariés payés à l'heure et les salariés payés au mois :
- salariés payés au mois : ¼ de mois par année entière de présence ;
- salariés payés à l'heure : 40 heures par année d'ancienneté.

Le traitement des limites fiscale, sociale et des CSG/CRDS de l'indemnité de licenciement

L'indemnité contractuelle de licenciement, dans la mesure où elle a bien le caractère de dommages et intérêts, échappe à l'impôt sur le revenu et aux cotisations sociales. Mais, que le licenciement soit pour motif personnel ou économique, les mêmes règles fiscales et sociales s'appliquent.

La limite fiscale

Cependant, il faut tenir compte de l'article 80 *duodecies* 1, 3, instauré depuis la loi de finances pour l'an 2000. Cet article pose en principe que toute indemnité versée à l'occasion de la rupture du contrat de travail constitue une rémunération imposable. Toutefois, l'article atténue le dispositif puisque l'indemnité de licenciement (versée hors plan de sauvegarde - PSE) est exonérée à hauteur du montant le plus élevé entre :

- soit 50 % du montant de l'indemnité versée au salarié ou 2 fois la rémunération annuelle brute perçue par le salarié durant l'année civile précédant la rupture. La fraction exonérée au titre de ces deux critères ne pouvant pas excéder 6 plafonds annuels de Sécurité sociale en vigueur à la date de versement de l'indemnité (soit 246.816 euros en 2020). Dans ce cadre, le salaire brut s'entend du salaire imposable à l'impôt sur le revenu avant déduction des cotisations salariales et de la CSG déductible (Circ. Acoss 25-1-2001) ;
- soit le montant de licenciement prévu par la convention collective de branche, par l'accord professionnel ou interprofessionnel ou, à défaut, par la loi (sans limite de montant).

Les indemnités de clientèle, de rupture conventionnelle (d'un salarié n'étant pas en droit de bénéficier d'une pension de vieillesse) ou transactionnelle sont également exonérées d'impôt dans les mêmes limites que l'indemnité de licenciement.

La partie exonérée d'impôt sur le revenu ne doit donc pas faire partie du net imposable, sur le bulletin de paie comme dans la DSN.

La limite sociale

La fraction des indemnités de licenciement exonérée d'impôts sur le revenu est également exonérée de cotisations de Sécurité sociale et des charges ayant la même assiette, mais dans une certaine limite.

La partie d'indemnité excédant cette limite est assujettie à cotisations, même si elle est exonérée d'impôts.

La fraction exonérée de cotisations est le plus petit des 2 montants suivants (circ. DSS/SD5B 2011-145 du 14 avril 2011) :
- la part qui est exonérée d'impôt sur le revenu ;
- la limite de 2 plafonds annuels de Sécurité sociale (82.272 euros en 2020) (CSS art. L 242-1, al. 12 ; art. L 136-2, II-5° ; Ord. 24-1-1996 art. 14-II ; Circ. DSS 14-4-2011 : BOSS 5-11).

Autrement dit : la fraction des indemnités de rupture imposable est forcément soumise à cotisations. Mais si elle est exonérée d'impôt, elle n'échappe pas pour autant aux cotisations.

La limite des CSG/CRDS

Les indemnités de rupture du contrat de travail sont soumises aux CSG et à la CRDS au-delà de leur montant légal ou conventionnel et, en tout état de cause, pour la fraction soumise aux cotisations (Code Séc. Soc., art. L. 132-2, II, 5°).

La fraction exonérée de CSG/CRDS est la plus petite des 2 limites suivantes :

- la part correspondant au montant légal ou conventionnel de l'indemnité de rupture ;
- la part exclue de l'assiette des cotisations.

Ces CSG/CRDS se calculent sans abattement de frais professionnels (Code Séc. Soc., art. L. 136-2, I).

NB : La CSG calculée sur les sommes exonérées à la fois d'impôt et de cotisations est intégralement non déductible, même pour la part qui l'est habituellement. En revanche, elle reste déductible pour 6,80 % lorsqu'elle porte sur la fraction imposable et/ou assujettie à cotisations.

Enfin, si l'indemnité de licenciement versée dépasse dix fois le plafond annuel de la Sécurité sociale elle est soumise en totalité à l'impôt sur le revenu, aux cotisations sociales et aux CSG/CRDS (CSS art. L. 242-1, al. 12 ; CSS art. L. 136-2, II-5° ; Ord. 24-1-1996 art. 14-II ; Circ. DSS 10-7-2009 : BOSS 8-09). Mais, dans tous les cas, l'indemnité de licenciement est totalement exonérée du forfait social (CSS art. L. 137-15).

L'indemnité conventionnelle de licenciement

Cette indemnité prévue dans la convention collective n'est accordée au salarié que si **son montant est supérieur** à celui de l'indemnité légale. Pour des raisons évidentes, il n'est pas possible de développer ici tous les cas envisagés par les différentes conventions collectives. En général, les modalités sont différentes selon la catégorie professionnelle à laquelle appartient le salarié. Lorsque la convention collective ne précise pas la base de calcul, il y a lieu de prendre comme référence le salaire défini pour l'indemnité légale, et le calcul se fait par tranches d'ancienneté qui soit se cumulent, soit se calculent successivement.

L'indemnité contractuelle de licenciement

Il s'agit d'une indemnité de licenciement faisant l'objet **d'une clause spécifique du contrat de travail du salarié.** Cette clause négociée au moment de la signature du contrat de travail, a pour but essentiel d'accorder au salarié des droits plus importants que ce que lui garantit la loi ou la convention collective en vigueur. Dans les faits, elle permet au salarié de bénéficier d'une stabilité certaine de son emploi puisque le montant de l'indemnité a un caractère dissuasif. Cette pratique existe surtout pour des emplois de cadres de haut niveau qui se sont fait débaucher de leur précédent emploi. Il s'agit en quelque sorte d'une clause pénale qui serait appliquée en cas de non-respect des engagements de l'employeur.

L'indemnité contractuelle, dans la mesure où elle a bien le caractère de dommages et intérêts, échappe aux cotisations et à l'impôt sur le revenu.

Cependant, il faut tenir compte du fait que l'article 3 de la loi de finances pour 2000 a inséré un article 80 *duodecies* nouveau dans le Code général des impôts. **L'article 80-I § 1 *duodecies* nouveau pose en principe que toute indemnité versée à l'occasion de la rupture du contrat de travail constitue une rémunération imposable.** Toutefois, l'article atténue le dispositif puisque seront **exonérées d'impôt sur le revenu :**

- la fraction des indemnités de licenciement ou de mise à la retraite n'excédant pas le montant prévu par la convention collective, l'accord professionnel ou interprofessionnel ou, à défaut, par la loi ;
- les indemnités de licenciement ou de départ volontaire versées dans le cadre d'un plan social au sens des articles L. 1234-9 et L. 1233-61 du Code du travail ;
- les indemnités versées en cas d'inobservation de la procédure de licenciement ou en cas d'absence de cause réelle et sérieuse de licenciement (C. trav., art. L. 1235-2).

En tout état de cause, la fraction des indemnités de licenciement exonérée **ne pourra être inférieure :**

- ni à 50 % du montant total des indemnités reçues ;
- ni à deux fois le montant de la rémunération annuelle brute perçue au cours de l'année civile précédant la rupture du contrat de travail, dans la limite de deux fois le plafond annuel de la Sécurité sociale en vigueur à la date de versement.

En conséquence, il existe un plancher général d'imposition pour les sommes excédant deux fois le plafond de la Sécurité sociale. Par ailleurs, ce dispositif sous-entend implicitement que les montants exonérés correspondent à des dommages-intérêts versés en réparation du préjudice subi.

4. Les sommes isolées

Quand on abordait le dernier bulletin de paie, s'il y a une chose à laquelle personne ne comprenait grand-chose, c'était bien les sommes isolées. L'expression « les sommes isolées » était un vocable qui regroupait toutes les sommes que percevait un salarié lors de son départ d'une entreprise en plus de sa rémunération habituelle et qui présentaient un caractère exceptionnel. Depuis la création de l'Agirc, il était de coutume d'affecter ces sommes isolées en tranches B et C afin de faire gagner un maximum de points de retraite, notamment en cas de départ à la retraite. Depuis le 1er janvier 2009, les non-cadres bénéficiaient également de ce dispositif pour l'Arrco. Mais, bonne nouvelle : **ce principe des sommes isolées a été supprimé depuis le 1er janvier 2016** (Commissions paritaires de l'Agirc et de l'Arrco n° 2014-8-DRJ du 30 juin 2014). Néanmoins, pour ceux qui se pencheraient sur leurs bulletins des années précédentes, voici un petit rappel de ce qu'étaient les sommes isolées.

Les sommes isolées étaient constituées :
- des indemnités compensatrices des congés payés ;
- des indemnités compensatrices du compte épargne-temps ;
- des indemnités compensatrices des JRTT ;
- des indemnités de départ à la retraite ;
- des indemnités de non-concurrence ;
- des rémunérations différées (rappels de salaire, primes, commissions...) ;
- des levées de stock-options ;
- des parts soumises des indemnités de rupture habituellement non soumises à cotisations (indemnités de licenciement, mise à la retraite, transaction).

En revanche, n'étaient pas considérées comme sommes isolées :
- les prorata treizième mois ;
- les indemnités de préavis ;
- les indemnités de licenciement.

Pour les cadres

La totalité des sommes isolées devait être soumise aux cotisations Agirc, aux taux en vigueur dans l'entreprise à leur date de versement, c'est-à-dire :
- retraite sur tranche B ;
- AGFF sur tranche B ;

- Apec sur tranche B ;
- CET sur tranche B.

Cependant, il y avait deux limites :
- **minimale :** lorsque les sommes isolées étaient utilisées pour la régularisation annuelle (cas des salariés dont les salaires cumulés sont inférieurs au plafond de la Sécurité sociale), seule la partie des sommes qui ne donnaient pas lieu à régularisation était considérée comme somme isolée ;
- **maximale :** les sommes isolées étaient soumises à cotisations en tranche B dans la limite de sept plafonds annuels de Sécurité sociale de l'année de départ. Si la rémunération du salarié n'avait pas atteint la tranche C l'année précédente, les sommes isolées étaient affectées dans leur totalité à la tranche B. Si, au contraire, elle avait atteint la tranche C, on les soumettait aux cotisations sur la tranche B à hauteur de trois plafonds annuels, et aux cotisations sur la tranche C pour la partie allant de trois à sept plafonds annuels.

Pour les non-cadres

La totalité des sommes isolées devait être soumise aux cotisations Arrco aux taux en vigueur dans l'entreprise à leur date de versement, c'est-à-dire :
- retraite sur tranche 2 ;
- AGFF sur tranche 2.

Si la rémunération normale était inférieure au plafond de la Sécurité sociale, les sommes isolées comblaient la tranche 1. Si les sommes isolées étaient supérieures à la tranche 1, la fraction excédentaire était soumise à cotisations à hauteur de deux plafonds annuels de la Sécurité sociale. Si la rémunération normale était supérieure ou égale au plafond de la Sécurité sociale, les sommes isolées étaient soumises aux cotisations en tranche 2 dans la limite de deux plafonds annuels de la Sécurité sociale.

Tableau récapitulatif des indemnités perçues lors du départ du salarié

Types d'indemnités de licenciement	Cotisations sociales et impôts sur le revenu	CSG et CRDS
Indemnité légale	Exonérée	Exonérée
Indemnité conventionnelle	Exonérée	Exonérée
Indemnité > indemnité légale ou conventionnelle (indemnité prévue par accord d'entreprise ou d'établissement ou par le contrat de travail ou indemnité transactionnelle)	← Exonérée dans la limite du plus élevé de ces montants : (soit 2 fois la rémunération brute perçue par le salarié au cours de l'année civile précédant la rupture du contrat (soit 50% du montant de l'indemnité perçue ← Toutefois, le montant exonéré ne peut pas excéder 5 fois le plafond annuel de la Sécurité sociale en vigueur à la date de versement de l'indemnité ← En outre, la fraction de l'indemnité égale au montant de l'indemnité légale ou conventionnelle de licenciement est totalement exonérée, même si elle dépasse les limites ci-dessus	← Fraction = indemnité légale ou conventionnelle : Exonérée ← Fraction > indemnité légale ou conventionnelle : Assujettie (sans abattement)
Indemnité (y compris indemnité de départ volontaire) **versée dans le cadre d'un plan de sauvegarde de l'emploi**	Exonérée	← Fraction = indemnité légale ou conventionnelle : Exonérée ← Fraction > indemnité légale ou conventionnelle : Assujettie (sans abattement)

5. Les documents liés au départ du salarié

J'ai déjà dit que le dernier bulletin de paie remis au salarié s'appelle le « solde de tout compte ». Il est accompagné d'autres documents ; certains sont obligatoires, d'autres facultatifs.

Le solde tout compte

Le solde de tout compte est le nom donné à la **dernière paie versée au salarié** au moment de la rupture de son contrat de travail. Le salarié qui cesse de faire partie de l'entreprise a droit au versement des sommes qui lui sont dues en vertu de son contrat de travail.

C'est donc le moment de faire l'inventaire de tout ce que l'employeur lui doit et de tout ce que le salarié doit. Chaque entreprise doit impérativement préparer un document lui permettant de ne rien omettre dans le calcul de solde de tout compte car lorsque le salarié est parti, il est bien souvent trop tard pour éviter une procédure prud'homale ou pour récupérer de l'argent versé en trop.

Afin de ne rien oublier, voici **une liste non exhaustive des tâches à exécuter pour réaliser correctement un solde tout compte :**
- prendre en compte le motif du départ du salarié et le type de contrat de travail ;
- calculer le montant de la retenue entrée/sortie si le salarié part en cours de mois avec la règle Cour de cassation (salaire/heures théoriques travaillées du mois/heures réelles d'absence) ;
- ne pas oublier les éventuelles primes liées au travail, la prime d'ancienneté, les avantages en nature, la prime de transport, les titres-restaurant ;
- calculer les éventuelles heures supplémentaires et solder si nécessaire la contrepartie en repos ;
- vérifier si le salarié a bénéficié d'heures de recherche d'emploi ou s'il a obtenu la possibilité de les cumuler en fin de préavis ;
- préavis : quelle est sa durée ?
  - exécuté,
  - dispensé et payé,
  - dispensé et non payé ;
- si CDD, ajouter l'indemnité de précarité d'emploi lorsqu'elle est due ;
- penser aux gratifications calculées au prorata temporis (treizième mois, prime de vacances) ;
- solder les congés payés :

  - sur la période de référence précédente,
  - sur la période de référence en cours,
  - et comparer pour chaque période l'indemnité compensatrice de congés payés calculée au dixième avec le maintien du salaire et accorder pour chaque période le montant le plus avantageux ;
- cumuler les sommes en brut ;
- vérifier l'incidence d'indemnités journalières (Sécurité sociale ou prévoyance) qui influenceraient la paie ;
- vérifier s'il est nécessaire de régulariser les cotisations salariales et patronales ;
- calculer le net fiscal ;
- déduire la CSG et la CRDS pour obtenir le net payé ;
- calculer si nécessaire l'indemnité de licenciement (légale, conventionnelle ou contractuelle) ;
- passer en revue les avances, acomptes et prêts éventuels pour si possible les solder ;
- notifier la fin du contrat aux éventuels émetteurs de saisies-arrêts ;
- ne pas oublier les dernières notes de frais et la récupération d'une éventuelle avance permanente ;
- rédiger le reçu pour solde de tout compte, le certificat de travail, l'attestation Pôle emploi ;
- établir le chèque ou déclencher le virement.

Le reçu pour solde de tout compte

Le reçu pour solde de tout compte est une quittance donnée sur-le-champ par le salarié lors du règlement ultime de son compte. **Si l'employeur a l'obligation de délivrer un reçu pour solde de tout compte** des sommes versées au salarié à l'expiration de son contrat de travail (C. trav., art. L. 1234-20), **il ne peut pas exiger la signature du salarié d'un tel document.**

Ce reçu n'a **d'effet libératoire que pour l'employeur**. Il ne met pas obstacle à ce que l'employeur, auquel le délai de dénonciation n'est pas opposable, puisse réclamer au salarié un remboursement, notamment pour une somme trop perçue. Si le salarié a signé ce reçu pour solde de tout compte, il a 6 mois pour le dénoncer (C. trav., art. L. 1234-20).

Le reçu pour solde de tout compte doit être établi en double exemplaire dont un est remis au salarié, la mention de l'établissement en deux exemplaires doit être portée sur le reçu (C. trav., art. D. 1234-7).

Inutile pour le salarié de rajouter une quelconque mention telle que « sous réserve de mes droits » car elle n'aurait aucune valeur libératoire.

Enfin, si le salarié souhaite dénoncer ce reçu pour solde de tout compte, il doit le faire par lettre recommandée (C. trav., art. D. 1234-8).

ATTENTION

Il n'est pas obligatoire pour le salarié de signer un tel document. En effet, un salarié qui ne signe pas le reçu pour solde de tout compte a 2 ans (5 ans avant le 14 juin 2013) pour contester son solde de tout compte devant le tribunal prud'homal compétent. Si vous êtes du côté employeur, essayez toujours de faire signer le salarié. En revanche, si vous êtes du côté salarié, ne signez jamais un reçu pour solde de tout compte.

Le certificat de travail

L'article L. 1234-19 fait obligation à l'employeur de délivrer à tout salarié, à l'expiration de son contrat de travail, un certificat de travail, quelle que soit la forme du contrat. Ce certificat est à délivrer à la fin du préavis, mais si celui-ci n'est pas exécuté, on peut délivrer sur la demande du salarié une attestation provisoire. Il comporte des mentions obligatoires qui sont :

- le nom et l'adresse de l'employeur ;
- le nom et les prénoms du salarié ;
- **la date d'entrée du salarié dans l'entreprise** ;
- **la date de sortie du salarié de l'entreprise** ;
- **la nature des emplois successivement occupés par le salarié avec la mention des périodes pendant lesquels ils ont été tenus** ;
- le lieu et la date de délivrance ;
- la signature de l'employeur ou de son représentant qualifié s'il s'agit d'une société (C. trav., art. D. 1234-6).

Toute autre mention est facultative, non seulement on ne peut contraindre l'employeur à la mettre sur le certificat, mais sa responsabilité serait engagée s'il en résultait un préjudice pour le salarié. Enfin, la mention « libre de tout engagement » ne fait pas partie des obligations, contrairement à ce que beaucoup d'employeurs pensent. Elle ne signifie pas que l'ancien employeur ait renoncé, par exemple, à faire jouer une éventuelle clause de non-concurrence qui lierait son salarié.

L'attestation Pôle emploi

Afin que chaque salarié puisse exercer ses droits aux prestations mentionnées à l'article L. 5421-2, l'employeur doit, sans délai, délivrer à Pôle emploi les attestations et justifications, au moment de l'expiration ou de la rupture du contrat de travail (C. trav., art. R. 1234-9). Le modèle d'attestation est établi par l'organisme gestionnaire du régime d'assurance chômage (C. trav., art. R. 1234-10).

Depuis les années 1990, il fallait impérativement donner au salarié ce document « papier » au moment où cessaient les relations de travail. Depuis quelques années, les employeurs d'au moins 11 salariés doivent l'envoyer par voie électronique (Internet). Mais – il y a un gros mais –, l'agence de Pôle emploi qui va s'occuper du salarié n'a pas accès à ce document (!). Donc même si ce n'est plus obligatoire, nous vous recommandons d'en donner une version « papier » à votre salarié afin que son agence puisse lui calculer rapidement ses droits. Ce document (papier ou écran) est relativement complexe et nécessite que le solde de tout compte soit déjà calculé, car tous les derniers éléments de salaire doivent y figurer.

Il comporte au total neuf cadres avec des zones préétablies que l'employeur doit renseigner :

- cadre 1 : renseignements concernant l'état civil du salarié, sa qualification, sa durée d'emploi, son préavis, le type du contrat de travail ;
- cadre 2 : renseignements concernant les caractéristiques de l'employeur ;
- cadre 3 : renseignements concernant le motif de la rupture du contrat de travail ;
- cadre 4 (facultatif) : à ne remplir que si l'employeur a demandé des allocations d'activité partielle auprès de la DIRECCTE ;
- cadre 5 : renseignements concernant les horaires de travail ;
- cadre 6 : renseignements concernant les institutions de retraite ;
- cadre 7 : les salaires des 12 mois civils précédant le dernier jour travaillé et payé ;
- cadre 8 : les sommes versées le dernier mois (avec notamment le montant de l'indemnité compensatrice de congés payés et le nombre de jours ouvrables correspondants, et les différentes indemnités versées au moment de la rupture) ;
- cadre 9 : les primes ou indemnités de périodicité différentes du salaire mensuel.

Le BIAF

Pour les salariés titulaires d'un contrat à durée déterminée, l'employeur a dû entre le 25 février 1991 et le 31 décembre 2019 leur remettre un **Bordereau individuel d'accès à la formation** (BIAF).

Pour rappel, le BIAF était un document à remettre au salarié embauché sous CDD pour lui permettre de connaître ses droits à congé de formation, et de les faire valoir auprès de l'organisme paritaire collecteur dont relevait son dernier employeur, afin de lui garantir l'accès à la formation professionnelle dans les mêmes conditions que pour les salariés sous contrat à durée indéterminée (CDI).
Il comportait cinq types de renseignements:

- renseignements concernant les caractéristiques de l'employeur;
- renseignements concernant l'état civil du salarié;
- renseignements concernant le contrat à durée déterminée;
- renseignements concernant les cotisations sociales;
- renseignements concernant l'organisme paritaire agréé destinataire du BIAF.

Depuis l'arrêté du 2 octobre 1992, **le BIAF**, que les employeurs devaient auparavant remettre à l'issue du contrat, **devait être remis en même temps que le contrat de travail (c'est-à-dire dès le début du contrat et non plus à la fin).**
Il ne devait pas être remis pour:

- les CDD conclus avec des jeunes au cours de leur cursus scolaire ou universitaire;
- les contrats d'apprentissage;
- les contrats d'orientation, de qualification ou d'adaptation;
- les contrats emploi solidarité.

Au 1er janvier 2020, le BIAF est abrogé (Décret n°2019-1439 du 23 décembre 2019) et est plus ou moins remplacé par le CPF de transition professionnelle. J'écris «plus ou moins» car pour bénéficier d'un CPF de transition professionnelle, le salarié doit justifier:

- soit d'un ancienneté d'au moins 24 mois, consécutifs ou non, en qualité de salarié, dont 12 mois dans l'entreprise, qu'elle qu'ait été la nature des contrats de travail successifs;
- soit d'une ancienneté d'au moins 24 mois, consécutifs ou non, en qualité de salarié, qu'elle qu'ait été la nature des contrats successifs, au cours des 5 dernières années dont 4 mois, consécutifs ou non en CDD au cours des 12 derniers mois (pour les 4 mois, n'entre pas en compte l'ancienneté acquise au titre d'un contrat d'accom-

pagnement dans l'emploi (C. trav., art. L. 5134-20), d'un contrat d'apprentissage, d'un contrat de professionnalisation, d'un contrat conclu avec un jeune au cours de son cursus scolaire ou universitaire, d'un CDD se poursuivant par un CDI) ;

ce qui n'est pas tout à fait les mêmes droits.

La portabilité de la prévoyance

L'ANI du 11 janvier 2008 prévoit qu'en cas de rupture du contrat de travail ouvrant droit à la prise en charge par le régime d'assurance chômage (sauf en cas de faute lourde), le salarié conserve le bénéfice des couvertures complémentaires « santé » et « prévoyance » appliquées par son ancienne entreprise pendant sa période de chômage.

Sont exclues de ce dispositif les branches non concernées par l'ANI : agriculture, économie sociale, professions libérales, VRP, presse, enseignement privé (sauf le hors contrat). Les accords de prévoyance agricoles ne prévoient pas de portabilité.

L'ancien salarié doit avoir une durée de cotisation suffisante pour bénéficier des allocations chômage et avoir des droits ouverts au titre de la couverture complémentaire dans l'entreprise (cela signifie remplir la condition d'ancienneté éventuellement prévue par l'accord de prévoyance).

La durée du maintien de la couverture est égale à la durée du dernier contrat appréciée en « mois entiers », **dans la limite de 12 mois** (donc si le contrat a duré moins d'un mois, il n'y a pas de maintien, et si le contrat a duré 1,5 mois le maintien ne pourra avoir lieu que pour un mois car on compte en mois entiers) **depuis le 1er janvier 2016** (9 mois, auparavant).

Le salarié peut renoncer au maintien des garanties. Cette renonciation définitive porte sur l'ensemble des garanties et doit être notifiée par écrit à l'ancien employeur, dans les 10 jours suivant la date de cessation du contrat.

Conclusion

Voilà ! Vous savez presque tout ! Pourquoi « presque » ?

D'abord, sachez que vous n'avez vu que la paie de droit privé et que la paie de droit public est très différente.

Ensuite, selon les conventions collectives, vous pouvez avoir un bulletin de paie très différent si, par exemple, vous travaillez dans :
- le BTP (bâtiment, travaux publics) où il y a des cotisations spéciales (ProBTP), des intempéries, une caisse de congés payés ;
- le spectacle (où le GUSO s'occupe des cotisations) ;
- les transports (législation particulière sur les horaires, heures supplémentaires) ;
- les hôtels, cafés, restaurants (législation spécifique sur les horaires, les avantages en nature) ;
- etc.

Enfin, il y a tous les contrats spéciaux :
- le contrat de professionnalisation (exonération de certaines charges) ;
- les apprentis (exonération de cotisations salariales et de certaines charges) ;
- les dirigeants (exonération de la cotisation Pôle emploi, retraites « chapeaux ») ;
- etc.

Et les particularités liées aux entreprises, si elles sont implantées en :
- ZRR ;
- ZRU ;
- zones franches ;
- etc.

Sans parler des salariés :
- expatriés ;
- étrangers ;
- handicapés ;
- etc.

Ou des entreprises :
- semi-privées ;
- semi-publiques ;
- en Epic (établissement public à caractère industriel et commercial) ;
- etc.

Avec, pour chaque cas (sinon ce ne serait pas drôle), son lot de particularités !

Bref, avec ce livre, vous en savez un minimum. Mais le minimum commun à tous les contrats, toutes les entreprises, toutes les conventions ! À vous de compléter ce savoir en vous frottant aux complexités de votre propre entreprise. Comme on devient forgeron en forgeant, ce n'est qu'en réalisant de nombreux bulletins de paie qu'on devient un expert en paie.

J'espère qu'au moins ce livre vous a permis de déchiffrer votre propre bulletin de paie, ce qui n'est déjà pas si mal !

Enfin, si vous souhaitez vous confronter à la réalité des chiffres, n'oubliez pas le cahier d'exercices paru chez le même éditeur et intitulé *Exercices et corrigés sur la paie 2020*.

Remerciements

Un livre tel que celui-ci est bien sûr le résultat de nombreuses rencontres qui, à divers degrés, lui ont permis d'exister.

D'abord, mes remerciements vont à ceux qui m'ont mis le pied à l'étrier de la paie : Lionel Dujet qui fut mon supérieur hiérarchique au sein d'ADP-GSI ainsi qu'à ses collègues Georges Benoit et Hubert De Crémiers qui m'ont fait confiance pour leurs sessions de formation informatique. Comment ne pas nommer celui qui m'a permis d'être libéral et qui a eu la patience de m'apprendre le métier de formateur ? Michel Dathée, mille mercis !

Je n'oublie pas les nombreux organismes de formation avec lesquels je travaille régulièrement et les éditions Studyrama qui ont permis à ce livre d'être entre vos mains

Chaque stagiaire qui a participé à une de mes formations a aussi apporté, sans le savoir sans doute, sa petite pierre à l'édifice. Ils sont évidemment trop nombreux pour les citer tous mais qu'ils sachent qu'ils ont nourri, chacun à leur manière, ce livre.

Enfin, je remercie chaudement Aurélie Leménager et Emmanuel Esnault pour leurs corrections, suggestions et améliorations de ce livre.

TEXTES OFFICIELS

ANNEXES

Quand il n'y a pas de précision d'origine, l'article cité est issu du Code du travail.

Annexe Partie I – L'environnement juridique

Les sources internationales

Vème Constitution, Art. 55
Les traités ou accords régulièrement ratifiés ou approuvés ont, dès leur publication, une autorité supérieure à celle des lois, sous réserve, pour chaque accord ou traité, de son application par l'autre partie.

Les sources étatiques

Art. L.1132-1 (modifié par Loi n°2019-1461 du 27 décembre 2019 - art. 86)
Aucune personne ne peut être écartée d'une procédure de recrutement ou de nomination ou de l'accès à un stage ou à une période de formation en entreprise, aucun salarié ne peut être sanctionné, licencié ou faire l'objet d'une mesure discriminatoire, directe ou indirecte, telle que définie à l'article 1er de la loi n° 2008-496 du 27 mai 2008 portant diverses dispositions d'adaptation au droit communautaire dans le domaine de la lutte contre les discriminations, notamment en matière de rémunération, au sens de l'article L.3221-3, de mesures d'intéressement ou de distribution d'actions, de formation, de reclassement, d'affectation, de qualification, de classification, de promotion professionnelle, de mutation ou de renouvellement de contrat en raison de son origine, de son sexe, de ses mœurs, de son orientation sexuelle, de son identité de genre, de son âge, de sa situation de famille ou de sa grossesse, de ses caractéristiques génétiques, de la particulière vulnérabilité résultant de sa situation économique, apparente ou connue de son auteur, de son appartenance ou de sa non-appartenance, vraie ou supposée, à une ethnie, une nation ou une prétendue race, de ses opinions politiques, de ses activités syndicales ou mutualistes, de son exercice d'un mandat électif local, de ses convictions religieuses, de son apparence physique, de son nom de famille, de son lieu de résidence ou de sa domiciliation bancaire, ou en raison de son état de santé, de sa perte d'autonomie ou de son handicap, de sa capacité à s'exprimer dans une langue autre que le français.

Déclaration des droits de l'homme

Les représentants du peuple français, constitués en Assemblée nationale, considérant que l'ignorance, l'oubli ou le mépris des droits de l'homme sont les seules causes des malheurs publics et de la corruption des gouvernements, ont résolu d'exposer, dans une déclaration solennelle les droits naturels, inaliénables et sacrés de l'homme, afin que cette déclaration constamment présente à tous les membres du corps social, leur rappelle sans cesse leurs droits et leurs devoirs; afin que les actes du pouvoir législatif et ceux du pouvoir exécutif, pouvant être à chaque instant comparés avec le but de toute institution politique, en soient plus respectés; afin que les réclamations des citoyens, fondées désormais sur des principes simples et incontestables, tournent toujours au maintien de la Constitution et au bonheur de tous. En conséquence, l'Assemblée nationale reconnaît et déclare, en présence et sous les auspices de l'Être suprême, les droits suivants de l'homme et du citoyen.

Art. 1.
Les hommes naissent et demeurent libres et égaux en droits. Les distinctions sociales ne peuvent être fondées que sur l'utilité commune.

Art. 2.
Le but de toute association politique est la conservation des droits naturels et imprescriptibles de l'homme. Ces droits sont la liberté, la propriété, la sûreté et la résistance à l'oppression.

Art. 3.
Le principe de toute souveraineté réside essentiellement dans la nation. Nul corps, nul individu ne peut exercer d'autorité qui n'en émane expressément.

Art. 4.
La liberté consiste à pouvoir faire tout ce qui ne nuit pas à autrui; ainsi, l'exercice des droits naturels de chaque homme n'a de bornes que celles qui assurent aux autres membres de la société la jouissance de ces mêmes droits. Ces bornes ne peuvent être déterminées que par la loi.

Art. 5.
La loi n'a le droit de défendre que les actions nuisibles à la société. Tout ce qui n'est pas défendu par la loi ne peut être empêché et nul ne peut être contraint à faire ce qu'elle n'ordonne pas.

Art. 6.
La loi est l'expression de la volonté générale. Tous les citoyens ont le droit de concourir personnellement ou par leurs représentants à sa formation. Elle doit être la même pour tous, soit qu'elle protège, soit qu'elle punisse. Tous les citoyens étant égaux à ses yeux sont également admissibles à toutes dignités, places et emplois publics, selon leur capacité et sans autre distinction que celle de leurs vertus et de leurs talents.

Art. 7.
Nul homme ne peut être accusé, arrêté ni détenu que dans les cas déterminés par la loi et selon les formes qu'elle a prescrites; ceux qui sollicitent, expédient, exécutent ou font exécuter des ordres arbitraires doivent être punis, mais tout citoyen appelé ou saisi en vertu de la loi doit obéir à l'instant: il se rend coupable par la résistance.

Art. 8.
La loi ne doit établir que des peines strictement et évidemment nécessaires et nul ne peut être puni qu'en vertu d'une loi établie et promulguée antérieurement au délit.

Art. 9.
Tout homme étant présumé innocent jusqu'à ce qu'il ait été déclaré coupable, s'il est jugé indispensable de l'arrêter, toute rigueur qui ne serait pas nécessaire pour s'assurer de sa personne doit être sévèrement réprimée par la loi.

Art. 10.
Nul ne doit être inquiété pour ses opinions, mêmes religieuses, pourvu que leur manifestation ne trouble pas l'ordre public établi par la loi.

Art. 11.
La libre communication des pensées et des opinions est un des droits les plus précieux de l'homme; tout citoyen peut donc parler, écrire, imprimer librement, sauf à répondre de l'abus de cette liberté, dans les cas déterminés par la loi.

Art. 12.
La garantie des droits de l'homme et du citoyen nécessite une force publique; cette force est donc instituée pour l'avantage de tous et non pour l'utilité particulière de ceux auxquels elle est confiée.

Art. 13.
Pour l'entretien de la force publique et pour les dépenses d'administration, une contribution commune est indispensable: elle doit être également répartie entre tous les citoyens.

Art. 14.
Tous les citoyens ont le droit de constater, par eux-mêmes ou par leurs représentants, la nécessité de la contribution publique, de la consentir librement, d'en suivre l'emploi et d'en déterminer la qualité, l'assiette, le recouvrement et la durée.

Art. 15.
La société a le droit de demander compte à tout agent public de son administration.

Art. 16.
Toute société dans laquelle la garantie des droits n'est pas assurée, ni la séparation des pouvoirs déterminée n'a point de Constitution.

Art. 17.
La propriété étant un droit inviolable et sacré, nul ne peut en être privé, si ce n'est lorsque la nécessité publique l'exige.

Vème Constitution

Art. 49.1
Le Premier ministre, après délibération du Conseil des ministres, engage devant l'Assemblée nationale la responsabilité du Gouvernement sur son programme ou éventuellement sur une déclaration de politique générale.

Art. 49.2
L'Assemblée nationale met en cause la responsabilité du Gouvernement par le vote d'une motion de censure. Une telle motion n'est recevable que si elle est signée par un dixième au moins des membres de l'Assemblée nationale. Le vote ne peut avoir lieu que quarante-huit heures après son dépôt. Seuls sont recensés les votes favorables à la motion de censure qui ne peut être adoptée qu'à la majorité des membres composant l'Assemblée. Sauf dans le cas prévu à l'alinéa ci-dessous, un député ne peut être signataire de plus de trois motions de censure au cours d'une même session ordinaire et de plus d'une au cours d'une même session extraordinaire.

Art. 49.3
Le Premier ministre peut, après délibération du Conseil des ministres, engager la responsabilité du Gouvernement devant l'Assemblée nationale sur le vote d'un projet de loi de finances ou de financement de la sécurité sociale. Dans ce cas, ce projet est considéré comme adopté, sauf si une motion de censure, déposée dans les vingt-quatre heures qui suivent, est votée dans les conditions prévues à l'alinéa précédent. Le Premier ministre peut, en outre, recourir à cette procédure pour un autre projet ou une proposition de loi par session.

Art. 49.4
Le Premier ministre a la faculté de demander au Sénat l'approbation d'une déclaration de politique générale.

Art. L.2262-1 (version en vigueur depuis le 1er mai 2008)
Sans préjudice des effets attachés à l'extension ou à l'élargissement, l'application des conventions et accords est obligatoire pour tous les signataires ou membres des organisations ou groupements signataires.

Art. L.2261-15 (version en vigueur depuis le 1er mai 2008)
Les stipulations d'une convention de branche ou d'un accord professionnel ou interprofessionnel, répondant aux conditions particulières déterminées par la sous-section 2, peuvent être rendues

obligatoires pour tous les salariés et employeurs compris dans le champ d'application de cette convention ou de cet accord, par arrêté du ministre chargé du travail, après avis motivé de la Commission nationale de la négociation collective.
L'extension des effets et des sanctions de la convention ou de l'accord se fait pour la durée et aux conditions prévues par la convention ou l'accord en cause.

Art. L.2231-5-1 (créé par Loi n°2016-1088 du 8 août 2016 - art. 16 (V))
Les conventions et accords de branche, de groupe, interentreprises, d'entreprise et d'établissement sont rendus publics et versés dans une base de données nationale, dont le contenu est publié en ligne dans un standard ouvert aisément réutilisable.
Après la conclusion de la convention ou de l'accord, les parties peuvent acter qu'une partie de la convention ou de l'accord ne doit pas faire l'objet de la publication prévue au premier alinéa. Cet acte, ainsi que la version intégrale de la convention ou de l'accord et la version de la convention ou de l'accord destinée à la publication, sont joints au dépôt prévu à l'article L.2231-6. A défaut d'un tel acte, si une des organisations signataires le demande, la convention ou l'accord est publié dans une version rendue anonyme, dans des conditions prévues par décret en Conseil d'Etat.
Les conditions d'application du présent article sont définies par décret en Conseil d'Etat.
NOTA : Conformément à l'article 16 IV de la loi n° 2016-1088 du 8 août 2016, les dispositions relatives aux conditions de publicité mentionnées à l'article L.2231-5-1 s'appliquent aux accords conclus à compter du 1er septembre 2017

Les sources locales

Règlement intérieur

Art. L.1321 (version en vigueur depuis le 1er mai 2008)
Le règlement intérieur est un document écrit par lequel l'employeur fixe exclusivement :

1) Les mesures d'application de la réglementation en matière de santé et de sécurité dans l'entreprise ou l'établissement, notamment les instructions prévues à l'article L.4122-1 ;
2) Les conditions dans lesquelles les salariés peuvent être appelés à participer, à la demande de l'employeur, au rétablissement de conditions de travail protectrices de la santé et de la sécurité des salariés, dès lors qu'elles apparaîtraient compromises ;
3) Les règles générales et permanentes relatives à la discipline, notamment la nature et l'échelle des sanctions que peut prendre l'employeur.

Art. L.1321-2 (modifié par Loi n°2016-1088 du 8 août 2016 - art. 4)
Le règlement intérieur rappelle :

1) Les dispositions relatives aux droits de la défense des salariés définis aux articles L.1332-1 à L.1332-3 ou par la convention collective applicable ;
2) Les dispositions relatives aux harcèlements moral et sexuel et aux agissements sexistes prévues par le présent code.

Art. L.1321-2-1 (créé par Loi n°2016-1088 du 8 août 2016 - art. 2)
Le règlement intérieur peut contenir des dispositions inscrivant le principe de neutralité et restreignant la manifestation des convictions des salariés si ces restrictions sont justifiées par l'exercice d'autres libertés et droits fondamentaux ou par les nécessités du bon fonctionnement de l'entreprise et si elles sont proportionnées au but recherché.

Art. L.1321-3 (modifié par Loi n°2017-86 du 27 janvier 2017 - art. 207)
Le règlement intérieur ne peut contenir :

1) Des dispositions contraires aux lois et règlements ainsi qu'aux stipulations des conventions et accords collectifs de travail applicables dans l'entreprise ou l'établissement ;
2) Des dispositions apportant aux droits des personnes et aux libertés individuelles et collectives des restrictions qui ne seraient pas justifiées par la nature de la tâche à accomplir ni proportionnées au but recherché ;
3) Des dispositions discriminant les salariés dans leur emploi ou leur travail, à capacité professionnelle égale, en raison de leur origine, de leur sexe, de leurs mœurs, de leur orientation sexuelle ou identité de genre, de leur âge, de leur situation de famille ou de leur grossesse, de leurs caractéristiques génétiques, de leur appartenance ou de leur non-appartenance, vraie ou supposée, à une ethnie, une nation ou une race, de leurs opinions politiques, de leurs activités syndicales ou mutualistes, de leurs convictions religieuses, de leur apparence physique, de leur nom de famille ou en raison de leur état de santé ou de leur handicap.

Art. L.1321-4 (modifié par Ordonnance n°2017-1386 du 22 septembre 2017 - art. 4)
Le règlement intérieur ne peut être introduit qu'après avoir été soumis à l'avis du comité social et économique.
Le règlement intérieur indique la date de son entrée en vigueur. Cette date doit être postérieure d'un mois à l'accomplissement des formalités de dépôt et de publicité.
En même temps qu'il fait l'objet des mesures de publicité, le règlement intérieur, accompagné de l'avis du comité social et économique, est communiqué à l'inspecteur du travail.
Ces dispositions s'appliquent également en cas de modification ou de retrait des clauses du règlement intérieur.

Art. L.1321-5 (modifié par Ordonnance n°2017-1386 du 22 septembre 2017 - art. 4)
Les notes de service ou tout autre document comportant des obligations générales et permanentes dans les matières mentionnées aux articles L.1321-1 et L.1321-2 sont, lorsqu'il existe un règlement intérieur, considérées comme des adjonctions à celui-ci. Ils sont, en toute hypothèse, soumis aux dispositions du présent titre.
Toutefois, lorsque l'urgence le justifie, les obligations relatives à la santé et à la sécurité peuvent recevoir application immédiate. Dans ce cas, ces prescriptions sont immédiatement et simultanément communiquées au secrétaire du comité social et économique ainsi qu'à l'inspection du travail.

Art. L.1321-6 (version en vigueur depuis le 1er mai 2008)
Le règlement intérieur est rédigé en français. Il peut être accompagné de traductions en une ou plusieurs langues étrangères.
Il en va de même pour tout document comportant des obligations pour le salarié ou des dispositions dont la connaissance est nécessaire pour l'exécution de son travail.
Ces dispositions ne sont pas applicables aux documents reçus de l'étranger ou destinés à des étrangers.

Art. R.1321-1 (modifié par Décret n°2016-1417 du 20 octobre 2016 - art. 2)
Le règlement intérieur est porté, par tout moyen, à la connaissance des personnes ayant accès aux lieux de travail ou aux locaux où se fait l'embauche.

Art. R.1321-2 (créé par Décret n°2008-244 du 7 mars 2008 - art. V)
Le règlement intérieur est déposé, en application du deuxième alinéa de l'article L.1321-4, au greffe du conseil de prud'hommes du ressort de l'entreprise ou de l'établissement.

Art. R.1321-3 (créé par Décret n°2008-244 du 7 mars 2008 - art. V)
Le délai prévu au deuxième alinéa de l'article L.1321-4 court à compter de la dernière en date des formalités de publicité et de dépôt définies aux articles R.1321-1 et R.1321-2.

Art. R.1321-4 (créé par Décret n°2008-244 du 7 mars 2008 - art. V)
Le texte du règlement intérieur est transmis à l'inspecteur du travail en deux exemplaires.

Art. R.1321-5 (créé par Décret n°2008-244 du 7 mars 2008 - art. V)
Le règlement intérieur est établi dans les trois mois suivant l'ouverture de l'entreprise.

Droit de la défense

Art. L.1322-1 (version en vigueur depuis le 1er mai 2008)
L'inspecteur du travail peut à tout moment exiger le retrait ou la modification des dispositions contraires aux articles L.1321-1 à L.1321-3 et L.1321-6.

Art. L.1322-1-1 (créé par Loi n° 2018-727 du 10 août 2018 - art. 21 (V))
L'inspecteur du travail se prononce de manière explicite sur toute demande d'appréciation de la conformité de tout ou partie d'un règlement intérieur aux dispositions des articles L.1321-1 à L.1321-3 et L.1321-6 formulée par un employeur.
La demande mentionnée au premier alinéa n'est pas recevable dès lors que l'autorité administrative s'est déjà prononcée par une décision expresse en application de l'article L.1322-2.
La décision prend effet dans le périmètre d'application du règlement intérieur concerné et est opposable pour l'avenir à l'autorité administrative tant que la situation de fait exposée dans la demande ou la législation au regard de laquelle la situation a été appréciée n'ont pas été modifiées ou jusqu'à ce que l'inspecteur du travail notifie au demandeur une modification de son appréciation.
La décision de l'inspecteur du travail est motivée. Elle est notifiée à l'employeur et communiquée, pour information, aux membres du comité social et économique. La décision de l'inspecteur du travail peut faire l'objet d'un recours hiérarchique, dans des conditions définies par voie réglementaire. La décision prise sur ce recours est notifiée à l'employeur et communiquée, pour information, aux membres du comité social et économique.
NOTA : Conformément au VIII de l'article 21 de la loi n° 2018-727 du 10 août 2018, un décret en Conseil d'Etat précise les modalités d'application du présent article, notamment le contenu, les modalités de dépôt et d'avis de réception des demandes ainsi que les conditions et délais dans lesquels il y est répondu.

Art. L.1322-2 (modifié par Ordonnance n°2017-1386 du 22 septembre 2017 - art. 4)
La décision de l'inspecteur du travail est motivée.
Elle est notifiée à l'employeur et communiquée, pour information, aux membres du comité social et économique.

Art. L.1322-3 (modifié par Ordonnance n°2017-1386 du 22 septembre 2017 - art. 4)
La décision de l'inspecteur du travail peut faire l'objet d'un recours hiérarchique, dans des conditions déterminées par voie réglementaire.
La décision prise sur ce recours est notifiée à l'employeur et communiquée, pour information, aux membres du comité social et économique.

Art. L.1322-4 (modifié par Ordonnance n°2017-1386 du 22 septembre 2017 - art. 4)
Lorsque, à l'occasion d'un litige individuel, le conseil de prud'hommes écarte l'application d'une disposition contraire aux articles L.1321-1 à L.1321-3 et L.1321-6, une copie du jugement est adressée à l'inspecteur du travail et aux membres du comité social et économique.

Harcèlement sexuel

Art. L.1153-1 (modifié par Loi n°2012-954 du 6 août 2012 - art. 7)
Aucun salarié ne doit subir des faits :

1) Soit de harcèlement sexuel, constitué par des propos ou comportements à connotation sexuelle répétés qui soit portent atteinte à sa dignité en raison de leur caractère dégradant ou humiliant, soit créent à son encontre une situation intimidante, hostile ou offensante ;

2) Soit assimilés au harcèlement sexuel, consistant en toute forme de pression grave, même non répétée, exercée dans le but réel ou apparent d'obtenir un acte de nature sexuelle, que celui-ci soit recherché au profit de l'auteur des faits ou au profit d'un tiers.

Art. L.1153-2 (modifié par Loi n°2012-954 du 6 août 2012 - art. 7)
Aucun salarié, aucune personne en formation ou en stage, aucun candidat à un recrutement, à un stage ou à une formation en entreprise ne peut être sanctionné, licencié ou faire l'objet d'une mesure discriminatoire, directe ou indirecte, notamment en matière de rémunération, de formation, de reclassement, d'affectation, de qualification, de classification, de promotion professionnelle, de mutation ou de renouvellement de contrat pour avoir subi ou refusé de subir des faits de harcèlement sexuel tels que définis à l'article L.1153-1, y compris, dans le cas mentionné au 1° du même article, si les propos ou comportements n'ont pas été répétés.

Art. L.1153-3 (modifié par Loi n°2012-954 du 6 août 2012 - art. 7)
Aucun salarié, aucune personne en formation ou en stage ne peut être sanctionné, licencié ou faire l'objet d'une mesure discriminatoire pour avoir témoigné de faits de harcèlement sexuel ou pour les avoir relatés.

Art. L.1153-4 (version en vigueur depuis le 1er mai 2008)
Toute disposition ou tout acte contraire aux dispositions des articles L.1153-1 à L.1153-3 est nul.

Art. L.1153-5 (modifié par Loi n° 2018-771 du 5 septembre 2018 - art. 105 (V))
L'employeur prend toutes dispositions nécessaires en vue de prévenir les faits de harcèlement sexuel, d'y mettre un terme et de les sanctionner.
Dans les lieux de travail ainsi que dans les locaux ou à la porte des locaux où se fait l'embauche, les personnes mentionnées à l'article L.1153-2 sont informées par tout moyen du texte de l'article 222-33 du code pénal ainsi que des actions contentieuses civiles et pénales ouvertes en matière de harcèlement sexuel et des coordonnées des autorités et services compétents. La liste de ces services est définie par décret.
NOTA : Conformément à l'article 105 IV de la loi n° 2018-771 du 5 septembre 2018, les présentes dispositions entrent en vigueur au plus tard le 1er janvier 2019.

Art. L.1153-5-1 (créé par Loi n° 2018-771 du 5 septembre 2018 - art. 105 (V))
Dans toute entreprise employant au moins deux cent cinquante salariés est désigné un référent chargé d'orienter, d'informer et d'accompagner les salariés en matière de lutte contre le harcèlement sexuel et les agissements sexistes.
NOTA : Conformément à l'article 105 IV de la loi n° 2018-771 du 5 septembre 2018, les présentes dispositions entrent en vigueur au plus tard le 1er janvier 2019.

Art. L.1153-6 (modifié par Loi n°2012-954 du 6 août 2012 - art. 7)
Tout salarié ayant procédé à des faits de harcèlement sexuel est passible d'une sanction disciplinaire.

Le contrat de travail

C. civil, Art. 1101 (modifié par Ordonnance n°2016-131 du 10 février 2016 - art. 2)
Le contrat est un accord de volontés entre deux ou plusieurs personnes destiné à créer, modifier, transmettre ou éteindre des obligations.

C. civil, Art. 1102 (modifié par Ordonnance n°2016-131 du 10 février 2016 - art. 2)
Chacun est libre de contracter ou de ne pas contracter, de choisir son cocontractant et de déterminer le contenu et la forme du contrat dans les limites fixées par la loi.
La liberté contractuelle ne permet pas de déroger aux règles qui intéressent l'ordre public.

C. civil, Art. 1103 (modifié par Ordonnance n°2016-131 du 10 février 2016 - art. 2)
Les contrats légalement formés tiennent lieu de loi à ceux qui les ont faits.

C. civil, Art. 1104 (modifié par Ordonnance n°2016-131 du 10 février 2016 - art. 2 :)
Les contrats doivent être négociés, formés et exécutés de bonne foi.
Cette disposition est d'ordre public.

C. civil, Art. 1105 (modifié par Ordonnance n°2016-131 du 10 février 2016 - art. 2)
Les contrats, qu'ils aient ou non une dénomination propre, sont soumis à des règles générales, qui sont l'objet du présent sous-titre.
Les règles particulières à certains contrats sont établies dans les dispositions propres à chacun d'eux.
Les règles générales s'appliquent sous réserve de ces règles particulières.

C. civil, Art. 1106 (modifié par Ordonnance n°2016-131 du 10 février 2016 - art. 2)
Le contrat est synallagmatique lorsque les contractants s'obligent réciproquement les uns envers les autres.
Il est unilatéral lorsqu'une ou plusieurs personnes s'obligent envers une ou plusieurs autres sans qu'il y ait d'engagement réciproque de celles-ci.

C. civil, Art. 1107 (modifié par Ordonnance n°2016-131 du 10 février 2016 - art. 2)
Le contrat est à titre onéreux lorsque chacune des parties reçoit de l'autre un avantage en contrepartie de celui qu'elle procure.
Il est à titre gratuit lorsque l'une des parties procure à l'autre un avantage sans attendre ni recevoir de contrepartie.

C. civil, Art. 1108 (modifié par Ordonnance n°2016-131 du 10 février 2016 - art. 2)
Le contrat est commutatif lorsque chacune des parties s'engage à procurer à l'autre un avantage qui est regardé comme l'équivalent de celui qu'elle reçoit.
Il est aléatoire lorsque les parties acceptent de faire dépendre les effets du contrat, quant aux avantages et aux pertes qui en résulteront, d'un événement incertain.

C. civil, Art. 1109 (modifié par Ordonnance n°2016-131 du 10 février 2016 - art. 2)
Le contrat est consensuel lorsqu'il se forme par le seul échange des consentements quel qu'en soit le mode d'expression.
Le contrat est solennel lorsque sa validité est subordonnée à des formes déterminées par la loi.
Le contrat est réel lorsque sa formation est subordonnée à la remise d'une chose.

C. civil, Art. 1110 (modifié par Ordonnance n°2018-287 du 20 avril 2018 - art. 2)
Le contrat de gré à gré est celui dont les stipulations sont négociables entre les parties.
Le contrat d'adhésion est celui qui comporte un ensemble de clauses non négociables, déterminées à l'avance par l'une des parties.
NOTA : Conformément aux dispositions du I de l'article 16 de la loi n° 2018-287 du 20 avril 2018, les dispositions de l'article 1110 dans leur rédaction résultant de ladite loi sont applicables aux actes juridiques conclus ou établis à compter de son entrée en vigueur.

C. civil, Art. 1111 (modifié par Ordonnance n°2016-131 du 10 février 2016 - art. 2)
Le contrat cadre est un accord par lequel les parties conviennent des caractéristiques générales de leurs relations contractuelles futures. Des contrats d'application en précisent les modalités d'exécution.

C. civil, Art. 1111-1 (modifié par Ordonnance n°2016-131 du 10 février 2016 - art. 2)
Le contrat à exécution instantanée est celui dont les obligations peuvent s'exécuter en une prestation unique.

Le contrat à exécution successive est celui dont les obligations d'au moins une partie s'exécutent en plusieurs prestations échelonnées dans le temps.

C. civil, Art. 1112 (modifié par Ordonnance n°2018-287 du 20 avril 2018 - art. 2)
L'initiative, le déroulement et la rupture des négociations précontractuelles sont libres. Ils doivent impérativement satisfaire aux exigences de la bonne foi.
En cas de faute commise dans les négociations, la réparation du préjudice qui en résulte ne peut avoir pour objet de compenser ni la perte des avantages attendus du contrat non conclu, ni la perte de chance d'obtenir ces avantages.
NOTA : Conformément aux dispositions du I de l'article 16 de la loi n° 2018-287 du 20 avril 2018, les modifications apportées par ladite loi aux dispositions de l'article 1112 ont un caractère interprétatif.

C. civil, Art. 1112-1 (modifié par Ordonnance n°2016-131 du 10 février 2016 - art. 2)
Celle des parties qui connaît une information dont l'importance est déterminante pour le consentement de l'autre doit l'en informer dès lors que, légitimement, cette dernière ignore cette information ou fait confiance à son cocontractant.
Néanmoins, ce devoir d'information ne porte pas sur l'estimation de la valeur de la prestation.
Ont une importance déterminante les informations qui ont un lien direct et nécessaire avec le contenu du contrat ou la qualité des parties.
Il incombe à celui qui prétend qu'une information lui était due de prouver que l'autre partie la lui devait, à charge pour cette autre partie de prouver qu'elle l'a fournie.
Les parties ne peuvent ni limiter, ni exclure ce devoir.
Outre la responsabilité de celui qui en était tenu, le manquement à ce devoir d'information peut entraîner l'annulation du contrat dans les conditions prévues aux articles 1130 et suivants.

C. civil, Art. 1112-2 (modifié par Ordonnance n°2016-131 du 10 février 2016 - art. 2)
Celui qui utilise ou divulgue sans autorisation une information confidentielle obtenue à l'occasion des négociations engage sa responsabilité dans les conditions du droit commun.

C. civil, Art. 1113 (modifié par Ordonnance n°2016-131 du 10 février 2016 - art. 2)
Le contrat est formé par la rencontre d'une offre et d'une acceptation par lesquelles les parties manifestent leur volonté de s'engager.
Cette volonté peut résulter d'une déclaration ou d'un comportement non équivoque de son auteur.

C. civil, Art. 1114 (modifié par Ordonnance n°2016-131 du 10 février 2016 - art. 2)
L'offre, faite à personne déterminée ou indéterminée, comprend les éléments essentiels du contrat envisagé et exprime la volonté de son auteur d'être lié en cas d'acceptation. A défaut, il y a seulement invitation à entrer en négociation.

C. civil, Art. 1115 (modifié par Ordonnance n°2016-131 du 10 février 2016 - art. 2)
Elle peut être librement rétractée tant qu'elle n'est pas parvenue à son destinataire.

C. civil, Art. 1116 (modifié par Ordonnance n°2016-131 du 10 février 2016 - art. 2)
Elle ne peut être rétractée avant l'expiration du délai fixé par son auteur ou, à défaut, l'issue d'un délai raisonnable.
La rétractation de l'offre en violation de cette interdiction empêche la conclusion du contrat.
Elle engage la responsabilité extracontractuelle de son auteur dans les conditions du droit commun sans l'obliger à compenser la perte des avantages attendus du contrat.

C. civil, Art. 1117 (modifié par Ordonnance n°2018-287 du 20 avril 2018 - art. 4)
L'offre est caduque à l'expiration du délai fixé par son auteur ou, à défaut, à l'issue d'un délai raisonnable.
Elle l'est également en cas d'incapacité ou de décès de son auteur, ou de décès de son destinataire.

NOTA : Conformément aux dispositions du I de l'article 16 de la loi n° 2018-287 du 20 avril 2018, les dispositions de l'article 1117 dans leur rédaction résultant de ladite loi sont applicables aux actes juridiques conclus ou établis à compter de son entrée en vigueur.

C. civil, Art. 1118 (modifié par Ordonnance n°2016-131 du 10 février 2016 - art. 2)
L'acceptation est la manifestation de volonté de son auteur d'être lié dans les termes de l'offre.
Tant que l'acceptation n'est pas parvenue à l'offrant, elle peut être librement rétractée, pourvu que la rétractation parvienne à l'offrant avant l'acceptation.
L'acceptation non conforme à l'offre est dépourvue d'effet, sauf à constituer une offre nouvelle.

C. civil, Art. 1119 (modifié par Ordonnance n°2016-131 du 10 février 2016 - art. 2)
Les conditions générales invoquées par une partie n'ont effet à l'égard de l'autre que si elles ont été portées à la connaissance de celle-ci et si elle les a acceptées.
En cas de discordance entre des conditions générales invoquées par l'une et l'autre des parties, les clauses incompatibles sont sans effet.
En cas de discordance entre des conditions générales et des conditions particulières, les secondes l'emportent sur les premières.

C. civil, Art. 1120 (modifié par Ordonnance n°2016-131 du 10 février 2016 - art. 2)
Le silence ne vaut pas acceptation, à moins qu'il n'en résulte autrement de la loi, des usages, des relations d'affaires ou de circonstances particulières.

C. civil, Art. 1121 (modifié par Ordonnance n°2016-131 du 10 février 2016 - art. 2)
Le contrat est conclu dès que l'acceptation parvient à l'offrant. Il est réputé l'être au lieu où l'acceptation est parvenue.

C. civil, Art. 1122 (modifié par Ordonnance n°2016-131 du 10 février 2016 - art. 2)
La loi ou le contrat peuvent prévoir un délai de réflexion, qui est le délai avant l'expiration duquel le destinataire de l'offre ne peut manifester son acceptation ou un délai de rétractation, qui est le délai avant l'expiration duquel son bénéficiaire peut rétracter son consentement.

C. civil, Art. 1123 (modifié par Ordonnance n°2016-131 du 10 février 2016 - art. 2)
Le pacte de préférence est le contrat par lequel une partie s'engage à proposer prioritairement à son bénéficiaire de traiter avec lui pour le cas où elle déciderait de contracter.
Lorsqu'un contrat est conclu avec un tiers en violation d'un pacte de préférence, le bénéficiaire peut obtenir la réparation du préjudice subi. Lorsque le tiers connaissait l'existence du pacte et l'intention du bénéficiaire de s'en prévaloir, ce dernier peut également agir en nullité ou demander au juge de le substituer au tiers dans le contrat conclu.
Le tiers peut demander par écrit au bénéficiaire de confirmer dans un délai qu'il fixe et qui doit être raisonnable, l'existence d'un pacte de préférence et s'il entend s'en prévaloir.
L'écrit mentionne qu'à défaut de réponse dans ce délai, le bénéficiaire du pacte ne pourra plus solliciter sa substitution au contrat conclu avec le tiers ou la nullité du contrat.
NOTA : Conformément à l'article 9 de l'ordonnance n° 2016-131 du 10 février 2016, modifié par l'article 16 de la loi n° 2018-287 du 20 avril 2018, les présentes dispositions entreront en vigueur le 1er octobre 2016. Les contrats conclus avant cette date demeurent soumis à la loi ancienne, y compris pour leurs effets légaux et pour les dispositions d'ordre public.
Toutefois, les dispositions des troisième et quatrième alinéas du présent article sont applicables dès l'entrée en vigueur de ladite ordonnance.

C. civil, Art. 1124 (modifié par Ordonnance n°2016-131 du 10 février 2016 - art. 2)
La promesse unilatérale est le contrat par lequel une partie, le promettant, accorde à l'autre, le bénéficiaire, le droit d'opter pour la conclusion d'un contrat dont les éléments essentiels sont déterminés, et pour la formation duquel ne manque que le consentement du bénéficiaire.
La révocation de la promesse pendant le temps laissé au bénéficiaire pour opter n'empêche pas la formation du contrat promis.
Le contrat conclu en violation de la promesse unilatérale avec un tiers qui en connaissait l'existence est nul.

C. civil, Art. 1125 (modifié par Ordonnance n°2016-131 du 10 février 2016 - art. 2)
La voie électronique peut être utilisée pour mettre à disposition des stipulations contractuelles ou des informations sur des biens ou services.

C. civil, Art. 1126 (modifié par Ordonnance n°2016-131 du 10 février 2016 - art. 2)
Les informations qui sont demandées en vue de la conclusion d'un contrat ou celles qui sont adressées au cours de son exécution peuvent être transmises par courrier électronique si leur destinataire a accepté l'usage de ce moyen.

C. civil, Art. 1127 (modifié par Ordonnance n°2016-131 du 10 février 2016 - art. 2)
Les informations destinées à un professionnel peuvent lui être adressées par courrier électronique, dès lors qu'il a communiqué son adresse électronique.
Si ces informations doivent être portées sur un formulaire, celui-ci est mis, par voie électronique, à la disposition de la personne qui doit le remplir.

C. civil, Art. 1127-1 (modifié par Ordonnance n°2016-131 du 10 février 2016 - art. 2)
Quiconque propose à titre professionnel, par voie électronique, la fourniture de biens ou la prestation de services, met à disposition les stipulations contractuelles applicables d'une manière qui permette leur conservation et leur reproduction.
L'auteur d'une offre reste engagé par elle tant qu'elle est accessible par voie électronique de son fait.
L'offre énonce en outre :

1) Les différentes étapes à suivre pour conclure le contrat par voie électronique ;
2) Les moyens techniques permettant au destinataire de l'offre, avant la conclusion du contrat, d'identifier d'éventuelles erreurs commises dans la saisie des données et de les corriger ;
3) Les langues proposées pour la conclusion du contrat au nombre desquelles doit figurer la langue française ;
4) Le cas échéant, les modalités d'archivage du contrat par l'auteur de l'offre et les conditions d'accès au contrat archivé ;
5) Les moyens de consulter par voie électronique les règles professionnelles et commerciales auxquelles l'auteur de l'offre entend, le cas échéant, se soumettre.

C. civil, Art. 1127-2 (modifié par Ordonnance n°2016-131 du 10 février 2016 - art. 2)
Le contrat n'est valablement conclu que si le destinataire de l'offre a eu la possibilité de vérifier le détail de sa commande et son prix total et de corriger d'éventuelles erreurs avant de confirmer celle-ci pour exprimer son acceptation définitive.
L'auteur de l'offre doit accuser réception sans délai injustifié, par voie électronique, de la commande qui lui a été adressée.
La commande, la confirmation de l'acceptation de l'offre et l'accusé de réception sont considérés comme reçus lorsque les parties auxquelles ils sont adressés peuvent y avoir accès.

C. civil, Art. 1127-3 (modifié par Ordonnance n°2016-131 du 10 février 2016 - art. 2)
Il est fait exception aux obligations visées aux 1° à 5° de l'article 1127-1 et aux deux premiers alinéas de l'article 1127-2 pour les contrats de fourniture de biens ou de prestation de services qui sont conclus exclusivement par échange de courriers électroniques.
Il peut, en outre, être dérogé aux dispositions des 1° à 5° de l'article 1127-1 et de l'article 1127-2 dans les contrats conclus entre professionnels.

C. civil, Art. 1127-4 (modifié par Ordonnance n°2016-1321 du 7 octobre 2016 - art. 93)
Hors les cas prévus aux articles 1125 et 1126, la remise d'un écrit électronique est effective lorsque le destinataire, après avoir pu en prendre connaissance, en a accusé réception.
Si une disposition prévoit que l'écrit doit être lu au destinataire, la remise d'un écrit électronique à l'intéressé dans les conditions prévues au premier alinéa vaut lecture.

C. civil, Art. 1128 (modifié par Ordonnance n°2016-131 du 10 février 2016 - art. 2)
Sont nécessaires à la validité d'un contrat :
1° Le consentement des parties;
2° Leur capacité de contracter;
3° Un contenu licite et certain.

C. civil, Art. 1129 (modifié par Ordonnance n°2016-131 du 10 février 2016 - art. 2)
Conformément à l'article 414-1, il faut être sain d'esprit pour consentir valablement à un contrat.

C. civil, Art. 1130 (modifié par Ordonnance n°2016-131 du 10 février 2016 - art. 2)
L'erreur, le dol et la violence vicient le consentement lorsqu'ils sont de telle nature que, sans eux, l'une des parties n'aurait pas contracté ou aurait contracté à des conditions substantiellement différentes.
Leur caractère déterminant s'apprécie eu égard aux personnes et aux circonstances dans lesquelles le consentement a été donné.

C. civil, Art. 1131 (modifié par Ordonnance n°2016-131 du 10 février 2016 - art. 2)
Conformément à l'article 414-1, il faut être sain d'esprit pour consentir valablement à un contrat.

C. civil, Art. 1132 (modifié par Ordonnance n°2016-131 du 10 février 2016 - art. 2)
L'erreur de droit ou de fait, à moins qu'elle ne soit inexcusable, est une cause de nullité du contrat lorsqu'elle porte sur les qualités essentielles de la prestation due ou sur celles du cocontractant.

C. civil, Art. 1133 (modifié par Ordonnance n°2016-131 du 10 février 2016 - art. 2)
Les qualités essentielles de la prestation sont celles qui ont été expressément ou tacitement convenues et en considération desquelles les parties ont contracté.
L'erreur est une cause de nullité qu'elle porte sur la prestation de l'une ou de l'autre partie.
L'acceptation d'un aléa sur une qualité de la prestation exclut l'erreur relative à cette qualité.

C. civil, Art. 1134 (modifié par Ordonnance n°2016-131 du 10 février 2016 - art. 2)
L'erreur sur les qualités essentielles du cocontractant n'est une cause de nullité que dans les contrats conclus en considération de la personne.

C. civil, Art. 1135 (modifié par Ordonnance n°2016-131 du 10 février 2016 - art. 2)
L'erreur sur un simple motif, étranger aux qualités essentielles de la prestation due ou du cocontractant, n'est pas une cause de nullité, à moins que les parties n'en aient fait expressément un élément déterminant de leur consentement.
Néanmoins l'erreur sur le motif d'une libéralité, en l'absence duquel son auteur n'aurait pas disposé, est une cause de nullité.

C. civil, Art. 1136 (modifié par Ordonnance n°2016-131 du 10 février 2016 - art. 2)
L'erreur sur la valeur par laquelle, sans se tromper sur les qualités essentielles de la prestation, un contractant fait seulement de celle-ci une appréciation économique inexacte, n'est pas une cause de nullité.

C. civil, Art. 1137 (modifié par Loi n°2018-287 du 20 avril 2018 - art. 5)
Le dol est le fait pour un contractant d'obtenir le consentement de l'autre par des manœuvres ou des mensonges.
Constitue également un dol la dissimulation intentionnelle par l'un des contractants d'une information dont il sait le caractère déterminant pour l'autre partie.
Néanmoins, ne constitue pas un dol le fait pour une partie de ne pas révéler à son cocontractant son estimation de la valeur de la prestation.
NOTA : Conformément aux dispositions du I de l'article 16 de la loi n° 2018-287 du 20 avril 2018, les dispositions de l'article 1137 dans leur rédaction résultant de ladite loi sont applicables aux actes juridiques conclus ou établis à compter de son entrée en vigueur.

C. civil, Art. 1138 (modifié par Ordonnance n°2016-131 du 10 février 2016 - art. 2)
Le dol est également constitué s'il émane du représentant, gérant d'affaires, préposé ou porte-fort du contractant.
Il l'est encore lorsqu'il émane d'un tiers de connivence.

C. civil, Art. 1139 (modifié par Ordonnance n°2016-131 du 10 février 2016 - art. 2)
L'erreur qui résulte d'un dol est toujours excusable; elle est une cause de nullité alors même qu'elle porterait sur la valeur de la prestation ou sur un simple motif du contrat.

C. civil, Art. 1140 (modifié par Ordonnance n°2016-131 du 10 février 2016 - art. 2)
Il y a violence lorsqu'une partie s'engage sous la pression d'une contrainte qui lui inspire la crainte d'exposer sa personne, sa fortune ou celles de ses proches à un mal considérable.

C. civil, Art. 1141 (modifié par Ordonnance n°2016-131 du 10 février 2016 - art. 2)
La menace d'une voie de droit ne constitue pas une violence. Il en va autrement lorsque la voie de droit est détournée de son but ou lorsqu'elle est invoquée ou exercée pour obtenir un avantage manifestement excessif.

C. civil, Art. 1142 (modifié par Ordonnance n°2016-131 du 10 février 2016 - art. 2)
La violence est une cause de nullité qu'elle ait été exercée par une partie ou par un tiers.

C. civil, Art. 1143 (modifié par Loi n°2018-287 du 20 avril 2018 - art. 5)
Il y a également violence lorsqu'une partie, abusant de l'état de dépendance dans lequel se trouve son cocontractant à son égard, obtient de lui un engagement qu'il n'aurait pas souscrit en l'absence d'une telle contrainte et en tire un avantage manifestement excessif.
NOTA : Conformément aux dispositions du I de l'article 16 de la loi n° 2018-287 du 20 avril 2018, les modifications apportées par ladite loi aux dispositions de l'article 1143 ont un caractère interprétatif.

C. civil, Art. 1144 (modifié par Ordonnance n°2016-131 du 10 février 2016 - art. 2)
Le délai de l'action en nullité ne court, en cas d'erreur ou de dol, que du jour où ils ont été découverts et, en cas de violence, que du jour où elle a cessé.

C. civil, Art. 1145 (modifié par Loi n°2018-287 du 20 avril 2018 - art. 5)
Toute personne physique peut contracter sauf en cas d'incapacité prévue par la loi.
La capacité des personnes morales est limitée par les règles applicables à chacune d'entre elles.

NOTA : Conformément aux dispositions du I de l'article 16 de la loi n° 2018-287 du 20 avril 2018, les dispositions de l'article 1145 dans leur rédaction résultant de ladite loi sont applicables aux actes juridiques conclus ou établis à compter de son entrée en vigueur.

C. civil, Art. 1146 (modifié par Ordonnance n°2016-131 du 10 février 2016 - art. 2)
Sont incapables de contracter, dans la mesure définie par la loi :
1° Les mineurs non émancipés;
2° Les majeurs protégés au sens de l'article 425.

C. civil, Art. 1147 (modifié par Ordonnance n°2016-131 du 10 février 2016 - art. 2)
L'incapacité de contracter est une cause de nullité relative.

C. civil, Art. 1148 (modifié par Ordonnance n°2016-131 du 10 février 2016 - art. 2)
Toute personne incapable de contracter peut néanmoins accomplir seule les actes courants autorisés par la loi ou l'usage, pourvu qu'ils soient conclus à des conditions normales.

C. civil, Art. 1149 (modifié par Ordonnance n°2016-131 du 10 février 2016 - art. 2)
Les actes courants accomplis par le mineur peuvent être annulés pour simple lésion. Toutefois, la nullité n'est pas encourue lorsque la lésion résulte d'un événement imprévisible.
La simple déclaration de majorité faite par le mineur ne fait pas obstacle à l'annulation.
Le mineur ne peut se soustraire aux engagements qu'il a pris dans l'exercice de sa profession.

C. civil, Art. 1150 (modifié par Ordonnance n°2016-131 du 10 février 2016 - art. 2)
Les actes accomplis par les majeurs protégés sont régis par les articles 435,465 et 494-9 sans préjudice des articles 1148,1151 et 1352-4.

C. civil, Art. 1151 (modifié par Ordonnance n°2016-131 du 10 février 2016 - art. 2)
Le contractant capable peut faire obstacle à l'action en nullité engagée contre lui en établissant que l'acte était utile à la personne protégée et exempt de lésion ou qu'il a profité à celle-ci.
Il peut aussi opposer à l'action en nullité la confirmation de l'acte par son cocontractant devenu ou redevenu capable.

C. civil, Art. 1152 (modifié par Ordonnance n°2016-131 du 10 février 2016 - art. 2)
La prescription de l'action court :
1° A l'égard des actes faits par un mineur, du jour de la majorité ou de l'émancipation ;
2° A l'égard des actes faits par un majeur protégé, du jour où il en a eu connaissance alors qu'il était en situation de les refaire valablement ;
3° A l'égard des héritiers de la personne en tutelle ou en curatelle ou de la personne faisant l'objet d'une habilitation familiale, du jour du décès si elle n'a commencé à courir auparavant.

La nullité du contrat (ancienne condition résolutoire)

C. civil, Art. 1183 (modifié par Ordonnance n°2016-131 du 10 février 2016 - art. 2)
Une partie peut demander par écrit à celle qui pourrait se prévaloir de la nullité soit de confirmer le contrat soit d'agir en nullité dans un délai de six mois à peine de forclusion. La cause de la nullité doit avoir cessé.
L'écrit mentionne expressément qu'à défaut d'action en nullité exercée avant l'expiration du délai de six mois, le contrat sera réputé confirmé.
NOTA : Conformément à l'article 9 de l'ordonnance n° 2016-131 du 10 février 2016, les dispositions du présent article sont applicables dès l'entrée en vigueur de ladite ordonnance.

C. civil, Art. 1184 (modifié par Ordonnance n°2016-131 du 10 février 2016 - art. 2)
Lorsque la cause de nullité n'affecte qu'une ou plusieurs clauses du contrat, elle n'emporte nullité de l'acte tout entier que si cette ou ces clauses ont constitué un élément déterminant de l'engagement des parties ou de l'une d'elles.
Le contrat est maintenu lorsque la loi répute la clause non écrite, ou lorsque les fins de la règle méconnue exigent son maintien.

C. civil, Art. 1185 (modifié par Ordonnance n°2016-131 du 10 février 2016 - art. 2)
L'exception de nullité ne se prescrit pas si elle se rapporte à un contrat qui n'a reçu aucune exécution.

Le contenu du contrat de travail

Art. L.1121-1 (version en vigueur au 1er mai 2018)
Nul ne peut apporter aux droits des personnes et aux libertés individuelles et collectives de restrictions qui ne seraient pas justifiées par la nature de la tâche à accomplir ni proportionnées au but recherché.

Le contrat à durée déterminée (CDD)

Art. L.1242-1 (version en vigueur au 1er mai 2018)
Un contrat de travail à durée déterminée, quel que soit son motif, ne peut avoir ni pour objet ni pour effet de pourvoir durablement un emploi lié à l'activité normale et permanente de l'entreprise.

Art. L.1242-2 (modifié par Loi n°2018-727 du 10 août 2018 - art. 18)
Sous réserve des dispositions de l'article L.1242-3, un contrat de travail à durée déterminée ne peut être conclu que pour l'exécution d'une tâche précise et temporaire, et seulement dans les cas suivants :

1) Remplacement d'un salarié en cas :
   a) D'absence ;
   b) De passage provisoire à temps partiel, conclu par avenant à son contrat de travail ou par échange écrit entre ce salarié et son employeur ;
   c) De suspension de son contrat de travail ;
   d) De départ définitif précédant la suppression de son poste de travail après consultation du comité social et économique, s'il existe ;
   e) D'attente de l'entrée en service effective du salarié recruté par contrat à durée indéterminée appelé à le remplacer ;
2) Accroissement temporaire de l'activité de l'entreprise ;
3) Emplois à caractère saisonnier, dont les tâches sont appelées à se répéter chaque année selon une périodicité à peu près fixe, en fonction du rythme des saisons ou des modes de vie collectifs ou emplois pour lesquels, dans certains secteurs d'activité définis par décret ou par convention ou accord collectif de travail étendu, il est d'usage constant de ne pas recourir au contrat de travail à durée indéterminée en raison de la nature de l'activité exercée et du caractère par nature temporaire de ces emplois. Lorsque la durée du contrat de travail est inférieure à un mois, un seul bulletin de paie est émis par l'employeur ;
4) Remplacement d'un chef d'entreprise artisanale, industrielle ou commerciale, d'une personne exerçant une profession libérale, de son conjoint participant effectivement à l'activité de l'entreprise à titre professionnel et habituel ou d'un associé non salarié d'une société civile professionnelle, d'une société civile de moyens d'une société d'exercice libéral ou de toute autre personne morale exerçant une profession libérale ;

5) Remplacement du chef d'une exploitation agricole ou d'une entreprise mentionnée aux 1° à 4° de l'article L.722-1 du code rural et de la pêche maritime, d'un aide familial, d'un associé d'exploitation, ou de leur conjoint mentionné à l'article L.722-10 du même code dès lors qu'il participe effectivement à l'activité de l'exploitation agricole ou de l'entreprise ;
6) Recrutement d'ingénieurs et de cadres, au sens des conventions collectives, en vue de la réalisation d'un objet défini lorsqu'un accord de branche étendu ou, à défaut, un accord d'entreprise le prévoit et qu'il définit :
    a) Les nécessités économiques auxquelles ces contrats sont susceptibles d'apporter une réponse adaptée ;
    b) Les conditions dans lesquelles les salariés sous contrat à durée déterminée à objet défini bénéficient de garanties relatives à l'aide au reclassement, à la validation des acquis de l'expérience, à la priorité de réembauche et à l'accès à la formation professionnelle continue et peuvent, au cours du délai de prévenance, mobiliser les moyens disponibles pour organiser la suite de leur parcours professionnel ;
    c) Les conditions dans lesquelles les salariés sous contrat à durée déterminée à objet défini ont priorité d'accès aux emplois en contrat à durée indéterminée dans l'entreprise.

Art. L.1242-3 (version en vigueur au 1er mai 2018)
Outre les cas prévus à l'article L.1242-2, un contrat de travail à durée déterminée peut être conclu :
1) Au titre de dispositions légales destinées à favoriser le recrutement de certaines catégories de personnes sans emploi ;
2) Lorsque l'employeur s'engage, pour une durée et dans des conditions déterminées par décret, à assurer un complément de formation professionnelle au salarié.

Art. L.1242-5 (modifié par Ordonnance n°2017-1386 du 22 septembre 2017 - art. 4)
Dans les six mois suivant un licenciement pour motif économique, il est interdit de conclure un contrat de travail à durée déterminée au titre d'un accroissement temporaire de l'activité, y compris pour l'exécution d'une tâche occasionnelle, précisément définie et non durable, ne relevant pas de l'activité normale de l'entreprise. Cette interdiction porte sur les postes concernés par le licenciement dans l'établissement. L'interdiction ne s'applique pas : 1° Lorsque la durée du contrat de travail n'est pas susceptible de renouvellement et n'excède pas trois mois; 2° Lorsque le contrat est lié à la survenance dans l'entreprise, qu'il s'agisse de celle de l'entrepreneur principal ou de celle d'un sous-traitant, d'une commande exceptionnelle à l'exportation dont l'importance nécessite la mise en œuvre de moyens quantitativement ou qualitativement exorbitants de ceux que l'entreprise utilise ordinairement. Cette possibilité de recrutement est subordonnée à l'information et à la consultation préalables du comité social et économique, s'il existe. Les dérogations prévues aux 1° et 2° n'exonèrent pas l'employeur de respecter la priorité de réembauche prévue à l'article L.1233-45.

Art. L.1242-7 (modifié par Loi n°2016-1088 du 8 août 2016 - art. 86 (V))
Le contrat de travail à durée déterminée comporte un terme fixé avec précision dès sa conclusion. Toutefois, le contrat peut ne pas comporter de terme précis lorsqu'il est conclu dans l'un des cas suivants :
1) Remplacement d'un salarié absent ;
2) Remplacement d'un salarié dont le contrat de travail est suspendu ;
3) Dans l'attente de l'entrée en service effective d'un salarié recruté par contrat à durée indéterminée;
4) Emplois à caractère saisonnier définis au 3° de l'article L.1242-2 ou pour lesquels, dans certains secteurs d'activité définis par décret ou par voie de convention ou d'accord collectif étendu,

il est d'usage constant de ne pas recourir au contrat de travail à durée indéterminée en raison de la nature de l'activité exercée et du caractère par nature temporaire de ces emplois ;

5) Remplacement de l'une des personnes mentionnées aux 4° et 5° de l'article L.1242-2 ;
6) Recrutement d'ingénieurs et de cadres en vue de la réalisation d'un objet défini, prévu au 6° de l'article L.1242-2.

Le contrat de travail à durée déterminée est alors conclu pour une durée minimale. Il a pour terme la fin de l'absence de la personne remplacée ou la réalisation de l'objet pour lequel il a été conclu.

Art. L.1242-8-1 (modifié par Ordonnance n°2017-1387 du 22 septembre 2017 - art. 22)

A défaut de stipulation dans la convention ou l'accord de branche conclu en application de l'article L.1242-8, la durée totale du contrat de travail à durée déterminée ne peut excéder dix-huit mois compte tenu, le cas échéant, du ou des renouvellements intervenant dans les conditions prévues à l'article L.1243-13 ou, lorsqu'il s'applique, à l'article L.1243-13-1.

Cette durée est réduite à neuf mois lorsque le contrat est conclu dans l'attente de l'entrée en service effective d'un salarié recruté par contrat à durée indéterminée ou lorsque son objet consiste en la réalisation des travaux urgents nécessités par des mesures de sécurité.

Elle est également de vingt-quatre mois :

1) Lorsque le contrat est exécuté à l'étranger ;
2) Lorsque le contrat est conclu dans le cadre du départ définitif d'un salarié précédant la suppression de son poste de travail ;
3) Lorsque survient dans l'entreprise, qu'il s'agisse de celle de l'entrepreneur principal ou de celle d'un sous-traitant, une commande exceptionnelle à l'exportation dont l'importance nécessite la mise en œuvre de moyens quantitativement ou qualitativement exorbitants de ceux que l'entreprise utilise ordinairement. Dans ce cas, la durée initiale du contrat ne peut être inférieure à six mois et l'employeur doit procéder, préalablement aux recrutements envisagés, à la consultation du comité social et économique, s'il existe.

Les dispositions du présent article ne sont pas applicables au contrat de travail à durée déterminée conclu en application du 6° de l'article L.1242-2 et de l'article L.1242-3.

NOTA : Conformément à l'article 40-VIII de l'ordonnance n° 2017-1387 du 22 septembre 2017, ces dispositions sont applicables aux contrats de travail conclus postérieurement à la publication de ladite ordonnance.

Art. L.1242-8-2 (modifié par Ordonnance n° 2017-1387 du 22 septembre 2017 - art. 22)

Le contrat de travail à durée déterminée mentionné au 6° de l'article L.1242-2 est conclu pour une durée minimale de dix-huit mois et une durée maximale de trente-six mois. Il ne peut pas être renouvelé.

NOTA : Conformément à l'article 40-VIII de l'ordonnance n° 2017-1387 du 22 septembre 2017, ces dispositions sont applicables aux contrats de travail conclus postérieurement à la publication de ladite ordonnance.

Art. L.1242-9 (version en vigueur au 1er mai 2018)

Lorsque le contrat de travail à durée déterminée est conclu pour remplacer un salarié temporairement absent ou dont le contrat de travail est suspendu ou pour un remplacement effectué au titre des 4° et 5° de l'article L.1242-2, il peut prendre effet avant l'absence de la personne à remplacer.

Art. L.1242-10 (version en vigueur au 1er mai 2018)

Le contrat de travail à durée déterminée peut comporter une période d'essai.

Sauf si des usages ou des stipulations conventionnelles prévoient des durées moindres, cette période d'essai ne peut excéder une durée calculée à raison d'un jour par semaine, dans la limite de deux semaines lorsque la durée initialement prévue au contrat est au plus égale à six mois et d'un mois dans les autres cas.
Lorsque le contrat ne comporte pas de terme précis, la période d'essai est calculée par rapport à la durée minimale du contrat.

Art. L.1242-11 (version en vigueur au 1er mai 2018)
Ne sont pas applicables pendant la période d'essai les dispositions relatives :
1) A la prise d'effet du contrat prévue à l'article L.1242-9 ;
2) A la rupture anticipée du contrat prévue aux articles L.1243-1 à L.1243-4 ;
3) Au report du terme du contrat prévu à l'article L.1243-7 ;
4) A l'indemnité de fin de contrat prévue à l'article L.1243-8.

Art. L.1242-12 (version en vigueur au 1er mai 2018)
Le contrat de travail à durée déterminée est établi par écrit et comporte la définition précise de son motif. A défaut, il est réputé conclu pour une durée indéterminée.
Il comporte notamment :
1) Le nom et la qualification professionnelle de la personne remplacée lorsqu'il est conclu au titre des 1°, 4° et 5° de l'article L.1242-2 ;
2) La date du terme et, le cas échéant, une clause de renouvellement lorsqu'il comporte un terme précis ;
3) La durée minimale pour laquelle il est conclu lorsqu'il ne comporte pas de terme précis ;
4) La désignation du poste de travail en précisant, le cas échéant, si celui-ci figure sur la liste des postes de travail présentant des risques particuliers pour la santé ou la sécurité des salariés prévue à l'article L.4154-2, la désignation de l'emploi occupé ou, lorsque le contrat est conclu pour assurer un complément de formation professionnelle au salarié au titre du 2° de l'article L.1242-3, la désignation de la nature des activités auxquelles participe le salarié dans l'entreprise ;
5) L'intitulé de la convention collective applicable ;
6) La durée de la période d'essai éventuellement prévue ;
7) Le montant de la rémunération et de ses différentes composantes, y compris les primes et accessoires de salaire s'il en existe ;
8) Le nom et l'adresse de la caisse de retraite complémentaire ainsi que, le cas échéant, ceux de l'organisme de prévoyance.

Art. L.1242-12-1 (créé par Loi n°2014-1545 du 20 décembre 2014 - art. 6)
Lorsque le contrat de travail à durée déterminée est conclu en application du 6° de l'article L.1242-2, il comporte également :
1) La mention « contrat à durée déterminée à objet défini « ;
2) L'intitulé et les références de l'accord collectif qui institue ce contrat ;
3) Une clause descriptive du projet et la mention de sa durée prévisible ;
4) La définition des tâches pour lesquelles le contrat est conclu ;
5) L'évènement ou le résultat objectif déterminant la fin de la relation contractuelle ;
6) Le délai de prévenance de l'arrivée au terme du contrat et, le cas échéant, de la proposition de poursuite de la relation de travail en contrat à durée indéterminée ;
7) Une clause mentionnant la possibilité de rupture à la date anniversaire de la conclusion du contrat, par l'une ou l'autre partie, pour un motif réel et sérieux et le droit pour le salarié, lorsque

cette rupture est à l'initiative de l'employeur, à une indemnité égale à 10 % de la rémunération totale brute du salarié.

Art. L.1242-13 (version en vigueur au 1er mai 2018)
Le contrat de travail est transmis au salarié, au plus tard, dans les deux jours ouvrables suivant l'embauche.

Art. L.1242-14 (version en vigueur au 1er mai 2018)
Les dispositions légales et conventionnelles ainsi que celles résultant des usages applicables aux salariés titulaires d'un contrat de travail à durée indéterminée s'appliquent également aux salariés titulaires d'un contrat à durée déterminée, à l'exception des dispositions concernant la rupture du contrat de travail.

Art. L.1243-4 (version en vigueur au 1er mai 2018)
La rupture anticipée du contrat de travail à durée déterminée qui intervient à l'initiative de l'employeur, en dehors des cas de faute grave ou de force majeure, ouvre droit pour le salarié à des dommages et intérêts d'un montant au moins égal aux rémunérations qu'il aurait perçues jusqu'au terme du contrat, sans préjudice de l'indemnité de fin de contrat prévue à l'article L.1243-8.
Toutefois, lorsque le contrat de travail est rompu avant l'échéance du terme en raison d'un sinistre relevant d'un cas de force majeure, le salarié a également droit à une indemnité compensatrice dont le montant est égal aux rémunérations qu'il aurait perçues jusqu'au terme du contrat. Cette indemnité est à la charge de l'employeur.

Art. L.1243-5 (version en vigueur au 1er mai 2018)
Le contrat de travail à durée déterminée cesse de plein droit à l'échéance du terme.
Toutefois, ce principe ne fait pas obstacle à l'application des dispositions relatives à la rupture du contrat de travail à durée déterminée :

1° Des salariés victimes d'un accident du travail ou d'une maladie professionnelle, prévues à l'article L.1226-19 ;
2° Des salariés titulaires d'un mandat de représentation mentionnés à l'article L.2412-1.

Art. L.1243-6 (version en vigueur au 1er mai 2018)
La suspension du contrat de travail à durée déterminée ne fait pas obstacle à l'échéance du terme.

Art. L.1243-7 (version en vigueur au 1er mai 2018)
Lorsque le contrat de travail à durée déterminée est conclu pour remplacer un salarié temporairement absent ou dont le contrat de travail est suspendu ou pour un remplacement effectué au titre des 4° et 5° de l'article L.1242-2, le terme du contrat initialement fixé peut être reporté jusqu'au surlendemain du jour où la personne remplacée reprend son emploi.

Art. L.1243-8 (version en vigueur au 1er mai 2018)
Lorsque, à l'issue d'un contrat de travail à durée déterminée, les relations contractuelles de travail ne se poursuivent pas par un contrat à durée indéterminée, le salarié a droit, à titre de complément de salaire, à une indemnité de fin de contrat destinée à compenser la précarité de sa situation.
Cette indemnité est égale à 10 % de la rémunération totale brute versée au salarié.
Elle s'ajoute à la rémunération totale brute due au salarié. Elle est versée à l'issue du contrat en même temps que le dernier salaire et figure sur le bulletin de salaire correspondant.

Art. L.1243-9 (version en vigueur au 1er mai 2018)
En vue d'améliorer la formation professionnelle des salariés titulaires de contrat de travail à durée déterminée, une convention ou un accord collectif de branche étendu ou une convention ou un accord d'entreprise ou d'établissement peut également prévoir de limiter le montant de l'indemnité

de fin de contrat à hauteur de 6 %, dès lors que des contreparties sont offertes à ces salariés, notamment sous la forme d'un accès privilégié à la formation professionnelle. Dans ce cas, la convention ou l'accord peut prévoir les conditions dans lesquelles ces salariés peuvent suivre, en dehors du temps de travail effectif, un bilan de compétences. Ce bilan de compétences est réalisé dans le cadre du plan de formation au titre de la participation des employeurs au financement de la formation professionnelle.

La période d'essai des CDI, des CTT, des VRP et des apprentis

Art. L.1221-19 (créé par Loi n°2008-596 du 25 juin 2008 - art. 2(V))
Le contrat de travail à durée indéterminée peut comporter une période d'essai dont la durée maximale est :

1) Pour les ouvriers et les employés, de deux mois ;
2) Pour les agents de maîtrise et les techniciens, de trois mois ;
3) Pour les cadres, de quatre mois.

Art. L.1221-20 (créé par Loi n°2008-596 du 25 juin 2008 - art. 2(V))
La période d'essai permet à l'employeur d'évaluer les compétences du salarié dans son travail, notamment au regard de son expérience, et au salarié d'apprécier si les fonctions occupées lui conviennent.

Art. L.1221-21 (créé par Loi n°2008-596 du 25 juin 2008 - art. 2(V))
La période d'essai peut être renouvelée une fois si un accord de branche étendu le prévoit. Cet accord fixe les conditions et les durées de renouvellement.
La durée de la période d'essai, renouvellement compris, ne peut pas dépasser :

1) Quatre mois pour les ouvriers et employés ;
2) Six mois pour les agents de maîtrise et techniciens ;
3) Huit mois pour les cadres.

Art. L.1221-22 (créé par Loi n°2008-596 du 25 juin 2008 - art. 2(V))
Les durées des périodes d'essai fixées par les articles L.1221-19 et L.1221-21 ont un caractère impératif, à l'exception :

- de durées plus longues fixées par les accords de branche conclus avant la date de publication de la loi n° 2008-596 du 25 juin 2008 portant modernisation du marché du travail ;
- de durées plus courtes fixées par des accords collectifs conclus après la date de publication de la loi n° 2008-596 du 25 juin 2008 précitée ;
- de durées plus courtes fixées dans la lettre d'engagement ou le contrat de travail.

Art. L.1221-23 (créé par Loi n°2008-596 du 25 juin 2008 - art. 2(V))
La période d'essai et la possibilité de la renouveler ne se présument pas. Elles sont expressément stipulées dans la lettre d'engagement ou le contrat de travail.

Art. L.1221-24 (modifié par Loi n°2014-788 du 10 juillet 2014 - art. 4)
En cas d'embauche dans l'entreprise dans les trois mois suivant l'issue du stage intégré à un cursus pédagogique réalisé lors de la dernière année d'études, la durée de ce stage est déduite de la période d'essai, sans que cela ait pour effet de réduire cette dernière de plus de la moitié, sauf accord collectif prévoyant des stipulations plus favorables. Lorsque cette embauche est effectuée dans un emploi en correspondance avec les activités qui avaient été confiées au stagiaire, la durée du stage est déduite intégralement de la période d'essai.
Lorsque le stagiaire est embauché par l'entreprise à l'issue d'un stage d'une durée supérieure à deux mois, au sens de l'article L.124-6 du code de l'éducation, la durée de ce stage est prise en compte pour l'ouverture et le calcul des droits liés à l'ancienneté.

Art. L.1221-25 (créé par Loi n°2008-596 du 25 juin 2008 - art. 2(V))
Lorsqu'il est mis fin, par l'employeur, au contrat en cours ou au terme de la période d'essai définie aux articles L.1221-19 à L.1221-24 ou à l'article L.1242-10 pour les contrats stipulant une période d'essai d'au moins une semaine, le salarié est prévenu dans un délai qui ne peut être inférieur à :

1) Vingt-quatre heures en deçà de huit jours de présence ;
2) Quarante-huit heures entre huit jours et un mois de présence ;
3) Deux semaines après un mois de présence ;
4) Un mois après trois mois de présence.

La période d'essai, renouvellement inclus, ne peut être prolongée du fait de la durée du délai de prévenance.
Lorsque le délai de prévenance n'a pas été respecté, son inexécution ouvre droit pour le salarié, sauf s'il a commis une faute grave, à une indemnité compensatrice. Cette indemnité est égale au montant des salaires et avantages que le salarié aurait perçus s'il avait accompli son travail jusqu'à l'expiration du délai de prévenance, indemnité compensatrice de congés payés comprise.

Art. L.1221-26 (créé par Loi n°2008-596 du 25 juin 2008 - art. 2(V))
Lorsqu'il est mis fin à la période d'essai par le salarié, celui-ci respecte un délai de prévenance de quarante-huit heures. Ce délai est ramené à vingt-quatre heures si la durée de présence du salarié dans l'entreprise est inférieure à huit jours.

Art. L.6222-16 (modifié par Loi n°2011-893 du 28 juillet 2011 - art. 8)
Si le contrat d'apprentissage est suivi de la signature d'un contrat de travail à durée indéterminée, d'un contrat à durée déterminée ou d'un contrat de travail temporaire dans la même entreprise, aucune période d'essai ne peut être imposée, sauf dispositions conventionnelles contraires.
La durée du contrat d'apprentissage est prise en compte pour le calcul de la rémunération et l'ancienneté du salarié.

Art. L.3123-9 (modifié par Loi n°2016-1088 du 8 août 2016 - art. 8(V))
Les heures complémentaires ne peuvent avoir pour effet de porter la durée de travail accomplie par un salarié à temps partiel au niveau de la durée légale du travail ou, si elle est inférieure, au niveau de la durée de travail fixée conventionnellement.

Art. L.1251-14 (version en vigueur au 1er mai 2018)
Le contrat de mission peut comporter une période d'essai dont la durée est fixée par convention ou accord professionnel de branche étendu ou par convention ou accord d'entreprise ou d'établissement.
A défaut de convention ou d'accord, cette durée ne peut excéder :

1) Deux jours si le contrat est conclu pour une durée inférieure ou égale à un mois ;
2) Trois jours si le contrat est conclu pour une durée supérieure à un mois et inférieure ou égale à deux mois ;
3) Cinq jours si le contrat est conclu pour une durée supérieure à deux mois.

Art. L. 7313-5 (version en vigueur au 1er mai 2018)
Le contrat de travail peut comporter une période d'essai dont la durée ne peut être supérieure à trois mois.

Art. L.6222-18 (modifié par Loi n°2015-994 du 17 août 2015 - art. 53)
Le contrat d'apprentissage peut être rompu par l'une ou l'autre des parties jusqu'à l'échéance des quarante-cinq premiers jours, consécutifs ou non, de formation pratique en entreprise effectuée par l'apprenti.
Passé ce délai, la rupture du contrat, pendant le cycle de formation, ne peut intervenir que sur accord écrit signé des deux parties. A défaut, la rupture du contrat conclu pour une durée limitée

ou, pendant la période d'apprentissage, du contrat conclu pour une durée indéterminée, ne peut être prononcée que par le conseil de prud'hommes, statuant en la forme des référés, en cas de faute grave ou de manquements répétés de l'une des parties à ses obligations ou en raison de l'inaptitude de l'apprenti à exercer le métier auquel il voulait se préparer.
En cas de liquidation judiciaire sans maintien de l'activité ou lorsqu'il est mis fin au maintien de l'activité en application du dernier alinéa de l'article L.641-10 du code de commerce et qu'il doit être mis fin au contrat d'apprentissage, le liquidateur notifie la rupture du contrat à l'apprenti. Cette rupture ouvre droit pour l'apprenti à des dommages et intérêts d'un montant au moins égal aux rémunérations qu'il aurait perçues jusqu'au terme du contrat.
Les articles L.1221-19 et L.1242-10 sont applicables lorsque après la rupture d'un contrat d'apprentissage, un nouveau contrat est conclu entre l'apprenti et un nouvel employeur pour achever la formation.
NOTA : Ces dispositions s'appliquent aux contrats d'apprentissage conclus après la publication de la loi n° 2015-994 du 17 août 2015.

La déclaration préalable à l'embauche

Art. L.1221-10 (version en vigueur au 1er mai 2018)
L'embauche d'un salarié ne peut intervenir qu'après déclaration nominative accomplie par l'employeur auprès des organismes de protection sociale désignés à cet effet.
L'employeur accomplit cette déclaration dans tous les lieux de travail où sont employés des salariés.

Art. L.1221-11 (version en vigueur au 1er mai 2018)
Le non-respect de l'obligation de déclaration préalable à l'embauche, constaté par les agents mentionnés à l'article L. 8271-7, entraîne une pénalité dont le montant est égal à trois cents fois le taux horaire du minimum garanti prévu à l'article L.3231-12.

Art. L.3231-12 (version en vigueur au 1er mai 2018)
Un minimum garanti est déterminé en fonction de l'évolution de l'indice national des prix à la consommation par application des dispositions de l'article L.3231-4. Il intervient notamment pour l'évaluation des avantages en nature.
Ce minimum garanti peut être porté, par voie réglementaire, à un niveau supérieur à celui résultant de l'application du premier alinéa.

Le bulletin de paie

Art. L.3243-1 (version en vigueur au 1er mai 2018)
Les dispositions du présent chapitre s'appliquent à toutes les personnes salariées ou travaillant à quelque titre ou en quelque lieu que ce soit pour un ou plusieurs employeurs et quels que soient le montant et la nature de leurs rémunérations, la forme, ou la validité de leur contrat.

Art. L.3243-2 (version en vigueur au 1er mai 2018)
Lors du paiement du salaire, l'employeur remet aux personnes mentionnées à l'article L.3243-1 une pièce justificative dite bulletin de paie. Il ne peut exiger aucune formalité de signature ou d'émargement autre que celle établissant que la somme reçue correspond bien au montant net figurant sur ce bulletin.
Sauf opposition du salarié, l'employeur peut procéder à la remise du bulletin de paie sous forme électronique, dans des conditions de nature à garantir l'intégrité, la disponibilité pendant une durée fixée par décret et la confidentialité des données ainsi que leur accessibilité dans le cadre du service associé au compte mentionné au 2° du II de l'article L. 5151-6. Un décret en Conseil d'Etat pris après

avis de la Commission nationale de l'informatique et des libertés détermine les modalités de cette accessibilité afin de préserver la confidentialité des données.
Les mentions devant figurer sur le bulletin ou y être annexées sont déterminées par décret en Conseil d'Etat.

Art. L.3243-3 (version en vigueur au 1er mai 2018)
L'acceptation sans protestation ni réserve d'un bulletin de paie par le travailleur ne peut valoir de sa part renonciation au paiement de tout ou partie du salaire et des indemnités ou accessoires de salaire qui lui sont dus en application de la loi, du règlement, d'une convention ou d'un accord collectif de travail ou d'un contrat.
Cette acceptation ne peut valoir non plus compte arrêté et réglé au sens de l'article 1269 du code de procédure civile.

Annexe Partie II – Le salaire et les primes

Le salaire

Art. L.3221-3 (version en vigueur au 1er mai 2018)
Constitue une rémunération au sens du présent chapitre, le salaire ou traitement ordinaire de base ou minimum et tous les autres avantages et accessoires payés, directement ou indirectement, en espèces ou en nature, par l'employeur au salarié en raison de l'emploi de ce dernier.

Art. L.3312-4 (modifié par Ordonnance n°2018-474 du 12 juin 2018 - art. 6)
Les sommes attribuées aux bénéficiaires en application de l'accord d'intéressement ou au titre du supplément d'intéressement mentionné à l'article L.3314-10 sont exclues des assiettes des cotisations définies aux articles L.131-6 et L.242-1 du code de la sécurité sociale et aux articles L.731-14, L.731-15 et L.741-10 du code rural et de la pêche maritime. Ces sommes ne peuvent se substituer à aucun des éléments de rémunération, au sens des mêmes articles, en vigueur dans l'entreprise ou qui deviennent obligatoires en vertu de dispositions légales ou de clauses contractuelles.
Toutefois, en cas de suppression totale ou partielle d'un élément de rémunération, cette règle de non-substitution ne peut avoir pour effet de remettre en cause les exonérations prévues tant au présent article qu'aux articles L.3315-1 à L.3315-3, dès lors qu'un délai de douze mois s'est écoulé entre le dernier versement de cet élément de rémunération et la date d'effet de cet accord.
Les sommes mentionnées au premier alinéa n'ont pas le caractère d'élément de salaire pour l'application de la législation du travail.
NOTA : Conformément à l'article 16 de l'ordonnance n° 2018-474 du 12 juin 2018, les présentes dispositions s'appliquent aux cotisations et contributions dues pour les périodes courant à compter du 1er septembre 2018.

Art. L.3231-1 (version en vigueur au 1er mai 2018)
Les dispositions du présent chapitre sont applicables, outre aux employeurs et salariés mentionnés à l'article L.3211-1, au personnel des établissements publics à caractère industriel et commercial et au personnel de droit privé des établissements publics administratifs.

Art. L.3231-2 (version en vigueur au 1er mai 2018)
Le salaire minimum de croissance assure aux salariés dont les rémunérations sont les plus faibles :
1° La garantie de leur pouvoir d'achat ;
2° Une participation au développement économique de la nation.

Art. L.3231-3 (version en vigueur au 1er mai 2018)
Sont interdites, dans les conventions ou accords collectifs de travail, les clauses comportant des indexations sur le salaire minimum de croissance ou des références à ce dernier en vue de la fixation et de la révision des salaires prévus par ces conventions ou accords.

Art. L.3231-4 (version en vigueur au 1er mai 2018)
La garantie du pouvoir d'achat des salariés prévue au 1° de l'article L.3231-2 est assurée par l'indexation du salaire minimum de croissance sur l'évolution de l'indice national des prix à la consommation institué comme référence par voie réglementaire.

Art. L.3231-5 (version en vigueur au 1er mai 2018)
Lorsque l'indice national des prix à la consommation atteint un niveau correspondant à une hausse d'au moins 2 % par rapport à l'indice constaté lors de l'établissement du salaire minimum de croissance immédiatement antérieur, le salaire minimum de croissance est relevé dans la même proportion à compter du premier jour du mois qui suit la publication de l'indice entraînant ce relèvement.

Art. L.3231-6 (modifié par Loi n°2008-1258 du 3 décembre 2008 - art. 24(V))
La participation des salariés au développement économique de la nation prévue au 2° de l'article L.3231-2 est assurée, indépendamment de l'application de l'article L.3231-4, par la fixation du salaire minimum de croissance, chaque année avec effet au 1er janvier.
NOTA : Loi n° 2008-1258 du 3 décembre 2008 article 24 III : L'article L.3231-6 du code du travail, dans sa rédaction issue de la présente loi, est applicable à compter du 1er janvier 2010. La date d'effet de la fixation du salaire minimum de croissance pour l'année 2009 est maintenue au 1er juillet.

Art. L.3231-7 (version en vigueur au 1er mai 2018)
Le taux du salaire minimum de croissance est fixé par voie réglementaire à l'issue d'une procédure déterminée par décret.

Art. L.3231-8 (version en vigueur au 1er mai 2018)
En aucun cas, l'accroissement annuel du pouvoir d'achat du salaire minimum de croissance ne peut être inférieur à la moitié de l'augmentation du pouvoir d'achat des salaires horaires moyens enregistrés par l'enquête trimestrielle du ministère chargé du travail.
L'indice de référence peut être modifié par voie réglementaire.

Art. L.3231-9 (version en vigueur au 1er mai 2018)
Les relèvements annuels successifs du salaire minimum de croissance doivent tendre à éliminer toute distorsion durable entre sa progression et l'évolution des conditions économiques générales et des revenus.

Art. L.3231-10 (version en vigueur au 1er mai 2018)
En cours d'année, le salaire minimum de croissance peut être porté, par voie réglementaire, à un niveau supérieur à celui qui résulte de l'application des dispositions de l'article L.3231-5.

Art. D. 3231-3 (créé par Décret n°2008-244 du 7 mars 2008 - art. (V))
Le salaire minimum de croissance applicable aux jeunes travailleurs de moins de dix-huit ans comporte un abattement fixé à :
1) 20 % Avant dix-sept ans ;
2) 10 % Entre dix-sept et dix-huit ans.
Cet abattement est supprimé pour les jeunes travailleurs justifiant de six mois de pratique professionnelle dans la branche d'activité dont ils relèvent.

Art. D. 3231-5 (créé par Décret n°2008-244 du 7 mars 2008 - art. (V))
Les salariés définis à l'article L.3231-1 âgés de dix-huit ans révolus, reçoivent de leurs employeurs, lorsque leur salaire horaire contractuel est devenu inférieur au salaire minimum de croissance en vigueur, un complément calculé de façon à porter leur rémunération au montant de ce salaire minimum de croissance.

Art. D. 3231-6 (créé par Décret n°2008-244 du 7 mars 2008 - art. (V))
Le salaire horaire à prendre en considération pour l'application de l'article D. 3231-5 est celui qui correspond à une heure de travail effectif compte tenu des avantages en nature et des majorations diverses ayant le caractère de fait d'un complément de salaire.
Sont exclues les sommes versées à titre de remboursement de frais, les majorations pour heures supplémentaires prévues par la loi et la prime de transport.

Art. L. 5212-1 (modifié par Loi n°2018-771 du 5 septembre 2018 - art. 67 (M) et modifié par Loi n°2019-486 du 22 mai 2019 - art. 11 (V))
La mobilisation en faveur de l'emploi des travailleurs handicapés concerne tous les employeurs. A ce titre, ces derniers déclarent l'effectif total des bénéficiaires de l'obligation d'emploi mentionnés à l'article L.5212-13 qu'ils emploient, selon des modalités fixées par décret.

Les articles L.5212-2 à L.5212-17 s'appliquent à tout employeur occupant au moins vingt salariés, y compris les établissements publics industriels et commerciaux.
Pour l'application des dispositions du présent chapitre, l'effectif salarié et le franchissement de seuil sont déterminés selon les modalités prévues à l'article L.130-1 du code de la sécurité sociale. Toutefois, dans les entreprises de travail temporaire, les entreprises de portage salarial et les groupements d'employeurs, l'effectif salarié ne prend pas en compte les salariés mis à disposition ou portés. Le nombre de bénéficiaires de l'obligation d'emploi est déterminé selon les modalités prévues au même article L.130-1, sous réserve des dispositions particulières prévues aux articles L.5212-6 à L.5212-7-2 du présent code.

Le minimum conventionnel

Art. L.2261-22 (modifié par Ordonnance n°2017-1491 du 25 octobre 2017 - art. 3)
I. - Pour pouvoir être étendue, la convention de branche conclue au niveau national contient des clauses portant sur la détermination des règles de négociation et de conclusion, prévues aux articles :

1° L.2222-1 et L.2222-2, relatifs au champ d'application territorial et professionnel ;
2° L.2222-5 et L.2222-6, relatifs aux modalités de renouvellement, de révision et de dénonciation ;
3° L.2232-3 et L.2232-9, relatifs aux garanties accordées aux salariés participant à la négociation.

II. - Elle contient en outre des clauses portant sur :

1) L'exercice du droit syndical et la liberté d'opinion des salariés, le déroulement de carrière des salariés exerçant des responsabilités syndicales et l'exercice de leurs fonctions ;
2) Les comités sociaux et économiques et, le cas échéant, le financement des activités sociales et culturelles gérées par eux ;
3) Les éléments essentiels servant à la détermination des classifications professionnelles et des niveaux de qualification ;
4) Le salaire minimum national professionnel des salariés sans qualification et l'ensemble des éléments affectant le calcul du salaire applicable par catégories professionnelles, ainsi que les procédures et la périodicité prévues pour sa révision ;
5) Les congés payés ;
6) Les conditions de recrutement des salariés ;
7) Les conditions de la rupture du contrat de travail ;
8) Les modalités d'organisation et de fonctionnement de la formation professionnelle tout au long de la vie ;
9) L'égalité professionnelle entre les femmes et les hommes, la suppression des écarts de rémunération et les mesures tendant à remédier aux inégalités constatées ;
10) L'égalité de traitement entre salariés et la prévention des discriminations ;
11) Les conditions propres à concrétiser le droit au travail des personnes handicapées ;
12) En tant que de besoin dans la branche :
    a) Les conditions particulières de travail des femmes enceintes, venant d'accoucher ou allaitant et des jeunes travailleurs ;
    b) Les conditions d'emploi et de rémunération du personnel à temps partiel ;
    c) Les conditions d'emploi et de rémunération des travailleurs à domicile ;
    d) Les garanties des salariés appelés à exercer leur activité à l'étranger ;
    e) Les conditions d'emploi des salariés temporaires ou d'entreprises extérieures ;

f) Les conditions de rémunération des salariés, auteurs d'une invention dévolue à l'employeur en vertu des dispositions du troisième alinéa de l'article L.611-7 du code de la propriété intellectuelle ;
g) Les garanties des salariés résidant dans un département métropolitain et appelés à travailler en Guadeloupe, en Guyane, en Martinique, à Mayotte, à La Réunion, à Saint-Barthélemy, à Saint-Martin ou à Saint-Pierre-et-Miquelon, Wallis-et-Futuna et dans les Terres australes et antarctiques françaises ;

13) Les procédures conventionnelles de conciliation suivant lesquelles seront réglés les conflits collectifs de travail susceptibles de survenir entre les employeurs et les salariés liés par la convention ;
14) Les modalités d'accès à un régime de prévoyance ou à un régime de remboursements complémentaires de frais occasionnés par une maladie, une maternité ou un accident dans des conditions au moins aussi favorables que celles prévues au II de l'article L.911-7 du code de la sécurité sociale ;
15) Les modalités de mise en œuvre des dispositifs d'intéressement, de participation et d'épargne salariale ;
16) Les modalités de prise en compte dans la branche ou l'entreprise des demandes relatives aux thèmes de négociation émanant d'une ou des organisations syndicales de salariés représentatives.

Art. L.2261-23 (version en vigueur au 1er mai 2018)
A défaut de convention au niveau national, les conditions d'extension prévues à l'article L.2261-22 sont applicables aux conventions de branche conclues à d'autres niveaux territoriaux, sous réserve des adaptations nécessitées par les conditions propres aux secteurs territoriaux considérés.

Art. L.2271-1 (modifié par Loi n°2018-771 du 5 septembre 2018 - art. 36 (V))
La Commission nationale de la négociation collective de l'emploi et de la formation professionnelle est chargée :

1) De proposer au ministre chargé du travail toutes mesures de nature à faciliter le développement de la négociation collective, en particulier en vue d'harmoniser les définitions conventionnelles des branches ;
2) D'émettre un avis sur les projets de loi, d'ordonnance et de décret relatifs aux règles générales portant sur les relations individuelles et collectives du travail, notamment celles concernant la négociation collective, ainsi que dans le domaine de la politique de l'emploi, de l'orientation et de la formation professionnelle initiale et continue ;
3) De donner un avis motivé au ministre chargé du travail sur l'extension et l'élargissement des conventions et accords collectifs ainsi que sur l'abrogation des arrêtés d'extension ou d'élargissement ;
4) De donner, à la demande d'au moins la moitié des membres de la commission d'interprétation compétente préalablement saisie, un avis sur l'interprétation de clauses d'une convention ou d'un accord collectif ;
5) De donner, après avoir pris connaissance du rapport annuel établi par un groupe d'experts désigné à cet effet, un avis motivé au ministre chargé du travail sur la fixation du salaire minimum de croissance dans les cas prévus par les articles L.3231-6 et L.3231-10 ;
6) De suivre l'évolution des salaires effectifs et des rémunérations minimales déterminées par les conventions et accords collectifs ainsi que l'évolution des rémunérations dans les entreprises publiques ;
7) D'examiner le bilan annuel de la négociation collective ;

8) De suivre annuellement l'application dans les conventions collectives du principe « à travail égal salaire égal «, du principe de l'égalité professionnelle entre les femmes et les hommes et du principe d'égalité de traitement entre les salariés sans considération d'appartenance ou de non-appartenance, vraie ou supposée, à une ethnie, une nation ou une race, ainsi que des mesures prises en faveur du droit au travail des personnes handicapées, de constater les inégalités éventuellement persistantes et d'en analyser les causes. La Commission nationale a qualité pour faire au ministre chargé du travail toute proposition pour promouvoir dans les faits et dans les textes ces principes d'égalité ;
9) De suivre annuellement l'évolution du taux d'activité des personnes de plus de cinquante ans afin de faire au ministre chargé du travail toute proposition de nature à favoriser leur maintien ou leur retour dans l'emploi ;
10) D'émettre un avis sur :
    a) Le projet de convention pluriannuelle définie à l'article L.5312-3 ;
    b) L'agrément des accords d'assurance chômage mentionnés à l'article L.5422-20 ;
    c) Les plans de formations organisés par l'Etat en application des I et II de l'article L.6122-1.

Les différents salaires

Art. L.3244-1 (version en vigueur au 1er mai 2018)
Dans tous les établissements commerciaux où existe la pratique du pourboire, toutes les perceptions faites "pour le service" par l'employeur sous forme de pourcentage obligatoirement ajouté aux notes des clients ou autrement, ainsi que toutes sommes remises volontairement par les clients pour le service entre les mains de l'employeur, ou centralisées par lui, sont intégralement versées au personnel en contact avec la clientèle et à qui celle-ci avait coutume de les remettre directement.

Art. L.3244-2 (version en vigueur au 1er mai 2018)
Les sommes mentionnées à l'article L.3244-1 s'ajoutent au salaire fixe, sauf dans le cas où un salaire minimum a été garanti par l'employeur.

Art. L.7121-8 (version en vigueur au 1er mai 2018)
La rémunération due à l'artiste à l'occasion de la vente ou de l'exploitation de l'enregistrement de son interprétation, exécution ou présentation par l'employeur ou tout autre utilisateur n'est pas considérée comme salaire dès que la présence physique de l'artiste n'est plus requise pour exploiter cet enregistrement et que cette rémunération n'est pas fonction du salaire reçu pour la production de son interprétation, exécution ou présentation, mais est fonction du produit de la vente ou de l'exploitation de cet enregistrement.

Le paiement du salaire

Art. L.3242-3 (version en vigueur au 1er mai 2018)
Les salariés ne bénéficiant pas de la mensualisation sont payés au moins deux fois par mois, à seize jours au plus d'intervalle.

Art. L.3242-4 (version en vigueur au 1er mai 2018)
Pour tout travail aux pièces dont l'exécution dure plus d'une quinzaine, les dates de paiement peuvent être fixées d'un commun accord. Toutefois, le salarié reçoit des acomptes chaque quinzaine et est intégralement payé dans la quinzaine qui suit la livraison de l'ouvrage.

Art. L. 7313-7 (version en vigueur au 1er mai 2018)
Les commissions dues au voyageur, représentant ou placier du commerce sont payées au moins tous les trois mois.

Art. R.3246-2 (modifié par Décret n° 2016-1762 du 16 décembre 2016 - art 2)
Le fait de méconnaître les dispositions relatives au bulletin de paie des articles L.3243-1, L.3243-2 et L.3243-4 et des articles R.3243-1 à D. 3243-8, est puni de l'amende prévue pour les contraventions de la troisième classe.

Art. L.3243-1 (version en vigueur au 1er mai 2018)
Les dispositions du présent chapitre s'appliquent à toutes les personnes salariées ou travaillant à quelque titre ou en quelque lieu que ce soit pour un ou plusieurs employeurs et quels que soient le montant et la nature de leurs rémunérations, la forme, ou la validité de leur contrat.

Art. L.3243-2 (modifié par Loi n° 2016-1088 du 8 août 2016 - art 54)
Lors du paiement du salaire, l'employeur remet aux personnes mentionnées à l'article L.3243-1 une pièce justificative dite bulletin de paie. Il ne peut exiger aucune formalité de signature ou d'émargement autre que celle établissant que la somme reçue correspond bien au montant net figurant sur ce bulletin.
Sauf opposition du salarié, l'employeur peut procéder à la remise du bulletin de paie sous forme électronique, dans des conditions de nature à garantir l'intégrité, la disponibilité pendant une durée fixée par décret et la confidentialité des données ainsi que leur accessibilité dans le cadre du service associé au compte mentionné au 2° du II de l'article L. 5151-6. Un décret en Conseil d'Etat pris après avis de la Commission nationale de l'informatique et des libertés détermine les modalités de cette accessibilité afin de préserver la confidentialité des données.
Les mentions devant figurer sur le bulletin ou y être annexées sont déterminées par décret en Conseil d'Etat.

Art. L.3245-1 (modifié par Loi n°2013-504 du 14 juin 2013 - art. 21)
L'action en paiement ou en répétition du salaire se prescrit par trois ans à compter du jour où celui qui l'exerce a connu ou aurait dû connaître les faits lui permettant de l'exercer. La demande peut porter sur les sommes dues au titre des trois dernières années à compter de ce jour ou, lorsque le contrat de travail est rompu, sur les sommes dues au titre des trois années précédant la rupture du contrat.

Art. L.1471-1 (modifié par Loi n°2018-217 du 29 mars 2018 - art. 11)
Toute action portant sur l'exécution du contrat de travail se prescrit par deux ans à compter du jour où celui qui l'exerce a connu ou aurait dû connaître les faits lui permettant d'exercer son droit.
Toute action portant sur la rupture du contrat de travail se prescrit par douze mois à compter de la notification de la rupture.
Les deux premiers alinéas ne sont toutefois pas applicables aux actions en réparation d'un dommage corporel causé à l'occasion de l'exécution du contrat de travail, aux actions en paiement ou en répétition du salaire et aux actions exercées en application des articles L.1132-1, L.1152-1 et L.11 53-1. Elles ne font obstacle ni aux délais de prescription plus courts prévus par le présent code et notamment ceux prévus aux articles L.1233-67, L.1234-20, L.1235-7, L.1237-14 et L.1237-19-8, ni à l'application du dernier alinéa de l'article L.1134-5.
NOTA : Conformément à l'article 40-II de l'ordonnance n° 2017-1387 du 22 septembre 2017, ces dispositions s'appliquent aux prescriptions en cours à compter de la date de publication de ladite ordonnance, sans que la durée totale de la prescription puisse excéder la durée prévue par la loi antérieure. Lorsqu'une instance a été introduite avant la publication de ladite ordonnance, l'action est poursuivie et jugée conformément à la loi ancienne y compris en appel et en cassation.

Les primes et les compléments de salaire

Art. L.6222-23 (version en vigueur au 1er mai 2018)
L'apprenti bénéficie des dispositions applicables à l'ensemble des salariés dans la mesure où elles ne sont pas contraires à celles qui sont liées à sa situation de jeune travailleur en formation.

Art. L.5213-15 (version en vigueur au 1er mai 2018)
Le travailleur handicapé employé dans une entreprise adaptée reçoit un salaire fixé compte tenu de l'emploi qu'il occupe et de sa qualification par référence aux dispositions légales ou stipulations conventionnelles applicables dans la branche d'activité.
Ce salaire ne peut être inférieur au salaire minimum de croissance déterminé en application des articles L.3231-1 et suivants.
Le travailleur en entreprise adaptée bénéficie en outre des dispositions prévues au livre III de la troisième partie relatives à l'intéressement, à la participation et à l'épargne salariale.

Art. L.3221-4 (version en vigueur au 1er mai 2018)
Sont considérés comme ayant une valeur égale, les travaux qui exigent des salariés un ensemble comparable de connaissances professionnelles consacrées par un titre, un diplôme ou une pratique professionnelle, de capacités découlant de l'expérience acquise, de responsabilités et de charge physique ou nerveuse.

Art. L.3221-5 (version en vigueur au 1er mai 2018)
Les disparités de rémunération entre les établissements d'une même entreprise ne peuvent pas, pour un même travail ou pour un travail de valeur égale, être fondées sur l'appartenance des salariés de ces établissements à l'un ou l'autre sexe.

Art. L.3221-6 (modifié par Loi n°2018-771 du 5 septembre 2018 - art. 104 (V)
Les différents éléments composant la rémunération sont établis selon des normes identiques pour les femmes et pour les hommes.
Les catégories et les critères de classification et de promotion professionnelles ainsi que toutes les autres bases de calcul de la rémunération, notamment les modes d'évaluation des emplois, sont établis selon des règles qui assurent l'application du principe fixé à l'article L.3221-2.

Art. L.3221-7 (version en vigueur au 1er mai 2018)
Est nulle de plein droit toute disposition figurant notamment dans un contrat de travail, une convention ou accord collectif de travail, un accord de salaires, un règlement ou barème de salaires résultant d'une décision d'un employeur ou d'un groupement d'employeurs et qui, contrairement aux articles L.3221-2 à L.3221-6, comporte, pour un ou des salariés de l'un des deux sexes, une rémunération inférieure à celle de salariés de l'autre sexe pour un même travail ou un travail de valeur égale.
La rémunération plus élevée dont bénéficient ces derniers salariés est substituée de plein droit à celle que comportait la disposition entachée de nullité.

C. Sécurité sociale, Art. L.242-1 (modifié par Ordonnance n°2019-766 du 24 juillet 2019 - art. 4)

I.– Les cotisations de sécurité sociale dues au titre de l'affiliation au régime général des personnes mentionnées aux articles L.311-2 et L.311-3 sont assises sur les revenus d'activité tels qu'ils sont pris en compte pour la détermination de l'assiette définie à l'article L.136-1-1. Elles sont dues pour les périodes au titre desquelles ces revenus sont attribués.

II.– Par dérogation au I, sont exclus de l'assiette des cotisations de sécurité sociale :

1) Les sommes allouées au salarié au titre de l'intéressement prévu à l'article L.3312-4 du code du travail ;

2) Les sommes réparties au titre de la réserve spéciale de participation conformément aux dispositions de l'article L.3324-5 du même code ;
3) Les sommes versées par l'employeur à un plan d'épargne en application de l'article L.3332-11 du même code et de l'article L.224-21 du code monétaire et financier ;
4) Les contributions des employeurs destinées au financement des prestations de protection sociale complémentaire entrant dans le champ des articles L. 911-1 et L. 911-2 du présent code, servies au bénéfice de leurs salariés, anciens salariés et de leurs ayants droit, par des institutions de prévoyance, par des institutions de gestion de retraite supplémentaire, par des mutuelles et unions pratiquant des opérations d'assurance et de capitalisation, par des entreprises régies par le code des assurances ou par tout gestionnaire d'un plan d'épargne retraite mentionné à l'article L.224-8 du code monétaire et financier, lorsque les garanties revêtent un caractère obligatoire et bénéficient à titre collectif à l'ensemble des salariés ou à une partie d'entre eux, sous réserve qu'ils appartiennent à une catégorie établie à partir de critères objectifs déterminés par décret en Conseil d'Etat :
   a) Dans des limites fixées par décret, pour les contributions au financement de prestations de retraite supplémentaire déterminées par décret. L'abondement de l'employeur à un plan d'épargne pour la retraite collectif exonéré aux termes de l'article L.3334-6 du code du travail et à un plan d'épargne retraite d'entreprise exonéré aux termes du 3° du II du présent article sont pris en compte pour l'application de ces limites ;
   b) Dans des limites fixées par décret, pour les contributions au financement de prestations complémentaires de prévoyance, à condition, lorsque ces contributions financent des garanties portant sur la prise en charge de frais de santé, que ces garanties soient conformes aux dispositions de l'article L. 871-1 du présent code. L'exclusion d'assiette est aussi applicable au versement de l'employeur mentionné à l'article L. 911-7-1.

Les dispositions du présent 4° ne sont pas applicables lorsque les contributions des employeurs se substituent à d'autres revenus d'activité qui ont été soumis à cotisations en application du I du présent article et versés au cours des douze derniers mois ;

4) La contribution de l'employeur d'une entreprise de moins de cinquante salariés à l'acquisition des chèques-vacances, dans les conditions fixées aux articles L.411-9 et L.411-10 du code du tourisme ;
5) Les avantages mentionnés au I des articles 80 bis et 80 quaterdecies du code général des impôts. L'avantage correspondant à la différence définie au II de l'article 80 bis du même code est pris en compte dans la détermination de l'assiette définie au I du présent article lors de la levée de l'option ;
6) Dans la limite de deux fois le montant annuel du plafond défini à l'article L.241-3 du présent code, les indemnités versées à l'occasion de la rupture du contrat de travail ou de la cessation forcée des fonctions de mandataires sociaux, dirigeants et personnes mentionnées à l'article 80 ter du code général des impôts qui ne sont pas imposables en application de l'article 80 duodecies du même code. Toutefois, sont intégralement assujetties à cotisations les indemnités versées à l'occasion de la cessation forcée des fonctions de mandataires sociaux, dirigeants et personnes mentionnées à l'article 80 ter du même code d'un montant supérieur à cinq fois le montant annuel du plafond défini à l'article L.241-3 du présent code, ainsi que celles versées à l'occasion de la rupture du contrat de travail d'un montant supérieur à dix fois le montant de ce même plafond. En cas de cumul d'indemnités versées à l'occasion de la cessation forcée des fonctions et de la rupture du contrat de travail, il est fait masse de l'ensemble de ces indemnités ; lorsque le montant de celles-ci est supérieure

à cinq fois le montant annuel du plafond défini à l'article L.241-3, ces indemnités sont intégralement assujetties à cotisations.

NOTA : Conformément aux dispositions de l'article 16 de l'ordonnance n° 2018-474 du 12 juin 2018, les dispositions de la présente ordonnance s'appliquent aux cotisations et contributions dues pour les périodes courant à compter du 1er septembre 2018.

Conformément au I de l'article 9 de l'ordonnance n° 2019-766 du 24 juillet 2019, ces dispositions entrent en vigueur à une date fixée par décret et au plus tard le 1er janvier 2020.

Aux termes du II de l'article 9 du décret n° 2019-807 du 30 juillet 2019, la date d'entrée en vigueur mentionnée au I de l'article 9 de l'ordonnance n° 2019-766 du 24 juillet 2019 portant réforme de l'épargne retraite est fixée au 1er octobre 2019.

Les avantages en nature

Art. L.6222-23 (version en vigueur au 1er mai 2018)
L'apprenti bénéficie des dispositions applicables à l'ensemble des salariés dans la mesure où elles ne sont pas contraires à celles qui sont liées à sa situation de jeune travailleur en formation.

Art. D.3231-9 (créé par Décret n°2008-244 du 7 mars 2008 - art. (V))
Lorsque la rémunération d'un salarié est, de manière habituelle, constituée, pour partie, par la fourniture de la nourriture et du logement ou d'autres avantages en nature, le salaire minimum en espèces garanti est déterminé en déduisant du salaire minimum de croissance les sommes fixées pour évaluer l'avantage en nature.

Art. D.3231-10 (créé par Décret n°2008-244 du 7 mars 2008 - art. (V))
Lorsque l'employeur fournit la nourriture, toute ou partie, cette prestation en nature est évaluée par convention ou accord collectif de travail.
A défaut, la nourriture est évaluée par journée à deux fois le minimum garanti ou, pour un seul repas, à une fois ce minimum.

Art. D.3231-11 (créé par Décret n°2008-244 du 7 mars 2008 - art. (V))
Pour les salariés auxquels l'employeur fournit le logement, cette prestation en nature est évaluée par convention ou accord collectif de travail.
A défaut, le logement est évalué à 0,02 euros par jour.

Art. D.3231-12 (créé par Décret n°2008-244 du 7 mars 2008 - art. (V))
Les avantages en nature, autres que la nourriture ou le logement, sont évalués d'après leur valeur réelle, au prix de revient pour l'employeur.

Art. D.3231-13 (créé par Décret n°2008-244 du 7 mars 2008 - art. (V))
Pour le personnel des hôtels, cafés, restaurants et des établissements ou organismes dans lesquels des denrées alimentaires ou des boissons sont consommées sur place et pour le personnel de cuisine des autres établissements, qui en raison des conditions particulières de leur travail ou des usages, sont nourris gratuitement par l'employeur ou reçoivent une indemnité compensatrice, la nourriture calculée conformément aux dispositions de l'article D.3231-10, n'entre en compte que pour la moitié de sa valeur.

Art. D.3231-14 (créé par Décret n°2008-244 du 7 mars 2008 - art. (V))
Lorsque la rémunération d'un salarié est, de manière habituelle, constituée, pour partie, par la fourniture de la nourriture et du logement ou d'autres avantages en nature, le salaire minimum en

espèces garanti est déterminé en déduisant du salaire minimum de croissance les sommes fixées pour évaluer l'avantage en nature.

Art. R.4228-19 (créé par Décret n°2008-244 du 7 mars 2008 - art. (V))
Il est interdit de laisser les travailleurs prendre leur repas dans les locaux affectés au travail.

Art. R.4228-20 (créé par Décret n°2008-244 du 7 mars 2008 - art. (V))
Aucune boisson alcoolisée autre que le vin, la bière, le cidre et le poiré n'est autorisée sur le lieu de travail.

Art. R.4228-21 (créé par Décret n°2008-244 du 7 mars 2008 - art. (V))
Il est interdit de laisser entrer ou séjourner dans les lieux de travail des personnes en état d'ivresse.

Art. R.4228-22 (créé par Décret n°2008-244 du 7 mars 2008 - art. (V))
Dans les établissements dans lesquels le nombre de travailleurs souhaitant prendre habituellement leur repas sur les lieux de travail est au moins égal à vingt-cinq, l'employeur, après avis du comité d'hygiène, de sécurité et des conditions de travail ou à défaut des délégués du personnel, met à leur disposition un local de restauration.
Ce local est pourvu de sièges et de tables en nombre suffisant et comporte un robinet d'eau potable, fraîche et chaude, pour dix usagers.
Il est doté d'un moyen de conservation ou de réfrigération des aliments et des boissons et d'une installation permettant de réchauffer les plats.

Art. R.3262-8 (modifié par Décret n°2014-294 du 6 mars 2014 - art. 5)
Les titres-restaurant ne sont pas utilisables les dimanches et jours fériés, sauf décision contraire de l'employeur au bénéfice exclusif des salariés travaillant pendant ces mêmes jours. Lorsque les titres sont émis sur support papier, cette décision fait l'objet d'une mention très apparente sur les titres. Lorsque les titres sont émis sous forme dématérialisée, l'employeur informe par tout moyen les salariés concernés de la décision mentionnée ci-dessus, avant l'émission du titre.

Art. R.3262-9 (modifié par Décret n°2014-294 du 6 mars 2014 - art. 5)
Les titres-restaurant ne peuvent être utilisés que dans le département du lieu de travail des salariés bénéficiaires et les départements limitrophes, à moins qu'ils ne portent de manière très apparente une mention contraire apposée par l'employeur, sous sa responsabilité, au bénéfice exclusif de ceux des salariés qui sont, du fait de leurs fonctions, appelés à des déplacements à longue distance.

Art. R.3262-10 (modifié par Décret n°2014-294 du 6 mars 2014 - art. 5) :
L'utilisation des titres-restaurant est limitée à un montant maximum de dix-neuf euros par jour.
Lorsque les titres-restaurant sont émis sous forme dématérialisée, le salarié est débité de la somme exacte à payer, dans la limite du montant maximum journalier mentionné au premier alinéa.

Art. L.1251-24 (version en vigueur au 1er mai 2018)
Les salariés temporaires ont accès, dans l'entreprise utilisatrice, dans les mêmes conditions que les salariés de cette entreprise, aux moyens de transport collectifs et aux installations collectives, notamment de restauration, dont peuvent bénéficier ces salariés.
Lorsque des dépenses supplémentaires incombent au comité d'entreprise, celles-ci lui sont remboursées suivant des modalités définies au contrat de mise à disposition.

Annexe Partie III – Le temps de travail

La durée légale du travail

Art. L.3121-27 (modifié par Loi n°2016-1088 du 8 août 2016 - art. 8(V))
La durée légale de travail effectif des salariés à temps complet est fixée à trente-cinq heures par semaine.

Art. L.3121-1 (modifié par Loi n°2016-1088 du 8 août 2016 - art. 8(V))
La durée du travail effectif est le temps pendant lequel le salarié est à la disposition de l'employeur et se conforme à ses directives sans pouvoir vaquer librement à des occupations personnelles.

Art. L.3121-2 (modifié par Loi n°2016-1088 du 8 août 2016 - art. 8(V))
Le temps nécessaire à la restauration ainsi que les temps consacrés aux pauses sont considérés comme du temps de travail effectif lorsque les critères définis à l'article L.3121-1 sont réunis.

Art. L.3121-6 (version en vigueur au 1er mai 2018)
Une convention ou un accord d'entreprise ou d'établissement ou, à défaut, une convention ou un accord de branche peut prévoir une rémunération des temps de restauration et de pause mentionnés à l'article L.3121-2, même lorsque ceux-ci ne sont pas reconnus comme du temps de travail effectif.

Art. L.3121-3 (modifié par Loi n°2016-1088 du 8 août 2016 - art. 8(V))
Le temps nécessaire aux opérations d'habillage et de déshabillage, lorsque le port d'une tenue de travail est imposé par des dispositions légales, des stipulations conventionnelles, le règlement intérieur ou le contrat de travail et que l'habillage et le déshabillage doivent être réalisés dans l'entreprise ou sur le lieu de travail, fait l'objet de contreparties. Ces contreparties sont accordées soit sous forme de repos, soit sous forme financière.

Art. L.3121-4 (version en vigueur au 1er mai 2018)
Le temps de déplacement professionnel pour se rendre sur le lieu d'exécution du contrat de travail n'est pas un temps de travail effectif.
Toutefois, s'il dépasse le temps normal de trajet entre le domicile et le lieu habituel de travail, il fait l'objet d'une contrepartie soit sous forme de repos, soit sous forme financière. La part de ce temps de déplacement professionnel coïncidant avec l'horaire de travail n'entraîne aucune perte de salaire.

Art. L.3121-5 (version en vigueur au 1er mai 2018)
Si le temps de trajet entre le domicile et le lieu habituel de travail est majoré du fait d'un handicap, il peut faire l'objet d'une contrepartie sous forme de repos.

Art. L.3121-7 (version en vigueur au 1er mai 2018)
Une convention ou un accord d'entreprise ou d'établissement ou, à défaut, une convention ou un accord de branche prévoit soit d'accorder des contreparties aux temps d'habillage et de déshabillage mentionnés à l'article L.3121-3, soit d'assimiler ces temps à du temps de travail effectif.
Une convention ou un accord d'entreprise ou d'établissement ou, à défaut, une convention ou un accord de branche prévoit des contreparties lorsque le temps de déplacement professionnel mentionné à l'article L.3121-4 dépasse le temps normal de trajet.

Art. L.3121-8 (modifié par Ordonnance n°2017-1386 du 22 septembre 2017 - art. 4)
A défaut d'accords prévus aux articles L.3121-6 et L.3121-7 :

1° Le contrat de travail peut fixer la rémunération des temps de restauration et de pause ;
2° Le contrat de travail prévoit soit d'accorder des contreparties aux temps d'habillage et de déshabillage mentionnés à l'article L.3121-3, soit d'assimiler ces temps à du temps de travail effectif ;

3° Les contreparties prévues au second alinéa de l'article L.3121-7 sont déterminées par l'employeur après consultation du comité social et économique.

Art. L.3121-9 (modifié par Loi n°2016-1088 du 8 août 2016 - art. 8(V))
Une période d'astreinte s'entend comme une période pendant laquelle le salarié, sans être sur son lieu de travail et sans être à la disposition permanente et immédiate de l'employeur, doit être en mesure d'intervenir pour accomplir un travail au service de l'entreprise.
La durée de cette intervention est considérée comme un temps de travail effectif.
La période d'astreinte fait l'objet d'une contrepartie, soit sous forme financière, soit sous forme de repos.
Les salariés concernés par des périodes d'astreinte sont informés de leur programmation individuelle dans un délai raisonnable.

Art. L.3121-10 (modifié par Loi n°2016-1088 du 8 août 2016 - art. 8(V))
Exception faite de la durée d'intervention, la période d'astreinte est prise en compte pour le calcul de la durée minimale de repos quotidien prévue à l'article L.3131-1 et des durées de repos hebdomadaire prévues aux articles L.3132-2 et L.3164-2.

Art. L.3121-11 (modifié par Loi n°2016-1088 du 8 août 2016 - art. 8(V))
Une convention ou un accord d'entreprise ou d'établissement ou, à défaut, une convention ou un accord de branche peut mettre en place les astreintes. Cette convention ou cet accord fixe le mode d'organisation des astreintes, les modalités d'information et les délais de prévenance des salariés concernés ainsi que la compensation sous forme financière ou sous forme de repos à laquelle elles donnent lieu.

Art. L.3121-12 (modifié par Ordonnance n°2017-1386 du 22 septembre 2017 - art. 4)
A défaut d'accord prévu à l'article L.3121-11 :

1° Le mode d'organisation des astreintes et leur compensation sont fixés par l'employeur, après avis du comité social et économique, et après information de l'agent de contrôle de l'inspection du travail ;
2° Les modalités d'information des salariés concernés sont fixées par décret en Conseil d'Etat et la programmation individuelle des périodes d'astreinte est portée à leur connaissance quinze jours à l'avance, sauf circonstances exceptionnelles et sous réserve qu'ils en soient avertis au moins un jour franc à l'avance.

Art. R.3121-2 (modifié par Décret n°2016-1551 du 18 novembre 2016 - art. 2)
En fin de mois, l'employeur remet à chaque salarié intéressé un document récapitulant le nombre d'heures d'astreinte accomplies par celui-ci au cours du mois écoulé ainsi que la compensation correspondante.

Art. L.3121-13 (modifié par Loi n°2016-1088 du 8 août 2016 - art. 8(V))
Le régime d'équivalence constitue un mode spécifique de détermination du temps de travail effectif et de sa rémunération pour des professions et des emplois déterminés comportant des périodes d'inaction.

Art. L.3121-14 (modifié par Loi n°2016-1088 du 8 août 2016 - art. 8(V))
Une convention ou un accord de branche étendu peut instituer une durée du travail équivalente à la durée légale pour les professions et emplois mentionnés à l'article L.3121-13.
Cette convention ou cet accord détermine la rémunération des périodes d'inaction.

Art. L.3121-16 (modifié par Loi n°2016-1088 du 8 août 2016 - art. 8(V))
Dès que le temps de travail quotidien atteint six heures, le salarié bénéficie d'un temps de pause d'une durée minimale de vingt minutes consécutives.

Art. L.3121-17 (modifié par Loi n°2016-1088 du 8 août 2016 - art. 8(V))
Une convention ou un accord d'entreprise ou d'établissement ou, à défaut, une convention ou un accord de branche peut fixer un temps de pause supérieur.

Art. L.3121-18 (modifié par Loi n°2016-1088 du 8 août 2016 - art. 8(V))
La durée quotidienne de travail effectif par salarié ne peut excéder dix heures, sauf :
1° En cas de dérogation accordée par l'inspecteur du travail dans des conditions déterminées par décret ;
2° En cas d'urgence, dans des conditions déterminées par décret ;
3° Dans les cas prévus à l'article L.3121-19.

Art. L.3121-19 (modifié par Loi n°2016-1088 du 8 août 2016 - art. 8(V))
Une convention ou un accord d'entreprise ou d'établissement ou, à défaut, une convention ou un accord de branche peut prévoir le dépassement de la durée maximale quotidienne de travail effectif, en cas d'activité accrue ou pour des motifs liés à l'organisation de l'entreprise, à condition que ce dépassement n'ait pas pour effet de porter cette durée à plus de douze heures.

Art. L.3121-20 (modifié par Loi n°2016-1088 du 8 août 2016 - art. 8(V))
Au cours d'une même semaine, la durée maximale hebdomadaire de travail est de quarante-huit heures.

Art. L.3121-21 (modifié par Ordonnance n°2017-1386 du 22 septembre 2017 - art. 4)
En cas de circonstances exceptionnelles et pour la durée de celles-ci, le dépassement de la durée maximale définie à l'article L.3121-20 peut être autorisé par l'autorité administrative, dans des conditions déterminées par décret en Conseil d'Etat, sans toutefois que ce dépassement puisse avoir pour effet de porter la durée du travail à plus de soixante heures par semaine. Le comité social et économique donne son avis sur les demandes d'autorisation formulées à ce titre. Cet avis est transmis à l'agent de contrôle de l'inspection du travail.

Art. L.3121-22 (modifié par Loi n°2016-1088 du 8 août 2016 - art. 8(V))
La durée hebdomadaire de travail calculée sur une période quelconque de douze semaines consécutives ne peut dépasser quarante-quatre heures, sauf dans les cas prévus aux articles L.3121-23 à L.3121-25.

Art. L.3121-23 (modifié par Loi n°2016-1088 du 8 août 2016 - art. 8(V))
Une convention ou un accord d'entreprise ou d'établissement ou, à défaut, une convention ou un accord de branche peut prévoir le dépassement de la durée hebdomadaire de travail de quarante-quatre heures calculée sur une période de douze semaines consécutives, à condition que ce dépassement n'ait pas pour effet de porter cette durée, calculée sur une période de douze semaines, à plus de quarante-six heures.

Art. L.3121-24 (modifié par Loi n°2016-1088 du 8 août 2016 - art. 8(V))
A défaut d'accord prévu à l'article L.3121-23, le dépassement de la durée maximale hebdomadaire prévue à l'article L.3121-22 est autorisé par l'autorité administrative dans des conditions déterminées par décret en Conseil d'Etat, dans la limite d'une durée totale maximale de quarante-six heures.

Art. L.3121-25 (modifié par Loi n°2016-1088 du 8 août 2016 - art. 8(V))
A titre exceptionnel, dans certains secteurs, dans certaines régions ou dans certaines entreprises, le dépassement de la durée maximale de quarante-six heures prévue aux articles L.3121-23 et L.3121-24 peut être autorisé pendant des périodes déterminées, dans des conditions déterminées par décret en Conseil d'Etat.

Les temps non travaillés assimilés à du temps de travail effectif

La Visite d'Information et de Prévention (VIP)

Art. L.4624-1 (modifié par Loi n°2016-1088 du 8 août 2016 - art. 102 (V)
Tout travailleur bénéficie, au titre de la surveillance de l'état de santé des travailleurs prévue à l'article L.4622-2, d'un suivi individuel de son état de santé assuré par le médecin du travail et, sous l'autorité de celui-ci, par le collaborateur médecin mentionné à l'article L.4623-1, l'interne en médecine du travail et l'infirmier.
Ce suivi comprend une visite d'information et de prévention effectuée après l'embauche par l'un des professionnels de santé mentionnés au premier alinéa du présent article. Cette visite donne lieu à la délivrance d'une attestation. Un décret en Conseil d'Etat fixe le délai de cette visite. Le modèle de l'attestation est défini par arrêté.
Le professionnel de santé qui réalise la visite d'information et de prévention peut orienter le travailleur sans délai vers le médecin du travail, dans le respect du protocole élaboré par ce dernier.
Les modalités et la périodicité de ce suivi prennent en compte les conditions de travail, l'état de santé et l'âge du travailleur, ainsi que les risques professionnels auxquels il est exposé.
Tout travailleur qui déclare, lors de la visite d'information et de prévention, être considéré comme travailleur handicapé au sens de l'article L.5213-1 du présent code et être reconnu par la commission des droits et de l'autonomie des personnes handicapées mentionnée à l'article L.146-9 du code de l'action sociale et des familles, ainsi que tout travailleur qui déclare être titulaire d'une pension d'invalidité attribuée au titre du régime général de sécurité sociale ou de tout autre régime de protection sociale obligatoire, est orienté sans délai vers le médecin du travail et bénéficie d'un suivi individuel adapté de son état de santé.
Tout salarié peut, lorsqu'il anticipe un risque d'inaptitude, solliciter une visite médicale dans l'objectif d'engager une démarche de maintien dans l'emploi.
Tout travailleur de nuit bénéficie d'un suivi individuel régulier de son état de santé. La périodicité de ce suivi est fixée par le médecin du travail en fonction des particularités du poste occupé et des caractéristiques du travailleur, selon des modalités déterminées par décret en Conseil d'Etat.
Le rapport annuel d'activité, établi par le médecin du travail, pour les entreprises dont il a la charge, comporte des données présentées par sexe. Un arrêté du ministre chargé du travail fixe les modèles de rapport annuel d'activité du médecin du travail et de synthèse annuelle de l'activité du service de santé au travail.

Art. L.4624-2 (modifié par Loi n°2016-1088 du 8 août 2016 - art. 102 (V)

I.– Tout travailleur affecté à un poste présentant des risques particuliers pour sa santé ou sa sécurité ou pour celles de ses collègues ou des tiers évoluant dans l'environnement immédiat de travail bénéficie d'un suivi individuel renforcé de son état de santé. Ce suivi comprend notamment un examen médical d'aptitude, qui se substitue à la visite d'information et de prévention prévue à l'article L.4624-1.

II.– L'examen médical d'aptitude permet de s'assurer de la compatibilité de l'état de santé du travailleur avec le poste auquel il est affecté, afin de prévenir tout risque grave d'atteinte à sa santé ou à sa sécurité ou à celles de ses collègues ou des tiers évoluant dans l'environnement immédiat de travail. Il est réalisé avant l'embauche et renouvelé périodiquement. Il est effectué par le médecin du travail, sauf lorsque des dispositions spécifiques le confient à un autre médecin.

Art. L.4624-3 (modifié par Loi n°2016-1088 du 8 août 2016 - art. 102 (V)
Le médecin du travail peut proposer, par écrit et après échange avec le salarié et l'employeur, des mesures individuelles d'aménagement, d'adaptation ou de transformation du poste de travail ou des mesures d'aménagement du temps de travail justifiées par des considérations relatives notamment à l'âge ou à l'état de santé physique et mental du travailleur.

Art. L.4624-4 (modifié par Loi n°2016-1088 du 8 août 2016 - art. 102 (V)
Après avoir procédé ou fait procéder par un membre de l'équipe pluridisciplinaire à une étude de poste et après avoir échangé avec le salarié et l'employeur, le médecin du travail qui constate qu'aucune mesure d'aménagement, d'adaptation ou de transformation du poste de travail occupé n'est possible et que l'état de santé du travailleur justifie un changement de poste déclare le travailleur inapte à son poste de travail. L'avis d'inaptitude rendu par le médecin du travail est éclairé par des conclusions écrites, assorties d'indications relatives au reclassement du travailleur.

Art. L.4624-5 (modifié par Loi n°2016-1088 du 8 août 2016 - art. 102 (V)
Pour l'application des articles L.4624-3 et L.4624-4, le médecin du travail reçoit le salarié, afin d'échanger sur l'avis et les indications ou les propositions qu'il pourrait adresser à l'employeur.
Le médecin du travail peut proposer à l'employeur l'appui de l'équipe pluridisciplinaire ou celui d'un organisme compétent en matière de maintien en emploi pour mettre en œuvre son avis et ses indications ou ses propositions.

Art. L.4624-6 (modifié par Loi n°2016-1088 du 8 août 2016 - art. 102 (V)
L'employeur est tenu de prendre en considération l'avis et les indications ou les propositions émis par le médecin du travail en application des articles L.4624-2 à L.4624-4. En cas de refus, l'employeur fait connaître par écrit au travailleur et au médecin du travail les motifs qui s'opposent à ce qu'il y soit donné suite.

Art. L.4624-7 (modifié par Loi n°2016-1088 du 8 août 2016 - art. 102 (V)
I.– Si le salarié ou l'employeur conteste les éléments de nature médicale justifiant les avis, propositions, conclusions écrites ou indications émis par le médecin du travail en application des arti cles L.4624-2, L.4624-3 et L.4624-4, il peut saisir le conseil de prud'hommes d'une demande de désignation d'un médecin-expert inscrit sur la liste des experts près la cour d'appel. L'affaire est directement portée devant la formation de référé. Le demandeur en informe le médecin du travail.
II.– Le médecin-expert peut demander au médecin du travail la communication du dossier médical en santé au travail du salarié prévu à l'article L.4624-8, sans que puisse lui être opposé l'article 226-13 du code pénal.
III.– La formation de référé ou, le cas échéant, le conseil de prud'hommes saisi au fond peut en outre charger le médecin inspecteur du travail d'une consultation relative à la contestation, dans les conditions prévues aux articles 256 à 258 du code de procédure civile.
IV.– La formation de référé peut décider de ne pas mettre les frais d'expertise à la charge de la partie perdante, dès lors que l'action en justice n'est pas dilatoire ou abusive.

Art. L.4624-8 (modifié par Loi n°2016-1088 du 8 août 2016 - art. 102 (V)
Un dossier médical en santé au travail, constitué par le médecin du travail, retrace dans le respect du secret médical les informations relatives à l'état de santé du travailleur, aux expositions auxquelles il a été soumis ainsi que les avis et propositions du médecin du travail, notamment celles formulées en application des articles L.4624-3 et L.4624-4. Ce dossier ne peut être communiqué qu'au médecin de son choix, à la demande de l'intéressé. En cas de risque pour la santé publique ou à sa demande, le médecin du travail le transmet au médecin inspecteur du travail. Ce dossier peut être communiqué

à un autre médecin du travail dans la continuité de la prise en charge, sauf refus du travailleur. Le travailleur, ou en cas de décès de celui-ci toute personne autorisée par les articles L.1110-4 et L.111 1-7 du code de la santé publique, peut demander la communication de ce dossier.

Art. L.4624-9 (créé par Loi n°2016-1088 du 8 août 2016 - art. 102 (V) et modifié par Loi n°2016-1088 du 8 août 2016 - art. 113 (V)

I.– Lorsque le médecin du travail constate la présence d'un risque pour la santé des travailleurs, il propose par un écrit motivé et circonstancié des mesures visant à la préserver.
L'employeur prend en considération ces propositions et, en cas de refus, fait connaître par écrit les motifs qui s'opposent à ce qu'il y soit donné suite.

II.– Lorsque le médecin du travail est saisi par un employeur d'une question relevant des missions qui lui sont dévolues en application de l'article L.4622-3, il fait connaître ses préconisations par écrit.

III.– Les propositions et les préconisations du médecin du travail et la réponse de l'employeur, prévues aux I et II du présent article, sont transmises au comité d'hygiène, de sécurité et des conditions de travail ou, à défaut, aux délégués du personnel, à l'agent de contrôle de l'inspection du travail mentionné à l'article L. 8112-1, au médecin inspecteur du travail ou aux agents des services de prévention des organismes de sécurité sociale et des organismes mentionnés à l'article L.4643-1.

Art. L.4624-10 (créé par Loi n°2016-1088 du 8 août 2016 - art. 102 (V)

Des décrets en Conseil d'Etat précisent les modalités d'action des personnels concourant aux services de santé au travail ainsi que les conditions d'application du présent chapitre, notamment les modalités du suivi individuel prévu à l'article L.4624-1, les modalités d'identification des travailleurs mentionnés à l'article L.4624-2 et les modalités du suivi individuel renforcé dont ils bénéficient.

Art. R.4624-10 (modifié par Décret n°2016-1908 du 27 décembre 2016 - art. 1)

Tout travailleur bénéficie d'une visite d'information et de prévention, réalisée par l'un des professionnels de santé mentionnés au premier alinéa de l'article L.4624-1 dans un délai qui n'excède pas trois mois à compter de la prise effective du poste de travail.

Art. R.4624-11 (modifié par Décret n°2016-1908 du 27 décembre 2016 - art. 1)

La visite d'information et de prévention dont bénéficie le travailleur est individuelle. Elle a notamment pour objet :

1° D'interroger le salarié sur son état de santé ;
2° De l'informer sur les risques éventuels auxquels l'expose son poste de travail ;
3° De le sensibiliser sur les moyens de prévention à mettre en œuvre ;
4° D'identifier si son état de santé ou les risques auxquels il est exposé nécessitent une orientation vers le médecin du travail ;
5° De l'informer sur les modalités de suivi de son état de santé par le service et sur la possibilité dont il dispose, à tout moment, de bénéficier d'une visite à sa demande avec le médecin du travail.

Art. R.4624-12 (modifié par Décret n°2016-1908 du 27 décembre 2016 - art. 1)

Lors de cette visite, un dossier médical en santé au travail est ouvert par le professionnel de santé du service de santé au travail mentionné au premier alinéa de l'article L.4624-1, sous l'autorité du médecin du travail dans les conditions prévues à l'article L.4624-8.

Art. R.4624-13 (modifié par Décret n°2016-1908 du 27 décembre 2016 - art. 1)

A l'issue de toute visite d'information et de prévention, si elle n'a pas été réalisée par le médecin du travail, le professionnel de santé qui a effectué cette visite peut, s'il l'estime nécessaire, orienter sans délai le travailleur vers le médecin du travail dans le respect du protocole prévu au troisième alinéa de l'article L.4624-1. Cette nouvelle visite, effectuée par le médecin du travail, a notamment pour objet de proposer, si elles sont nécessaires, des adaptations du poste ou l'affectation à d'autres postes.

Art. R.4624-14 (modifié par Décret n°2016-1908 du 27 décembre 2016 - art. 1)
Le professionnel de santé délivre une attestation de suivi au travailleur et à l'employeur à l'issue de toute visite d'information et de prévention.

Art. R.4624-15 (modifié par Décret n°2016-1908 du 27 décembre 2016 - art. 1)
Lorsque le travailleur a bénéficié d'une visite d'information et de prévention dans les cinq ans ou, pour le travailleur mentionné à l'article R.4624-17, dans les trois ans précédant son embauche, l'organisation d'une nouvelle visite d'information et de prévention n'est pas requise dès lors que l'ensemble des conditions suivantes sont réunies :

1° Le travailleur est appelé à occuper un emploi identique présentant des risques d'exposition équivalents ;
2° Le professionnel de santé mentionné au premier alinéa de l'article L.4624-1 est en possession de la dernière attestation de suivi ou du dernier avis d'aptitude ;
3° Aucune mesure formulée au titre de l'article L.4624-3 ou aucun avis d'inaptitude rendu en application L.4624-4 n'a été émis au cours des cinq dernières années ou, pour le travailleur mentionné à l'article R.4624-17, au cours des trois dernières années.

Art. R.4624-16 (modifié par Décret n°2016-1908 du 27 décembre 2016 - art. 1)
Le travailleur bénéficie d'un renouvellement de la visite d'information et de prévention initiale, réalisée par un professionnel de santé mentionné au premier alinéa de l'article L.4624-1, selon une périodicité qui ne peut excéder cinq ans. Ce délai, qui prend en compte les conditions de travail, l'âge et l'état de santé du salarié, ainsi que les risques auxquels il est exposé, est fixé par le médecin du travail dans le cadre du protocole mentionné à l'article L.4624-1.

Art. R.4624-17 (modifié par Décret n°2016-1908 du 27 décembre 2016 - art. 1)
Tout travailleur dont l'état de santé, l'âge, les conditions de travail ou les risques professionnels auxquels il est exposé le nécessitent, notamment les travailleurs handicapés, les travailleurs qui déclarent être titulaires d'une pension d'invalidité et les travailleurs de nuit mentionnés à l'article L.3122-5, bénéficie, à l'issue de la visite d'information et de prévention, de modalités de suivi adaptées déterminées dans le cadre du protocole écrit prévu au troisième alinéa de l'article L.4624-1, selon une périodicité qui n'excède pas une durée de trois ans.

Art. R.4624-18 (modifié par Décret n°2016-1908 du 27 décembre 2016 - art. 1)
Tout travailleur de nuit mentionné à l'article L.3122-5 et tout travailleur âgé de moins de dix-huit ans bénéficie d'une visite d'information et de prévention réalisée par un professionnel de santé mentionné au premier alinéa de l'article L.4624-1 préalablement à son affectation sur le poste.

Art. R.4624-19 (modifié par Décret n°2016-1908 du 27 décembre 2016 - art. 1)
Toute femme enceinte, venant d'accoucher ou allaitante est, à l'issue de la visite d'information et de prévention, ou, à tout moment si elle le souhaite, orientée sans délai vers le médecin du travail dans le respect du protocole mentionné à l'article L.4624-1. Cette nouvelle visite, effectuée par le médecin du travail, a notamment pour objet de proposer, si elles sont nécessaires, des adaptations du poste ou l'affectation à d'autres postes.

Art. R.4624-20 (modifié par Décret n°2016-1908 du 27 décembre 2016 - art. 1)
Lors de la visite d'information et de prévention, tout travailleur handicapé ou qui déclare être titulaire d'une pension d'invalidité mentionné au cinquième alinéa de l'article L.4624-1 est orienté sans délai vers le médecin du travail, qui peut préconiser des adaptations de son poste de travail. Le médecin

du travail, dans le cadre du protocole mentionné à l'article L.4624-1, détermine la périodicité et les modalités du suivi de son état de santé qui peut être réalisé par un professionnel de santé mentionné au premier alinéa de l'article L.4624-1.

Art. R.4624-21 (modifié par Décret n°2016-1908 du 27 décembre 2016 - art. 1)
Si le médecin du travail est informé et constate que le travailleur est affecté à un poste présentant des risques particuliers pour sa santé ou sa sécurité ou pour celles de ses collègues ou des tiers évoluant dans l'environnement immédiat de travail défini à l'article R.4624-23, le travailleur bénéficie sans délai des modalités de suivi individuel renforcé prévues à la sous-section 2.

Art. R.4624-22 (modifié par Décret n°2016-1908 du 27 décembre 2016 - art. 1)
Tout travailleur affecté à un poste présentant des risques particuliers pour sa santé ou sa sécurité ou pour celles de ses collègues ou des tiers évoluant dans l'environnement immédiat de travail défini à l'article R.4624-23 bénéficie d'un suivi individuel renforcé de son état de santé selon des modalités définies par la présente sous-section.

Art. R.4624-23 (modifié par Décret n°2017-1819 du 29 décembre 2017 - art. 3)

I.– Les postes présentant des risques particuliers mentionnés au premier alinéa de l'article L.4624-2 sont ceux exposant les travailleurs :
   1° A l'amiante ;
   2° Au plomb dans les conditions prévues à l'article R.4412-160 ;
   3° Aux agents cancérogènes, mutagènes ou toxiques pour la reproduction mentionnés à l'article R.4412-60 ;
   4° Aux agents biologiques des groupes 3 et 4 mentionnés à l'article R.4421-3 ;
   5° Aux rayonnements ionisants ;
   6° Au risque hyperbare ;
   7° Au risque de chute de hauteur lors des opérations de montage et de démontage d'échafaudages.

II.– Présente également des risques particuliers tout poste pour lequel l'affectation sur celui-ci est conditionnée à un examen d'aptitude spécifique prévu par le présent code.

III.– S'il le juge nécessaire, l'employeur complète la liste des postes entrant dans les catégories mentionnées au I. par des postes présentant des risques particuliers pour la santé ou la sécurité du travailleur ou pour celles de ses collègues ou des tiers évoluant dans l'environnement immédiat de travail mentionnés au premier alinéa de l'article L.4624-2, après avis du ou des médecins concernés et du comité social et économique s'il existe, en cohérence avec l'évaluation des risques prévue à l'article L.4121-3 et, le cas échéant, la fiche d'entreprise prévue à l'article R.4624-46. Cette liste est transmise au service de santé au travail, tenue à disposition du directeur régional des entreprises, de la concurrence, de la consommation, du travail et de l'emploi et des services de prévention des organismes de sécurité sociale et mise à jour tous les ans. L'employeur motive par écrit l'inscription de tout poste sur cette liste.

IV.– Le Conseil d'orientation des conditions de travail est consulté tous les trois ans sur la mise à jour éventuelle de la liste mentionnée au I du présent article.

Art. R.4624-24 (modifié par Décret n°2016-1908 du 27 décembre 2016 - art. 1)
Le suivi individuel renforcé comprend un examen médical d'aptitude, qui se substitue à la visite d'information et de prévention prévue à l'article R.4624-10. Il est effectué par le médecin du travail préalablement à l'affectation sur le poste.
Cet examen a notamment pour objet :

1° De s'assurer que le travailleur est médicalement apte au poste de travail auquel l'employeur envisage de l'affecter, notamment en vérifiant la compatibilité du poste avec l'état de santé du travailleur qui y est affecté, afin de prévenir tout risque grave d'atteinte à sa santé ou à sa sécurité ou à celles de ses collègues ou des tiers évoluant dans l'environnement immédiat de travail ;

2° De rechercher si le travailleur n'est pas atteint d'une affection comportant un danger pour les autres travailleurs ;

3° De proposer éventuellement les adaptations du poste ou l'affectation à d'autres postes ;

4° D'informer le travailleur sur les risques des expositions au poste de travail et le suivi médical nécessaire ;

5° De sensibiliser le travailleur sur les moyens de prévention à mettre en œuvre.

Art. R.4624-25 (modifié par Décret n°2016-1908 du 27 décembre 2016 - art. 1)
Cet examen ainsi que son renouvellement donnent lieu à la délivrance par le médecin du travail d'un avis d'aptitude ou d'inaptitude rendu conformément aux dispositions de l'article L.4624-4. Cet avis d'aptitude ou d'inaptitude est transmis au travailleur et à l'employeur et versé au dossier médical en santé au travail de l'intéressé.

Art. R.4624-26 (modifié par Décret n°2016-1908 du 27 décembre 2016 - art. 1)
Lors de cette visite, un dossier médical en santé au travail est constitué par le médecin du travail dans les conditions prévues à l'article L.4624-8.

Art. R.4624-27 (modifié par Décret n°2016-1908 du 27 décembre 2016 - art. 1)
Lorsque le travailleur a bénéficié d'une visite médicale d'aptitude dans les deux ans précédant son embauche, l'organisation d'un nouvel examen médical d'aptitude n'est pas requise dès lors que l'ensemble des conditions suivantes sont réunies :

1° Le travailleur est appelé à occuper un emploi identique présentant des risques d'exposition équivalents ;

2° Le médecin du travail intéressé est en possession du dernier avis d'aptitude du travailleur ;

3° Aucune mesure formulée au titre de l'article L.4624-3 ou aucun avis d'inaptitude rendu en application L.4624-4 n'a été émis au cours des deux dernières années.

Art. R.4624-28 (modifié par Décret n°2016-1908 du 27 décembre 2016 - art. 1)
Tout travailleur affecté à un poste présentant des risques particuliers pour sa santé ou sa sécurité ou pour celles de ses collègues ou des tiers évoluant dans l'environnement immédiat de travail, tels que définis à l'article R.4624-23, bénéficie, à l'issue de l'examen médical d'embauche, d'un renouvellement de cette visite, effectuée par le médecin du travail selon une périodicité qu'il détermine et qui ne peut être supérieure à quatre ans. Une visite intermédiaire est effectuée par un professionnel de santé mentionné au premier alinéa de l'article L.4624-1 au plus tard deux ans après la visite avec le médecin du travail.

Art. R.4624-29 (modifié par Décret n°2016-1908 du 27 décembre 2016 - art. 1)
En vue de favoriser le maintien dans l'emploi des travailleurs en arrêt de travail d'une durée de plus de trois mois, une visite de pré-reprise est organisée par le médecin du travail à l'initiative du médecin traitant, du médecin conseil des organismes de sécurité sociale ou du travailleur.

Art. R.4624-30 (modifié par Décret n°2016-1908 du 27 décembre 2016 - art. 1)
Au cours de l'examen de pré-reprise, le médecin du travail peut recommander :

1° Des aménagements et adaptations du poste de travail ;

2° Des préconisations de reclassement ;

3° Des formations professionnelles à organiser en vue de faciliter le reclassement du travailleur ou sa réorientation professionnelle.

A cet effet, il s'appuie en tant que de besoin sur le service social du travail du service de santé au travail interentreprises ou sur celui de l'entreprise.
Il informe, sauf si le travailleur s'y oppose, l'employeur et le médecin conseil de ces recommandations afin que toutes les mesures soient mises en œuvre en vue de favoriser le maintien dans l'emploi du travailleur.

Art. R.4624-31 (modifié par Décret n°2016-1908 du 27 décembre 2016 - art. 1)
Le travailleur bénéficie d'un examen de reprise du travail par le médecin du travail :
1° Après un congé de maternité ;
2° Après une absence pour cause de maladie professionnelle ;
3° Après une absence d'au moins trente jours pour cause d'accident du travail, de maladie ou d'accident non professionnel.
Dès que l'employeur a connaissance de la date de la fin de l'arrêt de travail, il saisit le service de santé au travail qui organise l'examen de reprise le jour de la reprise effective du travail par le travailleur, et au plus tard dans un délai de huit jours qui suivent cette reprise.

Art. R.4624-32 (modifié par Décret n°2016-1908 du 27 décembre 2016 - art. 1)
L'examen de reprise a pour objet :
1° De vérifier si le poste de travail que doit reprendre le travailleur ou le poste de reclassement auquel il doit être affecté est compatible avec son état de santé ;
2° D'examiner les propositions d'aménagement ou d'adaptation du poste repris par le travailleur ou de reclassement faites par l'employeur à la suite des préconisations émises le cas échéant par le médecin du travail lors de la visite de pré-reprise ;
3° De préconiser l'aménagement, l'adaptation du poste ou le reclassement du travailleur ;
4° D'émettre, le cas échéant, un avis d'inaptitude.

Art. R.4624-33 (modifié par Décret n°2016-1908 du 27 décembre 2016 - art. 1)
Le médecin du travail est informé par l'employeur de tout arrêt de travail d'une durée inférieure à trente jours pour cause d'accident du travail afin de pouvoir apprécier, notamment, l'opportunité d'un nouvel examen médical et, avec l'équipe pluridisciplinaire, de préconiser des mesures de prévention des risques professionnels.

Art. R.4624-34 (modifié par Décret n°2016-1908 du 27 décembre 2016 - art. 1)
Indépendamment des examens d'aptitude à l'embauche et périodiques ainsi que des visites d'information et de prévention, le travailleur bénéficie, à sa demande ou à celle de l'employeur, d'un examen par le médecin du travail.
Le travailleur peut solliciter notamment une visite médicale, lorsqu'il anticipe un risque d'inaptitude, dans l'objectif d'engager une démarche de maintien en emploi et de bénéficier d'un accompagnement personnalisé.
La demande du travailleur ne peut motiver aucune sanction.
Le médecin du travail peut également organiser une visite médicale pour tout travailleur le nécessitant.

Art. R.4624-35 (modifié par Décret n°2016-1908 du 27 décembre 2016 - art. 1)
Le médecin du travail peut réaliser ou prescrire les examens complémentaires nécessaires :
1° A la détermination de la compatibilité entre le poste de travail et l'état de santé du travailleur, notamment au dépistage des affections pouvant entraîner une contre-indication à ce poste de travail ;
2° Au dépistage d'une maladie professionnelle ou à caractère professionnel susceptible de résulter de l'activité professionnelle du travailleur ;
3° Au dépistage des maladies dangereuses pour l'entourage professionnel du travailleur.

Art. R.4624-36 (modifié par Décret n°2016-1908 du 27 décembre 2016 - art. 1)
Les examens complémentaires sont à la charge de l'employeur lorsqu'il dispose d'un service autonome de santé au travail et du service de santé au travail interentreprises dans les autres cas.
Le médecin du travail réalise ou fait réaliser ces examens au sein du service de santé au travail, ou choisit l'organisme chargé de pratiquer les examens
Ces derniers sont réalisés dans des conditions garantissant le respect de leur anonymat.

Art. R.4624-37 (modifié par Décret n°2016-1908 du 27 décembre 2016 - art. 1)
Dans le cadre du suivi des travailleurs de nuit, le médecin du travail peut prescrire, s'il le juge utile, des examens spécialisés complémentaires, qui sont à la charge de l'employeur.

Art. R.4624-38 (modifié par Décret n°2016-1908 du 27 décembre 2016 - art. 1)
En cas de désaccord entre l'employeur et le médecin du travail sur la nature et la fréquence de ces examens, la décision est prise par le médecin inspecteur du travail.

Art. R.4624-39 (modifié par Décret n°2016-1908 du 27 décembre 2016 - art. 1)
Le temps nécessité par les visites et les examens médicaux, y compris les examens complémentaires, est soit pris sur les heures de travail des travailleurs sans qu'aucune retenue de salaire puisse être opérée, soit rémunéré comme temps de travail effectif lorsque ces examens ne peuvent avoir lieu pendant les heures de travail.
Le temps et les frais de transport nécessités par ces visites et ces examens sont pris en charge par l'employeur.

Art. L.3221-2 (version en vigueur depuis le 1er mai 2008)
Tout employeur assure, pour un même travail ou pour un travail de valeur égale, l'égalité de rémunération entre les femmes et les hommes.

Le comité social et économique

Art. L.2311-1 (modifié par Ordonnance n°2017-1386 du 22 septembre 2017 - art. 1)
Les dispositions du présent titre sont applicables aux employeurs de droit privé ainsi qu'à leurs salariés.
Elles sont également applicables :
1° Aux établissements publics à caractère industriel et commercial ;
2° Aux établissements publics à caractère administratif lorsqu'ils emploient du personnel dans les conditions du droit privé.

Ces dispositions peuvent, compte tenu des caractères particuliers de certains des établissements mentionnés aux 1° et 2° et des instances de représentation du personnel éventuellement existantes, faire l'objet d'adaptations, par décrets en Conseil d'Etat, sous réserve d'assurer les mêmes garanties aux salariés de ces établissements.

Art. L.2311-2 (modifié par Ordonnance n°2017-1386 du 22 septembre 2017 - art. 1)
Un comité social et économique est mis en place dans les entreprises d'au moins onze salariés.
Sa mise en place n'est obligatoire que si l'effectif d'au moins onze salariés est atteint pendant douze mois consécutifs.
Les modalités de calcul des effectifs sont celles prévues aux articles L.1111-2 et L.1251-54.

Art. L.2311-5 (modifié par Loi n°2018-217 du 29 mars 2018 - art. 6(V))
La délégation du personnel au comité social et économique a pour mission de présenter à l'employeur les réclamations individuelles ou collectives relatives aux salaires, à l'application du code du travail et des autres dispositions légales concernant notamment la protection sociale, ainsi que des conventions et accords applicables dans l'entreprise.

Elle contribue à promouvoir la santé, la sécurité et l'amélioration des conditions de travail dans l'entreprise et réalise des enquêtes en matière d'accidents du travail ou de maladies professionnelles ou à caractère professionnel.
Elle exerce le droit d'alerte dans les conditions prévues aux articles L.2312-59 et L.2312-60.
Dans une entreprise en société anonyme, lorsque les membres de la délégation du personnel du comité social et économique présentent des réclamations auxquelles il ne pourrait être donné suite qu'après délibération du conseil d'administration, ils sont reçus par celui-ci, sur leur demande, en présence du directeur ou de son représentant ayant connaissance des réclamations présentées.
Les membres de la délégation du personnel du comité peuvent saisir l'inspection du travail de toutes les plaintes et observations relatives à l'application des dispositions légales dont elle est chargée d'assurer le contrôle.

Art. L.2311-6 (modifié par Ordonnance n°2017-1386 du 22 septembre 2017 - art. 1)
Les attributions de la délégation du personnel au comité social et économique s'exercent au profit des salariés, ainsi que :

1° Aux travailleurs au sens de l'article L.4111-5, en matière de santé, sécurité et conditions de travail ;
2° Aux salariés d'entreprises extérieures qui, dans l'exercice de leur activité, ne se trouvent pas placés sous la subordination directe de l'entreprise utilisatrice, pour leurs réclamations individuelles et collectives, intéressant les conditions d'exécution du travail qui relèvent du chef d'établissement utilisateur ;
3° Aux salariés temporaires pour leurs réclamations intéressant l'application des dispositions des articles :
  a) L.1251-18 en matière de rémunération ;
  b) L.1251-21 à L.1251-23 en matière de conditions de travail ;
  c) L.1251-24 en matière d'accès aux moyens de transport collectifs et aux installations collectives.

Art. L.2311-7 (modifié par Ordonnance n°2017-1386 du 22 septembre 2017 - art. 1)
Les travailleurs conservent le droit de présenter eux-mêmes leurs observations à l'employeur ou à ses représentants.

Art. L.2315-7 (modifié par Ordonnance n°2017-1386 du 22 septembre 2017 - art. 1)
L'employeur laisse le temps nécessaire à l'exercice de leurs fonctions :

1° A chacun des membres titulaires constituant la délégation du personnel du comité social et économique ;
2° Aux représentants syndicaux au comité social et économique dans les entreprises d'au moins cinq cent un salariés ;
3° Aux représentants syndicaux au comité social et économique central d'entreprise dans les entreprises d'au moins cinq cent un salariés dont aucun des établissements distincts n'atteint ce seuil.

Le nombre d'heures de délégation des représentants mentionnés aux 1° à 3°, fixé par décret en Conseil d'Etat en fonction à la fois des effectifs de l'entreprise ou de l'établissement et du nombre de membres de la délégation, ne peut être inférieur à dix heures par mois dans les entreprises de moins de cinquante salariés et à seize heures dans les autres entreprises.

Art. L.2315-8 (modifié par Ordonnance n°2017-1386 du 22 septembre 2017 - art. 1)
Les modalités d'utilisation des heures de délégation sur une durée supérieure au mois sont définies par voie réglementaire.

Art. L.2315-9 (modifié par Ordonnance n°2017-1386 du 22 septembre 2017 - art. 1)
Un décret en Conseil d'Etat détermine les conditions dans lesquelles les membres titulaires de la délégation du personnel du comité social et économique peuvent, chaque mois, répartir entre eux et avec les membres suppléants le crédit d'heures de délégation dont ils disposent.

Art. L.2315-10 (modifié par Ordonnance n°2017-1386 du 22 septembre 2017 - art. 1)
Le temps passé en délégation est de plein droit considéré comme temps de travail et payé à l'échéance normale.
L'employeur qui entend contester l'utilisation faite des heures de délégation saisit le juge judiciaire.

Art. L.2315-11 (modifié par Ordonnance n°2017-1386 du 22 septembre 2017 - art. 1)
Est également payé comme temps de travail effectif le temps passé par les membres de la délégation du personnel du comité social et économique :

1° A la recherche de mesures préventives dans toute situation d'urgence et de gravité, notamment lors de la mise en œuvre de la procédure de danger grave et imminent prévue à l'article L.4132-2 ;
2° Aux réunions du comité et de ses commissions, dans ce cas dans la limite d'une durée globale fixée par accord d'entreprise ou à défaut par décret en Conseil d'Etat ;
3° Aux enquêtes menées après un accident du travail grave ou des incidents répétés ayant révélé un risque grave ou une maladie professionnelle ou à caractère professionnel grave.

Ce temps n'est pas déduit des heures de délégation prévues pour les membres titulaires de la délégation du personnel du comité social et économique.

Art. L.2315-12 (modifié par Ordonnance n°2017-1386 du 22 septembre 2017 - art. 1)
Le temps passé aux réunions du comité social et économique avec l'employeur par les représentants syndicaux au comité est rémunéré comme temps de travail.
Ce temps n'est pas déduit des heures de délégation dans les entreprises d'au moins cinq cent un salariés.

Art. L.2315-13 (modifié par Ordonnance n°2017-1386 du 22 septembre 2017 - art. 1)
Dans les entreprises de travail temporaire, les heures de délégation utilisées entre deux missions, conformément à des dispositions conventionnelles, par un membre titulaire du comité pour l'exercice de son mandat, sont considérées comme des heures de travail.
Ces heures de délégation sont réputées rattachées, en matière de rémunération et de charges sociales, au dernier contrat de mission avec l'entreprise de travail temporaire au titre de laquelle il a été élu membre titulaire du comité.

La contrepartie en repos obligatoire

Art. L.3121-37 (modifié par Ordonnance n°2017-1386 du 22 septembre 2017 - art. 1)
Dans les entreprises dépourvues de délégué syndical, le remplacement de tout ou partie du paiement des heures supplémentaires, ainsi que des majorations, par un repos compensateur équivalent peut être mis en place par l'employeur à condition que le comité social et économique, s'il existe, ne s'y oppose pas.
L'employeur peut également adapter à l'entreprise les conditions et les modalités d'attribution et de prise du repos compensateur de remplacement après avis du comité social et économique.

Art. L.3121-38 (modifié par Loi n°2019-486 du 22 mai 2019 - art. 11 (V))
A défaut d'accord, la contrepartie obligatoire sous forme de repos mentionnée à l'article L.3121-30 est fixée à 50 % des heures supplémentaires accomplies au-delà du contingent annuel mentionné au même article L.3121-30 pour les entreprises de vingt salariés au plus, et à 100 % de ces mêmes heures pour les entreprises de plus de vingt salariés.

Pour l'application du premier alinéa du présent article, l'effectif salarié et le franchissement du seuil de vingt salariés sont déterminés selon les modalités prévues à l'article L.130-1 du code de la sécurité sociale.

Les jours fériés

Art. L.3133-3 (modifié par Loi n°2016-1088 du 8 août 2016 - art. 8 (V))
Le chômage des jours fériés ne peut entraîner aucune perte de salaire pour les salariés totalisant au moins trois mois d'ancienneté dans l'entreprise ou l'établissement.
Ces dispositions s'appliquent aux salariés saisonniers si, du fait de divers contrats successifs ou non, ils cumulent une ancienneté totale d'au moins trois mois dans l'entreprise.
Ces dispositions ne s'appliquent ni aux personnes travaillant à domicile, ni aux salariés intermittents, ni aux salariés temporaires.

Art. L.3133-3-1 (créé par Loi n°2016-1088 du 8 août 2016 - art. 8 (V))
Un accord d'entreprise ou d'établissement ou, à défaut, une convention ou un accord de branche définit les jours fériés chômés.

Art. L.3133-3-2 (créé par Loi n°2016-1088 du 8 août 2016 - art. 8 (V))
A défaut d'accord, l'employeur fixe les jours fériés chômés.

Art. L.3133-4 (modifié par Loi n°2016-1088 du 8 août 2016 - art. 8 (V))
Le 1er mai est jour férié et chômé.

Art. L.3133-5 (modifié par Loi n°2016-1088 du 8 août 2016 - art. 8 (V))
Le chômage du 1er mai ne peut être une cause de réduction de salaire perdu du fait de ce chômage. Cette indemnité est à la charge de l'employeur.

Art. L.3133-6 (modifié par Loi n°2016-1088 du 8 août 2016 - art. 8 (V))
Dans les établissements et services qui, en raison de la nature de leur activité, ne peuvent interrompre le travail, les salariés occupés le 1er mai ont droit, en plus du salaire correspondant au travail accompli, à une indemnité égale au montant de ce salaire. Cette indemnité est à la charge de l'employeur.

Le temps de repos

Art. L.3131-1 (modifié par Loi n°2016-1088 du 8 août 2016 - art. 8 (V))
Tout salarié bénéficie d'un repos quotidien d'une durée minimale de onze heures consécutives, sauf dans les cas prévus aux articles L.3131-2 et L.3131-3 ou en cas d'urgence, dans des conditions déterminées par décret.

Art. L.3131-2 (modifié par Loi n°2016-1088 du 8 août 2016 - art. 8 (V)) :
Une convention ou un accord d'entreprise ou d'établissement ou, à défaut, une convention ou un accord de branche peut déroger à la durée minimale de repos quotidien prévue à l'article L.3131-1, dans des conditions déterminées par décret, notamment pour des activités caractérisées par la nécessité d'assurer une continuité du service ou par des périodes d'intervention fractionnées.

Art. L.3131-3 (modifié par Loi n°2016-1088 du 8 août 2016 - art. 8 (V))
A défaut d'accord, en cas de surcroît exceptionnel d'activité, il peut être dérogé à la durée minimale de repos quotidien dans des conditions définies par décret.

Art. L.3164-1 (version en vigueur depuis le 1er mai 2008)
La durée minimale du repos quotidien des jeunes travailleurs ne peut être inférieure à douze heures consécutives. Cette durée minimale est portée à quatorze heures consécutives s'ils ont moins de seize ans.
La durée minimale de repos continu quotidien des jeunes salariés ne peut être inférieure à douze heures dans le cas des dérogations prévues à l'article L.3163-2.

Art. L.3121-33 (version en vigueur depuis le 1er mai 2008)
La durée minimale du repos quotidien des jeunes travailleurs ne peut être inférieure à douze heures consécutives. Cette durée minimale est portée à quatorze heures consécutives s'ils ont moins de seize ans.

Art. L.3132-1 (version en vigueur depuis le 1er mai 2008)
Il est interdit de faire travailler un même salarié plus de six jours par semaine.

Art. L.3132-2 (version en vigueur depuis le 1er mai 2008)
Le repos hebdomadaire a une durée minimale de vingt-quatre heures consécutives auxquelles s'ajoutent les heures consécutives de repos quotidien prévu au chapitre Ier.

Art. L.3132-3 (modifié par Loi n°2009-974 du 10 août 2009 - art. 2 (V))
Dans l'intérêt des salariés, le repos hebdomadaire est donné le dimanche.

Art. L.3164-5 (version en vigueur depuis le 1er mai 2008)
L'interdiction de travail le dimanche prévue à l'article L.3132-3 n'est pas applicable aux apprentis âgés de moins de dix-huit ans employés dans les secteurs pour lesquels les caractéristiques particulières de l'activité le justifient et dont la liste est déterminée par décret en Conseil d'Etat.

Art. L.3164-7 (version en vigueur depuis le 1er mai 2008)
Dans les établissements industriels fonctionnant en continu, les jeunes travailleurs peuvent être employés tous les jours de la semaine, sous réserve de bénéficier du repos minimal prévu aux articles L.3132-2 et L.3164-2.

Art. L.3132-4 (version en vigueur depuis le 1er mai 2008)
En cas de travaux urgents dont l'exécution immédiate est nécessaire pour organiser des mesures de sauvetage, pour prévenir des accidents imminents ou réparer des accidents survenus au matériel, aux installations ou aux bâtiments de l'établissement, le repos hebdomadaire peut être suspendu pour le personnel nécessaire à l'exécution de ces travaux.
Cette faculté de suspension s'applique non seulement aux salariés de l'entreprise où les travaux urgents sont nécessaires mais aussi à ceux d'une autre entreprise faisant les réparations pour le compte de la première.
Chaque salarié de cette seconde entreprise, de même que chaque salarié de l'entreprise où sont réalisés les travaux, affecté habituellement aux travaux d'entretien et de réparation, bénéficie d'un repos compensateur d'une durée égale au repos supprimé.

Art. L.3132-5 (version en vigueur depuis le 1er mai 2008)
Dans certaines industries traitant des matières périssables ou ayant à répondre à certains moments à un surcroît extraordinaire de travail, le repos hebdomadaire des salariés peut être suspendu deux fois au plus par mois, sans que le nombre de ces suspensions dans l'année soit supérieur à six.
Les heures de travail ainsi accomplies le jour du repos hebdomadaire sont considérées comme des heures supplémentaires et sont imputées sur le crédit d'heures supplémentaires prévu par les décrets d'application des dispositions relatives à la durée du travail.
La liste des industries pouvant bénéficier des dispositions prévues au premier alinéa est déterminée par décret en Conseil d'Etat.

Art. L.3132-6 (version en vigueur depuis le 1er mai 2008)
Dans les ports, débarcadères et stations, l'emploi de salariés aux travaux de chargement et de déchargement le jour de repos hebdomadaire est autorisé dans les mêmes cas et sous les mêmes conditions que lorsque la durée du travail peut être prolongée pour ces mêmes travaux, en vertu des décrets d'application des dispositions relatives à la durée du travail.

Art. L.3132-7 (version en vigueur depuis le 1er mai 2008)
Dans certaines industries ne fonctionnant que pendant une partie de l'année et dans certains établissements appartenant aux branches d'activité à caractère saisonnier et n'ouvrant en tout ou partie que pendant une période de l'année, le repos hebdomadaire peut être en partie différé dans les conditions prévues par l'article L.3132-10, sous réserve que chaque travailleur bénéficie au moins de deux jours de repos par mois, autant que possible le dimanche.
La liste des industries et établissements prévues au premier alinéa est déterminée par décret en Conseil d'Etat.

Art. L.3132-8 (version en vigueur depuis le 1er mai 2008)
Lorsqu'un établissement industriel ou commercial attribue le repos hebdomadaire le même jour à tous les salariés, ce repos peut être réduit à une demi-journée pour les salariés affectés aux travaux de nettoyage des locaux industriels et de maintenance qui doivent être réalisés nécessairement le jour de repos collectif et qui sont indispensables pour éviter un retard dans la reprise normale du travail.
Dans ce cas, un repos compensateur est attribué à raison d'une journée entière pour deux réductions d'une demi-journée.

Art. L.3132-9 (version en vigueur depuis le 1er mai 2008)
Dans les établissements de l'Etat ainsi que dans ceux où sont exécutés des travaux pour le compte de l'Etat et dans l'intérêt de la défense nationale, le repos hebdomadaire peut être temporairement suspendu par les ministres intéressés.

Art. L.3132-10 (version en vigueur depuis le 1er mai 2008)
Dans les établissements industriels fonctionnant en continu, les repos hebdomadaires des salariés affectés aux travaux en continu peuvent être en partie différés dans les conditions suivantes :
1° Chaque salarié bénéficie, dans une période de travail donnée, d'un nombre de repos de vingt-quatre heures consécutives au moins égal au nombre de semaines comprises dans cette période ;
2° Chaque salarié bénéficie le plus possible de repos le dimanche.
Un décret en Conseil d'Etat détermine les conditions d'application du repos hebdomadaire aux salariés intéressés, les travaux auxquels s'appliquent cette dérogation et pour chacun de ces travaux, la durée maximale de la période de travail mentionnée au 1°.

Art. L.3132-11 (version en vigueur depuis le 1er mai 2008)
Les gardiens et concierges des établissements industriels et commerciaux auxquels le repos hebdomadaire ne peut être donné bénéficient d'un repos compensateur.
Cette dérogation n'est pas applicable aux jeunes travailleurs de moins de dix-huit ans.

Art. L.3132-12 (version en vigueur depuis le 1er mai 2008)
Certains établissements, dont le fonctionnement ou l'ouverture est rendu nécessaire par les contraintes de la production, de l'activité ou les besoins du public, peuvent de droit déroger à la règle du repos dominical en attribuant le repos hebdomadaire par roulement.
Un décret en Conseil d'Etat détermine les catégories d'établissements intéressées.

Art. L.3132-13 (modifié par Loi n°2015-990 du 6 août 2015 - art. 251)
Dans les commerces de détail alimentaire, le repos hebdomadaire peut être donné le dimanche à partir de treize heures.
Les salariés âgés de moins de vingt et un ans logés chez leurs employeurs bénéficient d'un repos compensateur, par roulement et par semaine, d'un autre après-midi.
Les autres salariés bénéficient d'un repos compensateur, par roulement et par quinzaine, d'une journée entière.
Dans les commerces de détail alimentaire dont la surface de vente est supérieure au seuil mentionné au premier alinéa de l'article 3 de la loi n° 72-657 du 13 juillet 1972 instituant des mesures en faveur de certaines catégories de commerçants et artisans âgés, les salariés privés du repos dominical bénéficient d'une rémunération majorée d'au moins 30 % par rapport à la rémunération normalement due pour une durée équivalente.

Art. L.3132-14 (modifié par Loi n°2008-67 du 21 janvier 2008 - art. 3)
Dans les industries ou les entreprises industrielles, une convention ou un accord collectif étendu ou une convention ou un accord d'entreprise ou d'établissement peut prévoir la possibilité d'organiser le travail de façon continue pour des raisons économiques et d'attribuer le repos hebdomadaire par roulement.
A défaut de convention ou d'accord collectif de travail étendu ou de convention ou d'accord d'entreprise, une dérogation peut être accordée par l'inspecteur du travail après consultation des délégués syndicaux et avis du comité d'entreprise ou des délégués du personnel, s'ils existent, dans des conditions déterminées par décret en Conseil d'Etat.

Art. L.3132-15 (version en vigueur depuis le 1er mai 2008)
La durée du travail des salariés travaillant de façon permanente en équipes successives selon un cycle continu ne doit pas être supérieure en moyenne, sur une année, à trente-cinq heures par semaine travaillée.

Art. L.3132-16 (version en vigueur depuis le 1er mai 2008)
Dans les industries ou les entreprises industrielles, une convention ou un accord collectif de travail étendu ou une convention ou un accord d'entreprise ou d'établissement peut prévoir que le personnel d'exécution fonctionne en deux groupes dont l'un, dénommé équipe de suppléance, a pour seule fonction de remplacer l'autre pendant le ou les jours de repos accordés au premier groupe.
Le repos hebdomadaire des salariés de l'équipe de suppléance est attribué un autre jour que le dimanche.
Cette dérogation s'applique également au personnel nécessaire à l'encadrement de cette équipe.

Art. L.3132-17 (version en vigueur depuis le 1er mai 2008)
La convention ou l'accord prévoyant la mise en place d'une équipe de suppléance comporte des dispositions concernant :
1° Les conditions particulières de mise en œuvre de la formation du personnel travaillant en équipe de suppléance et la rémunération du temps de formation ;
2° Les modalités d'exercice du droit des salariés de l'équipe de suppléance d'occuper un emploi autre que de suppléance.

Art. L.3132-18 (version en vigueur depuis le 1er mai 2008)
A défaut de convention ou d'accord, le recours aux équipes de suppléance est subordonné à l'autorisation de l'inspecteur du travail donnée après consultation des délégués syndicaux et avis du comité d'entreprise ou des délégués du personnel, s'ils existent, dans des conditions déterminées par décret en Conseil d'Etat.

Art. L.3132-19 (version en vigueur depuis le 1er mai 2008)
La rémunération des salariés de l'équipe de suppléance est majorée d'au moins 50 % par rapport à celle qui serait due pour une durée équivalente effectuée suivant l'horaire normal de l'entreprise. Cette majoration ne s'applique pas lorsque les salariés de l'équipe de suppléance sont amenés à remplacer durant la semaine les salariés partis en congé.

Art. L.3132-20 (version en vigueur depuis le 1er mai 2008)
Lorsqu'il est établi que le repos simultané, le dimanche, de tous les salariés d'un établissement serait préjudiciable au public ou compromettrait le fonctionnement normal de cet établissement, le repos peut être autorisé par le préfet, soit toute l'année, soit à certaines époques de l'année seulement suivant l'une des modalités suivantes :

1° Un autre jour que le dimanche à tous les salariés de l'établissement ;
2° Du dimanche midi au lundi midi ;
3° Le dimanche après-midi avec un repos compensateur d'une journée par roulement et par quinzaine ;
4° Par roulement à tout ou partie des salariés.

Art. L.3132-24 (modifié par Loi n°2015-990 du 6 août 2015 - art. 242)

I.– Les établissements de vente au détail qui mettent à disposition des biens et des services et qui sont situés dans les zones touristiques internationales peuvent donner le repos hebdomadaire par roulement pour tout ou partie du personnel, dans les conditions prévues aux articles L.3132-25-3 et L.3132-25-4.

II.– Les zones touristiques internationales sont délimitées par les ministres chargés du travail, du tourisme et du commerce, après avis du maire et, le cas échéant, du président de l'établissement public de coopération intercommunale à fiscalité propre dont la commune est membre ainsi que des organisations professionnelles d'employeurs et des organisations syndicales de salariés intéressées, compte tenu du rayonnement international de ces zones, de l'affluence exceptionnelle de touristes résidant hors de France et de l'importance de leurs achats.

III.– Trois ans après la délimitation d'une zone touristique internationale, le Gouvernement remet au Parlement une évaluation économique et sociale des pratiques d'ouverture des commerces qui se sont développées à la suite de cette délimitation.

IV.– Un décret en Conseil d'Etat détermine les modalités d'application du présent article.

Art. L.3132-25 (modifié par Loi n°2015-990 du 6 août 2015 - art. 243)
Les établissements de vente au détail qui mettent à disposition des biens et des services et qui sont situés dans les zones touristiques caractérisées par une affluence particulièrement importante de touristes peuvent donner le repos hebdomadaire par roulement pour tout ou partie du personnel, dans les conditions prévues aux articles L.3132-25-3 et L.3132-25-4.
Un décret en Conseil d'Etat détermine les modalités d'application du présent article.

Art. L.3132-25-1 (modifié par Loi n°2015-990 du 6 août 2015 - art. 244)
Les établissements de vente au détail qui mettent à disposition des biens et des services et qui sont situés dans les zones commerciales caractérisées par une offre commerciale et une demande potentielle particulièrement importantes, le cas échéant en tenant compte de la proximité immédiate d'une zone frontalière, peuvent donner le repos hebdomadaire par roulement pour tout ou partie du personnel, dans les conditions prévues aux articles L.3132-25-3 et L.3132-25-4.
Un décret en Conseil d'Etat détermine les modalités d'application du présent article.

Art. L.3132-25-2 (modifié par Loi n°2015-990 du 6 août 2015 - art. 245)

I.– La demande de délimitation ou de modification des zones définies aux articles L.3132-25 et L.3132-25-1 est faite par le maire ou, après consultation des maires concernés, par le président

de l'établissement public de coopération intercommunale à fiscalité propre, lorsque celui-ci existe et que le périmètre de la zone concernée excède le territoire d'une seule commune.
La demande de délimitation ou de modification de ces zones est transmise au représentant de l'Etat dans la région. Elle est motivée et comporte une étude d'impact justifiant notamment l'opportunité de la création ou de la modification de la zone.

II.– Les zones mentionnées au I sont délimitées ou modifiées par le représentant de l'Etat dans la région après avis :
1° Du conseil municipal des communes dont le territoire est concerné ;
2° Des organisations professionnelles d'employeurs et des organisations syndicales de salariés intéressées ;
3° De l'organe délibérant des établissements publics de coopération intercommunale à fiscalité propre dont sont membres les communes dont le territoire est concerné ;
4° Du comité départemental du tourisme, pour les zones touristiques mentionnées à l'article L.3132-25 ;
5° De la chambre de commerce et d'industrie et de la chambre de métiers et de l'artisanat, pour les zones commerciales mentionnées à l'article L.3132-25-1.
L'avis de ces organismes est réputé donné à l'issue d'un délai de deux mois à compter de leur saisine en cas de demande de délimitation d'une zone et d'un mois en cas de demande de modification d'une zone existante.

III. – Le représentant de l'Etat dans la région statue dans un délai de six mois sur la demande de délimitation dont il est saisi. Il statue dans un délai de trois mois sur une demande de modification d'une zone.

Art. L.3132-25-3 (modifié par Loi n°2015-990 du 6 août 2015 - art. 246 (V))

I.– Les autorisations prévues à l'article L.3132-20 sont accordées au vu d'un accord collectif ou, à défaut, d'une décision unilatérale de l'employeur prise après référendum.
L'accord collectif fixe les contreparties accordées aux salariés privés du repos dominical ainsi que les engagements pris en termes d'emploi ou en faveur de certains publics en difficulté ou de personnes handicapées.
En l'absence d'accord collectif applicable, les autorisations sont accordées au vu d'une décision unilatérale de l'employeur, prise après avis du comité d'entreprise ou des délégués du personnel, lorsqu'ils existent, approuvée par référendum organisé auprès des personnels concernés par cette dérogation au repos dominical. La décision de l'employeur approuvée par référendum fixe les contreparties accordées aux salariés privés du repos dominical ainsi que les engagements pris en termes d'emploi ou en faveur de certains publics en difficulté ou de personnes handicapées. Dans ce cas, chaque salarié privé du repos du dimanche bénéficie d'un repos compensateur et perçoit pour ce jour de travail une rémunération au moins égale au double de la rémunération normalement due pour une durée équivalente.
Lorsqu'un accord collectif est régulièrement négocié postérieurement à la décision unilatérale prise sur le fondement de l'alinéa précédent, cet accord s'applique dès sa signature en lieu et place des contreparties prévues par cette décision.

II.– Pour bénéficier de la faculté de donner le repos hebdomadaire par roulement pour tout ou partie du personnel, prévue aux articles L.3132-24, L.3132-25, L.3132-25-1 et L.3132-25-6, les établissements doivent être couverts soit par un accord collectif de branche, de groupe, d'entreprise ou d'établissement, soit par un accord conclu à un niveau territorial, soit par un accord conclu dans les conditions mentionnées aux II à IV de l'article L. 5125-4.

Les accords collectifs de branche, de groupe, d'entreprise et d'établissement et les accords territoriaux prévoient une compensation déterminée afin de tenir compte du caractère dérogatoire du travail accompli le dimanche.

L'accord mentionné au premier alinéa du présent II fixe les contreparties, en particulier salariales, accordées aux salariés privés du repos dominical ainsi que les engagements pris en termes d'emploi ou en faveur de certains publics en difficulté ou de personnes handicapées. Il prévoit également les mesures destinées à faciliter la conciliation entre la vie professionnelle et la vie personnelle des salariés privés du repos dominical. Le présent alinéa s'applique également aux établissements autres que ceux mentionnés à l'article L.3132-12 pour leurs salariés qui travaillent dans la surface de vente d'un établissement situé dans l'une des zones mentionnées aux articles L.3132-24, L.3132-25 et L.3132-25-1 ou dans l'une des gares mentionnées à l'article L.3132-25-6.

L'accord fixe les contreparties mises en œuvre par l'employeur pour compenser les charges induites par la garde des enfants pour les salariés privés du repos dominical.

Dans les établissements de moins de onze salariés, à défaut d'accord collectif ou d'accord conclu à un niveau territorial, la faculté mentionnée au premier alinéa du présent II est ouverte après consultation par l'employeur des salariés concernés sur les mesures prévues au titre des deuxième à quatrième alinéas et approbation de la majorité d'entre eux.

En cas de franchissement du seuil de onze salariés mentionné au cinquième alinéa, le premier alinéa est applicable à compter de la troisième année consécutive au cours de laquelle l'effectif de l'établissement employé dans la zone atteint ce seuil.

III.– Dans les cas prévus aux I et II du présent article, l'accord ou la décision unilatérale de l'employeur prise en application de l'article L.3132-20 fixent les conditions dans lesquelles l'employeur prend en compte l'évolution de la situation personnelle des salariés privés du repos dominical.

Art. L.3132-25-4 (modifié par Loi n°2015-990 du 6 août 2015 - art. 247)

Pour l'application des articles L.3132-20, L.3132-24, L.3132-25, L.3132-25-1 et L.3132-25-6, seuls les salariés volontaires ayant donné leur accord par écrit à leur employeur peuvent travailler le dimanche. Une entreprise ne peut prendre en considération le refus d'une personne de travailler le dimanche pour refuser de l'embaucher. Le salarié qui refuse de travailler le dimanche ne peut faire l'objet d'une mesure discriminatoire dans le cadre de l'exécution de son contrat de travail. Le refus de travailler le dimanche pour un salarié ne constitue pas une faute ou un motif de licenciement.

L'accord collectif ou les mesures proposées par l'employeur mentionnés au II de l'article L.3132-25-3 déterminent les modalités de prise en compte d'un changement d'avis du salarié privé du repos dominical.

Pour l'application de l'article L.3132-20, à défaut d'accord collectif applicable, l'employeur demande chaque année à tout salarié qui travaille le dimanche s'il souhaite bénéficier d'une priorité pour occuper ou reprendre un emploi ressortissant à sa catégorie professionnelle ou un emploi équivalent ne comportant pas de travail le dimanche dans le même établissement ou, à défaut, dans la même entreprise. L'employeur l'informe également, à cette occasion, de sa faculté de ne plus travailler le dimanche s'il ne le souhaite plus. En pareil cas, le refus du salarié prend effet trois mois après sa notification écrite à l'employeur.

En outre, le salarié qui travaille le dimanche peut à tout moment demander à bénéficier de la priorité définie à l'alinéa précédent.

En l'absence d'accord collectif, le salarié privé de repos dominical conserve la faculté de refuser de travailler trois dimanches de son choix par année civile. Il doit en informer préalablement son employeur en respectant un délai d'un mois.

L'employeur prend toute mesure nécessaire pour permettre aux salariés d'exercer personnellement leur droit de vote au titre des scrutins nationaux et locaux lorsque ceux-ci ont lieu le dimanche.

Art. L.3132-25-5 (modifié par Loi n°2015-990 du 6 août 2015 - art. 248)
Les articles L.3132-25 et L.3132-25-1 ne sont pas applicables aux commerces de détail alimentaire qui bénéficient des dispositions de l'article L.3132-13.
Les commerces de détail alimentaire situés dans les zones mentionnées à l'article L.3132-24 ou dans les emprises des gares mentionnées à l'article L.3132-25-6 sont soumis, pour la période du dimanche s'achevant à treize heures, à l'article L.3132-13. Après treize heures, ils peuvent donner le repos hebdomadaire par roulement pour tout ou partie du personnel selon les modalités définies aux II et III de l'article L.3132-25-3 et à l'article L.3132-25-4.

Art. L.3132-25-6 (modifié par Loi n°2015-990 du 6 août 2015 - art. 249)
Un arrêté conjoint des ministres chargés des transports, du travail et du commerce peut, après avis du maire, le cas échéant du président de l'établissement public de coopération intercommunale dont la commune est membre, et des représentants des employeurs et des salariés des établissements concernés, autoriser les établissements de vente au détail qui mettent à disposition des biens et des services et qui sont situés dans l'emprise d'une gare qui n'est pas incluse dans l'une des zones mentionnées à l'article L.3132-24 à donner le repos hebdomadaire par roulement pour tout ou partie du personnel, compte tenu de l'affluence exceptionnelle de passagers dans cette gare, dans les conditions prévues aux II et III de l'article L.3132-25-3 et à l'article L.3132-25-4.
Les avis requis en application du premier alinéa du présent article sont réputés donnés à l'issue d'un délai de deux mois à compter de la saisine des personnes et des organisations concernées.

Art. L.3132-26 (modifié par Loi n°2016-1088 du 8 août 2016 - art. 8 (V))
Dans les établissements de commerce de détail où le repos hebdomadaire a lieu normalement le dimanche, ce repos peut être supprimé les dimanches désignés, pour chaque commerce de détail, par décision du maire prise après avis du conseil municipal. Le nombre de ces dimanches ne peut excéder douze par année civile. La liste des dimanches est arrêtée avant le 31 décembre, pour l'année suivante. Elle peut être modifiée dans les mêmes formes en cours d'année, au moins deux mois avant le premier dimanche concerné par cette modification.
Lorsque le nombre de ces dimanches excède cinq, la décision du maire est prise après avis conforme de l'organe délibérant de l'établissement public de coopération intercommunale à fiscalité propre dont la commune est membre. A défaut de délibération dans un délai de deux mois suivant sa saisine, cet avis est réputé favorable.
Pour les commerces de détail alimentaire dont la surface de vente est supérieure au seuil mentionné au premier alinéa de l'article 3 de la loi n° 72-657 du 13 juillet 1972 instituant des mesures en faveur de certaines catégories de commerçants et artisans âgés, lorsque les jours fériés mentionnés à l'article L.3133-1, à l'exception du 3°, sont travaillés, ils sont déduits par l'établissement des dimanches désignés par le maire au titre du présent article, dans la limite de trois.

Art. L.3132-26-1 (modifié par Loi n°2015-990 du 6 août 2015 - art. 252)
Lorsque le repos dominical a été supprimé le jour d'un scrutin national ou local, l'employeur prend toute mesure nécessaire pour permettre aux salariés d'exercer personnellement leur droit de vote.

Art. L.3132-27 (modifié par Loi n°209-974 du 10 août 2009 - art. 12)
Chaque salarié privé de repos dominical perçoit une rémunération au moins égale au double de la rémunération normalement due pour une durée équivalente, ainsi qu'un repos compensateur équivalent en temps.

L'arrêté pris en application de l'article L.3132-26 détermine les conditions dans lesquelles ce repos est accordé, soit collectivement, soit par roulement dans la quinzaine qui précède ou suit la suppression du repos.
Si le repos dominical est supprimé un dimanche précédant une fête légale, le repos compensateur est donné le jour de cette fête.

Les amplitudes maximales d'horaire

Art. L.3121-18 (modifié par Loi n°2016-1088 du 8 août 2016 - art. 8 (V))
La durée quotidienne de travail effectif par salarié ne peut excéder dix heures, sauf :
1° En cas de dérogation accordée par l'inspecteur du travail dans des conditions déterminées par décret ;
2° En cas d'urgence, dans des conditions déterminées par décret ;
3° Dans les cas prévus à l'article L.3121-19.

Art. L.3121-19 (modifié par Loi n°2016-1088 du 8 août 2016 - art. 8 (V))
Une convention ou un accord d'entreprise ou d'établissement ou, à défaut, une convention ou un accord de branche peut prévoir le dépassement de la durée maximale quotidienne de travail effectif, en cas d'activité accrue ou pour des motifs liés à l'organisation de l'entreprise, à condition que ce dépassement n'ait pas pour effet de porter cette durée à plus de douze heures.

Art. L.3121-20 (modifié par Loi n°2016-1088 du 8 août 2016 - art. 8 (V))
Au cours d'une même semaine, la durée maximale hebdomadaire de travail est de quarante-huit heures.

Art. L.3121-21 (modifié par Loi n°2016-1088 du 8 août 2016 - art. 8 (V))
En cas de circonstances exceptionnelles et pour la durée de celles-ci, le dépassement de la durée maximale définie à l'article L.3121-20 peut être autorisé par l'autorité administrative, dans des conditions déterminées par décret en Conseil d'Etat, sans toutefois que ce dépassement puisse avoir pour effet de porter la durée du travail à plus de soixante heures par semaine. Le comité d'entreprise ou, à défaut, les délégués du personnel, s'ils existent, donnent leur avis sur les demandes d'autorisation formulées à ce titre. Cet avis est transmis à l'agent de contrôle de l'inspection du travail.

Art. L.3121-22 (modifié par Loi n°2016-1088 du 8 août 2016 - art. 8 (V))
La durée hebdomadaire de travail calculée sur une période quelconque de douze semaines consécutives ne peut dépasser quarante-quatre heures, sauf dans les cas prévus aux articles L.3121-23 à L.3121-25.

Art. L.3121-23 (modifié par Loi n°2016-1088 du 8 août 2016 - art. 8 (V))
Une convention ou un accord d'entreprise ou d'établissement ou, à défaut, une convention ou un accord de branche peut prévoir le dépassement de la durée hebdomadaire de travail de quarante-quatre heures calculée sur une période de douze semaines consécutives, à condition que ce dépassement n'ait pas pour effet de porter cette durée, calculée sur une période de douze semaines, à plus de quarante-six heures.

Art. L.3121-24 (modifié par Loi n°2016-1088 du 8 août 2016 - art. 8 (V))
A défaut d'accord prévu à l'article L.3121-23, le dépassement de la durée maximale hebdomadaire prévue à l'article L.3121-22 est autorisé par l'autorité administrative dans des conditions déterminées par décret en Conseil d'Etat, dans la limite d'une durée totale maximale de quarante-six heures.

Art. L.3121-25 (modifié par Loi n°2016-1088 du 8 août 2016 - art. 8 (V))
A titre exceptionnel, dans certains secteurs, dans certaines régions ou dans certaines entreprises, le dépassement de la durée maximale de quarante-six heures prévue aux articles L.3121-23 et

L.3121-24 peut être autorisé pendant des périodes déterminées, dans des conditions déterminées par décret en Conseil d'Etat.

Art. L.3121-26 (modifié par Loi n°2016-1088 du 8 août 2016 - art. 8 (V))
Le comité d'entreprise ou, à défaut, les délégués du personnel, s'ils existent, donnent leur avis sur les demandes d'autorisation formulées auprès de l'autorité administrative en application des articles L.3121-24 et L.3121-25. Cet avis est transmis à l'agent de contrôle de l'inspection du travail.

Art. L.3161-1 (version en vigueur depuis le 1er mai 2008)
Pour l'application des dispositions du présent titre, sont considérés comme des jeunes travailleurs :
1° Les salariés âgés de moins de dix-huit ans ;
2° Les stagiaires âgés de moins de dix-huit ans qui accomplissent des stages d'initiation ou d'application en milieu professionnel dans le cadre d'un enseignement alterné ou du déroulement de leur scolarité.

Art. L.3162-1 (modifié par Loi n°2018-771 du 5 septembre 2018 - art. 13 (V))
Les jeunes travailleurs ne peuvent être employés à un travail effectif excédant huit heures par jour et trente-cinq heures par semaine.
Par dérogation au premier alinéa, pour certaines activités déterminées par décret en Conseil d'Etat, lorsque l'organisation collective du travail le justifie, il peut être dérogé :
1° A la durée hebdomadaire de travail effectif de trente-cinq heures, dans la limite de cinq heures par semaine ;
2° A la durée quotidienne de travail effectif de huit heures, dans la limite de deux heures par jour.
Lorsqu'il est fait application des dépassements prévus aux 1° et 2° :
a) Des périodes de repos d'une durée au moins équivalente au nombre d'heures accomplies au-delà de la durée quotidienne de huit heures sont attribuées ;
b) Les heures supplémentaires éventuelles, ainsi que leurs majorations, donnent lieu à un repos compensateur équivalent.
Pour les autres activités et à titre exceptionnel, des dérogations aux durées maximales hebdomadaire et quotidienne de travail effectif fixées au premier alinéa peuvent être accordées dans la limite de cinq heures par semaine par l'inspecteur du travail après avis conforme du médecin du travail ou du médecin chargé du suivi médical de l'élève.
La durée du travail des intéressés ne peut en aucun cas être supérieure à la durée quotidienne ou hebdomadaire normale du travail des adultes employés dans l'établissement.
NOTA : Conformément à l'article 46 II de la loi n° 2018-771 du 5 septembre 2018, les présentes dispositions ne sont pas applicables aux contrats conclus avant le 1er janvier 2019.

Art. L.3162-2 (version en vigueur depuis le 1er mai 2008)
L'employeur laisse aux jeunes travailleurs soumis à l'obligation de suivre des cours professionnels pendant la journée de travail le temps et la liberté nécessaires au respect de cette obligation.
Le temps consacré à la formation dans un établissement d'enseignement est considéré comme un temps de travail effectif.

Art. L.3162-3 (version en vigueur depuis le 1er mai 2008)
Aucune période de travail effectif ininterrompue ne peut excéder, pour les jeunes travailleurs, une durée maximale de quatre heures et demie. Lorsque le temps de travail quotidien est supérieur à quatre heures et demie, les jeunes travailleurs bénéficient d'un temps de pause d'au moins trente minutes consécutives.

Les heures supplémentaires

Art. L.3121-28 (modifié par Loi n°2016-1088 du 8 août 2016 - art. 8 (V))

Toute heure accomplie au-delà de la durée légale hebdomadaire ou de la durée considérée comme équivalente est une heure supplémentaire qui ouvre droit à une majoration salariale ou, le cas échéant, à un repos compensateur équivalent.

Art. L.3121-29 (modifié par Loi n°2016-1088 du 8 août 2016 - art. 8 (V))

Les heures supplémentaires se décomptent par semaine.

Art. L.3121-30 (modifié par Loi n°2016-1088 du 8 août 2016 - art. 8 (V))

Des heures supplémentaires peuvent être accomplies dans la limite d'un contingent annuel. Les heures effectuées au-delà de ce contingent annuel ouvrent droit à une contrepartie obligatoire sous forme de repos.

Les heures prises en compte pour le calcul du contingent annuel d'heures supplémentaires sont celles accomplies au-delà de la durée légale.

Les heures supplémentaires ouvrant droit au repos compensateur équivalent mentionné à l'article L.3121-28 et celles accomplies dans les cas de travaux urgents énumérés à l'article L.3132-4 ne s'imputent pas sur le contingent annuel d'heures supplémentaires.

Art. D. 3121-14-1 (modifié par Décret n°2008-1132 du 4 novembre 2008 - art. 3 et Transféré par Décret n°2016-1553 du 18 novembre 2016 - art. 1)

Le contingent annuel d'heures supplémentaires prévu à l'article L.3121-11 est fixé à deux cent vingt heures par salarié.

Le premier alinéa ne s'applique pas aux salariés mentionnés à l'article L.3121-42 qui ont conclu une convention de forfait en heures sur l'année.

Art. L.3121-31 (modifié par Loi n°2016-1088 du 8 août 2016 - art. 8 (V))

Dans les entreprises dont la durée collective hebdomadaire de travail est supérieure à la durée légale hebdomadaire, la rémunération mensuelle due au salarié peut être calculée en multipliant la rémunération horaire par les cinquante-deux douzièmes de cette durée hebdomadaire de travail, en tenant compte des majorations de salaire correspondant aux heures supplémentaires accomplies.

Art. L.3121-32 (modifié par Loi n°2016-1088 du 8 août 2016 - art. 8 (V))

Une convention ou un accord collectif d'entreprise ou d'établissement ou, à défaut, une convention ou un accord de branche peut fixer une période de sept jours consécutifs constituant la semaine pour l'application du présent chapitre.

Art. L.3121-33 (modifié par Loi n°2016-1088 du 8 août 2016 - art. 8 (V))

I.– Une convention ou un accord collectif d'entreprise ou d'établissement ou, à défaut, une convention ou un accord de branche :

- 1° Prévoit le ou les taux de majoration des heures supplémentaires accomplies au-delà de la durée légale ou de la durée considérée comme équivalente. Ce taux ne peut être inférieur à 10 % ;
- 2° Définit le contingent annuel prévu à l'article L.3121-30 ;
- 3° Fixe l'ensemble des conditions d'accomplissement d'heures supplémentaires au-delà du contingent annuel ainsi que la durée, les caractéristiques et les conditions de prise de la contrepartie obligatoire sous forme de repos prévue au même article L.3121-30. Cette contrepartie obligatoire ne peut être inférieure à 50 % des heures supplémentaires accomplies au-delà du contingent annuel mentionné audit article L.3121-30 pour les entreprises

de vingt salariés au plus, et à 100 % de ces mêmes heures pour les entreprises de plus de vingt salariés.

Les heures supplémentaires sont accomplies, dans la limite du contingent annuel applicable dans l'entreprise, après information du comité d'entreprise ou, à défaut, des délégués du personnel, s'ils existent.

Les heures supplémentaires sont accomplies, au-delà du contingent annuel applicable dans l'entreprise, après avis du comité d'entreprise ou, à défaut, des délégués du personnel, s'ils existent.

II.– Une convention ou un accord collectif d'entreprise ou d'établissement ou, à défaut, une convention ou un accord de branche peut également :

1° Prévoir qu'une contrepartie sous forme de repos est accordée au titre des heures supplémentaires accomplies dans la limite du contingent ;

2° Prévoir le remplacement de tout ou partie du paiement des heures supplémentaires, ainsi que des majorations, par un repos compensateur équivalent.

III.– Une convention ou un accord d'entreprise peut adapter les conditions et les modalités d'attribution et de prise du repos compensateur de remplacement.

Art. L.3121-34 (modifié par Loi n°2016-1088 du 8 août 2016 - art. 8 (V))

Dans les branches d'activité à caractère saisonnier mentionnées à l'article L.3132-7, une convention ou un accord d'entreprise ou d'établissement conclu en application de l'article L.1244-2 ou, à défaut, une convention de branche ou un accord professionnel ou interprofessionnel peut, dans des conditions déterminées par décret, déroger aux dispositions de la présente section relatives à la détermination des périodes de référence pour le décompte des heures supplémentaires et des repos compensateurs. La convention ou l'accord organise également des procédures contradictoires de décompte des temps et périodes de travail.

Art. L.3121-35 (modifié par Loi n°2016-1088 du 8 août 2016 - art. 8 (V))

Sauf stipulations contraires dans une convention ou un accord mentionné à l'article L.3121-32, la semaine débute le lundi à 0 heure et se termine le dimanche à 24 heures.

Art. L.3121-36 (modifié par Loi n°2016-1088 du 8 août 2016 - art. 8 (V))

A défaut d'accord, les heures supplémentaires accomplies au-delà de la durée légale hebdomadaire fixée à l'article L.3121-27 ou de la durée considérée comme équivalente donnent lieu à une majoration de salaire de 25 % pour chacune des huit premières heures supplémentaires. Les heures suivantes donnent lieu à une majoration de 50 %.

Art. L.3121-41 (modifié par Loi n°2016-1088 du 8 août 2016 - art. 8 (V))

Lorsqu'est mis en place un dispositif d'aménagement du temps de travail sur une période de référence supérieure à la semaine, les heures supplémentaires sont décomptées à l'issue de cette période de référence.

Cette période de référence ne peut dépasser trois ans en cas d'accord collectif et neuf semaines en cas de décision unilatérale de l'employeur.

Si la période de référence est annuelle, constituent des heures supplémentaires les heures effectuées au-delà de 1 607 heures.

Si la période de référence est inférieure ou supérieure à un an, constituent des heures supplémentaires les heures effectuées au-delà d'une durée hebdomadaire moyenne de trente-cinq heures calculée sur la période de référence.

Art. R. 5122-11 (modifié par Loi n°2013-551 du 26 août 2013 - art. 2 & art. 13)

Les heures non travaillées au titre de l'activité partielle font l'objet du versement de l'allocation dans la limite de la durée légale ou, lorsqu'elle est inférieure, la durée collective du travail ou la durée

stipulée au contrat sur la période considérée. Au-delà de la durée légale ou, lorsqu'elle est inférieure, la durée collective du travail ou la durée stipulée au contrat sur la période considérée, les heures non travaillées au titre de l'activité partielle sont considérées comme chômées mais n'ouvrent pas droit au versement par l'Etat à l'employeur de l'allocation d'activité partielle et au versement par l'employeur au salarié de l'indemnité prévues à l'article L. 5122-1.
La totalité des heures chômées est prise en compte pour le calcul de l'acquisition des droits à congés payés. Elle est également prise en compte pour la répartition de la participation et de l'intéressement lorsque cette répartition est proportionnelle à la durée de présence du salarié. Lorsque cette répartition est proportionnelle au salaire, les salaires à prendre en compte sont ceux qu'aurait perçus le salarié s'il n'avait pas été placé en activité partielle.

Art. L.3142-21 (modifié par Loi n°2016-1088 du 8 août 2016 - art. 9)
Les congés mentionnés à l'article L.3142-1 (*congés évènements familiaux*) n'entraînent pas de réduction de la rémunération et sont assimilés à du temps de travail effectif pour la détermination de la durée du congé payé annuel.
La durée de ces congés ne peut être imputée sur celle du congé payé annuel.

Art. L.2315-11 (modifié par Ordonnance n°2017-1718 du 20 décembre 2017 - art 1)
Est également payé comme temps de travail effectif le temps passé par les membres de la délégation du personnel du comité social et économique :
1° A la recherche de mesures préventives dans toute situation d'urgence et de gravité, notamment lors de la mise en œuvre de la procédure de danger grave et imminent prévue à l' ;
2° Aux réunions du comité et de ses commissions, dans ce cas dans la limite d'une durée globale fixée par accord d'entreprise ou à défaut par décret en Conseil d'Etat ;
3° Aux enquêtes menées après un accident du travail grave ou des incidents répétés ayant révélé un risque grave ou une maladie professionnelle ou à caractère professionnel grave.

Ce temps n'est pas déduit des heures de délégation prévues pour les membres titulaires de la délégation du personnel du comité social et économique.
NOTA : Conformément à l'article 9 I de l'ordonnance n° 2017-1386 du 22 septembre 2017, les présentes dispositions entrent en vigueur à la date d'entrée en vigueur des décrets pris pour leur application, et au plus tard le 1er janvier 2018.

Art. L.6321-2 (modifié par Loi n°2018-771 du 5 septembre 2018 - art. 8 (V))
Toute action de formation qui conditionne l'exercice d'une activité ou d'une fonction, en application d'une convention internationale ou de dispositions légales et règlementaires, constitue un temps de travail effectif et donne lieu pendant sa réalisation au maintien par l'entreprise de la rémunération.

La contrepartie en repos

Art. L.3121-38 (modifié par Loi n°2016-1088 du 8 août 2016 - art. 8 (V))
A défaut d'accord, la contrepartie obligatoire sous forme de repos mentionnée à l'article L.3121-30 est fixée à 50 % des heures supplémentaires accomplies au-delà du contingent annuel mentionné au même article L.3121-30 pour les entreprises de vingt salariés au plus, et à 100 % de ces mêmes heures pour les entreprises de plus de vingt salariés.

Art. L.3121-39 (modifié par Loi n°2016-1088 du 8 août 2016 - art. 8 (V))
A défaut d'accord, un décret détermine le contingent annuel défini à l'article L.3121-30 ainsi que les caractéristiques et les conditions de prise de la contrepartie obligatoire sous forme de repos pour toute heure supplémentaire effectuée au-delà de ce contingent.

Art. L.3121-40 (version en vigueur depuis le 1er mai 2008)
A défaut d'accord, les modalités d'utilisation du contingent annuel d'heures supplémentaires et de son éventuel dépassement donnent lieu au moins une fois par an à la consultation du comité d'entreprise ou, à défaut, des délégués du personnel, s'ils existent.

Art. D. 3171-11 (modifié par Décret n°2008-1132 du 4 novembre 2008 - art. 3)
A défaut de précision conventionnelle contraire, les salariés sont informés du nombre d'heures de repos compensateur de remplacement et de contrepartie obligatoire en repos portés à leur crédit par un document annexé au bulletin de paie. Dès que ce nombre atteint sept heures, ce document comporte une mention notifiant l'ouverture du droit à repos et l'obligation de le prendre dans un délai maximum de deux mois après son ouverture.

Art. D. 3121-8 (modifié par Décret n°2008-1132 du 4 novembre 2008 - art. 3 et Transféré par Décret n°2016-1553 du 18 novembre 2016 - art. 1)
Le droit à contrepartie obligatoire en repos est réputé ouvert dès que la durée de ce repos, calculée selon les modalités prévues au IV de l'article 18 de la loi n° 2008-789 du 20 août 2008 portant rénovation de la démocratie sociale et réforme du temps de travail, atteint sept heures. La journée ou demi-journée au cours de laquelle le repos est pris est déduite du droit à repos à raison du nombre d'heures de travail que le salarié aurait accompli pendant cette journée ou cette demi-journée.
La contrepartie obligatoire en repos est prise dans un délai maximum de deux mois suivant l'ouverture du droit sous réserve des dispositions des articles D. 3121-12 et D. 3121-13.

Art. D. 3121-9 (modifié par Décret n°2008-1132 du 4 novembre 2008 - art. 3 et Transféré par Décret n°2016-1553 du 18 novembre 2016 - art. 1)
La contrepartie obligatoire en repos peut être prise par journée entière ou par demi-journée à la convenance du salarié.
Elle est assimilée à une période de travail effectif pour le calcul des droits du salarié. Elle donne lieu à une indemnisation qui n'entraîne aucune diminution de rémunération par rapport à celle que le salarié aurait perçue s'il avait accompli son travail.

Art. D. 3121-10 (modifié par Décret n°2008-1132 du 4 novembre 2008 - art. 3 et Transféré par Décret n°2016-1553 du 18 novembre 2016 - art. 1)
L'absence de demande de prise de la contrepartie obligatoire en repos par le salarié ne peut entraîner la perte de son droit au repos. Dans ce cas, l'employeur lui demande de prendre effectivement ses repos dans un délai maximum d'un an.

Art. D. 3121-11 (modifié par Décret n°2008-1132 du 4 novembre 2008 - art. 3 et Transféré par Décret n°2016-1553 du 18 novembre 2016 - art. 1)
Le salarié adresse sa demande de contrepartie obligatoire en repos à l'employeur au moins une semaine à l'avance.
La demande précise la date et la durée du repos.
Dans les sept jours suivant la réception de la demande, l'employeur informe l'intéressé soit de son accord, soit, après consultation des délégués du personnel, des raisons relevant d'impératifs liés au fonctionnement de l'entreprise qui motivent le report de la demande.
En cas de report, l'employeur propose au salarié une autre date à l'intérieur du délai de deux mois prévu à l'article D. 3121-13.

Art. D. 3121-12 (Transféré par Décret n°2016-1553 du 18 novembre 2016 - art. 1)
Lorsque des impératifs liés au fonctionnement de l'entreprise font obstacle à ce que plusieurs demandes de contrepartie obligatoire en repos soient simultanément satisfaites, les demandeurs sont départagés, selon l'ordre de priorité suivant :

1° Les demandes déjà différées ;
2° La situation de famille ;
3° L'ancienneté dans l'entreprise.

Art. D. 3121-13 (Transféré par Décret n°2016-1553 du 18 novembre 2016 - art. 1)
La durée pendant laquelle la contrepartie obligatoire en repos peut être différée par l'employeur ne peut excéder deux mois.

Art. D. 3121-14 (modifié par Décret n°2008-1132 du 4 novembre 2008 - art. 3 et Transféré par Décret n°2016-1553 du 18 novembre 2016 - art. 1)
Le salarié dont le contrat de travail prend fin avant qu'il ait pu bénéficier de la contrepartie obligatoire en repos à laquelle il a droit ou avant qu'il ait acquis des droits suffisants pour pouvoir prendre ce repos reçoit une indemnité en espèces dont le montant correspond à ses droits acquis.
Cette indemnité est également due aux ayants droit du salarié dont le décès survient avant qu'il ait pu bénéficier de la contrepartie obligatoire en repos à laquelle il avait droit ou avant qu'il ait acquis des droits suffisants pour pouvoir prendre ce repos. Elle est alors versée à ceux des ayants droit qui auraient qualité pour obtenir le paiement des salaires arriérés.
Cette indemnité a le caractère de salaire.

La rémunération forfaitaire

Art. L.3121-53 (modifié par Loi n°2016-1088 du 8 août 2016 - art. 8 (V))
La durée du travail peut être forfaitisée en heures ou en jours dans les conditions prévues aux sous-sections 2 (*c'est-à-dire le champ de la négociation collective*) et 3 de la présente section (*les dispositions supplétives*).

Art. L.3121-54 (version en vigueur depuis le 1er mai 2008)
Le forfait en heures est hebdomadaire, mensuel ou annuel. Le forfait en jours est annuel.

Art. L.3121-55 (créé par Loi n°2016-1088 du 8 août 2016 - art. 8 (V))
La forfaitisation de la durée du travail doit faire l'objet de l'accord du salarié et d'une convention individuelle de forfait établie par écrit.

Art. L.3121-56 (créé par Loi n°2016-1088 du 8 août 2016 - art. 8 (V))
Tout salarié peut conclure une convention individuelle de forfait en heures sur la semaine ou sur le mois.
Peuvent conclure une convention individuelle de forfait en heures sur l'année, dans la limite du nombre d'heures fixé en application du 3° du I de l'article L.3121-64 :

1° Les cadres dont la nature des fonctions ne les conduit pas à suivre l'horaire collectif applicable au sein de l'atelier, du service ou de l'équipe auquel ils sont intégrés ;
2° Les salariés qui disposent d'une réelle autonomie dans l'organisation de leur emploi du temps.

Art. L.3121-57 (créé par Loi n°2016-1088 du 8 août 2016 - art. 8 (V))
La rémunération du salarié ayant conclu une convention individuelle de forfait en heures est au moins égale à la rémunération minimale applicable dans l'entreprise pour le nombre d'heures correspon-

dant à son forfait, augmentée, le cas échéant, si le forfait inclut des heures supplémentaires, des majorations prévues aux articles L.3121-28, L.3121-33 et L.3121-36.

Art. L.3121-58 (créé par Loi n°2016-1088 du 8 août 2016 - art. 8 (V))

Peuvent conclure une convention individuelle de forfait en jours sur l'année, dans la limite du nombre de jours fixé en application du 3° du I de l'article L.3121-64 :

1° Les cadres qui disposent d'une autonomie dans l'organisation de leur emploi du temps et dont la nature des fonctions ne les conduit pas à suivre l'horaire collectif applicable au sein de l'atelier, du service ou de l'équipe auquel ils sont intégrés ;

2° Les salariés dont la durée du temps de travail ne peut être prédéterminée et qui disposent d'une réelle autonomie dans l'organisation de leur emploi du temps pour l'exercice des responsabilités qui leur sont confiées.

Art. L.3121-59 (créé par Loi n°2016-1088 du 8 août 2016 - art. 8 (V))

Le salarié qui le souhaite peut, en accord avec son employeur, renoncer à une partie de ses jours de repos en contrepartie d'une majoration de son salaire. L'accord entre le salarié et l'employeur est établi par écrit.

Un avenant à la convention de forfait conclue entre le salarié et l'employeur détermine le taux de la majoration applicable à la rémunération de ce temps de travail supplémentaire, sans qu'il puisse être inférieur à 10 %. Cet avenant est valable pour l'année en cours. Il ne peut être reconduit de manière tacite.

Art. L.3121-60 (créé par Loi n°2016-1088 du 8 août 2016 - art. 8 (V))

L'employeur s'assure régulièrement que la charge de travail du salarié est raisonnable et permet une bonne répartition dans le temps de son travail.

Art. L.3121-61 (créé par Loi n°2016-1088 du 8 août 2016 - art. 8 (V))

Lorsqu'un salarié ayant conclu une convention de forfait en jours perçoit une rémunération manifestement sans rapport avec les sujétions qui lui sont imposées, il peut, nonobstant toute clause conventionnelle ou contractuelle contraire, saisir le juge judiciaire afin que lui soit allouée une indemnité calculée en fonction du préjudice subi, eu égard notamment au niveau du salaire pratiqué dans l'entreprise, et correspondant à sa qualification.

Art. L.3121-62 (créé par Loi n°2016-1088 du 8 août 2016 - art. 8 (V))

Les salariés ayant conclu une convention de forfait en jours ne sont pas soumis aux dispositions relatives :

1° A la durée quotidienne maximale de travail effectif prévue à l'article L.3121-18 ;

2° Aux durées hebdomadaires maximales de travail prévues aux articles L.3121-20 et L.3121-22 ;

3° A la durée légale hebdomadaire prévue à l'article L.3121-27.

Art. L.3121-63 (créé par Loi n°2016-1088 du 8 août 2016 - art. 8 (V))

Les forfaits annuels en heures ou en jours sur l'année sont mis en place par un accord collectif d'entreprise ou d'établissement ou, à défaut, par une convention ou un accord de branche.

Art. L.3121-64

(créé par Loi n°2016-1088 du 8 août 2016 - art. 8 (V))

I.– L'accord prévoyant la conclusion de conventions individuelles de forfait en heures ou en jours sur l'année détermine :

  1° Les catégories de salariés susceptibles de conclure une convention individuelle de forfait, dans le respect des articles L.3121-56 et L.3121-58 ;

  2° La période de référence du forfait, qui peut être l'année civile ou toute autre période de douze mois consécutifs ;

3° Le nombre d'heures ou de jours compris dans le forfait, dans la limite de deux cent dix-huit jours s'agissant du forfait en jours ;
4° Les conditions de prise en compte, pour la rémunération des salariés, des absences ainsi que des arrivées et départs en cours de période ;
5° Les caractéristiques principales des conventions individuelles, qui doivent notamment fixer le nombre d'heures ou de jours compris dans le forfait.

II.– L'accord autorisant la conclusion de conventions individuelles de forfait en jours détermine :
1° Les modalités selon lesquelles l'employeur assure l'évaluation et le suivi régulier de la charge de travail du salarié ;
2° Les modalités selon lesquelles l'employeur et le salarié communiquent périodiquement sur la charge de travail du salarié, sur l'articulation entre son activité professionnelle et sa vie personnelle, sur sa rémunération ainsi que sur l'organisation du travail dans l'entreprise ;
3° Les modalités selon lesquelles le salarié peut exercer son droit à la déconnexion prévu au 7° de l'article L.2242-17.

L'accord peut fixer le nombre maximal de jours travaillés dans l'année lorsque le salarié renonce à une partie de ses jours de repos en application de l'article L.3121-59. Ce nombre de jours doit être compatible avec les dispositions du titre III du présent livre relatives au repos quotidien, au repos hebdomadaire et aux jours fériés chômés dans l'entreprise et avec celles du titre IV relatives aux congés payés.

Art. L.3121-65 (créé par Loi n°2016-1088 du 8 août 2016 - art. 8 (V))

I.– A défaut de stipulations conventionnelles prévues aux 1° et 2° du II de l'article L.3121-64, une convention individuelle de forfait en jours peut être valablement conclue sous réserve du respect des dispositions suivantes :
1° L'employeur établit un document de contrôle faisant apparaître le nombre et la date des journées ou demi-journées travaillées. Sous la responsabilité de l'employeur, ce document peut être renseigné par le salarié ;
2° L'employeur s'assure que la charge de travail du salarié est compatible avec le respect des temps de repos quotidiens et hebdomadaires ;
3° L'employeur organise une fois par an un entretien avec le salarié pour évoquer sa charge de travail, qui doit être raisonnable, l'organisation de son travail, l'articulation entre son activité professionnelle et sa vie personnelle ainsi que sa rémunération.

II.– A défaut de stipulations conventionnelles prévues au 3° du II de l'article L.3121-64, les modalités d'exercice par le salarié de son droit à la déconnexion sont définies par l'employeur et communiquées par tout moyen aux salariés concernés. Dans les entreprises d'au moins cinquante salariés, ces modalités sont conformes à la charte mentionnée au 7° de l'article L.2242-17.

Art. L.3121-66 (créé par Loi n°2016-1088 du 8 août 2016 - art. 8 (V))

En cas de renonciation, par le salarié, à des jours de repos en application de l'article L.3121-59 et à défaut de précision dans l'accord collectif mentionné à l'article L.3121-64, le nombre maximal de jours travaillés dans l'année est de deux cent trente-cinq.

Le travail de nuit

Art. L.3122-1 (modifié par Loi n°2016-1088 du 8 août 2016 - art. 8 (V))

Le recours au travail de nuit est exceptionnel. Il prend en compte les impératifs de protection de la santé et de la sécurité des travailleurs et est justifié par la nécessité d'assurer la continuité de l'activité économique ou des services d'utilité sociale.

Art. L.3122-2 (modifié par Loi n°2016-1088 du 8 août 2016 - art. 8 (V))
Tout travail effectué au cours d'une période d'au moins neuf heures consécutives comprenant l'intervalle entre minuit et 5 heures est considéré comme du travail de nuit.
La période de travail de nuit commence au plus tôt à 21 heures et s'achève au plus tard à 7 heures.

Art. L.3122-3 (modifié par Loi n°2016-1088 du 8 août 2016 - art. 8 (V))
Par dérogation à l'article L.3122-2, pour les activités de production rédactionnelle et industrielle de presse, de radio, de télévision, de production et d'exploitation cinématographiques, de spectacles vivants et de discothèque, la période de travail de nuit est d'au moins sept heures consécutives comprenant l'intervalle entre minuit et 5 heures.

Art. L.3122-4 (modifié par Loi n°2016-1088 du 8 août 2016 - art. 8 (V))
Par dérogation à l'article L.3122-2, pour les établissements de vente au détail qui mettent à disposition des biens et des services et qui sont situés dans les zones mentionnées à l'article L.3132-24, la période de travail de nuit, si elle débute après 22 heures, est d'au moins sept heures consécutives comprenant l'intervalle entre minuit et 7 heures.
Dans les établissements mentionnés au premier alinéa du présent article, seuls les salariés volontaires ayant donné leur accord par écrit à leur employeur peuvent travailler entre 21 heures et minuit. Une entreprise ne peut prendre en considération le refus d'une personne de travailler entre 21 heures et le début de la période de travail de nuit pour refuser de l'embaucher. Le salarié qui refuse de travailler entre 21 heures et le début de la période de travail de nuit ne peut faire l'objet d'une mesure discriminatoire dans le cadre de l'exécution de son contrat de travail. Le refus de travailler entre 21 heures et le début de la période de travail de nuit pour un salarié ne constitue pas une faute ou un motif de licenciement.
Chacune des heures de travail effectuée durant la période fixée entre 21 heures et le début de la période de travail de nuit est rémunérée au moins le double de la rémunération normalement due et donne lieu à un repos compensateur équivalent en temps.
Les articles L.3122-10 à L.3122-14 sont applicables aux salariés qui travaillent entre 21 heures et minuit, dès lors qu'ils accomplissent durant cette période le nombre minimal d'heures de travail prévu à l'article L.3122-5.
Lorsque, au cours d'une même période de référence mentionnée au 2° de l'article L.3122-5, le salarié a accompli des heures de travail entre 21 heures et le début de la période de nuit en application des deux premiers alinéas du présent article et des heures de travail de nuit en application du même article L.3122-5, les heures sont cumulées pour l'application de l'avant-dernier alinéa du présent article et dudit article L.3122-5.

Art. L.3122-5 (modifié par Loi n°2016-1088 du 8 août 2016 - art. 8 (V))
Le salarié est considéré comme travailleur de nuit dès lors que :
1° Soit il accomplit, au moins deux fois par semaine, selon son horaire de travail habituel, au moins trois heures de travail de nuit quotidiennes ;
2° Soit il accomplit, au cours d'une période de référence, un nombre minimal d'heures de travail de nuit au sens de l'article L.3122-2, dans les conditions prévues aux articles L.3122-16 et L.3122-23.

Art. L.3122-6 (modifié par Loi n°2016-1088 du 8 août 2016 - art. 8 (V))
La durée quotidienne de travail accomplie par un travailleur de nuit ne peut excéder huit heures, sauf dans les cas prévus à l'article L.3122-17 ou lorsqu'il est fait application des articles L.3132-16 à L.3132-19.
En outre, en cas de circonstances exceptionnelles, l'inspecteur du travail peut autoriser le dépassement de la durée quotidienne de travail mentionnée au premier alinéa du présent article après

consultation des délégués syndicaux et après avis du comité d'entreprise ou, à défaut, des délégués du personnel, s'ils existent, selon des modalités déterminées par décret en Conseil d'Etat.

Art. L.3122-7 (modifié par Loi n°2016-1088 du 8 août 2016 - art. 8 (V))
La durée hebdomadaire de travail du travailleur de nuit, calculée sur une période de douze semaines consécutives, ne peut dépasser quarante heures, sauf dans les cas prévus à l'article L.3122-18.

Art. L.3122-8 (modifié par Loi n°2016-1088 du 8 août 2016 - art. 8 (V))
Le travailleur de nuit bénéficie de contreparties au titre des périodes de travail de nuit pendant lesquelles il est employé, sous forme de repos compensateur et, le cas échéant, sous forme de compensation salariale.

Art. L.3122-9 (modifié par Loi n°2016-1088 du 8 août 2016 - art. 8 (V))
Pour les activités mentionnées à l'article L.3122-3, lorsque la durée effective du travail de nuit est inférieure à la durée légale fixée en application de l'article L.3121-27, les contreparties mentionnées à l'article L.3122-8 ne sont pas obligatoirement données sous forme de repos compensateur.

Art. L.3122-10 (modifié par Loi n°2016-1088 du 8 août 2016 - art. 8 (V))
Le médecin du travail est consulté, selon des modalités précisées par décret en Conseil d'Etat, avant toute décision importante relative à la mise en place ou à la modification de l'organisation du travail de nuit.

Art. L.3122-11 (modifié par Loi n°2016-1088 du 8 août 2016 - art. 8 (V))
Tout travailleur de nuit bénéficie d'un suivi individuel régulier de son état de santé dans les conditions fixées à l'article L.4624-1.

Art. L.3122-12 (modifié par Loi n°2016-1088 du 8 août 2016 - art. 8 (V))
Lorsque le travail de nuit est incompatible avec des obligations familiales impérieuses, notamment avec la garde d'un enfant ou la prise en charge d'une personne dépendante, le refus du travail de nuit ne constitue pas une faute ou un motif de licenciement et le travailleur de nuit peut demander son affectation sur un poste de jour.

Art. L.3122-13 (version en vigueur depuis le 1er mai 2008)
Le travailleur de nuit qui souhaite occuper ou reprendre un poste de jour et le salarié occupant un poste de jour qui souhaite occuper ou reprendre un poste de nuit dans le même établissement ou, à défaut, dans la même entreprise ont priorité pour l'attribution d'un emploi ressortissant à leur catégorie professionnelle ou d'un emploi équivalent.
L'employeur porte à la connaissance de ces salariés la liste des emplois disponibles correspondants.

Art. L.3122-14 (version en vigueur depuis le 1er mai 2008)
Le travailleur de nuit, lorsque son état de santé, constaté par le médecin du travail, l'exige, est transféré à titre définitif ou temporaire sur un poste de jour correspondant à sa qualification et aussi comparable que possible à l'emploi précédemment occupé.
L'employeur ne peut prononcer la rupture du contrat de travail du travailleur de nuit du fait de son inaptitude au poste comportant le travail de nuit, au sens des articles L.3122-1 à L.3122-5, à moins qu'il ne justifie par écrit soit de l'impossibilité dans laquelle il se trouve de proposer un poste dans les conditions fixées au premier alinéa du présent article, soit du refus du salarié d'accepter le poste proposé dans ces mêmes conditions.
Le présent article s'applique sans préjudice des articles L.1226-2 à L.1226-4-3 et L.1226-10 à L.1226-12 applicables aux salariés déclarés inaptes à leur emploi ainsi que des articles L.4624-3 et L.4624-4.

Art. L.3122-15 (version en vigueur depuis le 1er mai 2008)
Un accord d'entreprise ou d'établissement ou, à défaut, une convention ou un accord collectif de branche peut mettre en place, dans une entreprise ou un établissement, le travail de nuit, au sens de l'article L.3122-5, ou l'étendre à de nouvelles catégories de salariés.
Cette convention ou cet accord collectif prévoit :
1° Les justifications du recours au travail de nuit mentionnées à l'article L.3122-1 ;
2° La définition de la période de travail de nuit, dans les limites mentionnées aux articles L.3122-2 et L.3122-3 ;
3° Une contrepartie sous forme de repos compensateur et, le cas échéant, sous forme de compensation salariale ;
4° Des mesures destinées à améliorer les conditions de travail des salariés ;
5° Des mesures destinées à faciliter, pour ces mêmes salariés, l'articulation de leur activité professionnelle nocturne avec leur vie personnelle et avec l'exercice de responsabilités familiales et sociales, concernant notamment les moyens de transport ;
6° Des mesures destinées à assurer l'égalité professionnelle entre les femmes et les hommes, notamment par l'accès à la formation ;
7° L'organisation des temps de pause.

Art. L.3122-16 (version en vigueur depuis le 1er mai 2008)
En application de l'article L.3122-5, une convention ou un accord collectif de travail étendu peut fixer le nombre minimal d'heures entraînant la qualification de travailleur de nuit sur une période de référence.

Art. L.3122-17 (modifié par Loi n°2016-1088 du 8 août 2016 - art. 8 (V))
Un accord d'entreprise ou d'établissement ou, à défaut, une convention ou un accord collectif de branche peut prévoir le dépassement de la durée maximale quotidienne de travail prévue à l'article L.3122-6, dans des conditions déterminées par décret en Conseil d'Etat.

Art. L.3122-18 (modifié par Loi n°2016-1088 du 8 août 2016 - art. 8 (V))
Un accord d'entreprise ou d'établissement ou, à défaut, une convention ou un accord de branche peut, lorsque les caractéristiques propres à l'activité d'un secteur le justifient, prévoir le dépassement de la durée maximale hebdomadaire de travail prévue à l'article L.3122-7, à condition que ce dépassement n'ait pas pour effet de porter cette durée à plus de quarante-quatre heures sur douze semaines consécutives.

Art. L.3122-19 (modifié par Loi n°2016-1088 du 8 août 2016 - art. 8 (V))
Dans les zones mentionnées à l'article L.3132-24, un accord collectif de branche, de groupe, d'entreprise, d'établissement ou territorial peut prévoir la faculté d'employer des salariés entre 21 heures et minuit.
Cet accord prévoit notamment, au bénéfice des salariés employés entre 21 heures et le début de la période de travail de nuit :
1° La mise à disposition d'un moyen de transport pris en charge par l'employeur qui permet au salarié de regagner son lieu de résidence ;
2° Des mesures destinées à faciliter l'articulation entre la vie professionnelle et la vie personnelle des salariés, en particulier des mesures de compensation des charges liées à la garde d'enfants ou à la prise en charge d'une personne dépendante ;
3° La fixation des conditions de prise en compte par l'employeur de l'évolution de la situation personnelle des salariés, en particulier de leur souhait de ne plus travailler après 21 heures. Pour les salariées mentionnées à l'article L.1225-9, le choix de ne plus travailler entre 21 heures et le début de la période de nuit est d'effet immédiat.

Art. L.3122-20 (modifié par Loi n°2016-1088 du 8 août 2016 - art. 8 (V))
A défaut de convention ou d'accord collectif, tout travail accompli entre 21 heures et 6 heures est considéré comme du travail de nuit et, pour les activités mentionnées à l'article L.3122-3, tout travail accompli entre minuit et 7 heures est considéré comme du travail de nuit.

Le travail du dimanche

Art. L.3132-1 (version en vigueur depuis le 1er mai 2008)
Il est interdit de faire travailler un même salarié plus de six jours par semaine.

Art. L.3132-2 (version en vigueur depuis le 1er mai 2008)
Le repos hebdomadaire a une durée minimale de vingt-quatre heures consécutives auxquelles s'ajoutent les heures consécutives de repos quotidien prévu au chapitre Ier.

Art. L.3132-3 (modifié par Loi n°2009-974 du 10 août 2009 - art. 2 (V))
Dans l'intérêt des salariés, le repos hebdomadaire est donné le dimanche.

Art. L.3132-3-1 (créé par Loi n°2009-974 du 10 août 2009 - art. 2 (V))
Le refus d'un demandeur d'emploi d'accepter une offre d'emploi impliquant de travailler le dimanche ne constitue pas un motif de radiation de la liste des demandeurs d'emploi.

Art. L.3132-4 (version en vigueur depuis le 1er mai 2008)
En cas de travaux urgents dont l'exécution immédiate est nécessaire pour organiser des mesures de sauvetage, pour prévenir des accidents imminents ou réparer des accidents survenus au matériel, aux installations ou aux bâtiments de l'établissement, le repos hebdomadaire peut être suspendu pour le personnel nécessaire à l'exécution de ces travaux.
Cette faculté de suspension s'applique non seulement aux salariés de l'entreprise où les travaux urgents sont nécessaires mais aussi à ceux d'une autre entreprise faisant les réparations pour le compte de la première.
Chaque salarié de cette seconde entreprise, de même que chaque salarié de l'entreprise où sont réalisés les travaux, affecté habituellement aux travaux d'entretien et de réparation, bénéficie d'un repos compensateur d'une durée égale au repos supprimé.

Art. L.3132-5 (version en vigueur depuis le 1er mai 2008)
Dans certaines industries traitant des matières périssables ou ayant à répondre à certains moments à un surcroît extraordinaire de travail, le repos hebdomadaire des salariés peut être suspendu deux fois au plus par mois, sans que le nombre de ces suspensions dans l'année soit supérieur à six.
Les heures de travail ainsi accomplies le jour du repos hebdomadaire sont considérées comme des heures supplémentaires et sont imputées sur le crédit d'heures supplémentaires prévu par les décrets d'application des dispositions relatives à la durée du travail.
La liste des industries pouvant bénéficier des dispositions prévues au premier alinéa est déterminée par décret en Conseil d'Etat.

Art. L.3132-6 (version en vigueur depuis le 1er mai 2008)
Dans les ports, débarcadères et stations, l'emploi de salariés aux travaux de chargement et de déchargement le jour de repos hebdomadaire est autorisé dans les mêmes cas et sous les mêmes conditions que lorsque la durée du travail peut être prolongée pour ces mêmes travaux, en vertu des décrets d'application des dispositions relatives à la durée du travail.

Art. L.3132-7 (version en vigueur depuis le 1er mai 2008)
Dans certaines industries ne fonctionnant que pendant une partie de l'année et dans certains établissements appartenant aux branches d'activité à caractère saisonnier et n'ouvrant en tout ou partie

que pendant une période de l'année, le repos hebdomadaire peut être en partie différé dans les conditions prévues par l'article L.3132-10, sous réserve que chaque travailleur bénéficie au moins de deux jours de repos par mois, autant que possible le dimanche.
La liste des industries et établissements prévues au premier alinéa est déterminée par décret en Conseil d'Etat.

Art. L.3132-8 (version en vigueur depuis le 1er mai 2008)
Lorsqu'un établissement industriel ou commercial attribue le repos hebdomadaire le même jour à tous les salariés, ce repos peut être réduit à une demi-journée pour les salariés affectés aux travaux de nettoyage des locaux industriels et de maintenance qui doivent être réalisés nécessairement le jour de repos collectif et qui sont indispensables pour éviter un retard dans la reprise normale du travail.
Dans ce cas, un repos compensateur est attribué à raison d'une journée entière pour deux réductions d'une demi-journée.

Art. L.3132-9 (version en vigueur depuis le 1er mai 2008)
Dans les établissements de l'Etat ainsi que dans ceux où sont exécutés des travaux pour le compte de l'Etat et dans l'intérêt de la défense nationale, le repos hebdomadaire peut être temporairement suspendu par les ministres intéressés.

Art. L.3132-10 (version en vigueur depuis le 1er mai 2008)
Dans les établissements industriels fonctionnant en continu, les repos hebdomadaires des salariés affectés aux travaux en continu peuvent être en partie différés dans les conditions suivantes :

1° Chaque salarié bénéficie, dans une période de travail donnée, d'un nombre de repos de vingt-quatre heures consécutives au moins égal au nombre de semaines comprises dans cette période ;
2° Chaque salarié bénéficie le plus possible de repos le dimanche.

Un décret en Conseil d'Etat détermine les conditions d'application du repos hebdomadaire aux salariés intéressés, les travaux auxquels s'appliquent cette dérogation et pour chacun de ces travaux, la durée maximale de la période de travail mentionnée au 1°.

Art. L.3132-11 (version en vigueur depuis le 1er mai 2008)
Les gardiens et concierges des établissements industriels et commerciaux auxquels le repos hebdomadaire ne peut être donné bénéficient d'un repos compensateur.
Cette dérogation n'est pas applicable aux jeunes travailleurs de moins de dix-huit ans.

Art. L.3132-12 (version en vigueur depuis le 1er mai 2008)
Certains établissements, dont le fonctionnement ou l'ouverture est rendu nécessaire par les contraintes de la production, de l'activité ou les besoins du public, peuvent de droit déroger à la règle du repos dominical en attribuant le repos hebdomadaire par roulement.
Un décret en Conseil d'Etat détermine les catégories d'établissements intéressées.

Art. L.3132-13 (modifié par Loi n°2015-990 du 6 août 2015 - art. 251)
Dans les commerces de détail alimentaire, le repos hebdomadaire peut être donné le dimanche à partir de midi.
Les salariés âgés de moins de vingt et un ans logés chez leurs employeurs bénéficient d'un repos compensateur, par roulement et par semaine, d'un autre après-midi.
Les autres salariés bénéficient d'un repos compensateur, par roulement et par quinzaine, d'une journée entière.
Dans les commerces de détail alimentaire dont la surface de vente est supérieure au seuil mentionné au premier alinéa de l'article 3 de la loi n° 72-657 du 13 juillet 1972 instituant des mesures en faveur de certaines catégories de commerçants et artisans âgés, les salariés privés du repos dominical béné-

ficient d'une rémunération majorée d'au moins 30 % par rapport à la rémunération normalement due pour une durée équivalente.

Loi n° 72-657 du 13 juillet 1972, instituant des mesures en faveur de certaines catégories de commerçants et artisans âgés : Article 3 (modifié par Loi n°2014-1655 du 29 décembre 2014 - art. 46) - Il est institué une taxe sur les surfaces commerciales assise sur la surface de vente des magasins de commerce de détail, dès lors qu'elle dépasse 400 mètres carrés des établissements ouverts à partir du 1er janvier 1960 quelle que soit la forme juridique de l'entreprise qui les exploite. Ne sont pas considérés comme magasins de commerce de détail les établissements de commerce de gros dont la clientèle est composée de professionnels pour les besoins de leur activité ou de collectivités. Lorsque ces établissements réalisent à titre accessoire des ventes à des consommateurs pour un usage domestique, ces ventes constituent des ventes au détail qui sont soumises à la taxe dans les conditions de droit commun.

Toutefois, le seuil de superficie de 400 mètres carrés ne s'applique pas aux établissements contrôlés directement ou indirectement par une même personne et exploités sous une même enseigne commerciale lorsque la surface de vente cumulée de l'ensemble de ces établissements excède 4 000 mètres carrés.

La surface de vente des magasins de commerce de détail, prise en compte pour le calcul de la taxe, et celle visée à l'article L. 720-5 du code de commerce, s'entendent des espaces affectés à la circulation de la clientèle pour effectuer ses achats, de ceux affectés à l'exposition des marchandises proposées à la vente, à leur paiement, et de ceux affectés à la circulation du personnel pour présenter les marchandises à la vente.

La surface de vente des magasins de commerce de détail prise en compte pour le calcul de la taxe ne comprend que la partie close et couverte de ces magasins.

La surface de vente à retenir pour le calcul de la taxe est celle existant au 31 décembre de l'année précédant l'année d'imposition pour les établissements existant à cette date.

Art. L.3132-14 (modifié par Ordonnance n°2017-1718 du 20 décembre 2017 - art. 1)

Dans les industries ou les entreprises industrielles, une convention ou un accord d'entreprise ou d'établissement ou, à défaut, une convention ou un accord de branche étendu peut prévoir la possibilité d'organiser le travail de façon continue pour des raisons économiques et d'attribuer le repos hebdomadaire par roulement.

A défaut de convention ou d'accord collectif de travail étendu ou de convention ou d'accord d'entreprise, une dérogation peut être accordée par l'inspecteur du travail après consultation des délégués syndicaux et avis du comité social et économique, s'il existe, dans des conditions déterminées par décret en Conseil d'Etat.

Art. L.3132-15 (version en vigueur depuis le 1er mai 2008)

La durée du travail des salariés travaillant de façon permanente en équipes successives selon un cycle continu ne doit pas être supérieure en moyenne, sur une année, à trente-cinq heures par semaine travaillée.

Art. L.3132-16 (modifié par Ordonnance n°2017-1718 du 20 décembre 2017 - art. 1) :

Dans les industries ou les entreprises industrielles, une convention ou un accord d'entreprise ou d'établissement ou, à défaut, une convention ou un accord collectif de travail étendu peut prévoir que le personnel d'exécution fonctionne en deux groupes dont l'un, dénommé équipe de suppléance, a pour seule fonction de remplacer l'autre pendant le ou les jours de repos accordés au premier groupe.

Le repos hebdomadaire des salariés de l'équipe de suppléance est attribué un autre jour que le dimanche.

Cette dérogation s'applique également au personnel nécessaire à l'encadrement de cette équipe.

Art. L.3132-17 (version en vigueur depuis le 1er mai 2008)
La convention ou l'accord prévoyant la mise en place d'une équipe de suppléance comporte des dispositions concernant :
1° Les conditions particulières de mise en œuvre de la formation du personnel travaillant en équipe de suppléance et la rémunération du temps de formation ;
2° Les modalités d'exercice du droit des salariés de l'équipe de suppléance d'occuper un emploi autre que de suppléance.

Art. L.3132-18 (modifié par Ordonnance n°2017-1386 du 22 septembre 2017 - art. 4)
A défaut de convention ou d'accord, le recours aux équipes de suppléance est subordonné à l'autorisation de l'inspecteur du travail donnée après consultation des délégués syndicaux et avis du comité social et économique, s'il existe, dans des conditions déterminées par décret en Conseil d'Etat.

Art. L.3132-19 (version en vigueur depuis le 1er mai 2008)
La rémunération des salariés de l'équipe de suppléance est majorée d'au moins 50 % par rapport à celle qui serait due pour une durée équivalente effectuée suivant l'horaire normal de l'entreprise.
Cette majoration ne s'applique pas lorsque les salariés de l'équipe de suppléance sont amenés à remplacer durant la semaine les salariés partis en congé.

Art. L.3132-20 (version en vigueur depuis le 1er mai 2008)
Lorsqu'il est établi que le repos simultané, le dimanche, de tous les salariés d'un établissement serait préjudiciable au public ou compromettrait le fonctionnement normal de cet établissement, le repos peut être autorisé par le préfet, soit toute l'année, soit à certaines époques de l'année seulement suivant l'une des modalités suivantes :
1° Un autre jour que le dimanche à tous les salariés de l'établissement ;
2° Du dimanche midi au lundi midi ;
3° Le dimanche après-midi avec un repos compensateur d'une journée par roulement et par quinzaine ;
4° Par roulement à tout ou partie des salariés.

Art. L.3132-21 (modifié par Loi n°2015-990 du 6 août 2015 - art. 241)
Les autorisations prévues à l'article L.3132-20 sont accordées pour une durée qui ne peut excéder trois ans, après avis du conseil municipal et, le cas échéant, de l'organe délibérant de l'établissement public de coopération intercommunale à fiscalité propre dont la commune est membre, de la chambre de commerce et d'industrie, de la chambre de métiers et de l'artisanat, ainsi que des organisations professionnelles d'employeurs et des organisations syndicales de salariés intéressées de la commune.
En cas d'urgence dûment justifiée et lorsque le nombre de dimanches pour lesquels l'autorisation prévue au même article L.3132-20 n'excède pas trois, les avis préalables mentionnés au premier alinéa du présent article ne sont pas requis.

Art. L.3132-22 (version en vigueur depuis le 1er mai 2008)
Les dispositions de l'article L.3132-20 ne sont pas applicables aux clercs, commis et employés des études et greffes dans les offices ministériels.

Art. L.3132-23 (modifié par Loi n°2009-974 du 10 août 2009 - art. 2 (V°)
L'autorisation accordée à un établissement par le préfet peut être étendue à plusieurs ou à la totalité des établissements de la même localité exerçant la même activité, s'adressant à la même clientèle, une fraction d'établissement ne pouvant, en aucun cas, être assimilée à un établissement.
Ces autorisations d'extension sont toutes retirées lorsque, dans la localité, la majorité des établissements intéressés le demande.

Art. L.3132-24 (modifié par Loi n°2015-990 du 6 août 2015 - art. 242) :

I.– Les établissements de vente au détail qui mettent à disposition des biens et des services et qui sont situés dans les zones touristiques internationales peuvent donner le repos hebdomadaire par roulement pour tout ou partie du personnel, dans les conditions prévues aux articles L.3132-25-3 et L.3132-25-4.

II.– Les zones touristiques internationales sont délimitées par les ministres chargés du travail, du tourisme et du commerce, après avis du maire et, le cas échéant, du président de l'établissement public de coopération intercommunale à fiscalité propre dont la commune est membre ainsi que des organisations professionnelles d'employeurs et des organisations syndicales de salariés intéressées, compte tenu du rayonnement international de ces zones, de l'affluence exceptionnelle de touristes résidant hors de France et de l'importance de leurs achats.

III.– Trois ans après la délimitation d'une zone touristique internationale, le Gouvernement remet au Parlement une évaluation économique et sociale des pratiques d'ouverture des commerces qui se sont développées à la suite de cette délimitation.

IV.– Un décret en Conseil d'Etat détermine les modalités d'application du présent article.

Art. L.3132-25 (modifié par Loi n°2015-990 du 6 août 2015 - art. 243)

Les établissements de vente au détail qui mettent à disposition des biens et des services et qui sont situés dans les zones touristiques caractérisées par une affluence particulièrement importante de touristes peuvent donner le repos hebdomadaire par roulement pour tout ou partie du personnel, dans les conditions prévues aux articles L.3132-25-3 et L.3132-25-4.

Un décret en Conseil d'Etat détermine les modalités d'application du présent article.

Art. L.3132-25-1 (modifié par Loi n°2015-990 du 6 août 2015 - art. 244)

Les établissements de vente au détail qui mettent à disposition des biens et des services et qui sont situés dans les zones commerciales caractérisées par une offre commerciale et une demande potentielle particulièrement importantes, le cas échéant en tenant compte de la proximité immédiate d'une zone frontalière, peuvent donner le repos hebdomadaire par roulement pour tout ou partie du personnel, dans les conditions prévues aux articles L.3132-25-3 et L.3132-25-4.

Un décret en Conseil d'Etat détermine les modalités d'application du présent article.

Art. L.3132-25-2 (modifié par Loi n°2015-990 du 6 août 2015 - art. 245)

I.– La demande de délimitation ou de modification des zones définies aux articles L.3132-25 et L.3132-25-1 est faite par le maire ou, après consultation des maires concernés, par le président de l'établissement public de coopération intercommunale à fiscalité propre, lorsque celui-ci existe et que le périmètre de la zone concernée excède le territoire d'une seule commune.

La demande de délimitation ou de modification de ces zones est transmise au représentant de l'Etat dans la région. Elle est motivée et comporte une étude d'impact justifiant notamment l'opportunité de la création ou de la modification de la zone.

II.– Les zones mentionnées au I sont délimitées ou modifiées par le représentant de l'Etat dans la région après avis :

- 1° Du conseil municipal des communes dont le territoire est concerné ;
- 2° Des organisations professionnelles d'employeurs et des organisations syndicales de salariés intéressées ;
- 3° De l'organe délibérant des établissements publics de coopération intercommunale à fiscalité propre dont sont membres les communes dont le territoire est concerné ;
- 4° Du comité départemental du tourisme, pour les zones touristiques mentionnées à l'article L.3132-25 ;

5° De la chambre de commerce et d'industrie et de la chambre de métiers et de l'artisanat, pour les zones commerciales mentionnées à l'article L.3132-25-1.

L'avis de ces organismes est réputé donné à l'issue d'un délai de deux mois à compter de leur saisine en cas de demande de délimitation d'une zone et d'un mois en cas de demande de modification d'une zone existante.

III.– Le représentant de l'Etat dans la région statue dans un délai de six mois sur la demande de délimitation dont il est saisi. Il statue dans un délai de trois mois sur une demande de modification d'une zone.

Un décret en Conseil d'Etat détermine les modalités d'application du présent article.

Art. L.3132-25-3 (modifié par Loi n°2017-1718 du 20 décembre 2017 - art. 1)

I. – Les autorisations prévues à l'article L.3132-20 sont accordées au vu d'un accord collectif ou, à défaut, d'une décision unilatérale de l'employeur prise après référendum.

L'accord collectif fixe les contreparties accordées aux salariés privés du repos dominical ainsi que les engagements pris en termes d'emploi ou en faveur de certains publics en difficulté ou de personnes handicapées.

En l'absence d'accord collectif applicable, les autorisations sont accordées au vu d'une décision unilatérale de l'employeur, prise après avis du comité social et économique, s'il existe, approuvée par référendum organisé auprès des personnels concernés par cette dérogation au repos dominical. La décision de l'employeur approuvée par référendum fixe les contreparties accordées aux salariés privés du repos dominical ainsi que les engagements pris en termes d'emploi ou en faveur de certains publics en difficulté ou de personnes handicapées. Dans ce cas, chaque salarié privé du repos du dimanche bénéficie d'un repos compensateur et perçoit pour ce jour de travail une rémunération au moins égale au double de la rémunération normalement due pour une durée équivalente.

Lorsqu'un accord collectif est régulièrement négocié postérieurement à la décision unilatérale prise sur le fondement de l'alinéa précédent, cet accord s'applique dès sa signature en lieu et place des contreparties prévues par cette décision.

II. – Pour bénéficier de la faculté de donner le repos hebdomadaire par roulement pour tout ou partie du personnel, prévue aux articles L.3132-24, L.3132-25, L.3132-25-1 et L.3132-25-6, les établissements doivent être couverts soit par un accord d'entreprise ou d'établissement ou, à défaut, un accord collectif de branche, soit par un accord conclu à un niveau territorial.

Les accords collectifs de branche, d'entreprise et d'établissement et les accords territoriaux prévoient une compensation déterminée afin de tenir compte du caractère dérogatoire du travail accompli le dimanche.

L'accord mentionné au premier alinéa du présent II fixe les contreparties, en particulier salariales, accordées aux salariés privés du repos dominical ainsi que les engagements pris en termes d'emploi ou en faveur de certains publics en difficulté ou de personnes handicapées. Il prévoit également les mesures destinées à faciliter la conciliation entre la vie professionnelle et la vie personnelle des salariés privés du repos dominical. Le présent alinéa s'applique également aux établissements autres que ceux mentionnés à l'article L.3132-12 pour leurs salariés qui travaillent dans la surface de vente d'un établissement situé dans l'une des zones mentionnées aux articles L.3132-24, L.3132-25 et L.3132-25-1 ou dans l'une des gares mentionnées à l'article L.3132-25-6.

L'accord fixe les contreparties mises en œuvre par l'employeur pour compenser les charges induites par la garde des enfants pour les salariés privés du repos dominical.

Dans les établissements de moins de onze salariés, à défaut d'accord collectif ou d'accord conclu à un niveau territorial, la faculté mentionnée au premier alinéa du présent II est ouverte

après consultation par l'employeur des salariés concernés sur les mesures prévues au titre des deuxième à quatrième alinéas et approbation de la majorité d'entre eux.
En cas de franchissement du seuil de onze salariés mentionné au cinquième alinéa, le premier alinéa est applicable à compter de la troisième année consécutive au cours de laquelle l'effectif de l'établissement employé dans la zone atteint ce seuil.

III. – Dans les cas prévus aux I et II du présent article, l'accord ou la décision unilatérale de l'employeur prise en application de l'article L.3132-20 fixent les conditions dans lesquelles l'employeur prend en compte l'évolution de la situation personnelle des salariés privés du repos dominical.

Art. L.3132-25-4 (modifié par Loi n°2009-990 du 6 août 2015 - art. 247)
Pour l'application des articles L.3132-20, L.3132-24, L.3132-25, L.3132-25-1 et L.3132-25-6, seuls les salariés volontaires ayant donné leur accord par écrit à leur employeur peuvent travailler le dimanche. Une entreprise ne peut prendre en considération le refus d'une personne de travailler le dimanche pour refuser de l'embaucher. Le salarié qui refuse de travailler le dimanche ne peut faire l'objet d'une mesure discriminatoire dans le cadre de l'exécution de son contrat de travail. Le refus de travailler le dimanche pour un salarié ne constitue pas une faute ou un motif de licenciement.
L'accord collectif ou les mesures proposées par l'employeur mentionnés au II de l'article L.3132-25-3 déterminent les modalités de prise en compte d'un changement d'avis du salarié privé du repos dominical.
Pour l'application de l'article L.3132-20, à défaut d'accord collectif applicable, l'employeur demande chaque année à tout salarié qui travaille le dimanche s'il souhaite bénéficier d'une priorité pour occuper ou reprendre un emploi ressortissant à sa catégorie professionnelle ou un emploi équivalent ne comportant pas de travail le dimanche dans le même établissement ou, à défaut, dans la même entreprise. L'employeur l'informe également, à cette occasion, de sa faculté de ne plus travailler le dimanche s'il ne le souhaite plus. En pareil cas, le refus du salarié prend effet trois mois après sa notification écrite à l'employeur.
En outre, le salarié qui travaille le dimanche peut à tout moment demander à bénéficier de la priorité définie à l'alinéa précédent.
En l'absence d'accord collectif, le salarié privé de repos dominical conserve la faculté de refuser de travailler trois dimanches de son choix par année civile. Il doit en informer préalablement son employeur en respectant un délai d'un mois.
L'employeur prend toute mesure nécessaire pour permettre aux salariés d'exercer personnellement leur droit de vote au titre des scrutins nationaux et locaux lorsque ceux-ci ont lieu le dimanche.

Art. L.3132-25-5 (modifié par Loi n°2015-990 du 6 août 2015 - art. 248)
Les articles L.3132-25 et L.3132-25-1 ne sont pas applicables aux commerces de détail alimentaire qui bénéficient des dispositions de l'article L.3132-13.
Les commerces de détail alimentaire situés dans les zones mentionnées à l'article L.3132-24 ou dans les emprises des gares mentionnées à l'article L.3132-25-6 sont soumis, pour la période du dimanche s'achevant à treize heures, à l'article L.3132-13. Après treize heures, ils peuvent donner le repos hebdomadaire par roulement pour tout ou partie du personnel selon les modalités définies aux II et III de l'article L.3132-25-3 et à l'article L.3132-25-4.

Art. L.3132-25-6 (modifié par Loi n°2015-990 du 6 août 2015 - art. 249)
Un arrêté conjoint des ministres chargés des transports, du travail et du commerce peut, après avis du maire, le cas échéant du président de l'établissement public de coopération intercommunale dont la commune est membre, et des représentants des employeurs et des salariés des établissements concernés, autoriser les établissements de vente au détail qui mettent à disposition des biens et des services et qui sont situés dans l'emprise d'une gare qui n'est pas incluse dans l'une des zones

mentionnées à l'article L.3132-24 à donner le repos hebdomadaire par roulement pour tout ou partie du personnel, compte tenu de l'affluence exceptionnelle de passagers dans cette gare, dans les conditions prévues aux II et III de l'article L.3132-25-3 et à l'article L.3132-25-4.
Les avis requis en application du premier alinéa du présent article sont réputés donnés à l'issue d'un délai de deux mois à compter de la saisine des personnes et des organisations concernées.

Art. L.3132-26 (modifié par Loi n°2016-1088 du 8 août 2016 - art. 8 (V))
Dans les établissements de commerce de détail où le repos hebdomadaire a lieu normalement le dimanche, ce repos peut être supprimé les dimanches désignés, pour chaque commerce de détail, par décision du maire prise après avis du conseil municipal. Le nombre de ces dimanches ne peut excéder douze par année civile. La liste des dimanches est arrêtée avant le 31 décembre, pour l'année suivante. Elle peut être modifiée dans les mêmes formes en cours d'année, au moins deux mois avant le premier dimanche concerné par cette modification.
Lorsque le nombre de ces dimanches excède cinq, la décision du maire est prise après avis conforme de l'organe délibérant de l'établissement public de coopération intercommunale à fiscalité propre dont la commune est membre. A défaut de délibération dans un délai de deux mois suivant sa saisine, cet avis est réputé favorable.
Pour les commerces de détail alimentaire dont la surface de vente est supérieure au seuil mentionné au premier alinéa de l'article 3 de la loi n° 72-657 du 13 juillet 1972 instituant des mesures en faveur de certaines catégories de commerçants et artisans âgés, lorsque les jours fériés mentionnés à l'article L.3133-1, à l'exception du 3°, sont travaillés, ils sont déduits par l'établissement des dimanches désignés par le maire au titre du présent article, dans la limite de trois.

Art. L.3132-26-1 (modifié par Loi n°2015-990 du 6 août 2015 - art. 252)
Lorsque le repos dominical a été supprimé le jour d'un scrutin national ou local, l'employeur prend toute mesure nécessaire pour permettre aux salariés d'exercer personnellement leur droit de vote.

Art. L.3132-27 (modifié par Loi n°2009-974 du 10 août 2009 - art. 1)
Chaque salarié privé du repos du dimanche bénéficie d'un repos compensateur et d'une majoration de salaire pour ce jour de travail exceptionnel, égale à la valeur d'un trentième de son traitement mensuel ou à la valeur d'une journée de travail si l'intéressé est payé à la journée.
L'arrêté pris en application de l'article L.3132-26 détermine les conditions dans lesquelles ce repos est accordé, soit collectivement, soit par roulement dans la quinzaine qui précède ou suit la suppression du repos.
Si le repos dominical est supprimé un dimanche précédant une fête légale, le repos compensateur est donné le jour de cette fête.

Art. L.3132-27-1 (modifié par Loi n°2015-990 du 6 août 2015 - art. 253)
Le premier alinéa de l'article L.3132-25-4 est applicable aux salariés privés du repos dominical en application de l'article L.3132-26.

Art. L.3132-27-2 (modifié par Loi n°2015-990 du 6 août 2015 - art. 256)
Dans le périmètre de chaque schéma de cohérence territoriale, le représentant de l'Etat dans la région réunit annuellement les maires, les présidents d'établissement public de coopération intercommunale à fiscalité propre, les associations de commerçants et les organisations représentatives des salariés et des employeurs du commerce de détail, et organise une concertation sur les pratiques d'ouverture dominicale des commerces de détail au regard des dérogations au repos dominical prévues à la présente sous-section et de leur impact sur les équilibres en termes de flux commerciaux et de répartition des commerces de détail sur le territoire.

Art. L.3132-28 (modifié par Loi n°2016-1088 du 8 août 2016 - art. 8 (V))
Les décrets en Conseil d'Etat prévus par les articles L.3132-5, L.3132-7, L.3132-10 et L.3132-13 sont pris dans les mêmes formes que celles prévues à l'article L.3121-67 pour les décrets d'application des dispositions relatives à la durée du travail.

Art. L.3132-29 (modifié par Loi n°2015-990 du 6 août 2015 - art. 255)
Lorsqu'un accord est intervenu entre les organisations syndicales de salariés et les organisations d'employeurs d'une profession et d'une zone géographique déterminées sur les conditions dans lesquelles le repos hebdomadaire est donné aux salariés, le préfet peut, par arrêté, sur la demande des syndicats intéressés, ordonner la fermeture au public des établissements de la profession ou de la zone géographique concernée pendant toute la durée de ce repos. Ces dispositions ne s'appliquent pas aux activités dont les modalités de fonctionnement et de paiement sont automatisées.
A la demande des organisations syndicales représentatives des salariés ou des organisations représentatives des employeurs de la zone géographique concernée exprimant la volonté de la majorité des membres de la profession de cette zone géographique, le préfet abroge l'arrêté mentionné au premier alinéa, sans que cette abrogation puisse prendre effet avant un délai de trois mois.

Art. L.3132-30 (version en vigueur depuis le 1er mai 2008)
La fermeture prévue à l'article L.3132-29 ne s'applique pas aux stands des exposants dans l'enceinte des expositions, foires ou salons figurant sur une liste déterminée, après consultation des organisations d'employeurs et de salariés intéressées, par arrêté conjoint des ministres chargés du travail et du commerce.
Les exposants bénéficiant de ces dispositions peuvent accorder le repos hebdomadaire à leurs salariés par roulement.

Art. L.3132-31 (version en vigueur depuis le 1er mai 2008)
L'inspecteur du travail peut, nonobstant toutes poursuites pénales, saisir en référé le juge judiciaire pour voir ordonner toutes mesures propres à faire cesser dans les établissements de vente au détail et de prestations de services au consommateur l'emploi illicite de salariés en infraction aux dispositions des articles L.3132-3 et L.3132-13.
Le juge judiciaire peut notamment ordonner la fermeture le dimanche du ou des établissements concernés. Il peut assortir sa décision d'une astreinte liquidée au profit du Trésor.

La mensualisation des horaires

Art. L. 7313-7 (version en vigueur depuis le 1er mai 2008)
Les commissions dues au voyageur, représentant ou placier du commerce sont payées au moins tous les trois mois.

Art. L. 7412-1 (version en vigueur depuis le 1er mai 2008)
Est travailleur à domicile toute personne qui :

1° Exécute, moyennant une rémunération forfaitaire, pour le compte d'un ou plusieurs établissements, un travail qui lui est confié soit directement, soit par un intermédiaire ;
2° Travaille soit seule, soit avec son conjoint, partenaire lié par un pacte civil de solidarité, concubin ou avec ses enfants à charge au sens fixé par l'article L.313-3 du code de la sécurité sociale, ou avec un auxiliaire.

Il n'y a pas lieu de rechercher :

a) S'il existe entre lui et le donneur d'ouvrage un lien de subordination juridique, sous réserve de l'application des dispositions de l'article L. 8221-6 ;
b) S'il travaille sous la surveillance immédiate et habituelle du donneur d'ouvrage ;

c) Si le local où il travaille et le matériel qu'il emploie, quelle qu'en soit l'importance, lui appartient ;
d) S'il se procure lui-même les fournitures accessoires ;
e) Le nombre d'heures accomplies.

Art. L.1251-1 (version en vigueur depuis le 1er mai 2008)
Le recours au travail temporaire a pour objet la mise à disposition temporaire d'un salarié par une entreprise de travail temporaire au bénéfice d'un client utilisateur pour l'exécution d'une mission.
Chaque mission donne lieu à la conclusion :

1° D'un contrat de mise à disposition entre l'entreprise de travail temporaire et le client utilisateur, dit "entreprise utilisatrice" :
2° D'un contrat de travail, dit " contrat de mission ", entre le salarié temporaire et son employeur, l'entreprise de travail temporaire.

L'organisation du temps de travail

Art. D. 3171-1 (modifié par Décret n°2016-1553 du 18 novembre 2016 - art. 6)
Lorsque tous les salariés d'un atelier, d'un service ou d'une équipe travaillent selon le même horaire collectif, un horaire établi selon l'heure légale indique les heures auxquelles commence et finit chaque période de travail.
Aucun salarié ne peut être employé en dehors de cet horaire, sous réserve des dispositions des articles L.3121-30, L.3121-33, L.3121-38 et L.3121-39 relatives au contingent annuel d'heures supplémentaires, et des heures de dérogation permanente prévues par un décret pris en application de l'article L.3121-67.

Art. L.3121-48 (modifié par Ordonnance n°2017-1386 du 22 septembre 2017 - art. 4)
L'employeur peut, à la demande de certains salariés, mettre en place un dispositif d'horaires individualisés permettant un report d'heures d'une semaine à une autre, dans les limites et selon les modalités définies aux articles L.3121-51 et L.3121-52, après avis conforme du comité social et économique. Dans ce cadre, et par dérogation à l'article L.3121-29, les heures de travail effectuées au cours d'une même semaine au-delà de la durée hebdomadaire légale ou conventionnelle ne sont pas considérées comme des heures supplémentaires, pourvu qu'elles résultent d'un libre choix du salarié.
Dans les entreprises qui ne disposent pas de représentant du personnel, l'inspecteur du travail autorise la mise en place d'horaires individualisés.

Art. L.3121-49 (modifié par Loi n°2016-1088 du 8 août 2016 - art. 8(V))
Les salariés mentionnés aux 1° à 4° et 9° à 11° de l'article L. 5212-13 bénéficient à leur demande, au titre des mesures appropriées prévues à l'article L. 5213-6, d'un aménagement d'horaires individualisés propre à faciliter leur accès à l'emploi, leur exercice professionnel ou le maintien dans leur emploi.
Les aidants familiaux et les proches d'une personne handicapée bénéficient, dans les mêmes conditions, d'un aménagement d'horaires individualisés propre à faciliter l'accompagnement de cette personne.

Le travail à temps partiel

Art. L.3123-1 (modifié par Loi n°2016-1088 du 8 août 2016 - art. 8(V))
Est considéré comme salarié à temps partiel le salarié dont la durée du travail est inférieure :

1° A la durée légale du travail ou, lorsque cette durée est inférieure à la durée légale, à la durée du travail fixée conventionnellement pour la branche ou l'entreprise ou à la durée du travail applicable dans l'établissement;
2° A la durée mensuelle résultant de l'application, durant cette période, de la durée légale du travail ou, si elle est inférieure, de la durée du travail fixée conventionnellement pour la branche ou l'entreprise ou de la durée du travail applicable dans l'établissement;
3° A la durée de travail annuelle résultant de l'application durant cette période de la durée légale du travail, soit 1 607 heures, ou, si elle est inférieure, de la durée du travail fixée conventionnellement pour la branche ou l'entreprise ou de la durée du travail applicable dans l'établissement.

Art. L.3123-2 (modifié par Loi n°2016-1088 du 8 août 2016 - art. 8(V))
Le salarié qui en fait la demande peut bénéficier d'une réduction de la durée du travail sous forme d'une ou plusieurs périodes d'au moins une semaine en raison des besoins de sa vie personnelle. Sa durée de travail est fixée dans la limite annuelle prévue au 3° de l'article L.3123-1.
Pendant les périodes travaillées, le salarié est occupé selon l'horaire collectif applicable dans l'entreprise ou l'établissement.
Les dispositions relatives au régime des heures supplémentaires et à la contrepartie obligatoire sous forme de repos s'appliquent aux heures accomplies au cours d'une semaine au-delà de la durée légale fixée en application de l'article L.3121-27 ou, en cas d'application d'un accord collectif conclu sur le fondement de l'article L.3121-44, aux heures accomplies au-delà des limites fixées par cet accord.
L'avenant au contrat de travail précise la ou les périodes non travaillées. Il peut également prévoir les modalités de calcul de la rémunération mensualisée indépendamment de l'horaire réel du mois.

Art. L.3123-3 (modifié par Ordonnance n°2017-1718 du 20 décembre 2017 - art. 1)
Les salariés à temps partiel qui souhaitent occuper ou reprendre un emploi d'une durée au moins égale à celle mentionnée au premier alinéa de l'article L.3123-7 ou un emploi à temps complet et les salariés à temps complet qui souhaitent occuper ou reprendre un emploi à temps partiel dans le même établissement ou, à défaut, dans la même entreprise ont priorité pour l'attribution d'un emploi ressortissant à leur catégorie professionnelle ou d'un emploi équivalent ou, si une convention ou un accord d'entreprise ou d'établissement ou, à défaut, une convention ou un accord de branche étendu le prévoit, d'un emploi présentant des caractéristiques différentes.
L'employeur porte à la connaissance de ces salariés la liste des emplois disponibles correspondants.

Art. L.3123-4 (modifié par Loi n°2016-1088 du 8 août 2016 - art. 8(V))
Le refus par un salarié d'accomplir un travail à temps partiel ne constitue ni une faute ni un motif de licenciement.

Art. L.3123-5 (modifié par Loi n°2016-1088 du 8 août 2016 - art. 8(V))
Le salarié à temps partiel bénéficie des droits reconnus au salarié à temps complet par la loi, les conventions et les accords d'entreprise ou d'établissement sous réserve, en ce qui concerne les droits conventionnels, de modalités spécifiques prévues par une convention ou un accord collectif.
La période d'essai d'un salarié à temps partiel ne peut avoir une durée calendaire supérieure à celle du salarié à temps complet.
Compte tenu de la durée de son travail et de son ancienneté dans l'entreprise, la rémunération du salarié à temps partiel est proportionnelle à celle du salarié qui, à qualification égale, occupe à temps complet un emploi équivalent dans l'établissement ou l'entreprise.
Pour la détermination des droits liés à l'ancienneté, la durée de celle-ci est décomptée pour le salarié à temps partiel comme s'il avait été occupé à temps complet, les périodes non travaillées étant prises en compte en totalité.

L'indemnité de licenciement et l'indemnité de départ à la retraite du salarié ayant été occupé à temps complet et à temps partiel dans la même entreprise sont calculées proportionnellement aux périodes d'emploi accomplies selon l'une et l'autre de ces deux modalités depuis son entrée dans l'entreprise.

Art. L.3123-6 (modifié par Loi n°2016-1088 du 8 août 2016 - art. 8(V))

Le contrat de travail du salarié à temps partiel est un contrat écrit.

Il mentionne :

1° La qualification du salarié, les éléments de la rémunération, la durée hebdomadaire ou mensuelle prévue et, sauf pour les salariés des associations et entreprises d'aide à domicile et les salariés relevant d'un accord collectif conclu en application de l'article L.3121-44, la répartition de la durée du travail entre les jours de la semaine ou les semaines du mois ;

2° Les cas dans lesquels une modification éventuelle de cette répartition peut intervenir ainsi que la nature de cette modification ;

3° Les modalités selon lesquelles les horaires de travail pour chaque journée travaillée sont communiqués par écrit au salarié. Dans les associations et entreprises d'aide à domicile, les horaires de travail sont communiqués par écrit chaque mois au salarié ;

4° Les limites dans lesquelles peuvent être accomplies des heures complémentaires au-delà de la durée de travail fixée par le contrat.

L'avenant au contrat de travail prévu à l'article L.3123-22 mentionne les modalités selon lesquelles des compléments d'heures peuvent être accomplis au-delà de la durée fixée par le contrat.

Art. L.3123-7 (modifié par Loi n°2016-1088 du 8 août 2016 - art. 8(V))

Le salarié à temps partiel bénéficie d'une durée minimale de travail hebdomadaire déterminée selon les modalités fixées aux articles L.3123-19 et L.3123-27.

Le premier alinéa du présent article n'est pas applicable :

1° Aux contrats d'une durée au plus égale à sept jours ;

2° Aux contrats à durée déterminée conclus au titre du 1° de l'article L.1242-2 ;

3° Aux contrats de travail temporaire conclus au titre du 1° de l'article L.1251-6 pour le remplacement d'un salarié absent.

Une durée de travail inférieure à celle prévue au premier alinéa du présent article peut être fixée à la demande du salarié soit pour lui permettre de faire face à des contraintes personnelles, soit pour lui permettre de cumuler plusieurs activités afin d'atteindre une durée globale d'activité correspondant à un temps plein ou au moins égale à la durée mentionnée au même premier alinéa. Cette demande est écrite et motivée.

Une durée de travail inférieure à celle prévue au premier alinéa, compatible avec ses études, est fixée de droit, à sa demande, au bénéfice du salarié âgé de moins de vingt-six ans poursuivant ses études.

Art. L.3123-8 (modifié par Loi n°2016-1088 du 8 août 2016 - art. 8(V))

Chacune des heures complémentaires accomplies donne lieu à une majoration de salaire.

Art. L.3123-9 (modifié par Loi n°2016-1088 du 8 août 2016 - art. 8(V))

Les heures complémentaires ne peuvent avoir pour effet de porter la durée de travail accomplie par un salarié à temps partiel au niveau de la durée légale du travail ou, si elle est inférieure, au niveau de la durée de travail fixée conventionnellement.

Art. L.3123-10 (modifié par Loi n°2016-1088 du 8 août 2016 - art. 8(V))

Le refus d'accomplir les heures complémentaires proposées par l'employeur au-delà des limites fixées par le contrat ne constitue ni une faute ni un motif de licenciement. Il en est de même, à l'intérieur de ces limites, lorsque le salarié est informé moins de trois jours avant la date à laquelle les heures complémentaires sont prévues.

Art. L.3123-11 (modifié par Loi n°2016-1088 du 8 août 2016 - art. 8(V))
Toute modification de la répartition de la durée de travail entre les jours de la semaine ou entre les semaines du mois est notifiée au salarié en respectant un délai de prévenance.

Art. L.3123-12 (modifié par Loi n°2016-1088 du 8 août 2016 - art. 8(V))
Lorsque l'employeur demande au salarié de modifier la répartition de sa durée de travail, alors que le contrat de travail n'a pas prévu les cas et la nature de telles modifications, le refus du salarié d'accepter cette modification ne constitue ni une faute ni un motif de licenciement.
Lorsque l'employeur demande au salarié de modifier la répartition de sa durée du travail dans un des cas et selon des modalités préalablement définis dans le contrat de travail, le refus du salarié d'accepter cette modification ne constitue ni une faute ni un motif de licenciement dès lors que cette modification n'est pas compatible avec des obligations familiales impérieuses, avec le suivi d'un enseignement scolaire ou supérieur, avec l'accomplissement d'une période d'activité fixée par un autre employeur ou avec une activité professionnelle non salariée. Il en va de même en cas de modification des horaires de travail au sein de chaque journée travaillée qui figurent dans le document écrit communiqué au salarié en application du 3° de l'article L.3123-6.

Art. L.3123-13 (modifié par Loi n°2016-1088 du 8 août 2016 - art. 8(V))
Lorsque, pendant une période de douze semaines consécutives ou pendant douze semaines au cours d'une période de quinze semaines ou pendant la période prévue par un accord collectif conclu sur le fondement de l'article L.3121-44 si elle est supérieure, l'horaire moyen réellement accompli par un salarié a dépassé de deux heures au moins par semaine, ou de l'équivalent mensuel de cette durée, l'horaire prévu dans son contrat, celui-ci est modifié, sous réserve d'un préavis de sept jours et sauf opposition du salarié intéressé.
L'horaire modifié est égal à l'horaire antérieurement fixé auquel est ajoutée la différence entre cet horaire et l'horaire moyen réellement accompli.

Art. L.3123-14 (modifié par Loi n°2016-1088 du 8 août 2016 - art. 8(V))
Le temps de travail mensuel d'un salarié à temps partiel ne peut être réduit de plus d'un tiers par l'utilisation du crédit d'heures auquel il peut prétendre pour l'exercice de mandats qu'il détient au sein d'une entreprise. Le solde éventuel de ce crédit d'heures payées peut être utilisé en dehors des heures de travail de l'intéressé.

Art. L.3123-15 (modifié par Ordonnance n°2017-1386 du 22 septembre 2017 - art. 4)
Dans le cadre de la consultation sur la politique sociale de l'entreprise mentionnée à l'article L.2323-15, l'employeur communique au moins une fois par an au comité social et économique, s'il existe, un bilan du travail à temps partiel réalisé dans l'entreprise.
Il communique également ce bilan aux délégués syndicaux de l'entreprise.

Art. L.3123-16 (modifié par Ordonnance n°2017-1386 du 22 septembre 2017 - art. 4)
L'employeur informe chaque année le comité social et économique, s'il existe, du nombre de demandes de dérogation individuelle à la durée minimale de travail mentionnée au premier alinéa de l'article L.3123-7 qui sont accordées sur le fondement des deux derniers alinéas du même article L.3123-7.

Art. L.3123-17 (modifié par Loi n°2016-1088 du 8 août 2016 - art. 8(V))
Une convention ou un accord d'entreprise ou d'établissement ou, à défaut, une convention ou un accord de branche étendu peut prévoir la mise en œuvre d'horaires de travail à temps partiel à l'initiative de l'employeur.

Cet accord ou cette convention peut également fixer les conditions de mise en place d'horaires à temps partiel à la demande des salariés. Dans ce cas, l'accord ou la convention prévoit :

1° Les modalités selon lesquelles les salariés à temps complet peuvent occuper un emploi à temps partiel et les salariés à temps partiel occuper un emploi à temps complet dans le même établissement ou, à défaut, dans la même entreprise ;
2° La procédure à suivre par les salariés pour faire part de leur demande à leur employeur ;
3° Le délai laissé à l'employeur pour y apporter une réponse motivée, en particulier en cas de refus.

Art. L.3123-18 (modifié par Ordonnance n°2017-1718 du 20 décembre 2017 - art. 1)
Une convention ou un accord d'entreprise ou d'établissement ou, à défaut, une convention ou un accord de branche étendu peut prévoir la possibilité pour l'employeur de :

1° Proposer au salarié à temps partiel un emploi à temps complet ou d'une durée au moins égale à la durée minimale mentionnée au premier alinéa de l'article L.3123-7 ne ressortissant pas à sa catégorie professionnelle ou un emploi à temps complet non équivalent ;
2° Proposer au salarié à temps complet un emploi à temps partiel ne ressortissant pas à sa catégorie professionnelle ou un emploi à temps partiel non équivalent.

Art. L.3123-19 (modifié par Ordonnance n°2017-1718 du 20 décembre 2017 - art. 1)
Une convention ou un accord de branche étendu fixe la durée minimale de travail mentionnée à l'article L.3123-7. Lorsqu'elle est inférieure à celle prévue à l'article L.3123-27, il détermine les garanties quant à la mise en œuvre d'horaires réguliers ou permettant au salarié de cumuler plusieurs activités afin d'atteindre une durée globale d'activité correspondant à un temps plein ou au moins égale à la durée mentionnée à l'article L.3123-27.
Une convention ou un accord d'entreprise ou d'établissement ou, à défaut, une convention ou un accord de branche étendu détermine les modalités selon lesquelles les horaires de travail des salariés effectuant une durée de travail inférieure à la durée minimale prévue à l'article L.3123-27 sont regroupés sur des journées ou des demi-journées régulières ou complètes.

Art. L.3123-20 (modifié par Loi n°2016-1088 du 8 août 2016 - art. 8(V))
Une convention ou un accord d'entreprise ou d'établissement ou, à défaut, une convention ou un accord de branche étendu peut porter la limite dans laquelle peuvent être accomplies des heures complémentaires jusqu'au tiers de la durée hebdomadaire ou mensuelle de travail prévue dans le contrat du salarié à temps partiel et calculée, le cas échéant, sur la période prévue par un accord collectif conclu sur le fondement de l'article L.3121-44.

Art. L.3123-21 (modifié par Loi n°2016-1088 du 8 août 2016 - art. 8(V))
Une convention ou un accord de branche étendu peut prévoir le taux de majoration de chacune des heures complémentaires accomplies dans la limite fixée à l'article L.3123-20. Ce taux ne peut être inférieur à 10%.

Art. L.3123-22 (modifié par Loi n°2016-1088 du 8 août 2016 - art. 8(V))
Une convention ou un accord de branche étendu peut prévoir la possibilité, par un avenant au contrat de travail, d'augmenter temporairement la durée de travail prévue par le contrat.
La convention ou l'accord :

1° Détermine le nombre maximal d'avenants pouvant être conclus, dans la limite de huit par an et par salarié, en dehors des cas de remplacement d'un salarié absent nommément désigné ;
2° Peut prévoir la majoration salariale des heures effectuées dans le cadre de cet avenant ;
3° Détermine les modalités selon lesquelles les salariés peuvent bénéficier prioritairement des compléments d'heures.

Les heures complémentaires accomplies au-delà de la durée déterminée par l'avenant donnent lieu à une majoration salariale qui ne peut être inférieure à 25%.

Art. L.3123-23 (modifié par Loi n°2016-1088 du 8 août 2016 - art. 8(V))
Une convention ou un accord d'entreprise ou d'établissement ou, à défaut, une convention ou un accord de branche étendu ou agréé en application de l'article L.314-6 du code de l'action sociale et des familles peut définir la répartition des horaires de travail des salariés à temps partiel dans la journée de travail.
Si cette répartition comporte plus d'une interruption d'activité ou une interruption supérieure à deux heures, la convention ou l'accord définit les amplitudes horaires pendant lesquelles les salariés peuvent exercer leur activité et prévoit des contreparties spécifiques en tenant compte des exigences propres à l'activité exercée.

Art. L.3123-24 (modifié par Loi n°2016-1088 du 8 août 2016 - art. 8(V))
Une convention ou un accord d'entreprise ou d'établissement ou, à défaut, une convention ou un accord de branche étendu peut déterminer le délai dans lequel la modification de la répartition de la durée du travail est notifiée au salarié.
Ce délai ne peut être inférieur à trois jours ouvrés. Dans les associations et entreprises d'aide à domicile, ce délai peut être inférieur pour les cas d'urgence définis par convention ou accord de branche étendu ou par convention ou accord d'entreprise ou d'établissement.
La convention ou l'accord d'entreprise ou d'établissement ou, à défaut, la convention ou l'accord de branche étendu prévoit les contreparties apportées au salarié lorsque le délai de prévenance est inférieur à sept jours ouvrés.

Art. L.3123-25 (modifié par Loi n°2016-1088 du 8 août 2016 - art. 8(V))
L'accord collectif permettant les dérogations prévues aux articles L.3123-20 et L.3123-24 compo rte des garanties relatives à la mise en œuvre, pour les salariés à temps partiel, des droits reconnus aux salariés à temps complet, notamment du droit à un égal accès aux possibilités de promotion, de carrière et de formation, ainsi qu'à la fixation d'une période minimale de travail continue et à la limitation du nombre des interruptions d'activité au cours d'une même journée.

Art. L.3123-26 (modifié par Ordonnance n°2017-1386 du 22 septembre 2017 - art. 4)
A défaut de convention ou d'accord collectif, des horaires à temps partiel peuvent être pratiqués à l'initiative de l'employeur, après avis du comité social et économique.
Dans les entreprises dépourvues d'institutions représentatives du personnel, des horaires à temps partiel peuvent être pratiqués à l'initiative de l'employeur ou à la demande des salariés, après information de l'agent de contrôle de l'inspection du travail.
A défaut de convention ou d'accord collectif, le salarié peut demander à bénéficier d'un poste à temps partiel, dans des conditions fixées par voie réglementaire.
La demande mentionnée au troisième alinéa ne peut être refusée que si l'employeur justifie de l'absence d'emploi disponible relevant de la catégorie professionnelle du salarié ou de l'absence d'emploi équivalent ou s'il peut démontrer que le changement d'emploi demandé aurait des conséquences préjudiciables à la bonne marche de l'entreprise.

Art. L.3123-27 (modifié par Loi n°2016-1088 du 8 août 2016 - art. 8(V))
A défaut d'accord prévu à l'article L.3123-19, la durée minimale de travail du salarié à temps partiel est fixée à vingt-quatre heures par semaine ou, le cas échéant, à l'équivalent mensuel de cette durée ou à l'équivalent calculé sur la période prévue par un accord collectif conclu en application de l'article L.3121-44.

Art. L.3123-28 (modifié par Loi n°2016-1088 du 8 août 2016 - art. 8(V))
A défaut d'accord prévu à l'article L.3123-20, le nombre d'heures complémentaires accomplies par un salarié à temps partiel au cours d'une même semaine ou d'un même mois ou de la période prévue par un accord collectif conclu sur le fondement de l'article L.3121-44 ne peut être supérieur au dixième de la durée hebdomadaire ou mensuelle de travail prévue dans son contrat et calculée, le cas échéant, sur la période prévue par un accord collectif conclu sur le fondement du même article L.3121-44.

Art. L.3123-29 (modifié par Loi n°2016-1088 du 8 août 2016 - art. 8(V))
A défaut de stipulation conventionnelle prévues à l'article L.3123-21, le taux de majoration des heures complémentaires est de 10 % pour chacune des heures complémentaires accomplies dans la limite du dixième des heures prévues au contrat de travail et de 25 % pour chacune des heures accomplies entre le dixième et le tiers des heures prévues au contrat de travail.

Art. L.3123-30 (modifié par Loi n°2016-1088 du 8 août 2016 - art. 8(V))
A défaut d'accord prévu à l'article L.3123-23, l'horaire de travail du salarié à temps partiel ne peut comporter, au cours d'une même journée, plus d'une interruption d'activité ou une interruption supérieure à deux heures.

Art. L.3123-31 (modifié par Loi n°2016-1088 du 8 août 2016 - art. 8(V))
A défaut d'accord prévu à l'article L.3123-24, toute modification de la répartition de la durée du travail entre les jours de la semaine ou les semaines du mois est notifiée au salarié au moins sept jours ouvrés avant la date à laquelle elle doit avoir lieu.

Art. L.3123-32 (modifié par Loi n°2016-1088 du 8 août 2016 - art. 8(V))
Des décrets déterminent les modalités d'application de la présente section soit pour l'ensemble des professions ou des branches d'activité, soit pour une profession ou une branche particulière.
Si, dans une profession ou dans une branche, la pratique du travail à temps partiel provoque un déséquilibre grave et durable des conditions d'emploi, des décrets, pris après consultation des organisations d'employeurs et de salariés intéressées, peuvent instituer des limitations du recours à cette pratique dans la branche ou la profession concernée.

Le télétravail

Art. L.1222-9 (modifié par Loi n°2018-771 du 5 septembre 2018 - art. 68(V))

I.– Sans préjudice de l'application, s'il y a lieu, des dispositions du présent code protégeant les travailleurs à domicile, le télétravail désigne toute forme d'organisation du travail dans laquelle un travail qui aurait également pu être exécuté dans les locaux de l'employeur est effectué par un salarié hors de ces locaux de façon volontaire en utilisant les technologies de l'information et de la communication.
Est qualifié de télétravailleur au sens de la présente section tout salarié de l'entreprise qui effectue, soit dès l'embauche, soit ultérieurement, du télétravail tel que défini au premier alinéa du présent I.
Le télétravail est mis en place dans le cadre d'un accord collectif ou, à défaut, dans le cadre d'une charte élaborée par l'employeur après avis du comité social et économique, s'il existe.
En l'absence d'accord collectif ou de charte, lorsque le salarié et l'employeur conviennent de recourir au télétravail, ils formalisent leur accord par tout moyen. Lorsque la demande de recours au télétravail est formulée par un travailleur handicapé mentionné à l'article L. 5212-13 du présent code ou un proche aidant mentionné à l'article L.113-1-3 du code de l'action sociale et des familles, l'employeur motive, le cas échéant, sa décision de refus.

II.– L'accord collectif applicable ou, à défaut, la charte élaborée par l'employeur précise :

1° Les conditions de passage en télétravail, en particulier en cas d'épisode de pollution mentionné à l'article L.223-1 du code de l'environnement, et les conditions de retour à une exécution du contrat de travail sans télétravail ;
2° Les modalités d'acceptation par le salarié des conditions de mise en œuvre du télétravail ;
3° Les modalités de contrôle du temps de travail ou de régulation de la charge de travail ;
4° La détermination des plages horaires durant lesquelles l'employeur peut habituellement contacter le salarié en télétravail ;
5° Les modalités d'accès des travailleurs handicapés à une organisation en télétravail, en application des mesures prévues à l'article L. 5213-6.

III.– Le télétravailleur a les mêmes droits que le salarié qui exécute son travail dans les locaux de l'entreprise.
L'employeur qui refuse d'accorder le bénéfice du télétravail à un salarié qui occupe un poste éligible à un mode d'organisation en télétravail dans les conditions prévues par accord collectif ou, à défaut, par la charte, motive sa réponse.
Le refus d'accepter un poste de télétravailleur n'est pas un motif de rupture du contrat de travail.
L'accident survenu sur le lieu où est exercé le télétravail pendant l'exercice de l'activité professionnelle du télétravailleur est présumé être un accident de travail au sens de l'article L.411-1 du code de la sécurité sociale.

Art. L.1222-10 (modifié par Ordonnance n°2017-1387 du 22 septembre 2017 - art. 21)
Outre ses obligations de droit commun vis-à-vis de ses salariés, l'employeur est tenu à l'égard du salarié en télétravail :
1° D'informer le salarié de toute restriction à l'usage d'équipements ou outils informatiques ou de services de communication électronique et des sanctions en cas de non-respect de telles restrictions ;
2° De lui donner priorité pour occuper ou reprendre un poste sans télétravail qui correspond à ses qualifications et compétences professionnelles et de porter à sa connaissance la disponibilité de tout poste de cette nature ;
3° D'organiser chaque année un entretien qui porte notamment sur les conditions d'activité du salarié et sa charge de travail.

NOTA : Conformément à l'article 40-VII de l'ordonnance n° 2017-1387 du 22 septembre 2017, pour les salariés dont le contrat de travail conclu antérieurement à ladite ordonnance contient des stipulations relatives au télétravail, sauf refus du salarié, les stipulations et dispositions de l'accord ou de la charte mentionnés à l'article L.1222-9 du code du travail, issu de ladite ordonnance, se substituent, s'il y a lieu, aux clauses du contrat contraires ou incompatibles. Le salarié fait connaître son refus à l'employeur dans le délai d'un mois à compter de la date à laquelle l'accord ou la charte a été communiqué dans l'entreprise.

Art. L.1222-11 (modifié par Ordonnance n°2017-1387 du 22 septembre 2017 - art. 21)
En cas de circonstances exceptionnelles, notamment de menace d'épidémie, ou en cas de force majeure, la mise en œuvre du télétravail peut être considérée comme un aménagement du poste de travail rendu nécessaire pour permettre la continuité de l'activité de l'entreprise et garantir la protection des salariés.

Annexe Partie IV – Les absences

Les principales absences

Les jours fériés

Jours fériés hors Moselle, Bas-Rhin et Haut-Rhin

Art. L.3133-1 (modifié par Loi n°2016-1088 du 8 août 2016 - art. 8(V))
Les fêtes légales ci-après désignées sont des jours fériés :
1° Le 1er janvier ;
2° Le lundi de Pâques ;
3° Le 1er mai ;
4° Le 8 mai ;
5° L'Ascension ;
6° Le lundi de Pentecôte ;
7° Le 14 juillet ;
8° L'Assomption ;
9° La Toussaint ;
10° Le 11 novembre ;
11° Le jour de Noël.

Art. L.3422-2 (modifié par Ordonnance n°2017-1491 du 25 octobre 2017 - art. 4)
En Guadeloupe, en Guyane, en Martinique, à Mayotte, à La Réunion, à Saint-Barthélemy et à Saint-Martin, les journées de commémoration de l'abolition de l'esclavage ci-après désignées sont des jours fériés :
1° Le 27 avril à Mayotte ;
2° Le 22 mai en Martinique ;
3° Le 27 mai en Guadeloupe et à Saint-Martin ;
4° Le 10 juin en Guyane ;
5° Le 9 octobre à Saint-Barthélemy ;
6° Le 20 décembre à La Réunion.

Art. L.3133-3-1 (créé par Loi n°2016-1088 du 8 août 2016 - art. 8(V))
Un accord d'entreprise ou d'établissement ou, à défaut, une convention ou un accord de branche définit les jours fériés chômés.

Art. L.3133-3-2 Créé par Loi n°2016-1088 du 8 août 2016 - art. 8(V))
A défaut d'accord, l'employeur fixe les jours fériés chômés.

Art. L.3164-6 (version en vigueur depuis le 1er mai 2008)
Les jeunes travailleurs ne peuvent travailler les jours de fête reconnus par la loi.

Les jours fériés pour Moselle, Bas-Rhin et Haut-Rhin

Art. L.3134-1 (modifié par Loi n°2016-1088 du 8 août 2016 - art. 8(V))
Les dispositions du présent chapitre s'appliquent dans les départements de la Moselle, du Bas-Rhin et du Haut-Rhin.
Toutefois, elles ne s'appliquent pas aux professions agricoles et de la pêche, aux entreprises de chemin de fer, aux concessions de bacs publics, à l'éducation des enfants et à l'enseignement, aux professions libérales, aux entreprises d'assurance, aux emplois à domicile par une personne

physique, aux professions artistiques, aux professions médicales et paramédicales, ainsi qu'à la vente de médicaments.
Les dispositions des chapitres II et III ne sont pas applicables, à l'exception de celles des articles L.3132-1 à L.3132-3, L.3132-14 à L.3132-19, L.3133-2, L.3133-3 et L.3133-4 à L.3133-12.

Art. L.3134-2 (version en vigueur depuis le 1er mai 2008)
L'emploi de salariés dans les entreprises industrielles, commerciales ou artisanales est interdit les dimanches et jours fériés, sauf dans les cas prévus par le présent chapitre.

Art. L.3134-3 (version en vigueur depuis le 1er mai 2008)
Dans les exploitations de mines, salines et carrières, établissements industriels, chantiers du bâtiment et du génie civil, chantiers navals, le repos donné aux salariés est de :
1° Vingt-quatre heures pour chaque dimanche ou jour férié ;
2° Trente-six heures pour un dimanche et un jour férié consécutifs ;
3° Quarante-huit heures pour les fêtes de Noël, Pâques et Pentecôte.
La période de repos est calculée à partir de minuit et, dans le cas d'un dimanche et d'un jour férié consécutifs, se prolonge jusqu'à dix-huit heures le second jour.
Dans les exploitations où l'on travaille régulièrement par équipe de jour et de nuit, lorsque l'activité est interrompue pendant les vingt-quatre heures qui suivent le commencement de la période de repos, cette dernière ne peut débuter avant dix-huit heures du jour ouvrable précédent ni après six heures du dimanche ou du jour férié.

Art. L.3134-4 (modifié par Loi n°2008-67 du 21 janvier 2008 - art. 3)
Dans les exploitations commerciales, les salariés ne peuvent être employés le premier jour des fêtes de Noël, de Pâques ou de Pentecôte.
Les autres dimanches et jours fériés, leur travail ne peut dépasser cinq heures.
Par voie de statuts ayant force obligatoire, adoptés après consultation des employeurs et des salariés et publiés selon les formes prescrites, les départements ou communes peuvent réduire la durée du travail ou interdire complètement le travail pour toutes les exploitations commerciales ou pour certaines branches d'activité.
Pendant les quatre dernières semaines précédant Noël ou pour certains dimanches et jours fériés pour lesquels les circonstances locales rendent nécessaire une activité accrue, l'autorité administrative peut porter le nombre d'heures travaillées jusqu'à dix.
Les heures pendant lesquelles le travail a lieu sont déterminées, compte tenu des horaires des services religieux publics, par les dispositions statutaires qui ont réduit la durée des heures de travail et, dans les autres cas, par l'autorité administrative. Elles peuvent être fixées de façon différente pour chaque branche d'activité commerciale.
Les dispositions du présent article sont également applicables à l'emploi des salariés dans les coopératives de consommation et les associations.

Art. L.3134-5 (version en vigueur depuis le 1er mai 2008)
Les dispositions des articles L.3134-3 et L.3134-4 ne sont pas applicables :
1° Aux travaux qui, en cas de nécessité grave ou dans l'intérêt public, doivent être réalisés immédiatement ;
2° Pour un dimanche, à la réalisation d'un inventaire prescrit par la loi ;
3° A la surveillance des installations de l'exploitation, aux travaux de nettoyage et de maintenance nécessaires à la poursuite régulière de l'exploitation elle-même ou d'une autre exploitation, ainsi qu'aux travaux nécessaires à la reprise de la pleine activité les jours ouvrables, si ces travaux ne peuvent être exécutés un jour ouvrable ;

4° Aux travaux nécessaires pour éviter que les matières premières soient altérées ou que les résultats d'une fabrication en cours soient compromis, si ces travaux ne peuvent être exécutés un jour ouvrable ;

5° A la surveillance de l'exploitation, lorsque celle-ci se poursuit les dimanches et jours fériés en application des 1° à 4°.

Pour les travaux mentionnés aux 3° et 4°, durant plus de trois heures ou empêchant les salariés d'assister au service religieux, l'employeur accorde à chaque salarié soit un congé de trente-six heures pleines chaque troisième dimanche, soit le libère de 6 heures à 18 heures au moins chaque deuxième dimanche.

Toutefois, l'autorité administrative peut accorder des dérogations si les salariés ne sont pas empêchés d'assister au service religieux et qu'il leur est accordé, au lieu du dimanche, un repos de vingt-quatre heures pendant un jour de semaine.

Art. L.3134-6 (version en vigueur depuis le 1er mai 2008)

Des dérogations aux dispositions de l'article L.3134-3 peuvent être accordées par voie réglementaire pour des catégories d'activités déterminées, notamment pour des exploitations où sont accomplis des travaux qui, par nature, ne peuvent être interrompus ou ajournés, ainsi que pour les activités qui, par nature, sont limitées à certaines périodes de l'année ou sont soumises à une activité d'une intensité inhabituelle à certaines périodes de l'année.

La détermination des travaux autorisés les dimanches et jours fériés dans ces exploitations et les conditions dans lesquelles ils sont autorisés intervient de manière uniforme pour toutes les exploitations de même catégorie et en tenant compte des dispositions du septième alinéa de l'article L.3134-5.

Art. L.3134-7 (version en vigueur depuis le 1er mai 2008)

Des dérogations aux dispositions des articles L.3134-3 et L.3134-4 peuvent être accordées par l'autorité administrative pour les catégories d'activités dont l'exercice complet ou partiel est nécessaire les dimanches ou les jours fériés pour la satisfaction de besoins de la population présentant un caractère journalier ou se manifestant particulièrement ces jours-là.

Il en est de même pour les exploitations fonctionnant exclusivement ou de manière prépondérante avec des moteurs animés par l'énergie éolienne ou par une énergie hydraulique irrégulière.

Le régime de ces dérogations tient compte des dispositions du huitième alinéa de l'article L.3134-5.

Un décret peut préciser les conditions et modalités de ces dérogations.

Art. L.3134-8 (version en vigueur depuis le 1er mai 2008)

Des dérogations temporaires aux dispositions de l'article L.3134-3 peuvent être accordées par l'autorité administrative, selon des modalités déterminées par voie réglementaire, lorsque l'emploi de salariés les dimanches ou jours fériés est nécessaire de façon imprévisible pour éviter un dommage disproportionné.

Art. L.3134-9 (version en vigueur depuis le 1er mai 2008)

L'interdiction d'employer les salariés le dimanche ou jours fériés peut être étendue par voie réglementaire à d'autres catégories d'activité.

Les dispositions des articles L.3134-5 à L.3134-8 s'appliquent également aux dérogations à cette interdiction.

Art. L.3134-10 (version en vigueur depuis le 1er mai 2008)

Les articles L.3134-2 à L.3134-9 ne s'appliquent pas aux activités de restauration, d'hôtellerie et de débits de boissons, aux représentations musicales et théâtrales, aux expositions ou à d'autres divertissements, ainsi qu'aux entreprises de transport.

Dans ces secteurs d'activité, les employeurs ne peuvent obliger les salariés durant les dimanches et les jours fériés qu'aux seuls travaux qui, en raison de la nature de l'exploitation intéressée, ne peuvent être ajournés ou interrompus.

Art. L.3134-11 (version en vigueur depuis le 1er mai 2008)
Lorsqu'il est interdit, en application des articles L.3134-4 à L.3134-9, d'employer des salariés dans les exploitations commerciales, il est également interdit durant ces jours de procéder à une exploitation industrielle, commerciale ou artisanale dans les lieux de vente au public. Cette disposition s'applique également aux activités commerciales des coopératives de consommation ou associations.

Art. L.3134-12 (version en vigueur depuis le 1er mai 2008)
Pour des activités dont l'exercice est nécessaire de manière complète ou partielle pour la satisfaction des besoins de la population présentant un caractère journalier ou se manifestant particulièrement les dimanches et jours fériés, l'autorité administrative peut, pour une ou plusieurs communes présentant une continuité territoriale, prescrire, sur demande d'au moins deux tiers des entrepreneurs, l'exploitation les dimanches et jours fériés si les dérogations aux dispositions de l'article L.3134-3 ont été accordées. L'autorisation peut être délivrée sur demande d'au moins deux tiers des entrepreneurs intéressés.
Les entrepreneurs intéressés et la procédure suivant laquelle le nombre d'entrepreneurs requis est constaté sont déterminés par voie réglementaire.

Art. L.3134-13 (version en vigueur depuis le 1er mai 2008)
Les jours fériés ci-après désignés sont des jours chômés :
1° Le 1er Janvier ;
2° Le Vendredi Saint dans les communes ayant un temple protestant ou une église mixte ;
3° Le lundi de Pâques ;
4° Le 1er Mai ;
5° Le 8 Mai ;
6° L'Ascension ;
7° Le lundi de Pentecôte ;
8° Le 14 Juillet ;
9° L'Assomption ;
10° La Toussaint ;
11° Le 11 Novembre ;
12° Le premier et le second jour de Noël.
Un décret peut compléter la liste de ces jours fériés compte tenu des situations locales et confessionnelles.

Art. L.3134-14 (version en vigueur depuis le 1er mai 2008)
Dans le département de la Moselle, l'autorité administrative peut, dans des conditions déterminées par voie réglementaire, autoriser ou interdire l'ouverture des établissements commerciaux le Vendredi Saint et ceci de manière uniforme dans le département, indépendamment de la présence d'un temple protestant ou d'une église mixte dans les communes.

Art. L.3134-15 (version en vigueur depuis le 1er mai 2008)
L'inspecteur du travail peut, nonobstant toutes poursuites pénales, saisir en référé le juge judiciaire pour voir ordonner toutes mesures propres à faire cesser dans les établissements de vente au détail et de prestations de services au consommateur l'emploi illicite de salariés en infraction aux articles L.3134-10 à L.3134-12.
Le juge judiciaire peut notamment ordonner la fermeture le dimanche du ou des établissements concernés. Il peut assortir sa décision d'une astreinte liquidée au profit du Trésor.

Art. L.3134-16 (modifié par Loi n°2016-1088 du 8 août 2016 - art. 8(V))
L'accord mentionné à l'article L.3133-11 ou la décision de l'employeur mentionnée à l'article L.3133-12 ne peut désigner ni le premier ou le second jour de Noël ni, indépendamment de la présence d'un temple protestant ou d'une église mixte dans les communes, le Vendredi Saint comme la date de la journée de solidarité.

Le cas particulier du 1er mai

Art. L.3133-4 (modifié par Loi n°2016-1088 du 8 août 2016 - art. 8(V))
Le 1er mai est jour férié et chômé.

Art. L.3133-5 (modifié par Loi n°2016-1088 du 8 août 2016 - art. 8(V))
Le chômage du 1er mai ne peut être une cause de réduction de salaire.
Les salariés rémunérés à l'heure, à la journée ou au rendement ont droit à une indemnité égale au salaire perdu du fait de ce chômage. Cette indemnité est à la charge de l'employeur.

Art. L.3133-6 (modifié par Loi n°2016-1088 du 8 août 2016 - art. 8(V))
Dans les établissements et services qui, en raison de la nature de leur activité, ne peuvent interrompre le travail, les salariés occupés le 1er mai ont droit, en plus du salaire correspondant au travail accompli, à une indemnité égale au montant de ce salaire. Cette indemnité est à la charge de l'employeur.

Art. L.3133-2 (modifié par Loi n°2016-1088 du 8 août 2016 - art. 8(V))
Les heures de travail perdues par suite de chômage des jours fériés ne donnent pas lieu à récupération.

Art. L.3133-3 (modifié par Loi n°2016-1088 du 8 août 2016 - art. 8(V))
Le chômage des jours fériés ne peut entraîner aucune perte de salaire pour les salariés totalisant au moins trois mois d'ancienneté dans l'entreprise ou l'établissement.
Ces dispositions s'appliquent aux salariés saisonniers si, du fait de divers contrats successifs ou non, ils cumulent une ancienneté totale d'au moins trois mois dans l'entreprise.
Ces dispositions ne s'appliquent ni aux personnes travaillant à domicile, ni aux salariés intermittents, ni aux salariés temporaires.

La journée de solidarité

Art. L.3133-7 (modifié par Loi n°2016-1088 du 8 août 2016 - art. 8(V))
La journée de solidarité instituée en vue d'assurer le financement des actions en faveur de l'autonomie des personnes âgées ou handicapées prend la forme :

1° D'une journée supplémentaire de travail non rémunérée pour les salariés ;
2° De la contribution prévue au 1° de l'article L.14-10-4 du code de l'action sociale et des familles pour les employeurs.

Art. L.3133-8 (modifié par Loi n°2016-1088 du 8 août 2016 - art. 8(V))
Le travail accompli, dans la limite de sept heures, durant la journée de solidarité ne donne pas lieu à rémunération :

1° Pour les salariés mensualisés, dans cette limite de sept heures ;
2° Pour les salariés dont la rémunération est calculée par référence à un nombre annuel de jours de travail conformément à l'article L.3121-58, dans la limite de la valeur d'une journée de travail.

Pour les salariés à temps partiel, la limite de sept heures prévue au 1° du présent article est réduite proportionnellement à la durée contractuelle.

Art. L.3133-9 (modifié par Loi n°2016-1088 du 8 août 2016 - art. 8(V))
Les heures correspondant à la journée de solidarité, dans la limite de sept heures ou de la durée proportionnelle à la durée contractuelle pour les salariés à temps partiel, ne s'imputent ni sur le contingent annuel d'heures supplémentaires ni sur le nombre d'heures complémentaires prévu au contrat de travail du salarié travaillant à temps partiel. Elles ne donnent pas lieu à contrepartie obligatoire sous forme de repos.

Art. L.3133-10 (modifié par Loi n°2016-1088 du 8 août 2016 - art. 8(V))
Lorsqu'un salarié qui a déjà accompli, au titre de l'année en cours, une journée de solidarité s'acquitte d'une nouvelle journée de solidarité en raison d'un changement d'employeur, les heures travaillées ce jour donnent lieu à rémunération supplémentaire et s'imputent sur le contingent annuel d'heures supplémentaires ou sur le nombre d'heures complémentaires prévu au contrat de travail du salarié travaillant à temps partiel. Ces heures donnent lieu à contrepartie obligatoire sous forme de repos. Toutefois, le salarié peut aussi refuser d'exécuter cette journée supplémentaire de travail sans que ce refus constitue une faute ou un motif de licenciement.

Art. L.3133-11 (modifié par Loi n°2016-1088 du 8 août 2016 - art. 8(V))
Un accord d'entreprise ou d'établissement ou, à défaut, une convention ou un accord de branche fixe les modalités d'accomplissement de la journée de solidarité.
Cet accord peut prévoir :

1° Soit le travail d'un jour férié précédemment chômé autre que le 1er mai ;
2° Soit le travail d'un jour de repos accordé au titre de l'accord collectif conclu en application de l'article L.3121-44 ;
3° Soit toute autre modalité permettant le travail de sept heures précédemment non travaillées en application de stipulations conventionnelles ou des modalités d'organisation des entreprises.

Art. L.3133-12 (modifié par Ordonnance n°2017-1386 du 22 septembre 2017 - art. 4)
A défaut de stipulation dans la convention ou l'accord conclu en application de l'article L.3133-11, les modalités d'accomplissement de la journée de solidarité sont définies par l'employeur, après consultation du comité social et économique.

Art. L.3134-16 (modifié par Loi n°2016-1088 du 8 août 2016 - art. 8(V))
L'accord mentionné à l'article L.3133-11 ou la décision de l'employeur mentionnée à l'article L.3133-12 ne peut désigner ni le premier ou le second jour de Noël ni, indépendamment de la présence d'un temple protestant ou d'une église mixte dans les communes, le Vendredi Saint comme la date de la journée de solidarité.

Les congés d'articulation entre la vie professionnelle et la vie personnelle et familiale

Art. L.3142-1 (modifié par Loi n°2016-1088 du 8 août 2016 - art. 9)
Le salarié a droit, sur justification, à un congé :

1° Pour son mariage ou pour la conclusion d'un pacte civil de solidarité ;
2° Pour le mariage d'un enfant ;
3° Pour chaque naissance survenue à son foyer ou pour l'arrivée d'un enfant placé en vue de son adoption. Ces jours d'absence ne se cumulent pas avec les congés accordés pour ce même enfant dans le cadre du congé de maternité ;
4° Pour le décès d'un enfant, du conjoint, du concubin ou du partenaire lié par un pacte civil de solidarité, du père, de la mère, du beau-père, de la belle-mère, d'un frère ou d'une sœur ;
5° Pour l'annonce de la survenue d'un handicap chez un enfant.

Art. L.3142-2 (modifié par Loi n°2016-1088 du 8 août 2016 - art. 9)
Les congés mentionnés à l'article L.3142-1 n'entraînent pas de réduction de la rémunération et sont assimilés à du temps de travail effectif pour la détermination de la durée du congé payé annuel.
La durée de ces congés ne peut être imputée sur celle du congé payé annuel.

Art. L.3142-3 (modifié par Ordonnance n°2019-738 du 17 juillet 2019 - art. 15)
En cas de différend, le refus de l'employeur peut être directement contesté par le salarié devant le conseil de prud'hommes, statuant selon la procédure accélérée au fond, dans des conditions fixées par décret en Conseil d'Etat.
NOTA : Conformément à l'article 30 de l'ordonnance n° 2019-738 du 17 juillet 2019, ces dispositions s'appliquent aux demandes introduites à compter du 1er janvier 2020.

Art. L.3142-4 (modifié par Loi n°2016-1088 du 8 août 2016 - art. 9)
Pour mettre en œuvre le droit à congé du salarié défini à l'article L.3142-1, une convention ou un accord collectif d'entreprise ou, à défaut, une convention ou un accord de branche détermine la durée de chacun des congés mentionnés au même article L.3142-1 qui ne peut être inférieure à :

1° Quatre jours pour son mariage ou pour la conclusion d'un pacte civil de solidarité ;
2° Un jour pour le mariage d'un enfant ;
3° Trois jours pour chaque naissance survenue à son foyer ou pour l'arrivée d'un enfant placé en vue de son adoption ;
4° Cinq jours pour le décès d'un enfant ;
5° Trois jours pour le décès du conjoint, du partenaire lié par un pacte civil de solidarité, du concubin, du père, de la mère, du beau-père, de la belle-mère, d'un frère ou d'une sœur ;
6° Deux jours pour l'annonce de la survenue d'un handicap chez un enfant.

Art. L.3142-5 (modifié par Loi n°2016-1088 du 8 août 2016 - art. 9)
A défaut de convention ou d'accord, le salarié a droit au congé mentionné à l'article L.3142-4, dont la durée ne peut être inférieure à celle prévue au même article L.3142-4.

Le congé de paternité

Art. L.1225-35 (modifié par Loi n°2018-1203 du 22 décembre 2018 - art. 72(V))
Après la naissance de l'enfant et dans un délai déterminé par décret, le père salarié ainsi que, le cas échéant, le conjoint salarié de la mère ou la personne salariée liée à elle par un pacte civil de solidarité ou vivant maritalement avec elle bénéficient d'un congé de paternité et d'accueil de l'enfant de onze jours consécutifs ou de dix-huit jours consécutifs en cas de naissances multiples.
Le congé de paternité et d'accueil de l'enfant entraîne la suspension du contrat de travail.
Le salarié qui souhaite bénéficier du congé de paternité et d'accueil de l'enfant avertit son employeur au moins un mois avant la date à laquelle il envisage de le prendre, en précisant la date à laquelle il entend y mettre fin.
Par dérogation aux trois premiers alinéas, lorsque l'état de santé de l'enfant nécessite son hospitalisation immédiate après la naissance dans une unité de soins spécialisée définie par arrêté des ministres chargés de la santé et de la sécurité sociale, le congé de paternité et d'accueil de l'enfant est de droit pendant la période d'hospitalisation, dans la limite d'une durée maximale déterminée par décret.
NOTA : Conformément à l'article 72 IV de la loi n° 2018-1203 du 22 décembre 2018, ces dispositions s'appliquent aux naissances intervenant à compter d'une date fixée par décret, et au plus tard à compter du 1er juillet 2019.

Art. L.1225-36 (modifié par Loi n°2012-1404 du 17 décembre 2012 - art. 94)
A l'issue du congé de paternité et d'accueil de l'enfant, le salarié retrouve son précédent emploi ou un emploi similaire assorti d'une rémunération au moins équivalente.

Le congé d'adoption

Art. L.1225-37 (version en vigueur depuis le 1er mai 2008)
Le salarié à qui l'autorité administrative ou tout organisme désigné par voie réglementaire confie un enfant en vue de son adoption a le droit de bénéficier d'un congé d'adoption d'une durée de dix semaines au plus à dater de l'arrivée de l'enfant au foyer. Ce congé peut précéder de sept jours consécutifs, au plus, l'arrivée de l'enfant au foyer.
Le congé d'adoption est porté à :
1° Dix-huit semaines lorsque l'adoption porte à trois ou plus le nombre d'enfants dont le salarié ou le foyer assume la charge ;
2° Vingt-deux semaines en cas d'adoptions multiples.

Art. L.1225-38 (modifié par Loi n°2008-67 du 21 janvier 2008 - art. 3)
Le congé d'adoption suspend le contrat de travail.
Pendant la suspension, les parents salariés bénéficient de la protection contre le licenciement prévue aux articles L.1225-4 et L.1225-5. L'application de ces articles ne fait pas obstacle à l'échéance du contrat de travail à durée déterminée.

Art. L.1225-39 (modifié par Loi n°2008-67 du 21 janvier 2008 - art. 3)
Le licenciement d'un salarié est annulé lorsque, dans un délai de quinze jours à compter de sa notification, l'intéressé envoie à son employeur, dans des conditions déterminées par voie réglementaire, une attestation justifiant l'arrivée à son foyer, dans un délai de quinze jours, d'un enfant placé en vue de son adoption. Cette attestation est délivrée par l'autorité administrative ou par l'organisme autorisé pour l'adoption qui procède au placement.
Ces dispositions ne s'appliquent pas lorsque le licenciement est prononcé pour une faute grave non liée à l'adoption ou par impossibilité de maintenir le contrat de travail pour un motif étranger à l'adoption.

Le congé pour enfant malade

Art. L.1225-61 (version en vigueur depuis le 1er mai 2008)
Le salarié bénéficie d'un congé non rémunéré en cas de maladie ou d'accident, constatés par certificat médical, d'un enfant de moins de seize ans dont il assume la charge au sens de l'article L. 513-1 du code de la sécurité sociale.
La durée de ce congé est au maximum de trois jours par an. Elle est portée à cinq jours si l'enfant est âgé de moins d'un an ou si le salarié assume la charge de trois enfants ou plus âgés de moins de seize ans.

Le congé de présence parentale

Art. L.1225-62 (modifié par Loi n°2019-180 du 8 mars 2019 - art. 5)
Le salarié dont l'enfant à charge au sens de l'article L. 513-1 du code de la sécurité sociale et remplissant l'une des conditions prévues par l'article L.512-3 du même code est atteint d'une maladie, d'un handicap ou victime d'un accident d'une particulière gravité rendant indispensables une présence

soutenue et des soins contraignants bénéficie, pour une période déterminée par décret, d'un congé de présence parentale.
Le nombre de jours de congés dont peut bénéficier le salarié au titre du congé de présence parentale est au maximum de trois cent dix jours ouvrés. Aucun de ces jours ne peut être fractionné.
La durée initiale du congé est celle définie dans le certificat médical mentionné à l'article L.544-2 du code de la sécurité sociale. Cette durée peut faire l'objet d'un nouvel examen dans les conditions fixées au second alinéa du même article L.544-2.
Au-delà de la période déterminée au premier alinéa du présent article, le salarié peut à nouveau bénéficier d'un congé de présence parentale, dans le respect des dispositions du présent article et des articles L.1225-63 à L.1225-65 du présent code, dans les situations mentionnées aux 1° et 2° de l'article L.544-3 du code de la sécurité sociale.

Art. L.1225-63 (modifié par Loi n°2019-180 du 8 mars 2019 - art. 5)
Le salarié informe l'employeur de sa volonté de bénéficier du congé de présence parentale au moins quinze jours avant le début du congé.
Chaque fois qu'il souhaite prendre un ou plusieurs jours de congé, il en informe l'employeur au moins quarante-huit heures à l'avance.

Art. L.1225-64 (modifié par Loi n°2019-180 du 8 mars 2019 - art. 5)
A l'issue du congé de présence parentale, le salarié retrouve son précédent emploi ou un emploi similaire assorti d'une rémunération au moins équivalente.
En cas de décès de l'enfant ou de diminution importante des ressources du foyer, le salarié qui a accompli la formalité prévue à l'article L.1225-52 retrouve son précédent emploi ou un emploi similaire assorti d'une rémunération au moins équivalente.

Art. L.1225-65 (modifié par Loi n°2019-180 du 8 mars 2019 - art. 5)
La durée du congé de présence parentale est prise en compte en totalité pour la détermination des droits que le salarié tient de son ancienneté dans l'entreprise.

Le don de jours de repos à un parent d'enfant gravement malade

Art. L.1225-65-1 (modifié par Loi n°2014-459 du 9 mai 2014 - art. 1)
Un salarié peut, sur sa demande et en accord avec l'employeur, renoncer anonymement et sans contrepartie à tout ou partie de ses jours de repos non pris, qu'ils aient été affectés ou non sur un compte épargne temps, au bénéfice d'un autre salarié de l'entreprise qui assume la charge d'un enfant âgé de moins de vingt ans atteint d'une maladie, d'un handicap ou victime d'un accident d'une particulière gravité rendant indispensables une présence soutenue et des soins contraignants.
Le congé annuel ne peut être cédé que pour sa durée excédant vingt-quatre jours ouvrables.
Le salarié bénéficiaire d'un ou plusieurs jours cédés en application du premier alinéa bénéficie du maintien de sa rémunération pendant sa période d'absence. Cette période d'absence est assimilée à une période de travail effectif pour la détermination des droits que le salarié tient de son ancienneté. Le salarié conserve le bénéfice de tous les avantages qu'il avait acquis avant le début de sa période d'absence.

Art. L.1225-65-2 (modifié par Loi n°2014-459 du 9 mai 2014 - art. 1)
La particulière gravité de la maladie, du handicap ou de l'accident mentionnés au premier alinéa de l'article L.1225-65-1 ainsi que le caractère indispensable d'une présence soutenue et de soins contraignants sont attestés par un certificat médical détaillé, établi par le médecin qui suit l'enfant au titre de la maladie, du handicap ou de l'accident.

Les congés de solidarité familiale

Art. L.3142-6 (modifié par Loi n°2016-1088 du 8 août 2016 - art. 9)
Le salarié dont un ascendant, un descendant, un frère, une sœur ou une personne partageant le même domicile souffre d'une pathologie mettant en jeu le pronostic vital ou est en phase avancée ou terminale d'une affection grave et incurable a droit à un congé de solidarité familiale.
Ce droit bénéficie, dans les mêmes conditions, au salarié ayant été désigné comme personne de confiance, au sens de l'article L.1111-6 du code de la santé publique.

Art. L.3142-7 (modifié par Loi n°2016-1088 du 8 août 2016 - art. 9)
Le congé débute ou est renouvelé à l'initiative du salarié. La durée du congé est fixée par le salarié, dans la limite prévue au 1° de l'article L.3142-14 ou, à défaut d'accord, dans la limite prévue au 1° de l'article L.3142-15.
En cas d'urgence absolue constatée par écrit par le médecin, le congé débute ou peut être renouvelé sans délai.
Le congé prend fin soit à l'expiration de la durée mentionnée au premier alinéa du présent article, soit dans les trois jours qui suivent le décès de la personne assistée, sans préjudice du bénéfice des dispositions relatives aux congés pour événements personnels et aux congés pour événements familiaux, soit à une date antérieure choisie par le salarié.

Art. L.3142-8 (modifié par Loi n°2016-1088 du 8 août 2016 - art. 9 & art. 33)
Le salarié peut, avec l'accord de son employeur, transformer ce congé en période d'activité à temps partiel ou le fractionner.

Art. L.3142-9 (modifié par Loi n°2016-1088 du 8 août 2016 - art. 9 & art. 33)
Le salarié bénéficiant des droits prévus aux articles L.3142-6 à L.3142-8 ne peut exercer aucune autre activité professionnelle.

Art. L.3142-10 (modifié par Loi n°2016-1088 du 8 août 2016 - art. 9 & art. 33)
A l'issue du congé ou de la période d'activité à temps partiel mentionnée à l'article L.3142-8, le salarié retrouve son emploi ou un emploi similaire assorti d'une rémunération au moins équivalente.

Art. L.3142-11 (modifié par Loi n°2016-1088 du 8 août 2016 - art. 9 & art. 33)
Avant et après son congé, le salarié a droit à l'entretien professionnel mentionné au I de l'article L.6315-1.

Art. L.3142-12 (modifié par Loi n°2016-1088 du 8 août 2016 - art. 9 & art. 33)
La durée de ce congé ne peut être imputée sur celle du congé payé annuel.
Elle est prise en compte pour la détermination des avantages liés à l'ancienneté.
Le salarié conserve le bénéfice de tous les avantages qu'il avait acquis avant le début du congé.

Art. L.3142-13 (modifié par Ordonnance n°2019-738 du 17 juillet 2019 - art. 15)
En cas de différend, le refus de l'employeur peut être directement contesté par le salarié devant le conseil de prud'hommes, statuant selon la procédure accélérée au fond, dans des conditions fixées par décret en Conseil d'Etat.
NOTA : Conformément à l'article 30 de l'ordonnance n° 2019-738 du 17 juillet 2019, ces dispositions s'appliquent aux demandes introduites à compter du 1er janvier 2020.

Art. L.3142-14 (modifié par Loi n°2016-1088 du 8 août 2016 - art. 9 & art. 33)
Pour mettre en œuvre le droit à congé du salarié mentionné à l'article L.3142-6, une convention ou un accord collectif d'entreprise ou, à défaut, une convention ou un accord de branche détermine :
1° La durée maximale du congé ;
2° Le nombre de renouvellements possibles ;

3° Les conditions de fractionnement du congé ou de sa transformation en période d'activité à temps partiel ;
4° Les délais d'information de l'employeur par le salarié sur la prise du congé, sa durée prévisible, son renouvellement et la durée du préavis en cas de retour du salarié avant le terme prévu du congé ;
5° Les mesures permettant le maintien d'un lien entre l'entreprise et le salarié pendant la durée du congé et les modalités d'accompagnement du salarié à son retour.

Art. L.3142-15 (modifié par Loi n°2016-1088 du 8 août 2016 - art. 9 & art. 33)
A défaut de convention ou d'accord mentionné à l'article L.3142-14, les dispositions suivantes sont applicables :
1° La durée maximale du congé est de trois mois, renouvelable une fois ;
2° Les modalités de fractionnement du congé et de sa transformation en période d'activité à temps partiel sont définies par décret ;
3° Les délais d'information de l'employeur par le salarié sur la prise du congé, sa durée prévisible, son renouvellement ainsi que les conditions du retour du salarié avant le terme prévu sont fixés par décret.

Les congés de proche aidant

Art. L.3142-16 (modifié par Loi n°2019-1446 du 24 décembre 2019 - art. 68 (V))
Le salarié a droit à un congé de proche aidant lorsque l'une des personnes suivantes présente un handicap ou une perte d'autonomie d'une particulière gravité :
1° Son conjoint ;
2° Son concubin ;
3° Son partenaire lié par un pacte civil de solidarité ;
4° Un ascendant ;
5° Un descendant ;
6° Un enfant dont il assume la charge au sens de l'article L. 512-1 du code de la sécurité sociale ;
7° Un collatéral jusqu'au quatrième degré ;
8° Un ascendant, un descendant ou un collatéral jusqu'au quatrième degré de son conjoint, concubin ou partenaire lié par un pacte civil de solidarité ;
9° Une personne âgée ou handicapée avec laquelle il réside ou avec laquelle il entretient des liens étroits et stables, à qui il vient en aide de manière régulière et fréquente, à titre non professionnel, pour accomplir tout ou partie des actes ou des activités de la vie quotidienne.

Art. L.3142-17 (modifié par Loi n°2016-1088 du 8 août 2016 - art. 9)
La personne aidée doit résider en France de façon stable et régulière.

Art. L.3142-18 (modifié par Loi n°2016-1088 du 8 août 2016 - art. 9)
Le salarié ne peut exercer aucune autre activité professionnelle pendant la durée du congé.
Toutefois, il peut être employé par la personne aidée dans les conditions prévues au deuxième alinéa des articles L.232-7 ou L.245-12 du code de l'action sociale et des familles.

Art. L.3142-19 (modifié par Loi n°2016-1088 du 8 août 2016 - art. 9)
Le congé débute ou est renouvelé à l'initiative du salarié.
Il ne peut excéder, renouvellement compris, la durée d'un an pour l'ensemble de la carrière.
En cas de dégradation soudaine de l'état de santé de la personne aidée, de situation de crise nécessitant une action urgente du proche aidant ou de cessation brutale de l'hébergement en établissement dont bénéficiait la personne aidée, le congé débute ou peut être renouvelé sans délai.

Le salarié peut mettre fin de façon anticipée au congé ou y renoncer dans les cas suivants :

1° Décès de la personne aidée ;
2° Admission dans un établissement de la personne aidée ;
3° Diminution importante des ressources du salarié ;
4° Recours à un service d'aide à domicile pour assister la personne aidée ;
5° Congé de proche aidant pris par un autre membre de la famille.

Art. L.3142-20 (modifié par Loi n°2016-1088 du 8 août 2016 - art. 9)
Le salarié peut, avec l'accord de son employeur, transformer ce congé en période d'activité à temps partiel ou le fractionner. Dans cette hypothèse, le salarié doit avertir son employeur au moins quarante-huit heures avant la date à laquelle il entend prendre chaque période de congé. Cette transformation ou ce fractionnement est accordé sans délai dans les cas mentionnés au troisième alinéa de l'article L.3142-19.

Art. L.3142-21 (modifié par Loi n°2016-1088 du 8 août 2016 - art. 9)
La durée de ce congé ne peut être imputée sur celle du congé payé annuel. Elle est prise en compte pour la détermination des avantages liés à l'ancienneté. Le salarié conserve le bénéfice de tous les avantages qu'il avait acquis avant le début du congé.

Art. L.3142-22 (modifié par Loi n°2016-1088 du 8 août 2016 - art. 9)
A l'issue du congé ou de la période d'activité à temps partiel mentionnée à l'article L.3142-20, le salarié retrouve son emploi ou un emploi similaire assorti d'une rémunération au moins équivalente.

Art. L.3142-23 (modifié par Loi n°2016-1088 du 8 août 2016 - art. 9)
Avant et après son congé, le salarié a droit à l'entretien professionnel mentionné au I de l'article L.6315-1.

Art. L.3142-24 (modifié par Loi n°2016-1088 du 8 août 2016 - art. 9)
Un décret détermine les conditions d'application du présent paragraphe, notamment les critères d'appréciation de la particulière gravité du handicap ou de la perte d'autonomie de la personne aidée.

Art. L.3142-25 (modifié par Ordonnance n°2019-738 du 17 juillet 2019 - art. 15)
En cas de différend, le refus de l'employeur peut être directement contesté par le salarié devant le conseil de prud'hommes, statuant selon la procédure accélérée au fond, dans des conditions fixées par décret en Conseil d'Etat.
NOTA : Conformément à l'article 30 de l'ordonnance n° 2019-738 du 17 juillet 2019, ces dispositions s'appliquent aux demandes introduites à compter du 1er janvier 2020.

Art. L.3142-26 (créé par Loi n°2019-485 du 22 mai 2019 - art. 1)
Pour mettre en œuvre le droit à congé du salarié mentionné à l'article L.3142-16, une convention ou un accord de branche ou, à défaut, une convention ou un accord collectif d'entreprise détermine :

1° La durée maximale du congé ;
2° Le nombre de renouvellements possibles ;
3° Les délais d'information de l'employeur par le salarié sur la prise du congé et son renouvellement ainsi que la durée du préavis en cas de retour du salarié avant la fin du congé ;
4° Les délais de demande du salarié et de réponse de l'employeur sur le fractionnement du congé ou sa transformation en période d'activité à temps partiel.

Art. L.3142-27 (modifié par Loi n°2016-1088 du 8 août 2016 - art. 9)
A défaut de convention ou d'accord mentionné à l'article L.3142-26, les dispositions suivantes sont applicables :

1° La durée maximale du congé est de trois mois, renouvelable dans la limite mentionnée à l'article L.3142-19 ;

2° Les délais d'information de l'employeur par le salarié sur la prise du congé et son renouvellement, la durée du préavis en cas de retour du salarié avant le terme prévu du congé, ainsi que les délais de demande du salarié et de réponse de l'employeur sur le fractionnement du congé ou sa transformation en période d'activité à temps partiel sont fixés par décret.

Le don de congés pour un salarié en congé de proche aidant

Art. L.3142-25-1 (créé par Loi n°2018-84 du 13 février 2018 - art. 1)
Un salarié peut, sur sa demande et en accord avec son employeur, renoncer anonymement et sans contrepartie à tout ou partie de ses jours de repos non pris, qu'ils aient été ou non affectés sur un compte épargne-temps, au bénéfice d'un autre salarié de l'entreprise qui vient en aide à une personne atteinte d'une perte d'autonomie d'une particulière gravité ou présentant un handicap lorsque cette personne est, pour cet autre salarié, l'une de celles mentionnées aux 1° à 9° de l'article L.3142-16.
Le congé annuel ne peut être cédé que pour sa durée excédant vingt-quatre jours ouvrables.
Le salarié bénéficiant d'un ou de plusieurs jours cédés en application du premier alinéa du présent article bénéficie du maintien de sa rémunération pendant sa période d'absence. Cette période d'absence est assimilée à une période de travail effectif pour la détermination des droits que le salarié tient de son ancienneté. Le salarié conserve le bénéfice de tous les avantages qu'il avait acquis avant le début de sa période d'absence.

Le congé parental d'éducation

Art. L.1225-47 (version en vigueur depuis le 1er mai 2008)
Pendant la période qui suit l'expiration du congé de maternité ou d'adoption, tout salarié justifiant d'une ancienneté minimale d'une année à la date de naissance de son enfant, adopté ou confié en vue de son adoption, ou de l'arrivée au foyer d'un enfant qui n'a pas encore atteint l'âge de la fin de l'obligation scolaire a le droit :

1° Soit au bénéfice d'un congé parental d'éducation durant lequel le contrat de travail est suspendu ;
2° Soit à la réduction de sa durée de travail, sans que cette activité à temps partiel puisse être inférieure à seize heures hebdomadaires.

Art. L.1225-48 (modifié par Loi n°2008-67 du 21 janvier 2008 - art. 3)
Le congé parental d'éducation et la période d'activité à temps partiel ont une durée initiale d'un an au plus. Ils peuvent être prolongés deux fois pour prendre fin au plus tard au terme des périodes définies aux deuxième et troisième alinéas, quelle que soit la date de leur début.
Le congé parental d'éducation et la période d'activité à temps partiel prennent fin au plus tard au troisième anniversaire de l'enfant.
En cas d'adoption d'un enfant de moins de trois ans, le congé parental et la période d'activité à temps partiel prennent fin à l'expiration d'un délai de trois ans à compter de l'arrivée au foyer de l'enfant.
Lorsque l'enfant adopté ou confié en vue de son adoption est âgé de plus de trois ans mais n'a pas encore atteint l'âge de la fin de l'obligation scolaire, le congé parental et la période d'activité à temps partiel ne peuvent excéder une année à compter de l'arrivée au foyer.

Art. L.1225-49 (version en vigueur depuis le 1er mai 2008)
En cas de maladie, d'accident ou de handicap graves de l'enfant appréciés selon des modalités définies par décret en Conseil d'Etat, le congé parental et la période d'activité à temps partiel prennent fin au plus tard une année après les dates limites définies à l'article L.1225-48.

Art. L.1225-50 (version en vigueur depuis le 1er mai 2008)
Le salarié informe son employeur du point de départ et de la durée de la période pendant laquelle il entend bénéficier soit d'un congé parental d'éducation, soit d'une réduction de sa durée du travail. Lorsque cette période suit immédiatement le congé de maternité ou le congé d'adoption, le salarié informe l'employeur au moins un mois avant le terme de ce congé. Dans le cas contraire, l'information est donnée à l'employeur deux mois au moins avant le début du congé parental d'éducation ou de l'activité à temps partiel.

Art. L.1225-51 (version en vigueur depuis le 1er mai 2008)
Lorsque le salarié entend prolonger ou modifier son congé parental d'éducation ou sa période d'activité à temps partiel, il en avertit l'employeur au moins un mois avant le terme initialement prévu et l'informe de son intention soit de transformer le congé parental en activité à temps partiel, soit de transformer l'activité à temps partiel en congé parental.
Toutefois, pendant la période d'activité à temps partiel ou à l'occasion des prolongations de celle-ci, le salarié ne peut pas modifier la durée du travail initialement choisie sauf accord de l'employeur ou lorsqu'une convention ou un accord collectif de travail le prévoit expressément.

Art. L.1225-52 (version en vigueur depuis le 1er mai 2008)
En cas de décès de l'enfant ou de diminution importante des ressources du foyer, le salarié a le droit :
1° S'il bénéficie du congé parental d'éducation, soit de reprendre son activité initiale, soit d'exercer son activité à temps partiel dans la limite de la durée initialement prévue par le contrat de travail ;
2° S'il travaille à temps partiel pour élever un enfant, de reprendre son activité initiale et, avec l'accord de l'employeur, d'en modifier la durée.
Le salarié adresse une demande motivée à l'employeur un mois au moins avant la date à laquelle il entend bénéficier de ces dispositions.

Art. L.1225-53 (version en vigueur depuis le 1er mai 2008)
Le salarié en congé parental d'éducation ou qui travaille à temps partiel pour élever un enfant ne peut exercer par ailleurs aucune activité professionnelle autre que les activités d'assistance maternelle définies par le titre II du livre IV du code de l'action sociale et des familles.

Art. L.1225-54 (modifié par Loi n°2008-67 du 21 janvier 2008 - art. 3)
La durée du congé parental d'éducation est prise en compte pour moitié pour la détermination des droits que le salarié tient de son l'ancienneté.

Art. L.1225-55 (version en vigueur depuis le 1er mai 2008)
A l'issue du congé parental d'éducation ou de la période de travail à temps partiel ou dans le mois qui suit la demande motivée de reprise de l'activité initiale mentionnée à l'article L.1225-52, le salarié retrouve son précédent emploi ou un emploi similaire assorti d'une rémunération au moins équivalente.

Art. L.1225-56 (version en vigueur depuis le 1er mai 2008)
Au cours du congé parental d'éducation ou d'une période d'activité à temps partiel pour élever un enfant, le salarié a le droit de suivre, à son initiative, une action de formation du même type que celles définies au 10° de l'article L.6313-1.
Pendant cette période, il n'est pas rémunéré.
Il bénéficie de la législation de sécurité sociale relative à la protection en matière d'accidents du travail et de maladies professionnelles prévue à l'article L.6342-5 pour les stagiaires de la formation professionnelle.

Art. L.1225-57 (version en vigueur depuis le 1er mai 2008)
Le salarié qui reprend son activité initiale à l'issue du congé parental d'éducation a droit à un entretien avec son employeur en vue de son orientation professionnelle.

Art. L.1225-58 (version en vigueur depuis le 1er mai 2008)
Le salarié bénéficiant d'un congé parental d'éducation ou exerçant son activité à temps partiel pour élever un enfant bénéficie de plein droit du bilan de compétences mentionné à l'article L.6313-1, dans les conditions d'ancienneté mentionnées à l'article L.1225-47.

Art. L.1225-59 (version en vigueur depuis le 1er mai 2008)
Le salarié reprenant son activité initiale bénéficie d'un droit à une action de formation professionnelle, notamment en cas de changement de techniques ou de méthodes de travail.
Le salarié peut également bénéficier de ce droit avant l'expiration de la période pendant laquelle il entendait bénéficier d'un congé parental d'éducation ou d'une période d'activité à temps partiel. Dans ce cas, il est mis fin au congé parental d'éducation ou à l'exercice d'une activité à temps partiel pour élever un enfant.

Le congé sabbatique

Art. L.3142-28 (modifié par Ordonnance n°2019-861 du 21 août 2019 - art. 1)
Le salarié a droit à un congé sabbatique pendant lequel son contrat de travail est suspendu.
Le droit à ce congé est ouvert au salarié justifiant, à la date de départ en congé, d'une ancienneté minimale dans l'entreprise, cumulée, le cas échéant, sur plusieurs périodes non consécutives, ainsi que de six années d'activité professionnelle et n'ayant pas bénéficié depuis une durée minimale, dans la même entreprise, d'un congé sabbatique, d'un congé pour création d'entreprise ou d'un congé spécifique mentionné à l'article L.6323-17-1 d'une durée d'au moins six mois. L'ancienneté acquise dans toute autre entreprise du même groupe, au sens de l'article L.2331-1, est prise en compte au titre de l'ancienneté dans l'entreprise.

Art. L.3142-29 (modifié par Loi n°2016-1088 du 8 août 2016 - art. 9)
L'employeur peut différer le départ en congé dans la limite de six mois à compter de la demande, en fonction de la proportion de salariés absents dans l'entreprise au titre du congé ou en fonction du nombre de jours d'absence prévus au titre du même congé. Dans les entreprises de moins de trois cents salariés, cette limite est portée à neuf mois.
L'employeur peut également différer ce congé sur le fondement de l'article L.3142-114 et, pour les entreprises de moins de trois cents salariés, le refuser sur le fondement du 1° de l'article L.3142-113 selon les modalités prévues aux deux derniers alinéas du même article L.3142-113.

Art. L.3142-30 (modifié par Ordonnance n°2017-1718 du 20 décembre 2017 - art. 1)
L'employeur informe le salarié soit de son accord sur la date de départ choisie par l'intéressé, soit du report de cette date, soit de son refus.
L'accord de l'employeur est réputé acquis à défaut de réponse dans un délai de trente jours à compter de la présentation de la demande.

Art. L.3142-31 (modifié par Loi n°2016-1088 du 8 août 2016 - art. 9)
A l'issue du congé, le salarié retrouve son précédent emploi ou un emploi similaire assorti d'une rémunération au moins équivalente et bénéficie de l'entretien professionnel mentionné au I de l'article L.6315-1.
Il ne peut invoquer aucun droit à être réemployé avant l'expiration du congé.

Art. L.3142-32 (modifié par Loi n°2016-1088 du 8 août 2016 - art. 9)
Pour mettre en œuvre le droit à congé du salarié mentionné à l'article L.3142-28, une convention ou un accord collectif d'entreprise ou, à défaut, une convention ou un accord de branche détermine :

1° Les durées minimale et maximale du congé et le nombre de renouvellements ;
2° La condition d'ancienneté requise dans l'entreprise pour ouvrir droit à ce congé ;
3° La durée minimale dans l'entreprise durant laquelle le salarié ne doit pas avoir bénéficié des dispositifs mentionnés au second alinéa de l'article L.3142-28 ;
4° Les plafonds mentionnés aux articles L.3142-29, L.3142-114 et L.3142-115 ;
5° Les conditions et délais d'information de l'employeur par le salarié sur sa demande de congé ainsi que sur la date de son départ et sur la durée envisagée de ce congé.

Art. L.3142-33 (modifié par Loi n°2016-1088 du 8 août 2016 - art. 9)
Cette convention ou cet accord détermine également les modalités de report des congés payés dus au salarié qui bénéficie du congé.

Art. L.3142-34 (modifié par Loi n°2016-1088 du 8 août 2016 - art. 9)
A défaut de convention ou d'accord mentionné à l'article L.3142-32, les dispositions suivantes sont applicables :

1° La durée minimale du congé est de six mois et sa durée maximale est de onze mois ;
2° Le droit à ce congé est ouvert au salarié justifiant, à la date de départ en congé, d'une ancienneté dans l'entreprise d'au moins trente-six mois, consécutifs ou non, et n'ayant pas bénéficié dans l'entreprise, au cours des six années précédentes, des dispositifs mentionnés au second alinéa de l'article L.3142-28 ;
3° Les conditions et délais mentionnés au 5° de l'article L.3142-32 sont fixés par décret ;
4° Les plafonds mentionnés à l'article L.3142-29 sont fixés par décret.

Art. L.3142-35 (modifié par Loi n°2016-1088 du 8 août 2016 - art. 9)
A défaut de stipulation dans la convention ou l'accord mentionné à l'article L.3142-32, les articles L.3142-120 à L.3142-124 s'appliquent.

Les congés liés au parcours professionnel

Le congé pour création d'entreprise

Art. L.3142-105 (modifié par Loi n°2016-1088 du 8 août 2016 - art. 9)
Le salarié qui crée ou reprend une entreprise a droit, sous réserve d'une condition d'ancienneté dans l'entreprise et dans les conditions fixées à la présente section :

1° Soit à un congé ;
2° Soit à une période de travail à temps partiel.

L'ancienneté acquise dans toute autre entreprise du même groupe, au sens de l'article L.2331-1, est prise en compte au titre de l'ancienneté dans l'entreprise.

Art. L.3142-106 (modifié par Loi n°2016-1088 du 8 août 2016 - art. 9)
L'article L.3142-105 s'applique également au salarié qui exerce des responsabilités de direction au sein d'une entreprise répondant, au moment où il sollicite son congé, aux critères de jeune entreprise innovante définie à l'article 44 sexies-0 A du code général des impôts.

Art. L.3142-107 (modifié par Loi n°2016-1088 du 8 août 2016 - art. 9)
L'employeur peut différer le départ en congé ou le début de la période de travail à temps partiel, dans la limite de six mois à compter de la demande du salarié, sans préjudice de l'application des articles L.3142-113 et L.3142-114.

Art. L.3142-108 (modifié par Loi n°2016-1088 du 8 août 2016 - art. 9)
A l'issue du congé, le salarié retrouve son précédent emploi ou un emploi similaire assorti d'une rémunération au moins équivalente.

Art. L.3142-109 (modifié par Loi n°2016-1088 du 8 août 2016 - art. 9)
A l'issue du congé ou de la période de travail à temps partiel, si le salarié souhaite mettre fin à la relation de travail, les conditions de la rupture sont celles prévues par son contrat de travail, à l'exception de celles relatives au préavis. Le salarié est, de ce fait, dispensé de payer une indemnité de rupture.
Le salarié ne peut invoquer aucun droit à être réemployé avant l'expiration du congé.

Art. L.3142-110 (modifié par Ordonnance n°2019-861 du 21 août 2019 - art. 1)
Le salarié qui reprend son activité dans l'entreprise à l'issue de son congé bénéficie en tant que de besoin d'une réadaptation professionnelle, notamment en cas de changement de techniques ou de méthodes de travail.

Art. L.3142-111 (modifié par Loi n°2016-1088 du 8 août 2016 - art. 9)
Lorsqu'il est envisagé une période de travail à temps partiel, un avenant au contrat de travail fixe la durée de cette période conformément à l'article L.3123-6.
Toute prolongation de la période de travail à temps partiel à la demande du salarié donne lieu à la signature d'un nouvel avenant dans les mêmes conditions.

Art. L.3142-112 (modifié par Loi n°2016-1088 du 8 août 2016 - art. 9)
Le salarié dont un avenant au contrat de travail prévoit le passage à temps partiel ne peut invoquer aucun droit à être réemployé à temps plein avant le terme de cet avenant.
A l'issue de la période de travail à temps partiel, le salarié retrouve une activité à temps plein assortie d'une rémunération au moins équivalente à celle qui lui était précédemment servie.

Art. L.3142-113 (modifié par Ordonnance n°2019-738 du 17 juillet 2019 - art. 15)
Dans les entreprises de moins de trois cents salariés, l'employeur peut refuser le congé ou le passage à temps partiel :

1° S'il estime, après avis du comité social et économique, que ce congé ou cette activité à temps partiel aura des conséquences préjudiciables à la bonne marche de l'entreprise ;
2° Si le salarié demande ce congé ou cette période d'activité à temps partiel moins de trois ans après une précédente création ou reprise d'entreprise ou après le début de l'exercice de précédentes responsabilités de direction au sein d'une entreprise répondant aux critères de jeune entreprise innovante.

L'employeur précise le motif de son refus et le porte à la connaissance du salarié.
Ce refus peut être contesté par le salarié directement devant le conseil de prud'hommes, statuant selon la procédure accélérée au fond, dans des conditions déterminées par décret en Conseil d'Etat.
NOTA : Conformément à l'article 30 de l'ordonnance n° 2019-738 du 17 juillet 2019, ces dispositions s'appliquent aux demandes introduites à compter du 1er janvier 2020.

Art. L.3142-114 (modifié par Loi n°2016-1088 du 8 août 2016 - art. 9)
L'employeur peut différer le départ en congé du salarié lorsque ce départ aurait pour effet de porter l'effectif des salariés simultanément absents ou le nombre de jours d'absence au titre de ce congé et au titre du congé sabbatique à un niveau excessif au regard, respectivement, de l'effectif total et du nombre de jours travaillés dans l'entreprise.

Art. L.3142-115 (modifié par Loi n°2016-1088 du 8 août 2016 - art. 9)
Dans les entreprises d'au moins trois cents salariés, l'employeur peut différer le début de la période de travail à temps partiel lorsque celle-ci aurait pour effet de porter l'effectif de salariés employés

simultanément à temps partiel au titre de la présente section à un niveau excessif au regard de l'effectif total de l'entreprise.

Art. L.3142-116 (modifié par Loi n°2016-1088 du 8 août 2016 - art. 9)
L'employeur informe le salarié de sa décision relative à la date de départ choisie par ce dernier.
A défaut de réponse de la part de l'employeur dans un délai fixé par décret, son accord est réputé acquis.

Art. L.3142-117 (modifié par Loi n°2016-1088 du 8 août 2016 - art. 9)
Pour mettre en œuvre le droit à congé du salarié mentionné à l'article L.3142-105, une convention ou un accord collectif d'entreprise ou, à défaut, une convention ou un accord de branche détermine :

1° La durée maximale du congé ou de la période de travail à temps partiel ;
2° Le nombre de renouvellements possibles de ce congé ou de cette période ;
3° La condition d'ancienneté requise pour avoir droit à ce congé ou à cette période ;
4° Les délais dans lesquels le salarié informe l'employeur de la date à laquelle il souhaite partir en congé ou, en cas de passage à temps partiel, de la date de début de la période de travail à temps partiel et de l'amplitude de la réduction souhaitée de son temps de travail, ainsi que de la durée envisagée de ce congé ou de cette période ;
5° Les conditions et délais de la demande de prolongation de ce congé ou de cette période de travail à temps partiel ;
6° Les conditions dans lesquelles le salarié informe l'employeur de son intention de poursuivre ou de rompre son contrat de travail à l'issue de son congé ou de sa période de travail à temps partiel ;
7° Les plafonds ou niveaux mentionnés à l'article L.3142-114 et, pour les entreprises d'au moins trois cents salariés, le niveau mentionné à l'article L.3142-115 ;
8° Les conditions permettant le maintien d'un lien entre l'entreprise et le salarié pendant la durée du congé et, le cas échéant, les modalités d'accompagnement et de réadaptation professionnelle à son retour.

Art. L.3142-118 (créé par Loi n°2016-1088 du 8 août 2016 - art. 9)
Cette convention ou cet accord détermine également les modalités de report des congés payés dus au salarié qui bénéficie du congé.

Art. L.3142-119 (créé par Loi n°2016-1088 du 8 août 2016 - art. 9)
A défaut de convention ou d'accord mentionné à l'article L.3142-117, les dispositions suivantes sont applicables :

1° La durée maximale du congé ou de la période de travail à temps partiel est d'un an. Elle peut être prolongée au plus d'un an ;
2° L'ancienneté requise pour ouvrir droit au congé ou à la période de travail à temps partiel est de vingt-quatre mois, consécutifs ou non, dans l'entreprise ;
3° Les conditions et délais d'information mentionnés aux 4° à 6° de l'article L.3142-117 sont fixés par décret ;
4° Le niveau de salariés absents au titre du congé dans l'entreprise et de jours d'absence prévus au titre de ce congé, pour lequel l'employeur peut différer le départ ou le début de la période de travail à temps partiel, sont fixés par décret.

Art. L.3142-120 (créé par Loi n°2016-1088 du 8 août 2016 - art. 9)
A défaut de stipulation dans la convention ou l'accord mentionné à l'article L.3142-117, les congés payés annuels dus au salarié en plus de vingt-quatre jours ouvrables peuvent être reportés, à sa demande, jusqu'au départ en congé, dans les conditions prévues au présent paragraphe.
Le cumul de ces congés payés porte au maximum sur six années.

Art. L.3142-121 (créé par Loi n°2016-1088 du 8 août 2016 - art. 9)
Une indemnité compensatrice est perçue par le salarié lors de son départ pour l'ensemble des congés payés dont il n'a pas bénéficié.
Le premier alinéa du présent article ne s'applique pas lorsque l'employeur est tenu d'adhérer à une caisse de congés payés mentionnée à l'article L.3141-32.

Art. L.3142-122 (créé par Loi n°2016-1088 du 8 août 2016 - art. 9)
En cas de renonciation au congé, les congés payés du salarié reportés en application de l'article L.3142-120 sont ajoutés aux congés payés annuels.
Ces congés payés reportés sont ajoutés chaque année aux congés payés annuels, par fraction de six jours et jusqu'à épuisement, à compter de la renonciation.
Jusqu'à épuisement des congés payés reportés, tout report au titre de l'article L.3142-120 est exclu.

Art. L.3142-123 (créé par Loi n°2016-1088 du 8 août 2016 - art. 9)
En cas de rupture du contrat de travail, le salarié perçoit une indemnité compensatrice pour les droits à congés payés reportés.
Ces dispositions ne s'appliquent pas lorsque l'employeur est tenu d'adhérer à une caisse de congés payés mentionnée à l'article L.3141-32.

Art. L.3142-124 (créé par Loi n°2016-1088 du 8 août 2016 - art. 9)
Les indemnités compensatrices prévues au présent paragraphe sont calculées conformément aux articles L.3141-24 à L.3141-27.

Le congé pour bilan de compétences

Art. L.6313-1 (modifié par Loi n°2018-771 du 5 septembre 2018 - art. 4)
Les actions concourant au développement des compétences qui entrent dans le champ d'application des dispositions relatives à la formation professionnelle sont :
1° Les actions de formation ;
2° Les bilans de compétences ;
3° Les actions permettant de faire valider les acquis de l'expérience, dans les conditions prévues au livre IV de la présente partie ;
4° Les actions de formation par apprentissage, au sens de l'article L.6211-2.

Art. L.6313-4 (modifié par Loi n°2018-771 du 5 septembre 2018 - art. 4)
Les bilans de compétences mentionnés au 2° de l'article L.6313-1 ont pour objet de permettre à des travailleurs d'analyser leurs compétences professionnelles et personnelles ainsi que leurs aptitudes et leurs motivations afin de définir un projet professionnel et, le cas échéant, un projet de formation.
Ce bilan ne peut être réalisé qu'avec le consentement du travailleur. Le refus d'un salarié d'y consentir ne constitue ni une faute ni un motif de licenciement.
Les informations demandées au bénéficiaire du bilan doivent présenter un lien direct et nécessaire avec son objet. Le bénéficiaire est tenu d'y répondre de bonne foi. Il est destinataire des résultats détaillés et d'un document de synthèse. Ce document de synthèse peut être communiqué, à sa demande, à l'opérateur du conseil en évolution professionnelle mentionné à l'article L.6111-6. Les résultats détaillés et le document de synthèse ne peuvent être communiqués à toute autre personne ou institution qu'avec l'accord du bénéficiaire.
Les personnes chargées de réaliser et de détenir les bilans sont soumises aux dispositions des articles 226-13 et 226-14 du code pénal en ce qui concerne les informations qu'elles détiennent à ce titre.
La durée du bilan de compétences ne peut excéder vingt-quatre heures par bilan.

Le compte personnel d'activité

Art. L.6314-1 (modifié par Ordonnance n°2019-861 du 21 août 2019 - art. 1)
Tout travailleur engagé dans la vie active ou toute personne qui s'y engage a droit à la qualification professionnelle et doit pouvoir suivre, à son initiative, une formation lui permettant, quel que soit son statut, de progresser au cours de sa vie professionnelle d'au moins un niveau en acquérant une qualification correspondant aux besoins de l'économie prévisibles à court ou moyen terme :

1° Soit enregistrée dans le répertoire national des certifications professionnelles mentionné à l'article L. 6113-1 ;
2° Soit reconnue dans les classifications d'une convention collective nationale de branche ;
3° Soit ouvrant droit à un certificat de qualification professionnelle de branche ou interbranche.

Art. L.6323-1 (modifié par Loi n°2016-1088 du 8 août 2016 - art. 1 (V) & art. 39 (V))
Le compte personnel de formation est ouvert et fermé dans les conditions définies à l'article L.5151-2.

Art. L. 5151-1 (créé par Loi n°2016-1088 du 8 août 2016 - art. 39 (V))
Le compte personnel d'activité a pour objectifs, par l'utilisation des droits qui y sont inscrits, de renforcer l'autonomie et la liberté d'action de son titulaire et de sécuriser son parcours professionnel en supprimant les obstacles à la mobilité. Il contribue au droit à la qualification professionnelle mentionné à l'article L.6314-1. Il permet la reconnaissance de l'engagement citoyen.
Le titulaire du compte personnel d'activité décide de l'utilisation de ses droits dans les conditions définies au présent chapitre, au chapitre III du titre II du livre III de la sixième partie ainsi qu'au chapitre II du titre VI du livre Ier de la quatrième partie.
Le titulaire du compte personnel d'activité a droit à un accompagnement global et personnalisé destiné à l'aider à exercer ses droits pour la mise en œuvre de son projet professionnel. Cet accompagnement est fourni notamment dans le cadre du conseil en évolution professionnelle mentionné à l'article L.6111-6.

Art. L. 5151-2 (modifié par Loi n°2018-771 du 5 septembre 2018 - art. 2 (V))
Un compte personnel d'activité est ouvert pour toute personne âgée d'au moins seize ans se trouvant dans l'une des situations suivantes :

1° Personne occupant un emploi, y compris lorsqu'elle est titulaire d'un contrat de travail de droit français et qu'elle exerce son activité à l'étranger ;
2° Personne à la recherche d'un emploi ou accompagnée dans un projet d'orientation et d'insertion professionnelles ;
3° Personne accueillie dans un établissement et service d'aide par le travail mentionné au a du 5° du I de l'article L.312-1 du code de l'action sociale et des familles ;
4° Personne ayant fait valoir l'ensemble de ses droits à la retraite.

Par dérogation au premier alinéa du présent article, un compte personnel d'activité est ouvert dès l'âge de quinze ans pour le jeune qui signe un contrat d'apprentissage sur le fondement du deuxième alinéa de l'article L.6222-1 du présent code.
Les personnes âgées d'au moins seize ans mais ne relevant pas des situations mentionnées aux 1° à 3° du présent article peuvent ouvrir un compte personnel d'activité afin de bénéficier du compte d'engagement citoyen et d'accéder aux services en ligne mentionnés à l'article L.5151-6.
Le compte est fermé à la date du décès de la personne. Lorsque son titulaire remplit l'une des conditions mentionnées aux 1° à 3° de l'article L.5421-4, le compte personnel de formation cesse d'être alimenté, sauf en application de l'article L.5151-9.

Art. L. 5151-3 (créé par Loi n°2016-1088 du 8 août 2016 - art. 39 (V))
Les droits inscrits sur le compte personnel d'activité, y compris en cas de départ du titulaire à l'étranger, demeurent acquis par leur titulaire jusqu'à leur utilisation ou à la fermeture du compte.

Art. L. 5151-5 (modifié par Ordonnance n°2017-1389 du 22 septembre 2017 - art. 2)
Le compte personnel d'activité est constitué :

1° Du compte personnel de formation ;
2° Du compte professionnel de prévention ;
3° Du compte d'engagement citoyen.

Il organise la conversion des droits selon les modalités prévues par chacun des comptes le constituant.

Art. L. 5151-6 (modifié par Ordonnance n°2018-470 du 12 juin 2018 - art. 9)

I.– Chaque titulaire d'un compte personnel d'activité peut consulter les droits inscrits sur celui-ci et peut les utiliser en accédant à un service en ligne gratuit. Ce service en ligne est géré par la Caisse des dépôts et consignations, sans préjudice de l'article L.4162-11. La Caisse des dépôts et consignations et la Caisse nationale d'assurance vieillesse concluent une convention définissant les modalités d'articulation des différents comptes et de mobilisation par leur titulaire.

II.– Chaque titulaire d'un compte a également accès à une plateforme de services en ligne qui :
1° Lui fournit une information sur ses droits sociaux et la possibilité de les simuler ;
2° Lui donne accès à un service de consultation de ses bulletins de paie, lorsqu'ils ont été transmis par l'employeur sous forme électronique dans les conditions mentionnées à l'article L.3243-2 ;
3° Lui donne accès à des services utiles à la sécurisation des parcours professionnels et à la mobilité géographique et professionnelle.

Le gestionnaire de la plateforme met en place des interfaces de programmation permettant à des tiers de développer et de mettre à disposition ces services.

III.– Un décret en Conseil d'Etat, pris après avis de la Commission nationale de l'informatique et des libertés, détermine les conditions dans lesquelles les données à caractère personnel afférentes au compte personnel de formation et au compte professionnel de prévention, ainsi que celles issues de la déclaration sociale nominative mentionnée à l'article L.133-5-3 du code de la sécurité sociale, peuvent être utilisées pour fournir les services mentionnés aux I et II du présent article.

Art. L.6323-2 (modifié par Loi n°2018-771 du 5 septembre 2018 - art. 1 (V))
Le compte personnel de formation est comptabilisé en euros et mobilisé par la personne, qu'elle soit salariée, à la recherche d'un emploi, travailleur indépendant, membre d'une profession libérale ou d'une profession non salariée ou conjoint collaborateur, afin de suivre, à son initiative, une formation. Le compte ne peut être mobilisé qu'avec l'accord exprès de son titulaire. Le refus du titulaire du compte de le mobiliser ne constitue pas une faute.

Art. L.6323-3 (modifié par Loi n°2019-828 du 6 août 2019 - art. 58)
Les droits inscrits sur le compte personnel de formation demeurent acquis en cas de changement de situation professionnelle ou de perte d'emploi de son titulaire.
Les droits acquis en heures, conformément à l'article 22 quater de la loi n° 83-634 du 13 juillet 1983 portant droits et obligations des fonctionnaires, sont conservés et convertis en euros au bénéfice de toute personne qui, au moment de sa demande, est autorisée, au titre d'une disposition du présent code, à utiliser les droits inscrits sur son compte personnel de formation. Les modalités d'application du présent alinéa sont fixées par décret en Conseil d'Etat.
Le compte personnel de formation cesse d'être alimenté et les droits qui y sont inscrits ne peuvent plus être mobilisés lorsque son titulaire remplit l'une des conditions mentionnées aux 1° à 3° de l'article L.5421-4.

Toutefois, par dérogation au troisième alinéa du présent article, les droits inscrits sur le compte personnel de formation au titre du compte d'engagement citoyen en application de l'article L.5151-9 demeurent mobilisables pour financer les actions de formation destinées à permettre aux volontaires, aux bénévoles et aux sapeurs-pompiers volontaires d'acquérir les compétences nécessaires à l'exercice de leurs missions.

Art. L.6323-4 (modifié par Loi n°2018-771 du 5 septembre 2018 - art. 1 (V))

I.– Les droits inscrits sur le compte personnel de formation permettent à son titulaire de financer une formation éligible au compte, au sens des articles L.6323-6, L.6323-21, L.6323-31 et L.6323-34.

II.– Lorsque le coût de cette formation est supérieur au montant des droits inscrits sur le compte ou aux plafonds respectivement mentionnés aux articles L.6323-11, L.6323-11-1, L.6323-27 et L.6323-34, le compte peut faire l'objet, à la demande de son titulaire, d'abondements en droits complémentaires pour assurer le financement de cette formation. Ces abondements peuvent être financés notamment par :

1° Le titulaire lui-même ;

2° L'employeur, lorsque le titulaire du compte est salarié ;

3° Un opérateur de compétences ;

4° L'organisme mentionné à l'article L.4163-14, chargé de la gestion du compte professionnel de prévention, à la demande de la personne, dans des conditions déterminées par décret en Conseil d'Etat ;

5° Les organismes chargés de la gestion de la branche accidents du travail et maladies professionnelles en application de l'article L.221-1 du code de la sécurité sociale, à la demande de la personne, dans des conditions déterminées par décret en Conseil d'Etat ;

6° L'Etat ;

7° Les régions ;

8° Pôle emploi ;

9° L'institution mentionnée à l'article L. 5214-1 du présent code ;

10° Un fonds d'assurance-formation de non-salariés défini à l'article L.6332-9 du présent code ou à l'article L. 718-2-1 du code rural et de la pêche maritime ;

11° Une chambre régionale de métiers et de l'artisanat ou une chambre de métiers et de l'artisanat de région ;

12° Une autre collectivité territoriale ;

13° L'établissement public chargé de la gestion de la réserve sanitaire mentionné à l'article L.1413-1 du code de la santé publique ;

14° L'organisme gestionnaire de l'assurance chômage mentionné à l'article L. 5427-1 du présent code.

III.– A l'exception du titulaire du compte personnel de formation, les financeurs mentionnés au II peuvent alimenter le compte du titulaire. Les sommes correspondant à cette alimentation supplémentaire sont versées à l'organisme mentionné à l'article L.6333-1 dans des conditions fixées par décret en Conseil d'Etat.

Art. L.6323-6 (modifié par Loi n°2018-771 du 5 septembre 2018 - art. 1 (V))

I.– Sont éligibles au compte personnel de formation les actions de formation sanctionnées par les certifications professionnelles enregistrées au répertoire national prévu à l'article L.6113-1, celles sanctionnées par les attestations de validation de blocs de compétences au sens du même article L.6113-1 et celles sanctionnées par les certifications et habilitations enregistrées dans le répertoire spécifique mentionné à l'article L.6113-6 comprenant notamment la certification relative au socle de connaissances et de compétences professionnelles.

II.– Sont également éligibles au compte personnel de formation, dans des conditions définies par décret :

1° Les actions permettant de faire valider les acquis de l'expérience mentionnées au 3° de l'article L.6313-1 ;

2° Les bilans de compétences mentionnés au 2° du même article L.6313-1 ;

3° La préparation de l'épreuve théorique du code de la route et de l'épreuve pratique du permis de conduire des véhicules du groupe léger et du groupe lourd ;

4° Les actions de formation d'accompagnement et de conseil dispensées aux créateurs ou repreneurs d'entreprises ayant pour objet de réaliser leur projet de création ou de reprise d'entreprise et de pérenniser l'activité de celle-ci ;

5° Les actions de formation destinées à permettre aux bénévoles et aux volontaires en service civique d'acquérir les compétences nécessaires à l'exercice de leurs missions. Seuls les droits acquis au titre du compte d'engagement citoyen peuvent financer ces actions.

Art. L.6323-6-1 (créé par Loi n°2016-1088 du 8 août 2016 - art. 39 (V))
Le compte peut être mobilisé par son titulaire pour la prise en charge d'une formation à l'étranger dans les conditions fixées à l'article L.6323-6.

Art. L.6323-8 (modifié par Ordonnance n°2019-861 du 21 août 2019 - art. 1)

I.– Chaque titulaire d'un compte a connaissance du montant des droits inscrits sur son compte et des abondements dont il peut bénéficier en accédant à un service dématérialisé gratuit. Ce service dématérialisé donne également les informations sur les formations éligibles. Il assure la prise en charge des actions de formation de l'inscription du titulaire du compte aux formations jusqu'au paiement des prestataires mentionnés à l'article L.6351-1.

II.– Un traitement automatisé de données à caractère personnel, dénommé " système d'information du compte personnel de formation ", dont les modalités de mise en œuvre sont fixées par décret en Conseil d'Etat, permet la gestion et l'utilisation des droits inscrits sur le compte personnel de formation.

Ce traitement intègre la possibilité, pour chaque titulaire du compte, de disposer d'un passeport d'orientation, de formation et de compétences, dont la consultation est autorisée exclusivement par le titulaire, qui recense les formations et les qualifications suivies dans le cadre de la formation initiale ou continue ainsi que les acquis de l'expérience professionnelle, selon des modalités déterminées par décret.

Art. L.6323-11 (modifié par Ordonnance n°2019-861 du 21 août 2019 - art. 1)
Le compte du salarié ayant effectué une durée de travail supérieure ou égale à la moitié de la durée légale ou conventionnelle du travail sur l'ensemble de l'année est alimenté au titre de cette année dans la limite d'un plafond. La valeur de ce plafond ne peut excéder dix fois le montant annuel de cette alimentation. Cette valeur et ce montant, exprimés en euros, sont fixés par décret en Conseil d'Etat.
Le compte du salarié ayant effectué une durée de travail inférieure à la moitié de la durée légale ou conventionnelle du travail sur l'ensemble de l'année est alimenté au titre de cette année, dans la limite du plafond mentionné au premier alinéa, à due proportion de la durée de travail effectuée.
En outre, le compte d'un bénéficiaire mentionné à l'article L.5212-13 est alimenté par une majoration dont le montant est défini par décret dans la limite du plafond mentionné à l'article L.6323-11-1.
Un accord collectif d'entreprise, de groupe ou, à défaut, un accord de branche peut prévoir des modalités d'alimentation du compte plus favorables dans des conditions fixées par décret en Conseil d'Etat dès lors qu'elles sont assorties d'un financement spécifique à cet effet.

Un accord d'entreprise ou de groupe peut définir les actions de formation éligibles au sens de l'article L.6323-6 pour lesquelles l'employeur s'engage à financer, dans les conditions définies par cet accord, les abondements prévus au 2° du II de l'article L.6323-4, sans préjudice des dispositions de l'article L.6323-2. Dans ce cas, l'entreprise peut prendre en charge l'ensemble des frais et peut demander le remboursement à la Caisse des dépôts et consignations des sommes correspondantes dans la limite des droits inscrits sur le compte personnel de chaque salarié concerné.
Tous les trois ans à compter de la promulgation de la loi n° 2018-771 du 5 septembre 2018 pour la liberté de choisir son avenir professionnel, sur la base du rapport de la Caisse des dépôts et consignations mentionné à l'article L.6333-5, le ministre chargé de la formation professionnelle saisit le conseil d'administration de France compétences pour un avis relatif à l'actualisation des droits au compte personnel de formation, compte tenu de l'évolution générale des prix des biens et services et, plus particulièrement, de l'observation des coûts des organismes de formation par France compétences, telle que mentionnée au 6° de l'article L.6123-5. Une fois cet avis recueilli, une éventuelle actualisation des droits à l'alimentation annuelle du compte personnel de formation et des plafonds mentionnés au présent article ainsi qu'aux articles L.6323-11-1, L.6323-27 et L.6323-34 est fixée par décret en Conseil d'Etat.
Les salariés à caractère saisonnier, au sens du 3° de l'article L.1242-2, peuvent bénéficier, en application d'un accord ou d'une décision unilatérale de l'employeur, de droits majorés sur leur compte personnel de formation.

Art. L.6323-11-1 (modifié par Ordonnance n°2019-861 du 21 août 2019 - art. 1)
Pour le salarié qui n'a pas atteint un niveau de formation sanctionné par un diplôme classé au niveau 3, un titre professionnel enregistré et classé au niveau 3 du répertoire national des certifications professionnelles ou une certification reconnue par une convention collective nationale de branche, l'alimentation du compte se fait à hauteur d'un montant annuel et d'un plafond, exprimés en euros et fixés par décret en Conseil d'Etat, supérieurs au montant et au plafond mentionnés à l'article L.6323-11. Ce montant et ce plafond sont portés à un niveau au moins égal à 1,6 fois ceux prévus au premier alinéa du même article L.6323-11.

Art. L.6323-12 (modifié par Loi n°2018-771 du 5 septembre 2018 - art. 1 (V))
La période d'absence du salarié pour un congé de maternité, de paternité et d'accueil de l'enfant, d'adoption, de présence parentale, de proche aidant ou un congé parental d'éducation ou pour une maladie professionnelle ou un accident du travail est intégralement prise en compte pour le calcul de la durée du travail effectuée.

Art. L.6323-13 (modifié par Loi n°2019-486 du 22 mai 2019 - art. 11 (V))
Dans les entreprises d'au moins cinquante salariés, lorsque le salarié n'a pas bénéficié, durant les six ans précédant l'entretien mentionné au II de l'article L.6315-1, des entretiens prévus au même article L.6315-1 et d'au moins une formation autre que celle mentionnée à l'article L.6321-2, un abondement est inscrit à son compte dans des conditions définies par décret en Conseil d'Etat et l'entreprise verse, dans le cadre de ses contributions au titre de la formation professionnelle, une somme dont le montant, fixé par décret en Conseil d'Etat, ne peut excéder six fois le montant annuel mentionné à l'article L.6323-11. Le salarié est informé de ce versement.
Dans le cadre des contrôles menés par les agents mentionnés à l'article L.6361-5, lorsque l'entreprise n'a pas opéré le versement prévu au premier alinéa du présent article ou a opéré un versement insuffisant, elle est mise en demeure de procéder au versement de l'insuffisance constatée dans le respect de la procédure contradictoire mentionnée à l'article L.6362-10.
A défaut, l'entreprise verse au Trésor public un montant équivalent à l'insuffisance constatée majorée de 100 %.

Ce versement est établi et recouvré selon les modalités ainsi que sous les sûretés, garanties et sanctions applicables aux taxes sur le chiffre d'affaires.
Le contrôle et le contentieux de ce versement sont opérés selon les règles applicables en matière de taxe sur le chiffre d'affaires.
Pour l'application du premier alinéa du présent article, l'effectif salarié et le franchissement du seuil de cinquante salariés sont déterminés selon les modalités prévues à l'article L.130-1 du code de la sécurité sociale.
NOTA : Conformément au XIV de l'article 11 de la loi n° 2019-486 du 22 mai 2019, les dispositions entrent en vigueur le 1er janvier 2020.

Art. L.6323-14 (modifié par Loi n°2019-486 du 22 mai 2019 - art. 11 (V))
Le compte personnel de formation peut être abondé en application d'un accord d'entreprise ou de groupe, un accord de branche ou un accord conclu par les organisations syndicales de salariés et d'employeurs gestionnaires d'un opérateur de compétences, portant notamment sur la définition des formations éligibles et les salariés prioritaires, en particulier les salariés les moins qualifiés, les salariés exposés à des facteurs de risques professionnels mentionnés à l'article L.4161-1, les salariés occupant des emplois menacés par les évolutions économiques ou technologiques, les salariés mentionnés à l'article L.6323-12 et les salariés à temps partiel.
Un décret en Conseil d'Etat fixe les conditions d'application du premier alinéa du présent article pour les agents publics civils et militaires.

Art. L.6323-15 (modifié par Loi n°2018-771 du 5 septembre 2018 - art. 1 (V))
Les abondements mentionnés aux articles L.2254-2, L. 5151-9, L.6323-13 et L.6323-14 n'entrent pas en compte dans les modes de calcul du montant des droits inscrits sur le compte du salarié chaque année et du plafond mentionnés à l'article L.6323-11.

Art. L.6323-16 (modifié par Loi n°2018-771 du 5 septembre 2018 - art. 1 (V))
Les formations éligibles au compte personnel de formation sont les formations mentionnées à l'article L.6323-6.

Art. L.6323-17 (modifié par Loi n°2018-771 du 5 septembre 2018 - art. 1 (V))
Lorsque les formations financées dans le cadre du compte personnel de formation sont suivies en tout ou partie pendant le temps de travail, le salarié demande une autorisation d'absence à l'employeur qui lui notifie sa réponse dans des délais déterminés par décret. L'absence de réponse de l'employeur vaut acceptation.

Art. L.6323-17-1 (modifié par Ordonnance n°2019-861 du 21 août 2019 - art. 1)
Tout salarié mobilise les droits inscrits sur son compte personnel de formation afin que celui-ci contribue au financement d'une action de formation certifiante, destinée à lui permettre de changer de métier ou de profession dans le cadre d'un projet de transition professionnelle. Il bénéficie d'un positionnement préalable au suivi de l'action de formation afin d'identifier ses acquis professionnels permettant d'adapter la durée du parcours de formation proposé. Il bénéficie d'un congé spécifique lorsqu'il suit cette action de formation en tout ou partie durant son temps de travail.
Pour les salariés titulaires d'un contrat de travail conclu avec une entreprise de travail temporaire et les salariés intermittents du spectacle, un décret en Conseil d'Etat détermine les conditions d'ouverture et de prise en charge des projets de transition professionnelle.

Art. R.6323-1 (modifié par Ordonnance n°2018-1329 du 28 décembre 2018 - art. 1)
I.– Le compte personnel de formation du salarié ayant effectué une durée de travail supérieure ou égale à la moitié de la durée légale ou conventionnelle de travail sur l'ensemble de l'année

est alimenté à hauteur de 500 euros au titre de cette année, dans la limite d'un plafond total de 5 000 euros.

II.– Le compte du salarié dont la durée de travail a été inférieure à la moitié de la durée légale ou conventionnelle de travail sur l'ensemble de l'année est alimenté, au titre de cette année, d'une fraction du montant mentionné au I, calculée à due proportion de la durée de travail qu'il a effectuée. Lorsque le calcul de ses droits aboutit à un montant en euros comportant des décimales, ce montant est arrondi à la deuxième décimale, au centime d'euro supérieur.

Pour les salariés dont la durée de travail à temps plein est fixée en application d'un accord collectif d'entreprise ou de branche, le nombre d'heures de travail de référence pour le calcul de l'alimentation du compte personnel de formation est égal à la durée conventionnelle de travail.

Pour les salariés dont la durée de travail à temps plein n'est pas fixée en application d'un accord collectif d'entreprise ou de branche, le nombre d'heures de travail de référence pour le calcul de l'alimentation du compte personnel de formation est égal à 1 607 heures.

Pour les salariés dont la durée de travail est décomptée en jours dans le cadre d'une convention de forfait annuel en jours, le nombre de jours de travail de référence pour le calcul de l'alimentation du compte personnel de formation est égal au nombre de jours compris dans le forfait tel que fixé par l'accord collectif instaurant le forfait annuel, dans la limite de 218 jours.

Pour les salariés dont la rémunération n'est pas établie en fonction d'un horaire de travail, le montant de référence pour le calcul de l'alimentation du compte personnel de formation est fixé à 2 080 fois le montant du salaire minimum horaire de croissance.

L'alimentation du compte de ces salariés est calculée au prorata du rapport entre la rémunération effectivement perçue et le montant de référence mentionné à l'alinéa précédent.

III.– Le calcul des droits des salariés est effectué par la Caisse des dépôts et consignations au moyen des données issues de la déclaration sociale nominative des employeurs mentionnée à l'article L.133-5-3 du code de la sécurité sociale afin de procéder à l'alimentation de leurs comptes personnels de formation.

Un arrêté du ministre chargé de la formation professionnelle fixe les modalités selon lesquelles la caisse procède à ce calcul et à cette alimentation lorsqu'elle ne reçoit pas ces données et lorsque les données qu'elle reçoit sont incomplètes ou erronées.

Art. R.6323-2 (modifié par Décret n°2019-1049 du 11 octobre 2019 - art. 2)

I.– Lorsqu'en application des dispositions du quatrième alinéa de l'article L.6323-11, des dispositions plus favorables ont été prévues par un accord collectif d'entreprise, de groupe ou, à défaut, de branche, pour l'alimentation du compte personnel de formation des salariés, l'employeur effectue annuellement, pour chacun des salariés concernés, le calcul des droits venant abonder son compte personnel de formation.

II.– Une somme d'un montant égal à celui de l'abondement mentionné au I est versée par l'employeur à la Caisse des dépôts et consignations qui en assure la gestion conformément aux dispositions des articles L.6333-6 et L.6333-7. Le compte du salarié concerné est alimenté de l'abondement correspondant dès réception de cette somme.

III.– L'employeur adresse à la Caisse des dépôts et consignations la liste des salariés bénéficiaires des dispositions plus favorables mentionnées au I, ainsi que les données permettant leur identification et l'abondement attribué à chacun d'eux.

Art. R.6323-3 (modifié par Décret n°2019-1049 du 11 octobre 2019 - art. 2)

I.– Le salarié mentionné au premier alinéa de l'article L.6323-13 bénéficie d'un abondement de son compte personnel de formation d'un montant de 3 000 euros.

II.– Une somme d'un montant égal à celui de l'abondement mentionné au I est versée par l'employeur à la Caisse des dépôts et consignations qui en assure la gestion conformément aux dispositions des articles L.6333-6 et L.6333-7. Le compte du salarié concerné est alimenté de l'abondement correspondant dès réception de cette somme.

III.– L'employeur adresse à la Caisse des dépôts et consignations les informations nécessaires à l'abondement mentionné au I, notamment son montant, le nom du salarié bénéficiaire ainsi que les données permettant son identification.

Art. R.6323-3-1 (créé par Décret n°2018-1329 du 28 décembre 2018 - art. 1)

I.– Le compte personnel de formation du salarié mentionné à l'article L.6323-11-1 qui a effectué une durée de travail supérieure ou égale à la moitié de la durée légale ou conventionnelle de travail sur l'ensemble de l'année est alimenté, au titre de cette année, à hauteur de 800 euros, dans la limite d'un plafond de 8 000 euros.

II.– Afin de bénéficier de cette majoration, le salarié déclare remplir les conditions prévues à cet article par l'intermédiaire du service dématérialisé mentionné au I de l'article L.6323-8. Cette déclaration peut être effectuée, à sa demande et selon les mêmes modalités, par son conseiller en évolution professionnelle. La majoration est effective à compter de l'alimentation du compte effectuée au titre de l'année au cours de laquelle cette déclaration est intervenue.

III.– Le salarié qui ne remplit plus les conditions prévues à l'article L.6323-11-1 le déclare par l'intermédiaire du service dématérialisé mentionné au I de l'article L.6323-8. Il cesse de bénéficier des dispositions du même article à compter de l'année civile suivante.

IV.– Une information spécifique portant sur les modalités de cette déclaration, sur la majoration des droits en résultant, ainsi que sur les conséquences d'une déclaration frauduleuse ou erronée est fournie par l'intermédiaire du service dématérialisé mentionné au I de l'article L.6323-8. Cette information est également délivrée par le conseiller en évolution professionnelle, dans des conditions définies par le cahier des charges mentionné au quatrième alinéa de l'article L.6111-6.

V.– En cas de déclaration frauduleuse ou erronée, les droits inscrits au compte personnel de formation font l'objet d'un nouveau calcul opéré conformément aux dispositions de l'article L.6323-11, sans préjudice des sanctions prévues aux articles 313-3 et 441-6 du code pénal.

Les conditions générales d'utilisation du service dématérialisé mentionnées à l'article L.6323-9 précisent que les droits, exprimés en euros, obtenus à la suite d'une déclaration frauduleuse ou erronée ne peuvent être utilisés. Lorsque le titulaire d'un compte a tout de même utilisé de tels droits, il rembourse les sommes correspondantes à la Caisse des dépôts et consignations ou, le cas échéant, à la commission paritaire interprofessionnelle régionale mentionnée à l'article L.6323-17-6, au terme d'une procédure contradictoire et selon des modalités que les conditions générales d'utilisation précisent.

Art. R.6323-3-2 (modifié par Décret n°2019-1049 du 11 octobre 2019 - art. 2)

I.– Le salarié licencié à la suite du refus d'une modification de son contrat de travail résultant de l'application d'un accord d'entreprise mentionné à l'article L.2254-2 bénéficie d'un abondement de son compte personnel de formation d'un montant minimal de 3 000 euros.

II.– Une somme d'un montant égal à celui de l'abondement mentionné au I est versée par l'employeur à la Caisse des dépôts et consignations qui en assure la gestion conformément aux dispositions des articles L.6333-6 et L.6333-7. Le compte du salarié licencié concerné est alimenté de l'abondement correspondant dès réception de cette somme.

III.– L'employeur dispose d'un délai de quinze jours à compter de la notification du licenciement, pour adresser à la Caisse des dépôts et consignations les informations nécessaires à l'abondement mentionné au I, notamment son montant, le nom du salarié bénéficiaire ainsi que les données permettant son identification.

Art. R.6323-3-3 (modifié par Décret n°2019-566 du 7 juin 2019 - art. 1)
Le compte personnel de formation du salarié bénéficiaire de l'obligation d'emploi mentionné à l'article L. 5212-13 est alimenté annuellement à hauteur de 300 euros au titre de la majoration prévue au troisième alinéa de l'article L.6323-11, dans la limite du plafond mentionné au I de l'article R.6323-3-1.

Le projet de transition professionnelle

Art. L.6323-17-2 (modifié par Loi n°2018-771 du 5 septembre 2018 - art. 1 (V))

I.– Pour bénéficier d'un projet de transition professionnelle, le salarié doit justifier d'une ancienneté minimale en qualité de salarié, déterminée par décret. La condition d'ancienneté n'est pas exigée pour le salarié mentionné à l'article L. 5212-13, ni pour le salarié qui a changé d'emploi à la suite d'un licenciement pour motif économique ou pour inaptitude et qui n'a pas suivi d'action de formation entre son licenciement et son réemploi.

II.– Le projet du salarié peut faire l'objet d'un accompagnement par l'un des opérateurs financés par l'organisme mentionné à l'article L.6123-5 au titre du conseil en évolution professionnelle mentionné à l'article L.6111-6. Cet opérateur informe, oriente et aide le salarié à formaliser son projet. Il propose un plan de financement.

Le projet est présenté à la commission paritaire interprofessionnelle régionale mentionnée à l'article L.6323-17-6. Cette commission apprécie la pertinence du projet et du positionnement préalable prévu à l'article L.6323-17-1, instruit la demande de prise en charge financière et autorise la réalisation et le financement du projet. Cette décision est motivée et notifiée au salarié.

Les modalités d'accompagnement du salarié et de prise en charge financière du projet de transition professionnelle sont précisées par décret en Conseil d'Etat.

Un système d'information national commun aux commissions paritaires interprofessionnelles régionales mentionnées à l'article L.6323-17-6 est mis en œuvre par France compétences. Ses règles de création et d'alimentation sont précisées par décret en Conseil d'Etat.

Art. L.6323-17-3 (modifié par Loi n°2018-771 du 5 septembre 2018 - art. 1 (V))
La durée du projet de transition professionnelle correspond à la durée de l'action de formation.

Art. L.6323-17-4 (modifié par Loi n°2018-771 du 5 septembre 2018 - art. 1 (V))
La durée du projet de transition professionnelle ne peut être imputée sur la durée du congé payé annuel. Ce projet est assimilé à une période de travail :

1° Pour la détermination des droits des intéressés en matière de congé payé annuel ;

2° A l'égard des droits que le salarié tient de son ancienneté dans l'entreprise.

Art. L.6323-17-5 (modifié par Ordonnance n°2019-861 du 21 août 2019 - art. 1)
Le salarié bénéficiaire du projet de transition professionnelle a droit à une rémunération minimale déterminée par décret.

Dans les entreprises de cinquante salariés et plus, la rémunération due au bénéficiaire du projet de transition professionnelle est versée par l'employeur, qui est remboursé par la commission paritaire interprofessionnelle régionale mentionnée à l'article L.6323-17-6.

Un décret précise les modalités selon lesquelles cette rémunération est versée, notamment dans les entreprises de moins de cinquante salariés.

Pour l'application du présent article, l'effectif salarié est déterminé selon les modalités prévues au I de l'article L.130-1 du code de la sécurité sociale.

NOTA : Conformément au XIV de l'article 11 de la loi n° 2019-486 du 22 mai 2019, les dispositions entrent en vigueur le 1er janvier 2020.

Art. L.6323-17-6 (créé par Loi n°2018-771 du 5 septembre 2018 - art. 1 (V))
Une commission paritaire interprofessionnelle est agréée dans chaque région par l'autorité administrative pour prendre en charge financièrement le projet de transition professionnelle mentionné à l'article L.6323-17-1. Elle est dotée de la personnalité morale. Cette commission atteste également du caractère réel et sérieux du projet mentionné au 2° du II de l'article L. 5422-1. Elle suit la mise en œuvre du conseil en évolution professionnelle sur le territoire régional. L'agrément de cette commission est accordé au regard des critères mentionnés aux 1°, 3° et 5° du II de l'article L.6332-1-1 et de leur aptitude à assurer leurs missions compte tenu de leurs moyens.
Cette commission est composée de représentants des organisations syndicales de salariés et des organisations professionnelles d'employeurs représentatives au niveau national et interprofessionnel.
Les frais de gestion correspondant aux missions de cette commission sont fixés par arrêté du ministre chargé de la formation professionnelle, dans la limite d'un plafond déterminé en pourcentage des ressources reçues par la commission, en application du 5° de l'article L.6123-5.
Les commissions sont soumises au contrôle économique et financier de l'Etat et aux obligations mentionnées au 4° du II de l'article L.6332-1-1.
En cas de dysfonctionnement répété ou de défaillance de la commission, un administrateur est nommé par le ministre chargé de la formation professionnelle. L'administrateur prend toute décision pour le compte de la commission, afin de rétablir son fonctionnement normal.
Un décret détermine les conditions d'application du présent article.

Art. L.6323-18 (modifié par Loi n°2014-2881 du 5 mars 2014 - art. 1 (V))
Les heures consacrées à la formation pendant le temps de travail constituent un temps de travail effectif et donnent lieu au maintien par l'employeur de la rémunération du salarié.

Art. L.6323-19 (modifié par Loi n°2014-2881 du 5 mars 2014 - art. 1 (V))
Pendant la durée de la formation, le salarié bénéficie du régime de sécurité sociale relatif à la protection en matière d'accidents du travail et de maladies professionnelles.

Art. L.6323-20 (modifié par Loi n°2018-771 du 5 septembre 2018 - art. 1 (V))
Les frais pédagogiques et les frais liés à la validation des compétences et des connaissances afférents à la formation sont pris en charge par l'organisme mentionné à l'article L.6333-1.
Par dérogation au premier alinéa du présent article, les frais pédagogiques et les frais liés à la validation des compétences et des connaissances afférents à la formation suivie dans le cadre du projet de transition professionnelle mentionné à l'article L.6323-17-1 sont pris en charge par la commission paritaire interprofessionnelle régionale mentionnée à l'article L.6323-17-6.
Les modalités selon lesquelles ces prises en charges sont réalisées sont déterminées par décret.

La validation des acquis de l'expérience (VAE)

Art. L.6411-1 (modifié par Loi n°2018-771 du 5 septembre 2018 - art. 1 (V))
La validation des acquis de l'expérience mentionnée à l'article L.6111-1 a pour objet l'acquisition d'une certification professionnelle enregistrée dans le répertoire national des certifications professionnelles mentionné à l'article L.6113-1.

Art. L.6412-1 (modifié par Loi n°2014-288 du 5 mars 2014 - art. 6)
La validation des acquis de l'expérience est régie par le II de l'article L.335-5, le premier alinéa de l'article L.613-3 et l'article L.613-4 du code de l'éducation.

Art. L.6412-2 (modifié par Loi n°2018-771 du 5 septembre 2018 - art. 1 (V))
Sous réserve des dérogations prévues aux articles L.231-4 à L.231-6 du code des relations entre le public et l'administration, le ministère ou l'organisme certificateur au sens de l'article L.6113-2 du présent code se prononce, dans un délai de deux mois à compter de la réception de la demande, sur la recevabilité du candidat à la validation des acquis de l'expérience au regard des conditions fixées aux articles L.335-5 et L.613-3 du code de l'éducation. A l'expiration de ce délai, l'absence de réponse vaut recevabilité de la demande.

Art. L.6421-1 (version en vigueur depuis le 1er mai 2018)
La validation des acquis de l'expérience ne peut être réalisée qu'avec le consentement du travailleur.

Art. L.6421-2 (version en vigueur depuis le 1er mai 2018)
Le refus d'un salarié de consentir à une action de validation des acquis de l'expérience ne constitue ni une faute ni un motif de licenciement.

Art. L.6421-3 (version en vigueur depuis le 1er mai 2018)
Les informations demandées au bénéficiaire d'une action de validation des acquis de l'expérience présentent un lien direct et nécessaire avec l'objet de la validation tel qu'il est défini à l'article L.6411-1.

Art. L.6421-4 (version en vigueur depuis le 1er mai 2018)
Les personnes dépositaires d'informations communiquées par le candidat dans le cadre de sa demande de validation sont soumises aux dispositions des articles 226-13 et 226-14 du code pénal.

Art. L.6422-1 (modifié par Loi n°2018-771 du 5 septembre 2018 - art. 1 (V))
Lorsqu'un salarié fait valider les acquis de son expérience en tout ou partie pendant le temps de travail et à son initiative, il bénéficie d'un congé à cet effet.
Le salarié demande à l'employeur une autorisation d'absence prévue à l'article L.6323-17. L'employeur peut refuser cette autorisation pour des raisons de service, motivant son report sous un délai et selon des modalités définis par décret.

Art. L.6422-2 (modifié par Loi n°2018-771 du 5 septembre 2018 - art. 9 (V))
La durée de cette autorisation d'absence ne peut excéder vingt-quatre heures par session d'évaluation. Cette durée peut être augmentée par convention ou accord collectif pour les salariés n'ayant pas atteint un niveau de qualification fixé par décret ou dont l'emploi est menacé par les évolutions économiques ou technologiques.

Art. L.6422-3 (modifié par Loi n°2018-771 du 5 septembre 2018 - art. 9 (V))
Les heures consacrées à la validation des acquis de l'expérience bénéficiant de l'autorisation prévue à l'article L.6422-1 constituent du temps de travail effectif et donnent lieu au maintien de la rémunération et de la protection sociale du salarié conformément aux articles L.6323-18 et L.6323-19 et par dérogation à l'article L. 6323-17-5.

Art. L.6422-4 (modifié par Loi n°2018-771 du 5 septembre 2018 - art. 9 (V))
Les frais afférents aux actions permettant de faire valider les acquis de l'expérience comprennent les frais de procédure et d'accompagnement déterminés par voie réglementaire.

Art. L.6422-5 (modifié par Loi n°2018-771 du 5 septembre 2018 - art. 9 (V))
Les motifs de refus des demandes de prise en charge des frais mentionnés à l'article L.6422-4 sont déterminés par voie réglementaire.

Art. L.6423-1 (modifié par Loi n°2016-1088 du 8 août 2016 - art. 78)
Toute personne dont la candidature a été déclarée recevable en application de l'article L.6412-2 peut bénéficier d'un accompagnement dans la préparation de son dossier et de son entretien avec le jury en vue de la validation des acquis de son expérience.

La région organise cet accompagnement pour les jeunes et les adultes à la recherche d'un emploi selon les modalités définies au 4° de l'article L.6121-1.
Un décret en Conseil d'Etat détermine les modalités de cet accompagnement.
Un accompagnement renforcé pour certains publics peut être prévu et financé par un accord de branche.

Art. L.6423-2 (modifié par Loi n°2018-771 du 5 septembre 2018 - art. 36)
Le comité régional de l'emploi, de la formation et de l'orientation professionnelles et France compétences assurent le suivi statistique des parcours de validation des acquis de l'expérience, selon des modalités définies par décret en Conseil d'Etat.

Le congé pour examen (apprenti)

Art. L.6322-3 (version en vigueur depuis le 1er mai 2018)
Le travailleur alerte immédiatement l'employeur de toute situation de travail dont il a un motif raisonnable de penser qu'elle présente un danger grave et imminent pour sa vie ou sa santé ainsi que de toute défectuosité qu'il constate dans les systèmes de protection.

Le congé pour acquisition de la nationalité française

Art. L.3142-75 (modifié par Loi n°2016-1088 du 8 août 2016 - art. 9)
Le salarié a le droit de bénéficier, sur justification, d'un congé pour assister à sa cérémonie d'accueil dans la citoyenneté française.
Bénéficie de ce droit, dans les mêmes conditions, le conjoint de la personne mentionnée au premier alinéa.
La durée de ce congé ne peut être imputée sur celle du congé payé annuel.

Art. L.3142-76 (modifié par Ordonnance n°2019-738 du 17 juillet 2019 - art. 15)
En cas de différend, le refus de l'employeur peut être directement contesté par le salarié devant le conseil de prud'hommes, statuant selon la procédure accélérée au fond, dans des conditions fixées par décret en Conseil d'Etat.
A défaut de réponse de l'employeur dans un délai fixé par décret, son accord est réputé acquis.
NOTA : Conformément à l'article 30 de l'ordonnance n° 2019-738 du 17 juillet 2019, ces dispositions s'appliquent aux demandes introduites à compter du 1er janvier 2020.

Art. L.3142-77 (modifié par Loi n°2016-1088 du 8 août 2016 - art. 9)
Pour mettre en œuvre le droit à congé du salarié mentionné à l'article L.3142-75, une convention ou un accord collectif d'entreprise ou, à défaut, une convention ou un accord de branche déterminent la durée de ce congé.

Art. L.3142-78 (modifié par Loi n°2016-1088 du 8 août 2016 - art. 9)
A défaut de convention ou d'accord mentionné à l'article L.3142-77, la durée du congé est d'une demi-journée.

Le droit de retrait

Art. L.4131-1 (version en vigueur depuis le 1er mai 2018)
Le travailleur alerte immédiatement l'employeur de toute situation de travail dont il a un motif raisonnable de penser qu'elle présente un danger grave et imminent pour sa vie ou sa santé ainsi que de toute défectuosité qu'il constate dans les systèmes de protection.
Il peut se retirer d'une telle situation.

L'employeur ne peut demander au travailleur qui a fait usage de son droit de retrait de reprendre son activité dans une situation de travail où persiste un danger grave et imminent résultant notamment d'une défectuosité du système de protection.

Art. L.4131-2 (version en vigueur depuis le 1er mai 2018)
Le représentant du personnel au comité d'hygiène, de sécurité et des conditions de travail, qui constate qu'il existe une cause de danger grave et imminent, notamment par l'intermédiaire d'un travailleur, en alerte immédiatement l'employeur selon la procédure prévue au premier alinéa de l'article L.4132-2.

Art. L.4131-3 (version en vigueur depuis le 1er mai 2018)
Aucune sanction, aucune retenue de salaire ne peut être prise à l'encontre d'un travailleur ou d'un groupe de travailleurs qui se sont retirés d'une situation de travail dont ils avaient un motif raisonnable de penser qu'elle présentait un danger grave et imminent pour la vie ou pour la santé de chacun d'eux.

Art. L.4131-4 (version en vigueur depuis le 1er mai 2018)
Le bénéfice de la faute inexcusable de l'employeur prévue à l'article L.452-1 du code de la sécurité sociale est de droit pour le ou les travailleurs qui seraient victimes d'un accident du travail ou d'une maladie professionnelle alors qu'eux-mêmes ou un représentant du personnel au comité d'hygiène, de sécurité et des conditions de travail avaient signalé à l'employeur le risque qui s'est matérialisé.

Art. L.4132-1 (version en vigueur depuis le 1er mai 2018)
Le droit de retrait est exercé de telle manière qu'elle ne puisse créer pour autrui une nouvelle situation de danger grave et imminent.

Art. L.4132-2 (version en vigueur depuis le 1er mai 2018)
Lorsque le représentant du personnel au comité d'hygiène, de sécurité et des conditions de travail alerte l'employeur en application de l'article L.4131-2, il consigne son avis par écrit dans des conditions déterminées par voie réglementaire.
L'employeur procède immédiatement à une enquête avec le représentant du comité d'hygiène, de sécurité et des conditions de travail qui lui a signalé le danger et prend les dispositions nécessaires pour y remédier.

Art. L.4132-3 (version en vigueur depuis le 1er mai 2018)
En cas de divergence sur la réalité du danger ou la façon de le faire cesser, notamment par arrêt du travail, de la machine ou de l'installation, le comité d'hygiène, de sécurité et des conditions de travail est réuni d'urgence, dans un délai n'excédant pas vingt-quatre heures.
L'employeur informe immédiatement l'inspecteur du travail et l'agent du service de prévention de la caisse régionale d'assurance maladie, qui peuvent assister à la réunion du comité d'hygiène, de sécurité et des conditions de travail.

Art. L.4132-4 (version en vigueur depuis le 1er mai 2018)
A défaut d'accord entre l'employeur et la majorité du comité d'hygiène, de sécurité et des conditions de travail sur les mesures à prendre et leurs conditions d'exécution, l'inspecteur du travail est saisi immédiatement par l'employeur.
L'inspecteur du travail met en œuvre soit l'une des procédures de mise en demeure prévues à l'article L.4721-1, soit la procédure de référé prévue aux articles L.4732-1 et L.4732-2.

Art. L.4132-5 (version en vigueur depuis le 1er mai 2018)
L'employeur prend les mesures et donne les instructions nécessaires pour permettre aux travailleurs, en cas de danger grave et imminent, d'arrêter leur activité et de se mettre en sécurité en quittant immédiatement le lieu de travail.

La grève

Art. L.2511-1 (version en vigueur depuis le 1er mai 2018)
L'exercice du droit de grève ne peut justifier la rupture du contrat de travail, sauf faute lourde imputable au salarié.
Son exercice ne peut donner lieu à aucune mesure discriminatoire telle que mentionnée à l'article L.1132-2, notamment en matière de rémunérations et d'avantages sociaux.
Tout licenciement prononcé en absence de faute lourde est nul de plein droit.

Art. L.1132-2 (version en vigueur depuis le 1er mai 2018)
Aucun salarié ne peut être sanctionné, licencié ou faire l'objet d'une mesure discriminatoire mentionnée à l'article L.1132-1 en raison de l'exercice normal du droit de grève.

L'activité partielle

Art. R.5122-1 (modifié par Décret n°2013-551 du 26 juin 2013 - art. 2 & art. 3)
L'employeur peut placer ses salariés en position d'activité partielle lorsque l'entreprise est contrainte de réduire ou de suspendre temporairement son activité pour l'un des motifs suivants :
1° La conjoncture économique ;
2° Des difficultés d'approvisionnement en matières premières ou en énergie ;
3° Un sinistre ou des intempéries de caractère exceptionnel ;
4° La transformation, restructuration ou modernisation de l'entreprise ;
5° Toute autre circonstance de caractère exceptionnel.

Art. R.5122-2 (modifié par Décret n°2020-325 du 25 mars 2020 - art. 1)
L'employeur adresse au préfet du département où est implanté l'établissement concerné une demande préalable d'autorisation d'activité partielle.
La demande précise :
1° Les motifs justifiant le recours à l'activité partielle ;
2° La période prévisible de sous-activité ;
3° Le nombre de salariés concernés.
Elle est accompagnée de l'avis préalable du comité social et économique, si l'entreprise en est dotée. Par dérogation, dans les cas prévus au 3° ou au 5° de l'article R. 5122-1, cet avis peut être recueilli postérieurement à la demande mentionnée au premier alinéa, et transmis dans un délai d'au plus deux mois à compter de cette demande. en application de l'article L.2312-17.
Lorsque la demande s'effectue sur le fondement du II de l'article R. 5122-9, elle mentionne les engagements que l'employeur propose de souscrire.
La demande d'autorisation est adressée par voie dématérialisée dans les conditions fixées par l'article R. 5122-26.
NOTA : Conformément à l'article 2 du décret n° 2020-325 du 25 mars 2020 :
I.– Les dispositions du présent décret s'appliquent aux demandes d'indemnisation adressées ou renouvelées à l'Agence de services et de paiement en application de l'article R. 5122-5 du code du travail à compter de la date d'entrée en vigueur du présent décret, au titre du placement en position d'activité partielle de salariés depuis le 1er mars 2020.
II.– Par dérogation au I, pendant une période de douze mois à compter de l'entrée en vigueur du présent décret, les employeurs peuvent continuer d'appliquer les dispositions de l'article R. 5122-17 du même code, dans leur réaction antérieure au présent décret, en lieu et place des dispositions du 16° de l'article R.3243-1 du même code.

Art. R.5122-3 (modifié par Décret n°2020-325 du 25 mars 2020 - art. 1)
Par dérogation à l'article R. 5122-2, l'employeur dispose d'un délai de trente jours à compter du placement des salariés en activité partielle pour adresser sa demande par tout moyen donnant date certaine à sa réception :

1° En cas de suspension d'activité due à un sinistre ou à des intempéries prévues au 3° de l'article R. 5122-1 ;
2° En cas de circonstance de caractère exceptionnel prévue au 5° de l'article R. 5122-1.

NOTA : Conformément à l'article 2 du décret n° 2020-325 du 25 mars 2020 :

I.– Les dispositions du présent décret s'appliquent aux demandes d'indemnisation adressées ou renouvelées à l'Agence de services et de paiement en application de l'article R. 5122-5 du code du travail à compter de la date d'entrée en vigueur du présent décret, au titre du placement en position d'activité partielle de salariés depuis le 1er mars 2020.

II.– Par dérogation au I, pendant une période de douze mois à compter de l'entrée en vigueur du présent décret, les employeurs peuvent continuer d'appliquer les dispositions de l'article R. 5122-17 du même code, dans leur réaction antérieure au présent décret, en lieu et place des dispositions du 16° de l'article R.3243-1 du même code.

III.– Jusqu'au 31 décembre 2020, le délai mentionné aux premier et troisième alinéas de l'article R. 5122-4 du code du travail au terme duquel le silence vaut acceptation implicite de la demande préalable d'autorisation d'activité partielle est ramené à deux jours.

Art. R.5122-4 (modifié par Décret n°2017-1819 du 29 décembre 2017 - art. 3)
La décision d'autorisation ou de refus, signée par le préfet, est notifiée à l'employeur dans un délai de quinze jours à compter de la date de réception de la demande d'autorisation.
La décision d'autorisation précise notamment les coordonnées bancaires de l'employeur.
L'absence de décision dans un délai de quinze jours vaut acceptation implicite de la demande.
La décision de refus est motivée.
La décision du préfet est notifiée par voie dématérialisée à l'employeur. Celui-ci en informe le comité social et économique.

Art. R.5122-5 (modifié par Décret n°2014-740 du 30 juin 2014 - art. 3)
En cas de décision d'autorisation expresse ou tacite prévue à l'article R. 5122-4, l'employeur peut adresser à l'Agence de services et de paiement une demande d'indemnisation au titre de l'allocation d'activité partielle prévue à l'article L. 5122-1.
Cette demande comporte :

1° Des informations relatives à l'identité de l'employeur ;
2° La liste nominative des salariés concernés ainsi que le numéro d'inscription au répertoire national d'identification des personnes physiques ;
3° Les états nominatifs précisant notamment le nombre d'heures chômées par salarié.

Pour les établissements appliquant un accord d'aménagement du temps de travail sur une période supérieure à la semaine et inférieure à l'année, l'employeur y joint, dans le cas où il ne souhaite pas un remboursement à la fin de la période, une demande de remboursement mensuel.
La demande est adressée par voie dématérialisée à l'Agence de services et de paiement qui se charge d'en assurer la conservation selon des modalités garantissant l'intégrité des informations reçues.
Après vérification, l'Agence de services et de paiement liquide l'allocation d'activité partielle selon les modalités fixées aux articles R. 5122-14 à R. 5122-17.

Art. R.5122-6 (modifié par Décret n°2013-551 du 26 juin 2013 - art. 2 & art. 8)
L'allocation d'activité partielle est attribuée dans la limite d'un contingent annuel d'heures indemnisables fixé, en tenant compte de la situation économique, par arrêté du ministre chargé de l'emploi.

Cette limite ne peut être dépassée que dans des cas exceptionnels résultant de la situation particulière de l'entreprise, sur décision conjointe des ministres chargés de l'emploi et du budget.

Art. R.5122-7 (modifié par Décret n°2020-325 du 25 mars 2020 - art. 1)
Au sein du contingent annuel d'heures indemnisables, l'arrêté du ministre chargé de l'emploi fixe le nombre d'heures pouvant être indemnisées en cas d'activité partielle justifiée par l'un des motifs prévus au 4° de l'article R. 5122-1.
Cette limite ne peut être dépassée que dans des cas exceptionnels résultant de la situation particulière de l'entreprise, sur décision conjointe du préfet de département et du directeur départemental des finances publiques.
NOTA : Conformément à l'article 2 du décret n° 2020-325 du 25 mars 2020 :

I.– Les dispositions du présent décret s'appliquent aux demandes d'indemnisation adressées ou renouvelées à l'Agence de services et de paiement en application de l'article R. 5122-5 du code du travail à compter de la date d'entrée en vigueur du présent décret, au titre du placement en position d'activité partielle de salariés depuis le 1er mars 2020.

II.– Par dérogation au I, pendant une période de douze mois à compter de l'entrée en vigueur du présent décret, les employeurs peuvent continuer d'appliquer les dispositions de l'article R. 5122-17 du même code, dans leur réaction antérieure au présent décret, en lieu et place des dispositions du 16° de l'article R.3243-1 du même code.

III.– Jusqu'au 31 décembre 2020, le délai mentionné aux premier et troisième alinéas de l'article R. 5122-4 du code du travail au terme duquel le silence vaut acceptation implicite de la demande préalable d'autorisation d'activité partielle est ramené à deux jours.

Art. R.5122-8 (modifié par Décret n°2020-325 du 25 mars 2020 - art. 1)
Ne peuvent bénéficier de l'allocation et de l'indemnité d'activité partielle les employeurs et leurs salariés quand la réduction ou la suspension de l'activité est provoquée par un différend collectif de travail intéressant l'établissement dans lequel ces salariés sont employés. Toutefois, dans le cas d'une fermeture de l'entreprise ou d'un service décidée par l'employeur suite à une grève, le versement des allocations et des indemnités peut être autorisé par décision du ministre chargé de l'emploi, si la fermeture se prolonge plus de trois jours.
NOTA : Idem Nota R.5122-7

Art. R.5122-9 (modifié par Décret n°2020-325 du 25 mars 2020 - art. 1)

I.– Une autorisation d'activité partielle peut être accordée pour une durée maximum de douze mois. Elle peut être renouvelée dans les conditions fixées au II.

II.– Lorsque l'employeur a, préalablement à sa demande, déjà placé ses salariés en activité partielle au cours des trente-six mois précédant la date de dépôt de la demande d'autorisation, celle-ci mentionne les engagements souscrits par l'employeur.
Ces engagements peuvent notamment porter sur :
- 1° Le maintien dans l'emploi des salariés pendant une durée pouvant atteindre le double de la période d'autorisation ;
- 2° Des actions spécifiques de formation pour les salariés placés en activité partielle ;;
- 3° Des actions en matière de gestion prévisionnelle des emplois et des compétences ;
- 4° Des actions visant à rétablir la situation économique de l'entreprise.

L'autorité administrative fixe ces engagements en tenant compte de la situation de l'entreprise, d'un éventuel accord collectif sur les conditions du recours à l'activité partielle ou, à défaut, des propositions figurant dans la demande d'autorisation ainsi que de la récurrence du recours à l'activité partielle dans l'établissement.

III.– Les engagements sont notifiés dans la décision d'autorisation.

IV.– L'autorité administrative s'assure du respect des engagements souscrits par l'employeur.
NOTA : Idem Nota R.5122-7

Art. R.5122-10 (modifié par Décret n°2013-551 du 26 juin 2013 - art. 2 & art. 12)
L'autorité administrative demande à l'employeur le remboursement des sommes perçues au titre de l'allocation d'activité partielle en cas de non-respect par l'entreprise, sans motif légitime, des engagements mentionnés dans la décision d'autorisation.
Le remboursement peut ne pas être exigé s'il est incompatible avec la situation économique et financière de l'entreprise.

Art. R.5122-11 (modifié par Décret n°2013-551 du 26 juin 2013 - art. 2 & art. 13)
Les heures non travaillées au titre de l'activité partielle font l'objet du versement de l'allocation dans la limite de la durée légale ou, lorsqu'elle est inférieure, la durée collective du travail ou la durée stipulée au contrat sur la période considérée. Au-delà de la durée légale ou, lorsqu'elle est inférieure, la durée collective du travail ou la durée stipulée au contrat sur la période considérée, les heures non travaillées au titre de l'activité partielle sont considérées comme chômées mais n'ouvrent pas droit au versement par l'Etat à l'employeur de l'allocation d'activité partielle et au versement par l'employeur au salarié de l'indemnité prévues à l'article L. 5122-1.
La totalité des heures chômées est prise en compte pour le calcul de l'acquisition des droits à congés payés. Elle est également prise en compte pour la répartition de la participation et de l'intéressement lorsque cette répartition est proportionnelle à la durée de présence du salarié. Lorsque cette répartition est proportionnelle au salaire, les salaires à prendre en compte sont ceux qu'aurait perçus le salarié s'il n'avait pas été placé en activité partielle.

Art. R.5122-12 (modifié par Décret n°2020-325 du 25 mars 2020 - art. 1)
Le taux horaire de l'allocation d'activité partielle versée à l'employeur correspond, pour chaque salarié autorisé à être placé en activité partielle, à un pourcentage de la rémunération horaire antérieure brute calculée dans les conditions du II de l'article L.3141-24 et du premier alinéa de l'article R. 5122-18. Un décret détermine ce pourcentage, ainsi que le minimum de ce taux horaire et la rémunération maximale prise en compte pour le calcul de l'allocation.
NOTA : Idem Nota R.5122-7

Art. R.5122-13 (modifié par Décret n°2020-325 du 25 mars 2020 - art. 1)
Le taux horaire de l'allocation d'activité partielle est égal pour chaque salarié concerné à 70 % de la rémunération horaire brute telle que calculée à l'article R. 5122-12, limitée à 4,5 fois le taux horaire du salaire minimum interprofessionnel de croissance.
Ce taux horaire ne peut être inférieur à 8,03 euros. Ce minimum n'est pas applicable dans les cas mentionnés au troisième alinéa de l'article R. 5122-18.
NOTA : Idem Nota R.5122-7

Art. R.5122-14 (modifié par Décret n°2013-551 du 26 juin 2013 - art. 2 & art. 16)
L'allocation d'activité partielle est liquidée mensuellement par l'Agence de services et de paiement pour le compte de l'Etat et de l'organisme gestionnaire du régime d'assurance chômage.
Les indemnités mentionnées au II de l'article L. 5122-1 sont versées aux salariés à la date normale de paie par l'employeur.

Art. R.5122-16 (modifié par Décret n°2013-551 du 26 juin 2013 - art. 2 & art. 17)
En cas de procédure de sauvegarde ou de redressement ou de liquidation judiciaire, ou de difficultés financières de l'employeur, le préfet, ou sur délégation le directeur régional des entreprises, de la concurrence, de la consommation, du travail et de l'emploi, peut faire procéder au paiement direct par l'Agence de services et, de paiement de l'allocation d'activité partielle aux salariés.

La procédure de paiement direct par l'Agence de services et, de paiement de l'allocation aux salariés peut également être employée pour assurer, sous le contrôle des services de l'emploi, l'indemnisation des travailleurs à domicile habituellement employés par plusieurs employeurs.

Art. R.5122-17 (modifié par Décret n°2020-325 du 25 mars 2020 - art. 1)
Dans les cas prévus à l'article R. 5122-16, un document comportant les mentions prévues au 16° de l'article R.3243-1 est remis au salarié par l'Agence de services et de paiement.
NOTA : Idem Nota R.5122-7

Art. R.5122-18 (modifié par Décret n°2016-1551 du 18 novembre 2016 - art. 6)
Le salarié placé en activité partielle reçoit une indemnité horaire, versée par son employeur, correspondant à 70 % de sa rémunération brute servant d'assiette de l'indemnité de congés payés telle que prévue au II de l'article L.3141-24 ramenée à un montant horaire sur la base de la durée légale du travail applicable dans l'entreprise ou, lorsqu'elle est inférieure, la durée collective du travail ou la durée stipulée au contrat de travail.
Pendant les actions de formation mentionnées à l'article L. 5122-2 mises en œuvre pendant les heures chômées, cette indemnité horaire est portée à 100 % de la rémunération nette antérieure du salarié.
Pour les salariés en contrat d'apprentissage ou de professionnalisation, l'allocation mentionnée à l'article L. 5122-1 ne peut être supérieure au montant de l'indemnité horaire due par l'employeur.

Art. R.5122-19 (modifié par Décret n°2020-325 du 25 mars 2020 - art. 1)
Le nombre d'heures pouvant justifier de l'attribution de l'allocation d'activité partielle correspond à la différence entre la durée légale du travail sur la période considérée ou, lorsqu'elle est inférieure, la durée collective du travail ou la durée stipulée au contrat, et le nombre d'heures travaillées sur ladite période.
Lorsque la durée du travail du salarié est fixée par forfait en heures ou en jours sur l'année, en application des articles L.3121-56 et L.3121-58, est prise en compte la durée légale correspondant aux jours de fermeture de l'établissement ou aux jours de réduction de l'horaire de travail pratiquée dans l'établissement, à due proportion de cette réduction.
Lorsque le salarié est employé dans le cadre d'un régime d'équivalence tel que prévu aux articles L.3121-13 à L.3121-15, est déduit de la durée légale mentionnée au premier alinéa le nombre d'heures rémunérées sur la période considérée.
Pour l'application du présent article, la durée légale du travail et la durée stipulée au contrat sont définies sur la période considérée en tenant compte du nombre de mois entiers, du nombre de semaines entières et du nombre de jours ouvrés.
NOTA : Idem Nota R.5122-7

Art. L. 5122-1 (modifié par Loi n°2018-1317 du 28 décembre 2018 - art. 272 (V))

I.– Les salariés sont placés en position d'activité partielle, après autorisation expresse ou implicite de l'autorité administrative, s'ils subissent une perte de rémunération imputable :
- soit à la fermeture temporaire de leur établissement ou partie d'établissement ;
- soit à la réduction de l'horaire de travail pratiqué dans l'établissement ou partie d'établissement en deçà de la durée légale de travail.

En cas de réduction collective de l'horaire de travail, les salariés peuvent être placés en position d'activité partielle individuellement et alternativement.

II.– Les salariés reçoivent une indemnité horaire, versée par leur employeur, correspondant à une part de leur rémunération antérieure dont le pourcentage est fixé par décret en Conseil d'Etat. L'employeur perçoit une allocation financée conjointement par l'Etat et l'organisme gestionnaire du régime d'assurance chômage. Une convention conclue entre l'Etat et cet organisme détermine les modalités de financement de cette allocation.

Le contrat de travail des salariés placés en activité partielle est suspendu pendant les périodes où ils ne sont pas en activité.

III.– L'autorité administrative peut définir des engagements spécifiquement souscrits par l'employeur en contrepartie de l'allocation qui lui est versée, en tenant compte des stipulations de l'accord collectif d'entreprise relatif à l'activité partielle, lorsqu'un tel accord existe. Un décret en Conseil d'Etat fixe les modalités selon lesquelles sont souscrits ces engagements.

IV.– Sont prescrites, au profit de l'Etat et de l'organisme gestionnaire de l'assurance chômage, les créances constituées au titre de l'allocation mentionnée au II pour lesquelles l'employeur n'a pas déposé de demande de versement auprès de l'autorité administrative dans un délai d'un an à compter du terme de la période couverte par l'autorisation de recours à l'activité partielle.

Art. L. 5122-2 (modifié par Loi n°2013-504 du 14 juin 2013 - art. 16(V))

Les salariés placés en activité partielle peuvent bénéficier, pendant les périodes où ils ne sont pas en activité, de l'ensemble des actions et de la formation mentionnées aux articles L.6313-1 et L.6314-1 réalisées notamment dans le cadre du plan de formation.

Dans ce cas, le pourcentage mentionné au II de l'article L. 5122-1 est majoré dans des conditions prévues par décret en Conseil d'Etat.

Art. L.5122-4 (modifié par Loi n°2013-504 du 14 juin 2013 - art. 16(V))

Le régime social et fiscal applicable aux contributions mentionnées à l'article L. 5422-10 est applicable à l'indemnité versée au salarié.

Cette indemnité est cessible et saisissable dans les mêmes conditions et limites que les salaires.

Les congés pour engagement associatif, politique ou militant

Le congé mutualiste de formation

Art. L.3142-36 (modifié par Loi n°2016-1088 du 8 août 2016 - art. 9)

Tout administrateur d'une mutuelle, d'une union ou d'une fédération, au sens de l'article L.114-16 du code de la mutualité, a droit, chaque année, à un congé de formation.

Art. L.3142-37 (modifié par Loi n°2016-1088 du 8 août 2016 - art. 9)

La durée du congé ne peut être imputée sur la durée du congé payé annuel. Elle est assimilée à une période de travail effectif pour la détermination des droits à congés payés ainsi que pour l'ensemble des autres droits résultant pour l'intéressé de son contrat de travail.

Art. L.3142-38 (modifié par Loi n°2016-1088 du 8 août 2016 - art. 9)

Un décret en Conseil d'Etat détermine les modalités d'application de la présente sous-section, notamment :

1° Les conditions dans lesquelles l'employeur peut différer le congé en raison des nécessités propres de l'entreprise ou de son exploitation ;

2° Les conditions dans lesquelles est établie la liste des stages ouvrant droit au congé mutualiste de formation et des organismes susceptibles de dispenser ces stages ;

3° Les conditions dans lesquelles le congé est attribué aux agents des services publics et des entreprises publiques ;

4° Les conditions dans lesquelles le congé est attribué au salarié bénéficiant d'un régime de congé plus avantageux que celui qui résulte du chapitre Ier.

Art. L.3142-39 (modifié par Ordonnance n°2019-738 du 17 juillet 2019 - art. 15)
En cas de différend, le refus de l'employeur peut être directement contesté par le salarié devant le conseil de prud'hommes, statuant selon la procédure accélérée au fond, dans des conditions fixées par décret en Conseil d'Etat.
NOTA : Conformément à l'article 30 de l'ordonnance n° 2019-738 du 17 juillet 2019, ces dispositions s'appliquent aux demandes introduites à compter du 1er janvier 2020.

Art. L.3142-40 (modifié par Loi n°2016-1088 du 8 août 2016 - art. 9)
Pour mettre en œuvre le droit à congé du salarié mentionné à l'article L.3142-36, une convention ou un accord collectif d'entreprise ou, à défaut, une convention ou un accord de branche détermine :
1° La durée totale maximale du congé ;
2° Le délai dans lequel le salarié informe l'employeur de sa demande de congé ;
3° Les règles selon lesquelles est déterminé, par établissement, le nombre maximal de salariés susceptibles de bénéficier de ce congé au cours d'une année.

Art. L.3142-41 (modifié par Loi n°2016-1088 du 8 août 2016 - art. 9)
A défaut de convention ou d'accord mentionné à l'article L.3142-40, les dispositions suivantes sont applicables :
1° Le nombre maximal de jours pouvant être pris au titre du congé est de neuf jours ouvrables par an ;
2° Le délai dans lequel le salarié informe l'employeur de sa demande de congé est fixé par décret ;
3° Les règles selon lesquelles est déterminé, par établissement, le nombre maximal de salariés susceptibles de bénéficier de ce congé au cours d'une année sont définies par décret en Conseil d'Etat.

Le congé de participation aux instances d'emploi et de formation professionnelle ou à un jury d'examen

Art. L.3142-42 (modifié par Loi n°2016-1088 du 8 août 2016 - art. 9)
Lorsqu'un salarié est désigné pour siéger dans une commission, un conseil ou un comité administratif ou paritaire appelé à traiter des problèmes d'emploi et de formation, l'employeur lui accorde le temps nécessaire pour participer aux réunions de ces instances.
La liste de ces instances est fixée par arrêté interministériel.
Lorsqu'un salarié est désigné pour participer à un jury d'examen ou de validation des acquis de l'expérience, l'employeur lui accorde une autorisation d'absence pour participer à ce jury.

Art. L.3142-43 (modifié par Loi n°2016-1088 du 8 août 2016 - art. 9)
La participation du salarié aux réunions et jurys mentionnés à l'article L.3142-42 n'entraîne aucune réduction de la rémunération.
La durée des congés correspondants ne peut être imputée sur celle du congé payé annuel.

Art. L.3142-44 (modifié par Loi n°2018-771 du 5 septembre 2018 - art. 45 (V))
Un décret détermine les conditions dans lesquelles les dépenses afférentes au maintien du salaire et au remboursement des frais de déplacement sont supportées par les instances et jurys mentionnés à l'article L.3142-42 ou par l'entreprise.

Art. L.3142-45 (modifié par Ordonnance n°2019-738 du 17 juillet 2019 - art. 15)
Le bénéfice du congé peut être refusé par l'employeur s'il estime que cette absence est susceptible d'avoir des conséquences préjudiciables à la bonne marche de l'entreprise.
Le refus de l'employeur intervient après avis du comité social et économique. Il est motivé.

En cas de différend, le refus de l'employeur peut être directement contesté par le salarié devant le conseil de prud'hommes, statuant selon la procédure accélérée au fond, dans des conditions fixées par décret en Conseil d'Etat.
NOTA : Conformément à l'article 30 de l'ordonnance n° 2019-738 du 17 juillet 2019, ces dispositions s'appliquent aux demandes introduites à compter du 1er janvier 2020.

Art. L.3142-46 (modifié par Loi n°2016-1088 du 8 août 2016 - art. 9)
Pour mettre en œuvre le droit à congé du salarié mentionné à l'article L.3142-42, une convention ou un accord collectif d'entreprise ou, à défaut, une convention ou un accord de branche détermine les délais dans lesquels le salarié adresse sa demande de congé.

Art. L.3142-47 (modifié par Loi n°2016-1088 du 8 août 2016 - art. 9)
A défaut de convention ou d'accord mentionné à l'article L.3142-46, un décret fixe les délais dans lesquels le salarié adresse sa demande de congé.

Le congé pour catastrophe naturelle

Art. L.3142-48 (modifié par Loi n°2016-1088 du 8 août 2016 - art. 9)
Le salarié résidant ou habituellement employé dans une zone touchée par une catastrophe naturelle a droit à un congé, pris en une ou plusieurs fois, pour participer aux activités d'organismes apportant une aide aux victimes de catastrophes naturelles.

Art. L.3142-49 (modifié par Loi n°2016-1088 du 8 août 2016 - art. 9)
En cas d'urgence, le congé peut être pris sous préavis de vingt-quatre heures.

Art. L.3142-50 (modifié par Loi n°2016-1088 du 8 août 2016 - art. 9)
La durée du congé ne peut être imputée sur la durée du congé payé annuel.

Art. L.3142-51 (modifié par Ordonnance n°2019-738 du 17 juillet 2019 - art. 15)
Le bénéfice du congé peut être refusé par l'employeur s'il estime que cette absence est susceptible d'avoir des conséquences préjudiciables à la bonne marche de l'entreprise.
Le refus de l'employeur intervient après avis du comité social et économique. Il est motivé.
En cas de différend, le refus de l'employeur peut être directement contesté par le salarié devant le conseil de prud'hommes, statuant selon la procédure accélérée au fond, dans des conditions fixées par décret en Conseil d'Etat.
NOTA : Conformément à l'article 30 de l'ordonnance n° 2019-738 du 17 juillet 2019, ces dispositions s'appliquent aux demandes introduites à compter du 1er janvier 2020.

Art. L.3142-52 (modifié par Loi n°2016-1088 du 8 août 2016 - art. 9)
Pour mettre en œuvre le droit à congé du salarié mentionné à l'article L.3142-48, une convention ou un accord collectif d'entreprise ou, à défaut, une convention ou un accord de branche détermine :
1° La durée totale maximale du congé ;
2° Les délais dans lesquels le salarié adresse sa demande de congé.

Art. L.3142-53 (modifié par Loi n°2016-1088 du 8 août 2016 - art. 9)
A défaut de convention ou d'accord mentionné à l'article L.3142-52 :
1° La durée maximale du congé est de vingt jours par an ;
2° Les délais dans lesquels le salarié adresse sa demande de congé sont fixés par décret.

Le congé de formation de cadres et d'animateurs pour la jeunesse

Art. L.3142-54 (modifié par Loi n°2016-1088 du 8 août 2016 - art. 9)
Le salarié âgé de moins de vingt-cinq ans souhaitant participer aux activités des organisations de jeunesse et d'éducation populaire et des fédérations et associations sportives agréées par l'autorité administrative destinées à favoriser la préparation et la formation ou le perfectionnement de cadres et animateurs a droit, chaque année, à un congé de formation de cadres et d'animateurs pour la jeunesse pouvant être pris en une ou deux fois à la demande du bénéficiaire.

Art. L.3142-54-1 (créé par Loi n°2017-86 du 27 janvier 2017 - art. 10)
Un congé est accordé chaque année, à sa demande, sans condition d'âge :

1° A tout salarié désigné pour siéger à titre bénévole dans l'organe d'administration ou de direction d'une association régie par la loi du 1er juillet 1901 relative au contrat d'association ou inscrite au registre des associations en application du code civil local applicable dans les départements du Bas-Rhin, du Haut-Rhin et de la Moselle, déclarée depuis trois ans au moins et dont l'ensemble des activités est mentionné au b du 1 de l'article 200 du code général des impôts, et à tout salarié exerçant à titre bénévole des fonctions de direction ou d'encadrement au sein d'une telle association ;

2° A tout salarié membre d'un conseil citoyen dont la composition a été reconnue par le représentant de l'Etat dans le département dans les conditions prévues à l'article 7 de la loi n° 2014-173 du 21 février 2014 de programmation pour la ville et la cohésion urbaine, pour siéger dans les instances internes du conseil citoyen et participer aux instances de pilotage du contrat de ville, y compris celles relatives aux projets de renouvellement urbain ;

3° A toute personne, non administrateur, apportant à une mutuelle, union ou fédération, en dehors de tout contrat de travail, un concours personnel et bénévole, dans le cadre d'un mandat pour lequel elle a été statutairement désignée ou élue.

Ce congé peut être fractionné en demi-journées.

Art. L.3142-55 (modifié par Loi n°2016-1088 du 8 août 2016 - art. 9)
La durée du congé ne peut être imputée sur la durée du congé payé annuel et est assimilée à une période de travail effectif pour la détermination des droits à congés payés ainsi que pour l'ensemble des autres droits résultant pour l'intéressé de son contrat de travail.

Art. L.3142-56 (modifié par Loi n°2016-1088 du 8 août 2016 - art. 9)
Un décret en Conseil d'Etat détermine, pour l'application de la présente sous-section :

1° Les conditions dans lesquelles l'employeur peut différer le congé en raison des nécessités propres de l'entreprise ou de son exploitation ;

2° Les conditions dans lesquelles les salariés âgés de plus de vingt-cinq ans peuvent être exceptionnellement admis à bénéficier du congé ;

3° Les conditions dans lesquelles le congé est attribué aux agents des services publics et des entreprises publiques ;

4° Les conditions dans lesquelles le congé est attribué au salarié bénéficiant d'un régime de congés payés plus avantageux que celui qui résulte du chapitre Ier.

Art. L.3142-57 (modifié par Ordonnance n°2019-738 du 17 juillet 2019 - art. 15)
En cas de différend, le refus de l'employeur peut être directement contesté par le salarié devant le conseil de prud'hommes, statuant selon la procédure accélérée au fond, dans des conditions fixées par décret en Conseil d'Etat.
NOTA : Conformément à l'article 30 de l'ordonnance n° 2019-738 du 17 juillet 2019, ces dispositions s'appliquent aux demandes introduites à compter du 1er janvier 2020.

Art. L.3142-58 (modifié par Loi n°2017-86 du 27 janvier 2017 - art. 10)
Pour mettre en œuvre le droit à congé du salarié mentionné aux articles L.3142-54 et L.3142-54-1, une convention ou un accord collectif d'entreprise ou, à défaut, une convention ou un accord de branche détermine :

1° La durée totale maximale du congé et les conditions de son cumul avec le congé de formation économique, sociale et syndicale prévu aux articles L.2145-5 à L.2145-13 ;
2° Le délai dans lequel le salarié adresse sa demande de congé à l'employeur ;
3° Les règles selon lesquelles est déterminé, par établissement, le nombre maximal de salariés susceptibles de bénéficier de ce congé au cours d'une année.

Art. L.3142-58-1 (créé par Loi n°2017-86 du 27 janvier 2017 - art. 10)
Pour mettre en œuvre le droit à congé du salarié mentionné à l'article L.3142-54-1, une convention ou un accord d'entreprise ou, à défaut, un accord de branche peut fixer les conditions de maintien de la rémunération du salarié pendant la durée de son congé.

Art. L.3142-59 (modifié par Loi n°2016-1088 du 8 août 2016 - art. 9)
A défaut de convention ou d'accord mentionné à l'article L.3142-58, les dispositions suivantes sont applicables :

1° Le nombre maximal total de jours pouvant être pris au titre du congé est de six jours ouvrables par an ;
2° Le congé ne peut se cumuler avec le congé de formation économique, sociale et syndicale qu'à concurrence de douze jours ouvrables pour une même année ;
3° Le délai dans lequel le salarié adresse sa demande de congé à l'employeur est fixé par décret ;
4° Les règles selon lesquelles est déterminé, par établissement, le nombre maximal de salariés susceptibles de bénéficier de ce congé sont fixées par décret en Conseil d'Etat.

Le congé de représentation

Art. L.3142-60 (modifié par Loi n°2016-1088 du 8 août 2016 - art. 9)
Lorsqu'un salarié est désigné représentant d'une association régie par la loi du 1er juillet 1901 relative au contrat d'association ou inscrite au registre des associations en application du code civil local applicable aux départements du Bas-Rhin, du Haut-Rhin et de la Moselle ou d'une mutuelle au sens du code de la mutualité pour siéger dans une instance, que celle-ci soit consultative ou non, instituée par une disposition législative ou réglementaire auprès d'une autorité de l'Etat ou d'une collectivité territoriale, l'employeur lui accorde le temps nécessaire pour participer aux réunions de cette instance.

Art. L.3142-61 (modifié par Loi n°2016-1088 du 8 août 2016 - art. 9)
Le salarié bénéficiant du congé de représentation qui subit, à cette occasion, une diminution de rémunération reçoit de l'Etat ou de la collectivité territoriale une indemnité compensant, en totalité ou partiellement, le cas échéant sous forme forfaitaire, la diminution de sa rémunération.
L'employeur peut décider de maintenir cette rémunération en totalité ou en partie, au-delà de l'indemnité compensatrice. Dans ce cas, les sommes versées peuvent faire l'objet d'une déduction fiscale, dans les conditions fixées à l'article 238 bis du code général des impôts.

Art. L.3142-62 (modifié par Loi n°2016-1088 du 8 août 2016 - art. 9)
Le congé de représentation peut être fractionné en demi-journées.
Sa durée ne peut être imputée sur la durée du congé payé annuel et est assimilée à une période de travail effectif pour la détermination des droits à congés payés ainsi que pour l'ensemble des autres droits résultant pour l'intéressé de son contrat de travail.

Art. L.3142-63 (modifié par Ordonnance n°2019-738 du 17 juillet 2019 - art. 15)
Le bénéfice du congé peut être refusé par l'employeur s'il estime que cette absence est susceptible d'avoir des conséquences préjudiciables à la bonne marche de l'entreprise.
Le refus de l'employeur intervient après avis du comité social et économique. Il est motivé.
En cas de différend, le refus de l'employeur peut être directement contesté par le salarié devant le conseil de prud'hommes, statuant selon la procédure accélérée au fond, dans des conditions fixées par décret en Conseil d'Etat.
NOTA : Conformément à l'article 30 de l'ordonnance n° 2019-738 du 17 juillet 2019, ces dispositions s'appliquent aux demandes introduites à compter du 1er janvier 2020.

Art. L.3142-64 (modifié par Loi n°2016-1088 du 8 août 2016 - art. 9)
Un décret en Conseil d'Etat détermine les modalités d'application de la présente sous-section, notamment les conditions d'indemnisation du salarié par l'Etat.

Art. L.3142-65 (modifié par Loi n°2016-1088 du 8 août 2016 - art. 9)
Pour mettre en œuvre le droit à congé du salarié mentionné à l'article L.3142-60, une convention ou un accord collectif d'entreprise ou, à défaut, une convention ou un accord de branche détermine :
1° La durée totale maximale du congé ;
2° Le délai dans lequel le salarié adresse sa demande de congé à l'employeur ;
3° Le nombre maximal par établissement de salariés susceptibles de bénéficier du congé au cours d'une année.

Art. L.3142-66 (modifié par Loi n°2016-1088 du 8 août 2016 - art. 9)
A défaut de convention ou d'accord conclu en application de l'article L.3142-65, les dispositions suivantes sont applicables :
1° La durée totale maximale du congé est de neuf jours ouvrables par an ;
2° Le délai dans lequel le salarié adresse sa demande de congé à l'employeur et les règles selon lesquelles est déterminé, par établissement, le nombre maximal de salariés susceptibles de bénéficier du congé au cours d'une année sont fixés par décret.

Le congé de solidarité internationale

Art. L.3142-67 (modifié par Loi n°2016-1088 du 8 août 2016 - art. 9)
Le salarié participant à une mission hors de France pour le compte d'une association à objet humanitaire régie par la loi du 1er juillet 1901 relative au contrat d'association ou inscrite au registre des associations en application du code civil local applicable aux départements du Bas-Rhin, du Haut-Rhin et de la Moselle, ou pour le compte d'une organisation internationale dont la France est membre, a droit à un congé de solidarité internationale.
La liste des associations et organisations mentionnées au premier alinéa est fixée par l'autorité administrative.

Art. L.3142-68 (modifié par Loi n°2016-1088 du 8 août 2016 - art. 9)
La durée du congé ne peut être imputée sur la durée du congé payé annuel et est assimilée à une période de travail effectif pour la détermination des avantages légaux et conventionnels liés à l'ancienneté.

Art. L.3142-69 (modifié par Ordonnance n°2019-738 du 17 juillet 2019 - art. 15)
Le bénéfice du congé peut être refusé par l'employeur s'il estime que cette absence est susceptible d'avoir des conséquences préjudiciables à la bonne marche de l'entreprise.
Le refus de l'employeur intervient après avis du comité social et économique. Il est motivé.

En cas de différend, le refus de l'employeur peut être directement contesté par le salarié devant le conseil de prud'hommes, statuant selon la procédure accélérée au fond, dans des conditions fixées par décret en Conseil d'Etat.
A défaut de réponse de l'employeur dans un délai fixé par décret, son accord est réputé acquis.
NOTA : Conformément à l'article 30 de l'ordonnance n° 2019-738 du 17 juillet 2019, ces dispositions s'appliquent aux demandes introduites à compter du 1er janvier 2020.

Art. L.3142-70 (modifié par Loi n°2016-1088 du 8 août 2016 - art. 9)
En cas d'urgence, l'employeur n'est pas tenu de motiver son refus et son silence ne vaut pas accord.

Art. L.3142-71 (modifié par Loi n°2016-1088 du 8 août 2016 - art. 9)
A l'issue du congé de solidarité internationale ou à la suite de son interruption pour cas de force majeure, le salarié retrouve son précédent emploi ou un emploi similaire assorti d'une rémunération au moins équivalente.

Art. L.3142-72 (modifié par Loi n°2016-1088 du 8 août 2016 - art. 9)
A l'issue du congé, le salarié remet à l'employeur une attestation constatant l'accomplissement de la mission, délivrée par l'association ou l'organisation concernée.

Art. L.3142-73 (modifié par Loi n°2016-1088 du 8 août 2016 - art. 9)
Pour mettre en œuvre le droit à congé du salarié mentionné à l'article L.3142-67, une convention ou un accord collectif d'entreprise ou, à défaut, une convention ou un accord de branche détermine :

1° La durée maximale du congé ;
2° L'ancienneté requise pour bénéficier de ce congé ;
3° En fonction de l'effectif de l'établissement, le nombre maximal de salariés susceptibles de bénéficier simultanément du congé de solidarité internationale ;
4° Les délais dans lesquels le salarié adresse sa demande de congé à son employeur ;
5° Les mesures permettant le maintien d'un lien entre l'entreprise et le salarié pendant la durée du congé et, le cas échéant, les modalités d'accompagnement du salarié à son retour.

Art. L.3142-74 (modifié par Loi n°2016-1088 du 8 août 2016 - art. 9)
A défaut de convention ou d'accord mentionné à l'article L.3142-73, les dispositions suivantes sont applicables :

1° La durée maximale du congé est de six mois. Elle est de six semaines en cas d'urgence ;
2° L'ancienneté requise dans l'entreprise pour ouvrir droit au congé est de douze mois, consécutifs ou non ;
3° Les règles selon lesquelles sont déterminés, en fonction de l'effectif de l'établissement, le nombre maximal de salariés susceptibles de bénéficier simultanément du congé et les délais mentionnés au 4° de l'article L.3142-73 dans lesquels le salarié adresse sa demande de congé à son employeur sont fixées par décret.

Le congé de formation des membres du comité social et économique

Art. R.2315-20 (créé par Décret n°2017-1819 du 29 décembre 2017 - art. 1)
Les frais de déplacement au titre de la formation des membres de la délégation du personnel du comité social et économique sont pris en charge par l'employeur à hauteur du tarif de seconde classe des chemins de fer applicable au trajet le plus direct depuis le siège de l'établissement jusqu'au lieu de dispense de la formation.
Les frais de séjour sont pris en charge à hauteur du montant de l'indemnité de mission fixée en application de la réglementation applicable aux déplacements temporaires des fonctionnaires.

Art. R.2315-21 (créé par Décret n°2017-1819 du 29 décembre 2017 - art. 1)
Les dépenses afférentes à la rémunération des organismes de formation sont prises en charge par l'employeur, à concurrence d'un montant qui ne peut dépasser, par jour et par stagiaire, l'équivalent de trente-six fois le montant horaire du salaire minimum de croissance.

Art. R.2315-22 (créé par Décret n°2017-1819 du 29 décembre 2017 - art. 1)
Les dépenses de rémunération des organismes de formation et les frais de déplacement et de séjour exposés par les stagiaires ne s'imputent pas sur la participation au développement de la formation professionnelle continue prévue à l'article L.6331-1.
Dans les entreprises de moins de trois cents salariés, les dépenses engagées au titre de la rémunération du temps de formation des stagiaires sont déductibles dans la limite de 0,08 % du montant des salaires payés pendant l'année en cours, du montant de la participation des employeurs au financement de la formation professionnelle continue.

Art. R.2315-10 (modifié par Ordonnance n°2017-1386 du 22 septembre 2017 - art. 1)
Le temps passé en délégation est de plein droit considéré comme temps de travail et payé à l'échéance normale.
L'employeur qui entend contester l'utilisation faite des heures de délégation saisit le juge judiciaire.

Art. R.2315-11 (modifié par Ordonnance n°2017-1718 du 20 décembre 2017 - art. 1)
Est également payé comme temps de travail effectif le temps passé par les membres de la délégation du personnel du comité social et économique :
1° A la recherche de mesures préventives dans toute situation d'urgence et de gravité, notamment lors de la mise en œuvre de la procédure de danger grave et imminent prévue à l'article L.4132-2 ;
2° Aux réunions du comité et de ses commissions, dans ce cas dans la limite d'une durée globale fixée par accord d'entreprise ou à défaut par décret en Conseil d'Etat ;
3° Aux enquêtes menées après un accident du travail grave ou des incidents répétés ayant révélé un risque grave ou une maladie professionnelle ou à caractère professionnel grave.
Ce temps n'est pas déduit des heures de délégation prévues pour les membres titulaires de la délégation du personnel du comité social et économique.

Art. R.2315-12 (créé par Décret n°2017-1819 du 29 décembre 2017 - art. 1)
La formation en santé, sécurité et conditions de travail des membres de la délégation du personnel du comité social et économique est dispensée soit par des organismes figurant sur une liste arrêtée par le ministre chargé du travail selon la procédure prévue à l'article R.2145-3, soit par des organismes agréés par le préfet de région selon la procédure prévue à l'article R.2315-8.

Art. R.2315-13 (créé par Décret n°2017-1819 du 29 décembre 2017 - art. 1)
Les organismes qui demandent à figurer sur la liste arrêtée par le préfet de région établissent leur aptitude à assurer, conformément aux dispositions du sous-paragraphe 1, la formation des membres de la délégation du personnel du comité social et économique.
Ils justifient notamment des capacités de leurs formateurs et de l'expérience acquise par ces derniers en matière de prévention des risques professionnels et de conditions de travail.
Le préfet de région se prononce après avis du comité régional de l'emploi, de la formation de l'orientation professionnelles.
Le silence gardé pendant plus de quatre mois sur une demande d'agrément vaut décision de rejet.

Art. R.2315-14 (créé par Décret n°2017-1819 du 29 décembre 2017 - art. 1)
Lorsqu'un organisme cesse de répondre aux qualifications ayant justifié son inscription sur la liste préfectorale, il en est radié par décision motivée du préfet de région.

Cette décision est prise après avis du comité régional de l'emploi, de la formation de l'orientation professionnelles.

Art. R.2315-15 (créé par Décret n°2017-1819 du 29 décembre 2017 - art. 1)
L'organisme de formation délivre, à la fin du stage, une attestation d'assiduité que l'intéressé remet à son employeur lorsqu'il reprend son travail.

Art. R.2315-16 (créé par Décret n°2017-1819 du 29 décembre 2017 - art. 1)
Les organismes de formation remettent chaque année avant le 30 mars, au ministre chargé du travail ou aux préfets de région selon les cas, un compte rendu de leurs activités au cours de l'année écoulée. Ce compte rendu indique le nombre des stages organisés ainsi que leurs programmes.

Art. L.2145-11 (modifié par Ordonnance n°2017-1386 du 22 septembre 2017 - art. 4)
Le congé de formation économique et sociale et de formation syndicale est de droit, sauf dans le cas où l'employeur estime, après avis conforme du comité social et économique, que cette absence pourrait avoir des conséquences préjudiciables à la production et à la bonne marche de l'entreprise.
Le refus du congé par l'employeur est motivé.
En cas de différend, le refus de l'employeur peut être directement contesté devant le bureau de jugement du conseil de prud'hommes dans des conditions fixées par décret en Conseil d'Etat.

Les congés liés à l'Etat

Le congé pour candidature

Art. L.3142-79 (modifié par Loi n°2019-1461 du 27 décembre 2019 - art. 85)
L'employeur laisse au salarié, candidat à l'Assemblée nationale ou au Sénat, le temps nécessaire pour participer à la campagne électorale dans la limite de vingt jours ouvrables.
Le même droit est accordé, sur sa demande, dans la limite de dix jours ouvrables au salarié candidat :
1° Au Parlement européen ;
2° Au conseil municipal ;
3° Au conseil départemental ou au conseil régional ;
4° A l'Assemblée de Corse ;
5° Au conseil de la métropole de Lyon.

Art. L.3142-80 (modifié par Loi n°2016-1088 du 8 août 2016 - art. 9)
Le salarié bénéficie à sa convenance des dispositions de l'article L.3142-79, à condition que chaque absence soit au moins d'une demi-journée entière. Il avertit son employeur vingt-quatre heures au moins avant le début de chaque absence.

Art. L.3142-81 (modifié par Loi n°2016-1088 du 8 août 2016 - art. 9)
Sur demande du salarié, la durée des absences est imputée sur celle du congé payé annuel dans la limite des droits qu'il a acquis à ce titre à la date du premier tour de scrutin.
Lorsqu'elles ne sont pas imputées sur le congé payé annuel, les absences ne sont pas rémunérées. Elles donnent alors lieu à récupération en accord avec l'employeur.

Art. L.3142-82 (modifié par Loi n°2016-1088 du 8 août 2016 - art. 9)
La durée des absences est assimilée à une période de travail effectif pour la détermination des droits à congés payés ainsi que des droits liés à l'ancienneté résultant des dispositions légales et des stipulations conventionnelles.

Art. L.3142-83 (modifié par Loi n°2016-1088 du 8 août 2016 - art. 9)
Le contrat de travail d'un salarié membre de l'Assemblée nationale ou du Sénat est, sur sa demande, suspendu jusqu'à l'expiration de son mandat, s'il justifie d'une ancienneté minimale d'une année chez l'employeur à la date de son entrée en fonction.

Art. L.3142-84 (modifié par Loi n°2016-1088 du 8 août 2016 - art. 9)
A l'expiration de son mandat, le salarié retrouve son précédent emploi, ou un emploi analogue assorti d'une rémunération équivalente, dans les deux mois suivant la date à laquelle il a avisé son employeur de son intention de reprendre cet emploi.
Il bénéficie de tous les avantages acquis par les salariés de sa catégorie durant l'exercice de son mandat.
Il bénéficie, en tant que de besoin, d'une réadaptation professionnelle en cas de changement de techniques ou de méthodes de travail.

Art. L.3142-85 (modifié par Loi n°2016-1088 du 8 août 2016 - art. 9)
Les dispositions de l'article L.3142-84 ne sont pas applicables lorsque le mandat a été renouvelé, sauf si la durée de la suspension prévue à l'article L.3142-83 a été, pour quelque cause que ce soit, inférieure à cinq ans.
Ces dispositions ne s'appliquent pas non plus lorsque le salarié membre de l'Assemblée nationale ou du Sénat est élu dans l'autre de ces deux assemblées.
A l'expiration du ou des mandats renouvelés, le salarié peut cependant solliciter sa réembauche dans des conditions déterminées par voie réglementaire.
Le salarié bénéficie alors pendant un an d'une priorité de réembauche dans les emplois auxquels sa qualification lui permet de prétendre. En cas de réemploi, l'employeur lui accorde le bénéfice de tous les avantages qu'il avait acquis au moment de son départ.

Art. L.3142-86 (modifié par Loi n°2016-1088 du 8 août 2016 - art. 9)
Un décret détermine les conditions dans lesquelles les droits des salariés, notamment en matière de prévoyance et de retraite, leur sont conservés durant la durée du mandat.

Art. L.3142-87 (modifié par Loi n°2016-1088 du 8 août 2016 - art. 9)
Les dispositions de la présente sous-section sont applicables aux fonctionnaires et aux agents non titulaires de l'Etat, des collectivités territoriales et de leurs établissements publics ainsi qu'aux personnels des entreprises publiques, sauf s'ils bénéficient de dispositions plus favorables.

Art. L.3142-88 (modifié par Loi n°2016-1088 du 8 août 2016 - art. 9)
Les maires et les adjoints au maire, les présidents et les vice-présidents de conseil départemental, les présidents et les vice-présidents de conseil régional bénéficient des dispositions des articles L.3142-83 à L.3142-87 dans les conditions prévues, respectivement, aux articles L.2123-9, L.3123-7 et L.4135-7 du code général des collectivités territoriales.

Le congé pour la réserve opérationnelle

Art. L.3142-89 (modifié par Loi n°2018-607 du 13 juillet 2018 - art. 17)
Tout salarié ayant souscrit un engagement à servir dans la réserve opérationnelle bénéficie d'une autorisation d'absence de huit jours par année civile au titre de ses activités dans la réserve.
Cependant, pour les entreprises de moins de deux cent cinquante salariés, l'employeur peut décider, afin de conserver le bon fonctionnement de l'entreprise, de limiter ce temps à cinq jours.

Art. L.3142-90 (modifié par Loi n°2016-1088 du 8 août 2016 - art. 9)
Le réserviste salarié souhaitant bénéficier de l'autorisation d'absence au titre de la réserve opérationnelle présente sa demande par écrit à son employeur un mois au moins à l'avance, en indiquant la date et la durée de l'absence envisagée.
Au-delà de cette durée, le réserviste requiert l'accord de son employeur avec un préavis d'un mois en précisant la date de son départ et la durée de la période qu'il souhaite accomplir, sous réserve de dispositions plus favorables résultant notamment de conventions conclues entre l'employeur et le ministre de la défense.
Lorsque les circonstances l'exigent, le délai de préavis peut, sur arrêté du ministre chargé des armées, être réduit à quinze jours pour les réservistes ayant souscrit avec l'accord de l'employeur la clause de réactivité prévue à l'article 8 de la loi n° 99-894 du 22 octobre 1999 portant organisation de la réserve militaire et du service de défense.

Art. L.3142-91 (modifié par Loi n°2016-1088 du 8 août 2016 - art. 9)
Les périodes d'activité dans la réserve opérationnelle sont considérées comme des périodes de travail effectif pour les avantages légaux et conventionnels en matière d'ancienneté, d'avancement, de congés payés et de droits aux prestations sociales.

Art. L.3142-92 (modifié par Loi n°2016-1088 du 8 août 2016 - art. 9)
L'employeur ne peut rompre le contrat de travail d'un salarié en raison des absences résultant d'une activité exercée au titre d'un engagement à servir dans la réserve opérationnelle ou faisant suite à un appel ou un rappel des personnes soumises à l'obligation de disponibilité.
A l'issue d'une période exécutée au titre du premier alinéa, le salarié retrouve son précédent emploi.

Art. L.3142-93 (modifié par Loi n°2016-1088 du 8 août 2016 - art. 9)
La rupture du contrat de travail ne peut être notifiée ou prendre effet pendant l'accomplissement d'une période d'activité dans la réserve opérationnelle.

Art. L.3142-94 (modifié par Loi n°2016-1088 du 8 août 2016 - art. 9)
Lorsque son accord préalable est requis, le refus de l'employeur d'accorder à un salarié l'autorisation de participer à une activité dans la réserve opérationnelle intervient dans des conditions déterminées par voie réglementaire.

Art. L.3142-94-1 (modifié par Loi n°2018-607 du 13 juillet 2018 - art. 22 (V))
Un salarié peut, sur sa demande et en accord avec l'employeur, renoncer anonymement et sans contrepartie à tout ou partie de ses jours de repos non pris, qu'ils aient été affectés ou non sur un compte épargne-temps, au bénéfice d'un autre salarié de l'entreprise ayant souscrit un engagement à servir dans la réserve opérationnelle pour lui permettre d'effectuer une période d'activité dans la réserve opérationnelle. Le congé annuel ne peut être cédé que pour sa durée excédant vingt-quatre jours ouvrables.
Le salarié bénéficiaire d'un ou plusieurs jours cédés en application du premier alinéa bénéficie du maintien de sa rémunération pendant sa période d'absence. Cette période d'absence est assimilée à une période de travail effectif pour la détermination des droits que le salarié tient de son ancienneté. Le salarié conserve le bénéfice de tous les avantages qu'il avait acquis avant le début de sa période d'absence.
NOTA : Conformément au II de l'article 22 de la loi n° 2018-607 du 13 juillet 2018, un décret en Conseil d'Etat détermine les conditions d'application des présentes dispositions aux agents publics civils et militaires.

Art. L.3142-95 (modifié par Loi n°2016-1088 du 8 août 2016 - art. 9)
Le contrat de travail d'un salarié appelé au service national en application du livre II du code du service national est suspendu pendant toute la durée du service national actif.

Lorsqu'il connaît la date de sa libération du service national actif, et au plus tard dans le mois suivant celle-ci, le salarié désirant reprendre l'emploi qu'il occupait précédemment en avertit son ancien employeur.
La réintégration dans l'entreprise est de droit.
Le salarié réintégré bénéficie de tous les avantages acquis au moment de son départ.

Art. L.3142-96 (modifié par Loi n°2016-1088 du 8 août 2016 - art. 9)
Les dispositions de l'article L.3142-95 sont applicables, lors de leur renvoi dans leurs foyers, aux personnes qui, ayant accompli leur service actif, ont été maintenues au service national.

Le congé pour l'appel de préparation à la défense

Art. L.3142-97 (modifié par Loi n°2016-1088 du 8 août 2016 - art. 9)
Tout salarié âgé de seize à vingt-cinq ans, qui participe à l'appel de préparation à la défense, bénéficie d'une autorisation d'absence exceptionnelle d'un jour.
Cette absence exceptionnelle a pour but exclusif de permettre au salarié de participer à l'appel de préparation à la défense. Elle n'entraîne pas de réduction de rémunération. Elle est assimilée à une période de travail effectif pour la détermination de la durée de congé annuel.

Art. L.3142-98 (modifié par Loi n°2016-1088 du 8 août 2016 - art. 9)
Aucun employeur ne peut rompre le contrat de travail d'un salarié au motif que lui-même ou le salarié se trouve astreint aux obligations du service national, ou se trouve appelé au service national en exécution d'un engagement pour la durée de la guerre, ou rappelé au service national à un titre quelconque.
Toutefois, l'employeur peut rompre le contrat s'il justifie d'une faute grave de l'intéressé, non liée aux obligations du premier alinéa, ou s'il se trouve dans l'impossibilité de maintenir le contrat pour un motif étranger à ces obligations.

Art. L.3142-99 (modifié par Loi n°2016-1088 du 8 août 2016 - art. 9)
Lorsque le contrat de travail est rompu pour une autre cause légitime par l'une des parties, la rupture du contrat ne peut être notifiée ni prendre effet pendant la période passée au service national.
Ces dispositions ne sont pas applicables si l'objet pour lequel le contrat de travail a été conclu arrive à échéance pendant cette période.

Art. L.3142-100 (modifié par Loi n°2016-1088 du 8 août 2016 - art. 9)
En cas de méconnaissance des dispositions du présent paragraphe, la partie lésée a droit à des dommages-intérêts fixés par le juge judiciaire, en plus de l'indemnité de licenciement.

Art. L.3142-101 (modifié par Loi n°2016-1088 du 8 août 2016 - art. 9)
Toute stipulation contraire aux dispositions du présent paragraphe est nulle de plein droit.

Art. L.3142-102 (modifié par Loi n°2016-1088 du 8 août 2016 - art. 9)
Les dispositions applicables aux salariés servant dans la réserve de sécurité civile sont définies aux articles L. 724-7 à L. 724-10 du code de la sécurité intérieure.

Art. L.3142-103 (modifié par Loi n°2016-1088 du 8 août 2016 - art. 9)
Les dispositions applicables aux salariés membres d'une association agréée en matière de sécurité civile sont définies aux articles L. 725-7 à L. 725-9 du code de la sécurité intérieure.

Art. L.3142-104 (modifié par Loi n°2016-1088 du 8 août 2016 - art. 9)
Les dispositions applicables aux réservistes sanitaires sont définies au chapitre III du titre III du livre Ier de la troisième partie du code de la santé publique.

Les congés payés

Art. L.3141-1 (modifié par Loi n°2016-1088 du 8 août 2016 - art. 8(V))
Tout salarié a droit chaque année à un congé payé à la charge de l'employeur.

Art. L.3141-2 (modifié par Loi n°2016-1088 du 8 août 2016 - art. 8(V))
Les salariés de retour d'un congé de maternité prévu à l'article L.1225-17 ou d'un congé d'adoption prévu à l'article L.1225-37 ont droit à leur congé payé annuel, quelle que soit la période de congé payé retenue pour le personnel de l'entreprise.

Art. D. 3141-12 (modifié par Décret n°2009-493 du 29 avril 2009 - art. 1)
Dans les entreprises exerçant une ou plusieurs activités entrant dans le champ d'application des conventions collectives nationales étendues du bâtiment et des travaux publics, le service des congés est assuré, sur la base de celles-ci, par des caisses constituées à cet effet.
Toutefois, lorsque l'entreprise applique, au titre de son activité principale, une convention collective nationale autre que celles mentionnées à l'alinéa précédent et sous réserve d'un accord conclu, conformément à l'article D. 3141-15, entre la caisse de surcompensation mentionnée à l'article D. 3141-22 et l'organisation ou les organisations d'employeurs représentatives de la branche professionnelle concernée, le service des congés peut être assuré par l'entreprise.
Pour l'application du présent article, l'activité principale s'entend comme celle dans laquelle l'entreprise emploie le plus grand nombre de salariés.

Art. D.7121-28 (modifié par Décret n°2016-1553 du 18 novembre 2016 - art. 7)
La présente section détermine, conformément à l'article L.3141-32, les modalités d'application des dispositions relatives aux congés payés du personnel artistique et technique du spectacle occupé :

1° Dans les entreprises de spectacle occupant les activités prévues au code 92.3 et aux codes 92. 7A et 55. 4C de la nomenclature des activités françaises (NAF) ainsi que par les impresarios, agences théâtrales, chefs d'orchestre, chefs de troupe ou dans les hôtels, cafés, restaurants ;
2° Dans les entreprises exerçant les activités cinématographiques et vidéo prévues au code 92.1 de la nomenclature NAF ;
3° Dans les entreprises exerçant les activités de radio et de télévision prévues au code 92.2 de la nomenclature NAF ;
4° Dans les entreprises exerçant les activités d'édition d'enregistrements sonores prévues au code 22. 1G.

Art. D.7121-29 (modifié par Décret n°2008-244 du 7 mars 2008 - art. (V))
La présente section s'applique également pour leur personnel artistique et technique :

1° Aux personnes morales de droit public exerçant les types d'activités mentionnés à l'article D. 7121-28 à titre principal, accessoire ou occasionnel, sous quelque forme juridique que ce soit ;
2° Au personnel artistique et technique détaché dans les conditions prévues à l'article L.1261-3.

Art. D.7121-30 (modifié par Décret n°2008-244 du 7 mars 2008 - art. (V))
Les dispositions relatives aux congés payés, prévus par le chapitre premier du titre IV du livre premier de la partie III, qui ne sont pas contraires aux dispositions de la présente section s'appliquent.

Art. D.7121-31 (modifié par Décret n°2016-1553 du 18 novembre 2016 - art. 7)
Lorsqu'il justifie d'au moins quatre semaines d'engagement ou de trente cachets au cours de la période de référence chez un ou plusieurs des employeurs assujettis, le bénéficiaire de la présente section a droit à un congé déterminé conformément aux dispositions des articles L.3141-3 à L.3141-31.
Chaque journée de congé payé est considérée, pour la détermination du droit au congé ultérieur, comme correspondant à une journée de travail ou à un cachet.

Art. D.7121-32 (modifié par Décret n°2008-244 du 7 mars 2008 - art. (V))
L'employeur délivre au salarié qu'il cesse d'employer ou qui peut bénéficier de son congé annuel un certificat justificatif de ses droits à congé en double exemplaire.
Ce certificat indique :

1° La durée des engagements ou le nombre des cachets accomplis pour le compte de l'employeur dans les douze mois qui précédent et le montant de la rémunération versée pendant la période envisagée ;
2° La raison sociale et l'adresse de la caisse de congés payés à laquelle l'employeur est affilié.

Il lui remet également une enveloppe timbrée nécessaire à la transmission de ce certificat à la caisse de congés payés.

Art. L.3141-3 (modifié par Loi n°2016-1088 du 8 août 2016 - art. 8(V))
Le salarié a droit à un congé de deux jours et demi ouvrables par mois de travail effectif chez le même employeur.
La durée totale du congé exigible ne peut excéder trente jours ouvrables.

Art. R.3141-4 (créé par Décret n°2016-1551 du 18 novembre 2016 - art. 5)
A défaut d'accord prévu à l'article L.3141-10, le point de départ de la période prise en compte pour le calcul du droit au congé est fixé au 1er juin de chaque année.
Toutefois, dans les professions où en application de l'article L.3141-32 l'employeur est tenu de s'affilier à une caisse de congé, le point de départ de l'année de référence est fixé au 1er avril.

Art. L.3141-10 (modifié par Loi n°2016-1088 du 8 août 2016 - art. 8(V))
Sous réserve de modalités particulières fixées en application de l'article L.3141-32, un accord d'entreprise ou d'établissement ou, à défaut, une convention un accord de branche peut :

1° Fixer le début de la période de référence pour l'acquisition des congés ;
2° Majorer la durée du congé en raison de l'âge, de l'ancienneté ou du handicap.

Art. L.3141-11 (modifié par Loi n°2016-1088 du 8 août 2016 - art. 8(V))
A défaut de stipulation dans la convention ou l'accord conclu en application de l'article L.3141-10, le début de la période de référence pour l'acquisition des congés est fixé par un décret en Conseil d'Etat.

Art. L.3141-4 (modifié par Loi n°2016-1088 du 8 août 2016 - art. 8(V))
Sont assimilées à un mois de travail effectif pour la détermination de la durée du congé les périodes équivalentes à quatre semaines ou vingt-quatre jours de travail.

Art. L.3141-5 (modifié par Loi n°2016-1088 du 8 août 2016 - art. 8(V))
Sont considérées comme périodes de travail effectif pour la détermination de la durée du congé :

1° Les périodes de congé payé ;
2° Les périodes de congé de maternité, de paternité et d'accueil de l'enfant et d'adoption ;
3° Les contreparties obligatoires sous forme de repos prévues aux articles L.3121-30, L.3121-33 et L.3121-38 ;
4° Les jours de repos accordés au titre de l'accord collectif conclu en application de l'article L.3121-44 ;
5° Les périodes, dans la limite d'une durée ininterrompue d'un an, pendant lesquelles l'exécution du contrat de travail est suspendue pour cause d'accident du travail ou de maladie professionnelle ;
6° Les périodes pendant lesquelles un salarié se trouve maintenu ou rappelé au service national à un titre quelconque.

Art. L.3141-6 (modifié par Loi n°2016-1088 du 8 août 2016 - art. 8(V))
L'absence du salarié ne peut avoir pour effet d'entraîner une réduction de ses droits à congé plus que proportionnelle à la durée de cette absence.

Art. L.3141-7 (modifié par Loi n°2016-1088 du 8 août 2016 - art. 8(V))
Lorsque le nombre de jours ouvrables calculé conformément aux articles L.3141-3 et L.3141-6 n'est pas un nombre entier, la durée du congé est portée au nombre entier immédiatement supérieur.

Art. L.3141-8 (modifié par Loi n°2016-1088 du 8 août 2016 - art. 8(V))
Les salariés de moins de vingt et un ans au 30 avril de l'année précédente bénéficient de deux jours de congé supplémentaires par enfant à charge. Ce congé est réduit à un jour si le congé légal n'excède pas six jours.
Les salariés âgés de vingt et un ans au moins à la date précitée bénéficient également de deux jours de congé supplémentaires par enfant à charge, sans que le cumul du nombre des jours de congé supplémentaires et des jours de congé annuel puisse excéder la durée maximale du congé annuel prévu à l'article L.3141-3.
Est réputé enfant à charge l'enfant qui vit au foyer et est âgé de moins de quinze ans au 30 avril de l'année en cours et tout enfant sans condition d'âge dès lors qu'il vit au foyer et qu'il est en situation de handicap.

Art. L.3141-9 (modifié par Loi n°2016-1088 du 8 août 2016 - art. 8(V))
Les dispositions de la présente section ne portent atteinte ni aux stipulations des conventions et des accords collectifs de travail ou des contrats de travail ni aux usages qui assurent des congés payés de plus longue durée.

Art. L.3164-9 (version en vigueur depuis le 1er mai 2018)
Quelle que soit leur ancienneté dans l'entreprise, les salariés de moins de vingt et un ans au 30 avril de l'année précédente, ont droit, s'ils le demandent, à un congé de trente jours ouvrables.
Ils ne peuvent exiger aucune indemnité de congé pour les journées de vacances dont ils réclament le bénéfice en plus de celles qu'ils ont acquises à raison du travail accompli au cours de la période de référence.

Art. L.3141-12 (modifié par Loi n°2016-1088 du 8 août 2016 - art. 8(V))
Les congés peuvent être pris dès l'embauche, sans préjudice des règles de détermination de la période de prise des congés et de l'ordre des départs et des règles de fractionnement du congé fixées dans les conditions prévues à la présente section.

Art. L.3141-13 (modifié par Loi n°2016-1088 du 8 août 2016 - art. 8(V))
Les congés sont pris dans une période qui comprend dans tous les cas la période du 1er mai au 31 octobre de chaque année.

Art. L.3141-15 (modifié par Loi n°2016-1088 du 8 août 2016 - art. 8(V))
Un accord d'entreprise ou d'établissement ou, à défaut, une convention ou un accord de branche fixe :
1° La période de prise des congés ;
2° L'ordre des départs pendant cette période ;
3° Les délais que doit respecter l'employeur s'il entend modifier l'ordre et les dates de départs.

Art. L.3141-16 (modifié par Loi n°2016-1088 du 8 août 2016 - art. 8(V))
A défaut de stipulation dans la convention ou l'accord conclus en application de l'article L.3141-15, l'employeur :
1° Définit après avis, le cas échéant, du comité d'entreprise ou, à défaut, des délégués du personnel :
   a) La période de prise des congés ;
   b) L'ordre des départs, en tenant compte des critères suivants :

- la situation de famille des bénéficiaires, notamment les possibilités de congé, dans le secteur privé ou la fonction publique, du conjoint ou du partenaire lié par un pacte civil de solidarité, ainsi que la présence au sein du foyer d'un enfant ou d'un adulte handicapé ou d'une personne âgée en perte d'autonomie ;
- la durée de leurs services chez l'employeur ;
- leur activité chez un ou plusieurs autres employeurs ;

2° Ne peut, sauf en cas de circonstances exceptionnelles, modifier l'ordre et les dates de départ moins d'un mois avant la date de départ prévue.

Art. L.3141-14 (modifié par Loi n°2016-1088 du 8 août 2016 - art. 8(V))
Les conjoints et les partenaires liés par un pacte civil de solidarité travaillant dans une même entreprise ont droit à un congé simultané.

Art. D.3141-5 (version en vigueur depuis le 1er mai 2018)
La période de prise des congés payés est portée par l'employeur à la connaissance des salariés au moins deux mois avant l'ouverture de cette période.

Art. D.3141-6 (version en vigueur depuis le 1er mai 2018)
L'ordre des départs en congé est communiqué, par tout moyen, à chaque salarié un mois avant son départ.

Art. L.3151-2 (modifié par Loi n°2016-1088 du 8 août 2016 - art. 11)
Le compte épargne-temps permet au salarié d'accumuler des droits à congé rémunéré ou de bénéficier d'une rémunération, immédiate ou différée, en contrepartie des périodes de congé ou de repos non pris ou des sommes qu'il y a affectées.
Le congé annuel ne peut être affecté au compte épargne-temps que pour sa durée excédant vingt-quatre jours ouvrables.

Art. L.3141-22 (modifié par Loi n°2016-1088 du 8 août 2016 - art. 8(V))
Si, en application d'une disposition légale, la durée du travail d'un salarié est décomptée à l'année, une convention ou un accord d'entreprise ou d'établissement ou, à défaut, une convention ou un accord de branche peut prévoir que les congés ouverts au titre de l'année de référence peuvent faire l'objet de reports.
Dans ce cas, les reports de congés peuvent être effectués jusqu'au 31 décembre de l'année suivant celle pendant laquelle la période de prise de ces congés a débuté.
L'accord précise :

1° Les modalités de rémunération des congés payés reportés, sans préjudice de l'article L.3141-24 ;
2° Les cas précis et exceptionnels de report ;
3° Les conditions dans lesquelles ces reports peuvent être effectués, à la demande du salarié après accord de l'employeur ;
4° Les conséquences de ces reports sur le respect des seuils annuels fixés au sixième alinéa de l'article L.3121-44, au 3° du I de l'article L.3121-64 et à l'article L.3123-1. Ce report ne doit pas avoir pour effet de majorer ces seuils dans une proportion plus importante que celle correspondant à la durée ainsi reportée.

Le présent article s'applique sans préjudice des reports également prévus aux articles L.3142-118 et L.3142-120 à L.3142-124 relatifs au congé pour création d'entreprise, aux articles L.3142-33 et L.3142-35 relatifs au congé sabbatique et aux articles L.3151-1 à L.3151-3 relatifs au compte épargne-temps.

Art. L.3141-17 (modifié par Loi n°2016-1088 du 8 août 2016 - art. 8(V))
La durée des congés pouvant être pris en une seule fois ne peut excéder vingt-quatre jours ouvrables. Il peut être dérogé individuellement à cette limite pour les salariés qui justifient de contraintes

géographiques particulières ou de la présence au sein du foyer d'un enfant ou d'un adulte handicapé ou d'une personne âgée en perte d'autonomie.

Art. L.3141-18 (modifié par Loi n°2016-1088 du 8 août 2016 - art. 8(V))
Lorsque le congé ne dépasse pas douze jours ouvrables, il doit être continu.

Art. L.3141-19 (modifié par Loi n°2016-1088 du 8 août 2016 - art. 8(V))
Lorsque le congé principal est d'une durée supérieure à douze jours ouvrables, il peut être fractionné avec l'accord du salarié. Cet accord n'est pas nécessaire lorsque le congé a lieu pendant la période de fermeture de l'établissement.
Une des fractions est au moins égale à douze jours ouvrables continus compris entre deux jours de repos hebdomadaire.

Art. L.3141-20 (modifié par Loi n°2016-1088 du 8 août 2016 - art. 8(V))
Il peut être dérogé aux règles de fractionnement des congés prévues à la présente sous-section selon les modalités définies aux paragraphes 2 et 3.

Art. L.3141-21 (modifié par Loi n°2016-1088 du 8 août 2016 - art. 8(V))
Un accord d'entreprise ou d'établissement ou, à défaut, une convention ou un accord de branche fixe la période pendant laquelle la fraction continue d'au moins douze jours ouvrables est attribuée ainsi que les règles de fractionnement du congé au-delà du douzième jour.

Art. L.3141-23 (modifié par Loi n°2016-1088 du 8 août 2016 - art. 8(V))
A défaut de stipulation dans la convention ou l'accord conclu en application de l'article L.3141-22 :

1° La fraction continue d'au moins douze jours ouvrables est attribuée pendant la période du 1er mai au 31 octobre de chaque année ;
2° Le fractionnement des congés au-delà du douzième jour est effectué dans les conditions suivantes :
   a) Les jours restant dus en application du second alinéa de l'article L.3141-19 peuvent être accordés en une ou plusieurs fois en dehors de la période du 1er mai au 31 octobre de chaque année ;
   b) Deux jours ouvrables de congé supplémentaire sont attribués lorsque le nombre de jours de congé pris en dehors de cette période est au moins égal à six et un seul lorsque ce nombre est compris entre trois et cinq jours. Les jours de congé principal dus au-delà de vingt-quatre jours ouvrables ne sont pas pris en compte pour l'ouverture du droit à ce supplément.

Il peut être dérogé au présent article après accord individuel du salarié.

Art. D.3141-2 (modifié par Décret n°2019-966 du 18 septembre 2019 - art. 8)
Le salarié qui accomplit pendant sa période de congés payés des travaux rémunérés, privant de ce fait des demandeurs d'emploi d'un travail qui aurait pu leur être confié, peut être l'objet d'une action devant le juge du tribunal judiciaire en dommages et intérêts envers le régime d'assurance chômage.
Les dommages et intérêts ne peuvent être inférieurs au montant de l'indemnité due au salarié pour son congé payé.
L'action en dommages et intérêts est exercée à la diligence soit du maire de la commune intéressée, soit du préfet.
L'employeur qui a occupé sciemment un salarié bénéficiaire d'un congé payé peut être également l'objet, dans les mêmes conditions, de l'action en dommages et intérêts prévue par le présent article.
NOTA : Conformément à l'article 9 du décret n° 2019-966 du 18 septembre 2019, les présentes dispositions entrent en vigueur le 1er janvier 2020.

Art. L.3141-24 (modifié par Loi n°2016-1088 du 8 août 2016 - art. 8(V))

I.– Le congé annuel prévu à l'article L.3141-3 ouvre droit à une indemnité égale au dixième de la rémunération brute totale perçue par le salarié au cours de la période de référence. Pour la détermination de la rémunération brute totale, il est tenu compte :

1° De l'indemnité de congé de l'année précédente ;

2° Des indemnités afférentes à la contrepartie obligatoire sous forme de repos prévues aux articles L.3121-30, L.3121-33 et L.3121-38 ;

3° Des périodes assimilées à un temps de travail par les articles L.3141-4 et L.3141-5 qui sont considérées comme ayant donné lieu à rémunération en fonction de l'horaire de travail de l'établissement.

Lorsque la durée du congé est différente de celle prévue à l'article L.3141-3, l'indemnité est calculée selon les règles fixées au présent I et proportionnellement à la durée du congé effectivement dû.

II.– Toutefois, l'indemnité prévue au I du présent article ne peut être inférieure au montant de la rémunération qui aurait été perçue pendant la période de congé si le salarié avait continué à travailler. Cette rémunération, sous réserve du respect des dispositions légales, est calculée en fonction :

1° Du salaire gagné dû pour la période précédant le congé ;

2° De la durée du travail effectif de l'établissement.

III.– Un arrêté du ministre chargé du travail détermine les modalités d'application du présent article dans les professions mentionnées à l'article L.3141-32.

Art. L.3141-25 (modifié par Loi n°2016-1088 du 8 août 2016 - art. 8(V))

Pour la fixation de l'indemnité de congé, il est tenu compte des avantages accessoires et des prestations en nature dont le salarié ne continuerait pas à jouir pendant la durée de son congé.

La valeur de ces avantages et prestations ne peut être inférieure à celle fixée par l'autorité administrative.

Art. L.3141-26 (modifié par Loi n°2016-1088 du 8 août 2016 - art. 8(V))

Dans les professions où, d'après les stipulations du contrat de travail, la rémunération des salariés est constituée en totalité ou en partie de pourboires, la rémunération à prendre en considération pour la détermination de l'indemnité de congé est évaluée conformément aux règles applicables en matière de sécurité sociale.

L'indemnité de congé ne peut être prélevée sur la masse des pourboires ou du pourcentage perçu pour le service.

Art. D.3141-8 (modifié par Décret n°2016-1553 du 18 novembre 2016 - art. 4)

L'indemnité de fin de mission, prévue à l'article L.1251-32, est prise en compte pour la détermination de la rémunération totale prévue à l'article L.3141-24.

Art. L.3141-27 (modifié par Loi n°2016-1088 du 8 août 2016 - art. 8(V))

Les dispositions de la présente section ne portent atteinte ni aux stipulations contractuelles ni aux usages qui assurent des indemnités de congé d'un montant plus élevé.

Art. L.3141-28 (modifié par Loi n°2016-1088 du 8 août 2016 - art. 8(V))

Lorsque le contrat de travail est rompu avant que le salarié ait pu bénéficier de la totalité du congé auquel il avait droit, il reçoit, pour la fraction de congé dont il n'a pas bénéficié, une indemnité compensatrice de congé déterminée d'après les articles L.3141-24 à L.3141-27.

L'indemnité est due que cette rupture résulte du fait du salarié ou du fait de l'employeur.

Cette indemnité est également due aux ayants droit du salarié dont le décès survient avant qu'il ait pris son congé annuel payé. L'indemnité est versée à ceux des ayants droit qui auraient qualité pour obtenir le paiement des salaires arriérés.

Art. L.3141-29 (modifié par Loi n°2016-1088 du 8 août 2016 - art. 8(V))
Lorsque, à l'occasion de la rupture de son contrat de travail, un salarié, par suite de l'ordre fixé pour les départs en congé, a pris un congé donnant lieu à une indemnité de congé d'un montant supérieur à celle à laquelle il avait droit au moment de la rupture, il rembourse le trop-perçu à l'employeur.
Le remboursement n'est pas dû si la rupture du contrat de travail par le salarié est provoquée par une faute lourde de l'employeur.

Art. L.3141-30 (modifié par Loi n°2016-1088 du 8 août 2016 - art. 8(V)) :
Les articles L.3141-28 et L.3141-29 ne sont pas applicables lorsque l'employeur est tenu d'adhérer à une caisse de congés en application de l'article L.3141-32.

Art. L.3141-31 (modifié par Loi n°2016-1088 du 8 août 2016 - art. 8(V)) :
Lorsqu'un établissement ferme pendant un nombre de jours dépassant la durée des congés légaux annuels, l'employeur verse aux salariés, pour chacun des jours ouvrables de fermeture excédant cette durée, une indemnité qui ne peut être inférieure à l'indemnité journalière de congés.

Art. L.3141-32 (modifié par Loi n°2016-1088 du 8 août 2016 - art. 8(V)) :
Des décrets déterminent les professions, industries et commerces pour lesquels l'application des dispositions relatives aux congés payés comporte des modalités particulières, telles que la constitution de caisses de congés auxquelles les employeurs intéressés s'affilient obligatoirement.
Ces décrets fixent la nature et l'étendue des obligations des employeurs, les règles d'organisation et de fonctionnement des caisses ainsi que la nature et les conditions d'exercice du contrôle de l'Etat à leur égard.

Art. D.3141-30 (créé par Décret n°2008-244 du 7 mars 2008 - art. (V))
La durée des congés des salariés déclarés à la caisse est déterminée en application des dispositions générales du présent chapitre. Il en est de même pour les salariés déclarés par les entreprises non établies en France mentionnées aux articles L.1262-1 et L.1262-2.
Toutefois, cent cinquante heures de travail effectif sont considérées comme équivalentes à un mois pour la détermination de la durée du congé de ces salariés.
En outre, il est ajouté à l'ensemble des heures de travail accomplies au cours de l'année de référence, cent soixante heures représentant forfaitairement le congé de l'année précédente, lorsque celui-ci a été payé à l'intéressé par l'intermédiaire d'une caisse agréée.

Art. D. 3141-31 (créé par Décret n°2008-244 du 7 mars 2008 - art. (V))
La caisse assure le service des congés payés des salariés déclarés par l'employeur.
Toutefois, en cas de défaillance de l'employeur dans le paiement des cotisations, elle verse l'indemnité de congés payés à due proportion des périodes pour lesquelles les cotisations ont été payées, par rapport à l'ensemble de la période d'emploi accomplie pendant l'année de référence. L'employeur défaillant n'est pas dégagé de l'obligation de payer à la caisse les cotisations, majorations de retard et pénalités qui restent dues.
Après régularisation de la situation de l'employeur, la caisse verse au salarié le complément d'indemnité de congés payés dû, calculé suivant les mêmes principes.

Art. D. 3141-32 (créé par Décret n°2008-244 du 7 mars 2008 - art. (V))
Le salaire horaire pris en considération pour le calcul de l'indemnité de congé est le quotient du montant de la dernière paye versée au salarié dans l'entreprise assujettie qui l'employait en dernier lieu par le nombre d'heures de travail effectuées pendant la période ainsi rémunérée.

En cas de changement des taux de salaires, il est tenu compte de ceux applicables pendant le congé. Toutefois, cette disposition n'est applicable qu'aux salariés qui, au moment de leur congé, sont employés dans une entreprise assujettie.

Art. L.3141-33 (modifié par Loi n°2016-1088 du 8 août 2016 - art. 8(V))
Les caisses de congés payés peuvent nommer des contrôleurs chargés de collaborer à la surveillance de l'application de la législation sur les congés payés par les employeurs intéressés. Ceux-ci fournissent à tout moment aux contrôleurs toutes justifications établissant qu'ils se sont acquittés de leurs obligations.
Pour l'accomplissement de leur mission, les contrôleurs disposent des mêmes pouvoirs que ceux attribués aux agents de contrôle de l'inspection du travail. Tout obstacle à l'accomplissement de cette mission est passible des sanctions prévues à l'article L. 8114-1.
Les contrôleurs sont agréés. Cet agrément est révocable à tout moment.
Les contrôleurs ne doivent rien révéler des secrets de fabrication ni des procédés et résultats d'exploitation dont ils pourraient prendre connaissance dans l'exercice de leur mission.

Art. D. 3141-34 (créé par Décret n°2008-244 du 7 mars 2008 - art. (V))
L'employeur remet au salarié, avant son départ en congé ou à la date de rupture de son contrat, un certificat en double exemplaire qui permet à ce dernier de justifier de ses droits à congé envers la caisse d'affiliation du dernier employeur.
Ce certificat indique le nombre d'heures de travail effectuées par le salarié dans l'entreprise pendant l'année de référence, le montant du dernier salaire horaire calculé conformément aux dispositions de l'article D. 3141-32 ainsi que la raison sociale et l'adresse de la caisse d'affiliation.

Art. D.7121-28 (créé par Décret n°2016-1553 du 18 novembre 2016 - art. 7)
La présente section détermine, conformément à l'article L.3141-32, les modalités d'application des dispositions relatives aux congés payés du personnel artistique et technique du spectacle occupé :

1° Dans les entreprises de spectacle occupant les activités prévues au code 92.3 et aux codes 92. 7A et 55. 4C de la nomenclature des activités françaises (NAF) ainsi que par les impresarios, agences théâtrales, chefs d'orchestre, chefs de troupe ou dans les hôtels, cafés, restaurants ;
2° Dans les entreprises exerçant les activités cinématographiques et vidéo prévues au code 92.1 de la nomenclature NAF ;
3° Dans les entreprises exerçant les activités de radio et de télévision prévues au code 92.2 de la nomenclature NAF ;
4° Dans les entreprises exerçant les activités d'édition d'enregistrements sonores prévues au code 22. 1G.

Art. D.7121-29 (créé par Décret n°2008-244 du 7 mars 2008 - art. (V))
La présente section s'applique également pour leur personnel artistique et technique :

1° Aux personnes morales de droit public exerçant les types d'activités mentionnés à l'article D. 7121-28 à titre principal, accessoire ou occasionnel, sous quelque forme juridique que ce soit ;
2° Au personnel artistique et technique détaché dans les conditions prévues à l'article L.1261-3.

Art. D.7121-30 (créé par Décret n°2008-244 du 7 mars 2008 - art. (V))
Les dispositions relatives aux congés payés, prévus par le chapitre premier du titre IV du livre premier de la partie III, qui ne sont pas contraires aux dispositions de la présente section s'appliquent.

Art. D. 7121-31 (créé par Décret n°2016-1553 du 18 novembre 2016 - art. 7)
Lorsqu'il justifie d'au moins quatre semaines d'engagement ou de trente cachets au cours de la période de référence chez un ou plusieurs des employeurs assujettis, le bénéficiaire de la présente section a droit à un congé déterminé conformément aux dispositions des articles L.3141-3 à L.3141-31.

Chaque journée de congé payé est considérée, pour la détermination du droit au congé ultérieur, comme correspondant à une journée de travail ou à un cachet.

Art. D.7121-32 (créé par Décret n°2008-244 du 7 mars 2008 - art. (V))
L'employeur délivre au salarié qu'il cesse d'employer ou qui peut bénéficier de son congé annuel un certificat justificatif de ses droits à congé en double exemplaire.
Ce certificat indique :

1° La durée des engagements ou le nombre des cachets accomplis pour le compte de l'employeur dans les douze mois qui précédent et le montant de la rémunération versée pendant la période envisagée ;

2° La raison sociale et l'adresse de la caisse de congés payés à laquelle l'employeur est affilié.

Il lui remet également une enveloppe timbrée nécessaire à la transmission de ce certificat à la caisse de congés payés.

Art. D.7121-33 (créé par Décret n°2008-244 du 7 mars 2008 - art. (V))
Le salarié transmet à la caisse de congés payés prévue à la sous-section 3 un exemplaire du certificat justificatif de ses droits à congés.

Art. D.7121-34 (créé par Décret n°2008-244 du 7 mars 2008 - art. (V))
Lorsque, au moment du départ du salarié, l'employeur ne lui a pas délivré le certificat justificatif de ses droits à congés, l'intéressé peut le réclamer dans les six mois suivant son départ.
En cas de refus de l'employeur, l'intéressé informe la caisse de congés.

Art. D.7121-35 (créé par Décret n°2016-1553 du 18 novembre 2016 - art. 7)
Le versement des cotisations accompli par l'employeur en application de l'article D. 7121-44 le dispense du paiement de l'indemnité compensatrice de congé, prévue à l'article L.3141-28, en cas de rupture du contrat de travail d'un salarié qui a au moins un mois d'ancienneté dans l'entreprise et qui n'a pas bénéficié de son congé payé.

Art. D.7121-36 (créé par Décret n°2008-244 du 7 mars 2008 - art. (V))
Pour bénéficier du congé annuel continu, en application de l'article D. 7121-31, le salarié transmet à la caisse de congés payés les certificats qu'il a reçus de son employeur ou de ses employeurs successifs. Cette transmission est faite quinze jours au moins avant la date à laquelle il prend son congé.
Après vérification, la caisse verse à l'intéressé le montant de l'indemnité à laquelle il a droit contre remise d'une pièce justifiant son immatriculation à la sécurité sociale.

Art. D.7121-37 (créé par Décret n°2008-244 du 7 mars 2008 - art. (V))
Le montant de l'indemnité journalière de congé est égal à la rémunération journalière moyenne que l'intéressé a reçue dans les entreprises où il a été employé pendant la période prise en considération pour la détermination du droit au congé.
Le montant de l'indemnité journalière ne peut excéder le chiffre maximum fixé dans les conventions collectives de travail ou par sentence arbitrale, rendue dans les conditions prévues aux articles L.2524-1 et suivants.
En cas d'absence de convention collective, le montant de l'indemnité journalière est limité au triple du montant du salaire minimum de la catégorie professionnelle, à moins qu'une sentence arbitrale n'ait fixé une limite plus élevée.

Art. D.7121-38 (créé par Décret n°2008-244 du 7 mars 2008 - art. (V))
Une caisse de congés payés assure le service des congés annuels au personnel artistique et technique employé de façon intermittente dans les entreprises mentionnées aux articles D.7121-28 et D.7121-29.
Cette caisse répartit entre ces entreprises les charges résultant de l'attribution des congés payés.

Annexe Partie V – Les principes de cotisations salariales et charges patronales

Les éléments de rémunérations soumis à cotisations

Le cas des prestations familiales extra-légales complémentaires

C. Sécurité sociale, Art. L.511-1 (modifié par Ordonnance n°2019-770 du 17 juillet 2019 - art. 9)
Les prestations familiales comprennent :
1°) la prestation d'accueil du jeune enfant ;
2°) les allocations familiales ;
3°) le complément familial ;
4°) L'allocation de logement régie par les dispositions du livre VIII du code de la construction et de l'habitation ;
5°) l'allocation d'éducation de l'enfant handicapé ;
6°) l'allocation de soutien familial ;
7°) l'allocation de rentrée scolaire ;
8°) (Abrogé) ;
9°) l'allocation journalière de présence parentale.

Le cas des indemnités versées à l'occasion de la rupture du contrat de travail

Art. L.1243-4 (modifié par Loi n°2011-525 du 17 mai 2011 - art. 49)
La rupture anticipée du contrat de travail à durée déterminée qui intervient à l'initiative de l'employeur, en dehors des cas de faute grave, de force majeure ou d'inaptitude constatée par le médecin du travail, ouvre droit pour le salarié à des dommages et intérêts d'un montant au moins égal aux rémunérations qu'il aurait perçues jusqu'au terme du contrat, sans préjudice de l'indemnité de fin de contrat prévue à l'article L.1243-8.
Toutefois, lorsque le contrat de travail est rompu avant l'échéance du terme en raison d'un sinistre relevant d'un cas de force majeure, le salarié a également droit à une indemnité compensatrice dont le montant est égal aux rémunérations qu'il aurait perçues jusqu'au terme du contrat. Cette indemnité est à la charge de l'employeur.

Art. L.1243-8 (version en vigueur depuis le 1er mai 2008)
Lorsque, à l'issue d'un contrat de travail à durée déterminée, les relations contractuelles de travail ne se poursuivent pas par un contrat à durée indéterminée, le salarié a droit, à titre de complément de salaire, à une indemnité de fin de contrat destinée à compenser la précarité de sa situation.
Cette indemnité est égale à 10 % de la rémunération totale brute versée au salarié.
Elle s'ajoute à la rémunération totale brute due au salarié. Elle est versée à l'issue du contrat en même temps que le dernier salaire et figure sur le bulletin de salaire correspondant.

Art. L.1251-32 (version en vigueur depuis le 1er mai 2008)
Lorsque, à l'issue d'une mission, le salarié ne bénéficie pas immédiatement d'un contrat de travail à durée indéterminée avec l'entreprise utilisatrice, il a droit, à titre de complément de salaire, à une indemnité de fin de mission destinée à compenser la précarité de sa situation.
Cette indemnité est égale à 10 % de la rémunération totale brute due au salarié.

L'indemnité s'ajoute à la rémunération totale brute due au salarié. Elle est versée par l'entreprise de travail temporaire à l'issue de chaque mission effectivement accomplie, en même temps que le dernier salaire dû au titre de celle-ci, et figure sur le bulletin de salaire correspondant.

Art. L.1234-9 (modifié par Ordonnance n°2017-1387 du 22 septembre 2017 - art. 39)
Le salarié titulaire d'un contrat de travail à durée indéterminée, licencié alors qu'il compte 8 mois d'ancienneté ininterrompus au service du même employeur, a droit, sauf en cas de faute grave, à une indemnité de licenciement.
Les modalités de calcul de cette indemnité sont fonction de la rémunération brute dont le salarié bénéficiait antérieurement à la rupture du contrat de travail. Ce taux et ces modalités sont déterminés par voie réglementaire.
NOTA : Conformément à l'article 40-I de l'ordonnance n° 2017-1387 du 22 septembre 2017, ces dispositions sont applicables aux licenciements prononcés postérieurement à la publication de ladite ordonnance.

Art. R.1234-2 (modifié par Décret n°2017-1396 du 25 septembre 2017 - art. 2)
L'indemnité de licenciement ne peut être inférieure aux montants suivants :
1° Un quart de mois de salaire par année d'ancienneté pour les années jusqu'à dix ans ;
2° Un tiers de mois de salaire par année d'ancienneté pour les années à partir de dix ans.
NOTA : Conformément à l'article 4 du décret n° 2017-1398 du 25 septembre 2017, ces dispositions sont applicables aux licenciements et mises à la retraite prononcés et aux ruptures conventionnelles conclues postérieurement à sa publication.

Art. L.7112-3 (version en vigueur depuis le 1er mai 2008)
Si l'employeur est à l'initiative de la rupture, le salarié a droit à une indemnité qui ne peut être inférieure à la somme représentant un mois, par année ou fraction d'année de collaboration, des derniers appointements. Le maximum des mensualités est fixé à quinze.

Art. L.7112-5 (version en vigueur depuis le 1er mai 2008)
Si la rupture du contrat de travail survient à l'initiative du journaliste professionnel, les dispositions des articles L.7112-3 et L.7112-4 sont applicables, lorsque cette rupture est motivée par l'une des circonstances suivantes :
1° Cession du journal ou du périodique ;
2° Cessation de la publication du journal ou périodique pour quelque cause que ce soit ;
3° Changement notable dans le caractère ou l'orientation du journal ou périodique si ce changement crée, pour le salarié, une situation de nature à porter atteinte à son honneur, à sa réputation ou, d'une manière générale, à ses intérêts moraux. Dans ces cas, le salarié qui rompt le contrat n'est pas tenu d'observer la durée du préavis prévue à l'article L.7112-2.

Art. L.7313-13 (version en vigueur depuis le 1er mai 2008)
En cas de rupture du contrat de travail à durée indéterminée par l'employeur, en l'absence de faute grave, le voyageur, représentant ou placier a droit à une indemnité pour la part qui lui revient personnellement dans l'importance en nombre et en valeur de la clientèle apportée, créée ou développée par lui.
Le montant de cette indemnité de clientèle tient compte des rémunérations spéciales accordées en cours de contrat pour le même objet ainsi que des diminutions constatées dans la clientèle préexistante et imputables au salarié.
Ces dispositions s'appliquent également en cas de rupture du contrat de travail par suite d'accident ou de maladie entraînant une incapacité permanente totale de travail du salarié.

Art. L.1226-14 (version en vigueur depuis le 1er mai 2008)
La rupture du contrat de travail dans les cas prévus au deuxième alinéa de l'article L.1226-12 ouvre droit, pour le salarié, à une indemnité compensatrice d'un montant égal à celui de l'indemnité

compensatrice de préavis prévue à l'article L.1234-5 ainsi qu'à une indemnité spéciale de licenciement qui, sauf dispositions conventionnelles plus favorables, est égale au double de l'indemnité prévue par l'article L.1234-9.
Toutefois, ces indemnités ne sont pas dues par l'employeur qui établit que le refus par le salarié du reclassement qui lui est proposé est abusif.
Les dispositions du présent article ne se cumulent pas avec les avantages de même nature prévus par des dispositions conventionnelles ou contractuelles en vigueur au 7 janvier 1981 et destinés à compenser le préjudice résultant de la perte de l'emploi consécutive à l'accident du travail ou à la maladie professionnelle.

Art. L.1233-3 (modifié par Loi n°2018-217 du 29 mars 2018 - art. 11)
Constitue un licenciement pour motif économique le licenciement effectué par un employeur pour un ou plusieurs motifs non inhérents à la personne du salarié résultant d'une suppression ou transformation d'emploi ou d'une modification, refusée par le salarié, d'un élément essentiel du contrat de travail, consécutives notamment :

1° A des difficultés économiques caractérisées soit par l'évolution significative d'au moins un indicateur économique tel qu'une baisse des commandes ou du chiffre d'affaires, des pertes d'exploitation ou une dégradation de la trésorerie ou de l'excédent brut d'exploitation, soit par tout autre élément de nature à justifier de ces difficultés.
Une baisse significative des commandes ou du chiffre d'affaires est constituée dès lors que la durée de cette baisse est, en comparaison avec la même période de l'année précédente, au moins égale à :
   a) Un trimestre pour une entreprise de moins de onze salariés ;
   b) Deux trimestres consécutifs pour une entreprise d'au moins onze salariés et de moins de cinquante salariés ;
   c) Trois trimestres consécutifs pour une entreprise d'au moins cinquante salariés et de moins de trois cents salariés ;
   d) Quatre trimestres consécutifs pour une entreprise de trois cents salariés et plus ;

2° A des mutations technologiques ;

3° A une réorganisation de l'entreprise nécessaire à la sauvegarde de sa compétitivité ;

4° A la cessation d'activité de l'entreprise.

La matérialité de la suppression, de la transformation d'emploi ou de la modification d'un élément essentiel du contrat de travail s'apprécie au niveau de l'entreprise.
Les difficultés économiques, les mutations technologiques ou la nécessité de sauvegarder la compétitivité de l'entreprise s'apprécient au niveau de cette entreprise si elle n'appartient pas à un groupe et, dans le cas contraire, au niveau du secteur d'activité commun à cette entreprise et aux entreprises du groupe auquel elle appartient, établies sur le territoire national, sauf fraude.
Pour l'application du présent article, la notion de groupe désigne le groupe formé par une entreprise appelée entreprise dominante et les entreprises qu'elle contrôle dans les conditions définies à l'article L.233-1, aux I et II de l'article L.233-3 et à l'article L.233-16 du code de commerce.
Le secteur d'activité permettant d'apprécier la cause économique du licenciement est caractérisé, notamment, par la nature des produits biens ou services délivrés, la clientèle ciblée, ainsi que les réseaux et modes de distribution, se rapportant à un même marché.
Les dispositions du présent chapitre sont applicables à toute rupture du contrat de travail résultant de l'une des causes énoncées au présent article, à l'exclusion de la rupture conventionnelle visée aux articles L.1237-11 et suivants et de la rupture d'un commun accord dans le cadre d'un accord collectif visée aux articles L.1237-17 et suivants.

Art. L.1233-10 (modifié par Ordonnance n°2017-1387 du 22 septembre 2017 - art. 20)
L'employeur adresse aux représentants du personnel, avec la convocation à la réunion prévue à l'article L.1233-8, tous renseignements utiles sur le projet de licenciement collectif.
Il indique :
1° La ou les raisons économiques, financières ou techniques du projet de licenciement ;
2° Le nombre de licenciements envisagé ;
3° Les catégories professionnelles concernées et les critères proposés pour l'ordre des licenciements ;
4° Le nombre de salariés, permanents ou non, employés dans l'établissement ;
5° Le calendrier prévisionnel des licenciements ;
6° Les mesures de nature économique envisagées ;
7° Le cas échéant, les conséquences des licenciements projetés en matière de santé, de sécurité ou de conditions de travail.
NOTA : Conformément à l'article 40-VI de l'ordonnance n° 2017-1387 du 22 septembre 2017, ces dispositions sont applicables aux procédures de licenciement économique engagées dans les entreprises ayant mis en place un comité social et économique.

Art. L.1233-61 (modifié par Ordonnance n°2017-1718 du 20 décembre 2017 - art. 1)
Dans les entreprises d'au moins cinquante salariés, lorsque le projet de licenciement concerne au moins dix salariés dans une même période de trente jours, l'employeur établit et met en œuvre un plan de sauvegarde de l'emploi pour éviter les licenciements ou en limiter le nombre.
Ce plan intègre un plan de reclassement visant à faciliter le reclassement sur le territoire national des salariés dont le licenciement ne pourrait être évité, notamment celui des salariés âgés ou présentant des caractéristiques sociales ou de qualification rendant leur réinsertion professionnelle particulièrement difficile.
Lorsque le plan de sauvegarde de l'emploi comporte, en vue d'éviter la fermeture d'un ou de plusieurs établissements, le transfert d'une ou de plusieurs entités économiques nécessaire à la sauvegarde d'une partie des emplois et lorsque ces entreprises souhaitent accepter une offre de reprise les dispositions de l'article L.1224-1 relatives au transfert des contrats de travail ne s'appliquent que dans la limite du nombre des emplois qui n'ont pas été supprimés à la suite des licenciements, à la date d'effet de ce transfert.
NOTA : Conformément à l'article 40-V de l'ordonnance n° 2017-1387 du 22 septembre 2017, ces dispositions sont applicables aux procédures de licenciement économique engagées après la publication de ladite ordonnance.

Art. L.1235-3 (modifié par Loi n°2018-217 du 29 mars 2018 - art. 11)
Si le licenciement d'un salarié survient pour une cause qui n'est pas réelle et sérieuse, le juge peut proposer la réintégration du salarié dans l'entreprise, avec maintien de ses avantages acquis.
Si l'une ou l'autre des parties refuse cette réintégration, le juge octroie au salarié une indemnité à la charge de l'employeur, dont le montant est compris entre les montants minimaux et maximaux fixés dans le tableau ci-après.

Ancienneté du salarié dans l'entreprise (en années complètes)	Indemnité minimale (en mois de salaire brut)	Indemnité maximale (en mois de salaire brut)
0	Sans objet	1
1	1	2
2	3	3,5
3	3	4
4	3	5
5	3	6
6	3	7
7	3	8
8	3	8
9	3	9
10	3	10
11	3	10,5
12	3	11
13	3	11,5
14	3	12
15	3	13
16	3	13,5
17	3	14
18	3	14,5
19	3	15
20	3	15,5
21	3	16
22	3	16,5
23	3	17
24	3	17,5
25	3	18
26	3	18,5
27	3	19
28	3	19,5
29	3	20
30 et au-delà	3	20

En cas de licenciement opéré dans une entreprise employant habituellement moins de onze salariés, les montants minimaux fixés ci-dessous sont applicables, par dérogation à ceux fixés à l'alinéa précédent :

Ancienneté du salariédans l'entreprise (en années complètes)	Indemnité minimale (en mois de salaire brut)
0	Sans objet
1	0,5
2	0,5
3	1
4	1
5	1,5
6	1,5
7	2
8	2
9	2,5
10	2,5

Pour déterminer le montant de l'indemnité, le juge peut tenir compte, le cas échéant, des indemnités de licenciement versées à l'occasion de la rupture, à l'exception de l'indemnité de licenciement mentionnée à l'article L.1234-9.

Cette indemnité est cumulable, le cas échéant, avec les indemnités prévues aux articles L.1235-12, L.1235-13 et L.1235-15, dans la limite des montants maximaux prévus au présent article.

NOTA : Conformément à l'article 40-I de l'ordonnance n° 2017-1387 du 22 septembre 2017, ces dispositions sont applicables aux licenciements prononcés postérieurement à la publication de ladite ordonnance.

Art. L.1235-11 (modifié par Ordonnance n°2017-1387 du 22 septembre 2017 - art. 2)

Lorsque le juge constate que le licenciement est intervenu alors que la procédure de licenciement est nulle, conformément aux dispositions des deux premiers alinéas de l'article L.1235-10, il peut ordonner la poursuite du contrat de travail ou prononcer la nullité du licenciement et ordonner la réintégration du salarié à la demande de ce dernier, sauf si cette réintégration est devenue impossible, notamment du fait de la fermeture de l'établissement ou du site ou de l'absence d'emploi disponible.

Lorsque le salarié ne demande pas la poursuite de son contrat de travail ou lorsque la réintégration est impossible, le juge octroie au salarié une indemnité à la charge de l'employeur qui ne peut être inférieure aux salaires des six derniers mois.

NOTA : Conformément à l'article 40-I de l'ordonnance n° 2017-1387 du 22 septembre 2017, ces dispositions sont applicables aux licenciements prononcés postérieurement à la publication de ladite ordonnance.

Art. L.1235-13 (modifié par Ordonnance n°2017-1387 du 22 septembre 2017 - art. 2)

En cas de non-respect de la priorité de réembauche prévue à l'article L.1233-45, le juge accorde au salarié une indemnité qui ne peut être inférieure à un mois de salaire.

NOTA : Conformément à l'article 40-I de l'ordonnance n° 2017-1387 du 22 septembre 2017, ces dispositions sont applicables aux licenciements prononcés postérieurement à la publication de ladite ordonnance.

Art. L.1237-9 (version en vigueur depuis le 1er mai 2008)
Tout salarié quittant volontairement l'entreprise pour bénéficier d'une pension de vieillesse a droit à une indemnité de départ à la retraite.
Le taux de cette indemnité varie en fonction de l'ancienneté du salarié dans l'entreprise. Ses modalités de calcul sont fonction de la rémunération brute dont il bénéficiait antérieurement. Ce taux et ces modalités de calcul sont déterminés par voie réglementaire.

Art. L.1237-7 (version en vigueur depuis le 1er mai 2008)
La mise à la retraite d'un salarié lui ouvre droit à une indemnité de mise à la retraite au moins égale à l'indemnité de licenciement prévue à l'article L.1234-9.

Art. L.1243-5 (modifié par Loi n°2014-1545 du 20 décembre 2014 - art. 6)
Le contrat de travail à durée déterminée cesse de plein droit à l'échéance du terme. Lorsqu'il est conclu en application du 6° de l'article L.1242-2, il prend fin avec la réalisation de l'objet pour lequel il a été conclu après un délai de prévenance au moins égal à deux mois.
Toutefois, ce principe ne fait pas obstacle à l'application des dispositions relatives à la rupture du contrat de travail à durée déterminée :

1°) Des salariés victimes d'un accident du travail ou d'une maladie professionnelle, prévues à l'article L.1226-19 ;
2°) Des salariés titulaires d'un mandat de représentation mentionnés à l'article L.2412-1.

Les abattements

Les abattements pour frais d'atelier

C. Sécurité sociale, Art. L.241-9 (modifié par Loi n°88-16 du 5 janvier 1988 - art. 1)
Si le travailleur à domicile, rémunéré à façon, aux pièces ou à la tâche, est lui-même assuré obligatoire, vis-à-vis du fabricant pour le compte duquel il travaille, il n'est point tenu au versement des contributions patronales afférentes à l'emploi des ouvriers qui travaillent avec lui pour ledit fabricant. Ces contributions sont à la charge du fabricant et calculées d'après les déclarations de rémunération fournies à ce dernier.
La rémunération propre au travailleur à domicile est obtenue en déduisant de la rémunération globale versée par l'employeur, d'une part, les rémunérations des personnes travaillant avec lui, d'autre part, s'il y a lieu, le montant des frais d'atelier fixés forfaitairement par arrêté ministériel.

L'assiette de cotisations

La fixation du plafond de la Sécurité Sociale

C. Sécurité sociale, Art. D.242-17 (modifié par Décret n°2016-1553 du 18 novembre 2016 - art. 7)

La valeur mensuelle du plafond est fixée, pour chaque année civile, à partir du plafond applicable au cours de l'année antérieure, ci-après dénommée année de référence. Elle tient compte de l'évolution moyenne estimée des salaires de cette année de référence prévue par le dernier rapport sur la situation et les perspectives économiques, sociales et financières de la nation annexé au projet de loi de finances.
Le cas échéant, le plafond applicable au cours de l'année civile suivante tient compte de la nouvelle estimation de l'évolution moyenne des salaires de l'année de référence figurant dans le dernier

rapport sur la situation et les perspectives économiques, sociales et financières de la nation annexé au projet de loi de finances.
La valeur journalière du plafond est égale à la valeur mensuelle multipliée par 12 et divisée par le nombre de jours travaillés dans l'année fixé au 3° du I de l'article L.3121-64du code du travail.

C. Sécurité sociale, Art. D.242-18 (modifié par Décret n°2011-2082 du 30 décembre 2011 - art. 1)
Les valeurs mensuelles et journalières du plafond fixées par l'arrêté pris pour l'application de l'article L.241-3 sont arrondies à l'euro le plus proche.

C. Sécurité sociale, Art. D.242-19 (modifié par Décret n°2016-1553 du 18 novembre 2016 - art. 7)
Pour les dispositions législatives et réglementaires faisant référence à une valeur du plafond différente de celles mentionnées à l'article D. 242-17, le montant du plafond est déterminé à partir de la valeur mensuelle mentionnée au même article dans les conditions suivantes :
- la valeur horaire est égale à la valeur mensuelle multipliée par 12 et divisée par le nombre d'heures annuelles de travail fixé au troisième alinéa de l'article L.3121-41 du code du travail ;
- la valeur hebdomadaire est égale à la valeur mensuelle multipliée par 12 et divisée par 52 ;
- la valeur par quinzaine est égale à la valeur mensuelle divisée par 2 ;
- la valeur trimestrielle est égale à la valeur mensuelle multipliée par 3 ;
- la valeur annuelle est égale à la valeur mensuelle multipliée par 12.

Dans tous les cas, la valeur obtenue est arrondie à l'euro le plus proche.

Les réductions de plafond de la Sécurité Sociale

C. Sécurité sociale, Art. D.242-3 (modifié par Décret n°2019-1050 du 11 octobre 2019 - art. 2)
Les personnes mentionnées au premier alinéa de l'article L.242-3 sont tenues de faire connaître à chacun de leurs employeurs, à la fin de chaque mois ou de chaque trimestre, le total de la rémunération qu'elles ont reçue au cours de ce mois ou de ce trimestre. Elles utilisent, à cet effet, une déclaration du modèle arrêté par le ministre chargé de la sécurité sociale.
Le travailleur à domicile, assuré obligatoire, est tenu de déclarer, dans les cinq premiers jours de chaque trimestre, aux chefs d'entreprise pour le compte desquels il travaille, les noms, numéros d'immatriculation et salaires des personnes qui ont travaillé avec lui au cours du trimestre précédent pour le compte desdits employeurs. Si cette déclaration ne leur a pas été faite, les chefs d'entreprise sont tenus d'en aviser l'organisme chargé du recouvrement.
Les mêmes obligations s'imposent au travailleur salarié ou assimilé qui se fait assister ou remplacer par un membre de sa famille, un aide ou remplaçant, qu'il recrute ou rémunère pour une activité exercée au profit de son employeur.
En l'absence des déclarations prévues aux alinéas précédents, chaque employeur calcule les cotisations sur la base de la rémunération totale, compte tenu des dispositions de l'article R.242-2. Toute partie intéressée peut provoquer le remboursement des cotisations versées en trop.
Les dispositions du présent article ne sont pas applicables lorsqu'un employeur met en œuvre la dérogation prévue par le deuxième alinéa de l'article L.242-3.
NOTA : Conformément à l'article 6 du décret n° 2019-1050 du 11 octobre 2019, ces dispositions sont applicables à compter du 1er janvier 2020.

C. Sécurité sociale, Art. D.243-6 (modifié par Loi n°2014-1554 du 22 décembre 2014 - art. 27)
I.– La demande de remboursement des cotisations de sécurité sociale et d'allocations familiales indûment versées se prescrit par trois ans à compter de la date à laquelle lesdites cotisations ont été acquittées.
Lorsque l'obligation de remboursement desdites cotisations naît d'une décision juridictionnelle qui révèle la non-conformité de la règle de droit dont il a été fait application à une règle de

droit supérieure, la demande de remboursement ne peut porter que sur la période postérieure au 1er janvier de la troisième année précédant celle où la décision révélant la non-conformité est intervenue.

Lorsque l'obligation de remboursement des cotisations naît d'une décision rectificative d'une caisse d'assurance retraite et de la santé au travail en matière de taux de cotisation d'accidents du travail et maladies professionnelles, la demande de remboursement des cotisations peut porter sur l'ensemble de la période au titre de laquelle les taux sont rectifiés.

II.– En cas de remboursement, les organismes de sécurité sociale et d'allocations familiales sont en droit de demander le reversement des prestations servies à l'assuré ; ladite demande doit être faite dans un délai maximum de deux ans à compter du remboursement desdites cotisations.

Toutefois, lorsque la demande de remboursement des cotisations indûment versées n'a pas été formulée dans le délai de trois ans prévu au premier alinéa du I du présent article, le bénéfice des prestations servies ainsi que les droits à l'assurance vieillesse restent acquis à l'assuré, sauf cas de fraude ou de fausse déclaration.

III.– Les organismes mentionnés aux articles L.213-1 et L. 752-1 effectuent le remboursement des cotisations indues dans un délai de quatre mois à compter de la demande mentionnée au premier alinéa du I du présent article.

C. Sécurité sociale, Art. D.243-6-1 (modifié par Loi n°2018-1203 du 22 décembre 2018 - art. 8(V))

I.– Tout cotisant, confronté à des interprétations contradictoires concernant plusieurs de ses établissements dans la même situation au regard de la législation relative aux cotisations et aux contributions de sécurité sociale, a la possibilité, sans préjudice des autres recours, de solliciter l'intervention de l'Agence centrale des organismes de sécurité sociale en ce qui concerne l'appréciation portée sur sa situation par les organismes de recouvrement visés aux articles L.213-1 et L. 752-4. Cette possibilité est ouverte également à un cotisant appartenant à un groupe au sens de l'article L.233-16 du code de commerce, en cas d'interprétations contradictoires concernant toute autre entreprise ou personne morale appartenant à ce même groupe.

A la suite de l'analyse du litige, l'agence centrale peut demander aux organismes d'adopter une position dans un délai d'un mois. A l'expiration de ce délai, s'ils ne se sont pas conformés à cette instruction, l'agence centrale peut se substituer aux organismes pour prendre les mesures nécessaires.

II.– La procédure d'arbitrage prévue au I est également applicable lorsque le cotisant, qu'il possède un ou plusieurs établissements, est confronté aux interprétations contradictoires retenues par un ou plusieurs des organismes mentionnés aux articles L.213-1 et L. 752-4, d'une part, et par une ou plusieurs des institutions mentionnées à l'article L. 922-4, d'autre part, concernant sa situation au regard de l'application des dispositions relatives à la réduction dégressive de cotisations sociales prévue à l'article L.241-13, des dispositions prévues aux articles L.241-10 et L. 752-3-2, ou relative à tout point de droit dont l'application est susceptible d'avoir une incidence sur les allègements portant sur les cotisations à la charge de l'employeur dues au titre des régimes de retraite complémentaire légalement obligatoires mentionnés à l'article L. 921-4.

NOTA : Conformément à l'article 8 X de la loi n° 2018-1203 du 22 décembre 2018, l'article L.243-6-1 dans sa rédaction résultant du 10° du I s'applique aux contrôles engagés à compter du 1er janvier 2019.

Annexe Partie VI – Les taux de cotisations

Les taux de Sécurité Sociale

C. Sécurité sociale, Art. L.130-1 (créé par Loi n°2019-486 du 22 mai 2019 - art. 11(V))

I.– Au sens du présent code, l'effectif salarié annuel de l'employeur, y compris lorsqu'il s'agit d'une personne morale comportant plusieurs établissements, correspond à la moyenne du nombre de personnes employées au cours de chacun des mois de l'année civile précédente.
Par dérogation au premier alinéa du présent I, pour l'application de la tarification au titre du risque " accidents du travail et maladies professionnelles ", l'effectif pris en compte est celui de la dernière année connue.
L'effectif à prendre en compte pour l'année de création du premier emploi salarié titulaire d'un contrat de travail dans l'entreprise correspond à l'effectif présent le dernier jour du mois au cours duquel a été réalisée cette première embauche.
Un décret en Conseil d'Etat définit les catégories de personnes incluses dans l'effectif et les modalités de leur décompte.

II.– Le franchissement à la hausse d'un seuil d'effectif salarié est pris en compte lorsque ce seuil a été atteint ou dépassé pendant cinq années civiles consécutives.
Le franchissement à la baisse d'un seuil d'effectif sur une année civile a pour effet de faire à nouveau courir la règle énoncée au premier alinéa du présent II.

NOTA : Conformément au XIII de l'article 11 de la loi n° 2019-486 du 22 mai 2019, le II de l'article L.130-1 ne s'applique pas :

1° Lorsque l'effectif de l'entreprise est, au 1er janvier 2020, supérieur ou égal à un seuil et que cette entreprise était soumise, au titre de l'année 2019, aux dispositions applicables dans le cas d'un effectif supérieur ou égal à ce seuil ;

2° Lorsque l'entreprise est bénéficiaire, au 1er janvier 2020, des dispositions prévues au XII de l'article 11 de la loi n° 2019-486.

Conformément au XIV de l'article 11 de la loi n° 2019-486 du 22 mai 2019, ces dispositions entrent en vigueur le 1er janvier 2020.

C. Sécurité sociale, Art. R.130-1 (modifié par Décret n°2019-1586 du 31 décembre 2019 - art. 1)

I.– Pour la détermination de l'effectif mentionné à l'article L.130-1, les mois au cours desquels aucun salarié n'est employé ne sont pas pris en compte pour établir cette moyenne.
L'effectif salarié annuel de l'employeur est arrondi, s'il y a lieu, au centième. A cet effet, il n'est pas tenu compte de la fraction d'effectif au-delà de la deuxième décimale.

II.– Pour la détermination de l'effectif mentionné au I, sont prises en compte les personnes titulaires d'un contrat de travail et les personnes mentionnées à l'article L. 5424-1 du code du travail. Toutefois, les salariés mentionnés à la deuxième phrase du 2° de l'article L.1111-2 du code du travail sont exclus du décompte des effectifs.
Pour calculer l'effectif d'une entreprise de travail temporaire, il est tenu compte des salariés permanents et des salariés qui, au cours de la période, ont été liés à cette entreprise par des contrats de mission.
Les salariés ou agents à temps plein sont intégralement pris en compte dans l'effectif de l'entreprise au cours du mois. Les salariés à temps partiel au sens de l'article L.3123-1 du code du travail et les personnes mentionnées à l'article L. 5424-1 du même code, à temps partiel ou à temps non complet sont décomptés selon les modalités mentionnées au dernier alinéa de l'article L.1111-2 susmentionné.

Les personnes mentionnées aux trois alinéas précédents sont décomptées dans l'effectif de l'entreprise à due proportion du nombre de jours du mois pendant lequel elles ont été employées.

III.– Les personnes mentionnées aux 1°, 2°, 4° et 6° de l'article L.1111-3 du code du travail ne sont pas prises en compte pour la détermination de l'effectif mentionné au I sauf en ce qui concerne l'application des dispositions relatives à la tarification des risques d'accidents du travail et de maladies professionnelles.

IV.– (Abrogé).

V.– Lorsque survient une modification de la situation juridique de l'employeur au sens de l'article L.1224-1 du code du travail, y compris lorsqu'une telle modification entraîne une création d'entreprise, l'effectif à prendre en compte pour l'année au cours de laquelle les contrats sont transférés correspond à l'effectif présent le dernier jour du mois au cours duquel a été réalisé le transfert des contrats de travail.

VI.– Pour l'application de la tarification au titre du risque « accidents du travail et maladies professionnelles «, l'effectif de l'entreprise est calculé selon les dispositions prévues aux I à IV, en retenant, d'une part, les salariés et agents qui relèvent du régime général et, d'autre part, les salariés et agents qui relèvent du régime des salariés agricoles, pour la couverture de ce risque.

NOTA : Conformément au I de l'article 12 du décret n° 2017-858 du 9 mai 2017, les dispositions du présent article entrent en vigueur le 1er janvier 2018.

Art. R.834-7 (modifié par Décret n°2017-858 du 9 mai 2017 - art. 6)
La contribution relative à l'allocation logement prévue aux articles L. 831-1 et suivants est due par toute personne physique ou morale employant un ou plusieurs salariés relevant soit des professions non-agricoles, soit des professions agricoles.
La contribution est, sous réserve des dispositions de l'article R. 834-9, recouvrée, pour le compte du fonds national d'aide au logement mentionné à l'article L.351-6 du code de la construction et de l'habitation, par les organismes ou services chargés du recouvrement des cotisations de sécurité sociale ou d'assurances sociales agricoles.

Les cotisations chômage

Art. L.5422-13 (version en vigueur depuis le 1er mai 2008)
Sauf dans les cas prévus à l'article L. 5424-1, dans lesquels l'employeur assure lui-même la charge et la gestion de l'allocation d'assurance, tout employeur assure contre le risque de privation d'emploi tout salarié, y compris les travailleurs salariés détachés à l'étranger ainsi que les travailleurs salariés français expatriés.
L'adhésion au régime d'assurance ne peut être refusée.

La contribution sociale généralisée CSG

C. Sécurité sociale, Art. L.761-1 (créé par Décret n°85-1363 du 21 décembre 1985)
Les travailleurs détachés temporairement à l'étranger par leur employeur pour y exercer une activité salariée ou assimilée qui demeurent soumis à la législation française de sécurité sociale en vertu de conventions ou de règlements internationaux, sont réputés, pour l'application de cette législation, avoir leur résidence et leur lieu de travail en France.

C. Sécurité sociale, Art. L.761-2 (créé par Décret n°85-1363 du 21 décembre 1985)
S'ils ne sont pas ou ne sont plus concernés par l'article L. 761-1, les travailleurs détachés temporairement à l'étranger par leur employeur pour y exercer une activité salariée ou assimilée, rémunérée par

cet employeur, sont soumis à la législation française de sécurité sociale à la condition que l'employeur s'engage à s'acquitter de l'intégralité des cotisations dues.
La durée maximale pendant laquelle les travailleurs mentionnés au premier alinéa peuvent être soumis à la législation française de sécurité sociale est fixée par décret en Conseil d'Etat.
Pour l'application de cette législation, ils sont réputés avoir leur résidence et leur lieu de travail en France.

Les charges fiscales sur les salaires

Art. L.6241-2 (modifié par Ordonnance n°2019-861 du 21 août 2019 - art. 1)

I.– Une part égale à 87 % du produit de la taxe d'apprentissage mentionnée à l'article 1599 ter A du code général des impôts est destinée au financement de l'apprentissage en application du 2° de l'article L.6211-2 du présent code et reversée à France compétences selon les modalités prévues à l'article L.6123-5. Pour satisfaire à cette obligation de financement, une entreprise qui dispose d'un centre de formation d'apprentis, accueillant ses apprentis, peut déduire de cette fraction de la taxe d'apprentissage le montant des dépenses relatives aux formations délivrées par ce service, dans des conditions de mise en œuvre et sous réserve d'un plafonnement précisés par décret. L'entreprise peut aussi déduire de cette même fraction les versements destinés à financer le développement d'offres nouvelles de formations par apprentissage, lorsque ces dernières servent à former un ou plusieurs apprentis de cette même entreprise, dans des conditions de mise en œuvre et sous réserve d'un plafonnement précisés par décret.

II.– Le solde, soit 13 % du produit de la taxe d'apprentissage due, est destiné à des dépenses libératoires effectuées par l'employeur en application de l'article L.6241-4.

Art. L.6241-4 (modifié par Loi n°2018-1317 du 28 décembre 2018 - art. 136 (V))

Pour satisfaire aux dispositions du II de l'article L.6241-2, les employeurs mentionnés au 2 de l'article 1599 ter A du code général des impôts imputent sur cette fraction de la taxe d'apprentissage :

1° Les dépenses réellement exposées afin de favoriser le développement des formations initiales technologiques et professionnelles, hors apprentissage, et l'insertion professionnelle, dont les frais de premier équipement, de renouvellement de matériel existant et d'équipement complémentaire ;

2° Les subventions versées au centre de formation d'apprentis sous forme d'équipements et de matériels conformes aux besoins des formations dispensées.

Les formations technologiques et professionnelles mentionnées au 1° du présent article sont celles qui, dispensées dans le cadre de la formation initiale, conduisent à des diplômes ou titres enregistrés au répertoire national des certifications professionnelles et classés dans la nomenclature interministérielle des niveaux de formation. Ces formations sont dispensées, à temps complet et de manière continue ou selon un rythme approprié, dans le cadre de l'article L.813-9 du code rural et de la pêche maritime.
Les entreprises mentionnées au I de l'article 1609 quinvicies du code général des impôts qui dépassent, au titre d'une année, le seuil d'effectif prévu au cinquième alinéa du même I bénéficient d'une créance égale au pourcentage de l'effectif qui dépasse ledit seuil, retenu dans la limite de deux points, multiplié par l'effectif annuel moyen de l'entreprise au 31 décembre de l'année et divisé par cent puis multiplié par un montant, compris entre 250 € et 500 €, défini par arrêté des ministres chargés du budget et de la formation professionnelle.
Cette créance est imputable sur le solde mentionné au II de l'article L.6241-2. Le surplus éventuel ne peut donner lieu ni à report ni à restitution.

Annexe Partie VII – Maladie, maternité, paternité, accidents

L'indemnisation par la Sécurité sociale

Les prestations en nature

C. Sécurité sociale, Art. R.313-1 (modifié par Décret n°2015-1865 du 30 décembre 2015 - art. 5)
Les conditions d'ouverture du droit prévues à l'article L.313-1 sont appréciées en ce qui concerne :
1°) (abrogé)
2°) les prestations en espèces de l'assurance maladie, au jour de l'interruption de travail ;
3°) les prestations en espèces de l'assurance maternité, au début du 9ème mois avant la date présumée de l'accouchement ou à la date du début du repos prénatal ;
4°) Les prestations en espèces de l'assurance maternité servies en cas d'adoption, à la date du début du congé d'adoption ;
5°) Les prestations en espèces de l'assurance maternité servies en cas de congé de paternité, à la date du début de ce congé ;
6°) La prestation de l'assurance décès, à la date du décès.

C. Sécurité sociale, Art. R.313-3 (modifié par Décret n°2015-86 du 30 janvier 2015 – art. 1)
1°) Pour avoir droit aux indemnités journalières de l'assurance maladie pendant les six premiers mois d'interruption de travail, aux allocations journalières de maternité et aux indemnités journalières de l'assurance maternité, l'assuré social doit justifier aux dates de référence prévues aux 2° et 3° de l'article R.313-1 :
   a) Soit que le montant des cotisations dues au titre des assurances maladie, maternité, invalidité et décès assises sur les rémunérations qu'il a perçues pendant les six mois civils précédents est au moins égale au montant des mêmes cotisations dues pour un salaire égal à 1 015 fois la valeur du salaire minimum de croissance au premier jour de la période de référence ;
   b) Soit avoir effectué au moins 150 heures de travail salarié ou assimilé au cours des trois mois civils ou des quatre-vingt-dix jours précédents.

   L'assuré doit en outre justifier de dix mois d'immatriculation à la date présumée de l'accouchement pour bénéficier des indemnités journalières de l'assurance maternité.
2°) Lorsque l'arrêt de travail se prolonge sans interruption au-delà du sixième mois, l'assuré social, pour avoir droit aux indemnités journalières après le sixième mois d'incapacité de travail, doit avoir été immatriculé depuis douze mois au moins à la date de référence prévue au 2° de l'article R.313-1.

   Il doit justifier en outre :
   a) Soit que le montant des cotisations dues au titre des assurances maladie, maternité, invalidité et décès assises sur les rémunérations qu'il a perçues pendant les douze mois civils précédant l'interruption de travail est au moins égal au montant des mêmes cotisations dues pour un salaire égal à 2 030 fois la valeur du salaire minimum de croissance au 1er janvier qui précède immédiatement le début de cette période ;
   b) Soit qu'il a effectué au moins 600 heures de travail salarié ou assimilé au cours des douze mois civils ou des 365 jours précédant l'interruption de travail.

C. Sécurité sociale, Art. R.313-4 (modifié par Décret n°2015-86 du 30 janvier 2015 - art. 1)
Pour avoir droit à l'indemnité journalière de repos prévue à l'article L.331-7, l'assuré ou l'assurée doit justifier :
   a) Soit que le montant des cotisations dues au titre des assurances maladie, maternité, invalidité et décès assises sur les rémunérations qu'il ou elle a perçues pendant les six mois civils

précédant la date d'arrivée de l'enfant au foyer est au moins égale au montant des mêmes cotisations dues pour un salaire égale à 1 015 fois la valeur du salaire minimum de croissance au premier jour de la période de référence ;

b) Soit qu'il ou elle a effectué au moins 150 heures de travail salarié ou assimilé au cours des trois mois civils ou des trois mois précédant la date d'arrivée de l'enfant au foyer.

Il ou elle doit, en outre, justifier de dix mois d'immatriculation à la date d'arrivée de l'enfant au foyer.

Pour permettre le service de l'indemnité journalière de repos, il est remis à l'assuré ou à l'assurée, par le service départemental de l'aide sociale à l'enfance ou par l'œuvre d'adoption autorisée, une attestation justifiant qu'un enfant lui est confié en vue de son adoption et précisant la date d'arrivée de l'enfant au foyer.

C. Sécurité sociale, Art. R.313-5 (modifié par Décret n°2015-86 du 30 janvier 2015 - art. 1)

Pour invoquer le bénéfice de l'assurance invalidité, l'assuré social doit avoir été immatriculé depuis douze mois au premier jour du mois au cours duquel est survenue l'interruption de travail suivie d'invalidité ou la constatation de l'état d'invalidité résultant de l'usure prématurée de l'organisme.

Il doit justifier en outre :

a) Soit que le montant des cotisations dues au titre des assurances maladie, maternité, invalidité et décès assises sur les rémunérations qu'il a perçues pendant les douze mois civils précédant l'interruption de travail est au moins égal au montant des mêmes cotisations dues pour un salaire égal à 2 030 fois la valeur du salaire minimum de croissance au 1er janvier qui précède la période de référence ;

b) Soit qu'il a effectué au moins 600 heures de travail salarié ou assimilé au cours des douze mois civils ou des 365 jours précédant l'interruption de travail ou la constatation de l'état d'invalidité résultant de l'usure prématurée de l'organisme.

C. Sécurité sociale, Art. R.313-6 (modifié par Décret n°2015-1865 du 30 décembre 2015 - art. 5)

Pour ouvrir droit à l'assurance décès, l'assuré social doit justifier à la date du décès d'une des conditions suivantes :

1°) Soit le montant des cotisations dues au titre des assurances maladie, maternité, invalidité et décès assises sur les rémunérations qu'il a perçues pendant un mois civil ou trente jours consécutifs est au moins égal au montant des mêmes cotisations dues pour un salaire égal à soixante fois la valeur du salaire minimum de croissance en vigueur au premier jour du mois de référence ;

2°) Soit il a effectué au moins soixante heures de travail salarié ou assimilé au cours d'un mois civil ou de trente jours consécutifs ;

3°) Soit le montant des cotisations mentionnées au a et assises sur les rémunérations qu'il a perçues pendant trois mois civils est au moins égal au montant des mêmes cotisations dues pour un salaire égal à 120 fois la valeur du salaire minimum de croissance en vigueur au premier jour des trois mois de référence ;

4°) Soit il a effectué au moins 120 heures de travail salarié ou assimilé pendant trois mois civils ou trois mois de date à date ;

5°) Soit le montant des cotisations mentionnées au a et assises sur les rémunérations qu'il a perçues pendant cette année civile est au moins égal au montant des mêmes cotisations dues pour un salaire égal à 400 fois la valeur du salaire minimum de croissance au 1er janvier de l'année de référence ;

6°) Soit il a effectué au moins 400 heures de travail salarié ou assimilé au cours de cette même année civile.

C. Sécurité sociale, Art. R.313-7 (modifié par Décret n°2015-1865 du 30 décembre 2015 - art. 5)
Les assurés appartenant aux professions à caractère saisonnier ou discontinu et qui ne remplissent pas les conditions de montant de cotisations ou de durée de travail prévues aux articles R.313-3 à R.313-6 ont droit et ouvrent droit aux prestations mentionnées auxdits articles s'ils justifient :

a) Soit que le montant des cotisations dues au titre des assurances maladie, maternité, invalidité et décès assises sur les rémunérations qu'ils ont perçues au cours des douze mois civils est au moins égal au montant des mêmes cotisations dues pour un salaire égal à 2 030 fois la valeur du salaire minimum de croissance au 1er janvier qui précède immédiatement le début de cette période ;
b) Soit qu'ils ont effectué au moins 600 heures de travail salarié ou assimilé au cours de douze mois civils ou de 365 jours consécutifs.

Ces dispositions s'appliquent également aux assurés occupant des emplois entrant dans le champ des services à la personne définis à l'article L. 7231-1 du code du travail et rémunérés par chèque emploi-service universel conformément au 1° de l'article L.1271-1 du même code.

C. Sécurité sociale, Art. R.313-8 (modifié par Décret n°2015-1865 du 30 décembre 2015 - art. 5)
Pour l'ouverture du droit aux prestations prévues par les articles R.313-3 à R.313-6 ci-dessus, est considérée comme équivalant à six fois la valeur du salaire minimum de croissance au 1er janvier qui précède immédiatement la période de référence ou à six heures de travail salarié :

1°) chaque journée indemnisée au titre de la maladie, de la maternité, de la paternité ou de l'invalidité ainsi que chaque journée de perception de l'allocation journalière de maternité à l'exclusion des journées indemnisées en application des articles L.161-8 et L.311-5 ;
2°) chaque journée d'interruption de travail due à la maladie au titre de laquelle l'assuré n'a pas perçu l'indemnité journalière de l'assurance maladie soit parce qu'elle est comprise dans les trois premiers jours de l'incapacité de travail, à condition que l'arrêt de travail ait donné lieu par la suite à l'attribution d'indemnités journalières, soit parce que l'assuré a épuisé ses droits à indemnisation tels qu'ils sont fixés par les articles L.323-1 et R.323-1, à condition que l'incapacité physique de reprendre ou de continuer le travail soit reconnue par le médecin conseil ;
3°) chaque journée d'incapacité temporaire donnant lieu au versement des indemnités journalières au titre de la législation sur les accidents du travail ainsi que chaque journée pendant laquelle l'assuré a perçu, au titre de la même législation, une rente ou allocation correspondant à une incapacité permanente d'au moins 66 2/3 % ;
4°) chaque journée de stage effectuée dans un établissement de rééducation mentionné à l'article R.481-1 par le titulaire d'une rente allouée en vertu de la législation sur les accidents du travail, quel que soit le taux de l'incapacité à laquelle cette rente correspond ;
5°) chaque journée pendant laquelle l'assuré fait l'objet d'une détention provisoire.

Pour l'ouverture du droit aux prestations prévues par les articles R.313-3 à R.313-6, chaque journée de perception de l'allocation journalière de présence parentale est considérée comme équivalant à quatre fois la valeur du salaire minimum de croissance au 1er janvier qui précède immédiatement la période de référence ou à quatre heures de travail salarié.

C. Sécurité sociale, Art. R.313-9 (modifié par Décret n°2015-1865 du 30 décembre 2015 - art. 5)
Pour l'ouverture du droit aux prestations prévues aux articles R.313-3 à R.313-6 ci-dessus, est considérée comme équivalant à huit fois la valeur du salaire minimum de croissance au 1er janvier qui précède immédiatement la période de référence ou à huit heures de travail salarié chaque journée de congé formation pour laquelle le bénéficiaire n'a reçu aucune rémunération de son employeur, le nombre des journées décomptées ne pouvant être supérieur à cinq pour une semaine de stage.

La carte de santé « électronique »

C. Sécurité sociale, Art. L.161-31 (modifié par Loi n°2011-814 du 7 juillet 2011 – art. 13)

I.– Les organismes d'assurance maladie délivrent une carte électronique individuelle inter-régimes à tout bénéficiaire de l'assurance maladie qui comporte une photographie de celui-ci.

Cette carte est valable partout en France et tout au long de la vie de son titulaire, sous réserve que la personne bénéficie de prestations au titre d'un régime d'assurance maladie et des mises à jour concernant un changement de régime ou des conditions de prise en charge. Elle est délivrée gratuitement.

En cas de vol, perte ou dysfonctionnement, la carte est remplacée par l'organisme d'affiliation de l'assuré.

Le contenu de la carte, les modalités d'identification de son titulaire et ses modes de délivrance, de renouvellement, de mise à jour et d'utilisation sont fixés par décret en Conseil d'Etat.

I. bis Les organismes servant les prestations d'un régime de base d'assurance maladie inscrivent sur une liste d'opposition les numéros des cartes en circulation et en cours de validité perdues, volées ou dénoncées. Les conditions de mise en œuvre de cette liste sont fixées par les conventions nationales, accords nationaux et contrats ou autres dispositions applicables mentionnés à l'article L.161-34.

II.– Cette carte électronique comporte un volet d'urgence destiné à recevoir les informations nécessaires aux interventions urgentes. Les professionnels de santé peuvent porter sur le volet, avec le consentement exprès du titulaire de la carte, les informations nécessaires aux interventions urgentes ainsi que la mention : « A été informé de la législation relative au don d'organes «. Un décret en Conseil d'Etat, pris après avis du Conseil national de l'ordre des médecins et de la Commission nationale de l'informatique et des libertés, fixe les conditions d'application de cette mesure ainsi que les conditions d'accès aux différentes informations figurant dans ce volet d'urgence.

III.– L'utilisation de cette carte permet d'exprimer l'accord du titulaire pour autoriser un médecin ayant adhéré à la convention mentionnée à l'article L.162-5 ou exerçant dans un établissement ou un centre de santé et dûment authentifié au moyen de la carte mentionnée au dernier alinéa de l'article L.161-33 à prendre connaissance des informations contenues sur le relevé mis à sa disposition en application de l'article L.162-4-3.

IV.– Sur le premier décompte de l'année civile envoyé à l'assuré figure le montant des dépenses engagées par celui-ci au cours de l'année civile précédente.

V.– Le pharmacien qui délivre à un assuré social porteur de la carte électronique individuelle inter-régimes ou à un de ses ayants droit une spécialité pharmaceutique remboursable par les régimes de l'assurance maladie lui communique, pour information, la charge que la spécialité représente pour ces régimes. Un décret précise les conditions de cette obligation de communication.

NOTA : Loi 2004-810 du 13 août 2004 art. 21 : les dispositions prévues à l'art. L161-31 II entrent en vigueur à compter du prochain renouvellement de la carte mentionnée au I.

C. Sécurité sociale, Art. R.161-33-1 (modifié par Décret n°2007-199 du 14 février 2007 - art. 1)

La carte électronique individuelle inter-régimes mentionnée à l'article L.161-31 est appelée carte d'assurance maladie.

Elle contient les informations suivantes :

1°) Des données visibles comportant un numéro d'émetteur, un numéro propre à la carte, la date d'émission de cette dernière et des données d'identification du titulaire, à savoir son numéro d'inscription au répertoire national d'identification des personnes physiques, son nom de famille ou, si l'intéressé le demande, le nom d'usage, son prénom usuel, une photographie en couleur, de face, tête nue, récente et parfaitement ressemblante, et un signe d'identification de la carte en relief;

2°) Des données inscrites dans le composant électronique de la carte:
   a) Les données visibles mentionnées ci-dessus ainsi que la période de validité de la carte, le nom de famille du titulaire s'il diffère du nom d'usage, ses autres prénoms le cas échéant, sa date de naissance, son adresse et la photographie numérisée identique à celle figurant sur la carte;
   b) Les données relatives aux droits aux prestations en nature au regard d'un régime de base d'assurance maladie;
   c) Les données relatives au choix du médecin traitant du titulaire de la carte;
   d) Les données relatives, le cas échéant et sous réserve de son consentement, à la situation du titulaire au regard de la protection complémentaire d'assurance maladie;
   e) Les données relatives à la situation du titulaire en matière d'accident du travail ou de maladies professionnelles et aux derniers accidents ou maladies professionnelles reconnus;
   f) Les données relatives à l'accès aux soins en cas de séjour ou résidence dans un autre Etat membre de l'Union européenne ou partie à l'Espace économique européen;
   g) Les données personnelles concernant les coordonnées d'une personne à prévenir en cas de nécessité si le titulaire de la carte y a consenti;
   h) La mention indiquant que son titulaire a eu connaissance des dispositions de la réglementation sur le don d'organe;
   i) Des données permettant:
      - d'assurer la mise en œuvre des fonctions de signature électronique;
      - de protéger l'accès aux informations de la carte;
      - d'authentifier la carte en tant que carte d'assurance maladie et d'identifier son titulaire.

Un arrêté des ministres chargés de la sécurité sociale et de l'agriculture, pris après avis de la Commission nationale de l'informatique et des libertés, détermine les spécifications physiques et logiques et les données qu'elle contient.

C. Sécurité sociale, Art. R.161-33-3 (modifié par Décret n°2007-199 du 14 février 2007 - art. 1)
Chaque organisme servant les prestations d'un régime d'assurance maladie délivre une carte d'assurance maladie aux personnes qui lui sont rattachées, en s'assurant de l'identité du titulaire de la carte. Lorsque la procédure de délivrance de la carte conduit à fournir une photocopie d'une pièce d'identité comportant une photographie, les documents transmis sont conservés pendant une durée maximale fixée par arrêté, à compter de la date de délivrance de la carte, aux fins d'éventuelles réclamations. La photographie est conservée selon les mêmes conditions.
La carte d'assurance maladie est la propriété de l'organisme servant les prestations d'un régime d'assurance maladie. Lors de la mise à disposition d'une carte d'assurance maladie, l'organisme d'affiliation vérifie que le titulaire de la carte n'est possesseur d'aucune autre carte valide.

C. Sécurité sociale, Art. R.161-33-4 (modifié par Décret n°2007-199 du 14 février 2007 - art. 1)

I.- Lors de la délivrance à son bénéficiaire d'une carte d'assurance maladie, l'organisme émetteur joint une copie sur papier des informations enregistrées dans la carte et mentionnées aux a, b et le cas échéant aux c, d, e et f du 2° de l'article R.161-33-1.
Une copie sur papier peut également être demandée par le titulaire de la carte à l'organisme lui servant les prestations d'un régime d'assurance maladie ou, sur présentation de sa carte d'assurance maladie, à n'importe quel organisme servant de telles prestations.

Le cas échéant et sur demande du titulaire, la copie ainsi délivrée peut ne pas mentionner l'existence d'une exonération de ticket modérateur.

Une copie sur papier des informations mentionnées le cas échéant au d ou e du 2° de l'article R.161-33-1 est fournie par l'organisme figurant sur la carte qui sert au titulaire des prestations complémentaires ou des prestations servies en application de la législation relative aux accidents du travail ou aux maladies professionnelles.

II.– Le titulaire de la carte exerce son droit de rectification des informations inscrites dans la carte et mentionnées au 1° et aux a, b, c, d, e, f du 2° de l'article R.161-33-1 auprès du ou des organismes gérant les informations le concernant.

III.– Le titulaire de la carte ou, à sa demande, un médecin peut inscrire, modifier ou supprimer les informations figurant aux g et h du 2° de l'article R.161-33-1. L'inscription, la dernière modification ou la suppression d'une information comporte l'identification du titulaire ou du médecin ainsi que la date correspondante.

C. Sécurité sociale, Art. R.161-33-5 (modifié par Décret n°2007-199 du 14 février 2007 - art. 1)
Les organismes servant les prestations d'un régime d'assurance maladie mettent en œuvre des dispositifs permettant, d'une part, la consultation des informations contenues dans la carte d'assurance maladie, d'autre part, sur la base des informations contenues dans leurs fichiers, la mise à jour des informations autres que celles mentionnées aux g et h du 2° de l'article R.161-33-1.

C. Sécurité sociale, Art. R.161-33-6 (modifié par Décret n°2007-199 du 14 février 2007 - art. 1)
Le titulaire de la carte d'assurance maladie est tenu d'effectuer la mise à jour de sa carte en cas de changement des données mentionnées à l'article R.161-33-1 ou selon une fréquence annuelle à compter de la date d'émission de celle-ci. A cette fin, il utilise les dispositifs techniques mis à sa disposition.

En cas de changement de rattachement à un régime d'assurance maladie, le nouvel organisme d'affiliation informe le titulaire de son obligation de mettre à jour la carte d'assurance maladie délivrée par le précédent organisme et des conditions dans lesquelles il doit l'effectuer.

A défaut de mise à jour, la carte ne peut plus être, temporairement, utilisée.

C. Sécurité sociale, Art. R.161-33-7 (modifié par Décret n°2007-199 du 14 février 2007 - art. 1)
Le titulaire de la carte d'assurance maladie signale tout dysfonctionnement, perte ou vol de sa carte, selon la procédure indiquée par l'organisme lui servant les prestations d'un régime d'assurance maladie. Des frais peuvent être facturés en cas de demandes de remplacement abusives.

Les organismes servant les prestations d'un régime d'assurance maladie inscrivent dans la liste d'opposition les numéros des cartes en circulation et en cours de validité en cas de vol, perte ou dénonciation, conformément au I bis de l'article L.161-31. Ils mettent cette liste, aux fins de consultation, à la disposition des personnes procédant à la facturation ou à la prise en charge d'actes ou de prestations remboursables par l'assurance maladie.

C. Sécurité sociale, Art. R.161-33-8 (modifié par Décret n°2007-199 du 14 février 2007 - art. 1)
En cas de dispense d'avance de frais totale ou partielle consentie à l'assuré, selon des modalités déterminées par les conventions nationales, contrats nationaux ou autres dispositions applicables mentionnés à l'article L.161-34, les organismes servant les prestations d'un régime d'assurance maladie peuvent garantir aux professionnels ou établissements ayant fait l'avance de frais le paiement des actes et prestations remboursables par eux sur la base des informations contenues dans la carte valide lors de la facturation ou de la prise en charge, et sous réserve de la bonne application des dispositions particulières concernant la vérification de certaines informations.

C. Sécurité sociale, Art. R.161-33-9 (modifié par Décret n°2007-199 du 14 février 2007 - art. 1)
La Caisse nationale de l'assurance maladie des travailleurs salariés peut conjointement, avec au moins une autre caisse nationale d'assurance maladie, ou l'Union nationale des caisses d'assurance maladie, conclure un accord avec une ou plusieurs fédérations ou organisations professionnelles regroupant des organismes d'assurance maladie complémentaire ou avec l'Union nationale des organismes complémentaires d'assurance maladie. Cet accord fixe les conditions dans lesquelles les organismes concernés conçoivent et gèrent, chacun pour ce qui le concerne, les éléments du système d'information permettant l'emploi de la carte d'assurance maladie.

C. Sécurité sociale, Art. L.161-33 (créé par Ordonnance 96-345 1996-04-24 art. 8 II, IV JORF 25 avril 1996)
L'ouverture du droit aux prestations de l'assurance maladie est subordonnée à la production de documents dont le contenu, le support ainsi que les conditions et délais de transmission à la caisse du bénéficiaire sont fixés par décret en Conseil d'Etat.
Si le bénéficiaire, ayant reçu du professionnel, de l'organisme ou de l'établissement dispensant des actes ou prestations remboursables par l'assurance maladie, les documents nécessaires à la constatation des soins ou d'une incapacité de travail les transmet à la caisse hors du délai prévu, il encourt une sanction fixée par voie réglementaire, pouvant aller jusqu'à la déchéance du droit aux prestations pour la période pendant laquelle le contrôle de celles-ci aurait été rendu impossible.
En cas de transmission électronique, si le professionnel, l'organisme ou l'établissement dispensant des actes ou prestations remboursables par l'assurance maladie est responsable d'un défaut de transmission à la caisse du bénéficiaire de documents mentionnés à l'alinéa précédent ou s'il les a transmis hors du délai prévu, et sans préjudice d'éventuelles sanctions prévues par les conventions nationales mentionnées au chapitre 2 du présent titre, la caisse peut exiger du professionnel ou de l'organisme concerné la restitution de tout ou partie des prestations servies à l'assuré. Pour son recouvrement, cette restitution est assimilée à une cotisation de sécurité sociale.
Dans le cas de transmission électronique par les professionnels, organismes ou établissements dispensant des actes ou prestations remboursables par l'assurance maladie, l'identification de l'émetteur, son authentification et la sécurisation des échanges sont assurées par une carte électronique individuelle, appelée carte de professionnel de santé. Le contenu, les modalités de délivrance et d'utilisation de cette carte sont fixés par décret en Conseil d'Etat après avis de la Commission nationale informatique et libertés.

C. Sécurité sociale, Art. L.161-35 (modifié par Loi n°2019-774 du 24 juillet 2019 – art. 55 (V))

I.– Les professionnels de santé et centres de santé mentionnés aux articles L.162-14-1, L.162-16-1 et L.162-32-1 sont tenus d'assurer, pour les bénéficiaires de l'assurance maladie, la transmission électronique des documents visés à l'article L.161-33 et servant à la prise en charge des soins, produits ou prestations remboursables par l'assurance maladie.

II.– Sans préjudice des dispositions de l'article L.161-33, le non-respect des obligations définies au I du présent article donne lieu à l'application d'une sanction conventionnelle.

III.– Les conventions mentionnées aux articles L.162-14-1, L.162-16-1 et L.162-32-1 déterminent le mode de mise en œuvre de cette sanction conventionnelle ainsi que les conditions de sa modulation en fonction notamment des conditions d'activité des professionnels, de réalisation de la prestation et du taux de transmission électronique des documents concernés. Elles précisent également les modalités de la procédure applicable, notamment les conditions dans lesquelles les professionnels et centres concernés peuvent faire valoir leurs observations.

IV.– A défaut de dispositions conventionnelles applicables au titre du présent article, le directeur général de l'Union nationale des caisses d'assurance maladie fixe les dispositions mentionnées au III.

La justification des frais

C. Sécurité sociale, Art. R.161-39 (modifié par Décret n°98-275 du 9 avril 1998 - art. 1)
Les dispositions de la présente sous-section sont applicables que l'avance des frais soit à la charge de l'assuré ou qu'il bénéficie d'une dispense d'avance de frais totale ou partielle.
Dans les deux cas, les mêmes documents sont exigés pour le remboursement à l'assuré et le paiement des actes ou prestations au professionnel, à l'organisme ou à l'établissement responsable de leur délivrance.

C. Sécurité sociale, Art. R.161-40 (modifié par Décret n°98-275 du 9 avril 1998 - art. 1)
La constatation des soins et l'ouverture du droit au remboursement par les organismes servant les prestations en nature de l'assurance maladie sont subordonnées à la production d'une part de documents électroniques ou sur support papier, appelés feuilles de soins, constatant les actes effectués et les prestations servies, d'autre part de l'ordonnance du prescripteur, s'il y a lieu.
Les feuilles de soins nécessaires aux actes effectués et aux prestations servies, directement liés à une hospitalisation dans un établissement de santé privé régi par les dispositions de l'article L.710-16-2 du code de la santé publique, sont appelées bordereaux de facturation.

C. Sécurité sociale, Art. R.161-41 (modifié par Décret n°98-275 du 9 avril 1998 - art. 1)
Les feuilles de soins comportent, d'une part, des rubriques de renseignements dont l'indication conditionne l'ouverture du droit à remboursement de l'assuré, d'autre part, des informations supplémentaires dont l'indication, sans conditionner l'ouverture du droit à remboursement, contribue à la maîtrise des dépenses de santé.
Un arrêté conjoint du ministre chargé de la sécurité sociale, du ministre chargé du budget, du ministre chargé de l'agriculture et du ministre chargé de la santé, pris après avis de la Commission nationale de l'informatique et des libertés, détermine les modèles et les spécifications techniques des feuilles de soins.

C. Sécurité sociale, Art. R.161-42 (modifié par Décret n°98-275 du 9 avril 1998 - art. 1)
Les rubriques de renseignements des feuilles de soins dont l'indication conditionne la constatation des soins et le droit à remboursement de l'assuré font apparaître :

1) Selon que la feuille de soins est électronique ou utilise un support papier :
   a) Lorsqu'elle est électronique, l'identifiant de l'assuré et, lorsque ce dernier n'est pas le bénéficiaire des actes ou prestations, de son ayant droit ;
   b) Lorsqu'elle utilise un support papier, les noms, prénoms, portés par le professionnel, l'organisme ou l'établissement et le numéro d'immatriculation au répertoire national d'identification des personnes physiques de l'assuré ou, lorsque ce dernier n'est pas le bénéficiaire des actes ou prestations, les noms, prénoms, portés de manière identique, et le numéro d'immatriculation au répertoire national d'identification des personnes physiques de son ayant droit ou, à défaut de la connaissance de son numéro d'immatriculation, sa date de naissance et son rang dans le cas de dates de naissance identiques entre plusieurs ayants droit de l'assuré ;
2) Selon que la feuille de soins est électronique ou utilise un support papier, elle indique pour le professionnel et, le cas échéant, l'organisme ou l'établissement ayant effectué les actes ou servi les prestations :
   a) Lorsqu'elle est électronique, l'identifiant et la situation d'exercice ;
   b) Lorsqu'elle utilise un support papier, les noms, prénoms, adresse, identifiant et situation d'exercice ;
3) La date à laquelle chaque acte ou prestation est effectué ou servi ;

4) La mention, s'il y a lieu, du fait que les actes ou prestations sont effectués ou servis consécutivement à un accident, et des éléments permettant d'identifier cet accident ;
5) Pour chacun des actes ou prestations et, selon le cas, le numéro de code :
   a) De l'acte figurant dans la nomenclature mentionnée à l'article R.162-52 et sa cotation ;
   b) De l'acte figurant dans la nomenclature mentionnée à l'article R.162-18 et sa cotation ;
   c) Des fournitures et appareils inscrits sur la liste ou nomenclature mentionnée au 1° de l'article R.165-1 ;
   d) Des médicaments spécialisés, préparations magistrales ou fournitures pharmaceutiques mentionnés sur les listes de l'article L.162-17 et, le cas échéant, du médicament prescrit auquel le pharmacien en a substitué un autre, conformément à la réglementation en vigueur ;
   e) Des produits sanguins labiles mentionnés à l'article L.666-9 du code de la santé publique ;
   f) Des médicaments inscrits sur la liste mentionnée à l'article L.618 du code de la santé publique et facturés à l'unité, par dérogation au forfait pharmaceutique journalier défini au 3° de l'article 10 du décret n° 92-1257 du 3 décembre 1992 relatif aux établissements de soins privés ;
6) Le cas échéant, la référence de l'accord préalable ;
7) Le numéro d'ordre de l'acte ou de la prestation lorsque sa prise en charge unitaire varie en vertu de conventions ou de dispositions réglementaires relatives à l'image d'un appareil et l'identification de ce dernier ;
8) Le montant des honoraires ou de la facture du professionnel, de l'organisme ou de l'établissement ayant effectué l'acte ou servi la prestation ainsi que, le cas échéant, le montant de la dispense d'avance de frais totale ou partielle consentie au bénéficiaire ;
9) S'il y a lieu, la mention de la disposition législative en vertu de laquelle la participation financière de l'assuré est limitée ou supprimée ;
10) La date à laquelle les rubriques de la feuille de soins sont complétées, qui détermine le point de départ du délai mentionné à l'article L.161-33 ; elle correspond, selon le choix du professionnel, de l'organisme ou de l'établissement, ou bien à la date du paiement par l'assuré des actes effectués ou des prestations servies et présentés au remboursement ou bien, lorsque sont en cause plusieurs actes ou prestations rapprochés ou relevant d'un même traitement, la date à laquelle le dernier acte effectué ou la dernière prestation servie a été présenté à remboursement ;
11) Pour les bordereaux de facturation, les frais d'hospitalisation ; dans le cas d'actes effectués ou de prestations servies par des tiers durant l'hospitalisation, l'établissement de santé peut inclure leur identification dans le bordereau, ou la joindre à ce dernier sous forme de complément ; la date à laquelle les rubriques du bordereau sont complétées est, dans cette hypothèse, la date de réception par l'établissement des derniers éléments de facturation présentés à remboursement.

C. Sécurité sociale, Art. R.161-43 (modifié par Décret n°98-275 du 9 avril 1998 - art. 1)

Les feuilles de soins sont signées de l'assuré et du ou des professionnels ayant effectué les actes ou servi les prestations et, pour les organismes ou établissements, du directeur ou de son représentant. Lorsque sont utilisées des feuilles de soins électroniques, les signatures sont données par la lecture simultanée, sur le lieu où la feuille est complétée, de la carte électronique individuelle de l'assuré mentionnée à l'article L.161-31 et de la carte de professionnel de santé définie à l'article L.161-33. La simultanéité de la lecture des cartes de l'assuré et du professionnel n'est pas exigée pour les bordereaux de facturation.

Lorsque le bénéficiaire des soins n'est pas en état d'exprimer sa volonté, sa signature n'est pas requise sur les feuilles de soins, qu'elles soient électroniques ou sur support papier. Elle n'est pas davantage requise sur les compléments des bordereaux de facturation mentionnés au 11° de l'article R.161-42 et pour les feuilles de soins relatives à la location de dispositifs médicaux.

C. Sécurité sociale, Art. R.161-44 (modifié par Décret n°98-275 du 9 avril 1998 - art. 1)

Les informations supplémentaires dont l'indication contribue à la maîtrise des dépenses de santé sont :

1°) Le numéro d'ordre du bordereau de facturation, et, en cas de transmission électronique, de la feuille de soins ;

2°) S'il y a lieu, la mention, par le professionnel de santé qui exécute la prescription, de la date à laquelle les actes ou prestations ont été prescrits ; l'identifiant du prescripteur ; la référence permettant le rapprochement de la prescription et de la feuille de soins du professionnel exécutant.

C. Sécurité sociale, Art. R.161-45 (modifié par Décret n°98-275 du 9 avril 1998 – art. 1)

I.– L'ordonnance, lorsqu'elle existe, doit comporter les éléments suivants.

Le prescripteur y fait mention, quel que soit le support :

1°) Des nom et prénoms du bénéficiaire des actes ou prestations ;

2°) De son propre identifiant ;

3°) De la date à laquelle elle est faite et de la référence permettant son rapprochement avec la feuille de soins ;

4°) Le cas échéant, de l'indication prévue à l'article L.162-4 ;

5°) Le cas échéant, la mention de la disposition législative en vertu de laquelle la participation financière de l'assuré est limitée ou supprimée.

L'ordonnance est signée du prescripteur. Ce dernier indique en outre, s'il y a lieu, sur l'ordonnance écrite remise au bénéficiaire des soins, que la prescription est transmise électroniquement à l'organisme d'assurance maladie, conformément aux dispositions du 1° du I de l'article R.161-48.

Un arrêté conjoint du ministre chargé de la sécurité sociale, du ministre chargé du budget, du ministre chargé de l'agriculture et du ministre chargé de la santé, pris après avis de la Commission nationale de l'informatique et des libertés, détermine les spécifications techniques de l'ordonnance électronique. Cet arrêté fixe en outre les modèles et les spécifications particulières des ordonnances, électroniques ou sur support papier, relatives aux actes ou prestations destinés à des assurés dont la loi a limité ou supprimé la participation financière.

II.– Sans préjudice des règles déontologiques qui s'appliquent aux professionnels de santé et des dispositions de l'article L.162-36 du présent code, le professionnel qui exécute la prescription porte sur l'ordonnance écrite son identifiant et les références permettant de rapprocher cette ordonnance de la feuille de soins correspondant aux actes ou prestations qu'il a effectués ou servis.

Ces références sont :

- la date des prestations qu'il sert ;
- les nom et prénoms du bénéficiaire des soins ;
- l'identification de la caisse de l'assuré ;
- le numéro d'immatriculation au répertoire national d'identification des personnes physiques de l'assuré ou, si celui-ci n'est pas le bénéficiaire des soins, le numéro d'immatriculation au répertoire national d'identification des personnes physiques ou, à défaut, la date de naissance de ce dernier.

Le professionnel ne porte pas ces références sur l'ordonnance dans le cas prévu au 1° du I de l'article R.161-48.

Il appose, en outre, sa signature sur l'ordonnance.

C. Sécurité sociale, Art. R.161-46 (modifié par Décret n°98-275 du 9 avril 1998 - art. 1)

Les dispositions particulières suivantes s'appliquent aux actes et prestations effectués ou servis par les laboratoires d'analyses biologiques et les anatomo-cyto-pathologistes :

1°) Les prélèvements qui leur sont adressés sont accompagnés d'un bon d'examen, qui comporte les informations, non mentionnées sur l'ordonnance, nécessaires pour compléter les rubriques d'une feuille de soins, envoyée à l'assuré ou à l'organisme d'assurance maladie. Ces informations sont celles définies aux 1°, 4° et 9° de l'article R.161-42 et l'identifiant de l'organisme d'assurance maladie ;

2°) Par dérogation aux dispositions de l'article R.161-43, la signature de l'assuré n'est pas requise pour les feuilles de soins électroniques.

C. Sécurité sociale, Art. R.161-47 (modifié par Décret n°98-275 du 9 avril 1998 – art. 1)

I.– La transmission aux organismes servant les prestations de base de l'assurance maladie des feuilles de soins est assurée dans les conditions ci-après définies.

Les feuilles de soins sont transmises par voie électronique ou par envoi d'un document sur support papier.

1°) En cas de transmission par voie électronique, le professionnel, l'organisme ou l'établissement ayant effectué des actes ou servi des prestations remboursables par l'assurance maladie transmet les feuilles de soins électroniques dans un délai dont le point de départ est la date fixée au 10° et au 11° de l'article R.161-42 et qui est fixé à :

a) Trois jours ouvrés en cas de paiement direct de l'assuré ;

b) Huit jours ouvrés lorsque l'assuré bénéficie d'une dispense d'avance de frais.

En cas d'échec de la réémission d'une feuille de soins électronique, ou si le professionnel, l'organisme ou l'établissement n'est pas en mesure, pour une raison indépendante de sa volonté, de transmettre la feuille de soins électronique, il remet un duplicata sur support papier à l'assuré ou à l'organisme servant à ce dernier les prestations de base de l'assurance maladie selon des modalités fixées par les conventions mentionnées à l'article L.161-34.

Le professionnel, l'organisme ou l'établissement conserve le double électronique des feuilles de soins transmises pendant quatre-vingt-dix jours au moins. Il remet à l'assuré, sur demande de ce dernier, copie de la feuille de soins transmise, sauf modalités contraires prévues par les conventions mentionnées à l'article L.161-34.

2°) En cas d'envoi sous forme de document sur support papier, la transmission par courrier à l'organisme servant à l'assuré les prestations de base de l'assurance maladie est assurée :

a) Sous la responsabilité de l'assuré lorsque ce dernier acquitte directement le prix de l'acte ou de la prestation ;

b) Sous la responsabilité du professionnel, de l'organisme ou de l'établissement, dans un délai de huit jours suivant la même date, lorsque l'assuré bénéficie d'une dispense d'avance de frais.

II.– Un arrêté des ministres chargés de la sécurité sociale, de l'agriculture et de la santé, pris après avis de la Commission nationale de l'informatique et des libertés, détermine :

1°) Les conditions de réception et de conservation par les organismes d'assurance maladie des feuilles de soins transmises par la voie électronique ;

2°) Les modalités d'envoi des messages que ces organismes émettent en application des dispositions du deuxième alinéa du 1° du I ;

3°) Les conditions d'exercice par le malade, l'assuré et le professionnel, personne physique, du droit d'accès et de rectification aux données les concernant.

Le directeur de chaque organisme d'assurance maladie est le responsable des traitements ainsi définis.

III.– En cas d'échec de la réémission d'une feuille de soins électronique prévue par la procédure mentionnée au deuxième alinéa du 1° du I du présent article, ou si le professionnel, l'organisme ou l'établissement qui l'a établie n'est pas en mesure, pour une raison indépendante de sa volonté, de transmettre la feuille de soins électronique, l'assuré peut obtenir le remboursement des sommes dues en produisant ou bien la copie électronique mentionnée au d du 2° de l'article R.161-33-1 ou bien un duplicata sur support papier clairement signalé comme tel et conforme au modèle mentionné au deuxième alinéa de l'article R.161-41 signé du professionnel, de l'organisme ou de l'établissement concerné. Ce duplicata peut aussi être remis directement par le professionnel, l'organisme ou l'établissement à l'organisme servant à l'assuré les prestations d'un régime de base d'assurance maladie selon des modalités fixées par les conventions mentionnées à l'article L.161-34.

De même, si une feuille de soins utilisant un support papier n'est pas parvenue à l'organisme servant à l'assuré les prestations d'un régime de base d'assurance maladie, l'assuré peut obtenir le remboursement des sommes dues, en produisant dans les conditions mentionnées à l'alinéa précédent un duplicata signé du professionnel, de l'organisme ou de l'établissement concerné. L'assuré ne peut faire valoir ses droits à remboursement au moyen d'une copie électronique ou d'un duplicata que si quinze jours au moins et quatre-vingt-dix jours au plus se sont écoulés depuis la date d'élaboration de la feuille de soins mentionnée au 10° de l'article R.161-42.

C. Sécurité sociale, Art. R.161-48 (modifié par Décret n°98-275 du 9 avril 1998 – art. 1)

I.– La transmission aux organismes d'assurance maladie des ordonnances est assurée selon l'une des procédures suivantes :

1°) Ou bien le prescripteur transmet l'ordonnance par voie électronique ; la transmission est faite à l'organisme servant les prestations de base de l'assurance maladie dans les mêmes conditions et délais que ceux prévus au 1° du I de l'article R.161-47 ;

2°) Ou bien l'ordonnance est transmise par l'exécutant de la prescription, lorsqu'il transmet par voie électronique la feuille de soins à l'organisme servant à l'assuré les prestations de base de l'assurance maladie ; dans ce cas, la transmission est faite, sauf stipulation contraire d'une convention mentionnée à l'article L.161-34, à la caisse du régime de l'assuré dans la circonscription de laquelle cet exécutant exerce, dans les mêmes délais que ceux prévus pour la transmission de la feuille de soins électronique ;

3°) Ou bien l'ordonnance est transmise dans les mêmes conditions que celles prévues au 2° du I de l'article R.161-47 lorsque l'exécutant de la prescription utilise une feuille de soins sur support papier.

II.– Un arrêté des ministres chargés de la sécurité sociale, de l'agriculture et de la santé, pris après avis de la Commission nationale de l'informatique et des libertés, détermine :

1°) Les conditions de réception et de conservation par les organismes d'assurance maladie des ordonnances transmises par la voie électronique ;

2°) Les conditions d'exercice, par le malade, l'assuré et le professionnel, personne physique, du droit d'accès et de rectification aux données les concernant.

Le directeur de chaque organisme d'assurance maladie est le responsable des traitements ainsi définis.

C. Sécurité sociale, Art. R.161-49 (modifié par Décret n°98-275 du 9 avril 1998 - art. 1)

Les feuilles de soins, qu'elles soient électroniques ou sur support papier, tiennent lieu de facturation. Elles sont conservées par l'organisme d'assurance maladie durant le délai mentionné à l'article 26 du décret n° 86-1309 du 29 décembre 1986 fixant les conditions d'application de l'ordonnance du 1er décembre 1986.

Toutefois, en cas de paiement direct en espèces par l'assuré au professionnel ayant effectué des actes ou servi des prestations, ce dernier lui remet une quittance, dont le contenu est fixé par arrêté conjoint des ministres chargés de la sécurité sociale, de l'agriculture, de l'économie et des finances et de la santé.

Art. R.161-52 (modifié par Décret n°98-271 du 9 avril 1998 – art. 1)
La carte de professionnel de santé mentionnée au quatrième alinéa de l'article L.161-33 contient les informations suivantes :

1°) Des données visibles comportant un numéro d'émetteur, un numéro propre à la carte et la date de fin de validité de cette dernière et des données d'identification du titulaire, qui sont le nom d'exercice et le prénom usuel, la profession, un numéro d'identification propre au titulaire et, s'il y a lieu, la raison sociale et le numéro d'identification de l'organisme dans lequel est exercée l'activité principale ;

2°) Des données inscrites dans le composant électronique de la carte :
   a) Les données visibles mentionnées ci-dessus et le nom patronymique s'il diffère du nom d'exercice ;
   b) S'il y a lieu, la ou les spécialités du titulaire, son activité principale, sa ou ses activités secondaires et pour chacune d'elles le mode d'exercice et, le cas échéant, la forme juridique de la structure dans laquelle s'exerce l'activité ;
   c) Les données décrivant la situation du titulaire au regard de l'assurance maladie ;
   d) Des données techniques permettant :
      - d'assurer les fonctions de signature et de chiffrement ;
      - d'activer la carte au moyen d'un code confidentiel ;
      - de protéger l'accès aux informations de la carte ;
      - d'authentifier la carte en tant que carte de professionnel de santé, en tant que carte propre à une profession et à une activité déterminées et en tant que carte propre à une personne déterminée.

Un arrêté des ministres chargés de la santé, de la sécurité sociale, du budget et de l'agriculture, après avis de la Commission nationale de l'informatique et des libertés et de l'organisme émetteur mentionné à l'article R.161-54, détermine les spécifications physiques et logiques permettant d'assurer la fiabilité de la carte et des données qu'elle contient.

Art. R.161-53 (modifié par Décret n°98-271 du 9 avril 1998 – art. 1)
Pour les professions de santé réglementées par le code de la santé publique dont l'exercice est subordonné à l'enregistrement du diplôme par l'Etat, les informations portées dans la carte relatives à l'identité et à la situation du titulaire sont produites par les services du ministère chargé de la santé ou, s'il y a lieu, du ministère chargé des armées, d'une part, et par la Caisse nationale de l'assurance maladie des travailleurs salariés, d'autre part.
Pour les professionnels de santé relevant d'un ordre professionnel, l'instance ordinale compétente est consultée sur l'exactitude des informations qui le concernent.
Le titulaire d'une carte de professionnel de santé confirme préalablement à l'émission de sa carte l'exactitude des informations le concernant qui y seront portées.

C. Sécurité sociale, Art. R.161-54 (modifié par Décret n°98-271 du 9 avril 1998 – art. 1)
Le groupement d'intérêt public "carte de professionnel de santé" émet, délivre et gère les cartes de professionnel de santé. Il veille à leur bon usage et assure la fiabilité des mécanismes et la protection de clés sur lesquelles reposent la confidentialité des données chiffrées et la validité des signatures électroniques produites à l'aide de ces cartes.

C. Sécurité sociale, Art. R.161-55 (modifié par Décret n°98-271 du 9 avril 1998 – art. 1)

I.– La carte de professionnel de santé est délivrée aux professionnels et aux directeurs d'organismes ou établissements dispensant au titre de leur activité principale des actes ou prestations remboursables par l'assurance maladie. Pour ces professionnels, la carte est renouvelée automatiquement à la fin de sa période de validité.

II.– La carte de professionnel de santé est aussi délivrée aux professionnels en formation autorisés à effectuer des remplacements.

III.– Les titulaires de la carte visée au I ci-dessus peuvent demander à l'organisme émetteur une carte pour les personnes qu'ils emploient et qui sont appelées par délégation à signer les documents électroniques mentionnés à l'article L.161-33. Ces cartes sont émises sur la base des informations produites par l'employeur, au nom de l'employé porteur ou au nom de l'employeur titulaire.

IV.– Les organismes gérant un régime de base d'assurance maladie peuvent demander à l'organisme émetteur une carte pour leur personnel appelé à lire et à traiter les documents mentionnés à l'article L.161-33.

C. Sécurité sociale, Art. R.161-56 (modifié par Décret n°98-271 du 9 avril 1998 - art. 1)

En cas d'erreur relative aux informations portées sur la carte, le titulaire exerce auprès de l'organisme émetteur son droit de rectification des informations de la carte.

En cas de modification de sa situation affectant les informations portées sur la carte, le titulaire en informe les autorités compétentes qui procèdent aux contrôles nécessaires et informent à leur tour l'organisme émetteur afin qu'il inscrive dans la carte les nouvelles informations.

C. Sécurité sociale, Art. R.161-57 (modifié par Décret n°98-271 du 9 avril 1998 – art. 1)

En cas de perte, de vol ou de dysfonctionnement de sa carte, le titulaire en informe l'organisme émetteur.

Afin d'éviter les utilisations frauduleuses des cartes de professionnel de santé, l'organisme émetteur établit une liste d'oppositions qui est mise à la disposition des utilisateurs. Cette liste peut contenir les numéros des cartes perdues, volées, périmées ou ayant cessé d'être valides pour toute autre raison.

C. Sécurité sociale, Art. R.161-58 (modifié par Décret n°98-271 du 9 avril 1998 – art. 1)

Pour les applications télématiques et informatiques du secteur de la santé, la signature électronique produite par la carte de professionnel de santé est reconnue par les administrations de l'Etat et les organismes de sécurité sociale comme garantissant l'identité et la qualité du titulaire de la carte ainsi que l'intégrité du document signé. Ainsi signés, les documents électroniques mentionnés à l'article L.161-33 sont opposables à leur signataire.

C. Sécurité sociale, Art. R.162-16 (modifié par Loi n°2019-1446 du 24 décembre 2019 – art. 42(V))

I.– Le remboursement des frais exposés par les assurés à l'occasion de l'achat de médicaments est effectué sur la base des prix réellement facturés. Ceux-ci ne peuvent pas dépasser les prix limites résultant de l'application de l'article L. 5123-1 du code de la santé publique.

II.– Pour les médicaments figurant dans un groupe générique prévu au 5° de l'article L. 5121-1 du code de la santé publique, la base de remboursement des frais exposés par les assurés peut être limitée à un tarif forfaitaire de responsabilité décidé par le Comité économique des produits de santé institué par l'article L.162-17-3 du présent code, sauf opposition conjointe des ministres concernés, qui arrêtent dans ce cas le tarif forfaitaire de responsabilité dans un délai de quinze jours après la décision du comité.

Les dispositions du III du présent article ne s'appliquent pas aux médicaments remboursés sur la base d'un tarif forfaitaire.

III.– La base de remboursement des frais exposés par l'assuré au titre de la spécialité délivrée par le pharmacien d'officine, ou d'une pharmacie à usage intérieur en application du 1° de l'article L.

5126-6 du code de la santé publique, est limitée à la base de remboursement la plus chère en vigueur pour les spécialités génériques ou hybrides appartenant au groupe générique ou hybride concerné, lorsque le pharmacien délivre une spécialité :

1) Sur présentation d'une prescription libellée en dénomination commune qui peut être respectée par la délivrance d'une spécialité figurant au sein d'un groupe générique ou hybride mentionné au 5° de l'article L. 5121-1 du même code ;
2) Ou pour laquelle la spécialité prescrite ou délivrée appartient à un groupe générique ou hybride.

Le pharmacien délivre pour la spécialité concernée le conditionnement le moins coûteux pour l'assurance maladie.

Le pharmacien propose au patient, le cas échéant par substitution, une spécialité dont la base de remboursement n'excède pas la plus chère en vigueur pour les spécialités génériques ou hybrides appartenant au groupe générique ou hybride concerné.

Pour l'application du présent III, seules les spécialités inscrites sur l'une des listes mentionnées aux premier et deuxième alinéas de l'article L.162-17 sont prises en compte.

IV.– Le III, à l'exception de l'avant-dernier alinéa, n'est pas applicable lorsque le prescripteur a exclu sur justification médicale la possibilité de substitution conformément au deuxième alinéa du II de l'article L. 5125-23 du code de la santé publique, ou lorsque la délivrance par substitution d'une spécialité hybride n'est pas admise en application du dernier alinéa du II du présent article.

V.– (Abrogé)

VI.– En cas d'inobservation des dispositions des III et V du présent article, le pharmacien verse à l'organisme de prise en charge, après qu'il a été mis en mesure de présenter ses observations écrites et si, après réception de celles-ci, l'organisme maintient la demande, une somme correspondant à la dépense supplémentaire mentionnée aux mêmes III et V, qui ne peut toutefois être inférieure à un montant forfaitaire déterminé par la convention prévue à l'article L.162-16-1. A défaut, ce montant est arrêté par les ministres chargés de la sécurité sociale et de la santé.

Pour son recouvrement, ce versement est assimilé à une cotisation de sécurité sociale.

VII.– Les médicaments dispensés par un pharmacien en application de l'article L. 5125-23-1 du code de la santé publique sont pris en charge par les organismes d'assurance maladie dans la limite d'une seule boîte par ligne d'ordonnance au-delà de la durée de traitement initialement prescrite.

Les médicaments renouvelés par une infirmière ou un infirmier en application du quatrième alinéa de l'article L.4311-1 du code de la santé publique sont pris en charge par les organismes d'assurance maladie, sous réserve que ces médicaments soient inscrits sur la liste des spécialités remboursables prévue au premier alinéa de l'article L.162-17 du présent code.

Les médicaments dispensés par un pharmacien en application du deuxième alinéa de l'article L. 5125-23-1 du code de la santé publique sont pris en charge par les organismes d'assurance maladie, sous réserve que ces médicaments soient inscrits sur la liste des spécialités remboursables prévue au premier alinéa de l'article L.162-17 du présent code.

NOTA : Conformément à l'article 66, V de la loi n° 2018-1203 du 22 décembre 2018, ces dispositions entrent en vigueur le 1er janvier 2020.

C. Sécurité sociale, Art. R.162-17 (modifié par Loi n°2019-1446 du 24 décembre 2019 - art. 42(V) & 65)
Les médicaments spécialisés, mentionnés à l'article L. 5121-8 du code de la santé publique, les médicaments faisant l'objet d'une distribution parallèle au sens de l'article L. 5124-13-2 du même code et les médicaments bénéficiant d'une autorisation d'importation parallèle en application de l'article L. 5124-13 du même code, ne peuvent être pris en charge ou donner lieu à remboursement par les caisses d'assurance maladie, lorsqu'ils sont dispensés en officine, que s'ils figurent sur une

liste établie dans les conditions fixées par décret en Conseil d'Etat. La demande d'inscription d'un médicament sur cette liste est subordonnée à la réalisation d'essais cliniques contre des stratégies thérapeutiques, lorsqu'elles existent, dans des conditions définies par décret en Conseil d'Etat. La liste précise les seules indications thérapeutiques ouvrant droit à la prise en charge ou au remboursement des médicaments.

Les médicaments inscrits sur la liste prévue au 1° de l'article L. 5126-6 du code de la santé publique sont pris en charge ou donnent lieu à remboursement par l'assurance maladie lorsqu'ils sont délivrés par une pharmacie à usage intérieur d'un établissement de santé dûment autorisée. Cette liste précise les seules indications thérapeutiques ouvrant droit à la prise en charge ou au remboursement des médicaments. La part prise en charge par les régimes obligatoires d'assurance maladie au titre des remboursements afférents à ces médicaments est facturée à la caisse désignée en application de l'article L.174-2 ou L.174-18.

L'inscription d'un médicament sur les listes mentionnées aux premier et deuxième alinéas peut, au vu des exigences de qualité et de sécurité des soins mettant en œuvre ce médicament, énoncées le cas échéant par la commission prévue à l'article L. 5123-3 du code de la santé publique, être assortie de conditions concernant la qualification ou la compétence des prescripteurs, l'environnement technique ou l'organisation de ces soins et d'un dispositif de suivi des patients traités. L'inscription peut également être assortie de conditions particulières de prescription, de dispensation ou d'utilisation, notamment de durées de prise en charge, ou de délivrance lorsque ce médicament est prescrit sur une ordonnance de dispensation conditionnelle mentionnée à l'article L. 5121-12-1 du même code.

En ce qui concerne les médicaments officinaux et les préparations magistrales, un décret en Conseil d'Etat détermine les règles selon lesquelles certaines catégories de ces médicaments peuvent être exclues du remboursement par arrêté interministériel.

NOTA : L'article L.601 auquel il est fait référence dans le premier alinéa a été abrogé par l'ordonnance n° 2000-548 et repris sous les articles L. 5121-8, L. 5121-9, L. 5121-10 et L. 5121-20 de la nouvelle partie législative de la santé publique.

C. Santé Publique, Art. L.5125-23 (modifié par Loi n°2019-774 du 24 juillet 2019 – art. 34)

I.– Le pharmacien ne peut délivrer un médicament ou produit autre que celui qui a été prescrit, ou ayant une dénomination commune différente de la dénomination commune prescrite, qu'avec l'accord exprès et préalable du prescripteur, sauf en cas d'urgence et dans l'intérêt du patient.

II.– Si la prescription libellée en dénomination commune peut être respectée par la délivrance d'une spécialité figurant dans un groupe générique ou hybride mentionné au 5° de l'article L. 5121-1, le pharmacien délivre une spécialité appartenant à ce groupe dans le respect des dispositions de l'article L.162-16 du code de la sécurité sociale.

Par dérogation au I, il peut délivrer par substitution à la spécialité prescrite une spécialité du même groupe générique ou du même groupe hybride, à condition que le prescripteur n'ait pas exclu cette possibilité par une mention expresse et justifiée portée sur l'ordonnance. Un arrêté des ministres chargés de la santé et de la sécurité sociale, pris après avis de l'Agence nationale de sécurité du médicament et des produits de santé, précise les situations médicales dans lesquelles cette exclusion peut être justifiée, notamment sur l'ordonnance, ainsi que, le cas échéant, les modalités de présentation de cette justification par le prescripteur. Pour les spécialités figurant sur l'une des listes mentionnées aux premier et deuxième alinéas de l'article L.162-17 du code de la sécurité sociale, cette substitution s'effectue dans les conditions prévues à l'article L.162-16 du même code.

Un arrêté des ministres chargés de la santé et de la sécurité sociale précise, après avis de l'Agence nationale de sécurité du médicament et des produits de santé, les situations médicales dans lesquelles la substitution peut être effectuée par le pharmacien au sein d'un groupe hybride.

III.– Lorsque le pharmacien délivre par substitution à la spécialité prescrite une spécialité du même groupe générique ou du même groupe hybride, il doit inscrire le nom de la spécialité qu'il a délivrée. Il en est de même lorsque le pharmacien délivre une spécialité au vu d'une prescription libellée en dénomination commune.
La prescription libellée en dénomination commune est obligatoire pour les spécialités figurant dans un groupe générique mentionné au 5° de l'article L. 5121-1.

IV.– Lorsqu'un traitement est prescrit pour une durée d'au moins trois mois, y compris au moyen du renouvellement multiple d'un traitement mensuel, et qu'un grand conditionnement est disponible pour le médicament concerné ou pour sa forme générique, le pharmacien doit délivrer ledit conditionnement.

V.– Par dérogation au I, le pharmacien peut, en cas de rupture de stock d'un médicament d'intérêt thérapeutique majeur mentionné sur la liste prévue à l'article L. 5121-30, remplacer le médicament prescrit par un autre médicament conformément à la recommandation établie, après consultation des professionnels de santé et des associations d'usagers du système de santé agréées, par l'Agence nationale de sécurité du médicament et des produits de santé et publiée sur son site internet. L'agence informe sans délai les ministres chargés de la santé et de la sécurité sociale de la publication de chaque recommandation.
Lorsque le pharmacien procède au remplacement du médicament prescrit dans les conditions prévues au premier alinéa du présent V, il inscrit le nom du médicament qu'il a délivré sur l'ordonnance et informe le prescripteur de ce remplacement.

NOTA : Conformément à l'article 66, IV de la loi n° 2018-1203 du 22 décembre 2018, la mention expresse mentionnée au deuxième alinéa du II du présent article, dans sa rédaction résultant de ladite loi, est portée sur l'ordonnance sous forme exclusivement manuscrite, jusqu'à l'entrée en vigueur de l'arrêté mentionné au même deuxième alinéa.

C. Sécurité sociale, Art. L.174-4 (modifié par Loi n°2007-1786 du 19 décembre 2007 - art. 69)
Un forfait journalier est supporté par les personnes admises dans des établissements hospitaliers ou médico-sociaux, à l'exclusion des établissements mentionnés à l'article L.174-6 du présent code et au 6° du I de l'article L.312-1 du code de l'action sociale et des familles. Ce forfait n'est pas pris en charge par les régimes obligatoires de protection sociale, sauf dans le cas des enfants et adolescents handicapés hébergés dans des établissements d'éducation spéciale ou professionnelle, des victimes d'accidents du travail et de maladies professionnelles, des bénéficiaires de l'assurance maternité et des bénéficiaires de l'article L.115 du code des pensions militaires d'invalidité et des victimes de la guerre, ainsi que des donneurs d'éléments et produits du corps humain mentionnés à l'article L.1211-2 du code de la santé publique.
Le forfait journalier peut être modulé dans des conditions fixées par décret en Conseil d'Etat, en fonction de l'un ou de plusieurs des critères suivants : catégorie de l'établissement, nature du service, durée du séjour. Ses différents montants sont fixés par arrêté.
Le forfait journalier s'impute à due concurrence sur la participation laissée éventuellement à la charge des assurés par leurs régimes respectifs d'assurance maladie, lorsque le montant de cette participation est supérieur ou égal à celui du forfait journalier ; dans le cas contraire, la participation est imputée sur le forfait. Cette disposition n'est toutefois pas applicable lorsqu'en vertu du I° de l'article L.322-3 la participation de l'assuré à l'occasion d'une hospitalisation est limitée au motif que la dépense demeurant à sa charge dépasse un certain montant.
Le forfait journalier peut être pris en charge par le régime local d'assurance maladie dans les départements du Bas-Rhin, du Haut-Rhin et de la Moselle dans des conditions fixées par décret.
NOTA : La loi n° 70-1318 a été abrogée par l'article 7 III de la loi n° 91-1406 du 31 décembre 1991.

C. Sécurité sociale, Art. R.174-2 (modifié par Loi n°2007-1786 du 19 décembre 2007 - art. 69)
Un forfait journalier est supporté par les personnes admises dans des établissements hospitaliers ou médico-sociaux, à l'exclusion des établissements mentionnés à l'article L.174-6 du présent code et au 6° du I de l'article L.312-1 du code de l'action sociale et des familles. Ce forfait n'est pas pris en charge par les régimes obligatoires de protection sociale, sauf dans le cas des enfants et adolescents handicapés hébergés dans des établissements d'éducation spéciale ou professionnelle, des victimes d'accidents du travail et de maladies professionnelles, des bénéficiaires de l'assurance maternité et des bénéficiaires de l'article L.115 du code des pensions militaires d'invalidité et des victimes de la guerre, ainsi que des donneurs d'éléments et produits du corps humain mentionnés à l'article L.1211-2 du code de la santé publique.

C. Sécurité sociale, Art. R.174-4 (modifié par Décret n°2005-30 du 14 janvier 2005 - art. 8)
Pour les assurés sociaux qui attestent de leur identité, conformément aux dispositions de l'article L.162-21, et de l'ouverture de leurs droits aux prestations de l'assurance maladie grâce à leur carte électronique individuelle mentionnée à l'article L.161-31, sous réserve que cette carte réponde aux conditions de validité prévues à cet article, les établissements sont dispensés de la demande de prise en charge.
Pour les assurés sociaux, qui ne satisfont pas aux conditions prévues au premier alinéa, la demande de prise en charge des frais d'hospitalisation et de soins est adressée par l'établissement à la caisse chargée des versements mentionnés à l'article R.174-1. La caisse transmet la demande de prise en charge à l'organisme dont relève l'assuré pour le versement des prestations, qui notifie sa décision à l'établissement de santé ainsi qu'à la caisse mentionnée au premier alinéa de l'article R.174-1.
En cas de refus total ou partiel de prise en charge, la décision est également notifiée à l'assuré par l'organisme dont il relève.

L'indemnisation de la maladie

C. Sécurité sociale, Art. L.323-1 (modifié par Loi n°2015-1702 du 21 décembre 2015 - art. 59)
L'indemnité journalière prévue à l'article L.321-1 est accordée à l'expiration d'un délai déterminé suivant le point de départ de l'incapacité de travail et est due pour chaque jour ouvrable ou non. Elle peut être servie pendant une période d'une durée maximale, et calculée dans les conditions ci-après :

1°) pour les affections donnant lieu à l'application de la procédure prévue à l'article L.324-1, la période pendant laquelle l'indemnité journalière peut être servie est calculée de date à date pour chaque affection. Dans le cas d'interruption suivie de reprise de travail, le délai ci-dessus court à nouveau dès l'instant où la reprise du travail a été au moins d'une durée minimale ;
2°) pour les affections non mentionnées à l'article L.324-1, l'assuré ne peut recevoir, au titre d'une ou plusieurs maladies, pour une période quelconque d'une durée fixée comme il a été dit ci-dessus, un nombre d'indemnités journalières supérieur à un chiffre déterminé.

C. Sécurité sociale, Art. R.323-1 (modifié par Décret n°2015-1865 du 30 décembre 2015 - art. 5)
Pour l'application du premier alinéa de l'article L.323-1 :

1°) le point de départ de l'indemnité journalière définie par de l'article L.321-1 est le quatrième jour de l'incapacité de travail. Ce délai ne s'applique, pour une période de trois ans, qu'au premier des arrêts de travail dus à une même affection donnant lieu à application de la procédure prévue à l'article L.324-1 ;
2°) la durée maximale de la période pendant laquelle l'indemnité journalière peut être servie est fixée à trois ans ;
3°) la durée de la reprise du travail, mentionnée au 1° de l'article L.323-1, au-delà de laquelle le délai de trois ans court à nouveau, est fixée à un an ;

4°) le nombre maximal d'indemnités journalières mentionné au 2° de l'article L.323-1, que peut recevoir l'assuré pour une période quelconque de trois ans, est fixé à 360.

L'Affection Longue Durée – ALD (Maladie de longue durée)

C. Sécurité sociale, Art. L.322-3 (modifié par Loi n°2015-1702 du 21 décembre 2015 - art. 65)
La participation de l'assuré mentionnée au premier alinéa de l'article L.322-2 peut être limitée ou supprimée dans des conditions fixées par décret en Conseil d'Etat, pris après avis de l'Union nationale des caisses d'assurance maladie et de l'Union nationale des organismes d'assurance maladie complémentaire, dans les cas suivants :

1) Lorsque, à l'occasion d'une hospitalisation ou au cours d'une période de temps déterminée, la dépense demeurant à la charge de l'intéressé dépasse un certain montant ;
2) Lorsque l'état du bénéficiaire justifie la fourniture d'un appareil appartenant à une catégorie déterminée par ledit décret, pour les frais d'acquisition de l'appareil ;
3) Lorsque le bénéficiaire a été reconnu atteint d'une des affections, comportant un traitement prolongé et une thérapeutique particulièrement coûteuse, inscrites sur une liste établie par décret après avis de la Haute Autorité mentionnée à l'article L.161-37 ;
4) Lorsque les deux conditions suivantes sont cumulativement remplies :
   a) Le bénéficiaire est reconnu atteint par le service du contrôle médical soit d'une affection grave caractérisée ne figurant pas sur la liste mentionnée ci-dessus, soit de plusieurs affections entraînant un état pathologique invalidant ;
   b) Cette ou ces affections nécessitent un traitement prolongé et une thérapeutique particulièrement coûteuse ;
5) Lorsque l'assuré est titulaire de l'allocation de solidarité aux personnes âgées au titre d'un avantage vieillesse ;
6) Lorsque le bénéficiaire est un enfant ou adolescent handicapé pour les frais couverts au titre du 2° de l'article L.321-1 ;
7) Lorsque l'assuré est hébergé dans un établissement mentionné à l'article 3 de la loi n° 75-535 du 30 juin 1975 ou lorsqu'il bénéficie de soins dispensés par un centre mentionné à l'article L.355-1-1 du code de la santé publique ;
8) Lorsque l'assuré est hébergé dans une unité ou un centre de long séjour mentionné à l'article L.174-5 ou à l'article 52-1 de la loi n° 70-1318 du 31 décembre 1970 ;
9) Lorsque l'assuré bénéficie de soins paramédicaux dispensés dans le cadre d'une action médico-sociale de maintien à domicile par les institutions mentionnées au 1° de l'article 1er de la loi n° 75-535 du 30 juin 1975 ;
10) Lorsque l'assuré ne relève plus du 3° mais se trouve dans une situation clinique déterminée sur la base de recommandations de la Haute Autorité de santé et justifiant des actes et examens médicaux ou biologiques de suivi de son état, pour ces actes et examens, dans des conditions et pour une durée définies par décret pris après avis de la Haute Autorité de santé ;
11) Pour l'hospitalisation des nouveau-nés lorsqu'elle se produit pendant une période fixée par décret en Conseil d'Etat, ainsi que pour tous les soins qui leur sont dispensés en établissement de santé, jusqu'à un âge fixé par décret en Conseil d'Etat ;
12) Pour les investigations nécessaires au diagnostic de la stérilité et pour le traitement de celle-ci, y compris au moyen de l'insémination artificielle ;
13) Pour les bénéficiaires des dispositions des articles L.311-10, L.313-4, L.341-16 et L.371-1 en ce qui concerne les frais engagés pour eux-mêmes ;
14) Pour les ayants droit des bénéficiaires des dispositions de l'article L.371-1 ;

15) Pour les soins consécutifs aux sévices subis par les mineurs victimes d'actes prévus et réprimés par les articles 222-23 à 222-32 et 227-22 à 227-27 du code pénal ;
16) Dans le cadre des programmes mentionnés au 6° de l'article L.321-1, pour les frais d'examens de dépistage et les frais liés aux consultations de prévention destinées aux mineurs et à une unique consultation de prévention pour les personnes de plus de soixante-dix ans ;
17) Pour les frais relatifs à l'examen de prévention bucco-dentaire mentionné au 9° de l'article L.321-1 ;
18) Pour les donneurs mentionnés à l'article L.1211-2 du code de la santé publique, en ce qui concerne l'ensemble des frais engagés au titre du prélèvement d'éléments du corps humain et de la collecte de ces produits ;
19) Pour les frais de transport liés aux soins ou traitements dans les centres mentionnés au 3° du I de l'article L.312-1 du code de l'action sociale et des familles et les centres médico-psycho pédagogiques autorisés dans des conditions fixées par voie réglementaire, après accord préalable de l'organisme qui sert les prestations, dans les conditions prévues au 2° de l'article L.321-1 et à l'article L.322-5 du présent code ;
20) Pour les frais liés à une interruption volontaire de grossesse mentionnée au 4° de l'article L.321-1 ;
21) Pour l'assurée mineure d'au moins quinze ans, pour les frais d'acquisition de certains contraceptifs ;
22) Pour certains frais dus au titre des honoraires de dispensation des pharmaciens mentionnés au 7° de l'article L.162-16-1 ;
23) Lorsque l'assuré ne relève ni du 3° ni du 10° mais se trouve dans une situation clinique nécessitant un dépistage spécifique du cancer du sein, fixée par décret en Conseil d'Etat, pour les frais d'examens de dépistage, dans des conditions fixées par ce même décret.

La liste mentionnée au 3° du présent article comporte également en annexe les critères médicaux utilisés pour la définition de l'affection et ouvrant droit à la limitation ou à la suppression de la participation de l'assuré.
Sur proposition de l'Union nationale des caisses d'assurance maladie, un décret, pris après avis de la haute autorité mentionnée à l'article L.161-37, peut réserver la limitation ou la suppression de la participation des assurés en application des 3° et 4° du présent article aux prestations exécutées dans le cadre d'un réseau de santé ou d'un dispositif coordonné de soins.

C. Sécurité Sociale, Art. D.322-1 (modifié par Décret n°2011-726 du 24 juin 2011 - art. 1)
La liste des affections comportant un traitement prolongé et une thérapeutique particulièrement coûteuse susceptibles d'ouvrir droit à la suppression de la participation des assurés sociaux aux tarifs servant de base au calcul des prestations en nature de l'assurance maladie, en application du 3° de l'article L.322-3, est établie ainsi qu'il suit :
- accident vasculaire cérébral invalidant ;
- insuffisances médullaires et autres cytopénies chroniques ;
- artériopathies chroniques avec manifestations ischémiques ;
- bilharziose compliquée ;
- insuffisance cardiaque grave, troubles du rythme graves, cardiopathies valvulaires graves ; cardiopathies congénitales graves ;
- maladies chroniques actives du foie et cirrhoses ;
- déficit immunitaire primitif grave nécessitant un traitement prolongé, infection par le virus de l'immuno-déficience humaine ;
- diabète de type 1 et diabète de type 2 ;
- formes graves des affections neurologiques et musculaires (dont myopathie), épilepsie grave ;

- hémoglobinopathies, hémolyses, chroniques constitutionnelles et acquises sévères ;
- hémophilies et affections constitutionnelles de l'hémostase graves ;
- maladie coronaire ;
- insuffisance respiratoire chronique grave ;
- maladie d'Alzheimer et autres démences ;
- maladie de Parkinson ;
- maladies métaboliques héréditaires nécessitant un traitement prolongé spécialisé ;
- mucoviscidose ;
- néphropathie chronique grave et syndrome néphrotique primitif ;
- paraplégie ;
- vascularites, lupus érythématheux systémique, sclérodermie systémique ;
- polyarthrite rhumatoïde évolutive ;
- affections psychiatriques de longue durée ;
- rectocolite hémorragique et maladie de Crohn évolutives ;
- sclérose en plaques ;
- scoliose idiopathique structurale évolutive ;
- spondylarthrite grave ;
- suites de transplantation d'organe ;
- tuberculose active, lèpre ;
- tumeur maligne, affection maligne du tissu lymphatique ou hématopoïétique.

C. Sécurité sociale, Art. R.322-6 (modifié par Décret n°2015-1865 du 30 décembre 2015 - art. 2)
L'existence d'une affection donnant droit à la suppression de la participation de l'assuré au titre du 4° de l'article L.322-3 est reconnue lorsque les deux conditions suivantes sont cumulativement réunies :

a) Le malade est atteint soit d'une forme grave d'une maladie ou d'une forme évolutive ou invalidante d'une maladie grave, ne figurant pas sur la liste mentionnée au 3° de l'article L.322-3, soit de plusieurs affections entraînant un état pathologique invalidant ;
b) Cette ou ces affections nécessitent un traitement d'une durée prévisible supérieure à six mois et particulièrement coûteux en raison du coût ou de la fréquence des actes, prestations et traitements.

Le montant de l'indemnité journalière de maladie

C. Sécurité sociale, Art. L.323-4 (modifié par Loi n°2015-1702 du 21 décembre 2015 - art. 59)
L'indemnité journalière est égale à une fraction du gain journalier de base. Pour les assurés ayant un nombre d'enfants minimum à charge, au sens de l'article L.161-1, cette indemnité représente une fraction plus élevée du gain journalier de base, après une durée déterminée.
L'indemnité normale et l'indemnité majorée ne peuvent excéder des limites maximales fixées par rapport au gain mensuel.
Le gain journalier de base est déterminé d'après la ou les dernières payes antérieures à la date de l'interruption du travail.
Le taux et le maximum des indemnités journalières, la date à partir de laquelle l'indemnité est majorée, ainsi que les modalités de détermination du gain journalier de base sont fixés par décret en Conseil d'Etat.
En cas d'augmentation générale des salaires postérieurement à l'ouverture du bénéfice de l'assurance maladie et lorsque l'interruption de travail se prolonge au-delà d'une durée déterminée, le taux de l'indemnité journalière peut faire l'objet d'une révision dans les mêmes conditions.

Le montant de l'indemnité journalière peut subir un abattement ou une majoration en fonction des résultats financiers du régime sur le plan national dans les conditions déterminées par l'article L.251-4.

C. Sécurité sociale, Art. R.323-4 (modifié par Décret n°2014-953 du 20 août 2014 – art. 1)

Le gain journalier servant de base au calcul de l'indemnité journalière prévue à l'article L.323-4 est déterminé comme suit :

1°) 1/91,25 du montant des trois dernières paies des mois civils antérieurs à la date de l'interruption de travail lorsque le salaire ou le gain est réglé mensuellement ou dans les cas autres que ceux mentionnés aux 3° et 5° ;

2°) Abrogé ;

3°) 1/84 du montant des six ou douze dernières paies des mois civils antérieurs à la date de l'interruption de travail suivant que le salaire ou le gain est réglé toutes les deux semaines ou chaque semaine ;

4°) Abrogé ;

5°) 1/365 du montant du salaire ou du gain des douze mois civils antérieurs à la date de l'interruption de travail, lorsque le travail n'est pas continu ou présente un caractère saisonnier.

Pour l'application des dispositions qui précèdent, il est tenu compte du salaire servant de base, lors de chaque paie, au calcul de la cotisation due pour les risques maladie, maternité, invalidité et décès dans la limite d'un plafond égal à 1,8 fois le salaire minimum de croissance en vigueur le dernier jour du mois civil précédant celui de l'interruption de travail et calculé, pour chaque paie prise en compte, pour un mois sur la base de la durée légale du travail. Toutefois, lorsque l'assiette des cotisations fait l'objet d'un abattement par application des dispositions des articles R.242-7 à R.242-11, il est tenu compte du salaire brut perçu par l'assuré, sans abattement, dans la limite du plafond ainsi défini.

Un arrêté du ministre chargé de la sécurité sociale fixe les modalités suivant lesquelles est déterminé le gain journalier servant de base au calcul des indemnités journalières dues aux assurés appartenant aux catégories pour lesquelles les cotisations sont établies forfaitairement.

C. Sécurité sociale, Art. R.323-5 (modifié par Décret n°2010-1305 du 29 octobre 2010 - art. 1)

Le nombre d'enfants prévu au premier alinéa de l'article L.323-4 est fixé à trois au moins.

La fraction du gain journalier de base prévue au premier alinéa de l'article L.323-4 est fixée à la moitié pour l'indemnité journalière normale et aux deux tiers pour l'indemnité journalière majorée. Cette dernière indemnité est due à partir du trente et unième jour qui suit le point de départ de l'incapacité de travail.

C. Sécurité sociale, Art. R.323-6 (créé par Décret n°85-1353 du 17 décembre 1985 - art. 1)

La durée prévue au cinquième alinéa de l'article L.323-4 est fixée à trois mois.

En vue de la révision, prévue au même alinéa dudit article, de l'indemnité journalière, le gain journalier mentionné au troisième alinéa du même article ayant servi de base au calcul de l'indemnité journalière est majoré, le cas échéant, par application des coefficients de majoration fixés par arrêtés du ministre chargé de a la sécurité sociale et du ministre chargé du budget. Toutefois, lorsqu'il existe une convention collective de travail applicable à la profession à laquelle appartient l'assuré, celui-ci peut, s'il entre dans le champ d'application territorial de cette convention, demander que la révision du taux de son indemnité journalière soit effectuée sur la base d'un gain journalier calculé d'après le salaire normal prévu pour sa catégorie professionnelle dans ladite convention, au cas où cette modalité lui est favorable.

C. Sécurité sociale, Art. R.323-7 (créé par Décret n°85-1353 du 17 décembre 1985 - art. 1)

Si l'assuré tombe malade au cours d'une période de chômage involontaire, de fermeture de l'établissement employeur ou d'un congé non payé, le gain journalier servant de base au calcul de l'indemnité journalière est celui dont bénéficiait l'assuré avant la date de la cessation effective du travail, même si celle-ci a été suivie d'un stage de formation professionnelle, sous réserve cependant de l'application des dispositions prévues pour la période comprenant la durée du stage et le mois qui suit celui-ci.

C. Sécurité sociale, Art. R.323-8 (modifié par Décret n°2018-1255 du 27 décembre 2018 - art. 1)
Dans les cas énumérés ci-après, il y a lieu de déterminer le salaire ou le gain journalier de base comme si l'assuré avait travaillé pendant le mois, les vingt-huit jours, les trois mois ou les douze mois dans les mêmes conditions :

1°) l'assuré travaillait depuis moins d'un mois, de vingt-huit jours, de trois mois ou de douze mois au moment de l'interruption du travail consécutive à la maladie ou à l'accident ;
2°) l'assuré n'avait pas, à la date de ladite interruption, accompli les périodes de travail mentionnées à l'article R.323-4, soit par suite de maladie, accident, maternité, chômage involontaire total ou partiel, soit en raison de la fermeture de l'établissement employeur à la disposition duquel reste l'assuré, soit en cas de congé non payé à l'exclusion des absences non autorisées, de service militaire ou appel sous les drapeaux ;
3°) l'assuré, bénéficiaire d'une indemnité de changement d'emploi pour silicose, s'est trouvé effectivement sans emploi au cours de la période à considérer ;
4°) l'assuré avait changé d'emploi au cours de la période à considérer. Dans ce cas, le salaire ou gain journalier de base est déterminé à partir du salaire ou gain afférent à l'emploi occupé au moment de l'arrêt du travail.

NOTA : Conformément à l'article 5 I. B du décret n° 2018-1255 du 27 décembre 2018, ces dispositions sont applicables aux arrêts de travail débutant à compter du 1er janvier 2019.

C. Sécurité sociale, Art. R.323-9 (modifié par Décret n°2015-1865 du 30 décembre 2015 - art. 5)
En aucun cas l'indemnité journalière servie à un assuré social ne peut être supérieure au sept cent trentième du montant annuel du plafond mentionné au septième alinéa de l'article R.323-4. Pour les assurés ayant trois enfants ou plus à charge au sens du 2° de l'article L.161-1, l'indemnité servie à partir du trente et unième jour qui suit le point de départ de l'incapacité de travail ne peut dépasser 1/547,5 de ce plafond.

L'attestation de salaire

C. Sécurité sociale, Art. R.323-10 (créé par Décret n°2013-266 du 28 mars 2013 - art. 8)
En vue de la détermination du montant de l'indemnité journalière, l'employeur ou les employeurs successifs doivent établir une attestation se rapportant aux payes effectuées pendant les périodes de référence définies ci-dessus. Cette attestation, à l'appui de laquelle sont présentées, le cas échéant, les pièces prévues à l'article L.3243-2 du code du travail est adressée à la caisse :

1°) Sous forme électronique, par l'employeur ;
2°) A défaut, sous forme papier par le salarié auquel l'employeur aura remis l'attestation dument remplie.

L'attestation, conforme au modèle fixé par arrêté du ministre chargé de la sécurité sociale, doit comporter notamment :

1°) les indications figurant sur les pièces prévues à l'article L.143-3 du code du travail en précisant la période et le nombre de journées et d'heures de travail auxquelles s'appliquent la ou les payes, le montant et la date de celles-ci, ainsi que le montant de la retenue effectuée au titre des assurances sociales ;
2°) le numéro sous lequel l'employeur effectue le versement des cotisations de sécurité sociale dues pour les travailleurs qu'il emploie ;
3°) le nom et l'adresse de l'organisme auquel l'employeur verse ces cotisations.

La reprise du travail

Art. R.4624-32 (modifié par Décret n°2016-1908 du 27 décembre 2016 - art. 1)
L'examen de reprise a pour objet :
1°) De vérifier si le poste de travail que doit reprendre le travailleur ou le poste de reclassement auquel il doit être affecté est compatible avec son état de santé ;
2°) D'examiner les propositions d'aménagement ou d'adaptation du poste repris par le travailleur ou de reclassement faites par l'employeur à la suite des préconisations émises le cas échéant par le médecin du travail lors de la visite de pré-reprise ;
3°) De préconiser l'aménagement, l'adaptation du poste ou le reclassement du travailleur ;
4°) D'émettre, le cas échéant, un avis d'inaptitude.

Art. R.4624-33 (modifié par Décret n°2016-1908 du 27 décembre 2016 - art. 1)
Le médecin du travail est informé par l'employeur de tout arrêt de travail d'une durée inférieure à trente jours pour cause d'accident du travail afin de pouvoir apprécier, notamment, l'opportunité d'un nouvel examen médical et, avec l'équipe pluridisciplinaire, de préconiser des mesures de prévention des risques professionnels.

L'indemnisation de la maternité

Art. L.1225-16 (modifié par Loi n°2016-16 du 26 janvier 2016 - art. 87)
La salariée bénéficie d'une autorisation d'absence pour se rendre aux examens médicaux obligatoires prévus par l'article L.2122-1 du code de la santé publique dans le cadre de la surveillance médicale de la grossesse et des suites de l'accouchement.
La salariée bénéficiant d'une assistance médicale à la procréation dans les conditions prévues au chapitre Ier du titre IV du livre Ier de la deuxième partie du code de la santé publique bénéficie d'une autorisation d'absence pour les actes médicaux nécessaires.
Le conjoint salarié de la femme enceinte ou bénéficiant d'une assistance médicale à la procréation ou la personne salariée liée à elle par un pacte civil de solidarité ou vivant maritalement avec elle bénéficie également d'une autorisation d'absence pour se rendre à trois de ces examens médicaux obligatoires ou de ces actes médicaux nécessaires pour chaque protocole du parcours d'assistance médicale au maximum.
Ces absences n'entraînent aucune diminution de la rémunération et sont assimilées à une période de travail effectif pour la détermination de la durée des congés payés ainsi que pour les droits légaux ou conventionnels acquis par la salariée au titre de son ancienneté dans l'entreprise.

Art. L.1225-17 (version en vigueur depuis le 1er mai 2008)
La salariée a le droit de bénéficier d'un congé de maternité pendant une période qui commence six semaines avant la date présumée de l'accouchement et se termine dix semaines après la date de celui-ci.
A la demande de la salariée et sous réserve d'un avis favorable du professionnel de santé qui suit la grossesse, la période de suspension du contrat de travail qui commence avant la date présumée de l'accouchement peut être réduite d'une durée maximale de trois semaines. La période postérieure à la date présumée de l'accouchement est alors augmentée d'autant.
Lorsque la salariée a reporté après la naissance de l'enfant une partie du congé de maternité et qu'elle se voit prescrire un arrêt de travail pendant la période antérieure à la date présumée de l'accouchement, ce report est annulé et la période de suspension du contrat de travail est décomptée à partir du premier jour de l'arrêt de travail. La période initialement reportée est réduite d'autant.

Art. L.1225-18 (version en vigueur depuis le 1er mai 2008)
Lorsque des naissances multiples sont prévues, la période de congé de maternité varie dans les conditions suivantes :

1°) Pour la naissance de deux enfants, cette période commence douze semaines avant la date présumée de l'accouchement et se termine vingt-deux semaines après la date de l'accouchement. La période de suspension antérieure à la date présumée de l'accouchement peut être augmentée d'une durée maximale de quatre semaines. La période de vingt-deux semaines postérieure à l'accouchement est alors réduite d'autant ;
2°) Pour la naissance de trois enfants ou plus, cette période commence vingt-quatre semaines avant la date présumée de l'accouchement et se termine vingt-deux semaines après la date de l'accouchement.

Art. L.1225-19 (version en vigueur depuis le 1er mai 2008)
Lorsque, avant l'accouchement, la salariée elle-même ou le foyer assume déjà la charge de deux enfants au moins ou lorsque la salariée a déjà mis au monde au moins deux enfants nés viables, le congé de maternité commence huit semaines avant la date présumée de l'accouchement et se termine dix-huit semaines après la date de celui-ci.
A la demande de la salariée et sous réserve d'un avis favorable du professionnel de santé qui suit la grossesse, la période de suspension du contrat de travail qui commence avant la date présumée de l'accouchement peut être réduite d'une durée maximale de trois semaines. La période postérieure à la date présumée de l'accouchement est alors augmentée d'autant.
Lorsque la salariée a reporté après la naissance de l'enfant une partie du congé de maternité et qu'elle se voit prescrire un arrêt de travail pendant la période antérieure à la date présumée de l'accouchement, ce report est annulé et la période de suspension du contrat de travail est décomptée à partir du premier jour de l'arrêt de travail. La période initialement reportée est réduite d'autant.
La période de huit semaines de congé de maternité antérieure à la date présumée de l'accouchement peut être augmentée d'une durée maximale de deux semaines. La période de dix-huit semaines postérieure à la date de l'accouchement est alors réduite d'autant.

Art. L.1225-20 (version en vigueur depuis le 1er mai 2008)
Lorsque l'accouchement intervient avant la date présumée, le congé de maternité peut être prolongé jusqu'au terme, selon le cas, des seize, vingt-six, trente-quatre ou quarante-six semaines de suspension du contrat auxquelles la salariée a droit, en application des articles L.1225-17 à L.1225-19.

Art. L.1225-21 (version en vigueur depuis le 1er mai 2008)
Lorsqu'un état pathologique est attesté par un certificat médical comme résultant de la grossesse ou de l'accouchement, le congé de maternité est augmenté de la durée de cet état pathologique dans la limite de deux semaines avant la date présumée de l'accouchement et de quatre semaines après la date de celui-ci.

Art. L.1225-22 (version en vigueur depuis le 1er mai 2008)
Lorsque l'enfant est resté hospitalisé jusqu'à l'expiration de la sixième semaine suivant l'accouchement, la salariée peut reporter à la date de la fin de l'hospitalisation tout ou partie du congé auquel elle peut encore prétendre.

Art. L.1225-23 (version en vigueur depuis le 1er mai 2008)
Lorsque l'accouchement intervient plus de six semaines avant la date prévue et exige l'hospitalisation postnatale de l'enfant, le congé de maternité est prolongé du nombre de jours courant de la date effective de l'accouchement au début des périodes de congé de maternité mentionnées aux articles L.1225-17 à L.1225-19.

Art. L.1225-24 (version en vigueur depuis le 1er mai 2008)
Le congé de maternité entraîne la suspension du contrat de travail. La salariée avertit l'employeur du motif de son absence et de la date à laquelle elle entend y mettre fin.
La durée de ce congé est assimilée à une période de travail effectif pour la détermination des droits que la salariée tient de son ancienneté.

Art. L.1225-25 (version en vigueur depuis le 1er mai 2008)
A l'issue du congé de maternité, la salariée retrouve son précédent emploi ou un emploi similaire assorti d'une rémunération au moins équivalente.

Art. L.1225-26 (version en vigueur depuis le 1er mai 2008)
En l'absence d'accord collectif de branche ou d'entreprise déterminant des garanties d'évolution de la rémunération des salariées pendant le congé de maternité et à la suite de ce congé au moins aussi favorables que celles mentionnées dans le présent article, cette rémunération, au sens de l'article L.3221-3, est majorée, à la suite de ce congé, des augmentations générales ainsi que de la moyenne des augmentations individuelles perçues pendant la durée de ce congé par les salariés relevant de la même catégorie professionnelle ou, à défaut, de la moyenne des augmentations individuelles dans l'entreprise.
Cette règle n'est pas applicable aux accords collectifs de branche ou d'entreprise conclus antérieurement à l'entrée en vigueur de la loi n° 2006-340 du 23 mars 2006 relative à l'égalité salariale entre les femmes et les hommes.

Art. L.1225-27 (modifié par Loi n°2014-288 du 5 mars 2014 - art. 5)
La salariée qui reprend son activité à l'issue d'un congé de maternité a droit à l'entretien professionnel mentionné au I de l'article L.6315-1.

Art. L.1225-28 (modifié par Loi n°2014-1554 du 22 décembre 2014 - art. 45)
En cas de décès de la mère au cours de la période d'indemnisation définie au premier alinéa de l'article L.331-6 du code de la sécurité sociale, le père peut suspendre son contrat de travail pendant une période au plus égale à la durée d'indemnisation restant à courir, définie au même premier alinéa, le cas échéant reportée en application du deuxième alinéa du même article.
L'intéressé avertit son employeur du motif de son absence et de la date à laquelle il entend mettre fin à la suspension de son contrat de travail. Le père bénéficie alors de la protection contre le licenciement prévue aux articles L.1225-4 et L.1225-5.
Lorsque le père de l'enfant n'exerce pas son droit, le bénéfice de celui-ci est accordé au conjoint salarié de la mère ou à la personne salariée liée à elle par un pacte civil de solidarité ou vivant maritalement avec elle.

Art. L.1225-29 (version en vigueur depuis le 1er mai 2008)
Il est interdit d'employer la salariée pendant une période de huit semaines au total avant et après son accouchement.
Il est interdit d'employer la salariée dans les six semaines qui suivent son accouchement.

C. Sécurité sociale, Art. L.313-3 (modifié par Loi n°2017-736 du 3 mai 2017 – art. 1)

1°) Pour avoir droit aux indemnités journalières de l'assurance maladie pendant les six premiers mois d'interruption de travail, aux allocations journalières de maternité et aux indemnités journalières de l'assurance maternité, l'assuré social doit justifier aux dates de référence prévues aux 2° et 3° de l'article R.313-1 :
   a) Soit que le montant des cotisations dues au titre des assurances maladie, maternité, invalidité et décès assises sur les rémunérations qu'il a perçues pendant les six mois civils précédents est au moins égale au montant des mêmes cotisations dues pour un salaire égal à 1 015 fois la valeur du salaire minimum de croissance au premier jour de la période de référence ;

b) Soit avoir effectué au moins 150 heures de travail salarié ou assimilé au cours des trois mois civils ou des quatre-vingt-dix jours précédents.

L'assuré doit en outre justifier de dix mois d'affiliation à la date présumée de l'accouchement pour bénéficier des indemnités journalières de l'assurance maternité.

2°) Lorsque l'arrêt de travail se prolonge sans interruption au-delà du sixième mois, l'assuré social, pour avoir droit aux indemnités journalières après le sixième mois d'incapacité de travail, doit avoir été affilié depuis douze mois au moins à la date de référence prévue au 2° de l'article R.313-1.

Il doit justifier en outre :

a) Soit que le montant des cotisations dues au titre des assurances maladie, maternité, invalidité et décès assises sur les rémunérations qu'il a perçues pendant les douze mois civils précédant l'interruption de travail est au moins égal au montant des mêmes cotisations dues pour un salaire égal à 2 030 fois la valeur du salaire minimum de croissance au 1er janvier qui précède immédiatement le début de cette période ;

b) Soit qu'il a effectué au moins 600 heures de travail salarié ou assimilé au cours des douze mois civils ou des 365 jours précédant l'interruption de travail.

C. Sécurité sociale, Art. L.313-4 (modifié par Loi n°2017-736 du 3 mai 2017 - art. 1)

Pour avoir droit à l'indemnité journalière de repos prévue à l'article L.331-7, l'assuré ou l'assurée doit justifier :

a) Soit que le montant des cotisations dues au titre des assurances maladie, maternité, invalidité et décès assises sur les rémunérations qu'il ou elle a perçues pendant les six mois civils précédant la date d'arrivée de l'enfant au foyer est au moins égale au montant des mêmes cotisations dues pour un salaire égale à 1 015 fois la valeur du salaire minimum de croissance au premier jour de la période de référence ;

b) Soit qu'il ou elle a effectué au moins 150 heures de travail salarié ou assimilé au cours des trois mois civils ou des trois mois précédant la date d'arrivée de l'enfant au foyer.

Il ou elle doit, en outre, justifier de dix mois d'affiliation à la date d'arrivée de l'enfant au foyer.

Pour permettre le service de l'indemnité journalière de repos, il est remis à l'assuré ou à l'assurée, par le service départemental de l'aide sociale à l'enfance ou par l'œuvre d'adoption autorisée, une attestation justifiant qu'un enfant lui est confié en vue de son adoption et précisant la date d'arrivée de l'enfant au foyer.

C. Sécurité sociale, Art. L.321-6 (modifié par Loi n°2014-1554 du 22 décembre 2014 - art. 45)

En cas de décès de la mère au cours de la période d'indemnisation de la cessation d'activité comprise, selon le cas, soit entre la naissance de l'enfant et la fin de l'indemnisation au titre du régime d'assurance maternité, soit entre la naissance de l'enfant et la fin du maintien de traitement lié à la maternité, le père bénéficie, dans des conditions fixées par décret, d'un droit à indemnisation pour la durée restant à courir entre la date du décès et la fin de la période d'indemnisation dont aurait bénéficié la mère, sous réserve qu'il cesse tout travail salarié pendant cette durée et sans qu'il soit fait application des conditions prévues à l'article L.313-1. Pendant cette durée, le père bénéficie de l'indemnité journalière mentionnée à l'article L.331-3.

Le père peut demander le report de tout ou partie de la période d'indemnisation à laquelle il a droit dans les conditions fixées par le premier alinéa de l'article L.331-5.

Lorsque le père de l'enfant ne demande pas à bénéficier de l'indemnité, le droit à indemnisation est accordé au conjoint de la mère ou à la personne liée à elle par un pacte civil de solidarité ou vivant maritalement avec elle.

C. Sécurité sociale, Art. L.321-5 (modifié par Loi n°2006-340 du 23 mars 2006 - art. 15(V))
Dans le cas où l'enfant est resté hospitalisé jusqu'à l'expiration de la sixième semaine suivant l'accouchement, l'assurée peut demander le report, à la date de la fin de l'hospitalisation de l'enfant, de tout ou partie de la période d'indemnisation à laquelle elle peut encore prétendre en application de l'article L.331-3 ou L.331-4.
Toutefois, lorsque l'assurée bénéficie de la période supplémentaire mentionnée au dernier alinéa de l'article L.331-3, la possibilité de report prévu à l'alinéa précédent ne peut lui être ouverte qu'à l'issue de ladite période.
L'indemnité journalière de repos peut également être attribuée sur prescription médicale pendant une période supplémentaire n'excédant pas deux semaines, dans des conditions déterminées par décret en Conseil d'Etat.

Le montant de l'indemnisation (IJ Maternité)

C. Sécurité sociale, Art. R.331-5 (modifié par Décret n°2014-953 du 20 août 2014 - art. 1)
L'indemnité journalière prévue à l'article L.331-3 est égale au gain journalier de base. Elle est allouée même si l'enfant n'est pas né vivant.
Pour le calcul de l'indemnité journalière de repos, le gain journalier de base est déterminé selon les règles prévues aux articles R.323-4 et R.323-8. Toutefois, pour l'application de ces dispositions, le salaire pris en compte est le salaire servant de base, lors de chaque paie, au calcul de la cotisation due pour les risques maladie, maternité, invalidité et décès dans la limite du plafond mentionné à l'article L.241-3 en vigueur le dernier jour du mois civil précédant celui de l'interruption de travail. Ce salaire est diminué par application d'un taux forfaitaire représentatif de la part salariale des cotisations et contributions d'origine légale ou conventionnelle rendues obligatoires par la loi ; ce taux forfaitaire est fixé par arrêté du ministre chargé de la sécurité sociale.
L'indemnité journalière de repos ne peut être inférieure à un minimum fixé par arrêté du ministre chargé de la sécurité sociale et du ministre chargé du budget.
En cas d'augmentation générale des salaires, l'indemnité journalière de repos peut faire l'objet d'une révision dans les mêmes conditions que celles qui sont prévues à l'article R.323-6 pour l'indemnité journalière de maladie.
La durée de trois mois prévue au premier alinéa de l'article R.323-6 s'apprécie, le cas échéant, en totalisant tant le délai de carence prévu à l'article R.323-1 que les périodes pendant lesquelles l'intéressée a bénéficié de l'indemnité journalière de l'assurance maladie et de l'indemnité journalière de repos de l'assurance maternité.
Les dispositions des articles R.323-10 et R.323-11 sont applicables à l'indemnité journalière de repos.

C. Sécurité sociale, Art. R.331-6 (version en vigueur depuis le 1er mai 2008)
L'indemnité journalière de repos de l'assurance maternité prévue à l'article L.331-3 est due pendant la période de repos prévue audit article, même en cas de prolongation d'un état morbide antérieurement constaté ou de constatation d'un état morbide au cours de cette période.
Si l'état morbide consécutif à l'accouchement se déclare après la période légale de repos et si l'intéressée n'a pas repris le travail, les prestations en espèces de l'assurance maladie sont servies sans qu'il y ait lieu de faire état du délai de carence.
Pendant la période où l'intéressée reçoit les prestations en espèces de l'assurance maternité, elle ne peut recevoir en même temps les prestations en espèces de l'assurance maladie.
L'indemnité journalière de repos supplémentaire, prévue au deuxième alinéa de l'article L.331-5, est attribuée au cours de la période prénatale en cas d'état pathologique résultant de la grossesse. Le repos auquel correspond cette indemnité peut être prescrit à partir de la déclaration de grossesse.

L'indemnisation de la paternité

Art. L.1225-29 (modifié par Loi n°2018-1203 du 22 décembre 2018 - art. 72(V))
Après la naissance de l'enfant et dans un délai déterminé par décret, le père salarié ainsi que, le cas échéant, le conjoint salarié de la mère ou la personne salariée liée à elle par un pacte civil de solidarité ou vivant maritalement avec elle bénéficient d'un congé de paternité et d'accueil de l'enfant de onze jours consécutifs ou de dix-huit jours consécutifs en cas de naissances multiples.
Le congé de paternité et d'accueil de l'enfant entraîne la suspension du contrat de travail.
Le salarié qui souhaite bénéficier du congé de paternité et d'accueil de l'enfant avertit son employeur au moins un mois avant la date à laquelle il envisage de le prendre, en précisant la date à laquelle il entend y mettre fin.
Par dérogation aux trois premiers alinéas, lorsque l'état de santé de l'enfant nécessite son hospitalisation immédiate après la naissance dans une unité de soins spécialisée définie par arrêté des ministres chargés de la santé et de la sécurité sociale, le congé de paternité et d'accueil de l'enfant est de droit pendant la période d'hospitalisation, dans la limite d'une durée maximale déterminée par décret.
NOTA : Conformément à l'article 72 IV de la loi n° 2018-1203 du 22 décembre 2018, ces dispositions s'appliquent aux naissances intervenant à compter d'une date fixée par décret, et au plus tard à compter du 1er juillet 2019.

L'indemnisation des accidents du travail et de trajet et de la maladie professionnelle

C. Sécurité sociale, Art. R.441-1 (modifié par Décret n°2019-356 du 23 avril 2019 - art. 1)
Les formalités de déclaration d'accident sont effectuées par l'employeur conformément aux dispositions des articles L.441-2 et L.441-4.
Dans les collectivités, établissements et entreprises assurant directement la charge de la réparation, un exemplaire des certificats médicaux prévus à l'article L.441-6 est transmis sans délai par la caisse primaire au comité social et économique intéressé.

C. Sécurité sociale, Art. R.441-2 (modifié par Décret n°2019-356 du 23 avril 2019 - art. 1)
La déclaration à laquelle la victime d'un accident du travail est tenue conformément à l'article L.441-1 doit être effectuée dans la journée où l'accident s'est produit ou au plus tard dans les vingt-quatre heures.
Elle doit être envoyée, par tout moyen conférant date certaine à sa réception, si elle n'est pas faite à l'employeur ou à son préposé sur le lieu de l'accident.

C. Sécurité sociale, Art. R.441-3 (modifié par Décret n°2019-356 du 23 avril 2019 - art. 1)
La déclaration de l'employeur ou l'un de ses préposés prévue à l'article L.441-2 doit être faite, par tout moyen conférant date certaine à sa réception, dans les quarante-huit heures non compris les dimanches et jours fériés.
Pour la déclaration des accidents dont sont victimes hors des locaux de l'établissement les personnes mentionnées aux 1°, 2°, 4°, 6°, 8° et 13° de l'article L.311-3 auquel renvoie l'article L.412-2, le délai imparti à l'employeur ne commence à courir que du jour où il a été informé de l'accident.

C. Sécurité sociale, Art. R.441-4 (modifié par Décret n°2006-111 du 2 février 2006 - art. 1)
L'employeur est tenu d'adresser à la caisse primaire d'assurance maladie, en même temps que la déclaration d'accident ou au moment de l'arrêt du travail, si celui-ci est postérieur, une attestation indiquant la période du travail, le nombre de journées et d'heures auxquelles s'appliquent la ou les payes mentionnées à l'article R.433-4, le montant et la date de ces payes.

La caisse primaire peut demander à l'employeur et à la victime ou à ses ayants droit tous renseignements complémentaires qu'elle juge utiles.

C. Sécurité sociale, Art. R.433-1 (modifié par Loi n°2019-1446 du 24 décembre 2019 - art. 85(V))
La journée de travail au cours de laquelle l'accident s'est produit, quel que soit le mode de paiement du salaire, est intégralement à la charge de l'employeur.
Une indemnité journalière est payée à la victime par la caisse primaire, à partir du premier jour qui suit l'arrêt du travail consécutif à l'accident sans distinction entre les jours ouvrables et les dimanches et jours fériés, pendant toute la période d'incapacité de travail qui précède soit la guérison complète, soit la consolidation de la blessure ou le décès ainsi que dans le cas de rechute ou d'aggravation prévu à l'article L.443-2.
Une indemnité journalière est servie en cas de délivrance par le médecin traitant d'un certificat autorisant un travail aménagé ou à temps partiel, si ce travail est reconnu par le médecin-conseil de la caisse primaire comme de nature à favoriser la guérison ou la consolidation de la blessure.
L'article L.323-3-1 est applicable aux arrêts de travail résultant d'un accident de travail ou d'une maladie professionnelle.
L'indemnité journalière peut être rétablie pendant le délai mentionné à l'article L.1226-11 du code du travail lorsque la victime ne peut percevoir aucune rémunération liée à son activité salariée. Le versement de l'indemnité cesse dès que l'employeur procède au reclassement dans l'entreprise du salarié inapte ou le licencie. Lorsque le salarié bénéficie d'une rente, celle-ci s'impute sur l'indemnité journalière. Un décret détermine les conditions d'application du présent alinéa.
Le droit à l'indemnité journalière est ouvert dans les conditions définies à l'article L.323-6.

C. Sécurité sociale, Art. R.433-2 (version en vigueur depuis le 1er mai 2008)
L'indemnité journalière est égale à une fraction du salaire journalier. Ce dernier n'entre en compte que dans la limite d'un pourcentage du maximum de rémunération annuelle retenu pour l'assiette des cotisations d'assurance vieillesse en vertu de l'article L.241-3.
Le délai à l'expiration duquel le taux de l'indemnité journalière est majoré ainsi que les modalités de détermination du salaire journalier de base sont fixés par décret en Conseil d'Etat.
En cas d'augmentation générale des salaires postérieurement à l'accident et lorsque l'interruption de travail se prolonge au-delà d'une durée déterminée, le taux de l'indemnité journalière peut faire l'objet d'une révision.

L'indemnisation de l'employeur

Art. L.1226-1 (modifié par Loi n°2015-1702 du 21 décembre 2015 - art. 63)
Tout salarié ayant une année d'ancienneté dans l'entreprise bénéficie, en cas d'absence au travail justifiée par l'incapacité résultant de maladie ou d'accident constaté par certificat médical et contre-visite s'il y a lieu, d'une indemnité complémentaire à l'allocation journalière prévue à l'article L.321-1 du code de la sécurité sociale, à condition :

1°) D'avoir justifié dans les quarante-huit heures de cette incapacité, sauf si le salarié fait partie des personnes mentionnées à l'article L.169-1 du code de la sécurité sociale ;
2°) D'être pris en charge par la sécurité sociale ;
3°) D'être soigné sur le territoire français ou dans l'un des autres Etats membres de la Communauté européenne ou dans l'un des autres Etats partie à l'accord sur l'Espace économique européen.

Ces dispositions ne s'appliquent pas aux salariés travaillant à domicile, aux salariés saisonniers, aux salariés intermittents et aux salariés temporaires.
Un décret en Conseil d'Etat détermine les formes et conditions de la contre-visite mentionnée au premier alinéa.

Le taux, les délais et les modalités de calcul de l'indemnité complémentaire sont déterminés par voie réglementaire.

C. Sécurité sociale, Art. L.315-1 (modifié par Loi n°2019-774 du 24 juillet 2019 – art. 65)

I.– Le contrôle médical porte sur tous les éléments d'ordre médical qui commandent l'attribution et le service de l'ensemble des prestations de l'assurance maladie, maternité et invalidité ainsi que des prestations prises en charge en application des articles L.251-2 et L.254-1 du code de l'action sociale et des familles.

II.– Le service du contrôle médical constate les abus en matière de soins, de prescription d'arrêt de travail et d'application de la tarification des actes et autres prestations.

Lorsque l'activité de prescription d'arrêt de travail apparaît anormalement élevée au regard de la pratique constatée chez les professionnels de santé appartenant à la même profession, des contrôles systématiques de ces prescriptions sont mis en œuvre dans des conditions définies par la convention mentionnée à l'article L.227-1.

Lorsqu'un contrôle effectué par un médecin à la demande de l'employeur, en application de l'article L.1226-1 du code du travail, conclut à l'absence de justification d'un arrêt de travail ou fait état de l'impossibilité de procéder à l'examen de l'assuré, ce médecin transmet son rapport au service du contrôle médical de la caisse dans un délai maximal de quarante-huit heures. Le rapport précise si le médecin diligenté par l'employeur a ou non procédé à un examen médical de l'assuré concerné. Au vu de ce rapport, ce service :

1° Soit demande à la caisse de suspendre les indemnités journalières. Dans un délai fixé par décret à compter de la réception de l'information de suspension des indemnités journalières, l'assuré peut demander à son organisme de prise en charge de saisir le service du contrôle médical pour examen de sa situation. Le service du contrôle médical se prononce dans un délai fixé par décret ;

2° Soit procède à un nouvel examen de la situation de l'assuré. Ce nouvel examen est de droit si le rapport a fait état de l'impossibilité de procéder à l'examen de l'assuré.

III.– Le service du contrôle médical procède à l'analyse, sur le plan médical, de l'activité des établissements de santé mentionnés aux articles L.162-29 et L.162-29-1 dans lesquels sont admis des bénéficiaires de l'assurance maladie, de l'aide médicale de l'Etat ou de la prise en charge des soins urgents mentionnée à l'article L.254-1 du code de l'action sociale et des familles, notamment au regard des règles définies en application des dispositions de l'article L.162-1-7.

III. bis – Le service du contrôle médical procède auprès des établissements de santé visés à l'article L.162-22-6, des pharmaciens et des distributeurs de produits ou prestations, dans le respect des règles déontologiques, aux contrôles nécessaires en matière de délivrance et de facturation de médicaments, produits ou prestations donnant lieu à remboursement par les caisses d'assurance maladie ou à prise en charge par l'Etat en application des articles L.251-2 ou L.254-1 du code de l'action sociale et des familles.

IV.– Il procède également à l'analyse, sur le plan médical, de l'activité des professionnels de santé dispensant des soins aux bénéficiaires de l'assurance maladie, de l'aide médicale de l'Etat ou de la prise en charge des soins urgents mentionnée à l'article L.254-1 du code de l'action sociale et des familles, notamment au regard des règles définies par les conventions qui régissent leurs relations avec les organismes d'assurance maladie ou, en ce qui concerne les médecins, du règlement mentionné à l'article L.162-14-2. La procédure d'analyse de l'activité se déroule dans le respect des droits de la défense selon des conditions définies par décret.

Par l'ensemble des actions mentionnées au présent article, le service du contrôle médical concourt, dans les conditions prévues aux articles L.183-1, L.211-2-1 et au 5° de l'article L.221-1, à la gestion du risque assurée par les caisses d'assurance maladie.

IV. bis – Le service du contrôle médical s'assure de l'identité du patient à l'occasion des examens individuels qu'il réalise, en demandant à la personne concernée de présenter sa carte nationale d'identité ou tout autre document officiel comportant sa photographie.

V.– Les praticiens-conseils du service du contrôle médical et les personnes placées sous leur autorité n'ont accès aux données de santé à caractère personnel que si elles sont strictement nécessaires à l'exercice de leur mission, dans le respect du secret médical.

VI.– Le service du contrôle médical transmet, sauf opposition du bénéficiaire, les informations de nature médicale qu'il détient, notamment le protocole de soins mentionné à l'article L.324-1, en cas de changement d'organisme ou de régime d'assurance maladie, au nouveau service chargé du contrôle médical dont relève l'assuré.

VII.– Le service du contrôle médical peut, en application de l'article L.1435-7 du code de la santé publique, procéder au contrôle du recueil des indicateurs de qualité et de sécurité des soins mentionnés aux articles L.6144-1 et L.6161-2-2 du même code.

Le temps partiel thérapeutique

C. Sécurité sociale, Art. L.323-3 (modifié par Décret n°2019-1446 du 24 décembre 2019 - art. 85(V))
L'indemnité journalière prévue à l'article L.321-1 est servie, en cas de travail à temps partiel pour motif thérapeutique, dans les cas suivants :

1°) Le maintien au travail ou la reprise du travail et le travail effectué sont reconnus comme étant de nature à favoriser l'amélioration de l'état de santé de l'assuré ;

2°) L'assuré doit faire l'objet d'une rééducation ou d'une réadaptation professionnelle pour recouvrer un emploi compatible avec son état de santé.

Le délai mentionné au premier alinéa de l'article L.323-1 n'est pas applicable pour le versement de cette indemnité.

Les modalités de calcul de l'indemnité journalière versée en cas de travail à temps partiel pour motif thérapeutique ainsi que sa durée de versement sont déterminées par décret en Conseil d'Etat.

C. Sécurité sociale, Art. R.323-3 (modifié par Décret n°2019-856 du 20 août 2019 – art. 2) :
Les modalités de calcul de l'indemnité journalière mentionnée à l'article L.323-3 sont identiques à celles prévues à l'article L.323-4. Le montant de cette indemnité journalière ne peut être supérieur à la perte de gain journalière liée à la réduction de l'activité résultant du travail à temps partiel pour motif thérapeutique.

La durée maximale, prévue au premier alinéa de l'article L.323-3, durant laquelle, en cas de reprise du travail, l'indemnité journalière peut être maintenue par la caisse ne peut excéder d'un an le délai de trois ans prévu à l'article R.323-1.

Art. R.4624-30 (modifié par Loi n°2016-1908 du 27 décembre 2016 - art. 1)
Au cours de l'examen de pré-reprise, le médecin du travail peut recommander :

1°) Des aménagements et adaptations du poste de travail ;

2°) Des préconisations de reclassement ;

3°) Des formations professionnelles à organiser en vue de faciliter le reclassement du travailleur ou sa réorientation professionnelle.

A cet effet, il s'appuie en tant que de besoin sur le service social du travail du service de santé au travail interentreprises ou sur celui de l'entreprise.

Il informe, sauf si le travailleur s'y oppose, l'employeur et le médecin conseil de ces recommandations afin que toutes les mesures soient mises en œuvre en vue de favoriser le maintien dans l'emploi du travailleur.

Art. R.4624-31 (modifié par Loi n°2016-1908 du 27 décembre 2016 - art. 1)
Le travailleur bénéficie d'un examen de reprise du travail par le médecin du travail :
1°) Après un congé de maternité ;
2°) Après une absence pour cause de maladie professionnelle ;
3°) Après une absence d'au moins trente jours pour cause d'accident du travail, de maladie ou d'accident non professionnel.
Dès que l'employeur a connaissance de la date de la fin de l'arrêt de travail, il saisit le service de santé au travail qui organise l'examen de reprise le jour de la reprise effective du travail par le travailleur, et au plus tard dans un délai de huit jours qui suivent cette reprise.

Art. R.4624-32 (modifié par Loi n°2016-1908 du 27 décembre 2016 - art. 1)
L'examen de reprise a pour objet :
1°) De vérifier si le poste de travail que doit reprendre le travailleur ou le poste de reclassement auquel il doit être affecté est compatible avec son état de santé ;
2°) D'examiner les propositions d'aménagement ou d'adaptation du poste repris par le travailleur ou de reclassement faites par l'employeur à la suite des préconisations émises le cas échéant par le médecin du travail lors de la visite de pré-reprise ;
3°) De préconiser l'aménagement, l'adaptation du poste ou le reclassement du travailleur ;
4°) D'émettre, le cas échéant, un avis d'inaptitude.

Art. L.1243-1 (modifié par Loi n°2014-1545 du 20 décembre 2014 - art. 6)
Sauf accord des parties, le contrat de travail à durée déterminée ne peut être rompu avant l'échéance du terme qu'en cas de faute grave, de force majeure ou d'inaptitude constatée par le médecin du travail.
Lorsqu'il est conclu en application du 6° de l'article L.1242-2, le contrat de travail à durée déterminée peut, en outre, être rompu par l'une ou l'autre partie, pour un motif réel et sérieux, dix-huit mois après sa conclusion puis à la date anniversaire de sa conclusion.

Art. L.3123-2 (modifié par Loi n°2016-1088 du 8 août 2016 - art. 8(V))
Le salarié qui en fait la demande peut bénéficier d'une réduction de la durée du travail sous forme d'une ou plusieurs périodes d'au moins une semaine en raison des besoins de sa vie personnelle. Sa durée de travail est fixée dans la limite annuelle prévue au 3° de l'article L.3123-1.
Pendant les périodes travaillées, le salarié est occupé selon l'horaire collectif applicable dans l'entreprise ou l'établissement.
Les dispositions relatives au régime des heures supplémentaires et à la contrepartie obligatoire sous forme de repos s'appliquent aux heures accomplies au cours d'une semaine au-delà de la durée légale fixée en application de l'article L.3121-27 ou, en cas d'application d'un accord collectif conclu sur le fondement de l'article L.3121-44, aux heures accomplies au-delà des limites fixées par cet accord.
L'avenant au contrat de travail précise la ou les périodes non travaillées. Il peut également prévoir les modalités de calcul de la rémunération mensualisée indépendamment de l'horaire réel du mois.

Art. L.1226-10 (modifié par Ordonnance n°2017-1718 du 20 décembre 2017 - art. 1)
Lorsque le salarié victime d'un accident du travail ou d'une maladie professionnelle est déclaré inapte par le médecin du travail, en application de l'article L.4624-4, à reprendre l'emploi qu'il occupait précédemment, l'employeur lui propose un autre emploi approprié à ses capacités, au sein de l'entreprise ou des entreprises du groupe auquel elle appartient le cas échéant, situées sur le territoire national et dont l'organisation, les activités ou le lieu d'exploitation assurent la permutation de tout ou partie du personnel.
Cette proposition prend en compte, après avis du comité économique et social, les conclusions écrites du médecin du travail et les indications qu'il formule sur les capacités du salarié à exercer

l'une des tâches existant dans l'entreprise. Le médecin du travail formule également des indications sur l'aptitude du salarié à bénéficier d'une formation le préparant à occuper un poste adapté.
L'emploi proposé est aussi comparable que possible à l'emploi précédemment occupé, au besoin par la mise en œuvre de mesures telles que mutations, aménagements, adaptations ou transformations de postes existants ou aménagement du temps de travail.
Pour l'application du présent article, la notion de groupe désigne le groupe formé par une entreprise appelée entreprise dominante et les entreprises qu'elle contrôle dans les conditions définies à l'article L.233-1, aux I et II de l'article L.233-3 et à l'article L.233-16 du code de commerce.

Art. L.1226-11 (version en vigueur depuis le 1er mai 2008)
Lorsque, à l'issue d'un délai d'un mois à compter de la date de l'examen médical de reprise du travail, le salarié déclaré inapte n'est pas reclassé dans l'entreprise ou s'il n'est pas licencié, l'employeur lui verse, dès l'expiration de ce délai, le salaire correspondant à l'emploi que celui-ci occupait avant la suspension de son contrat de travail.
Ces dispositions s'appliquent également en cas d'inaptitude à tout emploi dans l'entreprise constatée par le médecin du travail.

Art. L.1226-12 (modifié par Loi n°2016-1088 du 8 août 2016 - art. 102(V))
Lorsque l'employeur est dans l'impossibilité de proposer un autre emploi au salarié, il lui fait connaître par écrit les motifs qui s'opposent au reclassement.
L'employeur ne peut rompre le contrat de travail que s'il justifie soit de son impossibilité de proposer un emploi dans les conditions prévues à l'article L.1226-10, soit du refus par le salarié de l'emploi proposé dans ces conditions, soit de la mention expresse dans l'avis du médecin du travail que tout maintien du salarié dans l'emploi serait gravement préjudiciable à sa santé ou que l'état de santé du salarié fait obstacle à tout reclassement dans l'emploi.
L'obligation de reclassement est réputée satisfaite lorsque l'employeur a proposé un emploi, dans les conditions prévues à l'article L.1226-10, en prenant en compte l'avis et les indications du médecin du travail.
S'il prononce le licenciement, l'employeur respecte la procédure applicable au licenciement pour motif personnel prévue au chapitre II du titre III.

Annexe Partie VIII – Les créances

Les créances de l'employeur

L'acompte

Art. L.3242-1 (version en vigueur depuis le 1er mai 2008)
La rémunération des salariés est mensuelle et indépendante, pour un horaire de travail effectif déterminé, du nombre de jours travaillés dans le mois. Le paiement mensuel neutralise les conséquences de la répartition inégale des jours entre les douze mois de l'année.
Pour un horaire équivalent à la durée légale hebdomadaire, la rémunération mensuelle due au salarié se calcule en multipliant la rémunération horaire par les 52/12 de la durée légale hebdomadaire.
Le paiement de la rémunération est effectué une fois par mois. Un acompte correspondant, pour une quinzaine, à la moitié de la rémunération mensuelle, est versé au salarié qui en fait la demande.
Ces dispositions ne s'appliquent pas aux salariés travaillant à domicile, aux salariés saisonniers, aux salariés intermittents et aux salariés temporaires.

L'avance

Art. L.3251-3 (version en vigueur depuis le 1er mai 2008)
En dehors des cas prévus au 3° de l'article L.3251-2, l'employeur ne peut opérer de retenue de salaire pour les avances en espèces qu'il a faites, que s'il s'agit de retenues successives ne dépassant pas le dixième du montant des salaires exigibles.
La retenue opérée à ce titre ne se confond pas avec la partie saisissable ou cessible.
Les acomptes sur un travail en cours ne sont pas considérés comme des avances.

Les créances des tiers

Art. L.3252-1 (version en vigueur depuis le 1er mai 2008)
Les dispositions du présent chapitre sont applicables aux sommes dues à titre de rémunération à toute personne salariée ou travaillant, à quelque titre ou en quelque lieu que ce soit, pour un ou plusieurs employeurs, quels que soient le montant et la nature de sa rémunération, la forme et la nature de son contrat.

Art. L.3252-2 (version en vigueur depuis le 1er mai 2008)
Sous réserve des dispositions relatives aux pensions alimentaires prévues à l'article L.3252-5, les sommes dues à titre de rémunération ne sont saisissables ou cessibles que dans des proportions et selon des seuils de rémunération affectés d'un correctif pour toute personne à charge, déterminés par décret en Conseil d'Etat.
Ce décret précise les conditions dans lesquelles ces seuils et correctifs sont révisés en fonction de l'évolution des circonstances économiques.

Art. L.3252-3 (modifié par Loi n°2016-1917 du 29 décembre 2016 - art. 60(VD))
Pour la détermination de la fraction insaisissable, il est tenu compte du montant de la rémunération, de ses accessoires ainsi que de la valeur des avantages en nature, après déduction des cotisations et contributions sociales obligatoires et de la retenue à la source prévue à l'article 204 A du code général des impôts.

Il est en outre tenu compte d'une fraction insaisissable égale au montant forfaitaire mentionné à l'article L.262-2 du code de l'action sociale et des familles applicable à un foyer composé d'une seule personne.
Il n'est pas tenu compte des indemnités insaisissables, des sommes allouées à titre de remboursement de frais exposés par le travailleur et des allocations ou indemnités pour charges de famille.
NOTA : Conformément à l'article 1er de l'ordonnance n° 2017-1390 du 22 septembre 2017, les dispositions du présent article s'appliquent aux revenus perçus ou réalisés à compter du 1er janvier 2019.

Art. L.3252-4 (modifié par Loi n°2011-1862 du 13 décembre 2011 - art. 3)
Lorsqu'un débiteur perçoit de plusieurs payeurs des sommes saisissables ou cessibles dans les conditions prévues par le présent chapitre, la fraction saisissable est calculée sur l'ensemble de ces sommes. Les retenues sont opérées selon les modalités déterminées par décret en Conseil d'Etat.

Art. L.3252-5 (modifié par Loi n°2015-1702 du 21 décembre 2015 - art. 44(V))
Le prélèvement direct du terme mensuel courant et des six derniers mois impayés des pensions alimentaires ou des vingt-quatre derniers mois lorsque l'organisme débiteur des prestations familiales agit pour le compte du créancier peut être poursuivi sur l'intégralité de la rémunération. Il est d'abord imputé sur la fraction insaisissable et, s'il y a lieu, sur la fraction saisissable.
Toutefois, une somme est, dans tous les cas, laissée à la disposition du salarié dans des conditions déterminées par décret en Conseil d'Etat.

Art. L.3252-7 (version en vigueur depuis le 1er mai 2008))
Les rémunérations ne peuvent faire l'objet d'une saisie conservatoire.

Art. L.3252-8 (modifié par Loi n°2011-1862 du 13 décembre 2011 - art. 3)
En cas de pluralité de saisies, les créanciers viennent en concours sous réserve des causes légitimes de préférence.
Toutefois, les créances résiduelles les plus faibles, prises dans l'ordre croissant de leur montant, sans que celles-ci puissent excéder un montant fixé par décret, sont payées prioritairement dans les conditions fixées par ce décret.

Art. L.3252-9 (modifié par Loi n°2017-1775 du 28 décembre 2017 - art. 73(V))
Le tiers saisi fait connaître :
1°) La situation de droit existant entre lui-même et le débiteur saisi ;
2°) Les cessions, saisies, saisies administratives à tiers détenteur ou paiement direct de créances d'aliments en cours d'exécution.

Le tiers employeur saisi qui s'abstient sans motif légitime de faire cette déclaration ou fait une déclaration mensongère peut être condamné par le juge au paiement d'une amende civile sans préjudice d'une condamnation à des dommages et intérêts et de l'application des dispositions du deuxième alinéa de l'article L.3252-10.
NOTA : Aux termes de l'article 73 XVII de la loi n° 2017-1775 du 28 décembre 2017 de finances rectificative pour 2017, les présentes dispositions entrent en vigueur à une date fixée par décret, et au plus tard le 1er janvier 2019.

Art. L.3252-10 (modifié par Loi n°2011-1862 du 13 décembre 2011 - art. 3)
Le tiers saisi verse mensuellement les retenues pour lesquelles la saisie est opérée dans les limites des sommes disponibles.
A défaut, le juge, même d'office, le déclare débiteur des retenues qui auraient dû être opérées. Il peut, pour déterminer le montant de ces retenues, s'adresser aux organismes fiscaux et sociaux dans les conditions prévues à l'article 39 de la loi n° 91-650 du 9 juillet 1991 portant réforme des procédures

civiles d'exécution pour obtenir les informations relatives au montant de la rémunération perçue par le débiteur ainsi que sur la composition de sa famille.
Le recours du tiers saisi contre le débiteur ne peut être exercé qu'après mainlevée de la saisie.

Art. R.3252-6 (modifié par Décret n°2013-109 du 30 janvier 2013 - art. 2)
Sauf disposition contraire, les notifications et convocations faites en application du présent chapitre sont adressées par lettre recommandée avec avis de réception.
Ces notifications sont régulièrement faites à l'adresse préalablement indiquée par le ou les créanciers. En cas de retour au greffe de l'avis de réception non signé, la date de notification à l'égard du destinataire est celle de la présentation et la notification est réputée faite à domicile ou à résidence.

Art. R.3252-7 (modifié par Décret n°2019-913 du 30 août 2019 - art. 25)
Le juge de l'exécution compétent pour connaître de la saisie des sommes dues à titre de rémunération est celui du domicile du débiteur. Si celui-ci réside à l'étranger ou n'a pas de domicile connu, la procédure est portée devant le juge de l'exécution du lieu où demeure le tiers saisi.
Ces règles de compétence sont d'ordre public.
NOTA : Conformément à l'article 36 du décret n° 2019-913 du 30 août 2019, ces dispositions entrent en vigueur le 1er janvier 2020.

Art. R.3252-8 (modifié par Décret n°2019-1333 du 11 décembre 2019 - art. 36)
Les contestations auxquelles donne lieu la saisie sont formées, instruites et jugées selon les règles de la procédure orale ordinaire devant le tribunal judiciaire.
NOTA : Conformément au I de l'article 55 du décret n° 2019-1333 du 11 décembre 2019, ces dispositions entrent en vigueur le 1er janvier 2020. Elles sont applicables aux instances en cours à cette date.

Art. R.3252-9 (modifié par Décret n°2019-966 du 18 septembre 2019 - art. 8)
Il est tenu au greffe de chaque tribunal judiciaire des fiches individuelles sur lesquelles sont mentionnés tous les actes d'une nature quelconque, décisions et formalités auxquels donne lieu l'exécution des dispositions du présent chapitre.
Les fiches peuvent être tenues sur support électronique. Le système de traitement des informations en garantit l'intégrité et la confidentialité et permet d'en assurer la conservation.
NOTA : Conformément à l'article 9 du décret n° 2019-966 du 18 septembre 2019, les présentes dispositions entrent en vigueur le 1er janvier 2020.

Art. R.3252-10 (modifié par Décret n°2019-913 du 30 août 2019 - art. 25)
Le régisseur installé auprès du greffe du tribunal judiciaire ou, le cas échéant, de l'une de ses chambres de proximité verse les sommes dont il est comptable au préposé de la Caisse des dépôts et consignations le plus rapproché du siège du tribunal auprès duquel le greffe est installé, qui lui ouvre un compte spécial.
Il opère ses retraits pour les besoins des répartitions, sur leur simple quittance, en justifiant de l'autorisation du directeur de greffe.
NOTA : Conformément à l'article 36 du décret n° 2019-913 du 30 août 2019, ces dispositions entrent en vigueur le 1er janvier 2020.

Art. R.3252-12 (version en vigueur depuis le 1er mai 2008)
La procédure de saisie des sommes dues à titre de rémunération est précédée, à peine de nullité, d'une tentative de conciliation, en chambre du conseil.

Art. R.3252-13 (modifié par Décret n°2019-1333 du 11 décembre 2019 - art. 36)
La demande est formée par requête remise ou adressée au greffe par le créancier.
Outre les mentions prescrites par l'article 57 du code de procédure civile, la requête contient, à peine de nullité :

1°) Les nom et adresse de l'employeur du débiteur ;
2°) Le décompte distinct des sommes réclamées en principal, frais et intérêts échus ainsi que l'indication du taux des intérêts ;
3°) Les indications relatives aux modalités de versement des sommes saisies. Une copie du titre exécutoire est jointe à la requête.

NOTA : Conformément au I de l'article 55 du décret n° 2019-1333 du 11 décembre 2019, ces dispositions entrent en vigueur le 1er janvier 2020. Elles sont applicables aux instances en cours à cette date.

Art. R.3252-14 (version en vigueur depuis le 1er mai 2008)
Le greffier avise le demandeur des lieux, jour et heure de la tentative de conciliation par tout moyen.

Art. R.3252-15 (version en vigueur depuis le 1er mai 2008)
Le greffier convoque le débiteur à l'audience.
La convocation :
1°) Mentionne les noms, prénom et adresse du créancier ou, s'il s'agit d'une personne morale, sa dénomination et son siège social ;
2°) Indique les lieux, jour et heure de la tentative de conciliation ;
3°) Contient l'objet de la demande et l'état des sommes réclamées, avec le décompte distinct du principal, des frais et des intérêts échus ;
4°) Indique au débiteur qu'il doit élever lors de cette audience toutes les contestations qu'il peut faire valoir et qu'une contestation tardive ne suspendrait pas le cours des opérations de saisie ;
5°) Reproduit les dispositions de l'article L.3252-11 relatives à la représentation des parties.

Art. R.3252-16 (modifié par Décret n°2013-109 du 30 janvier 2013 - art. 3)
Le créancier et le débiteur sont convoqués quinze jours au moins avant la date de l'audience.

Art. R.3252-17 (version en vigueur depuis le 1er mai 2008)
Le jour de l'audience, le juge tente de concilier les parties.

Art. R.3252-18 (version en vigueur depuis le 1er mai 2008)
Si le débiteur manque aux engagements pris à l'audience, le créancier peut demander au greffe de procéder à la saisie sans nouvelle conciliation. Le créancier joint un décompte des sommes perçues en exécution de la conciliation.

Art. R.3252-19 (version en vigueur depuis le 1er mai 2008)
Si le créancier ne comparaît pas, il est fait application des dispositions de l'article 468 du code de procédure civile.
Si le débiteur ne comparaît pas, il est procédé à la saisie, à moins que le juge n'estime nécessaire une nouvelle convocation.
Si les parties ne se sont pas conciliées, il est procédé à la saisie après que le juge a vérifié le montant de la créance en principal, intérêts et frais et, s'il y a lieu, tranché les contestations soulevées par le débiteur.

Art. R.3252-20 (modifié par Décret n°2016-1359 du 11 octobre 2016 - art. 5)
Le directeur de greffe veille au bon déroulement des opérations de saisie.

Art. R.3252-21 (version en vigueur depuis le 1er mai 2008)
Au vu du procès-verbal de non-conciliation, le greffier procède à la saisie dans les huit jours.
Si l'audience de conciliation a donné lieu à un jugement, le greffier procède à la saisie dans les huit jours suivant la notification du jugement s'il est exécutoire et, à défaut, suivant l'expiration des délais de recours contre ce jugement.

Art. R.3252-22 (version en vigueur depuis le 1er mai 2008)
L'acte de saisie établi par le greffe contient :

1°) Les nom, prénoms et domicile du débiteur et du créancier ou, s'il s'agit d'une personne morale, sa dénomination et son siège social ;
2°) Le décompte distinct des sommes pour lesquelles la saisie est pratiquée, en principal, frais et intérêts échus ainsi que l'indication du taux des intérêts ;
3°) Le mode de calcul de la fraction saisissable et les modalités de son règlement ;
4°) L'injonction d'effectuer au greffe, dans un délai de quinze jours, la déclaration prévue par l'article L.3252-9 ;
5°) La reproduction des articles L.3252-9 et L.3252-10.

Art. R.3252-23 (version en vigueur depuis le 1er mai 2008)
L'acte de saisie est notifié à l'employeur.
Il en est donné copie au débiteur saisi par lettre simple avec l'indication qu'en cas de changement d'employeur, la saisie sera poursuivie entre les mains du nouvel employeur.

Art. R.3252-24 (version en vigueur depuis le 1er mai 2008)
L'employeur fournit au greffe, dans les quinze jours au plus tard à compter de la notification de l'acte de saisie, les renseignements mentionnés dans l'article L.3252-9.
Cette déclaration peut être consultée au greffe par le créancier, le débiteur ou leur mandataire. A leur demande, le greffier en délivre une copie.

Art. R.3252-25 (modifié par Décret n°2017-892 du 6 mai 2017 - art. 67)
L'amende civile prévue par l'article L.3252-9 ne peut excéder 10 000 euros.

Art. R.3252-26 (version en vigueur depuis le 1er mai 2008)
L'employeur informe le greffe, dans les huit jours, de tout événement qui suspend la saisie ou y met fin.

Art. R.3252-27 (modifié par Décret n°2019-913 du 30 août 2019 - art. 2)
L'employeur adresse tous les mois au greffe une somme égale à la fraction saisissable du salaire.
Lorsqu'il n'existe qu'un seul créancier saisissant, le versement est réalisé au moyen d'un chèque libellé conformément aux indications données par celui-ci. Le greffier l'adresse dès sa réception, et après mention au dossier, au créancier ou à son mandataire. L'employeur peut également procéder par virement, établi, conformément aux indications données par le créancier. Dans ce cas, il lui incombe de justifier auprès du greffe de la date et du montant du virement.
S'il existe plusieurs créanciers saisissants, le versement est fait par chèque ou par virement établi à l'ordre du régisseur installé auprès du greffe du tribunal judiciaire ou le cas échéant, de l'une de ses chambres de proximité.
NOTA ; Conformément à l'article 36 du décret n° 2019-913 du 30 août 2019, ces dispositions entrent en vigueur le 1er janvier 2020.

Art. R.3252-28 (version en vigueur depuis le 1er mai 2008)
Si l'employeur omet d'effectuer les versements en exécution d'une saisie, le juge rend à son encontre une ordonnance le déclarant personnellement débiteur conformément à l'article L.3252-10. L'ordonnance est notifiée à l'employeur. Le greffier informe le créancier et le débiteur.
A défaut d'opposition dans les quinze jours de la notification, l'ordonnance devient exécutoire. L'exécution en est poursuivie à la requête de la partie la plus diligente.

Art. R.3252-29 (version en vigueur depuis le 1er mai 2008)
La mainlevée de la saisie résulte soit d'un accord des créanciers, soit de la constatation par le juge de l'extinction de la dette.
Elle est notifiée à l'employeur dans les huit jours.

Art. R.3252-30 (modifié par Décret n°20139-1280 du 29 décembre 2013 - art. 11)
Le créancier muni d'un titre exécutoire peut, sans tentative de conciliation préalable, intervenir à une procédure de saisie des sommes dues à titre de rémunération en cours, afin de participer à la répartition des sommes saisies.
Cette intervention est formée par requête remise contre récépissé ou adressée au greffe.
La requête contient les mentions prescrites par l'article R.3252-13.

Art. R.3252-31 (modifié par Décret n°2019-913 du 30 août 2019 - art. 2)
Après que le juge a vérifié le montant, en principal, intérêts et frais, de la créance nouvelle faisant l'objet d'une intervention à une saisie en cours, le greffier avise le débiteur et les créanciers qui sont parties à la procédure de cette intervention.
Lors de la première intervention, le greffier informe l'employeur que les versements sont désormais effectués à l'ordre du régisseur installé auprès du greffe du tribunal judiciaire ou le cas échéant, de l'une de ses chambres de proximité.
NOTA : Conformément à l'article 36 du décret n° 2019-913 du 30 août 2019, ces dispositions entrent en vigueur le 1er janvier 2020.

Art. R.3252-32 (version en vigueur depuis le 1er mai 2008)
L'intervention d'un nouveau créancier peut être contestée à tout moment de la procédure de saisie.
Le débiteur peut encore, la saisie terminée, agir en répétition à ses frais contre l'intervenant qui aurait été indûment payé.

Art. R.3252-33 (version en vigueur depuis le 1er mai 2008)
Un créancier partie à la procédure peut, par voie d'intervention, réclamer les intérêts échus et les frais et dépens liquidés ou vérifiés depuis la saisie.

Art. R.3252-34 (modifié par Décret n°2019-913 du 30 août 2019 - art. 2)
La répartition des sommes versées, en cas de saisie de sommes dues à titre de rémunération, au régisseur installé auprès du greffe du tribunal judiciaire ou le cas échéant, de l'une de ses chambres de proximité est opérée au moins tous les six mois, à moins que dans l'intervalle les sommes atteignent un montant suffisant pour désintéresser les créanciers.
NOTA : Conformément à l'article 36 du décret n° 2019-913 du 30 août 2019, ces dispositions entrent en vigueur le 1er janvier 2020.

Art. R.3252-34-1 (modifié par Décret n°2012-1401 du 13 décembre 2012 - art. 1)
Le montant maximal des créances résiduelles payées prioritairement en application du second alinéa de l'article L.3252-8 est fixé à 500 €.

Art. R.3252-35 (version en vigueur depuis le 1er mai 2008)
Le greffier notifie à chaque créancier l'état de répartition.
Si une intervention a été contestée, les sommes revenant au créancier intervenant sont consignées.
Elles lui sont remises si la contestation est rejetée. Dans le cas contraire, ces sommes sont distribuées aux créanciers ou restituées au débiteur selon le cas.

Art. R.3252-36 (version en vigueur depuis le 1er mai 2008)
L'état de répartition peut être contesté dans le délai de quinze jours de sa notification.
A défaut de contestation formée dans ce délai, le greffier envoie à chaque créancier un chèque du montant des sommes qui lui reviennent. En cas de contestation de l'état de répartition, il est procédé au versement des sommes dues aux créanciers après que le juge a statué sur la contestation.

Art. R.3252-37 (modifié par Décret n°2018-970 du 8 novembre 2018 - art. 6)
La notification à l'employeur d'une saisie administrative à tiers détenteur relative à une créance garantie par le privilège du Trésor public conforme à l'article L.262 du livre des procédures fiscales

suspend le cours de la saisie jusqu'à l'extinction de l'obligation du redevable, sous réserve des procédures de paiement direct engagées pour le recouvrement des pensions alimentaires.
L'employeur informe le comptable public de la saisie en cours. Le comptable indique au greffe du tribunal la date de la saisie administrative à tiers détenteur relative à une créance garantie par le privilège du Trésor public détenteur et celle de sa notification au redevable. Le greffier avise les créanciers de la suspension de la saisie.
Après extinction de la dette du redevable, le comptable en informe le greffe qui avise les créanciers de la reprise des opérations de saisie.

Art. R.3252-38 (modifié par Décret n°2019-913 du 30 août 2019 – art. 2) - En cas de notification à l'employeur d'une saisie administrative à tiers détenteur relative à une créance non garantie par le privilège du Trésor public, conformément à l'article L.262 du livre des procédures fiscales, l'employeur informe le comptable public de la saisie en cours.
Le comptable adresse au greffe du tribunal une copie de la saisie administrative à tiers détenteur relative à une créance non garantie par le privilège du trésor public et lui indique la date de sa notification au redevable. Le greffier en avise les créanciers qui sont déjà parties à la procédure.
La répartition est effectuée par le greffe conformément aux articles R.3252-34 à R.3252-36. A cet effet, la saisie administrative à tiers détenteur relative à une créance non garantie par le privilège du trésor public est assimilée à une intervention.
Le cas échéant, le greffe avise l'employeur que les versements sont désormais effectués à l'ordre du régisseur installé auprès du greffe du tribunal judiciaire ou le cas échéant, de l'une de ses chambres de proximité. Le comptable public informe le greffe de toute extinction, de toute suspension et de toute reprise des effets de la saisie administrative à tiers détenteur relative à une créance non garantie par le privilège du trésor public.
NOTA : Conformément à l'article 36 du décret n° 2019-913 du 30 août 2019, ces dispositions entrent en vigueur le 1er janvier 2020.

Art. R.3252-39 (version en vigueur depuis le 1er mai 2008)
En cas de notification d'une demande de paiement direct d'une créance alimentaire, l'employeur verse au débiteur la fraction de la rémunération prévue à l'article L.3252-5. Il verse au créancier d'aliments les sommes qui lui sont dues. Si ces sommes n'excèdent pas la fraction insaisissable de la rémunération, l'employeur en remet le reliquat au débiteur.
L'employeur continue de verser au greffe la fraction saisissable de la rémunération, après imputation, le cas échéant, des sommes versées au créancier d'aliments.

Art. R.3252-40 (modifié par Décret n°2013-109 du 30 janvier 2013 - art. 6)
Lorsque le débiteur perçoit plusieurs rémunérations, le greffier détermine les employeurs chargés d'opérer les retenues.
Si l'un d'eux est en mesure de verser la totalité de la fraction saisissable, la saisie peut être pratiquée entre ses mains.

Art. R.3252-41 (version en vigueur depuis le 1er mai 2008)
Si le créancier transfère son domicile, il en avise le greffe, à moins qu'il n'ait comparu par mandataire.

Art. R.3252-42 (version en vigueur depuis le 1er mai 2008)
Lorsque, sans changer d'employeur, le débiteur transfère son domicile hors du ressort du tribunal saisi de la procédure, celle-ci est poursuivie devant ce même tribunal. Les dossiers des saisies susceptibles d'être ensuite pratiquées contre le débiteur lui sont transmis. Le greffier avise les créanciers.

Art. R.3252-44 (modifié par Décret n°2019-913 du 30 août 2019 - art. 2)
En cas de changement d'employeur, la saisie peut être poursuivie par le nouvel employeur, sans conciliation préalable, si la demande est faite dans l'année qui suit l'avis donné par l'ancien employeur. A défaut, la saisie prend fin et les fonds sont répartis.

Si, en outre, le débiteur a transféré le lieu où il demeure dans le ressort d'un autre tribunal d'instance, le créancier est également dispensé de conciliation préalable à la condition que la demande de saisie soit faite au greffe du juge de l'exécution de ce tribunal dans le délai prévu au premier alinéa.
NOTA : Conformément à l'article 36 du décret n° 2019-913 du 30 août 2019, ces dispositions entrent en vigueur le 1er janvier 2020.

Art. R.3252-2 (modifié par Décret n°2019-1509 du 30 décembre 2019 - art. 1)
La proportion dans laquelle les sommes dues à titre de rémunération sont saisissables ou cessibles, en application de l'article L.3252-2, est fixée comme suit :
1°) Le vingtième, sur la tranche inférieure ou égale à 3 870 € ;
2°) Le dixième, sur la tranche supérieure à 3 870 € et inférieure ou égale à 7 550 € ;
3°) Le cinquième, sur la tranche supérieure à 7 550 € et inférieure ou égale à 11 250 € ;
4°) Le quart, sur la tranche supérieure à 11 250 € et inférieure ou égale à 14 930 € ;
5°) Le tiers, sur la tranche supérieure à 14 930 € et inférieure ou égale à 18 610 € ;
6°) Les deux tiers, sur la tranche supérieure à 18 610 € et inférieure ou égale à 22 360 € ;
7°) La totalité, sur la tranche supérieure à 22 360 €.

Art. R.3252-3 (modifié par Décret n°2019-1509 du 30 décembre 2019 - art. 2)
Les seuils déterminés à l'article R.3252-2 sont augmentés d'un montant de 1 490 € par personne à la charge du débiteur saisi ou du cédant, sur justification présentée par l'intéressé.
Pour l'application du premier alinéa, sont considérés comme personnes à charge :
1°) Le conjoint, le partenaire lié par un pacte civil de solidarité ou le concubin du débiteur, dont les ressources personnelles sont inférieures au montant forfaitaire du revenu de solidarité active mentionné à l'article L.262-2 du code de l'action sociale et des familles, fixé pour un foyer composé d'une seule personne tel qu'il est fixé chaque année par décret ;
2°) L'enfant ouvrant droit aux prestations familiales en application des articles L. 512-3 et L. 512-4 du code de la sécurité sociale et se trouvant à la charge effective et permanente du débiteur au sens de l'article L. 513-1 du même code. Est également considéré comme étant à charge l'enfant à qui ou pour l'entretien duquel le débiteur verse une pension alimentaire ;
3°) L'ascendant dont les ressources personnelles sont inférieures au montant forfaitaire du revenu de solidarité active mentionné à l'article L.262-2 du code de l'action sociale et des familles, fixé pour un foyer composé d'une seule personne et qui habite avec le débiteur ou auquel le débiteur verse une pension alimentaire.

Art. R.3252-4 (modifié par Décret n°2017-892 du 6 mai 2017 - art. 47)
Les seuils et correctifs prévus aux articles R.3252-2 et R.3252-3 sont révisés annuellement par décret en fonction de l'évolution de l'indice des prix à la consommation, hors tabac, des ménages urbains dont le chef est ouvrier ou employé tel qu'il est fixé au mois d'août de l'année précédente dans la série France-entière. Ils sont arrondis à la dizaine d'euros supérieure.

Art. R.3252-5 (modifié par Décret n°2015-1709 du 21 décembre 2015 - art. 3)
La somme laissée dans tous les cas à la disposition du salarié dont la rémunération fait l'objet d'une saisie ou d'une cession, en application du second alinéa de l'article L.3252-5, est égale au montant forfaitaire mentionné à l'article L.262-2 du code de l'action sociale et des familles fixé pour un foyer composé d'une seule personne.

La cession des rémunérations

Art. R.3252-45 (version en vigueur depuis le 1er mai 2008)
La cession des sommes dues à titre de rémunération s'opère par une déclaration du cédant en personne au greffe du tribunal du lieu où il demeure.
Une copie de la déclaration est remise ou notifiée au cessionnaire.

Art. R.3252-46 (version en vigueur depuis le 1er mai 2008)
A la demande du cessionnaire le greffier notifie la cession à l'employeur.
Cette notification rend la cession opposable aux tiers. Elle est dénoncée au débiteur.
La cession qui n'est pas notifiée dans le délai d'un an est périmée.

Art. R.3252-47 (version en vigueur depuis le 1er mai 2008)
A compter de la notification de la cession, l'employeur verse directement au cessionnaire le montant des sommes cédées dans la limite de la fraction saisissable.

Annexe Partie IX – La rupture du contrat de travail

La rupture de contrat à durée déterminée

Art. L.1243-5 (modifié par Loi n°2014-1545 du 20 décembre 2014 - art. 6)
Le contrat de travail à durée déterminée cesse de plein droit à l'échéance du terme. Lorsqu'il est conclu en application du 6° de l'article L.1242-2, il prend fin avec la réalisation de l'objet pour lequel il a été conclu après un délai de prévenance au moins égal à deux mois.
Toutefois, ce principe ne fait pas obstacle à l'application des dispositions relatives à la rupture du contrat de travail à durée déterminée :

1°) Des salariés victimes d'un accident du travail ou d'une maladie professionnelle, prévues à l'article L.1226-19 ;
2°) Des salariés titulaires d'un mandat de représentation mentionnés à l'article L.2412-1.

Art. L.1243-1 (modifié par Loi n°2014-1545 du 20 décembre 2014 - art. 6)
Sauf accord des parties, le contrat de travail à durée déterminée ne peut être rompu avant l'échéance du terme qu'en cas de faute grave, de force majeure ou d'inaptitude constatée par le médecin du travail.
Lorsqu'il est conclu en application du 6° de l'article L.1242-2, le contrat de travail à durée déterminée peut, en outre, être rompu par l'une ou l'autre partie, pour un motif réel et sérieux, dix-huit mois après sa conclusion puis à la date anniversaire de sa conclusion.

Art. L.1243-2 (modifié par Loi n°2015-994 du 17 août 2015 - art. 55)
Par dérogation aux dispositions de l'article L.1243-1, le contrat de travail à durée déterminée peut être rompu avant l'échéance du terme à l'initiative du salarié, lorsque celui-ci justifie de la conclusion d'un contrat à durée indéterminée.
Sauf accord des parties, le salarié est alors tenu de respecter un préavis dont la durée est calculée à raison d'un jour par semaine compte tenu :

1°) De la durée totale du contrat incluant, le cas échéant, son ou ses deux renouvellements, lorsque celui-ci comporte un terme précis ;
2°) De la durée effectuée lorsque le contrat ne comporte pas un terme précis.

Le préavis ne peut excéder deux semaines.

Art. L.1243-3 (version en vigueur depuis le 1er mai 2008)
La rupture anticipée du contrat de travail à durée déterminée qui intervient à l'initiative du salarié en dehors des cas prévus aux articles L.1243-1 et L.1243-2 ouvre droit pour l'employeur à des dommages et intérêts correspondant au préjudice subi.

Art. L.1243-4 (modifié par Loi n°2011-525 du 17 mai 2011 - art. 49)
La rupture anticipée du contrat de travail à durée déterminée qui intervient à l'initiative de l'employeur, en dehors des cas de faute grave, de force majeure ou d'inaptitude constatée par le médecin du travail, ouvre droit pour le salarié à des dommages et intérêts d'un montant au moins égal aux rémunérations qu'il aurait perçues jusqu'au terme du contrat, sans préjudice de l'indemnité de fin de contrat prévue à l'article L.1243-8.
Toutefois, lorsque le contrat de travail est rompu avant l'échéance du terme en raison d'un sinistre relevant d'un cas de force majeure, le salarié a également droit à une indemnité compensatrice dont le montant est égal aux rémunérations qu'il aurait perçues jusqu'au terme du contrat. Cette indemnité est à la charge de l'employeur.

Art. L.1243-6 (version en vigueur depuis le 1er mai 2008)
La suspension du contrat de travail à durée déterminée ne fait pas obstacle à l'échéance du terme.

Art. L.1243-7 (version en vigueur depuis le 1er mai 2008)
Lorsque le contrat de travail à durée déterminée est conclu pour remplacer un salarié temporairement absent ou dont le contrat de travail est suspendu ou pour un remplacement effectué au titre des 4° et 5° de l'article L.1242-2, le terme du contrat initialement fixé peut être reporté jusqu'au surlendemain du jour où la personne remplacée reprend son emploi.

C. civil, Art. 1102 ((modifié par Ordonnance n°2016-131 du 10 février 2016 - art. 2)
Chacun est libre de contracter ou de ne pas contracter, de choisir son cocontractant et de déterminer le contenu et la forme du contrat dans les limites fixées par la loi.
La liberté contractuelle ne permet pas de déroger aux règles qui intéressent l'ordre public.

Art. L.1231-4 (version en vigueur depuis le 1er mai 2008)
L'employeur et le salarié ne peuvent renoncer par avance au droit de se prévaloir des règles prévues par le présent titre.

Art. L.1226-4 (modifié par Loi n°2012-387 du 22 mars 2012 - art. 47)
Lorsque, à l'issue d'un délai d'un mois à compter de la date de l'examen médical de reprise du travail, le salarié déclaré inapte n'est pas reclassé dans l'entreprise ou s'il n'est pas licencié, l'employeur lui verse, dès l'expiration de ce délai, le salaire correspondant à l'emploi que celui-ci occupait avant la suspension de son contrat de travail.
Ces dispositions s'appliquent également en cas d'inaptitude à tout emploi dans l'entreprise constatée par le médecin du travail.
En cas de licenciement, le préavis n'est pas exécuté et le contrat de travail est rompu à la date de notification du licenciement. Le préavis est néanmoins pris en compte pour le calcul de l'indemnité mentionnée à l'article L.1234-9. Par dérogation à l'article L.1234-5, l'inexécution du préavis ne donne pas lieu au versement d'une indemnité compensatrice.

Art. L.1226-11 (version en vigueur depuis le 1er mai 2008)
Lorsque, à l'issue d'un délai d'un mois à compter de la date de l'examen médical de reprise du travail, le salarié déclaré inapte n'est pas reclassé dans l'entreprise ou s'il n'est pas licencié, l'employeur lui verse, dès l'expiration de ce délai, le salaire correspondant à l'emploi que celui-ci occupait avant la suspension de son contrat de travail.
Ces dispositions s'appliquent également en cas d'inaptitude à tout emploi dans l'entreprise constatée par le médecin du travail.

Art. L.1226-15 (version en vigueur depuis le 1er mai 2008)
Lorsqu'un licenciement est prononcé en méconnaissance des dispositions relatives à la réintégration du salarié, prévues à l'article L.1226-8, le tribunal saisi peut proposer la réintégration du salarié dans l'entreprise, avec maintien de ses avantages acquis.
Il en va de même en cas de licenciement prononcé en méconnaissance des dispositions relatives au reclassement du salarié déclaré inapte prévues aux articles L.1226-10 à L.1226-12.
En cas de refus de réintégration par l'une ou l'autre des parties, le juge octroie une indemnité au salarié dont le montant est fixé conformément aux dispositions de l'article L.1235-3-1. Elle se cumule avec l'indemnité compensatrice et, le cas échéant, l'indemnité spéciale de licenciement, prévues à l'article L.1226-14.
Lorsqu'un licenciement est prononcé en méconnaissance des dispositions du dernier alinéa de l'article L.1226-12, il est fait application des dispositions prévues par l'article L.1235-2 en cas d'inobservation de la procédure de licenciement.

Art. L.1225-4 (modifié par Loi n°2016-1088 du 8 août 2016 - art. 10)
Aucun employeur ne peut rompre le contrat de travail d'une salariée lorsqu'elle est en état de grossesse médicalement constaté, pendant l'intégralité des périodes de suspension du contrat de travail auxquelles elle a droit au titre du congé de maternité, qu'elle use ou non de ce droit, et au titre des congés payés pris immédiatement après le congé de maternité ainsi que pendant les dix semaines suivant l'expiration de ces périodes.
Toutefois, l'employeur peut rompre le contrat s'il justifie d'une faute grave de l'intéressée, non liée à l'état de grossesse, ou de son impossibilité de maintenir ce contrat pour un motif étranger à la grossesse ou à l'accouchement. Dans ce cas, la rupture du contrat de travail ne peut prendre effet ou être notifiée pendant les périodes de suspension du contrat de travail mentionnées au premier alinéa.

Art. L.1225-4-1 (modifié par Loi n°2016-1088 du 8 août 2016 - art. 10)
Aucun employeur ne peut rompre le contrat de travail d'un salarié pendant les dix semaines suivant la naissance de son enfant.
Toutefois, l'employeur peut rompre le contrat s'il justifie d'une faute grave de l'intéressé ou de son impossibilité de maintenir ce contrat pour un motif étranger à l'arrivée de l'enfant.

Art. L.1225-5 (version en vigueur depuis le 1er mai 2008)
Le licenciement d'une salariée est annulé lorsque, dans un délai de quinze jours à compter de sa notification, l'intéressée envoie à son employeur, dans des conditions déterminées par voie réglementaire, un certificat médical justifiant qu'elle est enceinte.
Ces dispositions ne s'appliquent pas lorsque le licenciement est prononcé pour une faute grave non liée à l'état de grossesse ou par impossibilité de maintenir le contrat pour un motif étranger à la grossesse ou à l'accouchement.

C. civil, Art. 2044 (modifié par Loi n°2016-1547 du 18 novembre 2016 - art. 10)
La transaction est un contrat par lequel les parties, par des concessions réciproques, terminent une contestation née, ou préviennent une contestation à naître.
Ce contrat doit être rédigé par écrit.

C. civil, Art. 2045 (modifié par Loi n°2011-525 du 17 mai 2011 - art. 158)
Pour transiger, il faut avoir la capacité de disposer des objets compris dans la transaction.
Le tuteur ne peut transiger pour le mineur ou le majeur en tutelle que conformément à l'article 467 au titre " De la minorité, de la tutelle et de l'émancipation " ; et il ne peut transiger avec le mineur devenu majeur, sur le compte de tutelle, que conformément à l'article 472 au même titre.
Les établissements publics de l'Etat ne peuvent transiger qu'avec l'autorisation expresse du Premier ministre.

C. civil, Art. 2046 (créé par Loi n°1804-03-20 promulguée le 30 mars 1804)
On peut transiger sur l'intérêt civil qui résulte d'un délit.
La transaction n'empêche pas la poursuite du ministère public.

C. civil, Art. 2048 (créé par Loi n°1804-03-20 promulguée le 30 mars 1804)
Les transactions se renferment dans leur objet : la renonciation qui y est faite à tous droits, actions et prétentions, ne s'entend que de ce qui est relatif au différend qui y a donné lieu.

C. civil, Art. 2049 (créé par Loi n°1804-03-20 promulguée le 30 mars 1804)
Les transactions ne règlent que les différends qui s'y trouvent compris, soit que les parties aient manifesté leur intention par des expressions spéciales ou générales, soit que l'on reconnaisse cette intention par une suite nécessaire de ce qui est exprimé.

C. civil, Art. 2050 (créé par Loi n°1804-03-20 promulguée le 30 mars 1804)
Si celui qui avait transigé sur un droit qu'il avait de son chef acquiert ensuite un droit semblable du chef d'une autre personne, il n'est point, quant au droit nouvellement acquis, lié par la transaction antérieure.

C. civil, Art. 2051 (créé par Loi n°1804-03-20 promulguée le 30 mars 1804)
La transaction faite par l'un des intéressés ne lie point les autres intéressés et ne peut être opposée par eux.

C. civil, Art. 2052 (modifié par Loi n°2016-1547 du 18 novembre 2016 - art. 10)
La transaction fait obstacle à l'introduction ou à la poursuite entre les parties d'une action en justice ayant le même objet.

C. civil, Art. 1224 (modifié par Ordonnance n°2016-131 du 10 février 2016 - art. 2)
La résolution résulte soit de l'application d'une clause résolutoire soit, en cas d'inexécution suffisamment grave, d'une notification du créancier au débiteur ou d'une décision de justice.

La fin de contrat à durée indéterminée

Art. L.1231-1 (modifié par Loi n°2008-596 du 25 juin 2008 - art. 5)
Le contrat de travail à durée indéterminée peut être rompu à l'initiative de l'employeur ou du salarié, ou d'un commun accord, dans les conditions prévues par les dispositions du présent titre.
Ces dispositions ne sont pas applicables pendant la période d'essai.

Le licenciement pour motif personnel

Art. L.1232-1 (modifié par Loi n°2008-596 du 25 juin 2008 - art. 4)
Tout licenciement pour motif personnel est motivé dans les conditions définies par le présent chapitre.
Il est justifié par une cause réelle et sérieuse.

Art. L.1232-2 (version en vigueur depuis le 1er mai 2008)
L'employeur qui envisage de licencier un salarié le convoque, avant toute décision, à un entretien préalable.
La convocation est effectuée par lettre recommandée ou par lettre remise en main propre contre décharge. Cette lettre indique l'objet de la convocation.
L'entretien préalable ne peut avoir lieu moins de cinq jours ouvrables après la présentation de la lettre recommandée ou la remise en main propre de la lettre de convocation.

Art. L.1232-3 (version en vigueur depuis le 1er mai 2008)
Au cours de l'entretien préalable, l'employeur indique les motifs de la décision envisagée et recueille les explications du salarié.

Art. L.1232-4 (version en vigueur depuis le 1er mai 2008)
Lors de son audition, le salarié peut se faire assister par une personne de son choix appartenant au personnel de l'entreprise.
Lorsqu'il n'y a pas d'institutions représentatives du personnel dans l'entreprise, le salarié peut se faire assister soit par une personne de son choix appartenant au personnel de l'entreprise, soit par un conseiller du salarié choisi sur une liste dressée par l'autorité administrative.
La lettre de convocation à l'entretien préalable adressée au salarié mentionne la possibilité de recourir à un conseiller du salarié et précise l'adresse des services dans lesquels la liste de ces conseillers est tenue à sa disposition.

Art. L.1232-6 (modifié par Loi n°2018-217 du 29 mars 2018 - art. 11)
Lorsque l'employeur décide de licencier un salarié, il lui notifie sa décision par lettre recommandée avec avis de réception.
Cette lettre comporte l'énoncé du ou des motifs invoqués par l'employeur.
Elle ne peut être expédiée moins de deux jours ouvrables après la date prévue de l'entretien préalable au licenciement auquel le salarié a été convoqué.
Un décret en Conseil d'Etat détermine les modalités d'application du présent article. Un arrêté du ministre chargé du travail fixe les modèles que l'employeur peut utiliser pour procéder à la notification du licenciement.

Art. L.1232-7 (version en vigueur depuis le 1er mai 2008)
Le conseiller du salarié est chargé d'assister le salarié lors de l'entretien préalable au licenciement dans les entreprises dépourvues d'institutions représentatives du personnel.
Il est inscrit sur une liste arrêtée par l'autorité administrative après consultation des organisations représentatives d'employeurs et de salariés au niveau national, dans des conditions déterminées par décret.
La liste des conseillers comporte notamment le nom, l'adresse, la profession ainsi que l'appartenance syndicale éventuelle des conseillers. Elle ne peut comporter de conseillers prud'hommes en activité.

Le licenciement pour motif économique

Art. L.1233-2 (modifié par Loi n°2008-596 du 25 juin 2008 - art. 4)
Tout licenciement pour motif économique est motivé dans les conditions définies par le présent chapitre.
Il est justifié par une cause réelle et sérieuse.

Art. L.1233-3 (modifié par Loi n°2018-217 du 29 mars 2018 - art. 11)
Constitue un licenciement pour motif économique le licenciement effectué par un employeur pour un ou plusieurs motifs non inhérents à la personne du salarié résultant d'une suppression ou transformation d'emploi ou d'une modification, refusée par le salarié, d'un élément essentiel du contrat de travail, consécutives notamment :

1°) A des difficultés économiques caractérisées soit par l'évolution significative d'au moins un indicateur économique tel qu'une baisse des commandes ou du chiffre d'affaires, des pertes d'exploitation ou une dégradation de la trésorerie ou de l'excédent brut d'exploitation, soit par tout autre élément de nature à justifier de ces difficultés.
Une baisse significative des commandes ou du chiffre d'affaires est constituée dès lors que la durée de cette baisse est, en comparaison avec la même période de l'année précédente, au moins égale à :
   a) Un trimestre pour une entreprise de moins de onze salariés ;
   b) Deux trimestres consécutifs pour une entreprise d'au moins onze salariés et de moins de cinquante salariés ;
   c) Trois trimestres consécutifs pour une entreprise d'au moins cinquante salariés et de moins de trois cents salariés ;
   d) Quatre trimestres consécutifs pour une entreprise de trois cents salariés et plus ;
2°) A des mutations technologiques ;
3°) A une réorganisation de l'entreprise nécessaire à la sauvegarde de sa compétitivité ;
4°) A la cessation d'activité de l'entreprise.

La matérialité de la suppression, de la transformation d'emploi ou de la modification d'un élément essentiel du contrat de travail s'apprécie au niveau de l'entreprise.

Les difficultés économiques, les mutations technologiques ou la nécessité de sauvegarder la compétitivité de l'entreprise s'apprécient au niveau de cette entreprise si elle n'appartient pas à un groupe et, dans le cas contraire, au niveau du secteur d'activité commun à cette entreprise et aux entreprises du groupe auquel elle appartient, établies sur le territoire national, sauf fraude.
Pour l'application du présent article, la notion de groupe désigne le groupe formé par une entreprise appelée entreprise dominante et les entreprises qu'elle contrôle dans les conditions définies à l'article L.233-1, aux I et II de l'article L.233-3 et à l'article L.233-16 du code de commerce.
Le secteur d'activité permettant d'apprécier la cause économique du licenciement est caractérisé, notamment, par la nature des produits biens ou services délivrés, la clientèle ciblée, ainsi que les réseaux et modes de distribution, se rapportant à un même marché.
Les dispositions du présent chapitre sont applicables à toute rupture du contrat de travail résultant de l'une des causes énoncées au présent article, à l'exclusion de la rupture conventionnelle visée aux articles L.1237-11 et suivants et de la rupture d'un commun accord dans le cadre d'un accord collectif visée aux articles L.1237-17 et suivants.

Art. L.1233-4 (modifié par Ordonnance n°2017-1718 du 20 décembre 2017 - art. 1)
Le licenciement pour motif économique d'un salarié ne peut intervenir que lorsque tous les efforts de formation et d'adaptation ont été réalisés et que le reclassement de l'intéressé ne peut être opéré sur les emplois disponibles, situés sur le territoire national dans l'entreprise ou les autres entreprises du groupe dont l'entreprise fait partie et dont l'organisation, les activités ou le lieu d'exploitation assurent la permutation de tout ou partie du personnel.
Pour l'application du présent article, la notion de groupe désigne le groupe formé par une entreprise appelée entreprise dominante et les entreprises qu'elle contrôle dans les conditions définies à l'article L.233-1, aux I et II de l'article L.233-3 et à l'article L.233-16 du code de commerce.
Le reclassement du salarié s'effectue sur un emploi relevant de la même catégorie que celui qu'il occupe ou sur un emploi équivalent assorti d'une rémunération équivalente. A défaut, et sous réserve de l'accord exprès du salarié, le reclassement s'effectue sur un emploi d'une catégorie inférieure.
L'employeur adresse de manière personnalisée les offres de reclassement à chaque salarié ou diffuse par tout moyen une liste des postes disponibles à l'ensemble des salariés, dans des conditions précisées par décret.
Les offres de reclassement proposées au salarié sont écrites et précises.
NOTA : Conformément à l'article 40 de l'ordonnance n° 2017-1387 du 22 septembre 2017 :
V.– Ces dispositions sont applicables aux procédures de licenciement économique engagées après la publication de ladite ordonnance.
X. - Les dispositions nécessitant des mesures d'application entrent en vigueur à la date de publication des décrets d'application, et au plus tard le 1er janvier 2018.

Art. L.1233-5 (modifié par Ordonnance n°2017-1718 du 20 décembre 2017 - art. 1)
Lorsque l'employeur procède à un licenciement collectif pour motif économique et en l'absence de convention ou accord collectif de travail applicable, il définit les critères retenus pour fixer l'ordre des licenciements, après consultation du comité social et économique.
Ces critères prennent notamment en compte :
1°) Les charges de famille, en particulier celles des parents isolés ;
2°) L'ancienneté de service dans l'établissement ou l'entreprise ;
3°) La situation des salariés qui présentent des caractéristiques sociales rendant leur réinsertion professionnelle particulièrement difficile, notamment celle des personnes handicapées et des salariés âgés ;
4°) Les qualités professionnelles appréciées par catégorie.

L'employeur peut privilégier un de ces critères, à condition de tenir compte de l'ensemble des autres critères prévus au présent article.
Le périmètre d'application des critères d'ordre des licenciements peut être fixé par un accord collectif.
En l'absence d'un tel accord, ce périmètre ne peut être inférieur à celui de chaque zone d'emplois dans laquelle sont situés un ou plusieurs établissements de l'entreprise concernés par les suppressions d'emplois.
Les conditions d'application de l'avant-dernier alinéa du présent article sont définies par décret.
NOTA : Conformément à l'article 40-V de l'ordonnance n° 2017-1387 du 22 septembre 2017, ces dispositions sont applicables aux procédures de licenciement économique engagées après la publication de ladite ordonnance.
Conformément à l'article 40-X, ces dispositions entrent en vigueur à la date de publication du décret d'application, et au plus tard le 1er janvier 2018.

Art. L.1233-6 (version en vigueur depuis le 1er mai 2008)
Les critères retenus par la convention et l'accord collectif de travail ou, à défaut, par la décision de l'employeur ne peuvent établir une priorité de licenciement à raison des seuls avantages à caractère viager dont bénéficie un salarié.

Art. L.1233-7 (version en vigueur depuis le 1er mai 2008)
Lorsque l'employeur procède à un licenciement individuel pour motif économique, il prend en compte, dans le choix du salarié concerné, les critères prévus à l'article L.1233-5.

Art. L.1233-8 (modifié par Ordonnance n°2017-1718 du 20 décembre 2017 - art. 1)
L'employeur qui envisage de procéder à un licenciement collectif pour motif économique de moins de dix salariés dans une même période de trente jours réunit et consulte le comité social et économique dans les entreprises d'au moins onze salariés, dans les conditions prévues par la présente sous-section.
Le comité social et économique rend son avis dans un délai qui ne peut être supérieur, à compter de la date de la première réunion au cours de laquelle il est consulté, à un mois. En l'absence d'avis rendu dans ce délai, le comité social et économique est réputé avoir été consulté.
NOTA : Conformément à l'article 40-VI de l'ordonnance n° 2017-1387 du 22 septembre 2017, ces dispositions sont applicables aux procédures de licenciement économique engagées dans les entreprises ayant mis en place un comité social et économique.

Art. L.1233-9 (modifié par Ordonnance n°2017-1386 du 22 septembre 2017 - art. 4)
Dans les entreprises dotées d'un comité social et économique central d'entreprise, l'employeur réunit le comité social et économique central et le ou les comités sociaux et économiques d'établissements intéressés dès lors que les mesures envisagées excèdent le pouvoir du ou des chefs d'établissement concernés ou portent sur plusieurs établissements simultanément.

Art. L.1233-10 (modifié par Ordonnance n°2017-1386 du 22 septembre 2017 - art. 4)
L'employeur adresse aux représentants du personnel, avec la convocation à la réunion prévue à l'article L.1233-8, tous renseignements utiles sur le projet de licenciement collectif.
Il indique :
1°) La ou les raisons économiques, financières ou techniques du projet de licenciement ;
2°) Le nombre de licenciements envisagé ;
3°) Les catégories professionnelles concernées et les critères proposés pour l'ordre des licenciements ;
4°) Le nombre de salariés, permanents ou non, employés dans l'établissement ;
5°) Le calendrier prévisionnel des licenciements ;

6°) Les mesures de nature économique envisagées ;
7°) Le cas échéant, les conséquences des licenciements projetés en matière de santé, de sécurité ou de conditions de travail.

NOTA : Conformément à l'article 40-VI de l'ordonnance n° 2017-1387 du 22 septembre 2017, ces dispositions sont applicables aux procédures de licenciement économique engagées dans les entreprises ayant mis en place un comité social et économique.

Art. L.1233-11 (version en vigueur depuis le 1er mai 2008)
L'employeur qui envisage de procéder à un licenciement pour motif économique, qu'il s'agisse d'un licenciement individuel ou inclus dans un licenciement collectif de moins de dix salariés dans une même période de trente jours, convoque, avant toute décision, le ou les intéressés à un entretien préalable.
La convocation est effectuée par lettre recommandée ou par lettre remise en main propre contre décharge. Cette lettre indique l'objet de la convocation.
L'entretien préalable ne peut avoir lieu moins de cinq jours ouvrables après la présentation de la lettre recommandée ou la remise en main propre de la lettre de convocation.

Art. L.1233-12 (version en vigueur depuis le 1er mai 2008)
Au cours de l'entretien préalable, l'employeur indique les motifs de la décision envisagée et recueille les explications du salarié.

Art. L.1233-13 (version en vigueur depuis le 1er mai 2008)
Lors de son audition, le salarié peut se faire assister par une personne de son choix appartenant au personnel de l'entreprise.
Lorsqu'il n'y a pas d'institutions représentatives du personnel dans l'entreprise, le salarié peut se faire assister soit par une personne de son choix appartenant au personnel de l'entreprise, soit par un conseiller du salarié choisi sur une liste dressée par l'autorité administrative.
La lettre de convocation à l'entretien préalable adressée au salarié mentionne la possibilité de recourir à un conseiller et précise l'adresse des services où la liste des conseillers est tenue à la disposition des salariés.

Art. L.1233-15 (modifié par Ordonnance n°2016-388 du 31 mars 2016 - art. 1)
Lorsque l'employeur décide de licencier un salarié pour motif économique, qu'il s'agisse d'un licenciement individuel ou inclus dans un licenciement collectif de moins de dix salariés dans une même période de trente jours, il lui notifie le licenciement par lettre recommandée avec avis de réception.
Cette lettre ne peut être expédiée moins de sept jours ouvrables à compter de la date prévue de l'entretien préalable de licenciement auquel le salarié a été convoqué.
Ce délai est de quinze jours ouvrables pour le licenciement individuel d'un membre du personnel d'encadrement mentionné au 2° de l'article L.1441-13.

Art. L.1233-16 (modifié par Loi n°2018-217 du 29 mars 2018 - art. 11)
La lettre de licenciement comporte l'énoncé des motifs économiques invoqués par l'employeur.
Elle mentionne également la priorité de réembauche prévue par l'article L.1233-45 et ses conditions de mise en œuvre.
Un arrêté du ministre chargé du travail fixe les modèles que l'employeur peut utiliser pour procéder à la notification du licenciement.

Art. L.1233-17 (version en vigueur depuis le 1er mai 2008)
Sur demande écrite du salarié, l'employeur indique par écrit les critères retenus pour fixer l'ordre des licenciements.

Art. L.1233-19 (version en vigueur depuis le 1er mai 2008)
L'employeur qui procède à un licenciement collectif pour motif économique de moins de dix salariés dans une même période de trente jours informe l'autorité administrative du ou des licenciements prononcés.

Art. L.1233-20 (modifié par Ordonnance n°2017-1386 du 22 septembre 2017 - art. 4)
Le procès-verbal de la réunion du comité social et économique consulté sur un projet de licenciement collectif pour motif économique est transmis à l'autorité administrative.

Art. L.1233-21 (modifié par Ordonnance n°2017-1718 du 20 décembre 2017 - art. 1)
Un accord d'entreprise, de groupe ou de branche peut fixer, par dérogation aux règles de consultation des instances représentatives du personnel prévues par le présent titre et par le livre III de la deuxième partie, les modalités d'information et de consultation du comité social et économique et, le cas échéant, le cadre de recours à une expertise par ce comité lorsque l'employeur envisage de prononcer le licenciement économique d'au moins dix salariés dans une même période de trente jours.
NOTA : Conformément à l'article 40-VI de l'ordonnance n° 2017-1387 du 22 septembre 2017, ces dispositions sont applicables aux procédures de licenciement économique engagées dans les entreprises ayant mis en place un comité social et économique.

Art. L.1233-22 (modifié par Ordonnance n°2017-1387 du 22 septembre 2017 - art. 20)
L'accord prévu à l'article L.1233-21 fixe les conditions dans lesquelles le comité social et économique :
1°) Est réuni et informé de la situation économique et financière de l'entreprise ;
2°) Peut formuler des propositions alternatives au projet économique à l'origine d'une restructuration ayant des incidences sur l'emploi et obtenir une réponse motivée de l'employeur à ses propositions ;
3°) Peut recourir à une expertise.
NOTA : Conformément à l'article 40-VI de l'ordonnance n° 2017-1387 du 22 septembre 2017, ces dispositions sont applicables aux procédures de licenciement économique engagées dans les entreprises ayant mis en place un comité social et économique.

Art. L.1233-23 (modifié par Ordonnance n°2017-1386 du 22 septembre 2017 - art. 4)
L'accord prévu à l'article L.1233-21 ne peut déroger :
1°) Aux règles générales d'information et de consultation du comité social et économique prévues aux articles L.2323-2, L.2323-4 et L.2323-5 ;
2°) A la communication aux représentants du personnel des renseignements prévus aux articles L.1233-31 à L.1233-33 ;
3°) Aux règles de consultation applicables lors d'un redressement ou d'une liquidation judiciaire, prévues à l'article L.1233-58.

Art. L.1233-24 (modifié par Loi n°2013-504 du 14 juin 2013 - art. 18(V))
Toute action en contestation visant tout ou partie d'un accord prévu à l'article L.1233-21 doit être formée, à peine d'irrecevabilité, avant l'expiration d'un délai de trois mois à compter de la date du dépôt de l'accord prévu à l'article L.2231-6.

Art. L.1233-24-1 (modifié par Ordonnance n°2017-1718 du 20 décembre 2017 - art. 1)
Dans les entreprises de cinquante salariés et plus, un accord collectif peut déterminer le contenu du plan de sauvegarde de l'emploi mentionné aux articles L.1233-61 à L.1233-63 ainsi que les modalités de consultation du comité social et économique et de mise en œuvre des licenciements. Cet accord est signé par une ou plusieurs organisations syndicales représentatives ayant recueilli au moins 50 % des suffrages exprimés en faveur d'organisations reconnues représentatives au premier tour des

dernières élections des titulaires au comité social et économique, quel que soit le nombre de votants, ou par le conseil d'entreprise dans les conditions prévues à l'article L.2321-9. L'administration est informée sans délai de l'ouverture d'une négociation en vue de l'accord précité.

Art. L.1233-24-2 (modifié par Ordonnance n°2017-1718 du 20 décembre 2017 - art. 1)
L'accord collectif mentionné à l'article L.1233-24-1 porte sur le contenu du plan de sauvegarde de l'emploi mentionné aux articles L.1233-61 à L.1233-63.
Il peut également porter sur :
1°) Les modalités d'information et de consultation du comité social et économique, en particulier les conditions dans lesquelles ces modalités peuvent être aménagées en cas de projet de transfert d'une ou de plusieurs entités économiques prévu à l'article L.1233-61, nécessaire à la sauvegarde d'une partie des emplois ;
2°) La pondération et le périmètre d'application des critères d'ordre des licenciements mentionnés à l'article L.1233-5 ;
3°) Le calendrier des licenciements ;
4°) Le nombre de suppressions d'emploi et les catégories professionnelles concernées ;
5°) Les modalités de mise en œuvre des mesures de formation, d'adaptation et de reclassement prévues à l'article L.1233-4.

NOTA : Conformément à l'article 40-VI de l'ordonnance n° 2017-1387 du 22 septembre 2017, ces dispositions sont applicables aux procédures de licenciement économique engagées dans les entreprises ayant mis en place un comité social et économique.

Art. L.1233-24-3 (modifié par Ordonnance n°2017-1386 du 22 septembre 2017 - art. 4)
L'accord prévu à l'article L.1233-24-1 ne peut déroger :
1°) A l'obligation d'effort de formation, d'adaptation et de reclassement incombant à l'employeur en application de l'article L.1233-4 ;
2°) Aux règles générales d'information et de consultation du comité social et économique prévues aux articles L.2323-2, L.2323-4 et L.2323-5 sauf lorsque l'accord est conclu par le conseil d'entreprise ;
3°) A l'obligation, pour l'employeur, de proposer aux salariés le contrat de sécurisation professionnelle prévu à l'article L.1233-65 ou le congé de reclassement prévu à l'article L.1233-71 ;
4°) A la communication aux représentants du personnel des renseignements prévus aux articles L.1233-31 à L.1233-33 ;
5°) Aux règles de consultation applicables lors d'un redressement ou d'une liquidation judiciaire, prévues à l'article L.1233-58.

Art. L.1233-24-4 (modifié par Ordonnance n°2017-1386 du 22 septembre 2017 - art. 4)
A défaut d'accord mentionné à l'article L.1233-24-1, un document élaboré par l'employeur après la dernière réunion du comité social et économique fixe le contenu du plan de sauvegarde de l'emploi et précise les éléments prévus aux 1° à 5° de l'article L.1233-24-2, dans le cadre des dispositions légales et conventionnelles en vigueur.

Art. L.1233-25 (version en vigueur depuis le 1er mai 2008)
Lorsqu'au moins dix salariés ont refusé la modification d'un élément essentiel de leur contrat de travail, proposée par leur employeur pour l'un des motifs économiques énoncés à l'article L.1233-3 et que leur licenciement est envisagé, celui-ci est soumis aux dispositions applicables en cas de licenciement collectif pour motif économique.

Art. L.1233-26 (modifié par Ordonnance n°2017-1387 du 22 septembre 2017 - art. 20)
Lorsqu'une entreprise ou un établissement employant habituellement au moins cinquante salariés a procédé pendant trois mois consécutifs à des licenciements économiques de plus de dix salariés au total, sans atteindre dix salariés dans une même période de trente jours, tout nouveau licenciement économique envisagé au cours des trois mois suivants est soumis aux dispositions du présent chapitre.
NOTA : Conformément à l'article 40-VI de l'ordonnance n° 2017-1387 du 22 septembre 2017, ces dispositions sont applicables aux procédures de licenciement économique engagées dans les entreprises ayant mis en place un comité social et économique.

Art. L.1233-27 (modifié par Ordonnance n°2017-1387 du 22 septembre 2017 - art. 20)
Lorsqu'une entreprise ou un établissement employant habituellement au moins cinquante salariés a procédé au cours d'une année civile à des licenciements pour motif économique de plus de dix-huit salariés au total, sans avoir été tenu de présenter de plan de sauvegarde de l'emploi en application de l'article L.1233-26 ou de l'article L.1233-28, tout nouveau licenciement économique envisagé au cours des trois premiers mois de l'année civile suivante est soumis aux dispositions du présent chapitre.
NOTA : Conformément à l'article 40-VI de l'ordonnance n° 2017-1387 du 22 septembre 2017, ces dispositions sont applicables aux procédures de licenciement économique engagées dans les entreprises ayant mis en place un comité social et économique.

Art. L.1233-28 (modifié par Ordonnance n°2017-1386 du 22 septembre 2017 - art. 4)
L'employeur qui envisage de procéder à un licenciement collectif pour motif économique d'au moins dix salariés dans une même période de trente jours réunit et consulte le comité social et économique dans les conditions prévues par le présent paragraphe.

Art. L.1233-29 (modifié par Ordonnance n°2017-1386 du 22 septembre 2017 - art. 4)
Dans les entreprises ou établissements employant habituellement moins de cinquante salariés, l'employeur réunit et consulte le comité social et économique. Ce dernier tient deux réunions, séparées par un délai qui ne peut être supérieur à quatorze jours.

Art. L.1233-30 (modifié par Ordonnance n°2017-1387 du 22 septembre 2017 - art. 20)

I. Dans les entreprises ou établissements employant habituellement au moins cinquante salariés, l'employeur réunit et consulte le comité social et économique sur :

1°) L'opération projetée et ses modalités d'application, conformément à l'article L.2323-31 ;

2°) Le projet de licenciement collectif : le nombre de suppressions d'emploi, les catégories professionnelles concernées, les critères d'ordre et le calendrier prévisionnel des licenciements, les mesures sociales d'accompagnement prévues par le plan de sauvegarde de l'emploi et, le cas échéant, les conséquences des licenciements projetés en matière de santé, de sécurité ou de conditions de travail.

Les éléments mentionnés au 2° du présent I qui font l'objet de l'accord mentionné à l'article L.1233-24-1 ne sont pas soumis à la consultation du comité social et économique prévue au présent article.

Le comité social et économique tient au moins deux réunions espacées d'au moins quinze jours.

II.– Le comité social et économique rend ses deux avis dans un délai qui ne peut être supérieur, à compter de la date de sa première réunion au cours de laquelle il est consulté sur les 1° et 2° du I, à :

- 1°) Deux mois lorsque le nombre des licenciements est inférieur à cent ;
- 2°) Trois mois lorsque le nombre des licenciements est au moins égal à cent et inférieur à deux cent cinquante ;
- 3°) Quatre mois lorsque le nombre des licenciements est au moins égal à deux cent cinquante.

Une convention ou un accord collectif de travail peut prévoir des délais différents.
En l'absence d'avis du comité social et économique dans ces délais, celui-ci est réputé avoir été consulté.
NOTA : Conformément à l'article 40-VI de l'ordonnance n° 2017-1387 du 22 septembre 2017, ces dispositions sont applicables aux procédures de licenciement économique engagées dans les entreprises ayant mis en place un comité social et économique.

Art. L.1233-31 (modifié par Ordonnance n°2017-1387 du 22 septembre 2017 - art. 20)
L'employeur adresse aux représentants du personnel, avec la convocation à la première réunion, tous renseignements utiles sur le projet de licenciement collectif.
Il indique :
1°) La ou les raisons économiques, financières ou techniques du projet de licenciement ;
2°) Le nombre de licenciements envisagé ;
3°) Les catégories professionnelles concernées et les critères proposés pour l'ordre des licenciements ;
4°) Le nombre de salariés, permanents ou non, employés dans l'établissement ;
5°) Le calendrier prévisionnel des licenciements ;
6°) Les mesures de nature économique envisagées ;
7°) Le cas échéant, les conséquences de la réorganisation en matière de santé, de sécurité ou de conditions de travail.

NOTA : Conformément à l'article 40-VI de l'ordonnance n° 2017-1387 du 22 septembre 2017, ces dispositions sont applicables aux procédures de licenciement économique engagées dans les entreprises ayant mis en place un comité social et économique.

Art. L.1233-32 (modifié par Loi n°2012-387 du 22 mars 2012 - art. 43)
Outre les renseignements prévus à l'article L.1233-31, dans les entreprises de moins de cinquante salariés, l'employeur adresse aux représentants du personnel les mesures qu'il envisage de mettre en œuvre pour éviter les licenciements ou en limiter le nombre et pour faciliter le reclassement du personnel dont le licenciement ne pourrait être évité.
Dans les entreprises d'au moins cinquante salariés, l'employeur adresse le plan de sauvegarde de l'emploi concourant aux mêmes objectifs.

Art. L.1233-33 (modifié par Ordonnance n°2017-1386 du 22 septembre 2017 - art. 4)
L'employeur met à l'étude, dans le délai prévu à l'article L.1233-30, les suggestions relatives aux mesures sociales envisagées et les propositions alternatives au projet de restructuration mentionné à l'article L.2323-31 formulées par le comité social et économique. Il leur donne une réponse motivée.

Art. L.1233-34 (modifié par Loi n°2018-217 du 29 mars 2018 - art. 11)
Dans les entreprises d'au moins cinquante salariés, lorsque le projet de licenciement concerne au moins dix salariés dans une même période de trente jours, le comité social et économique peut, le cas échéant sur proposition des commissions constituées en son sein, décider, lors de la première réunion prévue à l'article L.1233-30, de recourir à une expertise pouvant porter sur les domaines économique et comptable ainsi que sur la santé, la sécurité ou les effets potentiels du projet sur les conditions de travail.
Les modalités et conditions de réalisation de l'expertise, lorsqu'elle porte sur un ou plusieurs des domaines cités au premier alinéa, sont déterminées par un décret en Conseil d'Etat.
L'expert peut être assisté dans les conditions prévues à l'article L.2315-81.
Le comité social et économique peut également mandater un expert afin qu'il apporte toute analyse utile aux organisations syndicales pour mener la négociation prévue à l'article L.1233-24-1.

Le rapport de l'expert est remis au comité social et économique et, le cas échéant, aux organisations syndicales, au plus tard quinze jours avant l'expiration du délai mentionné à l'article L.1233-30.
NOTA : Conformément à l'article 40-VI de l'ordonnance n° 2017-1387 du 22 septembre 2017, ces dispositions sont applicables aux procédures de licenciement économique engagées dans les entreprises ayant mis en place un comité social et économique.

Art. L.1233-35 (modifié par Ordonnance n°2017-1718 du 20 décembre 2017 - art. 1)
L'expert désigné par le comité social et économique demande à l'employeur, dans les dix jours à compter de sa désignation, toutes les informations qu'il juge nécessaires à la réalisation de sa mission. L'employeur répond à cette demande dans les huit jours. Le cas échéant, l'expert demande, dans les dix jours, des informations complémentaires à l'employeur, qui répond à cette demande dans les huit jours à compter de la date à laquelle la demande de l'expert est formulée.
NOTA : Conformément à l'article 40-VI de l'ordonnance n° 2017-1387 du 22 septembre 2017, ces dispositions sont applicables aux procédures de licenciement économique engagées dans les entreprises ayant mis en place un comité social et économique.

Art. L.1233-35-1 (modifié par Ordonnance n°2017-1387 du 22 septembre 2017 - art. 20)
Toute contestation relative à l'expertise est adressée, avant transmission de la demande de validation ou d'homologation prévue à l'article L.1233-57-4, à l'autorité administrative, qui se prononce dans un délai de cinq jours. Cette décision peut être contestée dans les conditions prévues à l'article L.1235-7-1.
NOTA : Conformément à l'article 40-VI de l'ordonnance n° 2017-1387 du 22 septembre 2017, ces dispositions sont applicables aux procédures de licenciement économique engagées dans les entreprises ayant mis en place un comité social et économique.

Art. L.1233-36 (modifié par Ordonnance n°2017-1387 du 22 septembre 2017 - art. 20)
Dans les entreprises dotées d'un comité social et économique central, l'employeur consulte le comité central et le ou les comités sociaux et économiques d'établissement intéressés dès lors que les mesures envisagées excèdent le pouvoir du ou des chefs d'établissement concernés ou portent sur plusieurs établissements simultanément. Dans ce cas, le ou les comités sociaux et économiques d'établissement tiennent leurs réunions après celles du comité social et économique central tenues en application de l'article L.1233-30. Ces réunions ont lieu dans les délais prévus à l'article L.1233-30.
Si la désignation d'un expert est envisagée, elle est effectuée par le comité social et économique central, dans les conditions et les délais prévus au paragraphe 2.
NOTA : Conformément à l'article 40-VI de l'ordonnance n° 2017-1387 du 22 septembre 2017, ces dispositions sont applicables aux procédures de licenciement économique engagées dans les entreprises ayant mis en place un comité social et économique.

Art. L.1233-37 (modifié par Ordonnance n°2017-1387 du 22 septembre 2017 - art. 20)
Lorsque le comité social et économique central recourt à l'assistance d'un expert, l'article L.1233-50 ne s'applique pas.
NOTA : Conformément à l'article 40-VI de l'ordonnance n° 2017-1387 du 22 septembre 2017, ces dispositions sont applicables aux procédures de licenciement économique engagées dans les entreprises ayant mis en place un comité social et économique.

Art. L.1233-38 (modifié par Ordonnance n°2017-1386 du 22 septembre 2017 - art. 4)
Lorsque l'employeur procède au licenciement pour motif économique d'au moins dix salariés dans une même période de trente jours et qu'il existe un comité social et économique dans l'entreprise, la procédure d'entretien préalable au licenciement ne s'applique pas.
Un décret en Conseil d'Etat détermine les modalités d'application du présent article.

Art. L.1233-39 (modifié par Ordonnance n°2013-504 du 14 juin 2013 - art. 18(V))
Dans les entreprises de moins de cinquante salariés, l'employeur notifie au salarié le licenciement pour motif économique par lettre recommandée avec avis de réception.
La lettre de notification ne peut être adressée avant l'expiration d'un délai courant à compter de la notification du projet de licenciement à l'autorité administrative.
Ce délai ne peut être inférieur à trente jours.
Une convention ou un accord collectif de travail peut prévoir des délais plus favorables aux salariés.
Dans les entreprises de cinquante salariés ou plus, lorsque le projet de licenciement concerne dix salariés ou plus dans une même période de trente jours, l'employeur notifie le licenciement selon les modalités prévues au premier alinéa du présent article, après la notification par l'autorité administrative de la décision de validation mentionnée à l'article L.1233-57-2 ou de la décision d'homologation mentionnée à l'article L.1233-57-3, ou à l'expiration des délais prévus à l'article L.1233-57-4.
Il ne peut procéder, à peine de nullité, à la rupture des contrats de travail avant la notification de cette décision d'homologation ou de validation ou l'expiration des délais prévus à l'article L.1233-57-4.

Art. L.1233-42 (modifié par Loi n°2018-217 du 29 mars 2018 - art. 11)
La lettre de licenciement comporte l'énoncé des motifs économiques invoqués par l'employeur.
Elle mentionne également la priorité de réembauche prévue par l'article L.1233-45 et ses conditions de mise en œuvre.
Un arrêté du ministre chargé du travail fixe les modèles que l'employeur peut utiliser pour procéder à la notification du licenciement.

Art. L.1243-43 (version en vigueur depuis le 1er mai 2008)
Sur demande écrite du salarié, l'employeur indique par écrit les critères retenus pour fixer l'ordre des licenciements.

Art. L.1233-45 (modifié par Ordonnance n°2014-699 du 26 juin 2014 - art. 4)
Le salarié licencié pour motif économique bénéficie d'une priorité de réembauche durant un délai d'un an à compter de la date de rupture de son contrat s'il en fait la demande au cours de ce même délai.
Dans ce cas, l'employeur informe le salarié de tout emploi devenu disponible et compatible avec sa qualification. En outre, l'employeur informe les représentants du personnel des postes disponibles.
Le salarié ayant acquis une nouvelle qualification bénéficie également de la priorité de réembauche au titre de celle-ci, s'il en informe l'employeur.

Art. L.1233-45-1 (modifié par Ordonnance n°2017-1386 du 22 septembre 2017 - art. 4)
Dans les entreprises de cinquante salariés ou plus, l'employeur peut, après avis favorable du comité social et économique, proposer des mesures de reclassement interne avant l'expiration du délai mentionné à l'article L.1233-30.

Art. L.1233-46 (modifié par Ordonnance n°2017-1386 du 22 septembre 2017 - art. 4)
L'employeur notifie à l'autorité administrative tout projet de licenciement pour motif économique d'au moins dix salariés dans une même période de trente jours.
Lorsque l'entreprise est dotée de représentants du personnel, la notification est faite au plus tôt le lendemain de la date prévue pour la première réunion prévue aux articles L.1233-29 et L.1233-30.
La notification est accompagnée de tout renseignement concernant la convocation, l'ordre du jour et la tenue de cette réunion. Au plus tard à cette date, elle indique, le cas échéant, l'intention de l'employeur d'ouvrir la négociation prévue à l'article L.1233-24-1. Le seul fait d'ouvrir cette négociation avant cette date ne peut constituer une entrave au fonctionnement du comité social et économique.

Art. L.1233-48 (version en vigueur depuis le 1er mai 2008)
L'ensemble des informations communiquées aux représentants du personnel lors de leur convocation aux réunions prévues par les articles L.1233-29 et L.1233-30 est communiqué simultanément à l'autorité administrative.
L'employeur lui adresse également les procès-verbaux des réunions. Ces procès-verbaux comportent les avis, suggestions et propositions des représentants du personnel.

Art. L.1233-49 (modifié par Ordonnance n°2017-1386 du 22 septembre 2017 - art. 4)
Lorsque l'entreprise est dépourvue de comité social et économique et est soumise à l'obligation d'établir un plan de sauvegarde de l'emploi, ce plan ainsi que les informations destinées aux représentants du personnel mentionnées à l'article L.1233-31 sont communiqués à l'autorité administrative en même temps que la notification du projet de licenciement. En outre, le plan est porté à la connaissance des salariés par tout moyen sur les lieux de travail.

Art. L.1233-50 (modifié par Ordonnance n°2017-1387 du 22 septembre 2017 - art. 20)
Lorsque le comité social et économique recourt à l'assistance d'un expert, l'employeur en informe l'autorité administrative. Il lui transmet également son rapport et les modifications éventuelles du projet de licenciement.
NOTA : Conformément à l'article 40-VI de l'ordonnance n° 2017-1387 du 22 septembre 2017, ces dispositions sont applicables aux procédures de licenciement économique engagées dans les entreprises ayant mis en place un comité social et économique.

Art. L.1233-51 (modifié par Ordonnance n°2017-1387 du 22 septembre 2017 - art. 20)
Lorsque le projet de licenciement donne lieu à consultation du comité social et économique central, l'autorité administrative du siège de l'entreprise est informée de cette consultation et, le cas échéant, de la désignation d'un expert.
NOTA : Conformément à l'article 40-VI de l'ordonnance n° 2017-1387 du 22 septembre 2017, ces dispositions sont applicables aux procédures de licenciement économique engagées dans les entreprises ayant mis en place un comité social et économique.

Art. L.1233-53 (modifié par Loi n°2015-990 du 6 août 2015 - art. 289)
Dans les entreprises de moins de cinquante salariés, l'autorité administrative vérifie, dans le délai de vingt et un jours à compter de la date de la notification du projet de licenciement, que :
1°) Les représentants du personnel ont été informés, réunis et consultés conformément aux dispositions légales et conventionnelles en vigueur ;
2°) Les obligations relatives à l'élaboration des mesures sociales prévues par l'article L.1233-32 ou par des conventions ou accords collectifs de travail ont été respectées ;
3°) Les mesures prévues à l'article L.1233-32 seront effectivement mises en œuvre.

Art. L.1233-56 (modifié par Ordonnance n°2017-1386 du 22 septembre 2017 - art. 4)
Lorsque l'autorité administrative relève une irrégularité de procédure au cours des vérifications qu'elle effectue, elle adresse à l'employeur un avis précisant la nature de l'irrégularité constatée. Elle envoie simultanément copie de ses observations au comité social et économique.
L'autorité administrative peut formuler des observations sur les mesures sociales prévues à l'article L.1233-32.
L'employeur répond aux observations de l'autorité administrative et adresse copie de sa réponse aux représentants du personnel. Si cette réponse intervient après le délai d'envoi des lettres de licenciement prévu à l'article L.1233-39, celui-ci est reporté jusqu'à la date d'envoi de la réponse à l'autorité administrative. Les lettres de licenciement ne peuvent être adressées aux salariés qu'à compter de cette date.

Art. L.1233-57 (modifié par Ordonnance n°2017-1386 du 22 septembre 2017 - art. 4)
L'autorité administrative peut présenter toute proposition pour compléter ou modifier le plan de sauvegarde de l'emploi, en tenant compte de la situation économique de l'entreprise.
Ces propositions sont formulées avant la dernière réunion du comité social et économique. Elles sont communiquées à l'employeur et au comité social et économique. L'employeur adresse une réponse motivée à l'autorité administrative.
En l'absence de représentants du personnel, ces propositions ainsi que la réponse motivée de l'employeur à celles-ci, qu'il adresse à l'autorité administrative, sont portées à la connaissance des salariés par voie d'affichage sur les lieux de travail.

Art. L.1233-57-1 (modifié par Loi n°2013-504 du 14 juin 2013 - art. 18(V))
L'accord collectif majoritaire mentionné à l'article L.1233-24-1 ou le document élaboré par l'employeur mentionné à l'article L.1233-24-4 sont transmis à l'autorité administrative pour validation de l'accord ou homologation du document.

Art. L.1233-57-2 (modifié par Ordonnance n°2017-1386 du 22 septembre 2017 - art. 4)
L'autorité administrative valide l'accord collectif mentionné à l'article L.1233-24-1 dès lors qu'elle s'est assurée de :
1°) Sa conformité aux articles L.1233-24-1 à L.1233-24-3 ;
2°) La régularité de la procédure d'information et de consultation du comité social et économique ;
3°) La présence dans le plan de sauvegarde de l'emploi des mesures prévues aux articles L.1233-61 et L.1233-63 ;
4°) La mise en œuvre effective, le cas échéant, des obligations prévues aux articles L.1233-57-9 à L.1233-57-16, L.1233-57-19 et L.1233-57-20.

Art. L.1233-57-3 (modifié par Loi n°2017-1837 du 30 décembre 2017 - art. 86(V))
En l'absence d'accord collectif ou en cas d'accord ne portant pas sur l'ensemble des points mentionnés aux 1° à 5° de l'article L.1233-24-2, l'autorité administrative homologue le document élaboré par l'employeur mentionné à l'article L.1233-24-4, après avoir vérifié la conformité de son contenu aux dispositions législatives et aux stipulations conventionnelles relatives aux éléments mentionnés aux 1° à 5° de l'article L.1233-24-2, la régularité de la procédure d'information et de consultation du comité social et économique, le respect, le cas échéant, des obligations prévues aux articles L.1233-57-9 à L.1233-57-16, L.1233-57-19 et L.1233-57-20 et le respect par le plan de sauvegarde de l'emploi des articles L.1233-61 à L.1233-63 en fonction des critères suivants :
1°) Les moyens dont disposent l'entreprise, l'unité économique et sociale et le groupe ;
2°) Les mesures d'accompagnement prévues au regard de l'importance du projet de licenciement ;
3°) Les efforts de formation et d'adaptation tels que mentionnés aux articles L.1233-4 et L.6321-1.
Elle s'assure que l'employeur a prévu le recours au contrat de sécurisation professionnelle mentionné à l'article L.1233-65 ou la mise en place du congé de reclassement mentionné à l'article L.1233-71.
NOTA : Conformément à l'article 86 V B de la loi n° 2017-1837 du 30 décembre 2017 de finances pour 2018, les présentes dispositions s'appliquent aux rémunérations versées à compter du 1er janvier 2019.

Art. L.1233-57-4 (modifié par Ordonnance n°2017-1386 du 22 septembre 2017 - art. 4)
L'autorité administrative notifie à l'employeur la décision de validation dans un délai de quinze jours à compter de la réception de l'accord collectif mentionné à l'article L.1233-24-1 et la décision d'homologation dans un délai de vingt et un jours à compter de la réception du document complet élaboré par l'employeur mentionné à l'article L.1233-24-4.
Elle la notifie, dans les mêmes délais, au comité social et économique et, si elle porte sur un accord collectif, aux organisations syndicales représentatives signataires. La décision prise par l'autorité administrative est motivée.

Le silence gardé par l'autorité administrative pendant les délais prévus au premier alinéa vaut décision d'acceptation de validation ou d'homologation. Dans ce cas, l'employeur transmet une copie de la demande de validation ou d'homologation, accompagnée de son accusé de réception par l'administration, au comité social et économique et, si elle porte sur un accord collectif, aux organisations syndicales représentatives signataires.
La décision de validation ou d'homologation ou, à défaut, les documents mentionnés au troisième alinéa et les voies et délais de recours sont portés à la connaissance des salariés par voie d'affichage sur leurs lieux de travail ou par tout autre moyen permettant de conférer date certaine à cette information.

Art. L.1233-57-5 (modifié par Loi n°2013-504 du 14 juin 2013 - art. 18(V))
Toute demande tendant, avant transmission de la demande de validation ou d'homologation, à ce qu'il soit enjoint à l'employeur de fournir les éléments d'information relatifs à la procédure en cours ou de se conformer à une règle de procédure prévue par les textes législatifs, les conventions collectives ou un accord collectif est adressée à l'autorité administrative. Celle-ci se prononce dans un délai de cinq jours.

Art. L.1233-57-6 (modifié par Loi n°2017-1718 du 20 décembre 2017 - art. 1)
L'administration peut, à tout moment en cours de procédure, faire toute observation ou proposition à l'employeur concernant le déroulement de la procédure ou les mesures sociales prévues à l'article L.1233-32. Elle envoie simultanément copie de ses observations au comité social et économique et, lorsque la négociation de l'accord visé à l'article L.1233-24-1 est engagée, le cas échéant aux organisations syndicales représentatives dans l'entreprise.
L'employeur répond à ces observations et adresse copie de sa réponse aux représentants du personnel et, le cas échéant, aux organisations syndicales.

Art. L.1233-57-7 (modifié par Ordonnance n°2017-1386 du 22 septembre 2017 - art. 4)
En cas de décision de refus de validation ou d'homologation, l'employeur, s'il souhaite reprendre son projet, présente une nouvelle demande après y avoir apporté les modifications nécessaires et consulté le comité social et économique.

Art. L.1233-57-8 (modifié par Décret n°2020-88 du 5 février 2020 - art. 1)
L'autorité administrative compétente pour prendre la décision d'homologation ou de validation mentionnée à l'article L.1233-57-1 est celle du lieu où l'entreprise ou l'établissement concerné par le projet de licenciement collectif est établi. Si le projet de licenciement collectif porte sur des établissements relevant de la compétence d'autorités différentes, l'autorité administrative compétente est désignée dans les conditions prévues par décret en Conseil d'Etat.
Art. **L.1233-57-9** (modifié par Ordonnance n°2017-1386 du 22 septembre 2017 - art. 4) **:**
Lorsqu'elle envisage la fermeture d'un établissement qui aurait pour conséquence un projet de licenciement collectif, l'entreprise mentionnée à l'article L.1233-71 réunit et informe le comité social et économique, au plus tard à l'ouverture de la procédure d'information et de consultation prévue à l'article L.1233-30.

Art. L.1233-57-10 (modifié par Loi n°2014-856 du 31 juillet 2014 - art. 30)
L'employeur adresse aux représentants du personnel, avec la convocation à la réunion prévue à l'article L.1233-57-9, tous renseignements utiles sur le projet de fermeture de l'établissement.
Il indique notamment :
1°) Les raisons économiques, financières ou techniques du projet de fermeture ;
2°) Les actions qu'il envisage d'engager pour trouver un repreneur ;

3°) Les possibilités pour les salariés de déposer une offre de reprise, les différents modèles de reprise possibles, notamment par les sociétés prévues par la loi n° 78-763 du 19 juillet 1978 portant statut des sociétés coopératives de production, ainsi que le droit des représentants du personnel de recourir à un expert prévu à l'article L.1233-57-17.

NOTA : Conformément à l'article 1 III de la loi n° 2014-384 du 29 mars 2014, la section 4 bis du chapitre III du titre III du livre II de la première partie du code du travail (L.1233-57-9 à L.1233-57-22) est applicable aux procédures de licenciement collectif engagées à compter du 1er avril 2014.

Art. L.1233-57-11 (modifié par Ordonnance n°2017-1386 du 22 septembre 2017 - art. 4)
Dans les entreprises dotées d'un comité social et économique central d'entreprise, l'employeur réunit et informe le comité social et économique central et les comités sociaux et économiques d'établissement intéressés dès lors que les mesures envisagées excèdent le pouvoir des chefs d'établissement concernés ou portent sur plusieurs établissements simultanément. Dans ce cas, les comités sociaux et économiques d'établissement tiennent leur réunion après la réunion du comité social et économique central d'entreprise tenue en application de l'article L.1233-57-9.

Art. L.1233-57-12 (créé par Loi n°2014-384 du 29 mars 2014 - art. 1(V))
L'employeur notifie sans délai à l'autorité administrative tout projet de fermeture d'un établissement mentionné à l'article L.1233-57-9.
L'ensemble des informations mentionnées à l'article L.1233-57-10 est communiqué simultanément à l'autorité administrative. L'employeur lui adresse également le procès-verbal de la réunion mentionnée à l'article L.1233-57-9, ainsi que tout renseignement concernant la convocation, l'ordre du jour et la tenue de cette réunion.
NOTA : Conformément à l'article 1 III de la loi n° 2014-384 du 29 mars 2014, la section 4 bis du chapitre III du titre III du livre II de la première partie du code du travail (L.1233-57-9 à L.1233-57-22) est applicable aux procédures de licenciement collectif engagées à compter du 1er avril 2014.

Art. L.1233-57-13 (créé par Loi n°2014-384 du 29 mars 2014 - art. 1(V))
L'employeur informe le maire de la commune du projet de fermeture de l'établissement. Dès que ce projet lui a été notifié, l'autorité administrative en informe les élus concernés.

Art. L.1233-57-14 (modifié par Ordonnance n°2017-1386 du 22 septembre 2017 - art. 4)
L'employeur ayant informé le comité social et économique du projet de fermeture d'un établissement recherche un repreneur. Il est tenu :

1°) D'informer, par tout moyen approprié, des repreneurs potentiels de son intention de céder l'établissement ;
2°) De réaliser sans délai un document de présentation de l'établissement destiné aux repreneurs potentiels ;
3°) Le cas échéant, d'engager la réalisation du bilan environnemental mentionné à l'article L.623-1 du code de commerce, ce bilan devant établir un diagnostic précis des pollutions dues à l'activité de l'établissement et présenter les solutions de dépollution envisageables ainsi que leur coût ;
4°) De donner accès à toutes informations nécessaires aux entreprises candidates à la reprise de l'établissement, exceptées les informations dont la communication serait de nature à porter atteinte aux intérêts de l'entreprise ou mettrait en péril la poursuite de l'ensemble de son activité. Les entreprises candidates à la reprise de l'établissement sont tenues à une obligation de confidentialité ;
5°) D'examiner les offres de reprise qu'il reçoit ;
6°) D'apporter une réponse motivée à chacune des offres de reprise reçues, dans les délais prévus à l'article L.1233-30.

Art. L.1233-57-15 (modifié par Ordonnance n°2017-1386 du 22 septembre 2017 - art. 4)
Le comité social et économique est informé des offres de reprise formalisées, au plus tard huit jours après leur réception. Les informations qui lui sont communiquées à ce titre sont réputées confidentielles dans les conditions prévues à l'article L.2325-5. Il peut émettre un avis, dans les délais prévus à l'article L.1233-30, participer à la recherche d'un repreneur et formuler des propositions.

Art. L.1233-57-16 (modifié par Ordonnance n°2017-1386 du 22 septembre 2017 - art. 4)
Si le comité social et économique souhaite participer à la recherche d'un repreneur, l'employeur lui donne accès, à sa demande, aux informations mentionnées aux 4° à 6° de l'article L.1233-57-14.

Art. L.1233-57-17 (modifié par Ordonnance n°2017-1386 du 22 septembre 2017 - art. 4)
Le comité social et économique peut recourir à l'assistance d'un expert de son choix rémunéré par l'entreprise.
Cet expert a pour mission d'analyser le processus de recherche d'un repreneur, sa méthodologie et son champ, d'apprécier les informations mises à la disposition des repreneurs potentiels, d'étudier les offres de reprise et d'apporter son concours à la recherche d'un repreneur par le comité social et économique et à l'élaboration de projets de reprise.
L'expert présente son rapport dans les délais prévus à l'article L.1233-30.
Lorsque le comité social et économique recourt à l'assistance d'un expert, l'employeur en informe sans délai l'autorité administrative.

Art. L.1233-57-18 (modifié par Ordonnance n°2017-1386 du 22 septembre 2017 - art. 4)
Dans les entreprises dotées d'un comité social et économique central d'entreprise, les comités sociaux et économiques d'établissement exercent les attributions confiées au comité social et économique en application des articles L.1233-57-15 à L.1233-57-17, L.1233-57-19 et L.1233-57-20, dans la limite des pouvoirs confiés aux chefs de ces établissements.

Art. L.1233-57-19 (modifié par Ordonnance n°2017-1386 du 22 septembre 2017 - art. 4)
L'employeur consulte le comité social et économique sur toute offre de reprise à laquelle il souhaite donner suite et indique les raisons qui le conduisent à accepter cette offre, notamment au regard de la capacité de l'auteur de l'offre à garantir la pérennité de l'activité et de l'emploi de l'établissement. Le comité social et économique émet un avis sur cette offre dans un délai fixé en application de l'article L.2323-3.
Lorsque la procédure est aménagée en application de l'article L.1233-24-2 pour favoriser un projet de transfert d'une ou de plusieurs entités économiques mentionné à l'article L.1233-61, l'employeur consulte le comité social et économique sur l'offre de reprise dans le délai fixé par l'accord collectif mentionné à l'article L.1233-24-2.

Art. L.1233-57-20 (modifié par Ordonnance n°2017-1386 du 22 septembre 2017 - art. 4)
Avant la fin de la procédure d'information et de consultation prévue à l'article L.1233-30, si aucune offre de reprise n'a été reçue ou si l'employeur n'a souhaité donner suite à aucune des offres, celui-ci réunit le comité social et économique et lui présente un rapport, qui est communiqué à l'autorité administrative. Ce rapport indique :

1° Les actions engagées pour rechercher un repreneur ;
2° Les offres de reprise qui ont été reçues ainsi que leurs caractéristiques ;
3° Les motifs qui l'ont conduit, le cas échéant, à refuser la cession de l'établissement.

Art. L.1233-57-21 (modifié par Loi n°2014-856 du 31 juillet 2014 - art. 22)
Les actions engagées par l'employeur au titre de l'obligation de recherche d'un repreneur sont prises en compte dans la convention de revitalisation conclue entre l'entreprise et l'autorité administrative en application des articles L.1233-84 à L.1233-90.

Eu égard à la capacité de l'employeur à éviter les licenciements ou à en limiter le nombre par la cession de l'établissement concerné par le projet de fermeture, attestée par les rapports mentionnés aux articles L.1233-57-17 et L.1233-57-20, l'autorité administrative peut demander le remboursement des aides pécuniaires en matière d'installation, de développement économique, de recherche ou d'emploi attribuées par une personne publique à l'entreprise, au titre de l'établissement concerné par le projet de fermeture, au cours des deux années précédant la réunion prévue au I de l'article L.1233-30 et après l'entrée en vigueur de la loi n° 2014-856 du 31 juillet 2014 relative à l'économie sociale et solidaire.

La rupture conventionnelle individuelle

Art. L.2242-13 (modifié par Loi n°2015-994 du 17 août 2015 - art. 19)
Dans les entreprises et les groupes d'entreprises au sens de l'article L.2331-1 d'au moins trois cents salariés, ainsi que dans les entreprises et groupes d'entreprises de dimension communautaire au sens des articles L.2341-1 et L.2341-2 comportant au moins un établissement ou une entreprise de cent cinquante salariés en France, l'employeur engage tous les trois ans, notamment sur le fondement des orientations stratégiques de l'entreprise et de leurs conséquences mentionnées à l'article L.2323-10, une négociation sur la gestion des emplois et des parcours professionnels et sur la mixité des métiers portant sur :

1°) La mise en place d'un dispositif de gestion prévisionnelle des emplois et des compétences, ainsi que sur les mesures d'accompagnement susceptibles de lui être associées, en particulier en matière de formation, d'abondement du compte personnel de formation, de validation des acquis de l'expérience, de bilan de compétences ainsi que d'accompagnement de la mobilité professionnelle et géographique des salariés autres que celles prévues dans le cadre des articles L.2242-21 et L.2242-22 ;
2°) Le cas échéant, les conditions de la mobilité professionnelle ou géographique interne à l'entreprise prévue à l'article L.2242-21, qui doivent, en cas d'accord, faire l'objet d'un chapitre spécifique ;
3°) Les grandes orientations à trois ans de la formation professionnelle dans l'entreprise et les objectifs du plan de formation, en particulier les catégories de salariés et d'emplois auxquels ce dernier est consacré en priorité, les compétences et qualifications à acquérir pendant la période de validité de l'accord ainsi que les critères et modalités d'abondement par l'employeur du compte personnel de formation ;
4°) Les perspectives de recours par l'employeur aux différents contrats de travail, au travail à temps partiel et aux stages, ainsi que les moyens mis en œuvre pour diminuer le recours aux emplois précaires dans l'entreprise au profit des contrats à durée indéterminée ;
5°) Les conditions dans lesquelles les entreprises sous-traitantes sont informées des orientations stratégiques de l'entreprise ayant un effet sur leurs métiers, l'emploi et les compétences ;
6°) Le déroulement de carrière des salariés exerçant des responsabilités syndicales et l'exercice de leurs fonctions.

Un bilan est réalisé à l'échéance de l'accord.

Art. L.1233-61 (modifié par Ordonnance n°2017-1718 du 20 décembre 2017 - art. 1)
Dans les entreprises d'au moins cinquante salariés, lorsque le projet de licenciement concerne au moins dix salariés dans une même période de trente jours, l'employeur établit et met en œuvre un plan de sauvegarde de l'emploi pour éviter les licenciements ou en limiter le nombre.
Ce plan intègre un plan de reclassement visant à faciliter le reclassement sur le territoire national des salariés dont le licenciement ne pourrait être évité, notamment celui des salariés âgés ou présentant

des caractéristiques sociales ou de qualification rendant leur réinsertion professionnelle particulièrement difficile.

Lorsque le plan de sauvegarde de l'emploi comporte, en vue d'éviter la fermeture d'un ou de plusieurs établissements, le transfert d'une ou de plusieurs entités économiques nécessaire à la sauvegarde d'une partie des emplois et lorsque ces entreprises souhaitent accepter une offre de reprise les dispositions de l'article L.1224-1 relatives au transfert des contrats de travail ne s'appliquent que dans la limite du nombre des emplois qui n'ont pas été supprimés à la suite des licenciements, à la date d'effet de ce transfert.

NOTA : Conformément à l'article 40-V de l'ordonnance n° 2017-1387 du 22 septembre 2017, ces dispositions sont applicables aux procédures de licenciement économique engagées après la publication de ladite ordonnance.

Art. L.1237-11 (créé par Loi n°2008-596 du 25 juin 2008 - art. 5)

L'employeur et le salarié peuvent convenir en commun des conditions de la rupture du contrat de travail qui les lie.

La rupture conventionnelle, exclusive du licenciement ou de la démission, ne peut être imposée par l'une ou l'autre des parties.

Elle résulte d'une convention signée par les parties au contrat. Elle est soumise aux dispositions de la présente section destinées à garantir la liberté du consentement des parties.

Art. L.1237-12 (créé par Loi n°2008-596 du 25 juin 2008 - art. 5)

Les parties au contrat conviennent du principe d'une rupture conventionnelle lors d'un ou plusieurs entretiens au cours desquels le salarié peut se faire assister :

1°) Soit par une personne de son choix appartenant au personnel de l'entreprise, qu'il s'agisse d'un salarié titulaire d'un mandat syndical ou d'un salarié membre d'une institution représentative du personnel ou tout autre salarié ;

2°) Soit, en l'absence d'institution représentative du personnel dans l'entreprise, par un conseiller du salarié choisi sur une liste dressée par l'autorité administrative.

Lors du ou des entretiens, l'employeur a la faculté de se faire assister quand le salarié en fait lui-même usage. Le salarié en informe l'employeur auparavant ; si l'employeur souhaite également se faire assister, il en informe à son tour le salarié.

L'employeur peut se faire assister par une personne de son choix appartenant au personnel de l'entreprise ou, dans les entreprises de moins de cinquante salariés, par une personne appartenant à son organisation syndicale d'employeurs ou par un autre employeur relevant de la même branche.

Art. L.1237-13 (créé par Loi n°2008-596 du 25 juin 2008 - art. 5)

La convention de rupture définit les conditions de celle-ci, notamment le montant de l'indemnité spécifique de rupture conventionnelle qui ne peut pas être inférieur à celui de l'indemnité prévue à l'article L.1234-9.

Elle fixe la date de rupture du contrat de travail, qui ne peut intervenir avant le lendemain du jour de l'homologation.

A compter de la date de sa signature par les deux parties, chacune d'entre elles dispose d'un délai de quinze jours calendaires pour exercer son droit de rétractation. Ce droit est exercé sous la forme d'une lettre adressée par tout moyen attestant de sa date de réception par l'autre partie.

Art. L.1237-14 (créé par Loi n°2008-596 du 25 juin 2008 - art. 5)

A l'issue du délai de rétractation, la partie la plus diligente adresse une demande d'homologation à l'autorité administrative, avec un exemplaire de la convention de rupture. Un arrêté du ministre chargé du travail fixe le modèle de cette demande.

L'autorité administrative dispose d'un délai d'instruction de quinze jours ouvrables, à compter de la réception de la demande, pour s'assurer du respect des conditions prévues à la présente section et de la liberté de consentement des parties. A défaut de notification dans ce délai, l'homologation est réputée acquise et l'autorité administrative est dessaisie.
La validité de la convention est subordonnée à son homologation.
L'homologation ne peut faire l'objet d'un litige distinct de celui relatif à la convention. Tout litige concernant la convention, l'homologation ou le refus d'homologation relève de la compétence du conseil des prud'hommes, à l'exclusion de tout autre recours contentieux ou administratif. Le recours juridictionnel doit être formé, à peine d'irrecevabilité, avant l'expiration d'un délai de douze mois à compter de la date d'homologation de la convention.

Art. L.1237-15 (modifié par Loi n°2011-867 du 20 juillet 2011 - art. 6)
Les salariés bénéficiant d'une protection mentionnés aux articles L.2411-1 et L.2411-2 peuvent bénéficier des dispositions de la présente section. Par dérogation aux dispositions de l'article L.1237-14, la rupture conventionnelle est soumise à l'autorisation de l'inspecteur du travail dans les conditions prévues au chapitre Ier du titre Ier du livre IV, à la section 1 du chapitre Ier et au chapitre II du titre II du livre IV de la deuxième partie. Dans ce cas, et par dérogation aux dispositions de l'article L.1237-13, la rupture du contrat de travail ne peut intervenir que le lendemain du jour de l'autorisation.
Pour les médecins du travail, la rupture conventionnelle est soumise à l'autorisation de l'inspecteur du travail, après avis du médecin inspecteur du travail.

La rupture conventionnelle collective

Art. L.1237-17 (créé par Ordonnance n°2017-1387 du 22 septembre 2017 - art. 10(V))
Un accord collectif portant gestion prévisionnelle des emplois et des compétences ou rupture conventionnelle collective peut définir les conditions et modalités de la rupture d'un commun accord du contrat de travail qui lie l'employeur et le salarié.
Ces ruptures, exclusives du licenciement ou de la démission, ne peuvent être imposées par l'une ou l'autre des parties. Elles sont soumises aux dispositions de la présente section.
NOTA : Conformément aux dispositions du X de l'article 40 et du III de l'article 10 de l'ordonnance n° 2017-1387 du 22 septembre 2017, les dispositions résultant de l'article 10 de ladite ordonnance et nécessitant des mesures d'application entrent en vigueur à la date de publication des décrets d'application, et au plus tard le 1er janvier 2018.

Art. L.1237-18 (modifié par Loi n°2018-217 du 29 mars 2018 - art. 11)
Un congé de mobilité peut être proposé par l'employeur soit dans le cadre d'un accord portant rupture conventionnelle collective conclu dans les conditions prévues aux articles L.1237-19 à L.1237-19-8, soit dans les entreprises ayant conclu un accord collectif portant sur la gestion des emplois et des compétences.
Le congé de mobilité a pour objet de favoriser le retour à un emploi stable par des mesures d'accompagnement, des actions de formation et des périodes de travail.

Art. L.1237-18-1 (créé par Ordonnance n°2017-1387 du 22 septembre 2017 - art. 10(V))
Les périodes de travail du congé de mobilité peuvent être accomplies au sein ou en dehors de l'entreprise qui a proposé le congé.
Elles peuvent prendre soit la forme d'un contrat de travail à durée indéterminée, soit celle d'un contrat de travail à durée déterminée conclu en application du 1° de l'article L.1242-3 dans une limite fixée par l'accord collectif. Dans ce dernier cas, le congé de mobilité est suspendu et reprend à l'issue du contrat pour la durée du congé restant à courir.

Art. L.1237-18-2 (créé par Ordonnance n°2017-1387 du 22 septembre 2017 - art. 10(V))
L'accord collectif détermine :
1°) La durée du congé de mobilité ;
2°) Les conditions que doit remplir le salarié pour en bénéficier ;
3°) Les modalités d'adhésion du salarié à la proposition de l'employeur, comprenant les conditions d'expression de son consentement écrit, et les engagements des parties ;
4°) L'organisation des périodes de travail, les conditions auxquelles il est mis fin au congé et les modalités d'accompagnement des actions de formation envisagées ;
5°) Le niveau de la rémunération versée pendant la période du congé de mobilité ;
6°) Les conditions d'information des institutions représentatives du personnel ;
7°) Les indemnités de rupture garanties au salarié, qui ne peuvent être inférieures aux indemnités légales dues en cas de licenciement pour motif économique.

Art. L.1237-18-3 (modifié par Ordonnance n°2017-1718 du 20 décembre 2017 - art. 1)
Le montant de la rémunération versée pendant la période du congé de mobilité est au moins égal au montant de l'allocation prévue au 3° de l'article L. 5123-2.
Cette rémunération est soumise, dans la limite des douze premiers mois du congé, au même régime de cotisations et contributions sociales que celui de l'allocation versée au bénéficiaire du congé de reclassement prévue au troisième alinéa de l'article L.1233-72, à laquelle elle est assimilée.

Art. L.1237-18-4 (créé par Ordonnance n°2017-1387 du 22 septembre 2017 - art. 10(V))
L'acceptation par le salarié de la proposition de congé de mobilité emporte rupture du contrat de travail d'un commun accord des parties à l'issue du congé.
Les salariés bénéficiant d'une protection mentionnée au chapitre Ier du titre Ier du livre IV de la deuxième partie peuvent bénéficier du congé de mobilité. Par dérogation au premier alinéa du présent article, la rupture amiable dans le cadre du congé de mobilité est soumise à l'autorisation de l'inspecteur du travail dans les conditions prévues au chapitre Ier du titre II du livre IV de la deuxième partie. Dans ce cas la rupture du contrat de travail ne peut intervenir que le lendemain du jour de l'autorisation.
Pour les médecins du travail, la rupture du contrat est soumise à l'autorisation de l'inspecteur du travail, après avis du médecin inspecteur du travail.

Art. L.1237-18-5 (modifié par Ordonnance n°2017-1718 du 20 décembre 2017 - art. 1)
L'autorité administrative du lieu où l'entreprise concernée par l'accord de gestion prévisionnelle des emplois et des compétences est établie est informée par l'employeur des ruptures prononcées dans le cadre du congé de mobilité dans des conditions prévues par décret.

Art. L.1237-19 (créé par Ordonnance n°2017-1387 du 22 septembre 2017 - art. 10(V))
Un accord collectif peut déterminer le contenu d'une rupture conventionnelle collective excluant tout licenciement pour atteindre les objectifs qui lui sont assignés en termes de suppression d'emplois.
L'administration est informée sans délai de l'ouverture d'une négociation en vue de l'accord précité.

Art. L.1237-19-1 (modifié par Loi n°2018-217 du 29 mars 2018 - art. 11)
L'accord portant rupture conventionnelle collective détermine :
1°) Les modalités et conditions d'information du comité social et économique, s'il existe ;
2°) Le nombre maximal de départs envisagés, de suppressions d'emplois associées, et la durée pendant laquelle des ruptures de contrat de travail peuvent être engagées sur le fondement de l'accord ;
3°) Les conditions que doit remplir le salarié pour en bénéficier ;

4°) Les modalités de présentation et d'examen des candidatures au départ des salariés, comprenant les conditions de transmission de l'accord écrit du salarié au dispositif prévu par l'accord collectif ;

4°bis) Les modalités de conclusion d'une convention individuelle de rupture entre l'employeur et le salarié et d'exercice du droit de rétractation des parties ;

5°) Les modalités de calcul des indemnités de rupture garanties au salarié, qui ne peuvent être inférieures aux indemnités légales dues en cas de licenciement ;

6°) Les critères de départage entre les potentiels candidats au départ ;

7°) Des mesures visant à faciliter l'accompagnement et le reclassement externe des salariés sur des emplois équivalents, telles que le congé de mobilité dans les conditions prévues aux articles L.1237-18-1 à L.1237-18-5, des actions de formation, de validation des acquis de l'expérience ou de reconversion ou des actions de soutien à la création d'activités nouvelles ou à la reprise d'activités existantes par les salariés ;

8°) Les modalités de suivi de la mise en œuvre effective de l'accord portant rupture conventionnelle collective.

Art. L.1237-19-2 (modifié par Loi n°2018-217 du 29 mars 2018 - art. 11)

L'acceptation par l'employeur de la candidature du salarié dans le cadre de la rupture conventionnelle collective emporte rupture du contrat de travail d'un commun accord des parties, le cas échéant dans les conditions prévues à l'article L.1237-18-4.

Les salariés bénéficiant d'une protection mentionnée au chapitre Ier du titre Ier du livre IV de la deuxième partie peuvent bénéficier des dispositions de l'accord portant rupture conventionnelle collective. Par dérogation au premier alinéa du présent article, la rupture d'un commun accord dans le cadre de la rupture conventionnelle collective est soumise à l'autorisation de l'inspecteur du travail dans les conditions prévues au chapitre Ier du titre II du livre IV de la deuxième partie. Dans ce cas la rupture du contrat de travail ne peut intervenir que le lendemain du jour de l'autorisation.

Pour les médecins du travail, la rupture du contrat est soumise à l'autorisation de l'inspecteur du travail, après avis du médecin inspecteur du travail.

Art. L.1237-19-3 (modifié par Loi n°2018-217 du 29 mars 2018 - art. 11)

L'accord collectif mentionné à l'article L.1237-19 est transmis à l'autorité administrative pour validation.

L'autorité administrative valide l'accord collectif dès lors qu'elle s'est assurée :

1° De sa conformité au même article L.1237-19 ;

2° De la présence des clauses prévues à l'article L.1237-19-1 ;

3° Du caractère précis et concret des mesures prévues au 7° du même article L.1237-19-1 ;

4° Le cas échéant, de la régularité de la procédure d'information du comité social et économique.

Art. L.1237-19-4 (modifié par Loi n°2018-217 du 29 mars 2018 - art. 11)

L'autorité administrative notifie à l'employeur la décision de validation dans un délai de quinze jours à compter de la réception de l'accord collectif mentionné à l'article L.1237-19.

Elle la notifie, dans les mêmes délais, au comité social et économique, s'il existe, et aux signataires de l'accord. La décision prise par l'autorité administrative est motivée.

Le silence gardé par l'autorité administrative à l'issue du délai prévu au premier alinéa vaut décision d'acceptation de validation. Dans ce cas, l'employeur transmet une copie de la demande de validation, accompagnée de son accusé de réception par l'administration, au comité social et économique, s'il existe, et aux signataires de l'accord.

La décision de validation ou, à défaut, les documents mentionnés au troisième alinéa et les voies et délais de recours sont portés à la connaissance des salariés par voie d'affichage sur leurs lieux de travail ou par tout autre moyen permettant de conférer date certaine à cette information.

Art. L.1237-19-5 (modifié par Décret n°2020-88 du 5 février 2020 - art. 1)
L'autorité administrative compétente pour prendre la décision de validation est celle du lieu où l'entreprise ou l'établissement concerné par le projet d'accord portant rupture conventionnelle collective est établi. Si le projet d'accord portant rupture conventionnelle collective porte sur des établissements relevant de la compétence d'autorités différentes, l'autorité administrative compétente est désignée dans les conditions prévues par décret en Conseil d'Etat.

Art. L.1237-19-6 (modifié par Loi n°2018-217 du 29 mars 2018 - art. 11)
En cas de refus de validation, un nouvel accord peut être négocié, qui tient compte des éléments de motivation accompagnant la décision de l'administration. Le comité social et économique, s'il existe, est informé de la reprise de la négociation. Le nouvel accord conclu est transmis à l'autorité administrative, qui se prononce dans les conditions prévues aux articles L.1237-19-3 et L.1237-19-4.

Art. L.1237-19-7 (modifié par Loi n°2018-217 du 29 mars 2018 - art. 11)
Le suivi de la mise en œuvre de l'accord portant rupture conventionnelle collective fait l'objet, s'il existe, d'une consultation régulière et détaillée du comité social et économique dont les avis sont transmis à l'autorité administrative.
L'autorité administrative est associée au suivi de ces mesures et reçoit un bilan, établi par l'employeur, de la mise en œuvre de l'accord portant rupture conventionnelle collective.

Art. L.1237-19-8 (créé par Ordonnance n°2017-1387 du 22 septembre 2017 - art. 10(V))
L'accord collectif mentionné à l'article L.1237-19, le contenu de l'accord portant rupture conventionnelle collective, et la régularité de la procédure précédant la décision de l'autorité administrative ne peuvent faire l'objet d'un litige distinct de celui relatif à la décision de validation mentionnée à l'article L.1237-19-3.
Les recours contre la décision de validation sont formés, instruits et jugés dans les conditions définies à l'article L.1235-7-1.
Toute autre contestation portant sur la rupture du contrat doit être formée, à peine d'irrecevabilité, avant l'expiration d'un délai de douze mois à compter de la date de la rupture du contrat.

Art. L.1237-19-9 (modifié par Ordonnance n°2017-1718 du 20 décembre 2017 - art. 1)
Lorsque les suppressions d'emplois résultant de l'accord collectif prévu à l'article L.1237-19 affectent, par leur ampleur, l'équilibre du ou des bassins d'emploi dans lesquels ils sont implantés, les entreprises ou les établissements d'au moins mille salariés ainsi que les entreprises mentionnées à l'article L.2331-1 et celles répondant aux conditions mentionnées aux articles L.2341-1 et L.2341-2, dès lors qu'elles emploient au total au moins mille salariés, sont tenus de contribuer à la création d'activités et au développement des emplois et d'atténuer les effets de l'accord portant rupture conventionnelle collective envisagé sur les autres entreprises dans le ou les bassins d'emploi.
Ces dispositions ne sont pas applicables dans les entreprises en redressement ou en liquidation judiciaire.

Art. L.1237-19-10 (créé par Ordonnance n°2017-1387 du 22 septembre 2017 - art. 10(V))
Une convention entre l'entreprise et l'autorité administrative, conclue dans un délai de six mois à compter de la validation prévue à l'article L.1237-19-3, détermine, le cas échéant sur la base d'une étude d'impact social et territorial prescrite par l'autorité administrative, la nature ainsi que les modalités de financement et de mise en œuvre des actions prévues à l'article L.1237-19-9.

La convention tient compte des actions de même nature éventuellement mises en œuvre par anticipation dans le cadre d'un accord collectif relatif à la gestion prévisionnelle des emplois et des compétences ou prévues dans le cadre d'un accord collectif portant rupture conventionnelle collective établi par l'entreprise ou prévues dans le cadre d'une démarche volontaire de l'entreprise faisant l'objet d'un document-cadre conclu entre l'Etat et l'entreprise. Le contenu et les modalités d'adoption de ce document sont définis par décret. Lorsqu'un accord collectif de groupe, d'entreprise ou d'établissement prévoit des actions de telle nature, assorties d'engagements financiers de l'entreprise au moins égaux au montant de la contribution prévue à l'article L.1237-19-11, cet accord tient lieu, à la demande de l'entreprise, de la convention prévue au présent article entre l'entreprise et l'autorité administrative, sauf opposition de cette dernière motivée et exprimée dans les deux mois suivant la demande.

Art. L.1237-19-11 (créé par Ordonnance n°2017-1387 du 22 septembre 2017 - art. 10(V))
Le montant de la contribution versée par l'entreprise ne peut être inférieur à deux fois la valeur mensuelle du salaire minimum de croissance par emploi supprimé. Toutefois, l'autorité administrative peut fixer un montant inférieur lorsque l'entreprise est dans l'incapacité d'assurer la charge financière de cette contribution.
En l'absence de convention signée ou d'accord collectif en tenant lieu, les entreprises versent au Trésor public une contribution égale au double du montant prévu au premier alinéa.

Art. L.1237-19-12 (créé par Ordonnance n°2017-1387 du 22 septembre 2017 - art. 10(V))
Les actions prévues à l'article L.1237-19-9 sont déterminées après consultation des collectivités territoriales intéressées, des organismes consulaires et des partenaires sociaux membres de la commission paritaire interprofessionnelle régionale.
Leur exécution fait l'objet d'un suivi et d'une évaluation, sous le contrôle de l'autorité administrative, selon des modalités définies par décret. Ce décret détermine également les conditions dans lesquelles les entreprises dont le siège n'est pas implanté dans le bassin d'emploi affecté par l'accord portant rupture conventionnelle collective contribuent aux actions prévues.

Art. L.1237-19-13 (créé par Ordonnance n°2017-1387 du 22 septembre 2017 - art. 10(V))
Les maisons de l'emploi peuvent participer, dans des conditions fixées par voie de convention avec les entreprises intéressées, à la mise en œuvre des mesures relatives à la revitalisation des bassins d'emploi.

Art. L.1237-19-14 (modifié par Ordonnance n°2017-1718 du 20 décembre 2017 - art. 1)
Une convention-cadre nationale de revitalisation est conclue entre le ministre chargé de l'emploi et l'entreprise lorsque les suppressions d'emplois concernent au moins trois départements.
Il est tenu compte, pour la détermination du montant de la contribution mentionnée à l'article L.1237-19-11, du nombre total des emplois supprimés.
La convention-cadre est signée dans un délai de six mois à compter de la décision de validation prévue à l'article L.1237-19-3.
Elle donne lieu, dans un délai de quatre mois à compter de sa signature, à une ou plusieurs conventions locales conclues entre le représentant de l'Etat et l'entreprise. Ces conventions se conforment au contenu de la convention-cadre nationale.

Art. L. 5421-1 (modifié par Loi n°2018-771 du 5 septembre 2018 - art. 49)
En complément des mesures tendant à faciliter leur reclassement ou leur conversion, les personnes aptes au travail et recherchant un emploi ont droit à un revenu de remplacement dans les conditions fixées au présent titre.

Art. D. 1233-40 (modifié par Décret n°2017-1724 du 20 décembre 2017 - art. 3)
La convention mentionnée aux articles L.1233-85 et L.1237-19-10 comporte notamment :

1°) Les limites géographiques du ou des bassins d'emploi affectés par le licenciement collectif ou par la rupture conventionnelle collective et concernés par les mesures qu'elle prévoit ;
2°) Les mesures permettant la création d'activités, le développement des emplois et l'atténuation des effets du licenciement envisagé ou de la rupture conventionnelle collective sur les autres entreprises dans le ou les bassins d'emploi concernés, ainsi que, pour chacune d'entre elles, les modalités et les échéances de mise en œuvre et le budget prévisionnel et, le cas échéant, le ou les noms et raisons sociales des organismes, établissements ou sociétés chargés pour le compte de l'entreprise de les mettre en œuvre et les financements qui leur sont affectés ;
3°) La durée d'application de la convention qui ne peut dépasser trois ans, sauf circonstances particulières ;
4°) Le montant de la contribution de l'entreprise par emploi supprimé et le nombre d'emplois supprimés au sens de l'article D. 1233-43 ;
5°) Les modalités de suivi et d'évaluation des mesures mises en œuvre.

Les indemnités au moment de la rupture

Art. L.1234-5 (version en vigueur depuis le 1er mai 2008)
Lorsque le salarié n'exécute pas le préavis, il a droit, sauf s'il a commis une faute grave, à une indemnité compensatrice.
L'inexécution du préavis, notamment en cas de dispense par l'employeur, n'entraîne aucune diminution des salaires et avantages que le salarié aurait perçus s'il avait accompli son travail jusqu'à l'expiration du préavis, indemnité de congés payés comprise.
L'indemnité compensatrice de préavis se cumule avec l'indemnité de licenciement et avec l'indemnité prévue à l'article L.1235-2.

Art. L.1234-1 (version en vigueur depuis le 1er mai 2008)
Lorsque le licenciement n'est pas motivé par une faute grave, le salarié a droit :

1°) S'il justifie chez le même employeur d'une ancienneté de services continus inférieure à six mois, à un préavis dont la durée est déterminée par la loi, la convention ou l'accord collectif de travail ou, à défaut, par les usages pratiqués dans la localité et la profession ;
2°) S'il justifie chez le même employeur d'une ancienneté de services continus comprise entre six mois et moins de deux ans, à un préavis d'un mois ;
3°) S'il justifie chez le même employeur d'une ancienneté de services continus d'au moins deux ans, à un préavis de deux mois.

Toutefois, les dispositions des 2° et 3° ne sont applicables que si la loi, la convention ou l'accord collectif de travail, le contrat de travail ou les usages ne prévoient pas un préavis ou une condition d'ancienneté de services plus favorable pour le salarié.

Art. L. 7313-9 (version en vigueur depuis le 1er mai 2008)
En cas de rupture du contrat de travail, la durée du préavis ne peut être inférieure à :

1°) Un mois durant la première année de présence dans l'entreprise ;
2°) Deux mois durant la deuxième année ;
3°) Trois mois au-delà.

Art. L. 7112-2 (version en vigueur depuis le 1er mai 2008)
Dans les entreprises de journaux et périodiques, en cas de rupture par l'une ou l'autre des parties du contrat de travail à durée indéterminée d'un journaliste professionnel, la durée du préavis, sous réserve du 3° de l'article L. 7112-5, est fixée à :

1° Un mois pour une ancienneté inférieure ou égale à trois ans ;
2° Deux mois pour une ancienneté supérieure à trois ans.

Toutefois, lorsque la rupture est à l'initiative de l'employeur et que le salarié a une ancienneté de plus de deux ans et de moins de trois ans, celui-ci bénéficie du préavis prévu au 3° de l'article L.1234-1.

Art. L.1225-34 (version en vigueur depuis le 1er mai 2008)
La salariée en état de grossesse médicalement constaté peut rompre son contrat de travail sans préavis et sans devoir d'indemnité de rupture.

Art. L.1225-66 (version en vigueur depuis le 1er mai 2008)
Pour élever son enfant, le salarié peut, sous réserve d'en informer son employeur au moins quinze jours à l'avance, rompre son contrat de travail à l'issue du congé de maternité ou d'adoption ou, le cas échéant, deux mois après la naissance ou l'arrivée au foyer de l'enfant, sans être tenu de respecter le délai de préavis, ni de devoir de ce fait d'indemnité de rupture.

Art. L.7112-5 (version en vigueur depuis le 1er mai 2008)
Si la rupture du contrat de travail survient à l'initiative du journaliste professionnel, les dispositions des articles L.7112-3 et L.7112-4 sont applicables, lorsque cette rupture est motivée par l'une des circonstances suivantes :

1°) Cession du journal ou du périodique ;
2°) Cessation de la publication du journal ou périodique pour quelque cause que ce soit ;
3°) Changement notable dans le caractère ou l'orientation du journal ou périodique si ce changement crée, pour le salarié, une situation de nature à porter atteinte à son honneur, à sa réputation ou, d'une manière générale, à ses intérêts moraux. Dans ces cas, le salarié qui rompt le contrat n'est pas tenu d'observer la durée du préavis prévue à l'article L. 7112-2.

Art. L.1234-4 (version en vigueur depuis le 1er mai 2008)
L'inexécution du préavis de licenciement n'a pas pour conséquence d'avancer la date à laquelle le contrat prend fin.

Art. L.1234-5 (version en vigueur depuis le 1er mai 2008)
Lorsque le salarié n'exécute pas le préavis, il a droit, sauf s'il a commis une faute grave, à une indemnité compensatrice.
L'inexécution du préavis, notamment en cas de dispense par l'employeur, n'entraîne aucune diminution des salaires et avantages que le salarié aurait perçus s'il avait accompli son travail jusqu'à l'expiration du préavis, indemnité de congés payés comprise.
L'indemnité compensatrice de préavis se cumule avec l'indemnité de licenciement et avec l'indemnité prévue à l'article L.1235-2.

L'indemnité de précarité emploi

Art. L.1243-8 (version en vigueur depuis le 1er mai 2008)
Lorsque, à l'issue d'un contrat de travail à durée déterminée, les relations contractuelles de travail ne se poursuivent pas par un contrat à durée indéterminée, le salarié a droit, à titre de complément de salaire, à une indemnité de fin de contrat destinée à compenser la précarité de sa situation.
Cette indemnité est égale à 10 % de la rémunération totale brute versée au salarié.

Elle s'ajoute à la rémunération totale brute due au salarié. Elle est versée à l'issue du contrat en même temps que le dernier salaire et figure sur le bulletin de salaire correspondant.

Art. L.1243-9 (modifié par Loi n°2018-771 du 5 septembre 2018 - art. 45(V))
En vue d'améliorer la formation professionnelle des salariés titulaires de contrat de travail à durée déterminée, une convention ou un accord collectif de branche étendu ou une convention ou un accord d'entreprise ou d'établissement peut également prévoir de limiter le montant de l'indemnité de fin de contrat à hauteur de 6 %, dès lors que des contreparties sont offertes à ces salariés, notamment sous la forme d'un accès privilégié à la formation professionnelle. Dans ce cas, la convention ou l'accord peut prévoir les conditions dans lesquelles ces salariés peuvent suivre, en dehors du temps de travail effectif, un bilan de compétences. Ce bilan de compétences est réalisé dans le cadre du plan de formation.

Art. L.1243-10 (version en vigueur depuis le 1er mai 2008)
L'indemnité de fin de contrat n'est pas due :
1°) Lorsque le contrat est conclu au titre du 3° de l'article L.1242-2 ou de l'article L.1242-3, sauf dispositions conventionnelles plus favorables ;
2°) Lorsque le contrat est conclu avec un jeune pour une période comprise dans ses vacances scolaires ou universitaires ;
3°) Lorsque le salarié refuse d'accepter la conclusion d'un contrat de travail à durée indéterminée pour occuper le même emploi ou un emploi similaire, assorti d'une rémunération au moins équivalente ;
4°) En cas de rupture anticipée du contrat due à l'initiative du salarié, à sa faute grave ou à un cas de force majeure.

Art. L.1243-11 (version en vigueur depuis le 1er mai 2008)
Lorsque la relation contractuelle de travail se poursuit après l'échéance du terme du contrat à durée déterminée, celui-ci devient un contrat à durée indéterminée.
Le salarié conserve l'ancienneté qu'il avait acquise au terme du contrat de travail à durée déterminée.
La durée du contrat de travail à durée déterminée est déduite de la période d'essai éventuellement prévue dans le nouveau contrat de travail.

L'indemnité légale de licenciement

Art. L.1234-9 (modifié par Ordonnance n°2017-1387 du 22 septembre 2017 - art. 39)
Le salarié titulaire d'un contrat de travail à durée indéterminée, licencié alors qu'il compte 8 mois d'ancienneté ininterrompus au service du même employeur, a droit, sauf en cas de faute grave, à une indemnité de licenciement.
Les modalités de calcul de cette indemnité sont fonction de la rémunération brute dont le salarié bénéficiait antérieurement à la rupture du contrat de travail. Ce taux et ces modalités sont déterminés par voie réglementaire.

Art. R.1234-1 (modifié par Décret n°2017-1398 du 25 septembre 2017 - art. 1)
L'indemnité de licenciement prévue à l'article L.1234-9 ne peut être inférieure à une somme calculée par année de service dans l'entreprise et tenant compte des mois de service accomplis au-delà des années pleines. En cas d'année incomplète, l'indemnité est calculée proportionnellement au nombre de mois complets.

Art. R.1234-2 (modifié par Décret n°2017-1398 du 25 septembre 2017 - art. 2)
L'indemnité de licenciement ne peut être inférieure aux montants suivants :
1°) Un quart de mois de salaire par année d'ancienneté pour les années jusqu'à dix ans ;
2°) Un tiers de mois de salaire par année d'ancienneté pour les années à partir de dix ans.

Art. R.1234-4 (modifié par Décret n°2017-1398 du 25 septembre 2017 - art. 3)
Le salaire à prendre en considération pour le calcul de l'indemnité de licenciement est, selon la formule la plus avantageuse pour le salarié :

1°) Soit la moyenne mensuelle des douze derniers mois précédant le licenciement, ou lorsque la durée de service du salarié est inférieure à douze mois, la moyenne mensuelle de la rémunération de l'ensemble des mois précédant le licenciement ;
2°) Soit le tiers des trois derniers mois. Dans ce cas, toute prime ou gratification de caractère annuel ou exceptionnel, versée au salarié pendant cette période, n'est prise en compte que dans la limite d'un montant calculé à due proportion.

NOTA : Conformément à l'article 4 du décret n° 2017-1398 du 25 septembre 2017, ces dispositions sont applicables aux licenciements et mises à la retraite prononcés et aux ruptures conventionnelles conclues postérieurement à sa publication.

Art. R.1234-5 (version en vigueur depuis le 1er mai 2008)
L'indemnité de licenciement ne se cumule pas avec toute autre indemnité de même nature.

Art. L.1235-2 (modifié par Ordonnance n°2017-1718 du 20 décembre 2017 - art. 1)
Les motifs énoncés dans la lettre de licenciement prévue aux articles L.1232-6, L.1233-16 et L.1233 -42 peuvent, après la notification de celle-ci, être précisés par l'employeur, soit à son initiative soit à la demande du salarié, dans des délais et conditions fixés par décret en Conseil d'Etat.
La lettre de licenciement, précisée le cas échéant par l'employeur, fixe les limites du litige en ce qui concerne les motifs de licenciement.
A défaut pour le salarié d'avoir formé auprès de l'employeur une demande en application de l'alinéa premier, l'irrégularité que constitue une insuffisance de motivation de la lettre de licenciement ne prive pas, à elle seule, le licenciement de cause réelle et sérieuse et ouvre droit à une indemnité qui ne peut excéder un mois de salaire.
En l'absence de cause réelle et sérieuse du licenciement, le préjudice résultant du vice de motivation de la lettre de rupture est réparé par l'indemnité allouée conformément aux dispositions de l'article L.1235-3.
Lorsqu'une irrégularité a été commise au cours de la procédure, notamment si le licenciement d'un salarié intervient sans que la procédure requise aux articles L.1232-2, L.1232-3, L.1232-4, L.1233-11, L.1233-12 et L.1233-13 ait été observée ou sans que la procédure conventionnelle ou statutaire de consultation préalable au licenciement ait été respectée, mais pour une cause réelle et sérieuse, le juge accorde au salarié, à la charge de l'employeur, une indemnité qui ne peut être supérieure à un mois de salaire.
NOTA : Conformément à l'article 40-X de l'ordonnance n° 2017-1387 du 22 septembre 2017, ces dispositions entrent en vigueur à la date de publication du décret d'application et au plus tard le 1er janvier 2018.

Les documents liés au départ du salarié

Le reçu pour solde tout compte

Art. L.1234-20 (modifié par Loi n°2008-596 du 25 juin 2008 - art. 4)
Le solde de tout compte, établi par l'employeur et dont le salarié lui donne reçu, fait l'inventaire des sommes versées au salarié lors de la rupture du contrat de travail.
Le reçu pour solde de tout compte peut être dénoncé dans les six mois qui suivent sa signature, délai au-delà duquel il devient libératoire pour l'employeur pour les sommes qui y sont mentionnées.

Art. D.1234-7 (version en vigueur depuis le 1er mai 2008)
Le reçu pour solde de tout compte est établi en double exemplaire. Mention en est faite sur le reçu. L'un des exemplaires est remis au salarié.

Art. D.1234-8 (version en vigueur depuis le 1er mai 2008)
Le reçu pour solde de tout compte est dénoncé par lettre recommandée.

Le certificat de travail

Code du travail

Art. L.1234-19 (version en vigueur depuis le 1er mai 2008)
A l'expiration du contrat de travail, l'employeur délivre au salarié un certificat dont le contenu est déterminé par voie réglementaire.

Art. D. 1234-6 (modifié par Décret n°2014-1120 du 2 octobre 2014 - art. 3)
Le certificat de travail contient exclusivement les mentions suivantes :

1°) La date d'entrée du salarié et celle de sa sortie ;
2°) La nature de l'emploi ou des emplois successivement occupés et les périodes pendant lesquelles ces emplois ont été tenus.

L'attestation Pôle Emploi

Art. R.1234-9 (modifié par Décret n°2019-1596 du 31 décembre 2019 - art. 2)
L'employeur délivre au salarié, au moment de l'expiration ou de la rupture du contrat de travail, les attestations et justifications qui lui permettent d'exercer ses droits aux prestations mentionnées à l'article L. 5421-2 et transmet sans délai ces mêmes attestations à Pôle emploi.
Les employeurs d'au moins onze salariés effectuent cette transmission à Pôle emploi par voie électronique, sauf impossibilité pour une cause qui leur est étrangère, selon des modalités précisées par un arrêté du ministre chargé de l'emploi.

Art. L.5421-2 (modifié par Loi n°2018-771 du 5 septembre 2018 - art. 49)
Le revenu de remplacement prend, selon le cas, la forme :

1°) D'une allocation d'assurance, prévue au chapitre II du présent titre ;
2°) Des allocations de solidarité, prévues au chapitre III ;
3°) De l'allocation des travailleurs indépendants et des autres allocations et indemnités régies par les régimes particuliers, prévues au chapitre IV.

Art. R.1234-10 (modifié par Décret n°2008-1010 du 29 septembre 2008 - art. 7)
Un modèle d'attestation est établi par l'organisme gestionnaire du régime d'assurance chômage.

Art. R.1234-11 (version en vigueur depuis le 1er mai 2008)
Les entreprises de travail temporaire, pour leurs salariés titulaires d'un contrat de mission, et les associations intermédiaires, pour leurs salariés embauchés en contrat de travail à durée déterminée en vue d'être mis à disposition, peuvent ne remettre les attestations et justifications mentionnées à l'article R.1234-9 que sur demande du salarié, à la condition que le contrat de travail mentionne le droit pour le salarié d'obtenir sans délai ces documents dès le jour d'expiration du contrat.

Art. R.1234-12 (version en vigueur depuis le 1er mai 2008)
Pour les entreprises de travail temporaire, les relevés mensuels des contrats de mission, prévus à l'article L.1251-46, tiennent lieu d'attestation pour leurs salariés qui en sont titulaires, sous réserve de la production, par leur employeur, des informations complémentaires figurant dans le modèle d'attestation prévu à l'article R.1234-10.

34/38, rue Camille-Pelletan - 92309 Levallois-Perret cedex
Imprimerie MAURY
Imprimé en France - 2e trimestre 2020 - N° d'imp. : F20/59849L

Service éditorial : Benjamin Dias Pereira, Deborah Lopez
Conception graphique : Loïc Pennanéac'h

Dépôt légal à parution
ISBN 978-2-7590-4466-5